内蒙古年鉴

2005卷

内蒙古自治区人民政府主办
内蒙古自治区地方志办公室年鉴编辑部编辑
方志出版社出版

图书在版编目(CIP)数据
内蒙古年鉴.2005/《内蒙古年鉴》编纂委员会编.
北京:方志出版社,2006.3
ISBN 7-80192-747-8
Ⅰ.内… Ⅱ.内… Ⅲ.内蒙古 - 2005 - 年鉴
Ⅳ.Z522.6

中国版本图书馆 CIP 数据核字(2006)第 025025 号

内蒙古年鉴 (2005)

主　　编:张建功
常务副主编:海　棠
执行副主编:张晓虹
副 主 编:查干浪涛　孟秀芳

编　　者:内蒙古年鉴编纂委员会
(内蒙古自治区党委政府综合楼)
邮　　编:010098　电话:0471-4826046
网　　址:http//www.nmqq.gov.cn
邮　　箱:nmqqnjb@163.com

出 版 者:方志出版社　责任编辑:朱玲玲
(北京市建国门内大街 5 号中国社会科学院科研大楼 12 层)
邮　　编:100732
网　　址:http//www.fzph.org
发　　行:方志出版社出版发行部
(010)85195814　85196281
经　　销:新华书店总店北京发行所
法律顾问:北京市京诚律师事务所
印　　刷:内蒙古地矿印刷厂

开　　本:889 × 1194　1/16
印　　张:37.5
字　　数:1300 千
版　　次:2006 年 3 月第 1 版　2006 年 3 月第 1 次印刷
印　　数:0001 — 2000 册

ISBN 7-80192-747-8/K · 552　定价:260.00 元

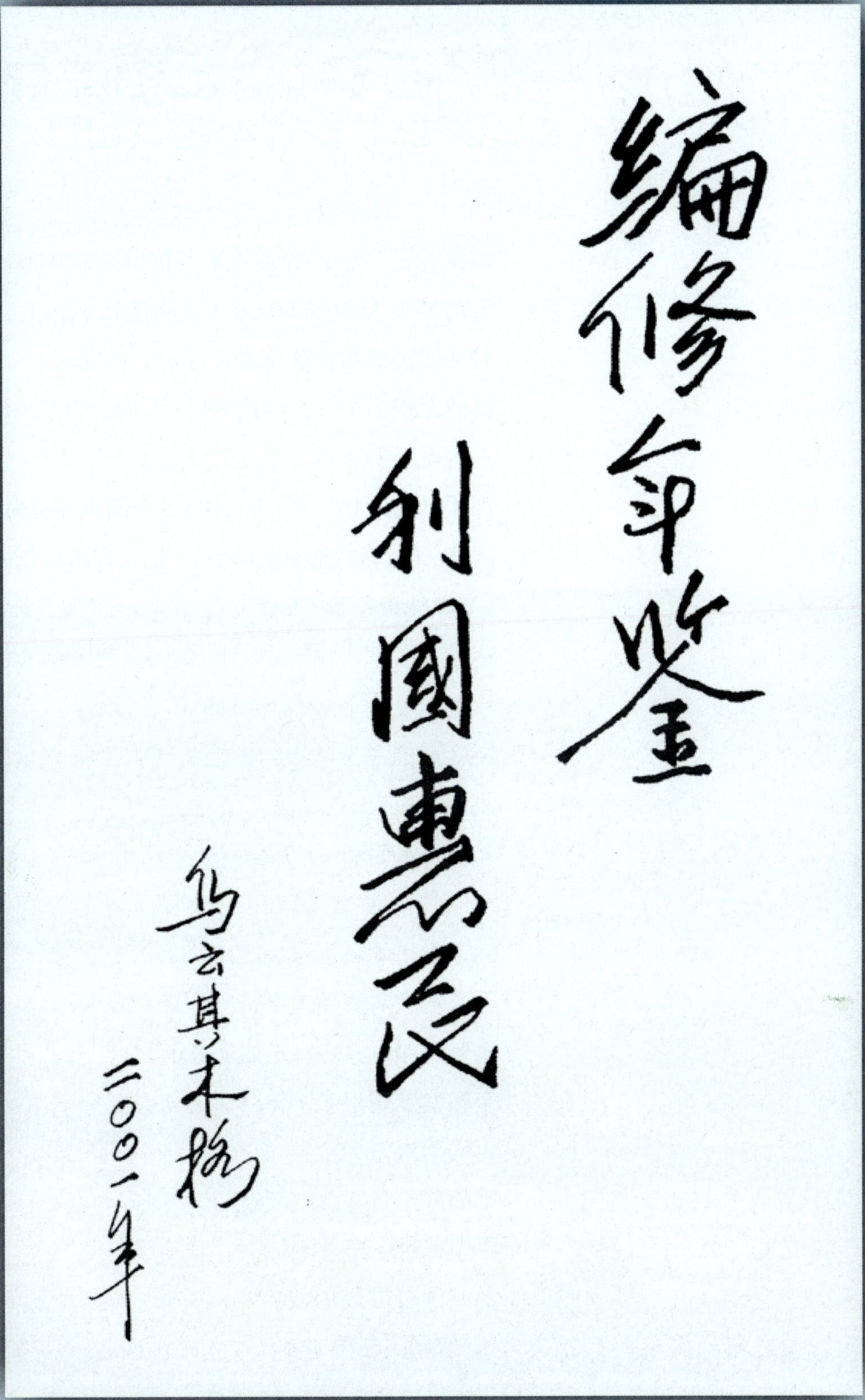

全国人大常务副委员长（原内蒙古自治区党委副书记、自治区主席）乌云其木格题词

2004 数字内蒙古

总面积118.3万平方公里

全区人口2 384.35万人

城镇人口1 088.96万人

乡村人口1 295.39万人

人口自然增长率3.6‰

蒙古族人口417.08万人

鄂伦春族人口0.4万人

达斡尔族人口7.5万人

鄂温克族人口2.6万人

其他少数民族人口40.66万人

普通高等学校数31所

在校学生数19.87万人

每万人口拥有的在校大学生83.3人

盟市（地）12个

旗县区（市）101个

苏木乡镇1 235个

全区有职工371万人

财政收入363.1亿元

地方财政收入237.4亿元

地方财政收入中一般预算收入196.2亿元

地方财政支出598.25亿元

国内生产总值2 712.08亿元

人均国内生产总值11 305元

第一产业增加值510亿元

第二产业增加值1 310亿元

第三产业增加值880亿元

城镇居民人均可支配收入8 200元（实际增长14%）农牧民人均纯收入2 670元（实际增长13%）

城乡居民储蓄存款余额1 603.88亿元

耕地面积为711.5万公顷（人均占有0.36公顷，是全国人均耕地的4倍，居全国之首）

森林面积2 078.93万公顷(占全国森林总面积的11%，居全国第1位，森林总蓄积量11.2亿立方米，森林覆盖率14.8%，森林蓄积量11.7亿立方米，居全国第四位)

草原总面积8 666.7万公顷(占全国草原总面积21.7%，可利用草场面积6 818.0万公顷)

全区风能总量约54亿千瓦（占全国总量的30%以上）

流域面积为52.2万平方公里

全区有水面93.1万公顷（可利用水面为60.4万公顷，已利用水面有49.5万公顷）

地下水平均资源量为239.29亿立方米

全区地表水资源为355.57亿立方米

水资源总量545.95亿立方米

全区实际用水量166.89亿立方米

人均用水量700立方米

平均降水量291.1毫米

发现矿种120多种

探明储量矿藏78种

煤储量2 239亿吨(仅次于山西省，居全国第2位)

原煤产量20 328.55万吨

天然气储量7 903亿立方米

天然气产量17.20亿立方米

已探明的稀土氧化物储量8270.2万吨（占全国的90%，居全国和世界首位）
野生动物24科114种，占全国兽类450种的25.3%
野生植物2 167种
粮食产量301亿斤
牲畜年末存栏数9 274万头（只）
牲畜出栏数3 856.38（万）头只
肉类产量201.90万吨
奶类总产量490.00万吨
山羊绒产量5 552.00万吨
化肥（折纯）64.06万吨
发电量 817.02亿千瓦小时
盐储量18 357.6万吨
公路全年客运量2.55亿人
旅客周转量155.3亿人公里
货运量4.27亿吨
货物周转量1 441.40亿吨公里
铁路周转量1 171.40亿吨公里
铁路客运量1 527万人
铁路周转量108.60亿人公里
民航完成旅客吞吐量1 319 600人次
货邮行吞吐量21 261.5吨
民航周转量26.30亿人公里
全区公路总里程75 976公里
高速公路里程492公里
一级公路里程522公里
二级公路里程7 465公里
高级、次高级路面里程27 090公里
邮电业务总量(1990年不变价)232.20亿元
城乡固定电话用户443.5万户
移动电话用户594.6万户
电话普及率(包括固定电话和移动电话)45.90部/百人
计算机互联网用户81.5万户，占全区总人口3.9%
上网计算机42万台
全社会固定资产投资总额1 809.26亿元
社会消费品零售总额891.96亿元
城市消费品零售额563.82亿元
旗县消费品零售额200.36亿元
旗县以下消费品零售额127.78亿元
商品成交额 379.05亿元
外贸出口总额16.82亿美元
进口总额 16.73亿美元
年末上市公司个数22个
参加基本养老保险职工309万人
参加失业保险职工222万人
参加基本医疗保险271万人
城市居民最低保障救济317 193户、717 638人
敬老院共有床位12 490张，现有院民8 932人
接待国内旅游人数1 511.00万人次
国内旅游收入124.09亿元
国际旅游人员79.99万人次
旅游外汇收入2.53亿美元
电影放映单位 1 047个
有线电视用户165.43万户
自然保护区184个(国家级18个,自治区级50个比上年增加22个)
自然保护区面积1 496.28万公顷(比上年增加202.14公顷)

中国共产党内蒙古自治区委员会

自治区党委书记储波

自治区党委书记储波、自治区

内蒙古自治区人民政府

自治区主席杨晶

主席杨晶在人大十届三次会议上

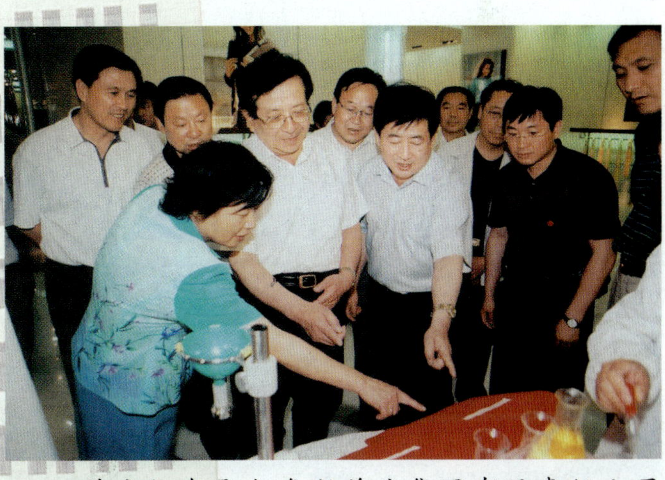

曾庆红在鄂尔多斯羊绒集团有限责任公司电脑编织生产线和产品展示厅，认真察看产品，了解公司的生产经营情况

中共中央政治局常委、中央纪律检查委员会书记吴官正（右三）在自治区领导储波、杨晶同志陪同下考察我区企业

内蒙古自治区人民代表大会常务委员会

自治区人大主任储波

储波主任参加分组讨论会

投票选举

自治区人大十届三次会议

少数民族代表

盟市代表

中国人民政治协商会议

内蒙古自治区委员会

自治区政协主席王占

王占主席参加分组讨论会

自治区党委书记储波参加政协九届三次会议

政协九届三次会议代表入场

分组讨论

全体会议

中国人民解放军内蒙古军区

军区黄高成司令员(右一)在乌海军分区检查工作时，参观分区图书馆。

军区张金柱政委(前)在鄂尔多斯军分区视察生态建设情况

军区道布敦(左三)、王印青(左一)副司令员和李吾田参谋长(左四)春节期间到通信总站看望坚持值勤的干部战士

军区王建欣副司令员(左一)在呼伦贝尔军分区检查装备工作

军区孙忠泰副政委在赤峰军分区检查政治教育工作

军区桑杰扎布副司令员检查呼和浩特市征兵工作

军区罗刚副司令员在通信总站检查从严治军和正规化管理情况

军区李吾田参谋长(右一)陪同北京军区常参谋长在给水团检查工作

军区后勤部李生荣部长(左一)在边防八团检查后勤建设情况

军区装备部齐全祥部长(左一)检查部队装备工作

内蒙古年鉴编纂委员会

内蒙古年鉴编委会主任（自治区副主席）：连辑

内蒙古年鉴编委会副主任（自治区政府秘书长、办公厅主任）：乌兰巴特尔

内蒙古年鉴编委会副主任（自治区政府办公厅副主任）：杨玺

内蒙古大学公共管理学院

2003年3月自治区副主席连辑、组织部长陈朋山参加自治区首届MPA开学典礼

院　长：金海和

MPA揭牌仪式上（左起旭日干院士，自治区党委组织部副部长王威、董树君，自治区人事厅副厅长王顺）

2005年11月5日自治区领导与我校领导及全区第一期厅局级党政领导干部MPA课程进修班学员合影

自治区党委组织部副部长王威与内蒙古大学旭日干校长为内蒙古大学MPA教育中心揭牌

自治区领导、校领导与2005级MPA研究生的合影

中共中央政治局常委、国家副主席曾庆红（2005年6月）到我集团视察

中共中央政治局常委、中央纪律检查委员会书记吴官正（2005年4月）到我集团视察

总　裁：王林祥

鄂尔多斯集团高科技纺织园区

中国正北方，在荒漠和草原绵延交汇的深处，有一块富饶而神奇的土地，它就是鄂尔多斯，一个因为有了鄂尔多斯集团而被世界熟知的地方。

鄂尔多斯集团是在改革开放之初的1981年通过补偿贸易方式建立起来的羊绒制品加工企业。经过二十多年的持续高额盈利、滚动式发展，已壮大成为拥有成员企业75家、员工2万多人、总资产逾105亿元、年销售收入近43亿元，同时经营羊绒、商贸、电力、冶金等多种产业的大型现代企业集团。集团被第50届世界统计大会授予“中国羊绒制品大王”称号，1997年经国务院批准成为全国120家试点企业集团之一。“鄂尔多斯”是中国羊绒纺织业第一个获得中国驰名商标称号的品牌，品牌价值达50.58亿元，连续六年位列中国最有价值品牌前二十名之列。2004年，集团公司实现销售收入42.99亿元，利税5.5亿元，创汇2.15亿美元。

集团公司目前的主要产品年生产能力为：羊绒衫1000万件，无毛绒1200吨，羊绒纱1800吨，羊绒面料70万米，羊绒服装5万套，羊绒衬衫110万件，精纺羊毛衫60万件，电阻器1.3亿支，高频电感器1.5亿支。主要产品中，KVSS牌无毛绒被世界公认为“中国一号无毛绒”，享有“纤维钻石”的美誉；“鄂尔多斯”牌羊绒衫获得过国家优质产品金质奖两次、部优奖9次、省优奖34次，先后获得“中国王牌产品”、“市场最有竞争力和影响力产品”等上百种荣誉，并多次获得“全国用户满意产品”、“消费者信得过产品”等称号。鄂尔多斯集团羊绒制品的生产营销能力目前占到中国的40%和世界的30%。

鄂尔多斯集团智能化办公大楼

蒙牛生产线

2003年1月2日，中共中央总书记、国家主席胡锦涛视察蒙牛通辽分公司

中国发展速度最快、出口量最大的乳制品企业—蒙牛乳业集团公司，创业至今只有6年历史。

蒙牛的总部，建在内蒙古和林格尔县盛乐经济园区。1600年前，这里是北魏的都城，曾盛极一时；6年前，蒙牛在这里奠基，从千里草原飞向全国，在港澳登上国际舞台，开始与世界食品巨头同场竞技……

1999年1月13日，蒙牛正式起航。当时，除了超前的运作模式和胆略智慧，创业者们一无所有。“先建市场，后建工厂；先创品牌，后出产品”，3个月建起全国营销网，半年多“虚拟联合”8家乳品企业，盘活了7.8亿元不良资产，全年完成销售收入3700多万元。这年底，他们不仅建成了真正属于自己的工厂，关键是创出了一个崭新的民族品牌。

2003年5月10日，中共中央政治局常委、全国人大常委会委员长吴邦国视察蒙牛乳业集团

品牌助推速度。5年增长200倍，6年销售200亿，投资收益率大于5000%，年递增幅度高达１７８％；到２００４年，总资产从０.1亿元增长到46亿元，销售额由0.37亿元增长到72亿元。特别是在2002年第五届中国成长企业CEO峰会上，蒙牛以1947.31%的成长速度，摘取了中国1999-2001年度百强企业（非上市、非国有控股）桂冠。

速度成就品牌。2002年，“蒙牛”被认定为“中国驰名商标”，液态奶跻身“中国名牌”和“国家免检”行列。2003年，经过“从市场到工厂，从工厂到牧场”的层层筛选和多次物理、化学和微生物学检测，蒙牛产品成为唯一的“中国航天员专用乳制品”。2004年，成为国家体育总局训练局运动员的特选产品……

到目前，蒙牛的主营业务收入已由最初的1116位上升到全国第二名，其中液态奶、冰淇淋和奶片销量均居全国第一，利乐枕单品销量全球第一。今年3月份，来自国际权威调查机构—AC尼尔森的数据显示，蒙牛的市场占有率位列中国乳业第一，达到25.4%。8月份，入选“２００５年中国企业５００强”和“２００５中国制造业企业５００强”。

2003年12月29日，中共中央政治局常委、全国政协主席贾庆林视察蒙牛乳业集团

10月份，再次被评为“香港超市最受消费者欢迎的十大品牌”之一，是唯一与可口可乐、雀巢等世界品牌比肩而立的内地品牌。11月份，蒙牛乳品生产线被评为全国绿色加工样板生产线，荣登“2005中国民营企业品牌竞争力50强”。

“小胜凭智，大胜靠德”，质量立本，诚信固基。建起近4000个现代化挤奶站，首创“运奶车桑拿浴车间”，让奶源更净更清洁；引进世界一流技术和设备，建成中国唯一的“全球样板工厂”和规

内蒙古蒙牛乳业（集团）股份有限公司

高科技－闪蒸车间

模最大的“国际示范牧场”，拥有全球放置生产线数量最多、处理鲜奶能力最大、智能化程度最高的单体车间，将“产品等于人品”的理念做到了极致；通过绿色食品认证和ISO9001、ISO14001、OHSAS18001、GMP、HACCP五大体系认证，保证“出厂合格率100%”；添加“闪蒸”工艺，在100%原奶的基础上再剔除掉一定比例的水分，让产品更稠更浓更香。

用心用脑，借财借智，把传统的“体内循环”变为“体外运动”。

遍布各地的奶站及配套设施，各类运输车辆和员工宿舍等，总价值10亿多元，全部利用社会资源完成投资。2002—2003年，摩根士丹利、英联和鼎晖投资两次向蒙牛注资6100万美元（折合人民币5亿多元），成为自治区民间一次性引进外资数额最大的项目，也是摩根士丹利在亚洲最大的投资项目。

2005年6月20日，中共中央政治局常委、国家副主席曾庆红视察蒙牛乳业集团

2004年6月10日，蒙牛在香港联交所主板成功上市，成为我国首家在海外上市的乳品企业。上市当天，涨幅达24.2%，成交量达16.91亿港币，创造了当年二季度全球发行的最高散户投资者和机构投资者超额认购倍率，并夺得2004香港最佳IPO桂冠。

“主帅威立而令行，士卒心一而力齐”。创造中国乳业神话的几万蒙牛人，具有高度的团队精神和优秀的执行力。这里，汇集了大批人才，形成从管理、科研、生产到市场营销的完善的现代企业体系。

2004年6月12日，中共中央政治局常委、国务院副总理黄菊视察蒙牛乳业集团

他们，还极擅长吸收成功经验，引进国外智力，博采众长，不断提升企业核心竞争力。2004年底，国际著名咨询机构—麦肯锡专门为蒙牛定位目标，规划未来。

身前有亿万消费者，身后是百万农牧民。作为全国农业产业化重点龙头企业，蒙牛仅2004年一年就发放奶款近30亿元。今年，他们的日收奶量在全国率先突破6000吨大关，为打造“中国乳都核心区”填绘了亮丽的色彩。

“家有一头牛，零花钱不用愁；家有三头牛，不把银行求；家有五头牛，盖起小洋楼；家有八头牛，富的直流油”，这是当地农牧民自编的顺口溜；“综合满意度全国第一”，这是消费者自己评定的结果。

诚信的蒙牛，已把根深深扎在了农牧民和消费者的心底；

创新的蒙牛，正在“与自己较劲”，整合资源，规避风险，抢占先机，引领潮流；

自信的蒙牛，将力争用5－10年的时间争当“世界乳业巨人”，要调动全部能力打造“百年老店”。

蒙牛，与草原同在；蒙牛，与世界共舞。

2005年4月12日，中共中央政治局常委、中央纪律检查委员会书记吴官正视察蒙牛乳业集团

中国人民财产保险股份有限公司

内蒙古分公司

中国人民财产保险股份有限公司内蒙古分公司是我区历史最悠久、规模最大、实力最雄厚的非寿险公众公司，经营范围包括各类财产损失保险、责任保险、信用保险、意外伤害保险等。成立半个多世纪以来，公司按照“主动、迅速、准确、合理”的理赔原则开展理赔工作，充分发挥了保险企业积累保险基金、组织经济补偿、维护社会稳定的职能作用。自1996年财、寿险分业经营至2004年底，公司累计处理各类赔案56万件，支付赔款总额42亿元，为受灾企事业单位、家庭恢复生产、生活提供坚实的保险保障，为自治区经济社会发展做出贡献。

公司1980年恢复国内保险业务以来处理的重大赔案主要有：1988年8月，我区大兴安岭地区遭受特大水灾，十四个林业局财产受损，公司支付赔款1800多万元；1993年4月23日，霍林郭勒市珠斯花园储粮库发生火灾，公司及时赔付587万元；1994年7月中旬，我区东部赤峰市、哲里木盟等地发生严重洪涝灾害，公司共支付赔款2500万元，并捐款10万元；1995年3月初，由中国人民保险公司承保的“东方红三号”通讯卫星理赔工作结束，人保总公司共赔款4亿元，我区四家盟市公司承担分保责任，支付赔款400万元；1995年5月13日，大兴安岭甘河林业局贮木场发生重大火灾，烧毁木材4.3万立方米，民房80余间，公司支付赔款567万元；1996年5月2日，呼市炼油厂炼化催化车间发生爆炸事故，公司赔付494万元；2000年11月13日，赤峰元宝山发电厂二号机组磨煤机发生爆裂事故，公司支付赔款1911.67万元；2003年6月2日，内蒙古丰镇发电有限责任公司5号发电机组发生火灾，公司支付赔款2869.55万元……

1996年包头地震理赔工作是公司历史上浓墨重彩的一笔。1996年5月3日，包头西发生里氏6.4级强烈地震，造成重大经济损失。地震发生后，公司迅速采取有力措施，支持地方抗震救灾。除在震后第二天即向包头市抗震救灾指挥部捐款20万元人民币外，又在两周内先后向受灾大户包钢公司预付赔款1600多万元，帮助其抢修高炉，恢复生产。同时，从系统内抽调160多名业务骨干组成43个查勘理赔工作组，由三位公司领导亲临一线指挥，全体工作人员冒着余震不断的危险，挨家挨户查勘、定损、理算。7月29日，包头震灾两亿元赔款兑现大会在包头市隆重召开，向500多户受灾企事业单位和700多户家庭支付赔款2.1亿元，其中仅向包头钢铁公司一家就支付赔款6050万元。人保总公司也先后向灾区捐款共300万元人民币。人保公司对于保户灾后恢复生产、重建家园起到的无可替代的作用以及公司工作人员兢兢业业、不畏艰险、无私奉献的精神，受到自治区政府、社会各界和广大人民群众的高度赞扬。回顾过去，展望未来。秉承“人民保险，造福于民”的宗旨，人保财险内蒙古分公司将以做大做强内蒙古财产保险事业为己任，始终不渝地为自治区经济社会发展服务，为全面建设小康社会的伟大事业保驾护航。

中国人民财产保险股份有限公司

内蒙古分公司

主要开办险种概览

财产保险类

1、财产保险基本险
2、财产保险综合险
3、财产保险
4、财产一切险
5、利润损失险
6、机器损坏险
7、计算机保险
8、个体工商户保险
……

家庭财产保险类

1、家庭财产综合保险
2、个人贷款抵押房屋保险
3、个人贷款抵押房屋综合保险
4、个人贷款抵押房屋综合保证保险
5、金牛投资保障型（3年期）家财险
……

工程保险类

1、建筑工程一切险
2、安装工程一切险
3、建筑、安装工程保险
……

责任保险类

1、公众责任保险
2、产品责任保险
3、餐饮场所责任保险
4、供电责任保险
5、校（园）方责任保险
6、旅行社责任保险
7、雇主责任保险
8、律师职业责任保险
9、建筑工程设计责任保险
10、注册会计师执业责任保险
11、医疗责任保险
12、监护人责任保险
13、工程监理责任保险
14、血站采供血责任保险
15、驾驶员培训学校责任保险
16、建设工程勘察责任保险
17、机动车辆停车场责任保险
18、电梯责任保险
19、医务人员法定传染病责任保险
20、承运人旅客责任保险
21、美容师职业责任保险
22、动物饲养责任保险
……

机动车辆保险类

主险

1、非营业汽车损失保险
2、家庭自用汽车损失保险
3、营业用汽车损失保险
4、机动车辆第三者责任保险
5、特种车辆保险
6、摩托车保险
7、拖拉机保险

附加险

1、盗抢险
2、玻璃单独破碎险
3、火灾、爆炸、自燃损失险
4、自燃损失险
5、车身划痕损失险
6、车辆停驶损失险
7、车上人员责任险
8、车上货物责任险
9、无过失责任险
10、不计免赔特约条款
11、不计免赔率特约条款
12、不计免赔额特约条款
13、机动车辆救助特约险
14、起重、装卸、挖掘车辆损失责任扩展条款
15、特种车辆固定设备、仪器损坏扩展条款
16、新增设备损失险
……

货物运输保险类

1、公路货物运输保险
2、铁路货物运输保险
3、水路货物运动保险
4、国内航空货物运输保险
5、国内水路、陆路货物运输保险
6、国内航空旅客行李保险
7、油气管道运输保险
8、海洋运输货物保险
9、邮包险
……

综合保险类

1、家庭综合保险
2、家用燃气综合保险
3、旅行综合保险
4、办公室综合保险
5、广告综合保险
6、加油站综合保险
7、公路综合保险
8、建筑施工企业工程综合保险
9、油气管道综合保险
10、住宿学生财产综合保险
11、汽车经销商综合保险
12、汽车修理厂综合保险
……

意外伤害保险类

1、人身意外伤害保险
2、人身意外伤害综合保险
3、团体人身意外伤害保险
4、学生、幼儿意外伤害保险
5、执法人员团体意外伤害保险
6、交通意外伤害保险
7、乘客意外伤害保险
8、机动车驾驶人员意外伤害保险
9、航空旅客人身意外伤害年度保险
10、住宿旅客意外伤害保险
11、出境人员意外伤害保险
12、建筑施工人员团体意外伤害保险
13、手术安全意外伤害保险
14、任我游—交通工具意外伤害保险
15、境外旅行意外伤害保险
16、中老年人意外伤害保险
17、家用燃气用户意外伤害保险
……

银行类产品

1、单身贵族
2、两人世界
3、幸福家庭
4、居家无忧
……

保险服务送到家

自治区党委书记储波在自治区林业厅厅长高锡林陪同下参加一年一度全民义务植树

自治区主席杨晶在高锡林厅长陪同下参加全民义务植树活动

原自治区主席、全国人大副委员长乌云其木格与高锡林厅长在造林现场交流工作

我区是全国林业大省区之一，林业用地4.9亿亩，占总土地面积的27.6%，在林业用地中，有森林3.1亿亩(其中人工林8600万亩)，宜林地1.7亿亩，林木蓄积12.9亿立方米。同时，我区也是全国土地荒漠化最严重的省区之一，全区分布有五大沙漠和五大沙地，沙漠化土地6.3亿亩，占总面积的35.6%，水土流失面积2.8亿亩，占总面积的15.8%。

2000~2004年，全区共完成人工造林、飞播造林、封山(沙)育林6841亩，年均1368万亩，建设速度超过了荒漠化扩展速度。根据2003年的连续清查，我区森林面积达到3.1亿亩，比1998年增加0.49亿亩，人工林保存达到8600万亩，森林覆盖率由14.82%提高到17.57%。取得了良好的生态、经济和社会效益，初步实现了“整体遏制，局部好转”的局面，即：全区生态状况整体恶化的趋势得到控制，重点工程区的生态状况明显好转。据2004年国家组织的监测，近5年，我区荒漠化、沙化土地分别减少1.6万平方公里和4882平方公里，减少速率分别为0.5%和0.23%。

目前，全区近6000多万亩农田、8000多万亩基本草牧场受到林网的保护，1.2亿亩风沙危害面积和1.2亿亩水土流失面积得到了初步治理。一些地方初步形成了乔灌草、带网片相结合的区域性防护林体系。

国家林业局副局长李育材由高锡林陪同在阿拉善盟考察飞播造林和森林防火工作

虽然我区的生态保护与建设有了长足发展，初步形成了“整体遏制，局部好转”的局面。但是，我们也不能盲目乐观。我区属干旱半干旱地区，特殊的地理环境决定了其生态系统潜在的脆弱性，极易受气候波动的影响。近年来国家虽然加大了对生态建设的投入，但就我区而言，重点工程任务与需治理的面积相比，还有差距。保护生态与经济发展的矛盾在一些地区还未得到根本解决，超载过牧等破坏生态的现象仍然存在。因此，生态建设依然任重道远。

国家林业局副局长张建龙深入内蒙古农业大学教学基地，研究苗木良种繁育和速生技术

全国政协委员、首都绿委主任由自治区林业厅助理巡视员李纯美陪同在锡盟多伦县调研。

通辽市扎鲁特旗退耕还林工程项目区

赤峰市宁城县荒山工程造林

呼市土左旗哈素海“光肩星天牛工程治理区”

中国人民武装警察部队

内蒙古自治区森林总队

总队长：李全海

政治委员：张维国

2004年12月，重新调整的总队领导班子成员召开党委会，研究部署下一步工作

适应军事变革需要，部队官兵进行网上作业训练

练为战，广大官兵整装待发

中国人民武装警察部队

内蒙古自治区森林总队

武警内蒙古森林总队官兵在奋力扑救“5·21”白狼森林大火

武警内蒙古森林总队官兵在奋力扑救“6·22”大兴安岭北部原始林区大火

武警内蒙古森林总队官兵在奋力扑救“7·28”大兴安岭北部原始林区夏季雷击大火

内蒙古自治区人民检察院

检察长：邢宝玉

自治区人民检察院党组一班人

自治区检察院检察长邢宝玉深入基层检察院指导工作

2004年10月18日至21日全区检察机关四项岗位技能竞赛在呼和浩特市举行。经过半年多来全系统的厉兵秣马、共同努力，最终来自全区检察机关侦查监督、公诉、反贪、渎检四部门的140位选手汇集青城，奋力拼搏，一展风采，使得竞赛圆满成功，成为今年全区检察工作一大亮点。

最高人民检察院副检察长胡克惠（右二）来自治区检察院检查指导工作

内蒙古自治区人民检察院

自治区检察院召开人民监督员工作会议，前排为选任的人民监督员

自治区检察院办公用房、技术用房建设工作会议上受表彰的先进集体

自治区检察院干警向东南亚地震及海啸灾区踊跃捐款

自治区检察院干警在春节联欢会上表演节目

自治区党委书记储波视察伊泰集团百万亩甘草基地

伊泰集团被列入全国520家重点扶持企业和自治区20户重点培育的大企业，位列中国煤炭行业100强的第28位

中国煤炭第一股
“伊煤B股”成功发行

从1996年到2003年，伊泰集团煤炭产业以100万吨的规模递增，成功实现了千万吨产销量的历史跨越，连续8年居自治区同行业领先地位

内蒙古伊泰集团公司

董事长：张双旺

领导核心

鄂伦春自治旗人民政府

旗委书记刘德照（左）深入吉文森工公司吉兴乳品分公司奶站检查工作

旗委副书记、旗长莫日根布库（中）深入大杨树镇桥南村奶牛公寓建设工地检查工作

2004年，鄂伦春自治旗旗委、旗政府积极落实国家有关扶持农、猎民政策，按照“五个确保”的要求，通过积极推进乳、肉、豆、薯、药、麻、菌七大基地建设，促进了自治旗农牧业经济的发展。

2004年，农作物播种面积达282万亩，同比增长57.8%。粮食作物播种面积达277万亩，粮食产量2.6亿公斤，其中大豆播种面积259万亩，总产量2.4亿公斤。年末牲畜总头数515250头（只），同比增长86.2%，其中大小牲畜存栏463882头（只），同比增长87.2%，其中奶牛8081头，同比增长70.9%。肉类总产量8665吨，同比增长1.17%，鲜奶产量8105吨，同比增长327.48%。完成人工种草5万亩，饲料5万亩，青贮饲料0.06亿公斤。

大杨树镇桥南村奶牛公寓圈养奶牛

《国家大豆振兴计划》鄂伦春旗绿色高油大豆示范基地引种的高油大豆长势喜人

阿里河镇嘎仙村黑木耳栽培作业区

2004年乳业基地建设，建成奶牛小区11个，形成了南以大杨树镇为中心，北以吉文镇为中心的两大乳产业带；肉业基地建设，采取“小群体、大规模”的养殖模式，宜里镇、大杨树镇、乌鲁布铁镇肉羊基地和阿里河镇、古里乡肉牛基地建设初具规模；豆产业是自治旗种植业的主导产业，主要分布在南部五个乡镇，年内播种面积达259万亩；菌产业以黑木耳为主，形成以克一河镇、阿里河镇嘎仙村、齐奇岭村为中心的三大基地，年产量达550吨，成为全旗最具发展潜力的产业之一；薯、药、麻产业形成规模，种植面积分别达6万亩、3万亩、2万亩。

2004年，鄂伦春自治旗被自治区评为全区产粮大县，同时列入全国484个粮食主产区之中。

内蒙古大唐国际托克托发电有限责任公司

1、2# 机全景

集控室

内蒙古大唐国际托克托发电有限责任公司（以下简称公司）于1995年11月在呼和浩特市组建成立。公司资本金由大唐国际发电股份有限公司、北京国际电力开发投资公司和内蒙古蒙电华能热电股份有限公司三家股东分别以60％、25％、15％的比例出资注入。公司按照现代企业制度的要求运营，负责托克托电厂的建设、经营和债务偿还。

公司的奋斗目标是“建精品、创一流、站排头”。为实现这一奋斗目标，我们在工程建设及生产管理上积极推行先进的管理手段和方法，狠抓安全文明、质量、工期、造价控制，实施集控运行、点检定修，全面打造数字托电、环保托电、效率托电的三大品牌，努力追求优质高速、安全文明、高效率和高效益，全面信息化和规范廉洁的五大特色，力争把托电建设成为综合速度最快、综合效益最好、亚洲规模最大的火力发电公司。

汽机全景

公司内设8部1处1室，分别为：企业策划部、财务部、人力资源部、政治工作部、物资供应部、设备部、发电部、安全监察部、扩建工程处及粉煤灰综合利用办公室。目前公司有员工492人。

托克托电厂是国家“十五”期间重点建设项目，也是国家“西部大开发”和“西电东送”的重点工程，厂址位于呼和浩特市南约70km的托克托县境内，西南距黄河取水口12km，南距准格尔大型煤田50km，电厂水源取用黄河水及部分地下水；电厂用煤主要由准格尔煤矿供应，经过丰准铁路通过电厂自建的铁路专用线运输到厂；电厂接入系统以500KV输电线路经安定和霸州开闭所接入京津唐电网。托电规划容量为8台600MW火电机组，分四期建设每期2台600MW火电机组。

1、一期工程情况

一期工程安装两台600MW亚临界一次中间再热凝汽式机组，该工程是世行贷款项目，其中汽机岛和锅炉岛分别为日本伊藤忠商事株式会社和哈尔滨电站工程有限公司提供。一期工程1994年完成项目建议书的批复， 2000年开工报告通过国务院审批，2000年8月1日基础开挖。2003年6月9日#1机组正式投产；同年7月29日#2机组正式投产。一期工程＃1、＃2机组的提前投产发电为2003年北京迎峰度夏、稳定用电市场做出了巨大贡献，并受到了国家计委、华北电管局及华北电网的高度表扬。同时，一期工程的投产在国内和华北电力系统创造了三个第一：一是从#2机组第一次点火到移交生产时间小于90天，创华北地区同类机组最高水平；二是#2机组整套启动到移交生产为28天，是华北地区300MW以上机组最高水平；三是创造了2台600MW机组投产间隔时间不超过2个月的国内记录。托电一期工程计划总投资60.7亿元，通过严格控制工程造价，实际完成投资52.67亿元，为国家节省资金达8亿多元。

2、二期工程情况

托电二期工程安装两台600MW亚临界中间再热凝汽式机组，计划投资40.71亿元。工程于2002年5月1日基础开挖；通过招投标，确定锅炉制造厂家为北京巴威公司，汽轮机制造厂家为东方汽轮机厂，发电机制造厂家为东方电机股份有限公司。二期#3、#4机组于去年7月14日和9月14日分别投产发电，并创造了全国三个第一，即2X60万机组工期最短，从吊钢架到投产仅用20.5个月；造价最低，最终造价仅为31.9亿元，单位千瓦造价为2658元；试运期最短，从并网到168小时试运结束仅用15天。二期两台机组去年双投为进一步缓解北京地区2004年夏季大负荷期间的用电紧张局面再次做出了突出贡献，受到了社会各界的一致肯定。

托电厂区

3、三期工程情况

托电三期工程安装两台600MW空冷脱硫机组，计划总投资50.2亿元。通过招投标，确定锅炉制造厂家为东方锅炉厂，汽轮机制造厂家为东方汽轮机厂，发电机制造厂家为东方电机股份有限公司。目前三期工程的项目核准报告已经得到正式批复。三期工程自2003年8月1日基础开挖以来，经过一年多的建设，三期工程的烟囱及水塔已经结顶，其中#5、#6机组主厂房封闭完。今年我们计划#5机组9月份投产、#6机组10月份投产，届时托电将实现连续三年每年投产两台600MW机组的建设速度，其发展速度在全国是唯一的。

总之，在公司董事会的领导下，在上级公司和地方各级政府的大力支持下，我们将继续坚定不移地坚持“三个不动摇”，即坚持“建精品、创一流、站排头”的奋斗目标不动摇；坚持建设亚洲第一大发电厂不动摇；坚持发展托电，回报社会不动摇。按照董事会的工作布署，团结拼搏、开拓进取、狠抓落实、加强管理，全面完成年度各项工作任务，争取把托电公司早日建设成为真正的一流发电公司！

托电厂区全景

主编（自治区地方志办公室主任）：张建功

副主编（自治区地方志办公室副主任）：查干浪涛

常务副主编（年鉴编辑部主任）：海　棠

副主编（自治区地方志办公室副主任）：孟秀芳

执行副主编：张晓虹

责任编辑：韩　泽

《内蒙古年鉴 2005 卷》监审人员

总 监 修：杨 晶（自治区党委副书记

自治区主席）

副总监修：岳福洪（自治区党委副书记

自治区副主席）

总　　纂：乌兰巴特尔（自治区人民政府秘书长

政府办公厅主任）

副 总 纂：杨　玺（自治区人民政府办公厅副主任）

《内蒙古年鉴》编纂委员会名录

主　任：连　辑（自治区副主席）

副主任：乌兰巴特尔（自治区人民政府秘书长
　　　　　　　　　　政府办公厅主任）

　　　　杨　玺（自治区人民政府办公厅副主任）

委　员：呼尔查（自治区发展和改革委员会主任）

　　　　赵世亮（自治区人事厅厅长）

　　　　王玉明（自治区财政厅厅长）

　　　　长　江（自治区审计厅厅长）

　　　　李　斌（自治区统计局局长）

　　　　石玉平（自治区新闻出版局局长）

　　　　张佃敏（自治区档案局局长）

　　　　王玉英（自治区工商行政管理局局长）

　　　　苗银柱（自治区地方税务局局长）

　　　　刘　高（自治区社会科学联合会副主席）

　　　　张　宇（自治区党史研究室主任）

　　　　张建功（自治区地方志办公室主任）

　　　　查干浪涛（自治区地方志办公室副主任）

　　　　孟秀芳（自治区地方志办公室副主任）

《内蒙古年鉴2005卷》编务人员

主　　审：杨　玺

主　　编：张建功

常务副主编：海　棠

执行副主编：张晓虹

副 主 编：查干浪涛　孟秀芳

责任编辑：韩　泽

编　　辑：姚思泰　芙蓉　郝文强　孟国荣　徐媛英
曾石　侯丽娟　冰霜

校对人员：海棠　张晓虹　韩泽

文版设计：海棠　郭春茹

彩版制作：郭春茹　姚洁

蒙文目录：芙　蓉

英文目录：崔志芳　张宁　张瑞庭

索引制作：王彦祥

编辑说明

《内蒙古年鉴》是内蒙古自治区人民政府主办，内蒙古自治区地方志办公室年鉴编辑部编辑的自治区级综合性年刊。是集知识、信息、资料为一体的权威性工具书。由方志出版社出版，并向国内外公开发行。

《内蒙古年鉴2005卷》旨在全面、系统、客观地记载内蒙古自治区2004年政治、经济、文化、社会等各个方面的发展状况，为海内外各界人士了解内蒙古、研究内蒙古和建设内蒙古提供翔实的资料、可靠的信息，同时也是内蒙古自治区精神文明建设，对外宣传的窗口和联络的纽带。

《年鉴》采用分类编纂法：全书共分9个类目（特载、政治、军事、经济、科教文卫体、盟市旗县区、大事记、附录、索引）、49个分目（如党委、人大、政府、政协、民主党派、群众团体）、260个子目（如农牧业、林业、水利、气象、地震）、基础条目（即【　】中的具体事例）共设4个层次。

为突出内蒙古自治区的民族特点、地方特色、时代特征，年鉴除设中文目录、英文目录外，另设蒙文目录。为压缩篇幅，2005卷附录中只保留"区内部分网站"的内容。

《内蒙古年鉴2005卷》继续利用现代化办公条件，整个编辑过程中，在年鉴编辑部内内文实现了微机上的编辑、校对工作，并运用方正系统进行排版；彩页部分运用pagemaker和pthotshop完成设计及制作。2005卷随书出版发行电子版光盘。

年鉴内文均由自治区直属机关各部门、盟市及旗县（市区）政府撰（供）稿，并经各单位领导审查，内蒙古年鉴编辑部统编，自治区人民政府审定。凡全区性的数据，以统计局资料为准。

《内蒙古年鉴2005卷》的出版，是全区各地区、各部门通力合作的结果，在编辑出版过程中得到自治区党委、政府领导、年鉴编委会领导和各地区、各部门、各单位领导及同仁的大力支持。参加供稿单位280余家，撰稿人近400余名，由于篇幅所限、时间紧迫，除条目撰稿人名随文署入书中，未另例审稿人、特邀编委名录。在此，对以上所有给予年鉴编辑工作热情关怀、大力支持和作出贡献的同志一并表示衷心感谢。

把握形势、与时俱进、完善自我、把《内蒙古年鉴》办成全国一流年鉴，是内蒙古年鉴全体编纂人员的奋斗目标。衷心祝愿年鉴事业蓬勃发展，热忱期望各级领导和广大读者对本书的疏漏、错误提出批评和改进意见。

《内蒙古年鉴》编辑部

2005年12月

目　　录

特　　载

政　　治

军　事

经　济

科教文卫体

盟市旗县（市　区）

大 事 记

附 录

索 引

[illegible]

[illegible]

[illegible]

[illegible]

[illegible]

[illegible]

[illegible]

[illegible]

[illegible]

CONTENTS

SPECIAL RECORDS

POLITICS

MILITARY AFFAIRS

ECONOMY

SCIENCE EDUCATION CULTURE HYGIENE AND PHYSICAL CULTURE

LEAGUES CITIES AND COUNTIES (DISTRICTS)

MAJOR EVENTS

Appendix

INDEX

特　载

在自治区党委七届八次全委会议上的讲话

（2004年10月15日）

自治区党委书记　储　波

这次全委会议的主要任务是，认真学习贯彻《中共中央关于加强党的执政能力建设的决定》和胡锦涛总书记在党的十六届四中全会上的重要讲话精神，结合我区实际，研究加强党的执政能力建设问题，部署下一步的主要工作。

一、深入学习领会十六届四中全会精神，切实把思想统一到全会精神上来

党的十六届四中全会，是我国改革发展关键时期召开的一次十分重要的会议。我们党执政以来，第一次以全会的形式专题研究党的执政能力建设问题并作出决定，全国关注，举世瞩目。全会作出的《决定》，抓住了治国理政的根本，抓住了党的建设的关键，抓住了中国特色社会主义伟大事业和党的建设新的伟大工程的重要结合点，表明我们党对执政规律的认识达到了一个新的高度，这对于加快推进全面建设小康社会进程和实现中华民族的伟大复兴，具有重大的现实意义和深远的历史意义。

全会同意江泽民同志辞去中央军委主席职务，高度评价了江泽民同志为党、为国家、为人民、为军队建设所作出的杰出贡献。全会决定由胡锦涛同志担任中央军委主席，这有利于坚持党对军队绝对领导的根本原则和制度，有利于加强军队的革命化、现代化、正规化建设。

全会的主要精神，集中体现在《决定》和胡锦涛总书记的两次重要讲话以及曾庆红同志对《决定》（讨论稿）所作的说明中。贯彻落实好全会精神，必须全面准确地学习领会全会的精神实质，切实做到五个“深刻认识”：

*一是深刻认识加强党的执政能力建设的重大意义。*加强执政能力建设，是执政党的一项根本建设，也是我们党执政以后始终面临和不断探索解决的一个重大课题。《决定》从新世纪新阶段国内外环境的深刻变化和党肩负的历史使命对党的执政能力建设提出的新要求，从当前党的执政能力建设存在的突出问题等方面，深刻阐述了加强党的执政能力建设的重要性和紧迫性，指出党的执政能力“关系中国社会主义事业兴衰成败、关系中华民族前途命运、关系党的生死存亡和国家长治久安”。加强党的执政能力建设，“是时代的要求、人民的要求”。当前，国际国内形势继续发生重大而深刻的变化，世界多极化和经济全球化曲折发展，科技进步日新月异，综合国力竞争日趋激烈；随着改革开放的不断深入和社会主义市场经济的不断发展，特别是人均GDP突破1 000美元，我国经济社会进入了一个关键的发展阶段，社会利益关系更为复杂。所有这些，都对党的执政能力提出重大挑战和考验，对党的执政能力建设提出新的更高要求。党的执政地位不是与生俱来的，也不是一劳永逸的。新中国成立后特别是改革开放以来，我们党的执政能力不断提高，成为全国各族人民坚强的领导核心。但在新形势新任务面前，无论是党的领导方式和执政方式、领导体制和工作机制，还是党员、干部队伍的素质、能力和作风，都存在一些不适应新形势新任务需要、不符合“三个代表”重要思想和全面建设小康社会要求的问题。这些“不适应”和“不符合”，迫切要求我们加强党的执政能力建设，不断提高对新的历史方位和执政使命的适应力，增强对各种消极因素的免疫力。我们一定要从历史和现实、理

论和实践的结合上,深刻认识加强党的执政能力建设的重大意义,切实增强加强党的执政能力建设的政治责任感和历史使命感。

二是深刻认识党执政五十五年的主要经验。《决定》根据党的十六大总结的基本经验,紧紧围绕什么是社会主义、怎样建设社会主义和建设什么样的党、怎样建设党这两大历史课题,从六个方面总结了我们党执政五十五年来的主要经验。这些经验从认识和把握执政规律的角度,深刻阐明了我们党要始终做到为人民执政、靠人民执政,必须有与时俱进的指导思想,必须增强社会主义的生机和活力,必须促进三个文明的协调发展,必须保持党同人民群众的血肉联系,必须完善党的领导方式和执政方式,必须不断加强党的自身建设。要求我们党在执政实践中,对指导我们思想的理论基础既要坚持又要发展,对社会主义基本制度既要坚持又要完善,在推进发展这个党执政兴国的第一要务上既要加快又要全面,在坚持党的群众观点和群众路线时既要为民造福又要清正廉洁,在治国理政中既要为人民执政又要靠人民执政,在党的自身建设上既要抓住重点又要全面推进。归结到一点,就是要坚持科学执政、民主执政、依法执政。我们在加强党的执政能力建设中,必须把这些主要经验坚持好、运用好、发展好。

三是深刻认识加强党的执政能力建设的指导思想、总体目标和主要任务。《决定》指出,加强党的执政能力建设的指导思想是:必须坚持以马克思列宁主义、毛泽东思想、邓小平理论和"三个代表"重要思想为指导,全面贯彻党的基本路线、基本纲领、基本经验,以保持党同人民群众的血肉联系为核心,以建设高素质干部队伍为关键,以改革和完善党的领导体制和工作机制为重点,以加强党的基层组织和党员队伍建设为基础,努力体现时代性、把握规律性、富于创造性。总体目标是:通过全党共同努力,使党始终成为立党为公、执政为民的执政党,成为科学执政、民主执政、依法执政的执政党,成为求真务实、开拓创新、勤政高效、清正廉洁的执政党,归根到底成为始终做到"三个代表"、永远保持先进性、经得住各种风浪考验的马克思主义执政党,带领全国各族人民实现国家富强、民族振兴、社会和谐、人民幸福。主要任务是:按照推动社会主义物质文明、政治文明、精神文明协调发展的要求,不断提高驾驭社会主义市场经济的能力、发展社会主义民主政治的能力、建设社会主义先进文化的能力、构建社会主义和谐社会的能力、应对国际局势和处理国际事务的能力。党的执政能力建设的指导思想、总体目标和主要任务,涉及经济、政治、文化、社会、外交以及国家主权、安全和领土完整,关系改革发展稳定、内政外交国防、治党治国治军各个方面,我们一定要认真学习领会,全面贯彻执行。

四是深刻认识加强党的建设的工作任务。《决定》指出,提高党的执政能力,关键在于搞好党的建设,不断增强党的创造力、凝聚力、战斗力。必须坚持党要管党、从严治党的方针,紧密联系治国理政的实践,全面加强和改进党的思想、组织、作风和制度建设,使党的各方面建设成效最终体现到提高党的执政能力、完成党的执政使命上来。同时要求,在加强党的执政能力建设中,必须同加强党的思想理论建设和理论武装工作结合起来,切实提高把马克思主义基本原理同中国实际相结合的能力;必须同建设一支善于治国理政的高素质干部队伍结合起来,切实把各方面的人才聚集到党和国家的各项事业中来;必须同夯实党执政的组织基础结合起来,使党的基层组织真正成为贯彻"三个代表"重要思想的组织者、推动者、实践者;必须同不断增强党的团结和活力结合起来,发展党内民主,严肃党的纪律,维护中央权威,保证政令畅通;必须同不断加强党风廉政建设结合起来,大兴求真务实之风,保持党同人民群众的血肉联系。我们一定要结合实际,把执政能力建设的任务落实到党的建设的各项工作之中,全面推进党的建设新的伟大工程。

五是深刻认识中央对当前党和国家工作的总体部署。全会要求,要把加强党的执政能力建设同推动当前工作紧密结合起来,通过加强党的执政能力建设促进经济社会发展,在推动经济社会发展的工作中提高党的执政能力。在四中全会第一次全体会议上,胡锦涛总书记在全面总结工作的基础上,提出了"五个必须"和"七个进一步"的要求;在第三次全体会议上,又对当前党和国家工作提出了四个方面的要求。我们一定要按照中央的总体部署和要求,把做好当前工作与加强执政能力建设紧密结合起来,扎扎实实地做好改革发展稳定的各项工作,使加强党的执政能力建设的过程成为广大党员自觉增强执政意识的过程,成为各级领导班子和领导干部提高治国理政能力和本领的过程,成为推动工作进步和事业发展的过程,用改革发展稳定的实际成效来检验执政能力建设的成效,用执政能力的提高推动全面建设小康社会的具体实践。

二、结合我区实际,把加强党的执政能力建设的要求落到实处

按照《决定》提出的加强党的执政能力建设的指导思想、总体目标和主要任务的要求,结合我区实际,当前和今后一个时期,要重点推进"四个方面的建设"。

(一)提高领导经济工作的能力和水平,大力推进物质文明建设。提高党的执政能力,首先要提高党领导发展的能力,提高驾驭市场经济、领导经济工作的水平。各级党委、政府必须把加快发展作为加强执政能力建设的第一要求,作为检验工作成效的第一标准,作为领导干部的第一职责,大力推进社会主义物质文明建设。

第一,要紧紧抓住重要战略机遇期。本世纪头二十年,是一个必须紧紧抓住并且可以大有作为的重要战略机遇期。能不能认识机遇、把握机遇、用好机遇,是加快发展的重要基础条件,也是领导发展水平高低的重要体现。目前,我区经济发展正面临非常重要、非常难得的机遇。从宏观环境看,除国家实施西部大开发、加入 WTO 等机遇外,我们还面临国家实施宏观调控的机遇。这次国家宏观调控是有保有压,是"加强"和"控制"并举。从"加强"方面看,国家要加快能源、交通建设,加强农业生产,这为我区发挥资源优势,做大做强优势产业,形成优势产业群提供了机遇;从"控制"方面看,国家要压缩一些生产规模小、技术层次低、资源消耗大、环境污染重的企业,这有利于我区优化产业结构,提升产业层次。从微观基础看,通过对我区固定资产投入、财政收入与 GDP 比例的分析,目前内蒙古已成为我国新的

国民收入流入区，标志着我区经济发展活力的增强。在日益激烈的竞争中，抓住了这些重要而现实的机遇，就抓住了领导发展、加快发展的主动权。

第二，要努力保持较长的快速增长期。这是自治区党委七届五次全委会提出的要求。保持经济快速增长的长周期，关键是要按照科学发展观的要求，把经济发展的速度和结构、质量、效益统一起来，在加快发展中提高经济增长的质量，通过提高质量促进经济的持续快速协调健康发展。因此，必须抓好结构调整这条主线，切实加大调整力度。进一步巩固农牧业基础地位，大力发展农牧业产业化经营，通过产业化带动农牧业增效、农牧民增收。必须加快推进工业化，依托资源优势和产业基础，推进优势产业的集群化发展，努力形成优势产业的集聚效益。必须大力发展服务业，抓住人均GDP超过1 000美元后消费结构升级的有利时机，认真落实促进第三产业发展的政策措施，进一步提高服务业在国民经济中的比重和贡献率。必须转变经济增长方式，促进传统农牧业向现代农牧业、传统工业向新型工业转变，改变资源开发利用方式，提高资源综合开发利用水平，加快实施人才强区战略，使经济发展建立在依靠科技进步和提高劳动者素质的基础之上。

第三，要切实做到全面协调可持续发展。树立和落实科学发展观，既要突出发展这一主题，又要把握科学这一内涵，切实做到全面协调可持续发展。全面发展，就是要在推动经济发展的同时，更加注重社会进步和人的全面发展，大力推进科技、教育、文化、卫生等社会事业的发展，努力解决好经济增长与社会发展、经济增长与收入分配、经济增长与扩大就业相对失衡等问题。协调发展，就是要高度重视、认真解决区域发展和城乡发展不平衡问题。近年来，我们遵循经济非均衡发展规律，提出优先发展重点地区、重点产业、重点企业和重点工业园区，实践证明是正确的，必须继续坚持。但同时，必须努力促进区域经济协调发展，特别要解决好东部地区工业化基础薄弱、产业特色不明显问题，加快推进这些地区的工业化进程。要把促进城乡协调发展放在更加突出的位置，大力推进城镇化、农牧业产业化，加快农村牧区劳动力转移，走以城带乡、以工促农、城乡互动、协调发展的路子。可持续发展，就是要坚持经济社会与人口、资源、环境的统一，加强生态环境保护与建设，发展循环经济，建设资源节约型社会，走生产发展、生活富裕、生态良好的发展道路。

第四，要进一步加大改革开放和科技进步力度。要认真贯彻党的十六届三中全会精神，坚持社会主义市场经济的改革方向，正确处理坚持公有制为主体和促进非公有制经济发展的关系，以按劳分配为主体和实行多种分配方式的关系，推进经济体制改革和其它方面改革的关系，努力在改革的重点、难点领域取得突破。要坚持“引进来”和“走出去”相结合，坚持以开放促改革促发展，充分利用国内外“两个市场”、“两种资源”，重点做好开发利用口岸资源和俄蒙资源工作。促进内外资本融合、内外技术交流、内外市场衔接，提高开放条件下的自主发展能力，把内蒙古建设成为我国向北开放的前沿阵地。要大力实施科教兴区和人才强区战略，把教育放在优先发展的战略地位，做好人才培养、引进、使用工作，逐步使内蒙古成为人才流入区。充分发挥后发优势，大力发展高新技术产业，用先进技术改造提升传统产业，努力实现技术跨越。

第五，要不断加强和改善党对经济工作的领导。按照《决定》提出的“把握方向，谋划全局，提出战略，制定政策，推动立法，营造良好环境”的要求，进一步完善领导经济工作的体制机制和方式。党委要集中精力研究解决全局性、战略性和前瞻性的重大问题。要支持政府依法履行职责，加快职能转变，实现政企、政资和政事分开，重点抓好经济调节、市场监管、社会管理和公共服务工作。党员领导干部要加强社会主义市场经济知识的学习，增强领导经济工作的科学性和创造性。提高领导经济工作的能力和水平，很重要的一个方面，就是要提高按规律和规矩办事的能力。按规律办事，就是要尊重、顺应规律而不能违背规律，真正做到符合规律的事就大胆去干，不符合规律的事坚决不做。按规矩办事，就是要按法律、法规办事，切实做到依法行政。

（二）营造民主团结、和谐稳定的良好环境，大力推进政治文明建设。党的十六大把发展社会主义民主政治，建设社会主义政治文明，同建设社会主义物质文明、精神文明一道，确立为全面建设小康社会、实现社会主义现代化的三大目标。这次全会又把提高发展社会主义民主政治的能力和构建社会主义和谐社会的能力，确定为加强党的执政能力建设的重要任务。我们一定要按照十六大和四中全会的要求，坚持党的领导、人民当家作主和依法治国的有机统一，坚持科学执政、民主执政、依法执政，巩固和发展民主团结、生动活泼、安定和谐的政治局面，大力推进社会主义政治文明建设。

要进一步扩大社会主义民主。把实现人民当家作主作为政治文明建设的核心内容，进一步健全民主制度，丰富民主形式，拓宽民主渠道，保证人民群众充分享有民主选举、民主决策、民主管理、民主监督的政治权利。坚持和完善人民代表大会制度，使人大的立法、决策、监督等工作更广泛地体现人民意志，维护人民利益。坚持和完善中国共产党领导的多党合作和政治协商制度，支持人民政协依法履行政治协商、民主监督、参政议政职能，巩固和发展最广泛的爱国统一战线。坚持和完善民族区域自治制度，充分行使自治权利，巩固和发展平等、团结、互助的社会主义民族关系，促进各民族共同繁荣进步。加强基层政权组织、群众自治组织建设，建立健全民主管理制度，积极推进基层民主政治建设。

要大力推进依法治区进程。我们党是代表人民执政的党，要善于把党的主张经过法定程序变为国家意志，领导立法、带头守法、保证执法，不断推进各项工作的法制化、规范化。各级党组织和党员干部特别是领导干部，要牢固树立法制观念，自觉在宪法和法律的范围内活动，维护宪法和法律的权威，带动全社会营造知法、守法的良好氛围。加强对立法工作的领导，加快立法进程，提高立法质量，逐步建立起与国家法律法规相衔接，有效保障自治区改革发展稳定大局的地方性法规体系。积极支持政府机关依法行政，支持司法机关独立行使司法职能。加大法律监督力度，确保执法公正。

要努力构建和谐社会。构建和谐社会，是巩固党执政的社会基础的必然要求，各级党委、政府要把和谐社会建设摆在重要位置。全面贯彻尊重劳动、尊重知识、尊重人才、尊重创造的方针,注重竞争与效率,促进公平与正义,提倡谅解与宽容,激发各行各业人们的创造活力。要把广大干部群众在全面建设小康社会进程中焕发出来的积极性和创造性引导好、保护好、发挥好,进一步巩固和发展全区团结和谐、奋发进取的良好局面。尊重和保障人权,保护公民合法私有财产,保障人民群众的经济、政治和文化权益。深入研究社会管理规律,完善社会管理体系和政策法规,整合社会管理资源,建立健全党委领导、政府负责、社会协同、公众参与的社会管理格局。善于运用说服教育、示范引导、提供服务等方法做好群众工作,不断提高组织群众、宣传群众、教育群众、服务群众的本领。把不同阶层、不同群体凝聚起来,把广大人民群众紧密团结在党的周围,进一步增强党的阶级基础,扩大党的群众基础,提高党的社会影响力。

*要充分发挥党委统揽全局、协调各方的作用。*以完善党的代表大会制度和党的委员会制度为重点,从改革体制机制入手,建立健全充分反映党员和党组织意愿的党内民主制度。按照中央部署,搞好盟市、旗县党的代表大会常任制试点,积极探索党的代表大会闭会期间发挥代表作用的途径和形式。要更好地发挥党的委员会全体会议的作用。完善重大决策的规则和程序,推进决策的科学化、民主化。进一步规范党委与人大、政府、政协及人民团体的关系,改革和完善领导方式。支持和保证人大及其常委会依法履行立法、监督、重大事项决定和人事任免职能。规范党政机构设置,适当扩大党政领导成员交叉任职,解决好分工重叠问题。支持政协充分发挥政治协商、民主监督和参政议政职能作用,健全重大问题决策前的协商制度。充分发挥工会、共青团、妇联等人民团体联系群众的桥梁和纽带作用。协调好军地之间关系,做好"双拥"工作,巩固军政军民团结。

(三)牢牢把握先进文化的前进方向,大力推进精神文明建设。当今世界,文化与经济、政治日益交融,在综合国力竞争中的地位和作用越来越突出。党要带领人民推进中国特色社会主义伟大事业,必须牢牢把握先进文化的前进方向,大力推进社会主义精神文明建设。

*一是高度重视、切实做好意识形态工作。*坚持马克思主义在意识形态领域的指导地位,大力推进理论武装、理论创新和理论宣传工作,把学习贯彻"三个代表"重要思想新高潮进一步引向深入。始终把握正确的舆论导向,加强对宣传舆论和思想文化阵地的管理,坚持正面宣传为主,唱响时代主旋律,进一步营造"执政为民、加快发展"的浓厚氛围。高度重视互联网等新型传媒对社会舆论的影响,加快建立法律法规、行政监管、行业自律、技术保障相结合的管理体制。加强理论工作和理论人才队伍建设,繁荣发展哲学社会科学。积极探索符合时代要求的宣传工作方式方法,把体现党的主张和反映人民心声统一起来,不断增强宣传思想工作的吸引力、感染力和号召力。

*二是进一步解放和发展文化生产力。*适应发展社会主义市场经济的要求,按照建设民族文化大区的部署,大力推进文化体制改革,进一步革除制约文化发展的体制障碍,整合文化资源,促进文化事业的全面繁荣和文化产业的快速发展。加强文化发展战略研究,把文化建设纳入经济社会发展总体规划之中,制定符合本地实际的文化发展思路和措施,着力培育特色文化产业和有市场竞争力的文化企业。推动文化与经济的融合,在经济中更多地注入文化的内涵,在文化中更多地吸收科学技术的成果,在提高经济创造力和竞争力的同时,不断增强文化的渗透力和影响力。进一步加强文化基础设施建设,加大对公益性文化事业的扶持和投入。组织开展好草原文化节等活动,推出更多的具有地区和民族特色的文化品牌,使更多的民族文化产品走向全国、走向世界。

*三是切实加强思想道德建设。*加强党的基本理论、基本路线、基本纲领、基本经验的宣传教育,不断巩固各族人民团结奋斗的共同思想基础。从尊重人、理解人、关心人入手,切实加强思想政治工作,引导广大干部群众正确处理个人利益与集体利益、局部利益与整体利益、当前利益与长远利益的关系,增强主人翁意识和社会责任感。认真贯彻《公民道德建设实施纲要》和自治区的《实施意见》,加强社会公德、职业道德、家庭美德建设,在全社会倡导爱国守法、明礼诚信、团结友善、勤俭自强、敬业奉献的基本道德规范,不断提高公民的思想道德素质。高度重视未成年人思想道德教育,构建学校、家庭、社会三位一体的教育网络。推进社会净化工程,打击"黄、赌、毒"等社会丑恶现象,进一步净化社会环境。

*四是广泛开展群众性精神文明创建活动。*以"讲文明、树新风"活动为龙头,大力开展文明城市、文明村镇、文明街道、文明社区、文明行业、文明单位、文明家庭创建活动,促进全社会文明程度的提高。积极开展健康向上、丰富多彩和群众喜闻乐见的文体娱乐活动,开展企业文化、校园文化、社区文化、广场文化等活动,满足人民群众多方面的精神文化需求。营造全民学习、终身学习的浓厚氛围,努力构建学习型社会。采取有效措施,在全社会大力弘扬科学精神,传播科学知识,搞好移风易俗,提高干部群众识别和抵制封建迷信和伪科学的能力。

(四)以加强执政能力建设为重点,大力推进党的建设。提高党的执政能力,关键在于搞好党的建设。要坚持党要管党、从严治党的方针,大力推进党的建设新的伟大工程。

*要加强领导班子和干部队伍建设。*党的执政能力强不强,关键在各级领导班子。要按照政治坚定、求真务实、开拓创新、勤政廉政、团结协调的要求,进一步加强各级领导班子建设,形成朝气蓬勃、奋发有为的领导层。坚持抓好思想理论建设,大力弘扬理论联系实际的学风,不断提高马克思主义理论水平和运用科学理论解决实际问题的能力。认真贯彻民主集中制原则,不断完善、严格执行党委议事规则和决策程序。全面贯彻干部"四化"方针和德才兼备、注重实绩、群众公认的原则,把那些政治上靠得住、工作上有本事、作风上过得硬的干部选拔到各级领导岗位上来,优化班子结构,特别要选好配强"一把手"。进一步扩大干部工作中的民主,按照"党政人才的评价重在群众认可"的要求,把群众对领导班子的评价作为衡量干部政绩的重要依据,做到更准确地知人,更深刻地识人,更有效地选人,更合理地用人。继续推行和完善民主推荐、民主测评、差额考察、任前公示、公开选拔、竞争上岗、全委会投票表决、党政领导干部辞职等制度。大力培养选拔优秀年轻干部,注重培养选拔妇女干

部、党外干部和少数民族干部。坚持党政领导人才、企业管理人才、科技人才三支队伍一起抓，把各方面的优秀人才凝聚到自治区的各项事业中来。

在领导班子和干部队伍建设中，要广泛深入地开展向牛玉儒同志学习活动。最近，胡锦涛总书记作出重要批示："向勤政为民、鞠躬尽瘁的牛玉儒同志表示崇高敬意和深切怀念。党需要这样的好干部，人民需要这样的贴心人。我们应该学习他，宣传他，让千千万万个牛玉儒式的好干部涌现出来。"曾庆红、李长春、刘云山、贺国强等中央领导同志也分别作出重要批示。自治区党委已于9月底作出决定，要求各级认真贯彻落实胡锦涛总书记和中央领导同志重要批示精神，广泛深入地开展向牛玉儒同志学习活动。学习牛玉儒同志，就是要学习他奋发有为、开拓进取的创业精神，勤政为民、鞠躬尽瘁的公仆情怀，坚持原则、顾全大局的坚强党性，克己奉公、清正廉洁的革命本色。广大党员干部特别是领导干部，要把开展向牛玉儒同志学习活动作为贯彻党的十六届四中全会精神、加强党的执政能力建设的重要内容，以牛玉儒同志为榜样，坚持勤政为民，争做党的好干部、人民的贴心人。

*要加强和改进党的基层组织建设。*党的执政能力是具体的而不是抽象的，最终要体现在党的基层组织和党员身上。要以"三大工程"为活动载体，不断提升基层党组织建设水平。农村牧区党组织要围绕发展农村牧区经济、增加农牧民收入、建设农村牧区小康社会目标，开展新一轮"三级联创"活动，努力把基层党组织建设成为团结带领群众建设现代农牧业、能让农牧民致富的坚强战斗堡垒。国有企业党组织要适应建立现代企业制度的要求，完善工作机制，充分发挥政治核心作用。机关党组织要以改进工作作风、提高服务水平为重点加强党建工作。院校党组织要围绕培养社会主义建设者和接班人的根本任务，着力做好学生和青年教师的思想政治工作。街道社区党组织要广泛开展"综合示范区"活动，以服务群众为重点，创新工作思路，加大工作力度，构建城市社区党建新格局，进一步夯实党在城市基层的执政基础。在非公有制经济组织中，要开展党的工作"四五工程"活动，不断扩大党组织和党的工作的覆盖面和影响力。认真开展以学习实践"三个代表"重要思想为主要内容的保持党员先进性教育活动，大力宣传模范基层干部戴成钧、优秀共产党员廷·巴特尔等模范人物的先进事迹，带动和促进基层党建工作的深入开展。适应新形势和新任务的要求，进一步加强和改进党员发展工作，注重在生产、工作第一线和高知识群体、青年中发展党员，积极探索新时期党员管理的新方法、新途径。

*要深入进行党风廉政建设和反腐败斗争。*从提高党的执政能力、巩固党的执政地位的高度，充分认识加强党风廉政建设和反腐败斗争的极端重要性，切实把这项重大政治任务抓紧抓实。认真落实党风廉政建设责任制，坚持标本兼治、综合治理，逐步建立健全与社会主义市场经济体制相适应的教育、制度、监督并重的惩治和预防腐败体系，切实提高拒腐防变能力。深入开展理想信念教育、党风党纪教育和警示教育，筑牢拒腐防变的思想道德防线。进一步加大查办案件力度，认真解决群众反映强烈的突出问题，坚决纠正损害群众利益的不正之风。认真贯彻《中国共产党党内监督条例(试行)》，针对干部监督过程中存在的薄弱环节，明确监督重点，改进监督形式，不断健全和完善权力制约机制，形成用制度规范从政行为，按制度办事、靠制度管人的有效机制。大兴求真务实之风，牢记"两个务必"，做到"八个坚持、八个反对"，防止和克服各种形式主义和官僚主义。从自治区党政领导班子做起，精减会议、文件，改进会风文风，严格规范和控制各种检查、评比和达标活动。

三、以学习贯彻十六届四中全会精神为动力，扎扎实实做好当前各项工作

今年以来，自治区认真落实中央宏观调控的各项要求，全区经济继续保持了快速协调健康发展的良好势头。主要特点：*一是效益增长高于速度增长。*今年前三季度，全区生产总值预计增长21.8%，继续保持快速增长。更为可喜的是，经济增长的质量和效益不断提高。1至8月份，全区工业经济综合效益指数达到154.38，同比提高27.1点，规模以上工业企业实现利润73.7亿元，增长81.5%。前三季度，财政收入完成248.42亿元，同比增加79.41亿元，增长47%。*二是经济发展的薄弱环节得到改善。*前三季度，全区进出口总额达到29.08亿美元，增长29.5%；直接利用外资实际到位2.95亿美元，增长1.26倍；利用区外资金437.86亿元，同比增长73.3%。第三产业预计增长13.8%，金融、信息、旅游、文化等产业长足进步。城乡居民收入增长较快，城镇居民人均可支配收入6 089元，增长18.2%；农牧民人均现金收入2 052.6元，增长23.7%。*三是发展后劲明显增强。*近年来，我区各项建设投入力度不断加大，今年在国家控制固定资产投资规模的背景下，前三季度全社会固定资产投资1 339.33亿元，增长63.4%，预计全年固定资产投资将突破1 800亿元。在全部投入中，资金来源多元化，社会资金和企事业单位自筹成为主体，经济自主增长的机制开始形成。连续几年的大规模投入，使我区工业、生态、水利、交通、通信等基础产业和基础设施进一步改善，经济持续发展的基础得到巩固。在国民经济持续快速协调健康发展的同时，科技、教育、文化、卫生、计划生育等各项社会事业取得新的进展，民主法制建设、精神文明建设和党的建设进一步加强。

在党的十六届四中全会上，胡锦涛总书记对做好当前工作提出了明确要求，各级党委、政府要认真贯彻落实。现在距年底只有两个多月时间，各地要以学习贯彻十六届四中全会精神为动力，再接再厉，奋发进取，扎扎实实地做好当前工作，确保各项任务的圆满完成，并为今后的发展打好基础。

*(一)毫不放松地抓好经济社会发展。*当前，我区经济社会发展的来势很好。越是形势好，越要保持清醒的头脑。各地区各部门要在深入分析前三季度工作的基础上，认真查找工作中的薄弱环节，有针对性地做好工作，圆满完成今年经济社会发展任务。一是抓好农牧业增产增收工作。今年我区农牧业虽然局部遭受自然灾害，但整体形势较好，丰收已成定局。要在继续抓好农作物秋收和畜牧业越冬准备工作的同时，围绕增加农牧民收入这个重点，做好市场开拓和信息引导工作，通畅农村牧区流通渠道，增加农畜产品收购资金投放，确保农畜产品出售变现。认真落实农牧业税收减免政策，兑现对农牧民的各项补贴，规范

各项涉农涉牧收费,确保农牧民增收。二是加快推进重点工业项目建设。充分利用今年有限的施工期,在保证质量的前提下,加快工业在建项目建设,力争早日达产达效。加大招商引资力度,重点做好已经签约项目的履约工作。积极策划和申报有资源、有市场、有优势、有效益的工业项目,争取国家加快已报项目的审核审批进程,为工业经济的可持续增长打好基础。三是加快发展第三产业。认真贯彻自治区服务业发展纲要和优惠政策,切实把放宽市场准入、税费减免等优惠政策落到实处。抓好服务业重点项目建设。抓住四季度节日集中的有利条件,大力改善消费环境,引导居民扩大消费。以加快服务业改革为切入点,引入竞争机制,积极稳步推进服务行业的产业化。在促进经济发展的同时,要坚持统筹兼顾,推动科技、教育、文化、卫生、计划生育等各项社会事业的发展。

(二)切实关心群众的生产生活。要把扩大就业作为关心群众生产生活的首要任务来抓。大力发展服务业、中小企业和民营经济,努力开发就业岗位。以矿区国企下岗职工再就业服务中心滞留人员、结构调整过程中分流人员、“4050”人员为重点,积极开展就业、再就业指导和服务工作,努力提高他们的就业技能和自主创业能力。今年,我区东部部分地区灾情较重,有关地区和部门要逐村逐户调查,认真核实情况,妥善安排好受灾群众的生产生活。继续做好扶贫工作,加快贫困地区劳动力转移步伐,抓紧实施改善贫困地区生产生活条件的项目建设。切实维护农牧民合法权益,保证征地安置补偿费按时足额到位,帮助失地农牧民安排好长远生计,解决好拖欠和克扣农民工工资问题。进一步完善社会保障制度,充实社会保障基金,逐步扩大社会保障的覆盖范围,确保社会保障金按时足额发放。广泛发动社会力量,建立和完善以最低生活保障制度为主体、社会互助为辅助、优惠政策相配套的低保对象救助体系。元旦、春节期间,要采取切实有效措施,安排好老干部、离退休职工、革命伤残军人、复转军人、五保户、城市低保对象的生活,广泛开展“送温暖”活动,帮助他们解决好实际困难和问题。在关心群众生产生活方面,各级既要切实解决群众的燃眉之急,又要从长计议,努力探索和建立解决群众生产生活问题的长效机制,让人民群众共享改革发展的成果。

(三)全力维护社会稳定。内蒙古是祖国北部边疆,是民族自治地区,也是首都北京的“护城河”,承担着维护边疆安全、保持民族团结和发挥好“护城河”作用的三大任务。各地区各部门一定要从全局和战略的高度,牢固树立稳定压倒一切的思想,切实做好维护稳定工作,构筑祖国北部边疆安全稳定的屏障。要认真落实维护稳定工作责任制,建立健全制度,加强协调配合,努力形成保持社会长治久安的有效机制。要把正确处理和解决人民内部矛盾作为维护社会和谐稳定的关键来抓,坚持工作重心下移,抓基层、抓基础、抓队伍,切实提高旗县、乡镇两级和城镇社区社会服务管理和化解矛盾的能力。目前,我区群体上访和越级上访事件较多,有些群体性事件组织化倾向明显而且行为方式趋于激烈,已成为影响社会稳定的突出问题。据有关方面调查分析,目前大多数群体性久拖不决的问题是工作不到位、不落实造成的。最近,中央和自治区分别召开电视电话会议,对集中解决群体上访和越级上访问题作出部署,各级要明确责任,分级负责,狠抓落实,努力把问题解决在基层,解决在内部和萌芽状态。同时,继续深入开展严打整治斗争,加强社会治安综合治理,对各类刑事犯罪保持高压态势。保持高度的政治警觉,坚决打击境内外敌对势力的渗透、颠覆和破坏活动。高度重视安全生产,狠抓责任制落实和各类专项治理,加大对重点环节、重点部位、重点行业的检查力度,坚决杜绝重大恶性事故的发生。

(四)加强对经济社会发展重大问题的研究。在党的十六届四中全会上,胡锦涛总书记分析了当前工作中存在的不足,向全党提出了“七个方面”需要思考、研究和解决的重大问题。这些方面的问题,事关加强党的执政能力建设和全面建设小康社会的全局,我们要认真思考研究。目前,我们已经着手编制“十一五”计划,在编制计划过程中,各级各部门一定要立足当前,着眼长远,结合实际,以科学发展观和胡锦涛总书记重要指示为指导,切实加强对全局性、战略性重大问题的研究。比如,在经济建设方面,如何在全国乃至全球发展的大背景、大格局中寻求机遇、趋利避害,争取经济发展的主动权;如何使目前我区开始形成的经济自主增长机制得以巩固和增强,使内蒙古的经济发展逐步进入良性循环的轨道;如何按照党的十六大提出的走新型工业化道路的要求,进一步提高推进工业化的水平和质量;如何从我区实际出发,合理调整生产力布局,逐步形成符合全面建设小康社会要求的城镇化发展格局;如何把县域经济与农牧业产业化经营有机结合起来,推动县域经济发展取得新的突破;如何在发展经济的同时,稳步提高城乡居民收入水平和生活质量。在政治、文化发展领域,如何巩固马克思主义在意识形态领域的指导地位,形成共同理想和精神支柱;如何加强政策协调、改进工作方法,更好地解决涉及群众切身利益的问题;如何健全机制、完善措施、加强基层建设,切实化解不安定因素,解决影响社会和谐稳定的问题。在党的建设方面,如何提高科学执政、民主执政和依法执政的能力和水平;如何增强基层党组织的凝聚力和战斗力;如何解决部分党员干部作风不实、形式主义和官僚主义严重等问题;如何完善对权力运行制约和监督的有效机制,等等。只有把这些重大问题研究好、解决好,我们在工作中才能更好地体现时代性、把握规律性、富于创造性。

同志们,加强党的执政能力建设是一项长期而艰巨的任务。我们要更加紧密地团结在以胡锦涛同志为总书记的党中央周围,认真践行“三个代表”重要思想,深入学习贯彻党的十六大和十六届三中、四中全会精神,牢固树立、认真落实科学发展观,努力提高党的执政能力和水平,更好地团结和带领全区各族人民,抓住机遇,求真务实,加快发展,把我区的改革开放和现代化建设事业不断推向前进!

政府工作报告

——2005年1月8日在内蒙古自治区第十届人民代表大会第三次会议上

自治区主席 杨 晶

各位代表：

现在，我代表自治区人民政府作工作报告，请予审议，并请自治区政协委员和列席会议的同志们提出意见。

一、2004年工作的回顾

过去的一年，是自治区发展进程中重要的一年，也是改革开放和现代化建设取得显著成绩的一年。在党中央、国务院和自治区党委的正确领导下，自治区政府团结带领全区各族人民，以邓小平理论和"三个代表"重要思想为指导，牢固树立和全面落实科学发展观，认真贯彻国家宏观调控政策，求真务实，开拓创新，实现了经济社会的快速健康发展，全面超额完成了年初确定的各项目标。预计全年生产总值达到2 700亿元以上，增长20%，人均生产总值将超过全国平均水平，实现了重要突破。

宏观调控取得成效，国民经济快速增长。从我区实际出发，认真贯彻国家宏观调控政策，坚持有保有压、区别对待。切实加强农牧业等薄弱环节，大力发展煤炭、电力等优势产业，既加快了自身发展，又为缓解国家瓶颈制约做出了贡献。运用经济、法律和必要的行政手段，下大力清理开发区，整顿土地市场，关停"五小"企业，有效遏制了盲目投资和低水平重复建设。这些宏观调控措施，有力地促进了经济增长质量和效益的提高。第一产业实现较快增长，完成增加值510亿元，增长14%。粮食播种面积扭转了连续五年下降的局面，粮食总产量达到301亿斤，增产28.9亿斤。农牧业内部结构调整收到实效，畜牧业占第一产业的比重达到43%。农区畜牧业快速发展，牲畜头数占全区总头数的67%，新增数量占全区的90%。农牧业产业化步伐加快，龙头企业带动作用增强，农畜产品基地建设规模扩大。第二产业持续快速增长，完成增加值1 310亿元，增长29%。其中工业完成增加值970亿元，增长28%，规模以上工业增长38%。工业经济效益明显提高，企业销售收入和利税大幅度增加。重点地区、优势产业、重点工业园区快速发展，神华煤制油等一批大项目开工建设或建成投产。第三产业发展加速，完成增加值880亿元，增长13%。交通运输、商贸餐饮、旅游、物流业发展较快。金融保险业取得突破，华夏银行、新华保险公司等金融机构在我区设立分支机构，蒙牛乳业、北方创业成功上市。信息服务、房地产、社区服务业健康发展。

投资消费有效拉动，自主发展能力增强。投资规模进一步扩大，预计全年全社会固定资产投资完成1 800亿元，增长50%。投资自主增长能力明显增强，企事业单位自筹、股票债券融资和社会投资所占比重提高到75%。投资结构进一步优化，基础产业和基础设施建设得到加强。全年完成工业投资900亿元，占全部投资的50%，新增发电装机300万千瓦，煤炭产量达到2亿吨。加快实施生态建设重点工程，大力推进休牧、禁牧、轮牧，生态环境保护和建设取得明显成效。全年完成退耕还林660万亩，退牧还草2780万亩，治理荒漠化面积6 100万亩。重点水利工程建设进展顺利，新增农田有效灌溉面积232万亩，发展节水灌溉面积340万亩，农村牧区饮水工程解决了近70万人的饮水问题。交通建设完成投资237亿元，其中公路建设完成投资202亿元，全区高速公路、一级公路通车里程突破1 000公里，续建、新建了呼市至准格尔等6条铁路。城市建设力度加大，市政公用设施进一步改善。积极推动消费结构升级，加强食品、药品、农资等生产生活资料市场监管，不断改善消费环境。全年实现社会消费品零售总额880亿元，增长21%，居民消费价格上涨3%左右，市场价格总体平稳。

各项改革稳步推进，对外开放取得突破。国有企业改革、重组取得积极进展。按照股权多元、增量减持的原则，重组了内蒙古电力、霍林河煤业等10户重点企业，引进新资本200亿元，企业活力和发展后劲增强。外贸、物资、商粮三大集团改革进入扫尾阶段，国有企业剥离办社会职能迈出实质性步伐，市政公用事业全面放开。国有资产监管和国土资源管理体系框架基本形成。农村牧区税费改革进入新阶段，6个盟市全额取消了农业税，其他盟市税率平均由7%降至4%，农牧民人均税收负担降低60%以上。粮食流通体制改革、行政审批制度改革、事业单位人事制度改革、科研院所改制步伐加快。积极实施"走出去"战略，"向北开放"取得重大进展。合作开发俄蒙资源进入实质性操作阶段，实现了同蒙古国政府和俄罗斯地方政府的高层访问，加深了了解和互信，为加强合作打下了坚实基础。"引进来"成效显著。预计全年引进区外国内资金到位702亿元，增长75%；外商直接投资到位6亿美元，增长60%。外贸进出口总额40亿美元，增长30%。口岸建设得到加强，过货量增长44%。

财政收入明显增加,群众得到更多实惠。全区财政总收入完成363.1亿元,增长40.7%;财政总支出598.2亿元,增长26.9%,公共财政的服务保障功能得到加强。人民生活水平进一步提高,城镇居民人均可支配收入8 200元,实际增长14%;农牧民人均纯收入2 670元,实际增长13%。就业和再就业工作力度加大,全区城镇新就业24万人,城镇登记失业率控制在4.7%左右。"两个确保"得到进一步巩固,下岗职工基本生活保障向失业保险并轨任务基本完成,社会保险覆盖面继续扩大。普遍提高了最低生活保障标准,基本实现了应保尽保。切实加强扶贫救灾工作,保证了受灾地区、贫困地区群众的基本生活。

社会事业全面推进,三个文明协调发展。科技创新和推广体系进一步完善,科技成果转化率和产业化率不断提高。信息化建设取得积极进展。基础教育稳步推进,加快实施"两基"攻坚、中小学危房改造和现代远程教育网络工程,在全国率先实施了对农村牧区义务教育阶段学生的"两免一补"政策。高等教育结构调整、资源重组工作进展顺利,民族教育、职业教育稳步推进。深入开展民族文化大区建设,文化事业、文化产业健康发展。医疗卫生事业得到加强,初步建立了突发公共卫生事件应急机制和重大疾病预防控制体系,新型农村牧区合作医疗试点工作进展顺利。认真做好禽流感防治工作,确保了"无疫区"目标的实现。大力实施人才强区战略,人才开发工作得到加强。人口和计划生育工作健康发展,人口自然增长率控制在3.6‰以内。高度重视环境保护工作,加强污染防治,环境质量有所改善。

深入开展科学发展观、正确政绩观和"执政为民,加快发展"学习教育活动,认真学习牛玉儒同志先进事迹,全民思想道德建设和精神文明创建活动蓬勃开展。各民族团结和睦,社会主义新型民族关系得到巩固和发展。民主法制建设继续推进。认真向人民代表大会及其常委会报告工作,向人民政协通报情况,自觉接受监督。全年办理人大代表建议363件,政协委员提案462件。深入贯彻行政许可法和依法行政实施纲要,努力推进依法行政,政府法制建设得到加强。充分发挥审计、监察部门的职能作用,廉政建设和反腐败工作收到实效。信访、社会治安综合治理和国防动员工作进一步加强,全区边疆安宁、社会稳定,各项事业都取得了新成绩。

回顾一年来的工作,我们深深体会到,做好新形势下的政府工作,加快自治区经济社会发展,必须认真贯彻执行党中央、国务院和自治区党委的决策部署,坚持按照七次党代会以来确定并不断完善的发展思路开展工作;必须紧紧抓住发展这个第一要务,既要善抓机遇,积极进取,又要尊重规律,理性推进;必须坚持科学发展观,认真做好资源高效转换这篇大文章,切实转变经济增长方式,不断提高经济增长的质量和效益;必须树立统筹兼顾的观念,解决好发展中的薄弱环节,积极推进城乡、区域、经济社会协调发展;必须树立正确的政绩观,高度关注民生,促进社会公平,建设和谐社会。

各位代表!过去一年我们取得的成绩,是党中央、国务院和自治区党委正确领导的结果,是全区各族人民共同努力的结果,也是兄弟省市区、社会各界和海内外朋友关心、支持的结果。在这里,我代表自治区人民政府,感谢全区各族人民的信任与支持,并向所有为取得这些成绩做出贡献的同志们,向帮助过我们的国内外朋友们,表示衷心的感谢和崇高的敬意!

在看到成绩的同时,我们也清醒地认识到,经济社会发展中还存在不少问题。主要是:资源综合开发利用水平不高,产业层次还比较低,优势产业集群的培育发展不够理想,中小企业发展滞后;"三农"问题仍很突出,农牧业组织化、社会化程度比较低,农村牧区投入不足,农牧业增效、农牧民增收以及生态建设的任务还十分艰巨;区域发展不平衡,城乡、经济社会发展不协调的问题还比较突出;与经济的快速发展相比,城乡居民收入增长较慢,低收入群体生活仍很困难,就业和社会保障压力仍然较大,一些影响社会稳定的因素依然存在;政府职能需要加快转变,依法行政水平有待进一步提高等等。对这些问题,我们要高度重视,采取切实有力的措施,认真加以解决。

二、2005年的主要工作任务

2005年是"十五"计划的最后一年,也是承接"十一五"计划的关键一年。今年政府工作的总体要求是:以邓小平理论和"三个代表"重要思想为指导,深入贯彻党的十六届三中、四中全会和中央、自治区经济工作会议精神,坚持以科学发展观为统领,加强和改善宏观调控,深化改革、扩大开放,深入实施西部大开发战略,积极参与东北等老工业基地振兴,调整优化经济结构,转变经济增长方式,积极培育优势特色产业,全力推进"两项建设"和"三化"进程,不断提高城乡人民生活水平,大力发展各项社会事业,加强精神文明和民主法制建设,努力实现经济社会全面协调可持续发展。主要预期目标是:生产总值增长15%,财政收入增长20%,城镇居民人均可支配收入增长12%,农牧民人均纯收入增长8%,城镇登记失业率控制在4.5%以内,居民消费价格涨幅控制在4%以内,人口自然增长率控制在5‰以内。

围绕上述总体要求和目标,在工作的指导原则上,一是要坚持以科学发展观为统领,加强优势产业集群培育,增强地区核心竞争力。同时,切实加强薄弱环节,促进经济社会全面协调可持续发展。二是坚持抓好用好战略机遇,深入实施西部大开发战略,积极参与东北等老工业基地振兴,牢牢把握加快发展的主动权,努力保持较长的快速增长期。三是坚持推进改革开放,努力消除制约发展的体制性障碍,不断增强发展的活力和后劲。四是坚持以人为本,在加快发展的同时,不断满足人民群众日益增长的物质文化需求,努力构建社会主义和谐社会。在具体工作上,要突出抓好以下八个方面。

(一)高度重视"三农"问题,切实加大扶持力度,巩固农牧业基础地位

按照统筹城乡发展的要求,坚持把解决好"三农"问题作为各项工作的重中之重,认真贯彻落实今年中央1号文件精神,进一步加大对农牧业的支持力度,促进农牧业增效、农牧民增收。

第一,保持政策的连续性和稳定性,充分调动农牧民的生产积极性。继续深化农村牧区改革,稳定农村土地承包责任制,落实草牧场"双权一制",规范土地和草牧场承包经营权的流转。进一步加大农牧业投入,减轻农牧民负担。自治区决定,从今年起,在全区范围内全部免征农业税,对新免征农业税地区所造成的财政缺口,由自治区政府通过转移支付解决。继续兑现粮食直补、农作物良种和农机具补贴。加快农村信用社改革步伐,建立起为"三农"服务的农村金融体系,切实解决农牧民贷款难的问题。加强涉农项目和涉农资金管理,提高资金使用效益。调整和完善扶贫开发重点,强化扶贫措施,加大对农村牧区贫困人口的直接帮扶力度,努力实现稳定脱贫。

第二,调整优化农牧业结构,促进集约化生产经营。要加快畜牧业发展,进一步提高畜牧业在第一产业中的比重,使之成为真正的主导产业。大力发展农区畜牧业,全面推行舍饲圈养、种养结合、农牧互补。稳定发展牧区畜牧业,严格执行草畜平衡制度,全面推行休牧、禁牧和轮牧。加快畜种改良,优化畜群畜种结构。调整种植业结构,稳定粮食播种面积,提高粮食产量,加快发展无公害、绿色、特色种植业,积极发展具有比较优势的经济作物和饲草料种植。优化农畜产品区域布局,促进特色优势农畜产品生产向优势区域集中,实现规模化生产、集约化经营。

第三,加快推进农牧业产业化进程。紧紧围绕乳、肉、绒等六大主导产业和沙产业、草产业等特色产业,突出抓好重点企业、重点区域和重点旗县,着力提高基地的生产能力和龙头企业的竞争力,提升产业化经营层次。继续培育发展竞争力强、辐射面大的加工龙头企业,引导企业依靠科技创新增强实力,提升农畜产品加工业的整体水平。积极引进产业化项目,吸引和鼓励各类企业进入农牧业和农畜产品加工、流通领域。按照集中布局、专业生产、规模经营的要求,努力提高农畜产品基地的生产能力、产品质量和经济效益。加强对产业化经营的服务与指导,完善龙头企业与农牧户之间的利益联结机制。尽快建立农牧业产业化风险防范机制。

第四,提高农牧业组织化和社会化程度。继续实施好"种子工程",大力推广农牧业适用技术,提高农牧业机械化水平。加强防疫检疫体系和防疫队伍建设,切实做好动物防疫工作,做到户不漏畜、畜不漏针,有效预防和控制重大疫情。推进农牧业标准化、信息化和农畜产品质量安全检验检测体系建设,确保农畜产品质量安全。积极培育发展农牧民专业合作经济组织和经纪人队伍,提高农牧民进入市场的组织化程度。加强农牧民就业培训,促进农牧民非农就业。

第五,加强以生态、水利为重点的农村牧区基本建设。要巩固和扩大生态建设成果,认真抓好退耕还林、退牧还草等重点生态工程建设,加大草原生态建设与保护力度,实现生态效益、经济效益和社会效益的统一。加强天然林和湿地保护,重视自然保护区建设。加快水利基础设施建设,抓好尼尔基、绰勒水利枢纽及河套灌区节水改造等一批在建重点水利工程建设,加强黄河、嫩江等干流及其主要支流的堤防建设,力争新开工建设一批大中小型水库。高度重视农业节水工作,大力发展旱作农业和节水灌溉,坚持不懈地抓好以水为中心的农田草牧场基本建设。加快发展避灾型农牧业,提高抵御自然灾害的能力。加大农村牧区基础设施和社会事业服务设施建设力度,进一步改善农牧民生产生活条件。

(二)依托资源优势,构筑产业集群,保持工业经济的良好发展势头

以做大做强工业经济为目标,发挥优势,优化布局,改善环境,努力把我区工业化提高到一个新水平。

第一,规划建设重化工业基地,大力培育发展优势产业集群。为了尽快做大做强具有比较优势的能源、化工、冶金、装备制造等重化工产业,自治区将在具备产业基础和资源、区位条件的地区,规划建设一批跨区域、有特色的大型重化工业基地。要依托重点地区、重点企业和重点工业园区,运用市场机制,加快产业布局调整,促进资金、技术、人才等生产要素向工业基地集聚。要认真做好产业发展规划和政策的制定,积极推进体制、机制和技术创新,加快工业基地基础设施和服务环境建设。充分发挥后发优势,积极承接国内外高水平产业转移,建设、引进一批规模大、技术水平高、资源转化能力强的重化工项目。积极支持区内企业加快产业升级步伐,培育自治区重化工业骨干力量,力争在较短时期内使我区成为国家重要的重化工产业基地。

继续加快煤炭、电力工业发展,保持产业领先地位。以提高资源综合利用水平和就地转化率为重点,加快大型煤炭基地建设,搞好矿区规划,提高技术装备水平,扩大生产规模,煤炭产量要达到2.6亿吨。继续扩大电力建设规模,力争新开工电力装机800万千瓦以上,总装机容量突破2 000万千瓦。要重点发展热电联产、煤矸石电厂等国家政策鼓励的项目。在产业集中、电力需求大的区域,大力发展自备电厂。在区域布局上,新建大的电源点要向水源丰富的东部盟市倾斜。积极开发清洁能源,扩大风力发电规模。要充分发挥我区煤电及矿产资源优势,利用好境外资源,继续壮大钢铁工业,发展有色金属冶炼加工,扩大并提高装备制造业的规模和水平。要重点发展煤化工、天然气化工和氯碱化工等产业,研究开发下游产品,延长产业链,带动中小企业发展,形成产业集群,努力使化学工业成为我区新的投资热点和经济支撑。加快发展信息制造、稀土新材料、生物制药等高新技术产业,整合资源,提升水平,做大总量。

第二,加强资源管理与综合开发利用,大力发展循环经济。一是加大地勘工作力度,抓紧编制资源勘探开发利用规划。对煤炭、有色金属、天然气、石油、水等重要战略资源,进行重点勘查。对已经发现的有开发利用价值的资源,要按照规划纳入科学开发程序。二是强化资源管理,合理配置资源。要加强政府对资源的管理和调控,对煤炭、铁矿、有色金属等整装矿区和适宜规模开采开发的矿种,由政府出资进行勘查,并按照转化项目的建设投资规模、技术水平以及转化率配置资源。加大经营性土地、矿产的招标、拍卖和挂牌工作力度,依法有偿转让。三是节约利用资源,大力发展低消耗、低排放、高效率的循环经济。按照"统筹规划,合理开发,综合利用,有效保护"的原则,引导

鼓励企业对资源进行就地深度加工和综合利用,提高产品的附加值和技术含量。加快技术创新,大力推进节能降耗和清洁生产,充分利用各种废弃物和再生资源,建设资源节约型社会。进一步加强水资源的保护和节约利用,认真做好水文地质勘查和水资源的合理调配工作。加强工业污染防治,坚持环境影响评价和“三同时”制度,切实抓好重点流域水污染、重点城市大气污染、重点工业污染源企业的监测和治理工作。

第三,进一步改善发展环境,为优势产业成长创造条件。一是要加快通道建设,重点构筑三大通道。电力通道要构筑西起乌海、东至锡盟的500千伏电力主干网架,加强东部盟市电网与东北电网的联网建设。着眼长远,建设跨省区和跨大区送电通道。铁路要构筑西起额济纳、东至满洲里、贯通自治区东西的大通道。今年要续建、新建12条铁路,并对4条铁路进行扩能改造,铁路建设总里程达到2 500公里。公路要构筑西起阿拉善、东至呼伦贝尔的东西大通道,贯通乌海至北京高速公路,建设承载能力强的专用公路通道,加快县乡公路建设,提高路网的通达广度和深度。此外,要加快支线机场建设,完善民航机场布局。配合我区化工产业的发展,提前谋划产品外送通道,优先发展安全、环保、低成本的管道运输。二是确保优势产业对电力、运力的需求。加强电力合理调配和有序用电工作,在保证居民生活和重点领域用电的基础上,向重点项目、优势产业倾斜,向技术装备先进、投入产出比高、单位能耗少的企业倾斜,向发展循环经济、资源利用充分、环保效果好的企业倾斜。加强运力调配,积极争取国家对我区铁路运输的支持。三是切实加强安全生产。进一步完善安全生产管理体制和机制,全面落实安全生产责任制,深入开展安全专项整治,加强对交通、煤矿、化工等重点高危行业的安全监管力度,严防重大事故发生。

(三)统筹兼顾,促进区域、城乡、产业的协调发展

一是要牢牢把握机遇,促进区域协调发展。深入实施西部大开发战略,在继续加快生态和基础设施建设的同时,更加注重优势产业的培育,促进产业结构优化升级,形成西部开发的长效机制。继续鼓励和支持优势地区转变经济增长方式,提升产业层次,进一步加快发展。要充分认识并紧紧抓住国家振兴东北等老工业基地的战略机遇,加快东部盟市发展。自治区将加大对东部盟市的支持力度,积极引导和支持东部盟市进行产业结构调整,培育壮大优势产业和特色经济,拓展产品市场,改善基础设施条件,加强资源的统筹规划和合理调配。东部盟市要进一步解放思想,抓住有利时机,深入研究国家相关政策,制定发展规划和政策措施,加强与东北三省在产业项目、基础设施、政策措施等方面的对接,积极融入东北等老工业基地振兴。

二是要大力推进城镇化进程,促进城乡协调发展。坚持“突出发展大城市,加快发展中小城市,有重点地发展小城镇”的思路,调整和优化生产力布局,促进人口和产业向城市集中,做大城市经济总量,提高城镇化水平。加强城市基础设施和环境建设,提高市政公用设施的承载能力和服务水平,满足新增人口对城市资源的需求。树立经营城市的理念,积极探索经营城市的新模式,加快市政公用事业市场化步伐。依托旗县所在地和有条件的中心集镇,大力发展县域经济,因地制宜地培育发展旗县主导产业,增强县域经济实力,吸引农村牧区人口转移。加快建立平等、有序、城乡一体的社会保障和劳动就业体系,畅通人口转移渠道。认真解决拖欠工程款和农民工工资问题,各级政府要带头清欠工程款,严肃查处拒不支付农民工工资的行为。

三是要加快发展服务业,实现三次产业协调推进。认真贯彻自治区服务业发展纲要和60条优惠政策,放宽市场准入,优化发展环境。加快服务业重点项目建设,积极培育和引进服务业龙头企业。大力调整服务业结构,促进传统服务业优化升级。加快发展交通运输和商贸流通业,推广连锁经营、物流配送、特许经营等新型流通方式,建设一批重点物流园区和商品市场。积极发展现代服务业特别是旅游业,大力实施旅游精品战略,整合资源,突出特色,打造品牌。按照管办分离、打破垄断、充分竞争的原则,加快推进教育、文化、体育、医疗卫生等社会事业领域服务业的发展,促进服务质量和服务水平的提高。继续加快金融保险、社区服务、信息产业、咨询中介等新型服务业发展。

(四)继续加强和改善宏观调控,充分发挥财税金融对经济的保障支持作用

第一,认真贯彻落实国家宏观调控政策。着眼于自治区的长远发展,保持合理的投资规模,全年力争完成固定资产投资2 400亿元。积极推进投资主体多元化,努力扩大单位自筹和社会投资比重。优化投资结构,进一步向基础产业、基础设施以及经济社会发展的薄弱环节倾斜。继续整顿土地市场秩序,坚决制止乱占滥用耕地行为,完善征地补偿和安置制度,维护群众切身利益。认真执行行业准入标准,加快淘汰不符合国家和自治区产业政策的落后生产能力,坚决遏制低水平重复建设。加强市场物价监管,密切关注物价走势,切实把物价上涨幅度控制在预期目标之内。进一步完善鼓励和引导消费的各项政策措施,改善消费环境,积极开拓农村牧区消费市场,努力扩大消费需求。

第二,着力提高财政的调控能力。要狠抓财源建设,巩固主导财源,开发新兴财源,建立重点突出、基础扎实、结构合理的财源体系。坚持依法治税,加强税收监管,堵塞各种漏洞,确保财政收入稳定增长。优化财政支出结构,重点保证经济社会发展薄弱环节和公共服务支出需要。深化财税体制改革,扩大部门预算、国库集中收付、政府采购制度的实施范围。完善财政转移支付制度,缓解县乡财政困难。严肃财经纪律,管好用好国债资金和其它专项资金,确保资金封闭运行、专款专用。抓紧建立财政支出绩效评价制度,严肃查处挤占、挪用等违法违规行为,保证财政资金使用的规范、安全和高效。高度重视审计工作,有效发挥审计职能作用,积极运用审计成果。

第三,充分发挥金融对经济发展的支持作用。加强各级政府、有关部门与金融部门的沟通和联系,落实好自治区与国家有关金融机构的合作协议,支持金融机构拓展服务领域,扩大信贷规模。加快社会信用体系建设,完善中小企业信用担保体系,落实各项担保政策,切实解决中小企业融资难的问题。加快发展地区金融机构,做大做强城市商业银行。密切与区外金融机构

的联系，做好金融机构的引进工作。加强资本市场建设，扩大证券、信托、股权等多种融资渠道，积极支持我区企业在境内外上市。

（五）深入推进各项改革，全面提高对外开放水平

加快国有企业股份制改造步伐。继续抓好包钢、天野化工集团等国有企业的股份制改革，完成大型国有企业剥离办社会职能，全面推进主辅分离、辅业改制和企业退休人员社会化管理。加快劣势企业退出市场和资源枯竭矿山关闭破产工作。创造平等竞争、一视同仁的法制、政策和市场环境，进一步完善并认真落实好扶持非公有制经济发展的各项政策措施，鼓励、支持和引导非公有制经济健康发展，保护非公有制企业的合法权益。鼓励非公有资本进入基础设施、基础产业、公用事业领域，参与国有企业改制和重组。进一步完善管资产与管人、管事相结合的国有资产监督管理体系，加强企业行为监管，确保国有资产保值增值。全面推进农村牧区税费改革，搞好配套的乡镇机构改革、农村牧区义务教育体制改革和县乡财政体制改革。按照国务院的要求，继续深化科技、教育等事业单位改革。不断深化粮食流通体制改革。进一步完善价格形成机制。

面向两个市场，利用两种资源，进一步提高对外开放水平。继续加大招商引资工作力度，全年力争引进区外国内资金900亿元，吸收外商直接投资10亿美元。要抓住国内外产业转移的重大机遇，着力打造具有政策、资源、产业优势的引资“洼地”，加快引进技术水平高、带动力强的大企业和大项目，同时积极引进有利于扩大就业、统筹城乡的中小项目，坚决制止低水平、高污染项目向我区转移。认真做好项目的推介对接和后备项目的筛选储备，加强对已签订协议和在建项目的跟踪服务，抓好项目的落地开工。积极参与环渤海经济圈等区域经济协作。按照政经结合、互利共赢的原则，加快实施“走出去”战略，深入推进“向北开放”。加强与俄蒙在各个层面上的往来，不断拓展合作领域，特别是在资源开发等方面的合作，落实好已经达成的协议。要充分利用好口岸资源，加快口岸基础设施建设，大力发展口岸加工贸易。优化对外贸易结构，加大高附加值及优势产品的出口力度，做大外贸进出口总量。

（六）加快发展各项社会事业，促进经济社会协调发展

大力实施科教兴区和人才强区战略。以提高科技创新能力和加速成果转化为目标，推动科研与生产相结合。建立健全以企业为主体的技术创新体系，提高企业科技创新能力。在资源高效开发利用、发展循环经济、生态环境治理等重点领域，加快关键技术的研发和引进步伐，大力开发和推广应用新技术、新产品，依靠科技提升产业层次，优化产品结构。抓好科技研发载体建设，积极打造呼包高新技术产业带。加快科技服务体系建设，加强知识产权保护。加大信息基础设施建设力度，重视信息安全工作。坚持教育的先导地位。加快“两基”攻坚、中小学二期危房改造和现代远程教育网络工程建设，切实把“两免一补”政策落到实处。限期解决教师工资的陈欠问题，坚决杜绝新的拖欠。按照合理布局、相对集中的原则，进一步调整中小学和中等职业学校布局结构，优化教育资源配置。整合高校办学资源，促进扩大招生与提高办学质量的有机统一。大力发展职业教育，鼓励引导民办教育发展。优先发展民族教育，鼓励有条件的盟市、旗县对农村牧区少数民族学生给予扶助。高度重视人才开发工作，大力实施人才强区战略。紧紧抓住“培养、吸引、用好”三个关键环节，深入实施各项人才工程，建立健全人才资源开发多元投入机制，加快高层次和实用人才队伍建设，积极引导专业适用人才向农村牧区流动，在全社会形成尊重、关心、支持人才的良好氛围。

加快民族文化大区建设。认真贯彻落实自治区文化发展纲要和支持文化发展的各项经济政策，整合文化资源，发展文化产业。坚持贴近群众、贴近实际、贴近生活，继续实施精品文化工程，鼓励优秀文化产品的创作和生产，满足人民群众日益增长的精神文化需求。加强公共文化服务体系建设，提升服务水平。大力发展文化产业，推进文化体制创新，加快文化企事业单位的改革和发展。加强文化基础设施建设，在重点城市建设一批标志性的文化工程。积极推进广播电视的数字化，加强“西新工程”、“村村通”工程建设。重视自然科学研究，繁荣哲学和社会科学。加强文物保护，弘扬优秀文化。

大力发展医疗卫生等各项事业。加快疾病预防控制体系、医疗救治体系和卫生执法监督体系建设，有效预防和控制重大疾病的发生与蔓延。改善农村牧区医疗卫生条件，整合医疗卫生资源，搞好中心集镇卫生院建设，积极推进农村牧区新型合作医疗试点工作，切实解决农牧民因病致贫、因病返贫的问题。加强规划指导，认真做好地方病防治工作。强化监督管理，规范医疗卫生服务行为。积极推进城市医疗卫生体制改革，大力发展社区卫生事业。优化整合蒙医蒙药资源，提高蒙医药产业化水平。认真做好人口和计划生育工作，制定符合经济社会发展要求的中长期人口发展规划，积极推进计划生育综合改革和奖励扶助制度试点工作。广泛开展全民健身活动，提高竞技体育水平，做好“十运会”备战工作。

（七）坚持以人为本，努力构建社会主义和谐社会

构建社会主义和谐社会，首要的是坚决维护民族团结、边疆稳定的大局。要全面贯彻党的民族政策，加强以爱国主义为核心的民族团结教育，巩固和发展平等、团结、互助的社会主义新型民族关系。加大对少数民族聚居区的支持力度，积极推进“兴边富民”行动，促进各民族共同繁荣发展。坚决反对破坏民族团结的言行，严厉打击境内外敌对势力的渗透破坏活动。

切实做好就业和社会保障工作。要把控制失业率作为重要调控目标，纳入各级政府目标管理。认真落实积极的就业政策，立足于改革发展和结构调整解决就业问题，加快发展就业容量大的第三产业、中小企业和劳动密集型产业，创造更多的就业岗位。不折不扣地落实财政补助、小额贷款和税费减免等优惠政策，统筹做好下岗职工、大中专毕业生、农民工就业和复转军人安置工作。加快劳动力市场培育和建设，加强劳动技能培训，提高劳动者就业和创业能力，增强就业的稳定性。要逐步建立同

经济发展水平相适应的社会保障体系。继续做好“两个确保”、城市低保和“三条保障线”的衔接工作,建立健全养老、医疗等社会保险保障体系,依法扩大社会保险覆盖面。逐步提高城市居民最低生活补助水平,努力实现动态管理下的应保尽保。鼓励有条件的地区积极探索农村牧区低保制度。

认真解决好关系群众切身利益的问题。稳步提高城乡居民收入水平,认真研究解决地区、城乡、行业、部门收入差距大的问题。严格执行企业职工最低工资标准,搞活事业单位分配制度,积极推进国家公职人员福利待遇货币化。加强城乡社会救助体系建设,积极发展社会福利事业,切实解决困难家庭和弱势群体的基本生活和实际困难。关心支持残疾人事业,高度重视并切实维护妇女、儿童和老年人的合法权益。加强防灾救灾工作,安排好受灾群众的生产生活。严厉打击制售假冒伪劣商品等违法行为,维护人民群众消费安全和市场经济秩序。高度重视信访工作,正确处理新形势下的人民内部矛盾。严格依法、依政策办事,坚决纠正农村土地征用、城镇房屋拆迁、国有企业转制中损害群众利益的问题,积极预防并妥善处置群体性事件。坚持打防结合、预防为主的方针,加强社会治安综合治理,严厉打击各种刑事犯罪活动,保护人民群众的生命财产安全。

加强精神文明建设。深入开展党的基本理论和基本路线教育,宣传科学理论,传播先进文化,弘扬社会正气,为改革发展营造良好的舆论环境。大力开展学习牛玉儒同志先进事迹活动,激励广大干部奋发有为、勤政为民。加强社会公德、职业道德和家庭美德教育,重视大学生和未成年人思想道德教育,广泛开展各种形式的精神文明创建活动。普及科学文化知识,提高全民素质。

加强民主法制建设。坚持依法治区方略,自觉接受人民代表大会及其常委会、人民政协和社会各界的监督,广泛听取民主党派、工商联和无党派人士的意见。认真办理人大代表的建议、意见和政协委员的提案,努力提高办理议案的质量和效率。加快实施政务公开,规范厂务和村务公开。扩大基层民主,落实村民自治制度,完善城市居民自治。加强法制宣传教育,提高全民法律意识。认真贯彻党的宗教政策,依法管理宗教事务。关心和支持军队建设,进一步巩固和发展军政、军民团结。

(八)加强政府自身建设,努力建设人民群众满意的政府

认真贯彻党的十六届四中全会精神,加强各级政府执政能力建设,不断提高政府管理经济社会事务的能力。

一是加快政府职能转变。按照政企分开、政事分开的原则,全面履行经济调节、市场监管、社会管理和公共服务职能。通过制定产业政策、发展规划等,为市场主体创造良好的发展环境和公平竞争的条件。注重研究经济社会发展的重大战略问题,认真做好“十一五”规划的编制工作。加强市场监管,建立科学的市场准入标准和制度,正确引导企业和投资者的经济行为。认真履行社会管理职能,完善政策法规,依法管理社会事务。强化公共服务职能,健全公共服务体系。加快建立和完善突发公共事件应急机制,提高政府应对公共危机的能力。

二是严格依法行政。深入贯彻落实依法行政实施纲要,严格按照法定权限和程序行使职权、履行职责,努力提高依法行政的能力和水平。善于运用法律手段管理经济社会事务,依法妥善处理各种社会矛盾。加强政府立法工作,扩大公众参与程度,提高立法质量。完善行政执法体制,加强行政执法队伍建设,强化行政执法监督,全面推行行政执法责任制。

三是科学民主决策。通过多种渠道和形式,广泛集中民智,使政府决策真正建立在科学民主的基础上。进一步完善公众参与、专家论证和政府决策相结合的决策机制,建立健全重大问题集体决策、专家咨询、社会公示和听证制度。加快建立决策失误责任追究制度,建立健全纠错改正机制。认真开展经济普查工作,为科学决策提供依据。

四是切实改进政风。树立正确的政绩观,敢于触及矛盾,善于破解难题,认真做好打基础、管长远的工作。始终保持谦虚谨慎、不骄不躁和艰苦奋斗的作风,发扬求真务实的精神,坚持按客观规律办事,坚决反对形式主义、官僚主义。继续大力精简会议、文件,改进会风、文风,把更多的时间和精力用于深入基层、调查研究、解决问题上。加快电子政务建设,提高政府工作效率和透明度。

五是加强廉政建设。建立教育、制度、监督并重的预防和惩治腐败体系。严格落实党风廉政建设责任制,认真贯彻领导干部廉洁自律各项规定,坚决查办违纪违法案件,严肃惩处腐败分子。坚决纠正部门和行业不正之风,切实解决以权谋私、与民争利和损害群众利益的问题。

各位代表!新的一年,自治区经济社会发展的任务繁重而艰巨。让我们更加紧密地团结在以胡锦涛同志为总书记的党中央周围,坚持以邓小平理论和“三个代表”重要思想为指导,牢固树立和全面落实科学发展观,积极进取,扎实工作,为进一步开创自治区改革开放和现代化建设的新局面而努力奋斗!

内蒙古自治区人民代表大会常务委员会工作报告

——2005年1月11日在内蒙古自治区第十届人民代表大会第三次会议上

自治区人大常委会副主任 尤 仁

各位代表：

我受自治区人民代表大会常务委员会的委托，向大会作工作报告，请予审议。

2004年是自治区十届人大常委会工作稳步推进、创新发展的重要一年。一年来，在自治区党委的领导下，自治区人大常委会坚持以邓小平理论和“三个代表”重要思想为指导，认真落实科学发展观，把坚持党的领导、人民当家作主和依法治国的有机统一作为根本原则，把关系人民群众利益的问题摆在突出位置，着力推进立法工作、监督工作、代表工作和人大工作机制创新，加强自身建设，常委会的工作和建设取得了新的进展，为促进我区物质文明、政治文明和精神文明协调发展发挥了应有的作用。

一、着力提高立法质量，积极推进立法创新

常委会坚持用科学发展观统领立法工作，坚持以人为本、立法为民，着重提高立法质量，推动立法创新，努力为我区全面建设小康社会提供有力的法制保障。围绕国家法律体系建设的目标，从自治区经济社会发展的实际需要出发，编制立法计划，着力提高立法计划的科学性可行性。扩大立法民主，加强立法协调，改进立法调研，强化法规案审查和征求意见工作，构建充分反映民意、广泛集中民智的立法工作机制。一年来，常委会共审议法规案32件，通过30件，初审2件。其中，制定和修改自治区地方性法规14件，废止自治区地方性法规1件；批准呼和浩特市、包头市地方性法规和自治旗单行条例15件。立法工作在突出地方特点、保障人民群众合法权益方面取得了明显成效。

坚持以经济立法为重点，着重加强保障和促进自治区可持续发展的立法。在总结实践经验的基础上，制定了自治区森林草原防火条例、实施防沙治沙法办法、实施水法办法。根据草原法的修改精神，修订了自治区草原管理条例，把我区保护和合理利用草原的有效措施以及牧区改革的重要成果上升为地方性法规。从推动旅游业加快发展出发，修改了自治区旅游条例，批准了呼和浩特市旅游管理条例、鄂伦春自治旗旅游条例。继续加强促进社会主义市场经济发展的立法。为切实保护消费者的合法权益，修订了自治区实施消费者权益保护法办法。为增强经济发展活力，维护劳动者合法权益，批准了包头市促进私营个体经济发展条例、劳动者工资保障条例。常委会还审议了自治区预防和查处窃电行为条例草案、自治区安全生产条例草案。

加强有关政治、文化建设和社会发展的立法，促进社会全面进步。落实宪法和民族区域自治法的精神，制定了自治区蒙古语言文字工作条例，这是我区民族工作的专门法规。为规范征兵工作，提高兵员质量，制定了自治区征兵工作条例。从维护弱势群体利益出发，修改了自治区实施残疾人保障法办法。为促进提高城市管理水平，批准了呼和浩特市城市排水管理条例，包头市城市市容和环境卫生管理条例、城市绿化管理条例。着眼于从源头强化反腐败力度，批准了呼和浩特市预防职务犯罪工作条例。为推动人大工作的制度化规范化，批准了呼和浩特市人民代表大会工作条例、人大常委会讨论决定重大事项的规定，包头市人民代表大会议事规则，鄂伦春自治旗立法条例。

常委会把提高立法质量与推进立法创新统一起来，在工作中注意处理好三个方面关系：即处理好上与下的关系，坚持把维护法制统一与体现地方特点有机结合起来，在维护法制统一的前提下，力求使立法具有鲜明的地方特点和民族特点，具有较强的针对性和可操作性；处理好全局与局部的关系，坚持把全局利益与局部利益统一起来，坚决防止地方保护主义和部门利益倾向；处理好“民”与“官”的关系，坚持把维护人民群众的利益作为立法工作的立足点，科学合理地规范国家机关的权力与职责、公民的权利与义务。继续坚持立改废并举，把修改现行法规与制定法规放在同等重要的位置。一年来，常委会修改法规占通过法规总数的36.7%。按照行政许可法的规定，对由主任会议提请制定的44件涉及行政管理事项的法规进行了清理，已修订

3件。坚持民主科学地决策立法中的重大问题,妥善处理立法过程中出现的矛盾,及时总结经验,不断改进和规范立法工作。

常委会还配合全国人大常委会法工委承办了全国第十次地方立法研讨会。组织完成了12件法律草案征求意见的工作。

二、坚持突出重点、注重实效,认真履行监督职责

加强人大监督是建设社会主义政治文明的重要任务,也是加强和改进人大工作的关键环节。常委会正确认识和把握人大监督的特点,把促进行政机关依法行政、司法机关公正司法作为监督的主要内容。在监督工作中,一是精心研究确定监督项目,围绕关系自治区经济社会发展的重点问题和人民群众切身利益的难点问题实施监督,增强监督的针对性;二是把主要精力放在跟踪问效上,促使一些突出问题得到纠正解决,增强监督实效。一年来,常委会开展了6项执法检查、9项执法调研,听取和审议了自治区"一府两院"14项专项工作报告,进行了2项述职评议,有重点地开展了个案监督。监督工作在推动重点工作有效开展、促进解决一些重大问题上发挥了积极作用。

常委会着眼于落实依法治国的基本方略,以执法检查为主要方式,加强法律法规实施的监督。为支持政府落实宏观调控措施,针对当前土地管理工作中的突出问题,有重点地开展了土地管理法和自治区实施土地管理法办法执法检查,并把群众来信来访反映的案件纳入检查范围。按照常委会执法检查报告的要求,政府认真整改,就强化土地利用的计划管理、严格执行耕地保护制度、加快建立土地有形市场、做好征地补偿安置、健全土地管理配套制度等方面,提出了明确的改进措施。从依法维护劳动者合法权益,完善社会保障体系出发,对劳动法和自治区城镇职工基本养老保险条例、自治区劳动和社会保障监察条例实施情况进行了执法检查,针对存在的问题,常委会向政府提出了切实做好就业再就业工作、完善社会保障体系、加大资金投入等改进意见。依法加强动物防疫工作,是关系我区畜牧业乃至全区经济发展的大事。通过动物防疫法和自治区动物防疫条例执法检查,常委会调查了解了全区特别是基层动物防疫检疫工作情况,督促政府严格执法,切实解决动物防疫工作中存在的问题。消防法律法规的实施直接关系着人民群众的生命财产安全。在消防法和自治区消防条例执法检查中,既注意调查了解总体工作情况,又进行随机抽查和明察暗访,掌握了大量第一手材料,并对发现问题的整改情况进行了督查,使这次执法检查取得了很好的效果。常委会针对红十字会法和自治区实施红十字会法办法执法检查中发现的问题,要求政府加以改进。政府就发挥好执法主体作用、支持红十字会开展工作、保障红十字会专项经费、严肃查处侵占红十字会资产行为等方面提出了改进措施,并协调有关盟市妥善解决了红十字会的资产问题。执法调研是常委会实施法律监督的又一种方式。常委会在全区开展了民族区域自治法的执法调研,对进一步贯彻实施民族区域自治法提出了意见。还对防震减灾法和自治区防震减灾条例、气象法和气象条例、档案法和档案条例、边境管理条例等法律法规执行情况开展了执法调研,针对调研中发现的问题,向政府提出了建议。以珍惜土地资源、防治环境污染为主题,开展了"内蒙古环保世纪行"活动,促使一些突出的环境资源问题逐步得到解决。常委会还听取和审议了自治区人民政府关于实施传染病防治法和自治区爱国卫生条例情况的报告、自治区高级人民法院关于执行民事诉讼法情况的报告,提出了审议意见。根据群众的申诉,对一起存在重大疑问的司法案件实施了个案监督,责成司法机关和公安部门进行调查。

常委会围绕促进自治区党委决策部署的落实加强工作监督。强化财经监督职能,在提前介入和审查的基础上,听取和审议了自治区人民政府2003年本级决算报告、2003年本级预算执行情况和其他财政收支情况的审计报告,批准了2003年本级决算。从依法促进宏观调控措施和重大经济决策的落实出发,听取和审议了2004年计划和预算上半年执行情况报告,此前,常委会专门组织组成人员并邀请有关专家,对全区上半年经济运行情况进行了调研分析,使这项监督比以往更加深入。还听取和审议了自治区人民政府关于全区现代远程教育网络工程建设情况、农牧业产业化和农村牧区专业合作经济组织工作情况、全区城镇污水及工业废水处理情况、优化环境打击经济犯罪维护市场经济秩序工作情况的报告;集中听取和审议了自治区"一府两院"关于清理超期羁押情况的报告;听取和审议了自治区高级人民法院关于贯彻执行民事诉讼法情况的报告,自治区人民检察院关于查办和预防职务犯罪情况、试行人民监督员制度情况的报告。听取和审议各项报告后,发出审议意见,要求有关机关按期整改并报告落实情况。在提高民主程度的基础上,开展了本届以来的述职评议工作,对自治区林业厅厅长、教育厅厅长进行了述职评议,监督和支持他们依法履行职责。常委会还承办了华北地区人大财经工作座谈会。

常委会把完善监督机制作为强化监督职能的重要着力点。认真总结执法检查的实践经验,修订了自治区各级人大常委会执法检查工作条例。在执法检查中公开举报电话,组织新闻单位对执法检查进行全程采访报道。根据常委会组成人员的意见确定述职评议对象。首次聘请专家学者协助开展财经监督工作。这些措施增强了人大监督的民主性公开性。

坚持党管干部与依法任免干部相统一,做好人事任免工作。一年来,常委会决定任命自治区人民政府组成部门负责人2人,决定免职2人;任命和批准任命自治区高级人民法院、自治区人民检察院和盟及盟辖旗县司法工作人员121人,免职和批准免职42人;接受常委会组成人员辞职4人,接受自治区十届人民代表大会计划预算和议案审查委员会组成人员辞职4人，任命自治区人大常委会工作机构、盟工作委员会负责人19人，免职14人。

三、密切联系代表和人民群众，加强对全区人大工作的指导

常委会把代表工作作为推进工作创新发展的重要方面来抓，努力增强代表工作实效。制定了自治区人大代表议案办理办法，议案办理工作进一步规范化。完成了自治区十届人大二次会议主席团交付的6件议案和365件建议、批评、意见的办理工作，通过发督办函、召开协调会、加强同承办单位的联系、退回不符合办理要求的答复件等方式，加强对办理工作的监督，促进提高办理工作质量。开展了代表法和自治区实施代表法办法执法检查，全面深入地调查了我区贯彻代表法及其实施办法的情况，针对存在的问题向有关机关和部门提出了改进意见。组织代表进行了集中视察。认真落实联系代表制度，常委会组成人员通过走访、召开座谈会、视察和通信等方式，了解代表的意见和建议。邀请代表列席常委会会议、参与执法检查工作。举办了代表培训班，帮助代表提高履行职责的能力和水平。

常委会把密切联系人民群众、维护人民群众利益作为工作的出发点，采取多种方式充分听取人民群众意见，使立法和监督等工作切实反映人民群众的意愿和要求。加强人大信访工作，召开了全区人大信访工作座谈会，对进一步做好人大信访工作做出安排部署；成立了常委会机关信访工作领导小组；加大对重大信访案件的交办、催办力度，维护了当事人的合法权益。全年接待人民群众来信来访2 990件(次)。

常委会注意加强与全区各级人大的联系，指导和推动全区人大工作深入发展。乌兰察布市和巴彦淖尔市撤盟建市后，常委会指导两个市做好人民代表大会的筹建工作，推动两个市人大常委会的工作起好步。对旗县人大换届选举工作进行了总结，举办了旗县人大常委会主任宪法法律培训班，对做好新一届旗县人大工作提出了指导意见。召开了盟市人大秘书长办公厅(室)主任座谈会、教科文卫工作法制建设座谈会、盟市人大贯彻农业法研讨班、环境与资源保护工作座谈会，总结交流了工作经验。加强了全区人大信息交流工作。领导和支持盟工委依法开展工作。外事工作取得新进展，组织3批盟市、旗县人大干部考察团出访了有关国家，接待了加拿大加中议会代表团来访，扩大了对外交往。

四、纪念人民代表大会成立50周年，推动法制宣传教育

纪念我国人民代表大会成立50周年，是去年人大工作的一项重要任务，也是各族人民政治生活中的一件大事。经自治区党委批准，常委会集中举办了隆重的纪念活动，召开了纪念人民代表大会成立50周年大会、社会主义民主法制建设座谈会，拍摄了电视专题片，举办了自治区人大常委会工作成就展、专场文艺晚会，组织了人大制度知识竞赛，编纂了自治区人大及其常委会50年重要文献汇编、自治区人大及其常委会组织史、宣传人大工作好新闻作品集。全区各级人大也都开展了形式多样的纪念活动。通过这些活动，全面回顾总结了半个世纪以来我区坚持和完善人民代表大会制度、加强人大工作、推进民主法制建设的成就和经验，在全社会广泛深入地宣传了人民代表大会制度。常委会把学习贯彻胡锦涛总书记和吴邦国委员长在人民代表大会成立50周年纪念大会、座谈会上的讲话精神作为重要任务来抓，专门发出通知，推动全区各级人大深入贯彻落实这两个重要讲话精神。

加强法制宣传教育工作。宪法修改后，常委会及时召开了学习贯彻实施宪法座谈会，对学习贯彻宪法作出了安排部署，推动全社会学习贯彻宪法、维护宪法的崇高地位。去年是民族区域自治法颁布实施20周年。在常委会开展执法调研的基础上，自治区召开了纪念民族区域自治法颁布实施20周年座谈会，常委会召开了三个自治旗人大常委会学习贯彻实施民族区域自治法座谈会，总结了我区贯彻实施民族区域自治法的成绩和经验。常委会责成有关部门通过召开新闻发布会的方式，对通过的自治区地方性法规进行宣传，推动法规的实施。加强人大宣传工作，增加了闭会期间常委会重要活动的报道。督促做好普法工作。

五、坚持不懈地加强自身建设，提高履行职责的能力和水平

加强常委会自身建设，是坚持和完善人民代表大会制度的重要内涵。常委会继续把加强自身建设摆在突出位置，采取了一系列有效措施。加强思想政治建设，推进学习型机关的建设。坚持用邓小平理论和“三个代表”重要思想武装头脑，牢固树立和贯彻落实科学发展观，自觉坚持社会主义政治文明建设的方针和原则。组织组成人员重点学习了宪法、党的十六届四中全会精神，注意发挥党组理论中心组的示范带头作用。结合常委会工作系统安排法制讲座内容，举办了6次法制讲座。认真坚持民主集中制，在审议决定问题时，充分发扬民主、畅所欲言，又注意强化常委会党组和主任会议的领导职能。加强作风建设，坚持执政为民的宗旨，发扬求真务实精神，重视调查研究，把依靠群众、联系群众、代表群众利益贯穿于工作始终。加强制度建设，推进工作的制度化、程序化和规范化。加强机关建设。按照自治区党委的部署，机关组织开展了“执政为民、加快发展”培训教育活动和向牛玉儒同志学习活动。着力提高干部的政治素质、法律素质和业务素质。在自治区党委重视下，充实和交流了一批厅级干部，通过竞争上岗方式选拔充实了一批处级干部，进一步强化了机关工作的组织保证。机关工作条件有了新的改善。

回顾一年来的工作，我们取得了一定的成绩，但是与新的形势和人民群众的期望相比，常委会的工作还存在一些问题和不足，主要是地方立法工作与建设法治社会的要求相比还有不适应的方面,立法过程中有关部门之间的协调配合和社会的广泛参与还有待加强;监督工作中还有比较薄弱的地方,监督机制还不够完善,监督实效亟待增强;代表工作不够活跃,在发挥代表作用、为代表执行职务提供保障方面还需要加强;常委会工作制度和组织制度需要进一步完善。对这些问题,我们要在今后工作中认真研究解决。

各位代表,党的十六届四中全会研究部署了加强党的执政能力建设的任务,对坚持和完善人民代表大会制度、加强人大工作提出了新的要求。我们要按照自治区党委的部署,着力推进社会主义政治文明建设,进一步开创人大工作的新局面,为自治区加快发展做出新的贡献。今年自治区人大常委会工作的指导思想是:坚持以邓小平理论和“三个代表”重要思想为指导,贯彻党的十六大、十六届四中全会和自治区党委七届八次全委会议精神,把深入学习贯彻胡锦涛、吴邦国同志讲话精神作为重要任务,在自治区党委领导下,紧紧围绕我区全面建设小康社会的目标,认真落实科学发展观,不断提高发展社会主义民主政治的能力,充分履行宪法法律赋予的职责,在落实本届以来常委会工作的总体思路和基本要求、巩固已有工作成果、提高工作质量和水平上下功夫,进一步推动工作创新,增强人大工作实效,保障和促进自治区经济社会全面协调可持续发展。按照这个指导思想,自治区人大常委会要坚持科学执政、民主执政、依法执政,增强以科学发展观统领人大工作的自觉性,通过扎实有效的工作,把人民代表大会制度坚持好、完善好,把宪法和法律赋予的职责承担好、履行好。

一、进一步加强立法工作,扩大立法民主,提高立法质量。遵循形成中国特色社会主义法律体系的目标要求,从我区建设法治社会的实际需要出发,进一步加强立法工作,为自治区实现经济社会全面协调可持续发展提供法制保障。全面贯彻科学发展观的要求,坚持以人为本的立法理念,在抓好经济立法的同时,进一步加强社会事业发展、精神文明建设和政治文明建设方面的立法。把提高立法质量作为重中之重,处理好维护法制统一与体现地方特点民族特点的关系、全局与局部的关系、维护人民群众利益与坚持依法行政的关系。坚持立改废并举,及时做好法规清理工作,使立法工作与形势发展的要求相适应。今年拟制定修改自治区地方性法规 14 件,包括生态环境保护条例、安全生产条例、预防和查处窃电行为条例、会计管理条例、测绘管理条例、道路交通安全违法行为处罚规定、实施民办教育促进法办法、实施药品管理法办法、预防和制止家庭暴力条例、社会科学普及条例、自治区人大常委会经济工作监督办法、文物保护条例、消防条例以及各级人民代表大会选举实施细则。开展立法准备项目调研工作,做到审议一批项目、准备一批项目。探索开展立法效果评价工作,对现行法规进行“回头看”。做好审查批准呼、包两市地方性法规和自治旗单行条例的工作,坚持提前介入,加强提请审议前的协调沟通。认真研究总结审查批准地方性法规、单行条例的工作经验,召开批准地方性法规、单行条例工作座谈会。继续做好制定自治条例的研究工作。

把扩大立法民主作为提高立法质量的重要途径。通过各种行之有效的方式公开法规草案,广泛征求公民和社会各界的意见。完善立法听证制度,规范听证程序,健全听证意见采纳制度。加强立法调研工作,既要对法规所涉及的问题做全面的调查研究,又要对重点问题特别是有争议的问题进行深入的调查论证;把调研的重点放在区内,切实了解掌握自治区特别是基层的实际。充分调动和发挥统一审议机构与各工作委员会两个方面的积极性。总结立法经验,完善法规统一审议工作,适时召开地方立法工作座谈会。健全同自治区政府及有关部门的联系协调机制,完善人大、政府在法规起草过程中双向介入的工作制度,妥善解决立法过程中出现的矛盾和问题,把部门争议协调解决在法规起草阶段。

二、进一步强化监督职能,着重做好督促整改工作,增强监督实效。认真落实本届以来常委会加强监督工作的思路和要求,坚持围绕中心、服务大局,把促进行政机关依法行政、司法机关公正司法作为监督工作的主要内容,进一步把监督的重心放在督促有关机关和部门依法改进工作上来,积极探索完善监督工作机制的途径和措施,运用法律手段促进宏观调控措施的落实,促进经济社会发展中重大问题的解决,促进与人民群众切身利益密切相关的热点难点问题的解决,推动我区法治社会的建设。

监督和促进法律法规的实施。拟开展公路法、自治区公路管理条例和道路运输管理条例,动物防疫法和自治区动物防疫条例,水污染防治法律法规,民族教育法律法规,高等教育法等 5 项执法检查。拟听取和审议自治区政府实施煤炭法、实施农村土地承包法和自治区农牧业承包合同条例情况的报告。继续开展“内蒙古环保世纪行”活动。针对监督工作中发现的重大违法案件和人民群众来信来访反映的重大问题,有重点地开展个案监督,维护人民群众的合法权益。

监督和促进“一府两院”加强和改进工作。加强对经济工作的监督,增强工作的制度化、规范化,完善对计划执行情况的监督;强化预算监督职能,做好预算编制、预算执行以及决算的审查工作,继续扩大部门预算的审查范围;支持和保障依法发挥审计监督职能,督促纠正审计监督发现的问题;发挥好财经专家组的参谋咨询作用。拟听取和审议自治区人民政府关于民族教育工作情况、卫生事业发展情况、城市房屋拆迁管理情况、开展法律援助工作情况、社会治安综合治理打防控一体化建设工作情况的报告,自治区高级人民法院关于执行人民陪审员制度工作情况的报告,自治区人民检察院关于减刑假释保外就医情况、惩治国家机关工作人员侵犯人权犯罪情况的报告。坚持报告预审制度,在审议有关报告前做好调查研究,提高审议质量。围绕促进领导干部依法履行职责,继续开展述职评议工作。

健全监督机制是保证监督工作取得实效的重要途径,也是推进监督工作创新的重要环节。常委会要抓住这个环节,进一步拓展监督工作。一是要把专项调查作为重要的监督方式加以运用,扩大专项调查范围,增强专项调查实效。继续深入开展执法调研,对水法、自治区实施水法办法和自治区农业节水灌溉条例,渔业法和自治区实施渔业法办法,未成年人保障法和自治区未成年人保护条例,自治区蒙医中医条例,自治区各级人大常委会信访工作条例等实施情况进行执法调研。加强专项调研,拟就自治区经济社会发展的某些重点热点问题、自然保护区管理情况、农牧业和农村牧区经济改革发展情况及农牧业法律法规实施中存在的某些重点问题开展专项调研。强化跟踪督查,对去年红十字会法和自治区实施红十字会法办法等执法检查的整改情况,进行跟踪问效。二是从常委会和"一府两院"两个方面着手,进一步规范实施监督和接受监督的具体制度。完善常委会审议意见;督促"一府两院"建立健全落实常委会执法检查报告、审议意见、专项调查报告的程序;加大督促检查的工作力度。三是扩大监督工作的民主公开程度。除不宜公开的事项外,常委会监督工作的内容、过程和结果,都要通过适当方式加以公开,用群众监督和舆论监督推动人大监督增强实效。

依法决定重大事项。做好人事任免工作。

加强法制宣传教育是建设法治社会的基础。常委会要大力推进法制宣传教育,增强全民的宪法意识和法制观念,推动"四五"普法工作取得实效。协调"一府两院"按照执法责任制,健全宣传地方性法规的制度,加强法规实施工作。进一步做好人大宣传工作,使人民群众了解人大工作,支持人大工作,监督人大工作。

三、推进代表工作创新,保持同人民群众的密切联系,强化联系指导全区人大工作的职能。做好人大工作必须发挥好人大代表的作用。常委会要努力使代表工作取得新突破。坚持组成人员联系代表制度,及时反映代表的意见和建议。活跃闭会期间的代表活动,加强代表活动的组织和保障。改进代表视察的组织方式,开展代表专项视察,增强代表视察的实效,召开全区人大代表视察工作专题研讨会。对各级人大组织指导代表小组活动情况进行调研。加强代表同选民和原选举单位的联系,注意总结代表向选民或原选举单位述职的经验,在总结经验的基础上逐步加以推广。按照界别和专业邀请代表参与执法检查,继续邀请代表列席常委会会议。改进代表议案和建议、批评、意见的办理和督办工作,组织代表对办理工作进行视察,督促承办单位提高办理质量。加强代表培训,举办全区各级人大代表培训班。

保持同人民群众的密切联系。常委会组成人员和工作人员要进一步增强群众意识和民主意识,自觉地把坚持党的群众路线同提高人大工作的民主程度统一起来。坚持深入实际调查研究,通过各种方式了解人民群众的意愿,使人大工作切实体现最广大人民群众的根本利益,正确兼顾不同方面群众的具体利益,在构建社会主义和谐社会中发挥积极作用。完善和落实公民旁听常委会会议制度。通过受理来信来访联系人民群众,监督"一府两院"的工作,督促有关机关及时纠正解决群众反映的违法问题和案件,保障人民群众的合法权益,维护社会稳定。

加强对全区各级人大工作的联系和指导。注意总结和推广人大工作经验,促进各级人大不断提高工作水平。召开全区人大调研工作座谈会,推动人大调研工作的有效开展。对基层人大工作和建设情况进行调研,推动基层人大工作。按照全国人大常委会关于县乡人大换届选举工作的总体要求,就全区旗县和苏木乡镇人大同步换届选举问题进行调查研究。加强对人大盟工委工作的领导,支持盟市人大充分有效地依法履行职责。举办旗县人大常委会主任培训班、人大财经干部培训班,召开人大干部培训工作座谈会。健全外事工作制度,进一步规范和加强外事工作。

四、按照提高政治素质、法律素质和业务素质的要求,加强常委会自身建设。深入学习贯彻"三个代表"重要思想,贯彻党的十六大和十六届三中、四中全会精神,牢固树立科学发展观,充分认识人大在加强党的执政能力建设中担负的重要职责,着力提高发展社会主义民主政治的能力。坚持和完善常委会学习制度,继续搞好法制讲座。认真总结常委会组织建设和制度建设的经验,完善工作制度,通过制度创新推动工作创新。充分调动组成人员的积极性,发挥好常委会基层党组织和组成人员中党员的带头作用。强化党组和主任会议的职能。坚持求真务实,牢记"两个务必",用良好的作风保证工作成效。认真开展保持共产党员先进性教育活动。进一步强化常委会机关的整体功效,努力建设高素质的干部队伍,提高机关工作的质量和水平。

各位代表,半个世纪的实践证明,人民代表大会制度是符合我国国情、实现和保障人民当家作主的根本途径和最好形式,是最能体现我国社会主义优越性的根本政治制度。我们要坚持党的领导、人民当家作主和依法治国的有机统一,始终不渝地坚持和完善人民代表大会制度。

各位代表,在新的形势下,人大肩负的任务艰巨而光荣。让我们高举邓小平理论和"三个代表"重要思想的伟大旗帜,紧密团结在以胡锦涛同志为总书记的党中央周围,在自治区党委的领导下,团结全区各族人民,振奋精神,开拓进取,为实现我区全面建设小康社会的宏伟目标而努力奋斗。

关于2004年预算执行情况和2005年预算(草案)的报告

——2005年1月8日在内蒙古自治区第十届人民代表大会第三次会议上

自治区财政厅厅长　符太增

各位代表：

受自治区人民政府委托，我向大会提出2004年预算执行情况和2005年预算(草案)的报告，请予审议，并请自治区政协各位委员提出意见。

一、2004年全区预算执行情况

过去的一年，在自治区党委、政府的正确领导下，经过全区各族人民的奋发努力，我区改革开放和现代化建设取得显著成就，十届人大二次会议批准的预算圆满完成。

根据12月31日汇总的国库数据，2004年全区地方财政收入入库237.4亿元，完成预算的126.7%，比上年增加74.7亿元，增长45.9%。其中：一般预算收入196.2亿元，完成预算的122.5%，比上年增加57.5亿元，增长41.5%；基金预算收入41.2亿元(不含社会保障基金收入，下同)，完成预算的151.6%，比上年增加17.2亿元，增长71.6%。去年上划中央税收收入入库125.7亿元，完成预算的107.8%，比上年增加30.4亿元，增长31.9%。汇总地方财政收入和上划中央税收收入，全区财政总收入完成363.1亿元，比上年增加105.1亿元，增长40.7%。2004年全区财政总支出598.2亿元，完成全年预算的92%，比上年增加127.2亿元，增长27%。其中：一般预算支出560亿元，完成全年预算的92.1%，比上年增加112.7亿元，增长25.2%；基金预算支出38.3亿元，完成预算的90.5%，比上年增加14.5亿元，增长60.6%。全区财政收支增加额首次双双突破100亿元。

2004年自治区本级财政总收入入库44.9亿元，完成预算的118.2%，比上年增加8.9亿元，增长24.6%。其中一般预算收入26.1亿元，比上年增加6.6亿元，增长33.9%。自治区本级财政总支出完成126.2亿元，完成预算的77.6%，比上年增加18.3亿元，增长16.9%。其中一般预算支出112.6亿元，比上年增加14.8亿元，增长15.1%。

与去年年初预算相比，全区地方一般预算收入超收36亿元，其中自治区本级超收5.5亿元(包括专项收入3亿元)。根据自治区政府的要求，超收收入主要用于处理各级政府债务，增加教育和社会保障支出，解决“三农”问题和改善城乡人民生活等方面。去年中央财政对我区转移支付和税收返还204亿元，各类专项拨款179亿元，合计383亿元，比上年增加113亿元。进一步提高了我区财政的公共保障能力，集中解决了经济社会发展中的一些薄弱环节和突出问题。

2004年全区预算执行工作的主要特点是：

(一)财政收入增长迅速。去年以来，我区紧紧抓住国家实施宏观调控，加强煤、电、油、运等薄弱环节的机遇，发挥资源优势，集中新上了一批重点项目，以前年度开工的项目也陆续投产或达产，经济运行的质量和效益继续提升，形成了许多新的财源增长点。财政总收入增长40%以上，为近十年来最高水平。分项目看，增值税完成122.7亿元，增长35.7%；企业和个人所得税完成39亿元，增长23.9%，三项中央和地方共享税共计增收39.9亿元，占财政收入增加总额的38%。营业税、城市维护建设税、城镇土地使用税、资源税、房产税等地方骨干税种共计完成90.3亿元，增加28.3亿元，增长45.6%，占财政收入增加总额的27%。国有资产经营收益、行政性收费、专营收入和罚没收入等政府非税收入共计完成53亿元，增加20.2亿元，增长60.6%，占财政收入增加总额的19%。

分地区看，优势地区继续快速发展，原来一度发展较慢的盟市和旗县后来居上。8个盟市的一般预算收入增速超过30%，其中有5个盟市增速超过50%。尽管去年有减免农业税和改革出口退税负担机制等减收政策，全区财政收入超亿元的旗县仍达到63个，比2003年增加16个，其中有4个旗(区)财政收入首次突破10亿元大关。

(二)财政宏观调控作用增强。预算内基本建设支出完成75亿元，重点加强了农林水利、生态环境、城市交通和公共卫生等基础设施建设。自治区筹资3亿多元，支持了重点矿产资源的勘探开发。针对银根紧缩，企业资金紧张的情况，各级财政加大了对企业和工矿区基础设施的扶持力度，财政支持企业技改支出19.3亿元，比上年增长35.4%；城市建设支出24.9亿元，比上年增长37.8%。自治区筹集资金8 500万元，支持“走出去”战略，对赴境外森林采伐、投资办厂给予补贴或贴息。落实支持经济和社会发展的税收优惠政策，全区减免税收22.4亿元，出口退税13.2亿元。为支持县域经济发展，自治区政府对财政收入总量、增量、增速位列全区第一的旗县和财政收入上亿元台阶的旗县分别给予了重奖。统筹区域发展，自治区对盟市和旗县实施转移支付和财力性补助103.4亿元，比上年增加14.2亿元，增长18.2%，重点支持了困难地区。

（三）支持“三农”的力度进一步加大。去年是各级政府解决“三农”问题工作力度最大、政策落实最快、农牧民受益最多的一年。继续深化农村牧区税费改革，全面取消农业特产税（除烟叶外）、牧业税；自治区政府确定锡林郭勒盟全部免征农业税，呼和浩特市、包头市、鄂尔多斯市、乌海市、阿拉善盟自行免征农业税，其余6个盟市农业税税率降低3个百分点。当年减免涉农税收9.2亿元，农牧民人均减负68元。继续推进粮食流通体制改革，对种粮农民实行直接补贴。兑付直补资金5.2亿元，人均补贴39元。筹措资金5 800万元，对种粮农民购买良种和农机具给予补贴。继续加大扶贫开发力度，安排财政专项资金6.6亿元，重点支持了2 300多个重点嘎查村的扶贫工程建设，支持了27个旗县的移民搬迁，支持了11万农牧民就业转移培训。继续实施退耕还林还草、京津风沙源治理、天然林保护工程等，中央和自治区财政共投入43.5亿元。筹资2.3亿元，用于农牧业救灾、疫病防疫和地震灾后重建。

（四）着力解决城镇困难群众的生产生活问题。我区各级政府征集社会保险费65亿元，比上年增加10亿元，增长19%。各级财政拨补社会保障资金和抚恤福利救济费53.3亿元，比上年增加22.6亿元，其中中央财政下拨关闭破产企业职工安置和生活补助费增加13.5亿元，当年已拨付到相关企业2.8亿元。筹措资金5.97亿元，支持推进就业和再就业。经过各方面的努力，确保了74.7万企业离退休人员按时足额领取基本养老金，71万城镇低保人员领取了最低生活补助。全区城镇新增就业24万人，其中下岗失业人员再就业13.3万人。从2004年7月份起，企业退休人员人均每月增加基本养老金38元，增加财政支出1.5亿元；从10月份起，每月提高城市低保财政补差标准10元，增加财政支出0.9亿元。随着经济发展和财政收入增加，各级政府不同程度地出台了一些提高公教人员收入的政策。

（五）社会事业投入明显增加。教育事业费支出66.4亿元，比上年增加12.1亿元，增长22.2%。重点支持实施了二期义教工程、中小学校危房改造工程和农村牧区“两基”攻坚工程；累计投入1.5亿元，建设现代远程教育网络工程，全区8 000余所农牧区中小学基本完成建设任务。从去年秋季开始，对农牧区中低收入家庭义务教育阶段学生实施“两免一补”制度（即免费提供教科书和免交杂费，对住宿学生给予补助），自治区下拨补助资金1.3亿元，纳入实施范围的有75个旗县，使130多万中小学生受益。文体广播事业费支出12.8亿元，比上年增加2.3亿元，增长21.4%，抢修、保护了一批国家和自治区级重点文物，电视节目的覆盖范围提高到87.9%。对城乡公共卫生事业的支持力度加大，全年卫生事业费支出17.6亿元，扣除上年非典因素，实际增长34%。公检法支出28.5亿元，比上年增长23.9%，基层派出所、法庭、检察院的办公办案条件和监狱设施得以改善。

（六）财政管理和监督工作进一步加强。自治区政府制定下发了《自治区本级财政专项资金管理办法》，各级各部门认真贯彻落实，目前对7类专项资金建立了项目库，并实行滚动管理；对4类项目实行了专家评审和公示制度；对9类专项资金实行专户管理、封闭运行；对具备条件的专项资金实行了报账制和国库集中支付制度。进一步加大了财政、审计的监督检查力度。适当处理历史欠账，逐步化解财政风险。自治区补助解决2001年以前旗县拖欠教师国标工资1亿元；解决大化肥、集通公司世行债务1.8亿元；消化处理以前年度本级财政挂账6 500万元；解决了部分离退休人员医疗费历年欠账。

（七）财政改革稳步推进。进一步做好部门预算编制的基础性工作，全面梳理和规范本级财政投资项目库，提高预算编制质量。政府采购范围扩展到工程和服务类项目，全区政府采购规模达到33.8亿元，比上年增加11.6亿元，增长52.3%；节约资金4.3亿元，资金节约率为11.2%。国库集中支付改革进展顺利，自治区本级有52个部门及所属单位纳入国库集中支付范围，集中支付资金达到38.5亿元，月平均减少部门单位的沉淀积压资金5－6亿元。非税收入收缴改革取得新进展，试点范围扩大到自治区本级30个部门及所属单位，集中收缴额达到11.1亿元。

继续支持国有企业改革，重点加快了企业剥离办社会工作，全区完成分离企业办社会职能机构275个，仅工资一项每年减轻企业负担3亿多元。

各位代表，2004年预算执行情况总体上是好的，但我们也清醒地认识到，财政运行中还存在一些不容忽视的问题。区域发展不平衡，部分边远地区基层财政比较困难；财政资金供给范围过宽，政府财力使用比较分散；预算约束力不强，依法理财的社会氛围尚待形成；财政监管不力，有些部门单位花钱大手大脚，铺张浪费严重，挤占挪用专项资金的现象也时有发生；各级政府债务负担较重，防范和化解财政风险的任务非常艰巨。对这些问题，我们要高度重视，在今后的工作中积极研究和采取措施，努力加以解决。

二、2005年预算草案

2005年预算安排的总体要求是：更加注重以人为本，牢固树立和认真落实科学发展观，着力解决经济社会发展中的突出问题；狠抓增收节支，依法加强税收和非税收入征管，确保财政收入持续、健康、快速增长；着力调整和优化财政支出结构，保障“三农”、社会保障、就业、教育、科学和公共卫生等重点支出，支持推进“三化”建设，不断提高城乡人民生活水平；坚持依法理财，硬化预算约束，加强财政监管，进一步提高财政资金使用的规范性、安全性和有效性;继续深化财税改革,积极支持国有企业和事业单位体制改革。

2005年,全区财政总收入安排436亿元,比上年增长20%。全区地方财政总支出安排477亿元,比上年年初预算增长23%。今年全区财政总收入按增长20%安排,主要考虑了以下几方面的因素:第一,财政收入的安排要体现加快发展和积极稳妥的要求,在提高财政收入质量的前提下,继续保持适度的增长速度,进一步提高财政收入占GDP和税收收入占财政收入的比重;第二,要积极引导各地区进一步落实好支持国有企业改革、扶持第三产业发展和扩大就业的税费优惠政策;第三,规范各级政府"先征后返"的税收优惠政策处理方式,凡是符合国家产业政策和西部大开发政策的,应主要采取直接减免税的办法解决;第四,对政策性的减收因素应在安排预算时给予充分考虑,包括增加出口退税、全部免征农业税、调整个人所得税政策等。今年全区地方财政支出的安排,要体现支持经济发展、加大公共支出、注重统筹协调和构建和谐社会的要求,继续集中财力,加强经济和社会发展的薄弱环节,支持自治区"三化"建设。根据《预算法》的规定,各级预算由同级人民政府编制,报经同级人民代表大会审查批准。

下面,重点报告自治区本级预算的安排情况:

2005年,自治区本级财政总收入安排39.3亿元,比上年实际完成数减少0.8亿元,下降2%。其中:一般预算收入安排23亿元,比上年完成数减少3亿元,下降11.5%;基金预算收入安排16.3亿元,比上年完成数增加2.2亿元,增长15.6%。自治区本级一般预算收入减收较多,主要是去年自治区调整了电力增值税预征率,一部分税收转移到盟市,这项政策去年执行半年,今年执行全年。另外,自治区拟将电力企业所得税等部分收入下划到盟市、旗县管理,这也将使本级收入有所减少。2005年自治区本级当年财政总支出安排98.6亿元,比上年年初预算增加13.5亿元,增长15.8%。其中:一般预算支出安排82.3亿元,比上年年初预算增加11.3亿元,增长15.9%;基金预算支出按列收列支的规定,相应安排16.3亿元。

根据现行分税制财政体制,自治区本级一般预算支出的主要资金来源是:地方一般预算收入23亿元,中央财政的财力性补助自治区本级留用46亿元,盟市体制上解和专项上解13.3亿元。

从这些年财政体制的实施情况看,将地方财政收入的主要税种划归盟市、旗县管理,有利于调动盟市、旗县培育财源,增加收入的积极性;将中央财政转移支付的大部分补助给盟市,有利于当地政府统筹安排经济发展和社会事业。自治区本级适当留用一部分,着重用于实施宏观调控,解决事关全局的重大问题。2005年本级预算安排,要重点解决"三农"问题,推进就业和再就业,提高社会保障水平,加大对教育、科学、文化、卫生等社会事业的投入力度,支持推进自治区的"三化"进程等。同时,适当安排财力,支持深化农村税费改革,缓解县乡财政困难,推动国有企业和事业单位改革。在预算编制方式方法上,自治区政府按照集中财力办大事的要求,适当整合财政资源,在各类专项资金的投资总额内,将安排项目数量平均压缩20%以上,强化了单项投资规模。

根据上述要求,以资金的性质和特点划分,在今年自治区本级一般预算支出中,基本支出预算部分安排39.4亿元,占预算总支出的47.9%,其中工资性支出和对家庭及各类人员的补助性支出30亿元,各部门、各单位的正常运行费用支出9.4亿元。项目支出预算部分安排41.5亿元,占预算总支出的50.4%。自治区政府总预备费安排1.4亿元,占预算总支出的1.7%。

按预算支出的功能划分,本级预算支出的具体安排情况是:

——支持农村和农牧业支出6.39亿元,比上年增加0.9亿元,增长16.4%。其中,安排农牧林水发展专项资金5.4亿元,增加0.87亿元。此外,从今年起自治区将开征水利建设基金,加强全区水利设施建设。

——社会保障补助和社会福利救济支出2.77亿元,比上年增加0.96亿元,增长53.3%。新增部分重点与中央财政补助配套,提高城镇居民低保补助标准,增加企业离退休人员养老金。同时加强农村敬老院建设,增加对部分困难企业军转干部的生活补助等。

——教育事业费支出8.93亿元,比上年增加1.75亿元,增长24.4%。其中专项资金增加1.42亿元,重点用于农村牧区贫困学生"两免一补"、"两基"攻坚配套、高校助学贷款贴息和建立贷款风险基金等支出。

——另外,从去年起,自治区财政每年将安排1亿元专款,分步解决2001年以前拖欠的农村牧区中小学教师工资;实施"两免一补"政策后,今年中央财政将增加转移支付1.2亿元,这两项专款直接列入对盟市的补助预算。

——科技事业费支出1.77亿元,比上年增加0.25亿元,增长16.9%。其中,科技三项费、科技创新基金、高新技术产业风险投资基金安排1.24亿元。

——文化、体育、广播电视、卫生事业支出5.78亿元,同口径比上年增加0.71亿元,增长14%。其中专项资金增加5 166万元,主要用于支持民族文化大区建设、加强重点文物保护征集、扩大农村牧区合作医疗试点等方面。

——公检法司和地方负担的国防建设补助经费安排8.41亿元,比上年增加0.75亿元,增长9.8%。其中,公共安全和维护社会稳定方面的专项资金增加3 961万元。

——地方预算内基本建设支出6.08亿元,比上年增加1.01亿元。增加的部分重点解决自治区文化重点工程投资缺口,处理部分已建成项目尾欠的工程款,安排一部分公益设施续建项目。

——城市建设支出1.45亿元,比上年增加1亿元。

——各项政策性补贴6.04亿元,比上年增加1 200万元。

——支持第二、第三产业发展专项资金14.17亿元,比上年增加1.9亿元。新增部分主要是用探矿权、采矿权收益安排的矿产资源普查勘探经费,适当新增一部分支持服务业和口岸建设的专项资金。

——行政管理费及离退休人员经费支出8.96亿元，比上年增加1.15亿元，增长14.7%。

按照目前中央与地方事权和财权的划分情况，支持地方经济和社会事业发展的专项资金很大一部分将由中央财政通过专项补助的形式安排，自治区除了必须安排的少量配套资金外，要优先考虑中央财政支出关注不到的某些重点领域或项目。上下衔接，统筹兼顾，既要避免简单的趋同或重复，又要防止出现预算"真空"。

三、确保完成全年预算任务的主要工作

（一）大力支持经济结构调整和"三化"建设，培育和扩大财源基础。积极落实自治区党委、政府的战略决策，整合工业发展专项资金，支持做大做强我区优势特色产业。树立经营城市的理念，将政府投资与市场开发结合起来，引入竞争机制，多渠道筹集城市建设资金。进一步落实支持国有企业改革、促进非公有制经济和第三产业发展的优惠政策，支持重点国有企业主辅分离、辅业改制和分离办社会职能。支持资源枯竭企业做好政策性关闭破产工作，加大对矿产资源勘查开发的支持力度。自治区财政将进一步拓宽增资渠道，充实中小企业担保基金，搭建政府融资信用平台，扶持中小企业发展。贯彻落实"走出去"和"引进来"战略，多方筹措外贸发展资金，增加口岸建设和招商引资经费。支持发展循环经济，吸纳社会投资参与环保事业。在经济发展的基础上，提高财政收入可持续增长的能力。

（二）保持财政支农政策的连续性和稳定性，进一步加大支持力度。继续深化农村牧区税费改革，全面免征农业税，对农牧民实行税收零税率政策。积极推进乡镇机构、农村牧区义务教育体制和县乡财政体制改革，防止农牧民负担反弹。完善对种粮农民的直接补贴政策和发放办法，继续增加良种推广补贴和农机具购置补贴，确保各项补贴政策的落实到位。分步实施对公益林给予效益补偿的政策。加大对农业和农村基础设施建设、农业科技进步、农业综合开发和牲畜疫病防治等方面的投入。逐年增加农牧民培训经费，促进农村人口和剩余劳动力转移。调整完善扶贫开发的重点和资金投向，改进扶贫资金的管理方式，巩固扶贫工作成果。继续落实新增教育、文化、卫生支出主要用于农村牧区的政策。全面实施对农牧区困难学生"两免一补"等资助政策。扩大农村牧区合作医疗改革试点，建立和完善贫困农牧民医疗救助体系。积极支持农村牧区金融体制改革。

（三）加强社会发展的薄弱环节，大力支持城乡就业和社会保障工作。积极支持事业单位改革，在改进和完善事业单位财政补助政策方面取得突破。对纯公益性的基础教育、基础科研和文化事业要重点保障、优先投入，同时引导和支持一般事业单位加快市场化取向的改革。继续推进中小学布局调整，支持民族文化大区建设，加快卫生医疗体制改革，规范医疗救治和疾病预防机构的财政补助政策。各类支持社会事业发展的财政专项资金的安排和使用，必须与自治区的收缩转移战略相衔接，防止盲目建设，形成资源的浪费。完善企业职工养老保险制度，推动事业单位职工养老保险制度改革，全面完成国有企业下岗职工基本生活保障向失业保险并轨的任务。逐步构建覆盖城乡的社会救助体系，完善城市居民最低生活保障制度，切实解决受灾群众和部分企业军转干部的生活困难问题。继续落实国家和自治区关于就业再就业的各项政策，做好社会保障制度与就业政策的衔接工作，支持社区服务建设，研究建立促进就业的长效机制。充分发挥财政政策的调节、分配作用，正确处理积累与消费、长远与当前、公平与效率的关系，不断提高人民生活水平，使各地区、各阶层群众都能在经济和财政的快速发展中得到实惠。

（四）建立和完善激励约束机制，增强县乡财政的公共服务和保障功能。从今年起，中央财政将安排专项转移支付，实施"三奖一补"政策，着力解决部分县乡财政困难问题。对财政困难县乡通过培育财源增加税收、省级政府增大对财政困难县转移支付力度的给予奖励；对县乡政府精简机构和人员的给予奖励；对产粮大县给予奖励；对以前年度缓解县乡财政困难工作做得好的地区给予补助。我们要把争取中央财政政策与深化农村牧区税费改革、扎实推进三项配套改革结合起来；把解决县乡财政困难与加快县域经济发展、推进农牧业产业化结合起来，务求取得实效。认真落实好对财政亿元旗县的考核激励政策，完善约束机制，支持县域经济和财政发展。进一步改革和完善自治区对盟市旗县的财政体制，调动县乡政府增收节支的积极性。开展"乡财县管"的试点工作，加大对财政困难旗县的转移支付力度。对综合配套改革力度大、各项工作扎实的地区要给予重点支持。争取利用3年左右的时间，使部分旗县和乡镇的财政困难状况得以明显改善。

（五）继续深化财税改革，狠抓增收节支工作，加强财政管理和监督，推进依法理财。进一步加强税收征管工作，严格控制减免税，抓紧清理到期的税收优惠政策。加强对重点税源和重点企业纳税地的调研分析，制定必要的政策措施，防止税收向区外转移。挖掘非税收入的潜力，改革和完善非税收入收缴制度，规范非税收入管理。进一步深化部门预算改革，全面建立综合预算制度，强化预算约束。年度预算执行中确需的预算调整事项，按法定程序报批。严格控制一般性支出，坚决压缩会议费、招待费、差旅费、出国经费和车辆购置费。稳步推进职务消费货币化改革，降低行政成本。进一步扩大国库集中支付和政府采购制度改革的实施范围，提高集中支付和政府采购金额占预算支出的比重，从制度上防止截留、挤占和挪用行为，减少损失浪费。研究制定财政专项资金绩效评价办法，建立科学的绩效评价体系。进一步加强财政和审计监督，对各类专项资金实施事前、事中和事后的全过程监督。积极防范和化解财政风险，加强对宏观政策和财政长远发展问题的研究，坚持重大决策、重大问题专家论证、社会公示和听证制度以及责任追究制度，进一步提高财政管理的效率和质量。

各位代表，今年的预算任务十分繁重。我们要在自治区党委、政府的领导下，解放思想，振奋精神，开拓创新，扎实工作，努力完成本次大会确定的财政任务，为推进自治区经济社会的全面、协调和可持续发展做出贡献。

关于内蒙古自治区2004年国民经济和社会发展计划执行情况与2005年国民经济和社会发展计划草案的报告

——2005年1月8日在内蒙古自治区第十届人民代表大会第三次会议上

自治区发展和改革委员会主任　呼尔查

各位代表：

我受自治区人民政府委托，向大会报告全区2004年国民经济和社会发展计划执行情况与2005年国民经济和社会发展计划草案，请予审议，并请自治区政协各位委员和列席会议的同志们提出意见。

一、2004年国民经济和社会发展计划执行情况

刚刚过去的一年，在自治区党委的正确领导下，全区上下坚持以"三个代表"重要思想为指导，牢固树立和落实科学发展观，认真贯彻国家宏观调控的各项政策，经济结构调整取得积极进展，经济效益明显提高，自主增长机制逐步形成，全区经济继续快速健康协调发展，各项社会事业全面进步，超额完成十届人大二次会议确定的各项预期目标。预计全年生产总值完成2 700亿元以上，同比增长20%，其中第一产业增长14%，第二产业增长29%，第三产业增长13%；财政总收入完成363.1亿元，增长40.7%；城镇居民人均可支配收入达到8 200元，实际增长14%；农牧民人均纯收入达到2 670元，实际增长13%。

（一）宏观调控取得明显成效。按照国家宏观调控政策的要求，坚持有保有压，做到控制和加强并举。一是农牧业特别是粮食生产得到加强。全年发放粮食直补资金5.2亿元，优质农作物良种补贴和农机具补贴资金到位5 800万元；有6个盟市全额取消了农业税，其他6个盟市农业税税率平均降低3个百分点，全区农牧民人均税收负担降低60%以上。二是煤电优势得到进一步发挥。新开工建设了霍林河一号露天矿扩建、准格尔黑岱沟露天矿扩建、胜利煤田一号露天矿等大型煤炭项目和达拉特电厂四期、河西电厂、元宝山电厂四号机组、通辽电厂三期等一批电源项目，全年新开工煤炭生产能力2 790万吨，新开工电力装机1 000万千瓦。三是部分行业盲目投资和低水平重复建设得到有效控制。累计停缓建钢铁、电解铝、水泥等行业建设项目33个，取消立项16个；关停不符合国家产业政策的小炼钢能力75万吨，小水泥能力180万吨，关闭土焦、改良焦生产企业158户，淘汰落后生产能力200多万吨。四是整顿土地市场秩序取得重大进展。共查处土地违法案件1 467起，涉及土地面积5.9万亩。清理整顿开发区取得显著成效，共撤销各类开发区78个，核减开发区面积7.9万公顷，占原有开发区总面积的69%。整顿后保留开发区47个，总面积3.5万公顷，占原有开发区面积的31%。五是市场价格保持基本稳定。预计全年居民消费价格上涨3%左右，比全国平均水平低1个百分点。

（二）产业结构调整取得积极进展。在继续加强农牧业、突出发展工业的同时，加大对服务业发展的扶持力度，形成三次产业全面增长的格局。

农牧业生产获得丰收。粮食播种面积扭转了连续五年下降的局面，粮食总产量达到301亿斤，增产28.9亿斤。畜牧业加快发展，牧业年度牲畜存栏9 274万头（只），比上年同期增加1 287万头（只），畜牧业占第一产业增加值的比重达到43%。畜牧业布局进一步改善，农区牲畜存栏占全区牲畜存栏总数的比重达到67%，新增量占到90%。主要畜产品产量大幅增长，肉类总产量200万吨，增长23%；牛奶产量490万吨，增长59%。农牧业产业化步伐加快，全区销售收入超亿元的龙头企业达到38户。农村牧区基础设施建设得到加强，全年新增通公路的行政村（嘎查）822个，通电行政村（嘎查）45个，通电话行政村（嘎查）86个，解决了近70万人口的饮水困难问题。

优势特色产业发展明显加快。年初确定的312个投资亿元以上的重点项目按计划实施，建成投产60个。大型煤电基地建设步伐加快，全年煤炭产量2亿吨，增长36%；发电量800亿千瓦时，增长24%，其中区内用电500亿千瓦时，增长27%，外送华北、东北电量300亿千瓦时，增长17%。产业升级和技术改造步伐加快，包钢5号高炉、霍林河煤业集团10万吨电解铝等项目建成投产，全年钢产量620万吨，增长8%；铝产量38万吨，增长50%。重化工业发展进一步加快，新开工建设神华集团煤制油、天野化工原料线路改造等项目，全年新开工甲醇生产能力120

万吨，聚氯乙烯生产能力50万吨。蒙牛四期、草原伊盛等一批农畜产品加工项目建成投产，鲜奶加工能力达到400万吨，肉类加工能力120万吨。高技术产业化示范项目建设加快，开工建设二类新药甲苯磺酸妥舒沙星、基因工程提取低聚果糖等一批高技术项目。预计全年工业增加值增长28%，其中规模以上工业增加值增长38%。工业经济效益明显提高，预计全年规模以上工业企业经济效益综合指数达到160，比2003年提高26个点。

服务业增长加快。去年自治区召开了第三产业工作会议，出台了第三产业发展规划纲要及60条优惠政策，促进了第三产业快速发展。商业零售繁荣活跃，物流配送、连锁经营、电子商务等新型业态加快发展，引进了王府井百货、香格里拉酒店等大型商业零售和餐饮企业，全年实现社会消费品零售总额880亿元，增长21%。交通运输、旅游业大幅回升，货运量达到5.9亿吨，增长18%；旅游收入140亿元，增长48%。信息服务业发展进一步加快，电话用户总数突破1 100万户，新增191万户，实现邮电业务收入81亿元，增长15%。金融业取得新突破，预计全年金融机构人民币各项存款余额2 575亿元，增长23%；各项贷款余额2 250亿元，增长17%。北方创业和蒙牛乳业成功上市，钢联股份发行18亿元可转债，内蒙华电发行企业债券18亿元。保险业发展取得新进展，引进了新华人寿、中华联合保险、太平洋保险三家保险公司，全年实现保费收入55亿元，增长30%。房地产业继续健康发展，空置房得到进一步消化。

（三）经济自主增长机制逐步形成。一是市场化程度稳步提高。随着经济发展环境的不断改善、市场准入门槛的明显降低和企业市场主体地位的逐步确立，资金、技术、人才等经济要素的流动进一步加快，以市场为基础配置资源和大范围资源重组的格局基本形成。二是投资主体趋于多元化。财政性投资和银行贷款投资比重进一步下降，社会投资比重明显上升。预计全年全社会固定资产投资完成1 800亿元，增长50%。其中：财政性投资占投资总额的8.9%，下降2.3个百分点；银行贷款占16.1%，下降4.2个百分点；企事业单位自筹资金占37.2%，提高1.1个百分点；股票债券融资占2.9%，提高1.2个百分点；社会投资占34.8%，提高4.2个百分点。三是基础设施进一步改善。生态七大工程建设进展顺利，全年完成退耕还林660万亩，退牧还草2 780万亩，治理荒漠化面积6 100万亩。水利重点工程建设得到加强，实施了黄河、东西辽河堤防加固工程，对红山水库等30座病险水库进行除险加固，全年完成堤防加固141公里，新增农田有效灌溉面积232万亩。交通基础设施建设步伐加快，国道110线呼和浩特至集宁段和磴口至巴拉贡段等高速公路，西部干线省际通道赤峰至锦山、白音察干至鲁北等一级公路，海拉尔至伊敏等二级公路投入运营，新增二级以上公路1 850公里，公路总里程达到7.6万公里。呼市－准格尔、赤峰－大板－白音华、东胜－乌海等铁路开工建设，满洲里机场投入试运行。电源和输变电通道建设力度加大，托克托电厂二期、达拉特电厂三期、包头二电厂等电源项目和2个500千伏、48个220千伏输变电工程建成投产，新增电力装机300万千瓦，电力装机容量达到1 470万千瓦。城市基础设施建设进一步加强，全年共实施城市环保、供水管网改造、污水垃圾处理及县城供水国债项目73个，城市面貌明显改善。

（四）改革开放步伐加快。国企改革取得积极进展，重组了内蒙古电力、呼和浩特烟厂等10户重点企业，外贸、物资、商粮三大集团改革进入收尾阶段，公路国有股权转让和退出迈出实质性步伐。投资体制改革加快推进，对企业不使用政府投资建设的项目，区别不同情况实行核准制和备案制。金融体制改革迈出新步伐，农村信用社改革列入国家第二批试点范围。粮食流通体制、行政审批制度等各项改革稳步推进。

对外开放成效显著。一是“走出去”战略取得新进展。共批准境外投资企业10家，投资总额809.8万美元。庆华集团、鄂尔多斯羊绒集团等在境外投资建设的项目，都取得了较好的效益。二是招商引资规模进一步扩大。全年引进国内（区外）资金到位702亿元，增长75%。利用外资大幅度增长，外商直接投资实际到位6亿美元，增长60%。三是对外贸易规模进一步扩大。外贸进出口总额突破40亿美元，增长30%。其中，出口完成17亿美元，增长18%；进口完成23亿美元，增长38%。口岸建设得到进一步加强，口岸过货量达到2 200万吨，增长44%。

（五）就业和社会保障工作得到加强。就业和再就业投入继续增加，累计发放小额担保贷款2亿元，扶助2万人实现再就业。全年城镇新就业24万人，增加2.5万人；其中安置下岗失业人员13.5万人，安置“4050”人员3.8万人，城镇登记失业率控制在4.7%左右。

“两个确保”和“三条保障线”政策得到有效落实。全区参加基本养老保险309万人，增加8万人；参加基本医疗保险271万人，增加18.5万人；参加失业保险222万人，增加0.4万人；72万城镇贫困人口纳入低保范围。扶贫工作得到加强，共落实国家“三项”扶贫开发资金13亿元，下达救灾资金1.47亿元，贫困地区和灾区群众的生产生活得到妥善安置。

（六）各项社会事业全面进步。坚持以人为本，统筹兼顾，促进经济社会全面协调可持续发展。科技创新和推广体系进一步完善，启动并开展了自治区中长期科技发展规划的研究工作，纳米稀土氧化物、利用粉煤灰生产水泥熟料等44个科技项目列入国家火炬计划和国家重点新产品计划。基础教育加快发展，农村牧区中小学危房改造工程、现代远程教育网络工程、西部地区“两基”攻坚工程进展顺利，对农村牧区义务教育阶段家庭经济困难学生实施了“两免一补”政策，新增普及九年制义务教育旗县5个，以旗县为单位人口覆盖率达到80.8%，比上年提高4.2个百分点。高中阶段教育快速发展，高中阶段教育毛入学率达到49.6%，提高6.9个百分点。高等教育办学规模进一步扩大，全区普通高校招生完成7万人，比上年增长16.9%，普通高校在校生达到19.9万人。内蒙古大学“十五”“211”工程顺利实施,内蒙古师范大学新校区投入使用。

医疗卫生事业得到加强。积极实施疾病预防控制机构和医疗救治机构国债建设项目,呼和浩特市、巴彦淖尔市等43个疾控中心和鄂尔多斯市急救中心、阿拉善盟急救中心等21个医疗救治机构建成投入使用,突发公共卫生事件应对机制和重大疾病预防控制及医疗救治体系初步建立。农村牧区卫生服务体系建设项目开始启动,农村牧区新型合作医疗试点工作进展顺利,7个试点旗县已有75.9万农牧民参加了合作医疗,参合率达到73.8%。地方病、结核病和艾滋病防治工作进一步落实。人口和计划生育工作进一步加强,人口自然增长率控制在3.6‰以内。

文化事业繁荣发展。民族文化大区建设进展顺利,乌兰恰特大剧院、内蒙古博物馆、体育馆和会展中心等重点工程的前期工作取得重大进展。实施了36个旗县图书馆、文化馆专项建设,"西新工程"和"村村通"广播电视工程取得显著成效。广播电视、体育、民政、新闻出版等各项社会事业稳步发展。

各位代表,在看到成绩的同时,也要看到我区经济和社会发展中还存在一些困难和问题:体制改革相对滞后,中小企业发展缓慢;"三农"问题仍然突出,城乡居民收入水平还比较低;区域发展还不够协调,东西部发展差距进一步扩大;经济结构还不够合理,产业优势还没有充分发挥;资源综合开发利用水平低,经济增长方式还比较粗放。对于这些问题,我们要认真研究,逐步加以解决。

二、2005年经济和社会发展的主要任务

2005年是"十五"计划的最后一年,做好今年的工作,对于全面超额完成"十五"计划目标,保持"十一五"规划的良好开局,具有重要意义。按照全区经济工作会议的总体要求和部署,今年经济和社会发展的预期目标是:生产总值增长15%,全社会固定资产投资增长30%,社会消费品零售总额增长16%,进出口总额增长20%,财政收入增长20%,城镇居民人均可支配收入增长12%,农牧民人均纯收入增长8%,居民消费价格涨幅控制在4%以内,城镇登记失业率控制在4.5%以内,人口自然增长率控制在5‰以内。

各位代表,我们提出的各项预期目标,是留有充分余地的,经过努力是完全可以实现的。预期目标是指导性指标,各地区、各部门要结合实际贯彻落实,防止出现不切合实际的盲目攀比。要牢固树立和落实科学发展观,立足当前,着眼长远,既要着力解决好当前经济运行中的问题,保持经济平稳较快发展,进一步扩大经济总量,又要着眼于全面建设小康社会,不断提高经济增长的质量和效益,为保持较长的快速增长期打好基础、创造条件、营造良好环境。要紧紧抓住西部大开发、振兴东北等老工业基地和实施宏观调控带来的机遇,加快发展优势特色产业,加强经济社会的薄弱环节,促进经济快速增长和社会和谐发展。

(一)继续加强和改善宏观调控。加强和改善宏观调控是今年全国经济工作的重要任务,我们要按照中央提出的区别对待、有保有压的原则,落实好宏观调控的各项政策。一是进一步优化投资结构。继续保持合理的投资规模,今年确保固定资产投资2 400亿元,增长30%。投资重点用于加强经济社会发展的薄弱环节,继续向农牧业、生态、水利、交通、能源、社会事业等领域倾斜。要继续多渠道筹集建设资金,在积极争取国家建设资金的同时,进一步加强与金融机构的合作,努力扩大招商引资规模。要切实加强监督管理,管好用好各类建设资金,提高投资效益。二是继续整顿土地市场秩序。坚决杜绝乱占滥用耕地,保持耕地占补平衡。落实好征地补偿安置资金,维护农牧民的合法权益。三是严格控制低水平重复建设。继续对规模小、污染重、浪费资源的小电石、小硅铁、小炼焦、小水泥、小煤矿进行治理整顿,再淘汰一批规模小、环保不达标的企业,今年全部淘汰直径2.2米以下的机立窑和直径1.83米以下的水泥粉磨站。严格掌握环评标准,对达不到环保要求的新上项目一律不予核准。高度重视安全生产,防止重特大事故发生。四是保持物价基本稳定。继续严格执行国家关于保证市场供应、维护物价稳定的一系列政策规定,在公用事业、公益服务等领域严格控制出台新的涨价项目,切实把物价上涨幅度控制在预期的目标之内。

(二)全力做好农牧业增产和农牧民增收的各项工作。继续加强农村牧区基础设施建设。坚持工业反哺农业,城市支持农村的方针,加大对农牧业和农村牧区的投入力度,确保总量不减少,比重有所提高。加快实施优质粮食产业工程,建设河套小麦、通辽玉米等大型商品粮生产基地。完善动物疾病防控体系,防止发生大规模传染性疾病。加强农村牧区人畜饮水、节水灌溉、草场围栏等"六小工程"和通电、通路、通话等"五通"工程建设,扩大建设范围,提高工程质量。

调整优化农牧业和农村牧区经济结构。积极调整农牧业结构,稳定粮食播种面积,大力发展农区畜牧业。今年全区粮食播种面积要确保稳定在6 200万亩以上,畜牧业占第一产业增加值的比重力争提高3个百分点。抓好优势产业带建设,提高农牧业规模化、专业化、集约化水平。健全农牧业社会化服务体系,提高农牧业产业化、市场化和农牧民组织化程度。进一步落实扶持龙头企业发展的各项政策,增强龙头企业的辐射带动能力,提高农村牧区非农产业比重。加强劳动就业培训,有序组织劳务输出,加快转移农村牧区剩余劳动力,提高非农就业比重,力争农村牧区非农就业比重提高2个百分点。

加大扶贫开发力度。坚持开发式扶贫方针,实施整村推进战略,加快贫困地区和困难人口脱贫致富步伐。改革扶贫资金使用办法,集中用于支持重点村(嘎查)的扶贫项目建设,加强对贫困人口的直接帮扶,提高扶贫工作的针对性。

落实和完善各项支农政策。全面落实党在农村牧区的各项政策,进一步扩大粮食直补、优质农作物良种补贴和农机具补贴范围,降低税收负担,从今年起,在全区范围内全部免征农业税。加大清偿拖欠农民工工资力度,按照国务院的部署,争取在今年年底前基本清偿完毕。

（三）加快新型工业化步伐。培育发展优势产业集群。突出重点地区、重点企业和重点开发区，继续抓好能源、化工、冶金、农畜产品加工、机械装备和高新技术等优势特色产业发展，加快大型煤炭生产基地、大型坑口电站群和重化工基地建设，搞好矿区总体规划。煤炭要新开工建设范家村煤矿、牛连沟煤矿扩建等10个重点项目，建设规模4 570万吨，煤炭产量达到2.6亿吨。做好沉陷区治理和古拉本、乌达矿区灭火工作，加快煤矿安全技改步伐。电力要继续抓好正蓝电厂、岱海电厂、托克托电厂三期等续建项目，新开工准格尔电厂三期、岱海电厂二期、双欣煤矸石电厂等电源项目，新开工装机规模突破800万千瓦，新增电力装机600万千瓦，电力装机容量突破2 000万千瓦。积极开发清洁能源，扩大风力发电规模，力争新开工风电装机50万千瓦。化学工业重点是发展煤化工、天然气化工、氯碱化工等产业系列，积极培育硅化工产业，进一步加快煤炭转化步伐，提高天然气资源利用率。要围绕实现煤制油1 000万吨、甲醇1 000万吨、氯碱化工1 000万吨、煤焦化1 000万吨的目标，加快建设神华集团煤制油、亿利集团40万吨聚氯乙烯等续建项目，新开工建设新奥集团60万吨甲醇和40万吨二甲醚、久泰集团50万吨甲醇和10万吨二甲醚等重点项目，争取新开工甲醇生产能力360万吨，二甲醚60万吨，聚氯乙烯50万吨。要进一步加大项目前期工作力度，再准备一批大中型化工项目，为建设国家大型重化工基地奠定基础。切实加强天然气开发利用的各项前期工作，规划一批天然气深加工项目。冶金要全面启动包钢钢铁1 000万吨扩能改造和呼市、包头的200万吨特种钢生产项目，实施包头铝业、希望铝业、霍林河铝业和大唐托克托硅铝四个扩能及延伸加工项目。继续大力发展农畜产品加工业，争取蒙牛五期扩建、科尔沁乳业扩建、梅花味精等重点项目建成投产。以工程机械、运输机械为重点，振兴机械装备工业，争取一机集团铁路车辆改造、北方重型汽车公司液压挖掘机等项目建成投产并发挥效益。加快发展稀土、医药、电子信息等高新技术产业，抓紧实施稀土永磁电机、稀土抛光粉、威远青霉素、汉鼎光电、合谦电子等一批高新技术项目，开工建设利用生物技术制备高档明胶、利用风积沙浮法生产微晶材料等高技术产业化示范项目。

提高资源综合利用水平。加强矿产资源勘探开发，以煤炭和有色金属为重点，加快已经启动的第一批勘探项目进度，组织实施第二批资源勘探项目。对赤峰绍根煤田等一批已经完成详查，具备开发条件的项目，要抓紧进入实施阶段。改革资源开采体制，全面开展整顿和规范矿产资源开发秩序工作。积极转变经济增长方式，大力发展循环经济，做好煤矸石、工业废水、垃圾综合利用和高载能企业粉尘回收利用工作，支持建设蒙西粉煤灰提取氧化铝、乌兰水泥四期等一批循环经济项目，提高资源综合利用效率。进一步加快高载能行业产业升级和技术改造步伐，推动其上环保、成规模、进园区。做好循环经济发展规划，培育一批重点项目，逐步建立几个循环经济示范园区。切实加强资源保护，广泛开展建设节约型社会活动。

（四）大力发展第三产业。一是积极发展新型服务业。健全金融组织体系，培育发展证券、保险市场，加强与招商银行、浦东发展银行、华农财险公司等金融、证券、保险企业的联系，争取尽早在我区设立分支机构。鼓励和支持各类中介服务组织加快发展。二是做大做强优势服务业。突出发展旅游业，实施旅游精品战略，围绕呼伦贝尔－兴安盟、锡林郭勒－赤峰、呼和浩特－包头－东胜和阿拉善四条旅游精品线路，加强阿尔山生态旅游区、莫尔道嘎原始森林旅游区等重点景区建设，整合资源，突出特色，打造品牌。启动实施大青山抗日根据地、乌兰夫同志故居等红色旅游工程。三是加快改造传统服务业。积极培育龙头企业，创新经营方式，提高传统服务业的层次和水平。进一步加强市场体系建设，加快建设赤峰锦绣大地北方活畜交易市场、锡林浩特畜产品市场、包头钢材市场、呼市食全食美农产品市场等大型批发市场。大力发展现代物流业，推进白塔物流园区、包头物流园区、通辽物流园区等一批重点项目建设。

进一步贯彻自治区第三产业发展规划纲要，切实把市场准入、税费减免等支持第三产业发展的60条优惠政策落到实处。加快服务业改革步伐，在文化、卫生、体育、特别是城市基础设施等经营性领域，打破垄断，引进竞争机制，实现投资主体多元化。抓住消费升级的有利时机，大力改善消费环境，进一步取消各种限制消费的不合理规定，积极引导居民扩大服务消费。

（五）加强生态和基础设施建设。生态要继续抓好退耕还林、退牧还草、京津风沙源治理等重点工程建设，积极开发生态后续产业，实现生态效益和经济效益相统一。水利要重点抓好黄河、嫩江等流域治理，加快实施尼尔基、绰勒、三座店等大型水利工程、病险水库除险加固和大型灌区节水改造工程，特别要加强中小型水利设施建设，扩大水浇地面积，同时也为工业用水提供保障，今年力争新增农田有效灌溉面积200万亩。铁路要加快建设桑根达来－正蓝旗、东胜－乌海等6条续建铁路，开工建设临河－策克、伊敏－伊尔施、集宁－张家口、东胜－朔州等6条新建铁路，并对准格尔－大同、集宁－通辽等4条铁路进行扩能改造，全年铁路建设总里程达到2 500公里。进一步加快京包、包兰线电气化改造、伊尔施－白城铁路扩能改造及科右中旗－乌兰浩特铁路新建等项目前期工作，构筑西起额济纳、东至满洲里、贯通东西部的铁路大通道。公路要全面完成国道110线高速公路及省际通道和县际公路建设，全线贯通西起阿拉善、东至呼伦贝尔的公路运输大通道和乌海至北京高速公路。加快实施乡镇（苏木）通油路和行政村通路工程，全年新增公路里程2 000公里以上，其中高速公路480公里，乡镇（苏木）通油路率达到70%，行政村通公路率达到90%。民航要开工建设呼和浩特机场扩建和鄂尔多斯、阿尔山机场，迁建赤峰机场，力争开工建设二连浩特机场。继续加强输变电通道和城乡电网改造工程建设，开工建设包头至乌海等6个500千伏输变电工程和48个220千伏输变电工程。启动东西电力大通道，建成蒙西电网商都至锡林浩特500千伏交流输变电工程和西乌旗－白音华－兴安盟220千伏输变电工程,形成西起阿拉善、东至呼伦贝尔的电力大通道。

(六)加快推进城镇化。一是促进产业转移,提高城镇经济比重。结合制定"十一五"规划,着眼长远,突出特色,完善功能,抓紧修订和完善城市总体规划和重点小城镇规划,发挥规划对各项建设活动的引导作用。合理安排大中型建设项目布局,加快培育区域性中心城市,增强辐射带动能力。大力发展县域经济,积极调整乡镇布局,加快城乡一体化步伐,引导乡镇企业向城镇集中,扩大城镇经济总量,今年城镇经济比重要力争达到70%。二是加强城镇基础设施建设,提高城镇吸纳人口和产业的能力。继续加强以供水供热、道路改造、污水垃圾处理为重点的城镇基础设施建设,不断改善城镇基础设施条件,今年城镇人均铺装道路面积力争实现9.5平方米,供水普及率达到90%,污水处理率达到48%,建成区绿化覆盖率达到30%。多渠道筹集市政建设资金,按照产业化发展、市场化运作、企业化经营的要求,引入竞争机制,建立政府特许经营制度,进一步加快市镇设施市场化改革步伐,形成多元化投入机制。三是推进城镇管理体制改革,促进人口向城镇集中。继续深化户籍制度改革,放开户籍管制,进一步消除城乡居民身份差距,推动城乡人口有序流动。逐步建立城乡统一的劳动就业制度,为农村牧区经济结构调整、富余劳动力转移和农牧民增收创造条件。今年城镇化率提高1个百分点以上。

(七)促进东部地区加快发展。东部各盟市要抓住国家实施振兴东北等老工业基地的战略机遇,充分发挥资源和区位优势,主动融入东北经济圈,在振兴东北等老工业基地战略中发挥重要作用。

做好重大基础设施建设项目规划衔接。要在公路、铁路、电力规划已经启动的基础上,争取有更多的专项规划纳入国家振兴东北老工业基地战略规划范围。进一步加快牙克石—甘南、乌兰浩特—白城、通辽—双辽、赤峰—朝阳等通往东三省的高速公路项目前期工作,以及阿尔山—白城、赤峰—叶柏寿、通辽—霍林河等通往东三省铁路扩能改造项目的前期工作。今年要开工建设赤峰—通辽、赤峰—大板高速公路,通辽—鲁北、海拉尔—满洲里一级公路,以及海拉尔-满洲里复线改造、大虎山至齐齐哈尔、海拉尔至博克图段扩能改造等重点铁路项目。

加快建设东北能源和原材料产业接续基地。煤炭方面,今年开工建设伊敏露天矿扩建、白音华二号露天矿扩建和平庄老公营煤矿等,开工规模达到2 250万吨。电力方面,启动呼伦贝尔电站群,开工建设伊敏电厂二期、宝日希勒电厂一期、大板电厂一期、白音华坑口电厂等一批电源项目,加快右中电厂一期、霍林河煤电一期等一批电力项目的前期工作,创造条件争取尽早开工。加强外送电力通道建设,做好呼伦贝尔电站群至辽宁负荷中心500千伏直流超高压输变电工程和右中至吉林、霍林河至辽宁、白音华至辽宁等500千伏输变电项目的前期工作,扩大东北电力市场占有份额。重化工方面,开工建设黑化集团40万吨甲醇和10万吨二甲醚项目,加快推进兴安盟威源公司100万吨甲醇和30万吨二甲醚等项目前期工作。对东部地区有色金属等矿产资源要加大勘探力度,做好开发利用的各项前期准备工作。

积极争取国家振兴东北等老工业基地相关优惠政策。围绕增值税转型试点、剥离企业办社会、增加社会保障投入、企业破产及豁免欠税等,积极争取国家支持,力争将符合条件的企业纳入振兴东北等老工业基地的政策范围。要积极创造条件,在项目布局、资金安排上,适当向东部地区倾斜。

(八)推动社会全面进步。切实做好就业和再就业工作。大力发展第三产业、中小企业、非公有制经济,鼓励灵活就业,处理好资金密集型产业同劳动密集型产业发展的关系,着力解决好结构性就业矛盾。继续落实好中央和自治区出台的各项政策措施,特别是信贷支持、税费减免、社保补贴、工商登记等扶持政策。进一步完善市场就业机制,加强就业培训,提高下岗失业人员和进城务工人员的劳动技能,力争新就业25万人以上。

加快社会保障体系建设。继续巩固"两个确保"和最低生活保障制度,鼓励有条件的地方进一步探索建立农村牧区最低生活保障制度。完善社会统筹与个人帐户相结合的基本养老保险制度,重点抓好个体私营等非公有制企业和灵活就业人员的参保工作。稳步扩大医疗保险覆盖范围,妥善解决关闭破产企业退休人员的医疗保障问题。加强社会福利和救济工作,使弱势群体的基本生活得到有效保障。力争到今年底参加基本养老保险人数达到315万人,增加6万人;医疗保险人数达到278万人,增加7万人,80万城镇贫困人口纳入低保范围。

大力发展教育事业。继续实施西部地区"两基"攻坚工程、农村牧区中小学危房改造工程和现代远程教育网络工程,落实好农村牧区义务教育阶段家庭经济困难学生的"两免一补"政策,完成8个旗县的普及九年制义务教育任务,"普九"达标旗县累计达到93个,以旗县为单位人口覆盖率达到88.3%。优先发展民族教育,促进高中阶段教育协调发展,大力发展中等职业教育,启动实施西部职业教育工程,加快培养技能型适用人才,高中阶段教育毛入学率力争达到55%。稳步发展高等教育,2005年普通高校计划招生9万人,增长28%。继续实施"人才强区"战略,加强多层次人才队伍建设,培养、引进、用好高层次和高技能人才,推进人才流动和人才市场建设。

加强公共卫生体系建设。按照预定目标全面建成疾病预防控制体系,基本完成医疗救治体系建设。制定农村牧区卫生服务体系建设规划,继续加强以乡镇(苏木)卫生院为重点的农村牧区卫生基础设施建设,实施97个乡镇(苏木)卫生院建设项目,提高农村牧区医疗卫生服务水平。在总结农村牧区新型合作医疗试点工作经验的基础上,新启动5个旗县合作医疗试点,全面推进农村牧区医疗救助工作。进一步做好结核病、艾滋病和地方病防治工作。加快建设农村牧区计划生育服务设施项目,实施10个旗县和30个乡镇(苏木)计生服务站试点建设,稳定低生育水平。

积极发展文化事业。加强基层文化设施建设,完成15个旗县图书馆、文化馆建设任务。切实抓好农村牧区电影放映工程,继续实施"西新工程",积极推动广播电视数字化和网络化建设,加快推进"村村通"广播电视工程,努力完成5 500多个50户以上已通电自然村通广播电视建设任务,力争广播电视覆盖率达到93%。多渠道筹集建设资金,开工建设乌兰恰特大剧院、内蒙古博物馆、体育馆、会展中心等自治区成立60周年大庆项目。

(九)进一步加快改革开放步伐。继续深化各项改革。一是深化国有企业改革。加快国有企业股份制改造步伐,健全公司法人治理结构,自治区监管的国有企业要建立严格的经营业绩考评制度。深化垄断行业改革,根据国家将要提出的铁路、烟草、盐业体制改革方案,研究制定具体实施办法。加快供水、供气等城市公用行业市场化进程。二是深化财税体制改革。进一步扩大国库集中支付、非税收入收缴和政府采购等实施范围,完善转移支付制度,缓解县乡财政困难。三是深入推进投资体制改革。加快落实国务院关于投资体制改革决定精神,制定出台企业投资项目核准办法、登记备案办法等地方性配套文件。规范政府投资行为,健全责任约束机制,增加透明度。四是推动民营经济快速发展。贯彻落实好国家将出台的关于鼓励、支持和引导非公有制经济发展的政策意见,研究和制定自治区民营经济发展的实施意见。加大对民营企业发展的支持力度,创造条件逐步扩大担保、贴息规模,引导金融机构增加对中小企业的贷款投入,促进中小企业快速发展,形成大、中、小企业全面发展的格局。五是深化事业单位改革。积极开展事业单位改革试点,总结经验,逐步推开。

进一步扩大对外开放。加快实施"走出去"战略,加强与俄蒙在资源开发等方面的合作,推动大型企业和企业集团建设一批跨国合作项目。进一步加强境外投资项目前期工作,拓宽合作领域,提高合作水平。继续加强与神华集团、中国电力投资集团、香港嘉里集团等国内外大型企业和企业集团的合作,密切跟踪已经签约的项目,积极落实各项建设条件,提高履约率和资金到位率。进一步加强与东三省、京津冀和东南沿海地区的合作,有针对性地开展招商引资活动,提高项目成功率。今年力争引进区外(国内)资金900亿元,吸收外商直接投资10亿美元。抓住国家实施"大通关"战略的机遇,加快满洲里口岸"大通关"配套项目建设,提高通关效率。切实抓好原木、原煤和原矿的落地加工,促进口岸经济快速发展。积极争取国家各项出口补贴优惠政策,努力扩大外贸进出口规模,进出口总额力争达到48亿美元,增长20%。

(十)做好"十一五"规划的各项工作。"十一五"规划是十六大之后的第一个五年规划,做好"十一五"规划的编制工作,对于保持"十五"期间经济社会发展的良好态势,争取一个较长的快速增长期,为实现全面建设小康社会的奋斗目标奠定基础,都具有十分重要的意义。要把"十一五"规划与全面建设小康社会的目标衔接起来,深入研究改革发展稳定中的重大问题,把贯彻落实科学发展观、实现"五个统筹"、大力发展循环经济、体现以人为本等融入"十一五"规划中。要抓紧完成34个重大前期研究课题,研究提出"十一五"规划思路,编制形成"十一五"规划纲要。要在已经完成煤炭、电力、公路、铁路等专项规划的基础上,全面完成各专项规划的编制工作。

各位代表,做好今年的经济和社会发展工作,任务艰巨,意义重大。让我们紧密团结在以胡锦涛同志为总书记的党中央周围,认真实践"三个代表"重要思想,切实贯彻党中央、国务院的各项方针政策和自治区党委的各项部署,抓住机遇,扎实工作,乘势而上,全面超额完成"十五"计划的各项目标,为自治区经济和社会发展作出新的更大的贡献。

政　　治

中国共产党内蒙古自治区委员会

【领导名录】

自治区党委书记 副书记 常委

书　记:储　波

副书记:杨　晶(蒙古族)

岳福洪

陈光林

杨利民

巴特尔(蒙古族)

常　委:储　波

杨　晶(蒙古族)

岳福洪

陈光林

杨利民

巴特尔(蒙古族)

任亚平

张国民(12 月离任)

胡　忠(12 月离任)

黄高成

牛玉儒(蒙古族 8 月逝世)

邢　云

伏来旺(蒙古族)

陈朋山(女)

韩志然(蒙古族 12 月任职)

莫建成(12 月任职)

罗啸天(12 月任职)

自治区党委委员

万继生

王长聚

王玉山(蒙古族)

王　占

王尚罗

王维山(蒙古族)

尤　仁(蒙古族)

牛玉儒(蒙古族 8 月逝世)

乌　兰(女 蒙古族)

乌兰巴特尔(蒙古族)

乌热尔图(鄂温克族)

巴士杰(蒙古族)

云　锋(蒙古族 7 月递补)

巴特尔(蒙古族)

布和朝鲁(蒙古族)

白向群(蒙古族)

邢　云

邢宝玉

伏来旺(蒙古族)

任亚平

旭日干(蒙古族)

郧宝恒

刘芝兰(女)

刘明祖

杨利民

杨 晶(蒙古族)

连 辑

宋振国

张国民

陈光林

陈朋山(女)

林东鲁

林 瑞(女 蒙古族)

罗啸天

岳福洪

郄国严

周维德

周德海

宝音德力格尔(蒙古族)

赵双连(蒙古族)

胡 忠

哈斯巴根(蒙古族)

祝广垲

徐凤君

郭子明

郭明伦

陶 克(蒙古族)

黄高成

符太增

韩振祥

傅守正

储 波

雷·额尔德尼(蒙古族)

孟志毅(达斡尔族)

孟松林(鄂伦春族)

自治区党委候补委员

乌若思(蒙古族)

柳 秀

胡其图(蒙古族)

夏连仲

高延青(蒙古族)

【重要活动】

黄菊在内蒙古考察 6月10日至13日,中共中央政治局常委、国务院副总理黄菊先后到呼伦贝尔、鄂尔多斯、包头和呼和浩特市,深入农村牧区、工矿企业、职业介绍服务中心,走访慰问各族群众,详细了解中央宏观调控政策措施贯彻落实和当前工业交通经济运行情况,认真听取干部群众的意见和建议。自治区党委书记储波、自治区主席杨晶陪同考察。

黄菊充分肯定内蒙古经济社会发展、生态环境建设和贯彻落实中央宏观调控政策所取得的成绩。他强调指出,内蒙古要全面贯彻"三个代表"重要思想,进一步落实中央宏观调控政策措施,加强经济运行调节,搞好煤电油运供需衔接,大力调整经济结构,切实转变增长方式,促进经济社会全面协调持续发展。要坚持科学发展观,按照中央的部署,落实西部开发的各项任务,因地制宜,充分发挥资源、区位等优势,巩固和加强农牧业基础地位,继续加强生态环境建设,促进经济社会全面、协调、可持续发展,维护民族团结和社会稳定,在以胡锦涛同志为总书记的党中央领导下,努力建设经济发达、环境优美、民族团结、社会安定的新内蒙古。

王兆国在内蒙古考察 7月31日至8月3日,中共中央政治局委员、全国人大常委会副委员长、中华全国总工会主席王兆国考察了鄂尔多斯市成陵旅游区、鄂尔多斯羊绒集团、内蒙古一机(集团)公司、北方重工业集团公司、内蒙古伊利集团公司、呼和浩特市供电局、内蒙古蒙牛乳业股份有限公司、TCL王牌电器公司、TCL移动通信(呼和浩特)有限公司、内蒙古乾坤金银精炼股份有限公司等企业和单位,走访包头市和呼和浩特市困难职工帮扶中心,看望并慰问部分劳动模范、困难职工。并与自治区领导和总工会干部进行座谈。之后,王兆国一行就认真贯彻和落实科学发展观,加强经济社会发展,认真做好工会工作进行考察调研。陪同考察的有中华全国总工会副主席、书记处第一书记张俊九,自治区党委书记、自治区人大常委会主任储波,自治区党委副书记、自治区主席杨晶,自治区党委常委、秘书长任亚平,自治区党委常委、包头市委书记邢云,自治区人大常委会副主任、自治区总工会主席尤仁。

8月3日下午,王兆国在听取自治区党委、政府和工会工作汇报后,发表重要讲话。他充分肯定了内蒙古经济社会发展取得的显著成绩,并对内蒙古工会工作给予高度评价。王兆国说,内蒙古地处祖国北部边疆,基础设施条件相对落后,近年来,全区各级党委、政府和广大党员干部群众认真贯彻执行党中央、国务院的各项方针政策,团结奋斗,共谋发展,改革开放、经济建设和社会发展等各项工作都取得巨大成就。内蒙古完全有条件发展得更快一些、更好一些。要从实践"三个代表"重要思想、加强党的执政能力建设的高度,牢固树立和认真落实科学发展观,深刻认识中国工人阶级和工会工作的重要性,充分发挥工人阶级在全面建设小康社会中的主力军作用。

曾培炎在内蒙古考察 8月27日,中共中央政治局委员、国务院副总理曾培炎来自治区考察,并出席在包头市召开的全国大型煤炭基地建设工作座谈会,在会上发表重要讲话。曾培炎在讲话中指出,煤炭是我国的主体能源,在国民经济中具有重要的战略地位。加快大型煤炭基地建设是提升我国煤炭工业整体素质、增强煤炭工业发展后劲,满足国民经济和社会发展需要的重要措施,是维护国家经济安全特别是能源安全的重要保证,是调整优化煤炭产业结构的迫切需要,是实现生产力合理布局的重要途径,是促进可持续发展的必然要求。一定要充分认识加强大型煤炭基地建设的重大意义,扎扎实实做好这一重要工作。

曾培炎指出,要选择一批条件好、发展潜力大的煤矿,积极有序地推进大型煤炭基地建设。要加强对煤炭资源开发的规划工作,各级各地要编制科学合理的开发规划,严格按规划进行操作。要加大煤炭资源的勘探力度,特别要搞好评查和精查,摸清资源状况,合理进行开发。要以科技为支撑,坚持高起点、高标准、高效率,努力提高煤炭开发利用的技术装备水平。要按照国家环保要求,坚持谁开发、谁保护、谁治理的原则,处理好资源开发与环境保护的关系,走可持续发展的路子。要加快煤炭运输的通道建设,完善交通运输网络,促进煤炭资源的外运。要进一步加大改革力度,推动体制和机制的创新,为大型煤炭基地建设提供动力支持。要充分利用"两个市场、两种资源",积极开发境外煤炭资源。

陪同曾培炎在自治区考察的国家有关部委负责人有国务院副秘书长尤权,国家发改委副主任、振兴东北办主任张国宝,国土资源部副部长汪民,铁道部副部长王兆成,交通部副部长冯正霖,国资委副主任黄淑和,环保总局副局长王心芳,安全监管局局长王显政,财政部部长助理张少春,人民银行行长助理易钢,国研室党组成员宁吉喆。自治区领导储波、杨晶、任亚平、赵双连等陪同考察。

回良玉在内蒙古考察 8月29日至9月3日,中共中央政治局委员、国务院副总理回良玉在自治区党委书记储波、自治区主席杨晶的陪同下,先后到呼伦贝尔、鄂尔多斯、包头、呼和浩特等地,考察农牧业生产、生态建设、口岸建设、工业经济、群众生活等情况。回良玉深入到田间地头、牧区林场、龙头企业和农牧民家中,与基层干部群众亲切交谈,共商促进农牧业增产、农牧民增收和民族地区发展大计,探讨加强生态建设与保护的路子。回良玉充分肯定了近年来自治区经济社会发展取得的成绩。他说:内蒙古认真贯彻中央关于加强宏观调控的各项政策措施,以科学的发展观为指导,紧密结合自治区的实际,创新发展,开拓进取,经济运行保持速度快、效益好、活力强、后劲大的发展态势。内蒙古目前已经具备了较长时期经济快速发展的特征与条件,要以邓小平理论和"三个代表"重要思想为指导,牢固树立和落实科学发展观,坚持统筹城乡发展,贯彻中央关于促进粮食增产、农民增收的重大政策措施,突出地方特色,发挥资源优势,积极发展粮食生产,加快畜牧业发展和生态建设,推进农牧业产业化经营,促进农业和农村经济全面发展,抓住战略机遇期,以求真务实的精神,实现更快更好的发展。

回良玉强调,共同团结奋斗,共同繁荣发展,是民族工作必须牢牢把握的主题。要全面贯彻党的民族政策,坚持和完善区域自治制度,把发展作为总揽民族地区工作的第一要求,检验民族地区工作的第一标准,切实加快民族地区的经济发展步伐。要倍加顾全大局,倍加珍惜民族团结,倍加维护社会稳定,巩固和发展平等、团结、互助的社会主义民族关系。要采取更有力的举措,促进民族地区经济社会快速发展,不断提高各族群众的生活水平。

随同回良玉考察的有国务院副秘书长张勇、国家发改委副主任刘江、财政部副部长廖晓军、农业部副部长尹成杰、林业局局长周生贤、国研室副主任李炳坤。自治区领导任亚平、邢云、雷·额尔德尼及有关盟市的负责同志陪同考察。

阿不来提·阿不都热西提在内蒙古调研考察 10月8日,全国政协副主席阿不来提·阿不都热西提率领调研组考察自治区统筹城乡发展情况。在听取自治区党委、政府的工作汇报后,阿不来提·阿不都热西提副主席指出,科学发展观强调的"五个统筹"中,城乡统筹如何,制约和决定着其它四个统筹的进程和效果。全面建设小康社会,就要贯彻落实科学发展观,统筹城乡发展,从根本上改变城乡分割的二元结构,使城乡良性互动,城乡差距不断缩小,实现从城乡二元经济社会结构向现代经济社会结构的转变。

10月8日,阿不来提·阿不都热西提一行在储波、王占等自治区领导陪同下,考察了内蒙古TCL公司、内蒙古乾坤金银精炼股份有限公司和呼和浩特市城市建设情况。10月9日深入乌兰察布市、包头市、鄂尔多斯市进行实地考察。

陈至立在内蒙古考察 9月3日至4日,国务委员、国家西部地区"两基"攻坚领导小组组长陈至立在自治区考察基础教育工作。陈至立一行在自治区党委副书记、自治区主席杨晶,自治区副主席连辑的陪同下,先后深入赤峰市松山区、喀喇沁旗、巴林右旗的中小学校,赤峰市民族特殊教育学校进行考察,并同中小学校长、教师进行座谈。详细询问和了解基础教育设施及教师、学生的学习和生活等情况。在听取自治区经济社会发展状况,特别是基础教育发展情况汇报后强调:要从坚持"三个代表"重要思想和落实科学发展观的高度,积极行动,强化责任,扎实工作,全面落实"两基"攻坚各项任务,确保如期实现"两基"攻坚目标。教育部部长周济,国家发展改革委员会副主任李盛霖,国务院副秘书长陈进玉,财政部部长助理张少春等随同考察。

钱正英在内蒙古调研 4月14日,全国政协原副主席、中国工程院院士、"东北水资源"项目组组长钱正英一行29人,到呼和浩特市就《东北地区水资源配置、生态环境建设和可持续发展战略研究》项目进行调研。自治区党委副书记、自治区主席杨晶，自治区党委副书记、自治区副主席岳福洪陪同调研。

盛华仁在内蒙古考察　7月10日至12日，全国人大常委会副委员长盛华仁一行22人，到锡林郭勒盟为希望小学希望泉揭幕并到太仆寺旗、正蓝旗等地考察。自治区党委书记储波，自治区党委常委、秘书长任亚平陪同考察。

李兆焯在内蒙古考察　7月14日至23日，全国政协副主席李兆焯率全国政协委员资源开发与草原生态保护考察团一行43人，到赤峰市、锡林郭勒盟、鄂尔多斯市、呼和浩特市、包头市就草原生态保护等情况进行考察。23日下午自治区党委、政府召开汇报会，自治区党委书记储波主持会议，自治区主席杨晶汇报了全区资源开发与生态环境保护情况。自治区党委副书记陈光林，自治区党委常委、秘书长任亚平也出席汇报会。

布赫在内蒙古考察　8月21日至27日，全国人大原副委员长布赫一行10人，到乌兰察布市、巴彦淖尔市参加两市的撤盟设市庆祝活动。自治区党委副书记、自治区主席杨晶在乌兰察布市期间陪同并出席庆祝大会；自治区党委副书记、纪检委书记巴特尔在呼和浩特市、巴彦淖尔市期间陪同并出席庆祝大会。

乌云其木格在内蒙古考察　9月20日至23日，全国人大常委会副委员长乌云其木格一行6人，先后到包头市、呼和浩特市视察。自治区党委书记、人大常委会主任储波，自治区党委副书记、自治区主席杨晶，自治区党委常委、秘书长任亚平陪同考察。

彭佩云在内蒙古考察　11月7日至9日，中国红十字会会长、全国妇联名誉主席、全国人大常委会原副委员长彭佩云一行到呼和浩特市。8日上午，出席了内蒙古自治区红十字会第二次会员代表大会。自治区党委书记、人大常委会主任储波，自治区党委副书记、自治区主席杨晶，自治区党委副书记、纪委书记巴特尔，自治区党委常委、秘书长任亚平，自治区党委常委、组织部部长陈朋山出席开幕式。

中国电力投资集团　中国中信集团领导到内蒙古考察洽谈　4月6日，中国电力投资集团公司总经理王炳华到自治区考察洽谈项目。自治区党委书记储波会见中国电力投资集团公司总经理王炳华一行，自治区主席杨晶、自治区政府顾问周德海、自治区副主席赵双连参加会见。双方签署了《霍煤集团重组协议》、《建设赤大白铁路协议》。

8月27日，中国中信集团董事长王军一行到内蒙古考察洽谈项目。自治区党委副书记、自治区副主席岳福洪会见王军董事长一行。自治区党委副书记杨利民与中信集团来宾进行座谈，周德海主持，郝益东出席。中信集团就煤电、汽车制造、信息网络等项目与自治区有关部门以及企业的负责人进行了深入的探讨。王军董事长表示，要进一步深入了解内蒙古，以谋求更广阔领域的合作。

国家开发银行　中国人民银行　中国农业银行　中国工商银行领导到内蒙古考察　8月2日下午，自治区党委书记储波会见了国家开发银行行长陈元一行。自治区主席杨晶，自治区党委副书记、自治区副主席岳福洪，自治区党委常委、秘书长任亚平参加会见。储波向陈元行长一行介绍内蒙古的发展情况。陈元表示国家开发银行要继续增加贷款规模，加大对能源、生态、农牧业产业化、基础设施等投资力度，推动内蒙古经济社会不断发展。

8月20日下午，自治区主席杨晶会见中国人民银行副行长苏宁一行，自治区副主席余德辉参加会见。杨晶向苏宁介绍了自治区经济发展概况。苏宁对内蒙古长期以来对人民银行的支持表示感谢。他表示，人民银行将积极发挥政策职能优势，为经济的发展提供更大的支持。人民银行将认真考察此次内蒙古自治区政府的建议，在推动国家西部大开发战略中给予更大的支持。

8月4日下午，自治区政府与中国农业银行举行座谈会。自治区主席杨晶、中国农业银行行长杨明生出席并讲话，自治区副主席余德辉主持。杨晶向杨明生行长介绍了自治区的概况。杨明生表示，农业银行要继续发挥在农牧业产业化和扶贫开发等方面的传统优势，加大项目扶持力度，同时在支援开发上做文章，继续推动内蒙古经济的发展。

7月26日至7月28日，中共中央候补委员、中国工商银行总行行长、党委书记姜建清，到呼和浩特市、鄂尔多斯市、包头市考察。自治区党委副书记、自治区副主席岳福洪陪同考察。

中国海洋石油总公司领导到内蒙古考察　7月6日上午，自治区党委书记储波、自治区主席杨晶分别会见前来自治区考察合作的中国海洋石油总公司总经理傅成玉一行。

储波向傅成玉总经理介绍内蒙古的发展情况。傅成玉非常感谢自治区党委和政府对他们此行考察合作的高度重视。他表示，将以这次合作为契机，进一步在资源开发上与内蒙古加强合作，为内蒙古的经济建设和社会进步作出积极的贡献。

会见后，自治区政府与中国海洋石油总公司签署资源开发利用协议书。根据协议，自治区政府将为中国海洋石油总公司在自治区的煤炭、石油、天然气及其它资源的勘探提供水、电、交通运输等基础配套设施和相关帮助，中国海洋石油总公司将在认真研究和详细勘察的前提下，开发利用好内蒙古的丰富资源，促进自治区的经济发展。自治区党委常委、秘书长任亚平，自治区政府顾问周德海，自治区副主席余德辉参加会见。

河北省党政代表团到内蒙古考察　11月6日，河北省委书记白克明率河北省党政代表团来自治区考察。随同考察的有省委常委、常务副省长郭庚茂，省委常委、秘书长张力。自治区党委书记储波，自治区主席杨晶，自治区党委常委、秘书长任亚平，自治区政府顾问周德海，中国国电集团公司党组成员、副总经理刘彭龄出席了签字仪式，内蒙古自治区、河北省、中国国电集团三方在能源开发利用方面签订了协议。

储波率党政代表团赴东北三省学习考察　11月9日至18日，自治区党委书记储波率自治区党政代表团赴黑龙江、吉林、辽宁三省进行学习考察。期间自治区党政代表团分别与三省党政领导进行座谈并举行合作项目签约仪式。代表团的主要成员有：自治区党委书记储波，自治区党委副书记、自治区常务副主席岳福洪，自治区党委常委、秘书长任亚平。自治区有关部门负责人及有关盟市委书记随团考察。

内蒙古·北京交流合作座谈会在北京召开　3月13日，内蒙古自治区·北京市交流合作座谈会在京召开。中共中央政治局委员、北京市委书记刘淇，北京市委副书记、市长王岐山，自治区领导储波、杨晶、岳福洪出席座谈会。座谈会上刘淇说：北京、内蒙古两地资源、产业、市场互补性强，开展合作领域很广、潜力很大，双方应在科学发展观的指导下，继续加强合作，优势互补，相互促进，实现共同协调发展。要不断推进机制体制创新，突出重点，有的放矢，推动两地经济社会的全面发展。

储波在讲话中强调，内蒙古和北京具有密切往来、友好合作的深厚情谊和优良传统。多年来，北京市在许多方面支持和帮助内蒙古的经济社会发展，为内蒙古解决了许多实际问题。根据形势的发展变化的两区市的实际，应使双方的合作与交流提升到一个新的水平。要把内蒙古的资源优势、区位优势、地理优势、后发优势与北京市人才、技术优势结合起来，按照互惠互利的原则，实现经济区域的密切合作。

王岐山、杨晶在座谈会上就加强北京与内蒙古今后一个时期合作的思路和建议、加快双方经济发展讲了话。双方一致认为，要加强生态环境保护和建设方面的合作，通过双方共同努力，为有效治理沙尘暴共谋良策。运用市场机制吸引民间资本参与植树造林工程，逐步形成多元的、可持续改善生态环境建设的机制，共同构建内蒙古这道绿色生态屏障；要进一步加大能源方面的合作力度，扩大两地联合办电规模，加大在煤炭工业方面的合作力度，不断提升能源工业的水平，带动两地经济发展；加强农牧业产业化经营方面的合作，加强区域经济方面的合作，加强公路交通建设方面的合作，加强科技教育和人才交流与合作及旅游业方面的合作，加强畜禽疾病防治和食品安全检验合作。同时，继续引导企业开展科技协作、劳务输出、文化教育以及参与奥运市场开发等方面的互利合作。

出席座谈会的还有，北京市委常委、组织部长赵家骐，市委常委、秘书长孙政才，市委常委、常务副市长翟鸿祥，市人大常委会副主任索连生，副市长刘敬民、张茅，市政协副主席黄以云；自治区领导任亚平、牛玉儒、余德辉、乌兰及双方有关部门负责同志。

储波率自治区代表团出访加拿大　4月16日至5月3日，应加拿大农业和农业食品部的邀请，自治区党委书记、人大常委会主任储波率自治区代表团赴加拿大进行友好访问。代表团访问加拿大期间，考察了加拿大的的农业特别是高寒地区草原畜牧业的生产和管理体系，并就引进适合自治区的优良草畜品种与加方进行会谈。同时，会见了加拿大农业部及国际开发署官员，与加方共同总结正在自治区实施的加拿大援助项目，就进一步推动双方在农牧业领域的交流与合作交换意见。

随同储波同志出访的有自治区党委常委、秘书长任亚平及自治区有关部门负责同志。

【重要会议】

中国共产党内蒙古自治区第七届委员会第六次全体会议　2004年7月13日至14日在呼和浩特举行。自治区党委委员43人，候补委员6人出席会议。自治区有关方面的负责同志列席会议。这次全委会的主要任务是，以科学发展观为指导，分析形势，统一思想，报告今年上半年常委会的工作，对下一步工作进行研究部署。

会议由自治区党委常委会主持。自治区党委书记储波代表自治区党委常委会作了重要讲话。自治区党委副书记、自治区主席杨晶作总结讲话。

会议指出，坚持以人为本，全面、协调、可持续的科学发展观，反映我们党对社会主义现代化建设规律认识的深化，是我们党执政理念的重大飞跃，具有十分重要的现实意义和深远的历史意义。

会议充分肯定了今年上半年工作。上半年，全区按照中央提出的科学发展观和加强宏观调控的要求，审时度势，把握机遇，顺应大局，加强调控，经济运行中的薄弱环节得到加强，不健康因素得到有效控制。经济承接了去年的大好来势，继续保持持续快速协调发展。社会事业和党的建设进一步加强。宏观调控取得明显成效，农牧业特别是粮食生产得到加强，部分行业盲目投资和低水平重复建设得到有效控制，重点行业和重点领域的优势得到强化，土地整顿取得较大进展，市场价格涨势逐步减缓。经济效益明显提高，经济运行呈现出三个特征，第一、二、三次产业协调发展，投资、消费、出口三大需求全面增长，财政收入、城镇居民人均可支配收入、农牧民现金收入三项收入有较大幅度提高。

会议要求，认真贯彻落实科学发展观，力争全区经济保持较长的快速发展期，必须加快经济结构的调整。结构调整是自治区经济发展的主线，既是经济发展进程中始终要努力解决的长期任务，也是解决当前经济生活中存在的结构性、体制性矛盾和增长方式粗放问题的根本途径。结构调整的重点仍是产业结构调整、所有制结构调整和生产力布局调整。

会议要求，按照统筹经济社会发展的要求，高度重视社会事业发展。要坚持以人为本，以实现人的全面发展为目标，从各族人民群众的根本利益出发谋发展、促发展。坚持以"三个代表"重要思想为指导，以提高党的执政能力为重点，切实加强和改进党的建设。要加强思想理论建设，把学习贯彻"三个代表"重要思想不断引向深入；要加强领导班子和干部队伍建设，以思想政治建设为重点，增强各级领导班子的团结和活力；要加强基层组织建设，努力把各类基层党组织建设成为贯彻落实党的路线方针政策的坚强战斗堡垒；要加强作风建设，深入贯彻"八个坚持、八个反对"的要求，切实解决思想作风、学风、工作作风、领导作风和干部生活作风方面的突出问题，进一步密切党同人民群众的血肉联系。坚持标本兼治，综合治理，进一步推进反腐倡廉工作。要加强和改善党对经济社会发展的领导，树立正确的政绩观，完善干部政绩考核体系，形成正确的用人导向和用人制度。

会议号召，全区各级党组织和广大共产党员要高举邓小平理论和"三个代表"重要思想的伟大旗帜，更加紧密地团结在以胡锦涛同志为总书记的党中央周围，解放思想，实事求是，与时俱进，开拓创新，全面完成今年的各项工作任务，努力把自治区改革开放和现代化事业继续推向前进！

中国共产党内蒙古自治区第七届委员会第七次全体会议 2004年9月9日在呼和浩特举行，出席这次会议的自治区党委委员48人，候补委员3人。

会议由自治区党委常委会主持。自治区党委书记储波作讲话。会议首次采取无记名投票方式，表决通过自治区党委常委会向全委会提交的三个盟市党政领导班子正职拟任人选和推荐人选。这是自治区贯彻执行《党政领导干部选拔任用工作条例》，深化干部人事制度改革的一次重要实践，也是扩大干部工作中的民主，落实群众对干部工作的知情权、参与权、选择权和监督权的重要举措，对于进一步推进全区干部工作的科学化、民主化、制度化，必将产生重要的影响。

中国共产党内蒙古自治区第七届委员会第八次全体会议 2004年10月15日至16日在呼和浩特举行。这次全委会的主要任务是，认真学习贯彻党的十六届四中全会精神，结合我实际，研究加强党的执政能力建设问题，部署下一步的主要工作。出席全委会的自治区党委委员42人，候补委员5人。自治区纪委委员和有关方面负责同志列席会议。中纪委、中组部巡视组组长任克礼及有关成员参加会议。

会议由自治区党委常委会主持。自治区党委书记储波代表常委会作重要讲话，自治区党委副书记、自治区主席杨晶作总结讲话。

会议一致认为，党的十六届四中全会是我国改革发展关键时期召开的一次十分重要的会议，对加快推进全面建设小康社会进程，实现中华民族的伟大复兴，具有重大的现实意义和深远的历史意义。党的十六届四中全会高度评价了江泽民同志为党、为国家、为军队建设所作出的杰出贡献，充分表达了全党、全军和全国人民的共同心愿。全会决定由胡锦涛同志担任中共中央军委主席，有利于坚持党对军队绝对领导的根本原则和制度，有利于加强军队的革命化、现代化、正规化建设。

会议指出，贯彻落实好党的十六届四中全会精神，加强党的执政能力建设，必须全面准确地学习领会全会精神实质，切实做到五个"深刻认识"：一是深刻认识加强党的执政能力建设的重大意义，切实增强执政能力建设的政治责任感和历史使命感；二是深刻认识党执政五十五年的主要经验，自觉地把这些经验坚持好、运用好、发展好；三是深刻认识加强党的执政能力建设的指导思想、总体目标和主要任务，真正把我们党建设成为始终做到"三个代表"、永远保持先进性、经得住各种风浪考验的马克思主义执政党；四是深刻认识加强党的建设的工作任务，全面推进党的建设新的伟大工程；五是深刻认识中央对当前党和国家工作的总体部署，扎扎实实地做好改革发展稳定的各项工作。

会议指出，按照《决定》提出的加强党的执政能力建设的指导思想、总体目标和主要任务的要求，结合自治区实际，当前和今后一个时期，要重点推进四个方面的建设：一是提高领导经济工作的能力和水平，大力推进物质文明建设；二是营造民主团结、和谐稳定的良好环境，大力推进政治文明建设；三是牢牢把握先进文化的前进方向，大力推进精神文明建设；四是以加强执政能力建设为重点，大力推进党的建设。

会议指出，今年以来，自治区认真落实中央宏观调控的各项要求，进一步加大工作力度，全区经济呈现出效益增长高于速度增长，经济发展的薄弱环节得到改善，发展后劲明显增强的特点，继续保持快速协调健康发展的好势头。

会议要求，各级要以学习贯彻十六届四中全会和自治区党委七届八次全委会议精神为动力，确保今年经济社会发展各项任务的圆满完成，并为今后发展打好基础。全区各级党组织和广大共产党员，要更加紧密地团结在以胡锦涛同志为总书记的党中央周围，认真践行"三个代表"重要思想，深入学习贯彻党的十六大和十六届三中、四中全会精神，牢固树立、认真落实科学发展观，努力提高党的执政能力和水平，更好地团结和带领全区各族人民，抓住机遇，求真务实，加快发展，把自治区的改革开放和现代化建设事业不断推向前进。

全区人才工作会议 4月1日至2日在呼和浩特召开。自治区党委书记储波和自治区主席杨晶发表重要讲话，自治区党委组织部长陈朋山作总结讲话。自治区党委副书记陈光林主持会议，自治区党委副书记巴特尔，自治区领导任亚平、张国民、胡忠、牛玉儒、邢云、伏来旺、陈朋山、王凤岐、许柏年和检察院检察长邢宝玉出席会议。

储波在讲话中指出,实施好人才强区战略,必须坚持以邓小平理论和"三个代表"重要思想为指导,坚持科学的人才观,坚持党管人才的原则,坚持尊重劳动、尊重知识、尊重人才、尊重创造的方针,以大力加强人才能力建设为核心,围绕我们正在做的事业,制定切实可行的政策,构建起培养和集聚人才的平台。要解放思想,更新观念,用科学人才观指导人才工作。要完善体制和机制,为做好人才工作提供可靠的制度保障。要在建立以能力和业绩为导向的人才评价机制上取得突破;在建立以公开、平等、竞争、择优为导向的选拔任用机制上取得突破;在完善人才市场体系、促进人才合理流动的机制上取得突破。要紧紧围绕自治区的发展战略和部署,做好人才开发利用工作。要突出抓好高层次人才的培养和引进工作。全面加强各类人才培育,实现不同层次人才的协调发展。

杨晶指出,要以能力建设为核心,全力推进人才队伍建设。一要着眼于提高行政效能,建设高素质的公务员队伍;二要着眼于增强创业能力,加强企业经营管理人才队伍建设;三要着眼于提升技术创造能力,建设适应现代化建设需要的专业技术队伍;四要着眼于提高广大劳动者的劳动技能,大力培养创新和创业人才,大力实施创业人才教育培训工程。

各盟市党政领导和组织、人事、劳动部门负责人,自治区有关部门、企事业、高校负责人和人事处长参加会议。

全区第三产业工作会议　5月15日至16日在呼和浩特召开。自治区党委书记储波出席会议并讲话,对发展第三产业提出明确要求,自治区党委副书记、自治区主席杨晶对自治区当前和今后一个时期第三产业工作进行了具体部署,自治区党委副书记、自治区副主席岳福洪作了总结讲话,自治区副主席余德辉对《内蒙古自治区2004－2010年第三产业发展规划纲要》(讨论稿)和《内蒙古自治区加快发展第三产业若干政策的规定》(讨论稿)作说明。

自治区领导陈光林、杨利民、胡忠、邢云、伏来旺、陈朋山、周维德、郝益东、雷·额尔德尼、乌兰、邬宝恒等出席会议。

储波在讲话中指出,加快发展第三产业,是全面落实科学发展观,深入推动我区工业化、城镇化、农牧业产业化,促进产业集群化和改善民生、促进人的全面发展的迫切要求。当前,我区面临加快发展第三产业的良好机遇。各级党委、政府要把第三产业作为全面建设小康社会的战略产业,抓住"建设、改革、开放"三个关键环节,努力在推进第三产业发展上有所作为。

储波指出,"建设"、要加大基础设施建设力度,为第三产业发展奠定坚实的物质基础。"改革"就是要加大改革创新力度,为第三产业的发展消除体制障碍。"开放"就是要加大对外开放、对内搞活力度,为第三产业的发展注入新的生机和活力。

储波强调,加快第三产业发展,是事关我区经济社会发展全局的重大问题。各级党委、政府要切实加强对第三产业的组织领导工作,把发展第三产业摆到全局工作的重要位置,像推进工业化进程那样抓第三产业的发展。要坚持因地制宜、分类指导的原则,防止盲目跟进、相互攀比、一哄而上。要加大服务保障力度,为第三产业的发展创造良好的环境。要采取有效措施,切实抓好发展第三产业各项政策措施的落实。

杨晶在讲话中指出,要把第三产业摆在突出的位置,抓关键和重点,全面提升第三产业发展水平。要找准切入点,加速扩张第三产业总量,在重点项目建设、重点企业培育、重点领域发展上实现突破。加快结构优化升级,大力改造传统产业,积极发展新兴产业,要创新机制、扩大开放、增强第三产业发展后劲。不断深化国有服务业企业改革,放宽市场准入,加快推进服务业领域产业化进程,加快后勤服务社会化,进一步扩大对外开放。要全面把握规划纲要,认真落实相关政策。在搞好协调配合、加强依法行政、加大投入、提高从业人员素质上下功夫。要认真树立和落实科学发展观,对与时俱进的精神,奋发有为的姿态,求真务实的作风,把我区第三产业提高到一个新的水平。

岳福洪在总结讲话中指出,第三产业发展是关系我区经济社会能否持续、健康发展的大事,各地区、各部门一定要把发展第三产业作一项十分重要的工作来抓。要搞好规划制定、抓好政策落实,把发展第三产业的60条优惠政策不折不扣的落实下去。同时,要抓好项目建设,发挥典型示范带动作用,营造良好的发展环境。各盟市和自治区有关部门负责人参加会议。

牛玉儒同志遗体告别和骨灰安放仪式　牛玉儒同志因病医治无效,于2004年8月14日凌晨4时30分在北京逝世,享年51岁。牛玉儒同志遗体告别仪式于8月18日上午在北京八宝山殡仪馆吊唁厅举行。党和国家领导人刘云山、乌云其木格、陈奎元和中央国家机关部委和省区市领导刘明祖、田聪明、白志健、中央组织部代表李建华、张纪南等及储波、杨晶、王占、岳福洪、陈光林、杨利民、巴特尔等自治区领导参加遗体告别仪式。呼和浩特、包头、通辽市和牛玉儒同志家乡通辽市科尔沁区的领导和牛玉儒同志生前好友也参加了遗体告别仪式。

牛玉儒同志的遗体8月18日在北京八宝山殡仪馆火化后,其骨灰当日晚上在自治区党委常委、组织部长陈朋山,呼和浩特市市长柳秀等领导和牛玉儒同志亲属护送下,于8月19日清晨抵达呼和浩特,自治区领导杨利民、任亚平和呼和浩特市有关领导前往迎接。

8月20日在呼和浩特殡仪馆举行,上午10:00牛玉儒同志骨灰安放仪式正式开始,自治区党委书记储波,自治区党委副书记、自治区主席杨晶主持骨灰安放仪式。储波同志在介绍牛玉儒生平时说,牛玉儒同志忠诚党的事业,忠于党和人民,忠实地为内蒙古各族人民谋利益。坚定地与党中央保持高度一致,自觉践行"三个代表"重要思想,以饱满的革命激情和忘我的工作精神,解放思想,求真务实,开拓进取,创造性地抓好工作落实,在分管和负责的领域作出了突出贡献，赢得广大干部群众的普遍赞誉。

储波说：牛玉儒同志的一生是奋斗的一生，光辉的一生。他的英年早逝，使内蒙古失去了一位优秀的民族干部，使全区失去了一个好儿子。悼念牛玉儒同志就是要化悲痛为力量，学习他的高尚品德和优良作风，特别是学习他为党和人民的事业奋斗不息的献身精神，在以胡锦涛为总书记的党中央的领导下，高举邓小平理论伟大旗帜，认真贯彻"三个代表"重要思想，按照科学发展观的要求，抓住机遇，加快发展，把内蒙古的改革开放和现代化建设不断推向前进。

岳福洪、陈光林、杨利民、巴特尔、黄高成、张金柱等自治区党政军领导，部分省级老同志、离退休老干部，各盟市、自治区各部门、单位有关负责同志，呼和浩特、包头、通辽和牛玉儒同志家乡以及牛玉儒同志工作过的单位的代表，牛玉儒同志亲属和生前好友出席仪式。首府各族各界干部群众2 000余人冒雨自发前来吊唁。

仪式结束后，牛玉儒同志的骨灰在自治区领导杨利民、任亚平、陈朋山，呼和浩特市领导柳秀等和亲属的护送下，安放在大青山革命公墓。

全区两个文明建设经验交流会　9月26日至27日在乌海市召开。自治区党委书记储波发表重要讲话，自治区主席杨晶作工作报告，自治区党委副书记、文明委主任陈光林主持会议并作总结讲话，自治区领导巴特尔、任亚平、哈斯巴根、乌兰、郐宝恒出席会议。

储波在讲话中充分肯定了乌海市两个文明建设的成绩。要用以人为本的理念统揽全区文明建设。两个文明建设就是要不断满足人的各种需要，促进人的全面发展，更重要的是要体现社会的和谐、人的素质的提高、对人的尊重和全面调动、充分发挥人的积极因素上。以求真务实的精神抓好我区文明建设，必须大力弘扬求真务实精神，保持良好的精神状态。各级党组织、广大党员和干部群众要认真学习贯彻党的十六届四中全会精神，把思想和认识统一到四中全会精神上来，把力量和智慧凝聚到全面落实四中全会提出的各项工作部署上来，全面推进当前自治区的各项工作，以改革发展稳定的实践来检验执政能力建设的成果。

杨晶在讲话中指出，自治区党委、政府始终高度重视两个文明建设协调发展。全区各地区、各部门要充分调动广大干部群众的积极性和创造性，使全区两个文明建设取得新进展。要突出重点，统筹兼顾，努力实现两个文明在更高水平上的协调发展。要着眼于提高全区两个文明建设的整体水平，以经验交流会为契机，不断推动全区两个文明上新台阶、创新水平、展新风貌，使会议真正起到促进全区两个文明健康发展的作用。

陈光林在讲话中指出，要使这次会议确定的各项任务和措施真正落到实处，见到实效，各级党委、政府及有关部门要切实加强组织领导，抓好贯彻落实。张国民在讲话中要求，要总结经验，乘势而上，进一步保持全区两个文明建设协调发展的良好势头。

会议表彰2002至2003年度全区精神文明建设先进工作者。呼和浩特赛罕区、乌兰浩特市、丰镇市、西乌珠穆沁旗、磴口县、自治区交通厅和武警边防总队代表作典型发言。

全区经济工作会议　12月23日至24日在呼和浩特召开。自治区党委书记储波出席会议并作重要讲话，自治区党委副书记、自治区主席杨晶全面总结2004年的经济工作，对明年的经济工作作出具体部署，自治区党委副书记、自治区副主席岳福洪作总结讲话。

自治区领导陈光林、杨利民、巴特尔、任亚平、张国民、胡忠、邢云、陈朋山、周维德、王凤岐、宝音德力格尔、陈瑞清、周德海、郝益东、赵双连、雷·额尔德尼、连辑、余德辉、乌兰、王占、傅守正、包俊臣、许柏年、奇英成、刘芝兰、韩振祥、郐宝恒、王维山出席会议。

会议指出，全区各级党委、政府一定要深入学习领会胡锦涛总书记、温家宝总理在中央经济工作会议上的讲话精神，切实把思想统一到中央对国际国内形势的分析判断上来，统一到中央树立和落实科学发展观、加强和改善宏观调控实践中总结的经验和体会上来，统一到明年经济工作的总体要求、指导原则和主要任务上来，统一到中央关于加强和改善对经济工作领导的要求上来。

会议指出，今年全区经济特点是：加强和改善宏观调控取得明显成效，产业结构进一步优化，经济效益不断提高，对外开放取得新突破，经济自主增长机制开始形成。预计全区生产总值将突破2 700亿元，比上年增长20%左右，人均生产总值达到或超过全国平均水平。财政收入超过350亿元，净增100亿元。城镇居民可支配收入8 200元，比上年增加1 187元；农牧民人均纯收入2 670元，增加402元。

会议指出，明年经济工作的总体要求是：以邓小平理论和"三个代表"重要思想为指导，深入贯彻党的十六大、十六届三中全会、四中全会和中央经济工作会议精神，坚持以科学发展观为统领，加强和改善宏观调控，深化改革、扩大开放，深入实施西部大开发战略，积极呼应东北等老工业基地振兴，巩固发展大好来势，全力推进"两项建设"和"三化"进程，不断提高城乡人民生活水平，实现经济社会全面协调可持续发展。明年的经济工作要重点抓好五个方面的工作：一是继续加大工作力度，切实解决好"三农"问题；二是充分利用各种资源，做大做强优势特色产业；三是积极呼应振兴东北等老工业基地战略，加快东部盟市发展步伐；四是调整生产力布局，大力推进城镇化进程；五是坚持以人为本，努力构建社会主义和谐社会。

会议强调,各级党委、政府一定要按照科学发展观的要求,总结经验,把握规律,努力提高驾驭社会主义市场经济的能力和水平。

通辽、赤峰、乌兰察布、鄂尔多斯和巴彦淖尔市的主要负责同志在大会上发言。各盟市和满洲里、二连浩特市委书记、盟市长和综合经济部门负责同志出席会议,自治区有关部门、单位的主要负责同志也出席了会议。

(张瑞怀)

党委办公厅

【中国共产党内蒙古自治区委员会办公厅领导名录】

秘　书　长:任亚平
副 秘 书 长:布和朝鲁(蒙古族)
　刘惊海
　梁汉武
　刘建明(2月任职)
　李万忠
　张守孝
　刘建禄
　满都拉(蒙古族)
　包广林(蒙古族)
办公厅主任:任亚平
副　主　任:王喜才(2月离任)
　王焕承
助理巡视员:赵奎元
　陈巧玲(女)

【概况】 自治区党委办公厅内设机构有:秘书处、会议处、常委会办公室、督促检查室、综合处、信息调研处、人事处、翻译处、机要交通处、机关党委、行政处、保卫处、离退休人员工作处等12个职能处室和机关党委。设管理机构2个:内蒙古党委保密委员会办公室(自治区保密局)、内蒙古党委机要局。委托管理单位2个:内蒙古党委防范和处理邪教问题领导小组办公室、自治区档案局。厅属事业单位9个:自治区接待办公室(参照单位,副厅级)、车辆服务处、机关事务服务中心、机关印刷厂、自治区专用通信局(双重管理单位)、机关幼儿园、信息服务中心、机要技术服务站、保密技术检查中心。

行政单位　办公厅机关:总编制数145名,其中:行政编制131名,核定自治区省级老干部及专职秘书编制6名,离退休人员工作处编制8名(处级领导职数2名)。自治区保密局:行政编制15名。党委机要局:行政编制23名。党委防范办:行政编制16名。

事业单位　自治区接待办公室编制22名,车辆服务处事业编制72名,机关事务服务中心事业编制150名,机关印刷厂事业编制110名,自治区专用通信局事业编制56名,机关幼儿园事业编制90名,信息服务中心事业编制6名,机要技术服务站事业编制12名,保密技术检查中心事业编制5名,自治区反邪教协会办公室事业编制5名。

公务员队伍结构　公务员及参照管理人员193名,其中本科学历以上的130名,占总人数的67%;蒙古族40名,占总人数的21%;其他少数民族6名,占总人数的3%;50岁以上的49名,占干部总数的25%;妇女干部48名,占干部总数的25%。

【领导班子建设和干部人事制度改革工作】 自治区党委办公厅一贯重视领导班子建设与提高机关干部的综合素质,始终把加强领导班子自身建设、推动干部人事制度改革作为办公厅建设的重要内容来抓。认真贯彻落实中纪委、中组部《关于改进党和国家机关党员领导干部民主生活会的若干意见》,民主生活会做到领导重视、准备充分、程序严格,厅班子成员认真开展批评和自我批评,达到加强班子建设,促进工作的目的。厅领导班子认真贯彻民主集中制的原则,凡重大事项,如决定干部人事任免、重大工程招标、10万元以上经费审批等均由厅务会议集体讨论决定。认真贯彻执行《党政领导干部选拔任用条例》,努力建设一支符合"三个代表"重要思想要求的高素质干部队伍。在选拔、考核、任用干部上不断加大对干部选拔任用工作的监督力度。按照自治区考核领导小组的要求,每年对厅内13个内设处室、5个厅属事业单位的领导班子及78名处级干部和5个委托考核单位领导班子进行考核。不断加大公开选拔副处级领导干部工作力度,在全厅范围内对空缺的7个副处长职位进行竞争上岗,增强了广大干部职工爱岗敬业、奋发进取的意识,营造了优秀人才脱颖而出的良好氛围,并对新任命的处级干部实行试用期。按照组织部的要求,进行民主推荐厅级后备干部工作,厅内干部职工反映良好。加大干部教育培训力度,制定《2004年办公厅干部教育培训计划》,按计划组织4期干部更新知识培训,有293人参加。在党委组织部的统一安排下,共选派4名厅级干部和13名处级干部到中央党校和内蒙古党校脱产轮训。制定印发《党委办公厅2004年普法依法治理工作安排》,对政务处室、执法单位、经营管理单位分别提出普法、依法治理的具体任务和要求,并组织落实。加大对事业单位劳动人事制度改革指导力度,积极稳妥地推进事业单位工资分配制度改革。

(乌仁陶德　李国强)

【政务工作】

加强服务的主动性　不断提高办文办会水平　按照制度化建设、规范化管理、科学高效运行的要求,不断加强公文办理工作,文电收发传递有序进行。严格文件起草、审改、核发等各环节责任,全年共办理公文1 200多件,其中办理中央和中办文件180件,翻印和制发中央、自治区党委、党委办公厅文件570多件,公文制发质量不断提高,确保自治区党委重大决策部署的及时有效传达。全年办公厅承办党委三次全委会、第三产业工作会议、人才工作会议、全区两个文明建设经验交流会等重要会议,承办和协办自治区庆祝新中国成立55周年庆典、牛玉儒同志治丧活动和先进事迹报告会、神舟五号成功返回纪念雕塑揭幕仪式等一系列重大活动。承办常委会18次,各类办公会、专题会、学习会等近百次,协调安排领导下基层调研和其它公务活动110多次。按照自治区党委要求,办公厅认真落实有关责任,着力增强服务的主动性和组织工作的严密性,充分发挥办公厅的整体功能和优势,确保这些会议和活动的圆满成功。

综合调研 文稿服务和翻译工作　围绕自治区党委工作大局,深入开展综合调研工作。在搞好随领导下基层调研的同时,积极组织力量,围绕发展第三产业、推进农牧业产业化、加速工业和能源产业发展等问题赴区内外有关地区调研,真正使党委文件、领导讲话的起草工作建立在深入调查研究的基础上。通过调研形成的《内蒙古发挥资源优势加快经济发展》、《内蒙古发挥资源优势加快煤炭资源转化的调查与思考》两篇综合调研报告,分别被中办《工作情况交流》和《综合与摘要》刊发,实现这两个重要内部刊物单篇采用内蒙古稿件的突破。在日常文稿服务工作中,注重工作研究和责任落实,既把思想、政治、政策关,又把文字、格式关,文稿质量明显提高。全年共起草、修改和整理各类文稿374篇、近200多万字。翻译处进一步规范翻译、审核、定稿工作程序,完成译文93万字,中央、中办和自治区党委、党委办公厅发至旗县团级文件蒙汉文并发率达到100%。

信息调研工作　发挥党委办公系统信息网络优势,加强信息整理报送。利用《要情摘报》、《信息与调研》、《网上信息要目》等载体,为自治区党委领导及时报送重大紧急信息,全方位、多角度地提供区内外、国内外资讯参考,其中自治区领导在信息刊物上批示207条次。加大向中办报送信息力度,全年自治区上报信息排名在全国列第七位,在西部12个省区中列第一位。中央领导在自治区上报信息件上批示17条。自治区党委办公厅已连续4年进入全国上报中办信息工作先进集体行列。

督查工作　进一步加大党委的决策部署、领导批示的督查督办力度,做到件件有着落,事事有回音。党委督查部门围绕自治区党委中心工作,突出抓好落实这个环节,就加强宏观调控、解决困难群众生产生活问题、下岗职工再就业、优化环境、发展第三产业和安全生产等进行督查,推动了自治区党委决策部署的贯彻落实。办理胡锦涛总书记等中央领导同志批示件12件,办理储波书记等自治区党委领导同志批示件34件,促进领导同志批示事项的落实和问题的解决。在8月的全国省区市党委办公厅督查工作座谈会上,党委督查室作为典型介绍经验。

【机要交通和通讯】　安全有效地完成了核心机密件的传输任务,全年共传递收发核心机密件、密码等5 053件,交换文件4万多件,完成特殊重要任务4次,长途投递2次,执行押运任务246次,行程近16万公里。以圆满的成绩完成全年的工作任务,首次获得全国机要交通业务竞赛"十连冠"的殊荣,受到中央办公厅的通报表彰。专用通信局继续推行"五项服务承诺"、"首问负责制"、"装、拆、移、修电话回访"等服务举措,主动了解和掌握党政领导和用户的通信需求,努力为广大用户提供更加优质、便捷的服务。积极与各电信运营企业协调,建立办理重要用户业务的"绿色通道",保证了重要用户通信及时畅通。通信服务水平明显提高,领导和用户综合满意率达100%。

【机关行政管理】　财务工作规范有序,厉行节约,不断加强行政经费的支出管理,积极推行政府采购制度,严格审批程序,机关办公用品供应规范合理,保证工作需要,避免了损失浪费。资产清查、登记、审核工作结束,国有资产实现保值增值。建设东街改造、省级干部住宅楼和机关综合服务中心建设等工程竣工交付使用,积极做好新建党政办公大楼的建设工作。8月,组织召开首届全区党委系统后勤工作研讨会,深入研究和探索加强机关后勤工作的新思路、新举措。积极协调落实各项安全防范措施,确保党委机关及党委领导住地的绝对安全。及时处置突发性事件,努力做好上访群众的疏导工作。全年配合信访部门疏导上访群众225批次,1万多人次。加强社会治安综合治理,党委机关大院连续13年实现"双无案件"年。为改善党委机关办公环境,自治区党委办公厅协调呼和浩特市城建部门对机关办公区道路进行大面积整修,新铺沥青路面8 000多平方米。加强机关院景绿化美化工作,新种植更换草坪6 000多平方米;住宅区物业管理收费工作7月1日正式实行,服务水平有新的提高。印刷厂面向市场,深化改革,抓管理,保质量,圆满完成党委机关的文印任务,各项经济指标均高于往年。车辆服务处在保证机关用车的前提下,面向社会,开拓市场,创下近8年来行车里程最多、安全形势最好、利润最高的新纪录。认真落实国家和自治区关于离退休人员各项待遇的有关政策规定,组织老干部开展多种文体活动,丰富了老干部的生活。

【办公自动化建设】　办公自动化工作有了新的进展,计算机培训力度不断加大,办公厅自动化网络建设进展顺利,网络运行的性能和效率进一步提高,网上办公逐步推开。

【机关党的建设】　开展"执政为民、加快发展"培训教育活动。从3月份开始,认真组织学习研讨、查找问题和整改提高,共查找问题10个方面84条,全部及时进行了整改。创建党建工作先进厅局活动。按照支部"五个好"标准,进一步加强基层组织建设和党员队伍建设。开展学习十六届四中全会活动、纪念"七一"系列活动、纪念邓小平诞辰100周年活动、学习牛玉儒同志先进事迹活动等。各支部(总支)全部完成换届选举,组织机构和各项制度健全,党务干部分工明确,工作得力。争创文明机关活动,认真学习宣传《公民道德建设实施纲要》,开展"创文明机关,当人民公仆"活动。努力做好新形势下的思想政治工作,开展经常性的民族团结进步教育。注重机关文化建设,认真开展爱国卫生运动,组织干部职工参加各类文化体育活动。帮扶工作力度加大,全年派出工作队12次,筹集投入各类资金超过340万元,新建网电和棚圈等项目,贫困牧民基本生活问题得到保障,自我发展能力明显增强。

(李国强　侯智勇)

保　　密

【内蒙古自治区党委保密委员会办公室

内蒙古自治区国家保密局领导名录】

主任　局长:王树青

【概况】　中共内蒙古自治区委员会保密委员会办公室与内蒙古自治区国家保密局是一个机构两块牌子,为副厅级建制,内设综合处、业务处和保密技术检查中心,机关行政编制15人,其中副厅级领导职数1名、处级领导职数6名(4正2副)、助理调研员1名、科级干部职数7名,事业编制5名。内蒙古自治区党委保密委员会办公室是内蒙古自治区党委保密委员会的办事机构,内蒙古自治区国家保密局是内蒙古自治区人民政府的职能部门,归口中共内蒙古自治区委员会办公厅管理,同时接受中共中央保密委员会办公室、国家保密局的业务指导,主管全区保密工作。

2004年,全区各级保密工作部门紧紧围绕全区工作大局,认真贯彻中央和自治区关于加强新形势下保密工作的要求和部署,积极开展"执政为民,加快发展"活动,各项工作逐步走向规范化、程序化、法制化和制度化。2月19日,内蒙古自治区党委保密委员会召开第六次会议,自治区党委副书记杨利民、自治区党委常委秘书长任亚平作重要讲话,就2004年的保密工作提出明确要求;3月9日,全区保密工作会议暨表彰大会召开,自治区党委副书记杨利民到会讲话,会议总结部署2004年全区保密工作,并与自治区人事厅联合对47个保密工作先进集体和134个先进保密工作者进行表彰;7月31日,为贯彻中央和国家机关保密工作会议精神,内蒙古自治区党委保密委员会召开区直机关干部大会,杨利民同志到会讲话。

【宣传教育】　按照中保委和内保委的要求,在全区副处级以上和重点涉密人员中传达中央国家机关高层保密工作会议精神和播放《筑牢保密防线》保密警示教育片。在12个盟市和55个区直机关传达了会议精神并播放警示教育片,观看人数达6 300多人,其中副厅级以上领导干部350多人,副处级以上领导干部4 400多人,涉密人员1 600多人。先后在包头市等地举办三期保密教育培训班,共培训学员170多人。在内蒙古党校学员班举办了一次大型保密形势讲座。在自治区人事厅组织的公务员初任上岗培训中进行保密授课。深入十几个单位进行保密知识讲座。围绕《格日勒图、刘喜窃密案纪实》保密教育片,在全区开展提高保密意识,增强保密观念,切实做好保密法制宣传教育工作。

【武器装备科研生产单位保密资格审查认证】　5月19日,自治区国家保密局与自治区国防科工办以自治区认证委的名义组织召开自治区武器装备科研生产单位保密资格审查认证工作会议,传达贯彻中保委高新工程保密工作会议精神,总结一级审查认证工作,并对二、三级审查认证工作进行安排部署。在一级认证的基础上,通过深入调研制定了二、三级审查认证标准并开展审查认证。年底,完成申请二级保密资格审查认证工作。

【涉密网络管理】　继续开展涉密计算机信息系统审批工作,对自治区政府办公厅等5家涉密网络进行审批,各地也相继启动这项审批工作。举办涉密网络审批管理培训班,为下一步全面开展涉密网络审批打下坚实基础。年中,按照国家保密局的要求,在全区范围内对涉密计算机和网络进行自查和抽查,消除泄密隐患。在涉密网络建设的市场监管方面,全区有10家企业通过国家保密局的集成资质认证。

【保密要害部门部位确定工作】　在77个区直机关中确定了177个保密要害部门、363个保密要害部位和1 293名重点涉密人员。在此基础上,盟市保密要害部门、部位的确定试点工作已完成,在面上推开。

【国家统一考试试卷保密管理】　5月,根据国家有关部门联合下发的《国家教育考试考务安全保密工作规定》,自治区国家保密局与自治区教育招生考试中心对国家教育考试试卷保密室的安全保密情况进行检查。2004年,国家司法考试以及人事厅、公安厅公务员录用考试的试卷保密管理工作顺利开展。国家统一考试试卷定点印制工作进一步推进,确定包头瑞德教育印务有限公司和通辽教育有限公司为国家统一考试试卷定点印制单位，并对其保密管理工作进行指导。

【督查检查】 为进一步贯彻落实《测绘管理工作国家秘密范围的规定》，与自治区国土资源厅联合成立自治区测绘成果保密检查领导小组，通过盟市自查、自治区抽查、总结上报三个阶段的工作，使全区测绘成果保密工作提高到一个新的水平，并顺利通过国家抽查组的抽查。应有关部门的要求，对涉密工程进行审核认定，对一些文件资料进行密级鉴定。协助有关部门上报重大泄密事件一起，对一起涉嫌泄密案件进行调查并结案。

【保密技术】 8月，保密技术服务站更名为保密技术检查中心。筹资近80万元购买防电磁辐射、大型碎纸机、数码手机信号搜索器等设备。协助包头市保密局对包头市委领导的办公场所进行环境检查，到呼市、包头、烟台、宁波等地的军工企业进行防电磁辐射检查。继续推广密码柜、碎纸机、手机屏蔽器等保密技术防护产品，公文销毁数量稳定提高，全年销毁公文45吨。

（唐勇 王鑫）

接 待

【内蒙古自治区接待办公室领导名录】

主 任：包广林（蒙古族）

【概况】 内蒙古自治区接待办公室，成立于1997年6月，隶属自治区党委办公厅，副厅级事业单位（全额拨款，参照国家公务员制度管理），共有编制22名，现有人员21名，处级以上领导干部13名（占62%），党员19名（91%）。接待办公室统一负责、具体承办到自治区调研、考察指导工作的中共中央、国务院及全国各省、自治区、直辖市党委、人大、政府、政协、纪委的副省部级以上领导干部（含副省部级以上离退休干部）的接待任务。内设3个处：综合处、接待一处、接待二处。综合处负责接待中共中央办公厅及全国各省、自治区、直辖市委办公厅及接待部门的重要客人，负责全区接待部门工作人员的业务培训，负责接待办文秘、人事、财务、统计、档案等日常运转和内勤工作；接待一处负责接待中共中央、全国人大及所属部门和全国各省、自治区、直辖市党委、人大的副省部级以上领导干部；接待二处负责接待国务院、全国政协及所属部门和全国各省、自治区、直辖市政府、政协的副省部级以上领导干部。接待经费列入自治区财政预算，实行计划单列。

【工作情况】 2004年，共接待到自治区视察、考察、检查和调研的副省部级以上领导干部310批、2 694人次，比2003年增加116批、947人次。其中：党群口的45批、422人次；人大口的44批、302人次；政府口的137批、1 015人次；政协口的40批、368人次；部队口的11批、125人次；港台同胞及国际友人12批、138人次。

【接待党和国家领导人情况】 2004年，接待中共中央政治局常委、国务院副总理黄菊，中共中央政治局委员、全国人大常委会副委员长、中华全国总工会主席王兆国，中共中央政治局委员、国务院副总理回良玉、曾培炎，全国政协副主席孙孚凌，全国人大常委会副委员长盛华仁，全国人大常委会原副委员长布赫等党和国家领导人21批，324人次。

【接待大企业集团情况】 2004年，先后接待中国华能集团公司总经理，神华集团公司董事长、党组书记、总经理，首都国际机场集团公司总经理，中国电力投资集团公司党组书记、总经理，香港嘉里集团董事长，中国海洋石油总公司总经理，台塑集团副总经理等国内，包括港台大企业、集团公司的宾客26批、197人次。其中绝大部分企业、集团已经投资，并就进一步加大合作力度进行洽谈、签约。

【接待各大银行 财团情况】 2004年，接待到自治区考察、调研、投资情况的国家开发银行纪委书记，中国进出口银行副行长，国家开发银行行长，中国农业银行党委书记、行长，中国人民银行副行长，接待到自治区进行初步考察、外围收集投资信息的华夏银行董事长、党委书记，共8批、73人次。各大银行和财团对内蒙古的发展在信贷方面都给予一定支持。

【自治区接待工作会议情况】 2004年12月2日至3日，自治区接待工作会议在呼和浩特市和包头市召开。自治区党委副书记杨利民，自治区党委常委、秘书长任亚平，自治区人大常委会副主任哈斯巴根出席会议。杨利民副书记、任亚平秘书长分别作重要讲话。自治区党委副秘书长、接待办公室主任包广林作了题为《围绕中心 服务大局 努力开创全区接待工作新局面》的工作报告。各盟市委秘书长，各盟市委或盟行署、市政府分管接待工作的副秘书长、接待办公室主任，自治区党委、人大、政府、政协、纪委各大班子办公厅以及自治区公安、铁路、民航、呼和浩特地区有关宾馆、饭店的负责同志共81人参加会议。会议对呼和浩特市、包头市接待办公室、呼伦贝尔市接待联络办公室、赤峰市接待办公室、锡林郭勒盟接待处、鄂尔多斯市接待办公室、内蒙古新城宾馆、内蒙古饭店8个接待工作先进集体予以通报表彰。

（董文生 缪立刚）

纪检监察

【中国共产党内蒙古自治区纪律检查委员会领导名录】

书　记:巴特尔(蒙古族)
副书记:娜　仁(女　蒙古族)
　　　　陈　哲
　　　　张文清(蒙古族)
常　委:武　兵(4月离任)
　　　　额尔德尼(蒙古族)
　　　　李晓峰(4月任职)
　　　　李　杰
　　　　郭荣祥
　　　　史继善
秘书长:李　杰

【内蒙古自治区监察厅领导名录】

厅　长:娜　仁(女　蒙古族)
副厅长:武　兵(4月离任)
　　　　额尔德尼(蒙古族 4月任职)
　　　　李晓峰(4月任职)
　　　　张元凯

【概况】　自治区纪委监察厅内设办公厅、监察综合室、政策法规研究室、执法监察室、党风廉政建设室、纠正部门和行业不正之风室、纪检监察一室、纪检监察二室、纪检监察三室、纪检监察四室、纪检监察五室、案件审理室、信访室、宣传教育室、干部管理室等15个厅室和机关党委。其中办公厅下设二个处:秘书处、行政处。另设离退休人员工作处,归办公厅管理。机关下设3个事业单位,培训中心、机关事务服务中心、《时代风纪》杂志社。自治区纪委监察厅机关行政定编129名。其中:领导班子成员职数12名,副厅级室主任职数14名,正厅级、副厅级检查员、监察专员、巡视员职数9名,处级干部职数60名。自治区纪委、监察厅事业单位定编47名,其中处级干部职数7名。

根据中央纪委、中央组织部和中央编办《关于省、自治区、直辖市党委设立巡视机构有关问题的通知》要求,自治区纪委会同自治区党委组织部、编办等有关部门完成了自治区党委巡视机构的组建工作。巡视机构设3个巡视组和巡视工作办公室。

【党风廉政建设责任制和领导干部廉洁从政工作】　全区各级党委、政府和纪检监察机关从实际出发,全面落实党风廉政建设责任制。深入治理当前党风方面存在的"违反规定收送现金、有价证券和支付凭证的,"跑官要官"的,放任、纵容配偶、子女及其配偶和身边工作人员利用领导干部职权和职务影响经商办企业或从事中介活动谋取非法利益的,利用婚丧嫁娶等事宜收钱敛财,参加赌博的"等五个突出问题。将2004年党风廉政建设和反腐败各项任务分解为34项,确定16名自治区领导同志为责任人,25个自治区直属单位为牵头部门。全区因违反党风廉政建设责任制规定而受到党政纪处分的有212人,其中县处级干部29人。认真纠正各级党政机关超标准配备的公务用车。对党政领导干部在企业兼职及拖欠公款或用公款为个人购买商业保险等问题进行清理。全区共清理县处级以上领导干部兼职人员34名;清理拖欠公款的党政干部3 195人,涉及金额2 487万元。领导干部廉政档案网络化管理已进入全面实施阶段。自治区党委常委及各盟市委领导班子就带头执行党风廉政建设责任制、党内监督条例和领导干部廉洁从政有关规定向社会作出公开承诺,主动接受人民群众的监督。

【查办案件工作】　全区各级纪检监察机关通过强化自办案件工作,进一步改进办案方式方法,加强信访举报和案件审理工作,提高办案质量和效率。2004年,全区各级纪检监察机关共立案1 213件,结案1 235件(含上年遗留案件),给予党政纪处分1 420人,其中地厅级干部3人,县处级干部76人。对有轻微错误不追究纪律责任的1 292名干部进行批评教育,其中,县处级以上干部80人。同时,经调查核实,为1 165名干部澄清举报失实的有关问题,其中,县处级以上干部98人。通过查办案件,为国家、集体挽回经济损失5 630多万元。

【纠正部门和行业不正之风工作】

治理教育乱收费　全面推行义务教育阶段"一费制"收费办法,严格执行公办高中择校生"三限"政策,逐步规范高等院校收费管理。各级纪检监察机关会同有关部门,查处义务教育阶段学校乱收费问题181起,涉及金额1 292万元。因乱收费问题受党纪、政纪处分、组织处理的有26人。

纠正医药购销和医疗服务中不正之风的专项治理　全区应参加招标采购的329家医疗机构及列入自治区医保用药目录的药品,全部参加和实行招标采购。纠正医疗服务不正之风各项措施得到进一步落实,查处收受和索要"红包"问题3起,查处收受药品回扣、开单提成等问题95起,受党纪政纪处分和其他处理的有101人。

减轻农牧民负担 落实"四项制度"　四项制度包括涉农税收、价格和收费公示制度、义务教育一费制、农村牧区订阅报刊费用"限额制"、涉及农牧民负担案件的责任追究制。通过专项治理,全区共减轻农牧民负担1.9亿多元。查处涉及农牧民负担案件116件,给予48人党纪政纪处分。加强农业税附加和转移支付资金的监督管理。强化对农牧民负担的审计工作,审计率

达25%；有25人受到党纪政纪处分，3人移交司法机关。

治理公路“三乱”工作 针对公路“三乱”现象在个别地区反弹严重，群众反响强烈的问题，健全组织机构、建立规章制度，规范收费行为，加强监督检查，查处公路“三乱”问题92个，给予党纪政纪处分52人。撤销了乌兰察布市国道省道基本无“三乱”地区资格，对呼和浩特市公路“三乱”问题予以黄牌警告，并对有关人员和分管领导进行责任追究。

【执法监察工作】 2004年，全区共立项999项，查出违纪违法金额1亿多元，挽回经济损失2 000多万元，提出监察建议857条，立案查处75件，处理人员123人，其中给予党纪处分60人，政纪处分49人，移送司法机关处理6人。一是土地市场治理整顿工作。提前足额完成了征用农牧民集体所有土地补偿费的清欠任务，共涉及四年来拖欠土地征用补偿和农牧民安置补助费19.42亿元。全区普遍建立国有经营性土地使用权招标、拍卖、挂牌出让的各项基本制度和相关配套工作制度，85%的旗县成立土地储备中心。严格清理整顿各类开发区，全区共撤销各类开发区78个。严肃查处土地违纪违法案件。开展土地市场秩序治理整顿以来，全区共查处土地违纪违法案件932件，已查结839件。给予党纪处分6人、行政处分9人。二是市场经济特别是建筑市场秩序整顿和规范工作。全区建立13家盟市级以上有形建筑市场，并做到了政府监管部门与交易中心的职能分离和机构分设的要求。三是重特大事故查处工作。会同有关部门对乌海市鑫源煤矿“4·30”特大透水事故、鄂尔多斯正大恭福利白灰厂“8·9”坍塌事故等事故进行查处，对有关人员给予责任追究。四是行政效能监察工作。对自治区政府13个厅局，重点是公安、工商、地税、建设等部门开展行政效能监察工作。建立健全行政效能监察7项工作制度。全区建立7个盟市行政效能投诉机构、51个旗县区行政效能投诉机构，共受理承办行政效能投诉127件。五是拖欠农民工工资问题的督办工作。据不完全统计，全区共偿付农民工工资6.77亿元，占历年拖欠农民工工资的85%。六是各项拆迁项目和活动专项整治工作。各级纪检监察机关会同有关部门严肃查处一批房屋拆迁违纪违法典型案件。同时，在全区普遍推行拆迁公示制度、信访接待制度、申报制度和监管制度。把一批不规范的企业清理出拆迁市场，使全区拆迁企业由100家清理规范为70家，全部实现脱钩管理。

【从源头上预防和治理腐败工作】

“四项改革”继续完善 行政审批制度改革进展顺利。自治区第三批公布取消项目的清理工作已全部完成。自治区本级45个厅局送审行政许可项目635项，保留行政许可项目454项。12个盟市全部建立“一厅式”、“一站式”行政服务中心和行政服务投诉中心。财政制度改革迈出较大步伐。非税收入收缴制度改革试点范围在2003年基础上扩大1倍。自治区开展项目资金预算绩效考核制度试点工作。国库集中收付制度改革试点范围进一步扩大，自治区本级已达到600户。会计委派工作以及在旗县（市、区）建立会计核算中心工作在探索中稳步推进。干部人事制度改革得到深化。领导干部公开选拔、竞争上岗力度加大。票决制范围进一步扩大。资金经济责任审计范围向厅级干部延伸。至10月底，全区审计单位1 051个，涉及领导干部1 117人，其中厅级干部13人。建议给予党政纪处分6人，移送司法机关4人。投资体制改革正在启动。

“四项制度”进一步落实 国有经营性土地使用权出让、建设工程招投标、政府采购和产权交易必须进入市场的相关制度不断建立健全。各地区普遍建立“四项制度”报告制度，以及由主管部门和执行机构参加的联席会议制度，初步形成了主管部门牵头主抓、监督部门组织协调、执行机构依法操作的工作格局。各级纪检监察机关进一步加强对执行“四项制度”情况的监督检查，促进“四项制度”的规范和落实。全区应招标工程1 865项，实现招标工程809项，招标率97%。政府采购量31.59亿元，实际采购规模28.08亿元，节约率11.09%。产权交易中心受理业务26项，交易额9 968万元。

政务 厂务 村务“三公开”工作从内容到形式都有了新的规范和拓展 全区政务公开面达95%，4 000多个事业单位推行了校务公开、院务公开制度，98%以上嘎查村委会实行以财务公开为主的公开制度。

【机关自身建设】 2004年，自治区纪委监察厅认真贯彻中纪委四次全会精神，紧紧围绕纪检监察的中心工作，进一步强化自身建设。对29个派驻纪检监察机构实行统一管理。对5个处级职位实行竞争上岗。加强对盟市纪委监察局领导班子及成员的管理工作。全年举办各类培训班9期，共培训纪检监察干部607人。

（杨建平 李兵 卢艳阳）

政 法

**【内蒙古自治区党委政法委员会
内蒙古自治区社会治安综合治理委员会办公室
内蒙古自治区维护稳定工作领导小组办公室领导名录】**

政法委书记
综合治理委员会常务副主任：胡 忠

政法委副书记
维稳办主任：胡毅峰（蒙古族）

政法委副书记
综治办主任：徐呼和（蒙古族）

政法委副书记:李久祥
政法委秘书长:刘国栋
综治办副主任:刘国君
维稳办副主任:师铎
政法委助理巡视员:苏云生
赵瑾琦

【概况】 自治区党委政法委员会机关、自治区社会治安综合治理委员会办公室合署办公。自治区维护稳定工作领导小组办公室(以下简称维稳办)设在自治区党委政法委员会。机关设9个职能处(室、部)。办公室、政治部、执法督查室、信息调研处、社会治安综合治理综合协调处、社会治安综合治理盟市指导处、维稳办信息综合处、维稳办协调督办处、机关党委。

自治区党委政法委机关(自治区综治办、自治区维稳办)行政编制41人。其中:书记1名,副书记2名,秘书长兼政治部主任1名(副厅级),综治办专职副主任1名(副厅级),维稳办专职副主任1名(副厅级);处级领导职数17名(9正,含机关党委专职副书记1名,8副)。有在编干部41人,其中少数民族干部14人:蒙古族10人、达斡尔族2人、回族1人、满族1人。妇女干部8人,研究生学历2人,本科37人,大专2人。

【维护社会政治稳定】 一是大力加强隐蔽战线斗争,有效地防范和打击了各种敌对势力、民族分裂势力、宗教极端势力、暴力恐怖势力和“法轮功”等邪教组织的渗透破坏活动。加强情报信息的收集、整理、分析、研判工作,牢牢掌握维护稳定工作的主动权。组织协调各地及有关部门,采取积极有效措施,妥善处置影响自治区社会政治稳定的重大事件,切实维护全区社会政治稳定。二是按照中央维稳办和自治区党委的部署要求,先后围绕国内政治生活中重大事件和十六届四中全会、中华人民共和国成立55周年庆典等特殊时期的维护稳定工作,进行周密部署,积极督促和指导各地认真解决存在的问题,严格落实各项防范措施。三是积极协调妥善处置重大群体性事件和影响稳定的其他重大事件。自治区维稳办多次召开协调会议,会同信访等部门共同做好群众越级赴自治区党委、政府上访和围堵党委、政府事件的处置工作。先后3次组织不稳定因素排查活动,对排查出的188件重大隐患和突出问题进行跟踪督办。四是积极探索和建立维护稳定经常性工作机制。年初组织开展建立维护稳定工作经常性机制的专题调研,形成报告上报中央及自治区党委。自治区党委印发《关于进一步加强全区维护社会稳定工作建立健全维护稳定经常性工作机制的意见》。进一步加强组织机构建设,基本实现维护稳定工作“机构、编制、人员、经费”四落实。加强维护稳定工作的规范化、制度化建设,制定出台一系列工作制度。

【社会治安综合治理】 2004年,一是深入开展严打整治斗争。组织召开全区“严打”冬季攻势总体总结表彰电视电话会议,对进一步整治社会治安秩序,严厉打击刑事犯罪活动进行部署。在全区开展“百日会战”、“侦破命案”、网上追逃等专项行动,开展“打击虚开货物运输发票和制售假发票等涉税违法犯罪专项整治行动”、全区扫毒行动、交通秩序集中整顿工作、“压事故、保安全、迎春运”专项整治行动、整治网吧专项行动等一系列严打措施。二是积极开展矛盾纠纷排查调处,不断深化基层安全创建工作。在全区部署开展治安复杂地区排查整治和矛盾纠纷排查调处活动。研究制定下发《内蒙古自治区开展矛盾纠纷排查调处工作制度》,进一步规范矛盾纠纷排查调处工作。组织开展“六进社区”及各种形式的基层安全创建活动,不断深化创建内容。自治区综治办牵头,会同有关部门联合下发《关于在全区开展评定安全示范社区活动的通知》,制定《自治区级“安全示范社区”标准》。评选出自治区级安全示范社区30个,盟市级安全示范社区100个,旗县(市区)级安全示范社区300个。三是强化综治责任制落实。自治区政府主席、综治委主任杨晶同志代表自治区综治委与各盟市签订《2004年度社会治安综合治理盟市领导责任书》。按季度对各盟市和综治委成员单位开展综治工作情况进行通报。组织召开全区社会治安综合治理工作会议,表彰奖励2003年度综治工作先进盟市、优秀成员单位和荣获自治区级“长安杯”地区、单位,以及创安联系点工作先进单位,加大综治责任制落实和表彰奖励工作力度。修订下发《盟市社会治安综合治理工作考核评比标准》,四是充分发挥综治委成员单位作用,组织推动全区预防青少年违法犯罪、学校及周边治安综合治理、刑释解人员安置帮教工作、铁路护联防领导小组等专项工作。五是认真做好有关邪教问题的防范和处理工作。协调有关部门制定下发《关于对非法卫星电视接收设施问题加强综合治理的通知》、《关于建立健全反邪教综治网络的实施意见》。六是认真做好见义勇为基金会工作,推动见义勇为事业发展。2004年共表彰奖励“全区维护社会治安见义勇为先进分子”18件31人。七是认真做好综治调研和社会治安形势分析研判工作。组织力量先后对完善、深化社会治安综合治理工作责任制,建立矛盾纠纷排查调处工作新机制,加强流动人口管理、流浪乞讨人员救助管理、出租房屋管理、网吧管理、非公有制经济组织的治安综合治理、加强未成年人思想道德建设和预防青少年违法犯罪、刑释解教人员安置帮教等问题进行了调查研究,研究、提出具体工作措施。八是积极开展政法综治宣传工作,不断扩大社会治安综合治理工作的影响。年初,制定下发《全区社会治安综合治理宣传工作要点》,组织开展了主题宣传月活动。全区各级各类新闻媒体刊登综治文章200余篇,发表广播电视讲话150余次,刊发、播出综治信息、专题报道500余条。

【执法督查】 按照中央政法委部署，认真组织开展集中处理涉法涉诉上访问题工作。一是高度重视，加强领导，认真组织。专门成立领导小组，具体组织协调全区集中处理涉法上访工作。2月、5月先后两次召开全区电视电话会议，作出安排部署，通报工作情况。二是强化责任，采取强有力措施，切实解决涉法涉诉上访案件。对排查出的上访案件按照“分级负责、归口管理”原则，逐一落实到有关部门。采取“一个问题、一名领导、一套班子、一个方案、一抓到底”的办法，落实部门一把手为包案第一责任人，分管领导为主要责任人，逐一落实责任制，限时解决问题。三是加强检查督导，确保集中处理涉法涉诉上访问题工作取得实效。政法委有关领导多次深入呼和浩特等盟市，对自治区党委政法委交办的重点上访案件，逐案检查督办。全区集中处理涉法上访问题领导小组先后派出5个工作组，赴全区9个重点盟市进行检查督办。四是连续召开5次会议，研究处理重点案件30件，主动听取呼伦贝尔市、乌兰察布市、赤峰市集中处理涉法涉诉信访问题工作情况汇报，督促指导各地、各部门采取强有力的措施，认真解决涉法涉诉信访积案。2004年全区各级政法机关排查出涉法涉诉信访案件3 256件，办结2 827件，占排查案件总数的87%，息诉停访2 244件，占办结案件总数的79%，一大批多年遗留的积案得到解决。五是进一步做好进京上访人员劝返工作。自治区党委政法委与自治区政法部门、呼和浩特市市委政法委于2004年9月中旬至2005年1月12日，组成驻京劝返组，先后派出工作组4批12人赴京工作。至12月24日，劝返涉法涉诉进京上访人员507人次，并妥善处理包头市负案在逃人员李秋柱服毒自杀案，编发《劝返工作信息》简报38期。10月份，中央政法委检查督办组到自治区检查工作，对全区集中处理涉法涉诉上访问题工作给予充分肯定。建立起自治区党委政法委、公、检、法机关联合接待上访群众的制度，这项制度得到中央政法委的肯定，并将工作经验在《政法动态》上刊发介绍。六是继续做好案件督查和协调工作。2004年共督办案件36件，其中交办案件11件；组织、协调重大疑难案件40余件。

【政法队伍建设】 进一步推进政法队伍思想政治建设，确保政法队伍政治坚定。一是组织全区广大政法干警继续深入学习贯彻“三个代表”重要思想、党的十六大精神，及时转发《中央政法委员会关于认真学习贯彻党的十六届四中全会精神的通知》，结合“争创”活动、“执政为民、加快发展”教育培训活动及自治区政法各部门部署的专项学教活动，在全区政法机关组织开展“公正执法树形象”活动。年初组织政法部门提出便民利民措施，印发《关于在全区政法系统认真落实便民利民措施的通知》，并在新闻媒体上刊载报道，这项工作受到中央政法委关注和肯定，印发《政法要情信息》报送中央并通报全国。二是进一步健全和完善审判、检务、警务、狱务等公开制度和惩戒制度，广泛接受人民群众及社会各界监督，切实改进政法机关工作作风。三是相继发出关于学习任长霞、曹发贵、蒋庆等全国政法英模和学习牛玉儒同志的通知，在全区政法系统持续开展学习先进、争创先进活动。2004年全区政法系统有95个集体和140名干警受到省部级以上表彰奖励。在全区政法系统部署了深化和拓展“树组工干部形象”集中学习教育活动，进一步提高全区政法系统组工干部的思想政治素质和能力素质。四是切实加强各级政法领导班子建设。充分发挥政法委协管政法部门厅级领导班子和领导干部的职能，积极配合、协助自治区党委组织部做好对全区厅级政法领导班子、领导干部的管理、考核和选配工作。认真履行监督管理自治区政法部门处级干部任免工作职责，促进自治区政法部门内设机构及二级单位领导班子建设，指导、参与、监督自治区政法部门处级干部选拔任用工作，派员参与、指导检察院、公安厅、司法厅、监狱管理局的处级干部竞争上岗工作，认真做好任前审核备案，2004年审核备案自治区政法部门呈报的处级干部26批，共266名。认真组织开展调查研究，积极探索建立健全加强党的执政能力建设、进一步加强政法干部队伍监督机制。2004年8月下旬，在大兴安岭林管局召开全区政法队伍建设座谈会，重点研讨贯彻落实党的十六届四中全会精神，“加强执政能力建设，进一步加强政法干部队伍监督工作”的课题。会后形成《关于加强执政能力建设，进一步做好政法干部队伍监督工作的意见》（草案）。经广泛征求意见，由自治区党委转发全区。五是认真抓好《2002～2005年全区政法系统干部教育培训规划》和《2002～2005年全区政法委（综治办）系统干部教育培训规划》的落实，进一步加强全区政法干部教育培训工作。组织了盟市综治办主任参加全国地市级综治办主任培训班，举办全区盟市旗县综治办主任培训班、全区政法系统电子政务与信息应用培训班。选派4名盟市、旗县（市区）政法委干部到北京市政法委系统挂职锻炼。选派6名盟市旗县（市区）政法委干部参加中央政法委常州培训班。六是落实从优待警，建立全区政法干警人身保险制度。2004年底与财政厅联合下发了文件，把全区政法委、公安、法院、检察院、司法行政、国家安全共6万多干警纳入统一的一个保险合同内，由财政、单位、个人三方面承担保险费，由自治区政法委、政法各部门、保险公司组成的办公室统一管理。七是进一步做好全区政法干警违法违纪举报中心工作，督促政法部门严肃查处政法干警违法违纪案件。2004年全年接收处理举报信件298件，接待来访62人次。全区共查处违法政法干警225人。

【信息网络 调查研究】 全年投入60万元用于网络建设，基本建成机关内网、跨部门业务专网、政务公开门户网站系统。经多方争取，在全区电子政务建设工程中启动政法信息资源专网建设工作，将建立政法委、公、检、法、司统一信息平台。建立健全网络管理制度,严格网络管理,确保网络和信息安全。信息调研工作开创了新的局面。年内组织完成中央政法委年度重点调研课题《关于在新形势下如何加强和改进党对政法工作领导的调研报告》,完成《关于建立健全贯彻严打方针经常性工作机制的调研报告》,组织各地各部门就如何贯彻落实构筑祖国北疆国家安全和社会稳定屏障战略目标进行调研。编发《内蒙古政法》44 期,及时指导工作、交流经验。建立信息研判工作机制,组织协调自治区政法各部门通过网上交流政法信息,编发《政法局域网信息》和《政法信息与调研》共 69 期。

【法学会工作】 一是加强全区各级法学会机构建设,提高法学会工作和法学研究水平。二是建立了法学研究课题二级管理机制。直接组织编译《蒙古法律务实》,委托相关研究机构、高等院校、执法部门立项研究课题 56 项,完成结项 38 项。积极做好组织推动和保障服务工作。编辑出版 2004 年学术研究成果。三是积极参与社会工作,协助配合内蒙古电视台组织"12·4"法制宣传活动。四是加强专业分会工作。制定《内蒙古法学会学科(专业、专门)研究会工作通则》。先后举办内蒙古法学会宪法与民族区域自治法研究会、刑法学研究会研讨会。五是积极发展会员,壮大研究力量,发展团体会员 160 个,个人会员2 300人。

(费　毅)

组　　织

【中国共产党内蒙古自治区委员会组织部领导名录】

部　　长:陈朋山(女)
副 部 长:王长聚
　　　　　赵世亮(蒙古族)
　　　　　王　威
　　　　　王志诚
　　　　　董树君
　　　　　武开乐
助理巡视员:王　儒(6月离任)
　　　　　樊　忠(2月任职)

【概况】 内蒙古自治区党委组织部现有编制 103 个,实有人员 96 人,其中女 21 人,少数民族 19 人,中共党员 96 人,本科以上学历 82 人。

【干部教育培训】 以"三个代表"重要思想武装党员、教育干部作为干部教育培训工作的首要任务,全面组织开展大规模培训干部工作。从 3 月开始,历时 9 个月,在全区开展"执政为民,加快发展"教育培训活动,各级干部思想认识得到明显提高,进一步理清发展思路,解决了一些关系群众切身利益的具体问题,许多地区和部门制定出台一系列整改制度和措施,巩固和扩大优化环境活动成果,推动经济社会持续快速健康发展。同时,按照中央关于大规模培训干部的部署和要求,精心组织和安排好各类干部培训班,圆满完成大规模培训干部工作任务。全年共抽调 225 名县以上党政领导干部参加中央党校、国家行政学院和国家有关部委举办的 69 个班次的学习培训。在内蒙古党校分别举办主体培训班 19 期、专题研讨班 16 期,共培训干部2 098名。胡锦涛总书记对学习牛王儒先进事迹作出重要批示后,会同有关部门抓了牛玉儒精神的学习宣传活动,进一步激发广大干部干事业、谋发展的热情。

【领导班子和干部队伍建设】 坚持把思想政治建设作为领导班子建设的灵魂,以学习贯彻"三个代表"重要思想、加快发展、提高驾驭市场经济能力、转变作风和坚持任人唯贤、贯彻民主集中制和增强团结等为重点内容,组织召开全区领导班子思想政治建设座谈会,认真落实全国领导班子思想政治建设座谈会精神,全面加强领导班子思想政治建设。

把加强执政能力建设作为各级领导班子建设的重点,研究提出并报自治区党委下发《关于贯彻〈2004 ~ 2008 年全国领导班子建设规划纲要〉的意见》,完成部分盟市、厅局和企事业单位领导班子及成员的换届和调整补充,以及自治区人大、政协两会人事安排工作。全年共向自治区党委提交厅级干部任免人选 692 名,其中提拔 250 名,各级领导班子的整体功能和素质建设进一步提高。安排部署盟市厅局及区直国有企业后备干部集中调整补充工作,研究确定后备干部和重点后备干部名单,并配合中组部考核组完成对全区省部级后备干部的考核工作。加大对优秀年轻干部的培养选拔力度,首次在全区范围内组织开展公开选拔副县处级领导干部工作,选拔 35 岁以下副县处级领导干部 29 名。

【干部人事制度改革】 按照完善社会主义市场经济体制的要求,加大从制度上解决影响坚持公道正派问题的工作力度,切实加强对干部制度改革的宏观思考和整体推进。年初组织召开全区深化干部人事制度改革工作电视电话会议,研究提出《内蒙古自治区 2004 年干部制度改革工作安排》。加大公开选拔和竞争上岗工作力度,首次面向全国公开选拔副厅级领导干部。全面推行全委会投票表决下一级党政正职工作,起草《内蒙古党委全委会对盟市党委、行署(政府)领导班子正职拟任人选和推荐人选表决实施办法》,自治区党委全委会首次票决 4 名盟市党政正职,盟市委票决旗县(市、区)党政正职 46 名。在部分盟市、厅局和高校开展党政领导职务任期制、干部推荐责任制、完善民主推荐民主测评制度、经济责任审计制度、高校领导班子副职聘任制和院长任期制、聘用处级干部试点工作。

认真贯彻落实全国干部监督工作会议精神，组织召开全区干部监督工作及组织部门信访举报工作会议，对全区干部监督和组织部门信访工作进行安排部署。进一步加强干部经济责任审计工作，向自治区审计厅提出2004年领导干部任期经济责任审计计划，并向盟市厅局下发对旗县委书记和交通、计划等部门主要领导提任上一级职务人选进行经济责任审计的建议书，对13名党政"一把手"进行任中责任审计。进一步畅通和拓展信访举报途径，在全区范围开通"12380"举报电话，全年共受理信访举报575件，查核办理471件，直接答复电话咨询265件。进一步规范群众来信来访和干部任前公示举报反映问题的受理、查处程序和办法，制定印发《组织部门信访举报问题受理查核暂行办法》、《关于做好干部任前公示举报问题调查核实工作的通知》和《任前公示举报问题处理的工作程序》，对有反映问题的55名干部进行查核。

【人才工作】 坚持把人才工作摆在突出位置，与有关部门共同筹备召开全区人才工作会议，并研究提交《内蒙古党委、政府关于贯彻〈中共中央、国务院关于进一步加强人才工作决定〉的意见》，协调有关部门陆续修改出台7个配套文件。积极推进人才强区战略，抓好急需、短缺人才的引进工作，坚持和改进"西部之光"访问学者、"博士服务团"和"草原之光"硕士创业行动工作。建立人才工作协调小组成员单位联络员会议制度，加强人才工作的沟通协调。

【党的基层组织建设】 召开全区党的基层组织建设经验交流会暨全区发展党员工作会议。开展新一轮农村牧区党建"三级联创"活动、街道社区党建"综合示范区"工程和非公有制企业党建"四五"工程。指导包头市高新技术开发区、鄂尔多斯市开展在新的社会阶层中发展党员试点工作，制定印发《关于做好在新的社会阶层发展党员工作的意见》，并起草《关于在全区发展党员工作中实行公示制、票决制和责任追究制的意见》。深入调查全区组织员情况和专门从事基层组织建设工作人员情况，印发《关于进一步加强全区组织员队伍建设的意见》，进一步规范组织员队伍建设工作。在对基层党组织进行集中整顿的基础上，着手开展党员先进性教育活动的前期准备工作，举办全区保持共产党员先进性教育理论骨干培训班，印发《关于认真做好保持共产党员先进性教育活动准备工作的通知》，组织成立党员先进性教育活动领导小组和办公室。

【"树组工干部形象"集中学习教育活动】 按照中组部的统一部署，在全区组织人事系统开展了深化和拓展"树组工干部形象"集中学习教育活动。召开了全区组织系统深化和拓展"树组工干部形象"集中学习教育活动电视电话会议、部分地区和区直单位树形象活动座谈会，开展了"树形象、庆七一"知识竞赛和"树形象、见实效"征文活动。在组织指导、调研督查全区活动的同时，从3月份开始重点抓了部机关树形象活动，在认真开展集中学习、交流讨论、征求意见、查摆整改工作的基础上，组织开展了部机关副处级干部竞争上岗、岗位业务技能竞赛、优良传统教育和廉政警示教育活动，召开学习牛玉儒同志、周国知同志先进事迹座谈会。通过活动的深入开展，组工干部公道正派理念得到巩固，能力素质有了明显提高，机关作风得到改进，工作制度进一步规范，有力地推动了组织工作的整体进步，有效地促进了组织部门的自身建设。

（牟国民 韩新平）

党史研究

【中共内蒙古自治区委员会党史研究室领导名录】

主 任：张 宇

【概况】 2004年，中共内蒙古自治区委员会党史研究室坚持"以党史研究为中心，以党史资料征集和宣传教育为重点，以机构、队伍和经费为保证"的思路开展工作。

【业务工作】

党史编研工作　进一步把党史征编和研究的重点转移到社会主义建设时期，特别是改革开放新时期以来，加大为现实服务，为提高执政党能力建设服务的力度。以党史正本的编写工作为重点，开展多项党史专题研究工作。全年开展的党史编研课题共计10个，其中出版的书籍有《中国共产党内蒙古自治区史大事记》第一卷、第二卷、第三卷，《内蒙古党史资料汇编》（第三卷），《走进新世纪的内蒙古—全面建设小康社会》，合作编辑出版的有《共和国之最》和《邓小平的历史足迹》；完成《中国共产党内蒙古自治区历史》（即内蒙古党史正本）第一卷、第二卷的初稿；完成华北五省区市党史协作项目《中共北方区委历史》中自治区承担的撰稿任务。《走进新世纪的内蒙古—基层党组织建设》正在编辑中。对《内蒙古民族工作80年》、《中国共产党内蒙古自治区组织史资料（第二卷）》等书稿作进一步的修改。围绕自治区的中心工作，编撰完成《基层党组织建设》、《人才强区战略的实施》两个课题。

党史宣传教育工作　党史研究室与呼和浩特市武川县县委宣传部、县教育局、赛罕区教育局、鄂尔多斯市伊金霍洛旗党史办等单位合作，以场地展览的形式，进入学校、农村、社区等，举办了5次党史图片展览,收到好的效果,受到广大参观者的好评。配合呼市教育局,将《内蒙古党史》送到呼市地区各中小学校,为师生学习党史,进行革命传统教育提供了素材。在初步掌握全区党史纪念地和革命遗址的基础上,努力创造条件,进一步加强自治区级党史教育基地建设。结合"民族文化大区"建设,积极配合兴安盟盟委谋划建设"内蒙古民族解放纪念馆"。组织开展邓小平同志诞辰100周年的纪念活动。配合中央党史研究室在全区开展"邓小平与中国改革开放学术研讨会"征文活动,组织力量撰写的《内蒙古农村"大包干"改革和家庭生产经营制的形成与特点》被评为优秀论文,在研讨会上宣读,受到中央党史研究室领导和专家的好评,并被收入研讨会论文集。组织开展纪念中华人民共和国成立55周年征文活动。向中央党史研究室报送7篇论文,其中一篇被评为优秀论文。组织开展全区县级党史工作研讨征文活动,共征集论文30余篇,全部报送中央党史研究室。加强《内蒙古党史》的办刊工作,改进了版面,丰富内容,扩大社会影响。初步建成"内蒙古党史"网站,创新党史宣传教育方式,建立党史宣传教育新阵地。

【队伍建设】 根据党的十六大提出的建设"学习型社会"的总要求和2002年全国组织工作会议关于"要大规模培训干部"的重要精神及全国党史研究室主任会议和自治区党委党史领导小组会议精神,党史研究室采取多种方式,加强队伍建设。坚持政治理论学习,认真开展"执政为民、加快发展"培训教育活动,积极参加组织部开展的"树组工干部形象"教育活动,努力提高干部的政治思想素质,培养良好的职业道德修养,逐渐在干部队伍中形成良好的思想作风和工作作风。注重业务能力建设,全年选派12名同志参加全国党史干部培训班和自治区组织的干部培训学习等,干部业务能力得到提高。举办一期全区党史业务骨干培训班,全区12个盟市、30多个旗县的60多名党史干部参加培训。规模比较大,内容丰富全面,自治区史学界的专家学者在培训班上授课,培训效果很好。继续坚持和完善以目标责任制为核心的竞争激励机制,推动各项工作的开展。聘请一批党史专家学者和老同志参与党史大事记和党史正本的编修、党史书稿的审阅及专题编撰等工作,还聘用十几名社会人才为征集党史资料。先后有9人次参加党管人才调研工作、全区人才会议筹备工作,全区干部考核工作、自治区公开选拔副厅级领导干部考察工作、赴北京接待上访工作等,使干部接触新的领域,开阔视野,增长才干,进一步提高干部综合素质。

【业务指导】 2004年,党史研究室通过下发文件、召开党史工作座谈会、举办培训班、深入基层调研、帮助基层党史部门解决问题等方式,促进基层党史工作的开展,全区党史工作出现整体推进的良好局面。

在党史征研工作方面,鄂尔多斯市党史办出版《鄂尔多斯往事》和《党旗飘飘—新时期鄂尔多斯党的建设》,兴安盟党史办出版《从松花江畔到内蒙古草原》、《中国共产党兴安盟组织史资料》,赤峰市党史办出版《辉煌历程—赤峰市改革开放纪事》,通辽市史志办和乌兰察布市档案史志局都出版《大事记》。盟市党史部门还完成一批书稿,如呼市史志办征编的《光辉历程》,锡盟史志办编写的《锡林郭勒风情》和《锡林郭勒民族文化》,阿盟档案史志局编写的《阿拉善盟共产党志》等。多数盟市还开展党史正本的编写工作。

在党史宣传教育工作方面,包头市志史办与王若飞纪念馆联合,在广大中小学生中开展参观读书活动;锡盟史志办与盟委宣传部、锡林郭勒日报社联合举办纪念邓小平同志诞辰100周年征文活动;兴安盟党史办撰写电视剧《铁骑狂飚》的脚本,并在兴安日报副刊上连续发表。

全区各级党史部门还开展专题资政研究,如兴安盟党史办撰写专题论文《东北老工业基地与兴安盟的发展》。旗县党史部门也大力开展各项工作,阿拉善左旗档案史志局完成《阿拉善左旗党史大事记》,阿巴嘎旗出版《中共阿巴嘎旗党史大事记》,巴林左旗党史办完成《中共巴林左旗地方史》等。

【重要会议】 2004年5月24日,自治区党委副书记、党史领导小组组长杨利民主持召开了自治区党委党史领导小组会议,自治区党委常委、组织部部长、自治区党委党史领导小组副组长陈朋山以及其他自治区党委党史领导小组成员出席会议。会议听取自治区党委党史研究室主任张宇关于全区贯彻落实全国党史研究室主任会议精神和2003年全区党史工作情况的汇报。会议充分肯定2002年全区党史工作取得的成绩,研究部署今后一个时期全区的党史工作,对2003年全区党史工作提出明确要求,并同意《自治区党委党史研究室2004年工作要点》。会后,自治区党委党史领导小组印发会议纪要,要求全区各级党史部门认真贯彻执行。

2004年7月17~20日,自治区党委党史研究室在呼和浩特市召开全区党史工作座谈会,全区12个盟市党史部门的负责同志参加会议。自治区党委组织部副部长王威在座谈会上讲话,自治区党委党史研究室主任张宇作工作报告。会议学习全国党史研究室主任会议精神,传达2004年自治区党委党史领导小组会议精神,总结21世纪以来全区党史工作的经验,研究部署下一步的工作。

(陈　鹏)

老干部工作

【中国共产党内蒙古自治区委员会老干部局领导名录】

局　　长:王　今

副 局 长:吴云霞(女　蒙古族)

　　　　 张　忠

助理巡视员:赵　瑞

【概况】 自治区党委老干部局是自治区党委主管全区离休干部和厅局级以上退休干部的职能部门,由自治区党委组织部管理。内设机构有办公室、人事处、宣传教育处、待遇处、机关党委、离退休人员工作办公室,关心下一代工作委员会办公室挂靠在自治区党委老干部局。机关行政编制28名。领导职数:正厅1名,副厅2人;助理巡视员1人;处级6正6副;处级非领导职数3正3副。二级单位:下设4个正处级、1个副处级事业单位,分别是自治区直属离退休人员工作办公室(正处级机关单位)、自治区直属机关干部休养所(正处级全额拨款事业单位)、内蒙古自治区老干部活动中心(挂内蒙古自治区老年大学牌子,正处级全额拨款事业单位)、老年世界杂志社(正处级差额拨款事业单位)、机关事务服务中心(副处级全额拨款事业单位)。局机关及所属单位共有编制194名。

【老干部基本情况】 全区现有离休干部27 225人。其中第一次国内革命战争时期1人,第二次国内革命战争时期76人,抗日战争前期932人,抗日战争后期1 831人,解放战争时期24 385人。80岁以上5 199人,70~79岁21 595人。享受省级待遇52人,享受厅局级待遇2 296人。机关10 050人,事业7 342人,企业9 833人。

【老干部思想政治建设】 组织老干部深入学习"三个代表"重要思想,并积极引导从四个方面收到实效:一是要进一步坚定政治立场;二是要坚定共产主义信念,树立正确的人生观、价值观;三是要继续发扬党的优良传统和作风;四是要提高自律能力。全区有45个盟市、旗县成立老干部局系统党委(总支),统一领导老干部党组织工作。3 305个老干部基层党组织,能够坚持正常活动的占87%。

各地本着沟通情况、理顺情绪、搞好服务、形成共识的思路,采取主动沟通、个别沟通、事先沟通的方式,做好各级党委、政府与老同志之间的沟通工作。坚持向老干部通报情况制度。

4月初召开全区老干部先进个人、先进离退休干部党支部表彰大会。在此基础上,推荐出席全国老干部"双先"表彰大会的代表。全区上下普遍开展表彰活动,为老同志老有所学、老有所教增添内容。本着自愿量力、个人志趣和社会需求相结合的原则,积极倡导和支持老同志继续发挥余热。

全年又有4个盟市、30个旗县区通过多种途径扩大并改善老干部活动场所条件。年内新增老干部活动室4万平方米,新增室外活动场地3万平方米,新增老年大学7所。

【老干部生活待遇的落实】 各盟市、旗县未发生新的"两费"拖欠。历史陈欠已由2003年底的1 200万元下降到760万元。配合有关部门,进一步完善自治区本级离休干部医疗保障办法。在保证医疗费不发生拖欠的情况下,探索激励与约束相结合的、更加科学规范的医疗保障管理办法。参与自治区商粮、外贸、物资集团的改革指导与协调,制定三大流通集团转制后离休干部的安置方案,自治区人民政府批准后,正在落实。提出国有资产经营公司转制后离休干部的安置意见,正与有关部门协调之中。积极协调包钢和包头市委,促成包钢800多名离休干部享受当地工资性补贴。配合有关部门,提高厅级退休干部公用经费标准。各地、各部门普遍坚持节日走访慰问老干部制度,并重视解决困难地区、困难行业、困难家庭老干部的实际问题。

【自身建设】 在开展"树组工干部形象"和"执政为民、加快发展"教育活动中,紧密联系老干部工作实际,在增强执政为民意识上下真功夫。努力营造和谐向上的政治氛围。举办第九期全区老干部局(处)长培训班。有条件的盟市也各自开展干部业务培训。深入8个盟市、36个旗县、9个区直单位进行调研,对下属24个支部、1个总支和1个党委全部进行了改选或补选。2月27日,自治区第七届党委第59次党委会议专门听取自治区老干部局工作汇报并形成会议纪要,会上研究确定活动中心维修项目和干休所老干部危楼改造项目。此外,投入12万元办公经费为机关配齐电脑,实现局域联网。认真学习贯彻《中国共产党党内监督条例》和《中国共产党纪律处分条例》,坚持党风廉政建设制度,进一步健全机关各项规章制度。在全系统开展评选老干部工作先进集体和先进个人活动。

【慰问离退休干部及遗孀】 春节前后,自治区老干部局领导分别陪同储波、杨晶、岳福洪、陈光林、杨利民、巴特尔等自治区党政领导慰问在呼和浩特市居住的正省级离退休干部及遗孀。同时,完成局系统老同志和在职人员的走访慰问工作。

自治区党委、政府在新城宾馆举办2004年自治区直属机关老干部迎春茶话会。茶话会由自治区党委副书记、政府主席杨晶主持,自治区党委书记储波在会上做重要讲话。在呼的自治区党政军领导、自治区老干部工作领导小组成员以及长期在内蒙古工作过的省级老同志、老红军、老干部代表120余人出席。

【表彰活动】 4月4日,在自治区政府礼堂召开全区老干部先进个人和先进离退休干部党支部表彰大会。会上对全区108名老干部先进个人和31个先进离退休干部党支部进行表彰。表彰大会由自治区党委常委、组织部长陈朋山主持,自治区党委副书记、纪检委书记巴特尔作重要讲话。自治区党委常委、宣传部长张国民,自治区人大常委会副主任万继生,自治区副主席郭子明等领导同志出席大会并为"双先"代表颁奖。全区老干部先进个人和先进离退休干部党支部代表,部分区直机关离退休干部党支部书记,各盟市委分管书记、组织部长、老干部局长及办公室主任,自治区各部门、各大企事业单位离退休人员工作处处长(主任),共280多人参加表彰大会。

2004年离退休老干部获奖人名录

姓　名	性别	民族	奖　　项	获奖时间	原工作单位及职务
马玉祥	男	汉	全国老干部先进个人	2004年10月	通辽市工业大厦党支部书记
张起云	男	汉	全国老干部先进个人	2004年10月	赤峰市牧机厂党委副书记
谢瑞祥	女	蒙	全国老干部先进个人	2004年10月	包头市人大副主任
师　亨	男	汉	全国老干部先进个人	2004年10月	自治区党委政研室研究员
努　塔	男	蒙	全国老干部先进个人	2004年10月	集宁市人武部副部长
刘国卿	男	汉	全国老干部先进个人	2004年10月	兴安盟政研室主任
齐伯益	男	汉	全国老干部先进个人	2004年10月	锡盟农牧局副局长

(达呼巴雅尔　孟宝云)

宣　　传

【中国共产党内蒙古自治区委员会宣传部领导名录】

部　　　长:张国民
副　部　长:阿古拉(蒙古族)
　　　　　　佟野黎
　　　　　　李　冰
　　　　　　孟树德(达斡尔族)
　　　　　　阿　龙(蒙古族)
文明办副主任:陈东岗
助理巡视员:单学文
　　　　　　张彦钦

【概况】 自治区党委宣传部机关行政编制为56名。其中:部长职数1名,副部长职数5名,巡视员或助理巡视员职数2名;处级领导职数28名(13正、5副),处级非领导职数15名(调研员7名、助理调研员8名)。机关现实有人数53人,均为中共党员。其中:部长1人,副部长5人,精神文明建设委员会办公室副主任1人,助理巡视员2人;正处长13人,副处长12人,调研员7人,助理调研员8人,一般工作人员4人。妇女干部14人,少数民族干部31人,研究生毕业5人,大学本科毕业41人,大学专科毕业7人。

【理论工作】

加强宏观指导　巩固马克思主义在意识形态领域的指导地位　制定印发《关于做好2004年全区理论工作的意见》,明确全年理论武装工作的指导思想,总体要求和重点工作。印发《内蒙古党委关于加快全区哲学社会科学繁荣发展的意见》,就繁荣发展自治区哲学社会科学,实施马克思主义理论研究和建设工程,推进哲学社会科学管理体制改革及哲学社会科学队伍建设等工作提出具体实施意见。印发《关于贯彻<中共中央宣传部关于当前思想理论领域的形势和下一步工作措施>的意见》,进一步明确当前和今后一个时期加强思想理论领域工作的总体要求,重点任务和工作措施。

注重实效　充分发挥各级党委中心组在理论学习中的"龙头"带动作用　制定下发《自治区党委中心组2004年学习安排意见》和《关于抓好2004年党委(党组)中心组学习工作的通知》,对2004年各级党委(党组)中心组学习的指导思想、工作重点提出明确要求;开展盟市及自治区直属厅局党委(党组)中心组学习秘书和理论骨干队伍的培训工作。在理论刊物上开设中心组学习专栏,有重点地刊登各级党委(党组)中心组开展理论学习的经验材料、体会文章,充分发挥宣传媒体的引导作用;对各盟市、厅局中心组学习情况进行考核,考核结果列入其领导班子2003年度实绩考核总成绩,进一步推动各级中心组的理论学习。

运用多种形式　促进理论宣传工作的深入开展　印发《关于贯彻中宣部〈关于把学习贯彻"三个代表"重要思想新高潮进一步引向深入的意见〉的意见》,把学习贯彻"三个代表"重要思想进一步引向深入，提出贯彻意见。开展十六届三中全会和四中全会精神的宣讲活动，分别在5月份和11月份组成宣讲团到各盟市，先后组织宣讲23场次，直接听众达7 000余人次。组织编辑出版《辉煌五十五》一书，全面反映自治区各地区、各部门、各行业的光辉业绩和成功经验。组织全区广大干部群众学习理论通俗读本《理论热点18题》；深入挖掘整理鄂尔多斯市杭锦旗理论下基层的典型经验，并做为基层开展理论学习的典型在全国推广；围绕学习贯彻党的十六届四中全会精神、"三个代表"重要思想和自治区"执政为民、加快发展"培训教育活动等主题，召开座谈会，在宣传媒体上开辟专栏、专版、专题和专访，进行多角度、多层次的深入宣传。

强化精品意识 理论研究工作取得新成效 围绕邓小平诞辰100周年纪念活动，在全区广泛、深入开展邓小平理论及"三个代表"重要思想的研究、研讨活动。活动产生蒙汉文理论文章300余篇，其中《试论邓小平党内监督思想及其启示》入选全国邓小平生平和思想研讨会。召开"全区纪念邓小平诞辰100周年理论研讨会"，42篇入选论文作者及有关单位负责人参加会议，陈光林书记和张国民部长出席会议并讲话。印发《关于申报2004年度重点理论课题的通知》，在全区广泛开展理论课题的征集活动，确定《论弘扬牛玉儒精神》、《对我区农牧民党员保持和发挥先进性的调查和思考》等8个理论价值和实践意义较高的选题，并组织自治区社科理论骨干组成"内蒙古党委宣传部课题组"联合攻关。召开2004年度自治区社科规划评审工作会议，确定56个2004年度自治区社科规划项目；立项国家哲学社会科学基金资助"十五"规划2004年度项目14项；立项国家哲学社会科学规划办特别委托项目"草原文化建设工程"1项；立项2004年度国家社科基金专项资助西部地区社科研究项目18项。编辑出版理论研究成果《全区纪念邓小平诞辰100周年理论研讨会论文集》和《聚焦和林格尔(之四)》；编印《邓小平理论研究动态》4期、《内蒙古社科信息》2期。

（乌兰娜）

【新闻宣传】

牢牢把握正确导向 营造良好舆论氛围 制定下发各个季度宣传报道意见和《关于宪法的宣传报道意见》、《关于大力弘扬求真务实精神，大兴求真务实之风的宣传报道意见》等43项方案和意见。组织协调中央驻区和自治区新闻单位，对"三个代表"重要思想、"科学发展观"、"优化投资环境"、"三农三牧"、调整农牧业产业结构等重要工作部署进行全面深入报道。同时，对下岗再就业、土地纠纷等社会各界广泛关注的一些热点、难点进行舆论引导。新闻阅评工作客观、公正、及时、有效。

典型宣传深入人心 声势与力度拔头筹 按照中央和自治区党委领导同志的指示精神，制定《关于对牛玉儒同志先进事迹进行宣传报道的意见》，并组织协调中央和自治区新闻媒体记者赴通辽、包头和呼和浩特市，对牛玉儒同志先进事迹进行集中深入的采访。据不完全统计，自治区各级各类媒体刊播新闻稿件近800篇(条)，宣传声势与力度创下内蒙古新闻传媒界历史之最。人民日报在头版头条连续推出4篇长篇通讯并分别配发4篇评论员文章，"人民论坛"也刊发言论。新华社11月25日播发的通讯被73家媒体刊用，之后播发的通讯、时评均被全国数十家媒体刊用。中央电台、中央电视台分别在"新闻和报纸摘要"、"新闻联播"、"焦点访谈"、"东方之子"等栏目作了充分的报道并配发评论文章。这不但是对牛玉儒同志先进事迹的大力宣传，也是对内蒙古的宣传。

建设民族文化大区 战役宣传影响深远 6月中旬制定下发《关于中国·内蒙古草原文化节暨呼和浩特第五届昭君文化节的宣传报道意见》并召开新闻发布会，配合文化节召开，协调十几家中央和北京市新闻媒体对在北京举办的"内蒙古文化周"活动进行采访报到。为全区建设民族文化大区营造良好的舆论氛围。制定下发《关于在全区开展以经济建设为重点，以"名企名品、名人名作、名山名水"为主要内容的宣传战役实施意见》和《关于推进全区重大项目建设宣传报道意见》，并认真组织中央驻区新闻单位和自治区主要媒体，精心组织开展"走笔电力大动脉"、省际大通道行等专题采访报道，大力宣传一批国有企业深化改革和非公有制经济发展的先进典型，及时反映各条战线特别是各项重点工程的进展。

宣传内蒙古工作成效显著 制定下发《关于继续开展"宣传内蒙古优胜奖"评选和"现场短新闻竞赛"活动的通知》新华社内蒙古分社等10家中央驻区主要新闻单位，在中央主要新闻媒体刊播稿件达4 827篇(条)，其中新华社内蒙古分社发稿3 695篇，人民日报记者站发稿114篇，中央电台记者站发稿357篇。自治区主要新闻单位主动加强与中央主要新闻媒体的沟通和联系，特别是内蒙古电视台配合中央电视台制作的大型新闻《精彩中国·内蒙古篇》，从工业、生态、旅游等五个章节推介内蒙古，所体现出的浓厚的草原风情和朝气蓬勃的发展活力，极大地激发草原人民的自豪感，同时也为更多的人了解内蒙古打开一扇窗口。

"三项学习教育"活动扎实推进 按照中宣部和自治区党委宣传部的有关精神和要求，各盟市委宣传部、自治区广电局、新闻出版局和自治区直属新闻单位都深入开展这项工作，组织召开向穆青同志学习座谈会，举办全区新闻单位负责人"三项学习教育"培训班，进一步促进全区新闻界深入开展"三项学习教育"活动。各地各单位认真贯彻中宣部有关精神，着力解决突出问题，树立良好形象，切实推动工作。在全国新闻战线"三项学习教育"经验交流会上，被指定为先进典型，并做典型发言。

（郭宇平）

【文艺出版工作】

加强对建设民族文化大区工作的宏观管理和组织领导 自治区党委储波书记《加快文化发展,建设民族文化大区》的署名文章分别发表于《求是》杂志和《内蒙古日报》。编辑出版《再铸草原文化新辉煌—内蒙古民族文化大区建设文集》一书。自治区建设民族文化大区领导小组成立并召开第一次全体会议,自治区党委副书记陈光林任组长。举办建设民族文化大区领导干部专题研讨班,各盟市分管领导,盟市宣传文化部门领导,自治区建设民族文化大区领导小组成员单位负责人及宣传文化部门负责人等82人参加研讨班。

实施精品战略 推出一批优秀文艺作品 开展建设民族文化大区征歌活动,共收到来自区内外的词作品5 400余首,对其中的100首作品进行表彰奖励。与文化部中国画研究联合组织开展全国著名美术家赴内蒙古采风活动,出版画册。指导、修改、提高列入全区重点创作规划项目的话剧《大漠绿海》、音乐舞蹈诗《鄂尔多斯婚礼》、舞剧《都仍扎那》等一批以申报参评全国"五个一工程"评奖的作品。文艺界掀起歌颂牛玉儒精神的热潮,创作出一大批诗歌、散文、报告文学、话剧等文艺作品。

组织举办重大文化活动 中国·内蒙古首届国际草原文化节于8月6日隆重开幕,开幕式大型文艺晚会《天堂草原》获得圆满成功。举办全区专业文艺调演,全区21个代表队参加为期12天的调演演出,对部分获奖晚会和节目进行表彰奖励。在北京世纪坛举办北京内蒙古文化周,活动内容包括成吉思汗文物展、民族民俗风情展、草原题材美术摄影展和优秀影视作品展演等。举办《阳光草原》庆祝中华人民共和国成立55周年专题文艺晚会、中国首届"成吉思汗杯"蒙古舞蹈大赛暨蒙古舞蹈理论研讨会。

开展"三项学习教育"活动 牢牢把握出版正确导向 举办全区出版单位负责人"三项学习教育"培训班,推动了全区出版界"三项学习教育"活动的深入开展。广大出版工作者不断增强政治意识、大局意识、责任意识和阵地意识,不断提高政治敏锐性和政治鉴别力,在增强学习贯彻"三个代表"重要思想的自觉性和坚定性上有新的提高,在树立马克思主义唯物史观、牢牢把握正确舆论导向上有新的进展,在加强职业道德修养、树立良好社会形象上有新的成效。组织召开关于建设民族文化大区和自治区成立60周年献礼图书选题座谈会,有37种图书选题列入了自治区年度重点选题计划。在全区"五个一工程"工作会议上,通报、部署我区"五个一工程"图书出版工作情况、申报全国"五个一工程"图书选题《草原艺术论》。参与组织《葛尔乐朝克图全集》首发仪式和《蒙古民族通史》出版座谈会。

(包银山 吴秀华)

【思想政治工作】

开展典型宣传 成功地宣传全国重大典型牛玉儒同志先进事迹。组织牛玉儒同志先进事迹报告团,在全国、全区进行了巡回报告,引起了强烈反响。推出2002年和2003年的重大典型廷·巴特尔、乔玉芳先进事迹的后续宣传。向中宣部推荐农牧民致富典型廷·巴特尔、乔玉芳,参加中宣部组织的全国农牧民致富奔小康先进事迹报告团,其中乔玉芳入选,并在全国进行宣讲。制作电教片《草原之子—廷·巴特尔》。宣传内蒙古一机集团思想政治工作先进事迹。

认真开展"三下乡"活动 起草下发《全区2004年深入开展"三下乡"活动安排意见》。对近年全区"三下乡"活动进行总结,采取条块结合、基层推荐、领导小组审定的方式,表彰一批"三下乡"先进集体和先进个人。较好地完成全国第二批科普示范县检查评估工作。组织暑期大学生"三下乡"活动。

深入开展形势政策教育 继神舟五号返回舱展览和杨利伟事迹报告后,组织《天路行舟—来自中国载人航天发射场的报告》大型展览,进一步宣传航天事业的发展。下发庆祝建国55周年和纪念邓小平百年诞辰的大型宣传图片,下发关于加强宏观调控的形势教育图书和光盘等。

(王 良)

【精神文明建设】

加强和改进全区未成年人思想道德建设工作 下发《关于加强和改进未成年人思想道德建设的实施意见》,提出加强和改进未成年人思想道德建设的十项举措。自治区文明委印发《关于进一步加强和改进未成年人思想道德建设的目标任务分工》,进一步明确40多个职能部门的职责和任务;开展网吧专项整治活动,为未成年人净化成长环境;未成年人道德建设工作纳入各级党委、政府目标考核体系之中;编辑出版《加强和改进未成年人思想道德建设资料汇编》;举办全区未成年人思想道德建设培训班和知识竞赛活动。

成功召开全区两个文明建设经验交流会 自治区党委、政府确定2004年全区两个文明建设经验交流会在乌海市召开。自治区文明办先后三次赴乌海市进行督查各项"迎会"工作,就创建优美环境、优良秩序、优质服务、优化管理、优秀文化和提高市民文明素质、提高参观点质量、营造"迎会"氛围进行具体指导。9月如期召开全区两个文明建设经验交流会,储波书记、杨晶主席、陈光林副书记到会并做重要讲话。推出乌海市、呼和浩特市赛罕区、包头市九原区、赤峰市元宝山区及内蒙古交通厅等16个地区和单位两个文明建设先进典型;命名表彰183名全区精神文明建设先进工作者。

全面启动"北疆文明大通道"创建活动 下发《关于成立"北疆文明大通道"创建活动领导小组的通知》,创办《"北疆文明大通道"创建活动快讯》,交流各地创建活动的情况和经验;制定"北疆文明大通道"沿线苏木乡镇、嘎查村基本情况统计表,进一步明确任务,落实责任,各盟市制定贯彻意见和规划方案，举行启动仪式，加大宣传力度；对全区各盟市开展创建“北疆文明大通道”情况进行督查，各地结合实际，积极设计特色品牌活动，如巴彦淖尔市积极组织实施“河套文明长廊”创建活动，乌兰察布市精心设计“乌兰察布文明示范带”，包头市进一步抓好“百里文明长街”创建活动，扎兰屯市认真组织开展“塞外苏杭文明长廊”创建活动，乌兰浩特市积极创建“兴安千里文明大通道”等等，都取得明显成效。

不断深化“六进社区”创建活动　协调各盟市和自治区有关部门，在呼和浩特市回民区开展“六进社区”服务日启动仪式，并在新城区、赛罕区、玉泉区设立了分会场，其他盟市、旗县市区也举办“六进社区”服务日活动，各有关厅局向社区赠送活动设备、图书和宣教资料。组织“六进社区”文艺展演活动，与文化厅共同组织有关文化工作者审定社区文艺节目，评选出“六进社区”文艺展演节目金奖、银奖和铜奖，推出第三批全区创建文明社区示范点，表彰“六进社区”先进地区和先进个人。

深入开展文明行业创建活动　重点抓自治区交通行业、铁路行业创建文明行业活动。召开工作协调会，协调交通系统制定创建文明行业规划，落实任务，与创建“北疆文明大通道”结合起来，形成路上路下同创共建的良好局面，在全区两个文明建设经验交流会上，自治区交通行业重点介绍创建文明行业的经验。铁路系统在创建文明行业中，以打造诚信铁路为主题，开展了纠正行业不正之风的专项治理工作，激发行业主动创建的内在动力。

认真落实中央文明办实施的精神文明建设资助工程　承办华北地区“百县千乡宣传文化工程”第二期计划实施工作会，在兴安盟扎赉特旗召开了全区工作经验交流会，推广兴安盟扎赉特旗典型经验，审核上报2004年资助的10个宣传文化中心和10个宣传文化室，为受助地区争取到930多万元宣传文化事业建设经费。同时，为锡盟地震受灾地区向中央文明办争取到100万修建宣传文化建设的专项资金。“西部开发助学工程”工作主要对各类受助生和“宏志班”进行了专项调研，完善数据库，组织受助学生开展暑期活动，确定2004年受助大学生和“宏志班”受助中学生。

（高文鸿）

【对外宣传工作】

对外新闻宣传工作　与澳门莲花卫视联合拍摄制作《以市长的名义告诉世界》14集电视专题片，先后采访自治区和盟市领导专题片在澳门莲花卫视播出。在香港《大公报》开设“草原文化”专栏，编发专版5期，刊登储波书记、杨晶主席、陈光林副书记的专访文章。协调香港《文汇报》策划“走出沙尘暴”专栏，编发5期，集中刊发自治区党委、政府治理生态环境的决策、举措，各地治理沙化的做法、成效，各级领导和专家关于防沙、治沙、发展沙产业的对策性言论等。邀请香港《文汇报》记者来自治区采访，对全区经济建设、社会发展等各方面情况进行了大篇幅的系列报道，在海内外引起很大反响。组织邀请了蒙古国新闻采访团对全区进行为期11天的采访，是蒙古国记者团来自治区采访规模最大的一次。

政府新闻发布工作　下发《关于进一步加强和完善政府新闻发布工作的通知》（内外宣办发〔2004〕12号），使全区新闻发布工作步入规范化轨道。召开新闻发布工作通气会，传达中央领导同志关于新闻发布工作的指示精神，传达中央外宣办召开的全国部分省市区政府新闻发布工作座谈会精神，通报自治区政府新闻发布工作的进展情况、提出进一步加强新闻发布工作的要求。累计组织政府新闻发布会70场，2004年组织24场。

对外宣传品制作工作　编辑出版图书《中国·内蒙古自治区》、《西部大开发·内蒙古投资指南》（中英文对照）、《内蒙古旅游》、《内蒙古上市公司》等书；制作完成《俄罗斯人看中国》、《沙漠中的希望》两集（每集15分钟）电视专题片，先后在央视播出；制作反映草原文化的电视专题片《草原揽胜》（共6集），前三集正在进行后期编辑；摄制反映自治区实施西部大开发五年成就的电视专题片《走进前列不是梦》（5集150分钟）。编辑出版《内蒙古城市概览》（中英文对照）画册、《我们眼中的世界》一书、《内蒙古旅游风光》明信片；指导全区制作图书21.7万册（套）。

互联网新闻宣传和管理工作　切实加强对网站登载新闻的监看与管理，对有登载新闻资格的网站进行跟踪监审监看，积极引导网上舆论导向，及时向重点新闻网站和有关登载新闻的网站传达中央外宣办下发的“网上对外宣传提示”保证全区新闻网站和网络新闻发挥网上正确舆论导向作用。加强对全区互联网新闻宣传工作的指导力度，积极与自治区范围内新闻网、政务网、校园网、企业网取得联系，在沟通中引导各网站把握导向、趋利避害，为宣传内蒙古服务。加强网络新闻宣传信息报送制度建设，下发《关于报送网络新闻宣传信息的通知》，对各盟市、厅局及相关网站及时报送网络宣传信息提出要求。积极发挥网络管理为企业服务的作用，对网上恶意炒作伊利公司、蒙牛公司等不利信息积极化解，受到企业的好评。内蒙古新闻网按照“开通、完善、推广、拓展”的发展战略，相继开通7个盟市频道和1个厅局频道，先后开设“两个文明建设”、“民族文化大区”、“走出沙尘暴”等24个特色栏目开通，访问量达1 200多万人次，访问用户遍及全国各省市区及香港、台湾等地，还有日本、美国、加拿大等十几个国家和地区。英文频道业已试开通，从而更好地利用网络向全世界介绍、推荐内蒙古。

对外文化交流活动　2004年1月24日晚，全区首次在蒙古国首都乌兰巴托成功举办2004“彩虹”春节文艺晚会。这次活动是在全国驻蒙古国使馆倡导下，由中国驻蒙古国大使馆和蒙古国国家电视台主办，自治区党委外宣办、自治区广播电影电视局、自治区外办、内蒙古电视台共同承办。晚会开幕时,全国驻蒙古国大使高树茂出席晚会并发表热情洋溢的贺辞。蒙古国政府官员及各界代表,美国、俄罗斯等国驻蒙使节,全国留蒙学生代表,驻蒙企业人员代表及乌兰巴托市民1 400多人出席晚会。内蒙古电视台、蒙古国家电视台对晚会作现场录制,并在各自卫视频道滚动播出。

(乔三旺)

统　战

【中国共产党内蒙古自治区委员会统一战线工作部领导名录】

部　　长:伏来旺(蒙古族)

副 部 长:胡其图(蒙古族)

张树义(4月离任)

莫日根(蒙古族 12月离任)

马国祥(回族 4月)

施文学(蒙古族 4月任职)

助理巡视员:白玉金(满族)

成　功(蒙古族 9月离任)

和　光(满族)

【概况】 中国共产党内蒙古自治区委员会统一战线工作部机关行政编制49名,少数民族干部19人,妇女干部9人,大专以上学历45人。

【服务经济工作】

整合群团资源 形成整体合力 推动自治区民营企业与国内发达省区市的经济合作交流,会同有关单位顺利召开了"通辽、赤峰招商项目推介会",并在此基础上成功举办赤峰"2004年内蒙古民营企业项目合作洽谈会"。加强与港澳及国际的经济合作交流,先后组织自治区政府金融办、商务厅、海外联谊会、贸促会等部门领导和部分民营企业家赴香港参加内蒙古港澳台联谊会成立庆典并召开经贸洽谈会,组织部分有实力的、层次较高的民营企业家赴欧洲、蒙古国以及苏、浙、沪、粤、闽等国内先进地区进行经贸考察,参加在厦门召开的第八届中国投资贸易洽谈会。通过充分调动自治区工商联、台办、光彩会、台联、侨联、海联会、黄埔同学会等统战系统有关单位的积极性,形成合力、四面出动、内引外联,全年引进合作项目120个,项目投资总额约170亿元。

调动各方力量 积极为自治区经济建设建言献策 积极协助自治区各民主党派按照中央有关政策和党派中央要求,结合自治区实际,完成《内蒙古发展循环经济研究》、《遵循自然规律、走可持续发展道路》、《树立正确的中华民族历史观》、《发展农村职业教育、促进农村劳动力转移》等十余篇调查报告,为党委、政府和有关部门的决策提供重要依据。与此同时,协调自治区工商联配合自治区人大开展全区个体私营经济发展状况调查工作,按照全国工商联要求完成了2003年度《内蒙古民营经济发展分析报告》。

加强教育引导 促进非公经济人士健康成长 在自治区"两会"期间,召开参加"两会"的政协委员、人大代表中的非公有制经济代表人士座谈会,鼓励他们积极为自治区经济社会发展建言献策,知情出力。在全区非公有制经济人士中积极开展"优秀中国特色社会主义事业建设者"评选活动,自治区推选的2名优秀民营企业家受到中央统战部、全国工商联的表彰。召开内蒙古光彩事业促进会二届二次理事会议,调整、增补了部分理事,投身于"光彩事业"的非公有制经济人士队伍不断发展壮大。全年全区光彩事业投资项目为76个,投资总额145.86亿元,已到位资金86.06亿元,现已建成项目32个。民营企业兼并、收购国有企业4家,盘活资产3 300万元,安排就业人员6 582人,安排下岗职工16 902人。

【民族 宗教工作】

继续巩固民族工作成果 不断发展平等、团结、互助的社会主义民族关系 召开自治区民族工作协调领导小组第一次全体会议,分析研究解决民族工作中出现的新情况、新问题。与自治区人大民侨委、自治区民委、自治区政协民宗委联合举办民族区域自治法颁布实施20周年座谈会。会同自治区党委宣传部、自治区民委等部门在全区各族干部群众中继续广泛深入地开展马克思主义民族观、党的民族政策、民族团结进步的宣传教育工作,平等、团结、互助的社会主义民族关系得到巩固和发展。并通过举办各类培训班以及选派3名少数民族地厅级干部参加17期少数民族州长经济管理研讨班(香港),3名酒店经理参加广州中山大学酒店总经理培训班,协调有关部门共同选派33名同志到中央、国家机关和山东省、广州市挂职锻炼。

努力维护稳定 不断引导宗教与社会主义社会相适应 举办全区旗县区党政领导干部统一战线(宗教工作)研讨班,对全区宗教工作干部系统地进行宗教理论政策和法律法规的培训教育,提高了宗教工作干部队伍的素质和能力。结合爱国主义、社会主义教育工作,在全区宗教界人士和信教群众中继续广泛深入地开展了爱国主义教育活动。结合实际,分类指导,着力解决了宗教领域如乌兰活佛圆寂的相关工作等一些重点和难点问题。积极协助宗教团体加强自身建设,召开自治区佛教协会六届二次常务理事会议,选举产生自治区佛教协会代会长,并对全区50多名佛教教职人员进行了培训。同时,帮助解决伊斯兰教协会建设办公楼、佛教协会的办公地点的选取等一些实际困难。

进一步加强宗教工作机制和工作网络建设，起草自治区宗教工作责任制和责任追究制。指导各地逐步完善宗教工作联席会议制度，建立宗教工作领导体制、协调机制和应对涉及宗教突发事件的快速反应机制，健全完善县、乡、村三级宗教工作网络，并将宗教工作列入目标考核，使宗教工作逐步走上规范化、制度化的正常轨道。

【党外人才工作】

党外干部培养选拔　人才调研工作　认真贯彻落实全国培养选拔党外干部工作座谈会和全区党外干部工作会议精神，召开全区培养选拔党外干部工作座谈会，研究和部署当前和今后一个时期的主要工作。至目前全区已有800余名党外干部担任副处级以上领导职务，同时，统战部还建立了1 000余人的党外代表人物名单及相应的《人才信息库》，使全区党外干部工作走在全国少数民族地区的前列。认真贯彻落实全区人才工作会议精神，起草下发了《关于进一步加强党外人才队伍建设的意见》、《自治区党委组织部、统战部关于进一步加强培养选拔党外干部工作的意见》。会同有关部门组成党外人才工作调研课题组，牵头负责对自治区充分开发和利用党外人才资源问题进行了全面深入系统的调查研究。

党外知识分子工作　认真做好高校、科研院所党外知识分子工作，召开了高校、科研院所统战工作座谈会，并协助中央统战部在自治区召开全国部分省市高校统战工作研讨会。进一步完善党政领导干部联系党外知识分子制度，完成自治区审计厅和自治区检察院特约人员换届及重新聘任工作。认真做好国企党外知识分子工作，在全区国企统战工作联系会员中深入开展“爱企业、献良策、做贡献”活动。积极开展留学人员工作，会同有关部门召开留学人员为内蒙古服务座谈会。

协助民主党派加强自身建设　全年通过举办地市级党派主委、副主委、工商联会长“三个代表”重要思想轮训班和民主党派中青年干部进修班以及召开3次党外人士情况通报会、6次民主党派双月座谈会和7次学习座谈会，进一步提高了各民主党派广大成员对中国共产党领导的多党合作和政治协商制度的认识，增强了各民主党派接受共产党领导的自觉性和坚定性；积极协助民主党派加强组织建设。协助民进、九三学社完成把党外部分高素质的干部引进民主党派的工作。同时，按照中央统战部有关文件精神制订《关于对我区盟改市地区民主党派建立市委会工作的初步意见》；坚持为民主党派办实事、办好事，更换办公用车，改善机关办公条件，并圆满解决了民主党派机关办公大楼部分出租房屋的遗留问题。

【自身建设】

统战干部队伍建设　认真组织开展“执政为民，加快发展”培训教育活动，积极指导包头市委统战部“树统战干部形象、建党外人士之家”的试点工作，并结合“树组工干部形象”活动，认真开展“创建文明机关，当好人民公仆”和“争当文明处室，做党外人士挚友”的文明创建活动。全年组织召开部长办公会议11次，中心组学习研讨12天以上，全体干部大会18次，撰写论文40余篇。同时，积极组织社会力量参与中央统战部统战理论研究课题竞标及研究，组织各盟市及有关单位完成统战理论研究成果201篇，其中3篇获中央统战部颁发的“全国统战理论研究优秀成果”二、三等奖和优秀奖，38篇获“全区统战理论研究优秀成果”一、二、三等奖。全年举办两期统战干部理论研究班和一期旗县委分管书记统一战线理论研究班，并选派10名机关干部参加各种培训班。并积极开展基层党组织整顿活动，组织学习两个《条例》及观看录像和话剧等活动，完成了综合治理、“四五”普法的年度工作任务，修订健全部机关14项工作制度，推动统战部门的组织建设和制度建设。会同工商联和社院加大对锡盟苏尼特左旗赛汉高毕苏木萨如拉登吉嘎查的帮扶力度。全年投入助学扶贫资金1.1万元，及时解决贫困学生的学费。此外，还投入3万元资金用于苏尼特右旗牧民搬迁及基础设施的建设，组织全体干部职工捐赠衣物168件。认真做好信访工作，积极为党外人士排忧解难。全年共处理接待各类来信来访110余人（次），做到件件有着落，事事有反馈。

统战宣传　召开全区统战刊物宣传工作座谈会、统战宣传工作协调会，为做好统战刊物宣传工作奠定了基础；集中发挥统一战线网站、刊物、信息等媒体优势，统一战线宣传阵地不断扩大。全年被省以上报刊杂志采用的新闻稿件达92篇，编发各类信息刊物178期，编发网站各类信息410条。并举办全区统战系统第一期信息员培训班，会同自治区党委宣传部、外宣办出台《关于加强中国共产党领导的多党合作和政治协商制度宣传的意见》。

（贺建忠）

社会主义学院

【内蒙古社会主义学院领导名录】

党组书记：刘志军

院长
党组副书记：斯热文（达斡尔族）

副院长：钱灵犀（社会学教授）

副院长
党组成员：乌力吉巴雅尔（蒙古族）

【概况】　内蒙古社会主义学院是内蒙古自治区民主党派、无党派人士的联合党校，是具有统一战线性质的高等政治学院。学院设有办公室、教务处、教研室、总务处、学报编辑部和党总支等6个处室。在校教职工46人,其中专任教师6名。专业人员有教授1名、副教授4名、讲师1名;副编审1名、翻译1名、副主任医师2名、副研究馆员1名、馆员1名、工程师2名、助理馆员1名、助理美术编辑1名。聘请兼职客座教授9名。

【培训工作】 2004年,遵照中共中央统战部关于加强统一战线人才培养的精神和自治区党委统战部年度培训计划,加大培训工作力度,共举办各类培训班15期,培训学员625人。这是社会主义学院复办以来培训人数最多、办班时间最长、授课内容最全面、培训效果最明显、社会影响最广泛的一年。

【教学科研】 内蒙古社会主义学院教师完成《内蒙古社会主义学院讲稿论文集》的初稿写作工作和《统一战线面面观》一书,并准备出版,刻录光盘400余张。《内蒙古统战理论研究》杂志汉文版出版6期,《准格尔旗专辑》一期,征订数量达到4 403份,蒙文版出版2期,征订数量522份。

【公共服务体系与基础设施】 是年,在财政的大力支持下,建起两个投影教室、一个多媒体计算机教室和办公局域网,在中央社会主义学院建立了本院的网页,拓宽与中央社院、自治区党委、政府及兄弟社院的交流渠道。

【重要活动】

8月12~13日,全国社会主义学院工作会议精神贯彻落实情况交流调研会在社会主义学院召开。来自中央社会主义学院及北京、天津、河北、河南、辽宁、吉林、黑龙江、沈阳、大连、长春、哈尔滨、济南、青岛等16个省市的统战部和社院的领导36人参加会议,自治区党委常委、统战部部长伏来旺出席会议并致辞,中央社会主义学院党组副书记、常务副院长朱晓明,中央统战部干部局副局长陈征然在会上作重要讲话。

8月12日,由中国海协会、中央社会主义学院联合举办的"2004年暑假台湾青年学生中华文化研习营"来到内蒙古自治区,受中央社会主义学院委托,内蒙古社会主义学院负责研习营在内蒙古各项活动的组织安排。

(孙树红 张建虎)

政策研究

【中国共产党内蒙古自治区委员会政策研究室领导名录】

主　任:布和朝鲁(蒙古族)

副主任:梁文清(9月任职)

张太平

徐党荣

研究员:周　亮

特木勒(蒙古族)

赵　升(2月任职)

【概况】 内蒙古自治区党委政策研究室是为自治区党委决策服务的综合性研究部门。机关行政编制40人,全部为大专以上学历,其中研究生9人,有少数民族干部10人、妇女干部7人。全面落实自治区党委第63次常委会对政研室工作的重要指示,紧紧围绕自治区党委的中心工作,以文稿服务为重点,以制度、机制创新为动力,切实加强"三型"机关建设,圆满完成各项工作任务。

【文稿服务】 起草了储波书记在自治区党委七届六次全委会上的讲话,在全区经济工作会议讲话"关于今年以来的经济形势"、"关于明年经济工作"两部分,在中央召开的河南座谈会上《关于民主、民族、人民内部矛盾问题》的发言和关于省区市领导班子组织建设有关问题的发言提纲。储波书记批示"政研室近期几篇材料水平都较高,说明政研室在加强自身建设,提高理论与写作水平上有成效。"另外,为自治区政府主席杨晶、党委副书记陈光林、杨利民等10多位党政领导起草讲话、发言和署名文章等,共36篇。

【文件起草】 主持起草《内蒙古党委、政府关于推进信息化的决定》(内党发〔2004〕2号),这是少数民族自治区中最早出台的关于信息化工作的政策性文件,为全区信息化带动工业化发展奠定基础。主持起草《内蒙古党委、政府关于贯彻〈中共中央、国务院关于进一步加强人才工作的决定〉的意见》(内党发〔2004〕8号),为自治区实施人才强区战略提供政策依据。还起草《自治区党委、政府领导同志2004年重点课题调研工作实施方案》(内党办发〔2004〕12号)、自治区党委七届六次全委会公报等文件。

【重点课题调研服务】 组织召开全区调查研究工作联席会议,印发《自治区党委、政府领导同志2004年重点课题调研工作实施方案》,召开协调会议,明确牵头和参与重点课题的联络人、协调人和具体承办人,加强督促检查和信息沟通,重点课题调研工作圆满完成。其中政研室牵头完成的有4个课题、参与的有8个课题。

【决策建议】 全年上报《决策参阅》35期,储波书记、杨晶主席等党政领导对20篇作重要批示,批示率为57.1%,其中储波书记批示的有7期。批示文稿中,农牧业、农牧民收入、扶贫工作的有4篇,科技教育卫生、党建人才工作的各3篇,发展区域经济、能源基础建设、社会稳定、产业化方面的各2篇，执政能力建设、社会保障方面的各1篇。

【调查研究】 政研室主要领导陪同自治区党委书记储波深入包头、鄂尔多斯等地进行调研，陪同中央政研室两位副主任分别到锡盟、乌兰察布市、赤峰市等地调研围封转移战略实施和京津风沙源治理等情况，与自治区信息办、气象局负责人一起赴安徽、贵州等四省调研农村信息化情况，赴阿盟、乌海等地调研"小三角"发展情况，分别形成调研报告。其他领导和业务处负责同志分别陪同中央农村工作领导小组徐有芳副组长和自治区有关领导及亚行代表到区内7个盟市调研，形成研究报告。

【合作研究】 与中央政研室合作完成重点课题《内蒙古牧区围封转移战略研究》，与国务院发展研究中心合作开展包头市"十一五"规划研究，与自治区财政厅一同争取亚行技术援助项目—《内蒙古国家战略能源基地建设研究》取得成果。提高调查研究的层次和水平。

【专报材料】 围绕加强党的执政能力建设、保持经济较长快速发展期、加强内蒙古国家战略能源基地建设、振兴东四盟市工业经济等方面的问题，以自治区党委、政府和有关领导名义调研起草专报中央、国务院有关部委材料35份；起草向自治区党委、政府和有关领导专报材料30份，向其他部门专报材料18份。

【其他工作】 办好《内蒙古工作》，完善刊物管理制度，提高刊物特色和质量。成立内蒙古科学发展研究院，与内蒙古新闻中心联合举办"2004环渤海经济区—内蒙古与北京总部经济论坛"，引起社会关注。完成中央固定观察点办公室下达的农村种植定向和农村牧区劳动力流转两次专项调查以及牧户、牧区调查表的设计和指标体系设置等任务。

【学习培训】 年初印发《政研室中心组2004年学习安排意见》，包含21个方面的重要内容。对中央和自治区党委的重大决策部署先学一步，把贯彻"三个代表"重要思想活动引向深入。狠抓提高写作能力的业务训练，七届六次全委会和全区经济工作会议后，主要领导以文稿起草过程为案例，亲自作分析辅导，增强学习的针对性和效果，储波书记对此做法给予高度评价。抓好中心组、各处室（支部）和个人三个层面的学习互动，做到有计划、有主题、有讨论、有记录、有考勤。派出8名厅处级干部到内蒙古党校和直属机关工委党校培训，多次到区外参加有关学术会议和调研。

【机关党建】 制定实施《内蒙古党委政研室创建党建工作先进室的意见》。党总支改建为机关党委，配齐专兼职党务干部。成立战略处党支部，办公室、老干部党支部改选书记。积极开展"五个好"党支部创建活动。机关作风建设，要求干部调研不搞形式，文稿不讲空话，言行注意形象。开展向牛玉儒等先进人物学习活动，在杨利民副书记的带领下，到乌兰夫纪念馆参观"毛泽东遗物展"。"创文明机关、当人民公仆"活动取得实效。

【教育培训】 制定《政研室开展"执政为民、加快发展"培训教育活动方案》，围绕"牢固树立科学发展观、人才观和正确的政绩观，进一步增强机关干部执政为民、加快发展的意识"和"结合政研室工作实际贯彻执政为民、加快发展的要求"两个主题，开展研讨。印发《政研室深入学习党的十六届四中全会精神，进一步开展"执政为民、加快发展"活动的安排意见》，坚持把"执政为民、加快发展"的理念落实到履行职能职责上，体现到抓业务、带队伍和制度的完善与措施的落实上。

【帮扶工作】 引导帮扶点锡盟萨茹拉图亚嘎查牧民建立股份合作社，形成大户带小户、"利益联结、股份合作"的扶贫开发新机制。设法筹措资金30余万元，打机电井两眼，开辟青贮饲料基地200亩，埋设下水管道200米，收获青贮玉米90余万斤。为牧民合作社新建暖棚4间，购买基础母羊100只。为20户贫困户送去白面、炒米、奶粉等食品。机关全体同志为帮扶点贫困学生捐款5 000元，解决贫困学生上学问题。

【干部队伍建设】 坚决执行《党政领导干部选拔任用工作条例》、《内蒙古自治区2004年干部制度改革工作安排》及《关于对贯彻落实深化干部人事制度改革纲要情况进行检查的通知》，干部任用严格按照组织程序办事。2月，提拔副厅级研究员1名，1名处长提拔到自治区人大任职；3月，对办公室、城市经济研究处、政治文化研究处、经济社会发展战略研究处4个处长职位实行竞争上岗；12月，用差额选举方式选出机关党委组成人员，提拔、调整7名处级干部，反响较好。

（余占光）

机关党建

【中共内蒙古自治区直属机关工作委员会领导名录】

书　　记：任亚平

副 书 记：曹树山

格根其其格（女 蒙古族）

叶占魁

李　华（女）

关　英（蒙古族）

巡 视 员：柳华民

助理巡视员：翟太平

【概况】 内蒙古自治区直属机关工委现有行政编制44名,事业编制16名。现有内部机构8个:纪工委、办公室、组织部、宣传部、研究室、工会工委(妇工委)、团工委、机关党委;事业机构2个:工委党校(处级)、机关事物服务中心(科级)。现有机关工作人员42名,事业单位工作人员13名,其中处级干部26名。有离退休人员25名。党的关系隶属工委的部门和单位99个,共有党员37 274人,有基层党组织2 510个,其中党委207个,党总支139个,党支部2 164个。

【思想政治建设】 2004年,区直机关114个单位广泛开展"执政为民、加快发展"培训教育活动。工委把此项活动作为深入学习贯彻"三个代表"重要思想的重要举措,按照"抓住重点、带动全面、分类指导、适当留有工作空间"的方法,继续推动理论武装工作向深度和广度拓展,切实抓好组织指导、综合协调、督促检查、总结交流等工作。开展培训教育活动的各部门、各单位结合各自的实际,采取多种形式,大力培训干部职工,深入查找存在的突出问题,认真进行整改。区直机关共培训干部职工1.5万多人次,征求到意见和建议2 185条,新制定整改措施和便民利民措施1 975条。减少或下放审批项目权限220多项,减少收费项目90多项。各单位抓住群众反映强烈的热点、难点问题,共为民办实事办好事8 200多件。通过培训教育活动,立党为公、执政为民这个本质要求和加快发展的观念得到进一步贯彻落实。

【基层组织建设】 认真贯彻落实《中国共产党党和国家机关基层组织工作条例》和自治区党委的《实施办法》,制定《区直机关部门党组(党委)主要负责同志带头抓党建的若干意见》,并经自治区党委办公厅批转实施。工作中采取党组书记谈党建、分管领导汇报党建、专职书记研讨党建、党务干部座谈交流党建等形式,强化主要领导带头抓党建的责任,推动了《若干意见》的贯彻落实。区直机关广泛开展创建党建工作先进厅局(单位)活动,进一步规范机关党的建设,较普遍地形成一把手亲自部署党建工作、亲自听取党建汇报、亲自参加党建活动的局面。许多厅局把理论水平高、工作能力强、群众基础好的干部安排到机关党委专职副书记岗位,配齐配强机关党委工作人员,在办公条件、活动经费等方面给以大力支持。加强分类指导,召开企业党建工作现场交流会,推广大唐托电公司等一些企业单位抓党建的典型经验。主要领导带头抓党建责任制的落实,推进党支部的规范化建设和党员教育管理工作。

【党风廉政建设】 研究制定贯彻落实《党内监督条例》实施意见,组织召开学习《党内监督条例》和《党纪处分条例》座谈会、报告会。开展党内法规知识测试和纪检业务知识考试,认真抓好警示教育和行风测评活动。各单位采取中心组学习、上党课、办班轮训、专题辅导等形式,不断把两个《条例》的学习贯彻引向深入。严格查办案件,提高办案质量。2004年区直机关共受理来信来访举报117件,其中初核39件,立案查处5件,给予9名处级干部党纪政纪处分。

【精神文明建设】 认真贯彻落实《公民道德建设实施纲要》,以弘扬民族精神为主线,切实加强干部职工的思想道德建设。组织开展向郑培民、任长霞、牛玉儒等先进人物学习活动。进一步规范"文明机关(单位)"创建内容,开展创建活动,对管理范围内的"文明机关(单位)"进行全面复查验收。认真抓好普法依法治理工作,开展区直机关"四五"普法知识考试和"12·4"法制宣传日活动。加强对区直机关邪教组织"法轮功"练习者的教育转化和防范工作。

【群团组织工作】 工会组织深入贯彻《工会法》、《工会章程》和总工会八大精神,开展各项寓教于乐的文艺汇演、文体活动、评比表彰活动和送温暖、疗养活动,丰富机关文化生活,维护干部职工的合法权益。共青团组织不断推进青年志愿者、青年文明号创建活动。加强未成年人思想道德建设,积极开展社会服务活动。加强对区直机关青联工作的领导和指导,拓宽工作领域。妇女组织积极交流妇女工作经验,开展评先创优、知识竞赛活动,关爱妇女身心健康。

【区直机关帮扶工作】 各单位高度重视帮扶锡林郭勒盟实施"围封转移"工作,主要采取六项措施真帮真扶,帮关键扶根本。①突出重点,因地制宜,科学规划;②注重效益,立足长远,创新帮扶机制;③在转变农牧民思想观念、提高农牧民科技文化素质上加大工作力度;④充分发挥部门优势,延伸帮扶内容,从多种角度开展工作;⑤抓典型树样板,使帮扶项目在规范性、制度化建设上更趋完善;⑥强化基层组织建设,留下不走的工作队伍。全年区直144个单位帮扶锡林郭勒盟6个旗市103个嘎查(村),共投入资金3 846万多元。通过三年的帮扶工作,总体任务已完成60%~80%。加强帮扶旗市的基础设施和草原生态建设,推进农村牧区产业结构和牲畜结构的调整。被帮扶嘎查(村)的生产生活条件明显改善,有力地促进畜牧业生产经营方式的转变。农牧民收入稳步提高,6个旗市贫困农牧民从帮扶前人均年收入783元,增加到人均年收入1 076元。2004年脱贫1 145户4 603人,占当年贫困人口的47.59%,三年累计脱贫达到71.33%。

【工委指导盟市机关党建工作】 对盟市机关党建工作指导关系明确后,工委重视加强区直机关和盟市机关党建工作的联系和交流。召开盟市机关工(党)委书记座谈会,学习贯彻自治区党委第56次常委会议精神和储波书记、杨利民副书记、任亚平秘书长关于加强机关党建工作的意见和要求,座谈交流、研究探讨推进工作的思路和举措。研究制定《关于加强对盟市机关工(党)委工作的指导意见》,并经自治区党委办公厅批转实施,进一步明确指导的内容、要求和方法。组织盟市机关工(党)委书记外出学习考察,更新思想观念,拓宽工作思路。深入盟市机关党组织调查研究,进行具体指导。通过文件、刊物、简报等加强日常工作的交流,主动搭建相互学习、共同提高、整体推进的平台。总结推广一些盟市机关党建工作的好经验好做法。

(李鹏程)

档 案

【内蒙古自治区档案局领导名录】

局 长:张佃敏

副局长:李晓峰

杨 勇

丁 丁(达斡尔族)

朝 克(蒙古族 4月任职)

【概况】 内蒙古自治区档案局馆内设11个处级机构,即办公室、人事教育处(机关党委)、法规处、档案馆室业务监督指导处、经济档案业务监督指导处、收集整理部、蒙文档案部、科技部、保管利用部、编目编研部、乌兰夫研究会办公室;下设2个处级事业单位,即档案干部培训中心、机关事务服务中心。事业编制135名,实有133人,包括参照公务员管理29名。其中:男79人,女54人;汉族89人,蒙古族39人,其他少数民族5人;大学本科及以上62人,大学专科58人,中专及高中11人,初中以下2人;专业技术人员91人,业务人员中评定职称的87人,其中高级职称30人、中级职称37人、初级职称13人、其他7人。

【档案督查 法制宣传】 2004年11月,由自治区人大教科文卫委与档案局联合组成的执法调研组,分东、中、西三个组,对12盟市、2个单列市、24旗县区贯彻落实《档案法》、《自治区档案条例》,特别是对贯彻落实厅发15号文件进行调研和督查。这次调研幅射面广,力度大,解决问题最实际。主要调研和督查各盟市贯彻落实15号文件不彻底、不到位的地区。通过调研督查,一些贯彻情况较好的盟市又提出了进一步深入落实的意见,而一些贯彻落实不尽人意的地区提出了下一步落实的具体措施。据不完全统计,全区有12个盟市70多个旗县(区)已落实档案人员岗位津贴,有10个盟市40多个旗县(区)不同程度地落实了档案保护费。全区盟市旗县档案馆库新建、改建、调整档案馆12个,在建档案馆10个,还有48个档案馆列入当地政府建设规划之中。

《内蒙古自治区苏木、乡镇档案管理办法》经自治区人民政府常务会议通过,正式发布施行。为贯彻实施《行政许可法》,全区各级档案行政管理部门把档案行政执法检查纳入制度化、经常化和规范化的轨道,强化监督与指导职能,依法保障各地区档案事业的健康发展。

加大档案违法案件的查处,自治区档案局对包头市石拐一煤矿档案被盗和呼和浩特市赛罕区工商分局丢失房改档案的档案违法案件,责成有关单位进行调查和处理。鄂尔多斯市鄂托克旗档案局会同旗人大法工委、政府法治办、监察局、司法局在执法检查苏木乡镇和旗直单位中,发现利仁大药店(原鄂旗医药公司)在企业转制后,擅自损毁、丢失财务档案1 157卷,对利仁大药店行政处罚5 000元,并在全旗通报批评。

自治区档案局在举办全区档案法律、法规及档案业务知识竞赛,收回答卷7 600多份,评出6个集体组织奖、5名一等奖、10名二等奖、20名三等奖、100名优秀奖。在内蒙古电视台、内蒙古人民广播电台、《中国档案》、《中国档案报》、《内蒙古日报》等专业、综合报刊、新闻媒体上刊登档案宣传文章101篇;自治区档案局在《内蒙古日报》上开办"档案与文化大区建设"专栏。与中央电视台等单位联合制作反映自治区老一辈革命家革命事迹的15集电视系列专题片《一代英豪》。

【档案资源建设与基础业务】 全区各级档案馆积极拓宽档案资料征集渠道,主动在丰富馆藏,改善馆藏结构,充实一批反映时代精神和历史价值的档案,为档案工作满足经济社会全面发展的需求奠定更加坚实的基础。自治区档案馆还把档案征集工作向国外延伸,派员赴蒙古国征集档案,开创自治区到国外征集档案的先河。征集到的档案包括内蒙古大盛魁商号等企业档案;蒙古人民共和国党务学校中内蒙古学员名册;著名国民党将领冯玉祥的档案;中国清政府在蒙古设置驻蒙古大臣奏折以及内蒙古自治区成立10周年的电影记录片等共828件。组建内蒙古档案学会北京名人档案分会;对列入名人档案建档范围的29位人士的情况进行了解,走访杨鲁安、龙梅、玉荣等知名人士。

召开乌兰夫研究会第二次代表大会,陈光林、张国民、尤仁、连辑等自治区领导出席会议,会议总结研究会成立以来的工作,明确今后工作的方向,通过了研究会新一届领导班子,并对会章进行修改,《乌兰夫研究专刊》复刊。

全区各级档案馆开展专项接收工作。为齐全、完整地征集牛玉儒档案资料,内蒙古党委办公厅及呼市市委办公厅、政府办公厅下发"关于征集牛玉儒同志档案资料的通知"。针对重大活动、名人档案,企业破产、转制档案征集接收工作,自治区档案馆配合自治区三大流通集团转制、破产工作,整理、接收三大流通集团所属71家企业的8.8万卷档案,这些档案大部分移交进馆,确保三大流通集团转制、破产企业档案的完整与安全。呼和浩特市档案局还举办"接收刘振雄藏品捐赠仪式暨藏品展览"活动。呼和浩特市财政增拨100万元,用于土左默特左旗历史档案的抢救工作。包头市档案馆首次开展有偿寄存档案工作,制定《包头市档案馆档案寄存管理办法》,已为市公安局、人寿保险公司、一家私营企业寄存档案22 500卷。通辽市档案局举办全市首次档案捐赠仪式,有31位在职和离职领导和知名人士捐赠了档案。鄂尔多斯市档案馆征集名人、名产、名胜等特色及重大活动档案3万多件,照片1.5万余张。针对高致病性禽流感疫情,各地主动与禽流感办公室联合,提前介入禽流感档案的整理、收集工作。

【档案服务】 继续加强现行文件服务中心建设,为依法行政、政务公开、保障人民群众的知情权服务。在自治区检察院召开自治区直属机关现行文件中心座谈会。自治区检察院建立现行文件中心,是自治区机关单位首家建立的。全区12个盟市均已建成了现行文件服务中心,加大现行文件资料收集。

加大社区档案工作力度,在社区档案工作开展比较好的通辽市召开社区档案工作现场会。全区城市社区2 205个,建档1 530个,建档率69.83%,社区保管档案数量近44万卷(件),社区共有专兼职档案人员1 681人。社区档案为下岗职工和失业人员,为落实社会保障,推荐安置下岗职工和失业人员,帮助群众排忧解难,社会综合治理,稳定社会服务效果明显。

强化农牧业和农村、牧区档案工作。在鄂尔多斯市巴拉贡镇召开全区农牧业、农村牧区档案工作现场会,交流全区档案部门为"三农"服务的经验,部署今后农牧业和农村牧区档案工作的任务。档案部门在开发农牧业农村牧区档案信息资源为"三农"服务,推进村级建档,完善农村牧区档案管理,结合农村实际创新服务形式等方面取得显著成效。全区1 233个苏木、乡镇,全部建立综合档案室或联合档案室,嘎查、村建档率达90%。

深化信用档案工作。全区有500多家企业、中介机构、市场管理部门建立信用档案。经主动争取,自治区人民政府确立自治区档案局采集信用信息、自治区经济信息中心处理信用信息、自治区信用体系建设领导小组发布信用信息的征集系统。完成《省级信用档案建立模式研究》、《WTO环境下内蒙古信用档案建设研究》。自治区档案研究所承建的"内蒙古信用档案信息网"开始试运行,录入各类信用信息200余万字,涉及190个行政、事业和企业单位。介绍自治区机关、事业单位、企业信用情况的《内蒙古信用档案》。

【档案信息化 档案科技工作】 为推动全区档案信息工作的发展,召开全区档案信息化建设座谈会。进一步完善"内蒙古档案信息网"建设,增加网页内容。全区已有10个盟市、旗县档案馆建立了档案信息网站。下发《内蒙古档案信息化建设实施方案》,加强对盟市、旗县档案馆进行数字化建设的指导。对53家党政机关、企业、科技事业单位电子文件归档工作进行调研。

下发《内蒙古档案科技项目选题指南》;《中德电子文件比较研究》被国家档案局立项;《蒙古文主题词表》、《中国北方地区档案防尘研究》2项科研项目基本完成,进入鉴定评审阶段。根据自治区档案局《关于对优秀档案科研成果进行奖励的通知》及《内蒙古自治区档案优秀科技成果奖励办法》,开展全区档案优秀科研成果评奖活动,评出二等奖1个、三等奖4个、优秀奖2个,一等奖空缺。"归档文件编号机"推广销售工作势头良好。

【机关及经济科技档案】 全区有15家企业、科技事业单位档案管理晋升国家二级,7个单位达到利用服务优秀级,2个档案馆达到目标管理一级以上等级。为保证重点建设项目档案工作与建设项目同步发展,对大唐托克托发电公司三期扩建工程、准格尔能源公司矸石发电厂,乌海海吉氯碱化股份有限公司及呼集高速公路项目档案工作进行监督指导。对长庆气田至呼和浩特天然气输气管道工程竣工档案验收。与呼市档案局共同对呼市地区部分民营企业档案管理情况进行调研。

【档案教育工作】 自学考试档案专业本、专科段的助学辅导及助学管理稳步进行,本科段在籍考生近300人,专科段在籍考生350余人。全区有1 600余人参加首次档案人员基础知识与基本技能考试;继续教育培训500余人;岗位培训800余人。以档案工作为重点,及时调整培训内容,按需施教。分期分批对各盟市、旗县档案局馆的主要负责人进行轮训,首期培训100多人。同时,举办"社区档案管理培训班"、"企业档案管理培训班"、"重点工程项目档案管理培训班"、"电子政务及文档一体化管理培训班"、"交通系统档案业务培训班",培训学员330余人次。随着档案教育工作的深入开展,档案教育工作步入良性循环轨道。

【档案工作对外合作与交流】 加强与蒙古国国家档案局之间的业务合作与交流,根据双方签订的合作协议,自治区档案局派人赴蒙古国征集了珍贵历史档案,这是自治区档案馆与蒙古国在档案征集上的首次成功合作;自治区档案馆与中国第一历史档案馆、内蒙古大学蒙古学研究中心合作编辑的《清初内庭珍藏蒙古文档案汇编》(三、四辑);与陕西政务通文化科技有限公司签订合作出版《地方政府文件汇编(数据库)》光盘的合同;与中国第一历史档案馆合作出版《清代绥远奏议》也已达成初步意向。参加华北地区第三届断案学会档案学术讨论会，报送论文30篇。加强与全国各地档案部门的联系，接待了北京、山西、宁夏等省市区档案界同行。

【《档案志》评审会】 11月11日，《内蒙古自治区志·档案志》（稿）评审会在呼和浩特召开。自治区人民政府办公厅、自治区档案局、自治区地方志办公室的领导及评审人员、编纂人员出席会议。

（杨小蕾）

党 校

【中国共产党内蒙古自治区委员会党校 内蒙古自治区行政学院领导名录】

党校校长：杨利民（兼）

党校常务副校长
行政学院常务副院长：夏连仲（12月离任）
刘建明（12月任职）

党校副校长：额尔敦（蒙古族）
芮俊良
部良
吕广明
金瑞

助理巡视员：李焕魁

【概况】 2001年经自治区编委批准全校内设23个处级机构，其中，行政管理处室11个：办公室、组织人事处、机关党委、教务处、科研处、总务处、财务处、学员部、公务员培训部、函授部（函授学院）、离退休人员管理处；按事业序列管理的教学教辅科研机构11个：哲学、经济学、政治学、党史党建、行政管理学、民族理论、法学、基础课教研部、编辑部、图书馆、电教中心；后勤服务中心1个；另有3个全区性的研究所，即马列主义、毛泽东思想研究所、马克思主义民族理论和党的民族政策研究所、法学研究所，分别挂靠哲学教研部、民族理论教研部和法学教研部。

全校（院）定编358人，其中行政人员88人、事业人员和工勤人员270人。现有在编人数302人，其中，教研人员89人，行政人员86人，教辅人员46人，工人71人。事业系列人员中，正高级职称16人，副高级职称41人，中级职称47人，初级职称13人。

【党校工作】 5月14日，自治区党委副书记、党校校长杨利民主持召开校委会，专题研究党校教学工作。自治区党校全体校委委员参加会议。常务副校长夏连仲同志汇报近年自治区党校深化教学改革所作的工作，校委委员分别发言。杨利民肯定党校近年干部教育培训工作取得的成绩，并就适应新形势新任务努力提高党校教学质量和办学水平提出具体意见。

为适应干部教育形势任务发展变化的需要，贯彻落实自治区党委副书记、党校校长杨利民5月14日在校委会上的讲话精神，校（院）集中利用6、7月份开展以“进一步强化中心意识，深化教学改革，提高教学质量”为主题的学习讨论活动。

【教学工作】 2004年校（院）共举办各类干部进修班、培训班、专题研讨班和研究生班44个班次，培训学员2 505人。其中党校举办的有盟市厅局级领导干部进修班、处级干部进修班、旗县长、苏木乡镇党委书记进修班、中青年干部培训班、党外副旗县长培训班、选调大学生岗前培训班、全区旗县党政领导干部统一战线（宗教工作）专题研讨班，以及组织部人才工作暨树组工干部形象、包头九原区基层党校教师理论骨干和政工干部、航天集团企业经营管理者等部门委托办班共计31个班次，培训学员1 566人，党校在职研究生班9个，培训学员753人。行政学院举办区直和盟市机关处级公务员任职暨更新知识培训班4个，培训学员186人。函授学院开设行政管理、经济管理、法律专业的大专班和本科班，全区共录取新生17 718人，毕业17 482人，新录取中央党校函授学院在职研究生95人。

2月2日至28日，自治区党校举办盟市厅局主要领导干部专题研讨班。自治区党委副书记、党校校长杨利民在开班式上讲话，中央党校教授周天勇、国家行政学院教授吴江、国家人事部中国人事科学研究院院长王通讯、中国人民大学教授杨瑞龙、自治区副主席余德辉、国务院发展研究中心金融研究所副所长巴曙松先后就树立科学的发展观、正确的政绩观、科学的人才观、股份制与建立现代产权制度、外经外贸的发展、金融改革等方面的问题作专题报告，104名来自全区各盟市厅局、高等院校、大型企业的厅局级主要领导干部参加研讨。28日下午，自治区党委书记储波、自治区党委副书记、政府主席杨晶与研讨班全体学员进行座谈。

【科研工作】 是年获准立项国家社科基金课题8项，其中国家社科基金规划项目3项，国家社科基金专项资助西部地区研究项目3项，国家社科基金重大委托项目子课题2项，立项数量在全国省级党校、行政学院中排第二位，在西部地区党校、行政学院中名列第一。年内获准立项省部级课题14项，其中自治区社科规划课题6项，自治区党委宣传部组织的全区重大理论课题5项，自治区党委组织部研究课题2项，国家行政学院系统课题1项。自治区规划课题立项，连续3年在自治区各申报单位中居首位。随课题立项,年内共引进项目资金49.2万元,比2003年增加21.8万元,创校(院)成立以来新高。组织召开"全区党校、行政学院系统纪念邓小平诞辰100周年理论研讨会"。组织教研人员撰写文章参加中宣部等七部委、中央党校、国家行政学院和自治区党委宣传部等部门组织的纪念邓小平诞辰100周年理论研讨会。自治区行政学院获全国行政学院系统首届优秀科研工作组织奖,有2位同志分获全国党校系统和全国行政学院系统优秀科研管理工作者奖,7项成果分获全国党校系统和全国行政学院系统优秀科研成果奖。

【基本建设及信息化建设】 完成读书楼、学员餐厅和校(院)大门的装修改造工程,通过积极争取使学员楼建设项目得以立项。利用世界银行贷款项目建设的"中国内蒙古全球远程发展学习网络中心"建成并投入使用,装备有120英寸超大屏幕投影系统、远程电视会议系统、同声传译系统、手提电脑学习平台的远程教室,同时可供80人实时收看"世界银行培训学院"、"北京中心"和各兄弟中心开设的培训课程,提高校(院)干部教育培训工作的信息化水平。

【基层党建及群众团体工作】 3月,召开首次机关党建工作会议,专题研究部署新时期的机关党建工作,制定《内蒙古党校主要负责人带头抓党建工作的意见》等四个文件,进一步完善机关党建工作制度。同月,召开第一次工会代表大会,宣布工会成立。大会由副校长、机关党委书记额尔敦主持,常务副校长夏连仲代表学校讲话,自治区总工会副主席崔明龙向大会表示祝贺,机关党委专职副书记吕建国受大会委托作工作报告。校内各部门的57名代表参加大会,选举产生校工会的领导机构。

【业务指导工作】 3月,继续开展对调整旗县党校教育资源的调研工作,向自治区党委提交调研报告。至5月中旬,自治区党委办公厅以内党办发〔2004〕14号通知转发了《自治区党委组织部、党校关于调整旗县(市、区)党校布局整合教育资源的意见》。

9月10日,庆祝教师节暨全区党校、行政学院系统优秀教师和优秀教育工作者表彰大会在综合楼报告厅召开,来自全区的101名优秀教师和优秀教育工作者受到表彰。自治区党委副书记、党校校长杨利民到会讲话,并与受表彰人员合影留念。自治区党校常务副校长夏连仲主持会议,自治区人事厅副厅长王顺代表自治区党委组织部、自治区人事厅、自治区党校、行政学院宣读表彰决定。

11月4日至12日,根据全区盟市党校办学质量和综合条件评估工作领导小组的意见和安排,由自治区党委组织部、宣传部、党校抽调人员组成两个检查组,分别由自治区党校常务副校长夏连仲和副校长额尔敦带队,对呼和浩特、包头、呼伦贝尔、通辽四市党校评估整改工作情况开展"回头看"检查,督促整改工作的落实,同时对调整旗县党校布局问题进行调研,将落实情况向自治区党委作书面报告。

【学会活动】 4月20日,内蒙古哲学学会2004年工作会议在自治区党校召开,出席会议的有学会会长、副会长和秘书工作班子成员共17人,自治区政协主席、哲学学会会长王占出席会议并作重要讲话,常务副会长刘高主持会议,副会长部良作2003年学会工作总结和2004年工作要点说明。

6月9日,自治区领导学学会在内蒙古党校召开领导班子会议,在呼的学会会长、副会长等领导班子成员共20多人参加会议。自治区党委副书记、学会会长杨利民到会作重要讲话。

(高光海 张天彦)

《实践》杂志社

【实践杂志社领导名录】

社　　长:佟野黎

副 社 长
总 编 辑:巴图仓(蒙古族)

副 总 编 辑:徐　钢

斯琴毕力格(蒙古族)

田培良

梁金玉(蒙古族)

巡　视　员:杨慎和

助理巡视员:王玉明

【概况】 2004年是实践杂志社重新整合之后的开局年。原党的教育杂志社整建制划转实践杂志社后,内蒙古自治区编制委员会对实践杂志社的内设机构和人员编制进行重新核定,核定后的实践杂志社内设10个处室:办公室、总编室、广告发行部、第一编辑室、第二编辑室、第三编辑室、第四编辑室、第五编辑室、第六编辑室和机关党委,在编人员75人。

实践杂志社的领导体制是党组领导下的社长负责制,出版发行《实践》思想理论版、党的教育版、蒙文版三本刊物。《实践》思想理论版重在保持理论党刊的风貌,《实践》党的教育版重在保持原有风格的基础上实现城乡有机融合,《实践》蒙文版重在面向基层。三个版本刊物在发挥各自优势的基础上实现三版整合,整体提高。

【办刊工作】 2004年,《实践》杂志三个版本的刊物集中优势版面，突出宣传“三个代表”重要思想和党的十六大及十六届三中全会、四中全会精神。开办特色栏目，加大对自治区第七届党代会和七届七次、八次全委会精神宣传力度，重点宣传各级各界贯彻这些精神的具体活动。年底还根据自治区党委的号召，配合四中全会精神的宣传，把向牛玉儒同志学习的宣传报道抓得有力度、有深度。紧紧围绕“第一要务”，深入宣传科学发展观，为全面建设小康社会的伟大实践助力。《实践》思想理论版组织了这方面的座谈笔会，出版自治区党委读书会研讨科学发展观问题的专集，其它两个版本刊物也以大量的篇幅反映了这方面的内容。

三个版本均开设专栏，宣传内蒙古文化大区建设的伟大实践。这方面的宣传，既有理论思考、学术研讨，又有丰富的实践经验展示，还有生动的基层活动反映，受到读者好评。发挥三版整合的优势，立体宣传党的十六届四中全会精神，为加强党的执政能力建设创造良好的舆论氛围。《实践》党的教育版出版了宣传四中全会精神的专辑，《实践》思想理论版采取言论引导、理论阐释和典型示范的方式及时宣传四中全会精神，三个版本为不同层次的读者提供学习四中全会精神的服务。

设置实用性栏目，加大为读者服务的力度。根据三个版本不同的读者群，设置《政策咨询》、《致富参谋》、《刊中报》、《实践文摘》等实用性栏目，为基层读者服务。

为使办刊工作规范化，是年制定4个指导办刊工作的全局性制度：《关于规范〈实践〉正文和广告出版流程的决定》、《实践杂志社稿酬暂行规定》、《关于认真做好〈实践〉通联工作的通知》、《增刊暂行管理办法》。这些制度基本上从根本上保障办刊工作的顺利进行，实现办刊工作的制度化、规范化，保证办刊质量。

【广告发行】 2004年，杂志社采取各种有效措施加大刊物的发行力度，提高刊物的发行量。2004年，《实践》思想理论版发行12 091份，党的教育版发行138 409份，蒙文版发行13 687份，比2003年订数增长12 000多份。在落实刊物订数的同时，加大刊款回收工作的力度，保证刊款能及时足额的回收。

加强对承包刊物广告公司的管理、指导和监督。2004年《实践》杂志的广告严格遵循办刊方针和广告法的基本要求，没有出现过任何原则性的错误，所刊发的广告基本上达到预期的质量要求。

（王　丹）

编　办

【内蒙古自治区机构编制委员会办公室领导名录】

主　　任：王凤鸣

副 主 任：邢志华（蒙古族）

　　　　　高　娃（女　蒙古族）

　　　　　刘高恩

助理巡视员：陈　富

【概况】 2000年7月，自治区党委、政府办公厅关于《内蒙古自治区机构编制委员会办公室职能配置、内设机构和人员编制方案》（厅发〔2000〕59号）规定，自治区机构编制委员会办公室为自治区机构编制委员会的常设办事机构，既是自治区党委的工作机构，又是自治区政府的工作机构，列为自治区党委机构序列。自治区编办的主要职责是：研究自治区行政管理体制和机构改革的总体方案及机构编制管理的政策、法规并监督实施；统一管理自治区各级党政机关、人大、政协、法院、检察院、各民主党派、人民团体机关及所属事业单位的机构编制、领导职数、职能配置。内设综合处、机关机构编制处、事业机构编制处、机构编制监察处、事业单位登记管理处。

【政府机构改革】 按照自治区党委、政府的统一部署和要求，完成自治区政府机构改革的扫尾工作，审核并下发自治区发改委、农牧业厅、农牧业产业化办公室、工业办机关“三定”规定。审理批复自治区党委巡视机构、呼伦贝尔市伊敏园区管委会的机构编制事宜，配合纪检委进一步理顺派驻纪检、监察机构的管理体制，调整自治区纪检委、组织部、统战部等部门的内设机构和职能配置，调整自治区政府办公厅、工商局、劳动和社会保障厅、文化厅、财政厅、质监局、食品药品监督局、贸促会、人防办等机关的内设机构和领导职数。参与行政审批制度改革和税费改革试点督查工作。审核下达自治区人大常委、专职政协委员单列编制及2003年度军转干部编制。通过机构改革和机构编制的调整，深化国有资产管理体制改革，完善地区宏观经济调节体系，推动流通体制改革，健全安全生产和食品药品监管体系。进一步转变政府职能，理顺政府部门之间的关系，使政府机构设置和编制配置更趋科学合理，促进政府依法行政，提高政府工作效率。此外，审理批复巴彦淖尔市、乌兰察布市撤盟设市机构改革方案。在不增机构、不增编制的前提下，审批设立自治区环境监察总队。批准设立呼和浩特市、通辽市、赤峰市、呼伦贝尔市、巴彦淖尔市、乌兰察布市安全生产监督管理局。

组织指导盟市、旗县（市区）实施完成政府机构改革工作。拟制下发12个盟市政府机构改革方案。配合农村牧区税费改革试点，提出全区苏木乡镇机构改革的初步意见。批复巴彦淖尔市深化城市管理综合执法试点改革的方案和意见。

【事业单位机构改革】 稳步推进事业单位机构改革工作，调整部分事业单位的机构编制。按照编委会的安排部署，拟制《自治区直属事业单位改革意见》,提交自治区编委会进行讨论。根据自治区领导的意见,在《自治区直属事业单位改革意见》的基础上,又拟制《自治区直属事业单位改革试点意见》,确定自治区直属事业单位改革试点单位并对试点单位进行深入细致的调研。会同有关部门对13家开发类科研机构转制为民营企业涉及有关政策进行调研并提出意见;对组建自治区出版集团进行调研,并提出意见;对自治区农牧业厅所属45个事业单位逐一进行调研,向农牧业厅提出改革建议。拟制并参与修改《地勘单位深化改革的方案》。根据自治区报刊清理整顿工作的要求,对14家报刊杂志社的机构编制相应进行调整。审理批复自治区专用通信局"五定"方案,审核批复实践杂志社的机构编制。

【机构编制管理】 为贯彻落实自治区领导关于加强机构编制管理和严格控制人员编制增加的指示,代党委办公厅、政府办公厅草拟《关于切实加强机构编制管理的通知》并下发执行。对区直机关事业单位实行"三不"政策,即不增加机构、不增加编制、不增加人员,暂时原则冻结使用空编,严格控制人员膨胀。2004年除编委会批准的各大专院校进400名大学生和部分研究生,机关、事业单位安置150名以内军转干部、100名复退军人外,基本上没有进人。区直机关、事业单位2004年比2003年少进人2 500多名。加大对盟市机构编制管理的监控、考核力度,下发《2004年度对自治区各部委办厅局和各盟市机构编制管理目标的考核办法》。审理87个单位提出的使用空编报告,对急需补充人员的单位,坚持一事一议的原则,提出审理意见并提交编委会研究。更换区直机关事业单位《机构编制管理证》220多本,完成2003年度机构编制统计上报工作,对2004年度机构编制统计工作进行布置。

【事业单位登记管理】 根据《事业单位登记管理暂行条例》规定,组织开展2003年度事业单位登记管理年度检验工作。区直需年检一类事业单位566个,已全部年检。开展区直事业单位的日常登记管理工作,共办理设立登记42个、变更登记366个、注销登记28个。接受国家事业单位登记管理局检查验收,自治区事业单位登记管理局(处)被中央编办评为"全国事业单位登记管理工作先进单位"。

(贾明强)

内蒙古自治区人民代表大会常务委员会

【领导名录】

主任 副主任

主　　任:储　波

副 主 任:尤　仁(蒙古族)

万继生

胡　忠(1月当选)

周德海(1月辞职)

周维德

王凤岐(蒙古族)

宝音德力格尔(蒙古族)

陈瑞清

云秀梅(女 蒙古族)

哈斯巴根(蒙古族 1月当选)

秘书长 委员 副秘书长

秘 书 长:哈斯巴根(蒙古族 兼)

委　　员(按姓氏笔画):

于铁夫(蒙古族)

马云凌(蒙古族)

马国祥(回族)

王志人(满族)

王　英(女)

王建欣

王家祥

韦　弦(蒙古族)

牛广明

巴　仁(蒙古族)

邓振武

卡尔文·扎木苏(藏族)

卡毕拉(女 鄂温克族)

白音德力海(蒙古族)

冯　笠

吕二喜(3月辞职)

乔小南(女)

刘守禾

孙显谦

孙海林

苏　和(达斡尔族)
李庆玉
吴国忠(蒙古族)
吴培荣
张国龙(蒙古族)
张树逊
张俊杰
阿迪雅(蒙古族)
陈其俊(女)
范游恺
林　琳
林　瑞(女 蒙古族 5月辞职)
旺其嘎(蒙古族)
季炳林
郄国严
赵育新
荣院院(蒙古族)
昭日克图(蒙古族)
侯先志
贺希格图(蒙古族)
贺福元(蒙古族)
秦树辉
夏连仲
阎　华
韩云彬(蒙古族)
韩毅顺
朝伦巴根(蒙古族)
焦雪岱
赛　革(鄂伦春族)

副秘书长:乔小南(女)
白　顺(蒙古族)
张偏考

法制委员会

主任委员:阎　华
副主任委员:白音德力海(蒙古族)
乔小南(女)

办公厅

主　　任:哈斯巴根(蒙古族 兼)
副 主 任:周纯杰(3月免职)
吴达来(蒙古族)
张　仑(3月任命)
高慧广(蒙古族)

民族侨务外事委员会

主　　任:巴　仁(蒙古族)
副 主 任:姚炳茂
云晓明(3月任命)

内务司法委员会

主　　任:荣院院(蒙古族)
副 主 任:苏远方(3月任命)

财政经济委员会

主　　任:吕二喜(3月免职)
周廷芳(3月任命)
副 主 任:查　干(3月任命)

教科文卫委员会

主　　任:吴培荣
副 主 任:张晓兵(俄罗斯族)
陈其俊(女)

法制工作委员会

主　　任:乔小南(女)
副 主 任:王永祥
博　彦(蒙古族)

农牧业委员会

主　　任:赛　革(鄂伦春族)
副 主 任:巴达尔胡(蒙古族)

环境资源城乡建设委员会

主　　任:苏　和(达斡尔族)
副 主 任:敖斯尔(蒙古族 3月免职)
王　明

人事代表选举工作委员会

主　　任:阿迪雅(蒙古族)
副 主 任:钢特木尔(蒙古族)

【第十届人民代表大会第二次会议】　内蒙古自治区第十届人民代表大会第二次会议于2004年1月8日至15日在呼和浩特召开。会议听取和审议自治区代主席杨晶作的《政府工作报告》、自治区发展和改革委员会主任呼尔查作的《内蒙古自治区2003年国民经济和社会发展计划执行情况与2004年国民经济和社会发展计划草案的报告》、自治区财政厅厅长符太增作的《关于内蒙古自治区2003年财政预算执行情况和2004年财政预算草案的报告》、自治区人大常委会副主任尤仁作的《内蒙古自治区人民代表大会常务委员会工作报告》、自治区高级人民法院院长王维山作的《内蒙古自治区高级人民法院工作报告》、自治区人民检察院检察长邢宝玉作的《内蒙古自治区人民检察院工作报告》。会议作出关于以上6个报告的决议,并审查和批准自治区2004年国民经济和社会发展计划、2004年自治区本级预算。会议听取自治区人大常委会副主任万继生作的《内蒙古自治区人民代表大会议事规则修正案(草案)》的说明,并通过《内蒙古自治区人民代表大会关于修改〈内蒙古自治区人民代表大会议事规则〉的决定》。会议选举胡忠、哈斯巴根(蒙古族)为内蒙古自治区第十届人民代表大会常务委员会副主任;选举杨晶(蒙古族)为内蒙古自治区主席。

【第十届人民代表大会常务委员会】

第七次会议　内蒙古自治区第十届人民代表大会常务委员会第七次会议于2004年1月2日在呼和浩特举行。自治区人大常委会副主任尤仁主持会议,常委会副主任万继生、周德海、周维德、王凤岐、宝音德力格尔、陈瑞清、云秀梅,秘书长哈斯巴根和委员共51人出席会议。自治区副主席余德辉,自治区高级人民法院院长王维山、自治区人民检察院检察长邢宝玉列席会议。列席会议的还有:自治区人大常委会副秘书长,自治区人大法制委员会委员和自治区人大常委会办公厅、各委员会负责人,自治区人民政府办公厅和法制办、环保局负责人。会议审议并原则通过了《内蒙古自治区人民代表大会常务委员会工作报告(稿)》、《内蒙古自治区人民代表大会常务委员会2004年工作要点》,审议并通过了《内蒙古自治区人民代表大会议事规则修正案(草案)》、《内蒙古自治区第十届人民代表大会常务委员会代表资格审查委员会关于补选自治区十届人大代表的代表资格的审查报告》、《内蒙古自治区第十届人民代表大会第二次会议议程(草案)》、《内蒙古自治区第十届人民代表大会第二次会议日程(草案)》、《内蒙古自治区第十届人民代表大会第二次会议主席团和秘书长名单(草案)》、《内蒙古自治区第十届人民代表大会第二次会议常务主席名单(草案)》、《内蒙古自治区第十届人民代表大会第二次会议执行主席分组名单(草案)》、《内蒙古自治区第十届人民代表大会第二次会议副秘书长名单(草案)》、《内蒙古自治区第十届人民代表大会第二次会议列席人员名单》、《内蒙古自治区第十届人民代表大会第二次会议代表提出议案截止时间的决定(草案)》、《内蒙古自治区第十届人民代表大会第二次会议表决议案办法(草案)》,会议听取并审议了自治区人大常委会关于《中华人民共和国大气污染防治法》执法检查情况的报告,审议并通过了《内蒙古自治区人民代表大会常务委员会关于接受周德海同志辞去内蒙古自治区人大常委会副主任职务请求的决定》,通过了人事任免事项。

第八次会议　内蒙古自治区第十届人民代表大会常务委员会第八次会议于2004年3月22日至3月26日在呼和浩特举行。自治区人大常委会副主任尤仁、万继生、王凤岐分别主持会议,常委会副主任周维德、陈瑞清、云秀梅,常委会副主任、秘书长哈斯巴根和委员共48人出席会议。自治区副主席郭子明、乌兰,自治区高级人民法院院长王维山、自治区人民检察院检察长邢宝玉列席会议。列席会议的还有:自治区人大常委会副秘书长,自治区人大法制委员会委员和自治区人大常委会办公厅、各委员会、各盟工作委员会负责人,自治区人民政府办公厅和有关委、办、厅、局负责人,各设区的市,满洲里市、二连浩特市,莫力达瓦达斡尔族自治旗、鄂温克族自治旗、鄂伦春自治旗人大常委会负责人,部分自治区人大代表。会议听取自治区人大法制委员会副主任委员白音德力海关于《内蒙古自治区各级人民代表大会常务委员会执法检查条例(修订草案)》审议结果的报告和关于这个条例(修订草案修改稿)修改情况的报告,审议并修订通过了这个条例;听取自治区人大法制委员会主任委员阎华关于《内蒙古自治区实施〈中华人民共和国消费者权益保护法〉办法(修订草案)》审议结果的报告和关于这个办法(修订草案修改稿)修改情况的报告,审议并修订通过这个办法;听取自治区人大法制委员会主任委员阎华关于《内蒙古自治区森林草原防火条例(草案)》审议结果的报告和关于这个条例(草案修改稿)修改情况的报告,审议并通过这个条例;听取了呼和浩特市人大常委会副主任郑世昌关于《呼和浩特市人民代表大会常务委员会讨论决定重大事项的规定》和《呼和浩特市预防职务犯罪工作条例》的说明,审议了这个规定和这个条例,作出《内蒙古自治区人民代表大会常务委员会关于批准〈呼和浩特市人民代表大会常务委员会讨论决定重大事项的规定〉的决议》和《内蒙古自治区人民代表大会常务委员会关于批准〈呼和浩特市预防职务犯罪工作条例〉的决议》;听取了包头市人大常委会副主任韩文正关于《包头市城市市容和环境卫生管理条例》和《包头市土地储备条例》的说明,审议了这两个条例,作出《内蒙古自治区人民代表大会常务委员会关于批准〈包头市城市市容和环境卫生管理条例〉的决议》和《内蒙古自治区人民代表大会常务委员会关于批准〈包头市土地储备条例〉的决议》;听取了莫力达瓦达斡尔族自治旗人大常委会副主任苏玉环关于《莫力达瓦达斡尔族自治旗立法条例》的说明,审议了这个条例,作出《内蒙古自治区人民代表大会常务委员会关于批准〈莫力达瓦达斡尔族自治旗立法条例〉的决议》;听取鄂伦春自治旗人大常委会副主任吴汉臣关于《鄂伦春自治旗人民代表大会立法条例》的说明,审议了这个条例,作出《内蒙古自治区人民代表大会常务委员会关于批准〈鄂伦春自治旗立法条例〉的决议》;会议审议通过《内蒙古自治区人民代表大会常务委员会关于乌兰察布市第一届人民代表大会有关事项的决定》、《内蒙古自治区人民代表大会常务委员会关于巴彦淖尔市第一届人民代表大会有关事项的决定》、《内蒙古自治区人民代表大会常务委员会关于重新确定呼和浩特市人民代表大会代表名额的决定》和《关于自治区十届人大二次会议主席团交付的代表联名提出的第3号议案办理意见的报告》。会议听取了农牧业委员会副主任巴达尔胡关于废止《内蒙古自治区农业机械管理条例》的说明(书面),审议《内蒙古自治区人民代表大会常务委员会主任会议关于提请审议废止〈内蒙古自治区农业机械管理条例〉的议案》,会议还听取自治区林业厅副厅长曹文仲关于《内蒙古自治区实施〈中华人民共和国防沙治沙法〉办法(草案)》的说明,审议了这个办法(草案);听取和审议自治区教育厅厅长郭明伦关于《全区现代远程教育网络工程建设情况》的报告。听取自治区人大常委会副主任万继生关于《提请任免周廷芳等同志职务》的说明;听取自治区人民检察院检察长邢宝玉关于《提请任免张敏等同志职务》的说明;作出《内蒙古自治区人民代表大会常务委员会关于接受吕二喜同志辞去内蒙古自治区第十届人民代表大会常务委员会委员职务请求的决定》;会议审议通过人事任免事项。

第九次会议　内蒙古自治区第十届人民代表大会常务委员会第九次会议于 2004 年 5 月 24 日至 5 月 27 日在呼和浩特举行。自治区人大常委会副主任尤仁、宝音德力格尔分别主持会议,常委会副主任万继生、周维德、王凤岐、陈瑞清、云秀梅,常委会副主任、秘书长哈斯巴根和委员共 47 人出席会议。自治区副主席乌兰、自治区人民检察院检察长邢宝玉,自治区人大法制委员会委员,各设区的市人大常委会和满洲里市、二连浩特市、莫力达瓦达斡尔族自治旗、鄂温克族自治旗、鄂伦春自治旗人大常委会主要负责人,自治区部分人大代表,自治区人大常委会副秘书长、自治区人大常委会办公厅、各工作委员会、盟工作委员会负责人,自治区人民政府有关部门负责人、自治区高级人民法院负责人,自治区部分民主党派负责人列席会议。会议听取自治区人大法制委员会主任委员阎华关于《内蒙古自治区旅游条例修正案(草案)》和《内蒙古自治区实施〈中华人民共和国水法〉办法(修订草案)》审议结果的报告和关于旅游条例(修订草案修改稿)和水法实施办法(修订草案修改稿)修改情况的报告,审议并修订通过了这个旅游条例和水法实施办法;听取了自治区人大法制委员会副主任委员白音德力海关于《内蒙古自治区人民代表大会代表议案办理办法(草案)》审议结果的报告和关于这个办法(草案修改稿)修改情况的报告,审议并通过了这个办法;听取包头市人大常委会副主任王庆增关于《包头市清真食品管理条例》、《包头市促进私营个体经济发展条例》的说明和关于修订《包头市城市绿化管理条例》的说明,审议了这三个条例,作出《内蒙古自治区人民代表大会常务委员会关于批准〈包头市清真食品管理条例〉的决议》、《内蒙古自治区人民代表大会常务委员会关于批准〈包头市促进私营个体经济发展条例〉的决议》和《内蒙古自治区人民代表大会常务委员会关于批准修订〈包头市城市绿化管理条例〉的决议》。会议审议通过《关于内蒙古自治区第十届人民代表大会第二次会议主席团交付的代表联名提出的第 5 号议案办理意见的报告》和《关于内蒙古自治区第十届人民代表大会第二次会议主席团交付的代表联名提出的第 4 号议案办理意见的报告》。会议还听取了自治区卫生厅厅长杨成旺受自治区人民政府委托所做的关于实施《中华人民共和国传染病防治法》和《内蒙古自治区爱国卫生条例》情况的报告。自治区人大常委会副主任万继生书面向大会做了关于提请免去孟和吉德等同志职务的说明;会议还听取了自治区副主席乌兰作的关于提请任免林瑞等同志职务的说明;听取了自治区人民检察院检察长邢宝玉关于提请任免云布俊等同志职务的说明。作出《内蒙古自治区人民代表大会常务委员会关于接受林瑞同志辞去内蒙古自治区第十届人民代表大会常务委员会委员职务请求的决定》,会议审议通过了人事任免事项。

第十次会议　内蒙古自治区第十届人民代表大会常务委员会第十次会议于 2004 年 7 月 27 日至 7 月 31 日在呼和浩特举行。自治区人大常委会主任储波,副主任万继生、陈瑞清、云秀梅,常委会副主任、秘书长哈斯巴根分别主持会议,常委会副主任周维德、王凤岐、宝音德力格尔和委员共 55 人出席会议。自治区政府顾问周德海、自治区副主席雷·额尔德尼、自治区高级人民法院院长王维山、自治区人民检察院检察长邢宝玉;自治区人大法制委员会委员,各设区的市人大常委会和满洲里市、二连浩特市、莫力达瓦达斡尔族自治旗、鄂温克族自治旗、鄂伦春自治旗人大常委会主要负责人,自治区部分人大代表;自治区党委组织部负责同志,自治区人大常委会副秘书长、自治区人大常委会办公厅、各工作委员会、盟工作委员会负责人;自治区人民政府有关部门负责人、自治区林业厅领导班子成员列席会议。会议听取自治区人大法制委员会副主任委员白音德力海关于《内蒙古自治区实施〈中华人民共和国防沙治沙法〉办法(草案)》审议结果的报告和关于这个办法(草案修改稿)修改情况的报告,审议并通过这个办法;听取包头市人大常委会副主任白同伦关于《包头市人民代表大会议事规则》的说明,审议这个规则,作出《内蒙古自治区人民代表大会常务委员会关于批准〈包头市人民代表大会议事规则〉的决议》;听取了鄂伦春自治旗人大常委会副主任吴汉臣关于《鄂伦春自治旗旅游条例》的说明,审议这个条例,作出了《内蒙古自治区人民代表大会常务委员会关于批准〈鄂伦春自治旗旅游条例〉的决议》;会议审议通过了《关于自治区第十届人民代表大会第二次会议主席团交付的代表联名提出的第 1 号议案办理意见的报告》和《关于自治区第十届人民代表大会第二次会议主席团交付的代表联名提出的第 2 号议案办理意见的报告》;会议听取内蒙古军区副政治委员、自治区征兵工作领导小组副组长孙忠泰关于《内蒙古自治区征兵工作条例(草案)》的说明,审议了这个条例(草案);会议听取自治区人大常委会副主任宝音德力格尔关于《中华人民共和国红十字会法》和《内蒙古自治区实施〈中华人民共和国红十字会法〉办法》执法检查情况的报告;会议听取和审议自治区财政厅副厅长王玉明代表自治区人民政府做的关于《2003 年自治区本级财政决算的报告》和《关于 2004 年上半年财政预算执行情况》

的报告;听取和审议自治区审计厅厅长长江代表自治区人民政府做的关于《2003 年自治区本级预算执行和其他财政收支审计》的工作报告;听取和审议自治区发展和改革委员会主任呼尔查代表自治区人民政府做的关于《全区 2004 年上半年国民经济和社会发展计划执行情况》的报告;听取和审议了自治区人大常委会财政经济委员会主任周廷芳代表自治区人大常委会做的关于《关于 2003 年自治区本级财政决算的报告》的审查报告,作出《内蒙古自治区人民代表大会常务委员会关于批准 2003 年自治区本级决算的决议》;另外,还听取和审议自治区农牧业厅厅长吴永新代表自治区人民政府做的关于《推进自治区农牧业产业化和发展农牧民专业合作经济组织工作情况》的报告;听取和审议自治区建设厅副厅长范勇代表自治区人民政府做的关于全区城镇污水及工业废水处理情况的报告;听取和评议自治区林业厅厅长高锡林的述职报告;听取自治区人民检察院检察长邢宝玉关于《提请任免李茂林等同志职务》的说明;会议审议通过人事任免事项。

第十一次会议　内蒙古自治区第十届人民代表大会常务委员会第十一次会议于 2004 年 9 月 22 日至 9 月 26 日在呼和浩特举行。自治区人大常委会副主任尤仁、万继生、宝音德力格尔、云秀梅分别主持会议,常委会副主任王凤岐、陈瑞清,常委会副主任、秘书长哈斯巴根和委员共 48 人出席会议。自治区副主席郝益东,自治区人大法制委员会委员,各设区的市人大常委会和满洲里市、二连浩特市、莫力达瓦达斡尔族自治旗、鄂温克族自治旗、鄂伦春自治旗人大常委会主要负责人,自治区部分人大代表;自治区党委组织部负责同志,自治区人大常委会副秘书长、自治区人大常委会办公厅、各工作委员会、盟工作委员会负责人;自治区高级人民法院、自治区人民检察院负责人;自治区教育厅领导班子成员列席会议。会议听取了自治区人大法制委员会副主任委员白音德力海关于《内蒙古自治区征兵工作条例(草案)》审议结果的报告和关于这个条例(草案修改稿)修改情况的报告,审议并通过了这个条例;会议审议通过了《关于自治区第十届人民代表大会第二次会议主席团交付的代表联名提出的第 6 号议案办理意见的报告》;会议听取了自治区残疾人联合会副理事长乔晓勇关于《内蒙古自治区实施〈中华人民共和国残疾人保障法〉办法修正案(草案)》的说明,审议这个办法修正案(草案);会议听取了自治区民委副主任特古斯关于《内蒙古自治区蒙古语言文字工作条例(草案)》的说明,审议这个条例(草案);会议听取自治区工业办副主任张志诚关于《内蒙古自治区预防和查处窃电行为条例(草案)》的说明,审议这个条例(草案);会议听取了自治区农牧业厅副厅长纪大才关于《内蒙古自治区草原管理条例(修订草案)》的说明,审议了这个条例(修订草案);会议听取了呼和浩特市人大常委会副主任吴福成关于《呼和浩特市人民代表大会常务委员会关于修改〈呼和浩特市城市供热、供水、燃气、公共交通管理条例〉的决定》的说明,审议了这个决定;会议听取和审议了自治区人大常委会副主任王凤岐关于《中华人民共和国消防法》和《内蒙古自治区消防条例》执法检查情况的报告;听取和审议自治区人大常委会副主任、秘书长哈斯巴根关于《中华人民共和国动物防疫法》和《内蒙古自治区动物防疫条例》执法检查情况的报告;听取和审议了自治区人大常委会副主任陈瑞清关于《中华人民共和国土地管理法》和《内蒙古自治区实施〈中华人民共和国土地管理法〉办法》执法检查情况的报告;会议听取和审议自治区公安厅副厅长赵黎平代表自治区人民政府做的关于《清理超期羁押工作情况》的报告,听取和审议了自治区高级人民法院副院长梁国裕关于《清理超期羁押工作情况》的报告;听取和审议了自治区人民检察院副检察长杨怀武关于《全区检察机关清理和纠正超期羁押情况》的报告;会议书面听取和审议了自治区人大常委会人事代表选举工作委员会主任阿迪雅关于《自治区十届人大二次会议代表建议、批评和意见办理情况》的报告;书面听取和审议了自治区人民政府秘书长乌兰巴特尔关于《自治区十届人大二次会议代表建议、批评和意见办理情况》的报告;听取和评议了自治区教育厅厅长郭明伦的述职报告;听取了自治区人大常委会副主任万继生关于《提请任免吴金亮等同志职务》的说明;听取了自治区人民政府副主席郝益东关于《提请任免陶克等同志职务》的说明;会议审议通过了人事任免事项。

第十二次会议　内蒙古自治区第十届人民代表大会常务委员会第十二次会议于 2004 年 11 月 22 日至 11 月 26 日在呼和浩特举行。自治区人大常委会主任储波,副主任尤仁、王凤岐分别主持会议,副主任万继生、周维德、宝音德力格尔、陈瑞清、云秀梅,常委会副主任、秘书长哈斯巴根和委员共 52 人出席会议。自治区副主席赵双连、余德辉,自治区高级人民法院院长王维山,自治区人大法制委员会委员,各设区的市人大常委会和满洲里市、二连浩特市、莫力达瓦达斡尔族自治旗、鄂温克族自治旗、鄂伦春自治旗人大常委会主要负责人,自治区部分人大代表,自治区人大常委会副秘书长、自治区人大常委会办公厅、各工作委员会、盟工作委员会负责人,自治区人民检察院负责人列席会议。会议听取了自治区人大法制委员会副主任委员白音德力海关于《内蒙古自治区蒙古语言文字工作条例(草案)》审议结果的报告和关于这个条例(草案修改稿)修改情况的报告,审议并通过了这个条例;听取了自治区人大法制委员会主任委员阎华关于《内蒙古自治区草原管理条例(修订草案)》审议结果的报告和关于这个条例(修订草案修改稿)修改情况的报告,审议并修订通过了这个条例;听取了自治区人大法制委员会副主任委员白音德力海关于《内蒙古自治区实施〈中华人民共和国残疾人保障法〉办法修正案(草案)》审议结果的报告,审议并通过了《内蒙古自治区人民代表大会常务委员会关于修改〈内蒙古自治区实施〈中华人民共和国残疾人保障法〉办法〉的决定》；听取了自治区人大法制委员会主任委员阎华关于《内蒙古自治区人民代表大会常务委员会主任会议关于提请审议废止〈内蒙古自治区农业机械管理条例〉的议案》审议结果的报告，审议并通过了《内蒙古自治区人民代表大会常务委员会关于废止〈内蒙古自治区农业机械管理条例〉的决定》；听取了自治区质量技术监督局副局长王纪和关于《内蒙古自治区计量管理条例修正案（草案）》的说明和自治区人大法制委员会主任委员阎华关于《内蒙古自治区计量管理条例修正案（草案）》审议结果的报告，审议并通过了《内蒙古自治区人民代表大会常务委员会关于修改〈内蒙古自治区计量管理条例〉的决定》；听取了自治区科技厅副厅长马强关于《内蒙古自治区技术市场管理条例修正案（草案）》的说明和自治区人大法制委员会主任委员阎华关于《内蒙古自治区技术市场管理条例修正案（草案）》审议结果的报告，审议并通过了《内蒙古自治区人民代表大会常务委员会关于修改〈内蒙古自治区技术市场管理条例〉的决定》；听取了自治区人大常委会环资城建委主任苏和关于《内蒙古自治区小城镇规划建设管理条例修正案（草案）》的说明和自治区人大法制委员会主任委员阎华关于《内蒙古自治区小城镇规划建设管理条例修正案（草案）》审议结果的报告，审议并通过了《内蒙古自治区人民代表大会常务委员会关于修改〈内蒙古自治区小城镇规划建设管理条例〉的决定》；会议听取了呼和浩特市人大常委会副主任李岳清关于《呼和浩特市旅游管理条例》、《呼和浩特市城市排水管理条例》、《呼和浩特市人民代表大会常务委员会关于修改〈呼和浩特市人民代表大会代表工作条例〉的决定》的说明，审议并通过了《内蒙古自治区人民代表大会常务委员会关于批准〈呼和浩特市旅游管理条例〉的决议》、《内蒙古自治区人民代表大会常务委员会关于批准〈呼和浩特市排水管理条例〉的决议》、《内蒙古自治区人民代表大会常务委员会关于批准〈呼和浩特市人民代表大会常务委员会关于修改〈呼和浩特市人民代表大会代表工作条例〉的决定〉的决议》；会议听取了包头市人大常委会副主任王庆增关于《包头市劳动者工资保障条例》的说明，审议并通过了《内蒙古自治区人民代表大会常务委员会关于批准〈包头市劳动者工资保障条例〉的决议》；会议审议并通过了《内蒙古自治区人民代表大会常务委员会关于召开内蒙古自治区第十届人民代表大会第三次会议的决定》；会议还听取了自治区安全生产监督管理局局长曹安雅关于《内蒙古自治区安全生产条例（草案）》的说明并审议了这个条例草案；会议听取和审议了自治区人大常委会副主任万继生关于《中华人民共和国全国人民代表大会和地方各级人民代表大会代表法》和《内蒙古自治区实施〈中华人民共和国全国人民代表大会和地方各级人民代表大会代表法〉办法》执法检查情况的报告；听取和审议了自治区人大常委会副主任周维德关于《中华人民共和国劳动法》、《内蒙古自治区城镇职工基本养老保险条例》和《内蒙古自治区劳动和社会保障监察条例》执法检查情况的报告；会议听取和审议了自治区公安厅副厅长朱荣关于《优化环境、打击经济犯罪、维护市场秩序工作情况》的报告；听取和审议了自治区高级人民法院院长王维山关于贯彻执行《中华人民共和国民事诉讼法》情况的报告；听取和审议了自治区人民检察院副检察长于江关于《全区检察机关查办和预防职务犯罪情况》的报告和《全区检察机关试行人民监督员制度情况》的报告；会议审议通过了人事任免事项。

【地方法制建设】　自治区人大常委会坚持用科学发展观统领立法工作，坚持以人为本、立法为民，着重提高立法质量，推动立法创新，立法工作取得了新的进展。

通过法规10件　修订的《内蒙古自治区各级人民代表大会常务委员会执法检查条例》、修订的《内蒙古自治区实施〈中华人民共和国消费者权益保护法〉办法》、《内蒙古自治区森林草原防火条例》、修订的《内蒙古自治区旅游条例》、修订的《内蒙古自治区实施〈中华人民共和国水法〉办法》、《内蒙古自治区人民代表大会代表议案办理办法》、《内蒙古自治区实施〈中华人民共和国防沙治沙法〉办法》、《内蒙古自治区征兵条例》、《内蒙古自治区蒙古语言文字工作条例》、修订的《内蒙古自治区草原管理条例》。

通过修改、废止法规决定6件　内蒙古自治区人民代表大会常务委员会关于修改《内蒙古自治区人民代表大会议事规则》的决定、内蒙古自治区人民代表大会常务委员会关于修改《内蒙古自治区实施〈中华人民共和国残疾人保障法〉办法》的决定、内蒙古自治区人民代表大会常务委员会关于废止《内蒙古自治区农业机械管理条例》的决定、内蒙古自治区人民代表大会常务委员会关于修改《内蒙古自治区计量管理条例》的决定、内蒙古自治区人民代表大会常务委员会关于修改《内蒙古自治区技术市场管理条例》的决定、内蒙古自治区人民代表大会常务委员会关于修改《内蒙古自治区小城镇规划建设管理条例》的决定。

批准法规15件　《呼和浩特市人民代表大会常务委员会讨论决定重大事项的规定》、《呼和浩特市预防职务犯罪工作条例》、《包头市城市市容和环境卫生管理条例》、《包头市土地储备条例》、《莫力达瓦达斡尔族自治旗立法条例》、《鄂伦春自治旗立法条例》、《包头市清真食品管理条例》、《包头市促进私营个体经济发展条例》、《包头市绿化管理条例》、《包头市人民代表大会议事规则》、《鄂伦春自治旗旅游条例》、《呼和浩特市旅游管理条例》、《呼和浩特市城市排水管理条例》、修正的《呼和浩特市人民代表大会代表工作条例》、《包头市劳动者工资保障条例》。

【监督工作】 2004年,自治区人大常委会把促进行政机关依法行政、司法机关公正司法作为监督的主要内容,紧紧围绕关系自治区社会发展的重点问题和人民群众切身利益的难点问题实施监督,使监督工作具有针对性并增强了监督实效。

法律监督　2004年,自治区人大常委会执法检查组先后对大气污染防治法、自治区实施红十字会法办法、消防法和自治区消防条例、动物防疫法和自治区动物防疫条例、土地管理法和自治区实施土地管理法办法、代表法和自治区实施代表法办法、劳动法和自治区城镇职工基本养老保险条例、自治区劳动和社会保障监察条例 等7个法律法规在自治区的执行情况进行检查,以促进法律法规有效实施,营造了良好的法治环境。对民族区域自治法、防震减灾条例、气象法和气象条例、档案法和档案条例、边境管理条例等法律法规的实施情况进行专题调研。开展"内蒙古环保世纪行"活动。根据群众的申诉,对一起存在重大疑问的司法案件实施个案监督,责成司法机关和公安部门进行调查。听取和审议了自治区人民政府关于传染病防治法和自治区爱国卫生条例实施情况的报告。听取和审议了自治区高级人民法院贯彻执行民事诉讼法情况的报告。

工作监督　2003年,自治区人大常委会先后听取和审议了自治区人民政府关于全区现代远程教育网络工程建设情况、推进我区农牧业产业化和发展农牧民专业合作经济组织工作情况、全区城镇污水及工业废水处理情况、清理超期羁押工作情况、优化环境打击经济犯罪维护市场秩序工作情况等5项专项报告。听取和审议了自治区高级人民法院关于清理超期羁押工作情况的报告。听取和审议了自治区人民检察院关于全区检察机关清理和纠正超期羁押情况、查办和预防职务犯罪情况、试行人民监督员制度情况的报告。听取和加强了对自治区国民经济和社会发展计划、财政预算执行情况的监督。

述职评议　对自治区林业厅厅长、教育厅厅长进行了述职评议,监督和支持他们依法履行职责。

【人事任免】 2003年,自治区第十届人民代表大会第二次会议根据大会主席团的提请,选举杨晶为自治区主席,胡忠、哈斯巴根为自治区第十届人民代表大会常务委员会副主任。自治区人大常委会根据主任会议,自治区主席、自治区高级人民法院院长和自治区人民检察院检察长的提请,依法任免和批准任免国家机关工作人员228人。其中:接受自治区第十届人民代表大会常务委员会副主任周德海的辞职申请,接受自治区第十届人民代表大会常务委员会2名委员的辞职申请;任免了自治区人大常委会办公厅、工作委员会、盟工作委员会负责人30人(任17人,免13人);任免了自治区政府组成人员4人(任2人,免2人),任免法院工作人员76人(任68人,免8人),任免和批准任免检察院工作人员119人(任83人,免36人)。

(辛瑞凤)

内蒙古自治区人民政府

【领导名录】

主席　副主席

主　　席:杨　晶(蒙古族 1月任职)

副 主 席:岳福洪

郝益东

赵双连(蒙古族)

雷·额尔德尼(蒙古族)

连　辑

郭子明

余德辉

乌　兰(女 蒙古族)

秘书长　主席助理　副秘书长

秘 书 长:乌兰巴特尔(蒙古族)

主席助理:冯士亮

孙宝厚

副秘书长:布小林(女 蒙古族)

吕二喜

葛继善(9月撤职)

周廷芳(2月离任)

乔　木(2月离任)

冯有恩

盖文山

李振海

史青晓

江　维

金　平(蒙古族 12月离任)

王晓成(12月任职)

【主席办公会议】 2004年共召开自治区人民政府主席办公会议80次。其中:涉及工业、农业、交通、能源、金融、城建、商贸、环保、旅游等领域的会议52次,涉及教育、科技、文化、卫生、广电、公安、人事、劳动、外事等领域的会议28次。

第一季度:2004年1月2日,自治区代主席杨晶主持召开办公会议,听取包钢关于2003年工作及2004年发展改革目标措施的汇报。2004年1月3日,自治区副主席连辑主持召开自治区现代远程教育网络领导小组(以下简称领导小组)会议,听取自治区教育厅和领导小组办公室关于全区现代远程教育网络工程建设情况的汇报,专题研究工程建设有关问题。2004年1月8日,自治区代主席杨晶主持召开办公会议,听取呼和浩特铁路局、呼伦贝尔市、兴安盟、通辽市、赤峰市、鄂尔多斯市关于集张、两伊、霍白、赤大、呼准、准神、准东二期、东乌等8个2004年拟开工铁路项目进展情况的汇报。2004年1月16日,自治区主席杨晶主持召开办公会议,听取和研究自治区科技厅《关于我区科技体制改革总体思路的汇报提纲》;听取和研究自治区教育厅《关于贯彻全国农村教育工作会议精神的汇报提纲》;听取和研究自治区法制办《关于贯彻落实全国行政许可法工作会议精神情况的汇报》。2004年1月19日,自治区副主席赵双连主持召开办公会议,专题研究2004年国土资源工作。2004年1月30日,受自治区主席杨晶委托,自治区副主席雷·额尔德尼、乌兰召开专题会议,听取自治区农牧业厅、卫生厅等部门关于高致病性禽流感有关情况的汇报,并就我区预防高致病性禽流感工作进行了研究部署。2004年2月4日,自治区主席杨晶主持召开办公会议,研究全区预防高致病性禽流感有关事宜。2004年2月5日,自治区主席杨晶主持召开办公会议,专题研究进一步加快全区城镇化进程事宜;听取自治区建设厅《关于开展全区城镇规划建设管理暨城镇发展评估工作的方案》;听取乌海市市委、市政府关于城乡一体化改革发展的请示。2004年2月6日,自治区党委副书记、自治区常务副主席岳福洪主持召开专题会议,研究自治区重大项目领导小组办公室有关工作问题。2004年2月9日,自治区副主席乌兰主持召开政府专题会议暨自治区文化体育事业重点工程领导小组(以下简称领导小组)第一次会议,听取自治区文化厅、体育局和呼和浩特市人民政府关于乌兰恰特大剧院、内蒙古博物馆、内蒙古体育馆筹建方案的汇报,研究工程建设问题。2004年2月13日,自治区主席杨晶主持召开办公会议,听取自治区交通厅关于组建内蒙古高等级公路建设开发有限责任公司汇报;听取自治区交通厅关于调整全区高速公路通行费征收标准的汇报;听取自治区发展和改革委员会关于调整电价的汇报;听取国资委关于监管企业负责人经营业绩考核暂行办法的汇报;听取自治区安监局关于贯彻落实《国务院关于进一步加强安全生产工作决定》意见的汇报;同时召开安委会全体会议。2004年2月18日,自治区副主席连辑主持召开政府专题会议暨自治区防火安全委员会第一次全体会议,研究加强和改进消防工作。会议传达胡锦涛、温家宝、黄菊、周永康等中央领导同志关于消防工作的重要批示和国务院常务会议、公安部春季防火工作电视电话会议精神,通报2003年政府消防工作责任状和人员密集场所疏散通道安全出口专项治理工作中存在的问题,分析了当前全区的消防形势和消防工作中存在的问题,讨论了《内蒙古自治区人民政府关于进一步加强和改进消防工作的决定(讨论稿)》(以下简称《决定》),研究了加强和改进消防工作的有关问题。2004年2月23日,自治区副主席余德辉主持召开专题会议,研究自治区信托投资有限责任公司增资扩股问题。2004年2月23日,自治区副主席余德辉主持召开专题会议,听取三大流通集团改革领导小组(以下简称领导小组)办公室关于三大流通集团改革进展情况的汇报,研究部署下一步改革工作。2004年2月25日,自治区副主席、自治区关心下一代工作委员会(以下简称“关工委”)主任连辑主持召开政府专题会议,听取自治区教育厅“关工委”工作汇报,并研究部署自治区关心下一代工作。2004年2月27日,自治区主席杨晶主持召开办公会议,听取自治区防治高致病性禽流感工作指挥部关于高致病性禽流感工作指挥部关于高致病性禽流感防治工作的汇报。2004年2月27日,自治区副主席连辑主持召开政府专题会议,就内蒙古财经学院征地及建设新校区的有关问题进行研究。2004年2月28日,自治区副主席连辑带领自治区有关部门和单位的负责同志深入到内蒙古建筑职业技术学院现场办公,实地察看了新旧校区,了解办学情况,并在新校区召开政府专题会议,听取内蒙古建筑职业技术学院工作汇报,研究学院建设发展问题。2004年3月2日,自治区副主席余德辉主持召开专题会议,研究自治区服务业发展规划编制起草问题。2004年3月3日,自治区副主席余德辉主持召开专题会议,研究内蒙古国际会展中心筹建问题。会前,余德辉副主席率自治区有关部门及呼和浩特市人民政府有关人员现场踏查内蒙古国际会展中心备选场址。2004年3月20日,自治区副主席雷·额尔德尼主持召开专题会议,研究推进农牧业产业化经营工作。2004年3月23日,自治区副主席赵双连主持召开专题会议,听取了自治区国土资源厅地质勘查及矿产资源开采工作汇报,研究和审议了自治区国土资源厅《内蒙古自治区2004年首批矿产资源勘查项目》、《2004年度探矿权招拍挂项目》、《内蒙古自治区矿产资源开发重点项目》和《2004年度采矿权招拍挂项目》。2004年3月27日,自治区副主席乌兰主持召开政府专题会议,研究全区进出口领域开展企业基础信息交换工作问题。

第二季度:2004年4月12日,自治区常务副主席岳福洪主持召开政府专题会议,研究乌兰察布盟凉城县、卓资县、察哈尔右翼中旗列入京津风沙源退耕还林范围问题。2004年4月13日,自治区副主席余德辉主持召开专题会议,听取了三大流通集团改革领导小组(以下简称领导小组)办公室关于三大集团改革进展情况的汇报,并研究明确三大流通集团改革中的有关问题。2004年4月13日,自治区副主席、内蒙古信托投资有限责任公司增资扩股工作领导小组(以下简称领导小组)副组长余德辉受自治区党委副书记、自治区常务副主席、领导小组组长岳福洪委托,主持召开领导小组会议。会议听取了领导小组办公室近期工作进展情况的汇报,研究《内蒙古信托投资有限责任公司增资扩股方案》,明确下一步工作任务。2004年4月26日,自治区副主席郭子明、乌兰召开专题会议,听取了自治区药品食品监督局、卫生厅、工商局、质量技术监督局关于紧急追查劣质奶粉的工作汇报,部署继续追查劣质奶粉的工作。2004年4月26日,自治区副主席赵双连主持召开专题会议,研究赤峰市克什克腾国家地质公园申报世界地质公园有关问题。会议听取了中国地质大学教授、国家地质公园调查研究中心主任田明中关于"克什克腾国家地质公园地质遗迹资源、保护现状及晋升世界地质公园的条件"和中国旅游地质学会会长、国家地质公园评审委员会评审委员、中国地质科学院教授陈安泽关于"国家地质公园建设情况及建立国家地质公园和世界地质公园的意义"的介绍;听取了克什克腾旗、赤峰市关于克什克腾国家地质公园建设情况、申报世界地质公园的前期工作及存在的困难和问题的汇报。2004年5月9日,自治区主席杨晶主持召开办公会议,听取自治区劳动厅《关于企业退休人员发放补贴和养老保险行业统筹管理问题的汇报》;听取自治区人事厅《关于自治区直属机关工作人员公务移动通讯费用补贴管理办法》和《对盟市出台机关事业单位地方性岗位津贴进行规范管理的意见》。2004年5月9日,自治区副主席赵双连主持召开专题会议,听取自治区工业办、呼和浩特铁路局关于2004年前4个月铁路运输情况的汇报,研究部署自治区铁路建设和运输等问题。2004年5月9日,自治区副主席赵双连主持召开专题会议,研究北方奔驰载重汽车进入自治区运输市场的有关问题。2004年5月12日,自治区副主席赵双连主持召开专题会议,研究内蒙古电力(集团)公司分离企业自办中小学问题。2004年5月13日,自治区副主席赵双连全线视察呼和浩特—集宁—老爷庙高速公路施工现场后,在呼集老高速公路项目办召开专题会议,研究加快呼集老高速公路建设进度问题。2004年5月14日,自治区副主席余德辉主持召开专题会议,听取三大流通集团改革领导小组(以下简称领导小组)办公室关于三大集团改革进展情况的汇报,研究三大流通集团改革中的有关问题。2004年5月17日,自治区副主席、自治区爱国卫生运动委员会(以下简称爱卫会)主任乌兰主持召开自治区爱卫会全体成员会议。会议听取了自治区爱卫会办公室关于调整自治区爱卫会委员、爱卫会各成员部门职责分工、全区2004至2005年爱国卫生工作计划的汇报,研究部署了全区当前和今后一个时期爱国卫生工作。2004年5月22日,自治区主席杨晶主持召开办公会议,研究审议自治区国土资源厅《国有土地违法案件的处理意见(讨论稿)》;研究审议自治区安全生产监管局《关于进一步加强煤矿安全生产专项整治关闭不具备安全生产基本条件煤矿的决定(讨论稿)》。2004年5月26日,自治区副主席乌兰主持召开政府专题会议暨自治区文化体育事业重点工程领导小组(以下简称领导小组)第四次会议,听取自治区有关部门和呼和浩特市人民政府关于自治区文化体育事业三项重点工程的筹建工作进展情况的汇报,研究下一步工程建设的有关问题。2004年5月27日,自治区党委副书记、自治区常务副主席岳福洪,自治区副主席余德辉主持召开会议,听取自治区发改委关于修改《内蒙古自治区2004—2010年第三产业发展规划纲要》和《内蒙古加快发展第三产业若干政策的规定》(以下简称《纲要》和《规定》)的情况汇报,研究和部署贯彻落实全区第三产业工业会议精神的有关工作。2004年5月27日,自治区副主席余德辉主持召开专题会议,听取内蒙古国际会展中心建设领导小组办公室及自治区文化厅关于建设内蒙古国际会展中心前期筹备工作的情况汇报,研究下一步会展项目筹建工作。2004年5月28日,自治区副主席余德辉主持召开专题会议,听取自治区商务厅关于发展加工贸易和口岸经济工作汇报,研究和部署下一步工作。2004年5月29日,自治区主席杨晶主持召开办公会议,听取周德海同志关于东部四盟市铁路和电力重点项目建设进展情况及下一步工作意见的讲话,东部四盟市及邀请到会的东北电网公司、沈阳铁路局、哈尔滨铁路局负责人发言。2004年6月14日,自治区副主席余德辉主持召开专题会议暨三大流通集团改革领导小组(以下简称领导小组)会议,听取三大流通集团改革进展情况的汇报,并研究三大流通集团本部改革中的有关问题。2004年6月14日,自治区副主席赵双连主持召开政府专题会议,听取阿拉善盟工业经济工作汇报,就乌斯太4×300MW电厂建设、加快蒙古国那林苏海特煤矿开发、修建策克口岸至乌斯太运煤专线和吉盐化集团资产重组工作等问题进行了研究。2004年6月16日,自治区副主席余德辉主持召开政府专题会议,研究和部署自治区主席杨晶率团出访俄罗斯、蒙古国有关事宜。2004年6月16日,自治区副主席余德辉主持召开专题会议,听取自治区商务厅关于南联北开项目推介会总体方案的汇报,研究部署下一步南联北开工作。2004年6月16日,自治区副主席赵双连与神华集团公司张喜武副总经理就神华集团公司在鄂尔多斯市境内煤炭资源转化和配置等问题进行座谈,近一阶段,自治区人民政府顾问周德海连续两次召开会议,专题研究鄂尔多斯地区天然气田的规划、勘探、开发、建设和自治区境内天然气管道建设问题。2004年6月21日,自治区副主席余德辉主持召开专题会议,听取呼和浩特出口加工区、包头稀土高新技术产业开发区、满洲里边境经济技术合作区关于出口加工区建设发展以及园区进出口和招商引资情况汇报，研究推进出口加工区建设工作。

第三季度：2004 年 7 月 5 日，自治区副主席、自治区深化农村信用社改革工作领导小组（以下简称"领导小组"）副组长余德辉受自治区常务副主席、领导小组组长岳福洪委托，主持召开领导小组第一次会议。会议传达国家有关农村信用社改革的方针政策，通报全国第一批农村信用社改革试点进展情况和全区农村信用社的基本情况，并对领导小组近期工作进行安排。2004 年 7 月 5 日，自治区副主席余德辉主持召开自治区信用体系领导小组第一次会议，听取自治区金融办关于自治区加快社会信用体系建设基本工作思路的汇报，研究自治区社会信用体系建设有关问题。2004 年 7 月 19 日，自治区副主席余德辉主持召开专题会议，研究内蒙古国际会展中心项目建设有关问题。2004 年 7 月 22 日，余德辉副主席主持召开专题会议，听取人民银行呼和浩特中心支行《关于自治区银行卡产业现状及发展意见》的汇报，讨论分析自治区银行卡产业面临的问题和发展机遇，研究全区下一步发展银行卡产业的有关问题。2004 年 7 月 26 日，自治区副主席乌兰主持召开政府专题会议，传达自治区主席杨晶 7 月 21 日听取有关部门贯彻落实全区第三产业工作会议情况汇报会精神，听取分管部门贯彻落实全区第三产业工作会议精神和第三产业发展思路、工作措施情况的汇报，研究分管部门第三产业发展问题。2004 年 7 月 27 日，郭子明副主席主持召开专题会议，听取人事厅、劳动和社会保障厅、民政厅、工商局、质量技术监督局、食品药品监督局关于落实全区第三产业工作会议精神情况的汇报。2004 年 8 月 5 日，自治区副主席连辑主持召开专题会议，研究农村中小学危房改造工程（以下简称危改工程）与农村寄宿制学校建设工程（以下简称寄宿制学校建设工程）配套资金使用问题及相关规划上报事宜。2004 年 8 月 6 日，自治区主席杨晶主持召开办公会议，研究自治区商务厅《自治区三大流通集团改革方案》；研究解决自治区党政机关新址建设投资经费问题。2004 年 8 月 8 日，自治区副主席余德辉在阿尔山市主持召开主席现场专题会议，听取兴安盟、呼伦贝尔市和满洲里市、阿尔山市关于旅游事业发展情况的汇报，研究和部署阿尔山及周边地区旅游事业发展工作。2004 年 8 月 12 日，自治区副主席赵双连主持召开专题会议，听取了自治区安委会、安监局督察组关于 C、D 类煤矿整治关闭督察工作及包头市、乌海市、鄂尔多斯市、巴彦淖尔市就 C、D 类煤矿整治关闭进展情况的专题汇报。2004 年 8 月 16 日，赵双连副主席主持召开会议，听取自治区国资委关于监管国有企业改革、分离办社会和主辅分离工作情况的汇报，研究部署下一步工作。2004 年 8 月 20 日，自治区副主席余德辉与国家质检总局党组成员兼动植物检验检疫司司长夏红民一行进行座谈，并对做好恢复向约旦出口活羊的有关事宜进行研究和部署。2004 年 8 月 20 日，自治区副主席余德辉主持召开专题会议，研究旅游业发展与建设资金统筹使用问题。2004 年 8 月 20 日，自治区副主席、内蒙古信托投资有限责任公司增资扩股工作领导小组（以下简称领导小组）副组长余德辉，受自治区党委副书记、自治区政府常务副主席、领导小组组长岳福洪委托，主持召开领导小组会议，会议听取了领导小组办公室增资扩股工作最新进展的汇报，研究《内蒙古信托投资有限责任公司增资扩股实施方案》。2004 年 8 月 23 日，自治区副主席余德辉在满洲里市主持召开全区口岸经济发展座谈会暨满洲里口岸专题会议，研究部署发展口岸经济有关工作。会议听取了呼伦贝尔市、锡林郭勒盟等 6 个盟市和满洲里市、二连浩特市及自治区有关部门的专题汇报，对全区口岸经济工作进行研究和部署，对满洲里口岸经济发展中的有关问题提出明确意见。2004 年 9 月 9 日，自治区主席助理、自治区公路铁路平交道口改建立交桥协调领导小组组长孙宝厚主持召开会议，专题研究公路铁路平交道口改建立交桥有关问题。会前，协调领导小组成员到道口进行实地考察，会议听取了呼铁局关于道口平改立工作情况和呼和浩特市地区铁路道口情况的汇报，研究目前急需解决的问题。2004 年 9 月 13 至 14 日，自治区副主席郝益东在包头市主持召开黄河内蒙古段水污染防治工作会议。会议对黄河内蒙古段水污染防治工作进行了认真的研究和部署。2004 年 9 月 20 日，自治区副主席、自治区文化体育重点工程领导小组（以下简称领导小组）组长乌兰主持召开政府专题会议暨领导小组第 5 次全体会议，分别听取了自治区建设厅、财政厅、发改委和呼市政府关于大剧院、博物馆和体育馆等三大重点工程方案设计国际竞赛的工作进展及评审准备情况、建设资金预算安排及管理费审核情况、实施"代建制"运作方案。2004 年 9 月 24 日，自治区人民政府顾问周德海主持召开专题会议，对自治区资源转化项目资源配置审批前置条件、神华包头煤化工项目资源配置、乌兰希里煤田和白音花煤田地质勘查有关问题进行研究。2004 年 9 月 29 日，自治区人民政府党组成员、顾问周德海，自治区副主席赵双连主持召开呼和浩特白塔机场扩建工程领导小组第一次全体会议，专题研究呼和浩特白塔机场扩建工程有关问题。

第四季度：2004 年 10 月 8 日，受自治区副主席、自治区使用正版软件工作领导小组组长乌兰委托，自治区人民政府副秘书长、自治区使用正版软件工作领导小组副组长盖文山主持召开政府协调会议，听取自治区版权局、财政厅和信息化工作领导小组办公室关于政府部门使用正版软件工作情况的汇报，研究自治区政府及各部门软件正版化问题。2004 年 10 月 9 日，自治区副主席连辑主持召开政府专题会议，研究加强全区中小学、幼儿园及少年儿童安全管理工作问题。2004 年 10 月 18 日，自治区副主席乌兰主持召开政府专题会议，听取了内蒙古社科院关于建设民族民间文化遗产数据库（以下简称数据库）的工作汇报，研究数据库建设有关问题。2004年10月25日,自治区人民政府顾问周德海主持召开会议,专题研究自治区电力企业资源配置问题。2004年11月5日,自治区副主席余德辉主持召开全区农村信用社改革领导小组(以下简称领导小组)会议,听取领导小组办公室关于自治区列入第二批农村信用社改革试点省区以及全区农村信用社改革前期准备工作情况的汇报,领导小组办公室提出的自治区农村信用社改革工作方案进行研究讨论。2004年11月8日,自治区主席杨晶主持召开办公会议,听取自治区三大重点工程领导小组办公室关于前期工作情况的汇报。2004年11月9日,自治区副主席、自治区“两免一补”工作领导小组副组长连辑主持召开政府专题会议暨自治区“两免一补”工作领导小组全体会议,研究贯彻落实由财政部、教育部联合召开的重庆会议精神,总结前一阶段“两免一补”工作,分析存在的具体问题,安排部署下一步工作。2004年11月29日,自治区主席杨晶主持召开办公会议,研究自治区财政厅《内蒙古自治区水利建设基金筹备和使用管理实施细则(送审稿)》;研究自治区林业厅《关于成立内蒙古自治区大青山自然保护区管理局的汇报》;听取并研究自治区扶贫办《关于全国扶贫开发工作会议精神的贯彻落实意见》;听取内蒙古农业大学《关于世界天然草原大会和世界草地大会申办情况的汇报》;听取自治区农牧业厅《关于自治区近期动物防疫工作情况的汇报》;听取包钢集团公司《关于办快发展深化改革打造新包钢的意见》。2004年11月29日,自治区副主席、自治区文化体育重点工程领导小组(以下简称领导小组)组长乌兰主持召开政府专题会议暨领导小组第7次会议,通报前一阶段工作情况,传达自治区人民政府第12次常务会议精神,研究部署文化体育三大重点工程建设的有关工作。2004年12月2日,自治区主席杨晶主持召开办公会议,研究自治区国土资源厅《内蒙古自治区人民政府关于做好国土资源管理体制改革的实施意见(代拟稿)》和《关于贯彻落实〈国务院关于深化改革严格土地管理的决定〉的意见》。2004年12月2日,自治区副主席连辑主持召开专题会议,研究自治区国家安全厅请求自治区人民政府协调解决的有关问题。2004年12月4日,自治区副主席连辑主持召开政府专题会议,研究区直技术开发类科研机构转制工作有关问题。2004年12月8日,自治区常务副主席、自治区深化农村信用社改革工作领导小组(以下简称领导小组)组长岳福洪主持召开领导小组第三次会议,听取领导小组办公室工作汇报,研究讨论《内蒙古自治区深化农村信用社改革试点实施方案》,安排部署下一步工作。2004年12月28日,赵双连副主席主持召开会议,听取自治区国土资源厅所属的内蒙古地矿局、煤田地质局、有色地质勘查局和测绘事业局等4个单位工作汇报,安排部署2005年工作,研究地勘单位改革发展问题。

【颁布规章】 2004年共颁布政府规章3部,即《内蒙古自治区无线电管理办法》、《内蒙古自治区规范性文件制定和备案审查办法》、《内蒙古自治区著名商标认定和保护办法》。

【发出文件】 全年共发出规范性文件309件,即《内蒙古自治区人民政府关于下达2004年全区国民经济和社会发展计划的通知》、《内蒙古自治区人民政府关于印发高致病性禽流感应急预案的通知》、《内蒙古自治区人民政府关于治理整顿土地市场秩序工作进展情况的报告》、《内蒙古自治区人民政府关于进一步加强安全生产工作的决定》、《内蒙古自治区人民政府关于2003年度自治区科学技术进步奖励的决定》、《内蒙古自治区人民政府关于贯彻落实中央经济工作会议精神自查情况的报告》、《内蒙古自治区人民政府中国人民解放军内蒙古军区关于做好2003年冬季退役士兵接收安置工作的通知》、《内蒙古自治区人民政府转发国务院关于进一步推进相对集中行政处罚权工作决定的通知》、《内蒙古自治区人民政府关于命名土地执法模范县的决定》、《内蒙古自治区人民政府关于进一步深化公路交通改革的意见》、《内蒙古自治区人民政府关于认真落实中央1号文件精神扶持粮食生产稳定粮食市场供应的紧急通知》、《内蒙古自治区人民政府关于全区下岗失业人员再就业工作审议意见落实情况的报告》、《内蒙古自治区人民政府关于森林草原重点区域实行戒严防火的命令》、《内蒙古自治区人民政府关于进一步加强和改进消防工作的决定》、《内蒙古自治区人民政府关于印发加快发展第三产业若干政策规定的通知》、《内蒙古自治区人民政府关于2004年上半年道路交通安全工作情况的报告》、《内蒙古自治区人民政府转发国务院关于做好2004年深化农村税费改革试点工作的通知》、《内蒙古自治区人民政府关于进一步深化粮食流通体制改革的实施意见》、《内蒙古自治区人民政府关于表彰奖励全区建筑安全生产先进集体和先进个人的通报》、《内蒙古自治区人民政府关于开展第一次全区经济普查的通知》、《内蒙古自治区人民政府关于表彰全区打击整治贷款诈骗恶意逃废银行债务等破坏信用秩序违法行为集中行动先进单位和先进个人的通报》、《内蒙古自治区人民政府关于表彰奖励内蒙古民族歌舞剧院的通报》、《内蒙古自治区人民政府关于表彰奖励2003年度完成固定资产投资目标先进单位的通报》、《内蒙古自治区人民政府关于免收部分受“非典”影响行业行政事业性收费的通知》、《内蒙古自治区人民政府关于下达2004年安全生产控制指标的通知》、《内蒙古自治区人民政府关于表彰全区公路交通建设先进集体和先进个人的通报》、《内蒙古自治区人民政府关于表彰奖励自治区禁毒工作先进集体的通报》、《内蒙古自治区人民政府关于表彰奖励2003年度农田草牧场水利基本建设先进旗县的通报》、《内蒙古自治区人民政府关于印发开展网吧等互联网上网服务营业场所专项整治工作方案的通知》、《内蒙古自治区人民政府关于进一步清理整顿涉企“三乱”问题的通知》、《内蒙古自治区人民政府关于印发民兵组织整顿实施方案的通知》、《内蒙古自治区人民政府关于表彰包头稀土研究院的通报》、《内蒙古自治区人民政府批转自治区建设厅关于在全区开展民用建筑节能试点工作意见的通知》、《内蒙古自治区人民政府关于共建内蒙古大学的意见》、《内蒙古自治区人民政府关于公布第一批农牧业产业化重点龙头企业的通知》、《内蒙古自治区人民政府关于印发全区各级开发区保留、整合保留和撤销方案的通知》、《内蒙古自治区人民政府关于印发对旗县级人民政府教育工作进行督导评估实施方案的通知》、《内蒙古自治区人民政府关于印发自治区“两基”攻坚规划的通知》、《内蒙古自治区人民政府关于进一步解决拖欠教师工资问题的通知》、《内蒙古自治区人民政府关于印发自治区本级财政专项资金管理暂行办法的通知》、《内蒙古自治区人民政府关于和林格尔县十万亩生态示范区和武川县哈乐镇生态示范区晋升为自治区级生态示范区的通知》、《内蒙古自治区人民政府关于公布万部华严经塔等三十六处全国重点文物保护单位保护范围的通知》、《内蒙古自治区人民政府关于印发自治区预防道路交通事故综合治理方案的通知》、《内蒙古自治区人民政府转发国务院关于切实加强艾滋病防治工作的通知》、《内蒙古自治区人民政府关于进一步强化煤矿安全生产专项整治关闭不具备安全生产基本条件煤矿的决定》、《内蒙古自治区人民政府关于加快推进城乡劳动力统筹就业工作的意见》、《内蒙古自治区人民政府关于切实加强草原110建设的通知》、《内蒙古自治区人民政府关于调整地方金融机构定额计税工资标准的通知》、《内蒙古自治区人民政府批转自治区发展和改革委员会关于进一步推进经济体制改革意见的通知》、《内蒙古自治区人民政府关于表彰2002至2003年全区公安系统“十大破案标兵”的通报》、《内蒙古自治区人民政府关于取消第一批36项行政许可项目的决定》、《内蒙古自治区人民政府关于组织开展行政执法检查工作的通知》、《内蒙古自治区人民政府关于印发艾滋病性病防治规划(2004—2010年)的通知》、《内蒙古自治区人民政府关于印发扶持保护残疾人若干规定的通知》、《内蒙古自治区人民政府关于提请审议〈内蒙古自治区实施《中华人民共和国残疾人保障法》办法(修正案草案)〉的议案》、《内蒙古自治区人民政府关于表彰全区牛皮蝇蛆病防治工作达标单位的通报》、《内蒙古自治区人民政府关于表彰全区水土保持先进集体和先进个人的通报》、《内蒙古自治区人民政府关于表彰全区基层动物防疫工作先进单位和先进个人的通报》、《关于表彰全区民兵预备役部队优秀教练员评选暨民兵通信分队比武竞赛活动先进单位和先进个人的通报》、《内蒙古自治区人民政府关于表彰全区人民调解和法律援助工作先进单位和先进个人的通报》、《内蒙古自治区人民政府关于印发自然灾害救助应急预案的通知》、《内蒙古自治区人民政府关于进一步加强文物保护与利用工作的意见》、《内蒙古自治区人民政府关于推行使用税控收款机的通知》、《内蒙古自治区人民政府关于印发自治区水利工程管理体制改革实施方案的通知》、《内蒙古自治区人民政府关于印发自治区2004—2007年旗县财政收入发展规划纲要的通知》、《内蒙古自治区人民政府关于做好深化农村信用社改革工作的通知》、《内蒙古自治区人民政府关于表彰奖励先进开发区(园区)的决定》、《内蒙古自治区人民政府关于提请审议〈内蒙古自治区蒙古语言文字工作条例(草案)〉的议案》、《内蒙古自治区人民政府关于表彰奖励内蒙古文物考古研究所的通报》、《内蒙古自治区人民政府关于进一步加强爱国卫生工作的意见》、《内蒙古自治区人民政府关于进一步做好城镇职工基本医疗保险制度改革工作的通知》、《内蒙古自治区人民政府关于调整矿产资源补偿费征收权限的通知》、《内蒙古自治区人民政府关于切实做好2004年人工商品林采伐试点工作的通知》、《内蒙古自治区人民政府关于提请审议〈内蒙古自治区技术市场管理条例(修正案草案)〉的议案》、《内蒙古自治区人民政府关于取消第二批4项行政许可项目的决定》、《内蒙古自治区人民政府关于贯彻落实〈全面推进依法行政实施纲要〉的实施意见》、《内蒙古自治区人民政府关于提请审议〈内蒙古自治区计量管理条例修正案(草案)〉的议案》、《内蒙古自治区人民政府关于提请审议〈内蒙古自治区小城镇规划建设管理条例修正案(草案)〉的议案》、《内蒙古自治区人民政府关于印发自治区地质灾害防治规划的通知》、《内蒙古自治区人民政府关于加强农村牧区实用人才队伍建设的意见》、《内蒙古自治区人民政府批转自治区财政厅教育厅关于我区农村牧区义务教育阶段家庭经济困难学生实施“两免一补”制度意见的通知》、《内蒙古自治区人民政府关于进一步规范工业开发区发展的意见》、《内蒙古自治区人民政府关于印发自治区下岗失业人员小额担保贷款实施细则的通知》、《内蒙古自治区人民政府关于提请审议〈内蒙古自治区安全生产条例(草案)〉的议案》、《内蒙古自治区人民政府关于落实农区草牧场“双权一制”工作的补充通知》、《内蒙古自治区人民政府关于做好全区换发第二代居民身份证工作有关事宜的通知》、《内蒙古自治区人民政府关于贯彻〈法律援助条例〉加强法律援助工作的意见》、《内蒙古自治区人民政府贯彻落实国务院关于深化改革严格土地管理的决定的通知》、《内蒙古自治区人民政府关于分配黄河水初始水权量有关事宜的通知》、《内蒙古自治区人民政府关于做好深化农村信用社改革工作的通知》、《内蒙古自治区人民政府关于公布王昭君墓等五十二处重点文物保护单位保护范围与建设控制地带的通知》、《内蒙古自治区人民政府贯彻国务院关于进一步加强食品安全工作决定的通知》、《内蒙古自治区人民政府关于杭锦旗与乌拉特前旗边界土地纠纷问题的决定》、《内蒙古自治区人民政府批转自治区水利厅关于黄河干流水权转换实施意见(试行)的通知》、《内蒙古自治区人民政府关于公布第三批内蒙古名牌农畜产品名录的通告》、《内蒙古自治区人民政府关于编制2005年地方预算的通知》、《内蒙古自治区人民政府关于印发自治区粮食收购资格管理办法的通知》、《内蒙古自治区人民政府于国土资源管理体制改革的实施意见》、《内蒙古自治区人民政府关于尤根·夏德等六位国外专家荣获2004年度自治区“骏马奖”的通报》、《内蒙古自治区人民政府关于加快发展能源重化工业进一步推进煤炭资源优化配置的意见》、《内蒙古自治区人民政府办公厅关于自治区主席、副主席工作分工的通知》、《内蒙古自治区人民政府办公厅关于印发自治区人民政府推进农牧业产业化办公室主要职责内设机构和人员编制规定的通知》、《内蒙古自治区人民政府办公厅关于印发自治区农牧业厅主要职责内设机构和人员编制规定的通知》、《内蒙古自治区人民政府办公厅关于转发国务院办公厅关于切实解决建设领域拖欠工程款问题的通知》、《内蒙古自治区人民政府办公厅关于进一步做好全区社会市面蒙汉两种文字并用和党政机关公文蒙汉两种文字并行工作的通知》、《内蒙古自治区人民政府办公厅转发国务院办公厅关于进一步加强森林防火工作的通知》、《内蒙古自治区人民政府办公厅转发国务院办公厅关于妥善解决当前农村土地承包纠纷的紧急通知》、《内蒙古自治区人民政府办公厅转发国务院办公厅关于清理固定资产投资项目的通知》、《内蒙古自治区人民政府办公厅转发国务院办公厅关于控制城镇房屋拆迁规模严格拆迁管理的通知》、《内蒙古自治区人民政府办公厅关于印发自治区发展和改革委员会主要职责内设机构和人员编制规定的通知》、《内蒙古自治区人民政府办公厅关于印发自治区人民政府工业办公室主要职责内设机构和人员编制规定的通知》、《内蒙古自治区人民政府办公厅关于印发保护知识产权专项行动方案的通知》、《内蒙古自治区人民政府办公厅关于转发国办发〔2004〕78号文件的通知》、《内蒙古自治区人民政府办公厅转发国务院办公厅关于加强湿地保护管理的通知》、《内蒙古自治区人民政府办公厅转发国务院办公厅关于开展2005年全国1%人口抽样调查的通知》、《内蒙古自治区人民政府办公厅关于进一步做好拖欠农民工工资清欠工作的紧急通知》、《内蒙古自治区人民政府办公厅关于同意实施自治区重点培育和发展的20户大企业(集团)提升企业竞争力方案的通知》、《内蒙古自治区人民政府办公厅关于印发农业厅等六部门开展剧毒杀鼠剂和高毒农药市场专项整治行动实施方案的通知》、《内蒙古自治区人民政府办公厅关于转发建设部等八部门建市〔2004〕1号文件的通知》、《内蒙古自治区人民政府办公厅关于严格控制举办城市周年庆典活动的通知》、《内蒙古自治区人民政府办公厅关于表彰2003年度全区政府系统督查工作先进集体的通报》、《内蒙古自治区人民政府办公厅关于印发〈内蒙古自治区人民政府与内蒙古自治区总工会联席会议制度若干规定〉的通知》、《内蒙古自治区人民政府办公厅关于〈内蒙古自治区地下水资源〉通过验收的通知》、《内蒙古自治区人民政府办公厅关于开展贯彻落实中央经济工作会议精神情况专项检查的通知》、《内蒙古自治区人民政府办公厅关于印发自治区防治人间禽流感应急预案的通知》、《内蒙古自治区人民政府办公厅转发自治区公安厅交通厅关于110国道乌盟段疏堵工作预案的通知》、《内蒙古自治区人民政府办公厅关于自治区主席助理工作分工的通知》、《内蒙古自治区人民政府办公厅关于上报信息考评工作有关事宜的通知》、《内蒙古自治区人民政府办公厅关于做好全区公路建设先进集体和先进个人评选工作的通知》、《内蒙古自治区人民政府办公厅关于印发重点工业开发区工业园区考核评价办法的通知》、《内蒙古自治区人民政府办公厅关于组织编纂〈内蒙古年鉴(2004卷)〉的通知》、《内蒙古自治区人民政府办公厅关于印发2004年政务信息报送要点的通知》、《内蒙古自治区人民政府办公厅关于配合开展〈中华人民共和国红十字会法〉及〈内蒙古自治区实施《中华人民共和国红十字会法》办法〉执法情况检查的通知》、《内蒙古自治区人民政府办公厅关于印发监管企业负责人经营业绩考核办法的通知》、《内蒙古自治区人民政府办公厅关于开展火灾隐患集中整治“百日会战”活动的通知》、《内蒙古自治区人民政府办公厅关于表彰奖励2003年度先进集体和先进工作者的通报》、《内蒙古自治区人民政府办公厅关于表彰2003年度全区政务信息报送先进单位和优秀信息员的通报》、《内蒙古自治区人民政府办公厅关于2003年消防工作责任状和人员密集场所消防疏散通道安全出口专项治理考核验收情况的通报》、《内蒙古自治区人民政府办公厅关于转发国家发展和改革委员会等四部委“发改外资〔2003〕2343号”文件和国土资源部“国土资电发〔2004〕5号”文件的通知》、《内蒙古自治区人民政府办公厅关于印发研究两伊铁路问题会议纪要的通知》、《内蒙古自治区人民政府办公厅关于报送社会事业和第三产业重大项目情况的通知》、《内蒙古自治区人民政府办公厅关于成立自治区参加第十届全国运动会筹备工作领导小组的通知》、《内蒙古自治区人民政府办公厅关于印发中国内蒙古自治区人民政府与蒙古国工业贸易部贸易经济合作常设协商工作小组第五次会议纪要的通知》、《内蒙古自治区人民政府办公厅关于做好自治区经贸代表团出访俄罗斯蒙古国前期准备工作的通知》、《内蒙古自治区人民政府办公厅关于组织开展〈中华人民共和国道路交通安全法〉实施活动的通知》、《内蒙古自治区人民政府办公厅关于调整自治区食品安全协调领导小组成员的通知》、《内蒙古自治区人民政府办公厅关于做好治理土地市场秩序检查验收工作的通知》、《内蒙古自治区人民政府办公厅关于印发自治区金融办2004年工作要点的通知》、《内蒙古自治区人民政府办公厅关于组团参加第八届中国东西部合作投资贸易洽谈会的通知》、《内蒙古自治区人民政府办公厅关于成立自治区防火安全委员会的通知》、《内蒙古自治区人民政府办公厅关于明确重大项目建设工作负责人和工作机构的通知》、《内蒙古自治区人民政府办公厅关于印发研究整治油气田及输油气管道生产治安秩序会议纪要的通知》、《内蒙古自治区人民政府办公厅关于开展劳动保障法律监督检查活动的通知》、《内蒙古自治区人民政府办公厅关于组团参加"内蒙古旅游宣传周"活动的通知》、《内蒙古自治区人民政府办公厅关于修编土地利用总体规划和保护耕地草原林地有关问题的通知》、《内蒙古自治区人民政府办公厅关于表彰奖励2004年固定资产投资和重大项目建设成绩突出单位有关事宜的通知》、《内蒙古自治区人民政府办公厅关于印发各类开发区清理整顿初步方案的通知》、《内蒙古自治区人民政府办公厅关于组织开展国家宏观政策适度调整对固定资产投资及重大项目建设影响情况调研的通知》、《内蒙古自治区人民政府办公厅转发自治区环保局等部门关于进一步做好自然保护区建设和管理工作报告的通知》、《内蒙古自治区人民政府办公厅关于自治区粮食局大院办公用房地产地界划分处置的通知》、《内蒙古自治区人民政府办公厅关于原自治区对外贸易经济合作厅办公用房地产划归内蒙古对外贸易经济合作（集团）有限责任公司的通知》、《内蒙古自治区人民政府办公厅关于做好中俄边境和地方经贸合作协调委员会第六次会议准备工作的通知》、《内蒙古自治区人民政府办公厅关于组织开展城市规划建设管理暨城市发展评价工作的通知》、《内蒙古自治区人民政府办公厅关于整顿统一着装的通知》、《内蒙古自治区人民政府办公厅关于印发研究包钢分离企业办学校问题会议纪要的通知》、《内蒙古自治区人民政府办公厅转发自治区统计局等部门关于进一步做好人口变动情况抽样调查工作意见的通知》、《内蒙古自治区人民政府办公厅关于开展涉及危险化学品企业安全生产检查的紧急通知》、《内蒙古自治区人民政府办公厅关于开展汽车市场专项整治督查工作的通知》、《内蒙古自治区人民政府办公厅关于印发地质矿产勘查项目和资金管理办法的通知》、《内蒙古自治区人民政府办公厅关于进一步加强非典型肺炎预防控制工作的通知》、《内蒙古自治区人民政府办公厅关于全区消防安全督查情况的通报》、《内蒙古自治区人民政府办公厅关于印发开展整治违法排污企业保障群众健康环保专项行动实施方案的通知》、《内蒙古自治区人民政府办公厅关于加强全区煤矿安全工作的紧急通知》、《内蒙古自治区人民政府办公厅关于组团参加中国·北京高科技产业博览会的通知》、《内蒙古自治区人民政府办公厅关于切实加强春季抗旱造林工作的通知》、《内蒙古自治区人民政府办公厅关于开展经营城市调研的通知》、《内蒙古自治区人民政府办公厅关于启用新版行政执法证件的通知》、《内蒙古自治区人民政府办公厅转发内蒙古气象局关于进一步做好"三农"气象服务工作意见的通知》、《内蒙古自治区人民政府办公厅关于组织开展内蒙古名牌农畜产品认定工作的通知》、《内蒙古自治区人民政府办公厅关于开展高载能企业监督检查工作的通知》、《内蒙古自治区人民政府办公厅关于北方奔驰载重汽车进入我区运输市场有关事宜的通知》、《内蒙古自治区人民政府办公厅关于督查验收劳动保障法律监督检查活动的通知》、《内蒙古自治区人民政府办公厅关于进一步做好京呼高速公路集宁路古城遗址保护工作的通知》、《内蒙古自治区人民政府办公厅关于成立自治区清理整顿电石和铁合金行业工作领导小组的通知》、《内蒙古自治区人民政府办公厅关于切实做好牧业普查工作的通知》、《内蒙古自治区人民政府办公厅关于印发内蒙古自治区2004年地质灾害防灾预案的通知》、《内蒙古自治区人民政府办公厅关于做好2004年草原蝗虫防治工作的紧急通知》、《内蒙古自治区人民政府办公厅转发自治区农牧业厅等部门关于做好农牧民工培训工作实施意见的通知》、《内蒙古自治区人民政府办公厅关于成立自治区清理固定资产投资项目领导小组的通知》、《内蒙古自治区人民政府办公厅关于配合开展〈中华人民共和国土地管理法〉和〈内蒙古自治区实施《中华人民共和国土地管理法》办法〉执法检查的通知》、《内蒙古自治区人民政府办公厅转发国务院办公厅关于深入开展土地市场治理整顿严格土地管理的紧急通知》、《内蒙古自治区人民政府办公厅关于开展征用农牧民集体所有土地补偿费管理使用情况专项检查的通知》、《内蒙古自治区人民政府办公厅关于接收自治区境内铁路系统所属教育医疗机构事宜的补充通知》、《内蒙古自治区人民政府办公厅关于印发加强危险化学品专项整治工作方案的通知》、《内蒙古自治区人民政府办公厅关于组织开展经济增长点和税源情况调研工作的通知》、《内蒙古自治区人民政府办公厅关于印发深入开展土地市场治理整顿工作方案的通知》、《关于切实做好"120－4H"任务相关协调保障工作的通知》、《内蒙古自治区人民政府办公厅关于印发自治区食品安全专项整治工作方案的通知》、《内蒙古自治区人民政府办公厅转发国家发展和改革委员会等九部门关于清理规范焦炭行业的若干意见的紧急通知》、《关于贯彻落实国办发明电〔2004〕22号文件精神的意见》、《内蒙古自治区人民政府办公厅关于组织开展全国再就业工作先进集体和先进个人评选活动的通知》、《内蒙古自治区人民政府办公厅关于开展雨季造林工作的通知》、《内蒙古自治区人民政府办公厅关于做好使用正版软件工作的通知》、《内蒙古自治区人民政府办公厅关于检查验收电石、铁合金和焦炭行业清理整顿工作的通知》、《内蒙古自治区人民政府办公厅关于进一步治理整顿土地市场的紧急通知》、《内蒙古自治区人民政府办公厅关于参加第二届中国东北地区（长春）国际农业博览会的通知》、《内蒙古自治区人民政府办公厅关于参加第二届中国东北地区（长春）国际农业博览会的通知》、《内蒙古自治区人民政府办公厅转发农业部关于切实加强监督管理制止向农民乱收税费的紧急通知》、《内蒙古自治区人民政府办公厅关于做好〈中国政府机构名录〉2004年至2005年版材料征集工作的通知》、《内蒙古自治区人民政府办公厅关于组团参加第八届(厦门)中国投资贸易洽谈会有关事宜的通知》、《内蒙古自治区人民政府办公厅关于成立自治区中德财政合作医疗卫生二期贷款项目领导小组的通知》、《内蒙古自治区人民政府办公厅关于印发自治区防治鼠疫灭鼠灭蚤工作方案的通知》、《内蒙古自治区人民政府办公厅转发国家发展和改革委员会等七部门关于进一步打击地条钢建筑用材非法生产销售行为的紧急通知》、《内蒙古自治区人民政府办公厅关于贯彻落实国办发明电〔2004〕22号文件精神的意见的补充通知》、《内蒙古自治区人民政府办公厅关于印发全区劳动保障法律监督检查工作情况报告的通知》、《内蒙古自治区人民政府办公厅关于认真做好2004年“健康之路·内蒙古行”活动工作的通知》、《内蒙古自治区人民政府办公厅关于进一步加强规范化管理改进公文办理工作的意见》、《内蒙古自治区人民政府办公厅关于协助自治区测绘事业局执行野外测绘任务的通知》、《内蒙古自治区人民政府办公厅关于加强开发区(园区)土地管理有关事项的通知》、《内蒙古自治区人民政府办公厅关于2004年上半年全区城市低保补助金发放情况的通报》、《内蒙古自治区人民政府办公厅转发自治区工业办等部门关于对全区电石和铁合金行业进行清理整顿意见的通知》、《内蒙古自治区人民政府办公厅关于配合开展〈中华人民共和国动物防疫法〉和〈内蒙古自治区动物防疫条例〉执法检查的通知》、《内蒙古自治区人民政府办公厅关于成立自治区银行卡产业发展领导小组的通知》、《内蒙古自治区人民政府办公厅转发自治区监察厅关于自治区直属机关开展行政效能监察工作意见的通知》、《内蒙古自治区人民政府办公厅印发自治区人大常委会关于开展〈中华人民共和国消防法〉和〈内蒙古自治区消防条例〉执法检查工作方案的通知》、《内蒙古自治区人民政府办公厅关于征求〈内蒙古自治区人民政府突发公共事件总体预案〉(征求意见稿)意见的通知》、《内蒙古自治区人民政府办公厅关于印发2004年整顿和规范市场经济秩序工作实施方案的通知》、《内蒙古自治区人民政府办公厅关于确定各盟市落实国务院土地市场秩序治理整顿验收意见责任人的通知》、《内蒙古自治区人民政府办公厅关于部分地区基本医疗保险基金当期收不抵支情况的通报》、《内蒙古自治区人民政府办公厅关于报送保留开发区有关数据和材料的紧急通知》、《内蒙古自治区人民政府办公厅关于组团参加第三届中国国际装备制造业博览会的通知》、《内蒙古自治区人民政府办公厅关于进一步查处开发区土地违法问题的通知》、《内蒙古自治区人民政府办公厅关于核查电石铁合金焦炭行业清理整顿工作的通知》、《内蒙古自治区人民政府办公厅关于报送政务公开工作经验材料的通知》、《内蒙古自治区人民政府办公厅关于配合做好辽河流域水污染防治情况审计工作的通知》、《内蒙古自治区人民政府办公厅关于公布全区电石和铁合金行业供停电企业名单的通知》、《内蒙古自治区人民政府办公厅关于做好电石铁合金焦炭行业清理整顿检查准备工作的通知》、《内蒙古自治区人民政府办公厅关于印发“骏马奖”评选奖励暂行办法的通知》、《内蒙古自治区人民政府办公厅关于开展政务公开调研工作的通知》、《内蒙古自治区人民政府办公厅关于组团参加第九届澳门国际贸易投资展览会的通知》、《内蒙古自治区人民政府办公厅转发自治区工业办等部门关于清理整顿期间现有电石和铁合金企业有关电力供应的意见的通知》、《内蒙古自治区人民政府办公厅关于组织开展“两基”达标评估验收工作的通知》、《内蒙古自治区人民政府办公厅关于配合做好全区荒漠化动态分析专家组调研考察工作的通知》、《内蒙古自治区人民政府办公厅关于报送保留和拟保留开发区有关材料紧急通知》、《内蒙古自治区人民政府办公厅关于进一步治理整顿土地市场的通知》、《内蒙古自治区人民政府办公厅关于贯彻落实自治区规范性文件制定和备案审查办法的实施意见》、《内蒙古自治区人民政府办公厅关于参加第六届中国国际高新技术成果交易会自治区代表团组成人员的通知》、《内蒙古自治区人民政府办公厅关于切实做好网上会议通知办理工作的通知》、《内蒙古自治区人民政府办公厅关于配合开展〈中华人民共和国劳动法〉和〈内蒙古自治区城镇职工基本养老保险条例〉以及〈内蒙古自治区劳动和社会保障监察条例〉执法检查的通知》、《内蒙古自治区人民政府办公厅关于集中开展治理公路“三乱”专项检查的紧急通知》、《内蒙古自治区人民政府办公厅关于成立呼和浩特白塔机场扩建工程指挥部的通知》、《内蒙古自治区人民政府办公厅关于报送落实国务院领导同志在全国政府系统秘书长办公厅主任会议上讲话精神情况的通知》、《内蒙古自治区人民政府办公厅关于开展皮革皮毛产业调研的通知》、《内蒙古自治区人民政府办公厅关于使用新华社新闻信息产品的通知》、《内蒙古自治区人民政府办公厅关于印发自治区民航专用频率干扰处置预案的通知》、《内蒙古自治区人民政府办公厅关于做好向中国农业银行推荐信贷项目事宜的通知》、《内蒙古自治区人民政府办公厅关于苏木乡镇机构改革进行调研工作的通知》、《内蒙古自治区人民政府办公厅关于组团参加第六届上海国际工业博览会的通知》、《内蒙古自治区人民政府办公厅转发加快内蒙古保险业发展意见的通知》、《内蒙古自治区人民政府办公厅关于进一步加强森林草原防火工作的紧急通知》、《内蒙古自治区人民政府办公厅关于督查贯彻全区第三产业工作会议精神情况的通知》、《内蒙古自治区人民政府办公厅关于组织开展规范性文件清理工作的通知》、《内蒙古自治区人民政府办公厅关于做好迎接全国人大常委会〈中华人民共和国统计法〉执法检查准备工作的通知》、《内蒙古自治区人民政府办公厅关于报送2005年会议计划的通知》、《内蒙古自治区人民政府办公厅关于做好依法行政先进集体和先进个人评选和推荐工作的通知》、《内蒙古自治区人民政府办公厅关于报送清理拖欠工程款工作进展情况的紧急通知》、《内蒙古自治区人民政府办公厅关于印发2004年自治区重点企业重点项目人才需求紧缺专业目录的通知》、《内蒙古自治区人民政府办公厅关于进一步加强煤矿安全生产工作的紧急通知》、《内蒙古自治区人民政府办公厅关于迎接国务院再就业工作部际联席会议联合调研组开展调研的通知》、《内蒙古自治区人民政府办公厅关于上报2005年重点铁路项目建设和改造计划的通知》、《内蒙古自治区人民政府办公厅关于开展全区2004年重大项目建设检查考核工作的通知》、《内蒙古自治区人民政府办公厅关于开展贯彻全区第三产业工作会议精神情况督查的通知》、《内蒙古自治区人民政府办公厅转发自治区教育厅　财政厅　人民银行呼和浩特中心支行内蒙古银监局关于进一步加强我区国家助学贷款工作实施意见的通知》、《内蒙古自治区人民政府办公厅关于开展全区清理拖欠工程款和农民工工资检查工作的通知》、《内蒙古自治区人民政府办公厅关于报送拟保留开发区补充材料的紧急通知》、《内蒙古自治区人民政府办公厅关于印发内蒙古铁路建设有关问题会谈纪要的通知》、《内蒙古自治区人民政府办公厅关于开展城镇职工基本医疗保险基金运行情况大检查的通知》、《内蒙古自治区人民政府办公厅关于贯彻执行〈内蒙古自治区实施〈中华人民共和国防沙治沙法〉办法〉的通知》、《内蒙古自治区人民政府办公厅关于印发自治区代表团出访俄蒙协议项目和商定事项责任分工表的通知》、《内蒙古自治区人民政府办公厅关于组织实施全区电子政务网络互联工程的通知》、《内蒙古自治区人民政府办公厅关于印发自治区压事故保安全迎春运专项行动方案的通知》、《内蒙古自治区人民政府办公厅关于印发2004年全区消防工作责任状考核验收方案的通知》、《内蒙古自治区人民政府办公厅关于评选自治区防震减灾先进集体的通知》、《内蒙古自治区人民政府办公厅关于赴部分盟市进行医疗保险基金运行情况抽查的通知》、《内蒙古自治区人民政府办公厅关于印发综合开发利用内蒙古煤炭资源的会谈纪要的通知》、《内蒙古自治区人民政府办公厅转发自治区人事厅关于进一步加快发展人才市场意见的通知》、《内蒙古自治区人民政府办公厅关于贯彻落实全国抗旱和冬春农田水利基本建设电视电话会议精神有关事宜的通知》、《内蒙古自治区人民政府办公厅转发文化厅财政厅关于民族民间文化保护工程实施方案的通知》、《内蒙古自治区人民政府办公厅关于开展食品放心工程和食品安全专项整治督查工作的通知》、《内蒙古自治区人民政府办公厅关于加快自治区银行卡产业发展的通知》、《内蒙古自治区人民政府办公厅关于进一步加强烟花爆竹安全监督管理工作的通知》、《内蒙古自治区人民政府办公厅关于组织开展中小学和幼儿园安全管理专项整治情况督查工作的通知》、《内蒙古自治区人民政府办公厅关于报送扶持人口较少民族发展工作有关情况的通知》、《内蒙古自治区人民政府办公厅转发自治区劳动和社会保障厅关于加强高技能人才队伍建设意见的通知》、《内蒙古自治区人民政府办公厅关于印发2004年调整企业退休人员基本养老金实施方案的通知》、《内蒙古自治区人民政府办公厅关于加强自治区政务综合门户网站建设的通知》、《内蒙古自治区人民政府办公厅关于组织开展2004年盟市安全生产工作目标考核和两节前安全生产大检查的通知》、《内蒙古自治区人民政府办公厅关于印发2005年自治区本级政府采购集中采购目录、限额标准和公开招标数额标准的通知》、《内蒙古自治区人民政府办公厅转发关于贯彻自治区人民政府进一步加强和改进消防工作决定实施意见的通知》、《内蒙古自治区人民政府办公厅关于做好迎接俄罗斯伊尔库茨克州代表团的通知》、《内蒙古自治区人民政府办公厅关于做好全区农村牧区工作会议准备工作的通知》、《内蒙古自治区人民政府办公厅关于开展农村牧区"两免一补"工作进展情况督查的通知》、《内蒙古自治区人民政府办公厅关于进一步完善煤矿安全监察监管职责体制的通知》、《内蒙古自治区人民政府办公厅关于首批正版计算机软件配发及相关事宜的紧急通知》、《内蒙古自治区人民政府办公厅关于确认2005年新开工重点铁路建设项目的通知》、《内蒙古自治区人民政府办公厅关于全区清理拖欠工程款和农民工工资情况的通报》、《内蒙古自治区人民政府办公厅关于2005年煤炭产运衔接有关事宜的通知》、《〈内蒙古自治区人民政府办公厅关于印发〈内蒙古自治区本级会议政府采购管理办法〉等五个办法的通知〉》、《内蒙古自治区人民政府办公厅关于调整企业及其职工基本养老保险缴费比例的通知》、《内蒙古自治区人民政府办公厅印发自治区人民政府与河北省人民政府关于双方加强经济技术合作会议纪要的通知》。

（刘田煜）

政府办公厅

【内蒙古自治区人民政府办公厅领导名录】

主　　任：乌兰巴特尔（蒙古族）
副 主 任：李生义
宋　亮（6月离任）
魏　军
杨　玺
那炜清（蒙古族）
于清理（3月任职）
纪检组长：娜仁图雅（女　蒙古族）

助理巡视员:郭进宝(4月离任)
呼格吉勒图(蒙古族)
巴特尔(蒙古族)
张肯发

【文秘工作】

秘书一处　全年共办理各类文件70 000多件,其中以自治区人民政府、人民政府办公厅名义制发4大类文件116件;受理请示、报告1 305件,办结1 201件,办结率92%;办理出国审批件290件,办结率100%;办理国务院及国务院办公厅、国家各部委、各省市、自治区党委、自治区人大常委会非秘级文件1 598件,秘级文件169件;交换各类文件186 700多件,办理特快专递、挂号、平信108 600多份,发送机要文件17 800件;加强保密教育与管理,全年没有发生失泄密事件;电子政务工作得到长足的发展;《内蒙古政报》发送量达到5万份,超额100%完成计划,编辑差错率控制在四十万分之一,超过国家一级刊物标准,社会覆盖面和影响力进一步扩大。

秘书二处　全年共起草综合性文稿32篇、专题报告和汇报材料18篇、会议纪要19个、各类函件36件、文件18件;起草其它文稿120多件,约80万字。

秘书三处　全年起草审改各类文稿150余篇,约100余万字;组织、承办主席专题工作会议、秘书长、厅主任会议及各类直协调会、座谈会等180余次。

秘书四处　全年共起草、核改各类文稿195篇,共计86多万字,其中领导讲话75篇;组织召开各类会议180余次;办理重要督查件8件,办结率100%。

秘书五处　全年共起草完成各类文稿218篇,约80多万字,其中领导讲话、报告等68余篇,各类文件、签报、信函110件,调研报告8篇,其它文稿20篇;直接组织和协助其他部门筹办类会议100余次。

综合处　全年共起草、修改和整理会议讲话、汇报材料等各类文稿173篇,约100万字;整理汇编杨晶同志文稿约20万字。

翻译处　全年共翻译发至旗县级的各类文件约11.6万字,蒙汉文并行率达100%;翻译《内蒙古政报》12期,约84万字;及时完成《政府工作报告》的翻译工作,约2万字;为自治区各级机关、企事业单位翻译、书写公章、文件头、牌匾、会标、证件、证书、商标、奖状等600件,约1万多字。

会议处　全年共起草、印发会议通知126件;共承办政府常务会议、主席办公会议、国务院及国家各部委召开的电视电话会议、自治区党委政府召开的全区性大型会议及其他各类会议164次;办理国务院办公厅、国家各部委、各省市区来文来函98件,自治区党委、人大、政协来文来函62件,自治区部门、盟市函件74件;总值班室协助领导处置紧急事项1 576起,其中突发性事件212起;向国务院办公厅编辑上报《内蒙古值班信息》49期;编发《值班快报》43期,《要情专报》472期;运转《文件批办单》、协调安排领导参加会议和出席公务活动157次;编发《领导同志每日、每周公务活动安排》247期;编辑《政务值班反馈表》11期;处理自治区各部门负责人请销假事项24件;监制各地区、各部门和各单位印章153枚;做重要电话记录612次,收发传真732件,复印文件10余万页;接待来访人员3 000人(次);编辑大屏幕600余条;更新办公厅内部电话表,重新印制《自治区政府系统电话号码薄》。

【地方志工作】

志书出版 编纂　2004年,共指导出版11部志书。评审验收7部志稿,总字数800多万字。完成《内蒙古旅游》一书的总纂工作。地方志办公室承编的《内蒙古自治区志·人物志》编纂工作正式启动。

年鉴编辑　《内蒙古年鉴》(2003卷)分别获中国地方志指导小组举办的"首届中国地方志年鉴优秀奖"和中国版协年鉴研究会举办的"第二届'全国年鉴奖'优秀提名奖"和"第二届'全国年鉴奖'二等奖"。《内蒙古年鉴》(2004卷)于年底前出版面世。制作完成《内蒙古年鉴》1998~2001卷、2002卷、2003卷、2004卷的电子版光盘。

督查 指导　对未完成修志任务的委办厅局进行督查,自治区人民政府督查室下发《关于对自治区有关委办厅局修志工作进展情况进行督查的通知》,地方志办公室与政府督查室组成联合督查组,对未完成修志任务的47个自治区直属厅局进行了跟踪督查。这是自治区第一次对修志工作开展的政府督查,推动了委办厅局的修志工作。

先后10多次深入自治区部分委办厅局、盟市和部分旗县(市区)听取修志工作情况汇报,督促检查指导志书编纂工作,对十几部志书的篇目进行了指导修改;派人先后4次赴乌兰察布市档案史志局及其8个旗县市地方志办公室进行检查指导工作。还派人深入自治区林业厅、交通厅、兴安盟、察哈尔右翼后旗、察哈尔右翼前旗,对修志人员集中培训,讲课辅导。

网络建设　2004年,地方志办公室在对"内蒙古区情网"站所设栏目不断添加、补充新内容的同时,开发建立"内蒙古年鉴"等8个数据库。《内蒙古年鉴》1998卷至2003卷和《内蒙古自治区志·政府志》上网。

刊物工作　是年,按时编辑出版《内蒙古地方志》刊物6期,发行近万份。资料管理、信息咨询等其它工作也有新进展。

【督查工作】　以党中央、国务院、自治区党委、政府的中心工作为重点,抓住问题多、矛盾大和群众普遍关注的热点、难点问题,加大督促检查工作力度。坚持督查工作催办、通报、反馈和专报制度,对领导交办事项和重要批示进行专项督查。全年共开展针对重大决策和工作部署的督查6次,办理自治区党委、政府领导专项批示24件,完成《督查与反馈》40期,完成1至11次常务会议议定事项的落实,形成《常务会议纪要落实情况的报告》6期;编辑整理《自治区政府领导重要批示》12期;编发《内蒙古政务督查》25期。共承办国家及自治区两级人大代表建议363件,政协提案485件,办结率100%。共督查、走访12个盟市17个旗县,全年文字量约100余万字。

【信息工作】 围绕政府中心工作,有计划、有针对性地提供高质量、有参考价值的信息,通过强化信息报送制度建设,各地区、各部门信息报数量的质量大幅提高。全年共收到各单位报送信息57 600多条,各类刊物采用各地区、各部门上报信息4 000多条;编辑出刊《每日要情》256期、《区外信息》43期、《领导阅件》22期、《专送信息》263期;与秘书五处(重大项目办)合编《重大项目动态》19期;在办公厅内网新增《今日观察(内部版)》栏目,共发7期;自治区领导在信息刊物上共批示143条。创办《政务情况交流》,对办公厅内网内容进行改版,并发布《互联网信息(电子版)》8 175条,《区外信息(电子版)》2 965条;通过《内蒙古信息》上报国务院办公厅信息790条,被采用58条,其中,国务院领导做出批示的信息有7条。信息报送累计得分在全国各省、市、自治区中排第16位。

【信访工作】 按照自治区党委、政府的安排和部署,积极主动地接待和受理人民群众来信来访3万多件次,受理自治区党委、政府信访热线电话近千件,督查落实自治区党委、政府和国家信访局领导对信访工作和信访问题的批示200多件,协调解决大量群众信访反映的问题,受到自治区领导和国家信访局的充分肯定,在体察民情、反映民意、密切党和政府与人民群众联系、完善党和政府的管理与决策等方面发挥积极作用。

(刘田煜)

信 访

【内蒙古自治区党委政府信访局领导名录】

局 长:金 平(蒙古族)

副局长:王 琦

【概况】 内蒙古自治区党委政府信访局为内蒙古自治区人民政府办公厅管理的负责信访工作的副厅级行政机构,业务上接受自治区党委办公厅、政府办公厅的指导。局机关设5个处:综合处、办信处、来访接待处、办案处、督查处,行政编制27名,其中局长1名(副厅级),副局长4名(1名副厅级、3名正处级),处级领导职数10名(5正、5副)。至2004年底,自治区党委政府信访局实有工作人员29名,其中女同志8名,占27.6%;少数民族干部14名,占48.3%;大学文化程度21名,占72.4%;大专文化程度8名,占27.6%;29岁以下工作人员2名,30岁至39岁7名,40岁至49岁10名,50岁以上10名。工作人员平均年龄为44.2岁。

【信访活动】

信访分布 2004年,全区旗县级以上党政信访部门共受理群众来信来访325 251件次,比上年增长18.9%。其中受理群众来信21 563件次,减少1.7%;接待群众来访303 688人次,增长20.7%。

自治区党委政府信访局受理群众来信来访32 812件次,占全区信访总量的10.1%。其中:受理群众来信7 746件次,减少7.3%;接待群众来访25 066人次,增长46.5%。来访中集体来访801批次22 005人次,分别增长76.4%和48.7%。

盟市党政信访部门受理群众来信来访120 426件次,占全区信访总量的37.0%。其中受理群众来信7 410件次,减少5.1%;接待群众来访113 016人次,增长11.5%。来访中集体访2 904批次99 826人次,批次、人次分别增长8.2%和12.0%。

旗县级党政信访部门受理群众来信来访172 013件次,占全区信访总量的52.9%。其中:受理群众来信6 407件次,增长10.8%;接待群众来访165 606人次,增长24.5%。来访中集体访6 753批次142 682人次,分别增长20.8%和25.1%。

2004年,国家信访局接待全区来访群众就3 057批次7 660人次,同比分别增长59.2%和50.4%。来访数量连续多年排在全国31个省区市的前列,其中不乏异常、违法行为。

信访内容 主要集中在国有企业改制、农村土地征用、城镇房屋拆迁、涉法涉诉、企业军转干部、各级干部的违法违纪及工作作风等直接涉及群众切身利益的几个方面:

1. 国有企业改制问题。在集体上访反映问题中所占比例最高。以国有企业改制遗留问题为主,主要反映工资问题、养老保险、医疗保险问题等,往往与反映国有资产流失问题紧密相连。退休职工要求提高生活待遇问题、原企业办学校纳入地方政府管理后退休教职员工的待遇问题成为2004年企业整改上访的热点问题。

2. 农村土地征占问题。从反映问题看,除了国家及自治区重点工程项目征占地引发的问题外,有的县、乡镇政府盲目引进、开发、乱批乱占农用土地的现象也比较多。矛盾的焦点在土地补偿的标准和补偿费发放的程序上,新建开发区、工业园区的征占土地、修建、扩建高速公路的占地、城市改造过程对周边郊区的征占地补偿等。

3.城镇房屋拆迁问题。主要反映拆迁补偿标准低、安置不合理等问题。由于拆迁方与被拆迁方意见分歧较大,问题一但出现,上访群众的对立情绪较大。

此外,反映各级各类干部违法违纪问题比较普遍。

信访特点　一是信访总量大幅增长,集体访、越级访问题突出。二是群众信访活动上行趋势较为明显。三是异常上访屡禁不止,过激行为时有发生。四是择机上访问题突出。五是组织化倾向明显。

【信访信息】

信访统计　继续制发《全区群众来信来访统计月报》,对自治区三级党政信访受理的数量进行统计,并与上年同期进行比较,全面、及时、准确地掌握全区各级信访情况和信访动态。

信息传递　在坚持以《信访动态》、《信访专报》等形式报送信息的基础上,对突发紧急信访问题及时以《信访信息》向自治区党委、政府和国家信访局报送情况。全年编发专报、动态、信息、通报等500余期,多数引起有关领导的重视,为党和政府决策提供详实的参考依据。自治区信访局的信息工作在区直102个部门、单位中得分排名第4位。

综合分析　继续坚持月信访形势分析会制度,准确把握苗头性、倾向性问题,及时进行综合分析,并提出相应的工作建议。全年向国家信访局、自治区党委和政府以及有关地区、部门提供综合性情况分析百余条,多次得到自治区主要领导和有关领导的批示和表扬,对领导责任制的落实和信访问题的解决起到推动和促进作用。

【受理工作】

群众来信受理　一是提把办信工作的着力点放在为群众解决实际问题上。信件利用率达9.5%。其中核查督办信访问题同比增加47.0%,基本属实率达96.5%;二是加强初信、联名信、紧急信的办理力度。通报加强对初次反映、联名反映各类干部违法违纪、违反政策等问题的核查处理工作。通过核查,由55名干部的违法违纪问题得到处理。三是加强综合分析,并紧紧围绕带有全局性、根本性的问题,为自治区领导提供决策执行情况、落实情况急存在问题的调研室材料;四是共办理"主席信箱"投递的电子邮件458件,在线答复其中93件。

群众来访接待　一是重点加强初访接待工作,不断提高一次性接访工作水平;二是加强协调,妥善处理集体访,防止发生越级进京集体上访;三是加强对来访问题跟踪督查。全年共发出《群众赴自治区集体访承办单》123份,发出《群众赴自治区个体访重要案跟踪单》94份,并每季度向全区通报办理情况。四是集中清理、劝返在京滞留上访人员。建立以驻京办事处机构为依托的劝返进京非正常上访人员长效工作。

党委政府信访热线电话　进一步加强信访热线电话受理工作,及时协调督办群众反映的实际问题。宣传解释有关政策规定。向来电话的群众宣传解释党的方针政策、国家的法律法规和《信访条例》。全年受理信访热线电话540个,电话交办件结案率为100%。

信访案件办理　继续加大立案交办工作力度。全年共立案交办信访案件490件,到期结案率达100%。共向自治区党政领导和国家信访局等上级有关部门报告信访问题查办结果252件,办案工作受到国家信访局的4次通报表扬。

【信访督查】　一是加强决策督查,确保有关决策措施落到实处。二是强化专项督查,推动信访问题的解决。三加大对领导批示办理情况的督查力度,是自治区党委政府和国家信访局领导的218件批示得到了较好的落实。四是建立信访督查专员制度,加大接待处理群众来访和反映问题的工作力度。五是重点做好中央处理信访突出问题及群体性事件联席会议办公室交办信访事项的处理和督办工作。

【信访会议】

自治区信访工作领导小组会议　2月19日、8月19日,自治区党委副书记、自治区信访工作领导小组组长杨利民先后主持召开自治区信访工作领导小组会议。会议认真分析信访形势,研究部署信访工作。

全区信访工作会议　7月7日,自治区党委、政府在呼和浩特召开全区信访工作会议,自治区信访工作领导小组成员和各盟市、区直机关、大型企业分管负责同志参加了会议。会议对做好今后一个时期的信访工作进行部署。

全区集中处理信访突出问题及群体性事件电视电话会议　9月6日,自治区党委政府召开全区集中处理信访突出问题及群体性事件电视电话会议,传达胡锦涛、温家宝等中央领导同志对信访工作的中央批示,交流和通报了5个方面信访突出问题及群体性事件的工作情况,对下一步的工作进行部署。

全区预防和处置群体性事件工作会议　11月30日,自治区党委、政府在呼和浩特召开全区预防和处置群体性事件工作会议。会议传达中央有关会议精神,对自治区积极预防和妥善处置群体性事件工作作出部署。

【工作落实】

建立处理信访突出问题及群体性事件联席会议制度　按照中央的部署和要求,自8月份开始,自治区各级党委政府均建立处理信访突出问题及群体性事件联席会议制度,成立相应办事机构及国有企业改制、城镇房屋拆迁、农村土地征用、涉法涉诉、企业军转干部等5个专项问题工作小组,按照全区第一阶段工作方案开始工作。

规范信访隐患排查和领导包案工作 在全区开展信访隐患排查共9次，进一步健全和完善排查非正常上访隐患工作机制。同时，各地按照要求每月对越级非正常上访隐患进行一次集中排查。对排查出的非正常上访隐患，逐一确定包案领导。

信访督查专员制度 自治区党委、政府决定每年选派4名新提任的副厅级干部到信访局工作，专门负责隐患排查、制度集体上访接待劝返、案件处理和重大信访事件的督查督办等工作。

信访法制宣传月 6月份，在全区范围内开展了旨在增强干部、群众的法律政策意识，依法依政策受理群众的信访问题，维护信访人合法权益的“信访法制宣传月”活动，促进了干部群众特别是各级党政领导干部的法制观念和法律意识的提高。

专项治理工作 7月至12月份，自治区派出由自治区党委政府信访局和9个盟市80余人组成的驻京信访工作组在京集中开展进京非正常上访人员劝返工作，初步实现了“人要回去”的工作目标。

“两会”期间信访工作 各级、各单位全面开展信访隐患排查工作，确定包案领导，切实解决群众的信访问题，同时组织进京、来呼信访工作组，及时接待劝返进京和到自治区的上访群众。全区各级信访部门坚持24小时值班制度，做到来访有人接待，信息有人报送，确保了“两会”的顺利召开，受到自治区有关领导的表扬。

信访实绩考核评价工作 修订盟市党政领导班子及其成员信访工作实绩考核办法，将考核的重点转变到信访工作态度、工作力度、具体工作开展情况和取得的实效上来。信访局每季度向自治区党委干部实绩考核工作领导小组办公室报送考核评价情况。

驻京信访工作 建立以驻京办事机构为依托的劝返进京非正常上访人员长效工作机制，全面落实各级政府（行署）驻京联络机构接待、劝返进京非正常上访人员和报送信访信息等信访工作职能，确保进京的非正常上访人员得到及时接待和劝返。

【干部培训】 自治区直属机关、盟市、旗县（区市）和大型企业41名专兼职信访干部参加国家信访局举办的全国信访干部培训班，46名旗县信访部门主要负责人参加自治区在广州市举办的业务培训班，并考察深圳、珠海和香港、澳门特别行政区的经济社会发展情况；92名基层专兼职信访工作者在呼和浩特参加自治区举办的全区第十三期信访干部培训班。

（马进 王永胜 杜实 孙炜）

无线电管理

【内蒙古自治区无线电管理委员会领导名录】

主　　任：赵双连

副 主 任：李吾田

史青晓（6月任职）

常务副主任：李生义

【概况】 内蒙古自治区无线电管理委员会（以下简称无委会）下设办公室，是无委会的办事机构，设在自治区人民政府办公厅。自治区无委办行政编制11人，11个盟市管理处行政编制42人，全系统行政编制53人。自治区无线电监测站事业编制22人，11个盟市无线电监测站事业编制56人，全系统事业编制78人。自治区无委办对11个盟市管理处实行垂直领导，财务实行“收支两条线”管理，自治区无委办为自治区财政单独预算单位。

全区无线电管理系统现有干部、职工83人。其中：国家公务员44人；事业编制人员39人；处级以上干部20名，占总人数的24%；本科学历35人，占总人数的41%；专科学历34人，占总人数的40%；少数民族干部、职工11人，占总人数的13%。

【通信建设】 至2004年12月底，全区各类无线电台站总数711万部，其中：移动通信基站4 716座，公众移动电话用户573万户；无线接入基站（含中心站）9 392座，无线接入终端站（含小灵通）用户134万个；寻呼基站61座；短波电台2 162部；超短波电台16 320部；微波站1 849座；卫星地球站166个；广播电视台站（含差转台）1 202座；无线数据电台365个；业余电台149个。全区各类无线电发射设备总量比上年同期增长51%。

【法制建设】

1.《内蒙古自治区无线电管理办法》于2004年2月13日经自治区人民政府第5次常务会议审议通过，5月1日起实施。这是全区无线电管理史上一件大事。全区无线电管理机构于3月中旬开始开展宣传贯彻活动。一方面做好无线电管理机构内部人员及设台单位无线电管理专管员的学习和培训。全系统举办座谈会、法律讲座、培训班20余次。另一方面通过各种宣传媒体开展《无线电管理办法》宣传。全区在报刊、杂志刊登《无线电管理办法》及解读文章34篇；举办电视嘉宾访谈4次，并在自治区及12个盟市广播、电视发布消息、宣传标语145次；悬挂宣传条幅162幅；“五一”前夕宣传周，全系统在全区各地主要地点设立宣传点，开展法律咨询，发放宣传资料3.5万册，出动流动宣传车35（辆）次；自治区无委办及部分盟市通过电子政务在互联网上发布消息和解读文章。

2.年初在包头举办全区无线电管理系统《行政许可法》培训班，自治区无委办及11个盟市管理处71人参加培训，培训人员占现有人数的95%。将无线电管理行政许可的具体工作制度和工作程序通过政务公开形式全部在无线电管理网站上予以公示。

3. 结合《无线电管理办法》的贯彻施行，有针对性开展行政执法检查。在对联通、移动、微波基站核查中，共清理擅自设置、使用无线电台(站)、随便变更核定项目、乱使用频率的台(站)1 523部，年底对违规单位根据有关规定作出相应处理。呼伦贝尔管理处还查处市某公司在满洲里市擅自设置的3套WSS—10微波设备，并依据《行政处罚法》简易程序进行行政处罚。

【频率台站管理】

1. 自治区无委办与自治区保密局联合行文，在全区范围内开展对已购买、安装和使用移动通信干扰器的单位和部门进行清理整顿，全区共核查移动通信干扰器129部，自治区无委办会同自治区保密局召开自治区有关厅、局和呼和浩特地区设置使用干扰器用户座谈会，按照“三限一指定”(即限定时间、使用范围、发射功率，指定专人负责)的要求进行整改，并统一到无线电管理部门办理设台审批手续。

2. 为规范全区广播电视系统的台站管理工作，针对上年开展广播电视台站核查中存在的问题，会同自治区广播电影电视局制定《内蒙古自治区广播电视无线电台站设台及频率管理的规定》，进一步理顺广播电视台申报、执照审验、设备检测、缴纳相关费用和接受监督检查的管理程序。结合专项核查年内对广播电视部门设置的多路微波传输系统(MMDS)设备进行清理整顿，共核查MMDS系统27套，有14套办理设台审批手续，其余设备大部分超出国家规定的频率范围，限期进行整改，并补办设台手续。

3. 在全区开展微波、GSM和CDMA(含直放站)专项检查。重点检查设台手续是否齐全，电台核定项目是否准确，发射设备型号和技术参数是否符合国家标准。全区共核查微波设备2 241部，蜂窝基站3 441部。(其中联通公司GSM、CDMA蜂窝移动基站1 756部，办理设台审批手续的占41%，微波设备489部，办理设台审批的仅有30%；移动公司GSM蜂窝移动基站1 685部，微波设备1 119部，办理设台手续均占71%)，并作出相应处理。

4. 结合实际制定《自治区民航专用频率干扰处置预案》，对保护自治区航空安全，保障民航专用频率不受干扰以及在出现干扰后得到及时有效的处置奠定良好的基础。针对呼和浩特机场11.8公里处由自治区广播电视部门建立的97.1MHZ调频广播电台对机场民航地空通信指挥频率存在干扰隐患采取有效措施，年内完成广播电台迁址工作。

5. 加强频占费的收取和管理，至11月30日，全区收取频占费532万元，较上年同期增长33%，并及时上交自治区财政。

【无线电监测】

1. 有效提高对各种无线电波和频率使用状况的技术监测能力，加强日常固定监测，重大节假日实行24小时监测值班，及时处理干扰申诉。年内为自治区气象局、自治区红十字会120急救中心、呼市煤气公司、白塔机场地对空指挥调度网和满洲里联通等设台单位查处有害干扰45起，完成国家无线电监测中心交办的测试日本卫星的相关任务。

2. 年内完成16个地球站、微波站及新建机场电磁环境测试，并对各种数据进行分析、处理、及时向用户提供分析报告。

【技术设施建设】 年内完成建设投资1 480万元(基础设施建设投资1 140.2万元，技术设施339.8万元)，完成自治区东部地区阿尔山森林防火无线电监测站机房主体工程建设；完成建设呼和浩特市无线电监测站机房购建工程。完善无线电管理信息网络建设，完成全区12个盟市(含满洲里、二连浩特2个单列市)1：1万电子地图(共313幅)和呼、包二市1：5万地图矢量化工作，均已格式转换和验收。为全区11个盟市管理处配置防火墙及服务器，于4月中旬安装并投入使用。为全系统配置了屏蔽室、手持频谱仪、YBT—250测试升级软件，为呼伦贝尔市管理处购置2966A综合测试仪一台，为自治区无委办配置135—3000MHz引导式干扰机一台。共10种22部设备。

(张建国)

机关事务

【内蒙古自治区人民政府直属机关事务管理局领导名录】

局党委书记：魏　军

局　　　长：张友好

【概况】 内蒙古自治区人民政府直属机关事务管理局为自治区政府办公厅依照公务员管理的副厅级事业单位。内设5个处室，分别是办公室(挂自治区行政管理学会秘书处的牌子)、财务管理处、基建与房地产管理处、接待处(挂自治区政府接待办公室牌子)、保卫处。核定事业编制56名，实有53人，大专以上学历占94%。核定副厅级领导职数1名，处级领导职数16名(8正、含3名副局领导，8副)。管理6个处级单位：后勤服务中心、车辆服务处、政府礼堂管理处、政府办公厅文印中心、内蒙古迎宾馆、房产管理中心；管理经翔宾馆。

【综合协调能力】 2004年完成文秘、档案、人事、后勤保障等日常工作。办文力求高质高效，完成各类文件材料近600件，约11万字，完成会务服务110余次，文件收发620多件，5日办结率达99%；完成管理局2004年度《工作制度汇编》和工作流程的初审工作；根据领导指示，由办公室牵头，会同基建与房地产管理处、房产管理中心共同对原自治区卫生厅等五单位四宗办公用房地产进行摸底调查，为国有资产盘活利用提供准确详细的第一手资料，为统一管理政府资产打下基础；及时为领导配置办公、生活用品，保障领导和机关处室正常生活、办公，积极落实离退休人员"两个待遇"；在政策允许的前提下，搞好创收，补充办公经费不足并保证局机关干部职工福利收入的稳步增长；车编管理工作全年共审批新购、更新、调拨公务用车167辆；行政学会工作国家级课题《民族自治区地方行政管理研究》在成果鉴定中被评为国家级优等课题，目前正在出版专著；积极组织参与各种国际、国内学术交流活动，并有多篇论文得到有关方面的认可。

【财务管理】 按时完成政府办公厅系统2003年度财务决算的编制、汇总和分析工作，综合反映出政府办公厅系统各单位财务收支、经营成果及国有资产保值增值的情况，财务处连续三年被评为"自治区级会计决算报表先进单位"。制定并落实政府办公厅各处室2004年度公用经费包干指标的方案，公用经费结余明显，至10月底，有64%的处室没有突破包干指数。陆续从基建、维修、会议、办公、购置等方面争取追加经费4 119万元，基本实现了年初上报财政预算的经费指标。开展固定资产清查工作，加强财务监督工作，对房产管理中心等二级单位的专项资金支出情况进行检查，并在年底前对政府办公厅系统部分单位包括驻外机构的财务工作进行检查。在政府办公厅本级财务电算化运行正常的基础上，积极向所属单位推广财务电算化，已有后勤服务中心等三个单位顺利进入试运行阶段，有效保证财务管理更加科学规范。开展财务报表评比活动，通过以评促建、以评促进，确保财务工作的准确性和时效性。

【基建与房地产管理工作】 一是几项大的建设工程竣工或即将竣工：省级、副省级住宅楼已于2004年6月7日通过竣工验收并交付使用，总建筑面积5 357.62平方米，政府老干部活动中心于4月16日开工，9月5日主体封顶，11月底具备竣工验收条件，计划于12月上旬进行竣工验收；17号商住楼于4月20日开工，10月22日主体封顶。在办理各种建设手续中，经与有关单位积极协商，老干部活动中心与17号商住楼工程共减免各项费用313.32万元，包括142.2万元先征后返费用；与设计、监理、地勘等有关单位协商降低费用36.8万元。通过技术改进节约资金96.82万元；及时稳妥地处理了"12·7"煤气泄露事件，并协助煤气公司拆除占压输气管道的临时违章建筑，消除多年的隐患。二是加大房产管理工作力度。对政府大院各单位在编人员和办公用房的使用情况进行全面细致的摸底登记，清理收回机关大院内5个单位37间办公室，新调整分配办公室84间；办理办公厅所属住宅分户产权证519户，已发放产权证435户；办理出售房改期间未能出售的直管房、统建房的各种前期准备工作，发放审批估价表331份，收回234份，并已计算完毕；完成局属各房管所共98栋3 858户住宅统计档案的编制工作；三是维修工作及时到位。组织有关单位对机关大院办公楼进行全面检查，查找各办公楼存在的主要安全隐患问题。

【接待工作】 全年共接待宾客156批1 286人次，其中区外宾客90批892人次，区内宾客66批394人次，省部级领导36人次，接待宾客的数量与上年同期相比增加76.4%。高质量地完成香港华润集团投资合作考察团、辽宁省政府代表团等重要宾客和大型团组的接待服务任务，承办会见、洽谈、签约仪式等活动66次；为自治区政府代表团和政府领导赴外省、市、自治区招商引资及考察活动进行联络协调与随团服务15次，特别是在自治区领导紧急赴武汉、锡盟等地处理公务中发挥了重要的联络协调作用，得到自治区领导的好评；为"全国粮食主产省(区)农业工作座谈会"等重要会议服务，迎送领导及宾客，购买车、机票；圆满完成国庆55周年自治区代表团赴京活动的政审、乘车、食宿安排、安全保障、联络协调、证件办理、手册编制及后勤保障等服务任务。

【安全保卫工作】 一是将消防安全隐患工作作为重中之重。重新确定机关大院内16个防火重点单位并签订防火目标化管理责任状，对2003年度防火先进单位和个人予以表彰；组织办公厅系统重点防火单位20多名工作人员参加呼和浩特市消防支队举办的消防安全培训班，及时消除隐患，先后5次有针对性地对各单位进行全面、细致的安全大检查，查出重大隐患十几起、一般性隐患20多起，及时发出专项整改通知书，责成专人负责整改。二是强化政府大院治安管理。多次组织驻院武警分队、公安派出所召开协调会，及时沟通信息，加强验证制度；对进入机关大院各厅、局施工的13个施工队实行包工包治安管理，对施工人员实施挂牌施工，对院内施工现场进行3次安全大检查。三是及时处置群体上访和突发事件。四是加强值班，确保重大节日、会议及特殊时期的安全。五是进一步加强社会治安综合治理工作。与机关大院27个委、办、厅、局签订《自治区政府机关大院治安工作目标化管理责任状》，制发了8期社会治安综合治理专题简报。

【后勤服务工作】 采购供应工作逐步建立起较为完善的多样化采购模式，采购品种从办公用品到水暖配件、供热燃煤，保障机关工作的正常运转；为领导提供优质服务和可靠保障。为政府领导提供生活服务656次，及时、周到、热情的上门服务。通信服务中心一号台经过不懈努力，先后荣获团中央"全国青年文明号”和全国机关后勤先进集体的荣誉。为机关大院和后院住宅区安全输出电量390万千瓦小时,完成供电局大事故抢修2次,政府机关大院各厅局维修任务900余次,实现新变电站安全运行416天,6号办公楼变电站安全运行914天。机关大院绿化、美化、亮化程度进一步提高,政府后院住宅区的绿化、美化工作已基本完成,机关大院和住宅区新增绿化面积达8 000多平方米;绘制完成政府办公区和后院住宅区的地下管网平面图,对机关大院自来水一次管网、二次加压管网进行改造,每年可节水9.6万立方米、节约资金24万元。

【车辆服务工作】 重新整合修订专车驾驶员管理办法,与驾驶员签订《安全行车责任状》,全年未发生责任事故。在减收因素增加的情况下积极对外创收,增加营运收入,至10月底,全处车辆累计安全行驶116万公里,营运收入为183万元,与上年基本持平。

【政府礼堂接待工作】 圆满完成自治区“两会”、自治区工会第八次代表大会等大型会议及“内蒙古首届草原文化节暨呼和浩特市第五届昭君文化节”文艺演出,自治区企业、专业文艺调演等演出接待服务工作,共完成接待任务963场次,接待宾客近30.7万人次。在保证日常会议接待的情况下,加大承接活动和展示展销会的力度,提高经营创收效益,接待汽车展、房展等展示洽谈会257场次,比上年增长16%,至11月底,经营收入88万元。

【机关文印工作】 自筹资金更新设备,陆续购置四色四开机、高速双面印刷机、数码印刷等设备,有效改善硬件条件,形成以设备促效益、以效益换设备的良性循环,完成自治区建设厅《建筑工程消耗量定额及基础价格》等12本书及其它大规模印刷业务。至10月底完成产值350万元,并按时完成上缴款任务。

【内蒙古迎宾馆】 以“创品牌,展新貌”为目标,通过一系列有效措施,盟市客源散客占有率达到63%,旺季达75%,恢复到2000年的市场地位;准确把握市场预测,广泛联系旅行社,有效补充客源。拓展婚宴、生日宴市场,形成一定知名度。同时在节能降耗、节约成本上做文章,经过努力,至11月中旬,完成经营收入2 148万元,预计全年可实现收入2 360万元,比上年增长22%;客房平均出租率为58%,比上年同期增加12个百分点,减亏172万元。

【房产管理中心工作】 针对所管住宅区分布零散、房屋老旧、维修项目多、管理难度大等问题,在没有任何资金投入的情况下,积极探索新的物业管理模式,在有条件的住宅区中成立了14个物业管理小组,使住户由原来被动接受管理变为主动去管理,充分体现了“自有、自住、自管”的管理观念,每年可节约资金10万多元。努力搞好经营创收,新建建材商场摊位招商率达100%;通过对建材大厦办公楼的出租房屋进行认真梳理和清欠,房间出租收益率达到89%;收费情况基本正常。

【内蒙古经翔宾馆】 预计年底可实现营业收入405万元,比上年增加17万元,上交利税26万元,偿还欠款29.2万元,餐饮综合毛利率略有增加,客房部平均周转率比上年增长5%。对政府机关食堂进行承包经营,在食堂环境卫生、员工培训、成本核算方面取得新的进展,饭菜品种和质量不断提高。

【模范人物】

郭永祥 男,汉族,2004年11月被评为全国机关后勤工作先进个人,现为政府直属机关事务管理局后勤服务中心水暖服务中心主任。

于 军 男,满族,2004年11月被评为全国机关后勤工作先进个人,现为内蒙古迎宾馆前厅部经理。

(诺 拉)

政府采购

【内蒙古自治区政府采购中心领导名录】

主 任:刘恒斌

【概况】 自治区政府采购中心为自治区人民政府直属的准厅级全额拨款非营利性事业单位,编制31人(其中:1名副厅级、6名正处级、4名副处级),内设综合处、货物采购处、工程采购处和服务采购处4个职能处室。中心业务由自治区采购领导小组领导,并接受自治区财政厅的监督管理,人事、编制、党务、后勤等由自治区政府办公厅管理。

【完成采购任务】 2004年完成政府采购预算5.4亿元,实际签订采购合同4.9亿多元,比采购预算节约资金5 075.95万元,平均节资率为9.37%。其中,货物类预算金额为42 389.42万元,签约金额为39 686.92万元,占签约总量的80.8%,资金节资率为6.38%;工程类预算金额为8 587万元,签约金额为7 073.88万元,占签约量的14.41%,资金节资率17.62%;服务类预算金额为3 215.07万元,签约金额为2 354.74万元,占总量的4.79%,资金节资率26.76%。完成的采购规模约是上年同期的4倍,超过前三年采购量的总和。

在已完成的采购项目中公开招标的金额为20 706.94万元,

占采购总量的38.21%，邀请招标的金额为12 620.3万元，占采购总量的23.29%，招标采购比例为61.5%。

【拓展采购业务】

服务类采购实现零的突破　为推进服务类政府采购，是年协助自治区财政部门完成汽车加油、保险、维修和会议、印刷5个项目实施政府采购的管理办法，正式启动汽车加油和保险政府采购，由此填补自治区本级服务类政府采购的空白。2004年，采购中心为2 140多辆公务用车办理保险采购业务，节省资金545.50万元，平均节资率达到40%；为自治区本级2 000多辆公务用车办理定点加油卡，通过政府集中采购的加油总量达到277.8万公升，节约资金27.57万元。

为进一步拓宽服务采购的范围，中心在广泛调研和考察的基础上，编制出台《内蒙古自治区本级会议定点接待招标文件》，并多次组织自治区党委、人大、政府、政协等会议主办单位和有关专家座谈，征求各方意见。经过反复修改，报自治区财政厅审核批准后，正式履行公开招标程序，选定21家为自治区本级会议定点接待中标单位，签订服务采购合同，并颁发标有"自治区本级会议定点接待单位"字样的牌匾。同时，会议政府采购办法由自治区党委、政府办公厅发文执行。2004年，采购中心还着手开展定点印刷政府采购项目，为2005年正式启动奠定基础。

工程采购寻求新的发展　工程采购方面，中心在积极承担完成财政下达的采购任务的同时，受自治区党政机关搬迁建设指挥部的委托，参与自治区党政新址建设的设备和材料采购工作。在自治区党政机关搬迁建设指挥部的正确领导下，圆满完成自治区党政机关办公新址绿化工程设计、施工、中央空调和电梯项目的招标工作。2004年，中心完成工程采购的规模是上年总量的3.5倍。

货物采购探索新的方式　为提高采购效率，中心配合财政厅起草《自治区本级政府采购协议供货办法》，并对那些采购批次多、数量少、规格明确、价格透明度相对较高的货物，如公务用车和通用办公设备，积极探索利用公开招标方式确定供应商，再通过询价方式进行最终采购的协议供货办法。经过公开招标，对10余类公务用车和7大类办公自动化设备实行定点协议采购。并与之配合，组织开发协议供货网上询价、报价系统，使一些零星采购项目更加方便快捷。

【采购监督】　从2004年4月开始，中心明确规定，所有采购项目不论采取何种采购方式，一律在指定媒体上进行公告。每个采购项目在完成采购工作后，必须在指定媒体上公示中标结果。对评审专家的抽取时间一律改在开标前半小时，并在财政厅的监督之下，由用户和中心内部监督人员共同抽取；对重大采购项目，邀请自治区政府采购监管部门、监察厅和办公厅纪检组有关人员进行全程监督。为方便社会各界对政府采购工作的有效监督，对采购中心的网站进行改版，增设"询价采购"、"供应商专区""供应商信息"等内容，开发网上报价、询价等软件。在广泛征集供应商信息的基础上，开发建设供应商信息库，有400多家供应商的信息入库上网。

（林秀群）

驻京办事处

【内蒙古自治区人民政府驻北京办事处领导名录】

主　　任：李振海（4月任职）

纪检书记：王　琦

副 主 任：郭金广

刘连恕（回族）

云　涛（女　蒙古族）

布大林（女　蒙古族）

【概况】　2004年，内蒙古自治区人民政府驻北京办事处编制35人。其中：公务员25人，工勤人员10人。办事处实有公务员23人。其中：正厅1人，副厅5人，正处4人，副处4人，助理调研员2人，共34人。其中男23人、女11人，少数民族8人。

【机关自身建设】　2004年将办事处自1978年恢复以来共26年的财务档案、1987年以来共16年的所收各类文件进行全部归整、清理、销毁。财务档案严格按照档案管理规定进行分类归档、建宗立卷，共整理财务档案36 844册、立卷1 046卷。将需要销毁的文件等也都按照保密管理要求在指定地点及时进行销毁。此项工作量大、繁琐，在人员较少的情况下，耐心、细致地努力完成，为今后办事处档案工作的规范化管理奠定良好的基础。

【安全】　办事处党委始终把安全工作放在重要位置，坚持常抓不懈。积极配合社区、消防、公安等各专业部门，在保证安全方面，将教育与强化责任结合、加强监督和检查结合，防患于未然，全年未有安全事故发生。

【北京内蒙古之家】　驻京办事处本着服务首都，服务家乡的宗旨，认真做好自治区各有关部门进京办事的接待服务工作，真正成为"北京内蒙古之家"。办事处牢固树立"接待无小事"思想，保证接待工作及时、准确、到位。实行24小时值班制度，从保证接待信息准确畅通到接待程序尽全尽善，直至交通安全保障都进行合理安排。全年共接待自治区副省级以上党政领导（包括享受副省级以上待遇的离退休老同志)202 人次,正、副厅级领导 258 人次;为重要宾客办理火车票 144 张,飞机票 575 张;接待自治区党政领导重要会议、活动 40 次;全年接待服务用车安全行驶36.2万公里;接待自治区党政领导重要会议、活动 40 余次,保证全国"两会"期间自治区代表团、国庆 55 周年参展团和演出团的接待服务工作,并和各有关部门密切配合全力以赴做好党的好干部牛玉儒同志在京治病和病逝后的治丧活动。

【经营管理】

内蒙古宾馆　在实行承包经营后,实现总经理的平稳交接,完成经营目标责任书中的各项工作任务。2004 年实现营业收入1 925.3万元,上交税金105.9万元,实现利润 11 万元,并且圆满完成办事处的承包任务;接待宾客18 000人次,重点宾客1 360人次。良好的经营使国有资产实现保值增值。内部管理工作得到改善,职工队伍建设、服务质量和服务水平有新的提高。为更好适应市场竞争,制定计划对宾馆进行适当的改造,改造后的宾馆将充分体现"草原文化",传承"草原文明",把自治区的文化资源优势转变为宾馆经济竞争优势,进而取得更高的政治、经济效益。

蒙泰宾馆　在面临着被拆迁,原有设施不配套、设备老化坏损、家底较薄等不利因素,仍然通过更新经营观念,改善经营环境,推行多元经营等方式,完成接待任务和经营目标,并为办事处机关提供后勤保障等服务。全年实现营业收入 224 万元,完成办事处接待任务及承担有关费用 39 万元。

玛拉沁饭店　处于拆迁工作实质阶段,拆迁准备和人员安置成为主要工作。同时仍接待部分来京的农牧民、老客户以及信访安置人员等。玛拉沁饭店拆迁完毕,善后各项工作正紧锣密鼓地进行中。值得一提的是经过自治区会计事务所对饭店进行全面审计和资产评估,玛拉沁饭店从 1997 年的经营面积1 852平方米,经三次增扩建,办公区增加了 364 平方米,商业经营面积增加1 078平方米,总面积达到3 295平方米,拆迁总价达到5 100万元,国有资产切实得到保值升值。到 2004 年 10 月 31 日,饭店资产总额为1 863万元,较 1986 年的 49 万元增加 38 倍。自 1986 年 10 月至 2004 年 10 月累计实现营业收入2 645万元,年平均营业收入 300 万元,取得很好的经营效益。玛拉沁饭店以356.9万元购得的北海国发的356.9万元法人股,现已增值到1 584.64万元,取得较好的投资效益。

【特殊的接待工作】　是年,自治区各盟市进京上访情况仍呈现总量持续上升、群体性问题明显增多、非正常上访面扩大的形势,驻京信访工作面临的工作更加艰巨。为正确处理好人民群众来访,妥善解决人民内部矛盾,保证社会秩序和首都的繁荣稳定,2004 年 5 月,自治区党委政府信访局成立驻京办信访工作组。成立后的驻京办信访工作组积极与中央有关机关、北京市及自治区有关部门紧密配合,努力做好内蒙古来京上访人员的接收、劝返工作。全年共处理非正常上访人员 318 批次,3 368 人次。其中集体访 123 批次,1 811人次,个访 195 批次,1 557人次。2004 年 5 月至 12 月上报工作月报 7 期,周报 19 期(从 8 月份开始),信访鉴报 101 期,信访简报信息 7 期,收发传真 308 份。工作中坚持以热情接待、负责协调为处理原则,能够按时接回到京各部门上访的人员,同时积极与各盟市驻京联络处联络,具体安排好上访人员的吃、住和返程等项工作。信访组人员的工作精神以及及时稳妥处理上访事件得到中纪委、中组部、国家信访局以及北京市有关部门的称赞,自治区上级机关和领导也给予了肯定。

【信息工作】　驻京办事处要求信息工作人员在工作方法、信息质量上下功夫,充分利用首都优势,发挥"窗口"作用,迅速准确向自治区党委、政府办公厅信息处提供有价值、高质量的信息。一是由于信息技术的不断加强,为自治区党委和政府报送的信息数量和质量也在不断提高;二是随着驻京办事处网站的开通,加大与各省、市、区驻京办事处的信息交流;三是机关自身办公信息化的水平有进一步的提升。特别是网站的建立,每月平均点击数近1 000人次左右,它可以与国务院各部委及北京市委、市政府等机构进行联系,开展横向经济协作、招商引资、开会办展等项服务。在 2004 年上报的信息中,平均每个工作日被采用 4 至 5 条信息,采用数量稳居自治区各驻外办事处第一。有许多信息引起领导的重视和借鉴。例如:"黑龙江奶业振兴计划对内蒙古奶业发展的启示"、"我国旅游合作发展的对策"、"振兴东北老工业基地战略及东三省部分工作动态和思路"等。

【经济协作工作】　办事处下力量整合自治区驻京、津机构力量,形成经济协作、招商引资工作合力,筹建由内蒙古自治区驻京、津的各盟市联络处负责经济协作工作人员组成的经济协作招商引资联谊体,充分发挥自治区在京驻外办事机构区域优势,相互支持,相互协作,取长补短,更好地做好经济协作工作的双向服务。与此同时建立一个项目资料库,将自治区和各盟市的重点招商引资项目、相关优惠政策、具体联系方式等整理归类输入计算机,便于提供目标明确、更加方便快捷的服务。在引资和协作方面,做些牵线搭桥工作,通过办事处的介绍,把几个有发展前景的项目推荐给自治区有关盟市,如:呼伦湖开发地幔热能水力发电和供热、鄂尔多斯 GCL 技术环保型焦炭、天津1.5亿投资包头家世界广场项目、绿源公司防沙治沙和沙漠旅游项目、河南省政府投资3 000万元到锡盟、赤峰勘矿项目等等。

【天津联络处】　2004 年,联络处努力开创工作思路,充分发挥地缘优势，加强信息提供，推动经济协作，使内蒙古自治区以及各盟市与天津市在资源优势互补、投资开发、科技教育、金融合作等经济领域的合作有了新的起色。2004 年天津联络处被天津市政府授予"双项服务先进单位"。

【筹建内蒙古大厦工作】 驻京办事处在努力做好职能职责工作的同时，就自治区在京建设内蒙古大厦一事，积极落实内蒙古自治区人民政府与北京市人民政府的会议纪要精神，联系、沟通首都规划委、北京市建委、东城区政府等有关部门，经一年多的协调、商谈，有关内蒙古大厦建设用地问题终于得到解决，经过 2 个月的艰苦努力工作，内蒙古大厦建设立项得到批准，2005 年可以开工建设。

（塔 娜）

驻沪办事处

【内蒙古自治区人民政府驻上海办事处领导名录】

主任 书记：胡庚泉

【概况】 内蒙古自治区人民政府驻上海办事处为副厅级建制的事业单位，隶属自治区人民政府办公厅，依照公务员管理，实行全额拨款。内设办公室、业务处、接待处。事业编制 15 名（含工勤人员），其中 12 名为国家公务员职数，经过渡考试审核批准 10 名为依照公务员管理。有副厅级领导 1 名，正处级干部 2 名，副处级干部 3 名，高级经济师 1 名，经济师 1 名，政工师 1 名，会计师 1 名。男 11 名，女 4 名，党员 7 名，大专以上文化程度 8 名，平均年龄 54 岁。下属三个实体：内蒙古干部（上海）培训中心，正处级事业单位，编制 5 名，全额拨款；上海内蒙古白云宾馆为自收自支事业单位，现有职工 91 人；上海内蒙古经贸服务中心和上海蒙达海经营公司系自负赢亏单位。

【接待自治区领导】 2004 年自治区党委副书记、自治区常务副主席岳福洪和副主席余德辉来沪出席北方创业上市仪式，上海办事处积极配合自治区金融办和商务厅召集近 30 名企业家参加座谈会，安排走访大众、通用两大公司，会见华谊集团总经理和上海化工行业协会会长与秘书长。自治区党委常委、统战部长伏来旺率领内蒙古民营企业家赴长三角考察，办事处主动参与，陪同服务，与上海市统战部和工商联以及民营企业家交了朋友，动员他们北上投资，为两地民营企业界的合作打下基础。自治区副主席郝益东率领自治区城建考察团访沪，办事处积极配合，圆满完成接待任务。自治区副主席赵双连率领内蒙古 159 人代表团参加第六届上海国际工业博览会，办事处积极联系工博会组委会和上海市府接待处，为接待好参会代表团做了精心准备。按照赵双连副主席的要求，办事处及时编制了"上海及周遍重点化工企业 40 强名单"，供各盟市对口招商。自治区副主席郭子明率自治区民政考查团，走访上海市府和民政局，答谢上海市在非典期间和以往内蒙古受灾期间对自治区的大力援助，办事处积极参与，主动服务。自治区副主席乌兰率领自治区文化建设考察团访沪，办事处密切配合，顺利完成接待任务。

【招商引资 联络服务】 为切实搞好招商引资工作，主动与自治区有需求、有项目的盟市、旗县和企业联系，与上海有实力、有意向的大企业、大老板挂钩，传递信息，促成互访，推进合作。1. 瞄准自治区招商重点项目，走访了上海市国资委、外经贸委、合作交流办、侨务办、工商联等 8 家机构部门和宝钢、华源、紫江等多家大型集团公司，建立工作关系，有选择地了解国有、外资、合资、民营等重点知名企业的相关情况，编制《招商引资联络册》。2. 掌握自治区招商需求，与自治区发改委经济技术协作处、各盟市发改委、协作办和经委建立信息通道，丰富项目库。3. 与自治区开发区协会签订关于招商引资和培训的合作协议，帮助协会与上海市开发区协会等 8 家单位建立工作联系。4. 为做好招商推介，先后收集整理"内蒙古电力篇"等宣传资料，向相关的在沪企业推介。5. 促进双向交流，完成自治区广电局、巴彦淖尔市等 8 个盟市厅局来沪公务、考察或招商的接待联络工作。协助完成赴内蒙古考察的上海嘉定区政府代表团、长宁区企业家代表团等 4 团体的联络接待任务，陪同上海市经委组织的煤炭调研组完成在全区的调研工作。6. 主动牵线，积极协调，促成项目落实。巴彦淖尔市与华润国际财务集团公司于 2004 年 11 月 12 日在白云宾馆签订总投资30.6亿元的年产 30 万吨金属镁和 2×30万千瓦自备电厂的框架协议书。通辽市经济技术开发区委托办事处招商，先后有泛亚策略、吉林方大、西南证券赴通辽考察。为支持巴彦淖尔市临河区和乌拉特前旗农业产业化，办事处主动与上海炒货行业协会联系，促成第二届全国炒货企业行业年会暨订单农业推进会议在乌拉特前旗召开并应邀造访临河，签定订单总金额达 5 亿元。

【信息服务工作】 围绕自治区工作重点，及时收集上海在经济发展中的新情况、新举措，编发《上海信息》。2004 年编发7 000 余条，采用近 600 条，采编数和采用数均比 2003 年有大幅度的增加。一是千方百计收集整理自治区党委、政府领导或有关部门指定的若干专题信息，及时完成了任务。二是加强与兄弟驻沪办的联系，多渠道拓展信息源。三是把自治区的新动向传给上海市合作交流办，通过上海市合作交流网和东方网进行宣传，已编发内蒙古信息 600 余条。

【培训中心建设】 内蒙古干部(上海)培训中心成立以来,认真贯彻自治区党委、政府《关于进一步加强干部教育培训工作的意见》,为自治区大规模开展干部培训,提高干部素质,推动经济与社会发展发挥了重要作用。至2004年底,已为自治区举办各级各类干部培训班132期,培训干部4 623人,共培训厅局级干部253人,处级干部1 389人,科级以下干部2 858人。目前已拥有87名聘用教师和领导干部,91个参观考察点,凡有需求的课程均能开设。是年还派出专人回区内走访4个盟市和43个委办厅局,了解培训需求和效果。不断更新培训内容,增设"树立和落实科学发展观","加强党的执政能力建设"等新课程。开辟"浦东新区政府办"、"奉贤开发区"等9个新的联络点和参观考察点。新聘师资有上海市政研室、经济委、发改委等20位处级以上领导干部和副教授以上教师。为切实搞好培训工作,进一步加强培训中心内部管理,建立培训中心会议制度。

【体制改革 提高服务质量】 2004年上半年,白云宾馆开展干部聘用制度和劳动用工制度改革,解决长期困扰宾馆发展的终身制、平均主义和大锅饭问题,初步形成干部能上能下,员工能进能出,收入随效益能增能减的机制。针对餐饮出现下滑的情况,向社会公开招聘承包者,餐厅装修一新,餐饮质量有明显提高。宾馆克服经费紧缺困难,更新部分楼层的地毯、客房家具、卫生设施,努力为宾客营造良好环境。2004年共接待中外宾客43 274人次,其中省级干部14人,厅局级干部22人,团队26个,占床率达71.06%左右。

【促进会】 为给内蒙古在沪企业提供融资的便捷通道及服务平台,促进会与上海中小企业服务中心联合举办"2004年银企沙龙",由上海银行推出网上金融服务,帮助自治区在沪企业解决资金困难。为筹建自治区人才库,办事处配合自治区人事厅在白云宾馆召开"内蒙古籍在沪工作的高层次人才座谈会",会员们就如何发展家乡经济献计献策,提出很多很好的建议。为大力宣传内蒙古在沪企业和人才的成长与发展,树立内蒙古的新形象,彰显内蒙古人的新业绩,办事处与内蒙古电视台合作成功拍摄了"弄潮上海滩"八集新闻连续报道和两集新闻观察。与自治区广电局共同主办了隆重的开机仪式。为更好发挥"桥梁、纽带、窗口"作用,开辟了"内蒙古经济发展与名、特、优产品陈列展示厅",促进会会员单位踊跃参展,通过影视、图片、资料、实物等全方位、多视角向各界介绍内蒙古,展示内蒙古。

(邹金凤)

外　　事

【内蒙古自治区外事(侨务)办公室领导名录】

主　　任:江　维

副 主 任:乔明凌(女)

李岩青(女)

王　毅

于学军(满族)

旺楚克(蒙古族)

纪检组长:申宛尧

助理巡视员:图　门(蒙古族)

【概况】 自治区外事(侨务)办公室是自治区党委及其外事工作领导小组的办事机构和自治区人民政府外事侨务工作的职能部门。下设:秘书处、礼宾处、出国审理与护照管理处、俄蒙处、友协处(自治区人民对外友好协会办公室)、侨务处共6个职能处室,编制38人。直属事业单位有机关事物服务中心、驻京自办签证服务处、外事培训中心、对外友好交流中心。

【高层互访】 2004年共有自治区领导39人次、盟市厅局领导436人次率团或随团出访。高层出访对扩大开放、加强合作起了重要的推动作用。共接待来自17个国家29批、377人次重要和高规格代表团的来访,完成20批238人次重要代表团的自治区领导会见工作。

4月16日至4月30日,自治区党委书记储波率团出访加拿大,会见加拿大中央和地方高层人士,深入考察加拿大高寒地区农业和草原畜牧业体系,加拿大国际开发署署长及有关官员对正在自治区实施的加援项目表示非常满意,明确表示将追加对内蒙古农牧业发展项目的技术援助。

9月28日至10月13日,自治区主席杨晶率团访问俄罗斯、蒙古国期间,共签订25项正式合作协议及合同,协议投资金额超过5亿美元,在投资项目和贸易项目上,取得新的突破。

1月26日至2月2日,自治区党委副书记杨利民、自治区副主席余德辉率团访问日本、韩国,出席"日中经济合作会议",与日本各界人士进行广泛的接触,推动日本多家企业、公司到内蒙古投资考察,开展经济合作。

3月17日,自治区主席杨晶会见波兰经济、劳动和社会政策部副部长米·杰林斯基任团长的波兰政府代表团。6月20日,自治区党委副书记杨利民会见日本泷口义男任团长的日本扶贫植树团。6月28日,自治区副主席乌兰会见马里奥、耶佩司斯、厄瓜多尔驻华大使及尼日利亚、立陶宛、尼日利亚、马来西亚、孟加拉、几内亚、马耳他、罗马尼亚、新加坡、斯洛伐克、伊朗、马里、纳米比亚、意大利、苏丹等16国驻华商务官员考察内蒙古经济及各方面情况的代表团。8月6日至10日,美国国会议员助手代表团一行22人访问呼和浩特市和包头市,参观文化设施和企业。

【睦邻友好工作】　9月28日至10月13日，应俄罗斯联邦有关共和国、州、区及蒙古国工贸部的邀请，杨晶主席率领内蒙古自治区政府代表团访问俄联邦赤塔州、布里亚特共和国、克拉斯诺亚尔斯克边疆区、伊尔库茨克州及蒙古国。这是自治区近年第一次由主席率规模大、层次高团组出访毗邻国家和地区的重要活动，对巩固和深化内蒙古与毗邻国家、地区的友好往来和经贸合作关系具有重要意义。出访期间，在俄罗斯会见西伯利亚4个共和国、州、区领导人；在蒙古国拜见了蒙古国总统巴嘎班迪、蒙古国大呼拉尔主席那·恩和巴雅尔、蒙古国政府总理查·额勒贝格道尔吉，会见了蒙古国工贸部、交通运输和旅游部、财政部、外交部、食品农牧部和工商会等部长及会长。此外，与俄4个共和国、州、区及蒙古国工贸部正式签署会谈纪要。与俄罗斯赤塔州、布里亚特共和国建立政府间的主席与州长、主席与总统定期会晤机制；与克拉斯诺亚尔斯克边疆区、伊尔库茨克州建立经常性的高层互访联络机制；与蒙古国工贸部进一步完善定期例会制度。内蒙古代表团在访问俄罗斯期间，双方企业共签订14项正式合作协议及合同，协议投资金额超过1亿美元；在访问蒙古国期间共签订11项正式合作协议，协议投资金额达4亿美元。在投资项目和贸易项目上，取得新的突破。

【因公出国派遣情况】　在因公出国审批工作中，注意把为“第一要务”服务作为中心。在用足现有政策的前提下，进一步简化出国(境)任务审批手续和出国(境)人员政审手续。2004年外办积极帮助包钢(集团)公司准备申报材料，7月经国务院批准，授予包钢(集团)公司自行审批本公司内一般团组及人员出国任务的审批权，为包钢(集团)实施“走出去”战略、开展对外经济技术合作提供便利。

2004年，全区各类因公出国(境)团组共计4 646批14 460人次。赴港澳团组242批751人次，在出国(境)人员中，自治区级领导39人次，厅局级领导436人次。前往国家和地区依次为：蒙古国4 600人次，俄罗斯3 168人次，欧洲国家2 608人次，美洲国家1 191人次，日本、韩国822人次、澳、新771人次，非洲国家120人次，其它国家和地区1 180人次。2004年办理签证1 309批，6 721人次。共颁发各类因公护照4 334本(公务护照838本，因公普通护照3 496本)，因公赴港澳通行证489本；延期各类护照656本；注销各类护照3 203本、通行证875本；收缴各类护照3 874本、通行证162本。配合我驻外使、领馆为自治区境外人员延期护照、换发因私护照等共48人，并配合外交部、驻外使、领馆核查有关人员身份5人。全区共办理邀请外国人来华12 033批12 767人次。其中呼伦贝尔市、满洲里市办理的外国人来华11 779人次，主要来自俄罗斯。办理外国人来华签证通知表12 367人次。

【界务工作】　2004年，内蒙古自治区段中蒙边界第二次联合检查工作，在外交部、中蒙边界联合检查委员会中方代表团和自治区党委、政府的直接领导下，在边境地区各级党委、政府和内蒙古军区、内蒙古边防局以及北京军区、沈阳军区测绘大队密切配合和大力支持下，野外实际作业13个月，动用各类仪器60多套，参加边界会晤近400次，圆满地完成野外作业任务。

12月23日，中蒙边界第二次联合检查委员会在蒙古国乌兰巴托举行全体会议，中蒙双方首席代表草签《中华人民共和国政府和蒙古国政府关于中蒙边界第二次联合检查的议定书》及其相关的法律文件，标志着中蒙边界第二次联合检查工作圆满结束。

【民间友好交往】　6月，组织内蒙古检察长代表团赴美国、加拿大的工作考察；7月，组织第二次中日青少年交流活动，日本大阪近20名老师和中小学生前来自治区，与呼市少年宫的师生开展交流活动，并建立了友好交往关系。8月，接待了尼日尔外交国务秘书一行3人访问自治区。

经过多方努力和协调，促成扎兰屯市与韩国庆山市、二连浩特市与蒙古国乌兰巴托市罕乌拉区缔结友好城市关系，从而使全区的友城关系由16对增加到18对。

【侨务工作】　4月，接待台湾慈心慈善事业基金会董事长谢政达先生一行，到巴盟的临河、磴口、乌前旗、乌中旗地区验收基金会捐助75万元人民币新建的5所“慈心小学”工程。4月9日至13日，北美洲中国学人国际交流中心尤伟顺主任到自治区考察。在包头、鄂尔多斯市期间，尤伟顺先生与当地政府达成引进海外专业人才和技术交流的合作意向。6月，安排美国欣欣教育基金会姜谦先生赴鄂尔多斯市杭锦旗四十里梁镇、锡盟苏尼特右旗阿其图乌拉苏木、赤峰市翁牛特旗山咀子乡、呼伦贝尔市鄂伦春旗托扎敏乡考察捐助当地4所贫困小学校。姜谦先生代表美国欣欣教育基金会与自治区侨办签订《捐助内蒙古4所小学的捐资协议》，用于援助地区4所小学建设金额共计4万美元。同时，还为包头市达茂旗希拉穆仁欣欣希望小学、巴彦淖尔市乌拉特前旗蒙古族欣欣希望小学再次捐赠620美元，用于2所小学校购置教学、文体用品。8月，捐赠资金全部到位，4所小学全部竣工并通过验收。7月，为鄂尔多斯市引进和办理接受港胞石景宜先生捐赠鄂尔多斯市图书的事宜，共给鄂尔多斯市图书馆无偿捐赠公共图书380种2 036册，价值约10万元人民币。8月，经国侨办牵头，欧洲华侨华人社会联合会第七届轮值主席、丹麦中联投资公司董事长曹燕灵和上海侨资企业家赴自治区进行投资考察。与呼和浩特市、呼伦贝尔市、巴彦淖尔市达成11项投资合作意向。

【外国记者管理和外宣工作】 2004年,受理接待外国记者共32批116人(次)。外国记者分别来自美国、德国、日本、法国、韩国、芬兰、蒙古等18个国家39个新闻机构。

(安利兵)

调　研

【内蒙古自治区人民政府调查研究室领导名录】

主　　任:陶　建

副 主 任:张建华(蒙古族)

王海滨

冯永林

助理巡视员:杨泽荣

【概况】 自治区人民政府调查研究室是自治区人民政府宏观决策调查研究工作部门。挂内蒙古自治区人民政府参事室牌子,内设6个职能处室:秘书处、综合处、调研一处、调研二处、调研三处和参事业务处,机关党总支、老干部工作办公室。机关公务员编制为30名,事业编制8名,其中,主任1名,副主任3名;处级领导职数14名(7正7副)。机关现有干部30名,自治区政府任命制参事5名(编制单例),聘任制参事14名。

【调研工作】 调研室(参事室)的主要职责是为政府决策提供服务,承担的调研任务主要有三类:一是参与完成自治区党委、政府领导的调研任务;二是完成自治区党委、政府领导交办的专项任务;三是围绕自治区重点工作组织课题开展调研。工作中一方面强调与自治区政府领导在工作上实现对口衔接,明确各位主任、各个处室为领导服务的责任;另一方面按照自治区领导的要求,深入调查研究,为自治区党委、政府的决策提出有影响、有价值的意见和建议。

【调研服务】 按照自治区党委、政府的要求,针对急、重、热、难等问题进行调查研究,提出具体的意见直接落实执行。为落实胡锦涛总书记和储波书记的批示精神,根据自治区副主席乌兰的要求,调研室参与调研并撰写《关于巴盟地方性砷中毒问题的调查报告》,自治区主席杨晶批示后,在乌兰副主席领导下,由自治区发改委牵头,水利厅、卫生厅参与制定实施方案,征得国家发改委同意,正在做彻底治理巴盟地方性砷中毒及氟中毒问题的可行性研究报告。在大量调研的基础上,对自治区的行政许可提出进一步清理的建议,形成《关于自治区人民政府行政许可事项进一步清理的研究和建议的调研报告》,自治区党委书记储波、自治区主席杨晶批示后已提交政府常务会议通过。按照自治区副主席雷·额尔德尼指示,分别就大兴安岭林区地方和林业在林区城镇消防监督事权划分问题进行调研,形成《关于大兴安岭林区林业城镇消防监督事权划分问题的调研报告》,自治区政府按照调研的意见正在对大兴安岭地区林业和地方的消防监督事权进行划分和明确。按照自治区副主席连辑指示,调研室撰写《关于内蒙古自治区科技体制改革的总体思路》,经主席办公会研究后,待政府常务会和党委常委会进一步决策。为全面履行政府职能,加快建立健全各种突发事件应急机制,提高政府应对公共危机的能力,由调研室主持制定《内蒙古自治区人民政府突发公共事件总体预案》,已经政府第12次主席办公会议讨论通过施行。根据自治区副主席乌兰的指示,参与城市医疗卫生体制改革调研和自治区直属文化事业单位改革调研,提出《关于呼和浩特地区卫生体制改革的初步设想》、《内蒙古自治区直属国有医院体制改革设想》、《内蒙古自治区国有医院体制改革研究》和《自治区直属文化事业单位调整改革的建议方案》,现在正进行进一步的调研和论证。根据自治区主席杨晶指示,就东风航天城地界权属问题进行调研,形成《关于我区阿盟额济纳旗与甘肃省金塔县之间土地权属问题的调研报告》。

【间接服务决策】 针对自治区经济社会发展的实际需要,对事关全局和影响经济社会发展的不同行业,自主选题,开展调研,形成一批调研成果,得到自治区领导的高度重视。为及时有效处理群体上访事件,调研并起草《我区群体性上访事件的特点成因及预防处置对策》调研报告,储波书记批示并肯定报告的建议,要求信访领导小组同志传阅。杨利民副书记接批示后亲自布置信访局按报告建议安排信访工作领导责任追究制度的落实。针对全区中小企业融资难的问题,调研并撰写《化解中小企业融资难的对策建议》。为总结全区工业化建设的经验,赴霍煤集团调研并撰写出《霍煤崛起之路》的调研报告。针对拖欠农民工工资问题进行专题调研,形成《关于内蒙古清欠建筑领域农民工工资问题的调查与思考的调研报告》。劳动部门正在研究制订相关执行意见。为推动公益化事业走社会化发展,走循环经济发展的路子,选题调研并起草《对生活垃圾处理产业化发展资源化利用的调研报告》,自治区责成环保局会同电力、发改、建设部门制订方案,准备在呼和浩特市、包头市先行试点后推广。针对全区基本养老保险现状,调研并起草《基本养老保险中的现存问题亟待解决的调研报告》,自治区请劳动厅就报告提出的建议进行研究。为进一步抓住国家振兴东北机遇期,使东四盟市溶入东三省优势互补和经济互动中,撰写《关于加快内蒙古东部地区发展的调研》。针对农村医疗卫生改革的诸多难点问题,调研并起草《农村牧区卫生事业亟待解决的十个问题》。此外,还就区域经济发展、上市公司发展、政府决策的科学化、职业教育、行政首长问责制度、商贸流通、通航建设等问题进行调研，分别形成《城乡统筹、关注民生—准格尔旗推动经济社会协调发展的调查》、《关于我区 20 家上市公司基本经营状况的调研报告》、《关于推进政府决策科学化、民主化，实行专家咨询制度的建议意见》、《职业教育大有作为—内蒙古机电职业技术学院改革发展情况的调研报告》和《关于建立行政首长责任制》、《我区民营通用航空企业应予扶持发展》等调研报告，从不同方面为全区经济建设的发展出谋划策。此外，针对自治区经济社会发展中出现的一些热点问题，在室外刊物上如：《人民日报内部参阅》、《内蒙古信访》、《内蒙古日报》、《北方经济》、《内蒙古内参》发表《关于我区群体上访事件的特点、成因及预防处置对策》、《关于阿尔山发展旅游业的构想》、《我区会展业亟待提升档次》、《我区非公有制经济发展现状及对策思路》、《关于发展首府经济的建议》等文章在社会上引起一定反响。

【参与决策实施】 2003 年提出《深化区直三大流通集团企业改革的调研报告》后，2004 年自治区领导要求调研室直接参与三大流通集团改革的实施。经过不懈努力，完成三大集团所属 103 户企业的改制工作，并拟定三大集团本部改革方案，经自治区主席常务会审议通过后，集团本部的改革工作已经取得积极进展。依据中共中央、国务院《关于促进农民增加收入若干政策的意见》，起草《内蒙古自治区人民政府关于认真落实中央 1 号文件精神扶持粮食生产稳定粮食市场供应的紧急通知》（内政发〔2004〕32 号）并下发全区贯彻执行。根据自治区党委统一安排，与党委政研室和有关厅局一道完成《内蒙古党委、政府关于贯彻〈中共中央、国务院关于进一步加强人才工作的决定〉的意见》的起草工作，文件已正式印发。对鄂尔多斯市杭锦旗拟建立库布其沙漠生态重建区的可行性进行调研，形成《关于鄂尔多斯市建立库布其沙漠生态重建区有关情况的调研报告》，现正对重建区的可行性进行论证研究。由调研室牵头协调有关部门，提出调查意见和处理方案，妥善解决内蒙古中建公司职工长达两年的群体上访事件。参与自治区政府重点项目考核工作并提交《关于固定资产重点项目考查调研报告》。

此外，参与自治区行政审批制度改革、农村牧区税费改革督查、自治区禽流感防治工作指挥部等多项工作，针对不同情况提出相关意见，在不同领域延伸调研工作的手臂。

【为领导调研服务】 按照自治区党委《关于进一步加强调查工作的意见》及《自治区党委、政府领导同志 2004 年重点课题调研工作实施方案》，调研室与其他部门一道承担 5 位自治区领导主持的调研课题。参与《关于我区经济增长点和税源情况的调研报告》，执笔完成《关于乌海市经济增长点和税源情况的调研报告》。参与《关于我区城市经营情况的调研报告》，执笔完成《呼和浩特市、伊金霍洛旗城市经营情况调研报告》和主报告中加快全区城市经营的对策建议部分。参与并执笔完成《关于我区基础教育体制改革情况的调研报告》。参与并执笔完成《农村牧区卫生改革与发展的若干问题的调研报告》。参与并执笔完成《关于进一步加快我区扩大我区对外开放的调研和建议》。

此外，按照自治区党委、政府的统一部署，参加由自治区国资委、工业办、包头市等单位组成的联合调研组，赴包头钢铁集团进行调研，负责完成《包钢精干主体分离辅业总体方案》，执笔拟订《关于加快发展深化改革打造新包钢的意见》，现已由主席办公会议通过。

【参事工作】 在 2003 年底召开自治区政府参事工作会议、出台参事工作文件基础上，2004 年的主要工作是认真贯彻落实中办发〔2003〕10 号文件和内党办发〔2003〕24 号文件精神，按照自治区参事工作会议的部署，以参事新老交替为工作重点，牢牢把握统战性、咨询性的特点，围绕自治区政府的中心工作，组织参事积极开展参政议政、建言献策、咨询国是、统战联谊工作，为巩固和壮大爱国统一战线，发展社会主义民主政治，建设社会主义政治文明，推进自治区的经济建设和社会发展，发挥应有的作用。1. 经统战部提名，并报自治区政府批准，解聘了聘期已满的 11 位自治区政府参事，新聘任 9 名参事。2. 组织政府参事对《政府工作报告》（征求意见稿）进行讨论。3. 协调安排 10 位参事列席自治区政协九届一次全委会议。4. 围绕自治区政府的中心工作，结合参事的专业特长，就领导关注、群众关心的难点、焦点问题选题进行调研活动，并撰写了高质量的参事建议。组织部分参事赴丰镇市对乌兰察布市地区电厂粉煤灰综合利用情况进行调研，起草了《关于在丰镇开展电厂粉煤灰综合利用示范科技园区的建议》；就自治区农业耕作问题提出了《关于在我区实施农业保护性耕作制度的建议》；就职业教育发展问题提出了《以就业为导向，走产学结合办学之路，以评促建，推进我区高等职业教育发展的建议》；就自治区湿地保护问题提出了《关于内蒙古湿地生态保护与合理利用的建议》。参事建议得到了自治区党委、政府领导的高度重视，分别作了批示，有的已交有关部门办理。5. 组织参事开展形式多样的学习活动。

（李建萍）

政府法制

【内蒙古自治区人民政府法制办公室领导名录】

主　　任：武志忠（蒙古族）

副 主 任：丁　才

刘廷山

助理巡视员:郄志诚

王爱丽(女)

【概况】 至2004年12月31日,内蒙古自治区人民政府法制办公室机关人员编制31人,实有30人。人员结构为:主任1名(正厅级)、副主任2名(副厅级)、助理巡视员2名、处长5名、机关党总支副书记1名、副处长3名、调研员3名、助理调研员4名、主任科员4名、副主任科员2名、科员3名。自治区政府法制办内设秘书处、经济法规处、行政法规处、行政复议处、法制监督处。下辖2个事业单位:机关事务服务中心,为正科级全额拨款事业单位,编制6人,实有6人,另聘用人员5名;内蒙古自治区法律咨询中心,为正处级自收自支事业单位,编制10人,实有7人。

【行政立法】

1. 完成10项地方性法规草案的调研、审查、修改工作。即《内蒙古自治区实施〈中华人民共和国防沙治沙法〉办法》、《内蒙古自治区草原管理条例》、《内蒙古自治区小城镇规划建设管理条例》、《内蒙古自治区计量管理条例》、《内蒙古自治区征兵工作条例》、《内蒙古自治区实施〈中华人民共和国残疾人保障法〉办法》、《内蒙古自治区蒙古语言文字工作条例》、《内蒙古自治区技术市场管理条例》、《内蒙古自治区预防和查处窃电行为条例》、《内蒙古自治区安全生产条例》。

2. 完成起草、修改、审查政府规章草案5件,即《内蒙古自治区无线电管理办法》、《内蒙古自治区著名商标认定和保护办法》、《内蒙古自治区规范性文件制定和备案审查办法》、《内蒙古自治区保安服务管理办法》、《内蒙古自治区行政事业性收费管理规定》。

3. 办理国务院及自治区人大常委会法律法规征求意见稿56件。主要有《中华人民共和国农产品安全法》、《中华人民共和国国家公务员法》、《国务院关于贯彻实施〈中华人民共和国民族区域自治法〉若干问题的规定》等。

4. 审查自治区政府规范性文件99件。主要有《内蒙古自治区人民政府关于印发开发区封闭管理办法的通知》、《内蒙古自治区加快发展第三产业若干政策的规定》、《内蒙古自治区车辆超限超载运输治理工作实施方案》、《关于进一步加快林权登记发证工作的通知》等。

【行政复议 应诉及指导仲裁工作】

1. 办理行政复议案件43件,其中受理23件、其他方式处理20件。受理23件中,结案20件,其中维持15件、终止5件。

2. 办理行政应诉案件3件,审结2件;协调解决民事诉讼案件1件。

3. 贯彻落实《内蒙古自治区行政复议人员资格管理办法》,全面开展全区行政复议人员培训和资格考试工作。共举办3期培训班,培训行政复议人员262人。

4. 开展首次全区行政复议先进集体和先进个人表彰工作。评选出16个先进集体和48名先进个人。

5. 加强对全区行政复议、应诉及仲裁工作的指导。答复盟市厅局关于行政复议及应诉工作的咨询请示30件。指导呼伦贝尔市政府成立呼伦贝尔仲裁委员会。按照国务院法制办的要求,完成自治区在证券、期货方面确定仲裁员工作的调查上报工作。

【政府法制监督】

1. 进一步推进行政执法责任制工作。经自治区党委同意将“行政执法责任制工作”纳入自治区党委对盟市党政领导班子2004年实绩考核内容,并组织实施具体考核工作。

2. 依据《内蒙古自治区行政执法证件管理办法》,完成全区行政执法人员综合法律知识的培训、考试及行政执法证件换发工作。全区8.3万多名行政执法人员经过考试,申领新版行政执法证件。

3. 对12个盟市和5个重点行政执法厅局的行政执法情况进行检查。

4. 完成规范性文件备案审查149件,对5件违法的规范性文件制发《行政执法监督通知书》。对原《内蒙古自治区行政规范性文件备案审查规定》进行修订,重新制定《内蒙古自治区规范性文件制定和备案审查办法》。

5. 自治区政府下发《内蒙古自治区人民政府转发〈国务院关于进一步加强相对集中行政处罚权工作决定〉的通知》,在原有呼和浩特、乌海、满洲里等3个城市的基础上,新批准巴彦淖尔市、牙克石市、扎兰屯市、根河市、二连浩特市、乌兰浩特市开展相对集中行政处罚权工作。

【法制宣传 培训和法律咨询工作】

1. 组织行政许可法培训班17期、《纲要》培训班2期、行政复议培训班3期、国(境)外法制建设培训班2期,共计培训人员6 100多人。

2. 努力为机关、企事业单位提供法律咨询服务。

3. 编辑印发《政府法制工作动态》18期。完成《内蒙古自治区政府规章汇编》蒙古语文版的校对编印工作。完成四期《政府与法制》杂志的发行工作,向区内外发行3 200余册。组织开展《中华人民共和国新法规汇编》、《中国法规》、《中华人民共和国行政许可法释义》、《全面推进依法行政实施纲要学习读本》等法制书籍的征订发行工作。

【《中华人民共和国行政许可法》工作】

1. 下发《关于学习宣传贯彻行政许可法的通知》，对宣传工作的具体措施提出明确的要求。分别在自治区各大新闻媒体上刊登新闻、发表专访等，及时报道全区贯彻实施行政许可法工作的重要举措，广泛宣传行政许可法。下发《关于做好行政许可法实施前集中宣传工作的通知》，对7月1日行政许可法正式实施前的集中宣传工作进行部署。办领导接受内蒙古电视台、电台的采访，介绍自治区贯彻实施行政许可法的有关情况。配合学习培训工作，组织编印《内蒙古自治区国家公务员行政许可法读本》汉文版2 600册，蒙文版2 000册。编发工作简报68期。

2. 根据行政许可法的有关规定，按照自治区政府和国务院行政审批制度改革领导小组的要求和部署，对自治区行政许可项目进行全面清理，并加强对盟市清理工作的指导。组织自治区各委办厅局对涉及本单位的行政许可项目的文件进行全面清理。收到45个委办厅局的送审项目共745项，经严格审查论证，确定其中114项为非行政许可项目。在国务院有关文件下发后，根据行政许可法，对照国务院取消的行政审批项目目录，将初步的清理结果进行修改完善，分两批报请自治区人民政府取消40项现行有效的行政许可项目。另外，以国务院文件、国家部委规章及部委文件作为依据的179项行政许可项目，提出相应的处理建议。对被取消的行政许可项目，涉及地方性法规修改的，代自治区政府起草三项修正案草案，经政府常务会议审议通过后报自治区人大常委会审议通过三个修正案。

3. 按照《行政许可法配套制度建设工作方案》的安排，通过调研论证，起草完成《内蒙古自治区行政许可实施程序规定》和《内蒙古自治区实施行政许可听证办法》草案稿。

【依法行政】

1. 国务院《全面推进依法行政实施纲要》公布实施后，积极开展贯彻实施《纲要》的有关工作。代自治区政府起草《内蒙古自治区人民政府贯彻〈全面推进依法行政实施纲要〉的实施意见》，协助政府办公厅召开全区依法行政暨规范性文件备案审查工作会议。

2. 组织开展《全面推进依法行政实施纲要》的学习宣传、组织培训工作。在《内蒙古日报》"法制时空"版上制作"法治政府向我们走来"专栏，刊登《推进依法行政，建设法治政府》的专访和自治区部分行政法学专家学者的文章和评论。为全面贯彻全国依法行政工作电视电话会议精神，做好全区依法行政的宣传工作，与自治区党委宣传部联合印发《全区依法行政宣传工作方案》，并组织实施。下发《关于报送盟市厅局主要领导依法行政论文的通知》，组织部分盟市厅局领导文章，在内蒙古日报上刊登。

【涉法事务及信访事务】　办理自治区政府涉法事务11件，维护自治区政府的合法权益。办理10起申诉案件的接待、答复、转办工作，积极参与自治区党委政府信访局上访案件的协调会，从法律角度提出处理意见。

【办理提案】　办理自治区人大常委会和自治区政协转来涉及政府法制工作的人大代表建议3件、政协委员提案10件，对每一项建议和提案都做到及时认真地答复。

（白雪峰）

政府信息化

【内蒙古自治区人民政府信息化工作办公室领导名录】

主　任：张洪祥（4月离任）
　　　　张铁网（4月任职）
副主任：兰　惠
　　　　韩瑞峰（12月离任）
　　　　龚晓峰
　　　　张佰成（12月任职）

【概况】　内蒙古自治区人民政府信息化工作办公室是自治区信息化领导小组的常设办事机构，也是自治区人民政府负责全区信息化及信息产业的正厅级工作部门，对口国务院信息化工作办公室和国家信息产业部。信息化办公室内设2个职能处，综合处、信息化推进处。2004年5月将内设机构调整为6个组，分别是办公人事组、综合协调组、合作交流组、信息化推进与安全组、政策规划与电子政务组、信息产业发展组。行政编制19人，事业编制5人。

【电子政务建设】　全区12个盟市、2个计划单列市、70%的旗县、38个委办厅局分别建立自己的网站，并与自治区政务综合门户网实现链接。已确定自治区公安厅、发改委等10余家政府部门开展网上办公试点工作。呼和浩特、包头、鄂尔多斯等地将行政审批大厅与政务网站相结合，对社会公众开展"一站式"服务。一批重点应用业务系统相继建立并不断完善，一些重要部门根据自身业务需要，分别建立应用系统。至年底，自治区党委办公厅、政府办公厅等20多个部门均已建立基本区情、投融资项目、空间地理信息、统计、组织机构代码和标准文献等数据库。按照"三统一"的原则，基本完成自治区电子政务网络一期工程主要建设任务。有80多个委办厅局、12个盟市、2个计划单列市接入自治区电子政务网络平台，为办公业务资源系统、金财工程国库集中支付系统、人口与计划生育业务系统、统计信息系统等重点电子政务应用系统宽带高速网络传输提供保障。各盟市的统一平台建设也有较大进展。对自治区财政投入的电子政务建设资金使用情况开展检查和绩效评估工作。开展自治区政务综合门户网站改版工作,按照“以评促建”的原则,制定《自治区政务部门网站考评试行办法》进行考评。并已初步确定在呼和浩特市开展“全程办事代理制应用示范工程”试点。

【软件产品正版化】 为贯彻国家有关推进软件正版化工作精神,部署自治区政府机关软件正版化工作,联合自治区版权局,组织召开自治区软件正版化产品推荐会。自治区各有关部门60多个委办厅局的领导、专业技术人员以及各大新闻媒体记者近百人参会,使全区软件正版化工作有了良好的开端。

【组织申报重点项目】 由自治区信息化办公室牵头组织,向国家发改委申报的“内蒙古自治区农牧业综合信息服务体系规划”项目得到国家发改委认可,并拨付200万元专项资金予以支持;在国家电子信息产业发展基金管理办公室的指导下,组织“电子信息产业发展基金”、“倍增计划”项目申报工作,经认真筛选和专家评审,向国家推荐项目11项,其中4项得到信息产业部的批准,项目资金共计450万元。

【信息产业】

电子信息产品制造业成效显著 2004年,全区电子信息产业实现销售收入约62亿元,同比增长38%,电信业务收入完成74.3亿元,同比增长16.5%,高于全国平均增长率3.5个百分点。电子信息产品制造业适应市场需求,生产规模进一步扩大,彩色电视机年生产量为153万台,同比增长13.3%,电子元器件年产量达5.1亿支,同比增长14%,手机年产量为210万部,电子通信制造业初步显示出良好的发展势头。

软件业发展态势良好 2004年,全区软件业销售收入13亿元,同比增长30%,开发出一批具有自主知识产权的蒙文软件等产品。呼和浩特市、包头市都建有软件园区,其中包头市软件园已有入园企业76家,呼和浩特市软件园入住企业32家,两市软件园区均形成一定的规模,从业人员两千余人。

信息服务业成绩喜人 至2004年底,全区邮政业务收入完成8.57亿元,同比增长3.57%。电信网络光缆线路总长度已达7.8万公里,其中长途光缆近3.3万公里,本地网中继2.9万公里,接入网光缆1.6万公里。全区电话总数达1 094.2万户,电话普及率达46.2/百人;全区共有10 113个行政村新开通电话,占行政村总数的77.1%。全区广播综合人口覆盖率达90.38%,电视综合人口覆盖率达87.99%,有线广播电视用户120万户。信息服务业法人单位约有3 000多家。

【企业信息化】 全区1 653家规模以上工业企业中,90%以上不同程度地采用信息技术,信息化带动工业化步伐明显加快。特别是冶金、电力、乳业、纺织、酿造和建材等行业,应用信息技术的成效十分显著。伊利、蒙牛两大乳业集团以及包钢集团、伊化集团等企业,不仅在生产过程中广泛应用信息技术,在企业管理、产品销售方面也不断完善信息应用系统,建成企业资源计划系统(ERP)和覆盖全国的产品分销系统,市场营销全部实现了网络化;鄂尔多斯集团与众多的分公司、子公司之间的生产和管理过程全部实现了网络化管理。不少中小型企业也都通过应用信息网络技术,提高企业的科学管理水平、核心竞争力、产品的质量及效益。

【社会公共领域信息化】 网络技术在社会保障、社区服务、科技教育、医疗卫生、旅游娱乐等公共领域得到广泛应用,在国家“金”字系列工程带动下,全社会信息化建设步伐不断加快,远程医疗服务及社区服务、智能化小区建设发展迅速。全区现代远程教育网络工程正在抓紧实施,已建成农村牧区中小学远程教育项目学校5 457所。全区各主要城市网上求职就业、网上招生录取及金融证券、交通旅游、社会保障、文化娱乐等新兴电子信息服务业正蓬勃兴起。全区各大中专院校也在积极推进“校园网”的建设与互通。

【农牧业信息化】 各盟市及有关涉农部门不断推进农牧业信息服务体系的建立和完善。坚持“一网多用”的原则,充分发挥现有农牧业信息网络和自治区现代远程教育网络的作用,为农牧民传递市场信息和农牧业实用技术信息,使全区农牧民接受信息服务的人数有了明显增长,农牧民使用互联网比重逐步增加,在引导农牧民进入市场和调整产品结构,促进农牧民的素质提高方面发挥重要作用。一些农牧民利用互联网技术手段,及时发布和获取市场供求信息,开展农畜产品网上销售和订单农牧业生产,取得明显成效。

【进出口领域企业基础信息交换工程】 按照国家八部委文件要求,自治区信息办于2004年4月份研究制定《内蒙古自治区进出口领域开展企业基础信息交换实施方案》,并协调呼和浩特海关、满洲里海关积极开展技术支持和运行服务工作。协调自治区国资委、商务厅、工商局、技术监督局、地方税务局、国家税务局、出入境检验检疫局和外汇管理局等部门完成信息交换共享工作。全区进出口领域企业信息共享工作进展顺利,有972家进出口企业联网开展信息交换。

【信息化实绩考核工作】 2003年,自治区党委、政府实绩考核领导小组将信息化建设列入盟市领导班子实绩考核目标。实绩考核工作开展两个年度，考核工作采取日常督查和年终考核评价相结合的方式，建立较为完善的目标考核体系，对推动盟市信息化建设起到积极的作用。

【信息化培训】 与自治区人事厅、政府法制办联合举办“国家公务员《行政许可法》和《电子政务知识》培训班”。为配合培训，自治区信息办编辑出版《信息化与电子政务材料汇编》一书，对57个委办厅局的4 000余名公务员进行历时4个月的轮训，参训率达到直属机关公务员总数的86%；在区直机关、部分盟市开展网络管理人员培训，共举办7期培训班，培训学员300人；联合中国软件评测中心共同举办两期“计算机系统集成资质项目经理培训班”；举办首期“网络工程师考前培训班”。

【重要会议】 2004年9月22日至23日，首次召开全区信息化建设和信息产业发展工作会议，会上自治区主席杨晶作重要讲话，提出当前和今后一个时期推进信息化建设和信息产业发展的目标、主要任务和工作要求；国务院信息办副主任杨学山和国家信息产业部副部长苟仲文亲临会议并作重要讲话；自治区信息化办公室主任张铁网作工作报告，提出“建设一个园区、打造两个基地、实现五大工程”的目标。

【重要文件】 2004年1月8日，由自治区信息化办公室牵头组织起草的《内蒙古党委、政府关于大力推进信息化的决定》正式出台(党发〔2004〕2号)。

12月6日，由自治区信息化办公室起草的《内蒙古自治区信息化工作办公室关于贯彻落实〈内蒙古党委、政府关于大力推进信息化的决定〉的实施意见》正式转发(内党办发〔2004〕20号)。

【重要活动】 2月23日至24日，自治区副主席连辑在自治区政府办公厅、自治区信息化办公室等有关部门负责人的陪同下，深入人民银行呼和浩特支行、自治区工商局、自治区地税局、自治区公安厅考察调研信息化建设并专门召开座谈会。

3月27日，自治区副主席乌兰主持召开自治区进出口领域企业基础信息交换领导小组第一次会议，部署全区进出口领域开展企业基础信息交换工作安排，审议通过《内蒙古自治区进出口领域开展企业基础信息交换实施方案》，为全区顺利进行进出口领域开展企业基础信息共享打下良好的基础。

4月17日，自治区发改委批准由自治区信息化办公室承担的总投资为900万元的自治区电子政务网络一期工程项目立项。至年底，自治区电子政务网络平台初步建成，70多个自治区党政部门接入自治区政务网，自治区政务广域网及各盟市电子政务网络平台工程建设已经启动。

8月3日至5日，国家信息化专家咨询委员会专题工作会议在海拉尔市召开，国务院信息化办公室常务副主任、国家信息化专家咨询委员会主任曲维枝、自治区政府副主席连辑，著名经济学家吴敬琏等参加会议。

8月28日至29日，自治区信息化办公室承办信息产业部“加快推进电子信息产业大公司战略的指导意见”和“关于加快推进电子信息产业经济体制改革的指导意见”研讨会在呼和浩特市召开。内蒙古信息化办公室主任张铁网介绍自治区信息产业发展情况，信息产业部经运司司长周子学作重要讲话。

11月15日，自治区信息化办公室、党委政研室、自治区科协共同组织召开全区大力推进信息化与信息产业发展学术研讨会，会上自治区政府副主席连辑作重要讲话。并在广泛征集论文的基础上，编辑出版《内蒙古自治区信息化建设和信息产业发展文集》，评选出一等奖8篇、二等奖13篇、三等奖24篇。

11月29日，北京中关村科技园区管理委员会支助内蒙古96.9万元，组织实施“国产NC计算机在内蒙古自治区政府全程办事代理制的应用示范工程”，选择呼和浩特市作为首批试点开始启动，自治区副主席连辑和自治区信息化办公室主任张铁网出席签字仪式。

(杨长斌 照日格图 陈冰瑛)

文史研究

【内蒙古自治区文史研究馆领导名录】

馆　长：叶希扎木苏(鄂温克族)

副馆长：焦占宪

王德恭

【概况】 内蒙古自治区文史馆下设2个处室：办公室、业务处。实有编制20个。其中，正厅级职数1个，副厅级职数2个，正处级职数3个，副处级职数4个(实有3名)，实有人数20名。

【参政议政】 政协内蒙古自治区第九届委员会第二次会议于1月7日至13日在呼和浩特召开。政协常委、馆长叶希扎木苏，政协委员、副馆长王德恭，馆员康庄、孟喜元、程旭光参加会议；刘兆威、杨鲁安、罗布桑等13位馆员列席会议。副馆长焦占宪列席自治区人大第十届二次会议。

【春节招待会】 自治区政府、党委统战部于1月16日在内蒙古迎宾馆举行政府参事、文史馆员春节招待会。自治区党委统战部副部长莫日根主持招待会，自治区副主席郭子明讲话，政府副秘书长兼参事室主任布小林、文史研究馆馆长叶希扎木苏及

15 位馆员参加招待会。内蒙古电视台、内蒙古日报和内蒙古广播电台做了专题报道。

【书画笔会与书画展览】 应托克托县县委、政府邀请,王德恭副馆长和14位馆员及部分工作人员于2月5日赴托克托县参加"内蒙古文史研究馆·托克托县书协甲申年庆元宵书画笔会"。馆员书画家们为托县创作书画作品百余幅。

8月2日至7日,全区第八届老年人"松鹤杯"书画联赛在兴安盟举行。应自治区老龄委邀请,馆长叶希扎木苏一行四人携馆藏书画精品二十六幅参展,大会高度评价此举,并颁发"特殊组织奖"荣誉证书。馆员刘兆威、康新民被聘为大会总评委,指导和组织大会的评奖赛事等工作。

王德恭副馆长和马庆生处长于8月17日至20日赴京参加中央文史研究馆在北京民族文化宫举办的"纪念邓小平同志诞辰100周年全国文史研究馆书画展"王德恭副馆长及杨鲁安、康庄、孟喜元、宝山、张峻德等馆员的书画作品参展。中共中央政治局委员、中央军委副主席、国务委员兼国防部长曹刚川,全国人大常委会副委员长成思危、顾秀莲,国务委员兼国务院秘书长华建敏,全国政协副主席、中央统战部部长刘延东等领导同志参观展览,观看内蒙古文史研究馆参展书画作品。

【参观考察】 叶希扎木苏馆长、焦占宪副馆长于4月22日至27日带领部分馆员赴北京进行工作考察。在参观考察中,馆员们对"中华世纪坛"大厅壁画存在一些缺点和不足,向北京市有关部门提出建设性的工作意见。期间受到国务院参事室崔占福主任、陈鹤良副主任、中央文史研究馆副馆长袁行霈等领导的接见。5月20日组织部分馆员和工作人员到内蒙古博物馆世纪厅观看《古墓·遗城·宝藏—内蒙古2003年文物考古重大发现特别展》。

【馆际交流及海外联谊】 4月28日至5月2日,自治区文史研究馆与宁夏文史研究馆、内蒙古美协、内蒙古美术馆共同举办《胡正伟西部风情画展》开幕,叶希扎木苏馆长致辞。宁夏文史研究馆原副馆长、著名画家胡正伟讲话。自治区政协主席王占,全国政协常委、民族和宗教事务委员会副主任夏日,自治区人大副主任陈瑞清,自治区文联副主席、馆员康庄,副馆长焦占宪等领导为开幕式剪彩。

应韩国艺综会邀请,"康庄、康新民、王德恭3人书法作品展"于5月28日至6月1日在韩国忠清北道艺综会展出。文史研究馆副馆长王德恭和呼和浩特书画院院长康新民赴韩国参加展览会和书画艺术交流活动。

叶希扎木苏馆长与馆员金峰、熊一然8月11日上午参加内蒙古国际文化交流中心举办的"欢迎法国巴黎国际艺术城主席西蒙·布鲁诺女士来内蒙古访问交流会"并向客人赠送书画礼品。党委常委、宣传部长张国民出席交流会,并讲话。

【聘任馆员】 自治区政府于7月8日举行"政府参事、文史研究馆员聘任仪式"。自治区主席杨晶向新聘9名参事、5名馆员颁发聘书,并讲话。自治区副主席郝益东主持仪式,自治区政府副主席郭子明宣读聘任令,党委统战部副部长施文学讲话。新聘任的5位馆员是:金峰、火华、岳志东、马铁和康新民。

【纪念会】 文史研究馆和内蒙古文联、内蒙古作家协会共同举办的"荣祥先生诞辰110周年纪念会"于7月30日在内蒙古政府礼堂召开。自治区著名史学家、文学艺术家和文史研究馆馆员110多人参加纪念会,缅怀和座谈文史研究馆首任馆长、著名蒙古族学者荣祥先生。会上宣读自治区党委常委、统战部长伏来旺的书面讲话。统战部副部长莫日根,文史研究馆馆长叶希扎木苏、副馆长焦占宪、王德恭,文联主席阿云嘎、名誉主席敖德斯尔、副主席李魁、刘成等领导参加会议。

【馆员成就】 6月,馆员孟喜元应"内蒙古卫视"的邀请,在参考大量历史文献和经过无数次实地考察后,为呼和浩特市清和硕恪靖公主府邸绘制平面俯瞰图。用笔墨再现其原貌。

新聘馆员,诗人、词作家火华8月3日当选中国东盟协会理事。这个协会是经国务院批准成立,旨在以民间形式促进中国和东盟各国合作交流,增进友谊和理解的组织。火华是自治区唯一的理事。

【馆庆活动】 9月17日"内蒙古自治区文史研究馆成立50周年庆祝大会"在内蒙古自治区人大常委会会议厅隆重开幕,在内蒙古博物馆世纪厅举办"内蒙古自治区文史研究馆50年成果展览"。国务院参事室党组成员、副主任陈鹤良,自治区党委常委、统战部部长伏来旺,自治区人大副主任宝音德力格尔,自治区副主席郝益东,自治区政协副主席盖山林等领导出席庆祝大会并为成果展开幕式剪彩。郝益东副主席主持庆祝大会,陈鹤良副主任、伏来旺部长分别代表中央文史研究馆和自治区党委、政府讲话。叶希扎木苏馆长做工作总结。中央及北京、天津、山东、山西、陕西、宁夏、武汉等省市自治区馆领导、馆员参加庆祝活动。自治区党委组织部、统战部,政府办公厅、调研室(参事室)、人事厅、财政厅、社会主义学院等单位领导及文史馆馆员、离退休老同志、原聘研究员参加庆祝活动。

成果展览分三个部分:历史回顾,以121幅图片反映50年来文史研究馆及馆员们所做出的工作和成就;书画作品,展示了本馆书画家及兄弟馆书画家创作的作品107幅;学术成果展示了馆员们发表的学术论文、专著及参加国际、国内学术研讨、展览所获得的奖状、奖杯、证书等实物156件(册)。会议期间,举办书画笔会,参观成吉思汗陵、昭君墓和杨鲁安藏珍馆。内蒙古日报、内蒙古电视台、内蒙古广播电台、呼和浩特日报、呼和浩特电视台、呼和浩特广播电台分别进行了采访报导。

【出版刊物】 9月,为纪念文史研究馆成立50周年,经馆领导的精心筹划和工作人员辛勤努力,由内蒙古人民出版社出版《内蒙古文史研究馆50周年》、《内蒙古文史研究馆书画作品选》两部书籍。《内蒙古文史研究馆50年》为16开精装本,利求从多方面反映文史研究馆成立50年来所走过的历程,约30万字,120幅图片。分为6个部分:前言,领导题词,历史回顾,50年大事记,人物介绍,文件汇编。《内蒙古文史研究馆书画作品选》为正八开精装本,共汇集馆员、研究员、工作人员等书画作品147幅,其中:国画作品72幅,书法作品68幅,篆刻作品7幅。

【中秋招待会】 自治区人民政府、自治区党委统战部9月27日在内蒙古迎宾馆举行"政府参事、文史馆员中秋招待会"。自治区党委统战部副部长莫日根主持招待会,自治区人民政府副主席郝益东讲话,自治区党委常委、统战部长伏来旺,自治区文史研究馆党组书记、馆长叶希扎木苏,副馆长焦占宪,自治区政府调研室(参事室)副主任王海滨,李吉吾、杨鲁安等17位馆员参加招待会。

(马庆生 张红宇)

国有资产监督

【内蒙古自治区人民政府国有资产监督管理委员会领导名录】

主　　任:宋振国(12月离任)

副 主 任:苏　和(蒙古族)

　　　　　郎立兴

　　　　　杨占林(蒙古族)

纪委书记:邢鸣九(蒙古族 12月离任)

　　　　　包　钢(蒙古族 12月任职)

助理巡视员:王　耀

【概况】 内蒙古自治区人民政府国有资产监督管理委员会行政编制49名,单列编制1名,工勤编制9名。机关65名干部(含国防科工办)中,妇女干部25名,少数民族干部15名,中共党员65名,研究生5名,大学本科43名,大学专科17名。年龄结构方面,35岁及以下6名,36岁至40岁13名,41岁至45岁12名,46岁至50岁15名,51岁至54岁12名,55岁及以上7名。

内蒙古自治区国有资产监督管理委员会监管以下企业:包头钢铁(集团)有限责任公司、内蒙古电力(集团)有限公司、内蒙古森工集团有限责任公司、内蒙古天野化工(集团)有限责任公司、内蒙古国有资产经营公司、内蒙古基本建设咨询投资公司、内蒙古信托投资公司、内蒙古盐业公司、内蒙古集通铁路有限责任公司、内蒙古新城宾馆旅游业集团、内蒙古日信投资(集团)有限责任公司、内蒙古创业发展总公司、内蒙古恒泰证券公司、内蒙古民航机场集团有限公司、北方联合电力公司。

【企业效益】 2004年,国资委监管的12户区直企业总体运营保持稳步发展,收入、效益呈现快速增长态势。1至12月,监管企业中4户工业生产企业(包钢集团、电力集团、北方电力、天野化工)累计实现工业增加值152.98亿元,同比增长41.14%。12户监管企业累计实现销售(营业)收入433.43亿元,同比增长33.77%,其中,7户企业收入超过亿元。12户监管企业累计实现利润14.3亿元,比上年同期增加8.92亿元,增长1.66倍,其中,有6户企业累计实现利润超过千万元。

2004年,12户国有及国有控股企业资产总额达1 061.56亿元,比上年同期增长30.7%;所有者权益322.48亿元,比上年同期增长12.4%。累计实现销售(营业)收入433.43亿元,同比增长33.77%;累计实现利润14.3亿元,比上年同期增加8.92亿元,增长1.66倍。

2004年12户监管企业中,销售收入增速超30%的企业达到5户,其中基建投资公司、日信集团公司增速超过50%;包钢集团、天野化工公司超过了40%;民航机场集团超过30%。此外,电力有限责任公司、北方联合电力有限责任公司销售收入增长幅度也超过20%。累计实现销售收入超亿元、利润超千万的"双超"企业达到6户,分别为:包钢集团、电力公司、北方联合电力公司、森工集团、天野化工公司、盐业公司。

【国有资本调整】 坚持"有进有退"、"有所为、有所不为"的方针,以区直企业为重点,通过"三个一批",大力推进国有资本的战略性调整。

通过重组把企业做大　以国家电力体制改革为契机,由内蒙古电力投资公司出资,引进中国华能集团公司、神华集团公司、中信泰富有限公司组建注册资本为100亿元的北方联合电力集团有限公司;引进中国海洋石油总公司重组天野化工集团公司,并已由中海油公司先行托管;引进中纺集团对日信集团公司增资扩股,日信集团的注册资本将由原来的1.1亿元增加到1.7亿元。在此基础上,其子公司日信证券将增资扩股,注册资本将达到6亿元,达到综合性证券公司的标准,业务范围也将进一步拓展;引进华菱集团对信托投资公司进行增资扩股,信托投资公司的注册资本将由现在的3亿元增加到8亿元;完成机场集团同首都机场集团重组的各项前期准备工作,待民航总局批准后进行操作;提出集通公司调整股权结构的方案,拟将自治区政府所持集通公司股权的80%转让给北方电力集团公司。

通过改制放活企业　按照2004年确定的重点,组织实施创业集团、国有资产经营公司、基本建设咨询投资公司和森工集团所属中小企业的产权制度改革。创业集团、国资公司和基本建设投资公司所属的63户独立法人企业已有40户通过转制退出国有序列,9 625名职工中已有4 972人随企业转制解除国有身份,其余企业将在年底前完成改制任务。森工集团所属68户中小企业已有11户完成改制工作,预计年底将有40户完成转制。

通过关闭退出一批　2004年国家批准自治区正式实施的政策性关闭破产企业有6家,即:大雁煤业公司三矿、扎赉诺尔煤业公司西山矿、平煤集团元宝山矿和五家矿、赤峰大井子银铜矿、包头市电机厂。其中,大雁煤业公司三矿、扎赉诺尔煤业公司西山矿和平煤集团的元宝山矿、5家矿的中央财政一次性补助款计13.5亿元已进入自治区财政专户。另外,经积极协调金融部门,内蒙古第一通用机械有限公司、临河化肥工业集团和包头金鹿油脂总公司的三个项目已通过审查,近日可正式列入国家政策性关闭破产计划。

【国有企业"两分"工作】

分离企业办社会　2004年,全区共分离企业办社会机构290个。其中,学校274所,公安16个,分流职工20 971人。盟市属企业分离办社会工作进入收尾阶段,其中自治区确定的三户试点企业中,霍煤集团在7月正式与地方签署气象站移交协议,分离办社会职能已基本完成;呼煤集团剩余22所中小学、平煤集团所属17所中小学和1个公安机构已同地方政府签署移交协议并正在办理移交手续。区直企业中,内蒙古电力集团有限责任公司所属的电力中学和电三建公司中学已顺利移交地方,并做到学校、教师、企业和两级政府"五满意",为顺利开展区直企业分离办社会职能工作开好头。此外,电力中心医院已同包头市政府达成接收协议,进行清产核资和资产评估工作。包钢集团分离办社会职能方案已经自治区政府批准并同包头市达成初步协议。另外,配合国家圆满完成中石油设在自治区的3所中小学和2个公安机构移交地方工作。

主辅分离改制　全区已完成39户辅业企业的改制,分流富余人员11 410人。其中,盟市属大中型企业完成辅业改制32户,分流富余人员8 060人。自治区监管企业中,涉及主辅分离的企业主要是包钢集团、电力集团和森工集团。电力集团的主辅分离方案已经制定并正在完善中,同时对条件成熟的单位进行分离改制,其驻深圳、上海、海南3个机构正在撤销;蒙西硅电厂已进入破产程序。包钢集团的主辅分离方案已经批复正在进行宣传和测算工作。森工集团主辅分离方案于2月批复,并完成31户企业的方案制定,进入清产核资和资产评估阶段。其中有17户进行改制。

【国有资产监管】　依据《企业国有资产监督管理暂行条例》,按照立足当前、谋划长远、突出重点、稳健起步的原则,积极探索管资产与管人、管事相结合的有效方式,国有资产监管体系的框架已基本形成。

加强对企业负责人管理　把管好企业负责人作为实现国有资产保值增值的关键环节和重要途径,调整充实民航机场集团、电力集团、北方联合电力公司、天野化工集团、日信集团等企业的领导班子,企业法人治理结构不断完善。制定并由自治区政府印发《监管企业负责人经营业绩考核办法》。在充分调研的基础上,提出2004年企业负责人经营业绩指标并与企业法人代表签订经营业绩责任书,把国有资产保值增值的责任落到实处。为做好派出监事会的前期准备工作,对全部监管企业进行深入调研,形成《关于包钢等15户监管企业监事会情况的调研报告》。向自治区党委和政府上报《关于拟向包钢等4户企业派出监事会的报告》。

加强国有资产监管　首先是全面开展监管企业的清产核资工作,为企业处理大量历史包袱,仅电力集团公司、森工集团和盐业公司3户企业预计可处理各项资产损失近30亿元。部分企业的清产核资已进入收尾阶段。其次是加快企业国有产权管理职能到位的步伐。先后下发《关于加强国有资产产权管理工作的通知》、《关于企业国有产权转让有关问题的通知》和《关于加强自治区产权交易市场建设和监管规范国有资产产权进场交易的通知》,明确国有资产产权管理的职责范围和对自治区本级企业国有资产、部门办企业国有资产的监管范围。再次是规范企业改制过程中国有资产处置行为。制定出台《企业国有资产处置试行办法》,对国有及国有控股企业在合并、分立、改制、出售、破产等重大产权变动事项中的资产损失、国有权益认定、核销、核减等工作进行规范。按规定对三大流通集团、创业集团、国有资产经营公司改制和内蒙古电力投资有限公司出资组建北方联合电力公司涉及的国有净资产共计47.7万元进行审批,保证企业改制和重组的顺利进行。第四是从建设有形市场入手,加强产权交易中心的建设,与天津、上海产权交易中心进行联网,实现资源共享,扩大交易范围。在此基础上,建立自治区产权交易中心的包头、通辽分机构,承担西部盟市和东部盟市产权交易工作,形成以自治区产权交易中心为龙头,辐射周边的全区产权交易市场体系。同时,大力推进自治区本级企业国有产权进场交易。包括创业集团、国有资产经营公司和三大流通集团在内的19户自治区本级企业的国有产权转让实现进场交易,成交额6 438.4万元。此外,加大督察力度。根据国家统一部署，联合自治区监察、财政、工商开展国有产权进场交易、公开信息等情况的检查，有力促进国有产权转让的规范操作。第五是加强产权管理、资产评估和产权纠纷调处等基础性工作。为自治区本级企业进行产权登记134项，保证国有资产监管与工商管理的有序衔接；完成资产评估报告核准备案32项，并采取自审与专家审核相结合，有效地遏制不评、漏评、低评等现象。仅通过督促河套酒业公司将商标、土地使用权等无形资产纳入评估范围，使国有股权转让价格由原2.24元/股增至4.67元/股，保证国有资产的保值增值。

加强企业重大事项管理　按照《企业国有资产监督管理暂行条例》的有关规定，建立健全重大事项监管制度，用制度规范和约束企业的行为，确保国有资产保值增值目标的实现。在充分调研、广泛征求意见的基础上，相继制定出台《监管企业重大事项报告和备案制度》(试行)、《监管企业财务决算报告管理办法》、《监管企业财务决算审计工作规则》、《企业国有资产统计报告办法》等制度性文件，对改进监管方式、实施依法监管发挥重要作用。同时，积极做好监管企业运行情况的监测，按月调度和分析监管企业财务情况，及时掌握监管企业财务动态和国有资产保值增值情况。加强企业发展规划工作，指导企业编制中长期发展规划。包钢集团、电力集团等企业的发展规划已基本编制完成。

指导 推动和支持包钢集团深化改革　自9月份开始，利用2个多月的时间，在对华菱集团、鞍钢、本钢、酒钢、宝钢等企业以及中国钢铁工业协会等部门充分调研的基础上，深入研究包钢集团实现1 000万吨钢目标、深化内部改革、主辅分离和分离企业办社会职能等工作的方案，形成《关于深化改革加快发展打造新包钢的意见》，11月29日经自治区政府常务会审议通过，为加快包钢集团的改革发展步伐奠定良好基础。

加强对盟市国有资产监管体系建设的指导　3月份组织召开全区国有资产监管工作研讨会，传达黄菊副总理和国务院国资委李荣融主任在全国国有资产监管工作会议上的讲话精神，研究自治区国有资产监管工作的形势和任务，使各盟市对国有资产监管工作的职责职能有更加具体、明确地认识，对盟市做好国资监管工作发挥重要作用。

【查处违法违纪案件】　仅上半年，包钢集团共查结案件64件，给予党纪政纪处分11人，避免和挽回经济损失1 217万元；北方联合电力公司查结案件15件，挽回经济损失20多万元；森工集团立案13件，处分25人，收回违纪资金12.5万元。为促进企业加强管理，深入开展企业效能监察，对企业生产经营、投资活动等进行全过程监督，坚决遏制腐败现象的滋生，国有企业的党风廉政建设工作取得明显成效。

(吴大鹏)

工业管理

【内蒙古自治区人民政府工业办公室领导名录】

主　任：牙萨宁

副主任：张志诚

韩瑞峰

王进国

【概况】　内蒙古自治区人民政府工业办公室内设10个职能处室和机关党委。秘书处、人事处、综合处、经济运行处、重点项目处、能源处、行业规划处、高技术产业处、中小企业与开发区处、环境和资源综合利用处。机关行政编制78名，其中：主任1人名，副主任4名，处级领导职数29名(11正，含机关党委专职副书记1名、18副)。

【主要经济指标】　2004年，全部工业实现增加值1 015.66亿元，同比增长29.8%。其中规模以上工业企业实现增加值776.84亿元，同比增长38.5%，增速高于全国平均水平21.8个百分点，居全国第一；经济效益综合指数达163.84点，首次接近全国平均水平，仅低0.49点；实现销售收入2 064.03亿元，同比增长45.12%，增速高于全国平均水平13.74个百分点，由上年的第二位上升为第一位；实现利润123.89亿元，同比增长89.64%。增速高于全国平均水平51.54个百分点，居全国第四位；实现税金125.64亿元，同比增长43.88%，增速高于全国平均水平23.1个百分点。

【产业结构调整】

加强对重点行业的清理整顿　关停小钢铁企业4户，淘汰小炼铁能力30万吨、炼钢能力75万吨；压缩电解铝生产能力50万吨；淘汰落后小水泥生产能力90万吨；淘汰全部3 200千伏安及以下的铁合金矿热炉(不含硅钙)和5 000千伏安及以下电石炉；处理未完成环保设施建设的企业86户；关闭土焦、改良焦生产企业158户，淘汰落后生产能力200多万吨；出台煤炭资源最低开采规模标准。要求新上煤炭生产项目井工单井开采规模不得低于年产50万吨，2010年不得低于100万吨。

加快“能源、冶金、机械化工、农畜产品加工和高科技”五大产业的发展　自治区确定312项亿元以上自治区工业重点项目，其中续建项目143项，新开工项目169项。全年自治区工业重点项目完成工业固定资产投资600.73亿元，比上年增长161.87%，占全区工业固定资产投资的67.32%；2004年全区新开工自治区工业重点项目169项，新开工项目开工率达

89.94%,建成投产项目61项,比2003年增加19项。为全面掌握各盟市工业重点项目进展情况,工业办组成督查调研组,分别于4月、6月、7月三次对全区12个盟市工业重点项目开工、完成投资、资金到位、建成投产等情况进行现场督查调研,有力地推动自治区工业重点项目建设。

积极培育优势产业集群　工业办制定并经自治区人民政府办公厅印发实施《内蒙古自治区重点工业开发区工业园区考核评价办法(试行)》,加强重点工业开发区(园区)的目标管理。起草《关于进一步规范工业开发区发展的意见》,自治区人民政府以内政字〔2004〕327号文件下发实施,明确到2010年全区十大优势产业集群、工业开发区、高载能工业基地、销售收入百亿元以上重点企业建设与发展目标以及配套政策、措施。

【企业重组与招商引资】　中海油重组天野化工委托管理协议已经顺利签署并开始操作,间接法煤制油项目已开展实质性工作;中电投重组霍林河煤业集团,香港嘉里公司投资建设电厂、农畜产品加工、边境互市贸易区及酒店项目,香港招商迪辰集团投资建设造纸、满洲里物流园区、地方金融机构和大企业重组项目,香港华润集团投资建设煤电一体化项目,台湾建鼎集团光电产品项目,河北石药集团中禾公司制药项目、椰风集团羊肉深加工及制药项目等已经进入项目实施阶段;山东九泰二甲醚项目,山东新汶矿业PVC及其他煤化工项目,新奥集团煤制甲醇项目等正在积极着手项目前期工作;加拿大瑞威集团、台塑集团、上海华谊集团等大企业(集团)纷纷来自治区接触,洽谈合资合作。

【企业技术进步】　严格按照国家产业政策审批限额以下技改项目,定期对有关项目进行跟踪调研,加强监督。同时积极争取国债专项资金支持。全年共争取到国家9个国债项目专项贴息资金19 653万元。申报信息产业企业技术进步等专项8项,其中包头华资电子片式电感器等2个项目列入国家发改委信息产业技术进步专项计划,进入可研批复阶段。申报重大产业技术开发项目12项,其中2个项目通过国家发改委组织的专家评审答辩。组织自治区6户国家级企业技术中心参加深圳高交会技术创新成果展,鄂尔多斯羊绒集团被授予国家认定企业技术中心成就奖,伊利公司被确定为第十批国家企业技术中心。

【经济运行协调监控】　制定《2004年全区经济运行工作指导意见》,加强对经济运行总体形势的分析和监测,及时反映经济运行的特点和存在的问题,为领导决策提供依据。对自治区重点企业建立考核制度和激励机制,实行动态管理、滚动发展、优进劣汰。印发《关于加强重点物资运输调控工作的指导意见》,对抓好重点物资运输提出具体措施。下发《中西部地区铁路运输调控计划》,纳入调控计划的运量占呼和浩特铁路局总运量的51%。制定《原自备车企业运输管理意见》,对原自备车企业运量确定了1∶3的原则,维护原自备车企业的利益。下发《关于确保重点企业用电的通知》。对蒙西电网新增106万千瓦供电负荷进行分配,向自治区重点企业倾斜。逐旬对蒙西地区发供电情况进行调度分析,及时掌握电力供需情况并向自治区党委、政府汇报。对煤炭生产许可证和煤炭经营资格证进行年检,年检完成率分别达到86%和70%;对包头市、呼和浩特市煤炭经营秩序整顿工作进行检查,对无证经营、乱设摊点、规划滞后等问题,要求所在地区主管部门限期整改,已收到明显效果。

组织召开20户重点煤炭企业建设项目汇报会,确定建设项目56项,设计生产能力24 231万吨/年,投资估算378亿元,勘察费用5.58亿元;对28项煤炭建设项目提出部门资源划分、可研以及初步设计等审批(审查)意见。组成调研组深入西部煤炭、电力和高载能企业进行相关产品价格的综合调研,提出《内蒙古部分煤、电、高载能产品价格情况调研报告》,为自治区领导决策提供依据。

【优化企业发展环境】　组织、参与《内蒙古自治区反窃电条例》的修改工作和立法调研,此条例已经自治区十届人大常委会第十一次会议审议。

对工业办及所属单位的行政许可项目进行清理,报送备案行政许可项目15项。

在全区范围内对涉企“三乱”等问题进行集中清理整顿。继续在全区范围内开展治理向机动车辆乱收费和整顿道路站点工作。2002~2004年全区累计取消涉车收费项目19项,涉及金额1.2亿元;累计撤并公路和城市道路收费站点11个,涉及金额(还贷余额)4 822万元;累计查处涉车乱收费案件8件,涉及金额26.5万元;有5人受到党纪政纪处分。

(甄作明　杨子江)

金　融　办

【内蒙古自治区人民政府金融工作办公室领导名录】

党组书记　主　任:宋　亮(6月任职)

党组成员　副主任:李毅刚(12月任职)

副　主　任:李国俭(12月任职)

【概况】　自治区金融办成立于2003年8月,为自治区人民政府主管地方金融证券工作的直属机构,内设综合处、地方金融处、证券处,行政编制18人、事业编制3人。至2004年,实有工作人员11人,其中大学本科学历的占90.9%,具有研究生学历的

5人，占45.45%。

【优惠政策】 与有关部门和金融机构进行反复研究，提出扶持金融业发展的若干政策建议，被吸纳在自治区党委、政府出台的加快服务业发展60条政策体系中，金融业发展思路成为全区第三产业发展规划纲要的重要组成部分。

【与各家金融机构的协调服务】 2004年4月初，自治区副主席余德辉带领金融办等部门到四家国有商业银行分行进行调研，及时掌握他们的经营状况及需要自治区帮助解决的问题。与区内各个金融机构建立信息交流制度，定期召开金融形势分析会议，先后形成一季度、上半年、前三季度、全年金融形势分析报告。在重大项目的推介方面，积极发挥纽带作用，会同自治区发改委向四家国有商业银行和两家政策性银行推荐80多个重点项目。组织各盟市和有关单位与有关银行协调对接，抓紧落实好与各家银行合作协议框架内的项目。

【信用体系建设工作】 按照《内蒙古自治区加快信用体系建设的基本工作思路》，与大公国际资信评估公司达成意向合作协议。成立自治区信用体系建设领导小组，与有关部门研究确定信用信息指标体系和征集办法。至2004年底，全区金融机构各项存款余额2 576.4亿元，增长23.2%，比全国增速快7.2个百分点；各项贷款余额2 240亿元，增长18.1%，比全国增速快3.6个百分点，加上区外股份制商业银行贷款投入103亿元，全区信贷融资已经达445亿元，增长速度首次高于全国平均水平。

【构建多元化 多层次金融合作机制】

与国家银行合作 经过比较充分的前期准备工作，自治区先后与国家开发银行、中国农业银行、中国工商银行签订总计达1 560亿元的合作协议。

与三大金融中心合作 自治区党委副书记岳福洪、组织部长陈朋山和自治区副主席余德辉带领自治区金融办先后多次到北京、上海、广州、深圳、香港等地考察洽谈，拜访金融机构，与北京、上海、广东金融办签订合作协议，增强三大金融中心对自治区的辐射带动作用。

与金融中介机构合作 与国泰君安、联合证券、光大证券、恒泰证券、第一创业证券签订合作协议，与上海证券交易所、深圳证券交易所、香港联交所、香港必伟资本有限公司、北京大公国际资信评估有限公司、法国沛丰协会等金融中介机构的联系得到进一步加强。

与国际金融组织合作 与亚洲开发银行经过三次会谈，达成深入合作意向。亚洲开发银行对自治区中小企业信用担保将提供5 000万美元的专项贷款，对农村信用社改革提供50万美元的技术援助。与金融科研机构合作 与中山大学、南开大学签订合作协议，就自治区资本市场发展、农村金融改革等重大问题进行专题研究，正在发挥重要的参谋智囊作用。

【多板上市 梯次推进】 "北方创业"于5月18日在上海证券交易所成功上市，融资3.34亿元，成为国家实行核准制以来自治区的第一家首发上市公司，改变自治区3年多来没有在国内主板市场上市的被动局面。"蒙牛乳业"于6月10日在香港上市，共计融资14亿元，实现自治区企业在境外上市零的突破。"钢联股份"于11月10日发行18亿元A股可转债；"内蒙华电"发行18亿元企业债券。通辽市万顺达淀粉有限公司和高峰精细化工有限公司与其集团公司捆绑设立峻煌生化科技集团公司，在新加坡上市融资2.7亿元。2004年全区实现股票和债券融资56亿元，加上信托融资18亿元，自治区从资本市场融资74亿元。

【防范和化解金融风险】 针对育财信用社金融风险不断积聚的问题，提出切实可行的防范和处置育财信用社风险的工作预案，争取到人民银行总行、中国银监会、农业银行总行的大力支持。在实际操作过程中，针对突发的棘手问题，果断采取措施，平稳完成育财信用社的接收工作。与工商银行、赤峰市政府等单位反复协调，积极寻找重组企业，成功化解"ST宁窖"的破产风险。协调处理"伊利股份"、"天然碱"公司经营危机这两家上市公司的规范运作和稳定发展。

【农村信用社管理体制和产权制度改革】 自治区被列入农村信用社改革试点后，自治区专门成立了农村信用社改革领导小组，负责组织领导全区农信社改革工作，形成《全区农村信用社改革工作方案》、《全区农村信用社改革试点实施方案》《农村信用社改革期间风险防范及处置预案》，以及提高资本充足率和降低不良贷款、增资扩股、以旗县为单位统一法人、清产核资、宣传工作等方面的指导意见，自治区农信社改革方案已经上报国务院。

【中小企业信用担保体系】 按照"政府引导、社会为主、多方投资、共同发展"的思路，加快中小企业信用担保机构运作模式、资金筹集方式和业务种类的转变，全年实现担保机构数量、担保资金规模和担保额三个翻番。至2004年底，全区拥有各类信用担保机构75个，全区累计筹集担保资金8.98亿元，累计担保额达到38.67亿元，并且采取了比较严格的反担保措施，担保业务整体风险控制较为理想，各担保机构尚未出现担保资金的损失。

在与开发银行签订的开发性金融合作协议框架下,确定用于中小企业信用担保专项贷款10亿元,首批1.5亿元中小企业信用担保专项贷款已经到位。在自治区重点工业园区组建担保公司工作进展顺利,根据各重点工业园区担保资金的到位情况,已经组建起8家重点工业开发区担保公司,另外还有5个开发区担保公司已经初步达成出资协议,5个开发区正在按照出资协议,落实盟市、开发区和驻区企业的出资资金。

【培训 专题研讨】 2004年6月份与自治区党委组织部共同在北京成功举办盟市厅局领导干部金融高级研修班,邀请诺贝尔经济学奖获得者蒙代尔、中国人民银行副行长郭树清等国内外一流水平的专家作专题讲座。7月,邀请香港联交所等一批中介机构,在包头举办内蒙古企业在香港研讨洽谈会。11月,会同亚洲开发银行在呼和浩特举办全区中小企业信用担保(亚行项目)研讨会,亚行有关专家、北京和深圳中小企业担保机构领导作专题讲座。

(侯庶人)

人　　事

【内蒙古自治区人事厅领导名录】

厅　　长:赵世亮(蒙古族)

副 厅 长:刘新贵

王　顺

张志强

纪检组长:满都拉(蒙古族)

助理巡视员:田勤学(9月任职)

【概况】 自治区人事厅编制63人,其中:厅级正职1人,厅级副职3人,纪检组长1人,助理巡视员1人;处级正职12人,处级副职11人;调研员6人,助理调研员7人;主任科员11人,副主任科员5人,科员4人,军转干部带编1人。实配置情况:厅级正职1人,副厅长3人,纪检组长1人,助理巡视员1人;处长12人,副处长8人;调研员8人,助理调研员14人;主任科员17人,科员1人。

【重要会议】 自治区人事厅组织厅系统干部群众对《中共中央关于进一步加强人才工作的决定》、全国和全区人才工作会议精神进行认真学习。举办为期一周的全区人事局处长培训班,研究探索时期人事人才工作的思路目标、方法措施。4月份,召开全区人事人才工作会议,对全区广大人事干部如何贯彻落实全区人才工作会议精神提出了明确要求。11月份,召开全区人事人才工作理论务虚会,各盟市人事(人事劳动)局局长、自治区政府直属机关人事处长,以及厅机关各处室和所属事业单位负责人参加会议。从加强党的执政能力建设的高度,进一步提高对人事人才工作极端重要性的认识;从加快发展的角度,进一步增强以人才战略统揽人事工作全局的责任感和使命感;围绕“七个统筹”“八项工作”,进一步明确今后一个时期人事人才工作的思路和重点。

完善公务员制度 进一步完善考录制度,重点抓“一个体系(“四级统考”组织管理体系)”“两个库(公共科目考试题库、命题和面试专家信息库)”“四支队伍(考录管理队伍、命题队伍、阅卷队伍、考官队伍建设)”建设。严把进口,实行“凡进必考”;编写《内蒙古自治区考试录用国家公务员和机关工作人员操作规程》;配合自治区党委组织部完成选调优秀大学毕业生下基层考试、考核工作,共1 455人报名,录用225人;与公安厅共同组织选拔优秀大学毕业生到基层考试录用工作,录用120人。

公务员培训 在全区开展公务员初任、任职、更新知识和专门业务培训,培训人员4 362人次;开展公务员行政许可法与电子政务知识轮训,培训率达86%;在北京举办全区人事干部培训班,在天津举办内蒙古—天津公务员培训班,在深圳举办人事系统人才开发与市场建设培训班,在浙江举办内蒙古—浙江交通运输管理对口培训班等,收到较好的效果。

公务员作风建设 在全国第六届“人民满意的公务员”评选活动中,呼伦贝尔市莫力达瓦达斡尔族自治旗工商所所长霍宝霞被评为全国“人民满意的公务员”,呼和浩特市赛罕区地税局被评为“人民满意的公务员集体”。开展被人事部追授为全区“人民满意的公务员”、被内蒙古自治区党委追授为“优秀共产党员”的额尔敦陶格陶同志殉职一周年纪念宣传活动,为全区公务员树立学习的榜样。

【专业技术人才队伍建设】 对自治区“新世纪321人才工程”第一、第二层次人选进行调整,选拔表彰46名全区优秀专业技术人员、34名优秀留学回国人员、49名深入工农牧业生产第一线做出突出贡献科技人员和28个全区人才工作先进集体、27名先进个人,初选70名自治区有突出贡献中青年专家。全区博士后科研工作(流动)站建站15家,进站博士18名,有2位博士后出站后留在蒙西高新技术集团有限责任公司工作。为区直事业单位引进高层次人才开辟绿色通道,发放A卡,高层次人才到自治区工作,可不受进人计划的限制,随来随办,并凭A卡办理编制、工资等相关手续。赴北京、上海等地,与内蒙古籍高层次人才进行了座谈、交流。

【事业单位人事制度改革和分配制度改革】 贯彻落实自治区

政府《关于进一步做好事业单位人事制度改革试点工作的意见》,积极推进聘用制度改革,健全人事争议仲裁制度,继续抓好区域性、行业性事业单位人事制度改革试点,不断扩大事业单位用人自主权。研究制定《事业单位人员试行聘用制度暂行办法》、《事业单位领导人员聘任制和任期制管理暂行办法》。

配合国家人事部进行机关事业单位工资制度改革的前期准备和摸底测算工作,起草《研究建立适合我国国情的事业单位工资分配制度》课题报告。抓好事业单位分配制度改革试点工作,召开自治区直属事业单位分配制度改革座谈会,按地区、行业、拨款形式的不同,总结宣传搞活内部分配的典型经验,并已着手制定《关于我区事业单位分配制度改革的指导意见》。

【专业技术人员培训】 组织参加"中国留学人员回国创业成就展",自治区获得"最佳组织奖"和"优秀设计奖"。邀请国家人事部组织的"专家西部行"服务团到自治区开展医疗技术指导。组织自治区审批类出国(境)培训项目7项102人次、审核类出国(境)培训项目15项232人次;选送20多名专业技术人员赴俄罗斯、香港、美国等地培训考察,选派14名少数民族科技骨干赴国内高等院校进修,与内蒙古医学院合作开发赴新加坡护士培训项目,在自治区建立国际上通用的现代项目管理(PMP)资格认证考试点与培训点。

实施"511"人才培养工程。选拔12名区内专家、学者到国外进行留学培训(原定5名),10月15日开始在内大进行为期3个月的外语强化培训。

【完善人才市场体系】 草拟《关于进一步加快发展全区人才市场的意见》,拟以自治区政府名义下发。全区共举办人才交流大会334次,参会单位7 877家,参会求职人员达16.6万人次,为求职者提供岗位需求10.6万个,发挥市场服务功能。前10个月,人才信息库累计入库8 728人,为200余家用人单位及时快捷地发布人才需求信息,80余万人次访问内蒙古人才网站。

【军转安置制度改革】 全区654名计划分配军转干部多数已经安置到位;487名自主择业军转干部大多已经报到。在解决部分企业军转干部生活困难问题方面取得进展,建立处理信访突出问题及群体性事件联席会议制度,成立企业军转干部问题工作小组。全区企业军转干部的各项解困政策基本落实到位,企业军转干部思想比较稳定。

【人才储备工作】 2004年初,自治区人事厅系统继续开展以人才战略统揽人事工作全局大学习大讨论活动。针对自治区人才队伍总量不足,学历层次偏低,基层人才匮乏,人才流失严重,高校毕业生就业难等问题,着手研究并创建一种有超前性、前瞻性的人才开发措施,即对自治区未来事业发展所需人才有目的地进行储备、配置、培养等有战略意义的人才积蓄机制和储备制度。经过调查研究,自治区人事厅确定面向基层、先行试点,建立和完善以高校毕业生为主要对象的人才储备制度的思路。人才储备在二连浩特市和宁城县先行试点。至2004年底,全自治区12个盟市和两个计划单列市共储备各级各类人才32 929人。其中,有选拔大学毕业生到急需岗位工作的"刚性储备",也有"借脑引智"柔性引进"候鸟型"人才,建立人才信息库等方式的"柔性储备"。

自治区的人事储备工作已在全国人事厅局长会议上作过介绍,并在新华社《国内信息动态(清样)》、自治区人民政府《领导阅件》、《中国人事报》、《内蒙古日报》、《人力资源》等报刊先后发表报道和论文,引起党政领导部门的关注和兄弟省市的反响。

【人事宏观调控】 自治区人事厅研究编制《2004年自治区重点项目重点企业人才需求紧缺专业目录》,并以自治区政府办公厅的名义向全区发布。结合人事人才重点调查课题,有针对性地开展调查研究,并在此基础上提出《关于自治区"十一五"人才规划编制工作的框架思路》。

【引进国外智力工作】 2004年,组织实施国家重点和自治区引进国外技术、管理人才项目及引智成果示范推广项目36项,完成6个自治区引智成果示范推广基地的评审和验收工作;新增聘请外国专家资格单位20家,聘请外国专家48人次;以自治区政府名义下发《"骏马奖"评选暂行办法》,部署评选推荐工作;完成国家"友谊奖"人选的推荐工作,受聘于北方重型汽车有限公司的英国专家马歇尔先生荣获"友谊奖"。

【调研工作】 在人事部组织的人事人才调研成果评选活动中,自治区获优秀调研报告一、二、三等奖各1个,并获优秀组织奖,所设四个奖项均榜上有名,位列全国获奖最多的省市之一。全年厅机关先后赴北京、上海等10个地区学习考察,并形成7个调研报告。在调研的基础上,编写《全区人才队伍现状及分析》的报告,为"十一五"规划的制定铺垫基础。

【人事科研工作】 在全国地市县人事制度改革经验交流会议上,自治区有3篇科研成果获得三等奖;赤峰市宁城县《开发农村人才资源 促进农村积极发展》的报告被选为大会经验材料交流;自治区科技厅批准立项的《实施人才强国战略,推动内蒙古从资源大区向人才强区转变—内蒙古人力资源开发问题研究》课题,已经进入课题论证阶段;自治区党委组织部立项的《人力资源开发的现状、问题与对策》课题进展顺利。

【培训教育】 全区人事系统开展"执政为民,树人事干部形象"培训教育活动,并与上年开展的"以人才战略统揽人事工作全局大学习大讨论活动"、"优化人才环境培训教育活动"、"兴起学习贯彻'三个代表'重要思想新高潮活动"相衔接。厅机关举办专题讲座3次,研讨会3次,撰写研讨论文58篇,在有关报刊杂志发表理论文章、信息50余篇,提出了整改措施4方面24条。整个活动概括为:凝聚了队伍,加强了班子,提高素质,树立形象,推动了工作。

(张中华)

劳动社保

【内蒙古自治区劳动和社会保障厅领导名录】

厅　　长:冀秉峰

副 厅 长:刘建一

昝振英(女)

张雅茹(女)

布　仁(蒙古族)

助理巡视员:白万宝

喇　军(蒙古族)

【概况】 自治区劳动厅机关设办公室、人事教育处、机关党委、纪检监察室、规划财务处、培训就业处、劳动工资处、养老保险处、工伤和失业保险处、医疗保险处、法制处、劳动保障监察处、劳动争议仲裁办、离退休人员管理处等14个处室。厅属单位包括厅机关服务中心、自治区就业服务局、自治区社会保险事业管理局、自治区医疗保险资金管理服务中心、自治区职业技能鉴定中心(自治区职业技术培训教研室)、自治区信息中心、自治区技师培训学院、自治区劳动培训中心、厅驻京劳务管理处、自治区职业介绍中心等10个单位。编制66人,实有65人。

【就业再就业】 2004年,全区就业再就业各项工作目标任务全面超额完成。全区城镇累计新就业24.53万人,其中下岗失业人员再就业13.92万人,"4050"人员3.9万人,分别完成年度计划的117%、116%和130%;城镇登记失业率为4.59%,低于计划目标0.11个百分点。

建立健全目标责任 督查 通报等制度 全区上下都将就业再就业列入经济社会发展宏观调控指标体系,摆在更加突出的位置。年初自治区与各盟市签订目标责任状,各盟市又向下层层分解。建立和完善目标考核、责任追究、联席会议、监督检查、定期通报等一系列制度,有力地保障全年目标的实现。

进一步完善再就业政策体系 在已有政策的基础上,自治区又陆续出台关于加快推进城乡劳动力统筹就业、做好农牧民进城务工、鼓励下岗失业人员从事灵活就业、推进小额担保贷款、加强失业调控等政策措施。各盟市也结合当地实际,制定不少进一步促进就业再就业的具体办法措施,使全区就业再就业的政策体系更加完善,就业环境更加宽松。各级劳动保障部门积极主动与有关部门密切协调配合,狠抓政策落实。特别是不断加大小额贷款工作力度,至年底,全区共筹集小额贷款担保基金0.82亿元,累计发放小额贷款2.5亿元,扶助2.5万人实现自主创业,走在全国前列。

着力开发就业岗位 拓宽就业渠道 坚持经济发展到哪里,就业岗位就开发到哪里,在加快发展中解决就业问题。充分发挥劳动保障平台作用,注重通过新建重点工业项目、发展劳动密集型产业、中小企业、第三产业增加就业岗位,支持和帮助企业实行主辅分离、创办经济实体,鼓励和引导下岗失业人员实现灵活就业,年底全区下岗失业人员实现灵活就业人数比上年同期增加4.6万人。

加强就业服务 加大培训力度 全区已建立各类职业介绍机构1 451个,基本形成覆盖盟市旗县的全方位的劳动力市场信息网络,为下岗失业人员提供免费培训和职业介绍。组织开展多层次、多形式、具有针对性、实效性的再就业培训,全年培训城镇登记失业人员和下岗职工20.8万人,培训后就业率达80%以上。举办创业培训班127期,其中有3 100人成功创办自己的企业,并带动吸纳1.4万多名下岗失业人员实现再就业。认真贯彻落实全区人才工作会议精神,提出加快自治区高技能人才队伍建设的意见,实施"三年万名新技师培养计划",全年培养新技师1.44万人,超额完成计划。大力推进职业资格证书制度,全年鉴定各类人员7.3万人,同比增长46%。开展多项职业技能竞赛,充分发挥竞赛选拔人才的作用。

【劳务输出】 制定下发《关于加快推进城乡劳动力统筹就业的意见》,并制定相关配套政策,为建立城乡统一的劳动力市场和平等就业制度创造宽松政策环境。4月份,在全区开展农村牧区剩余劳动力资源基本情况调查,在此基础上,各地劳动保障部门加强与有关部门的配合,加大劳务输出工作力度。9月召开全区劳务输出工作会,进一步推动这项工作的开展。全年全区劳务输出达173万人,比2003年增加53.5万人。外出前接受培训人数比例也由2003年的9.88%提高到19.35%。

【社会保险改革】

社会保险 坚持各项社会保险以扩面为中心,各地新建企业、非公有制企业和灵活就业人员的参统及中断缴费人员社保关系的接续工作的重点,各项社会保险参保人数持续增加。到年底,全区参加养老保险236.8万人(不含82万名参统的离退休人员)，失业保险222.3万人、医疗保险273.3万人、工伤保险84.84万人、生育保险70.08万人，分别完成年初任务的103.4%、100.1%、102%、154.3%和116.8%，新增参加养老、医疗、失业、工伤保险人数分别为20万人、22.43万人、11.1万人和53万人，是近几年增加最多的一年，使更多的人享受到社会保障。养老保险稽核工作取得新进展，实地稽核人数占缴费职工人数的68.5%，这项指标在全国排名第一。同时与地税部门密切配合，抓住全区经济快速增长的机遇，加强社保基金征缴，全年征缴各项社保费65亿元，比上年增加10亿元，增长19%。

两个确保　全年累计为2万名下岗职工发放基本生活费0.47亿元，为10.7万名失业人员发放失业保险金2亿元，为77.3万名企业离退休人员发放养老金53.4亿元，下岗失业人员和企业离退休人员的基本生活得到保障。全面启动农垦企业养老保险制度，农垦企业的离退休人员得到养老待遇，初步解决这一历史遗留问题。

养老保险　12个盟市都建立养老保险调剂金制度，锡盟、乌海市两个地区实行盟市级统筹，在自治区实现盟市级统筹零的突破。统一调整企业退休人员养老金待遇水平，及时发放到位。完善退休审批"三公开"(政策、程序、结果公开)制度，使退休审批走上依法行政的轨道。推进企业退休人员社会化管理服务，全区社会化管理服务率达95%，其中纳入当地社区管理为42.6%。

医疗保险　确立以完善政策为主线，以推进全区医保改革。灵活就业人员和困难群体参保政策已在所有统筹地区出台，全年纳入灵活就业人员6.18万人，完成年度计划的124%，纳入困难人群3.3万人。84个统筹地区建立大额补充保险，参保人数占参加基本医疗保险总数的81.9%。

失业保险　努力扩大失业保险覆盖范围，不断提高失业保险抵御风险的能力。充分发挥失业保险在促进就业、调控失业中的作用，运用失业保险金支持国有大中型企业分流安置富余人员。

工伤保险　各地积极贯彻实施国务院《工伤保险条例》，一手抓加快工伤保险机构建设，一手抓制度启动实施。全区十二个盟市全部启动新制度，在扩面和管理上有了明显突破。

【劳动关系协调】　努力维护社会稳定以建立和谐稳定的劳动关系为出发点，指导和督促企业加强劳动合同管理，积极开展劳动合同签订和集体合同的审查工作，从源头上规范企业用工行为。全区进一步健全劳动保障部门、工会和企业联合会三方协调机制，协商内容由劳动合同逐步向劳动保障工作及其他领域扩展。各级劳动保障部门积极参与国企改革政策性文件的把关，认真审核职工安置方案和社保待遇，促进国企改革的平稳进行。深化工资分配制度改革，制定《内蒙古自治区工资支付规定》，对工资支付不规范、无故拖欠和克扣工资等问题作出明确规定，调整提高全区最低工资标准，出台企业工资指导线，部分地区制定建筑企业农民工工资保障金制度。完善突发事件应急措施，理顺劳动争议仲裁体制，及时化解突出矛盾，受理劳动争议案件1 971件，结案1 966件，结案率为99%。

【维护职工的合法权益】　在开展日常检查工作的基础上，2004年上半年，自治区劳动厅协调自治区总工会、监察厅、建设厅、工商局等部门开展全区劳动保障法律法规大检查，检查各类用人单位32 015户，涉及劳动者75.85万人，查处劳动保障违法案件657件，督促参加社会保险的单位2 896户，补缴社会保险费3 836万元，补签劳动合同12.4万份，补发劳动者工资820.44万元。下半年由自治区人大常委会牵头开展"一法两条例"的执法检查。开展清欠工程款和农民工工资专项检查，帮助建设领域农民工追回被拖欠工资7.5亿元，占拖欠总额的94.21%，其中，偿付2003年农民工工资3.4亿元，占当年拖欠额的98.72%。

【劳动保障基础建设】

信息化建设　全区金保工程一期建设项目全面启动，完成自治区本级立项和各地可行性报告编制审查工作，12个盟市和部分旗县建起局域网，自治区与劳动保障部初步实现联网。

干部队伍建设　自治区劳动保障厅组织举办厅机关及所属单位所有干部职工、盟市、旗县劳动保障局长培训班，并由盟市对6 400多名劳动保障平台工作人员进行培训；组织全区"五保"人员业务素质的统一考试。

政风行风建设　全区劳动保障系统不断加强党风廉政建设，落实领导干部一岗双责，突出责任考核和责任追究，完善监督检查机制。加大"三优"文明窗口、政务公开、行政效能监察力度，落实绩效考核制、首问责任制、限时办结制等，解决一批社会关注、群众关心的热点难点问题。

(巩连众)

民　政

【内蒙古自治区民政厅领导名录】

厅　　长：庞　启

副 厅 长：郝　勇

高锡亮

杨吉良(蒙古族)

冯呼和

纪检组长：李桂琴(女　蒙古族)

【退役士兵安置】 2004年,全区共接收退役士兵10 884人,其中义务兵3 734人,转业士官662人。接收复员干部18人。在接收的退役士兵,符合在城镇安置就业的4 396人,占接收总数的40%;为3 186人办理安置就业手续,占符合安置条件人数的85%;全区12个盟市均开展了扶持退役士兵自谋职业工作,共有481名退役士兵领取一次性补助金后自谋职业,占应安置率的11%;6 488名回农村牧区的退役士兵和复员干部得到妥善安置。

【军休干部安置】 全区共接收安置军休干部27人,审定164名军休干部安置去向报民政部审批。积极推进军休干部用车、医疗、住房等服务管理方式改革,探索军休干部接收安置多样化、服务管理社会化、各项保障法制化的具体方法,保证全区1 400多名军休干部、260多名工作人员的思想稳定,较好地落实军休干部的各项政治、生活待遇。在全国军队离退休干部安置工作会议上,自治区赤峰市干休所、呼和浩特市第三干休所被评为先进集体,5名军休干部、4名工作人员受到民政部、总政治部、总后勤部表彰。在中组部开展的全国先进老干部评比表彰活动中,自治区乌兰察布市军休所1名离休干部被授予全国老干部先进个人荣誉称号。

【军供站工作】 2004年是军供站正规化建设20周年检查评比年。在财力十分紧缺情况下,对呼和浩特市、包头、临河军供站进行全面改造、修缮,集宁和通辽军供站进行整体重建,使自治区军供站的整体水平上一个新台阶。在总后勤部、北京军区、沈阳军区组织的检查评比中,民政厅和包头市军供站受到了民政部、总后勤部表彰,呼和浩特市民政局、包头市民政局、呼和浩特市军供站、集宁军供站受到北京军区表彰,通辽军供站受到沈阳军区表彰。

【城市居民最低生活保障工作】

城市居民最低生活保障实现应保尽保　至2004年12月底,全区享受城市低保待遇的困难群众317 193户,717 638人;全年共发放低保资金5.8亿元,全区月人均补差68.4元。2004年全区共列低保资金预算2亿元,其中自治区本级列预算4 000万元(10月份自治区财政又追加2 350万元,实际支出6 350万元);各盟市列低保资金预算1.6亿元,占各盟市全年低保资金总需求的25.1%,占盟市上年度财政一般收入的1.36%,比2003年增加2 977.89万元,增长22.32%,实现地方低保资金匹配比例逐年上升。及时下拨自治区本级预算资金4 000万元,同时在3月份超调1亿元,9月份超调8 000万元资金,及时下拨各盟市,确保各地低保资金的按月、及时、足额发放。认真做好最低生活保障信息系统建设项目编制和申报工作。

五保供养和"敬老工程"的实施 保障农村牧区五保对象的基本生活　全区共有农村牧区五保对象7.1万人,其中已保4.2万人,占应保对象的59.2%;应保未保的五保对象2.9万人,占应保对象的40.8%。在已保的4.2万名五保对象中,集中供养人数为8 932人,占应保五保对象总数的12.6%;分散供养五保对象人数为62 068人,占应保五保对象总数的87.4%。全区现有敬老院785所,敬老院共有床位12 490张,现有院民8 932人,床位利用率为71.5%。各地认真贯彻五保供养政策,保障五保人员的基本生活。

农村牧区特困户救助试点工作　农村牧区特困户救助工作是建立和完善社会救助体系的一项重要内容。全区农村牧区贫困人口共135万人,占全区农牧业总人口的9.1%,其中特困户人口近40万人。对这些农村牧区特困户的救助主要是采取临时救济和定期定量救助等办法,在一定程度上保障特困户的基本生活。

农村牧区医疗救助工作　2004年,农村牧区医疗救助工作首先在新型农村牧区合作医疗试点的7个旗县(区)开展医疗救助试点。7个试点旗县(区)共有农牧业人口1 150 227人,需要医疗救助的有59 497人,占农牧业总人口的5.2%;其中五保供养对象4 186人,特困户19 136人,农村牧区低保对象9 495人,其他人员26 680人。至2004年9月底,7个试点旗县共列医疗救助资金349万元;共救助45 832人,发放医疗救助金84.3万元,人均18元。在支出的84.3万元医疗救助金中,为41 043人代缴个人应负担的新型合作医疗资金,其中,农村牧区五保户4 286人,特困户24 897人,其他人员11 860人;同时对4 789人因患大病而影响家庭基本生活的给予医疗救助,其中农村牧区五保户411人,特困户2 507人,其他人员1 871人,发放医疗救助金43.26万元。

注重抓低保工作的来信来访　全年共接待和处理低保来信来访25件次,做到了件件有着落,事事有回音。

解决好灾区群众的生产生活困难　2004年,全区受灾人口881万人,紧急转移安置12.1万人;农作物受灾面积5 340万亩,其中绝收1 510万亩;因灾倒塌房屋47 689间,损坏房屋116 641间,因灾死亡牲畜68 526头(只),部分农牧业基础设施和公共设施也遭到破坏。全区因灾造成直接经济损失85.11亿元,其中农牧业经济损失65.8亿元。全区共向灾区下拨救灾款20 800万元,其中中央下拨春荒、地震、冬令救灾资金12 900万元,自治区财政投入救灾资金7 500万元。同时,向地震、洪涝等灾区紧急调拨救灾帐篷3 500多顶,发放救灾衣被价值300多万元,捐款1 000多万元,共救助灾民300万人次,有效保障了灾区群众的基本生活。在深入灾区排查摸底的基础上,确定救助对象,制定切合实际的救助方案。共投入春荒救灾资金10 165万元,其中,中央补助春荒救灾款4 300万元,自治区、盟市、旗县配套5 865万元,重点解决灾民的口粮问题。全区以户为单位共发放《灾民救助卡》63万张,发放口粮5 600万公斤,共救济灾民190万人次。国家民政部和自治区民政厅共向锡盟地震灾区调运救灾帐篷2 050顶,衣被2 000套,灾区通过搭建帐篷、蒙古包、借住公房、投亲靠友等方式共转移安置灾民10.5万人。各级共向地震灾区投入救灾资金6 600万元,其中,中央财政补助自治区地震灾后重建资金2 600万元,自治区财政投入4 000万元。同时，全区各地向锡林郭勒盟地表灾区捐款千万元。为在上冻前全面完成重建任务，自治区指导各地科学制定《灾后重建工作规划》，并在开工、建设阶段派人深入震灾区进行专项督查。至11月中旬，地震灾区的恢复重建任务已全部完成，灾区共建新房36 522户、112 520间，确保灾区群众在入冬前全部迁入新居。12月中旬国家6 000万冬令款下拨自治区后，及时会同财政厅将资金下拨到各盟市，对救助人口较多的东四盟市给予重点倾斜，并要求各地在月底前将冬令救济资金全部落实到位，确保灾民安全过冬。

【优抚双拥工作】 7月，针对农村牧区实行税费改革后，义务兵家属优待面临着新的问题。在分管厅长的带领下，对全区8个盟市、29个旗县区进行专题调研，就农村牧区义务兵家属优待金的筹集渠道、发放标准及兑现情况进行实地调查，尽量做到优待金的筹集发放渠道更为畅通、办法更趋于合理。

4月，对全区抗美援朝烈士名单进行搜集、整理并登记造册，输入软盘，5月底，组织全区12个盟市优抚工作人员前往抗美援朝纪念馆对自治区的1 826名抗美援朝烈士名单进行逐一核对，做到准确无误。6月，与外事办、财政厅联合发文，对全区12座苏军烈士纪念碑的现状提出详实的数据资料，于6月底前上报民政部。11月中旬苏方决定对赤峰市苏军烈士墓进行修缮，并拨款6 000美元。

严格按规定审核并办理评残材料340多份，审阅、调查、审批革命烈士材料10份。接待优抚对象上访、咨询100多人次处理网上信访20多件。

8月，新《条例》公布后，在认真学习、领会和宣传《军人抚恤优待条例》。9月，在保证重点优抚对象抚恤补助和生活补助标准的前提下，调整310万元，用于光荣院维修改造，又调整部分经费用于急需维修的烈士纪念建筑物，逐步为这些共和国的功臣们创造一个较好的安度晚年的环境，也让那些为共和国的解放和建设献出生命的英魂得到慰祭。全年共下拨盟市优抚事业费6 027万元。

【行政区划工作】 同内蒙古师范大学地理学院共同合作，完成《内蒙古自治区行政区划调整规划》初稿的编制工作。形成规划文本、规划说明书及相关图件。会同城建、水利、国土等有关部门组成调研组，赴兴安盟对其撤盟设市工作进行详细的调研论证。民政厅重新编辑出版《内蒙古自治区行政区划简册》。组织有关部门组成调研组赴清水河县对其旗政府迁址工作进行考察调研。

【界线管理工作】 协同辽宁省完成蒙辽线的联检工作。组织协调鄂尔多斯市及相关旗单方面到实地落实国务院划定的自治区与陕西省红碱淖、克珠尔滩两段的行政区域界线此段界线。

【地名工作】 成功召开全区地名工作会议。督促指导全区的18个地、县级市完成城市街、路、巷设置标准地名标志的任务。协调自治区计委同民政厅联合发文，建立设置单位牌、楼户牌的收费制度。根据民政部的要求，启动全区地名数据库建设工作。完成《内蒙古地名》一书的初稿。

【民间组织管理工作】 圆满完成全区民办非企业单位2004年度年检工作，全区民办非企业单位1 511家，其中2004年度新注册登记402家。社会团体管理工作中，注重培育发展一批行业协会。全区社团组织2 200多家，新增长234家。认真贯彻新的《基金会登记管理条例》，全区共有各类基金会22家，其中新设立基金会6家。在中国NPO信息中心、中国青年基金会、亚洲基金会北京办事处的支持下，举办全区社团秘书长培训班，就非营利组织发展问题进行学术探讨。参加首届全国民间组织评比表彰活动，全区10个先进民间组织受到民政部表彰。还组织部分社团参加在北京展览馆举办的全国行业协会成就展，受到与会代表的好评。

【婚姻工作】 调整全区婚姻登记机构，由原先的1 041个调整为495个，并在民政厅网站向社会公布。组织、评选、申报全国全区婚姻登记先进个人和集体工作。2004年全区有11名婚姻登记员和6个婚姻登记处受到民政部表彰；有17名婚姻登记员和6个婚姻登记处受到自治区民政厅表彰。对部分盟市的婚姻登记规范化管理进行抽查，大部分婚姻登记处能严格依法登记，婚姻登记机关建设也比较规范。民政厅指导各盟市进行婚姻登记员培训工作，经考核合格者，发给婚姻登记员证，做到执证上岗。印制新婚姻证件14万对，7月1日正式投入使用。并着力抓好新婚证件发放管理工作。全区有三分之一的婚姻登记处已使用婚姻登记软件进行婚姻登记工作。

【社会福利和社会事务工作】 2004年，是实施“星光计划”项目三年总体目标的最后一年。根据全区“三年规划”提出的目标任务，至2004年5月，顺利完成第三批建设项目153个。总投资3 915万元，其中当地政府投入452万元，自筹资金525万元、地方福利金455万元，部级福利金1 500万元。总建筑面积达5万多平方米。及时制定《内蒙古自治区“星光老年之家”管理运营暂行办法》。

全区三年共建设完成“星光老年之家”项目545个，其中“星光计划”福利服务中心221个；社区居委会“星光老年之家”321个；在乡镇敬老院、社会福利机构实施项目12个。

【孤儿康复手术全面展开】 从6月份开始，着重抓以下几项工作，及时召开全区“明天计划”项目启动业务工作会议，在认真调研，摸清基础数据、掌握全区情况的基础上，制定一系列配套政策：《内蒙古自治区实施“残疾孤儿手术康复明天计划”三年规划》、《内蒙古自治区民政厅“残疾孤儿手术康复明天计划”实施方案》、《内蒙古自治区民政厅“残疾孤儿手术康复明天计划”

项目管理暂行规定》等。同时,对全区各盟市上报的706名儿童的体检材料、申报材料等逐一进行严格的审核、评价、汇总,在此基础上编制上报了2004年度"明天计划"年度实施计划。为扩大影响、争取社会捐助,8月30日,召开由内蒙古自治区党委宣传部、内蒙古日报社,内蒙古电台等20多家单位和新闻媒体参加的新闻发布会,使"明天计划"引起社会的广泛关注。2004年至2006年三年将为全区706名福利机构具有手术适应症的0～18岁的残疾孤儿实施手术矫治和康复。已为呼市、包头、赤峰、巴盟、乌盟等福利机构的43名残疾孤儿成功地实施手术康复治疗。

【社会福利事业】 全区共投入资金2 826万元,总建筑面积13 100平方米。共新建、改建、扩建各类福利院、儿童福利院14所;新建、改建、扩建救助管理站9所,新建老年社会福利服务中心、老年公寓16所,扩建精神病院2所。多次协调有关部门为全区25名特困大学生解决学费15万元。2004年,全区社会福利企业稳定在485家,实现产值20多亿元,实际退税金额1.2亿元。安置残疾职工10 828人,完成全区400多家福利企业的年检、审核、换证工作,保证残疾人就业比例,维护残疾人的合法权益。

【儿童收养工作】 认真贯彻《关于涉外送养工作的若干规定》,坚持依法行政,严格审批程序,加大涉外收养工作的审查、指导和监督作用,规范福利院弃婴、孤儿入院,日常养育观察、定点医院体检、送养材料制作、儿童交接登记等重点工作。年内在各类家庭寄养的孤残弃婴达428人,促进残疾儿童身心健康,提高他们回归家庭、回归社会的能力,而且整合农村社会的闲置资源,减轻政府负担,拓宽全区儿童福利社会化的路子。全区共为社会福利机构的489名孤儿、弃婴办理国内、国外收养登记手续。

【救助管理工作】 全区共救助流浪乞讨人员16 800人次,受助率达84%。其中:自治区救助人数达7 042人,跨省救助人员达6 958人。受助人员中,由救助站提供现金或乘车凭证返回的共7 896人。由民政部门护送返乡的462人,自愿离站的2 282人,终止救助的617人,滞留在站的742人。

【殡葬管理】 深入调查全区殡仪馆、经营性公墓的管理情况及存在问题,形成有利于促进全区殡葬事业改革发展,可供领导决策的调研报告。在中、西、东各地选择试点,推广经验,以典型引路,促进了各类殡仪馆以及公墓管理的相互学习、相互提高,提升特殊行业的社会管理,公共服务水平。加大殡葬事业单位的机制建设。全年火化尸体10 300具,火化区火化率达85%。

(斯庆嘎)

民族事务

【内蒙古自治区民族事务委员会领导名录】

主　　任:胡其图(蒙古族)
副 主 任:李联盟
张德斌(回族)
秦　蒙
云丽霞(女 蒙古族)
特古斯(蒙古族)
助理巡视员:吴长林(达斡尔族)

【普法依法治理】 2004年重点抓治理和学习。在依法行政过程中,重点对《中华人民共和国民族区域自治法》贯彻实施情况进行认真学习宣传,结合庆祝中华人民共和国民族区域自治法颁布实施二十周年的契机,协同自治区党委统战部召开民族区域自治法颁布二十周年座谈会,利用民族团结进步表彰月,对民族区域自治法进行集中广泛的宣传和学习。认真落实《城市民族工作条例》,对城市民族工作和城市民族关系协调工作进行认真的调研。调查了解一些影响民族关系的事件,如成吉思汗陵旅游区建设在当地引起的不同意见和在呼和浩特地区的反响;巴彦淖尔市高考学生大量更改民族成分的问题;锡盟正镶白旗一食品厂生产"清真酒"等问题。提出解决问题、消除影响的意见,为保证少数民族群众的合法权益做了有效的工作。

【民族团结进步表彰月活动】 2004年是《中华人民共和国民族区域自治法》颁布实施20周年。国家决定召开第三次中央民族工作会议暨国务院第五次民族团结进步表彰大会。根据国家民委的部署,民委组织评选、确定上报了全区出席全国民族团结进步表彰大会的32个模范集体、31个模范个人,确定出席北京大会和参加巡回报告的人员。汇集出版2003年的民族团结进步征文。并会同自治区团委共同推选上报了出席全国青年民族团结进步大会的代表。

【"兴边富民行动"】 根据国家民委和财政部的部署,从2004年开始,兴边富民行动在全区经过三年试点,已经进入有计划、有目标和分批实施阶段。新巴尔虎右旗、科尔沁右翼前旗、二连浩特市、乌拉特中旗、阿拉善左旗五个旗市被批准为全国兴边富民行动重点县,同时确定东乌珠穆沁旗、额尔古纳市为自治区兴边富民行动重点旗市。为总结推广兴边富民行动试点旗的经验,进一步推动全区兴边富民行动的开展,使兴边富民行动重点旗市工作开好头、起好步,2004年7月1日至2日,自治区政府在呼和浩特市召开全区兴边富民行动重点旗市工作会议,自治区副主席郝益东出席会议并做重要讲话。会议组织与会代表赴达茂旗参观,听取开展兴边富民行动试点工作汇报,现场参观达茂旗的建设项目。在少数民族发展资金的安排中,共向边境旗市安排资金1 700万元,重点扶持边境旗市生态移民、生产生活条件的改善、民族教育、文化、卫生等,有力的支持边境旗市的经济发展和社会进步。

【扶贫工作】 是年，进行全区少数民族贫困调研，摸清全区少数民族贫困的成因、人数及主要分布的地区等情况。充分发挥民委是自治区扶贫开发领导小组成员单位的作用，参与全区扶贫开发政策的制定，积极向国家及自治区有关部门为自治区少数民族聚居的边境地区、牧区、3个自治旗等地争取扶贫开发政策。按照职能和分管领导的安排积极开展少数民族扶贫工作，在安排少数民族专项经费时，重点向少数民族贫困地区倾斜。参与并支持了自治区农村牧区新能源通电工程工作。在帮扶工作中，在自治区直属机关工委、扶贫办及盟、旗党政领导的支持下，紧紧依靠嘎查广大党员干部群众，配合苏木、嘎查开展工作，以解决贫困群众温饱问题和改善嘎查的生态环境及牧民生产生活条件为目标，抓重点就是实施"围封转移"战略，改善生态环境和牧民的生产条件；解决贫困群众的温饱问题。2004年投入资金50万元，实施9个帮扶项目，收到很好的效果。另外向阿巴嘎旗投入民族专项资金440万元，从外省引进资金20万元。

【扶持人口较少民族】 切实抓好《国务院办公厅关于扶持人口较少民族发展问题的复函》精神。自治区民委会同自治区扶贫办召开人口较少民族试点村项目起动会议，全面部署全区扶持人口较少民族发展10个试点村工作，民委从少数民族发展资金中每年安排200万元，自治区扶贫办每年安排300万元，用三年的时间使试点村达到"四通、五有、三达标"为进一步做好扶持人口较少民族发展工作总结经验。

【资金管理】 2004年共安排少数民族发展资金3 750万元、支发资金200万元，共计3 950万元，其中经济类项目140个、安排资金2 574万元，占资金总额的65.16%。教科文类项目86个、安排资金1 320万元，占资金总的33.41%。同时对去年的项目和资金进行跟踪检查，对五年来的资金到位、效益情况做了调查统计，确保资金发挥应有的作用。

【民族贸易与民族用品生产】 协调有关部门贯彻落实民贸和民族用品生产的优惠政策，出台并印发《自治区民委关于进一步做好民族贸易和民族特需用品生产优惠政策贯彻落实工作的意见》，确定全区27家"十五"期间第二批少数民族特需用品定点生产企业。6月在呼和浩特召开清真食品生产定点企业座谈会，使大家熟悉和掌握民贸优惠政策的内容，提高对做好民族贸易和民族用品生产工作重要性的认识。

【少数民族科技培训】 2004年全区民委系统独立或与有关部门联合培训少数民族农牧民近6万人(次)，超额完成5万(人)次的培训任务。同时提高培训质量。

【少数民族文化】 协助自治区广电局等单位认真做好由国家民委、广电总局、文化部、中国文联共同主办，自治区承办的第十届全国少数民族题材电视"骏马奖"评奖工作。经过认真组织，第十届全国少数民族题材电视"骏马奖"评奖活动于10月22日至25日在呼和浩特举行，共有192部作品获13个作品奖，10人获最佳导演等6个单项奖，自治区民委获得最佳组织奖。本届"骏马奖"评奖活动是历届评选活动中参评和获奖作品最多的一次，并首次将蒙古、藏、维吾尔、哈萨克、朝鲜5种语言的电视节目纳入评奖范围，充分反映在党和政府的重视与扶持下，民族地区电视事业蓬勃发展，丰富和繁荣少数民族群众文化生活的大好形势。参加中国首届民族文化论坛。其中有7篇论文入选《中国民族文化论坛论文集》。

【少数民族教育】 充分利用好民族地区发展资金，加强自治区民族教育的"普九"和民族中小学标准化建设。协助做好中央民族大学附属中学在自治区的招生工作，并根据是年全区报考人数多的情况，在原定12个招生计划的基础上，通过积极争取，向中央民族大学附中共输送22名自治区应届初中毕业生。协助做好国家民委所属中华民族团结进步协会与赞助企业实施的助学工程，全区将有90名家庭困难的少数民族中学生首批获得资助，完成初中学业。

【少数民族体育】 认真开展第六届全区少数民族传统体育运动会承办地的确定工作。根据各盟市的申办情况，认真做好调研和审查工作，会同自治区体育局对申办地进行考察。

【少数民族干部培训】 承办全区参加全国民族自治县级党政主要领导干部经济管理研讨班，参与选派自治区参加赴香港中国高级公务员经济管理(民族干部)培训班工作，组织自治区参加边境旗县党政领导干部经济管理研讨班。对全区少数民族干部培养、使用情况进行调研，写出调研报告。

【民族语言文字工作】 会同有关部门修改完善《内蒙古自治区蒙古语文工作条例》，经自治区人大常委会审议通过、颁布实施。根据《内蒙古自治区学习使用蒙古语文奖励办法》的规定，筹备召开自治区直属机关学习使用蒙古语文先进集体和先进个人表彰大会。

【蒙古语文科研学术活动】 搜集整理审定新词术语近800条，印发八省区新词术语公报6期。审定通过物理、计算机、生物、数学词典专业新词术语250余条，审定通过物理、计算机、生物、数学词典。组织新闻名词术语小组，初步审定统一100余条新词术语，保证在电台、电视台、报社等新闻媒体中的统一使用。修改并印发名词术语委员会工作程序、任务和审定名词术语的原则。举办蒙古语标准音测试员培训班、中小学教师、播音员配音演员标准音培训班。编写"蒙古语标准音培训测试工作管理制度"。组建八斯巴文编码研制小组并参加加拿大国际会议，提交八斯巴文编码中蒙两国方案，推翻英国专家提出并第一轮投票通过的八斯巴文编码方案，形成三国方案，维护国家和民族尊严，得到国家语委领导的表扬。并按国际会议的要求，修改两国方案，召开国内会议研究制定提交2005年国际会议的方案。按照蒙古语文规范化工作要求，向教育部语信司报批规范化项目6项并得到审批。

【翻译工作】 针对当前全区党政机关翻译工作中存在的问题，对全区学习使用蒙古语文基本情况和蒙古语文翻译工作机构及人员编制等情况进行统计、较全面地掌握了实际情况后，向自治区党委、政府呈报《关于进一步加强全区党政机关蒙古语文翻译工作的报告》。自治区党委、政府非常重视这项工作，决定在适当的时候召开全区党政机关翻译工作会议，解决翻译工作中存在的问题。

【八省区蒙古语文协作】 10月在呼和浩特召开八省区蒙古语文协作小组第七次组长会议，审议并原则通过《2006～2010年协作工作规划》(征求意见稿)和《八协小组工作简则》(修改草案)。按照协作规划组织各方面的协作交流：成立八省区蒙古语文规范化研究中心，召开蒙古语文规范化课题启动仪式。协同自治区教育厅完成协作省区对等交换生计划。组织召开八省区民族教育协作第六次专业会议，八省区蒙古语广播新闻、社教作品第十八届年会暨第九届蒙古语广播播音作品评奖会，举办八省区首届蒙古语授课中小学组蒙古语文、数学、汉语学科中青年教师创新课教学观摩评选活动大赛，协助内蒙古广播电影电视局，在呼市举办八省区首届蒙古语广播和电视业余节目主持人大赛。召开八省区蒙古语好新闻第十六届年会及蒙古语电视第七届协作会议。举办八省区第七届蒙古文图书展销订货会。召开八省区蒙古文期刊协作第十八届年会。

【宗教活动场所年检】 按照国家宗教局是年对年检工作和上报宗教活动场所数据库的具体要求，结合全区宗教事务管理工作的实际，对宗教场所进行年检工作，圆满完成上年度宗教活动场所的年检。经统计，全区现有依法正式登记的宗教活动场所816处，其中藏传佛教118处，汉佛教51处，道教2处，伊斯兰教176处，天主教162处，基督教307处。年检率达到100%，合格率99.14%。

【天主教工作】 继续加大对天主教工作专项治理的力度。2003年天主教全国“一会一团”出台三个规章，即《天主教爱国会工作条例》、《天主教爱国会、主教团联席会议制度》、《天主教教区管理制度》。组织在呼市的自治区天主教“两会”常委对这三个规章进行认真学习讨论，下一步准备结合全区实际出台自治区天主教的相应规章。

全国天主教第七届代表大会，7月在北京召开。自治区共选派7名代表参加了会议，与呼和浩特市市政府，回民区委、区政府及天主教“两会”负责人召开两次专门会议进行研究关于协助天主教会落实呼和浩特市天主教房地产政策的有关工作。

【基督教工作】 在全区开展基督教“治乱”工作。通过治理，有效地打击借基督教名义进行反“三自”的势力，并依法取缔多处非法聚会点，团结大多数信教群众，遏制非法宗教势力的蔓延，抵御境内外的各种渗透，“治乱”工作取得明显成效。继续推动基督教神学思想建设，与自治区基督教“两会”在全区举办1期基督教教牧人员和堂点负责人培训班，统一思想、统一认识，进一步提高自我管理的能力。

【藏传佛教工作】 2月开始，稳妥展开包头市五当召的重点工作；3月30日，自治区政协副主席、佛教协会会长乌兰活佛圆寂；会同有关部门将乌兰活佛法体送抵鄂尔多斯市吉祥福慧寺举办示寂回向法会、法骨舍利分拣工作、法骨舍利在塔尔寺的安放仪式等，并协助自治区党委、政府、政协，于7月20日隆重召开了纪念乌兰活佛座谈会。会同统战部指导和帮助自治区佛协召开六届二次常务理事会，推举佛协代会长，成立3个专门委员会，加强佛协自身建设工作。7月20日至26日，会同党委统战部、社会主义学院在呼市联合举办全区佛教界爱国主义教育培训班，自治区佛教协会常务理事和重点寺庙负责人等40余人参加培训。

【伊斯兰教工作】 认真开展2004年的穆斯林朝觐工作。按照国家宗教局关于加强朝觐事务管理的有关规定精神，指导各地宗教部门进一步加强对朝觐工作的管理，加大有组织朝觐的宣传力度，开展对零散朝觐组织活动的专项治理工作，保证自治区朝觐工作的圆满完成。2月11日，自治区154名朝觐人员安全返京。

指导帮助自治区伊协，在全区西、中、东分片举办3期伊斯兰教中青年教职人员培训班。每期班都对学员进行政策和法律、法规的教育。通过学习、培训，进一步推动全区伊斯兰教“解经”工作与讲“新卧尔兹”活动的开展，提高伊斯兰教教职人员的政治和业务素质。

认真做好伊斯兰发展银行两名工程师来自治区考察的接待工作。1999年经自治区政府批准，宗教局会同自治区伊协通过中国伊协积极向该行申请，该行于2003年底无偿援助呼市回民区回族小学8万美元的教学楼工程建设资金。宗教局会同自治区伊协按照国家宗教局的有关通知要求，本着热情友好、内外有别的原则认真进行接待。

【“争创文明宗教场所”】 全区文明宗教场所已达257处；占所有宗教场所的比例由1998年的25%，增加到2004年的31.5%。通过“双文明”创建活动的开展，宗教场所兴办自养事业、勤劳致富、拓宽自养门路、奉献社会已蔚然成风。

（白梅 苏永胜）

中国人民政治协商会议内蒙古自治区委员会

【领导名录】

主席 副主席

主　　　席:王　占

副　主　席:傅守正

包俊臣(蒙古族)

许柏年

罗锡恩

奇英成(蒙古族)

盖山林(满族)

刘芝兰(女)

韩振祥

郭宝恒

秘书长 副秘书长

秘　书　长:王玉山(蒙古族)

副 秘 书 长:杨舜才

王俊林

杨映成

陈毅民

张钢彦

靳明龙

钱灵犀

杨仁选

邢洁晨

赵素琴(女)

黄雅琴(女 蒙古族)

斯琴高娃(女 蒙古族)

办公厅主任:杨舜才

副　主　任:陈毅民

玉　荣(女 蒙古族)

常务委员

卜范达

马占新(蒙古族)

云治厚(蒙古族)

云淑贤(女 蒙古族)

云福俊(蒙古族)

王石彤

王延彬

王希贤

王明勤

王　南

王　海

王富祥

扎木苏(蒙古族)

乌·图雅(女 蒙古族)

平子良

布和朝鲁(蒙古族)

石新生

叶喜扎木苏(鄂温克族)

卢　挺

田　震

白　兰(女 鄂伦春族)

白斯愣(蒙古族)

包庆贺(蒙古族)

宁　铨

边占喜

邢永明

邢洁晨

吐　嘎(蒙古族)

吕纪俄

乔岐山

任远国

任英超

刘玉蓉(女)

刘恩情(蒙古族)

刘　斌(蒙古族)

阮景海

孙忠泰

孙　炯

杨凤英(女)

杨树森

杨舜才

苏尤乐玛(女 蒙古族)

苏世雄
苏雅拉图(蒙古族)
李子清
李占荣
李　秀
吴永刚(蒙古族)
宋振国
张元凯
张志公(蒙古族)
张伯群
张建国
张　珉(蒙古族)
张茂林
张树义
张　钢
张维民
张福宽
陆　阳
呼和巴特尔(蒙古族)
罗·莫日根(女　蒙古族)
图布登尼玛(蒙古族)
金　华(女　蒙古族)
郑锦春
郑福田
宝笑平(女　蒙古族)
胡其图(蒙古族)
郝继宽
赵　云(蒙古族)
赵心力(女)
赵永亮
赵　慧
赵德政(锡伯族)
哈斯乌拉(蒙古族)
钟玉堂
郜丰平
贺银凤(女)
秦国庆
莫日根(蒙古族)
莘文印
莎　娜(女　达斡尔族)
聂延秋
钱灵犀
徐　翔(女)
郭洪成
高凤林
高昆生
黄　文
黄雅琴(女　蒙古族)
斯琴其木格(女　蒙古族)
景锡恩(回族)
锁占荣(回族)
富子荣(满族)
靳明龙
照日格图(蒙古族)
臧海民
谭百业
黎　明(鄂温克族)

专门委员会主任 副主任

提案委员会

主　　任:吴永刚(蒙古族)
专职副主任:牛　敏
副 主 任:高昆生
郜丰平
冀秉峰
吉如木图(蒙古族)
赵仁钦(蒙古族)
窦连玺
张树义

经济委员会

主　　任:黄　文
专职副主任:云祝平(蒙古族)
副 主 任:乔岐山
白斯楞(蒙古族)
周世孝
赵小勇
马占新(蒙古族)
宋振国
王富祥
云二柱(蒙古族)
徐　荣
赵　勇
郭洪成
王　南

人口资源环境委员会

主　　任:李子清
专职副主任:王　进

副 主 任:李 秀
臧海民
张维民
田 震
王守陆
徐守义
刘 瑞
鲍晓英(蒙古族)
卢纯才

教科文卫体委员会

主 任:钟玉堂
专职副主任:邵淑君(女)
副 主 任:林川令
何成保
刘兆和
刘树涛(满族)
郭厚诚
王延彬
尹正业
何其耶徒(蒙古族)

民族和宗教委员会

主 任:扎木苏(蒙古族)
专职副主任:奎巴特(蒙古族)
副 主 任:杨凤英(女)
白 兰(女 鄂伦春族)
达喜道尔吉(蒙古族)
白布和(蒙古族)
赵九九(蒙古族)
胡其图(蒙古族)
钱浪腾(女 蒙古族)
张志公(蒙古族)
云布霓(蒙古族)

文史资料委员会

主 任:云淑贤(女 蒙古族)
专职副主任:黎 丽(女 蒙古族)
副 主 任:王明勤
叶喜扎木苏(鄂温克族)
张元凯
张文奎(蒙古族)
斯热文(鄂伦春族)
康 庄
卢 挺

港澳台侨联络和外事委员会

主 任:王玉山(蒙古族)
专职副主任:田乃立(女 满族)
副 主 任:莫日根(蒙古族)
石新生
谭百业
成 功(蒙古族)
德继民(蒙古族)
云福俊(蒙古族)
张元斗
仁 钦(蒙古族)
王纪言

社会和法制委员会

主 任:李占荣
专职副主任:张如培
副 主 任:任英超
金 华(女 蒙古族)
宝笑平(女 蒙古族)
杨树森
阿斯林(蒙古族)
胡达古拉(女 蒙古族)

【全体委员会议】

九届二次会议 2004年1月7日至13日在呼和浩特召开。会议应出席委员485人,实到委员432人。自治区党委书记兼人大常委会主任储波、自治区代主席杨晶,驻自治区全国政协常委和部分委员、长期在自治区工作的老同志应邀出席会议。自治区有关委办厅和有关方面的负责人,民主党派、各盟市政协和统战部负责人列席会议。王占主席主持开幕会。会议听取并审议了政协内蒙古自治区第九届委员会常务委员会工作报告和政协内蒙古自治区第九届委员会常务委员会一次会议以来提案工作情况的报告。列席内蒙古自治区第十届人民代表大会第二次会议,听取并讨论《政府工作报告》、自治区2004年国民经济和社会发展计划执行情况与2005年计划报告、自治区2004年财政预算执行情况和2005年财政预算报告及法检两院报告。通过了政协内蒙古自治区九届委员会第二次会议政治决议、政协内蒙古自治区九届委员会常务委员会工作报告的决议、政协内蒙古自治区九届委员会常务委员会关于九届一次会议以来提案工作情况报告的决议、政协内蒙古自治区九届委员会第二次会议提案审查情况的报告、关于王玉山兼任港澳台侨联络和外事委员会主任的决定、关于牛敏任提案委员会专职副主任的决定、关于撤消肖占武九届政协常务委员和港澳台侨联络和外事委员会主任的决定。大会闭幕时,王占主席作讲话。

【常务委员会会议】

第5次会议　2004年1月12日在呼和浩特召开。自治区政协副主席包俊臣主持会议。会议审议通过了政协内蒙古自治区九届委员会第二次会议政治决议、政协内蒙古自治区九届委员会常务委员会工作报告的决议、政协内蒙古自治区九届委员会常务委员会关于九届一次会议以来提案工作情况报告的决议、政协内蒙古自治区九届委员会第二次会议提案审查情况的报告、关于王玉山兼任港澳台侨联络和外事委员会主任的决定、关于牛敏任提案委员会专职副主任的决定、关于撤消肖占武九届政协常务委员和港澳台侨联络和外事委员会主任的决定。

第6次会议　2004年5月12日至14日在呼和浩特召开。自治区政协主席王占主持开幕会。会议听取关于自治区政协九届二次会议以来主席会议工作情况的报告，听取自治区政府副秘书长吕二喜同志关于当前经济运行情况的通报；审议通过《自治区政协九届常委会关于学习和贯彻政协章程的决议》；围绕贯彻落实中共十六届三中全会精神，促进经济社会全面、协调、可持续发展建言献策，审议并原则通过了《关于加快少数民族相对集中地区经济社会发展的建议》等三个建议案；审议通过了人事任免事项。

第7次会议　2004年9月29日至29日在呼和浩特市召开。王占主席主持开幕会。会议学习中共十六届四中全会精神，学习胡锦涛总书记在庆祝中国人民政治协商会议成立55周年大会上的讲话和全国政协十届七次常委会议精神，审议通过了《中国人民政治协商会议内蒙古自治区第九届委员会常务委员会关于学习贯彻中共十六届四中全会精神的决议》。会议通报了自治区政协主席会议前八个月工作情况和九届政协以来建议案落实情况，围绕促进自治区经济社会全面、协调、可持续发展积极建言献策。会议还审议通过人事任免事项。

第8次会议　2003年12月25日至27日在呼和浩特召开。王占主席主持开幕会。这次会议的主要任务是为即将召开的九届三次全委会议做准备。会议听取了自治区党委常委、统战部长伏来旺同志就增补政协自治区第九届委员建议名单的说明、自治区副主席连辑同志对全区经济社会发展情况的通报、自治区政府秘书长乌兰巴特尔同志关于九届二次会议以来提案办理工作情况的通报；审议通过了政协内蒙古自治区第九届委员会第三次会议议程、日程；审议通过了政协九届委员会常务委员会工作报告，确定王占主席为报告人；审议通过了政协九届委员会常务委员会关于九届二次会议以来提案工作情况的报告，确定包俊臣副主席为报告人；审议通过了政协九届三次会议秘书长和副秘书长名单、九届三次会议编组办法和小组召集人名单；审议通过了王志峰等18名同志辞去委员职务的请求、增补云二柱等38名同志为政协内蒙古自治区九届委员会委员、黎丽等同志的任免职决定。会议还重点讨论了《政府工作报告》(征求意见稿)，审议了自治区政协九届七次常委会议以来主席会议工作情况的书面报告和各专门委员会2004年度工作的书面报告。

【专门委员会工作】

提案委员会　九届二次会议以来，共提出提案485件。审查立案479件，其中6个民主党派99件、政协九届二次会议界别小组1件、政协专门委员会4件、未予立案的6件，已转作委员来信处理。提出提案的委员236人，占委员总数的48.7%。自1月17日到12月12日，收到84个承办单位的提案答复件共计885件次，办复提案477件，占提案总数的99.6%。其中A类答复件(解决或基本解决的)176件，占提案总数的36.7%；B类答复件(列出计划两三年可解决的)272件，占提案总数的56.8%；C类答复件(因条件限制一时不能解决的)29件，占提案总数的6.1%。至12月12日前尚未答复的提案2件，占提案总数的0.4%。提案办公室将收到的485件提案和885件答复件录入微机，约计有100多万字，并整理汇总刻录光盘，为今后提案数据库和委员查询提供依据做好准备。从总的情况看，2004年各承办单位认真贯彻自治区党委办公厅、政府办公厅发〔2003〕44号文件精神，提案办理的进度、质量均好于往年，与上年同期比，仅上半年就办复提案85%，比上年高出12个百分点。一些承办数量较多的单位，如发改委、教育厅等单位早在5月底前就全部办理完毕，并报送提案办理工作总结。还有8个承办单位没有完成的提案办理任务，这些单位承办提案数量不多，只有一至两件，说明对提案办理工作不够重视。在催办和督办工作中，提案委员会特别注意与自治区党委、政府办公厅督查室的联系、沟通和协作，在一些重点提案、紧急提案的办理工作中，把政协的催办、督办与党委和政府的督查工作结合起来，推动提案的落实，收到很好的效果。

经济委员会　一是关注“三农”问题，就自治区粮食生产、农民增收和农村牧区基础设施建设进行调查研究。4月，分东、西两个调研组赴通辽市、巴盟的部分旗县，就当地贯彻中央1号文件，抓好粮食生产和农民增收的有关情况进行专题调研，提交《抓好粮食生产，确保农民增收》的调研报告，得到自治区政协第六次常委会的肯定，以建议案的形式报送自治区党委和政府，引起自治区政府的高度重视。关注全区动物疫病防治体系建设，确保产品质量安全。就自治区动物疫病防治体系存在的基层动物防疫机构不健全，防治经营投入不足，基础设施建设滞后，缺乏动物防疫风险机制，责任和责任追究制落实不到位等问题，向自治区政协第六次常委会提出要完善自治区重大动物疫病监测预警体系等六项建议，常委会上的发言，引起委员们的共识，会后以建议案的形式报送自治区政府，引起了政府分管领导及有关部门的重视，并且在较短的时期内，加大了全区动物疫病防治方面的资金投入和基础设施建设的力度，使全区的动物疫病监测预警体系有了较快发展。针对近年来全区农村、牧区基础设施较差的状况，8月组织委员到交通厅、水利厅等有关部门，就农村、牧区的交通、水利、电力、通信等基础设施建设工作情况进行视察。并向自治区政协七次常委会议提交《关于加强农村、牧区基础设施建设的几点建议》的发言材料。就资金紧缺，投融资困难问题提出三点建议。二是全面了解自治区经济运行情况，组织委员到企业视察。先后视察呼铁局集二线、民航内蒙古机场集团公司等。视察后就企业目前存在的问题和需要解决的问题，用《内蒙古政协信息》的形式，报送自治区政府，引起自治区政府的重视。三是重视县域经济，就旗县经济发展情况，组织委员视察。多次组织委员分别对乌兰察布市和阿拉善盟的部分的旗县经济发展情况进行视察。视察中，委员们对高耗能企业带来的污染问题提出治理建议。要求各地尽快解决污染环境的问题，千万不能以牺牲生态环境来换取暂时的财政增长，做到既要富一方百姓，也要保一方蓝天。委员们还就如何更好地开发、利用可再生的风能、太阳能等清洁能源进行探讨。四是五、参加了自治区政府对电石、铁合金、焦炭整顿督察工作。

人口资源环境委员会 按照《人口资源环境委员会2004年工作要点》所确定的目标，一是精心选题，务求实效，切实搞好专题调研。1.就关于全区人口规模与可持续发展问题进行调研。年初，对全区人口发展问题进行调研。通过对全区人口增长速度、计划生育成效、城乡人口结构、人口老龄化、城镇化建设，以及经济发展与人口、资源、环境相适应等问题进行较为全面的调查分析，同时又组织三次专家学者研讨会，于7月上旬形成《关于我区人口规模与可持续发展的调研报告》，先后在自治区政协九届六次常委会、华北五省市区政协人口资源环境工作联席会议上进行交流，得到普遍好评。2.就全区水资源状况进行调研。自治区是水资源严重短缺的省区之一。3月开始，会同自治区水利部门的专家、学者对全区水资源状况进行调研，于7月初初步形成《关于我区水资源状况的调研报告》。随后专门组织召开三次专题研讨会，邀请有关专家学者和部分委员针对“水利工程投入不足，水利基础设施薄弱，水资源管理体制不顺，水资源浪费严重，水环境污染突出”等问题进行研讨论证，并就如何建立科学合理的管水用水体制，如何实现依法管水，优化配置水资源，建设节水型社会等征求意见和建议。3.就全区煤田勘探和煤炭资源开发保障能力情况进行调研。组织委员深入到内蒙古煤田地质局了解全区煤田勘测和煤炭资源储量及开发保障能力等情况。4.就全区风能资源开发利用进行调研。围绕自治区正在实施的能源转换战略，就如何促进全区风电产业的发展，对全区风能资源开发利用进行专项调研。首先认真了解国内外风电业发展动态和全区风电业发展的现状；风能资源的主要分布和主要风电场的建设规模；以及8大风电厂的有关技术参数等情况。接着又理清制约全区风电产业发展的主客观因素，以及存在的主要问题。通过两次专门研讨，形成《关于我区风能资源开发利用情况的调研报告》，在自治区政协九届七次常委会上被选为大会发言材料，进行大会交流。二是针对群众关注的热点问题，适时组织委员开展视察活动。对赤峰元宝山露天煤矿严重浪费水资源状况进行视察。元宝山露天煤矿为满足露天开采要求，常年打井疏干排水，造成地下水位严重下降，加之缺乏相应的疏干水综合利用配套工程，使当地7万多人，6万头（只）牲畜出现饮水困难，8万亩农田无法适时灌溉，而矿区每日却有40多万立方米的水资源白白地流走，造成水资源的极大浪费，尽快解决好该矿疏干水综合利用问题，事关当地群众能否正常的生产和生活，也事关企业发展和社会稳定。我们在深入调研的基础上，提交《关于尽快解决元宝山露天煤矿疏干水综合利用问题的提案》。对巴盟乌拉特前旗造纸厂生产排污造成黄河严重污染进行视察。协助全国政协视察团，对全区资源开发和草原生态保护情况进行视察。

科教文卫体委员会 一是进一步密切同委员的联系，充分调动委员参政议政的积极性。通过制定工作计划和确立调研题目时广泛征求和吸纳委员的意见、积极开展走访委员的活动、与委员保持经常联系等方式，加强与委员的密切联系，为委员们参政议政提供良好服务。二是组织委员开展视察调研活动，积极为自治区经济社会发展建言献策。全年共组织视察调研活动8次，形成调研报告6份，其中作为政协常委会专题论坛发言的1份，大会发言的3份，有3份被政协办公厅作为“社情民意专报”材料呈报给政府有关领导。在视察调研工作中，注意围绕自治区经济社会发展的热点问题，从政协建言献策的实际出发，有计划、有重点地组织委员开展专题视察调研活动。

民族和宗教委员会 一是结合全面建设小康社会的奋斗目标，开展视察调研。3月中旬开始，就呼和浩特、包头市两地奶牛养殖产业的发展和建立风险保障机制与社会化服务体系的情况，先后组织两次视察调研，总结奶牛养殖业发展中的成绩和经验，了解存在的问题和困难，形成《关于呼包二市奶牛养殖业社会化服务体系和风险保障机制建设情况的调研报告》，就奶业龙头企业和养殖户合理解决利益分配问题；建立奶牛养殖风险保障体系和以疾病防控为中心的社会化服务网络问题等提出具体建议。4月，与自治区扶贫办的同志一道，对通辽市、兴安盟的四个蒙古族相对集中且又贫困的旗县进行调研。随后形成《关于加快蒙古族聚居区经济社会发展的调查报告》以常委会建议案的方式提交自治区党委。10月，考者阿拉善盟在实施生态搬迁以来，搬迁区牧民群众生产生活、医疗卫生和疫病防控状况。最后形成《关于自治区政协民族和宗教委员会赴阿盟视察的情况汇报》，就解决阿盟在经济发展和生态建设方面存在的困难和问题，提出建议。从7月至12月，组织部分委员和教育界的专家学者组成调研组，先后赴赤峰市、通辽市、兴安盟、呼伦贝尔市、巴彦淖尔市、鄂尔多斯市等地，开展专题调研。着重了解各地贯彻落实教育部《2003至2007年教育振兴计划》的有关情况、对民族基础教育的投入情况以及当前民族教育发展进程中存在的主要困难和问题。二是增进与民族宗教界委员的思想沟通与感情联络，充分发挥委员的主体作用。坚持“灵活多样、注重实效”的原则，通过召集学习会、通报会、座谈会等形式，让委员充分了解自治区经济社会发展形势和政协工作动态，同时了解委员及周围民族宗教界群众的意愿和呼声，为委员知情出力创造条件。三是搞好工作交流，注重借鉴经验，推动政协民族宗教工作与时俱进。11月中旬，组织召开全区政协民族宗教工作座谈会，学习贯彻党的十六届四中全会和胡锦涛总书记在庆祝人民政协成立五十五周年大会上的讲话精神，围绕如何做好新时期政协的民族宗教工作，如何积极争取各级党委领导和政府支持，在民族宗教工作领域不断提高政治协商、民主监督、参政议政的质量和水平进行工作交流。

文史资料委员会　一年来，充分调动政协文史委委员及其所联系的社会各界人士、各盟市政协文史委和各有关部门单位的积极性，文史资料征集和调查研究工作全面展开。1.“三不两利”与“稳宽长”丛书的征集、编辑、出版工作进展顺利。从2002年开始，文史资料委员会对1947年至1962年期间内蒙古民主改革和社会主义改造时乌兰夫同志提出的在牧区实行“不斗、不分、不划阶级”，“牧工、牧主两利”，“政策要稳、办法要宽、时间要长”的政策(简称“三不两利”、“稳宽长”政策)开展史料征集寻访和调查研究工作。已完成《“三不两利”与“稳宽长”·文献与资料》一书征集、编辑、审稿工作，此书将于2005年2月之前印刷出版，与广大读者见面，约30万字；感悟“三不两利”、“稳宽长”与牧区全面建设小康社会论文部分共征集74篇，约60万字，完成初编工作(约30万字)；“三不两利”与“稳宽长”口述资料部分，采访近40位老同志，征集到的录音资料和搜集整理的散于各种文稿中的回忆文章及评价文章先后共收集整理了25篇，约25万字，现已完成初编工作。2.完成《内蒙古自治区政协委员风采录》一书的征集、编辑工作，即将印刷出版。3.根据全国政协文史委的《本届政协文史资料选题协作规划》制定完成《本届政协文史资料选题协作规划》。文史委与文史资料选题协作的盟市政协及时取得联系，商谈有关事宜，提出具体要求，通过相互交流，认识趋于一致。

港澳台侨联络和外事委员会　一是结合贯彻落实《中华人民共和国归侨侨眷权益保护法实施办法》，开展一些工作。为开展好“侨法宣传月”活动，与自治区人大、政府、统战部的侨务部门联合下发文件，通知盟市相关部门要切实提高对学习贯彻《侨法》及《实施办法》的认识，并对宣传月提出明确具体的要求。其次是组织委员到呼市地区进行专题调研，形成《加大侨务工作力度，为自治区经济建设服务》的报告，就全区的侨务工作也提出一些建议和意见，在九届七次常委会上进行交流。二是发挥委员的主体作用，认真开展调研活动。4月，组织部分委员赴包头市，对《台湾同胞投资保护法》及《实施细则》贯彻落实情况进行调研，并针对调研中发现的问题，委员们提一些建议和看法：一是对《保护法》及《实施细则》的宣传深度和广度不够；二是台胞投资占整个外商投资的比重较小，这不仅是包头市，也是全区的不足之处；三是软环境建设有待进一步增强，缺乏诚实、守信的社会主义市场经济环境。四是发挥政协的优势，广泛开展海外联络和民间外交。2004年接待国外客人6批，34人次，有美国、日本、澳大利亚以及港澳台客人。其中，5月接待以日本坂田东扶会社中田忠夫社长为团长的日本“鄂尔多斯支援会”一行12人，前往鄂托克旗开展义务植树活动，开始营造1万亩的“中日友谊林”。该团中有一名鄂托克旗籍女士哈斯格尔乐。她身居异乡，始终没有忘记家乡父老，个人向旗蒙医院捐赠价值28万元人民币的医疗器械，其他日本友人捐赠了22万元人民币。自治区政协驻香港委员黎祖森先生，2004年先后两次向乌海市海勃湾区中医院、巴彦淖尔市医院、呼和浩特市武川县中医院捐赠三台价值6万元人民币的哮喘治疗仪，并要求仪器要免费为患者治疗，解除患者病痛。是年共接待兄弟省市政协来自治区学习考察的团体共计11批，110人次。其中，6月份，接待广州市政协港澳委员考察团。考察团先后到自治区5个盟市学习考察，港澳委员们对有些感兴趣的企业及项目，与当地有关部门进行洽谈，并为改善政协办公条件，先后为自治区及所考察的盟市政协捐赠人民币18万元。接待了福建省政协驻香港常委陈进强先生一行3人，考察自治区风力发电项目。同时委员会积极开展开展民间外交。

社会和法制委员会　一是选准调研课题，认真开展专题调研。是年把预防未成年人犯罪和非公有制经济发展的法制环境列为重点调研课题，组织委员进行深入调研，向党委、政府提出具有重要参考价值的意见和建议。与有关人员进行座谈，形成了《关于我区预防未成年人犯罪情况的调研报告》，提出进一步优化未成年人健康成长的社会环境等六条对策和建议，报送自治区党委。关于“非公有制经济发展的法制环境”课题的调研，在上年调研的基础上，是年又组成调研组，深入到乌海等部分盟市进行调研，还赴非公有制经济发展较快的江浙地区学习考察。通过调研和考察，形成《关于我区非公有制经济发展的社会法制环境的调查报告》，实事求是地向自治区党委和政府反映全区非公有制经济发展的现状，从完善社会主义市场经济体制，贯彻依法治国方略和引导非公有制经济健康发展的实际需要出发，提出了制约自治区当前非公有制经济发展的四大问题和促进非公有制经济发展的四项建议。二是针对社会“热点”，组织委员开展视察活动。组织委员会的二十几位委员对呼和浩特第一看守所、第三看守所、自治区看守所和自治区女子监狱、呼和浩特市第二监狱，就贯彻实施《监狱法》和《看守所条例》的情况进行视察。三是突出特点，发挥优势，为推进依法治区建言献策。根据委员会组成人员的特点和工作性质，努力发挥专家、学者的人才优势，以不同的形式和多种方式履行好自己的职能，在立法协商、法规建设、执法监督等方面，积极建言献策，为进一步推进依法治区做贡献。例如，对自治区人大关于《全国人大常委会关于完善人民陪审员制度的决定（草案）》，对《自治区党委、政府关于进一步加强依法治区工作意见》，委员们提出一些具体的修改意见和建议，得到有关部门的重视和采纳。四是积极开展内外联系和交流，拓宽工作思路，扩大工作成效。首先承办了北方部分省（市、区）政协社法委工作联系会，来自华北、东北共8个省、市、自治区政协社法委的负责同志参加会议。会议总结、交流了近年来政协社法委工作的经验和做法，对新形势下政协民主监督的思路进行探讨。参加了全国政协社法委召开的社会和法制工作研讨会和西部十二省区市政协工作联系会。积极参加自治区有关部门和社会各界召开的涉及本委工作范围的工作会、电视电话会、情况通报会、座谈会、交流会等各种会议和其它各项社会活动，知情参政，进一步扩大了人民政协的影响。

【内蒙古政协召开弘扬“草原英雄小姐妹”精神座谈会】 2月20日，自治区政协组织召开弘扬“草原英雄小姐妹”精神座谈会，纪念“草原英雄小姐妹”命名40周年。自治区政协党组副书记、政协副主席包俊臣出席会议并讲话。自治区党委宣传部，自治区教育厅、文化厅、团委、妇联、社科院等单位的有关负责同志参加会议，座谈会由自治区政协副主席郳宝恒主持。座谈会上，龙梅、玉荣两姐妹回顾当年与暴风雪搏斗的英勇事迹及她们个人40年来的成长经历，各参加单位的代表就进一步学习和弘扬“草原英雄小姐妹”精神作了热情洋溢的发言，畅谈弘扬“草原英雄小姐妹”精神，对于弘扬伟大的民族精神，推动全社会的思想道德建设的重要意义。

【内蒙古政协组织《宪法》知识专题讲座】 5月14日下午，自治区政协九届六次常委会议刚刚闭幕，立即举办《宪法》知识专题讲座，邀请自治区政协委员、内蒙古大学法学院常务副院长、副教授丁文英同志做《人权与私人财产权入宪—中国宪政发展的里程碑》专题讲座。自治区政协副主席傅守正主持讲座，自治区政协主席王占，副主席包俊臣、奇英成、刘芝兰、郳宝恒听取了讲座，参加自治区政协九届六次常委会议的全体与会人员和政协机关全体工作人员听取了讲座。丁文英教授就我国人权与私人财产权写入宪法的意义进行阐述，并对宪法修正案的重要内容和指导思想进行概括。讲座深入浅出，通俗易懂，加深大家对新宪法理解，对我们更好地学习贯彻新宪法和政协章程给以很大启示。

（杨映成 张海容）

民　主　党　派

民　革

【中国国民党革命委员会内蒙古自治区委员会领导名录】

主 任 委 员：奇英成（蒙古族）
副主任委员：张元凯
　　　　　　肖黎声
　　　　　　王志人（满族）
　　　　　　靳民龙

【概况】 全区共有国民革命党员877人，其中，大专以上学历671人，高级职称168人，中级职称364人，党员平均年龄52.3岁，与2002年相比，大专以上学历人数所占比例提高5%，高级职称人数所占比例提高2.2%，中级职称人数所占比例提高3.65%，平均年龄下降1.7%。

【重要会议】 4月20日，民革内蒙古自治区五届三次全委（扩大）会议暨参政议政工作会议在呼和浩特举行。自治区政协副主席、民革内蒙古自治区主委奇英成作了第五届常委会工作报告。会议对自治区政协优秀提案撰稿人，参政议政先进工作者和参政议政先进集体给予表彰和奖励，同时表彰民革党员健康老人。7月12日，民革内蒙古自治区委员会五届五次常委（扩大）会议召开，参加会议人员有区委常委，市级委员会主委或副主委，机关部室负责人。10月7日，民革内蒙古自治区五届六次常委（扩大）会议召开。参加会议人员是区委常委、各专委门委员会主任、机关部室负责人。

【参政议政】 2004年,向政协内蒙古自治区第九届第二次会议提出31个提案。其中,《关于加快呼市无公害蔬果基地建设,完善蔬果检测、生产、销售及市场准入机制的提案》被评为集体优秀提案。

【组织建设】 注重加强基层组织建设,围绕民革中央的总体布署,由自治区政协副主席、民革内蒙古自治区主委奇英成带队,深入到集宁、乌海、赤峰、海拉尔、牙克石和包头等地进行调研,并与当地党委统战部联系、沟通,就重要事项进行协商,以取得当地中共党委的支持与帮助,增进各地区之间的了解,密切区委与基层组织和广大党员的联系。2004年4月民革内蒙古区委会直属内蒙古财经学院支部正式成立,开始积极筹备成立民革内蒙古医学院支部。

【干部队伍建设】 2004年11月,民革内蒙古区委会在内蒙古社会主义学院举办"民革中青年干部培训班,聘请知名教授讲课,共有33名党员参加,民革机关工作人员也参加培训。自治区政协副主席、民革内蒙古区委主委奇英成就民革历史和学习中共十六届四中全会精神的体会进行专题讲座。统战部党派处曹宏利处长就如何发挥民主党派参政议政的作用进行讲解。有3位民革内蒙古区委会副主委参加中央统战部在中央社会主义学院举办的"各民党派省级组织副主委'三个代表'重要思想理论学习班",2位年轻党员参加民革中央在中央社会主义学院举办的"民革第二期中青年党员理论培训班",22人分别参加中共内蒙古党委统战部在内蒙古自治区社会主义学院和内蒙古党校举办的进修班和培训班。

【社会服务】 4月由民革内蒙古自治区委员会发起,内蒙古党委统战部、内蒙古福瑞药业有限公司和福瑞大药房连锁有限公司、呼和浩特市文化局共同参与,前往武川县西乌兰不浪镇开展"三下乡"活动。民革党员、自治区政协委员、福瑞药业董事长闫瑞峰捐赠了价值20多万元的药品,来自内蒙古医学院附属医院、妇幼保健院的九位医学专家,携带B超仪、乳腺透照仪等免费为农民做内、外、妇、儿、口腔科检查。呼和浩特市文化局的文艺工作者也披红挂彩,冒着5、6级大风为乡亲们义务表演了精彩的文艺节目。

【促进祖国统一】 民革自治区祖国统一工作委员会积极与台办、海联会及民革呼和浩特市祖国统一工作委员会联系,共同接待台胞。如先后宴请接待台湾南大国际股份有限公司总经理邓治平先生;台湾传古房产开发有限公司总经理罗斌先生;台湾富联国际食品开发公司首席内蒙古执行官陈家和先生;台湾人士澳门汇富集团发展有限公司董事长何富强先生;台湾毅装饰设计有限公司董事长、总经理万金莲女士等10多位台湾的企业界人士,以及老朋友王士麟、祁登文先生。民革自治区老龄工作委员会邀请台湾亲亲旅行社、绥远同乡会常务理事许琨先生座谈两岸关系,介绍台湾风情。

【民革委员会成立二十周年】 2004年是中共中央〔89〕14号文件颁布15周年,也是民革内蒙古自治区委员会成立二十周年。为此,民革内蒙古区委向全区民革党员征集"14号文件"和"孙中山思想与中华民族精神"等方面的纪念文章。2004年9月20日民革内蒙古自治区委员会成立二十周年庆祝大会在呼和浩特举行,出席会议的领导有民革中央组织部副部长冯洁,中共内蒙古党委统战部部长伏来旺,自治区政协副主席、九三学社主委罗锡恩,自治区政协副主席韩振祥、郇宝恒、秘书长王玉山,原内蒙古人大副主任、民革内蒙古自治区委员会名誉主委崔维岳,内蒙古人大常委、统战部副部长马国祥,内蒙古党委台湾事务办公室主任白玉金,内蒙古社会主义学院院长斯热文,自治区各民主党派、大专院校的有关领导出席会议并祝贺。全国人大副委员长、民革中央主席何鲁丽,全国政协副主席、民革中央副主席周铁农、自治区政协主席王占、中共内蒙古党委统战部部长伏来旺分别为大会题写贺词。大会还收到全国各省民革发来贺电28件。为纪念抗日战争胜利59周年,区委会组织全体机关干部到大青山革命抗日根据地,聆听村民讲解抗日英雄的光辉业绩,缅怀革命烈士,接受革命传统教育。同时走访全国劳动模范,20余年致力于在大青山上植树造林且已绿树成荫的贾登科老人。区委会通过各种联谊活动调动广大党员的工作热情。

(熊秋梅)

民　　盟

【中国民主同盟内蒙古自治区委员会领导名录】

主 任 委 员:许柏年
副主任委员:董恒宇
钱灵犀
秦树辉
徐　翔(女)

【概况】 内蒙古自治区民盟现有1 574人,平均年龄51.5岁。辖有呼和浩特、包头、赤峰、乌海、通辽、鄂尔多斯6个市级委员会,区委直属基层委员会3个,5个直属总支,8个直属支部,区委直属5个专门委员会:教育文化委员会、科技经济委员会、社会发展委员会、妇女工作委员会、老年工作委员会;区委机关设有办公室、组织部、宣传部、参政议政办公室。区委机关现有编制16

人,现有在职人员 10 人。

【重要会议】 民盟内蒙古自治区五届三次全委会于 2003 年 6 月 26 日至 27 日在呼和浩特举行,会议通过《民盟内蒙古自治区第五届常委会工作报告》,报告总结一年在组织、宣传、社会服务、参政议政等方面取得的成绩,安排 2004 年的工作。

【参政议政】 参政议政是民盟履行职能的中心工作,也是体现民盟参政能力的核心。自治区广大盟员,利用民盟在科技、教育文化等领域的优势,积极建言献策,为自治区的社会进步与经济发展提出有较高参考价值的意见、建议和提案,受到各级党委、人大、政府、政协的重视。全区现有自治区级人大代表 4 人、政协委员 17 人,政府参事 3 人,盟市和区县级人大代表、政协委员 109 人。2004 年,其中以民盟名义提出的集体提案 7 件 ,个人提案 23 件,大会发言 5 份。

重视发挥专委会的作用。在民盟区委统一部署和领导下,通过参政议政办公室人员的努力工作和协调,教育文化委员会、科技经济委员会、社会发展委员会做了大量的工作,积极召开会议研究部署任务,展开调研工作。

【研究成果】 2003 年,内蒙古民盟区委申报的《寻找内蒙古的城市文脉—以呼和浩特为蓝本探究全区城市化进程中的文化因素》的研究课题已经完成。这一课题的研究成果将为实现内蒙古自治区党委提出的把自治区建设成为中国北方民族文化大区的宏伟目标起到重要的理论铺垫作用。

【社会服务】 积极开展"三下乡"活动,为农民送医送药,科技咨询。区委继续坚持做好与民盟浙江省委在四子王旗的联手扶贫工作,并积极联系四子王旗一中、政协等有关单位和部门,在中学师资培训、资助特困生、奖励特优生以及科技扶贫等方面开展工作,共集资 12 万余元,累计发放奖学金 5 万余元,先后奖励和资助特困学生 138 人。1983 年由民盟区委创办的内蒙古青城大学(内蒙古丰州学院青城分院),是经自治区政府批准、国家教委备案的一所高等职业院校,并于 1985 年列入普通高等院校序列,国家统一分配招生计划。在民盟区委领导下,在广大教职员工的共同努力下,于 2001 年获得专升本学历资格的同时,学校积极把职业资格证书制度纳入学校的教学计划,积极开展专业技能培训,广开毕业生就业渠道,为推动高职教育的发展做出贡献。

【理论学习】 区委通过加强思想教育和学习宣传工作,不断提高干部理论修养和思想政治素质。在全国两会召开后,民盟中央及时作出《民盟中央关于学习贯彻十届二次人大会议和十届二次政协会议精神的决定》。区委在及时转发民盟中央《决定》的同时,于 2 月 20 日和 3 月 19 日分别召开中心组学习会和在呼和浩特地区全体盟员大会,许柏年主委及其他区委领导分别传达全国及自治区两会精神。区委还认真组织开展实践"三个代表"重要思想以及中共中央 2004 年"1 号文件"的学习活动。通过有重点、有针对性、理论联系实际、形式多样的学习,为全面提升参政党的能力建设打下坚实的理论基础。

【《内蒙古盟讯》】 是区委联系广大盟员的重要桥梁,也是传达上级精神、通报盟务活动、反映社情民意、发表广大盟员参政议政建议和意见的窗口。既丰富盟员的学习内容,也增强凝聚力。

【组织建设】 区委注重领导班子建设、地方组织建设、基层组织建设和后备干部队伍建设。坚持"发展是为了工作,在工作中发展"的原则,注重政治素质和发展骨干成员与一般成员的关系。注重吸收学历层次高、技术职称高、专业能力强、社会影响面宽、思想活跃的有影响、有代表性的人才入盟。

先后完成民盟医学院委员会的成立,民盟社院支部的调整等工作。于 2004 年 5 月原管理干部学院的盟员并入内蒙古财经学院支部,成立社会主义学院支部。

(董长春)

民 进

【中国民主促进会内蒙古自治区委员会领导名录】

主 任 委 员:盖山林(满族)

副主任委员:邱荣庆

陈其俊(女)

平子良

邢洁晨

【概况】 中国民主促进会内蒙古自治区委员会 2004 年发展会员 76 人,全部为大专以上文化程度。有市级委员会 3 个、总支 11 个、支部 50 个、小组 3 个。共有会员 859 人,其中高中级以上职称者占85.1%,重点分工范围占76.6%,县级以上各级人大代表 25 人、各级政协委员 97 人,各级特邀人员 20 人,担任政府县处以上实职者 4 人。

【宣传工作】 2004 年,区委先后开展《学习实践"三个代表"重要思想》等 5 次大型征文活动,收到论文 40 余篇,其中 5 篇入选民进中央征文,另有数篇在《内蒙古统战理论》等报刊上发表。在教师节来临之际,组织区直支部的教师举办庆祝第 20 个教师节的座谈会和游园活动。召开纪念《中共中央关于坚持和完善中国共产党领导的多党合作和政治协商制度的意见》发表15周年大型庆祝会议,并组织征文活动,收到论文20余篇。12月25日,隆重召开纪念大会,百余人参加会议,区委领导和内蒙古社会主义学院、内蒙古党校的教授分别作了纪念《意见》发表15周年的专题报告,5位会员宣读自己的论文。内蒙古电视台、内蒙古日报社、内蒙古广播电台对此次会议作了报道。区委全年共向《民主》、《人民政协报》、《民进会讯》、《内蒙古统战理论》、《内蒙古统一战线网》等报刊、网站投稿50余件,被采用20余件,其中一篇获《内蒙古统一战线网》优秀奖。另有2篇在《团结报》刊登。全年完成《工作简报》6期,及时地将区委重要活动和重大事件的内容、情况,传达到每一个会员,有力地配合区委的中心工作。

【参政议政】 2004年6月成立议政调研委员会并召开第一次全体工作会议,会议通过《民进内蒙古区委议政调研委员会工作规则》,发放《参政议政学习参考资料》、《调研课题立项书》和关于反映社情民意的《信息工作手册》。区委认真贯彻民进中央全国信息工作会议和自治区政协第二次信息工作联系会议精神,制定下发《民进内蒙古区委关于落实〈民进中央进一步加强信息工作的意见(试行)〉的实施意见》,编印《信息工作手册》,在全区建立两级工作网络,组建信息员队伍,实现建档管理。向内蒙古政协九届二次会议提交的《关于切实解决农民工子女享受平等教育权利问题》的提案,被评为优秀提案,被评为提案工作先进集体。

2004年,区委向内蒙古自治区政协、内蒙古自治区党委统战部等部门提交的有关社情民意信息的数量和质量有了较大的增加和提高,其中一期得到自治区领导的批示,被自治区统战部评为"好信息"奖,区委还被自治区政协评为2004年度社情民意信息工作先进单位。

2004年,区委与自治区党委统战部联合申报了中央统战部在全国统战系统的招标课题《树立正确的中华民族历史观》,并获得立项,业已顺利结题,引起了有关方面的重视。区委在自治区政协九届六次常委会作《大力发展农村职业教育,促进农村劳动力转移》的大会发言,引起大会关注和较强的社会反响。呼和浩特市委员会向市委统战部提交的《关于呼市职业教育情况的调查报告》,包头市委员会向市委统战部提交的《扩大经济总量,进一步加快包头市经济发展速度》的调研报告,都得到了当地党委、政府的重视。自治区民进被中央授予2004年度参政议政工作表扬奖。

【社会服务】 9月19日,由民进自治区委和民进天津市委联系促成的天津市培英外语学校与呼和浩特市12中结成帮扶对子暨友好学校,向呼和浩特12中捐赠奖学金3万元和部分教学用品,两校达成一系列的教育、教学、助学帮扶协议。民进内蒙古区委、民进辽宁省委、民进通辽市总支共同促成沈阳市北一经小学和通辽市育新镇中心小学正式结成了"手拉手"帮扶对子暨友好学校。区委与呼和浩特市西把栅乡联系,把西把栅乡合林村作为区委科教扶贫点,组织饲料、畜牧方面的专家并携带科技资料300余份,深入合林村开展科技扶贫活动,受到当地领导的好评和群众的欢迎。呼和浩特市委员会组织会员多次赴回民区、武川县、土左旗进行讲学活动,同时向贫困地区捐书1 456本、衣物300多件、精煤5吨,使600多人受益。由民进会员创办的呼和浩特市培训学校、内蒙古瑞德萱职业学校和内蒙古赤诚房地产有限公司共捐助特困生12人,免费培训下岗职工280人,安置下岗职工65人。乌海市委会开展为贫困家庭失学儿童提供赞助和促进下岗职工再就业的"同心工程"。会员创办的考试书店、教育书店共培训下岗职工56人,使30人实现再就业,会员创办的兴海学校为贫困职工子女减免费用50余人次。海拉尔支部会员单世良创办的呼伦贝尔市兴科培训学校为200人次提供免费培训。2004年,赤峰市松山区太平乡遭受重大自然灾害,学校教室严重受损,在赤峰市总支与会员剪绍民的共同努力下,通过大量工作,共为灾区募集资金12万元,其中剪绍民个人捐款3 000元。

(杨永刚 李桂兰 王焕超 赵金玮 郝文 郭爱萍 李弢)

农　　工

【中国农工民主党内蒙古自治区委员会领导名录】

主 任 委 员:陈瑞清

副主任委员:赵素琴(女)

牛广明

云治厚(蒙古族)

【概况】 农工党内蒙古自治区委机关设办公室、组织部、宣传部、社会服务部4个内设机构。机关核定编制16名,其中厅级领导职数(主任委员或副主任委员)1名,处级领导职数(含秘书长1名)5名,工勤人员2名;2004年机关实有工作人员12名。其中:大学本科学历6名、大学专科学历5名、初中学历1名;蒙古族4名、朝鲜族1名;男性8名、女性4名。

【重要会议】

四届三次全委扩大会议　1月5日在呼和浩特举行。农工党自治区委委员出席会议。农工党自治区委机关各部门负责人,各地方组织、基层组织负责人,公安部特约监督员,自治区政府参事室参事、文史研究馆馆员、教育督导团督学，自治区公安厅特约监督员、自治区监察厅特约监察员、自治区检察院特约检察员列席会议。赵素琴副主委主持开幕式。

四届二十三次常委扩大会议 2月28日下午在呼和浩特举行。陈瑞清主委主持会议。赵素琴、牛广明、云治厚副主委出席会议。

四届二十四次常委扩大会议 3月21日上午在呼和浩特举行。陈瑞清主委主持会议。赵素琴、牛广明、云治厚副主委出席会议。

四届二十五次常委扩大会议 5月9日上午在呼和浩特举行。陈瑞清主委主持会议。赵素琴、牛广明、云治厚副主委出席会议。

四届二十六次常委扩大会议 9月5日在呼和浩特举行。陈瑞清主委主持会议。赵素琴、牛广明、云治厚副主委出席会议。

四届二十七次常委扩大会议 9月29日在呼和浩特举行。陈瑞清主委主持会议。赵素琴、云治厚副主委出席会议。

四届二十八次常委扩大会议 10月31日下午在呼和浩特举行。陈瑞清主委主持会议。赵素琴、牛广明、云治厚副主委出席会议。

四届二十九次常委扩大会议 12月30日在呼和浩特举行。陈瑞清主委主持会议。赵素琴、牛广明、云治厚副主委出席会议。

【宣传工作】 2004年，向《前进论坛》杂志社推荐记者、撰稿人、通讯员“三特”人员。根据农工党中央《关于充分利用〈人民政协报〉等新闻媒体大力宣传我党各项工作的通知》和自治区委宣传部《关于组建中国农工民主党内蒙古自治区委员会社会宣传工作信息网络的通知》（农工蒙发〔2003〕31号），决定组建“中国农工民主党内蒙古自治区委员会社会宣传工作信息网络中心”，主任陈瑞清，副主任赵素琴（女）。

自治区委主办、宣传部承办的《农工内蒙古通讯》，全年编印40期。在《内蒙古统一战线》网站和《中国农工民主党》网站及时上网发布自治区委开展工作和活动的情况，扩大了自治区委各项工作宣传的渠道和范围。

12月30日，自治区委四届二十九次常委扩大会议决定授予段枚然等18名同志“中国农工民主党全区优秀宣传干部”称号。

【《前进论坛》】 2004年，全区《前进论坛》征订714份，征订率58%，完成了农工党中央下达的征订任务。2004年，农工党中央做出《关于表彰2003年度在党刊工作中成绩突出的集体和个人的决定》（农工中发〔2004〕宣字6号），农工党自治区委荣获2003年度《前进论坛》发行工作省级先进单位表彰。10月31日，农工党自治区委四届二十八次常委扩大会议决定开展表彰2003～2004年度《前进论坛》征订工作先进集体活动。

【农工党党员培训 党员管理】 2004年，组织党员参加农工党中央和中共自治区党委统战部、内蒙古社会主义学院等举办的各类培训班、学习班。组织参加“全区第三期无党派重点代表人士进修班”，组织参加“地市级民主党派主委、副主委和工商联‘三个代表’重要思想学习轮训班”，参加“全区民主党派骨干培训班”；举办“电子政务培训班”等。

【组织发展】 在做好医药卫生界党员发展工作的同时，有目标、有重点地发展文化、教育、科学技术、法律、社会科学等界别的具有较高参政议政能力的人士加入农工党。2004年发展党员76名。其中：高级职称15名，占20%；中级职称52名，占68%；医药卫生界40名，占52.6%；文化教育界8名，占10.5%；科学技术界7名，占9.2%；其他21名，占27.6%；大中城市65名，占85.5%；小城市11名，占14.5%；大专以上学历70名，占92.1%；男党员38名，占50%；女党员38名，占50%；离退休党员1名，占1.3%。至2004年底，全自治区农工党员总数1 301名，其中高级职称405名，占31.1%；中级职称811名，占62.3%；医药卫生界784名，占60.3%；文化教育界210名，占16.1%；科学技术界130名，占10%；其他177名，占13.6%；大中城市1 048名，占80.5%；小城市253名，占19.5%；大专以上学历1 080名，占83%；男党员768名，占59%；女党员533名，占41%；离退休党员358名，占27.5%。自治区委下辖24个地方、基层组织，其中市级委员会5个、盟级委员会1个，基层委员会2个、总支部委员会5个、支部委员会7个、支部委员会筹备组1个、支部2个、支部筹备组1个。

【定点帮扶乡镇卫生院】 自治区委根据“中国农工民主党全国社会服务工作座谈会”精神，经认真调研，并与当地卫生行政主管部门协商，报农工党中央批准，确定内蒙古自治区巴彦淖尔盟乌拉特中旗乌梁素太乡卫生院为农工党中央第一批定点帮扶乡镇卫生院。农工党中央社会服务部、中国初级卫生保健基金会本着“发挥自身优势，整合全党资源，联合社会力量，加强国际合作”的原则，支持定点帮扶乡镇卫生院工作，为巴彦淖尔盟乌梁素太乡卫生院捐赠了由美国爱心基金会提供的价值人民币50万元的医疗器械和药品。

【文化 科技 卫生“三下乡”活动】 农工党包头市委组织中医科、内科、外科、妇产科、B超、心电图等科目的专家、教授联合于2004年4月17日到包头市土默特右旗海子乡开展“百村医疗义诊”活动。为土默特右旗海子乡24个行政村的400多名农民义诊。

7月30日至31日“八一”建军节之际,农工党包头市委组织慰问团,行程800多公里,赴驻守在中蒙边境的解放军某团二连慰问全体官兵,送去水果、蔬菜和药品。随行专家医疗队为全体官兵进行了中医科、内科、外科、B超、心电图等科目的义务体检。9月5日,农工党包头市东河区总支部委员会组织8名党员组成的医疗专家小组,为包头市东尼化工有限责任公司的150名职工进行内科、外科、中医科、心电图、B超、血型等项目的健康检查。6月27日,农工党赤峰市委组织由8位医学专家和7位演艺界艺术家组成的义诊、义演扶贫小分队到贫困乡赤峰市喀喇沁旗马鞍山乡开展助学、义诊、义演、献爱心活动,庆祝中国共产党成立83周年。8月14日,农工党锡林浩特基层委员会组织全体党员自筹经费5 000元,赴锡林浩特市毛登牧场开展送医、送药、送科技文化“三下乡”活动,为当地群众200多人看病送药,为14个奶牛养殖户的100头奶牛进行体检、配发兽药,受到当地政府和群众的热情欢迎。

8月15日,农工党乌海市委组成的农工党医疗队,深入乌海市下海勃湾镇108地质队大院为乌海市下海勃湾地区居民进行内科、外科、妇科、儿科、中西医结合科、皮肤科、心电图、B超、血化验等义诊咨询服务活动。9月19日,农工党临河支部委员会组织由8位医学专家和5位农牧业专家组成的义诊和科技讲座小分队,为100名患者义诊内科、妇科、骨科、眼科、中医科;为当地群众进行科技知识讲座。10月13日,中共呼和浩特市委统战部组织呼和浩特市各民主党派赴呼和浩特市武川县西乌兰不浪镇开展“三下乡”活动,捐赠了办公座椅、书架、卷柜等物品,并协调解决了部分药品,开展了儿科、口腔科、心电图等项的义诊活动。

【“双百万”京(津)北绿色屏障工程】 2004年4月6日至14日,自治区人大常委会副主任、“双百万”京(津)北绿色屏障工程组委会主任、农工党自治区委主委陈瑞清在自治区人大常委会环资城建委副主任王明等陪同下,深入阿拉善盟、乌海市、巴彦淖尔盟实地考察实施“双百万”京(津)北绿色屏障工程。陈瑞清一行在考察时充分肯定了阿拉善盟、乌海市、巴彦淖尔盟实施“双百万”京(津)北绿色屏障工程所取得的成绩和积累的经验。提出明确要求:生态是生存之本,实施“双百万”京(津)北绿色屏障工程利国利民,自治区要为构筑京(津)北绿色生态屏障,支持北京2008年成功举办绿色奥运做出新贡献。

2004年4月18日至19日,自治区人大常委会副主任、“双百万”京(津)北绿色屏障工程组委会主任、农工党自治区委主委陈瑞清与全国政协常委、民族宗教委员会副主任夏日,在自治区人大常委会委员、自治区工商联会长冯笠,《内蒙古日报》社副社长李马钦,内蒙古沙产业草产业协会副会长兼秘书长郝诚之等陪同下,到鄂尔多斯市达拉特旗考察东达蒙古王集团计划投资3亿元,在库布其沙漠建设的300万亩沙柳种植基地。至2004年底,“农工世纪林(草)”工程在四子王旗境内完成种植面积21 169亩,主要种植沙打旺1 000亩、草木樨6 000亩、柠条4 000亩、杨树300亩、榆树200亩,红柳、沙柳、沙棘、山杏669亩,紫花苜蓿7 000亩。成活率和保存率都在85%以上。人工种植的林草长势良好,发挥了防风固沙、保护生态、造福人民的巨大作用。工程总预算资金88万元,其中农工党捐资27万元,群众以劳折资48万元,四子王旗募集资金16万元,其他投入20万元。

2004年6月21日,以全国政协常委、农工党中央副主席、江苏省政协副主席、农工党江苏省委主委、中国科学院院士朱兆良为团长的农工党江苏省代表团,在全国政协委员、农工党中央常委、自治区人大常委会副主任、农工党自治区委主委陈瑞清,自治区统战部副部长施文学,乌兰察布市委副书记刘忠诚等领导陪同下,赴内蒙古乌兰察布市四子王旗西河子乡、大黑河乡、忽鸡图乡考察内蒙古“双百万”京(津)北绿色屏障工程重要组成部分“农工世纪林(草)”工程,将江苏省6 800名农工党员6万元捐款捐献给四子王旗“双百万”京(津)北绿色屏障工程组委会,用于建设“农工江苏世纪林(草)”工程。7月27日,由农工党上海市委秘书长刘仲苓为团长的,社会服务部副部长朱总路、主任科员张志圻带队的农工党上海市委“双百万”京(津)北绿色屏障工程“农工世纪林(草)”工程考察团一行9人,将6 400多名上海市农工党员的4万元捐款捐给四子王旗“双百万”京(津)北绿色屏障工程组委会,用于营造“农工上海世纪林(草)”工程。

【参政议政】 自治区委有一大批党员担任各级人大代表、政协委员、政府实职、特约职务,他们在所在单位中共党组织领导下,认真履行职责,搞好合作共事,立足岗位建功立业,为自治区全面建设小康社会做出了新的贡献。自治区委和各地方、基层组织的领导人,积极参与地方大政方针及重大决策的协商,出席中共各级党委和政府召开的民主生活会、座谈会,列席地方政府的有关会议,分别就地方重大问题提出意见和建议。

【议案提案】 把民主党派议案提案工作纳入重要的议事日程,进行专题研究、部署,把专题调研、议案提案工作作为工作重点落实到实处,确保议案提案的质量稳步提高,带领农工党全区广大党员努力做好党派议案提案工作。在议案提案工作中坚持以经济建设为中心,巩固以医药卫生为主的老阵地,开拓以加快经济发展、社会进步和生态环境保护与建设为重点的新领域,开拓视野、突出重点,使议案提案工作出现了新局面。所提议案提案涉及医药卫生，还有生态环境、经济、科技、文化、教育、广播电视等各个方面，既保持了界别特色，又扩大了领域。3月3日至12日、3月5日至14日，自治区委主委陈瑞清、副主委赵素琴分别参加在北京举行的全国政协十届二次会议和十届全国人大二次会议。在全国政协十届二次会议上，提交《关于解决内蒙古自治区农村牧区安全饮水问题的提案》、《关于国家加大黄河内蒙古段防洪工程建设投资力度刻不容缓的提案》、《关于恳请国家制定发展牧区经济优惠政策促进提高牧民收入的提案》、《关于加快内蒙古黄河海勃湾水利枢纽工程建设立项的提案》、《关于恳请国家大力支持整理出版蒙古文版〈大藏经〉的提案》、《关于恳请国家大力支持内蒙古地区文物保护工作力度的提案》等31件。

在十届全国人大二次会议上提交了《关于尽快实施内蒙古自治区依托包头稀土高新技术产业开发区建设内蒙古稀土新材料产业基地的建议》、《关于恳请国家增加对"非典"期间治疗"非典"定点医院经费支持的建议》、《关于恳请加大对内蒙古自治区医疗卫生事业经费投入的建议》、《关于恳请国家解决二〇〇三年"非典"期间因公致病的医护人员工伤待遇的建议》、《关于尽快制定有关食品安全监管方面的法律、行政法规的建议》等5件建议。

在自治区十届人大二次会议上，向大会提出146号《关于以创建大兴安岭有色金属基地为依托，争取我区东部盟市融入振兴东北三省战略格局的建议》、147号《关于恢复自治区爱卫办，切实加强自治区爱国卫生运动组织领导的建议》等16件建议。

在自治区政协九届二次会议上，农工党自治区委向大会提出0013号《关于以创建大兴安岭有色金属基地为依托，争取我区东部盟市融入振兴东北三省战略格局的提案》等大会书面发言材料。

（陈永胜）

九三学社

【九三学社内蒙古自治区委员会领导名录】

主 任 委 员：罗锡恩

副主任委员：黄雅琴（女 蒙古族）

边占喜

林 琳

秘 书 长：林 琳（兼）

【概况】 九三学社内蒙古区委机关核定编制15名，其中厅级领导职数（专职副主任委员）1名、处级领导职数（含秘书长1名）5名、工勤人员2名；机关内设办公室、组织部、宣传部、科技部4个职能部门；并设有教育工作委员会、海外联谊工作委员会、妇女工作委员会、老龄工作委员会、科技咨询服务中心6个非常设机构。2004年机关实有工作人员9名。其中副主任委员1名，处级干部3名，助理调研员1名，主任科员2名，科员1名，高级工1名；大学本科学历4名、大学专科学历4名，初中1名；蒙古族1名、回族1名；男性5名、女性4名。

【重要会议】

九三学社内蒙古自治区五届八次常委会议 5月11日在呼和浩特市举行。罗锡恩主委主持会议。会议主要议题是：一、学习贯彻全国、内蒙古"两会"精神；二、审议、修改九三学社内蒙古自治区委员会常务委员会《工作报告》（草案）；三、听取社区委前一段主要工作情况汇报；四、研究决定九三学社内蒙古自治区第五届委员会第三次全体委员会议召开具体事宜。

九三学社内蒙古自治区委员会信息工作会议 5月19日在呼和浩特市举行。会议学习中央、自治区领导关于信息工作讲话。会议通过《九三学社内蒙古自治区委员会信息工作制度》（试行）。

【政治协商】 2004年，九三学社自治区委员会紧紧围绕党和政府的中心工作和群众普遍关于的社会难点、热点问题，注意发挥九三学社的科技优势，充分调动广大社员的积极性，认真履行参政党职能，取得成效。自6月，九三学社自治区委员会主要负责同志应邀出席自治区党委、人大、政府、政协和自治区党委统战部的情况通报会、座谈会、学习会、协商会共12次，例如：应邀出席自治区党委召开的听取党外人士对自治区党委工作的意见和建议座谈会；出席自治区政府主席主持召开的对《政府工作报告》征求意见座谈会；出席自治区党委统战部召开的全区统一战线工作通报会等。在这些会议上，社区委主要负责同志会前认真准备，会上积极发言，提出意见和建议。

【参政议政】 九三学社内蒙古自治区委员会认真贯彻《九三学社中央关于加强参政议政工作的若干意见》的精神，根据九三学社中央围绕发展参政议政要注意质量、要强化特色、要加强基础研究、建立健全科学高效的工作机制的总体要求，注意发挥九三学社内蒙古自治区委员会参政议政工作委员会作用，继续在全区社员中广泛开展"一条建议，一件提案"活动。调动全区社员参政议政工作的积极性，使更多社员参与到人民政协提案工作中来。

在自治区政协九届二次全委员上，九三学社担任自治区政协委员的20位同志，提出15件个人提案，以九三学社内蒙古自治区委员会名义提出36件集体提案。罗锡恩副主席代表九三学社内蒙古自治区委员会以《关注农村弱势群体，增强农民自我发展能力》为题做大会发言。徐建新委员以《关于加快我区农牧业产业化发展的几点建议》为题做大会发言。丽娜委员分别以《农民进城的社会待遇问题及对策》、《加大沙地柏推广力度》、《加快我区县域经济发展的对策意见》、《关于尽快修定和完善特殊药品管理办法的建议》为题做书面发言。罗锡恩主任委员参加全国政协会议期间,向会议提交5件提案,其中《发展牧区水利的几点建议》、《关于支持内蒙古大兴安岭林区实施"以煤代木"项目的建议》、《加大内蒙古自治区矿产资源投入力度推动可持续发展》《关于尽快修定和完善特殊药品管理办法的建议》4件提案被列为大会书面发言。九三学社内蒙古自治区委员会根据社中央要求提交《关于我区"产学研"结合的现状、存在问题及其对策建议》的调研报告,此调研报告同时被确定为自治区政协常委会议发言材料。

【民主监督】 九三学社内蒙古自治区委员会《关于农民进城的社会待遇问题及其对策》的提案,内蒙古自治区劳动和社会保障厅答复如下:"我们对建议,进行了认真学习和研究。你们的提案较全面地反映了当前农民进城务工就业工作中存在的问题,同时也提出了很好的对策和建议。我们要在今后工作中加以落实……另外,对您提出的对策和建议,我们已基本采纳。"九三学社内蒙古自治区委员会《关于关注弱势群体,增强农民自我发展能力》的提案,内蒙古党委政研室答复如下:"这一提案属于我国和我区的热点和难点问题,是解决'三农'问题的重要内容之一,按照十六大提出全面达小康的要求,高度重视并逐步加以解决势在必行。作为我区政协会议提案提出是非常及时和必要的。……提案中提出的六条措施有较强的针对性和可操作性。建议自治区党委责成党委政研室、财政厅、公安厅、民政厅、地税局等部门进一步研究解决农牧民这一社会弱势群体在政治、经济、社会方面的不平等待遇问题,提出解决的具体措施,以自治区党委文件的形式下发全区执行"。九三学社内蒙古自治区委员会《关于食品安全的几点建议》的提案受到内蒙古政协的重视,进行跟踪落实,建议得到政府采纳和社会的重视,有效发挥民主监督作用。

【组织建设】 2004年,九三学社内蒙古自治区委员会发展新社员79名,平均年龄39.3岁发展率为6.7%,其中具有高级职称32名,全国政协委员2名,副市长1名。组织发展工作总体上看是健康的,不少党外优秀知识分子加入到九三学社组织中来,为九三学社增添新鲜血液和活力。至上年底,全区社员人数为1 264人。其中各级人大代表、政协委员约占社员总数的1/10,在各级统战部门帮助、支持下,自治区社员实职安排人数有所增加。九三学社有46位社员担任政府部门特邀(约)人员,这些同志立足本职,积极参与政府部门工作,参与对地方事务的管理。

2004年,九三学社涌现出一批先进集体和先进个人,闫伟、哈斯朝鲁荣获自治区劳动模范称号,朱文园、梁瑞同志分别荣获社中央"参政议政先进个人"和"社会服务先进个人"称号。九三学社锡林浩特委员会荣获社中央"先进基层组织"称号。内蒙古林业科学院张文军副研究员参加的《半干旱地区沙地综合治理技术研究》项目荣获国家科技进步二等奖;内蒙古师大昭日格图教授被自治区党委、政府评为优秀留学回国人员;内蒙古农业大学闫伟教授主持的"林木菌根剂生产及其应用技术研究"项目被评为内蒙古自治区科学技术进步一等奖;内蒙古农业大学刘静教授、通辽市卫生防疫站佟伟军主任医师、内蒙古师大斯仁道尔基教授被评为2004年内蒙古自治区有突出贡献的中青年专家;社员邵凯研究员、昭日格图教授、刘静教授、边占喜教授、张小萍副教授分别入选自治区"321"工程第一、第二层次人员范围。

【地方(基层)组织建设】 2004年,基层组织建设得到进一步加强,九三学社组织凝聚力得到提高,基层组织建设关键是要有一位政治坚定、群众威信高而又热心社务工作的带头人。基层组织活动要制定计划,精心安排,创新形式,注重活动质量和实效。九三学社内蒙古自治区委员会为支持自治区直属支社开展组织活动,继续提供了必要的经费支持。九三学社内蒙古自治区委员会部分直属支社、九三学社乌海市委会和九三学社呼和浩特市委会、九三学社集宁委员会完成了换届和届中调整,九三学社呼伦贝尔市委会正式建立。

【专委会工作】 九三学社内蒙古自治区委员会专委会都按各自分工和特点,开展相应活动。妇女工作委员会在"三八"国际劳动妇女节期间,开展捐资助学活动;教育工作委员会在"教师节"到来之时,向长期在自治区教育战线的老同志颁发纪念品;海外联谊工作委员会在中国第十六届国际科学与和平周期间到少教所开展调研活动;老龄工作委员会发挥离退休老同志作用,积极开展参政议政工作,为自治区经济发展献计献策。在"老年节"期间,开展为70岁以上老同志祝寿活动,使老社员感受到组织的温暖;参政议政工作委员会认真组织社员参与人民政协提案工作,在政协提案工作中做出优异成绩。

【社会服务工作】 2004年,社区委组织部分成员到少管所慰问干警和开展对少年犯帮教活动,请社员唐小琪同志以自己身残志坚的经历,给少年犯上了生动一课。在中国第十六届国际科学与和平周活动期间,社区委海外联谊委员会组织部分社员到少教所进行调研。社区委还向以上两个单位劳改、劳教人员捐赠部分生活用品,活动产生很好的社会效果。社区委还与内蒙古医学院统战部合作组织社内专家赴苏尼特左旗开展义诊和捐资助学活动。社区委还应邀两次组织社内专家对巴林右旗进行考察、咨询讲学活动。社区委由妇委会发起对呼和浩特市两名小学生开展了助学活动。通过活动,使社员不仅参加社会实践,而且体察民情,为进一步做好工作打下良好基础。

【信息工作】是年,信息网络初步形成。至2004年底,共向九三学社中央等有关部门报送信息稿件60件,被采用21篇(次),平均采用率为30%,被自治区党委统战部信息中心采用的稿件数量排在自治区各民主党派首位。2004年,社区委信息工作分别受到社中央宣传部、自治区党委统战部的表彰,《建议政府确定贫困县、贫困户不能"一刀切"》(杨跃勇撰稿)和《今朝真情唤魂归,世间携手播爱心》(王英撰稿)两件信息被自治区党委统战部评为好信息。

(张明英)

群 众 团 体

工 会

【内蒙古自治区总工会领导名录】

主　　席:尤　仁(蒙古族 9月离任)
　　　　　云秀梅(女 蒙古族 9月任职)
副 主 席:韩毅顺(常务 9月离任)
　　　　　胡书捷(9月任常务)
　　　　　崔明龙
　　　　　徐保田(9月离任)
　　　　　金　华(女 蒙古族)
　　　　　钟来吉
　　　　　额尔敦巴雅尔(蒙古族 9月任职)
助理巡视员:杨瑞林
　　　　　李建军

【概况】 2004年,自治区总工会设有14个行政部室:办公室、组织部、宣传教育部、调查研究室、基层工作部、法律工作部、保障工作部、劳动保护部、经济技术部、女职工部、财务部、经费审查委员会办公室、机关党委、离退休人员工作处。设有6个事业单位:工人疗养院、职工教育文化馆、职工对外交流中心、机关事务服务中心、工会干校、内蒙古工人杂志社。共有干部职工176人。

设有自治区林业、电力、地质、邮政、通信、移动、民航、建筑建材公路运输、教科文卫、国防化工机械、财贸轻纺烟草和呼铁局工会12个产业工会和直属企事业工会,自治区建筑建材公路运输、国防化工机械、教科文卫、财贸轻纺烟草工会、直属企事业工会,机构和人员编制在自治区总工会,其中直属企事业工会与机关事务服务中心合署办公,其他设在有关厅局。设有自治区直属系统工会10个:自治区国税系统工会、国航内蒙古自治区管理局工会、中国人民银行呼和浩特中心支行工会、中国银行内蒙古分行工会、中国工商银行内蒙古分行工会、中国建设银行内蒙古分行工会、中国农业银行内蒙古分行工会、中国农发行内蒙古分行工会、中国人民保险公司内蒙古分公司工会、中国人寿保险公司内蒙古分公司工会。另外,在自治区直属机关还设有自治区直属机关工会工作委员会。

全区地级市总工会9个,盟工会3个,旗县市区工会101个。全区有职工371万人。建有基层工会组织22 239个,有工会会员333.6万人。有工会专职工会干部9 927人。其中基层工会专职工作人员8 683人,基层以上工会有专职干部1 289人。建有经费审查组织7 233个,其中基层以上工会经费审查委员会98个。女职工委员会12 748个;职工技协组织710个,职工技协会员58 471人;工人文化宫、俱乐部(活动站室)306个;工会图书馆2 380个;职工大学2所,职工学校16所,工会干部学校4所。

【自治区工会第八次代表大会】 9月18日至21日,内蒙古自治区工会第八次代表大会在呼和浩特召开。中华全国总工会副主席、书记处书记苏立清到会祝贺并致词,自治区党委副书记、自治区主席杨晶,自治区党委副书记杨利民,自治区党委常委、统战部长伏来旺,自治区党委常委、组织部长陈朋山,自治区人大常委会副主任、自治区总工会第七届委员会主席尤仁,自治区人大常委会副主任、自治区总工会主席云秀梅,自治区副主席连辑、乌兰,自治区政协副主席奇英成、韩振祥,内蒙古军区副司令员桑杰扎布出席了大会,陈朋山在开幕式上宣读了自治区党委副书记陈光林的重要讲话。

【王兆国在内蒙古考察工作】 7月31日至8月3日,全国总工会主席王兆国在中华全国总工会副主席、书记处第一书记张俊九,自治区党委书记、自治区人大常委会主任储波,自治区党委副书记、自治区主席杨晶陪同下,先后到鄂尔多斯市、包头市、呼和浩特市等地,考察了鄂尔多斯羊绒集团、内蒙古一机(集团)公司、北方重工业集团公司、内蒙古伊利集团公司、呼和浩特市供电局、内蒙古蒙牛乳业股份有限公司、TCL 王牌电器公司、TCL 移动通信(呼和浩特)有限公司、内蒙古乾坤金银精炼股份有限公司等有关企业和单位考察,走访了包头市和呼和浩特市困难职工帮扶中心,看望并慰问部分劳动模范、困难职工。

【自治区人民政府与自治区总工会第一次联席会议】 12 月 7 日,自治区人民政府与自治区总工会召开第一次联席会议。自治区党委副书记、自治区主席杨晶出席会议并作重要讲话。自治区人大常委会副主任、总工会主席云秀梅通报了关于自治区开展职工“经济技术创新工程”活动情况和关于制定改善和提高自治区劳动模范待遇意见的说明。自治区副主席赵双连主持会议。

【重视和加强劳模工作】 起草《内蒙古自治区关于改善和提高劳动模范和先进工作者待遇的意见》,多次与自治区有关厅局协商,形成审议稿提交自治区人民政府与自治区总工会第一次联席会议讨论并已原则通过。积极协调有关地区和单位落实劳模政策和待遇,对《关于在企业转制中做好劳模安置和下岗失业劳模再就业及生活补助工作的意见》的贯彻执行情况进行督促检查。全区各级工会把关心劳模特别是困难劳模的工作放到突出位置来抓,对困难劳模实行动态管理,建立困难劳模申报制度,建立完善困难劳模档案。及时向全国总工会反映自治区困难劳模状况,按时发放慰问金和生活困难补助金。积极配合党委和政府,在突出宣传、大力号召各族职工学习许振超和李斌先进事迹的同时,积极总结和宣传自治区各条战线上劳动模范的先进事迹,使各族职工学有榜样,赶有目标,营造出学习劳模、尊重劳模、关爱劳模、崇尚劳模、争当劳模的良好社会氛围。

【联合开展农民工工资支付情况专项检查】 为认真贯彻落实国家劳动和社会保障部、建设部、中华全国总工会《关于开展农民工工资支付情况专项检查活动的通知》和《内蒙古自治区人民政府办公厅关于开展全区治理拖欠工程款和农民工工资检查工作的通知》精神,自治区劳动和社会保障厅、建设厅和总工会开展农民工工资支付情况专项检查活动。检查的范围包括:各类用人单位。重点是招用农民工较多的建筑施工、服务、加工制造等劳动密集型企业和使用农民工的个体工商户。

【加强乡镇街道工会工作】 为进一步加强乡镇(苏木)、街道工会工作,充分发挥这一级工会组织的作用,自治区总工会制发《关于加强乡镇、街道工会工作的意见》。《意见》指出,要重视和加强乡镇、街道工会,夯实工会组织和工会工作的基础。《意见》要求,自治区境内的所有乡镇、街道都必须建立工会组织。要按照“工会组织完善、维权机制健全、活动开展正常、基础工作扎实、经费依法收缴”的要求,积极创建合格乡镇、街道工会,力争用三年时间,全区 70% 的乡镇、街道工会创建成合格乡镇、街道工会。

【积极参与国有大中型企业改制】 年初,按照全总和自治区党委有关通知要求,制发了《关于工会积极参与推动国有大中型企业主辅分离辅业改制分流工作的通知》,要求全区各级工会积极参与、认真做好国有大中型企业主辅分离辅业改制分流安置富余人员工作。在区总举办的全区工会参与推动国有大中型企业主辅分离改制分流工作研讨会上,自治区国资委有关部门负责人专题介绍全区国有大中型企业主辅分离改制分流工作形势,部分盟市、产业工会汇报了参与推动企业改制工作情况,自治区国有企业改制试点单位工会介绍了经验。通过这次研讨会,工会干部特别是相关企业工会领导干部对参与国有大中型企业改制工作的认识得到进一步深化,增强工会参与和推动国有企业主辅分离、改制分流工作的使命感和责任感。

【开展厂务公开专项督查】 12 月上旬,在全区开展厂务公开工作专项督查。为做好督查工作,召开厂务公开督查工作人员培训会议,制定督查方案、评分办法、职工测评问卷;并从自治区厂务公开领导小组成员单位抽出专人组成 4 个督查组,由厅级领导带队,分赴全区 12 个盟市和部分产业(系统) 开展督查。从各级党政领导对厂务公开工作是否重视,各级厂务公开领导机构是否健全、责任是否明确,企事业厂务公开工作是否规范,非公有制企业厂务公开推行效果是否明显、群众是否满意等方面,进行了一次全面检查。

【扶贫帮困】 2004 年,对3.9万名下岗失业职工进行职业培训,为3.6万名下岗失业职工提供职业介绍服务,扶持2.4万名下岗失业职工实现再就业。密切关注特困职工的生活问题,规范各盟市困难职工帮扶中心,扶持 20 个旗县(市区)建立困难职工帮扶中心。2004 年元旦春节期间,全区共筹集和发放慰问款 4 061.2万元,走访慰问困难企业1 039家,特困职工117 950户,做到对特困职工的普遍走访慰问。

【培训】 5 月 11 日至 15 日,自治区总工会举办“十五”期间第 2 期旗县(市区)工会主席轮训班,来自全区 11 个盟市的 58 名旗县(市区)工会主席参加了轮训。自治区总工会党组书记、副主席韩毅顺,围绕工会的基本职责、科学的发展观与工会工作和贯彻中国工会十四大精神,组织起来切实维权等内容,为学员们讲授轮训的第一课。自治区政府政研室助理巡视员李毅刚、内蒙古党校政治教研室教授安静赜,自治区总工会组织部有关同志、自治区工会干校教师,分别就当前自治区经济形势与企业改制、科学的发展观、工会领导学、职工民主管理、工伤保险、劳动合同、工会财务等内容为学员作了专题讲座。

【"12351"职工热线】 10月15日,自治区总工会和各盟市工会"12351"职工热线正式开通。设立全区职工热线办公室,并制定了专门的工作制度。全区各地的职工都可以在工作日内通过拨打热线电话咨询或反映问题。职工维权热线的受理范围主要涉及职工对有关劳动法律、法规和政策等方面的咨询;职工对需要帮扶及解决生活困难的求助;职工对侵害自身合法权益行为的控告、申诉;职工对紧急突发事件和重大安全事故的报告;其它涉及职工合法权益问题的反映等五个方面内容。

【"安康杯"竞赛活动大检查】 自治区"安康杯"竞赛组委会在全区范围内开展了"安康杯"竞赛活动大检查。这次检查采取了盟市、自治区有关产业互查,参赛企业自查,自治区抽查的形式进行。推行"一法三卡"等群众性安全生产工作法情况,"安全生产月"开展情况,组织职工参加全国职工安全生产知识普及教育活动情况,开展"安康杯"竞赛活动取得的效果及表彰情况等进行认真检查,查找出不足和存在的主要问题,提出进一步深化竞赛活动的建议和意见。

（郇兴宇）

共青团

【中国共产主义青年团内蒙古自治区委员会领导名录】

书　记:罗志虎(蒙古族)

副书记:胡达古拉(蒙古族)

罗永纲

张晓兵

【概况】 自治区团委现有编制35个,至2004年底,在编职工33人。其中男26人,女7人;汉族16人,蒙古族17人。

【基层基础工作】 自治区团的十一届三次全委会确定"抓基层打基础抓落实"工作思路后,全区各级团组织迅速把会议精神传达到广大团员青年中去,通过座谈会、专题研讨、举办培训班等方式学习宣传"一手抓基层打基础抓落实,一手集中力量办大事"的工作思路和方法措施。"两抓一打"工作思路提出后,从自治区团委,到盟市、旗县级团委,都建立以一把手为组长的"抓基层打基础抓落实"工作领导小组,并层层确定了延伸到下级基层团组织的工作联系点。自治区团委领导及各职能部门在全区17个旗县区建立基层工作联系点,全区12个盟市建立基层工作联系点近200个,为增强工作的实效性,奠定组织基础。2004年6月至8月份,自治区团委率先深入到全区12个盟市,集中开展调查研究工作,组织开展"百旗县基层团组织建设大调研"活动。全区各级团组织积极响应自治区团委的号召,开展大规模的集中调研。调研人员真正到基层,深入到嘎查村、企业车间班组、学校班级宿舍、社区街道,深入到青年当中,了解青年需求,帮助青年解决实际问题。并了解和掌握大量的第一手资料,为有针对性地做好工作提供依据。同时,各级团组织把制度建设作为"抓基层打基础抓落实"的重要切入点,建立健全党建带团建工作联席会议制度、党建带团建工作责任制度、党建带团建工作考核制度、团建工作通报制度等一系列工作制度。并与党政有关部门建立了固定的工作联系,定期交流情况,协调工作,解决问题。建立健全督查工作制度,确定专门的部门和人员承担督查任务,有效保证领导交办事项和上级部署工作的落实。

【青少年思想教育】 2004年,全区各级团组织以"兴起新高潮、创造新业绩"为主题,广泛开展"三个代表"重要思想学习实践活动,认真贯彻落实《中共中央国务院关于进一步加强和改进未成年人思想道德建设实施意见》和《中共中央国务院关于进一步加强和改进大学生思想政治教育的意见》,扎实推进未成年人思想道德建设和大学生思想政治教育工作。通过评选各类青年典型和开展向典型学习活动。

【团结带领广大团员青年在经济建设主战场建功立业】 全面推进农村牧区青年增收成才行动。积极组织"共青团千村青年转移就业行动",进一步扩大"进城务工青年就业服务大会"的规模,引导农村牧区青年向二三产业和城镇转移,大力扶持外出务工青年返乡创业。大力培养农村牧区青年创业致富带头人,潘刚、席宝力皋荣获全国五四青年奖章,斯琴花当选为全国第九届十大杰出青年农牧民。深入实施青工技能振兴计划。组织"百万青工岗位练兵,千名能手技术比武"活动,开展第二届青工技能比武,各工种比赛获奖选手直接给予晋升职业资格等级的奖励,极大地调动广大青工提高技术技能的积极性。扎实开展青年科技创新行动。创建首家"内蒙古大学生创业园",举办第二届"挑战杯"全区大学生创业计划竞赛,在第四届"挑战杯"中国大学生创业计划竞赛决赛中,全区选送的创业项目荣获金奖、银奖各一个,自治区团委在本次竞赛中荣获全国省级优秀组织奖。持续深化保护母亲河行动。开展"请跟我来,天天环保"

绿色承诺活动、“青少年生态环保监护站”建设和“保护母亲河号”争创工作;青少年参与生态建设取得新成果,各级各类青少年生态园功能日渐完善,解放军万亩青年林、中央电视台真情无限林等一批保护母亲河工程项目相继落户自治区。

【引导青少年积极投身民族文化大区建设】 深入推进青年志愿者行动。在不断扩大注册志愿者的规模,组织开展志愿服务活动的同时,着重加强对志愿者服务“西部计划”的组织招募、培训派遣、管理服务等工作环节。继续深化青年文明号活动。召开“全区青年文明号十周年表彰大会”,继续开展“青年文明号信用建设示范行动”,组织“百城万店青年文明号”活动,为构建社会信用体系作出积极贡献。深入开展青年文明社区“大家乐”活动。广泛开展大学生社会实践活动。大力实施青年文化行动。组织“祝福草原”青少年文化行动月活动,继续开展乡村青年文化节活动,通过校园文化、企业青年文化、农村牧区青年文化、社区青年文化建设,打造了一批青年、草原、文化相结合的民族文化品牌。

【竭诚为青少年成长发展服务】 为青少年学习成才服务。深入实施青少年读书计划,广泛开展了丰富多彩的主题读书活动。继续扩大希望工程资助范围,2004 年共筹集各类捐款 500 多万元,接受社会各界捐物折款 150 多万元,资助家庭经济困难且品学兼优的大、中、小学生近1 800名,援建希望小学 14 所,建设希望网校 6 所,免费培训希望小学教师 91 名。服务青年就业创业。对全区培养自主创业型青年人才情况进行集中调研,对典型人物进行集中宣传报道。举办中青奥美青年创业培训班。推行大学生就业见习计划。与党委组织共同举办“博士服务团”、“草原之光”硕士创业行动工作座谈会。切实维护青少年合法权益。自治区、盟市、旗县区三级“青少年维权服务中心”的建设得到进一步发展,举办全国首期中西部未成年人维权干部培训班,召开全区预防青少年违法犯罪暨学校及周边治安综合治理工作会议,开展“青少年维权岗在行动”等活动,进一步优化青少年成长环境。

【加强团组织的自身建设】 加强青年中心建设。目前,全区已建设呼和浩特市玉泉区青年中心等城市青年中心 40 个,挂牌开展工作的 26 个。已建农村牧区青年中心 66 个。加强团的基层组织建设。为 101 个旗县区团委各下拨1 000元基层组织规范化建设工作经费。按照“四个好”的标准,命名第二批“全区五四红旗团委创建单位”,有 20 个基层团组织被团中央确定为“全国五四红旗团委创建单位”。加强团干部和团员队伍建设。组织“内蒙古团委赴基层宣讲团”,开办各类团干部培训班,全年培训团干部4 000多人次。团日活动等制度得到较好落实,团员先进性意识进一步增强。加强团的外围组织建设。进一步加强青联、学联、青企协、志愿者协会等外围组织的建设,支持它们按照各自章程开展工作,不断增强对青年的吸引力和凝聚力,扩大党在青年中的群众基础。团属各项事业稳步发展。青年政治学院新院区建设完成预期规划,教学和管理水平不断提高,招生人数创历史新高。团属报刊坚持弘扬主旋律,青少年思想舆论阵地得到巩固。青联组织广泛团结各族各界青年,积极推动青年交流,扩大对外交往。学联组织主动适应素质教育的要求,为广大学生学习成才提供服务。

【共青团内蒙古草原文化旅游推介会】 5 月,成功举办共青团内蒙古草原文化旅游推介会,来自全国 20 个省(区、市)的共青团组织、青联负责人及旅游界青年企业家 200 多人参加会议,与外省签署 7 项青少年主题教育文化交流合作协议,实现年内引进区外青少年到自治区进行文化交流 4 万多人,达成年度接待区外游客17.4万人的合作协议,极大地开发内蒙古草原文化旅游的区外市场,进一步凸显共青团讲大局、谋大事、办实事的工作形象。

【青春草原—五四青年文化周】 4 月,隆重举办以“青春草原—五四青年文化周”为核心的青年文化行动,培养青年文化人才,集中展示青年文化精品,丰富民族文化大区建设的内容;文化周期间,全区各级团组织共举办青年文化活动 700 余场,25 万人参加。由自治区团委组织的青春草原五四晚会,在广大青年中引起强烈反响。整个晚会与建设民族文化大区的要求有机契合,政治性、艺术性、观赏性、时代性突出,为促进全区先进文化的发展做出了积极贡献。

【共青团全区青年人才工作会议】 会上表彰 15 名首届“内蒙古五四青年奖章”获得者,有效地引起党和政府对青年人才工作的足够重视,进一步强化并确立青年人才工作在人才工作中的重要地位,树立新的青年人才榜样,达到预期目标,取得良好的反响。

【“神舟五号成功返回”纪念雕塑落户内蒙古青少年生态园】 经过积极争取,“神舟五号成功返回”纪念雕塑落户内蒙古青少年生态园,提升园区的文化品位,丰富园区的教育内涵,精心组织“神舟五号”成功返回一周年纪念活动,对广大青少年进行一次生动的爱国主义、集体主义、社会主义教育,激发青少年“热爱内蒙古、建设内蒙古”的热情。

【内蒙古自治区青少年工作协调委员会第二次全体会议】 发挥自治区青少年工作协调委员会办公室职能,筹备召开青少年工作协调委员会第二次全体会议,集中研究解决影响全区青少年事业发展的若干重大问题,优化青年工作的外部环境。

(李成广 任少华)

妇　联

【内蒙古自治区妇女联合会领导名录】

主　　席:林　瑞(女　蒙古族　4 月离任)

陈　羽(女　蒙古族　4 月任职)

副 主 席:宝笑平(女　蒙古族)

郑祖敏(女)

曹艳荣(女　蒙古族)

助理巡视员:冯　梅(女　蒙古族)

【亿万妇女健身活动展示大赛】　"知音杯"第二届全国亿万妇女健身活动展示大赛于 5 月 15 日至 17 日在湖北省武汉市举行,来自全国 27 个省、自治区、自辖市以及澳门特别行政区的 1 395名妇女代表参加此次健身活动展示大赛。自治区代表团参加大赛的特色项目、健身健美操、乒乓球、门球四个项目的比赛,并荣获大赛门球项目的第一名和特色项目的一等奖;健身健美操队、特色项目队、乒乓球队分别获得体育道德风尚集体奖;唐玉兰等 8 名运动员获得体育道德风尚运动员奖;自治区妇联和体育局荣获优秀组织奖。

【庆"六一"表彰大会】　自治区妇联和内蒙古儿童基金会联合举办的加强和改进未成年人思想道德建设动员暨庆"六一"表彰大会于 5 月 31 日上午在自治区政府礼堂召开。自治区党委副书记陈光林,自治区人大常委会副主任王凤岐,自治区政协副主席刘芝兰,内蒙古儿童基金会会长杨紫珍,自治区党委副秘书长张守孝,自治区广电局长刘瑞,自治区党委直属机关工委副书记关英,自治区教育厅副厅长何成保,自治区文化厅副厅长明锐,自治区团委副书记胡达古拉及自治区妇联的领导出席大会。香港东区议员周洁冰参加大会。实施"春蕾计划"的先进集体和个人代表、各盟市妇联儿童工作者及首府地区少年儿童代表共计1 200多人参加大会。陈光林副书记作重要讲话。

【反家庭暴力培训班】　中澳少数民族地区反家庭暴力培训班 8 月 22 日至 26 日在呼和浩特召开。来自内蒙古、宁夏、北京、山西等 15 个省区市人大、妇联、公安、法院、司法、民政等部门的代表近 100 人参加培训班。全国妇联书记处书记甄砚、自治区人大常委会副主任万继生出席培训班的开班仪式。全国妇联国际部副部长邹晓巧、权益部副部长邓丽、中华女子学院的教授和澳大利亚人权与机会平等委员会的专家为培训班授课。此次培训是全国妇联与澳大利亚人权与机会平等委员会合作举办的。澳大利亚人权与机会平等委员会于 1986 年由澳大利亚联邦议会建立。主要职能是开展人权公共教育、从事协调促进人权和消除歧视的研究和教育项目。1997 年中澳两国政府建立人权对话机制后,双方同意通过澳大利亚发展计划署向中国提供技术援助,并由澳大利亚人权与机会平等委员会具体负责执行。从 2000 年开始,全国妇联与澳大利亚人权与机会平等委员会已在反对家庭暴力及打击拐卖妇女儿童领域进行多次合作。此次培训是全国妇联与该委员会 2004 年的合作项目之一,旨在推动内蒙古和宁夏等少数民族地区进一步加强反家庭暴力工作,维护妇女的合法权益。

【北京市妇联、女企业家协会率团到自治区参观考察】　以北京市女企业家协会会长王淑华,女企业家协会副会长兼秘书长吴秀萍为团长的北京市妇联、北京市女企业家协会参观考察团一行 26 人,应自治区妇联邀请,于 8 月 30 日至 9 月 3 日在自治区参观考察。

举办这次参观考察活动,是为了充分发挥妇联组织的桥梁和纽带作用,促进内蒙古地区和北京地区妇联、女企业家协会之间的交流与合作,学习发达地区经营和管理妇联、企业的先进理念,加快内蒙古地区改革、开放、发展步伐,不断提高适应新的国际、国内竞争环境的能力,为内蒙古经济社会发展贡献力量。

自治区政协副主席刘芝兰、自治区发改委等部门负责同志及呼和浩特市人大常委副主任李岳清、市政协副主席高昆生出席了呼和浩特地区女企业家与北京市女企业家座谈会。在座谈会上,自治区妇联主席陈羽讲话,自治区发改委的领导向北京客人重点介绍了内蒙古振兴经济、推动社会全面发展的各项优惠政策。

参观考察团先后在呼和浩特市、包头市、鄂尔多斯市参观考察内蒙古 TCL 王牌电器有限公司、呼和浩特市蒙牛乳业股份有限公司、和林格尔县盛乐经济园区、泰尔力图医疗保健用品公司;包头市转龙酒业有限责任公司、包头鹿王羊绒衫厂;鄂尔多斯市伊司米羊绒衫有限公司、鄂尔多斯羊绒集团、成吉思汗陵等企业和景点。

此次参观考察活动,遵循互通有无、共同发展、多交流、多洽谈、多出成果的原则,双方达成了一致共识:1. 定期举行两地工作互访,将考察交流活动作为两地"手拉手"的重要内容来落实,作为今后促进双方共同发展进步的一项长期工作规范下来;2. 北京市女企业家拟资助鄂尔多斯市准格尔旗纳林镇寨子塔村王秀花创办的妇女学校,并帮助该村修通通往市区的公路,以促进当地农牧业增效,带动当地农牧民增收致富;3. 北京市女企业家拟资助部分内蒙古面临失辍学的女孩,帮助她们完成九年义务教育。

【开展"美德在农家"活动】　为了在农村牧区家庭中弘扬"尊老

爱幼、男女平等、夫妻和睦、勤俭持家、邻里团结”的家庭美德,倡导健康、科学、文明的生活方式,倡导在广大农牧民家庭中开展“改陋习、树新风、美德在农家”活动,把这项活动作为推动精神文明建设的一个有效载体,建立健全活动机制,制定切实可行的活动计划。全区 12 个盟市建立了 141 个活动示范点,围绕“家家学、呼唤美德进家庭”、“家家乐,展示家庭新生活”、“家家评,争当家庭好成员”等五个主题开展丰富多彩、贴近实际、寓教于乐的系列活动。数万名农牧民群众参与了此项活动,形成家庭与社会的良性互动。“美德在农家”活动成为推动农村牧区精神文明建设的亮点工程,使全区“五好文明家庭”创建活动不断得到延伸。

【自治区女企业家协会第二次会员代表大会】 大会于 10 月 31 日在内蒙古饭店召开。此次会议进行了自治区女企业家协会的换届工作,推选新一届理事会和领导班子,吸收 159 名会员和 3 个团体会员;确定今后一个时期的工作思路。新一届女企业家协会将遵循协会的宗旨,为女企业家提供及时、周到、有效的服务,积极促进女企业家和政府各部门之间、区内外女企业家之间的沟通与联系,为她们的合作与发展牵线搭桥;及时向政府有关部门反映女企业家在发展中存在的困难和问题,为她们排忧解难;引导广大女企业家将自身的奋斗与发展同内蒙古的振兴、繁荣紧密联系起来,为加快自治区全面建设小康社会的伟大进程贡献力量。

(左卫国)

科　　协

【内蒙古自治区科学技术协会领导名录】

党 组 书 记:王吉祥(蒙古族)
主　　　席:王林和
副　主　席:王吉祥(蒙古族)
陈天保
陈普凡(蒙古族)
于　平(女)
卢德勋
亚　新(蒙古族)
邢永明
杨成旺
杨　劼(女 蒙古族)
张　志(女)
林　莉(女 蒙古族)
赵凤山
李春龙
助理巡视员:洪　晏(女 蒙古族)

【概况】 2004 年,内蒙古科协在编 34 人,内设机构 5 个,主席 1 名,副主席 13 名(其中驻会副主席 5 名)。处级职数 7 名,副处级职数 5 名。

2004 年,围绕“关于成立内蒙古虚拟式循环经济研究中心,推动全区大力发展经济”主题开展研讨,并形成专家建议报自治区有关部门;组织有关学科专家分别举办了以“奶业发展”和“奶牛疫病与防控”为主题的学术研讨会。有针对性地提出很好的建议,得到自治区党委、政府的高度重视。

【为经济建设服务】 2004 年,“金桥工程”在中国科协立项目 15 项;“厂会协作”11 个项目被推荐为自治区科协、自治区政府工业办优秀项目。包头市科协组织企业科协开展“讲、比”活动,一机集团公司科协组织竞赛活动征集立项 184 项;北重集团公司科协先后组织2 300多名科技人员协作攻关,完成 89 项研究与论证,为企业科技进步增添活力,提高企业经济效益。乌海市科协在厂矿企业中组织科技人员提合理化建议,取得显著经济效益。乌兰察布市科协开展厂会协作成果评选表彰,并组织召开厂会协作研讨会。

2004 年,全区共组织科技人员下乡 2 万多人次,举办培训班3 098期,举办讲座 320 场,技术咨询 650 多次,发放宣传科技资料 24 万份、科普图书 3 万多册,发放科普挂图与宣传画12.8 万套,赠送计算机、DVD 机、电视机等 20 余万元设备和科普知识光盘4 023张,展出展板1 600余块,培训农牧民 72 万人次。推广先进实用技术,帮助农牧民致富。

2004 年,全区有 6 个旗(县、区)、4 个农技协、2 个科普示范基地被命名为“全国科普示范县(区)”、“全国百强星级农技协”、“全国百强科普示范基地”。新建 160 个具有较高科技含量和较大影响力的科普示范户,并纳入当地盟市科协 2004 年目标化管理指标。

各地农技协在相互交流与合作中逐步形成了各具特色的服务体系,成为推动农牧业产业化经营和现代化农业发展的骨干力量。如开鲁县无公害蔬菜协会、阿荣旗复兴粉丝粉条协会等发展势头强劲。2004 年 8 月,呼伦贝尔市科协组织召开全市农村牧区专业技术协会现场会,为推动农技协发展,起到很好的促进作用。满洲里市科协与有关部门联合承办“第一届满洲里中俄科技暨工业展”,中俄双方参展商进行洽谈,并达成多项合作意向,对于推动中俄两国科技交流与合作,促进经济发展,具有积极的推动作用。

【学术交流】 组织召开“内蒙古信息化建设和信息产业化发展

学术研讨会”,农学会组织召开“提高粮料种植水平,促进粮畜增产和农牧民增收”,铁道学会开展“确保安全生产,提高技术设备水平,促进铁路跨越式发展学术研讨会”等学术活动,并荣获“全国学会之星三连冠”。包头市科协系统全年开展学术交流活动186次,举办培训班500多期,有3万余人参加培训。锡林郭勒盟科协组织老科技工作者组成课题组,立项实施“高产饲草料引种栽培技术试验研究”项目。

组织召开“海峡两岸沙尘暴与环境治理”学术研讨会。继续开展“黄河流域水永续利用及高效可持续管理”、“京蒙沙源区植被建设中水资源优化配置研究”等项目的引智引资工作。全年共接待国外考察团9个,接待专家30人;向国外派出科技考察团6个,共计173人。

【科普工作】　在“6·29”科普行动日期间,组织开展纪念《科普法》颁布2周年“科普进校园”、“科普大篷车进社区”等科普宣传活动;“科普宣传周”期间,举办由全国知名专家讲授的题为《资源利用与可持续发展》、《现代人应该有健康的生活方式》大型科普报告会。各盟市科协结合当地实际,在“6·29”科普行动日和“科普宣传周”开展形式多样、丰富多彩的科普活动。

赴鄂尔多斯市的5个旗19个乡镇,开展“科普大篷车鄂尔多斯高原行”活动,共有5.3万名群众和学生受益。2004年,全区科协系统利用5辆科普大篷车,深入社区、学校、草原,行程12万公里,先后在32个旗县(市)、近110个乡镇苏木、60多所学校,开展科普宣传活动。

在内蒙古电视台开办《探奇》科普栏目、《科技顾问》栏目,与自治区较有影响的报纸建立开展科普宣传的长期合作关系。《内蒙古科技报》明确办报方向,累计向广大农牧民读者提供农牧业生产实用技术、致富及政策信息3 850多条。兴安盟科协在盟电视台开办“关注‘三农’话增收”栏目,深受广大农牧民的欢迎。

内蒙古科技馆举办《征服瘟疫之路—人类与传染病斗争科学历史》、《预防艾滋病、拒绝毒品、珍惜生命》等科普展览;举办《草原英雄小姐妹事迹四十周年展览》、《动物百科展》、《海底总动员—大型海洋生物展》等面向青少年的展览。与自治区党委宣传部举办《科学发展观、人与自然和谐发展篇—大自然的警示与启示》大型科普展览。

组织开展自治区第十九届青少年科技创新大赛;开展“大手拉小手”青少年科技传播行动,重点开展以“在同一片蓝天下共同感受科学技术的魅力”为主题的、面向青少年当中弱势群体—残疾青少年的科学知识普及活动;组织第十届全国青少年信息学奥林匹克联赛的初赛和复赛;在呼和浩特市及部分旗县,开展“认识、预防、关爱—青少年预防艾滋病”巡回展览;开展英特尔电脑创新思维项目培训;进一步加强与联合国儿基会合作项目。深入全区8个盟市、28个旗县区开展“内蒙古自治区青少年科技教育状况的调研”。

【其它工作】　与自治区人事厅共同开展第三届自治区优秀科技工作者评选表彰活动;设立自治区科协西部开发突出贡献奖,评选出王荣胜等26名同志为首届自治区科协西部开发突出贡献奖;在首届中国青年女科学家奖评选活动中,自治区推荐的杨劼教授获奖。

开办《科技工作者建议》。接受党委有关部门委托起草《关于进一步发挥离退休专业技术人员作用的意见》。会同自治区党委组织部、人事厅、科技厅在上海市举办“第七期高层次专业技术人员理论培训班”。组织召开“全区非公有制企业科协组织建设工作座谈会”;与自治区人大教科文卫委员会开展《科协条例》追踪调研工作。加强对学会的业务指导,启动对全区性学会的评估工作。对部分学会进行走访调研。适应信息社会发展需要,加强科协信息化建设。不断充实完善“内蒙古公众科技网”,增强对外宣传和为社会服务的现代化水平。

(刘喜奎)

文　联

【内蒙古自治区文学艺术界联合会领导名录】

党组书记、副主席:李　魁(12月任职)

党组副书记、主席:阿云嘎(蒙古族)

党组成员、副主席:巴特尔(蒙古族)

阿尔泰(蒙古族 12月任职)

乌热尔图(鄂温克族 12月任职)

助理巡视员:康　庄(12月任职)

哈斯乌拉(蒙古族 2～12月任职)

【概况】　内蒙古文联属事业编制人民团体单位。其中:文联机关事业编制20人,在职21人,男12人,女9人,厅级领导干部4人,处级干部6人,大学文化7人,大专文化8人;所属协会、研究会编制66人,在职53人;男37人,女16人,蒙族28人,达斡尔族1人,鄂温克族1人;硕士4人,大学文化14人,大专文化29人;正高级专业技术人员13人,副高11人,中级职称20人,初级职称4人;管理人员5人;享受中青年突出贡献奖2人。

机关后勤服务中心事业编制10人。所属《草原》编辑部、《花的原野》编辑部、美术馆:属差额拨款事业单位,编制48人,在职42人;男25人,女17人;高级专业技术人员11人,中级职称13人,初级职称12人,管理人员4人,工人2人;大学文化18人,硕士2人,大专15人,高中(中专)5人,初中2人。其中蒙族17人、达斡尔族1人、壮族1人、土家族1人。

【内蒙古自治区第七届艺术创作“萨日纳”奖评奖】 这次评奖在近400部艺术作品中,评出荣誉奖14部、艺术奖55部,其中舞蹈5部,曲艺3部,戏剧2部,杂技1部,声乐7部,器乐3部,美术7部,书法4部,摄影4部,文艺评论4部,广播剧4部,电视片5部,电视剧2部,电影1部,电影、电视剧译制片2部。获奖作品是2000年至2002年全区各艺术门类创作中的优秀之作,内容丰富、形式多样,有较强的艺术感染力。

【“五个一工程”奖获奖作品】 1月5日,在内蒙古新城宾馆召开的第八届内蒙古自治区精神文明建设“五个一工程”奖表彰大会上,文联推荐的7部文艺作品获此殊荣。它们是电视连续剧《静静的艾敏河》(杜逵、萨仁托娅编剧、宁才导演)、报告文学《草原之子—廷·巴特尔》(萨仁托娅、杜梅)获全区第八届精神文明建设“五个一工程”特等奖。歌曲《达斡尔四季歌》(词:孟志义、曲:郭丽茹)、舞蹈《安代·激情科尔沁》(通辽市歌舞团演出,金荣、任淑华编导)、图书《走进花的原野》(宋生贵主编)、《南岭人》(沈树人、赵纪鑫著)、文章《追求新的民族艺术个性—文化全球化背景下发展民族艺术的美学思想》获全区第八届精神文明建设“五个一工程”入选作品奖,其中两部作品获第九届全国精神文明建设“五个一工程”奖:它们是电视连续剧《静静的艾敏河》、报告文学《草原之子—廷·巴特尔》(萨仁托娅、杜梅著),内蒙古文联被内蒙古党委宣传部授予全区第八届精神文明建设“五个一工程”“特殊贡献奖”单位。

【《历代蒙古族文学作品选编》首发式暨研讨会】 1月7日,中国作家协会少数民族文学委员会、内蒙古作家协会和赤峰市人民政府在北京人民大会堂联合举办由内蒙古赤峰市昭乌达译书社历时10年编译的《历代蒙古族文学作品选编》首发式暨研讨会,原全国人大副委员长布赫,中国作协党组书记、副主席金炳华,中国社科院文学研究所党委书记、常务副所长包明德,内蒙古文联主席阿云嘎,内蒙古作家协会主席扎拉嘎胡等有关领导、作家、评论家100多人出席会议。会议由中国作家协会党组成员、书记处书记吉狄马加主持。该《选编》由那顺德力格尔主编,全书共分3套丛书,第一套《苍狼文丛》1997年由中国对外翻译出版社公司出版;第二套《新时期蒙古族文学丛书》1999年由作家出版社出版;第三套《白鹿文丛》2003年由作家出版社出版。3套丛书计约300万字,时间上贯通古今,地域上跨越海内外,内容上纵横广致,艺术上兼容并蓄,共收入上迄元代,下至当今的342位作家,580篇(部)作品。其中既有蒙古族黄金家族史诗《成吉思汗训词》,历史传说《满都海斯琴夫人》,也有近代和当代蒙古族著名作家的佳作。

【“阿尔丁”奖揭晓】 1月,由内蒙古民间文艺家协会举办的首届内蒙古自治区民间文化“阿尔丁”奖揭晓,评选出杰出贡献奖59人,优秀成果奖123件,其中优秀成果一等奖41件、优秀成果二等奖38件、优秀成果奖44件、组织奖12个。首届内蒙古自治区民间文化“阿尔丁”奖时限,确定为1982年1月1日至2002年12月31日,凡在此期间在民间文化方面的优秀成果,均可参评。首届内蒙古民间文化“阿尔丁”奖,设杰出贡献奖、优秀成果奖和组织奖。杰出贡献奖主要奖励一直活跃在民间文化战线上,在民间文学、民间艺术和民俗文化的挖掘、传承、搜集、整理、出版、编纂、翻译、研究和教学及组织领导方面,具有重大成果和突出贡献的60岁以上的老民间文艺家和民俗学专家。成果奖主要奖励全区民间文化工作者所挖掘、传承、搜集、整理、编纂、出版、翻译、研究的民间文学、民间艺术和民俗文化的著作、论文、专集和资料本、实物、录音、录像等各类成果。成果奖分一等奖、二等奖和优秀成果奖。组织奖主要奖励在民间文化战线上以及在本次评奖工作中,有突出贡献的单位和团体。

【《蒙古历史油画长卷》组织创作】 5月,由内蒙古美术馆馆长王延青作为主要设计者、组织者、创作者,带领区内20多位优秀的专业画家于2004年5月开始为成吉思汗陵旅游区蒙古历史文化博物馆精心绘制的长206米、高2.5米巨幅油画《蒙古历史油画长卷》,并于2005年4月完成。油画由137个画面组成,画面运用了写实主义手法再现了成吉思汗从出生到元朝灭亡期间共206年的历史,长卷内容分为三段,第一段表现成吉思汗戎马一生;第二段表现的是成吉思汗去世后到元朝建立期间的历史;第三段表现的是忽必烈继位后的元朝兴衰史。这幅油画的完成,使内蒙古美术馆在建设民族文化大区中起到了推动作用。

【内蒙古作家艺术家访韩代表团】 5月28日至6月1日,应韩国忠清北道艺总会邀请,由内蒙古文联主席阿云嘎为团长,包头文联主席王德恭、呼市书画院院长康新民、乌盟文联主席满都麦、内蒙古文联组联部主任喜山等人组成的内蒙古作家、艺术家访问团赴韩国忠清北道进行了文化艺术交流访问。访问团在韩期间得到韩国忠清北道官方和民间团体以及作家、艺术家的热情接待,29日下午,在忠清北道参加了自治区著名书法家康庄、康新民、王德恭三人书法展开幕式和书法艺术交流活动。忠清北道新闻媒体对此次访问团和书法展进行了多方报道,并专访文联主席阿云嘎,阿云嘎主席在充分肯定两国、两省区间文化交流的重要意义的同时,强调今后要进一步加强两省区之间的书画展览和艺术表演等实质性活动的内容。

【"包钢杯"评奖颁奖大会】　6月20日，在全区首届职工文学创作"包钢杯"评奖颁奖大会上，刘振国、徐维贵，乌若思等同志的作品获特别奖；李汀、车玉的作品获荣誉奖；姚洪良、甫澜涛、赵剑华、厉夫强、崔美兰等同志的作品获一等奖；戴辛、史爱平等15名同志的作品获二等奖。此外，还评选出三等奖25部作品，优秀奖31部作品。

【"神华准能杯"摄影大赛】　6月24日至30日，由中国摄影家协会、内蒙古摄影家协会、内蒙古准格尔旗人民政府主办，鄂尔多斯市摄影家协会、准旗宣传部、文联承办的"'神华准能杯'俯瞰黄河准格尔大地全国航拍摄影大赛"在准格尔开幕。有全国13个省市区52名摄影工作者参加，大赛航拍全程400多公里，地面拍摄2 400多公里，有参赛作品1 500多幅。共评出一等奖2个、二等奖4个、三等奖10个、入选作品100幅。摄影家们通过航拍、地面全程拍摄，生动地记录了黑岱沟露天煤矿、库布齐沙漠、鄂尔多斯婚礼、马栅黄河渡口拉纤人、万家寨黄河大峡谷、老牛湾古城堡、骡抬轿及召庙佛事活动等画面。

【《纳·赛音朝克图诞辰90周年纪念会》】　6月29日，由内蒙古自治区党委宣传部、内蒙古文联、内蒙古作协和锡盟盟委、行署联合举办的《纳·赛音朝克图诞辰90周年纪念会》在呼和浩特隆重召开。内蒙古文联名誉主席敖德斯尔，内蒙古文联副主席李魁，内蒙古文联副主席、作协副主席阿尔泰、刘成，内蒙古作协主席扎拉嘎胡等领导及作家、诗人、评论家80余人参加座谈会。自治区党委宣传部副部长、内蒙古文联党组书记阿古拉主持会议，内蒙古文联主席阿云嘎发表讲话。

【荣祥诞辰110周年纪念会】　7月30日，由内蒙古文联、作协、呼和浩特市文联、作协联合举办的"荣祥诞辰110周年纪念会"在呼和浩特召开。呼和浩特地区的著名作家、文史专家、学者及新闻单位记者共60余人参加会议。纪念会由内蒙古文联副主席李魁主持，内蒙古文联名誉主席敖德斯尔，内蒙古文联主席阿云嘎，内蒙古文史馆馆长叶希扎木苏、副馆长王德恭，内蒙古文联副主席、作家协会副主席阿尔泰，内蒙古作家协会主席扎拉嘎胡，作协副主席邓九刚及呼市文联主席杨笑寒等领导出席会议。荣祥先生是在蒙古族文学史和内蒙古文学史上占重要地位的作家、诗人。1930年出版了自选诗集《瑞芝堂诗抄》，还著有散文《谈沙鸡》、评论文章《对中学文学课本的一些意见》、《漫谈"敕勒川"歌》、《蒙古源流初探》等众多诗文和学术论著。被学术界、故乡人称为"塞外文豪"。荣祥先生还是著名的史学家，著有《绥远通志稿》、《土默特旗志》、《呼和浩特历史沿革》、《包头史地沿革》等。

【中国首届"成吉思汗杯"蒙古舞蹈大赛】　10月8日至10日，由内蒙古党委宣传部、内蒙古文联、内蒙古文化厅、内蒙古广电局联合主办、内蒙古舞蹈家协会承办的中国首届"成吉思汗杯"蒙古舞蹈大赛在内蒙古大学艺术学院举行。来自全国九个省市区和全区十二盟市以及蒙古国110部作品，近一千人参加大赛。自治区党委副书记陈光林给大赛发来贺信。自治区党委常委、宣传部部长张国民出席决赛开幕式并讲话。大赛共有81部作品进入决赛，决出专业组金奖16个，银奖32个，铜奖48个，决出业余组金奖5个，银奖7个，铜奖10个。其中，《扎的故乡》、《顶碗舞》等作品分获业余组创作、表演金奖；《敖包相会》、《金戈颂》、《博克情》、《乌亚德尔》等作品分获专业组独、双、三人舞和群舞的创作、表演金奖。《顶碗舞》、《灯之韵》等作品分获作曲奖和服装奖。

【内蒙古作家协会第六次代表大会】　12月26日，内蒙古作家协会第六次代表大会在呼和浩特隆重开幕。来自全区各盟市、各行各业的老、中、青作家代表126人出席这次大会。中国作协党组成员、书记处书记田滋茂同志专程赶来参加大会并向大会致贺词，内蒙古文联主席阿云嘎作讲话。上海市作协、辽宁省作协、陕西省作协等6个单位发来贺电、贺信。

【内蒙古文联成立50周年美术 书法 摄影作品展】　12月26日，由内蒙古文联主办，内蒙古美术家协会、内蒙古书法家协会、内蒙古摄影家协会承办的庆祝"内蒙古文联成立50周年美术、书法、摄影作品展"在内蒙古美术馆开展。此次展出的400幅作品，其中美术作品186件，书法作品74件，摄影作品140件。生动地再现自治区文艺工作者50年来跋涉的艰辛、奋斗的壮丽。

【文联第六次代表大会】　12月27日至29日，内蒙古自治区文学艺术界联合会第六次代表大会在呼和浩特召开，来自全区文学艺术界的300余名代表出席大会。自治区领导储波、陈光林、乌兰、张国民出席会议并讲话。

【内蒙古文联成立50周年纪念大会】　12月29日，纪念内蒙古文联成立50周年大会在呼和浩特举行。全国人大常委会副委员长乌云其木格、全国人大常委会原副委员长布赫为内蒙古文联成立50周年题词。陈光林、张国民、乌兰等自治区领导以及云照光等老同志出席纪念会。大会为云照光、敖德斯尔、俄尼斯等老同志颁发"老文艺工作者"荣誉奖牌，对扎格尔等30名获自治区中青年"德艺双馨"文艺工作者称号的同志予以表彰奖励，对获得全国中青年"德艺双馨"文艺工作者荣誉称号的塞夫同志予以表彰。会前，陈光林、张国民、乌兰还亲切看望文联新一届领导班子成员以及部分老艺术家和文代会代表。

【获全国文艺奖项】 1月至12月,由文联协会推荐的作品获全国奖的有:春节文艺晚会《这是我的家乡》获全国"星光奖"一等奖、第十届全国少数民族电影电视"骏马奖"一等奖;电视连续剧《静静的艾敏河》获第十届全国少数民族电影电视"骏马奖"长篇一等奖、杜逵、萨仁托娅获编剧奖、电视剧《美丽的草原我的家》(邢原平)长篇电视剧二等奖;杂技《五人踢碗》荣获第六届全国杂技"金狮奖"金奖和表演奖、《滚灯》获铜奖、教师奖、娜日斯获全国杂技"十大杂技宝贝"奖;群舞《美丽的草原我的家》获第六届中国民间艺术"山花奖"银奖、卢云山的烙画《鄂尔多斯婚礼》获"山花奖"金奖、包英志微刻《伟人诗词》获"山花奖"银奖、爱雅施里的刺乡《成吉思汗将领肖像》获"山花奖"铜奖、王中耀、薛金花获优秀奖;小品《除夕之夜》(单聪明)获2004年全国曹禺小品小戏比赛银奖;周荣生《金色圣山》(中国画)、苏和《静谧》(版画)、王作才《人不可貌相》(漫画)《第十届全国美展》铜牌奖,陈嵘《女人河》(中国画)、周金月《雪霁》(中国画)、李波《搏克》(油画)、苗景昌《素描山水》(油画)、李旺平《某年某月的某一天》(油画)、安玉民、梁丽《天堂》(版画)、温都满《大世界》(雕塑)、哨布《骄·舞》(壁画)获《第十届全国美展》优秀奖;舞剧《额吉》获第四届中国舞蹈"荷花奖"铜奖;歌曲《四季歌》(永儒布)(合唱)获中国音乐"金钟奖";散文《一个人的和声》(白涛著)获"二十届中国人口文化奖"金奖、中篇小说《老石下乡》(李文著)获铜奖;《花的原野》文学月刊社2004年获"中国文学期刊提名奖"。

【获奖人物】

塞　夫　男,蒙古族,在内蒙古电影制片厂工作,2004年7月获首届全国中青年"德艺双馨"文艺工作者。

哈达奇·刚　男,蒙古族,在内蒙古文联民协工作,2004年10月获内蒙古突出贡献中青年专家。

(兰淑珍　肖兰英)

社　科　联

【内蒙古自治区社会科学联合会领导名录】

主　　席:张国民

党组书记
副 主 席:刘　高

党组成员
副 主 席:王学俭

副 主 席:李　凤(女　蒙古族)

　　　　邹万银

【概况】 内蒙古自治区社会科学联合会是中共内蒙古自治区委员会领导下的社会科学群众性学术团体的联合组织。社科联有团体学会105个,7个盟市社科联,近4万名个人会员。内蒙古社科联是自治区党委和政府委托管理社会科学类区直学会、协会、研究会、盟市社科联的业务主管部门。社科联内设办公室、学会工作部、信息咨询普及部、《前沿》杂志社、机关事务服务中心5个职能处室。社科联主要职责是:贯彻执行中央及自治区党委和政府有关社会科学工作的方针、政策、法规;组织开展各种群众学术活动;组织重大科研项目的联合攻关,促进社科研究成果的转化和利用;开展社会科学知识普及和信息咨询、智力开发等服务工作;开展国内外学术团体之间的学术交流;组织全区社会科学优秀成果的评奖表彰工作;维护学会及社会科学工作者的合法权益,加强社会科学界队伍建设。

【学术活动】 为了提高社科界研究水平,更好地整合社科界方方面面的力量,进行社科联学术委员会筹备工作,学术委员会拟由各学科学术带头人组成,力争实现新老结合。在课题制定,成果推广,引领学术发展和学科建设方向等方面发挥积极的作用。2004年,社科联组织各学会和社科工作者深入开展了邓小平理论和"三个代表"重要思想学习宣传和研究活动。主要有:7月中旬与宣传部等部门共同组织召开全区纪念邓小平诞辰100周年研讨会;7月下旬,与全国辩证唯物主义学会等单位召开全国纪念邓小平诞辰100周年理论研讨会;9月27日召开呼市地区部分理论工作者学习十六届四中全会《决定》座谈会;11月18日与内蒙古农业大学联合召开了提高执政能力研讨会。与此同时,各学会、各地社科联也开展纪念活动,组织辅导讲座和学术报告。通过活动,有力地推动全区对邓小平理论和"三个代表"重要思想的研究,涌现一批较好的成果。

【重大学术活动】

1.举办"学习贯彻中央3号文件精神座谈会"二次,40余名专家学者参加会议。

2.6月28日至29日"贯彻3号文件,创新学会工作"研讨培训班,区直学会工作者80多人参加培训,会后组织30多人赴山东、大连考察学习。

3.9月23日至25日与全国辩证唯物主义学会、自治区哲学学会在海拉尔联合召开"纪念邓小平诞辰100周年"理论研讨会,自治区党委常委、宣传部长张国民出席会议并讲话,介绍内蒙古丰厚的资源情况和近年社会经济迅猛发展的良好态势,使与会同志受到极大振奋和鼓舞。北京、云南、广西、湖南、河南、山东及自治区五十多位专家、学者出席。

4.7月25日至27日,与陈巴尔虎旗党委政府、呼伦贝尔宣传部在海位尔市和陈旗召开"草原生态论坛"理论研讨会活动,对陈巴尔虎旗及呼伦贝尔市草原生态、文化旅游及社会经济发展进行对策研讨，自治区专家学者12名，国内著名专家3名，国外访问学者1名出席会议，得到当地党政部门的欢迎和肯定。

5.8月18日至19日与党委宣传部等7家单位联合组织“纪念邓小平诞辰100周年”理论研讨会，会后出论文集一本。

6.9月10日与翁牛特旗委政府及自治区科协、“绿办”联合召开“翁旗有机农业规化实施方案论证会”20余名专家学者参加会议。

7.9月27日与宣传部联合组织“学习十六届四中全会精神座谈会”呼和浩特市地区二十余位专家学者出席。

8.10月22日与自治区经济信息中心，内蒙古日报社理论·部联合组织“自治区‘十一五’经济社会发展思路座谈会”，呼和浩特市地区十余名专家出席会议，10月29日内蒙古日报“论苑”版对专家发言做专版摘登。

9.11月16日与宣传部、农大联合组织“执政理论研讨会”，自治区二十多名专家、学者出席会议。

10.6月中旬和9月上旬，应鄂尔多斯研究会邀请，组织数十名专家赴东胜区、乌审旗开展理论研讨活动，为建立民族文化大区、开展区域民族文化研究创了新路，对提高地方科研水平起到积极的促进作用，得到地方同志积极评价。

是年，社科联各学会组织各类学术研讨交流活动53次，各类辅导讲座、学术报告64场次，出版科普读物2部(《民族建筑调研编撰系列丛书》、《蒙古法律务实》)。

【课题攻关】 2004年，社科联紧密围绕自治区“三个文明”建设，精心组织相关学会完成重点指导课题五项，所属学会围绕自治区党委、政府中心工作组织的课题，结项24项；荣获省部级以上优秀成果25项。所属会员在国家、国际刊物发表论文、转载成果52项。五项重点指导课题是：内蒙古农村牧区小康建设现状、问题与对策(内蒙古农财研究会)，论全区会计集中核算向财政国库集中支付的过度转换(内蒙古预算会计学会)，关于自治区农村牧区精神文明建设情况的调查与思考(精神文明建设研究会)，呼市地区个体、私营企业发展状况调研(内蒙古科社学会)，内蒙古自治区私营个体经济发展状况调研报告(内蒙古科社学会)，保护扶持主产区确保中国粮食安全(内蒙古粮食经济学会)。这些课题紧密围绕内蒙古实际，受到有关部门充分肯定。

【学会工作】 2004年，社科联在学会建设管理方面抓了以下工作：

1.指导教育、法学等13个学会进行换届工作，不少中青年同志进入学会班子，为学会的发展奠定组织基础。

2.对学会基本情况进行调查，目前已收到34个学会的反馈信息，为下一步清理整顿学会做准备。

3.为提高学会的管理水平，3月下旬，结合中央3号文件的学习，举办“贯彻中央3号文件，创新学会工作”培训班，区直学会80余人参加培训。

4.为加强对各学会的指导，扩大《内蒙古社科联动态》发行范围，增加内容，使其更好地发挥互通信息，指导工作的作用。2004年编辑发行《内蒙古社科联动态》7期。

5.加强与兄弟省市的经验交流。2004年分别接待广东、福建、浙江等省社科联的同志，开展工作交流，派员参加华东地区“地方文化与经济发展”理论研讨会(山东)，全国社科联工作协作会(辽宁)、全国社科联科普工作经验交流理论研讨会(安徽)、全国欠发达地区理论研讨会(山西)等，加强区内外交流，既宣传内蒙古又了解其它省区很多新的经验和作法，为不断提高社科工作水平和学会建设提供很好的借鉴。

6.社科联学会部编辑出版《草原硕果览胜》(自治区社科七届优秀成果简介·内蒙古人民出版社)。

【科普工作】 2004年科普咨询工作取得重大进展，起草《社会科学普及工作条例》，积极争取人大立法。此项工作在有关领导大力支持下顺利运作，有望列入自治区人大2005年的立法计划。

【期刊工作】 2004年，《前沿》共出刊12期，增刊一期，刊登各类文章700余篇，其中在人大复印资料转载10余篇，刊发有关邓小平理论和“三个代表”重要思想的文章100余篇。《前沿》从版面、内容、质量都有长足的进步，在学术界的影响日益扩大。

(朱 浪)

贸 促 会

【中国国际贸易促进委员会内蒙古自治区分会 中国国际商会内蒙古商会领导名录】

会　长：王正海

副会长：李建钢(蒙古族)

　　　　刘少坤

【概况】 内蒙古自治区贸促会是中国贸促会的分支机构。主要职责围绕自治区外事、外经贸战略的总体部署，开展对外联络、会展、招商引资、信息、法律、会务、行业指导等方面的工作。2004年贸促会编制20人，现在编18人，其中，厅级领导职数3名(会长1名、副会长2名)，处级领导职数6名(3正、3副)，机关人员参照《国家公务员暂行条例》进行管理。内设4个处级机构：综合部、联络部(法律工作部)、展览部、机关党总支。人员结构:具有大专以上学历15人,其中研究生2人,大学本科10人,大专3人;少数民族7人,其中蒙古族6人,满族1人。

【出访俄蒙】 2004年9月28日至10月13日,杨晶主席率领内蒙古自治区政府代表团访问俄联邦赤塔州、布里亚特共和国、克拉斯诺亚尔斯克边疆区、伊尔库茨克州及蒙古国。内蒙古商会具体组织落实此次出访活动。先后派人三次赴俄罗斯、两次赴蒙古国进行前期联络、准备工作,编译俄蒙合作项目册,组织经贸合作项目的对接、落实日程安排、撰写与对方的会谈提纲及签署的会谈纪要,完成正式出访期间的协调组织工作,撰写出访报告。这次出访,实现高层次交往,建立和完善高层定期会晤机制,出访俄蒙期间共签订44项合作协议,合作金额超过5亿美元,并与上述国家正式签署会谈纪要。

【中波经贸】 2004年3月,波兰经济部副部长杰林斯基率领经贸代表团42人访问自治区,自治区主席杨晶会见杰林斯基副部长和随团的主要成员,副主席余德辉出席波兰驻华使馆、波兰国家商会和内蒙古商会共同举办的"波兰—中国经贸研讨会",自治区9个盟市80多家企业230余人参会,中波企业在电站建设、煤矿和铜矿开采、煤矿机械、风力发电等领域进行广泛的项目对接洽谈,涉及31个项目222亿元人民币。6月应波兰驻华使馆邀请,组织包头市环保局及环境科学院、内蒙古稀土集团、东方希望铝业包头热电有限公司、大兴安岭森工集团有限责任公司的代表在波兰驻华使馆与公使衔商务参赞马莱克·维日瓦先生以及随波兰国家环保部长到访的波兰国家森林公司总经理、GPPU股份有限公司、EGO电力公司董事长等7人会见与洽谈,波方对包头电厂脱硫、除尘环保项目和大兴安岭莫尔道嘎森林公园建设项目表示浓厚兴趣。

【招商引资】 2004年10月,组织盟市及企业参加"第九届澳门国际贸易投资展览会"。内蒙古经贸代表团一行32人,在参加澳门举办的一系列活动外,10月22日举办"内蒙古·澳门投资贸易洽谈会"。澳门贸易投资促进局、中国国际贸易促进委员会、中央人民政府驻澳门特别行政区联络办公室派代表出席会议。应邀出席会议的还有30余位澳门及海外知名企业家。自治区共推出221个经济技术合作项目,接触1 000多名客商,达成贸易投资合作项目15项,引进资金1.5亿元人民币。为促进自治区与香港的投资贸易合作,先后拜访香港贸易发展局、中国贸促会驻港澳代表处、香港中国企业家协会、中国华润集团、香港中华总商会等组织,在积极推介项目的同时,共同探索整合各自优势、加强内蒙与香港合作的新途径。

【筹建国际会展中心】 筹建内蒙古国际会展中心,完成可研报告,制作单体图、渲染图、效果图、平面图。完成会展中心和商务小区建设用地的测量工作,完成会展选址工作和400亩会展中心区域规划概念设计,会展中心毗邻500亩及周边2 500亩土地的重新规划工作。

【对外联络】 2004年,与世界46个国家和地区的104个商协会组织、驻华使馆、国际机构建立联系。接待台北世界贸易中心团组来访,组织26家企业参加美国国际商会在上海举办的产品展示活动,联系德国工商会为自治区推荐德国合作企业,接待日本商会组团考察自治区,联系斯里兰卡驻华使馆接待自治区企业出访洽谈木材加工项目,会见英国北爱尔兰华人联合会会长洽商文化领域的交流与合作,组织自治区企业家参加日本国际贸易促进会成立50周年庆典,参加中美中西部合作高层论坛,接待加拿大发展署高层官员,并确立本会与加拿大合作的"公共课题"外援项目等。

【会展经济】 按照依法行政的要求,贸促会负责出国展览的审批。2004年,组织自治区企业赴日本参加"2004中国纺织品、服装贸易展览会",赴美国纽约贾维茨会展中心参加第15届中国贸易展览会。展会期间,自治区参展企业共接待贸易客户50多家,300多人次。现场签订贸易合同和意向性贸易协议金额达20多万美元。参加在南非约翰内斯堡举行的"南非国际贸易博览会"。自治区企业共接待了90多家客户,400多人次,联络新客户12家。

6月,与中国建材流通协会、包头市政府共同主办"2004年中国(包头)建筑材料装饰建材及城市建设博览会"。共有110余家企业参展,参观人数达6万余人,成交意向性协议金额达2.6亿元人民币。7月与中国煤炭机械工业协会、包头市人民政府主办了"2004首届中国西部煤炭技术及装备展览会"。共有来自英国、美国、波兰、哈萨克斯坦等国家和国内18个省市10多家煤炭机械企业参加。合同成交额达3 800万元人民币。

【法律服务】 2004年受理新注册企业12家。办理一般原产地证明书1 454份,签证金额9 450.76万美元。认证各种外贸单据112份,代办领事认证36份,自办商事证明书4份,代办商事证明书3份。对自治区8个签证代办点及手签人员和印章进行重新备案。组织支会和企业的业务人员参加出证认证培训班和研讨班。

【为企业服务】 积极调动社会力量,启动国际商会,邀请自治区各类所有制的知名企业家担任副会长参与商会的管理,使之成为区内进出口企业对外活动窗口,现有国际商会副会长单位20家。接待中国贸促会和"中国日本商会"联合组织的以日本三井物产公司常务董事、驻华总代表副岛利宏为团长的10人代表团,该团与鄂尔多斯集团签署投资1 500万美元的硅铁锰项目协议。帮助香港联发集团在满洲里市投资1.01亿元人民币建立木材加工厂。联发公司总裁吴文宁随内蒙古代表团出访俄蒙,与俄克拉斯诺亚尔斯克边疆区签订为时49年26 500万立方米森林采伐与深加工协议,投资规模5 000万美元。积极帮助企业向自治区主席杨晶和副主席余德辉汇报并与国家进出口银行、自治区发改委、金融办、工商银行等部门协调解决立项、贷款问题;为促进自治区对美国出口贸易的增长,经与美国国际商会协商,该会同意利用其在美国的合作网络、销售渠道为我区企业免费提供出口美国市场展销厅200平米展位,自治区已有"伊利"、"鄂尔多斯"等26家企业产品样品进驻该展厅;利用国家总会组团赴日、韩办会,帮助通辽市红干椒进入日、韩市场;与加拿大贸促会、澳大利亚国际商会联系,帮助通辽市建立经济友好合作城市,均已传回资料,加拿大方面已通知内蒙古商会拟于近期赴通辽市考察和洽谈;上报申请澳大利亚政府小型资金援助项目"通辽科左中旗向兴吐苏木人畜饮水项目"。为鄂尔多斯市乌审旗积极申请"大使基金"援助项目;协助锡盟在香港招商前期准备工作。

（王颉 曹英珊）

残　　联

【内蒙古自治区残疾人联合会领导名录】

党组书记　理 事 长:庞润辉(蒙古族)

党组成员　副理事长:张憨生

云　岚(女 蒙古族)

乔晓勇

【概况】 2004年,残联有编制31人,实有人数28人。正厅级2人,副厅级3人,处长5人,正处级干事2人,副处长2人,副处级干事3人,正科级干事7人,副科级干事2人,科员2人。

【修改《内蒙古自治区实施〈中华人民共和国残疾人保障法〉办法》】 《内蒙古自治区实施〈中华人民共和国残疾人保障法〉办法》,是保障自治区残疾人合法权益的最重要的地方性法规。但是,1995年6月2日自治区八届人大常委会第十四次会议通过《实施办法》,有一些内容不能适应新形势下残疾人事业发展的需要。因此,提请自治区人大尽快修改《实施办法》,是从法律上根本上解决残疾人工作中的诸多矛盾和问题的必由之路,也是多年想办而没办成的一件大事。2004年,内蒙古自治区残疾人联合会把修改《实施办法》列为全年工作的突出任务,组织强干力量,会同自治区政府法制办有关人员到外省市学习考察,共同研究拟制修正案(草案)。2004年11月26日,自治区十届人大常委会第十二次会议通过这一修正案,其中增加的多项优惠条款和刚性条款,对残疾人和残疾人工作都十分有利。这一地方性法规的修改和重新颁布施行,将对全区残疾人事业的全面、协调、持续发展,提供强有力的法律保证和非常重要的促进作用。

【出台《内蒙古自治区扶持保护残疾人若干规定》】 为建立覆盖全区的扶持保护残疾人的长效机制,从政策上根本上维护、实现、发展残疾人的利益,在归纳全区各盟市、借鉴其他各省市同类优惠政策的基础上,精心起草《内蒙古自治区扶持保护残疾人若干规定》(草案)。此规定草案由于论证充分,切实可行,因而较为顺利地得到自治区人民政府的批准,并以内政字〔2004〕228号文件印发至各盟行政公署、市人民政府、自治区各委办厅局、各大企事业单位贯彻执行。这一政策性文件效及全区各地,惠及各类残疾人,它的出台,结束了自治区没有全区性扶持保护残疾人优惠政策的历史,必将给广大残疾人带来许多实惠。

【实行全区残疾人就业保障金统由地方税务机关征收的新办法】 征收残疾人就业保障金,是残联贯彻执行自治区政府发布的《内蒙古自治区按比例安排残疾人就业办法》的重要工作,是促进残疾人就业、提高残疾人就业率的重要举措。但是,由于这一行政规章力度不够等原因所致,部分盟市旗县征收难的问题始终未得妥善解决。为突破这一难点问题,在总结部分盟市地税机关代征残疾人就业保障金成功经验的基础上,多次与自治区地税局、财政厅协商,达成残疾人就业保障金一律由地税机关征收的共识。2004年7月1日,自治区残联、财政厅、地税局联合印发《内蒙古自治区地方税务机关征收残疾人就业保障金管理暂行办法》,在全区范围内实行残疾人就业保障金统由地方税务机关征收的新办法。这一征收办法的创新,必将提高保障金征收率,有利于提高残疾人的就业率。

【白内障复明手术大会战】 实施白内障复明手术,使视力残疾人重见光明,是造福于残疾人的抢救性措施。是年,把组织好国际狮子会援助的"视觉第一中国行动"二期白内障复明手术大会战列为重点工作,做到周密部署,精心安排,合理调度。在上下共同努力、国家医疗队辛勤工作、有关部门大力支持下,在全区四个盟市共集中实施白内障患复明手术2 300多例,为贫困患者减免手术费460多万元。除此之外,还有一个市实施"彭年光明行动",为1 327名白内障患者实施复明手术,其它几个盟市则通过不同形式,为贫困白内障患者提供康复服务,全区全年实施白内障手术8 890例。此举把白内障患者带入光明世界,为他们减轻大量医疗费用,受到残疾人及其亲属高度赞扬,在社会上产生积极反响。

【"春雨助残"捐助活动】 自治区残联策划发起"春雨助残"捐资助残活动。这一大规模公益性活动号召全社会普献爱心,人人用实际行动捐助残疾人。2004 年底,全区共募集社会捐款 260 多万元,其中自治区本级募集入库 108 万元。年内,已投入 50 万捐款用于残疾人康复和生活救助。

【全区第二届残疾人运动会暨首届特殊奥林匹克运动会】 为满足全区残疾人日益增长的文体生活需要,自治区残联克服困难筹措经费,于 2004 年 10 月中旬举办全区第二届残疾人运动会暨首届特殊奥林匹克运动会。这是继 1991 年全区第一届残疾人运动会以来,时隔 13 年后举办的又一次残疾人体育盛会。这届运动会竞赛项目之广,参赛残疾人之多,竞技水平之高,残疾人和社会公众反映之好,都远远超过上届运动会。为建立鼓励残疾人运动员、教练员争创残疾人体育竞技优异成绩的长效机制,自治区残联和人事厅、财政厅、体育局联合印发《内蒙古自治区残疾人运动员教练员获奖奖励办法》,为进一步推动和发展全区残疾人体育事业提供可靠保证和有力支持。

【实施彩票公益金危房改造 助学 康复项目】 2004 年,自治区残联认真实施利用社会福利彩票公益金资助贫困残疾人进行危房改造、资助贫困残疾学生完成学业、资助贫困残疾人接受康复治疗等项目。其中安排 200 万元,用于资助 750 户贫困残疾人进行危房改造;安排 80 万元,用于资助 800 名贫困残疾学生接受义务教育,安排 6 万元,用于资助 30 名大学生完成学业;安排 320 万元,用于解决数千名贫困残疾人的康复医疗费问题。这些看得见摸得着的实事,及时消除残疾人的困苦,使他们感受到党和政府的关怀以及残联和社会的温暖。

【创办特殊职业技术学校】 残疾人是就业最困难群体,他们的就业是整个社会就业工作中的"难中难"。实践证明,残疾人要想尽快就业和稳定就业,必须具备相应的专业技能和职业资格。2004 年,自治区残联为残疾人长远发展着想,努力克服经费不足等实际困难,积极创造条件,增添教学设备,改善教学环境,充实师资力量,在教育部门的支持下,成功创办起两年制特殊中等职业技术学校。到年底,在校盲人学员 26 名,以后还要逐步扩大招生范围。此举初步适应残疾人接受学历教育的需要,为他们日后走上工作岗位,实现自食其力,创造有利条件,打下良好基础。

(张继成 马淑平)

红十字会

【内蒙古自治区红十字会领导名录】

党组书记、会长:宝音德力格尔(蒙古族 11 月任职)
党组成员、副会长:桂 忠(蒙古族 4 月任职)
助理巡视员:万 里

【概况】 内蒙古自治区红十字会 1987 年恢复工作,1995 年理顺管理体制,为正厅级事业单位,机关参照公务员管理,编制数 13 人,在编 14 人,有厅级领导职数 2 人,处级(含非领导)职数 6 人,主任科员、副主任科员、科员 5 人。下属备灾救灾培训中心为差额事业单位,编制数 8 人。

积极开展社会募捐活动,努力为灾区群众解难。2004 年通过广泛募捐,为 26 万困难群众提供了生活救助;完成香港红十字会援助的备灾项目,全年举办备灾培训班 637 次,有2.2万名农牧民群众和2.1万名中小学生基本掌握了各种自然灾害的紧急避险方法和自救互救常识;开展了"红十字博爱送万家"活动;开展了卫生救护培训工作,全年培训初级救护员63 361人;造血干细胞工作进展顺利,志愿捐献造血干细胞报名人数超过 2 000人,上传国家管理中心分型数据1 140份。

【百年华诞】 3 月 10 日,中国红十字会迎来了建会百年华诞,自治区红十字会开展了以"办实事,迎百年"为主题的纪念活动。在 2004 年元旦,自治区红十字会与内蒙古电视台联合制作了以"人道、博爱、奉献"为主题的大型文艺晚会,2004 年 5 月 8 日世界红十字日进行了重播。

【执法检查】 5 月至 6 月,由自治区人大常委会副主任宝音德力格尔任组长,常委会组成人员和教科文卫委员会及自治区红十字会组成的执法检查组,在委托盟市检查的基础上,先后对阿拉善盟、乌海市、包头市、锡林郭勒盟、兴安盟、呼伦贝尔市、通辽市、赤峰市等 8 个盟市进行了《红十字会法》和《实施办法》的执法检查。检查结束后,宝音德力格尔副主任亲自向自治区人大常委会报告执法检查情况,他高度评价了全区各级红十字会在宣传《红十字会法》和《实施办法》,依法理顺管理体制,协助政府开展备灾救灾、社会救助、卫生救护、社区服务、推动无偿献血、预防艾滋病等方面取得的成绩。同时指出了工作中存在的问题和不足,并提出了加强红十字会工作的意见和建议。

【会员代表大会】 11 月 8 日至 9 日,内蒙古自治区红十字会全区第二次会员代表大会在呼和浩特隆重举行。中国红十字会会长、原全国人大常委会副委员长彭珮云亲临大会指导工作,发表了重要讲话,对内蒙古红十字会在开展人道救助领域取得的突出成绩给予充分肯定。自治区党委书记储波、自治区主席杨晶等领导出席大会，杨晶主席代表自治区党委、政府对自治区红十字会在“三个文明”建设中作出的突出贡献给予了很高的评价，并勉励全区红十字会工作者要在自治区红十字会二届理事会的领导下，再接再厉，为实现自治区党委七届八次常委会精神和构建和谐社会的奋斗目标，做出新的更大的贡献。二届理事会选举自治区人大常委会副主任宝音德力格尔同志为新一届理事会会长，聘请自治区主席杨晶、原自治区红十字会会长云曙碧为名誉会长，聘请自治区副主席乌兰、自治区政协副主席奇英成为名誉副会长，大会选举桂忠同志担任专职副会长，主持红十字会的日常工作，选举自治区政府副秘书长盖文山、自治区卫生厅副厅长乌兰、自治区民政厅副厅长郝勇、自治区财政厅副厅长云宗元、自治区教育厅副厅长何瑞芝、自治区公安厅副厅长阿斯林、自治区工商联副主席斯琴高娃、自治区佛教协会代会长贾拉森为自治区红十字会兼职副会长。会议认真总结了“一大”以来的主要工作，通过了自治区红十字会2005～2009年工作规划，实现了领导班子的新老交替。

【“草原捐髓第一人”】 11月11日赤峰学院附属医院血液科的王海峰医生在北京为一名河北籍教师捐献了造血干细胞，成为自治区首例造血干细胞捐献者。自治区红十字会抓住机遇，组织了“用爱心点燃生命的希望”宣传活动，聘请王海峰为内蒙古分库“爱心大使”。11月18日宝音德力格尔会长一行亲赴赤峰举行“爱心大使”授牌仪式，中国红十字会原副会长、总会造血干细胞管理中心顾问孙爱明参加了仪式。“爱心大使”王海峰以自己的切身经历和真实感受，宣传捐献干细胞无损健康。多家新闻媒体进行了报道，一时捐献造血干细胞成为热点新闻，聘请“爱心大使”活动对于普及造血干细胞捐献知识、争取更多志愿者起到了积极推动作用。

【社区服务试点工作】 为积极推动全区“红十字服务进社区”活动，推荐赤峰市松山区和呼市新城区两个社区参加全国社区红十字文明示范市（区）评审活动。通过总会评审组调阅资料、实地察看、入户抽查等形式，对这两个社区服务试点取得的成绩给予充分肯定。赤峰市松山区红十字社区服务站被总会评为全国28个示范社区之一，受到总会和民政部的联合表彰。

（胡志行）

公　检　法

公　安

【内蒙古自治区公安厅领导名录】

党委书记：罗啸天

党委副书记、厅长：赵黎平

副厅长：阿斯林（蒙古族）

周黎明

朱　荣

王新乐

纪委书记、督察长：颜炳强

政治部主任：杨小平

助理巡视员：云占彪

刘尤福（12月任职）

【概况】 2004年自治区公安厅在编民警674人，副处级以上141人，正科级284人，副科级109人，科员、办事员120人。

深入贯彻落实《中共中央关于进一步加强和改进公安工作的决定》、《内蒙古党委关于贯彻落实〈中共中央关于进一步加强和改进公安工作的决定〉的实施意见》和全国“二十公”、全区“十九公”精神，推动全区公安工作大变革。公安厅下派7个工作组深入全区各地宣讲“二十公”和全区“十九公”精神，督促指导工作，把学习贯彻引向深入。以推进三制创新为核心，全面贯彻落实中央和自治区两个13号文件、两级公安会议精神。健全公安法制，自治区公安厅成立网络执法监控中心，在呼和浩特市、巴彦淖尔市、阿盟、锡盟的部分旗县试点运行网络执法监督系统。认真开展执法检查，深化执法质量考评，实行执法质量一票否决制，兑现奖惩，推进严格、公正、文明执法。创新管理体制，加强党对公安工作的领导。

【保障机制】 自治区公安厅和部分地区公安机关实现内设机构领导干部由本级公安机关任免，按干部管理权限应由党委组织部门审批的，由公安机关提名呈报。呼伦贝尔市将海拉尔区公安分局收归市公安局直接管理。出台《内蒙古党委办公厅、政府办公厅关于进一步加强公安派出所工作的意见》,派出所长(指导员)职级可高配为副科级,情况复杂、任务繁重的派出所所长(指导员)职级可高配为正科级。创新保障机制,自治区公安厅和财政厅联合制定下发《内蒙古自治区旗县级公安机关公用经费保障标准的实施意见》,进一步明确保障渠道和标准,使旗县公安机关办公办案经费有了硬性政策保障。自治区编办同意申报7 600多名公安专项编制,这将解决全区历史形成的地方编制民警问题。2004年,自治区公安厅共争取经费32 241万余元,同比增加103%。社会应急联动反恐指挥中心大楼和警官培训中心大楼主体工程竣工。

【打击“法轮功”等邪教组织】 全区公安机关积极应对新情况,围绕国内政治生活中的重大事件,公安厅向重点盟市派出工作组,狠抓国内安全保卫工作措施的落实。加强情报信息工作,秘密力量建设提质增量,对敌情动态基本上能及时掌握,纳入视线。对可能危害国家安全和社会稳定的组织、人员和其它不确定因素、不确定对象等全面开展社会调查。加强专案侦察和重点人控制工作,对重点案件实行挂号督办制和委托制,强化侦察措施。获取深层次、动态性情报。开展一系列打击“法轮功”邪教组织专项行动,及时处置“法轮功”邪教组织顽固分子企图利用“两会”非法串联进京滋事苗头。全年共立“法轮功”邪教组织案件216起,破案203起,打掉团伙20个,收缴宣传品7万余份。在打击、深挖危害社会的非法气功组织“中功”和冒用宗教名义的“实际神”、“三班仆人派”等邪教组织斗争中,连破大案,抓获骨干头目。

【严厉打击各类刑事犯罪】 部署、开展侦破命案专项行动、指纹破案会战、严打整治“百日会战”、打击治理利用手机短信及网络诈骗犯罪专项行动、打击货盗等专项行动以及为期一个月的“追逃统一行动”,侦破一大批杀人现案、积案,破获包头市“2·02”清净寺6名僧人被杀案、“10·25”赤峰市元宝山区杀人碎尸案等一大批社会影响大的案件和一批有影响的系列入室盗窃、撬盗保险柜案件。2004年全区共破获各类刑事案件43 705起,同比上升1.4%,抓获刑事作案成员20 378人,打掉刑事犯罪团伙811个,成员3 112人,其中运用指纹自动识别系统比中案件599起。自治区公安厅全年督办大案31起,破获24起。全年共抓获网上在逃人员928名,其中国家公安部通缉B级逃犯1名、自治区公安厅督捕21名。开展打击金融票证、打击地下钱庄违法犯罪专项联合行动和打击虚开货物运输发票、制售假发票等涉税违法犯罪专项斗争,打击制假、售假、保护知识产权专项行动,共破获各类经济犯罪案件516起,挽回经济损失7 590.5万元。开展大规模的全区遏制毒源和扫毒行动以及区域性的禁毒“兴安行动”、“黄河行动”,加大对毒品犯罪打击力度,切断九条外省通向自治区的贩毒通道,对医疗行业和公共娱乐场所涉毒问题进行整顿,深化“无毒社区”建设,全区挂牌“无毒旗县”26个。2004年,全区公安机关共破获毒品犯罪案件612起,缴获海洛因4.473千克,鸦片0.745千克,冰毒0.018千克。开展“烈日”、“阳光”等反偷渡行动,截获偷渡人员321人。全区监管场所深挖犯罪,全区共提供犯罪线索3 894条,破获刑事案件2 110起。进一步建立健全执法办案竞争激励、监督制约制度,刑侦部门建立办案指导协调和审核机构,在旗县(市区)公安局开展与检察机关互派干部挂职锻炼活动,全年刑侦部门办案批捕率为93.6%,退查率为5.3%。

【道路交通综合治理】 开展贯彻实施《道路交通安全法》、遏制重特大交通事故集中整治专项工作、公路行车秩序整顿工作、公路超限超载治理工作和压事故、保安全、迎春运专项行动,对驾驶员、教练员、考试员和驾校进行整顿,对发生的23起特大交通事故进行责任倒查,推进道路交通安全综合治理,扭转道路交通事故、死亡人数大幅上升的势头。

【大练兵活动】 认真组织开展“执政为民、加快发展”主题教育活动和转变执法思想、坚持执法为民思想教育,进一步增强全区公安机关和民警执法为民思想和服务经济建设意识。自治区公安厅机关建立大课学习制度,全年进行大课学习辅导10次。开展向牛玉儒、任长霞等英雄模范学习活动,加强思想政治工作,调动民警的积极性。坚持“干什么、练什么,缺什么、补什么”,全员参训,边干边练,举办一批强化训练班,大练兵活动取得一定成效,全区公安队伍的政治、业务、体能素质与实战技能得到提高。深化干部人事制度改革,公安厅交流2名处级领导干部任盟市公安局长并高配,调整交流4名盟市公安局长。自治区公安厅通过公开竞争选拔,选拔37名处级领导干部,改善环节领导班子结构,选拔内蒙古警察学院32名内设机构处级领导干部。择优选拔120名优秀大学毕业生充实到基层公安机关。开展公安宣传表彰活动,有18个单位和15名个人分别受到自治区人民政府、团中央、人事部、公安部的表彰。

(刘乃成)

检　　察

【内蒙古自治区检察院领导名录】

检 察 长:邢宝玉

副检察长:于　江

杨怀武

周忠清
张　敏（女 满族 3月任职）
李茂林（7月任职）
纪检组长：旭　江（蒙古族 2月任职）
副检察长：郑锦春

【依法严惩刑事犯罪】　全区各级检察机关认真落实自治区党委关于构筑祖国北疆国家安全和社会稳定屏障的要求，始终把维护社会稳定作为首要政治任务，认真履行批准逮捕和提起公诉职责，与公安、法院等有关方面密切配合，严厉打击爆炸、杀人、抢劫、绑架等严重暴力犯罪，盗窃、抢夺等影响人民群众安全感的多发性犯罪，严惩生产销售假冒伪劣商品、金融诈骗等破坏社会主义市场经济秩序的犯罪，保持对各种严重刑事犯罪的高压态势。全年共受理公安机关提请逮捕的各类犯罪嫌疑人13 504人，经审查，批准逮捕12 412人，同比分别上升13.4%和13.8%；受理移送审查起诉17 709人，经审查，提起公诉14 099人，同比分别上升8.3%和9.3%。认真落实检察环节的社会治安综合治理措施，积极参与矛盾纠纷排查调处工作，积极开展创建优秀“青少年维权岗”活动。

【查办和预防职务犯罪】　全年共初查1 542件，立案侦查660件774人，其中贪污贿赂案件499件571人，渎职侵权案件161件203人。与上年相比，查办职务犯罪案件呈现出三个上升：即5万元以上贪污贿赂、10万元以上挪用公款大案、渎职侵权重特大案件和县处级以上干部犯罪要案上升，共查办236件，同比上升38%；占立案总数的35.8%，同比上升11.2个百分点。查办行政执法人员犯罪案件上升，共查办144人，同比上升34.6%。通过办案为国家挽回的直接经济损失上升，共挽回4 549.17万元，同比上升31.4%。各级检察机关立足法律监督职能，加大预防职务犯罪工作的力度，通过查办贪污贿赂渎职侵权罪案，发现、总结发案特点和规律，研究提出防范对策，推动建立健全防范体系。在208个重点建设工程开展专项预防，在275个发案单位开展个案预防，提出检察建议337件，组织大型宣传活动224次，举办法制讲座405次。

【诉讼监督】　全年对应当立案而不立案的，要求公安机关说明不立案理由431件，公安机关直接立案和接通知立案350件，同比分别上升1.4%和16.3%；对不应当立案而立案的，监督公安机关撤销案件27件。参与公安机关现场勘查308件、重大案件讨论753件，对侦查活动中的违法情况提出书面纠正意见35件次；对应当逮捕而未提请逮捕，应当起诉而未移送起诉的，追捕93人，追诉66人；对不符合法定逮捕、起诉条件的，决定不批准逮捕1 055人，不起诉967人。依法实施审判监督，对确有错误的判决裁定，依法提出抗诉103件，法院审结的76件中已改判23件；对审判活动中的违法情况提出书面纠正意见11次。

为加大诉讼监督力度，根据最高人民检察院的部署，针对人民群众反映强烈的执法不严、司法不公等问题，适时开展四个专项行动。

认真开展打击制假售假、侵犯知识产权犯罪专项立案监督工作。以防止和纠正以罚代刑问题为重点，主动加强与行政执法机关的联系配合，共向行政机关查阅案件4 308件，建议移交涉嫌犯罪案件34件49人，监督公安机关立案14件21人。

认真开展减刑假释保外就医专项检查工作，共检查减刑罪犯16 253人、假释罪犯179人、保外就医罪犯382人，从中发现违反法定条件和程序以及法律文书不完备的444人，提出口头或书面纠正意见167人，已纠正106人，并查办2起徇私舞弊减刑案件。清理纠正超期羁押的成果得到巩固，全年检察环节保持无超期羁押，6个盟市实现各个诉讼环节无超期羁押。与公安机关联合开展“双加强、双保障”示范单位创建活动，对促进监管机关依法文明管理和维护在押人员合法权益起到良好作用。

全面清理排查线索，集中力量查办案件。共初查渎职造成人民生命财产重大损失的案件，非法拘禁、非法搜查案件，刑讯逼供、暴力取证案件，破坏选举侵犯公民民主权利案件，虐待被监管人案件等五类重点案件83件，立案侦查46件62人，其中重特大案件10件17人，要案3件3人。

先后摸排出进京到呼涉法上访案件210件，其中属于检察机关管辖的106件，已办结98件。这一专项工作，促进刑事申诉案件公开审查制度、检察长接待日制度和首办责任制的健全和完善。先后有2 796位（次）检察长接待3 194人，批办案件831件。共受理首次申诉2 544件，审查处理2 559件，立案复查96件，办结107件（含上年结转），改变原决定19件。

在民事审判和行政诉讼监督中，重点监督纠正严重侵害社会公益的案件，因贪赃枉法、徇私舞弊导致裁判不公的案件，侵害农民工、下岗职工利益的案件。对认为确有错误的民事、行政判决裁定提出抗诉268件，法院已再审审结152件，其中改判、调解结案和撤销原判发回重审101件。积极探索运用检察建议加强对同级法院生效判决的监督，向法院提出再审检察建议61件，法院已采纳14件。对不服正确裁判的1 427件申诉。

【强化两个提高工作】　自治区各级检察机关正确认识和处理加大工作力度与提高执法水平和办案质量的关系，全面抓力度，重点抓质量，积极推进执法规范化建设。在查办职务犯罪工作中，强化案件线索管理；推行办案工作流程管理；建立以质量为核心的办案工作考核评价体系、内部监督制约机制、办案质量预警机制，加强对侦结率、撤案率、不诉率和无罪判决率的监控；全面落实安全办案、文明办案、严格依法办案的保障措施,认真实行执法过错追究制。自治区检察院评选表彰10个办案优胜单位和10件优质案件,激励各地多办案、办大案、办铁案。共查办贪污贿赂罪案的侦结率和起诉率分别达到74.7%和71.7%,同比分别上升6.1和10.5个百分点;撤案率和无罪判决率分别降到2.3%和1.5%,同比分别下降0.5和0.6个百分点。查办渎职侵权罪案的侦结率和起诉率分别达67.7%和63.0%,同比分别上升6.9和27.5个百分点;撤案率降到3.6%,同比下降6个百分点;有罪判决率继续保持100%。审查批捕、审查起诉质量进一步提高,捕后不起诉的和判无罪的明显下降。民事行政抗诉案件改判、调解结案和撤销原判发回重审的上升27个百分点。全年未发现超期办案、违法办案和办案安全事故。

【清理工作】 结合教育活动,针对群众反映强烈的突出问题,组织开展不起诉案件专项复查、扣押冻结款物专项检查、集中纠正违法插手经济纠纷三项清理工作。对全区2003年作出的1 070件1 325人不起诉案件进行全面复查,依法纠正处理不当的案件20件21人;对检察机关2001年以来直接受理的案件中撤案、不起诉、无罪判决案件扣押、冻结款物进行全面清理,清理出的145.3万元已全部上交或者返还。

【公正执法】 各地先后建立上级院派员参加下级院党组民主生活会、领导干部廉政档案、任前廉政谈话、诫勉谈话及述职述廉等制度。对6名违法违纪的干警进行严肃查处,其中2人受到刑事处罚。解决检察工作中影响公正执法的问题,带动各项检察业务工作的发展,涌现一批先进集体和个人。年内全区共有418个集体和226名个人受到表彰。其中,受到最高人民检察院和自治区检察院表彰的有139名干警和85个集体,受到盟市以上党政机关表彰的有279名干警和141个集体。

【全面试行人民监督员制度】 最高人民检察院为加强对检察机关查办职务犯罪案件工作的外部监督,经中央同意并报告全国人大常委会,决定对检察机关直接受理侦查的案件试行人民监督员制度。自治区作为首批10个试点省、自治区、直辖市之一,于2003年8月在32个检察院先行试点,2004年8月扩大到全区三级检察院。全区共选任人民监督员801人,其中,少数民族230人,人大代表和政协委员409人。

经过一年多的试点,共监督案件110件127人。经人民监督员表决,对办案部门原拟定意见,同意的98件111人,不同意的12件16人。对人民监督员提出的不同意见,经检察长同意或检委会决定,采纳了8件11人。有3件拟不起诉的案件按照人民监督员意见起诉,其中2件已作有罪判决。

(薛卫国)

审　判

【内蒙古自治区高级人民法院领导名录】

院　　　长:王维山(蒙古族)
副　院　长:王　虎
　　　　　　许振祥
　　　　　　于雪峰(蒙古族)
　　　　　　梁国裕
纪检组长:王建国
政治部主任:王　伟(7月离任)
副厅级审判员:李宪法(4月离任)
执行局长:苏　和(蒙古族)

【概况】 全区法院共有法官和其他工作人员8 469名(含国家专项编和地方编)。其中:男6 207名,占73%;女2 262名,占27%;蒙古族2 296名,占27%,其他少数民族393名,占4%;大学本科以上学历人员3 108名,占36%;大学专科学历4 797名,占56%;处级以上干部460名,占5%;科级干部3 053名,占36%。

2004年全区法院共受理各类案件216 576件,同比上升7.35%,审结、执结201 495件,同比上升7.33%,其中执行各类案件47 062件,执行标的总金额达41.47亿元,审限内结案率达到99.93%。

【刑事审判】 全年共审结一审刑事案件11 777件,判处罪犯12 302人,有力地维护了社会稳定。在严厉打击犯罪的同时,认真贯彻“尊重和保障人权”的宪法原则,确保无罪的人不受法律追究,对不构成犯罪的161名被告人依法宣告无罪。

危害社会治安犯罪 全区法院积极开展“严打”斗争,重点打击杀人、抢劫、强奸、绑架等严重暴力犯罪和盗窃、抢夺等多发性犯罪,共审结此类案件6 830件,判处罪犯8 093人。同比分别上升7.03%和10.78%。其中,判处五年以上有期徒刑、无期徒刑和死刑的2 209人,重刑率为18.57%。

公共安全事故犯罪 为有效遏制近年重大公共安全事故上升的势头,全区法院认真贯彻最高法院有关通知精神,加大对此类犯罪的打击力度,依法审结一批社会影响大、人民群众高度关注的案件,全年共审结此类案件25件40人,同比分别上升1.5倍和1倍,取得良好的社会效果。

破坏社会主义市场经济秩序犯罪 全区法院依法严惩各类经济犯罪,重点打击生产销售假冒伪劣商品、金融诈骗、虚开增值税发票等危害市场经济秩序运行的犯罪,共审结此类案件983件,同比上升19.1%,判处罪犯1 289人,同比上升7.15%。

贪污贿赂等职务犯罪　全区法院依法严惩贪污贿赂等职务犯罪,全年共审结此类案件337件409人,同比上升25.28%和34.1%。自治区国税局原局长肖占武以权谋私,收受贿赂,并有巨额财产来源不明,被依法判处无期徒刑,剥夺政治权利终身,并处没收个人全部财产。此案是自治区法院成立以来审理的犯罪职务最高、犯罪金额最大的受贿案件。

【民事审判】　全区法院充分发挥民事审判的保护、调节职能,审结各类民事案件135 989件,诉讼标的总金额76.01亿元,同比分别上升9.41%和20.06%。

注重保护民事主体特别是社会弱势群体的合法权益,依法调处婚姻家庭、损害赔偿、劳动争议等普通民事纠纷48 904件,促进社会和谐稳定。

注重规范市场行为,保护合法竞争,审结企业改制、金融票据、股权、合同等纠纷案件87 085件,保障经济社会全面协调可持续发展。

注重保护知识产权,审结专利、商标、著作权等纠纷60件,促进科技创新;注重涉外案件的及时审理,为引进外资创造良好的法治环境。

注重减轻群众诉累,适用简易程序审理民事案件90 597件,占民事一审结案数的72.74%,同比上升4.43%;注重法律效果和社会效果的统一,努力提高民事案件调解率,做到案结事了,全年调解结案45 826件,调解率达到36.79%,同比上升1.11个百分点。

【审判监督】　全区法院按照实事求是、依法纠错的原则,审结再审案件1 683件,依法改判纠正563件;普遍实行审判流程管理制度,落实审限催办督办、超审限通报和责任追究制度,保证审判活动高效有序进行;开展清理超期案件专项检查活动,清理超审限案件137件;按照"突出重点、抓住难点、考虑热点"的原则,对下级法院在审判工作中的疑难问题,及时给予指导。自治区高院制定下发加强执行、涉诉信访工作的规范性意见,以及医患纠纷、土地草牧场承包案件适用法律的指导性意见,促进全区法院司法水平的不断提高。

【行政审判】　进一步强化行政审判职能,加强国家赔偿工作,维护公民、法人和其它组织的合法权益,保障和监督行政机关依法行政,审结一审行政案件1 489件,同比上升12.29%;办理行政非诉执行案件2 188件,

【国家赔偿】　国家赔偿确认是人民法院审判监督工作的一项新业务,也是保障当事人获得国家赔偿的前提条件。自治区高院以保障人权、规范司法行为为出发点,经过两年的调研,制定《关于审理国家赔偿确认案件的规范意见》,被最高法院相关司法解释采纳,并在自治区召开现场会,向全国法院推广,受到与会代表的一致好评,被评为2004年度"自治区十大法制事件"之一。全区法院共办理国家赔偿案件152件,审限内结案率100%,使蒙受冤屈的公民及时获得司法救济。

【执行工作】　全区法院认真履行在自治区十届人大二次会议上作出的"让打赢官司的人民群众及时实现权利"的承诺,执行各类案件47 062件,同比上升1.62%,执行标的总金额达41.47亿元。为提高执行效率,化解执行难题,采取先执行后收费、提级执行、交叉执行等方式,进一步改进执行方法。自治区高院适用"以股权抵债权"的执行方式,成功执结建行内蒙古分行申请某投资公司偿还借款本息4 200多万元的积案,使银行及时实现权利,化解金融风险。全面开展清理执行积案活动,清理历年执行积案10 903件,标的总金额2.66亿元。同时,依法制裁拒不履行人民法院生效裁判及暴力抗法人员,维护司法权威。

【队伍建设】　全区法院坚持以"三个代表"重要思想和十六大、十六届三中、四中全会精神为指导,按照"为民、务实、清廉"的要求,大力加强法官队伍建设,努力建设一支政治坚定、业务精通、作风优良、司法公正的职业化法官队伍,全区法院司法形象进一步好转,司法能力明显提高,涌现出以赤峰中院女法官、全国"三八红旗手"李红艳为代表的35名全国、全区先进个人和自治区高院行政审判庭等26个全国、全区先进集体。

【思想政治建设】　全区法院以增强司法公信力和亲和力为目标,广泛开展"司法公正树形象"教育活动。为进一步解决法院自身建设存在的、人民群众反映强烈的突出问题,在2003年开展"公正与效率"司法大检查的基础上,全区法院认真开展向牛玉儒同志学习活动,广泛开展"司法公正树形象"教育活动,相继进行审判质量和效率、涉诉信访案件、诉讼和执行收费、司法为民措施落实、减刑假释案件、加强法院管理等6个方面的专项检查,对2003年以来办结的案件进行复查自纠,对本地区涉诉信访案件进行彻底排查,清理涉诉信访案件2 979件,集中复查减刑假释案件7 093件,对个别违规收费的法院给予通报批评。

【业务建设】　全区法院以全面提高法官政治业务素质为目标,从内强素质入手,大力加强教育培训,不断增强在职法官的司法技能,累计举办各类政治业务培训班300多期,共有8 500多人次的法官和其他工作人员接受培训。其中国家法官学院内蒙古分院培训1 400多人次,培训人民法庭庭长290多人,提前实现两年内把全区人民法庭庭长轮训一遍的目标。

【廉政建设】 全区法院以促进司法廉洁为目标,大力加强党风廉政建设。建立健全教育、制度、监督并重的惩治和预防腐败体系,广泛深入开展思想道德教育和纪律作风教育;认真执行《中国共产党党内监督条例(试行)》,积极推行廉政谈话制、诫勉谈话制、警示教育制和环节干部年终述廉报告制;落实《关于规范法官和律师关系确保司法公正的若干规定》,制定禁止法官与当事人单方接触的具体措施,建立起公正司法的隔离带;向社会各界聘请廉政监督员2 000多名,其中聘请470多名人大代表、政协委员担任廉政监督员、特约咨询员,加强外部监督;继续加大违法违纪案件查处力度,做到有案必查,有查必果,有错必处,有责必究,共查处违法违纪人员30人。其中,移交司法机关处理3人,给予党纪政纪处分27人。另对一些因不负责任侵害群众利益的人员,给予赔偿当事人损失或调离审判岗位的处理。

【法院改革】

司法为民 全区法院为切实解决人民群众"告状难"、"申诉难"问题,努力改善立案接访条件,增设便民设施,为当事人提供良好的诉讼环境;强化法官释明职责,推行诉讼指南、诉讼风险告知、举证须知、远程立案等便民利民制度,加强对当事人的诉讼引导;一些基层法院对派出法庭的裁判文书实现远程电子签章,方便群众诉讼;对直接影响当事人基本生活保障的案件,优先立案;开展"信访申诉工作突破年"活动,集中清理历年来积压的信访申诉和申请再审案件2 816件,接待处理群众来信来访59 936人次,其中自治区高院接待处理4 892人次,告状难、申诉难问题得到初步缓解。

审判方式 全面落实公开审判制度,实行"阳光审判",推行审务公开制度,邀请人大代表、政协委员旁听庭审,提高审判活动的透明度,以司法公开促进司法公正。一审开庭率达100%,二审、再审开庭率也在不断提高。普遍推行申诉听证制度,增强再审立案透明度。实行裁判文书公开查阅制度,一些法院在媒体和网络上公布裁判文书,保障当事人的知情权。

司法救助 全区法院进一步扩大司法救助的范围,对城镇低保户、农村五保户、特困户、孤寡老人和孤儿一律免收诉讼费用,对经济确有困难的当事人依法缓交、减交或免交诉讼费用1 238万元,初步实现在自治区十届人大二次会议上所作的"让有理无钱的人民群众打得起官司"的承诺,保障经济确有困难的群众平等参与诉讼。

专项审判 2004年初,自治区高院作出在全区法院开展清理拖欠农民工工资专项审判活动的决定,全区各级法院对进城务工人员的劳务纠纷案件,依法快立案、快审理、快执行,并对符合条件的案件先予执行,确保农民工及时拿到劳动报酬。全年共办结劳务合同纠纷、追索劳动报酬等案件2 650件,为农民工追回被拖欠的劳动报酬8 000余万元。

基层建设 自治区高院为进一步加强人民法院基层建设,努力提高基层法院的司法保障能力,提出"政治建院、人才兴院、科技强院、管理治院、形象塑院"的基层建设总目标。高中级法院按照"重心下移、精力下沉、保障下倾"的要求,切实加大指导协调力度,帮助基层法院解决审判工作、队伍建设、物质装备建设中遇到的实际困难和突出问题。自治区高院从实际出发,制定下发全区法院物质装备建设三年规划,要求2005年底完成全区法院计算机二、三级联网,至2006年底基本解决办公无房、审判无庭问题,至2007年自治区成立60周年的时候,基本实现办公办案现代化。

充分保障少数民族公民的诉讼权利。加强对少数民族法官的教育培训,累计培训少数民族法官360多人次,有效提高各级法院保障少数民族群众诉讼权利的能力;一些基层法院设立巡回法庭,深入到边远地区和少数民族聚居地区,巡回收案,就地审理,有条件的就地执行,及时解决民事纠纷,被最高法院誉为"蒙古包法庭",并在全国少数民族地区推广;自治区高院克服经费紧缺的困难,在国内率先翻译编辑蒙文版民事法律法规及司法解释,共6期4 000多册,免费发放给牧区法院和牧区群众,赠送给全国各地蒙古族聚居区和自治地区,方便牧区法院审判和少数民族当事人诉讼。

(田　钢)

司　　法

【内蒙古自治区司法厅领导名录】

厅　　长:任英超
副 厅 长:赵建平
　　　　　岩　英
　　　　　徐贵中
　　　　　翟贵文
　　　　　吴艳刚(达斡尔族)
政治部主任:杜志刚(蒙古族)
纪 委 书 记:王洪中(蒙古族)
巡　视　员:赵仁钦(蒙古族 6月离任)
助理巡视员:乌力吉(蒙古族 10月离任)
　　　　　宿同忠(9月任职)

【概况】 2004年,自治区司法厅内设8个职能处(室)和政治部(内设人事警务处、组织宣传处)、纪检委、机关党委、老干办。人员编制71名。其中:厅长1名,副厅长5名,政治部主任、纪委书记各1名;巡视员、助理巡视员各1名,处级领导职数21名。事业编制27名(厅机关事务中心11名、法律援助中心6

名、律师协会 10 名)。厅机关实有 66 人(男 47 人,女 19 人),其中厅级干部 7 人、处级干部 30 人、科级干部 29 人。大学及以上学历的 38 名,占57.6%;大专学历的 23 名,占34.9%,大专以下学历的 4 名,占6%。

全区盟市司法局 12 个,旗县(市、区)司法局 101 个,苏木乡镇(街道)司法所1 453个,基层人民调解组织19 484个;共有监狱 17 所,劳教所 12 个;律师事务所 237 个,公证处 116 个,基层法律服务所 781 个。全区司法行政干警职工21 010人。其中,司法行政机关公务员4 092人,司法厅直属事业单位工作人员 27 人;监狱、劳教人民警察6 854人,其中直属监狱民警4 857人,直属劳教民警 564 人,监狱、劳教系统在职工人5 567人;法律服务人员4 470人(律师2 066人,公证员 385 人,基层法律服务工作者2 019人)。

【普法依法治理】 组织开展了"宪法宣传月"和"12·4"法制宣传活动,对领导干部、公务员、司法工作人员、企业经营管理人员等重点对象的学法用法工作不断深入,参加法律知识考试人数达 30 万。组织各级领导干部法制讲座,推行任前法律知识考试考核制度。法律知识考试成绩被纳入领导干部年度实绩考核目标。开展依法治区理论研讨征文活动,召开全区普法依法治理座谈会,与自治区主要新闻媒体的联系与合作,开展法制文艺宣传和优秀节目评选。深入开展"法律进社区、法律进农村牧区"活动,将《农牧民法律知识读本》及时发送给农牧民。召开依法治区领导小组会议,加强对依法治区工作的指导。各地针对群众关心的热点、难点问题广泛开展基层专项治理,"民主法治示范村(嘎查)"、"民主法治示范社区"创建活动深入进行,继续拓展成人法学教育,努力扩大生源渠道,全面提高教学质量,为依法治区提供法律人才支持。

【监狱劳教】 监狱工作坚持以确保安全稳定为重点,落实各项防范措施,全年无罪犯脱逃、无狱内重大案件、无重特大安全生产事故,罪犯非正常死亡率为0.114‰。运用管理、教育、劳动三大手段,普遍建立出监教育机制。清理、修订规章制度,规范执法活动;开展减刑、假释、保外就医专项检查,全面推行狱务公开,加强对刑罚执行的监督。健全民警直接管理制度,普遍开展罪犯心理咨询和心理矫治,坚持集体教育与个别谈话、狱内教育与社会帮教、惩罚改造与解决罪犯改造的"三个结合"教育方法,积极探索符合罪犯改造规律的新途径、新方法。推进监狱体制机制改革,逐步分离监狱办社会的职能。充实和完善监狱布局调整的规划设计,协调落实项目建设所需资金和相关优惠政策,启动国家和自治区投资的部分建设项目。认真落实国务院和自治区政府有关解决监狱困难和问题的政策措施,在争取经费、核销贷款和解决历史遗留问题方面取得进展。

劳教工作认真贯彻"教育、感化、挽救"的方针,创办特色工作不断深化。注重所政设施和管理手段的现代化建设,初步建立系统、规范的安全防范机制,维护场所稳定,全年所内无非正常死亡、无重大案件、无重特大安全生产事故,劳教人员逃跑率为2.3‰。进一步建立健全各项规章制度,实行劳教人员延期聆询制和所务公开。呼和浩特市、乌海和女子、少教四个劳教所采取封闭、半开放、开放式动态管理模式。普遍把法律咨询、心理矫治等科学方法引入教育工作之中,建立法律援助机制,在劳教人员中开展法制宣传和法律援助工作,突出劳动的矫治和习艺功能,部分劳教所开始进行劳教人员有偿劳动制的探索,达到了矫正恶习、学习生产技能的实际效果。全力提高教育挽救质量,邪教组织"法轮功"劳教人员在所转化率达到90%,其他劳教人员的所内改好率达到87%。

【法律服务】 为全区工业化、城镇化、农牧业产业化提供优质高效的法律服务。2004 年律师共办理诉讼和非诉讼法律事务34 377件,担任法律顾问2 675家;公证处办理各类公证事项137 304件。11 个盟市和 98 个旗县政府成立或聘请法律顾问团组。开展解决拖欠农民工工资问题的"百日追薪"专项活动,有效维护农民工的合法权益。组织律师参与信访工作,为上访群众提供法律咨询1 800多人次,向各级党委政府提供法律意见和建议 982 件。基层法律服务工作者共担任各类法律顾问3 439家,办理各类法律事务19 929件,避免和挽回经济损失1 569.8万元。提请出台《内蒙古自治区人民政府关于贯彻〈法律援助条例〉加强法律援助工作的意见》,为全区法律援助工作的发展提供政策依据。各级法律援助机构共获得专项经费639.97万元。全区受理法律援助咨询52 222人次,受理法律援助案件4 051件,结案3 767件。对批准设立的 13 家司法鉴定机构进行年检,对符合条件的 118 名从业人员颁发司法鉴定人执业证,3 个盟市成立司法鉴定指导协调机构。

【基层司法行政】 10 个盟市实现旗县司法局对司法所的直接管理。中央拨付的2 100多万元专项资金,全部用于基层司法所建设。组织开展多种形式的业务技能培训和业务评查活动,自治区党委办公厅、政府办公厅转发《自治区高级人民法院、司法厅关于进一步加强全区人民调解工作的意见》,自治区政府召开全区人民调解暨法律援助工作会议,促进人民调解组织建设、业务建设以及人民调解制度与诉讼制度的有机衔接。2004 年全区人民调解组织共调处各类矛盾纠纷 9 万余起,调解成功率在 98% 以上,防止民转刑案件 256 起,制止群众性械斗 160 起,防止群体性上访 792 件、12 161人次。加强刑释解教人员衔接管控和就业安置工作,落实帮教措施18 920人,安置15 535人,帮教率和安置率均高于全国平均水平。

【国家司法考试】 全区共有3 434人报名,参考3 194人,合格245人,合格率8.29%,明显高于上年;蒙文卷考生合格率达11.29%,高于全国平均水平。与有关部门协调沟通,为取得法律职业资格的人员进入司法机关疏通渠道。

【司法行政队伍建设】 通过公开考试录用一批公务员和人民警察,1 700多名警察参加警衔晋升培训。开展律师队伍集中教育整顿活动,规范律师与法官的关系、律师事务所内部管理以及律师执业行为。在加强经常性教育、监督的同时,严肃查处一批违纪违法案件。区直司法行政系统共查处违法违纪案件40件,处分干警75人,其中3人移送司法机关。

【教育整顿全区律师队伍】 从4月20日开始至年底,自治区司法厅在全区组织开展律师队伍集中教育整顿活动。主要内容是在律师队伍中开展"三项教育"和"三个规范"。

【先进集体】 自治区公证员协会(厅律师公证工作处)在中国公证员协会组织的2003年度"全国公证行业管理工作先进集体"评选活动中被评为"全国公证行业管理工作先进集体"。

(余红丽)

监狱管理

【内蒙古自治区监狱管理局领导名录】

党委书记:任英超
局　　长:翟贵文
政　　委:云永在(蒙古族)
副 书 记:宿同忠
副 局 长:张志强
　　　　　杜平安(蒙古族)
　　　　　王化吉
　　　　　王立军(2月任职)
政治部主任:杨建绥(2月任职)

【监管安全】 全区监狱系统始终把维护监狱安全稳定放在一切工作的首位,紧紧围绕监狱安全稳定开展各项工作,形成人人重视安全稳定,全力维护安全稳定的工作格局。严格落实监管安全责任制,加大督促检查力度,大力推进狱务公开,坚持公正、文明执法,积极开展狱敌情分析调研,深入开展监管安全大排查大检查活动,将事故隐患消除在萌芽状态,强化罪犯生活卫生管理,依法保障罪犯合法权益,与武警部队深入开展"共建、共管、共保安全"活动,有力地促进监管场所的安全稳定。18个押犯单位全部实现无罪犯脱逃。

【"三化"建设】 按照全区监狱长政委会议的部署,把监狱工作"三化"(法制化、社会化、科学化)建设作为重点工作来抓。监狱局和各监狱成立"三化"建设组织机构,清理和完善有关规章制度;规范民警执法行为,积极推进依法治监;大力推进狱务公开,强化执法活动的监督制约;开展减刑、假释、保外就医专项检查活动。加快监狱信息化建设,开通监狱局门户网站,对全体民警进行计算机基础知识培训,为推进科学化建设奠定基础。罪犯教育社会化建设的步伐明显加快,大力开展"请进来,走出去"活动,邀请人大、政协、关工委、妇联、共青团、高等院校和社会志愿者到监狱开展帮教工作;组织罪犯到社会上参观学习;积极探索教育改造的新途径、新方法,建立法律援助工作站,聘请律师和法律工作者在监内开展法律咨询和服务,对罪犯进行法制教育;积极开展心理咨询和心理矫治工作;认真贯彻执行《监狱教育改造工作规定》、《监狱服刑人员行为规范》两个部长令,做到依法、严格、文明、科学改造罪犯;按照司法部统一部署,对全区服刑人员进行普法教育活动;强化对罪犯的个别教育,采取招标制、承包制等方法,深入做好落后犯、顽危犯的思想转化工作;对"法轮功"罪犯集中进行教育转化攻坚,转化率为88%;开展禁毒宣传教育活动,适时进行专项教育整顿,努力营造积极向上的改造氛围。

【基层工作】 2004年局领导带头,深入基层,深入实际,调查研究,撰写调研文章,加强对基层工作的指导,帮助基层解决实际问题。局机关树立为基层服务的思想,努力为基层解决实际问题,工作效率和服务质量有一定提高。

【队伍建设】 全区监狱系统以教育培训和纪律作风整顿为重点,全面加强队伍建设。组织全体民警认真学习党的十六大、十六届三中、四中全会精神,自觉地用"三个代表"重要思想统一广大民警的认识,开展"文明执法树形象"活动和向任长霞、牛玉儒学习活动,进行"执政为民、加快发展"的大学习、大讨论,教育广大民警牢固树立"立警为公、执法为民"的思想,永葆忠于党、忠于人民、忠于法律的政治本色。继续强化民警教育培训,全年共有7 918人次参加司法部、自治区人事厅、司法厅、监狱局组织的各类培训。加强组织建设和领导班子建设,充分发挥基层党组织的战斗堡垒作用和党员的先锋模范作用,使领导班子的年龄结构、知识结构、专业结构更趋合理,领导力量进一步加强。坚持依法管警、从严治警,深入开展民警队伍集中教育整顿活动,着力解决执法执纪方面存在的突出问题。积极推进干部人事制度改革,加大监狱领导干部挂职锻炼,竞争上岗、轮岗交流力度;加强党风廉政建设,加大案件的查处力度,有55人受到党纪政纪处分。继续开展争先创优、立功创模活动，全系统有1个单位荣立集体二等功，9个单位荣立集体三等功，12人荣立个人二等功，213人荣立个人三等功，表彰各类先进集体31个，先进个人117人。加强对外宣传工作，有8部反映全区监狱工作的专题片在内蒙古电视台和盟市电视台播放，有110篇文章在各类报刊登载，全面宣传报道全区监狱工作的成就，展示监狱机关的良好形象。

【其它工作】　2004年，继续把解决监狱困难和问题作为重点工作来抓，取得明显成效。一是监狱布局调整进展顺利。二是监狱农场的粮食补贴已经到位。三是核销监狱企业不良贷款工作继续进行。四是监狱经费预算又有新突破。五是地区岗位生活补贴得到落实，使这一全系统反映强烈的突出问题得到落实，维护民警职工队伍的稳定和监狱的稳定。

（色音那）

劳动教养

【内蒙古劳动教养管理局领导名录】

局　　长：王曰群
政　　委：段和平
副 局 长：张有玺
　　　　　宋建平
纪委书记：夏　明
政治处主任：王子兵

【概况】　内蒙古劳动教养管理局系内蒙古自治区司法厅直属的主管全区劳动教养工作的正处级职能局，局机关内设9个科室，下辖4个正处级直属劳教所（包括1个女子劳教所和1个少教养管理所），并负责对全区1个正处级和7个准处级盟市属劳教所执法业务的管理和指导等工作。2004年，全区劳教场所依法收容劳教人员1 935人，解教2 061人，至12月底在所劳教人员3 236人。在所劳教人员政治课及格率和文化、技术课获证率分别达100%、89%和91%。难改人员转化率达86%；所内改好率达80%。入所体检率达100%，性病治愈率达90%。戒毒劳教人员所内戒断率达100%。全区12个劳教所中共建成部级现代化文明劳教所1所，自治区级现代化文明劳教所2所；建成部级优秀劳动教养学校1所，自治区级优秀劳动教养学校6所。

【教育挽救】　在做好"三课"教学，继续推进办学上等级等工作的基础上，采取预约谈话、心理矫治等针对性教育矫治手段，并不断丰富完善职业技术教育的内容和方式。发挥辅助教育的作用，成功举办全区劳教场所文艺汇演活动，活跃所区文化生活。加大对邪教组织"法轮功"劳教人员的教转攻坚力度。2004年，在所"法轮功"劳教人员转化率达到90%。

【改革创新　创办特色】　按照"理论先行，试点引路，点面结合，分类指导"的思路，努力探索、创新教育挽救模式和机制。试点场所按照区局确定的办特色重点，进一步开拓思路，完善方案，创新举措。乌海所在实行三种管理模式和建立劳教戒毒基本模式上进行积极探索；女所依托纸箱加工项目建立过渡性半开放式管理习艺劳动基地；少教所深化联合办学工作；呼市所采取"走出去、请进来"的方式，积极探索社会化教育模式。非试点场所在做好思想和理论准备的基础上，在一个或几个方面积极稳妥地展开办特色工作。一是借助社会力量，建立劳教所与社会的互动教育机制；二是进一步探索劳教人员延期聆询制和法律援助机制；三是加强心理矫治工作的理论研究和实践探索；四是探索劳动报酬制并取得初步成效。

【发挥矫治和习艺功能】　各所积极通过建立室内加工生产项目，为矫正劳教人员的恶习和解教后就业谋生创造条件。大部分场所都通过与社会企业合作的方式建立较稳固的室内加工生产项目。

场所基本建设方面，抓住项目报批、招投标程序、施工质量和安全管理等重点环节，加强场所基建工作的规范化运作。

【模范人物】　年内，共有49个集体和122名个人受到有关部门的表彰和奖励。其中受到自治区党委防范办和司法厅联合表彰的先进个人35名，受到自治区综治委表彰的先进个人1名。

（办公室）

军　事

中国人民解放军内蒙古军区

【领导名录】

司　　令　　员:黄高成
政　治　委　员:张金柱
副　司　令　员:王印清(4月离任)
道布敦(蒙古族4月离任)
王建欣
李国安(4月离任)
桑杰扎布(蒙古族)
罗　刚(4月任职)
副政治委员:孙忠泰
参　　谋　　长:李吾田
政治部主任:陈运火
后　勤　部　长:李生荣
装备技术部长:齐全祥

【党委班子与部队思想政治建设】

各级党委班子和干部队伍建设　党的十六届四中全会专门做出加强党的执政能力建设的决定，军委下发加强军队党织能力建设的意见，这是党为适应新形势、应对新挑战做出的重大举措。我军是执行政治任务的武装集团，军队党委班子的能力建设是党的执政能力建设的重要组成部分。全区各级党委清醒地认识到，加强党委班子能力建设既是个理论课题，更是个实践课题，真学才能真提高，真抓才能真见效。因此，各级党委始终着眼形势任务的发展变化，坚持以军事斗争准备为龙头，立足本职岗位，积极适应主动抓、结合实际创新抓、坚持不懈反复抓，不断加大力度，积极改进方法，把党委班子能力建设不断引向深入，进一步增强高举旗帜、维护权威、听从指挥的自觉性。按照北京军区的统一部署，以能力建设为主题，在团以上党委机关围绕解决能力建设上“意识不强、目标不清、方法不当、动力不足”的问题，开展“学好新理论、掌握新知识、增长新本领”教育实践活动。为进一步推进依法行政、依法从严治军，各级组织系统地学习《军队基层建设纲要》、《政治工作条例》、《中国共产党军队委员会工作条例(试行)》和《中国共产党纪律处分条例》等军事法律法规和规章。7月，召开以“三力”建设为主题的党委书记座谈会，总结交流近年来按照“三个代表”重要思想要求加强党委班子建设的经验体会，查找问题，分析原因，研究加强改进措施。坚持从严管理高中级干部，以党日活动的形式，认真抓共产党人先进性教育和团以上领导干部艰苦奋斗、“四严四防”教育，宣传9名师团职领导干部典型，进一步激发各级干部的事业心、责任感。全区团以上党委机关认真进行“四严四防”教育，总结的五个方面的经验做法，在北京军区召开的“四严四防”经验交流会上作了介绍。认真抓人武部事务公开，重点对赤峰市红山区、包头市青山区、杭锦后旗、二连浩特市人武部的事务公开情况进行调研并制定下发人武部事务公开的实施细则。

人才战略工程建设　在深入基层调研论证的基础上，制定下发《内蒙古军区实施人才战略工程意见》、《2004年度全区人才建设工作计划》，坚持用“四看”(看综合素质、看工作实绩、看成长经历、看群众公论)要求选人用人，调整部分建制师团班子，按照《北京军区2003年至2005年边防部队建设规划》的要求，优化边防团队班子结构，为每个班子配备了1名年龄在36岁以下的成员，并安排补训。选送300多名优秀干部入学深造，对人武部新任主官进行岗前培训。广泛开展评选优秀机关干部活动，有效地提高干部队伍的能力素质。根据编制体制调整改革第一阶段的任务，依据“十项要求”和“四个一视同仁”原则，区内交流干部291名，接收区外交流干部185名。另外，顺利完成724名转业复员干部移交安置，移交安置率达到100%。认真做好离退休干部工作，军区被民政部、总政治部、总后勤部表彰为“全国军队离退休干部移交安置工作先进单位”。

执勤训练中的思想政治工作　围绕军事斗争准备和北线防卫作战任务，切实加强执勤训练中思想政治工作的组织领导。深入进行我军根本职能、台海形势和以伊拉克战争为教材的形势战备教育，使广大官兵进一步强化当兵打仗、练兵打仗、带兵打仗的观念，激发“为祖国而战、为打赢而练”的训练热情；各级政治机关围绕战时指挥体制建设、法规制度建设、心理战和发挥地方科技优势等方面，研究探索“三战”的方法和路子，取得初步成果。适应世界新军事变革趋势，加大了人才培养力度。采取选送入学、交叉任职、岗位培训等多种形式，加强指挥人才、参谋人才和各类专业人才的培养锻炼，使干部骨干的组训能力、科技素质和文化层次有了明显提高。建立健全奖惩激励机制，把训练与单位评选先进和个人成长进步挂钩，部队掀起“精兵尚武、爱军习武”的群众性练兵热潮。认真抓新闻报道工作，宣传党的方针政策和部队建设成就取得显著成绩。

【军事训练与战备工作】

应急训练　各部队严格按纲施训，部队战备训练质量明显提高。7月，军区在呼伦贝尔军分区召开全区教导队长及军区首长机关有关人员参加的教导队会议。探索交流教导队教、学、练一体化和“五种模式”的办队经验，会议认真贯彻全军和北京军区两级教导队会议精神，以“新形势下建设什么样的教导队，如何培养高素质人才”为主题，本着“打牢基础、创新发展、体现特色、分类指导、整体推进”的思路，交流了4种类型6个单位的办队经验，观摩专职、兼职、聘用教员不同内容、不同方法的课目示范，参观呼伦贝尔军分区教导队正规化建设成果，研究讨论《内蒙古军区教导队建设实施细则》，总结近年来教导队建设情况，部署了推进教导队建设深化发展的任务，达到统一认识、规正方向、理清思路、规范教学、加油鼓劲、推动发展的目的。全区在战备训练上认真总结深入推广“基地化轮训”、“集约化组训”、“小兵种大集中训练”和边防民兵与连队挂钩联训等方法，有效地提高训练质量。信息化建设取得初步成果，包头和巴彦淖尔军分区一线连队全部通了光缆，赤峰、乌兰察布、巴彦淖尔和呼伦贝尔军分区建新了通信(“三网合一”)系统。军区在包头军分区召开信息化建设现场观摩会，探索科技控边“五大系统”综合集成的经验，被转发全军。9月，军区首长机关带驻呼和浩特部队进行以“信息化条件下快速动员”为课题的集训和演习，采取互导互演的方法组织10个军分区进行战术演练。特别是乌兰察布军分区进行的网上对抗演习和通辽军分区组织的城市反恐演练等都取得圆满成功。年底前，军区首长机关接受北京军区战役训练考核和全军观摩，受到一致好评。

国防工程建设和维护管理工作　认真贯彻《军事设施保护法》、《国防工程维护管理规定》，紧密结合自治区实际，加强组织领导，周密计划，精心组织，坚持各项制度，狠抓工程质量，较好地完成各项任务。改造保温观察哨楼，改建早期建成的半地下隐蔽观察点并制作移动式执勤哨所，对边防一线的观察设施工程等进行维护，较好地保障边防部队执勤的需要；4至9月，根据北京军区的统一部署，对部分军分区、人武部及边防、骑兵部队负责管护的阵地工程和边防自卫工程的维护管理情况进行普查，摸清工程现状，为下一步维护奠定良好基础；根据《指挥防护工程维护管理质量评定标准》，加强了指挥工程的维护管理，巩固工程标准化整修成果。积极协调自治区政府，投资经费更换部分坑道设施，修缮工程进出道路。9月，顺利完成保障首长机关带部分部队进行指挥所演习任务，受到军区首长的好评。

【边防工作】

牢固把握边防执勤的中心地位　军区分别于1月、7月组织召开“全区边防工作会议”和“边防执勤边境管理电视电话会议”，专题分析边防形势，查找问题，制定措施，并于10月至11月份，采取听、查、问、考、座谈等方法，对部分边防团队和部分边防一线连队的边防执勤和边境管理工作进行检查考评。从考评情况看，各单位能够认真落实《边防执勤条令》和《实施细则》，通过检查考评，认真纠正了存在的问题。严格依据《执勤条令》规范执勤秩序，加强边防执勤的规范化建设。4月，军区组织边防部队团、营、连长“三长”集训。各边防军分区和团队认真贯彻集训精神，不断深化集训成果。坚持把执勤技能作为提高执勤能力的根本性、基础性工程来抓，指导边防部队积极开展群众性、经常性的执勤技能练兵活动。各单位还根据边境地形、气候等特点，积极开展适应性训练，突出锻炼提高执勤分队在高温、严寒、夜暗、扬沙等恶劣气候条件下应对边境突发事件的能力，确保边防部队随时能够及时、果断、稳妥地处置各种边境情况。

加强边境管控 边防安全　各级始终把反恐怖、反渗透、反偷渡、反走私作为边境管控的重中之重，高度关注，严密防范，极大地震慑不法分子，确保边防的安全稳定。深入开展军警民联防,认真落实联防制度,构建联防、联治、联管的群防群控格局。军区先后2次与自治区政府联合下发加强边境管理的通知,专题部署控边任务。4月和11月,分别组织进行2次全区边境清理整顿,对19个边境城镇及边境前沿地区进行清查,净化环境,消除隐患。

边防基础设施建设　认真抓年度边防基础设施建设,工程质量均达到国家规定的标准。为解决边防执勤中辨认方向难、遮风避雨难、防雷抗暑难等问题,自筹资金修建200个边境管理辅助标志和10个临时休息点,积极为执勤官兵提供安全屏障,自治区的这一做法被《解放军报》、《解放军生活》刊载。始终坚持加强对已建设施的维护管理。边防部队经常以自检自护的方式,对已建设施巡查和维护,边境地区发生洪涝、风暴时,均采取措施,做到事前有预防,事后及时抢修,确保已建设施始终处于完好状态。

【基层建设与部队管理】

贯彻纲要　依照"按纲建设、全面建设、创新建设"的思路,坚持在抓支部班子、抓两个主官、抓经常性工作、抓制度落实、抓保障有力"五个环节"上下功夫。3月,集中组织对全区基层党支部书记进行以学习新《政工条例》和《纲要》为重点的集训,使基层干部进一步明确工作职责和标准,全面提高依据《纲要》建设连队的能力。为切实把基层的现状搞清,把存在的问题找准,把传帮带的工作做细,把帮建的措施定实,5月,组织6个工作组,采取军区、分区和团队相结合的方法,开展"百连大调查、百连大帮带"活动,针对存在问题,采取按级负责、责任到人、下连蹲点、抓先帮后等措施,研究制定抓基层的6项制度,对相对后进的连队进行蹲点帮助整顿,使他们进一步理清了工作思路,增强连队信心。广泛开展"双争"活动,激发官兵争先创优的热情。

部队文化　大力加强部队文化建设和政治环境布置,抓边防哨所文化试点,为基层培训文艺骨干;指导部队积极开展经常性文体活动,极大地丰富官兵文化生活。"五一"期间,组织驻呼和浩特部队官兵、部分民兵预备役人员、军队离退休干部、国防生等人员参加的广场文化活动,活跃部队文化生活。举办第二届"草原杯"曲艺小品大赛,提升军营文化的影响力和覆盖面。组织文工团参加全军第八届文艺汇演,并获得8个单项一等奖、11个单项二等奖、18个单项三等奖,取得突出成绩。

新闻宣传　全年军区共在省以上报刊、电(视)台刊稿2 678篇。其中中央级新闻媒体刊稿751篇(条、幅),较好地反映了全区部队的建设成就和广大官兵的精神风貌,进一步促进部队思想政治建设和各项任务的完成。内蒙古军区新闻报道工作被北京军区政治部表彰为先进单位。蒙文编译工作坚持正确的舆论导向,紧跟形势,配合中心,效果明显。《赫丽齐得》刊物被国家质量监督局评为优质刊物。

从严治军　以贯彻落实条令条例为主线,以纪律建设为核心,切实把从严治军创新实践活动渗透到部队建设的各个方面。1月,在全区部队普遍开展了"条令月"活动,较好地提高官兵的法规意识。军区先后对团营连长、基层党支部书记和人武部主官进行以条令条例为主要内容的教学法集训,有效地提高了"两个一线"依据法规管理部队的能力。按照分类指导的思路,分别抓落实共同条令、《政工条例》、《训练大纲》、《纲要》等试点,对基层一日生活和八项经常性工作进行了细化和规范,制定了《人武部正规化管理规定》,并注重从一点一滴入手,从一人一事抓起,较好地形成了机关按条令指导工作,部队按条令正规运转,官兵按条令规范行为的良好局面。抓了机关的表率作用,在全区团以上领导机关广泛开展以"振奋革命精神、加强作风纪律、严格规范秩序、强化依法行政、纯正内外交往"为主要内容的作风纪律教育整顿。以评选"十佳优秀机关干部"活动为牵引,大力加强团以上机关正规化建设。通过一系列的措施和经常性的教育训练,各级领导机关依法行政、依法指导、依法办事的意识和能力普遍提高。加强对敏感热点问题的监督,严格依法理财,大项经费党委集体研究决定;制定了工程招标、会议接待、干部任用、考学选改、兵员征集等制度,做到工作"六公开"。

【后勤保障】　全区以军事斗争准备为牵引,围绕改革创新、从严治"后",实施了为边防部队"解难暖心"工程,研究探讨制约部队后勤建设的突出性问题,狠抓后勤战备训练的落实,突出了后勤基础性建设,强化各项后勤管理,确保以边防执勤和战备训练为中心的各项工作任务的圆满完成。后勤保障效益进一步提高。军队集中采购效益明显。全区各级均建立和完善军队物资采购信息网,在物资、工程、服务等方面,共集中采购9大类近40个品种,减少支出259万元,节减率10.01%。生活保障模式有创新。边防部队和内地部队分别推行了团、营集约办伙模式,已得到上级业务部门的肯定,并在10月份北京军区组织的生产生活改革观摩会上进行了交流。医疗保障改革顺利启动。军区围绕"军人实施免费医疗、家属实行优惠医疗、军队职工保险医疗"三种就医方式,顺利启动了医疗持卡就医工作。冬季蔬菜保鲜技术有成效。通过呼伦贝尔军分区进行的蔬菜贮藏保鲜试点,摸索出无取暖菜窖、室外土窖、真空包装、保鲜袋药剂和现有制式菜窖"立体存放"的保鲜方法,并在兴安和锡林郭勒军分区进行了推广应用,为全区推广蔬菜贮存保鲜技术探索了经验。

从人财物上,进一步加大了对边防基础设施建设的投入,狠抓了部队吃、住、行、医、供、管"六好"的落实。困扰边防后勤建设多年的住房、吃水、供电、洗澡、取暖和吃菜难问题,得到缓解。基层住房用电、军交运输、医疗卫生、供应保障及各项后勤管理工作都得到较好落实。

【生态绿化工作】 按照军区党委提出的建设北疆"生态屏障"的总体要求,突出"三化四效益"建设,力求在效益上谋发展。一是狠抓三荒造林工作。重点抓军区靶场植树造林,共植树3.4万株,成活率90%以上;为通辽军分区万亩林场打机井10眼,四周架设铁丝网11 000米,植树22万株,成活率95%以上。二是突出营院绿化工作。部队营区四旁绿化植树26.8万株,中西部地区边防一线连队营院绿化植树2.3万株。三是加强生态工程建设。全区生态工程建设共完成66.83万亩,基地数由原来的96个增加到132个,面积由原来的98万亩增加到114万亩。为加强全区生态建设量化管理,制定下发《内蒙古军区生态工程建设考评实施细则》,在内蒙古军区网页上开通生态建设网,为便于学习,把国家在生态建设上的有关政策、"三化四效益"的具体内容、各级首长指示、植树造林技术等内容上到了网页。《人民日报》、《解放军报》、《战友报》、《内蒙古日报》等军内外媒体先后对军区生态建设进行宣传报道。

【国防动员与民兵预备役建设】 深入贯彻党中央、国务院、中央军委年初下发的《关于进一步加强预备役部队建设的意见》,各级党委、政府深刻领会《意见》精神,高度重视人民武装力量建设,继续关心支持武装工作,进一步加强了对国防后备力量建设的领导。全区民兵预备役部队认真贯彻落实《意见》精神,紧紧围绕"打得赢"、"不变质"两大历史性课题,要始终把思想政治建设放在首位,坚持用"三个代表"重要思想武装民兵预备役部队官兵的头脑,突出抓以坚定思想信念、强化军魂意识、增强国防观念为重点的思想政治教育。为进一步深入贯彻落实中央6号文件精神,5月,专门召开了预备役部队工作会议,通过学习文件,统一思想,明确任务,理清思路,总结了预备役部队工作形势,制定了进一步加强各项建设的规划。有力地推进预备役部队建设的跨越式发展。坚持党管武装,落实党委议军和第一书记述职制度,推广了赤峰军分区组织人武部第一书记培训的经验。积极研究解决后备力量建设中存在的现实问题,协调有关部门先后出台了《征兵工作条例》和《城市民兵训练经费保障办法》,成立了自治区人武学院。

为积极探索边疆民族地区开展民兵政治工作的有效途径,在鄂尔多斯军分区抓了民兵政治工作规范化建设试点,逐步加大了民兵政治工作改革创新力度。赤峰、乌海、兴安、阿拉善和锡林郭勒军分区等单位组织形式多样的主题国防教育活动。6月,在毛泽东同志民兵工作"三落实"指示发表42周年之际,各地积极组织开展丰富多彩,轰轰烈烈的纪念活动,为开展民兵工作营造良好的社会氛围,进一步加强民兵基层建设,促进民兵工作的落实。巴彦淖尔、锡林郭勒、乌海等军分区和呼和浩特警备区积极协调地方宣传部门在报刊、电台、电视台开办民兵工作专栏和专题节目;呼伦贝尔、赤峰、通辽等军分区结合纪念活动和民兵整组验收,对民兵应急营和应急独立连进行了集结点验和拉动演练;阿拉善军分区组织全盟2 000名基干民兵分别在盟、旗广场依照新颁发的《民兵誓词》进行宣誓和学唱"民兵之歌"活动;预备役步兵第30师组织了部分官兵到国防教育基地进行参观,走上街头散发传单,在公共场所开展便民服务活动。通过开展这些形式多样的纪念活动进一步强化民兵职能意识,增强民兵的荣誉感和使命感,加大对民兵工作的宣传力度,扩大民兵的社会影响。7、8月份,集中组织专武干部集训,开展以"培养千名、评选百名、推出十佳"为主题的民兵预备役优秀教练员评选竞赛活动,培养了一批训练的"明白人"。

【双拥工作】 加强对双拥工作指导,大力宣扬呼和浩特市原市委书记牛玉儒同志关心支持国防军队建设的事迹,组织部队和民兵预备役部队积极参加自治区创建"北疆文明大通道"活动。全区以《以治沙绿化为突破口,探索支援生态建设的新路子》的发言,代表北京军区在全军书面介绍参加和支援西部大开发的经验。组织部队积极参加和支援西部大开发,兴安、通辽、阿拉善军分区和呼和浩特市警备区等单位开发式扶贫工作有了新的发展。深入开展扶贫帮困活动。新建"光电转换"、"自来水"等扶贫工程23个,打水井35眼。军区本级投资14万元扩建的包扶点武川县东土城乡五家村希望小学,被县教育局列为全县样板小学,连续两年被表彰为全县先进小学。积极参加抢险救灾,组织部队和民兵预备役人员出色地完成抗雪、抗震、抢险等救灾工作。3月,锡盟地区发生地震灾情,为保护人民生命财产安全,汽车某部和锡林郭勒军分区共出动人员740人次、车辆127台次,安全行驶5万多公里,运送帐篷2 000余顶、棉被1 000床、各类物资2 000余吨。5月,乌海鑫源煤矿发生特大透水事故,15名矿工被困井下,给水工程团受领快速挖掘深度排水竖井任务后,迅速组成抢险救灾突击队在团长带领下火速赶赴矿难现场,快速打出百米深的排水竖井,为抢救被困矿工提供有力保障。受到了北京军区,中央电视台、中央人民广播电台、解放军报等媒体作了报道。上半年,组织全区各单位60余名医务人员进行高致病性禽流感防治知识培训,清查禽畜380万只(头、峰),发放疫苗2 500支,使传染病监控工作得到较好的落实。处理群众来信164件,接待来访60多人次。按照国务院处理信访突出问题及群体性事件会议和全军信访工作会议精神,积极协助地方认真做好部分困难企业军转干部和1999年以来复员干部的解困和稳定工作。

(黄述凡)

中国人民武装警察部队内蒙古自治区总队

【领导名录】

总　　队　　长:郄国严
第一政治委员:祝广垲
政 治 委 员:刘玉良
副 总 队 长:张算良
　　　　　　曹建国
副政治委员:刘连民
　　　　　　莫德勒图(蒙古族)
参　　谋　　长:段玉明
政治部主任:道尔基(1月离任)
　　　　　　贺海涛(1月任职)
后 勤 部 长:李国山(3月离任)

【概况】 2004年,总队党委深入学习贯彻“三个代表”重要思想注重加强自身建设,坚持靠提高理论素质和决策能力,正确把握部队建设的规律和方向。采取“书记带班子,班子带机关,机关带部队”的方法,充分发挥两级党委中心组的示范和引路作用,突出读书学习、实际运用、总结升华三个环节。把工作指导思想是否端正、工作思路是否清晰、工作作风是否扎实、部队建设的突出问题是否得到解决等作为检验理论学习效果的重要尺度。各级党委在加强学习中提高理论素养,在研究决策中提高思维层次,在指导工作中提高领导能力,使“三个代表”重要思想真正融入党委决策和部队各项工作。健全工作制度,提高贯彻民主集中制质量,增强班子的创造力、凝聚力和战斗力。结合实际提出贯彻集体领导先议政后议事、先酝酿后上会、先民主后集中、先决议后执行的“四先四后”原则,制定《关于加强党委正确决策与实施的规定》。认真学习贯彻《党内监督条例》,加强对权力的监督制约,严肃查处各类违法违纪案件,有效地维护了党在群众中的威信。总队抓党委建设的经验在总部党委书记联席会上进行交流。先后为基层解决执勤设施和日常工作生活中的难题130多个,对所属支队党委班子进行考帮建。

【执勤 训练和管理工作】 总队党委研究制定《党委加强对中心工作领导规定》,总队、支队两级先后投资500多万元建成三级网监控系统,实现远程指挥网络化、查勤监控可视化。为部分看押、看守哨位安装夜视仪、反视镜,提高执勤安全系数。争取地方经费717万元,解决执勤设施上30多个老大难问题。6月,总队和自治区司法厅联合召开“三共”活动工作会议,研究共建、共管、共保安全的对策。7月,召开自治区警卫勤务工作座谈会,成立自治区警卫勤务协调领导小组,下发《进一步加强执勤设施建设的通知》。至年底,执勤目标基本达到“周边封闭、报警灵敏、照明配套、联络畅通、监控有效”的要求。固定执勤中处置突发情况10余起,抓获犯罪分子174名,“两看”勤务制止在押犯逃跑、自杀事件数起,积极参与处置群众上访中的重大群体性事件,圆满完成重大临时警卫勤务,及时排除危害警卫目标和警卫对象安全潜在隐患。

制定《党委加强军事训练工作规定》,组织驻呼和浩特部队两级首长机关以参谋“六会”新技能为主要内容的业务集训。举办了警卫、看押(守)勤务集训、“五长”集训和全区部队军事干部培训。8月,组织全区部队军事训练比武。9月,对参谋长、作训、警务股长进行集中培训。投资1 000余万元新建3个教导队,总队综合训练基地日趋完善。

以解决“五个重点问题”为突破口,部队管理正规有序。在全区部队开展的条令学习活动中,清查并纠正与条令相悖的“土政策”。二季度,分别在四支队、总队机关直属队抓基层、机关正规化管理“两个规定”落实试点。顺利地完成第五支队组建。贯彻落实总队减轻基层负担“二十条”规定。严格车辆管理,组织驾驶员复训。坚持把干部和士官作为治酒的重点对象。

围绕“打得赢、不变质”两个历史性课题,扎实开展“积极适应中国特色军事变革、努力争做党和人民忠诚卫士”教育活动。总部《关于进一步开展学习贯彻江主席重要题词,争做党和人民忠诚卫士活动的决定》和《忠诚卫士誓词》、《忠诚卫士守则》颁发后,总队把学题词、《誓词》、《守则》与学中国武警“十大忠诚卫士刘志武”先进事迹结合起来,营造学习忠诚卫士、争做忠诚卫士的浓厚氛围。根据各类勤务的不同特点,指导基层编写教材,开展专勤专教。通过一事一议等方法进行随机教育,及时搞好“执勤三项纪律”教育、形势政策和节日战备教育,增强居安思危的忧患意识。深入开展“情暖哨位、服务哨兵”活动,激发广大官兵抓中心保中心的积极性和自觉性。组织人员对干部思想情况进行调研,深入开展“三知三心”(知恩、知足、知责,进取心、事业心、责任心)和“大力弘扬艰苦奋斗精神”教育。利用“三八”、“八一”等节日时机,召开家属座谈会、组织警营一日游等活动，表彰“贤内助”、“好军嫂”和“五好家庭”。

【基层建设】 9月份，对支队级主官进行《纲要》复训，提高按纲指导服务基层的能力。结合半年、年终工作考核，对“一线指挥部”按纲建队情况采取业务对口、分层对照等办法进行检查考评。继续采取把党员发展的重点放在基层，严格控制预备党员退伍，调整机关党员充实到基层等有效措施，基层党支部组织建设得到进一步巩固。“七一”前，对先进党支部和优秀党员通报表彰。借鉴中央在农村党组织开展“三级联创”经验，认真抓支队党委、大队党委和中队党支部“三级联创”试点，并在全区部队推广。严格落实《军官法》关于基层干部任职年限的规定，从严控制基层干部流动，采取纳编归建、调整交流、补入学员等办法把基层干部配齐配强，基层干部“五率”基本达到要求。年内，分两批对基层干部培训一遍。继续推广“一推三考”办法，选贤用能，调动干部的积极性。各级注重运用典型指导工作，努力营造浓厚的“双争”氛围。第二支队刘志武被评为“中国武警十大忠诚卫士”。在典型的带动下，部队学习忠诚卫士、争做忠诚卫士的氛围日趋浓厚，为部队建设的创新发展增加动力。

【后勤保障】 年内，总队在所属部队中启动基层“四配套”设施建设工程，为一半基层中队购置不锈钢油（气）灶等炊事机械，为20%的中队新建封闭式晒衣场，初步实现基层部队的执勤、训练和文体器材及营房、营具、炊（厨）具等标准化、系列化和不锈钢化。总队本级全年共争取地方政府资助专项建设经费和伙食补贴1 498万元，支队级和基层中队共争取地方政府和目标单位资助专项经费1 484.9万元。总队连续10年经费收支平衡有节余，基层中队财务管理基本达到“三好五无”标准。全年产菜113万公斤，产肉25万公斤。为基层卫生单位配发半自动生化分析仪2台、X光机2台、心电图机4台、牙科综合治疗仪1台。全年完成新建、改建营房项目24项，建筑面积40 318平方米，大修项目2项，维修营房3 200平方米。开展“绿色营区”活动，驻城区部队营区绿地面积达到基地面积的43%，驻城郊部队达到51%，60个单位的营区被评为绿色营区。

【举行第五支队成立大会】 4月28日，总队在呼和浩特市举行第五支队成立大会。自治区党委常委、政法委书记胡忠、政府副主席郭子明、内蒙古军区副司令员王建欣、自治区公安厅厅长兼总队第一政委祝广垲、总队长郗国严、政委刘玉良等党政军领导及自治区司法厅、监狱管理局、边防总队、消防总队、森警总队和呼和浩特市委、政府领导出席会议。大会由总队长郗国严主持。会上，副总队长张算良宣读总参谋部、总部党委关于组建五支队的命令，副政委刘连民宣读第五支队部分干部任职命令。自治区政法委书记胡忠在成立大会上作了重要讲话，总队政委刘玉良在会上对五支队全面建设提出了具体要求。

【四总部“从严治军”联合检查组到总队检查指导工作】 7月18日，总政治部主任助理刘振起中将带四总部“从严治军”联合检查组北京战区分组，到总队检查指导工作。检查组在听取总队工作汇报后，与总队机关干部进行座谈，并到总队机关车队和驻呼和浩特部队实地检查。检查后，刘振起主任助理肯定了总队近年来坚持从严治警、落实从严治警中所做出的成绩，并就进一步加强从严治军、提高部队建设水平提出了要求。

【举办军事技能比武】 8月13至16日，总队在综合训练基地举行军事技能比武。全区部队部分官兵在6个科目14个项目的技能比武中展开激烈角逐。此次比武是总队积极推进中国特色军事变革，进一步掀起群众性科技练兵热潮，深化训练改革，提高训练质量，实现总队党委“二次创业”目标的重大举措。16日，总队在呼和浩特指挥学校举行“军事技能比武闭幕式”，总队领导为比武中获得优异成绩的单位和个人颁发奖杯和奖品，并向全区部队通令表彰。

【“11·21”空难搜救】 11月21日，由包头飞往上海的MU5210次航班起飞后在包头市南海公园坠毁，机上53名乘客和机组人员全部罹难。空难发生后，总队迅速派出包头市支队官兵赶到空难现场，执行搜救打捞和外围封控警戒任务。参战官兵依法文明执勤，顽强战斗，历时4天4夜，打捞遇难者遗体27具、人民币25 400多元、信用卡4张、笔记本电脑1台，金表、金项链、手机等各类贵重物品135件。搜救中，各级干部、骨干充分发挥模范带头作用，即将退伍的战士，主动请缨担负最苦、最重的任务。

【吴双战司令员率工作组到总队考核调研】 11月8至14日，武警部队司令员吴双战率工作组在总队进行考核调研。自治区党委书记储波、自治区主席杨晶等党政领导专门在呼和浩特新城宾馆会见吴司令员一行。考核调研期间，吴司令员一行先后听取总队长郗国严、政委刘玉良代表总队党委所作的工作汇报，总队党委常委的述职，并深入到部分支队调研。同时，还视察指挥学校、新建医院、后勤基地、训练基地等单位，观看总队文工队和基层部队官兵编创的《北疆橄榄情》文艺晚会汇报演出和总队警史馆。考核调研后，吴司令员对内蒙古总队近年来各项工作取得的成绩给予肯定，并就下一步部队各项建设作重要指示。

【贾润兴副政委在总队检查指导工作】 8月1至3日，武警部队副政委贾润兴率工作组在总队检查指导工作。期间，贾副政委先后对巴彦淖尔市支队、第三支队、包头市支队、呼和浩特指挥学校和总队机关的思想政治建设、执勤训练、正规化建设等情况进行实地检查指导,听取总队党委的工作汇报,并对总队为维护自治区的民族团结和社会稳定所做出的贡献予以肯定。

【第七届“中国武警十大忠诚卫士—刘志武”】 2004年5月28日,二支队七中队中队长刘志武被评为第七届“中国武警十大忠诚卫士。”

刘志武,男,蒙古族,内蒙古赤峰市人,1974年3月出生,1990年12月入伍,2000年12月任二支队七中队中队长。入伍以来,他扎根基层,不辱使命,无私奉献,以实际行动展示了忠诚卫士的良好形象,先后8次荣立三等功,2次被总队评为“优秀基层干部”,1次被评为“模范爱兵干部”,2003年被总队评为“优秀共产党员”、基层干部标兵,被自治区评为“杰出青年卫士”。2004年,7月荣立一等功。他带领的中队连续2年被总队评为“落实《纲要》先进中队”,2002年被评为“落实《纲要》标兵中队”。

【举办基层文化建设现场观摩会】 7月22日,总队在鄂尔多斯市支队五中队召开基层文化建设现场观摩会,总结部队基层文化建设的经验做法,研究部署借助目标单位优势、加强部队基层文化建设工作。总队政治工作会议与会代表参加了观摩会并参观五中队文化活动场室建设,观看军乐队、威风锣鼓队表演和中队文艺汇报演出,抽唱了中队对50首革命歌曲掌握情况。鄂尔多斯市支队党委介绍加强基层文化建设的经验;黄河万家寨水利枢纽有限公司介绍关心、支持武警中队加强文化建设的做法。

【开展“情暖警营”文化服务活动】 从9月底开始,总队组成文化服务队,利用1个月时间,行程15 000多公里,开展“四个到基层”文化服务活动。先后为驻守在边远艰苦地区的阿拉善盟支队、锡林郭勒盟支队、呼伦贝尔市支队、兴安盟支队和二支队等单位的部分基层中队配发并安装玻璃钢篮球架20副、34英寸彩电28台、环绕立体声组合音像28套、乒乓球台20副;维修放映机、电视机、音响、功放、DVD机等各类器材58台次;培训基层文体骨干,文艺小分队为基层演出48场,对基层维修人员和文体器材保管员进行培训辅导,统计核查各种登记400余件。

(杨志宏 张永财 何溢春)

森警

【中国人民武装警察部队内蒙古自治区森林总队领导名录】

总　队　长:李全海

第一政治委员
党委第一书记:雷·额尔德尼(蒙古族)

党委第二书记:高锡林(蒙古族)

政 治 委 员:栾　杰(6月离任)

张维国(6月任职)

副 总 队 长:王湘恒(12月离任)

韩　柱(蒙古族5月离任)

贾宝山(5月离任)

贾宝世(12月任职)

副政治委员:程德林(11月离任)

哈　斯(蒙古族11月任职)

魏星林

参 谋 长:张忠国

政治部主任:张维国(6月离任)

哈　斯(蒙古族6月任职)

王　和(11月离任)

后勤部长:郑文友

【概况】 中国人民武装警察部队内蒙古自治区森林总队(简称武警内蒙古森林总队),正师级。成立于1952年,1955年护林警察改为营林员,1963年恢复森林警察建制,1988年经国务院、中央军委〔1988〕4号文件批准,森林部队自1987年8月起正式列入武警序列,全部实行现役制。1999年又经国务院、中央军委国发〔1999〕6号文件批准,森林部队从1999年2月10日起,调整领导管理体制,隶属武警森林指挥部领导管理。

【思想政治工作】 采取远程培训方式,举办两级党委带机关干部理论读书班,在武装头脑、指导实践、促进工作上取得明显成效,推动学习向基层延伸,向实践拓展;结合新形势任务,认真开展“积极适应中国特色军事变革、努力争做党和人民忠诚卫士”主题教育,通过坚持基本制度,改进教育方法,丰富教育手段,坚定广大官兵政治信仰和理想信念;结合官兵思想实际,注重运用“三互”、“双四一”等有效载体,广泛开展经常性思想工作,尤其是配合指挥部在呼伦贝尔市支队总结出一些具有时代特色、符合部队建设和官兵思想实际的做法,在全部队得到推广,经常性思想工作“一感三性”得到增强。以“熟知士兵、热爱士兵”为主题的知兵爱兵活动取得显著效果。

【中心工作】 按照吴双战司令员研究“三个课题”、提高“五种能力”和解决“生存、发展、安全”问题的重要指示精神,总队党委先后两次召开“抓训练、保中心”工作会议,各级围绕中心抓建设、抓好建设保中心意识得到强化;积极适应军事变革要求,大力加强信息化建设,投入186万元,在大兴安岭支队组建重点分队,通过整合各类装备,开展专业训练,初步形成战斗力。建设东部林区超短波通信网,重点防护区域基本实现“动中通”、

"火场通"。2004年9月，总队在通辽市支队召开指挥自动化暨规范通信台站建设试点现场会；以完成中心任务为基点，完善灭火作战预案，规范战场建设，加强火场政治和后勤保障，战备执勤水平明显提升；继续开展军事训练质量年活动，投入427万元，完善训练场地设施，举办"三长"集训，组织实战演练，部队战斗力明显提高。全年累计出动兵力6 548人次，扑灭森林草原火警火灾87起，特别是在扑救"6·22"火灾战斗中，参战官兵英勇顽强、敢打必胜，成为成功扑灭北部原始林区夏季雷击火的典型战例，重点分队建设成果也在实战中得到检验。

【党委能力建设】 按照全军党建座谈会、武警部队党委书记联席会议以及指挥部第一次党代会精神，狠抓以能力建设为核心的党委班子建设。认真开展"提高素质能力、保持优良作风"和"四个正确对待"专题教育，开拓进取、扎实工作、奋发有为已经成为各级班子建设主流；坚持落实"两个武装"，始终保持理论上的清醒和政治上的坚定，想信息化、钻信息化、干信息化的自觉性明显增强；注重加强制度建设，按照《政工条例》和《军队党委工作条例》要求，成功召开各级党代表大会，选举产生总队第一届党的委员会和纪律检查委员会；认真落实党委统一集体领导下的首长分工负责制，严格按照"十六字"原则完善议事规则程序，党委决策水平明显提高；结合班子调整实际，始终坚持和丰富"五靠"做法，两级党委班子凝聚力、战斗力显著增强；认真学习党纪条规，加强党内外监督，深化党风廉政建设。以"保健康、保本色"为主要内容的老干部工作得到深入落实。

【基层建设】 按照《三十条》和《蹲点调研帮建规定》，坚持能级管理，注重改进作风，实施季度考评，建立起党委机关协调一致抓基层的有效机制。深入开展"双争"活动，充分发挥官兵在基层建设中主体作用，提高基层建设质量；按照"健全组织、坚强领导、提高素质、发挥作用"要求，运用"三个一遍"、"三治"等主要手段，加强党支部建设，提升"三个能力"，初步形成依靠党支部抓建设的新格局；广泛开展"四联四共、双带双扶"活动，团支部、武警委员会作用得到较好发挥；加强"一线带兵人"能力素质建设，选送79名干部参加总部、指挥部的培训，围绕贯彻指挥部三级军事主官和参谋长、政治部(处)主任、后勤部(处)长培训班精神，搞好以会代训和对口培训，各级干部受训率达到80%以上。总队加强干部教育管理经验受到总部、指挥部充分肯定。各级还先后投入400多万元，为基层配置文体器材计9类近600余件(套)，改善官兵物质文化生活条件。

【管理教育工作】 贯彻依法从严治警方针，深化条令、条例教育，落实学习日制度，开展学习月活动，机关按条令指导、基层按条令运转、官兵按条令规范的自觉性增强；围绕学习贯彻总部从严治警座谈会和指挥部管理教育工作、灭火作战安全工作座谈会精神，推广兴安盟支队落实两个《规定》试点经验，通过定期进行自检自查，认真组织季度讲评，深入基层指导规范，进一步正规"四个秩序"；狠抓作风养成，突出治理"五个重点问题"，抓住干部士官重点、小散远直单位弱点、车辆安全难点、枪弹事故险点，严格落实各项管理制度，并先后5次组织纪律作风教育整顿，确保部队安全稳定，全年实现"三无"目标。

【后勤保障】 以提高保障效益为目标，强化后勤管理，完成拍摄《后勤工作示范片》，制定完善《财务管理暂行规定》等法规性文件，彻底清查部队往来款项和银行帐户，开展离任审计和基建工程项目审计，提高后勤规范化管理的水平；以提高素质为核心，采取以会代训、集中轮训和岗位练兵等形式，累计培训各级各类职能人员357人次，以加强后勤专业队伍建设；以改善官兵居住条件为重点，加强基本建设，先后投入4 136.8万元，完成新建、扩建和解困工程项目57个，总建筑面积达到21 454平方米，维修改造危旧营房36 580平方米。总队和大兴安岭支队教导队新扩建工程顺利竣工并交付使用。坚持把服务保障的重心放在基层，投入122.5万元用于解决基层"五难"问题；积极适应灭火作战需要，完善灭火作战应急保障方案，开展专业训练和综合演练，认真搞好卫勤服务，遂行保障能力进一步增强。计划生育实现"六率"达标。

【吴双战司令员亲临总队检查指导工作】 11月13日，由总部司令员吴双战上将率领的总部工作组一行5人，亲临总队机关，检查指导部队工作。

【贾润兴副政治委员亲临总队检查指导工作】 8月3日，由总部副政治委员贾润兴中将率领的总部工作组一行4人，亲临总队机关，检查指导部队工作。

【召开第一届党代表大会】 2004年7月17日至19日，按照《政工条例》和《军队党委工作条例》要求，总队在呼和浩特召开党代表大会，参加会议代表145人，会议选举产生出总队第一届党的委员会和纪律检查委员会。

【扑救"6·22"大兴安岭北部原始林区火灾】 6月22日，内蒙古大兴安岭北部原始林区发生雷击森林火灾，引起国家林业局、武警总部和森林指挥部的高度重视，总队先后出动兵力2 333人，开赴火场，执行灭火作战任务。经过7个昼夜连续奋战，胜利完成任务。

【五级士官—白呼和被四总部评为全军优秀士官】 9月28日，

四总部下发〔2004〕参务字第511号文件《关于表彰全军士官队伍建设先进单位和优秀士官的通报》,总队司令部警通中队通信修理技师白呼和因出色完成任务,被四总部评为全军优秀士官。白呼和,男,蒙古族。1964年11月出生,1983年11月从内蒙古通辽市科尔沁左翼中旗入伍,1987年6月入党,入伍22年来,当过炊事员、报务员、饲养员、电台台长、电工、司务长,烧过锅炉、种过菜,无论干什么工作,都能做到干一行、爱一行、钻一行。在当电台台长期间,自学晶体管原理、电工学、高低频电子电路、收发信原理、无线电原理等,先后阅读100多本有关书籍,记下8万余字读书笔记,自学取得大学本科文凭。22年来,先后荣立二等功2次,三等功1次,15次受到嘉奖。先后被武警总部、指挥部、自治区直属机关和总队党委评为优秀共产党员。2000年4月被指挥部评为"首届十佳森林卫士",2003年9月被武警总部评为优秀士官,2004年9月被四总部评为"全军优秀士官"。

(孙锦社)

消　防

【内蒙古自治区公安消防总队领导名录】

总　队　长:徐永华
政　　委:张志广
副总队长:王延生
　　　　　张飞宇
　　　　　田力生
副政委:浩林夫(蒙古族)
司令部参谋长:尹学先
副参谋长:徐振华(满族)
政治部主任:刘海涛
副主任:王树亮
后勤部部长:刘汉林
副部长:付世民
　　　　龚建军
防火部副部长:华金铭
　　　　　　杜锐强
　　　　　　李　忠

【概况】 2004年,全区共发生火灾4 624起,死26人,伤32人,受灾1 323户,烧毁建筑3.6万平方米,直接财产损失1 176万元。与上年同期相比,起数上升28.7%,死亡人数持平,受伤人数上升39.1%,直接经济损失上升8%,发生3起重大火灾事故。

【消防工作责任制】 自治区政府出台《关于进一步加强和改进消防工作的决定》和实施意见,成立以自治区副主席连辑为主任、24家自治区厅局单位为成员的防火安全委员会。公安厅、监督厅、自治区广电局等部门联合下发《关于进一步落实消防工作责任制的若干意见》和《关于充分发挥新闻媒体作用进一步加强消防舆论监督工作的通知》等文件,就消防工作责任制、城镇消防规划和社会化消防宣传等提出要求。将落实"161"工程与政府消防工作责任制紧密结合起来,通过坚决有力的政府行为推动消防工作深入开展。自治区副主席连辑主持召开由24个厅局分管领导参加的主席办公会议,就全区消防工作存在的问题和工作建议,签报自治区党委书记储波、政府主席杨晶,储波书记做出了重要批示。将"161"工程专题写进政府责任状,连辑副主席与12个盟市政府、5个有关厅局和4个大企业领导签订消防工作责任状。由自治区人大副主任王凤岐带队,深入到包头、呼和浩特、赤峰市等地对《消防法》和《消防条例》落实情况进行检查。各级政府将城镇消防规划和公共消防设施建设达标工作列入重要议事日程,分阶段、有步骤地组织开展达标工作。多数盟市城建、计划、财政部门积极协调配合,严格审批程序,加强对城市公共消防设施的管理维护。年底,自治区政府对各盟市落实政府消防工作责任情况进行验收。自治区政府全年共召开消防工作专题会议5次,下发文件10份,领导批示8次,签订责任状19份,带队检查32次。

【双拥活动】 开展双拥共建活动,共出动警力1万余人次,出动车辆1 000多台次,参加义务修路、治沙、环保建设1 000余次,清理积雪、垃圾2万余吨,捐款5万余元,捐物3 000余件,参加益民活动7 000余次,参加地方抢险救援1 369次,抢救遇难群众500多人,义务献血1 000多人次。

【消防监督】 成立检查组439个,检查单位15 944家,发现各类火灾隐患18 732多处,督促整改14 852多处,对123个单位实施停产停业处罚,依法取缔110家违法经营场所。自治区政府召开全区消防工作电视电话会议,部署开展火灾隐患集中整治"百日会战"活动,利用100天时间对现存隐患和历年专项治理遗留隐患进行集中整治。深入开展"火灾隐患大排查、大整改,保安全"活动和古建筑、学校、大型商场和人员密集场所消防安全专项治理,利用多种手段加大执法力度。共落实隐患整改资金4 005.7万元,有效整改一大批火灾隐患;自治区政府挂牌督办的46家重大火灾隐患单位,已整改40家,停业整改4家,2家正在整改中。完善便民利民服务措施,推出缩短审验时限、增强主动服务意识等5大项、19条便民利民措施。积极探索消防服务工作的新途径、新办法。将执法为民与健全执法机制紧密结合起来,积极参与政府行政审批中心、政务中心的建设,组织开展消防执法工作随机问卷调查。召开全区部队执法为民教育整顿动员大会，举办端正执法思想坚持执法为民培训班，总队领导进行辅导授课。成立全区火灾原因调查专业委员会，聘请22名专家组成调查组。认真学习《行政许可法》，对消防行政审批项目及规范性文件，依照标准进行清理。大力宣传贯彻公安部73号令，制定公安部73号令实施方案，明确自治区、盟市、旗县区三级消防机构宣贯任务和要求，出台《内蒙古消防违法违章行为举报投诉查处规定》等5份与73号令的配套文件。推进消防监督电子政务建设，实现建审工作网上运行机制，出台《建筑工程消防审核验收分级管理规定》。改进消防产品质量监督管理，对消防产品流通领域特别是生产、销售、维修企业进行抽查。重新修订检验程序，对40个灭火器维修企业产品进行抽查，对103个消防工程进行竣工验收前检测。

【信息宣传】 成立消防宣传工作领导小组，制定消防宣传“四进”工作方案和标准，确定“四进”工作试点，召开现场会推广“四进”试点经验。积极探索消防宣传新模式，通过配置流动消防宣传车、建设消防宣传基地、组建“四进”义务宣传队、开辟“四进”新闻专栏、设立永久性宣传灯箱等多种形式，普及消防法律法规和消防安全知识。发动“少年消防乌兰牧骑”等消防组织，广泛开展火场模拟逃生、安全疏散和扑救初期火灾等活动，67个消防站已向社会开放，每年接待参观群众达30万人次。组织广大中小学生参加全国青少年防火自护FLASH大赛活动，有4名师生获得优秀奖和优秀指导教师奖。总队在“全国消防安全知识竞赛暨消防安全管理新思路征文”活动中获特别组织奖。加强对各机关、团体、企事业单位消防安全责任人、消防安全管理人及技术人员培训，总队举办培训班60期，培训人员8 814人；盟市举办培训班154期，培训38 306人。全区在中央级新闻媒体刊播稿件120篇，在自治区级媒体刊播稿件514篇，其中《疾风横贯八千里》、《草原深处的巨变》等文章在人民公安报·消防周刊头版刊发。编印《信息快报》45期，各类专刊20期，被部消防局网上采用315篇、公安厅网上采用22期。编印《消防兵风采》、《消防》杂志各12期。在建成全区二级网基础上，先后投入340余万元，完成总队数据中心机房设备改造和大、中队数据、语音、视频三网合一工程。研制开发灭火预案管理系统和警务信息管理系统，综合了实力统计、网上培训、视频点名等多种功能。完善信息报送、网上图书馆、专题报道、视频播报等栏目，开阔官兵知识和视野。安装试用GPS车辆管理定位系统，部分有条件的中队已建立电子阅览室并投入使用。

【执勤训练】 多数单位包括总队机关开展3次以上大练兵集体考核，各项考核成绩良好。加强基础性训练，贴近实战，突出机关训练、各级指挥员战术训练、中队合成训练和特勤专业训练，完善市政消火栓等消防设施和灭火器材装备档案资料。通辽和赤峰市等地开展大型联合作战演练及处置突发事件演练。乌海市等支队组织成立灭火救援技术专家组，制定有关制度，经常召开联席会议。出台《总队党委关于加强战训工作的决定》，从深化训练改革、提高业务素质、稳定战训队伍等方面提出要求。深入开展“依法执勤、文明执勤”活动，对执勤工作中的规章制度进行清理。积极推进重点城市特勤队伍建设步伐，进一步提升扑救火灾和处置特种灾害事故的攻坚能力。制定灭火救援预案1 200份，组织演练980次，建立模拟设施25个。共接警出动5 228次，出动消防车10 214辆次，出动人员5.9万人次，其中参加火灾扑救4 261次，抢险救援129次，社会救助591次，抢救被困人员138人，抢救财产价值1.1亿元。包头市“11·21”空难事故处理中，消防官兵4分钟内到达现场，先后出动15辆消防车、160余名官兵参加抢险救援工作；包头市“8·6”氯气泄漏事故、“11·4”龙隆灯饰城火灾救人事件，受到当地党委、政府的高度赞扬；呼伦贝尔市支队圆满完成蒙古国入境森林火灾扑救协作工作；乌海支队成功处置连得化工厂火灾事故，充分体现了部队战斗力。

【部队管理】 开展以纪律作风为主要内容的教育整顿，普遍开展查思想、查作风、查隐患的“三查”活动。进一步健全安全组织，落实安全制度，层层签订责任状，组织开展安全教育整顿活动，严把“人、车、酒”三关，保证部队内部的稳定。落实访察监督机制，总队、支队深入基层检查落实总队会议精神，执行公安部“五条禁令”、开展纪律作风教育整顿情况，加强部队管理教育和“两会”安全保卫工作。各地从抓素质、打基础入手，圆满完成新训工作任务。召开全区部队新训工作动员会，三个新训点新训工作开展顺利。不少支队还开展了队列、体能、条令安全知识竞赛活动，对竞赛取得优异成绩单位和个人进行表彰。各级政府加大对多种形式消防队伍投入力度，使全区多种形式消防队伍迅速发展壮大。形成了政府、企业、社会共同维护专职队生存环境的良性循环，逐步形成以公安消防队为主体，专职消防队为骨干，群众义务消防队为基础的消防网络。不断加强对地方消防队规划建设、调度指挥、教育训练、器材装备供应和业务指导等工作。东部赤峰市、兴安盟和呼伦贝尔市，均由当地经济条件较好的旗县政府出资建立，以解决当地扑救火灾的需要。鄂尔多斯市多数旗县采用政府投资建队、公安消防管理的形式，逐步建成适合当地经济和社会特点的消防队伍。

【后勤保障】 紧紧围绕防火和灭火救援中心工作，充分发挥后勤工作保障作用。一是加强基层装备建设，提高硬件建设水平。采取总队和大队按照1∶1的出资方式，筹集资金420万元，购置32辆消防检查车配备到基层大队，基层大队车辆器材装备得到较大改善。按照总队和支队1：2的出资方式，筹措资金近3 000万元用于购置100台大吨位水罐消防车配备到基层中队。以公安厅、财政厅名义下发消防员个人防护装备经费匹配通知，投入1 830万元用于购置个人防护装备，为一线官兵配备空呼器986具、呼救器1 837个，防护服1 937套。二是加快基层基础设施建设步伐，官兵工作、生活、训练环境得到较大改善。总队消防防灾救灾训练指挥中心已经自治区发改委同意立项。包头市、锡林郭勒盟、赤峰市、呼伦贝尔市、乌兰察布市等支队指挥中心已开工建设；兴安盟支队指挥中心建成并已投入使用。另外有7个大、中队进行营房改造，总投资3 762万元，改造和新增营房面积30 241平方米。三是推进财务、审计建设进度，不断强化后勤保障机制。总队对全区部队经费收支情况、固定资产管理、财务结算中心运行情况等进行检查，撤消部分账户。对全区负有经济责任的团职领导干部实施离任审计，提出整改意见和建议；组织全区部队网络通信工程建设招标、消防员个人防护器材装备和执勤车购置等招标活动，积极探索规范执行《政府采购法》道路，保证物资采购手续合法。

（刘心元 姜福恒）

边　防

【内蒙古公安边防总队领导名录】

第 一 政 委：阿斯林（12月离任）
　　　　　　朱　荣（12月任职）
总　队　长：那顺巴雅尔（蒙古族）
政　　　委：孙希良
副 总 队 长：阿木尔图（蒙古族）
　　　　　　赵景海
副　政　委：陈怀树
参　谋　长：冀亚非
政治部主任：白亚洲（蒙古族）
后 勤 部 长：秦学伟

【边防管理】　2004年，组织全区部队不间断地开展了各项社会治安整治行动，重点加大反偷渡工作力度，进一步严格口岸管理，加强社会面控制，较好地完成“末端堵截”任务，有力地确保边境社会治安秩序的持续稳定。获取各类情报信息1 651条，打击取缔邪教和非法宗教活动16起208人，协助地方政府处置群体性事件23起，确保了边境的社会政治稳定。破获刑事案件308起，查处治安案件596起，打击处理各类违法人员1 163人，抓获网上通缉等各类在逃犯罪嫌疑人26名，铲除并销毁非法种植罂粟近4万株，收缴非法枪支11支、子弹1 300发和一批危爆物品。特别是针对边境偷渡活动大幅反弹态势，组织开展反偷渡专项行动，始终保持对偷渡活动的严打态势，共查获边境偷渡案件68起，抓获偷渡人员282人和组织、运送者29人，偷渡案件破案率达到100%，产生了强烈的震慑效果，维护了国家的主权与安全，确保边境口岸安全稳定与畅通。

【边防派出所建设】　把边防派出所工作置于战略性、基础性和先导性位置来抓，制定《全面加强边防派出所建设的意见》，全面启动边防派出所警务模式和工作运行机制改革，指导基层重新划分警务区，实行警长负责制，边防派出所的队伍建设、警务改革、业务规范化建设水平有了明显提高。年内有1个支队、3个派出所、3名警官分别被公安部边防局评为抓边防派出所工作成绩突出单位、标兵边防派出所和优秀边防派出所警官。把等级评定作为衡量派出所建设与工作优劣的重要依据，作为衡量和指导边防派出所工作的主要标准和途径，在公安机关的统一领导下，与公安派出所同步进行，有6个边防派出所分别被公安部和自治区公安厅命名为一、二级公安派出所。

【草原110】　坚持把草原110建设作为践行“三个代表”重要思想，实现执法为民的重要载体和平台，在呼伦贝尔市进行了草原110警务工作规范化建设试点，召开草原110警务工作会议，积极协调自治区政府下发《关于切实加强草原110建设的通知》，加大各级政府统一组织领导草原110建设的力度，实现草原110由单纯的报警服务系统向集管理、防范、打击、服务等多种功能于一体的综合性新型警务工作的转变，使之成为自治区“两线一区”维护稳定工作格局中的重要举措，得到中央政治局委员、中央书记处书记、国务委员、公安部部长周永康，公安部副部长赵永吉及自治区各级领导、广大边民群众的充分肯定。草原110建设的发展，拉动边防派出所警务改革和警力整合工作，减少防控盲区和空档，拓展边防管理空间，有力地提高全区公安边防部队驾驭社会治安局势的能力和服务群众的水平。

【边防检查】　以深化勤务改革、推进规范化建设、提高执法为民水平、规范涉外工作为重点和亮点，组织各站深入开展“双争”活动，进一步严密勤务组织，全面规范执勤执法言行，健全执法检查与监督机制，有力地提高自治区边检系统把关服务水平与执法质量。满洲里、策克边检站双双入围“全国文明窗口”单位行列。稳步推进边检勤务改革，满洲里铁路口岸货运列车勤务改革取得突破，形成内外结合、人犬结合、人机结合、联检联运相配合的货运列车检查新模式，通关效率提高了3倍。全年共检查出入境人员287万余人次、交通运输工具50万余辆（列、架）次，同比分别增长27%和37%，再创历史新高，全区出入境总量继续稳居全国现役总队前列。

【涉外工作】　针对形势任务发展变化的需要，充分利用保持多年的友好合作关系，积极与俄、蒙方边防管理部门开展工作联系与沟通，总队代表团成功地出访俄罗斯，积极协调蒙方对应边防管理机构，进一步拓展中蒙季节性口岸功能，阿日哈沙特、珠恩嘎达布其、甘其毛道、策克4个季节性口岸边检站事实上已常年开放，同时扩大中蒙边境通行证的使用范围，简化中方劳务团组查验方式，增设中俄边境旅游通道，主动为中方企业跨境施工、生产作业提供便利。满洲里、二连浩特等边检站与俄蒙对应边检机构间建立双方站长检查现场联合办公制度、联合清边和勤务对接机制，对重要代表团入出境实行联合预检、快捷通关措施，实地解决通关不畅、工作效率不高等各类影响口岸秩序的突出问题，产生良好的社会影响。受到地方政府、商贸企业的充分肯定与广泛好评。全年共与俄蒙边防机构举行高级会谈6次、一般性会谈16次、会晤256次、友好活动18次。

【大练兵】 在公安部党委发出"大练兵"的号召之后，迅速动员部署，逐级成立"大练兵"领导小组，建立了严明的领导责任机制，并组建全区部队"大练兵"题库，组织部队官兵深入开展岗位练兵，突出加强执勤执法技能训练。对全区部队的练兵情况进行检查考核，切实在部队中掀起领导带头、全员参与，强素质、练精兵的热潮。尤其是坚持"以比促训，以赛促练"，成功组织举办全区军事业务比武竞赛活动，积极准备参加全国公安边防部队大比武与全国公安边防部队"大练兵"汇报演练，充分展示自治区公安部队的优良素质。

【队伍建设】 组织召开党代会和党员大会，促进党组织的规范化建设，增强党组织的凝聚力与向心力。不断健全干部量化考核与选拔任用制度，加大考核结果运用与干部交流调整力度，及时把一批德才兼备的年轻干部选拔到领导岗位上来，进一步优化班子结构，激发干部队伍的活力。召开全区部队经常性思想工作经验交流会，认真开展"三互"活动和心理健康教育、廉政与警示教育活动，推行述职述廉制度和廉政谈话制度，整合纪检监督力量，经常性思想工作和党风廉政建设得到明显加强，未发生严重违纪问题和内部犯罪案件。大力加强部队正规化建设，狠抓"两防"工作落实，绝大多数单位保持"三无"的良好态势。

【基层建设】 积极制定面向艰苦偏远地区的支持性、倾斜性配套政策，组织实施基层解困工程、警官安居工程、"希望之星"助学工程等强化基层、凝聚警心的建设项目，有效调动基层官兵的积极性。召开后勤规范化建设现场会，总结经验，推广典型，促进后勤工作的持续健康发展。全年共投资2 443.7万元用于解决基层的住房、吃水、照明、就医等问题，新建营房1万余平方米，彻底解决基层单位的办公用电问题，改善农副业生产条件。加快指挥信息系统建设，改进完善有无线通信网络，为所有支队级单位开通局域网，为7个单位安装监控网络，完善视频会议系统，总队可即时实现与各团级单位的视频连接，直接对满洲里、二连浩特、呼和浩特口岸现场进行监控，提高了指挥监控水平和快速反应能力。

【主要荣誉】 全区部队广大官兵积极实践总队党委提出的争创一流、走进前列的号召，始终保持昂扬振作的精神风貌，部队总体建设水平得到明显提升，许多领域的工作取得突破性进展。草原110受到中央、公安部、自治区有关领导的高度赞誉，并被部局作为执法为民和机制创新的先进典型，向全国作经验推广。"双争"活动经验受到公安部边防局肯定，2个单位、3名同志被部局评为"执法为民窗口"和"执法为民标兵"，满洲里货运列车检查监护办法被部局作为边检勤务改革的样板，向全国进行推广。在全区首届"人民满意的行政执法单位"评比中，总队和阿拉善盟支队被评为"人民满意的行政执法标兵单位"。精神文明建设和拥政爱民工作成绩突出，在全区两个文明建设经验交流会上，总队作为驻军的唯一代表作典型发言。包头市支队被国务院评为"全国民族团结进步先进集体"，获全区部队近年来受国家表彰的最高荣誉。

（邢国显 王孝东）

人民防空

【内蒙古自治区人民政府防空办公室领导名录】

主　　任：张凤翘

副 主 任：吴双宝（蒙古族）

　　　　　王玉拴

助理巡视员：张荫秀

【概况】 自治区人防办公室是自治区人民政府人民防空工作的主管部门，是自治区国防动员委员会的常设办事机构，正厅级。自治区人防办公室内设综合（法规）处、人事教育处、指挥通信处、工程处、财务处、机关党委、离退休人员工作办公室。人员编制32人，实有人员33人，其中副处级以上干部26人，主任科员、副主任科员7人；具备大专以上学历32人，占机关人员总数的97%。自治区人防办公室辖机关事务服务中心、通信站、定额质监站、设计研究院、培训中心5个事业单位。

【指挥通信建设】 2004年，全区人防系统实现了计算机拨号联网，并利用网络传递和发表各种工作信息。全区12个盟市人防办公室全部建成了局域网，部分盟市完成了应急指挥中心建设。自治区应急救援指挥中心建设项目国家和自治区已批准立项，并且通过了可行性研究。指挥自动化、工程建设管理、综合统计三个系统软件得到普遍应用。完成了人防重点城市专业队伍整组及训练任务，完成了防空袭演习任务。新建警报器完成全年任务的205%。自治区人防办公室和各盟市人防办公室全部装备配套了应急指挥通信车。

【重要经济目标防护】 2004年，通过自治区人防办公室协调，以自治区人民政府和内蒙古军区名义下发了《关于加强重要经济目标防护工作的意见》（内政字〔2004〕386号）。

【人防工程建设】 2004年，继续坚持以建为主的原则，重点抓了结合民用建筑修建防空地下室工作。续建工程完成任务的102.7%；改建人防工程完成任务的293.6%。加强了对中早期人防工程的维护管理。加强了人防工程建设项目的可行性研究论证，严格了程序管理，加强了图纸审核和质量监督，保证新建人防工程符合战术技术要求。

【**人防工程开发利用**】 2004年,开发利用面积率达到43%。全年实现产值完成任务的104.8%;上缴税金1296.5万元,完成任务的110.7%;安置从业人员5 655人,完成任务的112%;人防部门收取工程使用费完成任务的106.9%。

【**"两防一体化"建设**】 2004年,在即将出台的《内蒙古自治区人民政府突发公共事件总体预案》中,已经初步明确了人防部门的相关职能职责。呼和浩特、包头、赤峰三个人防重点城市加快了"两防一体化"建设步伐,赤峰市人防办公室与有关部门配合,初步形成了应急救援互动网络;包头市完成了民防领导体系和协调机制的建立工作,全区"两防一体化"工作逐步展开。

【**人防宣传教育**】 2004年,人防宣传教育采取了几项措施:一是继续开展了人防宣传周活动。活动的主题是"人防建设与城市建设同步行"。二是利用媒体进行宣传。各盟市人防办公室普遍在当地电台、电视台和报纸开辟了人防宣传专栏,刊发了当地党政军领导的署名文章。三是继续在各级党校、行政学院、大专院校和初级中学开展了人防宣传教育,受教育人数累计达176 700余人。四是以活动为载体深化人防宣传教育。自治区人防办公室成功举办了首届全区人防书法摄影展览和全区人防法律知识竞赛,扩大了人防影响。五是召开了全区人防宣传教育工作座谈会,提出了改进和加强人防宣传教育工作的具体措施。六是利用《内蒙古人民防空》杂志进行宣传。全年共编辑6期,刊登各类文章28余万字,照片154张。

【**旗县人防工作**】 2004年,一是普遍建立了人防工作机构,配齐了专(兼)职工作人员。二是以人防宣传教育为先导,在党政机关、企事业单位和部分中学开展了人防知识普及教育,普遍安装了警报器,进行了警报试鸣。三是部分旗县人防办公室在一些重点问题上有所突破。有的旗县已将人防建设纳入了当地经济发展规划和城镇建设规划,有的旗县新建了人防工程,并得到开发利用。四是全区70%左右的旗县开始收取人防易地建设费,各盟市人防办公室普遍加强了对旗县人防工作的领导和指导。

【**重要活动**】

2月10日,国家人防办公室颁发《人民防空机关"准军事化"建设标准(试行)》和《2010年前人民防空机关"准军事化"建设纲要》〔2004〕(国人防办字第27号)。

3月16日至17日,全区人防工作会议在呼和浩特召开。国家人防办公室参谋姜赞明、北京军区人防办公室副主任邵亨、参谋于泽专程到会指导,自治区人大常委会副主任周维德、自治区副主席郝益东、内蒙古军区副司令员王印清、参谋长李吾田以及自治区国动委、发改委、教育厅、财政厅、建设厅的有关领导和各盟市政府(行署)分管领导、军分区领导、政府副秘书长、盟市人防办主任、各旗县分管旗县长、旗县人防办主任、人武部长和自治区人防办公室各处处长、直属事业单位的主要负责人共195人参加了会议。

4月12日,内蒙古自治区机构编制委员会《关于自治区人防办综合处挂法规处牌子的批复》(内机编办发〔2004〕18号),批准自治区人防办综合处挂法规处牌子。

6月28日至7月3日,全区旗(县、市、区)人防办公室主任培训班在呼和浩特举办。来自全区80个旗(县、市、区)的人防办公室主任和各盟市人防办公室有关人员共89人参加了培训。自治区人防办公室主任张凤翘在培训班上作了《关于旗县人防工作的思考》的讲话。

7月15日至16日,国家人防办公室在天津召开了防空防灾一体化建设现场会。这次会议是胡锦涛总书记和江泽民主席同意召开的。各省(市、自治区)分管的领导和军区主要负责人及人防办公室主任参加了会议。中央军委副主席曹刚川、总参谋长梁光烈参加了会议并作重要指示,内蒙古自治区副主席郝益东、内蒙古军区副司令员王建欣和自治区人防办公室主任张凤翘以及各盟市人防办公室主任17人参加了会议。

8月15日,是全区人防警报试鸣日。全区12个盟市和绝大部分旗(县、市、区)都进行了人防警报试鸣,提醒人们勿忘国耻。

8月16日,自治区人防办公室在北京总参四所召开"501"工程评审会。自治区人防办公室主任张凤翘、助理巡视员张荫秀等5人参加了评审会。由总参四所5名专家组成的评审组,对"501"工程设计方案进行评审,提出了修改意见。评审会通过了"501"工程的"可行性研究"报告,提出了结论性意见。

8月25日至26日,全区盟市人防办公室主任座谈会在呼和浩特召开,各盟市人防办公室主任、综合(秘书)科长参加了会议,自治区人防办公室领导和各处处长、直属事业单位的主要负责人共34人参加了会议。会议对前三季度工作进行总结交流,肯定了赤峰、包头市人防办公室的经验和做法,研究提出了解决存在问题的措施,自治区人防办公室主任张凤翘对第四季度工作进行安排部署,强调必须千方百计完成年度工作任务。

10月21日至23日,国家人防办公室副局长李杨、参谋章善彪一行5人,就国家关于制定"十一五"规划人防发展规划工作到内蒙古自治区进行工作调研,北京军区人防办公室副主任邵亨、参谋荚洪波陪同调研。

11月23日,自治区人民政府和内蒙古军区联合发出《关于加强对重要经济目标防护工作的意见》(内政字〔2004〕386号)。文件对新形势下加强重要经济目标防护工作提出原则和要求,明确了对重要经济目标的防护职责。

(刘玉山)

内蒙古自治区高级人民法院

内蒙古自治区高级法院召开全区法院"司法公正树形象"电视电话会议

内蒙古自治区高级法院机关举行学习牛玉儒同志先进事迹座谈会

最高人民法院副院长沈德咏莅临自治区高级法院视察工作

为加强自治区高级法院的外部监督，特聘请19位廉政监督员，院长王维山为廉政监督员颁发聘书

自治区高级法院院长王维山深入土左旗人民法院调研、指导工作

内蒙古自治区高级法院法官积极为海啸地区捐款

自治区直属机关工委领导班子研究工作

自治区党委副书记杨利民参加全国机关党建工作研讨会

表彰大会

把机关党建工作做到基层

内蒙古公安边防总队

公安部边防管理局局长陈伟明视察教导大队

公安部边防管理局副局长张崇德、内蒙古公安边防总队长那顺巴雅尔视察草原110建设情况

中国武警部队副司令员梁洪中将视察部队

内蒙古公安边防总队被评为自治区文明执法标兵单位

与俄方会晤共商口岸发展大计

内蒙古公安边防总队

团结奋进的总队党委

严格要求刻苦训练

边防检查

为边民讲解草原110报警系统

深入边民开展法制宣传

苦练警务技能

阅兵式

在流动警务室执勤

2004年12月9日，中央候补委员、国家税务总局党组书记、局长谢旭人一行到呼市国税局石羊桥办税厅进行调研

全区各级国税机关以“依法诚信纳税，共建小康社会”为主题开展了大规模的税收宣传首宣日活动，图为赤峰市国税局税务干部走上街头，向过往行人宣传税法。

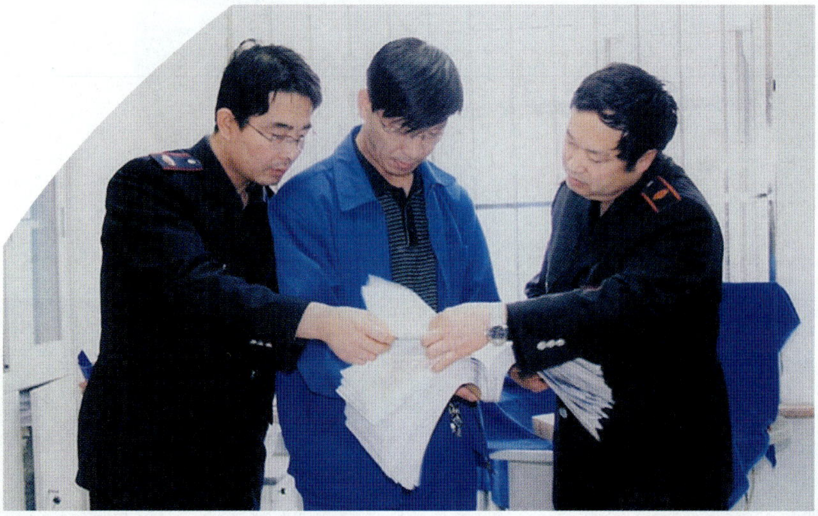

加强税收管理是做好税收征管工作的基础，图为托克托县国税局干部深入辖区重点税源企业了解有关税源情况。

全区范围推广税收综合征管软件，2005年1月1日实现首日并运行。

国税机关充分发挥执法型、打击型稽查职能作用。图为鄂尔多斯市国税稽查局税务稽查人员和公安人员一道分析案情。

近年来国税系统积极创建学习型机关，不断提高干部队伍素质。图为税务人员刻苦钻研税收业务。

2004年内蒙古国税局被评为“自治区档案利用服务优秀单位”。

全区国税系统大力加强税收文化建设，积极活跃税务干部文化生活。图为全系统举办《国税风》文艺演出。

中国储备粮管理总公司内蒙古分公司

中国储备粮管理总公司原党组副书记、副总经理文克勤同志来内蒙古考察调研工作。

中国储备粮管理总公司副总经理姚瑞坤同志深入内蒙古分公司通辽直属库调研工作。

中央储备粮示范库授牌仪式

中国储备粮管理总公司是涉及国家安全和国民经济命脉的国有重要骨干企业，是授权投资机构的试点单位，享受国务院确定的国有大中型重点联系企业的有关政策，在国家计划、财政中实行单列。总公司在全国粮食主产区和主销区设立22个分公司。

中国储备粮管理总公司内蒙古分公司是中储粮总公司在内蒙古自治区设立的区域性分支机构。于2003年10月1日正式开始运营，分公司总部设在内蒙古呼和浩特市。根据总公司的授权委托，负责管理内蒙古地区中央储备粮（含中央储备油）和中央储备粮直属库。

内蒙古分公司成立以来，在中储粮总公司及内蒙古自治区党委、政府的领导下，以“两个确保”为根本宗旨，在垂直体系建设、仓储设施改造、规范化管理、三项制度改革等方面取得了显著成效，宏观调控作用日益增强，社会效益和经济效益实现了跨越式的发展，内蒙古中储粮事业进入了蓬勃发展的新阶段。

中储粮内蒙古分公司愿与内蒙古各有关部门及社会各届紧密携手，团结协作，与时俱进，开拓创新，共同谱写内蒙古中央储备粮管理工作的新篇章！

丰富多彩的员工文化生活

在全区矿产资源勘查开发首次新闻发布会上一批重要成矿区域和矿产地向社会公开招商

国务院检查验收组对我区土地市场秩序治理整顿工作进行阶段性验收

我区地质工作者在阿盟额济纳旗北山地区圈定出一批重要的成矿区和矿产地

内蒙古自治区国土资源厅

利用“地球日”“土地日”等纪念日，集中向社会宣传国土资源法规政策，图为厅领导就地质环境管理问题接受新闻媒体的采访

国土资源厅执法部门深入农村，了解耕地补偿费落实情况

国务院土地市场秩序治理整顿，检查验收组在包头稀土开发区进行检查

国土资源厅领导就国土资源开发和保护问题接受记者采访

国土资源厅领导和工作人员就全区土地利用总体规划修编进行调研

国土资源厅领导就耕地保护，地籍管理等问题向群众进行宣传

2005年全区旅游工作会议在呼和浩特召开

自治区副主席余德辉在全区旅游工作会议上讲话

局长赵广华在全区旅游工作会议上作工作报告

赵广华局长向国家旅游局孙钢副局长汇报工作

不断加深与俄罗斯的旅游合作

互赠纪念品

内蒙古展台

说明会

内蒙古自治区旅游局

红色旅游成为宣传蒙古民族革命斗争历史的新载体

阿尔山滑雪场

滑雪场景

阿斯哈图石林

蒙牛乳业

东风航天城

那达慕全景

赛马

内蒙古自治区教育厅

厅 长：郭明伦

“十五”期间特别是近年来，在自治区党委、政府的正确领导下，全区教育工作抓住国家加大对西部地区农村教育支持力度的机遇，适应自治区经济社会发展的需求，大力调整教育布局结构，推进学科专业建设，加快学校办学条件改善的步伐，全区各类教育得到进一步发展。

近年来我区教育发展状况

1. 把基础教育摆在全局性、基础性位置，调整和发展的速度明显加快

以贯彻全国基础教育工作会议精神为重点，全面推动“以县为主”管理体制的落实。

加速推进“两基”攻坚的进程。“九五”末全区共有71个旗县实现了“两基”达标。

积极组织实施“四项工程”，全区中小学办学条件明显改善。

2. 高等教育办学规模进一步扩大，学科建设和重点建设稳步推进

高等教育招生规模进一步扩大。

多渠道筹措资金，加大了高校基本建设的力度。

适应经济建设对人才的需求，学校资源整合及学科专业建设稳步推进。

适应自治区科技创新的紧迫需求，高校科技工作有所加强。

3. 职业教育布局结构调整取得突破性进展，对经济建设的适应性进一步增强

贯彻国家和自治区关于深化职业教育改革的意见，经过大幅度的布局结构调整，高等职业教育由弱到强，有了新的发展。

适应自治区产业结构调整以及经济社会发展的需要，各级各类职业学校主动调整专业结构，拓宽专业面向，职业教育的适应性进一步增强。

加强旗县职教中心和示范性重点职业学校建设，职业教育的整体办学实力明显提升。

成人教育经过大幅度结构调整，办学效益进一步提高。

4. 落实优先重点发展民族教育的方针，对民族教育给予重点扶持

在实施各项工程建设中，对民族学校给予重点支持。

结合“义教工程”、农村牧区撤乡并镇、围封转移战略的实施，加大了民族中小学布局调整的力度。

5. 民办教育在规范管理中逐步发展

我区认真贯彻“积极鼓励，大力支持，正确引导，依法管理”的方针，积极扶持民办教育的发展，初步形成了从普通教育、职业教育到高等教育的民办教育体系框架。

民族学生实验

今后一个时期我区教育改革发展的主要目标和战略举措

按照科学发展观和教育“为社会主义现代化建设服务”的要求，今后一个时期，我区教育改革和发展总的指导思想是：围绕自治区经济社会发展的需求，进一步深化教育领域的各项改革，加大布局结构调整力度，努力提高办学质量和效益，调动社会各方面的积极性，支持各类教育均衡发展。

1. 继续加大调整和建设力度，促进基础教育持续发展

基础教育是各类教育的基础。到2007年，基础教育要达到四项目标，即：全区101个旗县（市区）全部实现“两

基”达标；基本消除中小学现存D级危房；全部实现“校校通”（校校使用现代远程教育资源）；在贫困学生中实行“两免一补”的政策。

2. 深化改革，加强重点学科建设，进一步提升高等教育适应自治区经济建设的能力

总的目标是：按照自治区经济社会发展的需求，加强学科专业建设。到2007年，我区高等学校重点建设好40个有特色的学科。在继续改善高等学校办学条件的同时，着力提高办学质量，使全区高等学校在水平评估中全部达到国家要求的合格标准，重点院校进入良好或优秀行列。届时，本专科在校生要达到27万人，高等教育毛入学率达到20%。

3. 明确思路，落实政策，加快发展职业教育

按照科学发展观和自治区经济建设的实际需求，今后一个时期要把职业教育作为一个重点，进一步落实各项政策措施，推动职业教育加快发展。到2007年，全区高等职业教育规模要达到12万人以上，占高等教育在校生总数的50%左右；中等职业学校稳定在300所左右，年招生数达到10万人，使中等职业教育与普通高中在校生的比例达到4：6。

4. 营造宽松的政策环境，促进民办教育的健康发展

根据我区民办教育发展的实际，规划到2007年，各类民办教育机构占整个教育的比重由2003年的3%提高到5%，民办教育机构在学人数达到30万人，民办教育内部结构趋于合理。

《国家通用语言文字法》宣传活动

高校普通话大赛

自治区党委书记储波，自治区主席杨晶，党委副书记杨利民，党委常委、秘书长任亚平，自治区副主席郭子明等视察自治区工商局计算机网络工程

自治区副主席连辑（左二）深入工商系统检查工作

局　长：王玉英

全区工商系统四级联动，把整治的重点放在维护群众消费安全上，确保广大群众的食品消费安全放心。

自治区工商局局长王玉英（中）深入呼市商场了解食品安全专项整治情况

内蒙古自治区工商行政管理局

2004年，内蒙古工商行政管理系统深入学习贯彻“三个代表”重要思想，认真贯彻落实党的十六大、十六届三中、四中全会精神，按照科学发展观的要求，以“两创”为载体，深入开展两项整顿，推动十项重点工作，圆满完成各项工作任务。

进一步优化发展环境，为市场主体准入和发展营造良好环境。截止2004年底，全区共登记注册内资企业46078户，注册资金1617.15亿元；外商投资企业847户，投资总额108.11亿美元，注册资本55.84亿美元；私营企业42681户，注册资本593.53亿元；个体工商户444101户，注册资本87.11亿元。发挥职能作用，促进自治区第三产业加快发展。从自治区实际和职能出发，出台《关于支持鼓励第三产业发展的意见》，制定《促进第三产业发展规划》，全系统为支持第三产业发展共减免行政性收费180多万元。强化商标基础工作，推进商标战略实施。全区已有各类注册商标17663件，比上年同期增长了10.9%；去年又有4件商标被认定为中国驰名商标，使我区驰名商标总数位居全国第10位，西部省区市第2位。促进下岗职工再就业，维护社会经济稳定发展。全系统共帮助41916名下岗失业人员从事个体经营，引导私营企业吸纳下岗失业人员14524人，安置759名高校毕业生从事个体私营经济，各级工商部门还为下岗失业人员再就业减免收费1500万元 。

中国建设银行股份有限责任公司

内蒙古自治区分行

分行党委副书记、副行长裴品才同志在全行职工代表大会上作工作报告

职工代表举手表决

职工代表大会

建行青年风采大赛赤峰赛区会场全景

中国建设银行股份有限责任公司

内蒙古自治区分行

建行青年风采大赛薛家湾赛区，观众打出了“参与改革，投身改革”的标语牌

中国建设银行股份有限责任公司内蒙古区分行(以下简称内蒙古区分行)成立于1954年10月1日。内蒙古区分行从成立初期到1978年的25年间，主要承担了集中办理国家基本建设投资拨款，审查基本建设概、预、决算，办理基本建设结算业务，管理施工企业财务，企业自筹资金拨款，并监督资金合理使用的职责，代理履行财政职能。

1979年到1993年的15年间，内蒙古分行在承继原有职能的同时，不断开拓银行职能，先后开办了信贷资金贷款、居民储蓄存款、外汇业务、信用卡业务、个人电子汇款业务、政策性房改金融业务和个人消费贷款业务。从单一管理财政资金，办理基本建设拨款监督的银行，发展成为既管理财政投资，又经营信贷业务；又办理固定资产投资信贷，又发放配套流动资金贷款；既办理国内金融业务，又办理国际金融业务，以办理中长期信用为主的国家专业银行，履行财政、银行的双重职能。内蒙古分行在履行财政职能期间，通过审查剔除高估冒算、制止不合理开支、提合理化建议等，共为国家节约投资21．4亿元。

1994年是内蒙古分行重要的转折发展的一年。按照政府对投资体制和金融体制改革的要求，内蒙古分行将长期承担的代理财政职能和政策性贷款职能分别移交财政部门和新成立的国家开发银行，开始按照商业银行的要求，对经营管理体制进行全面改革。

2004年，内蒙古分行按照总行的统一部署实行股份制改造。

近年来，内蒙古分行继续发挥长期形成的业务优势与特长，保持了对公路、铁路、电力、电信、钢铁、煤炭、化工、石油、建材、乳品、城市建设等国民经济基础设施、基础产业以及效益好的大型企业和高增长经济部门的信贷资金投入，为内蒙古的经济腾飞发挥了极为重要的作用。

内蒙古分行以服务经济发展、支持社会进步为己任，积极支持教育、科技进步、支持环境保护事业。在支持社会进步的同时，实现了银行自身价值的最大化，无论是存贷款余额、信贷资产质量，还是经营效益都有大幅度地提高。不断创新、追求卓越是建行人理念与追求的浓缩，内蒙古分行将以优良的业绩和不断的创新寻求更为广阔的服务领域和发展空间。

内蒙古大学艺术学院

院长：李玉林

党委书记：锡胡尔

学院领导班子

敕勒川，阴山下，天似穹庐，笼盖四野。塞外的秋风铁马、草原的广袤苍茫孕育了悠远深邃、灿若瑰宝的蒙古族艺术。背倚绵延千里的阴山，草原明珠呼和浩特有一座花园似的艺术殿堂。这里，琴音悠扬，歌声绕梁，舞姿翩跹，彩韵流转，一代代艺术英才荟萃。这，就是被誉为“民族艺术人才摇篮”的内蒙古大学艺术学院。

内蒙古大学艺术学院是在创建于1957年的内蒙古艺术学校的基础上，于1987年经国家教委批准成立，并先后开始培养大学专科、本科学生。在40年的发展历程中，内蒙古艺术学校培养了大批民族艺术人才，为蒙古族民族民间艺术的继承、发展和繁荣作出了巨大贡献。

现在，学院已逐步发展成为内蒙古自治区艺术教育和研究的中心、全国蒙古族艺术人才的培养基地。学院现占地5万平方米，总建筑面积56688平方米。设有艺术设计、美术、音乐、舞蹈等4个系，1所附属中等艺术学校。有艺术设计学、艺术设计、美术学、绘画、动画、雕塑、音乐学、音乐表演、作曲与作曲技术理论、播音与主持艺术、舞蹈编导、舞蹈表演、文化艺术管理等13个本科专业（其中包含27个专业方向），音乐教育、服装表演、影视表演等社会急需的7个专科专业，并设有成人大专和后期本科，多数本科专业已面向区外部分省区招生。2004年以来，相继获得文艺学、艺术学、音乐学、美术学4个硕士授权点。学院已初步形成多层次、全方位的办学体制，学科建设日臻完善。

学院现有在校生近4000人，教职工500余人，专任教师占70%，正、副教授84人，国内外客座教授30多名，国家和自治区有突出贡献的中青年专家4人，享受国务院政府特殊贡献津贴专家2人。广大教师在民族音乐理论、蒙古族乐器改革、文艺学等研究领域取得了丰硕的成果，学院师生在国内外专业比赛中屡获大奖，并多次参加国内外各种文艺演出和展览，赢得社会广泛赞誉。45年来，学院共培养了5000多名德才兼备的优秀艺术人才。如，德德玛、拉苏荣、阿拉腾奥勒、腾格尔、李镇、敖登格日勒、

康绍辉等许多优秀的艺术家享誉国内外。

多年来，学院与国内外艺术院校、团体以及知名专家学者之间有着广泛的联系和交往。与蒙古国文化艺术大学、韩国忠清北道大学艺术学院建立了校际合作关系，并多次应邀组团前往美国、日本、韩国、澳大利亚、西班牙、瑞典等国家和港澳台地区进行访问演出或举办作品展览。先后主办了“首届旋律学国际学术研讨会”、“首届东方美学国际学术研讨会”、“全国省属综合性艺术院校第七次交流协作会”等国际和全国性重要会议，扩大了蒙古族艺术和内蒙古自治区的影响，为宣传、树立内蒙古改革开放的新形象起到了积极的推动作用。

四十余载风雨兼程路，几代同志团结奋斗歌；塞外艺苑春意正浓，北国草原桃李芬芳。内蒙古大学艺术学院，这座承载着内蒙古草原艺术生命的神圣殿堂，将带领无数追随艺术真谛的朝圣者勉力前行、再创辉煌！

内蒙古财经学院

党委书记：汪世清

院　长：张亚民（教授）

内蒙古财经学院创建于1960年。是内蒙古自治区唯一一所独立设置的财经类高等院校。

学院以本科教育为主，积极发展研究生教育，适度发展专科教育和高等职业教育。学院既承担着普通高等教育任务，又承担成人高等教育任务。形成了职前教育与职后培训相沟通，普通教育、成人教育及职业教育一体化的办学格局。

学院以经济、管理学科为主，兼有法、文、理、工学科专业。学院设12个系、5个教学部共17个教学单位，开设25个本科专业(其中两个蒙汉双语授课专业)。同时还设有金融研究所等6个科研机构。在校普通本专科、成人本专科、高职、函授、夜大学生14 395多人。同时，每年承担大中型企业领导及后备人员工商管理培训及其它适应性岗位培训1 000余人。

多年来，以学科建设为龙头，以教学为中心，不断深化教育教学改革，努力改善办学条件。各项事业都取得了较快的发展。

学科和专业建设取得突破性进展。学院的会计学、财政学被列为自治区重点学科，统计学、经济学、工商管理学3个学科列入自治区重点建设学科。

学院现有教职工942名，其中专职教师525名。有正高级职称者75名，副高级职称者225名，博士11名，硕士152名，并聘有外籍教师9名。享受政府特殊津贴专家8名，自治区有突出贡献的中青年专家5名，入选自治区“新世纪321”人才工程一、二层次人员10名。

学院依托学科和人才优势，积极开展科学研究。“十五”以来，我院共承担国家级课题15项，省级课题85项，院级课题181项。发表论文1 555篇，教材19部，专著13部，译著1部。科研工作不仅有力地促进了教学水平的提高，在为自治区经济建设服务方面也取得了良好的社会效益和经济效益。

创新人才培养模式，形成一套严格的教学管理制度和科学的质量保证制度。人才培养质

东区行政楼

西区教学楼

量得到切实保证，得到社会的认可。多年来，毕业生一次性就业率均保持在75%以上，居自治区高校前列。

办学条件改善迅速。学院占地面积1 350亩，分东、西两个校区。现有校舍面积252 768平方米，其中教室面积48 203平方米，学生宿舍面积52 151平方米，图书馆面积9 071平方米。为加强实践教学环节，培养学生应用技能，学院建有经济管理实验实训中心、网络中心和各个专业的实验室或模拟训练教学设施。学院图书馆馆藏文献83.2万册，并加强图书馆自动化、网络化、数字化的现代化建设，建成60台终端的电子阅览室2个，向全院师生提供丰富的电子文献信息服务。学院建成与互联网连结，覆盖全院的校园网，师生可方便地利用网上资源，教学管理服务向信息化快速发展。按照新校区建设规划，教学、科研、生活与后勤服务为一体的新型多功能的高校园区正在建设中。

建院四十多年来，全体教师职工遵循“团结、严谨、求实、创新”的校训，全面贯彻党的教育方针，面向经济建设主战场，为国家培养输送高中级经济管理人才30 000多名。为自治区的经济建设和社会发展作出重要贡献。

学院景观

内蒙古工业大学

校党委书记：苟黎明

校　长：李含善

内蒙古工业大学前身是始建于1951年的绥远省高级工业学校，1958年在此基础上成立内蒙古工学院，1993年更名为内蒙古工业大学。学校坐落在内蒙古自治区首府呼和浩特市。经过五十多年的建设和发展，内蒙古工业大学现已成为一所以工为主，工、理、文、管、经、法相结合的多科性工业大学。

学校实行校、院两级管理。现设有17个院、部；46个本科专业，46个高职高专专业。有5个自治区级重点学科，2个自治区级重点实验室，30个硕士学位授权点，8个工程硕士专业学位授权领域，并具有MBA专业学位授予权；具有在职人员以研究生毕业同等学力申请硕士学位授予权和优秀本科生免试推荐攻读硕士学位资格；2003年，学校经国务院学位委员会批准增列为博士学位授予单位，化学工艺、固体力学、材料加工工程、动力机械及工程4个学科获得博士学位授予权。在学校50多年的发展历程中，有近5万名学子从这里走出校园，走向祖国各地，他们以作风朴实、基础扎实、勇于奉献等特点受到社会各界的欢迎。昔日的芬芳桃李，今日已成为祖国的栋梁之材。

学校专任教师中教授、副教授等副高级以上专业技术人员近500人，研究生导师180人。

近年来随着办学规模的扩大，学校加大投入，不断改善办学条件，现有11个实验中心及网络信息中心、计算中心，有58个实验室和29个科研院所，还有多个语音教室、多媒体教室等先进教学设施。1万多平方米的图书馆是内蒙古自治区收藏和借阅科技文献资料的重要中心之一，也是首批开通专项咨询服务的中国学术期刊文献一级检索站。计算机校园网已服务于学校日常的教学、科研和管理。学校拥有设备先进、功能齐全的体育场馆。

学校主动适应区域经济和社会发展的需要，以内蒙古自治区资源开发和利用为重点，以自治区优势产业和重点企业的发展为主线，坚持走产学研相结合的道路，促进科技成果向现实生产力转化，一批科技成果获得较好的经济效益与社会效益。

学校重视开展国内和国际交流。与清华大学、天津大学等十多所院校在师资培养、学术交流、科技合作等方面开展了富有成效的合作。与美国、加拿大、日本、俄罗斯、蒙古、新加坡等国家的多所高校建立了长期校标合作关系。

五十多年春秋，几代人艰苦创业，铸就了“民主、团结、勤奋、严谨、求实、进取”的校风，写下了灿烂的育人篇章。瞻望前程，内工大万千师生肩负人民的重托，同心同德、励精图治、与时俱进、开拓创新，必将描绘出更加美好的明天！

国家教育部长周济视察我校

校园景观

教学楼

自治区党委组织部领导考察我校MBA项目

2005年内蒙古工业大学运动会MBA代表队

内蒙古工业大学自2003年通过教育部、国务院学位办的审批成为MBA培养院校以来，在校领导的高度重视下，遵循“博采众长，明德自强”的发展理念，MBA项目已取得了初创的成功。

内蒙古工业大学的管理教育依托工科优势，以“做西部文章，创区域特色，为地区经济建设服务”为办学理念，已成为自治区重要的经济管理类高层次人才培养基地。除MBA外，我校经济管理类硕士授权还有“管理科学与工程”、“企业管理”、“技术经济与管理”、“数量经济学”、“产业经济学”、“项目管理”等。目前建有ERP模拟、电子商务、会计、财务、沙盘模拟、物流、国际贸易实务等专业化的管理实验室，具备发展MBA教育的良好学科生态支持环境。

我校管理学科现有师资队伍不仅具有良好的科研实力，同时具有丰富的实践经验与案例教学能力，针对学生实施的“管理情境教学课程体系与培养模式”在2004年获得内蒙古自治区教学成果一等奖。

一大批具有理工科背景及实际管理经验的学生经过我校工商管理专业的学历教育，已成为适应社会竞争需要的复合型人才，一些优秀学员成长为自治区大中型企业的主要领导和业务拔尖人才。2001年以来，我校管理学科的学生在各类体现创新能力的竞赛中获得了突出的成绩，其中包括：“挑战杯大学生创业计划大赛”全国金奖一项，全国铜奖三项；首届中国青少年科技创新奖；全国大学生英语竞赛一等奖；“挑战杯大学生创造发明大赛”全国二等奖等。在2005年中国高校企业竞争模拟挑战赛中，我校“今朝队”获得全国亚军。实践证明，我校注重实证研究、微观管理的实务型创新培养模式取得了明显成效。

以微观实证为特色的工业大学MBA，在提升学校品牌，支持学校服务社会等方面，正在发挥着越来越重要的作用。

MBA管理与沟通课程

MBA沙盘模拟课程

内蒙古建筑职业技术学院

党委书记：巴音巴图

院 长：侯 元

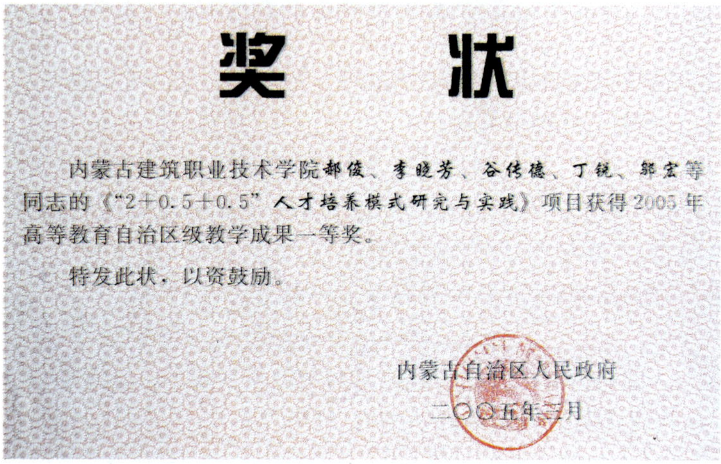

奖 状

内蒙古建筑职业技术学院郝俊、李晓芳、谷传德、丁锐、邹宏等同志的《“2+0.5+0.5”人才培养模式研究与实践》项目获得2005年高等教育自治区级教学成果一等奖。

特发此状，以资鼓励。

内蒙古自治区人民政府

二〇〇五年三月

教育成果奖奖状

培养建设人才的摇篮

为内蒙古建筑职业技术学院题

甲申春日 连辑书

实验实训大楼

学生公寓

新校区学生食堂

图书馆

内蒙古建筑职业技术学院

自治区副主席连辑与学院领导班子合影

我院与北京工业职业技术学院签订对口支援协作协议

我院院长与蒙古国建筑学院院长洽谈合作事宜

内蒙古建筑职业技术学院是直属自治区人民政府的一所全日制普通高等学校。其前身是国家级重点中专——内蒙古建筑学校。成立于1956年，1958年改制为内蒙古建筑学院。1961年恢复中专建制。1994年被国家教育部评定为全国六所建筑类重点中专之一。1999年7月，经国家教育部批准，独立升格为普通高等院校，并定名为呼和浩特职业技术学院。2002年3月经自治区人民政府批准更名为内蒙古建筑职业技术学院。2002年12月，经国家教育部、财政部审评，被列为国家级示范性职业技术学院项目建设单位。2004年3月，被自治区人民政府确定为全区高职教育改革试点院校。

学院新旧两个校区总占地面积391.41亩，其中新校区占地310.11亩。校舍总建筑面积13.34万平方米，馆藏图书25万册。固定资产总值1.5亿元，教学仪器总值达3200万元。

学院现有在职教职工403人，专任教师260人，全日制在校生6700余人。学院毕业生一次性就业率连续多年位列自治区高校专科层次首位。

学院开设工业与民用建筑、建筑装饰、供热通风与空调工程、建筑企业经济管理等24个专业，其中，工业与民用建筑专业和建筑装饰专业在2002年被教育部列为国家级专业教学改革试点专业。“建筑材料”、“建筑测量”两门课程入选全国高职高专“精品课程”。

学院还设有天津大学函授站、沈阳建工学院函授站、长安大学函授站。承担着全区项目经理、监理工程师、注册建筑师、结构工程师、房地产估价师、工程造价师等高层次专业技术人员的培训任务。

地　址：呼和浩特市回民区攸攸板镇一间房村（新校区）
车站乘302路汽车终点下车即到

电　话：（0471）6590949　6590299　3964369

内蒙古高等级公路建设开发有限公司

总经理：包建设

党委书记：赛 文

内蒙古自治区副主席赵双连等人深入我公司收费所检查工作

内蒙古高等级公路建设开发有限公司是经自治区人民政府批准组建成立的特许经营的大型国有独资企业。公司为一级法人，实行总经理负责制，自治区交通厅履行出资人职责。公司负责对自治区境内已建成运营的高速公路和相关辅道以及公司在建的高等级公路物统一管理。现有员工2501名，组建成立后资产将达到280亿元。

内蒙古高等级公路建设开发有限公司内设行政办公室、党委办公室、人力资源部、运营管理部、计划财审部、养护工程部和开发部七个职能部门，另设结算中心、监控中心和自治区交通厅派驻高等级公路交通执法总队。目前下设乌兰察布、呼和浩特、包头、巴彦淖尔、乌海五个分公司。

内蒙古高等级公路建设开发有限公司实行现代企业制度的法人治理结构和内部激励、约束机制以及归属清晰、权责明确、保护严格、流转顺畅的现代产权制度，对人员实行全员劳动合同制管理。现已建成运营的分公司采用现代化管理模式，设有通讯、收费、监控三大管理系统，基本实现了通行费的IC卡自动收取，使通行费征收工作步入科学化、标准化的管理轨道；养护机械化建设，路政法规化建设和服务人本化建设也都取得明显成效。建

内蒙古高等级公路建设开发有限公司

严明执法　保障畅通

建设绿色通道　优化行车环境

成通车的高等级公路，不仅为沿线地区经济发展起到了有力的推动作用，而且为实施西部经济大开发战略提供了有利的交通保障。

内蒙古高等级公路建设开发有限公司作为刚刚组建成立的大型企业，有着良好的发展势头和市场潜力。公司将按照“高标准建设、高速度发展、高水平管理、高质量服务”的总体要求，积极致力于加快高等级公路建设，优化行车环境，提升服务质量；不断加快人才培养，努力造就一支业务过硬、服务一流的职工队伍，更好地服务车主、奉献社会。公司全体员工将满怀热忱地投身于高速公路建设开发事业，在困难与挑战中奋起，在希望与机遇中搏发，为自治区经济的腾飞做出自己应有的贡献。

文明服务　建立快捷安全通道

呼和浩特市东瓦窑农副产品批发市场

领导班子

市场一角

呼和浩特市东瓦窑农副产品批发市场

呼和浩特市东瓦窑农副产品批发市场始建于 1986 年，是农业部首批鲜活农产品定点市场。属东瓦窑村委会创建的村办集体企业。市场地处呼和浩特市呼伦贝尔南路东侧。师大南路路南，交通十分便利，地理位置相当优越。它是华北地区最大的集贸市场之一。到 2004 年底，市场占地面积 94000 平方米，建筑面积 20000 平方米，营业用房 13000 平方米，市场路面及场地全部硬化，纵观市场经营环境面貌一新。市场经营种类有蔬菜、粮油、调味品、肉食品、副食、禽蛋、海鲜水产品、水果、等共八大类上千个品种，年交易额 6.1 亿元，交易量 5.8 亿公斤。

目前，市场现有多功能封闭式交易大厅 4 个，营业面积 6000 平方米，多功能综合大楼一座，营业面积 7000 多平方米。有固定摊位 275 个，临时摊位 260 个，从业人员 3500 余人，日平均人员流量 3 万多人次，车辆出入近万辆次，目前市场已形成一支庞大的营销队伍。市场交易额逐年增加。到 2004 年底市场总资产为 3741 万元，营业收入 1900 万元，上缴税金 258 万元。随着市场规模的不断扩大，市场业务范围和辐射能力已扩大到北京、天津、山东、河北等十几个省市自治区大中城市以及呼市周边十几个旗县。市场为全国各地广大农牧民提供了信息服务，使我市的农民有 80% 的农副产品通过市场销往全国各地。

经过十几年的艰苦努力，东瓦窑批发市场已经成为自治区农牧业产业化的龙头企业，连续几年获得自治区党委政府颁发的“全区农牧业产业化先进乡镇企业”称号，农业部定点鲜活农产品中心批发市场，中国蔬菜流通协会定点市场，同时还获得农业部“积极参加全国大中城市菜篮子产品批发市场信息联网工作先进单位”称号，连续十几年获得呼市市委、政府颁发的“全市先进乡镇企业”称号；2004 年 9 月荣获国家级“第三批农业产业化重点龙头企业”称号。

目前，市场领导班子年轻有为、领导有方，市场现有职工 150 人，他们在市场班子正确领导下齐心协力、奋力拼搏，为市场的经济繁荣，增加农民收入，丰富城乡居民菜篮子做出自己应有的贡献。

荣获诸多荣誉只能说明过去，尽管工作做了好多，投资也不少，并取得一定成绩，但和全国先进农副产品批发市场相比在基础设施建设上还有一定差距，存在着不少问题。要解决这一问题单靠市场有限资金是远远不够的，必须采取多种渠道加以解决。市场要生存、求发展、保荣誉、创名牌都离不开各级党委、政府的支持，特别是经济的大力支助，加大对市场的投资力度（发放贴息贷款等），只有这样，作为全国百强农副产品之一的东瓦窑批发市场在激烈的市场竞争中才能站稳脚跟，立于不败之地。

市场一角

经检审机构质检为优良工程的呼市新城宾馆总统楼A卧房

经检审机构质检为优良工程的呼市新城宾馆总统楼B卧房

经检审机构质检为优良工程的呼市新城宾馆总统楼会议室

经检审机构质检为优良工程的神华国际大酒店大堂

一、全区室内装饰工程质量预算检审机构

（一）机构概况

1994年9月24日，内蒙古自治区室内装饰工程质量预算检审所由自治区机构编制委员会批准建立，编制10人。现为隶属于自治区政府工业办公室的正处级全额拨款事业单位，下设业务科、综合科两个职能科室，另设行业办、信息办、招投标办等专业科室。主要职责是：负责拟定自治区室内装饰行业预算、收费、技术、质量的自治区级标准，并指导组织实施；负责自治区100万元以上室内装饰工程的预决算审核和质量检验，负责室内装饰队伍审查发证，负责对各盟市室内装饰检审机构进行业务指导，负责室内装饰新技术、新材料、新工艺的推广应用，推动自治区室内装饰工程的科技进步。先后获得原自治区轻纺工业厅、原自治区经贸委“全区室内装饰行业先进管理集体”称号，2003年，被自治区高级人民法院确定为司法鉴定机构。

内蒙古室内装饰检审所成立后，开展指导全区各盟市建立室内装饰检审机构工作。自1995年始，通辽市、呼和浩特市、鄂尔多斯市、乌海市、乌兰察布盟、二连市、赤峰市、阿拉善盟、兴安盟、呼伦贝尔市、包头市、巴彦淖尔市先后建立室内装饰工程质量预算检审站（所），均为正科级自收自支事业单位，主要职责是：贯彻国家、自治区有关室内装饰行业政策、规定，制定本地区行业政策、办法，负责本行政区域职责范围内的室内装饰工程市场检查、质量检验验收，室内装饰工程预决算审核，室内装饰企业队伍审查培训发证，推动本地区室内装饰行业发展。各盟市室内装饰检审机构结合本地区实际，在企业资质审查、人才培训、市场检查、质量检验、招投标监督、司法鉴定等方面，发挥积极的作用，呼伦贝尔市、鄂尔多斯市、巴彦淖尔市还建立旗县检审机构。至1996年底，全区形成上下协调，分级管理，统一完整的室内装饰工程管理服务体系。

（二）主要工作成绩

1、行业和市场管理工作步入了规范化的轨道。

十年来，自治区室内装饰检审所报请自治区政府、室内装饰行业主管部门及相关部门，批准实施了大量的室内装饰行业的管理政策、规范性文件、技术标准、定额、规范等，各盟市室内装饰检审机构，在贯彻自治区有关政策规定的基础上，也积极报请各盟市政府出台了本地区的管理办法，使室内装饰行业各项工作形成了制度化和程序化，为促进和规范行业发展，发挥了积极的、重要的作用。

2、全区室内装饰市场秩序明显好转。

全区各级室内装饰检审机构，认真开展室内装饰市场检查工作，严肃查处无证施工、以次充好、偷工减料行为，同时积极做好各项管理、服务工作，使室内装饰市场逐步得到规范。

3、行业队伍不断得到发展壮大。

全区室内装饰企业从无到有，由弱到强，不断发展壮大。据统计，全区现有资质的室内装饰企业由1994年的33家发展到今天的600多家，其中丙级以上企业400多家，甲级企业25家，从业人员20万人，年完成工程额超过50亿元。室内装饰已成为消费热点和新的经济增长点，家庭装饰工程量显著增加，专业家装公司迅速崛起，发展潜力巨大，前景十分可观。

4、室内设计水平显著提高，设计手段不断进步。

全区室内装饰设计企业，在全区、全国室内设计大赛中，取得辉煌成绩，涌现出了一大批优秀的室内设计作品。设计手段也从开始时的手绘发展到现在使用先进的电脑设备、先进的制图软件和喷绘设备，使设计效果、质量明显提高，工作效率大幅增长。

5、室内装饰工程质量稳步提高。

近些年来，全区认真贯彻《室内装饰工程质量规范》和《内蒙古自治区室内装饰工程质量检验管理实施细则》，完成了许多自治区优质工程项目，有的工程被作为一个行业系统的标志性工程，有的工程在挖掘民族文化方面取得可喜成绩，有的工程在大胆采用新材料、新工艺、新技术方面取得成果。据不完全统计，全区公共设施的室内装饰工程验收合格率达90%以上，优良率达60%以上。

（三）2004年主要工作

1、完成室内装饰行业行政许可事项清理工作。

自治区室内装饰检审所和各盟市检审机构均申报了“室内装饰企业资质审查”、“室内装饰企业施工许可证”和“室内装饰工程质量验收”三项行政许可事项，经过清理，全区保留“室内装饰施工许可证”和“室内装饰工程质量验收”两项行政许可事项。

2、报请自治区政府工业办公室印发《内蒙古自治区室内装饰工程质量检验管理实施细则》，配套印发《内蒙古自治区室内装饰工程质量检验技术资料编制程序指导手册》。从设计质量、材料质量、工艺质量、室内环境质量和室内装饰艺术效果质量五个方面明确了室内装饰工程的检验程序，进一步规定了国家十项室内装饰材料有害物质限量强制性标准和室内环境污染控制标准的贯彻落实。

3、室内装饰市场检查、质量检验和预决算审核工作。

2004年，全区共检查、验收室内装饰工程456项，工程造价8.18亿元，审核室内装饰工程预决算3.95亿元。

4、室内环境污染控制工作

在把室内环境质量做为室内装饰工程质量的重要组成部分，加强工程质量验收时对室内环境质量进行检测的同时，本着“预防重于治理”的原则，大力开展室内环保知识培训、普及和预防控制工作。编印了《室内环境污染与控制》行业培训教材，并对室内装饰工程有关岗位资格人员进行培训，强化其室内环境保护意识，从工程设计、施工过程中和竣工验收几个环节，加强对室内环境污染的控制。

5、举办自治区室内装饰行业发展十周年庆典，编印《内蒙古自治区室内装饰行业发展十周年》纪念画册。

十周年庆祝活动全面总结、展示自治区室内装饰行业发展十年来取得的成就，总结了加强行业和市场管理、促进行业发展的历史经验，确定室内装饰行业发展方向和目标。

二、全区室内装饰行业协会

（一）机构概况

内蒙古自治区室内装饰协会成立于1994年12月，是由自治区民政厅批准、由行业企事业单位、社会相关组织组成的全区性行业组织，具有法人地位。常务办事机构设在内蒙古自治区室内装饰检审所。本协会接受业务主管部门自治区政府工业办公室、社会登记机关自治区民政厅和中国室内装饰协会的监督管理和业务指导。现有团体和个人会员600多家，其中除室内装饰设计、施工企业外，还有装饰材料、用品生产、经营单位和各艺术类大专院校。下设室内设计、家庭装饰、教育培训、材料用品、室内环境检测、工程招投标六个专业委员会，各委员会在协会统一领导下开展各项活动。

内蒙古室内装饰协会成立后，各盟市室内装饰协会相继建立。随着近几年政府机构改革，各级协会逐步承担起了室内装饰行业管理职能。在2004年行政许可事项清理后，协会又承担起了室内装饰企业资质审查职能，实行行业自律性管理。多年来，室内装饰协会在企业队伍资质审查、人才培训、举办展览、工程评比等多方面发挥了积极的作用。

（二）2004年主要工作

1、室内装饰企业资质审查工作

2004年全区审查申报甲级企业3家，审查批准乙、丙级企业42家，丁级企业58家，室内装饰监理企业5家。

2、室内装饰岗位培训工作

全区举办各类培训班11期，设计师、设计员评审6次。培训考核项目经理326人，质检员177人，预算员157人，评审室内设计师35人，设计员256人。

3、举办室内设计大展

2004年6月28日，自治区室内装饰协会在内蒙古美术馆举办全区第四届室内设计展览，共展出来自全区各室内装饰企业、大专院校师生作品322幅，评选出金奖1幅，银奖5幅，铜奖13幅；创意一等奖2幅，二等奖7　幅，三等奖11幅。并有48幅作品上报参加全国室内设计大展。呼和浩特市举办了“元和杯”室内设计大赛，呼伦贝尔市也举办了室内设计展览活动。

4、开展家庭装饰室内环境咨询、宣传、检测服务工作。共检测家装工程70余家，其中甲醛达标率28%，放射线达标率62%。

经检审机构质检为优良工程的鄂尔多斯市新宾馆大堂

经检审机构质检为优良工程的鄂尔多斯市新宾馆餐厅

神东公司文体中心荣获自治区室内设计双年展银奖、全国室内设计银奖

内蒙古第四医院

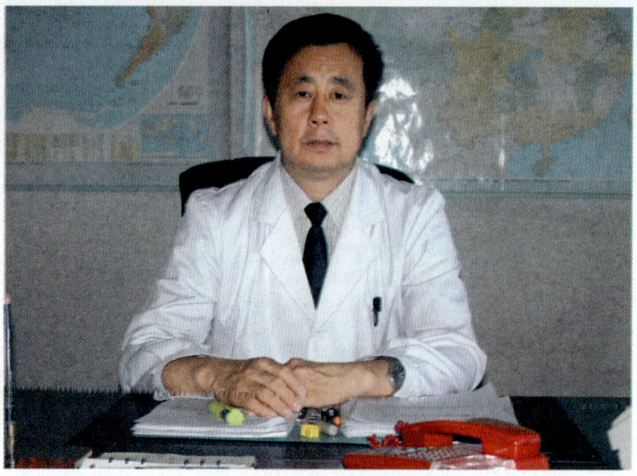

党委书记：任育麟

院　长：高方方

高方方院长在查房

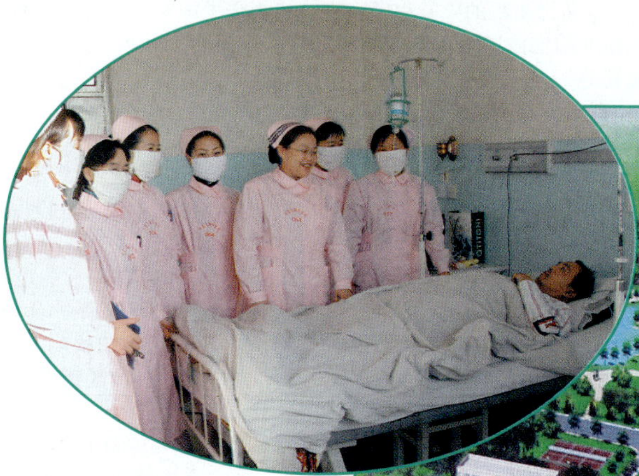

内蒙古第四医院的护士十分重视重症结核病病人的术后护理工作，这是她们在做护理交接班

比利时达米恩基金会医学专家在医院实验室核查涂阳肺结核病人情况

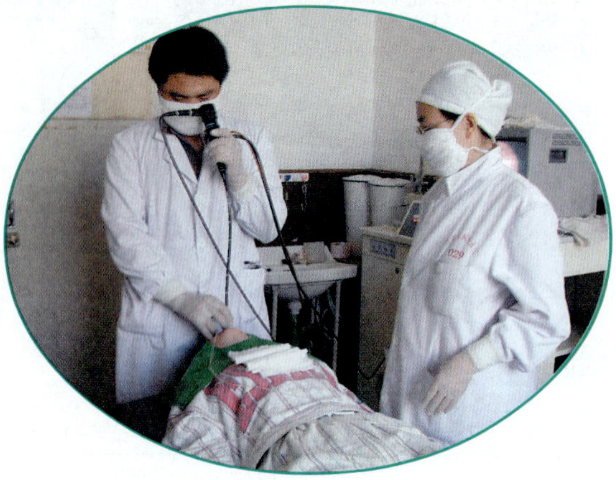

经纤维支气管镜检术

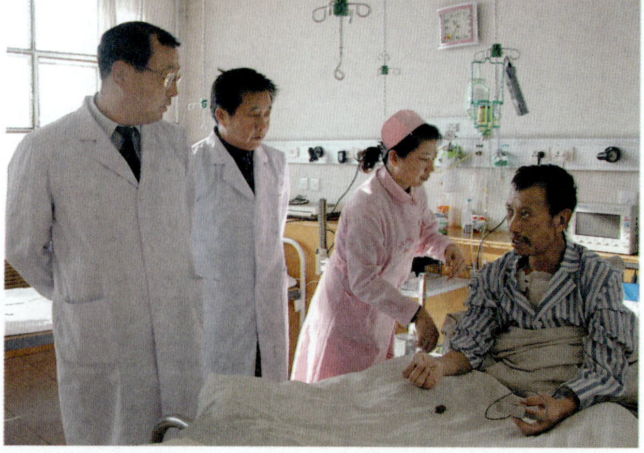

内蒙古第四医院院领导每月定期在病区查房

内蒙古第四医院

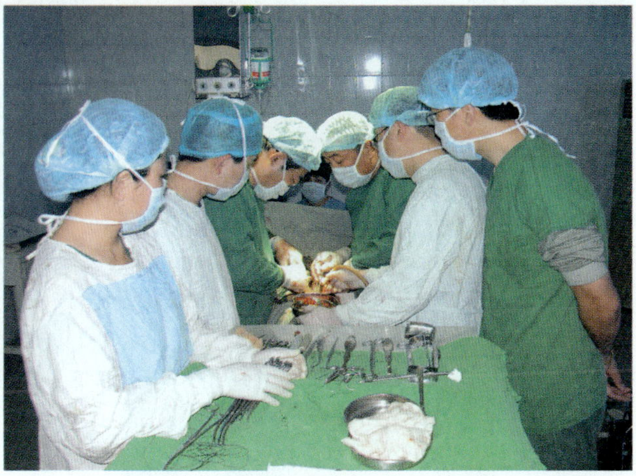

内蒙古第四医院是全区唯一的结核病专科医院，其中骨结核治疗中心每年收治大量的骨结核病人

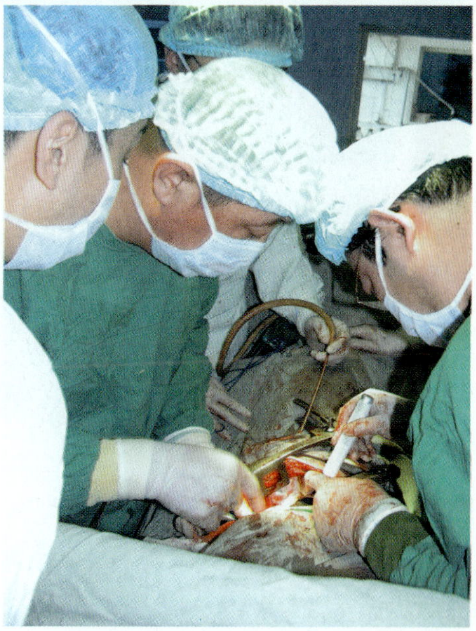

多年来内蒙古第四医院的结核病治疗专家已经为无数结核病患者解除了病痛

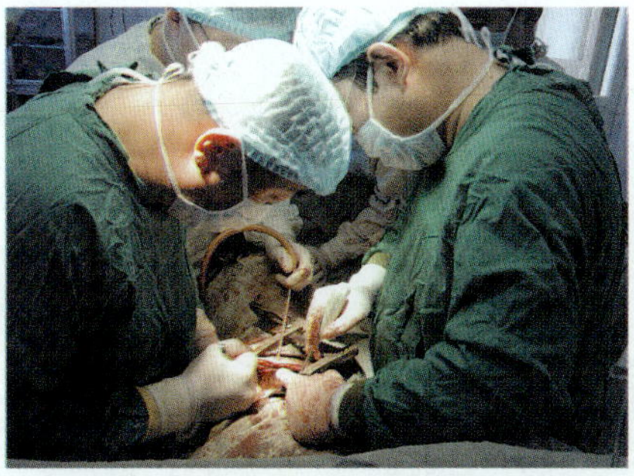

内蒙古第四医院自建院以来培养了各类结核病治疗专家

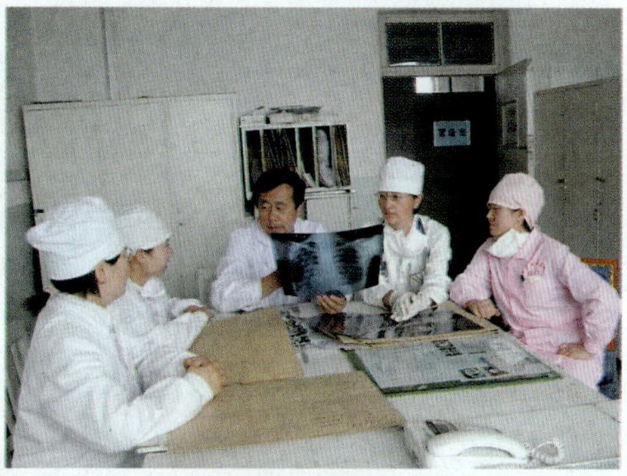

实力雄厚的内蒙古第四医院在呼吸内科结核内科方面有全区一流的专业人才

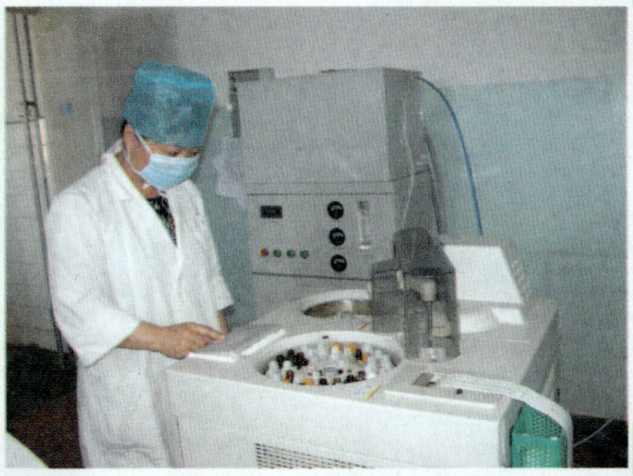

先进的实验室设备

自治区结防所医务人员在3.24宣传日上向群众讲解结核菌

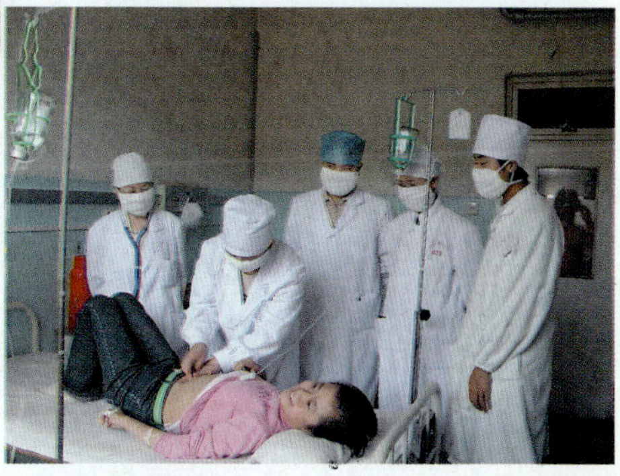

住院患者在内蒙古第四医院（结核病专科医院）得到了精心的诊治

北国之春餐饮有限责任公司

内蒙古自治区主席杨晶、副主席傅守正视察北国之春生态园

《一针见血》剧组于我北国之春生态园拍摄部分场景，北国之春董事长王志刚、总经理韩喜福与主演刘烨及导演合影留念

为普及海洋知识，保护自然生态物种，从大连引进四只海豹，以供客人欣赏

为庆祝祖国母亲56华诞，北国之春全体员工精心编制的花卉造型

北国之春餐饮有限责任公司

北国之春餐饮有限责任公司是呼市首家超大型绿色生态园餐饮项目，是公司投巨资打造的一个全新的餐饮品牌，占地面积2万多平方米，主要是以绿色生态园林景观为主，园林风格讲究，具有南国水乡情调。生态园内一年四季鲜花开放，绿树成荫，四季如春，各种名贵植物应有尽有，总数达500多个品种。假山瀑布、小桥流水、凉亭阁台、沙地热带植物等各式景观贯穿其中，极具绿色自然生态环境。

集全国特色精华菜品于一家，园内设计餐位可容纳1500人就餐，庭院式豪华雅间、休闲式贵宾厅及农家小院，风格独特，大型宴会区及零点消费，环境优雅、怡人，整个就餐园区笼罩在青山绿水之中，别有一番诗情画意之美。

园区内亭台楼阁、瀑布流水、小桥回廊、植物繁茂、鸟语花香、使人仿佛置身于仙境之中，在品尝美味佳肴的同时，领略南国风情，是婚庆、生日、亲朋聚餐的理想场所

北国之春生态园投资建设乌兰察布市泉山庄园项目签约仪式

内蒙古花卉种苗繁育基地北国之春生态园开业庆典仪式

地　　址：内蒙古呼和浩特市乌兰察布东路246号

订餐电话：0471-4602211　4602233

自治区党委副书记杨利民同志与组织部副部长王长聚卸任编办主任，王凤鸣同志任编办主任时合影留念。（右起高娃、邢志华、王长聚、陈朋山、杨利民、郭子明、王凤鸣等）

自治区党委副书记杨利民、自治区副主席郭子明、自治区党委常委组织部长陈朋山到编办研究指导工作

年终表彰会

经　济

计　划　财　税

发展改革

【内蒙古自治区发展和改革委员会领导名录】

主　　　任:呼尔查(蒙古族)
副　主　任:刘　俊(蒙古族)
　　　　　乔　木(3 月任职)
　　　　　巴达拉胡(蒙古族)
　　　　　包满达(蒙古族 4 月任职)
　　　　　安俊义
　　　　　牛栋春
　　　　　潘爱华(10 月任职)
纪 检 组 长:王荣升(12 月任职)
巡　视　员:武文斌(12 月任职)
助理巡视员:白恩厚(3 月任职)
　　　　　贾　峰
　　　　　杨崇义(3 月任职)

【概况】 自治区发展和改革委员会是自治区综合研究拟定经济和社会发展政策、进行总量平衡、指导总体经济体制改革的自治区经济调节部门。根据 2004 年自治区发展和改革委员会“三定”方案,机关核定处室(包括纪检委派驻发展改革委纪检组)共有 24 个,编制为 156 人。2004 年底,机关实际在编人员为 139 人,其中,处以上干部 88 人(含厅级 15 人),占63%,科以下干部 51 人,占37%;大专以上学历人员 137 人,占99%,少数民族 52 人,占37%。自治区发展改革委所属单位共有 12 个,核定编制为 333 人,是年底实际在编人员为 287 人。

【落实中央宏观调控政策】

加大对农牧业的支持力度　认真落实中央 1 号文件和自治区九项支农政策,积极实施国家粮食重点县工程,增加以水为中心的农田基本建设投人,努力促进粮食增产。全年落实支农支牧资金 12 亿多元,会同有关部门争取将巴彦淖尔市小麦、通辽市玉米等 20 多个旗县(区市)列入国家商品粮基地建设规划。2004 年,全区粮食播种面积扭转了连续五年下降的局面,粮食总产量达301.8亿斤,比上年增加近28.9亿斤。牧业年度牲畜存栏达9 274.4万头(只),比上年增加1 278万头(只),畜牧业占第一产业的比重达到43%。

开展固定资产投资项目清理工作　按照国家和自治区党委、政府的统一部署,按照有保有压、区别对待的方针,加大对钢铁、水泥、电解铝、电石、铁合金等行业的治理整顿,对所有在建和拟建项目进行集中清理。全区累计停缓建钢铁、电解铝、水泥等行业建设项目 33 个,取消立项 16 个,涉及投资307.3亿元,有效地遏制固定资产投资过快增长的势头。

加快煤电等优势产业发展　围绕缓解国家煤电油运“瓶

颈”制约,加快能源工业的发展。全年开工煤炭生产能力2 790万吨,新开工电力装机1 000万千瓦以上,煤炭产量达2.03亿吨,比上年增长38.2%,发电量817.02亿千瓦时,比上年增长26.1%。

保持物价基本稳定　通过加大对市场价格和收费秩序的监管和调控力度,控制新涨价项目、及时跟踪粮食、种子、化肥、钢材等价格变动情况并采取相应地应对措施,确保全区物价的基本稳定。全年居民消费价格指数比上年上涨2.9%。

【优化投资结构　重点项目建设】

努力拓展融资渠道　扩大投资规模　2004年,全年固定资产投资完成1 809亿元,增长49.6%。其中争取落实国债资金、中央预算内资金和各类专项资金65.1亿元,引进国内(区外)资金到位702亿元,比上年同期增长75%,间接利用外资1.6亿美元。创造条件推动北方创业、蒙牛股份成功上市和钢联股份可转债、蒙电华能企业债券成功发行,全年股票筹资近17亿元,债券筹资36亿元。

抓好重点项目的实施和管理　主要围绕生态、水利、交通能源、城市基础设施、环保、工业以及高技术产业化、社会事业等方面,积极争取国家支持,适时启动和实施一大批重点项目,增强经济发展的后劲,提高综合经济实力。

强化项目管理　多次召开全区项目前期工作会,制定项目管理办法,加强项目储备,全区入库重大前期项目达到3 041个,总投资2.2亿元。继续实行投资目标责任制。建立重点项目开工、竣工报告制度。加大对国债、中央预算内资金的稽查,全年检查各类项目67个,及时纠正项目实施中存在的问题。

【当好参谋助手】

启动“十一五”规划编制工作　在完成“十五”计划的中期评估工作的基础上,正式启动“十一五”规划的前期研究,选定34个重点研究课题,其中12个面向社会进行公开招标。完成《内蒙古自治区国民经济和社会发展“十一五”规划思路》(初稿),正在广泛征求意见。围绕特色产业、基础设施及社会事业,陆续启动一批专项规划。编制出台《内蒙古自治区2004~2010年第三产业发展规划纲要》和60条优惠政策,有力地促进全区第三产业快速健康的发展。

加强重大问题研究　为进一步扩大招商引资规模,研究完成《关于进一步加强招商引资工作的意见》、《内蒙古自治区表彰奖励国内投资者办法》;为鼓励和促进民间投资,研究完成《关于进一步鼓励和促进民间投资的若干意见》;为推进政府投资体制改革,提高投资效益,研究提出《自治区政府投资项目代建制管理试行办法》;为规范行政事业性收费行为,研究完成《自治区行政事业性收费管理规定》;为加快自治区公路建设步伐,研究完成《自治区还贷收费公路车辆通行收费标准调整方案》;为扩大收费公示范围,研究完成《自治区全面实行收费公示制度实施办法》等,这些成果,绝大部分已经自治区党委、政府转发或批准执行。

搞好经济运行监测　全年共完成12期《经济运行监测月报》和4期《经济形势分析报告》,代自治区党委、政府起草《关于当前经济形势和贯彻落实国家宏观调控政策的报告》上报国务院,并被国务院《政务情况交流》转载;配合国家有关方面的督导和检查,起草《关于贯彻落实宏观调控政策情况的报告》、《内蒙古自治区清理固定资产投资工作进展情况的汇报》等重要文件,并积极主动争取国家的理解和支持,及时协调化解矛盾,确保全区经济的快速发展。完成2004年全区经济社会发展主要目标的预计和2005年指标的测算,起草人代会计划报告,向自治区党委、政府报送633条政务信息,被采纳274条次。为自治区党委、政府科学决策提供可靠依据。

【加强价格和收费管理】

加强价格管理　为疏导电价矛盾,及时出台自治区疏导电价矛盾方案,大批电厂实行厂网分离,蒙西电网的14个旗县实行了城乡生活用电同价政策,农村牧区居民生活用电价格每度下降0.22元;在赤峰市、通辽市、兴安盟,设立大工业趸售电价,比原非普工业类别电价每千瓦小时下调0.09元;根据煤炭价格上涨的实际,争取国家提高“西电东送”电价8厘钱。针对高载能企业生产,通过实行差别电价淘汰了一批“五小”企业;完善价格形成机制,制定出台包头市天然气销售价格和呼和浩特市车用天然气价格,调整乌海、包头、东胜三市区的城市供水价格。

规范收费行为　认真贯彻落实《行政许可法》,全面清理收费行政审批、行政许可事项,取消无法律法规依据的收费项目。继续推行农村牧区义务教育“一费制”和教育收费公示制度,重新核定秋季中小学课本零售价格,取消义务教育阶段城镇借读费。通过减、免、取消国内植物检疫费中的检疫证书费、水土流失防治费、畜禽及畜禽产品防疫检疫费等措施,减轻农牧民负担9 500万元;进一步落实医疗服务收费公示制度,规范了医疗服务收费行为。

强化物价监督　继续巩固和完善涉农价格与收费公示制度,全区执收单位的公示率达到98%以上。积极开展涉农价格和收费、药品和医疗服务价格、卫生防疫收费、铁路运输、机动车、中介服务等价格专项检查,自治区共查处价格违法案件51件,违法金额679.188万元,实行经济制裁667.11万元。为预防和应对价格异常波动,确保物价稳定,及时研究出台应对预案。

【参与改革　扩大对外开放】

指导全社会的经济体制改革　围绕进一步推进全区经济体

制改革工作的要求，研究提出《关于进一步推进经济体制改革的意见》，经自治区政府同意转发。选择呼伦贝尔、通辽等6个盟市的8个小城镇，上报国家争取列入全国小城镇改革试点。根据自治区党委、政府的部署，参与自治区"三大流通集团"改制工作。积极参与电力体制改革和铁路、公路的产权转让等事宜。

加快投资体制改革　根据《国务院关于投资体制改革的决定》精神，起草完成《内蒙古自治区贯彻落实国务院投资体制改革决定的实施意见》和相关配套办法，上报自治区政府待批。

扩大开放　贯彻"走出去"战略，积极落实自治区领导出访俄罗斯、蒙古国时签订的协议事项，支持内蒙古庆华集团与"蒙古之金"公司合资开发蒙古国那林苏海特煤田等项目。争取国家落实玉米出口配额42万吨、小麦、玉米、大米、棉花等农产品进口配额17万吨。全年实现外贸进出口总额40.5亿美元，增长31.6%。

（傅承文）

经济信息

【内蒙古自治区经济信息中心 内蒙古经济社会发展研究中心领导名录】

中 心 主 任：杭栓柱

中心党委书记：甄德斌

【概况】　内蒙古自治区经济信息中心、内蒙古经济社会发展研究中心现有编制135人，有各类专业技术人员93人，其中具有正高专业技术职称6人、副高专业技术职称15人、中级职称41人，初级职称31人，具有大专以上学历104人。

2004年，中心参与起草自治区重要决策文件和重要规划工作，完成政策咨询研究报告76项，有的获得党政领导批示和内部参阅文件登载，省部级以上公开刊物发表论文50多篇。

【参与自治区重大宏观决策研究】　围绕自治区党委、政府的中心工作，与自治区发改委相关处室共同完成《内蒙古自治区2004～2010年第三产业发展规划纲要》、《关于加快内蒙古第三产业发展的若干政策》的起草工作，成为自治区党委、政府今后一个时期指导全区第三产业发展的纲领性文件，为加快全区第三产业发展提供政策保障。起草《内蒙古自治区鼓励和促进民间投资的若干意见》，并形成内蒙古自治区发展和改革委员会的文件，正式上报政府。完成自治区党政领导牵头的《关于建立经济自主增长机制问题的研究》调研课题的初稿，有三项成果得到自治区党委、政府领导批示或重要内部刊物转载。

【编制"十一五"规划】　内蒙古自治区经济信息中心被确定为自治区"十一五"规划工作领导小组成员单位，中心主任杭栓柱担任规划工作领导小组办公室副主任。中心接受任务后，高度重视，抽调骨干力量，精心组织各部门的同志参与此项工作。围绕着"十一五"规划思路的研究和起草，完成的主要工作是：

组织"十一五"规划重点课题研究　围绕产业发展、社会发展、区域发展、对外开放、人民生活等方面提出34个重点课题，对其中的12个课题进行社会公开招标。

启动"十一五"规划思路的研究起草工作　对重要指标进行研究，收集10 000万多个基础数据，对规划思路中涉及的180多个预算目标做反复测算。

开展规划思路广泛征求社会各界意见　自9月份开始，邀请自治区党委、政府、统计等有关部门及20多位专家召开座谈，同时向有关领导、部门和研究机构发出120多份征求意见函。按照领导的要求，专门征求曾经在自治区工作过的中央及在京领导、全国著名专家、两院院士，以及长期从事经济工作的知名专家、企业家等的意见，同时书面征求了12个盟市和32个部门意见，走访了11个厅局，收集和听取对规划思路意见。

"十一五"规划与科学发展观的学习培训　汇编约六十多万字的学习参考资料。11月中旬，在北京举办全区"十一五"规划座谈培训会，邀请国务院发展研究中心王梦奎主任、国家发展改革委宏观经济研究院副院长王一鸣等6名专家做专题报告。盟市、厅局领导及盟市发改委主任近百人参加培训。2004年11月30日就信息化发展规划，中心还主办"十一五"规划信息化高层论坛。

为"十一五"规划编制创造良好的社会氛围　创办《内蒙古发展规划通讯》，编发七期《内蒙古发展规划动态》。《内蒙古日报》、内蒙古电视台对重点课题招标、专家研讨和座谈培训会的活动都做及时报道，并在《内蒙古日报》、内蒙古电视台、发改委门户网站、内蒙古经济信息网和《北方经济》上开辟"十一五"规划的相关专栏。

【重大课题研究】　承担自治区西部开发办公室委托的《内蒙古特色优势产业重点项目规划》、《内蒙古四盟市退耕还林（草）工程实施效果》研究，参与《内蒙古商贸流通市场体系研究》、《内蒙古化学工业发展规划》等调研报告起草。完成中心确定的《内蒙古产业集群研究》、《内蒙古东四盟市工业化发展及其路径选择》、《内蒙古经济市场化程度的分析与判断》、《内蒙古工业经济竞争力总体评价》等15项年度课题研究报告，承担规划办的《内蒙古第三产业发展战略研究》、《发展壮大内蒙古产业集群研究》两个自治区级课题。

【信息化方面研究】　完成自治区人大交办、报送全国人大的

《电子签章法(草案)的修改意见报告》和上报自治区人大的《关于开展“内蒙古政府信息公开法规”起草工作的建议》,完成《内蒙古“十一五”信息化发展战略的研究》,承担有关部门委托的《内蒙古电子政务建设对策与措施研究》其中的5项专题研究和统筹编审工作。

【提供信息化服务】 2004年,中心紧紧围绕自治区发改委信息化的需求,努力推动发改委的信息化工作。

纵向网　完成纵向网视频会议系统改造工程和物价系统接入纵向网工程,确保国家纵向网视频会议系统的正常运行,全年召开视频会议24次。

项目库　做好项目库建设、管理、维护和完善工作,起草下发项目库管理文件。至2004年底,全区入库项目3 000多项,共计总投资2万多亿元,其中已开工项目170多项,总投资860亿元,具备开工条件的项目600多项,总投资3 300多亿元。

OA系统　年内调整、更新部分内网布线、局部老化网线,补充更新一批设备,保证网络的正常运行和办公自动化系统的运转,顺利通过全国发改委系统开展的密码保密检查和自治区公安厅网络安全检查。为更好地方便委里办公,开发“发改委数据资料管理信息系统”,完成1995年至2003年月度、季度、年度主要指标的录入工作。

网站建设　2004年建设发改委门户网站,创办一些特色栏目,同时在全区推广招商引资信息系统。积极参与国民经济动员网站建设,完成国民经济动员办公室上报国家的数据加载约50万字。

【信息资源开发利用】 2004年,《北方经济》荣获“内蒙古期刊奖”(属自治区最高级别的政府奖项)和“中国北方地区优秀期刊奖”(属全国性的专业奖项)。

《研究与预测》是中心主办的面向党政主要领导的内部刊物,2004年全年编辑发行24期,共计10万余字。编制印刷《内蒙古自治区国民经济动员潜力调查资料汇编》一书,并参与国民经济动员预案编制的调研工作。

提高内蒙古经济信息网服务质量。建立网上专家文库,全年举办网上发展论坛6次,吸引社会各界的广泛参与和讨论。另外,中心开通了拥有简介、动态、成果、项目等栏目的门户网站。2004年中心获中经网年度“区域经济信息”信息产品一等奖。

【社会化服务】 中心在信息技术和工程建设方面,主要完成科技厅下达的科技项目可视化流程定义的研制工作,承接部分盟市发改委局域网及办公自动化建设、内蒙古医药招投标管理信息系统的调研、设计、开发等工作,完成内蒙古监狱管理局、计生委门户网站建设和内蒙古社科院、维力斯大厦等五项信息网络工程或系统集成工作。

【培训工作】 全年培训各类专业人员1 000余人(次),完成自考报名1 500人。建成中荷项目远程教育平台。取得“全国信息技术人才培养工程培训管理中心及全国信息技术培训基地”资质。

【对外咨询服务】 全年完成地区及行业规划、项目可研报告、评估报告等各项咨询报告80多项,为自治区及企业发展和招商引资,提供全面的服务。

(何　芳)

财　　政

【内蒙古自治区财政厅领导名录】

厅　　长:符太增
副 厅 长:王玉明
　　　　常军政
　　　　云宗元(蒙古族)
　　　　张　华
纪检组长:海风云(女　蒙古族)
助理巡视员:陈文平
　　　　崔更发
　　　　吴守普

【概况】 内蒙古财政厅是自治区人民政府的组成部门,是自治区人民政府主管财政收支、财税政策、国有资本金基础工作的综合经济部门。厅机关下设23个处室,公务员编制191名,实际在编187名。财政厅下设财政信息中心、国库收付中心等13个事业单位,挂靠有内蒙古自治区财政学会、内蒙古自治区会计学会等协会、学会7个。

【财政收支情况】 2004年全区地方财政收入入库237.4亿元,完成预算的126.7%,比上年增加74.7亿元,增长45.9%。其中:一般预算收入196.2亿元,完成预算的122.5%,比上年增加57.5亿元,增长41.5%;基金预算收入41.2亿元(不含社会保障基金收入,下同),完成预算的151.6%,比上年增加17.2亿元,增长71.6%。当年上划中央税收收入入库125.7亿元,完成预算的107.8%,比上年增加30.4亿元,增长31.9%。汇总地方财政收入和上划中央税收收入,全区财政总收入完成363.1亿元,比上年增加105.1亿元,增长40.7%。2004年全区财政总支出598.2

亿元，完成全年预算的92%，比上年增加127.2亿元，增长27%。其中：一般预算支出560亿元，完成全年预算的92.1%，比上年增加112.7亿元，增长25.2%；基金预算支出38.3亿元，完成预算的90.5%，比上年增加14.5亿元，增长60.6%。全区财政收支增加额首次双双突破100亿元。

【增收亮点】 2004年，自治区紧紧抓住国家实施宏观调控，加强煤、电、油、运等薄弱环节的机遇，发挥资源优势，集中新增一批重点项目，前几年度开工的项目也陆续投产或达产，经济运行的质量和效益继续提升，形成许多新的财源增长点。财政总收入增长40%以上，为近十年来最高水平。分项目看，增值税完成122.7亿元，增长35.7%；企业和个人所得税完成39亿元，增长23.9%，三项中央和地方共享税共计增收39.9亿元，占财政收入增加总额的38%。营业税、城市维护建设税、城镇土地使用税、资源税、房产税等地方骨干税种共计完成90.3亿元，增加28.3亿元，增长45.6%，占财政收入增加总额的27%。国有资产经营收益、行政性收费、专营收入和罚没收入等政府非税收入共计完成53亿元，增加20.2亿元，增长60.6%，占财政收入增加总额的19%。

从地区看，优势地区继续快速发展，原来一度发展较慢的盟市和旗县后来居上。8个盟市的一般预算收入增速超过30%，其中有5个盟市增速超过50%。尽管2004年有减免农业税和改革出口退税负担机制等减收政策，全区财政收入超亿元的旗县仍达到63个，比2003年增加16个，其中有4个旗（区）财政收入首次突破10亿元大关。

【支持经济建设】 2004年预算内基本建设支出完成75亿元，重点加强农林水利、生态环境、城市交通和公共卫生等基础设施建设。自治区筹资3亿多元，支持重点矿产资源的勘探开发。针对企业资金紧张的情况，各级财政加大对企业和工矿区基础设施的扶持力度，财政支持企业技改支出19.3亿元，比上年增长35.4%；城市建设支出24.9亿元，比上年增长37.8%。自治区筹集资金8 500万元，支持“走出去”战略，对赴境外森林采伐、投资办厂给予补贴或贴息。落实支持经济和社会发展的税收优惠政策，全区减免税收22.4亿元，出口退税13.2亿元。为支持县域经济发展，自治区政府对财政收入总量、增量、增速位列全区第一的旗县和财政收入上亿元台阶的旗县分别给予重奖。统筹区域发展，自治区对盟市和旗县实施转移支付和财力性补助103.4亿元，比上年增加14.2亿元，增长18.2%，重点支持困难地区。

【支持“三农”】 2004年是各级政府解决“三农”问题工作力度最大、政策落实最快、农牧民受益最多的一年。继续深化农村牧区税费改革，全面取消农业特产税（除烟叶外）、牧业税；自治区政府确定锡林郭勒盟全部免征农业税，呼和浩特市、包头市、鄂尔多斯市、乌海市、阿拉善盟自行免征农业税，其余6个盟市农业税税率降低3个百分点。当年减免涉农税收9.2亿元，农牧民人均减负68元。继续推进粮食流通体制改革，对种粮农民实行直接补贴。兑付直补资金5.2亿元，人均补贴39元。筹措资金5 800万元，对种粮农民购买良种和农机具给予补贴。继续加大扶贫开发力度，安排财政专项资金6.6亿元，重点支持了2 300多个重点嘎查村的扶贫工程建设，支持27个旗县的移民搬迁，支持11万名农牧民就业转移培训。继续实施退耕还林还草、京津风沙源治理、天然林保护工程等，中央和自治区财政共投入43.5亿元。筹资2.3亿元，用于农牧业救灾、疫病防疫和地震灾后重建。

【改善城镇困难群众生活】 自治区各级政府征集社会保险费65亿元，比上年增加10亿元，增长19%。各级财政拨补社会保障资金和抚恤福利救济费53.3亿元，比上年增加22.6亿元，其中中央财政下拨关闭破产企业职工安置和生活补助费增加13.5亿元，当年已拨付到相关企业2.8亿元。筹措资金5.97亿元，支持推进就业和再就业。经过各方面的努力，确保74.7万企业离退休人员按时足额领取基本养老金，71万城镇低保人员领取最低生活补助。全区城镇新增就业24万人，其中下岗失业人员再就业13.3万人。从2004年7月份起，企业退休人员人均每月增加基本养老金38元，增加财政支出1.5亿元；从10月份起，每月提高城市低保财政补差标准10元，增加财政支出0.9亿元。随着经济发展和财政收入增加，各级政府不同程度地出台一些提高公教人员收入的政策。

【支持社会事业发展】 2004年，教育事业费支出66.4亿元，比上年增加12.1亿元，增长22.2%。重点支持实施二期义教工程、中小学校危房改造工程和农村牧区“两基”攻坚工程；累计投入1.5亿元，建设现代远程教育网络工程，全区8 000余所农牧区中小学基本完成建设任务。从2004年秋季开始，对农牧区中低收入家庭义务教育阶段学生实施“两免一补”制度（即免费提供教科书和免交杂费，对住宿学生给予补助），自治区下拨补助资金1.3亿元，纳入实施范围的有75个旗县，使130多万中小学生受益。文体广播事业费支出12.8亿元，比上年增加2.3亿元，增长21.4%，抢修、保护一批国家和自治区级重点文物，电视节目的覆盖范围提高到87.9%。对城乡公共卫生事业的支持力度加大，全年卫生事业费支出17.6亿元，扣除上年非典因素，实际增长34%。公检法支出28.5亿元，比上年增长23.9%，基层派出所、法庭、检察院的办公、办案条件和监狱设施得以改善。

【财政管理和监督】 自治区政府制定下发《自治区本级财政专项资金管理办法》，各级各部门认真贯彻落实，对7类专项资金建立项目库,并实行滚动管理;对4类项目实行专家评审和公示制度;对9类专项资金实行专户管理、封闭运行;对具备条件的专项资金实行报账制和国库集中支付制度。进一步加大财政、审计的监督检查力度。适当处理历史欠账,逐步化解财政风险。自治区补助解决2001年以前旗县拖欠教师国标工资1亿元;解决大化肥、集通公司世行债务1.8亿元;消化处理以前年度本级财政挂账6 500万元;解决部分离退休人员医疗费历年欠账。

2004年监督检查工作统一归口由财政监督检查局协调组织,新组建财政监督检查中心,充实财政监督检查的力量。先后开展非税收入、会计信息质量、中介机构和领导干部拖欠公款等财政检查工作,查出违纪、违规金额2.54亿元,已追缴财政3 300万元,纠正归位1.84亿元。对农业综合开发项目的实施及资金使用情况进行全面检查。在对外检查的同时,对财政厅机关2个处室和4个所属事业单位的财务管理情况也进行检查。

【财政改革】 进一步做好部门预算编制的基础性工作,全面梳理和规范本级财政投资项目库,提高预算编制质量。政府采购范围扩展到工程和服务类项目,全区政府采购规模达到33.8亿元,比上年增加11.6亿元,增长52.3%;节约资金4.3亿元,资金节约率为11.2%。国库集中支付改革进展顺利,自治区本级有52个部门及所属单位纳入国库集中支付范围,集中支付资金达到38.5亿元,月平均减少部门单位的沉淀积压资金5~6亿元。非税收入收缴改革取得新进展,试点范围扩大到自治区本级30个部门及所属单位,集中收缴额达到11.1亿元。

继续支持国有企业改革,重点加快企业剥离办社会工作,全区完成分离企业办社会职能机构275个,仅工资一项每年减轻企业负担3亿多元。

(史圣平)

国　税

【内蒙古自治区国家税务局领导名录】

局　　长:王功民
副 局 长:刘景溪
　　　　　王月仙(女　蒙古族)
　　　　　吴　沛
　　　　　叶殿祥
纪检组长:谢一湖
总会计师:张占斌
总经济师:李青山
助理巡视员:赵峻平
　　　　　戴·塔拉腾(蒙古族)

【概况】 全区国税系统共设置机构590个,其中行政机关123个、直属单位126个、税务所(农村中心分局)185个、事业单位156个,各类机构均比上年有所减少。上述机构中:正厅级单位1个、正处级单位34个、副处级单位3个、正科级单位156个、副科级单位97个。国税系统网络已经遍布全区城乡各地。2004年末全区国税系统正式编制11 619人,现有正式职工10 866人,其中行政人员9 112人、事业人员1 754人。

【税收收入】 2004年全区国税系统完成税收收入153.9亿元,比上年增收16.6亿元,同比增长43.1%,提前并超额完成全年收入任务。其中:国内增值税累计完成132.3亿元,同比增收40.8亿元,增长44.5%,增幅列全国第一位;国内消费税完成10.3亿元,同比增收1.7亿元,增长19.7%。

【征管改革】 2004年内蒙古国税系统认真贯彻落实全国税收征管工作会议精神,积极探索和推进税收征管体制改革,不断加强税收管理,创造性地开展工作,在广泛调研的基础上,召开全区国税系统税收征管暨信息化建设工作会议,研究落实完善征管体制、强化管理基础、加强管理队伍建设、提高税收征管水平的一系列制度和措施。按照总局的部署和要求,调整规范征收机构设置、岗位职责和征管流程,实施办税服务厅实体化改革。完善属地管理与分类管理相结合的税源管理模式,强化税源管理和征管基础。积极推行多元化申报纳税方式,不断拓展服务领域,创新服务手段,优化纳税服务。完善增值税申报纳税“一窗式”服务,实现“一窗一人一机”管理模式。切实加强“四小票”管理,数据采集质量有大幅度提高。圆满完成车购税机构、人员、财产的划转接收工作,确保车购税费改革的顺利进行和过渡时期车购税业务的正常开展。

【依法治税】 深入推进税收执法责任制,拓展税收执法责任制实施情况的检查深度和广度。全面贯彻实施《行政许可法》,开展全方位的宣传、学习、培训以及税务行政许可文件和主体的清理工作。整顿和规范税收秩序,开展推行“一窗式”管理之前增值税缴纳情况、增值税一般纳税人、出口货物免抵退税和货物运输业、房地产业、商贸企业、医药企业、汽车市场等税收专项检查,以及打击虚开货物运输发票和制售假发票违法犯罪专项整治行动,坚决查处增值税专用发票案件,严厉打击各类涉税违法行为。至2004年底,全区各级国税稽查部门共检查纳税户2 345户,查补总额8 251.03万元,移送案件32件,曝光案件50件。

【税收信息化建设】 全面改造系统广域网络,有效地解决网络应用瓶颈问题。税收综合征管软件在全区成功上线运行,初步

2004年内蒙古自治区国税局税收收入统计表

序　号	项　　　目	数　　值
1	税务部门组织收入总计	1 862 183
2	一、税收收入合计	1 981 194
3	其中:中央级收入	1 607 979
4	地方级收入	373 215
5	其中:国有企业	856 277
6	集体企业	31 610
7	股份制企业	798 379
8	私营企业	53 276
9	涉外企业	103 427
10	其他企业	138 225
11	(一)国内增值税	1 325 131
12	其中:中央级收入	993 823
13	地方级收入	331 308
14	其中:国有企业	360 853
15	集体企业	28 835
16	股份制企业	721 440
17	私营企业	43 488
18	涉外企业	87 352
19	其他企业	83 163
20 1	卷烟	19 181
21 2	酒	8 564
22 3	糖	2 130
23 4	纺织品	23 156
24 5	煤炭	204 495
25 6	原油	27 761
26 7	成品油	3 836
27 8	电力	264 153
28 9	化工产品	54 251
29 10	机械交通运输设备	13 036
30 11	钢坯钢材	183 888
31 12	有色金属产品	31 312
32 13	建材产品	26 269
33 14	商业	212 400
34 15	其他	250 699
35	(二)国内消费税	102 755
36	其中:国有企业	41 286
37	集体企业	205
38	股份制企业	58 766
39	私营企业	2 136

续表

序号	项目	数值
40	涉外企业	12
41	其他企业	350
42 1	卷烟	59 620
43 2	酒	22 203
44 3	汽车摩托车	4 345
45 4	成品油	16 161
46 5	其他	426
47	(三)海关代征	439 693
48	其中:增值税	439 626
49	消费税	67
50	(四)营业税	-4
51	其中:中央级收入	-4
52	地方级收入	0
53	其中:国有企业	-4
54	集体企业	0
55	股份制企业	0
56	私营企业	0
57	涉外企业	0
58	其他企业	0
59 1	金融保险	-4
60 2	交通运输	0
61 3	建筑安装	0
62 4	服务	0
63 5	其他	0
64	(五)企业所得税	60 439
65	其中:中央固定收入	8 929
66	中央级收入	30 875
67	地方级收入	20 635
68 1	国有企业	25 753
69 2	集体企业	2 341
70 3	股份制企业	27 034
71 4	私营企业	807
72 5	其他企业	4 504
73	(六)外商投资企业和外国企业所得税	16 038
74	其中:中央固定收入	0
75	中央级收入	9 623
76	地方级收入	6 415
77	(七)个人所得税	37 142
78	其中:中央级收入	22 285

续表

序 号	项 目	数 值
79	地方级收入	14 857
80	利息所得税	37 142
81	（八）资源税	0
82	（九）城镇土地使用税	0
83	（十）投资方向调节税	0
84	（十一）城市维护建设税	0
85	其中：中央级收入	0
86	地方级收入	0
87	（十二）印花税	0
88	其中：中央级收入	0
89	地方级收入	0
90	（十三）土地增值税	0
91	（十四）房产税	0
92	（十五）车船使用税	0
93	（十六）屠宰税筵席税	0
94	（十七）燃油税	0
95	（十八）车辆购置税	0
96	二、出口退税	－120 553
97	其中：1 出口退消费税	－2
98	2 出口退增值税	－120 551
99	三、其他收入	1 542
100	其中：1. 教育费附加	0
101	2. 文化事业建设费	0
102	3. 农业五税	0
103	4. 社保基金收入	0
104	5. 其他收入	1 542

构建税收管理高标准、高质量的信息化平台。全面完成防伪税控系统税务端网络版软件的升级和数据升迁，开发推广“四小票”的“一窗式”比对审核软件和预防稽核系统应用软件，拓展金税工程二期。重新开发内部网站，建成全区国税系统信息发布、数据资源共享的网上辅助办公平台。

【税收政策】 采取多种形式、通过各种渠道积极宣传和贯彻落实下岗再就业税收优惠政策，2004年共为4 954户符合条件的企业和从事个体经营的纳税人办理税收减免，共计减免企业所得税242.5万元，吸纳下岗失业人员5 462人。严格执行提高增值税起征点政策和涉农增值税优惠政策，对个体工商户经营农产品的具体范围，制定全区统一的品目下发执行。增值税起征点提高后新增享受优惠政策的个体户11 423户，共减免增值税846.34万元。全面落实促进经济增长的企业所得税优惠政策，共批复享受减免税及西部大开发优惠政策的企业28户，减免企业所得税1.8亿元。认真贯彻实施中央出口退税机制改革措施，共审核办理企业出口退税19.55亿元，比上年增长6.33亿元，增长48%，完成总局下达的出口退税计划退调库工作，实现国务院提出的“老账要还，新账不欠”的出口退税工作目标。

【队伍建设】 加强对领导班子的监督管理；根据肖占武贪污案件涉案干部处理情况，对12个盟市局的主要负责人进行调整和交流；严格执行领导干部选拔任用工作条例，一些地区开展领导干部竞争上岗等工作；加强后备干部队伍建设，建立全区国税系统处级、副处级后备干部队伍。加强干部培训工作，初步形成以需求为导向，分层次、分类别、多渠道、多形式、大规模的培训工作新格局。认真开展肖占武贪污案件涉案人员查处工作,达到惩治极少数、挽救大多数的目标。广泛开展以党纪政纪、“两个务必”等为主要内容的廉政教育和“肖案”警示教育,并从肖占武贪污案件中深刻汲取教训,加强监督,堵塞漏洞,进一步完善党风廉政建设的工作机制和制度。认真开展执法监察,加强“四条禁令”的监督检查工作。全区纪检监察部门执法监察立项396项,并全部办结,提出执法监察建议22件,协助建章立制16项。

2004年全区国税系统获得自治区以上表彰的先进个人名单

姓名	获奖个人	获奖时间	表彰名称
叶殿祥	内蒙古国税局党组成员纪检组长	2004年7月	十年全国青年文明号活动个人奖
宋建国	内蒙古国税局教育处处长	2004年7月	十年全国青年文明号活动个人奖
刘晓红	呼和浩特市国税局稽查局局长	2004年7月	十年全国青年文明号活动个人奖
亢荣	鄂尔多斯市伊金霍洛旗国税局离休干部	2004年7月	全国老干部先进个人
高峰	包头市青山区国税局局长	2004年7月	全区精神文明建设先进工作者

(张柏青 林青彪)

地税

【内蒙古自治区地方税务局领导名录】

党组书记
局　　长:苗银柱

党组成员:云　飞(蒙古族)

副 局 长:佟铁顺

乔志明

向　东(蒙古族)

张　莉(女)

党组成员
纪检组长:白　烨(蒙古族)

助理巡视员:王凤来

贾文廷

【概况】 2004年,全区地税系统共组织各项税费收入197.4亿元,比上年纯增43.9亿元,增长28.6%,其中税收总收入132.4亿元,纯增34亿元,增长33.9%;社会保险费收入65.04亿元,纯增10.4亿元,增长19.2%。税收收入的增量、增幅都创造了新的历史最好水平,增量比历史最高水平的2003年多增15.6亿元;增幅比历史最高水平的1996年高出1.61个百分点。税收收入增幅比全国地税系统平均水平高14.9个百分点,居全国地税系统第二名,居西部省区第一名。

【收入完成主要特点】

在高基数基础上实现的高增长　2002年、2003年全区地方税收总收入分别增长19.1%和22.0%,分别比同期生产总值增幅高出7个百分点和5.7个百分点,在此基础上,2004年税收总收入增幅又达到33.9%,高于生产总值增幅14.5个百分点。社会保险费收入近三年分别增长35.5%、19.3%和19.2%。

在消化15多亿元减收因素基础上实现的净增长　地税机构组建十年来,税收收入增长最快的两个年份是1996年和2004年,增幅分别为32.29%和33.9%。1996年的税收增长是在完善地方税制情况下实现的,是十年来政策性增收因素最大的一年。而2004年则是税收政策性减收因素最多的一年,当年实际减免税收15.7亿元。

地方税收收入占GDP的比重稳步增高　2001年为4.4%,2002年为4.68%,2003年为4.72%,2004年上升到5.4%,比2001年提高1个百分点,超过全国5.38%的平均水平。

来源于第三产业的地方税收首次超过第二产业　由于全区产业结构的优化和正确的产业政策指导,从2004年9月开始,第三产业的地方税收贡献率首次高于第二产业。全年第二产业实现的地方税收为50.8亿元,第三产业为62.7亿元,比第二产业高出11.9亿元。

各税种收入普遍增长　营业税、个人所得税和企业所得税三大地方税种分别入库54.95亿元、14.68亿元和14.67亿元,分别增长51.29%、41.09%和12.24%。三税累计入库84.3亿元,占税收总收入的63.7%。其中个人所得税总量首次超过企业所得税。

全区各地区普遍增收　鄂尔多斯市、锡林郭勒盟、乌海市、包头市、阿拉善盟、巴彦淖尔市、呼和浩特市、乌兰察布市8个盟市税收总收入增幅都在30%以上。

税收总收入入库的均衡性明显好于往年　各月税收总收入均实现两位数以上的增长,从2月份起累计增长速度一直保持在30%以上。

【税收征管】 各级地税机关从完善体制、创新机制、健全制度

2004年12月份税收分税种分盟市累计完成情况表(一)

编报单位:内蒙古自治区地方税务局　　单位:万元

收入科目	全区	呼和浩特	包头市	乌海市	赤峰市	通辽市	鄂尔多斯	呼伦贝尔
税务部门组织收入总计	1 973 983	283 869	380 610	53 940	140 478	106 090	206 803	147 715
一、各项收入合计	1 323 629	225 434	277 112	39 526	98 118	77 158	176 088	90 603
(一)税收收入合计	1 133 241	188 036	240 690	36 709	79 752	60 534	162 400	63 917
其中:国有企业	281 615	39 359	36 442	6 326	16 043	13 721	25 209	21 347
集体企业	68 281	9 041	21 354	797	12 228	3 411	5 682	2 972
股份制企业	442 775	55 486	144 219	18 592	34 377	24 511	74 927	24 176
私营企业	57 521	33 930	3 052	80	1 612	1 284	8 905	918
涉外企业	13 374	5 331	2 726	28	380	417	3 394	521
其他企业	269 675	44 889	32 897	10 886	15 112	17 190	44 283	13 983
1.营业税	549 461	82 033	88 069	17 332	44 440	31 924	82 154	28 161
其中:国有企业	147 803	13 350	10 844	2 744	8 841	5 500	10 705	8 841
集体企业	33 464	6 189	9 002	209	6 175	1 735	2 677	1 577
股份企业	178 305	19 854	49 258	8 247	19 065	13 573	30 700	10 376
私营企业	26 661	16 016	1 505	24	1 016	186	4 325	514
涉外企业	4 395	1 930	1 139		151	162	590	85
其他企业	158 833	24 694	16 321	6 108	9 192	10 768	33 157	6 768
(1)金融 保险	60 006	394	2 346	208	1 211	288	1 014	559
(2)交通运输	99 219	8 219	14 062	2 348	5 487	2 995	35 534	2 562
(3)建筑安装	215 326	33 411	28 059	8 876	21 949	14 873	34 305	13 408
(4)服务业	80 750	22 952	16 474	2 147	5 611	8 142	6 450	3 438
(5)其他	94 160	17 057	27 128	3 753	10 182	5 626	4 851	8 194
2.企业所得税	146 611	27 300	33 880	2 971	9 765	6 634	26 792	4 989
国有企业	16 706	2 381	938	94	373	798	532	2 270
集体企业	20 222	762	7 863	341	4 047	910	1 117	109
股份企业	87 108	13 444	24 747	2 269	5 114	4 186	19 578	2 298
私营企业	12 957	7 508	232	1	229	683	2 495	69
其他企业	9 618	3 205	100	266	2	57	3 070	243
3.个人所得税	146 936	33 010	26 688	5 467	8 716	7 007	19 411	11 662
4.资源税	25 915	529	6 940	996	833	361	8 651	1 988
(1)盐	1 370							
(2)原油天然气	1 324				23		65	695
(3)铁矿	7 838	221	6 547	9	259		13	38

续表

收入科目	全区	呼和浩特	包头市	乌海市	赤峰市	通辽市	鄂尔多斯	呼伦贝尔
(4)煤	11 419	19	112	504	359	173	8 185	977
(5)其他	3 964	289	281	483	192	188	388	278
5.城镇土地使用税	52 875	7 206	25 254	2 080	2 498	2 692	4 449	2 828
6.投资方向调节税	1 968	30	1 930					
7.城市维护建设税	107 434	19 560	26 932	4 929	6 527	5 760	12 093	5 418
8.印花税	18 575	3 334	5 807	547	1 042	933	2 229	720
9.土地增值税	5 950	1 165	2 752		100	86	213	732
10.房产税	67 109	11 615	21 016	2 239	5 084	3 776	4 854	7 004
11.城市房地产税	2 761	1 481	389	8	37	86	589	45
12.车船使用税	7 609	770	1 016	139	710	1 275	962	362
13.车船使用牌照税	9	3	3				3	
14.屠宰税	7		1	1				
15.筵席税	21		13					8
(二)农牧业税	132 381	28 602	23 169	534	14 608	13 476	5 084	23 070
1.农业税	49 948	2 395	2 021	3	7 047	11 054	1 908	10 502
2.牧业税	386		1					20
3.农业特产税	5 035		228		1 600	18		2 871
其中:原木	1 576					18		1 369
4.耕地占用税	39 155	15 989	9 138		1 216	96	1 829	7 851
其中:国家建设	27 130	9 912	7 936		325		72	7 667
5.契税	37 857	10 218	11 781	531	4 745	2 308	1 347	1 826
(三)教育费附加	50 599	7 570	11 840	2 052	3 186	2 503	7 844	3 099
(四)地方教育附加费	4 712	684	829	188	445	311	585	362
(五)文化事业建设费	1 579	443	446	42	108	107	105	62
(六)其他罚没收入	1 117	99	138	1	19	227	70	93
二、社会保险费收入	650 354	58 435	103 498	14 414	42 360	28 932	30 715	57 112
1.基本养老保险费	488 456	34 876	75 052	8 953	28 711	21 349	17 805	34 185
2.失业保险费	35 961	5 159	8 293	1 503	3 280	2 503	2 428	5 095
3.基本医疗保险费	121 304	17 279	19 082	3 941	9 555	5 076	9 872	17 679
4.工伤保险	2 691	740	479	13	543	4	309	99
5.卫生保险	1 837	381	592	4	271		301	54
6.其他	105							

2004 年 12 月份税收分税种分盟市累计完成情况表(二)

编报单位:内蒙古自治区地方税务局　　　　单位:万元

收入科目	兴安盟	锡　盟	乌兰察布	巴彦淖尔	阿　盟	满洲里市	二连市	直属局	稽查局
税务部门组织收入总计	55 236	73 171	86 455	94 888	41 788	30 037	8 161	262 706	2 036
一、各项收入合计	34 950	35 374	63 340	74 355	27 762	22 289	6 771	72 713	2 036
(一)税收收入合计	27 061	31 746	53 855	63 658	25 943	19 991	6 529	70 478	1 942
其中：　国有企业	10 340	12 285	14 744	8 296	2 041	5 194	895	68 662	711
集体企业	973	2 753	1 551	2 824	915	3 211	42	443	84
股份制企业	8 408	9 211	19 307	11 298	8 332	7 518	344	1 373	696
私营企业	986	736	1 078	2 306	2 147	147	340		
涉外企业	50	5	30	236		204	52		
其他企业	6 304	6 756	17 145	38 698	12 508	3 717	4 856		451
1. 营业税	14 321	16 805	31 363	34 041	11 578	8 251	2 418	56 026	545
其中:国有企业	5 153	7 867	10 373	4 647	1 348	2 577	477	54 361	175
集体企业	588	1 285	1 109	1 713	483	258	29	435	
股份企业	5 080	3 755	8 248	2 291	2 522	3 696	100	1 230	310
私营企业	422	516	124	767	974	60	212		
涉外企业	20		6	120		153	39		
其他企业	3 058	3 382	11 503	24 503	6 251	1 507	1 561		60
(1)金融 保险	282	494	613	894	287	70	7	51 251	88
(2)交通运输	666	2 572	10 371	6 818	2 658	1 189	237	3 501	
(3)建筑安装	8 292	10 411	15 958	16 301	5 848	1 946	1 306	216	167
(4)服务业	1 935	1 763	2 332	3 974	1 809	2 780	293	650	
(5)其他	3 146	1 565	2 089	6 054	976	2 266	575	408	290
2. 企业所得税	1 053	2 269	4 239	9 674	4 221	3 418	475	8 375	556
国有企业	205	341	98	218	－24	136	106	8 224	16
集体企业	144	1 072	124	624	140	2 874	3	8	84
股份企业	519	811	3 759	5 624	3 541	406	285	143	384
私营企业	185	25	236	902	353	2	37		
其他企业		20	22	2 306	211		44		72
3. 个人所得税	4 430	4 589	8 023	8 593	2 138	3 137	2 863	692	510
4. 资源税	237	1 649	558	860	1 950	322			41
(1)盐		78		2	1 290				
(2)原油天然气		526		15					
(3)铁矿	19	94	66	309	263				

续表

收入科目	兴安盟	锡　盟	乌兰察布	巴彦淖尔	阿　盟	满洲里市	二连市	直属局	稽查局
(4)煤	33	340		16	418	283			
(5)其他	185	611	492	518	-21	39			41
5. 城镇土地使用税	1 335	656	546	1 095	1 558	446	60	140	32
6. 投资方向调节税						8			
7. 城市维护建设税	3 390	3 136	5 566	4 414	2 501	1 942	349	4 837	80
8. 印花税	228	538	665	992	361	841	137	171	30
9. 土地增值税	77		6	640	18	152			9
10. 房产税	1 773	1 759	2 134	2 604	1 251	1 411	219	231	139
11. 城市房地产税	30			72		24			
12. 车船使用税	187	345	755	673	362	39	8	6	
13. 车船使用牌照税									
14. 屠宰税						5			
15. 筵席税									
(二)农牧业税	6 359	1 690	6 157	8 017	152	1 353	44		66
1. 农业税	5 286	419	3 385	5 883	38	7			
2. 牧业税	15	334	4		12				
3. 农业特产税	189		53			76			
其中:原木	189								
4. 耕地占用税	1	36	2 209	790					
其中:国家建设	1	36	1 181						
5. 契税	868	901	506	1 344	102	1 270	44		66
(三)教育费附加	1 287	1 710	2 881	2 259	1 165	817	160	2 208	18
(四)地方教育附加费	181	168	383	326	111	95	28	16	
(五)文化事业建设费	45	35	47	55	32	33	4	11	4
(六)其他罚没收入	17	25	17	40	359		6		6
二、社会保险费收入	20 286	37 797	23 115	20 533	14 026	7 748	1 390	189 993	
1. 基本养老保险费	14 500	29 119	16 985	13 205	10 039	4 519	739	178 419	
2. 失业保险费	1 418	1 486	1 970	1 160	889	663	114		
3. 基本医疗保险费	4 217	7 005	4 147	6 085	2 827	2 435	530	11 574	
4. 工伤保险	95	133	13	59	167	30	7		
5. 卫生保险	10	52		24	104	44			
6. 其他	46	2				57			

和改进手段入手,不断提高征管质量和效率,促进依法治税和应收尽收。一是在完善体制方面,认真执行"以申报纳税和优化服务为基础,以计算机网络为依托,集中征收,重点稽查,强化管理"的新型征管模式,不断完善一级稽查体制,实现征管查的相

互分离和监督制约,既对征管质量进行有效的监督检查,又严厉打击偷逃税、清理陈欠税、防范人情税。2004年地税稽查系统查补税款总额3.2亿元,其中,查处100万元以上案件41件,涉税金额近1.4亿元。二是在创新机制方面,全面推行以有奖定额发票为主要内容的发票管理改革,扩大发票管理范围,实行窗口机打发票,完善"以票管税"机制。2004年全系统在餐饮、住宿、娱乐、沐浴等行业推行有奖发票,增加税收2.2亿元,增长23.5%。三是在健全制度方面,推广税源分类分级分片管理,实行税源跟踪调查制度,对重点税源实施重点管理,对潜在税源实施挖潜增收,对隐性税源实施监控预测,有效强化税源管理。实行新的税务登记管理办法,规范纳税户登记管理工作。四是在改进手段方面,大力推进税收征管信息化,运用信息化手段规范征管。全系统已初步完成局域网改造升级、广域网搭建、推广征管软件等各项工作任务。各级地税机关深入开展"执政为民、加快发展"培训教育活动,不断优化纳税服务。自治区地税局在《内蒙古日报》、《北方新报》等新闻媒体上连续刊登地方税收优惠政策解答,在门户网站上设立税收政策咨询网页,得到纳税人和社会各界的好评。基层征管一线认真落实文明办税"八公开",大力推行"阳光作业",积极推广多种申报和缴税方式。积极试行"一窗式"办税、"一厅式"缴费服务,方便纳税人和缴费人。各盟市局已全部开通"12366"服务热线电话,50%以上的旗县局实行网上办税或银行储蓄网点缴税。推广纳税人信誉等级制度,建立纳税信用等级评定体系。

【落实优惠政策】 全区从2004年7月1日起,开始调整煤炭资源税税额,当年增加税收收入1.4亿元;针对自治区城镇化建设步伐的加快,城区范围不断扩大的实际,及时研究调整城镇土地使用税、房产税、城建税等税种的征收范围、税率、税额和征收标准,全年新增加税收1亿多元;在充分调研的基础上,积极向财政部、国家税务总局和自治区政府提出建议,将神华集团出口煤炭免抵退增值税应缴纳的城建税和教育费附加、北方电力公司所属企业应缴纳的企业所得税、鄂尔多斯西部天然气公司应缴纳的管道运输费营业税等,全部如数征收入库,全年增加税收3.4亿元。全年征收文化事业建设费1 579万元。此外,多次向国家税务总局协调,为自治区划拨国家开发银行损益调整税费2 000万元。会同自治区财政厅向财政部和国家税务总局争取到2004年度农业税灾歉减免补助资金7 000万元,是全国争取到农业税灾歉减免补助资金较多的省区。

在全年减免的15.7亿元各项税收中,减免农牧业税7.5亿元,减免其它各税8.2亿元。积极落实促进下岗失业人员再就业税收优惠政策。全年享受优惠政策的纳税人总计46 896户,减免税金总额达4 449万元,免收登记证工本费186万元。为促进全区三大流通集团顺利完成改制任务,直接减免三大集团欠税4 671.8万元。

【基层建设】 全系统已经建成并投入使用113个标准化税务所。在2003年公开转录一批协税员的基础上,通过积极争取,为没有转录的2 174名协税员办理社会养老保险。

【队伍培训】 2004年,全员素质测试按岗位分类进行,全系统全年共组织各类培训班289期,培训干部职工16 803人(次)。在集中强化英语培训的基础上,选送20名同志到美国巴尔的摩大学进行为期半年的税收专业和外语培训。开展税收征管能手、检查能手、征管软件应用能手竞赛活动,提高基层一线人员的业务素质。

(刘素霞)

审计统计

审计

【内蒙古自治区审计厅领导名录】

厅　　长:长　江(蒙古族)

副 厅 长:赵慧容(女)

王月胜

孙德志(满族)

吕靖原

纪检组长:王玉璋

【概况】 2004年,全区审计机关定编2 401人,其中事业编制377人;在编2 376人,其中事业编制351人。自治区审计厅定编197人,其中厅机关行政编制107人,驻海拉尔、赤峰审计处行政编制40人,厅机关事业编制46人;在编人数187人,其中厅机关149人(包括事业单位),驻海拉尔、赤峰审计处38人。全区在编人员结构为:年龄在40周岁以下的1 302人,大专以上学历的2 003人,取得中级以上职称的1 207人,党员1 604人、民主党派29人。

至2004年底,全区审计机关共审计5 581个单位(项目),查出违规金额63.5亿元,上缴财政金额6亿元,减少财政拨款或补贴2 021万元。向司法、纪检监察机关移送案件97件,涉案156人,涉案金额3 040万元,建议有关部门处理29件、涉案19人,金额4 376万元。针对审计发现的热点、难点、重点问题,向各级党委、政府部门提交审计工作报告、审计建议、信息5 800篇,被各级党政领导批示采纳2 670篇。

【财政预算执行 决算审计】 是年,对财政厅、地税局、国库和13个厅局的2003年本级预算和部门预算执行情况进行审计。重点对财政收支中情况、财政资金的使用效益、部门综合预算的编制和执行情况进行审计,查出应缴未缴收入、挤占挪用专项资金、乱收费和“私设小金库”等九大类问题。提出10条深化财政改革、规范财税收支行为的审计建议,均被采纳。

【企业审计和固定资产投资审计】 是年,企业审计共完成184个单位(项目),查出违规金额8.95亿元,管理不规范金额6.6亿元,应上缴财政金额2 281万元,已自行纠正金额6.55亿元。其中受自治区政府委托,对内蒙古地质勘查局、煤田地质局和有色金属勘探局转制前各单位的资产状况、经营情况、专项资金的使用和管理情况进行审计。摸清单位资产现状、经营情况和专项资金的使用及管理情况,为下一步的企业转制、自治区领导的科学决策提供了参考依据;对包头钢铁(集团)有限责任公司财务收支的审计,查出财务管理方面存在的一些突出问题。

固定资产投资审计591个单位,查出违规金额7.9亿元,管理不规范金额7 435万元,已归还原资金渠道1 697万元,督促自行纠正金额6 397万元。其中审计厅组织全区盟市审计机关对国债水利建设项目1 188个进行审计,资金总额为19.7亿元,查出违规金额5.7亿元。

【专项资金审计】 围绕社会关注的热点、重点问题,先后组织全区审计机关对教育收费情况、二期义教工程资金、生态环境建设资金、部分盟市驻京联络处进行审计。其中,对2003年全区教育收费情况共审计学校689所,同时还对全区农村牧区中小学经费保障情况进行审计调查。查出违规金额4 700万元,并对乱收费屡禁不止的原因,“一费制”收费政策落实情况、中小学经费保障情况的现状及存在的问题进行深入剖析,受到有关方面的重视。审计情况报告被自治区政府批转各盟市,要求认真进行整改落实。对7个盟市30个旗县2003年二期义教工程资金的拨付、管理、使用情况审计资金总额9 474万元,审计查出违规金额1 148万元。通过审计发现,全区二期义教资金在使用中仍然存在部分盟市、旗县配套资金不到位、挤占挪用和出借工程专项资金、投入的教学器材闲置浪费、个别地区资助贫困生计划未完成、助学金有被挪用现象等问题。对12个盟市及旗县2002年至2003年度生态环境建设资金进行审计和审计调查,涉及主管部门、乡镇及用款单位206个,实地走访调查农牧民4 658户,审计资金总额34.9亿元,查出项目资金拨付不及时3.6亿元,挤占挪用、损失浪费资金9 200万元。对9个盟市驻京联络处进行了审计,查出各驻京联络处存在经费收支未严格纳入财政预算管理、财政拨款随意性大、重投入轻管理、内控制度不完善、招待费支出过高、收支不入账等问题。

【社保资金审计】 为确保下岗职工基本生活,促进再就业,开展了国有企业下岗职工基本生活保障资金及失业保险基金的审计。审计厅组织全区审计机关对2002至2003年度国有企业下岗职工基本生活保障资金及失业保险基金征缴、管理、使用情况进行专项审计。审计资金总额15.8亿元,查出各类违纪违规资金9 369万元,占审计资金总额的5.9%。审计发现的问题主要有:失业保险基金漏征、欠缴1.25亿元;有关部门挤占挪用再就业资金2 115万元;应缴未缴失业保险调剂金3 394万元;滞留再就业资金和失业保险基金1 592万元;违规收费和虚列支出478万元等。为促进医疗改革政策的落实,开展医院财务收支审计。审计组织全区审计机关,对全区121所城镇医院(含专科医院)2003年度财务收支情况进行了审计。审计资金总额为24.1亿元,共查出违规资金1.89亿元,占资金总额的7.8%。对3家原行业统筹企业移交地方后养老保险基金征缴及基数核定情况进行审计。

【外资审计】 是年,审计210个工程项目,查出违规金额6.1亿元,管理不规范金额1.3亿元,审计处理处罚应上缴财政金额213万元。在审计过程中,发现项目实施中存在着违规转包、出借挪用项目资金、违规收取“过头税”、挪用征地拆迁费等问题,深入项目沿线旗县、乡镇征拆管理部门以及相关农户家中,了解征拆费补偿落实情况,掌握第一手资料,作出审计处理处罚。

【经济责任审计】 全区共审计经济责任人1 668人,其中党政领导干部1 631人,审计国有及国有控股企业领导人员37人。查出各类违规资金近18亿元,管理不规范金额10.2亿元,损失浪费金额500万元,查出领导干部个人经济问题57万元,建议给予党纪政纪处分13人,移送纪检监察机关38人,移送司法机关7人。根据自治区党委组织部的委托,开展13名盟市、厅级领导干部的经济责任审计,其中盟市长2名,厅局长8名,事业单位领导干部2名,国有企业领导人员1名。

【干部队伍建设】 2004年,厅机关举办审计业务和计算机应用培训班13期,培训875人;分别举办4期行政许可法、审计培训班,培训460人(次)。

(丹　军)

统　计

【内蒙古自治区统计局领导名录】

局　　长:李　斌

副 局 长:郝占奎(蒙古族)

胡敏谦

巴根那(蒙古族)

纪检组长:毕力格(蒙古族)

助理巡视员:周耀亭

【概况】 自治区统计局内设10个处室:办公室、人事处、统计设计管理与法规处、国民经济综合统计处、国民经济核算处、固定资产投资统计处、工业交通统计处、贸易外经统计处、人口和社会科技统计处、财务处。另外设立:机关党委、老干部工作办公室、纪检组监察室。所属事业单位:统计普查中心、机关事务服务中心、计算中心、咨询中心、培训中心、科研所、记者站、粮农中心、印刷厂以及内蒙古农调队、城调队、企调队。

自治区统计局机关行政编制为67名,纪检组监察室编制3名,现有人员70人。其中处级领导干部23人(12正、11副)、处级非领导职务12名、主任科员31名,平均年龄42岁,全部为大专以上学历。所属事业编制为160名(不含印刷厂),现有人员123名,其中,处级领导干部32名,具有高级职称的22名。

三支调查队参照国家公务员管理。其中:内蒙古农调队国家编制41名,地方编制30名,实有人员55人;内蒙古城调队国家编制30名,地方编制17名,实有人员34名;内蒙古企调队国家编制32名,实有人员16名。

【统计服务】 2004年,全区统计系统紧密围绕自治区党委、政府的中心工作,对国民经济和社会发展状况进行了深入调查研究,密切跟踪自治区推进"三化"发展战略进程等工作重点,撰写许多有份量的统计分析报告和统计信息,及时准确地反映自治区和各盟市经济社会发展趋势及经济社会生活中出现的新情况新问题,为自治区、各盟市党政领导和宏观部门提供科学的决策依据。4条重大信息得到温家宝、曾培炎、回良玉等国务院领导的重要批示。40多篇专题报告得到储波书记、杨晶主席等自治区领导的批示。制定对盟市2004年度党政领导班子统计指标考核评价办法,积极参与组织部绩效考核课题研究,圆满完成对盟市厅局领导班子政务公开和社会满意度问卷调查任务。

对外宣传、新闻发布工作也逐渐规范化。按照自治区政府新闻办的要求,进一步完善统计新闻发布审核、发布管理和发布时间规定,基本做到向各大媒体统一时间供稿、统一时间发布,收到良好的社会效果。与《内蒙古工作》等党刊协办反映全区经济发展的专栏,《内蒙古日报》按月都在显著位置登载区局月度经济运行报告。《内蒙古统计》杂志在2004年全国评比中,被评为北方优秀期刊。

【提高统计数据质量】 2004年,全区统计系统面对各级党政领导和社会各界对统计数据高度关注的新情况和全区统计数据存在的主要问题,采取有力措施,保证统计数据的客观真实。1.统一思想、提高认识,明确解决问题的思路和办法。通过召开"执政为民、加快发展"理论研讨会和统计执法培训班,围绕当前统计工作中存在的突出问题,专题研究讨论新形势下如何提高统计数据质量,特别是提高主要统计数据质量的措施办法。提出规范核算、联动专业,采取分组、分产业集中核算等办法,着力解决全区GDP核算自治区数据与盟市汇总数据差距不断扩大的问题。2.采取有效措施,提高核算工作质量。集中对各盟市从事国民经济核算人员进行培训,提高整体核算工作水平。采用随机互审和集中审核相结合的方法,对各盟市GDP数据进行审核。进一步规范核算方法,加大对自治区和各盟市GDP数据审核评估的力度,遏制了GDP自治区数据与盟市汇总数据差距进一步扩大的趋势。3.专业联动、加强巡查,纵向监控力度进一步加大。制定《内蒙古自治区统计数据质量控制办法》,各专业及调查队也进一步完善分专业数据质量监控办法,加大对盟市数据的审核和评估力度,实行主要专业数据下管一级制度。各专业及调查队还积极深入基层,对数据质量进行检查和业务指导,同时进一步加大统计数据质量巡查力度,先后对呼伦贝尔市和乌兰察布市进行统计数据质量巡查,对提高统计数据的准确性、科学性、及时性和权威性起到积极作用。通过全区各级统计部门和广大统计工作者的共同努力,全区的统计数据质量,得到国家统计局、自治区党政领导和社会各界的认可,并经受住各方面的考验。在2004年国家统计局各专业的评比中,全区工业、交通、能源、固定资产投资、建筑业、贸易、外经和人口、社会科技统计获全国专业综合评比特等奖;GDP核算专业获全国专业综合评比一等奖;综合统计工作获全国先进单位奖;农调工作获国家农调总队综合评比特等奖;城调工作获国家城调总队综合评比一等奖;企调工作获国家企调总队评比综合考核先进单位奖。

【推进统计制度方法改革】 2004年,根据国家统计局的统一部署和自治区的实际,积极推进统计制度方法改革。1. 进一步完善GDP季度核算方法,在全国率先实行集中核算。2. 用价格指数缩减法计算全区工业发展速度,较好地完成新旧计算方法的衔接。3. 为解决自治区各盟市常住人口统计数据问题,在人口变动情况抽样调查中增加机械变动调查,解决分盟市常住人口和城镇人口基础数据问题。4. 建立大中型和年内新建成工业企业按月直报制度。5. 完成限额以下批发零售贸易餐饮业抽样调查,进行农村牧区抽样调查旗县以下样本轮换工作。6. 完成投入产出基层调查表的数据整理等项工作。7. 开展信息化应用水平一次性调查。8. 开展以农畜产品为原料的初次加工企业发展情况调查。9. 为满足地方需要,充实和完善自治区外经统计制度。10. 为全面反映我区工业企业科技情况,在部分盟市进行规模以上小型工业企业科技统计报表的试填工作。11. 是按照国家统计局发出的《关于启动统计快速应急机制做好固定资产投资月报统计报送工作的通知》要求,启动自治区投资统计快速应急机制。12. 围绕经济社会中出现的热点、难点、焦点问题,开展中央1号文件落实情况调查、"禽流感"对农牧业生产影响调查、全区旅馆业及旅游相关产业的调查、部分城市居民家用电器状况调查、央视收视率调查、群众安全感调查、城镇劳动力情况调查、企业就业潜力调查、私营企业发展状况调查、粮价上涨对低收入家庭影响、农村牧区义务教育"一费制"情况调查、农牧民增收存在的困难和问题调查等多项专业抽样调查,及时反映在自治区社会经济各个领域出现的新情况新问题,受到各方面的好评。

【全区第一次经济普查】 第一次经济普查是2004~2005年全区统计工作的重要任务,为高质量地完成全区第一次经济普查任务,全区统计系统做大量的工作,确保前期各项准备工作的顺利完成。在贯彻国家方案的基础上,结合自治区的实际,制定《内蒙古自治区第一次经济普查方案》以及与之相配套的11个规范性文件;联合下发7个专业部门普查方案;下发两个加强宣传工作的通知;转发全国经普办、财政部、统计局关于落实经费保障的通知,通报全区经费落实情况;完成全区近5万名普查员、普查指导员的培训任务,编写7套培训教材,印发4万余册;组织印刷调查表30种700余万张,普查指导手册6套12余万册,致被调查者的一封信100万份。自治区经济普查领导小组组织8个督查组赴各盟市对各地普查准备工作进行登记前最后督查。全区12个盟市、101个旗县按照自治区的统一部署,完成组建机构、制定实施办法、落实经费、加强宣传、试点试填、业务培训、清查摸底等大量工作。2004年12月31日,普查登记正式展开,全区近5万名普查员、普查指导员投入到普查工作第一线。

【依法统计】 是年,全区进一步加大统计普法和宣传的力度。全区有3 000多人参加统计"四五"普法培训考试,举办1期区局各专业处长、盟市统计局长和部分旗县统计局长参加的统计执法培训班。通过培训和研讨,进一步提高和统一各级统计部门领导干部的思想认识,增强统计执法意识,对于全面推进依法统计,保证全年统计工作任务的完成,起到积极的推动作用。11月初,积极配合全国人大常委会完成对全区的统计法执法检查。表彰在全区统计法制工作中做出突出成绩的22个先进单位和33个先进个人;为部分厅局举办2期统计上岗证培训班,办理3 000多个统计上岗证和170多个统计执法检查证。积极推进依法统计,自治区统计局被评为"人民满意的行政执法单位"。

【提高信息化装备水平和应用能力】 进一步增强计算机设备能力,积极推进盟市—自治区统计信息联网建设,9个中心城市企调队提前联通统计系统局域网,全区局域网联网将在3月底前全面启动。内蒙古统计局外网建设工作已基本完成,网站设计达到规范要求,服务内容统计特色突出,上网测试和日常维护工作全面展开。完成内蒙古宏观数据库指标体系框架图的设计。利用经济普查数据处理软件系统,以经济普查各类调查表为基础,积极进行业务平台建设。一些盟市、旗县的统计信息网站建设走在全区的前列,取得良好的社会效益,有效地发挥统计信息服务社会的功能。

【先进集体个人】 自治区局被国家统计局、自治区党委办公厅、政府办公厅、财政厅及呼市地区分别授予信息调研工作先进单位、治安工作先进单位、综合治理工作先进单位、人事统计先进单位、干部、工资统计报表先进单位、呼市地区劳动保障统计报表先进单位、全国统计系统财会工作先进单位、自治区会计决算先进单位、工会工作先进单位。

2004年,在人事部和国家统计局组织的四年一度的全国统计系统先进表彰活动中,自治区共有1个盟市、1个旗县获全国统计系统先进集体荣誉称号,1名同志获先进工作者称号,9名同志获先进个人称号。在自治区人事厅和统计局组织的全区统计系统先进表彰活动中,共有93个单位、201名同志分获全区统计系统先进集体和先进个人称号。

(耿　午)

城调队

【内蒙古自治区城市社会经济调查队领导名录】

队长:汪海涛

【概况】 内蒙古自治区城市社会经济调查队组建于1984年。是国家统计局垂直领导的,依照公务员管理的厅局级事业单位,以抽样调查方法为主,多种调查方法相结合的专业调查队伍。按统计部门目前的职能分工,城市社会经济调查队负责全区的城市社会经济调查工作,包括城市基本情况统计、城镇住户调查、工业品出厂价格调查、房地产价格调查、固定资产投资价格调查、居民消费价格调查、市场零售价格调查、农业生产资料价格调查和相关城市社会经济焦点、热点问题的专项调查等。

全区已形成完善的国家、自治区、盟(市)三级调查网络,共有调查市、旗(县)48个,其中国家抽中调查点8个,即呼和浩特市、包头市、赤峰市、呼伦贝尔市、巴彦淖尔市、根河市、丰镇市、巴彦淖尔市临河区、正镶白旗;自治区抽中调查点12个,即通辽市、鄂尔多斯市、乌兰察布市、乌海市、阿拉善左旗 、乌拉特前旗、锡林浩特市、准格尔旗、宁城县、霍林河市、乌兰浩特市、满州里市;盟(市)抽中调查点28个。全区城镇住户调查户达到4 650户,工业品出厂价格、房地产价格和固定资产投资调查企业约2 400家,消费和零售价格调查商店和集贸市场3 600个。在管理体制上,国家抽中调查点由自治区城调队垂直管理,自治区抽中调查点实行由自治区城调队和当地统计局双重领导。

现阶段城市社会经济调查工作的基本特点表现为:一是有专门的调查机构和一定规模的调查队伍;二是有经过科学抽样方法确定的完善快捷的调查网络;三是有与国际接轨的调查方法制度和比较完整的指标体系;四是有初具规模的先进的数据处理手段。

【基础工作】 2004年,全区各级城调队认真贯彻落实国家城调总队的方法制度和调查方案,强化基础工作,完善各项调查操作规程,下大力气提高调查数据质量。呼和浩特市、包头市、鄂尔多斯市城调队接受了全国人大常务会《统计法》执法检查组的检查指导。这次执法检查主要是从各地了解掌握《统计法》实施中的真实情况和存在问题,对统计数据质量、统计体制、统计报表及统计资料的管理和公布等几个方面进行了认真检验和评估。检查组对自治区城市系统提高统计调查人员素质,大力宣传《统计法》,营造良好的统计环境和认真贯彻《统计法》给予高度评价和充分肯定。

【优质服务】 全区各级城调队坚持为各级党政部门服务这个宗旨,紧紧围绕党政领导和决策部门所关注的热点和难点问题,积极开展分析研究工作。2004年,自治区城调队被自治区党委和自治区政府分别授予全区信息报送先进单位。区队采编的关于粮油价格上涨的信息,经国家城市调查总队整理为《近期一些地区粮油价格上涨幅度较大》的专题报告,温家宝、曾培炎、回良玉等国家领导批示;《我区教育收费价格三年上涨34.6%》、《关于粮油涨价对城市低收入家庭基本生活影响的调查》等信息。

【课题研究】 自治区队的《内蒙古地级城市实力比较研究》和《内蒙古城镇化问题研究》分别荣获全国城市调查总队课题评比研究二等奖和三等奖。鄂尔多斯市的《用科学的发展观推进城镇化建设》得到鄂尔多斯市委书记孙炜东同志的批示;《对鄂尔多斯市新一轮物价上涨的认识及未来趋势的判断》,均收到良好的社会效益。

【专项调查】 各级城调队还发挥快速灵活的优势,大力开展多主题的专题调查,及时反映和提供社会经济中出现的新情况、新举措。其中"中央电视台电视节目收视率调查"、"全区政务公开调查"、"城市居民家用电器调查"、"全区国内旅游调查"、"粮食价格上涨对低收入居民家庭的影响"等项调查,均受到自治区党委、政府社会各界的重视和好评。

(闫丕臣 李万才 陈宏瑞)

建设国土资源矿产

建 设

【内蒙古自治区建设厅领导名录】

厅　　长:李振东
副 厅 长:吴 龙
　　　　　范 勇
　　　　　余向东
　　　　　杨仁选
　　　　　王学军
　　　　　揭新民(12月任职)
纪检组长:莫日根高娃(女 蒙古族)
助理巡视员:张 晓(蒙古族)

【概况】 全厅编制76人,其中厅长1人,副厅长6人,驻厅纪检组长1人,助理巡视员1人;正处长15人,副处长14人,调研员5人,助理调研员10人,主任科员21人,副主任科员2人。自治区建设厅内设15个处室:办公室、人事教育处、计划财务处、科学技术处、建筑业管理处、工程建设管理处、城市规划处、勘察设计处、城市建设处、村镇建设处、住宅与房地产业处、自治区住房委员会办公室、离退休人员工作处、机关党委、驻厅纪检组。

【城乡规划的综合调控】

城镇规划综合调控和检查　进一步加强城镇规划综合调控管理,强化集中统一管理制度,开展对鄂尔多斯、乌兰察布、巴彦淖尔等12个城市经济技术开发区总体规划的论证工作。对全区20个城市和69个旗县(镇)规划建设管理及经济情况进行综合评价。

城镇固定资产资金投入　积极支持全区基础设施项目建设,协调国家和自治区有关部门落实建设项目资金,对各盟市国债项目、中央财政项目和自治区项目的资金落实情况进行跟踪和评估,及时召开立项项目的情况分析会,对在建项目的工程进度实施督促检查。全年可完成城镇固定资产投资104亿元(包括旗县城镇),极大地拉动社会经济的增长。人均铺装道路9平方米,增长6个百分点,自来水普及率达到60%,提高5%,污水处理率达到44%,提高10%,垃圾无害化处理率达48%,提高6%,建成区绿化覆盖率达26%,提高4%。

市政公用事业市场化改革　根据建设部颁布的《市政公用事业特许经营管理办法》,在呼和浩特、包头和乌海等城市供热、供水行业进行经营改革试点工作,全区城镇供热、供水行业适应市场经济体制要求机制正在逐步形成。

城市园林绿化和公交建设　以创建园林城市为目标,对创建自治区园林城市的赤峰市和通辽市进行全面指导,完成包头市绿地系统规划的评审工作,积极协助呼和浩特市实施市容市貌的美化、绿化、净化和亮化提质工作,指导完成公共汽车油改气改装和配套建设工作。

加强村镇建设　配合建设部完成全国重点镇选定、审查工作,全区有50个镇被列为国家重点镇。研究制定全区国家重点镇建设实施指导意见,有效推动重点镇建设工作的开展。继续支持赤峰市地震灾区重建工作,及时指导对锡林郭勒盟地震灾区救灾和灾后规划建设。

【工程建设管理】

加强有形建筑市场建设　水利工程项目已进入有形建筑市场进行招投标,不断扩大有形建筑市场招标投标覆盖面。全年新开工项目2 400项,工程造价260亿元,应招标工程2 352项,实际招标工程2 304项,招标率达98%,应公开招标工程1 464项,实际公开招标工程1 440项,报建工程施工许可证发放率达100%。

工程建设质量监督检查　以治理住宅质量通病为重点,强化对工程质量的监督检测。全年完成质量监督工程2 000余项,建筑面积1 000万平方米,报建工程监督覆盖率达100%。

建筑施工安全生产管理　广泛开展《建设工程安全生产管理条例》、《安全许可证条例》和《国务院关于进一步加强安全生产的决定》等政策法规的宣传和贯彻落实活动,以签订安全目标责任状为管理手段,落实安全生产目标责任制度。与自治区总工会联合开展对全区各施工现场建筑安全生产、文明施工和劳动保护等情况进行检查,共检查16家企业的施工项目333个,受检建筑面积311万平方米,占全年施工面积的10%以上。是年全区共发生施工死亡事故14起,死亡18人,实现年初确定的百亿元产值死亡率6.9人以内的目标,在全国处于中上水平。

工程造价改革　颁布自治区《建设工程清单计价规范》的配套实施办法。部分国有投资项目实行工程量清单计价办法,工程造价新标准、新规范、新制度、新办法正在逐步实施。

整顿和规范建筑市场程序　与自治区监察厅共同组成执法检查组,对呼和浩特、包头、通辽、赤峰、鄂尔多斯、乌海6个城市进行检查,共检查在建工程项目50项,对存在违法违规的项目提出整改意见。

【住房制度改革】

房改和公积金管理　是年下达经济适用住房建设规模538.58万平方米,投资51.82亿元,全区住房公积金累计归集总额88.37亿元,余额67.09亿元。住房公积金个人贷款总额38.66亿元,余额25.74亿元。住房公积金管理机构调整规范工作除个别盟市外都已基本完成。廉租住房制度取得实质性进展。

规范房地产市场秩序　是年以实施和完善房地产市场准入和清出制度为突破口,加大对房地产开发企业资质管理力度,建立资质年检重点企业名单制度。大力推行房地产交易与房屋权属登记一体化管理工作,对房地产评估市场进行整顿和规范。

房屋拆迁管理　成立自治区房屋拆迁工作领导小组和办公室,安排部署房屋拆迁专项任务,组织开展全区房屋拆迁专项治理整顿工作,房屋拆迁中存在的问题得到有效纠正,违法违规行为得到遏制,拆迁信访案件大幅度降低,受到建设部的高度好评。

物业管理　继续开展物业管理项目创优达标活动,全区申报国家级示范项目4项,自治区级示范优秀项目45项。住宅小区物业管理覆盖面已达59%,比上年增长1.5%,物业管理规范化程度和物业管理服务水平进一步得到提高。

【建筑业改革】

建筑业企业改革　组织召开全区建筑业改革研究会,提出建筑业改革和发展的总体工作思路和办法,引导全区建筑业企业进一步优化股权结构、法人治理结构，加快建立规范的现代企业制度。全区876家企业完成改制，改制面达99%，处于全国的前列。

建筑业企业资质年检　根据建设部《关于2004年建筑业企业资质年检工作有关问题的通知》精神，组织完成全区建筑业企业资质年检工作。经建设部核准全区862家企业通过年检，对8家企业提出整改意见或降低资质等级的处理，对7家企业吊销资质处理。通过建筑业企业资质年检工作，进一步严格建筑市场准入和清出管理，有效地维护建筑市场秩序。

完成项目经理衔接过渡　为配合国家实施建筑业执业人员实施执业资格制度，协调自治区人事厅，组织开展一、二级国家注册建筑师的考核认定工作，全区近200名项目经理经建设部核准，认定为一级注册建筑师。

勘察设计行业管理　全区勘察设计单位整体实力得到进一步提高。全年共完成施工图设计投资额约290亿元，建筑面积1 313万平方米，营业收入近9亿元，上缴税金3 600万元。完成全国首批注册设备师和电气师的考核认定工作，全区共有233人取得资格。

勘察设计　组织完成全区勘察设计企业"四优"评选工作，评优出优秀工程设计项目29项，其中：一等奖7项、二等奖12项、三等项10项；评选出优秀勘察项目13项，其中：一等奖3项、二等奖6项、三等奖4项；评选出优秀工程设计计算机软件5项，其中：一等奖1项、二等奖1项、三等奖3项；评选出优秀标准化工程设计一等奖1项。

【建设科技成果】　6月，组织召开全区建筑节能工作会议，制定出台《全区民用建筑节能试点工作的意见》，协调落实30万平方米节能试点工程项目。全年共完成新技术评估5项，推广转化指南项目39项，新产品登记26项。积极引导建筑业推广应用新技术、新产品、新工艺、新材料，全区评选出自治区级建筑业新技术应用示范工程30项。

【教育培训】　组织完成建设行业各类执业资格的考前培训和考试，完成注册建筑师、注册结构工程师等专业技术人员继续教育550人次。完成职业技能培训和鉴定10 827人，完成岗位培训3 800人，组织开展建设工程质量和安全专项培训，共培训学员约13 000人。

【督查拖欠工程款】　建立自治区建设领域清欠工作协调领导机构，召开两次专项工作电视电话会议，研究制定并下发10多份相应文件，组织6个工作小组，分赴全区各地进行督查，对难点和重点案件采取专人负责督办和限时办结的措施。全区累计偿付工程款33.74亿元，达到清欠总额的53.6%。清偿农民工资7.5亿元，达到清偿总额的94.21%。

【重要会议】　9月，在呼和浩特组织召开了全区城镇建设工作现场会，重点总结推广呼和浩特市等5个城市的城镇化建设经验，为自治区科学、协调、健康的推进城镇化进程，提供新经验和示范作用。

（闫保和）

国土资源

【内蒙古自治区国土资源厅领导名录】

厅　　长：黄·阿拉腾别立格（蒙古族）

副 厅 长：孔燕燕（女　蒙古族）

郭战英

赵保胜（蒙古族）

元重举（蒙古族）

纪检组长：沈晋平

副 厅 长：王宗起（10月任职）

王富友（12月任职）

助理巡视员：郝树森

高　华

【概况】　内蒙古自治区国土资源厅内设办公室、人事教育处、政策法规处、规划与科技处、财务处、地籍管理处、耕地保护处、土地利用处、矿产资源储量处、矿产开发管理处、地质勘查处、地质环境处、测绘管理处、执法监察局、离退休管理处、纪检组、机关党委共17个处室（局），现有国家公务员87人。

厅直属事业单位13个：自治区地质矿产勘查开发局（正厅级）、自治区有色地质勘查局（副厅级）、自治区测绘事业局（副厅级）、自治区土地勘测规划院、自治区国土资源信息院、自治区地质调查院、自治区地质环境监测院、自治区测绘产品质量监督检验站、自治区土地整理中心、自治区土地登记中心、自治区工程学校、自治区国土资源监察总队、自治区国土资源厅机关事务服务中心。

内蒙古自治区土地勘测设计院、内蒙古自治区地质调查院、内蒙古自治区兴安盟扎赉特旗国土资源局、内蒙古自治区鄂尔多斯市东胜区国土资源局，2004年被人事部、国土资源部授予"全国土资源管理系统先进集体"荣誉称号。

【清理整顿】　2004年，国土资源厅为保证土地资源合理使用，维护国家和土地、矿业权人的利益，对全区125个各类开发（园）区进行清理整顿，撤销78个，核减开发区规划面积

72 793.12公顷,退还土地18 754.45公顷,复耕土地4 189.97公顷。全区各级国土资源管理部门共立案查处土地违法案件1 467件,结案1 229件;彻底查结1999年以来遗留的土地违法案件361件,涉地面积4 276.67公顷。1999年以来依法批准征用集体土地756宗,发生的19.42亿元补偿费全部到位。查处无证采矿277起,超层越界开采86起,以采代探20个,责令停产整顿矿山企业40家,关闭无证开采矿山176家,对全区11起重大典型违法案件进行公开调查,公开处理、公开结果、公开曝光、公开通报14起,实现公开查处违法案件"零"的突破。

为保证国家和自治区建设需要,全年自治区本级审查批准建设用地项目265件,批准用地6 276公顷;报国务院审批用地11件,涉及用地5 335.67公顷;其中批准4件,用地1 683公顷。依法划定矿区范围172个,新批准设立采矿权52个,办理采矿权延续变更637个,批准采矿权转让申请25个;为神华集团、东煤集团等20家大型企业预留了足够的资源,为10余个新建煤电联营、煤转油、煤转气及其他煤炭深加工项目配置资源。

【加强勘查】 针对近年来矿产资源供需形势紧张的状况,为保障自治区和国家经济建设需要,促进自治区矿产资源勘查工作,确保建设21世纪国家矿产资源战略接续基地的目标顺利实现,自治区政府和国土资源厅加大对矿产资源勘查工作的支持力度。自治区政府先后下发《关于鼓励国内外地质勘查队伍在我区开展地质勘查工作的通知》、《关于进一步加强矿产资源管理工作的意见》、《关于深化矿业权有偿使用制度改革,培育和规范矿业权市场的意见》、《关于进一步加强煤炭资源矿业权设置及重点转化项目资源配置管理工作的意见》;组织编写《内蒙古自治区煤炭资源勘查专项规划》、《矿产资源勘查与开发投资指南》,与发改委、财政厅联合下发《内蒙古自治区2004年矿产资源勘查开发工作重点》、《内蒙古自治区地质矿产勘查项目和资金管理办法》。自治区地质矿产勘查工作统一纳入全区国民经济与社会发展计划,全年共投入资金3.25亿元,通过招标确定188个地勘项目,其中有112个项目进入实施阶段。引进区内外地质勘查资金16.9亿元,审核颁发勘查许可证1 700个,勘查面积3.8万平方公里。争取国家地质调查项目34项,投资4 144万元。

【市场】 全年实现国有土地出让总价款19.56亿元,其中以招拍挂方式出让国有土地817.01公顷,成交12.68亿元。以挂牌、拍卖、评估方式出让探矿权67宗,收取价款2.2亿元;以招拍挂方式出让采矿权734个,成交价款1.54亿元。征缴矿产资源补偿费、新增建设用地土地有偿使用费、征地管理费及探矿权、采矿权价款8.9亿元。

【体制改革】 根据国土资源部和自治区部署,2004年全区国土资源管理体制改革工作全面展开,报请自治区政府、自治区党委组织部印发《内蒙古自治区人民政府关于国土资源管理体制改革的实施意见》、《关于调整省以下国土资源主管部门干部管理体制的通知》,报请自治区编办审批《关于国土资源厅职能配置、内设机构和人员编制的方案》。年底自治区政府召开全区国土资源管理体制改革专题会议,再次对全区国土资源管理体制改革工作进行部署,明确提出春节前完成改革工作的具体要求。会上国土资源厅与各盟市签署盟市国土资源局领导班子和领导干部管理交接书,盟市一级国土资源管理体制改革工作基本完成。

为加快地勘单位体制改革步伐,草拟《内蒙古自治区地勘单位改革方案》、《地勘单位经济责任指标考核办法》、《地勘单位管理办法》,进一步明确国土资源厅对地勘单位的管理职责和工作目标,提出改革现行管理体制,实行主辅分离的意见。

【地质环境保护和地质灾害防治】 印发《内蒙古自治区地质灾害防治规划》,发布《内蒙古自治区环境公报》,验收《全区1/50万地质环境调查》项目,制定《内蒙古自治区地质灾害气象预报预警实施方案》,向社会发布地质灾害气象预报,成功预报地质灾害1次,避免人员伤亡和财产损失。加大地质遗迹保护和建设工作力度,克什克腾国家地质公园申报世界地质公园并通过国内评审,建立阿尔山国家地质公园,阿拉善沙漠地质公园通过自治区级评审,建立4处自治区级地质遗迹保护区。

矿山地质环境恢复治理工作紧张进行,年内组织实施7项国家矿山地质环境恢复治理项目,投资1 600万元;争取国家矿山地质环境恢复治理项目5个,投资1 100万元;自治区安排矿山地质环境恢复治理项目11个,投资1 330万元。

【耕地保护】 为确保国家和自治区各项基本农田保护制度得到认真贯彻落实,成立全区基本农田保护检查工作领导小组,制定《内蒙古自治区基本农田保护检查工作方案》,对全区基本农田保护工作情况进行全面检查,明确提出基本农田"五不准"作为检查重点。根据全区土地利用总体规划,确定基本农田643.64万公顷,已划定568.71万公顷,待划定82.52万公顷。完成补充耕地1 461.32公顷,占应补充耕地的94%。全年共批准安排国家和自治区投资土地整理项目44个,总投资7 683万元,建设规模达11 042公顷;完成土地整理项目12个,整理土地1 231.18公顷,新增耕地182.36公顷。

【测绘工作】 正式启动"数字内蒙古"建设工程,《基础测绘规划》通过审批,编制完成全区首部《内蒙古自治区国土资源经济地图集》;完成《内蒙古自治区阿拉善盟生态环境》"3S"技术动态定量动态分析和乌兰察布市、赤峰市756幅1/1万地形图航测外业。按照国家和自治区有关规定，审查批准13个测绘资格单位，完成测绘资质复审换证的前期准备工作。

获 奖 名 录

姓 名	性别	民族	奖 项	工作单位
徐金城	男	汉	人事部、国土资源部授予“全国国土资源管理系统先进工作者”	呼伦贝尔市国土资源局
吕金科	男	汉	人事部、国土资源部授予“全国国土资源管理系统先进工作者”	内蒙古地勘局第九勘查开发院
郑翻身	男	汉	自治区人民政府评为“自治区有突出贡献的中青年专家”	内蒙古地勘局
陈志勇	男	汉	中国地质学会黄汲清基金委员会授予“第二届黄汲清青年科学技术奖”荣誉称号	内蒙古地质调查院
沈存利	男	汉	国土资源部授予“国土资源部青年科技骨干”	内蒙古地质调查院

（杨莉莉 张建生 李育松）

煤矿安监

【内蒙古安全生产监督管理局内蒙古煤矿安全监察局领导名录】

安监局

局　　　长：曹安雅

副　局　长：王英夫

　　　　　　苗　雨

助理巡视员：孟国庆（蒙古族）

　　　　　　刘大群

煤监局

局　　　长：曹安雅

纪检组组长：张海旺（蒙古族）

副　局　长：曲来运

　　　　　　关图儒（蒙古族）

巡　视　员：臧海民

　　　　　　李长玉（10月任职）

【概况】 内蒙古安全生产监督管理局内设：政策法规处、安全生产监督管理一处、二处。内蒙古煤矿安全监察局内设：办公室、安全监察一处、二处、安全技术装备保障处、事故调查处、人事培训处、纪检组、机关党委、退离休干部管理处、信息调度中心、机关服务中心。

2004年，全区各类事故死亡人数控制指标为2 502人，其中工矿商贸企业为375人，煤矿企业为158人。1月至11月，全区共发生各类事故13 249起，死亡2 362人（扣除不参与考核的铁路事故132起，95人），与上年同比增加651起，多死亡64人，分别上升5.1%和2.7%，占全年控制指标的94%。其中：工矿商贸企业发生伤亡事故256起，死亡309人，同比增加1起，减少死亡36人，下降10.43%，占全年控制指标的82%；煤矿企业发生伤亡事故55起，死亡84人，同比减少23起，减少死亡57人，下降40.73%，占全年控制指标的53%。到12月27日工矿商贸发生事故265起、死亡322人，比控制指标减少死亡53人；煤矿67起、死亡97人（调整了地面死亡人数），比控制指标减少死亡61人。从控制指标完成情况看，工矿商贸企业安全生产形势较好，特别是煤矿企业在同比增产5 433万吨、增幅达43%的情况下成效显著，预计全区煤炭工业出现产量突破2亿吨，死亡人数控制在100人以内、百万吨死亡率降到0.5以下，这是继1985年死亡99人之后19年以来首次又降到100人以内的好水平。

【建立安全生产控制指标体系】 根据国务院下达的控制指标，确定2004年全区和分盟市安全生产控制指标体系。此体系包括9项内容，比国家确定的7项内容增加2项。为确保各项目标的落实，安全局配合自治区党委组织部制定盟市党政领导班子安全生产考核评价办法，把安全生产纳入对领导班子实绩考核内容之中；制定盟市政府安全生产工作考核办法，把安全生产工作纳入对盟市政府年度考核之中。考核采用百分制，其中9项控制指标为40分，7项工作目标为60分。考核分为突出、比较突出、一般、较差四个等次。对考核结果为较差或区域内发生一次死亡10人以上特大责任事故的盟市政府，实行安全生产“一票否决”，形成横向到边、纵向到底的责任网络。

【安全生产法制建设】 首先是完成《自治区安全生产条例（草案）》的起草工作。在起草过程中发出200多份问卷调查；9次组织召开有安全监管部门、企业代表参加的座谈会；深入天野化工、包铝、赤峰制药等企业和生产一线征集各方面的建议；8月会同自治区法制办、总工会组成调研组，赴北京、山东、河南、江苏、上海五省市考察学习安全监管和立法的经验。采用书面和网上两种形式,听取自治区有关部门、生产经营单位和安全科技专家的意见。在吸取各方面意见和建议的基础上,经21次修改形成《条例(草案)》。11月22日至26日,自治区十届人大常委会第十二次会议对《条例(草案)》进行一审。其次是对两局正在执行的18项行政许可事项逐一排查,经清理保留15项,取消3项。第三是制定自治区安委会工作规则,明确安委会成员单位及有关部门安全生产工作职责,建立安委会及其办公室工作制度,强化其综合协调职能,初步形成各尽其职、齐抓共管的工作格局。

【安全生产许可证颁证前的准备工作】 依据《安全生产许可证条例》和《实施办法》,先后制定煤矿、非煤矿山、危险化学品、烟花爆竹等企业安全生产许可证颁发管理工作方案,细化程序,并组织有关工作人员对条例、办法和方案进行认真学习。结合安全生产大检查、安全生产宣传月等活动,向生产经营单位广泛宣传安全生产许可证制度的有关规定和要求,并选择部分煤矿、非煤矿山、危险化学品企业进行安全生产许可证发放试点工作,为全面展开积累了一定的经验。12月初,随着自治区和国家局安全生产许可证发放专项经费的到位,完成安全生产许可证申请书等12种文书表格的印制,购进安全生产许可证证书,受理相当一部分企业的申请,启动审查程序,发放第一批安全生产许可证。

【安全专项整治】 5月下旬,自治区政府作出进一步强化煤矿安全生产专项整治,依法坚决关闭非法和不具备安全生产基本条件煤矿的决定后,作为牵头单位,抓紧部署,确保整治工作收到实效。一是以办事处为主对A、B类和2004年重新评价批准升为B类以上的煤矿,全部下达整改指令,本着缺什么补什么的原则,做好依法申办安全生产许可证的准备工作。对C、D类且2004年仍未重新评价批准升为B类以上的煤矿,全部下达停产指令,接受检查验收。二是严格执行"一个标准、两条原则、三道程序",严把验收关。三是加大督查力度,确保整治措施落到实处。于7、8月份组成四个督查组对各地整治情况进行专项督查。对贯彻落实不力、整治不到位的盟市,及时提出监察整改意见,并将整治中反映出的问题向全区作通报。四是严格执行矿井安全设施"三同时"制度,对293个新建或改扩建项目的安全专篇全部进行审查,对47个矿井的安全设施进行验收。全区318处C、D类煤矿有316处完成验收,其中验收合格准许恢复生产的煤矿248处,验收不合格确定关闭的煤矿68处。通过整治,全区各类煤矿都加大安全投入,办矿条件进一步改善。这次整治各类煤矿共投入资金约3亿元。同时通过整治,高瓦斯矿井安装瓦斯监测系统工作也取得明显进展,包头市石拐区小煤矿已全部安装完备,乌海市、阿盟和鄂尔多斯市鄂托克旗50%的小煤矿已安装完备。另外,经积极争取,自治区拨付专项经费300万元用于乌海地区煤矿集中监测监控系统的建设。在开展煤矿安全专项整治的同时,6月初先后制定了自治区加强危险化学品专项整治方案和自治区深化非煤矿山安全专项整治方案。两个方案明确专项整治的目标、重点、方法步骤、组织落实、职责分工,提出整治工作的主要措施及要求。

【关口前移 加大安全监管监察力度】 年内,以执法为关键,在加大现场监管监察和行政处罚力度方面做大量工作。首先是强化现场监管监察。1月至11月,煤监局机关及各办事处共现场监察18 135矿次,人均监察矿井117处,共查处各类事故隐患17 713条,制作各类执法文书10 110份,罚款444.9万元。安监局在人员紧张,监管行业多,企业数量大的情况,分别在3月、4月、7月、12月份组织四次安全生产大检查和多次专项督查。四次共检查12个盟市32个旗县区的376家企业,共提出安全整改意见270多条。其次是依法严肃查处伤亡事故。全区各类煤矿应立案查处的伤亡事故共55起,立案55起,立案率100%,实际结案51起,在规定期限内结案率100%。追究事故责任人265人,其中,移送追究刑事责任的8人,给予行政处分的41人,给予党纪处分的10人,实施行政处罚的206人,责令停产整顿的矿井13处,责令关闭的矿井2处,罚款89.2万元,提出安全生产防范措施219条。

【安全生产宣传教育培训】 在宣传教育方面,主要围绕"安全生产宣传月"开展一系列活动。在指导全区"安全生产宣传月"活动的同时,具体组织了"安全生产宣传月"的启动仪式和呼市地区"安全生产宣传咨询日"的各项活动。活动期间,共出动宣传车6台,张挂宣传横幅数百条,制作宣传展版近百块,发放宣传材料数万份,发行《法佑平安》宣教片近百套,收回安全生产知识问卷近五万份。在培训方面,一是以提高执法水平为重点,开展安全生产监察员培训。全年共举办3期,累计培训人员206人;二是稳步推进对生产经营单位主要负责人和安全管理人员的培训。至11月底,依法参加培训并取得安全资格证书的7 575人;三是进一步规范特种作业人员培训、考核与发证工作。截至11月底,共发放特种作业操作证33 856套,复审8 431套,使持证人员累计达到16万;四是配合生产安全应急救援预案编制工作,举办3期编制人员培训班,共培训人员380人;五是协助国家安科中心在呼市组织2期安全评价人员资质培训班,共培训人员251人,其中自治区有180人参加培训;六是加快培训基础建设。是年经审核、评估认定6家三级安全培训机构,使全区安全培训机构达到40家,基本形成一个覆盖全区、较为完整的安全培训网络体系。

【建立监管体系】　全区12个盟市均单独设立安全监管局，批准编制167人，现有人员116人；全区101个旗县市区有58个设立安全监管局，批准编制334人，现有人员531人。盟市旗县两级安全监管局共有人员647人，比组建前的2003年增加449人。在应急救援体系上，两次下文对全区各盟市、旗县生产安全应急救援预案编制工作进行安排部署。90%以上的盟市、旗县完成本地区预案的编制和备案工作。在6月底前完成自治区特大生产安全事故应急救援预案和自治区煤矿特大生产安全事故应急救援预案的编制工作，并广泛征求自治区安委会各成员单位、预案涉及部门和12个盟市安全监管部门的意见。《特大生产安全事故应急救援预案》由自治区政府颁布实施。完成全区2万多处重大危险源的普查登记工作，完成煤矿与非煤矿山应急救援指挥体系与预案的整合；建立以自治区4个救护基地为依托，9个救护大队为主力的全区矿山应急救援网络；形成以平庄、大雁、包头、海勃湾等4个煤业公司总医院为医疗救护基地，各地方应急医疗保障点为辅的矿山应急医疗急救网络。在技术支撑体系上，经国家局授权资质的安全评价机构15家，可开展安全评价项目24项，经局授权临时资质的安全评价机构24家，可开展安全评价项目29项，基本满足全区煤矿、非煤矿山、危险化学品、烟花爆竹企业安全评价的需要。完成自治区煤矿安全"十一五"规划和危险化学品安全生产"十一五"发展规划，并依托自治区新技术推广站和内蒙古兴安泰安全科技有限公司，分别承担自治区安全生产技术支撑中心和自治区煤矿安全生产技术支撑中心的工作职能。在调度信息体系上，完成视频会议系统后期建设工作，并根据试运行情况进行完善；完成电子政务先期接入工作；完善统计报送体系，形成纵向到各盟市安监局和办事处，横向到安委会有关成员单位的统计报送体系，及时准确的提供安全生产信息；充分发挥局域网站的作用，加大安全生产宣传力度。

（秦　义）

矿产开发

【内蒙古自治区地质矿产勘查开发局领导名录】

局　长：胡东宁（6月离任）
　　　　杨永宽（蒙古族 6月任职）
副局长：陶格套（蒙古族 10月病逝）
　　　　陈　峰
　　　　郑翻身
　　　　吴日山（蒙古族 6月离任）
　　　　吕福生

【概况】　内蒙古自治区地质矿产勘查开发局为正厅级事业单位。全局有直属县团级单位23个，其中地勘单位17个（地质矿产勘查单位9个，区域地质调查单位2个，水文地质工程地质勘查单位3个，探矿工程施工单位1个，地质科学研究单位1个，地质测量单位1个），分布在全区10个盟市。是年底，全局职工总数15 849人，其中在册职工8 010人、离退休职工7 839人。拥有区域地质、矿产地质、物化探、水工环、测试、测绘、探矿、地质机械制造等各类专业技术人员2 434人，其中副高级以上技术人员299人、中级技术人员1 125人、初级技术人员1 010人，是自治区境内技术力量雄厚、专业配套齐全，能承担国家和自治区以及各类企事业单位大中小型各类地质工作的主要专业地质队伍。

【地质勘查】　抓住国家西部大开发、振兴东北老工业基地以及自治区加大地质勘查力度，实现地质找矿重大突破，加速资源转换战略，提高矿产资源保障程度，推进工业化进程的战略部署，充分发挥自治区地质勘查主力军的作用，先后争取中央财政专项资金补助地质勘查项目2个，国家资补费项目3个，自治区资补费项目3个，自治区2004年度本级财政地质勘查项目34个（其中固体矿产勘查项目32个，水资源勘查项目2个），勘查资金合计6 887万元。通过认真实施，取得一批重要地质成果。

【矿产勘查】　经过普查，已查明陈家杖子及外围金矿金金属量10吨左右，预测资源量在20吨左右；珠斯楞海尔罕铜矿经深部钻探，钻孔见矿好，突破潜力大；翁牛特旗黄花沟及外围铅锌矿普查发现多条铅锌矿化体，个别矿脉深部见到富铅锌矿体；克什克腾旗拜仁达坝矿区及外围通过深部钻探，进一步证实为一大型以上银铅锌矿床；额济纳旗额根乌兰乌拉铜钼矿在对以往成果进行深入研究的基础上，年内施工3个钻孔，其中2孔见矿，已初具规模；呼和浩特地热资源调查工作已圈出三处地热异常区，为大规模勘查奠定了基础。

【地质综合研究】　完成了自治区中、西部煤炭资源调查和研究，圈出八个煤炭主要沉积盆地，提交《内蒙古煤炭资源调查报告》，并编制系列图件；完成局重点帮扶地区—锡盟镶黄旗一带以花岗质石材为主要内容的矿产地质调查，编制了1∶20万镶黄旗地质矿产图，提供地方利用；初步完成《内蒙古自治区主要成矿带地质找矿突破综合地质研究》和《内蒙古自治区地下水资源》的编排印刷和出版工作。

【矿业开发】　全年新登记探矿权15个，登记勘查面积370平方公里，延续矿权21个。使全局登记探矿权达162项，为进一步勘查和开发奠定基础。克什克腾旗拜仁达坝银多金属矿井建、工程建设、选矿厂建设等基建工作正在抓紧进行，同时着手对是年的勘查成果进行矿权评估;达拉特旗芒硝矿在上年水溶法试采试验取得成功的基础上,与鄂尔多斯奥利星公司签订合作开发协议,并完成合作公司"鄂尔多斯市圣泰化工有限公司"的注册,组建公司的领导机构,着手进行矿山建设。有3眼采矿井、6 000平方米贮卤池和800米输卤管线等设施正在建设中,预计2005年可正式投产;卯独庆金矿克服矿区附近水利施工的困难,全年堆浸矿石5.28万吨,产金56.28公斤,实现利润180万元。

【对外合作】 2004年,依托地质勘查成果,广泛开展内引外联和联合合作。一是与内蒙古亚蒙矿业有限责任公司在矿产勘查合作区进行5个探矿权的评估,协议评估价款1 000万元人民币,并作为局的股份进行联合矿产勘查。二是乌海黄河村电石灰岩的勘查工作,初步推算电石灰岩保有储量1.53亿吨,制碱灰岩、水泥灰岩资源量5亿吨以上,与北方联合电力有限责任公司进行合作洽谈。三是与澳大利亚瑞道克斯有限公司合作,在鄂尔多斯地区进行金刚石勘查,并就合作公司的组建、运行进行深入讨论,申报注册。四是年初与甘肃盛达股份有限公司就合作开发额仁陶勒盖银矿达成协议,协议将局拥有的股份转让给盛达集团,回收价款,规避风险。

【产业经济】 2004年,全局实现总收入58 343万元,比上年增加11 413万元,增长24.32%。其中地勘项目收入6 286万元,当年实际完成2 805万元,经营性收入34 172万元,占总收入的58.57%,超过各项财政拨款数,比上年增加9 229万元,增长37%。全年实现节约与收益2 384万元,比上年增加532万元,增长28.69%。全局资产总额34 159万元,资产负债率62%,全年新增净资产2 458万元,增长7.75%,净资产收益率6.98%,经营性净资产收益率9.19%,国有资产保值增值率达到7.03%,比上年提高了近1个百分点。职工人均年收入12 300元,比上年净增2 100元,增长20.59%。离退休人员平均年收入17 500元,比上年净增2 800元,增长19.05%。

【帮扶工作】 年内投资1万元为扶贫点,文化活动站购置40套桌椅,并举办那达慕活动,丰富牧民文化生活;投资7万元购进16头种牛,实施牲畜种子工程;完善150亩高产饲料基地建设,增强抵御自然灾害能力;投资10万元完成黄旗的地质调查,并编制地质矿产图。

全局共出贷扶贫资金289.50万元,全年共扶持困难待岗职工1 026户(次),实现脱贫145户,资金的有效运作率达到85%。广泛开展"送温暖"活动,共筹措资金50万元,对2 062户困难职工进行元旦、春节慰问,把组织的关怀送到了职工心中。

(田玉川)

煤田地质

【内蒙古自治区煤田地质局领导名录】

党委书记
局长:王振林
副局长:莫若平
党委副书记
纪委书记:王春彦(满族)
工会主席
副局长:邵显珉
刘学明
总工程师:武文
党委委员:张宝仁

【概况】 内蒙古自治区煤田地质局是自治区惟一从事煤田地质勘探专业工作的事业单位,主要任务是根据国家地质勘探计划,综合运用各种技术手段,在全区范围内进行煤田地质勘查工作,探明煤炭储量及矿山开采条件,为自治区煤炭工业规划和建设提供地质资料。全局有职工7 200人,局机关实设行政办公室、党委办公室、组织人事处、计划财务处、审计处、地质处、科技处、生产安全装备处、合同资质法规处、基建处、保卫处、职工教育培训中心、工会13个处室。局属二级单位有8个勘探队、1个科研所、1所专业技术学校、1个服务中心和4个专业施工单位。分布在呼和浩特、包头、鄂尔多斯、赤峰、通辽、呼伦贝尔等市。50多年来,共发现和勘探煤盆地200多个,查明10多个大型煤田,其中准格尔煤田、东胜煤田蜚声国内外。提交各类地质报告近千件,累计勘查煤炭储量2 254亿吨,占全国探明储量的1/4,预测煤炭资源量1.2万亿吨,居全国第二位。

【经济工作】 全年社会地质和多种经营完成产值2.2亿元,实现利税1 288万元,局队两级新增固定资产950万元,更新各种设备27台(套),职工人均年收入11 593元,同比增加2 545元,安置富余人员162人。全局共开动各类生产性钻机271台,累计完成3 123个钻孔,钻探进尺达596 032米;爆破工程完成工作量39 133立方米;土石方剥离工程291.5立方米;完成公路工程和路基土石方工程35.5公里;建安工程框架建筑面积15 200平方米。

【地勘完成情况】

1.完成各类立项申请报告17件。其中地质调查项目立项申请报告1件;财政部地勘补贴费项目申请报告1件;国家地勘资源补偿费项目申请报告5件;自治区地勘资源项目申请报告

10 件。2. 完成设计审批 5 件,地质报告评审 6 件。3. 上年承担国家和自治区重点项目 7 项。4. 与自治区政协共同申报《科学分析我区煤田地质勘探现状、增强煤炭资源开发保障能力》的科研项目,自治区科技厅已批准该项目,正在组织实施。完成《内蒙古煤炭资源勘查规划(2005 年 ~ 2007 年)》和本局《内蒙古煤炭资源勘查与开发规划(2004 年 ~ 2020 年)》两个科研项目。

【内部企业化改革】 在经营机制改革上,对条件比较成熟的经营实体,按现代企业制度要求,进行多种形式的改革,各二级单位都确定自己内部企业化改革试点,实施企业化运作,进一步完善企业章程,健全董事会、监事会、股东大会等现代企业组织和制度,有效地提高市场竞争能力。引入竞争激励机制,对企业化运作和经营实体实行竞聘上岗制度,促进人才资源的合理配置和队伍结构的调整。探索投资主体多元化模式。分配制度改革得以深化,促进经济效益和工作成果的双重突破。

【管理工作】 一是加强财务管理,严格执行《会计法》、《审计法》和财务管理工作的有关法规,出台《强化会计职能加大审计监督力度办法》等多项财经制度,树立现代管理观念,控制工程成本。二是提高质量管理水平,严格按照 ISO9000 国际质量体系标准和各专业技术规范实施质量管理,从而使年内竣工的煤勘、石油、水文、桩基、公路工程和建筑施工等工程项目,都顺利地通过质量验收,工程合格率100%,优良率70% 以上。三是规范了资质管理和安全管理。总公司企业法人年检工作通过三 A 级企业年检,完成总公司建筑企业资质年检换证和水利钻井资质就位换证工作,接受并通过 ISO9000 质量体系标准年度监审年检。安全工作做到了常检查、常整顿、常落实,未发生生产性重大事故、火灾、重大机械和孔内事故。

【六个突破】 一是经济指标创历史性突破,经济运行质量和效益有大幅度的提高;二是市场占有率创历史性突破,为自治区实施资源优势转换为经济优势战略的实施做出新贡献;三是推进改革、实现经营主体多元化创历史性突破,从而保障生产项目的按期完成;四是科技兴局强队的成效实现了历史性突破,取得丰硕的地质工作成果;五是安全生产等管理工作创历史性突破,年内安全无事故;六是职工年收入增额创历史性突破。

(张宝仁 王锡海 武尚宏 程润富)

地 质 勘 查

【内蒙古自治区有色地质勘查局领导名录】

党组书记:吴日山(蒙古族)

局　　长:崔养权

【概况】 内蒙古自治区有色地勘局为自治区国土资源厅所属副厅级事业单位。全局共有县处级事业单位 11 个,其中驻呼和浩特市单位 6 个、驻盟市单位 5 个。全局现有职工3 868人。其中离退休职工2 156人,占职工总数的56%;在职职工1 712人,占职工总数的44%。全局专业技术人员 598 人,其中高级职称 70 人、中级职称 267 人、初级职称 261 人。

【综合经济指标】 基本财政预算经费5 602万元,地质项目经费已落实项目及资金来源5 840万元,2004 年已到位资金1 726万元。其他财政拨款 717 万元。多种经营财务决算收入1 968万元;年度利润总额 -6万元,税后利润为 -63万元,实现了减亏。全局资产总额20 065万元,负债15 999万元,资产负债率80%,净资产4 066万元,国有资产保值增值率为1.57%,净资产收益率1.51%。

【地质矿产勘查】 全年共承接国家、自治区及社会地质项目 38 项,一是九龙湾银金铅锌矿普查,经工作深部发现新的隐伏矿体,预计获Pb + Zn资源储量 10 万吨、Ag 资源储量 200 吨;二是五道湾铁铜多金属普查,通过钻孔验证见到较好隐伏矿体;三是哈德营子铜银多金属矿普查,新发现 3 处有价值的异常,为下一步验证提供依据;四是争取社会地质项目 20 多个,为商业勘查市场的运作奠定了基础。

【化解财务危机】 新班子上任后首先面临的就是地勘事业费入不敷出、全年预算超支 500 多万元、企业占局应拨事业费2 000多万元的严峻财务局面,此状况如在年底前不能改变,将给全局的正常运转和队伍的稳定带来严重影响。新的领导班子采取一切可能的措施,积极筹措资金,最终保持了局财务的基本正常运转,维持了企业生产经营的正常运行,同时完成国家、自治区和社会上的矿产勘查任务。

【存在问题】 从全局发展情况看,总的问题是,产业发展缓慢,职工生活水平偏低,对自治区经济建设及矿产资源勘查贡献不突出。从客观上讲,一是体制陈旧机制不活,管理不强,产业结构不合理所致;二是历史遗留问题多,包袱沉重,基础薄弱,政策不到位。从主观上讲,一是在改革问题上等待观望,被动应付;二是在发展问题上,开拓进取不够,方法措施不当。

(王付才)

机械设备管理

【内蒙古自治区机械设备成套局领导名录】

副局长:张志刚

副局长:王　谦

【概况】　遵照中央指示和内蒙古自治区党委批准,内蒙古自治区机械设备成套局于1959年5月成立。其主要职责是为国家和自治区重点基本建设项目和限额以上技术改造项目组织提供成套设备、管理、和现场技术服务,确保按期、按量、按质建成投产,发挥投资效益,保证国家和自治区发展经济、计划的顺利实现。

根据工程建设市场化的需要,经国家主管部门和自治区人民政府批准,相继建立机电设备招标机构,工程咨询机构和设备监理机构,并分别获得国家有关部委颁发的设备成套、招标、监理、咨询甲级资格证书及财政部备案的政府采购代理机构资质。由此,内蒙古成套局在建设市场广泛的领域里更好地发挥设备成套专业特长和技术、人才、信息和后期服务的优势,为国家西部大开发和自治区经济快速发展做出新的应有的贡献。

2001年在国家机构改革中,内蒙古成套局由中直单位下放地方归内蒙古自治区人民政府直接管理。

【设备成套业务】　2003年和2004年,内蒙古成套局成套项目管理处为海拉尔蒙西水泥有限公司新上日产2 000吨水泥熟料生产线项目,包头西水科技年产200万吨水泥粉磨站工程项目,鄂尔多斯蒙西建材有限公司新建日产1 200吨水泥熟料生产线项目,中国人民银行呼和浩特市中心支行综合楼,呼和浩特市地税局综合办公楼等5个项目组织提供价值为3.29亿元的成套设备,并陆续建成投入使用,发挥投资效益。项目总投资合计为9.3亿元。

项目管理处在2003年12月8日取得外贸进出口代理资质,第二年成功地为海拉尔蒙西水泥项目组织进口空气炮、荧光分析仪;为人行呼和浩特市中心支行综合楼建设工程组织进口4部电梯;为内蒙古星级装饰公司对蒙古国出口货物完成代理业务。2004年该处还为乌海蒙西水泥有限股份公司提供招标、监理、合同管理、信息管理以及施工进度、资金使用、工程质量、安全控制等多个内容的项目管理服务。

【设备招标业务】　近两年,内蒙古成套局机电设备招标处为海拉尔污水处理进口工艺设备,海拉尔自来水公司管网设计,自治区第一女子监狱需要的电梯,自治区检察院业务楼电梯、变压器、配电盘、消防系统、空调设备及安装,内蒙古教育出版社局域网二期工程,内蒙古电教馆远程教育设备,内蒙古霍煤鸿骏铝厂的起重设备,北创公司货车技改工程所需起重机、机床及非标设备,伊泰煤炭集团新建办公大楼所需全套设备,伊泰丹龙药业GMP技改工程所需空调机、风机、除尘器和撒流器等设备,内蒙古质量技术监督局所属全区24家质检部门配检测装备的设备,赤峰远航有限公司水泥熟料生产线项目部分设备,内蒙古地矿局综合大楼,内蒙古文化大厦,集宁市集中供热工程,内蒙古医院新建外科手术大楼,呼伦贝尔市给水扩建工程,以及东胜、集宁、丰镇城镇垃圾处理工程等65个项目的机电设备进行了招标采购,中标金额总计为4.42亿元,涉及项目总投资合计为53.94亿元,节资率平均为10%左右,并全部符合招标法规程序,满足项目业主的要求。

【设备监理业务】　内蒙古成套局设备监理部门为伊泰丹龙药业技改工程设备的采购、检验、安装调试,内蒙古紫鑫化工有限公司双10万吨硅石项目一期工程设备安装调试,伊泰煤炭集团新建办公大楼设备采购、检验、安装调试,以及为蒙牛乌兰浩特、滦南、丰润、沈阳各点的建设工程,东乌珠穆沁旗电厂扩建工程,牙克石蒙西水泥新建生产线工程等9个项目完成了1.87亿元的设备监理工作量,涉及各个项目总投资合计为11.2亿元。

【工程咨询业务】　内蒙古成套局工程咨询部门为乌海海吉化工项目,包头、海拉尔蒙西水泥公司粉磨项目,蒙西高新材料股份有限公司5号汽轮发电机组等7个项目进行了工程管理、设备选型等方面的咨询业务。委托咨询金额达1.184亿元,涉及项目总投资合计为65.6亿元。全局以设备成套、招标、监理、咨询四大主业综合统计,2003年和2004年为内蒙古自治区91个大中小型工业、科教、医药卫生、食品、城建、民用建筑等基本建设和技术改造项目提供成套设备和招标、监理、咨询、进出口服务,完成业务总量18.764亿元,涉及各个项目总投资合计为140余亿元。加强内部管理,严肃决策民主化、科学化、规范化,严格资金管理,没有发生决策失误和经济损失。

(郑瑞杰)

环　保　测　绘

环境保护

【内蒙古自治区环境保护局领导名录】

局　　长：云二柱（蒙古族）

副 局 长：解双华（女）

永　红（蒙古族）

高震风（蒙古族）

石玉山（4月任职）

纪检组长：王笑一

助理巡视员：崔建国（4月任职）

【概况】 自治区环保局机关现有行政人员43人，内设9个处室：办公室、人事处、规划与财务处、污染控制处、监督管理处、科技监测处、自然生态保护处、辐射管理处、机关党委。自治区纪检委派驻纪检组，设纪检监察室。局辖7个直属事业单位，机关事务服务中心、环境保护宣传教育中心、环境监测中心站、环境科学研究院、生态环境监测站、环境监察总队、环境评估中心。核定事业单位人员编制156人。

全区12个盟市全部成立独立的环保局，列入政府组成部门。101个旗县（区）有83个旗县（区）成立独立环保局、16个旗县为城建环境保护局。80个乡镇设立了环境保护工作站。2004年底，全区环保系统编制职工3 403人。其中，行政编制891人，事业编制2 440人，其它编制72人，实有人数为3 883人。人员结构按职称区分：其中高级职称197人、中级职称673人、初级职称754人；按学历区分，研究生59人、本科生947人、专科生1 594人、中专级以下1 188人。

【防治污染　改善区域环境】

1. 开展环保专项整治行动，下大力气解决重点领域的环境污染问题。按照国家环保总局等六部委《关于开展清理整顿不法排污企业，保障群众健康环保行动的通知》要求，依法取缔、关停、淘汰、落后生产能力及工艺，对死灰复燃的“十五小”、“新五小”等污染企业进行监督检查，坚决制止危害群众健康的环境违法行为，努力让群众喝上干净的水、吃上放心的食物、呼吸上清洁的空气，在良好的环境中生产生活。

2. 针对目前全区区域性、结构性污染问题，积极开展重点行业的清理整顿工作。按照自治区政府《关于高载能工业发展的指导意见》，对全区高载能工业企业环境整治情况进行检查，共检查企业417家。其中：已建成环保设施且正常运行的231户（电石企业110户，铁合金企业121户；着手安装环保设施的企业147户，电石企业29户，铁合金企业118户）对在清理整顿期间尚未安装环保设施的39户企业停止供电，待环保设施建成达标后供电。环保局正对上述企业进行达标验收。

3. 加强重点城市和主要流域的污染防治工作。采取推广清洁燃料、加快城市基础设施建设等一系列措施有效改善区域环境质量。2004年，呼和浩特市实现二级和好于二级以上天数310天，比上年同期增长24天，在北方15个省会城市中排名第三。包头市实现二级和好于二级以上天数175天，比上年同期增长70天；赤峰实现235天，比上年同期增长11天。主要流域部分河流、湖泊、水库水质有所好转。认真查处了黄河内蒙古段水污染事件，制定了《黄河内蒙古段水源水质污染事故应急预案》。12月底，重点流域、区域削减化学需氧量1.84万吨、烟尘6.13万吨、粉尘3.37万吨。

4. 推进《中华人民共和国大气污染防治法》和《内蒙古自治区机动车排气污染防治法》的贯彻实施。已有7个盟市按照“机动车定期检测单位委托办法”的规定，上报机动车排气污染年检单位申报材料，已办理委托手续的5个盟市。呼市已经有334台公交车使用清洁燃料天然气；包头市正在积极准备，开展车用清洁燃料的工作。

5. 开展“安静居住小区”创建工作。环保局高度重视创建“安静居住小区”工作。为确保创建活动抓出实效，各地专门成立安静居住小区创建工作领导小组，制定切合实际的安静居住小区创建标准，建立环保局、街道办事处、小区物业管理部门三级管理网络，联手创建安静居住小区。

6. 围绕城市环境质量定量考核进一步深化城市环境管理工作。各盟市积极调整产业结构，优化城市布局，完善城市功能，从源头控制城市污染。全区“烟控区”覆盖率占建成区面积的47.44%；城市汽车尾气达标率73.38%；污水处理率50.39%；垃圾无害化处理率45%；建成区绿化覆盖率21.73%。

7. 严把建设项目审批关，严格执行《环境影响评价法》及国家产业政策。严防外地高污染、淘汰落后设备及生产工艺、高能耗企业借西部大开发向自治区转移。对于不符合国家产业政策,破坏资源严重的"十五小"、"新五小"项目不予审批。全年报环保局审查的建设项目206项,完成环评报告书批复34项,竣工验收项目8项。

【落实"三区"战略】 在全国范围内自治区率先研究草拟《内蒙古自治区生态环境保护条例》、《内蒙古自治区生态功能区划》和《内蒙古自治区自然保护区有效评估办法》,编制《内蒙古自治区环境优美乡镇考核验收规定》。加强了自然保护区和生态示范区、生态功能保护区、资源开发区的监督管理。目前,全区共建成自然保护区187个,其中国家级18个,自治区级56个,盟市级25个,旗县级88个。保护区面积已达1 561万公顷,占自治区国土面积的13.2%。全区生态示范区达43个,其中国家级生态示范区3个,国家级生态示范区建设试点18个,自治区级生态示范区22个,面积3 780万公顷,占自治区国土面积的31.9%。生态功能区4个,其中国家级2个,自治区级2个,面积达1 539万公顷,占自治区国土面积的13%。生态保护与国际合作日益密切,中瑞挪、中加、中意、中德和中韩的国际合作项目进展顺利,成效显著。

【强化核与辐射环境监管】 圆满完成"清查放射源,让百姓放心"专项行动。全区共排查出涉源单位222家,放射源2 171枚,收贮废源323枚,建立了放射源数据库。开展危险废物申报登记,全区共申报涉及危险废物单位2 382家,涉及危险废物种类229种,年产生危险废物179万吨。积极协调有关部门处理处置15.7吨废弃危险化学品。加强进口废物环境管理,对4批不符合规定的进口废物,依法拒绝办理废物进口手续,对10家申请进口废物企业进行环保审核。

【加大环境执法力度 依法行政】 在全区开展环保专项整治行动。专项行动中全区共出动执法人员14 878人次,检查企业7 557家,关停企业545家,查处违法企业1 034家。对乌拉特前旗3家造纸厂污染黄河事件进行处罚;对通辽发电厂等358家拒缴排污费企业申请法院强制执行;对阿拉善盟绿洲农业公司生态破坏案件责成阿盟环保局进行处理。赤峰市在生态监察方面走在了全区的前列,在严厉打击矿产资源乱采滥挖、规范矿山开发生态恢复以及旅游开发项目实施环境影响评价等方面积累了一些好的经验和做法。

【环境管理的基础工作】 环境科研工作有了新的进展。完成中—瑞—挪合作《内蒙古乌梁素海环境综合整治研究》年度工作计划;启动《内蒙古城市烟尘污染源解析研究》课题;完成《锡盟湿地珍禽鸟类调查研究》课题;组织实施高载能企业污染控制技术研究;积极开展ISO14001环境管理体系认证和有机食品认证技术咨询工作。

环境监测能力全面提升。开展环境空气、辐射环境、酸雨、城市饮用水、环境噪声、沙尘暴以及7个水系25条河流和4个湖泊水库丰枯水期水质监测,获得有效监测数据16万多个。实现全区11个城市空气质量周报,其中呼市、包头和赤峰市实现空气质量预报和日报。完成黄河内蒙古段2个断面的水质自动监测周报。组织全区生态环境质量调查和阴山北麓生态经济型农业项目的研究。对绿色食品原料产地环境质量进行监测。

环境宣传教育形式多样,内容丰富。开展了"世界环境日"和第二届"环境保护好新闻评选活动";组织"保护母亲河行动—首府地区高校生态环保警示教育巡回展";召开了全区环境保护新闻发布会,鼓励社会各界和公众积极参与环境保护。

加强环境信息网建设,实现了与上级机关部分文件在网上传输。政务公开稳步推进,督查工作被自治区政府办公厅授予先进集体的称号。

【全区环境保护工作会议】 3月19日,全区环境保护工作会议,在呼和浩特新城宾馆举行。自治区人大常委会副主任陈瑞清、自治区副主席郝益东出席会议。全区各盟市分管环保的盟市长、环保局长、环保局办公室主任和自治区各有关部门的领导都参加了会议。

【妥善处理黄河水污染事故】 6月25日,巴彦淖尔市河套灌区管理总局对乌梁素海进行退水,由于退水渠中积存着近100万吨内蒙古塞外星华章纸业股份有限公司和美利北辰浆纸有限责任公司排放的高浓度污水及城镇生活污水,乌梁素海退水时将渠中的污染物直接带入黄河干流。据监测,6月26日乌梁素海退水流量为12立方米/秒,黄河三湖河口流量为120立方米/秒,污径比较高,造成了此次水污染事故。据包头市环保局监测,污水团中挥发酚超标92.8倍,高锰酸盐指数超标12倍;河水水质黑臭,水面出现大量死鱼。根据国家环境保护总局《报告环境污染与破坏事故的暂行办法》,本次黄河水污染事故为特大环境污染事故。

根据《中华人民共和国水污染防治法》和《水污染防治法实施细则》的有关规定,自治区环境保护局对事故的责任单位内蒙古塞外星华章纸业股份有限公司、美利北辰浆纸有限责任公司、巴彦淖尔市总排干管理局第五管理所分别给予50万元、30万元和20万元的行政处罚。

【黄河内蒙古段水污染防治工作会议】 9月13日至14日,自治区副主席郝益东在包头市主持召开黄河内蒙古段水污染防治工作会议。会议对黄河内蒙古段水污染防治工作进行认真的研究和部署。会议讨论通过《黄河内蒙古段水源水质污染事故应急预案》,并要求沿黄各盟市也要制定相应的应急预案,最大限度减轻因污染事故造成的损失。会议研究确定黄河内蒙古段近期需要限期治理的51家企业名单。会议要求至2004年10月1日起,沿黄内蒙古段企业所排污水必须保证达标排放;沿黄地区环境保护部门要加强对属地内排放污水企业的监管力度,增加环境监察及监测频次,发现问题及时解决,确保本地区企业稳定达标;要加快城市(镇)污水处理厂的建设,改善现有城市(镇)污水处理厂的运行状况,沿黄盟所在地的城市污水集中处理率必须在2005年达到100%;要抓紧治污项目的开工和运营;要加大对黄河内蒙古段水污染防治的投入,增加地方预算投入,积极争取国家专项投入,排污费的使用要把黄河污染治理作为重点,加大投入力度。

【查处内蒙古自治区绿洲现代农业开发有限责任公司生态破坏事件】 阿右旗地处内蒙古最西部,是全区自然条件最恶劣、生态环境最脆弱的地区之一,也是沙尘暴发生极为频繁的地区。曼德拉苏木过去叫"板滩井"(沙林呼都格)位于阿拉善右旗东部。曼德拉苏木农业开发始于1973年,而规模开发始于1998年,2001年9,阿拉善右旗人民政府与内蒙古绿洲现代农业开发有限责任公司签定"开发建设沙林呼都格高新农业示范基地合同"。内蒙古绿洲现代农业开发有限责任公司在开发沙林呼都格高新农业示范基地建设项目过程中未进行环境影响评价,擅自开工建设,违反《环境影响评价法》,导致生态破坏问题。自治区环保局通过现场调查,对处理这起违法事件提出明确意见。1.阿拉善盟行政公署向全盟发出通报批评,要求各级政府和相关部门引以为戒,认真吸取教训,采取有利措施,严格程序,抓紧查改,并要求今后在项目建设中必须严格审批手续,依法进行环境影响评价,杜绝类似事件再次发生,促进经济、社会和环境的协调发展。2.阿拉善盟环境保护局依法责令内蒙古绿洲现代农业开发有限责任公司限期进行环境影响评价,报自治区环境保护局审批。3.阿拉善盟环境保护局依法责令内蒙古绿洲现代农业开发有限责任公司制定生态恢复方案,采取措施,限期对已开垦和撂荒土地进行生态恢复。

(钟建春)

测　　绘

【内蒙古自治区测绘事业局领导名录】

局　　长
党委书记:吴齐文

副 局 长:赵新刚

副 局 长
纪委书记:郭党师

【概况】 内蒙古自治区测绘事业局是内蒙古自治区国土资源厅所属的准厅级事业单位,下设办公室、财务处、人事教育处、生产技术处4个职能处室。局属单位有测绘院、航空遥感测绘院、地图制印院3个甲级测绘事业单位和测绘科技档案资料馆(地理信息中心)1个公益性服务单位。全局在职职工563人,具有专业学历的技术人员占50%以上,其中教授级高级工程师3人、高级工程师38人、工程师70人,国家测绘学术与技术带头人才2名。

【基础测绘】 2004年完成自治区政府下达的基础测绘任务有:赤峰测区1:1万航测外业732幅,覆盖面积18 300平方公里,乌兰察布测区1:1万航测外业343幅,覆盖面积8 575平方公里,乌兰察布测区GPS C级控制网布设60个,赤峰测区1:1万内业356幅,河套测区1:1万内业200幅,河套测区印刷663幅,1:1万数字线划图入库1 000幅。完成国家项目有:国家测绘局航空摄影资料建库,中国测绘科学研究院锡林浩特项目区、大兴安岭项目区1:1万、1:5万航摄项目研究,黑河流域1:1万地形图测绘。2004年,全年实现测绘总产值2 000多万元。按时完成呼和浩特白塔机场的扩建大比例尺地形图测制工作。启动"内蒙古区情地理信息系统"和"科尔沁沙地数字区域"研究项目,数据入库工作有序展开。

【提供服务】 收集1950～2004年以来内蒙古自治区与甘肃省边界争议地区地图计6幅,及时送交自治区政府,为争议问题提供原始依据。向自治区党委提供与自治区毗邻的俄罗斯、蒙古两国及8个省区界线资料。为自治区铁路建设规划提供准确的基础图件,并认真完成后续服务工作。

【自治区首部综合性图集】 制作《内蒙古自治区领导工作专用地图》近50套,由内蒙古自治区行政区划、地势、交通、矿产资源、植被类型、土地利用、人口分布、旅游资源和测绘等9幅专题图组成,为自治区领导开展工作提供丰富的地理信息和经济社会信息。编制完成《内蒙古自治区公路图集》和《内蒙古自治区国土资源经济图集》。《内蒙古自治区国土资源经济地图集》全面反映近年来自治区经济社会各方面取得的巨大成就,展现全区自然地理面貌、区位特征、自然资源与环境以及各盟市的基础地理信息、资源优势,是自治区首部综合性图集。

【测绘成果应用】 基础地理信息中心加快测绘资料的收集整

理和各种数据的采集入库工作,重点为交通、地矿、国土、民政、环保等部门提供现实性强的测绘成果。中心全年对外提供纸质地形图18 337幅,数字地图4 459幅,折合数据10.2GB,大地成果(点)3 392个。

【市场测绘】 全局各院、馆面向区内外经济建设主战场,主动开展测绘业务合作。完成部分较大项目有:呼和浩特机场的扩建测图1:500、1:2 000净空测量,赤峰—通辽高速公路94公里带状1:2 000航测,北京市1:2 000修测56幅及1:10 000航测28幅,如意开发区1:1 000地形图136幅,乌海市乌达区、海南区和乌拉特中旗海流图镇1:2 000地形图139幅,浙江诸暨市1:2 000地形图航测数字化测绘146幅,乌拉特后旗大饭铺—东胜、阿布海—通辽东段和临河绕城公路1:2 000地形图测绘及首级控制425公里,完成《内蒙古三维数字景观图》和呼和浩特市城区《三维数字景观图》,为内蒙古无线电管理委员会12个盟市城市所在地及二连浩特、满洲里绘制1:10 000和1:50 000数字地形图、地名高程模型、地名属性库统一平台一次性建库,实现多数据整合,可直接转为无线电行业共享数据标准。

【学术交流】 8月16日,武汉大学测绘学院院长李建成博士到自治区测绘局讲学。22日,宁津生院士到测绘局就精化大地水准网进行研讨。

【扶贫工作】 无偿为锡林郭勒盟苏尼特右旗赛汗镇产业化扶贫示范园区测绘1:1 000地形图10幅。全年投资17万元用于扶贫工作,完成建设100亩饲草料基地的打井、通电、布设滴灌网线等工作。

(张智清)

商务供销粮食工商

商　　务

【内蒙古自治区商务厅领导名录】

厅　　长:白　盾
副 厅 长:高　云
　　　　　德　顺(蒙古族)
　　　　　伊克苏苏(蒙古族)
　　　　　高晓峰(蒙古族)
　　　　　孟贵玺
纪检组长:盛文娟(女)
巡 视 员:杨士杰
助理巡视员:马运先(满族)

【概况】 内蒙古自治区商务厅是自治区人民政府的组成部门。自治区商务厅内设16个处室,行政编制87人,2004年实有81人。人员结构:男48人,女33人;蒙古族17人,满族5人,鄂温克族1人,汉族58人;大学学历62人,大专学历19人;年龄50岁以上29人,40岁至49岁的33人,31岁至39岁的16人,30岁以下3人。

【对外贸易】 2004年,全区进出口总额首次突破40亿美元大关,累计完成40.49亿美元,创历史最高水平,比上年同期增长31.6%。其中:出口16.82亿美元,比上年增长17.4%;进口23.67亿美元,比上年增长41.5%。一般贸易、加工贸易进出口同比分别增长39.5%、38.8%,高于全区进出口平均增幅7.9和7.2个百分点;私营企业进出口表现出较强的增长活力,全年进出口完成17.2亿美元,比上年增长63.3%;大宗商品出口快速增长,纺织原料及制品出口超过5亿美元,比上年增长14.5%,占全区出口总数的30%;未锻轧铝、钢材、硅铁出口分别为1.39亿美元、1.22亿美元和0.48亿美元,分别比上年增长54.8%、2.4倍和1.8倍。进口商品中,原木、铜矿砂、铁矿砂和化肥分别为6.2亿美元、1.89亿美元、1.1亿美元和0.56亿美元,分别比上年增长43.4%、55.3%、1.6倍和36.5%。

【利用外资】 2004年全区新批准外商投资企业195家,比上年增长32%,合同外资金额27.19亿美元,比上年同期增长5.3倍;实际利用外资金额6.27亿美元,比上年增长70%。

【国外经济技术合作】 全区共签订国外工程承包、劳务合作及境外投资协议合同120个,合同总金额55 958万美元,比上年增长7.4倍;完成营业额6 082万美元,比上年增长2.2倍;外派劳务4 233人次,比上年增长64.9%。

【商贸流通】 全区商贸流通业实现社会消费品零售总额891.96亿元人民币，比上年增长22.7%，增幅居全国首位。

【口岸运量】 全区口岸进出境货运量达到2 180万吨，同比增长43.1%；出入境旅客290万人次，比上年增长28%；出入境交通车辆51.5万列辆次，比上年增长32.8%。

【外贸物资商粮三大集团改革】 2月23日，按照自治区政府要求，自治区成立了外贸、物资、商粮三大集团改革领导小组。办公室设在自治区商务厅。三大集团改革工作启动。在自治区国资委、财政厅、国土资源厅的配合下，对物资集团47户二级企业、商业集团20户二级企业、外贸集团35户二级企业，全面展开资产处理与重组工作。在自治区政府领导积极协调沟通下，三大集团的历史债务问题与银行部门达成共识，欠各商业银行、资产经营公司38亿元的本息、职工买断、离退休职工安置等，至6月底基本得到处理。

（侯燕会 乔绍玉）

供 销

【内蒙古自治区供销合作社联合社领导名录】

理事会

主 任：刘金水

副主任：武金祥

唐利民

张鳞龙

王政和

监事会

主 任：敖 伦（蒙古族 12月离任）

副主任：侯小玲（女 12月离任）

【概况】 全区供销社系统现有12个盟市供销社、89个旗县供销社、480个基层供销社、278个旗县以上社有及社涉企业。全系统职工人数49 942人。自治区供销社本级下设9个直属单位，其中直属企业8个，即：内蒙古农牧业生产资料股份有限公司、内蒙古牧王畜产品股份有限公司、内蒙古土产副食品股份有限公司、内蒙古供销进出口贸易有限责任公司、内蒙古纬天冷藏有限公司、内蒙古万邦羊绒制品有限公司、内蒙古可尔棉麻有限责任公司、内蒙古世奥商贸股份有限公司；另有1所全日制中等专业学校：内蒙古经贸学校（事业编制）。自治区供销社及直属单位职工人数446人。

【经济运行】 是年，全区供销社系统完成商品购销总额95亿元，其中商品销售收入50亿元，同比增长31.82%；商品购进总额45亿元，同比增长54.6%；上缴国家税金总额4 959万元，同比增长32.63%；实现利润总额3 335万元，同比增长110.81%。12个盟市供销社和区社直属企业全部实现汇总盈利。

农资供应 是年，全系统实现农牧业生产资料销售额19.55亿元，组织供应化肥110.4万吨，农药、农地膜供应充足，优质化肥供应量占到全区社会需求量的80%以上，继续保持农资市场主导地位。

供销社传统业务 是年，全系统实现农副产品收购额10亿元，同比增长78.57%；社会消费品零售额9.84亿元，其中基层社实现消费品零售额2.53亿元，同比增长3.25%；毛绒收购量占到全区总产量的30%以上，收购粮油1.05亿元，组织供应茶叶15万担，较好地满足了农牧民生产、生活的需要。全系统再生资源类商品购进总额2.58亿元，同比增长84%。

【农牧业产业化经营】

农牧民合作经济组织 是年，全系统改造重组基层社480个；组织农牧民兴办种植、养殖、服务、农资等专业合作社487个；通过供销社自办、与村委会联办、职工回村领办、委托个体私营业主代办等形式，发展村级综合服务社1 263个，入社农牧户近20万户，帮助农牧民实现收入4.01亿元。

龙头企业 全系统现有不同规模的龙头企业45个，其中，营业收入超亿元的流通型龙头企业9个。是年，全系统龙头企业实现销售收入31.76亿元，带动农牧户19.4万户，助农增收3.09亿元。赤峰市喀喇沁旗烟叶产销公司被自治区政府确定为自治区农牧业产业化龙头企业。

商品生产基地示范效应 全系统建立科技试验示范田9 900公顷，测土配方施肥13万公顷，提供技术培训、咨询服务10.17万人次；兴办种植业基地145个，养殖业基地27个，联合农牧户12.3万户，实现农副产品销售额4.4亿元，助农增收3.18亿元。

农村牧区市场体系初步形成以区域性综合批发交易市场、专业批发市场和工业品营销中心为骨干。以农村牧区集贸市场为补充的市场运营格局。全系统现有各类批发交易市场97个。是年，全系统完成市场交易额近30亿元，其中年交易额5亿元以上的市场1个，1亿元至5亿元的市场6个。全系统有7个市场列入自治区“十五”市场体系建设规划。

【农村牧区商品流通服务网络】

农资连锁经营服务网络 全系统以自治区农牧业生产资料股份有限公司为龙头，以盟市、旗县农资公司为基础，整合现有农资经营服务网络资源，实施集团化经营战略。在全区重点产粮区、铁路沿线和重要集镇下设24个分公司、5个联营公司,与区内外9个生产厂家建立总代理、总经销关系。2004年底,自治区农资公司以"内蒙农资"为品牌,共发展加盟终端网点250个,优质化肥供应量占到全系统的70%以上,逐步形成上联货源源头、下联网络终端的一体化农资连锁经营服务体系。

农畜产品和日用消费品连锁经营服务网络　赤峰、包头市等供销社以现有日用消费品企业为基础,整合系统内分散的商场、门店和贸易市场,加入全国总社"新合作"日用消费品网络,已完成分销中心和配送中心的前期准备工作。通过连锁加盟方式,包头市烟花爆竹、乌海市盐业经营服务网络已具雏形。

再生资源回收利用网络　受"循环经济"和相关政策影响,全区各盟市、旗县供销社注重再生资源回收网点和市场建设,协同有关部门规范市场行为,争取政策扶持。巴彦淖尔市等4个盟市供销社建立再生资源交易市场。鄂尔多斯市等7个盟市供销社依托专业公司,联合废旧物资收购网点和经营大户,牵头成立再生资源行业协会和再生资源管理办公室,实施价格调节、行业自律,规范市场经营行为。

【体制创新】

基层社建设　基层社建设呈现出组织形式多样化、产权主体多元化、服务范围广泛化的特征:基层社、专业合作社、村级综合服务社成为组织农牧民进入市场的重要组织形式;各类新型合作经济组织的主体由供销社、职工、农牧民、农村牧区各类中介组织组成,内部实行股份合作制运营机制,劳动合作,资本联合,民主管理,分配上实行按股分红与按交易量返利相结合的分配制度;在承担农资供应、农畜产品购销业务的同时,经营服务范围辐射种植、养殖、加工、技术服务推广、日用工业品经营等多个为农服务领域,成为符合市场经济要求的竞争主体和法人实体。是年,全系统基层社实现商品销售收入10.64亿元,比上年同期增长25.48%,实现利润735万元,同比增长74.58%。

社有企业改制　盟市、旗县社有企业基本结束以分流人员、消化包袱、消灭亏损源为主要内容的改制工作,改革的重点开始转向优化结构、增强活力、建立现代企业制度上来,80%的盟市、旗县社有企业完成公司制改造。是年,区直企业在全部完成公司制改造的基础上,进行了社有股减持工作,供销社由绝对控股改为相对控股或参股运营。减持的股权部分在清产核资的基础上,对企业管理团队、员工及社会法人实施有偿转让。至2004年末,全区278个旗县及旗县以上社有企业中,全资及控股企业123个,参股企业52个,开放办社企业103个。

职能转变　为适应社企分开和联合社职能定位的要求,全区旗县以上供销社加快职能转变步伐,初步建立起社有资产出资人制度;上下联合,经济合作,行业指导工作有所加强;积极推行开放办社,努力向农村牧区合作经济组织的联合社转变。全区供销社系统围绕主导产业和特色经营组建自治区级行业协会4个,盟市级行业协会14个,旗县级行业协会28个,范围涉及农资、毛绒、农副产品、再生资源等领域。从整体看,全区旗县以上供销社组织机构稳定,12个盟市和85%以上的旗县供销社机关经费和人员编制问题得到解决,改革与发展的外部环境明显改善。

(金朝霞)

粮　食

【内蒙古自治区粮食局领导名录】

局　　长:卫庆国

副 局 长:张国治

康昱幸(蒙古族)

张忠何

纪检组长:宋　岍(2月离任)

铁　钢(蒙古族 12月任职)

助理巡视员:刘永旺

【概况】　内蒙古自治区粮食局为自治区政府直属机构,正厅级行政单位。人员编制49人,其中副局级(含副局级)以上领导6人,副处级(含副处级)以上领导24人;主任科员18人;中共党员46人,群众2人;大专(含大专)以上学历45人(其中研究生2人),大专以下学历3人;汉族41人,蒙古族6人,达斡尔族1人;男性31人,女性17人。

局机关共设办公室、人事教育处、机关党委、综合处、储备处、财务处、基础设施建设处、纪检组(监察室)、离退休人员工作处、生态建设粮食供应处10个处室,另设临时机构—粮食流通体制改革办公室。二级单位6个,包括内蒙古粮食局机关事务服务中心、内蒙古自治区粮油质量检测中心、内蒙古自治区粮食科学研究设计所、内蒙古自治区军粮供应服务中心、内蒙古自治区粮油调运结算中心、内蒙古自治区粮食局招待所。

【主要职责】　贯彻执行国家关于粮食管理的方针、政策、法律、法规,研究制定自治区粮食管理方面的方法、措施并组织实施;指导全区粮食流通的行业管理,拟订自治区粮食流通体制改革方案,负责行业统计工作。负责社会粮食流通管理,指导和协调全区粮食仓储建设;组织落实军队粮食供应;指导和帮助灾区、库区移民和缺粮贫困地区的粮食供应;安排以工代赈和国家重点建设项目的粮食供应。指导、监督全区粮食储备工作。研究制定储备粮管理的政策、法规;制定地方粮库和社会仓储设施储存粮食的制度、办法并监督执行。研究提出全区粮食总量平衡和运行体系的发展规划、储备粮收购、销售计划的建议，指导和协调地方粮食仓储建设和监督管理。组织落实储备粮进出口和调运；协调中央和地方储备粮的关系。负责储备粮的利息和费用补贴的管理及拨付；编储备粮的年度财务计划和决算，汇总财务会计报表，指导粮食财务管理工作；负责储备粮管理的审计和监督，定期审核资产、负债和损益。协同质量技术监督局做好粮食质量标准的管理工作，并监督执行；监督、检查储备粮的库存、质量和安全。参与拟制流通仓储及加工设施的建设计划和技改计划，审批地方粮油批发市场。承担自治区人民政府和国家粮食局交办的其它事项。

【重要会议】　7月23日，自治区人民政府在呼和浩特市召开全区粮食流通体制改革工作电视电话会议。自治区副主席余德辉作重要讲话。讲话全面安排部署全区进一步深化粮食流通体制改革工作。会议全面传达5月31日至6月1日国务院召开的全国粮食流通体制改革工作会议精神。会议由自治区人民政府办公厅副秘书长史青晓主持。各盟市的盟市长、旗县长、分管粮食工作的副盟市长、副旗县长在盟市分会场参加会议，在呼和浩特主会场和盟市分会场参加会议的还有自治区、盟市、旗县发改委、财政、农业、工商、质量技术监督、粮食局和农发行等有关部门的负责同志。6月10日至11日、6月16日至17日，自治区粮食局分别在包头市、通辽市召开深化粮食流通体制改革工作座谈会。会议传达学习了温家宝总理、回良玉副总理在全国粮改工作会议上的讲话和《粮食流通管理条例》，以及国家发改委副主任李盛霖在全国粮食局长会议上的讲话。会议座谈全区贯彻全国粮改工作会议的具体意见。包头座谈会先后由自治区粮食局副局长张国治、康昱幸、张忠何和助理巡视员刘永旺主持，通辽座谈会先后由副局长张国治、康昱幸和刘永旺主持。各盟市粮食局和部分企业代表参加了会议，会议还邀请了自治区财政厅、农发行的有关同志参加。

【自治区领导听取工作汇报】　2月10日和12月15日，自治区副主席余德辉两次赴自治区粮食局听取工作汇报，卫庆国局长先后两次汇报自治区粮食局2003年工作情况和2004年工作打算，以及2004年工作情况。余德辉副主席对两年来的粮食工作给予高度评价和肯定，就粮食工作的重要性、粮改、调研、粮食储备、物流建设，特别是企业改组、改制等方式，提出具体要求。会后，自治区粮食局召开全体干部大会，对余德辉副主席的重要指示进行学习传达和落实。

【重要法规文件】　5月26日，国务院以第407号令公布《粮食流通管理条例》，自公布之日起施行。《条例》共六章五十四条，对粮食经营、宏观调控、监督检查、法律责任等方面做出了严格的规定。自此，粮食流通由行政管理实现依法行政和依法管粮。5月23日，国务院以国发〔2004〕17号印发《国务院关于进一步深化粮食流通体制改革的意见》，意见对粮改的总体目标及基本思路和实施步骤、放开粮食收购和价格及健全粮食市场体系、建立直接补贴机制和保护种粮农民利益、转换企业经营机制和加快推进国有粮食购销企业改革、改革粮食收购资金供应办法和完善信贷资金管理措施、加强粮食市场管理和维护粮食正常流通秩序、加强和改善粮食宏观调控和确保国家粮食安全、加强组织领导，确保粮食流通体制改革稳步实施等方面做出明确的要求。12月7日，自治区政府以内政发〔2004〕101号下发了《内蒙古自治区人民政府关于进一步深化粮食流通体制改革的实施意见》。《意见》在贯彻落实国务院国发〔2004〕17号文件的基础上，根据自治区的实际，提出具体要求。

【粮改概况】　2004年底，2003年4月1日锁定的146亿斤定购价、保护价库存"老粮"全部处理完毕。2004年底，全区除巴彦淖尔市、乌海市外，其它盟市的"老账"都已清理、审核完毕，其中，呼伦贝尔市、呼和浩特市已经完成认定工作。全区国有粮食购销企业完成身份置换3.2万人，占购销企业职工总人数的75%。自治区在解决"三老"问题方面走在了全国前列。

【储备粮】　盟市新增地方储备粮4.4亿斤，自治区完成是年新增1.1亿斤储备粮的采购、入库工作，使全区地方储备粮规模达到15.1亿斤。

【粮食购销】　2004年全区收购粮食71.6亿斤，占全部商品量的近70%。销售粮食113亿斤，其中销往区外30亿斤，出口3.5亿斤。

（王金云）

工商管理

【内蒙古自治区工商行政管理局领导名录】

局　　长：王玉英

副 局 长：张宏煜

吴锦凤（蒙古族）

马　麟

李　彦

纪检组长：巴瑞明（蒙古族）

助理巡视员：曹　怀

郭瑞峰（女）

【概况】　至2004年底，全区共有12个盟市工商局和2个计划单列市工商局，108 个旗县区工商(分)局，在职干部职工近11 751人，其中具有大专以上学历的7 937人，占干部职工总数的67.5%。自治区工商局现内设办公室等 13 个职能处室和纪检监察室、稽查分局，还有机关服务中心等 7 个直属事业单位。

【为经济发展服务】 实行现场办公、上门服务、试行网上注册查询等便民服务措施，为市场主体准入和发展提供更为优质的服务。实行"一审一核"登记注册制度，企业登记管理人员持证上岗。至2004 年底，全区共登记注册内资企业46 078户，注册资金1 617.15亿元；外商投资企业 847 户，投资总额108.11亿美元，注册资本55.84亿美元；私营企业42 681户，注册资本593.53亿元；个体工商户444 101户，注册资金87.11亿元。全区各级工商部门高度重视第三产业发展工作，按照自治区党委、政府关于加快发展第三产业的精神，从自治区实际和职能出发，及时出台《关于支持鼓励第三产业发展的意见》共 40 条，制定《促进第三产业发展规划》，简化办事程序、提高工作效率、强化服务措施、减免相关收费，为第三产业市场主体的准入和发展营造良好的环境。2004 年，全系统共为支持第三产业发展共减免行政性收费 180 万元。

完善商标专管员制度，引导全社会提高商标意识、竞争意识和维权意识。重点加大对各类商标特别是产地证明商标和农副畜产品商标注册工作的指导力度，推进商标战略的实施。全区已有各类注册商标17 663件，比上年同期增长10.9%。2004 年，自治区又有 4 件商标："草原兴发"羊肉、"河套"酒、"草原"红糖、"塞飞亚"食品餐饮被认定为中国驰名商标，使自治区的驰名商标达到 11 件。

在办事窗口开辟专门为下岗失业人员服务的绿色通道，热心为下岗职工再就业服务；积极组织下岗失业人员进行技能培训，为下岗失业人员提供法律咨询服务，鼓励下岗失业人员从事个体私营经济，为他们实现再就业牵线搭桥。2004 年，全系统共帮助41 916名下岗失业人员从事个体经营，实现再就业，引导私营企业吸纳下岗失业人员14 524人，安置 759 名高校毕业生从事个体私营经济。据不完全统计，各级工商部门为下岗失业人员再就业减免收费1 500多万元。

【整顿规范市场经济秩序】 全系统把整治的重点放在维护群众消费安全上，以粮食、肉食、奶食、蔬菜、副食品和饮料为重点，组织开展儿童食品、夏秋时令食品、节日食品市场等一系列专项整治行动，严厉打击制售注水肉、病死肉、"地沟油"和变质、过期、伪劣食品的不法行为，确保广大群众的食品消费安全放心。

开展驰名、著名商标保护和查处食品、药品商标假冒侵权行为专项整治工作。针对区外不法分子侵犯自治区驰名和著名商标专用权的行为，积极协调相关省市工商部门开展跨省区的联合打假维权行动，对非法印制、购买使用假商标、假标识违法行为以及虚假广告进行专项整治。

加大农资市场整治力度，严厉打击制售假冒伪劣农资及无照经营农资行为，共查办违法经营农资案件 306 件，为农牧民挽回直接经济损失2 300万元。积极探索建立农资市场长效监管机制，在较大的农资批发市场中实行重要农资入市索证索票备案制、购销查验登记制、农资产品质量信誉卡以及先行赔付等制度，收到较好的效果。开展"订单农业"合同服务咨询工作，全区共签"订单农业"合同31 674份，有效维护农民和企业的利益。继续推进"红盾进社区，维权进万家"活动，在全区建立1 157个社区、农村、牧区消费者申诉举报站，基本形成覆盖全区的12315 申诉举报三级执法网络。2004 年，全系统共受理消费者申诉举报8 056件，为消费者挽回直接经济损失 875 万元。

加强对供电、供水等公用企业和电信、烟草等具有独占地位经营者的监督检查和反假冒、反误导、反欺诈执法行动，维护公平竞争的市场秩序。加强对传销和变相传销违法行为的查处力度，共查获传销案件 17 件，捣毁传销窝点 16 处。

依法取缔一批无照经营和严重违规的市场主体经营资格，结合年检工作，对"三无"企业、虚假出资、抽逃注册资本的违法行为进行查处。此外，与有关部门配合，深入开展反走私贩私、整治校园周边环境、取缔非法网吧，"扫黄、打非"、禁毒等专项斗争，规范市场主体的经营行为，净化市场环境。

【依法行政】 认真贯彻落实《行政许可法》和国务院《全面推进依法行政实施纲要》，对行政许可项目和规范性文件进行认真清理；起草并经自治区十届人大常委会第八次会议审议通过《内蒙古自治区实施〈中华人民共和国消费者权益保护法〉办法》，为强化自治区消费者权益保护工作提供强有力的法律保障；制定《关于提高行政执法水平，规范行政执法行为的意见》，加强行政执法行为的有效规范和对行政执法后的有效监督，强化行政复议和案件审核的纠错功能，促进依法行政水平的提高。

【市场监管改革】 通过采取经营者自律、工商部门监管、社会与群众监督相结合的监管改革，实现对上市商品的全程有效监管；通过与经营者签定不经销假冒伪劣商品责任状，组织法律法规、职业道德培训，帮助企业和市场主办者建立完善管理制度等举措，提高经营者的自律和防范意识；通过在重点地区和重点市场建立购货查验、进货台帐、质量承诺、信誉公示、不合格商品退出等制度，推进流通领域商品质量监管关口前移。在此基础上，不断完善流通领域商品质量抽查工作，切实履行监管职能，共组织开展流通领域商品质量抽查2 283个批次，并及时向社会公布抽查结果，提出消费警示。

【队伍建设】　从2004年下半年开始，全区工商系统广泛开展以树立正确权力观促进依法行政为主要内容的队伍教育整顿活动，各级工商行政管理部门按照自治区工商局关于开展队伍教育整顿的要求，认真进行"五项清理"、重点查究"六个方面的问题"，共清理执法案件36 814件，回访当事人5 684人，发现存在问题的541件，清理消费者申诉举报案件14 357件，清理对工商执法人员的举报72件，全部按照规定要求进行纠正和处理。

【开展"两创"活动】　2004年是全区开展以创建"先进旗县工商局"和"五好工商所"为主要内容的"两创"活动的第三年。全区工商行政管理部门在开展"两创"活动中，紧密结合实际，全面加强基层的"软件"和"硬件"建设，加强干部培训工作，对193名新录用的国家公务员、60多名后备干部、40名旗县局长、40名工商所长进行培训。组织开展争创文明单位，争当人民满意公务员等精神文明创建活动和工商文化建设。全区有5个盟市工商局和19个旗县工商局被命名为文明单位；有46个工商单位被评为"自治区文明示范窗口单位"、386个工商所被授予"青年文明号"；有16个单位及15名个人分别获得全国工商系统的先进集体和先进个人的荣誉称号；霍宝霞同志被中组部、中宣部、中央文明办和国家人事部授予"全国人民满意公务员"称号。

【现代化监管手段改革】　各级工商行政管理机关把信息网络化建设作为改革监管手段、提高工作效率的一项重要工作来抓，加大资金投入，建成自治区工商局、14个盟市工商局（含两个计划单列市）、108个旗县（区）工商局、500多个工商所的四级互通互联的计算机信息网络。加大业务软件开发力度，初步实现信息浏览、公文收发、电子邮件等自动化办公的目标，部分工商行政管理业务工作实现网上流转，成为全区较早实现全行业联网的部门之一。建成市场主体"经济户口"及监管网络系统，各类工商企业和个体工商户基本信息入库分别达到100%和99%，为市场监管工作提供科学有效的依据。

（康毅　张耀宗）

质量技监食品药品管理

质量技术监督

【内蒙古自治区质量技术监督局领导名录】

局　　　长：刘秀清（女）

副　局　长：扎　那（蒙古族）

王纪和

陆圣时

谢绍清

纪检组长：雷广田

助理巡视员：娜日莎（女　蒙古族）

【概况】　全区质量技术监督系统行政、事业编制总数为5 381个。1 960个行政编制中，公务员编制1 700个（自治区局50个，盟市、旗县市区局1 650个）；盟市、旗县市区局工勤编制260个。3 421个事业编制中，自治区级493个，盟市级1 651个，旗县级1 277个。

全系统厅级以上干部有7人，其中研究生1人、大学学历4人、大专学历2人；处级以上干部142人，其中研究生学历1人、大学学历100人、大专学历37人；全系统4 385人中，大学本科学历2 203人、专科学历735人。

【质量管理】　深入实施名牌战略，初步确定65家企业76种产品为自治区名牌产品并在《内蒙古日报》上公示。大力推进"质量兴市"活动，全区已有46个盟市、旗县（市区）开展这项活动。筹集资金801万元用于提高自治区产品质量和管理水平，确定上等升级、质量体系认证等企业61户。加强工业产品生产许可证管理，强化宣贯、审查与监督管理。分别组织建筑外窗、防水卷材、配装眼镜细则宣贯培训班，组织食用酒精生产企业技术人员参加细则宣贯会。对全区氯碱等危险化学品、复混肥料、建筑外窗等212家企业的工厂条件进行审查。完成白酒产品生产许可证发证工作，组织对白酒无证生产、销售等违法行为进行查处。规范计量认证工作，统一评审标准。完成实验室计量认证评审55家，审查认可、验收评审8家，被评审实验室涉及近20个行业。培训注册实验室内审员870名。为400多名内审员注册和发证。对地勘行业20多家实验室进行年度监督评审，组织实验室间的比对试验。建立规模以上重点企业质量档案数据库,纳入915户重点企业,及时更新数据库数据。对30种强制认证产品开展行政执法工作。

【质量监督和执法打假】

质量监督　取消定期监督检查计划,将监督抽查年度计划改为季度计划,共监督抽查40类2 163家企业2 828种产品,产品抽样合格率为77.2%。组织开展农用化肥、禽肉类等7个产品的国家和自治区监督专项抽查,对645家产品抽检不合格的生产企业下达限期整改通知书。全面清理检查禽类产品生产、加工场所及肉类加工厂和肉品冷库,防止高致病性禽流感疫情扩散。积极申报国家"免检"产品,又有3种产品获得"免检"资格,全区"免检"产品累计达到22个。

食品质量安全市场准入　对食品生产许可证审查人员实行上岗前培训、考核和持证上岗。组织执法人员及食品生产、经销企业的有关人员近4 000人进行食品质量安全市场准入制度宣贯。组织有关质检机构开展了食品质量安全项目比对试验。全区共有476家小麦粉等5类食品企业获得食品生产许可证。对小麦粉等5类食品401家获证企业和366家无证企业进行全面检查,责令停产整顿企业334家,查处经销无证食品企业2 594家。全面启动肉制品等10类食品市场准入工作,受理46家企业63种产品的申报材料,18家企业29个产品已获得生产许可证。对242家啤酒等13类食品生产企业必备条件进行专项调查。

执法打假　全面落实区域监管责任制,完善区域监管三级网络,对制假行为做到早发现、早查处、早打击、早控制。以食品、农资、建材为重点,先后组织开展了禽流感防控、进口肉类、农资、奶粉、地条钢等执法检查和专项整治工作。共出动执法人员2.9万人次,当场处罚案件2 142起,立案查处案件2 212起,查获假冒伪劣产品货值1 129万元。

【标准化工作】　组织编印农业标准化工作政策汇编。制定《自治区农业地方标准2004～2006年发展计划》。围绕自治区六大优势主导产业制定农业地方标准、技术操作规范1 300多项。48个国家及自治区农业标准化示范区项目建设进一步加快,综合效应明显,示范区农户收入显著增加。6个国家及自治区农业标准化示范区项目通过验收,组织申报30个第五批国家农业标准化示范区项目。组织各盟市局开展农业标准化互评,巴彦淖尔市、赤峰市、乌兰察布市在全国农业标准化示范区建设经验交流会上做经验交流并得到好评。制定8项自治区地方标准,尤其是奶片标准对维护自治区乳制品声誉起到积极作用。组织内蒙古河套酒业集团股份有限公司等3家企业为国家首批试点,开展"标准化良好行为"企业试点工作。为47个产品办理采标证书。组织宣贯新修订的《预包装食品标签通则》和《预包装特殊膳食用食品标签通则》。代码数据质量连续8个月保持全国先进水平。条码工作呈现良好的发展态势,累计发展商品条码成员1 682家,使用商品条码的商品有18 500多种。及时接收中国WTO/TBT国家通报咨询中心的通报并及时向全区通报。

【计量工作】　制订《计量器具产品质量抽查方案》,进一步规范了抽样、检验、判定程序和项目。对水表等8种重点计量器具进行监督抽查,共抽查424家企业760个批次,批次合格率为79.6%。强检社会公用计量标准器990台(件),强检工作计量器具55万台(件),重点集贸市场的计量器具配备率、受检率达到了90%以上。开展加油站计量专项整治,全区2 700多家加油站、9 300多台加油机受检率达到99%以上。对全区625家眼镜制配场所进行了普查登记,检查在用计量器具2 172台,受检率达97.0%,合格率为94.9%。抽查1 543家企业生产销售的2 210个批次的定量包装商品(产品),合格1 466个批次,合格率为66.3%。检查餐饮店4 359家,查处计量违法案件296起。帮助企业建立和完善计量检测体系,向国家质检总局推荐伊利实业集团股份有限公司等3家企业完善计量检测体系确认,对赤峰电业局等6家企业的复查换证进行确认评审。对企业建立最高计量标准情况进行调查,登记备案121家企业456项标准。积极推广"C标志",有4家定量包装商品生产企业通过"C标志"考核。统一换发计量检定机构计量授权证书。对17个旗县所的定量包装商品净含量计量检测实验室进行认可考核。新建立0.03级电能表标准装置、F2等大砝码标准装置、氧弹热量计检定装置等计量标准,添补自治区空白。完成计量标准考核(复查)118项。对13家社会公正计量行(站)进行计量认证考核(复查)。

【特种设备安全监察工作】　继续贯彻"安全第一,预防为主"的方针,节假日安全大检查与日常监察并举,专项整治与日常监督相结合,对重点地区、重要场所、重大危险设备进行动态管理,以责任状形式落实特种设备安全监察责任制。共出动执法人员3 600多人次,检查特种设备使用及气瓶充装单位4 000多家,检查特种设备8 000多台,强制检验超期气瓶828只。依法拆除"土锅炉"41台,封停不合格的电梯27部、起重机16台、"氢气发生器"20多台,查处非法充装单位6家,下达"安全监察指令书"312份。投入资金232.5万元,完成普查整治气瓶892 434只,检验气瓶185 096只,报废不合格气瓶5 085只,下达"安全监察指令书"81份。气瓶充装站取证率达到94%,气瓶产权转移率达到82%,基本实现气瓶托管或产权转移。压力管道普查整治工作全面展开,累计普查1 497公里。

【信息化建设】　投入160万元,建立自治区、盟市和旗县三级法人单位基础信息库103个，初步完成计算机网络系统建设，采集信息累计800万余条，搭建起“金质工程”基本框架，完成法人单位基础信息库建设的第一期目标。开通内蒙古质量技术监督局政务门户网站，为社会和企业提供信息服务。

【技术机构改革】 大力推进以聘用制为基础的人事制度改革，事业单位全部实行全员聘用制。多方筹措资金，购置仪器设备，扩大检测服务领域，提高检测能力。国家绒毛检测中心通过国家组织的验收。国家乳肉检测中心已挂牌运营。计量院通过中国实验室国家认可委员会（CNAL）的考核评审，成为全区第一家通过认可的法定计量检定机构。自治区级检验机构加强与盟市及旗县检验机构之间的合作，联合开展检验检测业务。一些技术机构与企业签订技术服务协议或意向书，为企业开展技术培训咨询和检验服务，拓展技术机构的发展空间。

2004年质量技术监督系统先进个人

姓名	性别	民族	奖项	获奖时间	工作单位
庞颂东	男	汉	国家质检总局优秀中青年专家	2004	内蒙古锅炉压力容器检验所
宁 铨	男	汉	自治区优秀中青年专家	2004.3	自治区计量院
张 程	男	汉	自治区优秀中青年专家	2004.3	通辽市产品质量检测所
兰 英	女	蒙古	自治区优秀中青年专家	2004.3	内蒙古锅炉压力容器检验所
徐雪踪	男	汉	国家质检总局先进个人	2004.1	赤峰市质监局红山区分局

（刘勇 王纪和 傅大威）

食品药品管理

【内蒙古自治区食品药品监督管理局领导名录】

局　　长：郝　富（4月任职）
副 局 长：于庆华
纪检组长：白玉山
副 局 长：曹殿云
　　　　　罗黔英（女）
　　　　　格日勒图（蒙古族）
助理巡视员：栾亚利（女）

【概况】 2004年，内蒙古自治区食品药品监督管理系统行政人员872人，占总编制数的82.1%。盟市食品药品监督管理局人员中，大专以上学历100%，具有药学、医学、法律及其他相关专业的人员占相应编制数的68%。

【机构改革】 2004年5月16日在原内蒙古自治区药品监督管理局的基础上成立内蒙古自治区食品药品监督管理局，按照内蒙古自治区机构编制委员会的批复，增设食品安全处，增加对食品、保健品、化妆品的综合监督、组织协调和依法组织对重大食品安全事故查处的职能。至2004年9月底，各盟市、旗县药品监督管理局也相应更名成立食品药品监督管理局，明确职能，增设食品安全监管机构，初步形成内蒙古自治区、盟市、旗县上下三级对应的食品安全监管机构。

【贯彻落实《国务院关于进一步加强食品安全工作的决定》情况】 加强对食品安全工作的组织领导，在内蒙古自治区食品安全协调领导小组的基础上成立以内蒙古自治区副主席郭子明为组长，分管副秘书长盖文山和内蒙古自治区食品药品监督管理局长郝富为副组长，由卫生、工商、质监等18个相关部门组成的“内蒙古自治区食品安全委员会”，办公室设在内蒙古自治区食品药品监督管理局。在进一步明确食品安全委员会及各成员部门职责的基础上，制定《内蒙古食品安全委员会工作规则》、《案件举报与查处制度》、《食品安全事故报告制度》、《食品安全信息发布及报送制度》、《重大食品安全事故应急处理办法》和《重大食品安全事故应急处理预案》等相关工作制度。各盟市相应成立由政府分管领导挂帅的“食品安全协调领导小组”或“食品安全委员会”，制定工作制度。各成员单位结合全区实际制定贯彻《决定》的实施意见，对12个盟市食品安全工作进行督促检查。

【食品安全专项整治工作】 贯彻落实国务院召开的全国食品安全专项整治工作电视电话会议精神。内蒙古自治区人民政府召开内蒙古自治区食品安全专项整治主席办公会议，颁发《内蒙古自治区食品安全专项整治工作方案》，对全区食品安全专项整治工作做出全面部署，协调和配合各相关职能部门以粮、肉、蔬菜、水果、奶制品、豆制品、水产品为重点品种，以农村牧区、城乡结合部为重点区域，切实抓好食品源头污染治理、生产加工、流通和消费四个环节，严厉打击制售假冒伪劣和有毒有害食品的违法犯罪行为。2004年，全区共检查食品生产、加工、经营和餐饮企业173 187家次。查处违法行为9 222起，涉及货值金额1 317.4万元,立案查处1 953起,取缔无卫生许可证生产单位265家、经营单位1 319家,无营业执照生产单位707家、经营单位2 003家,吊销卫生许可证195家、吊销营业执照74家,取缔无卫生许可证餐饮店654家,无营业执照餐饮店671家。

【"食品放心工程"开展情况】 内蒙古自治区食品药品监督管理局以内蒙古自治区人民政府的名义下发《内蒙古自治区实施食品放心工程工作方案》,积极组织相关部门,加大联合执法力度,进一步加强了对"食品放心工程"的实施和督查力度。按照全国统一部署,内蒙古自治区食品药品监督管理局组织协调各相关部门开展以"食品安全关系你我"为主题的食品安全宣传活动。

【药品"两网"建设】 内蒙古自治区食品药品监督管理局会同内蒙古自治区财政厅出台《举报药品、医疗器械违法行为有功人员奖励办法》,鼓励公民、法人和其他组织积极参与到打假维权活动之中,共同创造良好的药品流通环境。至2004年底,全区从各地聘请药品监督协管员和信息员5 066名,形成县乡村三级药品监管网络。内蒙古自治区食品药品监督管理局在政策允许并能够保证质量的前提下,适当放宽农村牧区零售药店的开办条件;鼓励通过GSP认证的药品批发和零售连锁企业网点向农村牧区延伸或配送药品;结合GSP认证,鼓励城镇的药品零售药店向农村牧区转移;结合推动新型农村合作医疗制度的实施,鼓励乡镇卫生院为卫生室代购药品和医疗器械,或在偏远农村牧区设置OTC药柜,实现农村牧区药品配送主体的多元化、配送环节的简捷化,配送渠道的市场化,有效降低配送成本,间接达到降低药价的目的,让广大农民群众得到实惠,畅通农村牧区药品流通的主渠道,扼制假劣药品的流入,逐步建立起农村牧区药品供应网络。至2004年底,鄂尔多斯市、乌海市、赤峰市、巴彦淖尔盟、兴安盟等5个盟市基本达到乡乡有药品供应网点,全区1 219个乡镇中,已有1 013个乡镇设有药品供应网点,覆盖率达到83.1%。

【GMP认证】 至2004年底,内蒙古自治区有药品生产企业88家,按照国家要求2004年应通过认证的企业65家,内蒙古自治区食品药品监督管理局完成50家企业的GMP认证工作任务,对12家放弃认证的企业限期停产,进行现场监督检查和跟踪督查,实现停产过程的平稳过渡。

【GSP认证】 内蒙古自治区食品药品监督管理局设立通辽市、赤峰市、呼和浩特市、鄂尔多斯市4个GSP认证工作站,采取分区受理,统一安排现场检查的方法,至2004年11月底,提前完成申报的115家药品批发企业、38家药品零售连锁经营企业、1 755家旗县及旗县以上单体零售药店的GSP认证工作任务。

【药品市场秩序整治】 2004年,内蒙古自治区食品药品监督管理局在城镇药品市场逐步净化的基础上,监督关口逐步向广大农村牧区转移,全面实施药品放心工程,开展打击制售假劣中(蒙、藏)药、疫苗、精神药品、中药饮片、医疗器械、防治"非典"药品、抗菌药物等10余项专项检查。在公安机关的密切配合下,查处赤峰市两起跨地区重大违法销售假药案、呼和浩特市涉案金额达100多万元的销售假药"复方半边莲注射液"案、赤峰维康生化制药厂生产销售劣药案、巴盟五原县塔尔湖诚信大药房违法经营假劣药案、通辽市中医院非法配置制剂案、集宁市医院销售劣药案及呼和浩特市销售假药"中华英雄"案等一大批大要案件。2004年全区食品药品监督管理系统累计出动执法人员60 218人次,执法车辆18 694台次,立案5 915起,移送司法机关查处6起,结案5 580起,结案率94.3%;查处假劣药品、医疗器械货值金额396万元,罚没款652万元,取缔无证经营药品、医疗器械504户。完成国家食品药品监督管理局交办案件6件,其他省市区要求协查案件310件。

【药品监督抽验工作】 2004年,内蒙古自治区各级食品药品监管部门积极探索在监督检查中进行药品抽验的改革,其中50%的检品抽样与检验分离;积极在农村牧区推广应用药品快速鉴别技术,在22个旗县开展农村牧区用药状况评价性抽验。全区各级食品药品监管部门普遍提高抽样的针对性和靶向性,特别是在中药材、中药饮片的抽样上靶向性,特别是在中药材、中药饮片的抽样上靶向性进一步增强。全区共完成检品9 488批次,其中中药材、中药饮片检品2 703件,检出不合格品1 289件,占抽检品的47.5%;完成其它药品和制剂检品6 785批次,检出不合格品531批次,占抽检品的7.8%。

【药品、医疗器械广告监管】 2004年,内蒙古自治区食品药品监督管理局共审批区内药品广告262份、医疗器械广告7份,审核备案区外药品广告452份、医疗器械广告67份。加大对各盟市重点媒体刊登药品、医疗器械广告的抽查监督力度,发现伪造《药品广告审查表》52份,从中查出"中华英雄"等假药8个品种。移送工商管理部门违法药品广告723起,违法医疗器械广告22起。向违法发布广告的媒体发出停止发布违法药品广告告知书45份,发布违法药品广告公告11期。

【药品、医疗器械注册】 2004年,内蒙古自治区食品药品监督管理局完成统一换发药品批准文号工作,共完成初审上报各类新药56个品种,其中,化学药品24个,新生物制品1个,中药24个,蒙药7个;完成513个品种补充申请的初审、备案工作,完成初审上报已有国家药品标准品种44个;共受理医疗器械产品注册标准11个,受理审查医疗器械注册产品9个,注册二类医疗器械产品7个,较好地完成中药品种保护初审上报及医疗器械产品注册等工作。

【药品生产、流通领域改革】 2004年底,全区有33家企业与区内外优势企业联合或被兼并,引进改造资金10多亿元,引进部分新品种和先进管理模式,使一些濒临破产的企业得到改造。

【信息化建设】 2004年,贯彻落实《内蒙古党委、政府关于大力推进信息化的决定》精神,内蒙古自治区食品药品监督管理局制定颁发《内蒙古自治区食品药品监督管理局信息化建设实施方案》,成立以局一把手为组长,分管领导为副组长,各处室负责人为组成人员的信息化建设领导小组,与海虹医药控股公司合作共建内蒙古自治区食品药品监督管理网络,全系统的信息化建设工作取得实质性进展。至2004年底,内蒙古自治区食品药品监督管理局办公业务网、办公业务资源网、互联网和综合门户网站均已建成,呼和浩特市、赤峰市、鄂尔多斯市、锡林郭勒盟、兴安盟5个盟市食品药品监督管理局的办公业务网和互联网均已开通并投入使用,赤峰市食品药品监督管理局门户网站已建成并使用。

(徐天平)

工 交 邮 电

电力工业

【内蒙古电力工业企业领导名录】

内蒙古电力(集团)有限责任公司

党委书记、副总经理:王维维(蒙古族 4月任职)

副书记、总经理:赵凤山

副总经理:张福生(3月任职)
李政文(3月任职)

副总经理、总工程师:张景生(3月任职)

总会计师:李 丰(3月任职)

纪检委书记:张 瀛

工会主席:张福生(3月离任)
托 克(蒙古族 3月任职)

内蒙古自治区电力投资有限责任公司

党委书记、总经理:乌若思(蒙古族 3月任职)

副书记、纪检委书记:刘亚洲(3月任职)

副总经理:吕 慧(1月任职)
吴景龙(3月任职)

总会计师:杨美茹(女 3月任职)

总工程师:李国宝(4月任职)

北方联合电力集团有限责任公司

董事长:乌若思(蒙古族 1月任职)

董事:乌若思(蒙古族 1月任职)
黄金凯(1月任职)
秦定国(1月任职)
毕玉璞(1月任职)

监事会主席:王凤池(1月任职)

监事:乌若思(蒙古族 1月任职)
吕 慧(1月任职)
黄金凯(1月任职)
秦定国(1月任职)
高 民(1月任职)
毕玉璞(1月任职)
唐万富(1月任职)
杨美茹(1月任职)
邱海松(1月任职)
王凤池(1月任职)
李伯玉(1月任职)

党委书记:乌若思(蒙古族 3月任职)

副书记、总经理:冯大为(3月任职)

副书记、纪检委书记:刘亚洲(3月任职)

副总经理:吕 慧(3月任职)

铁木尔(蒙古族 3月任职)

吴景龙(3月任职)

总 工 程 师:李国宝(3月任职)

总 会 计 师:杨美茹(女 3月任职)

工 会 主 席:王永夫(4月任职)

【概况】 2004年1月6日,改制后的内蒙古电力(集团)有限责任公司和北方联合电力集团有限责任公司成立。在此之前,内蒙古电力(集团)有限责任公司系特大型国有企业,主营电业兼营多种产业。2003年11月25日由内蒙古电力(集团)有限责任公司、中国华能集团公司、神华集团公司、中信泰富公司四方股东共同组建北方联合电力集团有限责任公司。北方联合电力集团有限责任公司合作协议签字仪式在北京人大会堂举行。内蒙古电力(集团)有限责任公司所属发电资产进行重组,重组为内蒙古电力投资有限责任公司,这个重组后的国有企业代表自治区行使出资人权利,该公司与华能、神华、中信泰富合资组建北方联合电力集团有限责任公司。

【新投产电网项目】 2004年,内蒙古电力(集团)有限责任公司电网项目年度投产计划为新增线路78条、4 597公里;新增变压器100台、容量1 122万千伏安,实际新增线路95条,4 384公里;新增变电容量900万千伏安,77台。新开规模为线路38条2 250公里,变电容量496万千伏安;其中500千伏项目鄂尔多斯布日都输变电工程(线路1条14公里,变压器1台容量75万千伏安)及永圣域至汗海输变电工程(线路1条224公里,变压器1台容量75万千伏安)于2004年3月开工,12月初完工投产,工期9个月。

【新投产发电装机项目】 内蒙古自治区境内新投发电设备的主要项目有京达发电公司2台33万千瓦发电机组,包头第二热电厂27.5万千瓦发电机组,大唐托克托发电公司2台60万千瓦发电机组,满洲里热力公司1.2万千瓦发电机组,通辽热电厂1.2万千瓦和2.4万千瓦发电机组,包头铝业集团公司希望电厂2台15.5万千瓦发电机组,共计容量249.48万千瓦。其中大唐托克托发电公司2台60万千瓦(3号、4号)发电机组分别于2004年7月和9月投产,通辽热电厂2.4万千瓦(8号)和1.2万千瓦(9号)发电机组于2004年1月投产。

【发电生产能力】 内蒙古自治区境内6 000千瓦及以上的发电厂69个,设备容量1 435.726万千瓦;其中水电设备容量56.592万千瓦,火电设备容量1 368.48万千瓦,风电设备容量10.634万千瓦。年发电量817.9403亿千瓦·时,其中水电8.0495亿千瓦·时,火电807.7771亿千瓦·时,风电2.1137亿千瓦·时。6 000千瓦及以下的发电厂8个,设备容量2.41万千瓦;其中水电设备容量0.2万千瓦,火电设备容量1.85万千瓦,风电设备容量0.36万千瓦。年发电量6 136万千瓦·时,其中水电796万千瓦·时,火电4 638万千瓦·时,风电702万千瓦·时。

【发电企业生产经济技术指标】 内蒙古自治区境内6 000千瓦及以上的发电厂全年设备利用小时6 436小时,其中水电1 422小时,火电6 684小时,风电3 646小时。全年生产厂用电量662 743万千瓦·时,其中水电732万千瓦·时,火电661 809万千瓦·时,风电202万千瓦·时。全年厂用电率8.10%,其中水电0.91%,火电8.19%,风电0.96%。全年发电消耗原煤量46 492 849吨,发电消耗标准煤量27 000 665吨。发电标准煤耗率336克/千瓦·时,供电标准煤耗率369克/千瓦·时。供热设备容量262万千瓦,供热量54 369 282吉焦,供热消耗原煤量4 229 417吨。

【电网电压合格率】 蒙西电网220千伏及以上电压合格率81%;内蒙古电力(集团)有限责任公司综合电压合格率98.252%,同比提高0.547个百分点。

【电网线损率】 蒙西电网线损率5.04%。

【全区发电购电量】 发电量822.0114亿千瓦·时;购入电量27.5315亿千瓦·时,其中,从东北电网购入6.0590亿千瓦·时,从宁夏电网购入18.2575亿千瓦·时,购自6 000千瓦以下电站电量3.2150亿千瓦·时。

【全区社会用电量】 全社会用电量530.4299亿千瓦·时,同比增长27.37%。其中,第一产业增长32.76%,第二产业增长28.97%,第三产业增长14.55%。

【国内第二家采用直升机巡查输电线路】 2004年11月24日,内蒙古超高压供电局与首都通用航空公司、北京超高压公司就500千伏输电线路采用直升机巡查合作项目在呼和浩特举行签字仪式,将成为国内第二家采用直升机巡查输电线路企业。

【内蒙古电力(集团)有限责任公司】 2004年1月6日,改制后的内蒙古电力(集团)有限责任公司成立。

公司所属企业单位 改制后的内蒙古电力(集团)有限责任公司供电单位有呼和浩特供电局等13个,施工设计单位有内蒙古第一电力建设工程有限责任公司等4个,科教文卫单位有内蒙古电力学院5个,发电单位有内蒙古锡林发电有限责任公司11个等。

公司生产经营情况　2004 年,内蒙古出现近 20 年最为严重的缺电局面,蒙西电网日均限电 140 万千瓦以上,高峰最大缺口 265 万千瓦,电网长期处于满负荷、零备用状态。公司全年售电量完成437.03亿千瓦·时,同比增长23.73%,完成年度计划的111.16%;蒙西地方售电量完成336.97亿千瓦·时,同比增长35.45%;蒙西电网东送电量完成80.16亿千瓦·时,同比下降10.87%;完成固定资产投资98.82亿元,净资产收益率0.02%;全年售电收入完成116.24亿元,销售收入增长率28.38%;多经企业实现产值21.1亿元,施工企业产值实现50.54亿元,全口径销售收入、产值达到187.88亿元,利税实现5.75亿元,其中实现利润3 130万元。2004 年,公司名列自治区 30 强企业之首。

科技创新　公司在资金紧张、经营压力巨大的情况下,投入生产重措与技术改造资金3.6亿元。开展 7 个供电局的集控站建设工作。加大城市配网一次设备改造力度,配网自动化试点工作起步。引进 500 千伏输电线路直升机巡检技术,成为全国第二家采用直升机巡线的企业。重点推进信息化建设,迅速完成公司系统 MIS 网络的升级改造工作;公司机关办公自动化系统全面运转,全系统实现网上公文处理。公司荣获自治区科技进步奖 3 项,华北电网公司科技进步二等奖 1 项。

售电量　公司全年完成售电量437.03亿千瓦·时,比上年同期增长27.73%,完成年度计划的111.16%。其中,蒙西地方售电量完成336.97亿千瓦·时,比上年增长35.45%;蒙西电网东送电量80.16亿千瓦·时,同比下降10.87%。锡林郭勒电力公司售电量完成5.38亿千瓦·时,比上年增长51.86%。兴安电力公司(电业局)售电量完成5.18亿千瓦·时,比上年增长15.88%。呼伦贝尔电力公司(电业局)售电量完成14.72亿千瓦·时,比上年增长46.76%。

线损率　公司全年线损率为6.71%,比上年上升0.26%。

工业总产值　公司全年累计完成总产值118.92715亿元(现行价)。

工业增加值　公司全年完成工业增加值22.60451亿元。

固定资产　固定资产原值158.18311亿元,净值122.33628亿元。2004 年固定资产投资98.82亿元,净资产收益率0.2%。

【主要财务指标】　公司全年售电收入累计完成116.24亿元,销售收入增长率28.38%;多经企业实现产值21.1亿元,施工企业实现产值50.54亿元比年度计划增加9.24亿元。全年实现利税15.06亿元,全口径销售收入、产值达到187.88亿元,实现利税金5.75亿元,其中实现利润3 130万元。

电力建设　2004 年,内蒙古电力(集团)有限责任公司安排电网建设投资 78 亿元。在严格执行国家规定审核批准程序的基础上,建设 500 千伏输变电工程 6 项,220 千伏输变电工程 50 项。全部实现当年开工建设,并创造一年内投产 500 千伏变电站 4 座,投产 220 千伏输变电工程 44 项,其中投产 220 千伏新建变电站 31 座的历史新纪录。到 2004 年底,内蒙古电力公司管理运行的 500 千伏变电站由 2003 年的 1 座增加至 5 座,220 千伏变电站由 2003 年的 34 座增加至 65 座,形成西起乌海、北接包头、南达准格尔、东至乌兰察布的 500 千伏主网架,实现呼伦贝尔、兴安电网联网。

电源建设项目　2004 年改制后的内蒙古电力公司全面启动电源项目建设。2 月,自治区政府确定公司建设锡林电厂项目,公司抢抓机遇,相继开展总容量1 140万千瓦共 17 项电源项目的前期工作。乌兰水泥2×15万千瓦机组项目获国家发改委核准,这是公司第一个获国家发改委核准的电源项目,也是公司第一个采取循环经济模式建设的电源项目。苏里格2×15万千瓦级燃气蒸汽联合循环机组项目获得自治区正式核准。锡林、新丰、准大、霍林河、金山、乌斯太电源项目可研全部获得自治区批准;锡林、新车、准大、呼和浩特抽水蓄能电站、友谊电厂项目建议书已上报国家发改委。2004 年,公司开工 8 个共 420 万千瓦电源项目。其中锡林、新丰、准大各2×30万千瓦机组工程主厂房全部实现暖封闭,开始锅炉吊装。霍林河、金山、乌斯太各2×30万千瓦机组项目及苏里格2×15万千瓦级燃气蒸汽联合循环机组项目、乌兰水泥2×15万千瓦机组项目全部实现工厂房基础出零米。

重组能源公司　经自治区国资委批复同意,公司组建由内蒙古电力资产管理有限责任公司、乌兰水泥有限责任公司、内蒙古第一、二、三电力建设工程有限责任公司、电力勘测设计院、送变电有限责任公司、康远工程建设监理有限责任公司、蒙能招标有限责任公司共同出资的内蒙古蒙能能源有限责任公司,经营电源开发、煤炭开发及国家和自治区鼓励开发的其他能源项目;彻底消除公司开发电源项目的体制性障碍。

【北方联合电力有限责任公司】　北方联合电力有限责任公司 2004 年 1 月 6 日挂牌成立,公司由内蒙古电力投资有限责任公司、中国华能集团公司、神华集团有限责任公司、中信泰富有限公司共同出资设立,报国家工商行政管理机关登记注册,注册资本金为 100 亿元。内蒙古电力投资有限责任公司出资 40 亿元,占股40%。中国华能集团公司出资 20 亿元,占股20%。神华集团有限责任公司出资 20 亿元,占股20%。中信泰富有限公司出资 20 亿元,占股20%。内蒙古电力实行重大体制改革组建正式成立的北方联合电力有限责任公司,在内蒙古电源建设中发挥主导作用,确定了"经营好 500 万千瓦机组,建设好 500 万千瓦机组,再开工建设 500 万千瓦机组"奋斗目标。

生产目标　2004 年计划完成上网售电量323.58亿千瓦·时,同比增长7.2%,售热量3 750万吉焦,同比增长8.57%,完成供电煤耗 389 克/千瓦·时,同比下降 2 克/千瓦·时。

经营目标　2004年计划完成销售收入70.8亿元,实现利税16.55亿元,同比增长19%,其中利税7亿元,同比增长2.8%,税金9.55亿元,同比增长34%。净资产收益率完成6%。资本保值增值率完成106%。全员劳动生产率438 395元/人/年,同比增长14.8%,实现员工收入与效益同步增长。

基本建设目标　全口径完成固定资产投资116亿元,投产装机容量113.48万千瓦,新增供热面积300万平方米。全年新开工电源项目540万千瓦。

安全生产目标　不发生人身死亡事故;不发生有人员责任的重大设备事故;不发生特大设备事故;不发生重大火灾事故;不发生重大环境污染事故;不发生负主要责任的重大交通事故;不发生恶性误操作事故。

火电建设　4月27日,北方发电公司组建以来的第一个大型电源项目—达电四期2×60万千瓦机组扩建工程奠基,拉开了500万千瓦电源建设序幕。随后,上都二期2×60万千瓦机组、乌拉山电厂三期2×60万千瓦机组等一批电源项目相继开工建设,总开工容量达到600万千瓦。公司独资、控股、参股的电源建设项目总装机容量已达1 780万千瓦。北方发电公司实施煤电一体化战略,成立内蒙古北联电能源开发有限责任公司。6月24日,与鄂尔多斯市签署建设煤电项目战略合作协议;7月25日,与锡林郭勒盟签署建设煤电项目战略合作协议,计划建设大型坑口、路口电站,两项目规划建设规模为4 218万千瓦。7月10日,全国人大常委会副委员长盛华仁考察上都电厂,指出要高度重视草原生态保护,在建设一期工程的同时,做好二期开工准备,为带动地方经济发展做贡献。自治区党委书记储波、主席杨晶先后考察达电、包二、乌拉山、金桥等电源工程。要求加快建设步伐。进入10月,包头二电厂扩建2×20万千瓦机组、达电三期工程2×33万千瓦机组投入商业运行;风力发电2.6万千瓦机组及锡二2.5万千瓦机组投运,公司全年投产机组达110万千瓦,缓解自治区缺电局面,开创内蒙古电力历史上一年投产装机容量最多的先例。12月21日,内蒙古华电公司公开发行18亿元债券.专项用于内蒙古境内6个重点火电电源建设项目。

风电建设　北方发电公司在加快火电建设的同时,积极发展绿色能源,7月29日,北方龙源风力发电公司成立。北方电力公司与龙源集团各持股50%。10台亚洲目前单机容量最大的(1 500千瓦)风力发电机落户辉腾锡勒风电场。

生产经营管理　北方发电公司对所属单位全面实施“一包两挂四考核”和“两个集中、两个统一”的管理模式,进一步提高安全生产和经营管理水平,在蒙西电网严重缺电情况下,圆满完成迎峰度夏任务,发电量增长率居全国五大发电公司前列。11月29日,提前32天完成自治区下达的363亿千瓦·时的年度发电量任务;全年完成发电量402.59亿千瓦·时,比上年增长20.42%,比预算增长14.14%、实现利税总额突破19亿元。资产总额突破110亿大关。

公司热电生产及各项经济技术指标　装机容量:年初发电装机容量525.918万千瓦,年末装机容量620.798万千瓦(636.698),全年新增发电能力110.78万千瓦。发电量:累计发电量402.7541亿千瓦·时(402.59)。供热量:3 765万吉焦。上网电量:累计上网电量3 659 097万千瓦·时。发电机组平均利用小时:累计平均利用小时7 312,同比增加898小时,比计划增长313小时;高出全国平均水平1 808小时。供电煤耗:386克/千瓦·时,同比下降5克/千瓦·时,比计划降低3克/千瓦·时。安全:全年安全情况总体良好。未发生电力生产人身死亡及特大设备事故;未发生有人员责任的重大设备事故、重大火灾事故、重大交通事故;未发生重大环境污染事故。

(赵振方)

交　　通

【内蒙古自治区交通厅领导名录】

党组书记、厅长:郝继业

党组成员、驻厅纪检组长:赛　文(蒙古族 6月离任)

党组成员、副厅长:包建设(蒙古族 6月离任)

姜革锋(蒙古族)

张　礼

周　杰(9月任职)

戴　贵

刘家镇(挂职)

党组成员、驻厅纪检组长:额尔敦仓(蒙古族 12月任职)

助理巡视员:牛东风

【概况】　2004年,自治区交通厅核定编制56人,实际在编人数46人。其中行政人员39人、从事离退休工作人员3人、驻厅纪检组4人。

【公路建设】　全年交通基础设施建设完成投资201.86亿元,占全区固定资产投资总额的1/9,其中公路建设投资201.7亿元,列居全国第五位,拉动全区GDP增长2.03个百分点。

全年公路建设里程达16 713公里,建成及在建高速公路1 212公里,一级公路2 027公里。“三横九纵十二出口”公路主骨架规划重要一横的高速一级公路基本建成,110、210国道自治区境内段高速化工程全面推进,呼和浩特至集宁、磴口至巴拉贡高速公路建成通车,巴拉贡至新地高速公路贯通黑色路面。省际通道工程主线白音察干至鲁北793公里一级公路、乌达至巴彦浩特129公里一级公路贯通黑色路面,棋盘井至石嘴山51公里一级公路建成通车。全年新改建农村牧区公路10 309公里,其中沥青、水泥路2 379公里。

全年新增公路里程1 841公里,公路总里程达75 976公里。其中高速公路里程492公里,一级公路里程522公里,二级公路里程7 465公里,高级、次高级路面里程27 090公里,高等级公路比重较上年提高1.4个百分点,新增通油路乡(镇、苏木)83个,通油路行政村(嘎查)690个,通砂石路行政村(嘎查)822个。乡(镇、苏木)通油路率达66.9%,行政村(嘎查)通油路率达22.7%,行政村(嘎查)通公路率达88.2%,分别较上年提高6.7、6.4、6.9个百分点。

【道路运输】 运输结构调整和规范市场秩序两大重点工作稳步推进,运输保障能力全面提高,圆满完成迎峰度夏电煤抢运和冬季采暖煤运输及"黄金周"运输任务。坚持服务"三农",为农副产品运输开辟"绿色通道",保障农副产品和农用物资运输。发展农村牧区客运,行政村(嘎查)通班车率达到96.7%,较上年提高1.5个百分点。

2004年全年新增各类营运车辆32 764辆,增幅达19%,其中营运货车增加29 578辆、499 945个吨位,分别较上年增长23%和84%。

公路运输全年完成全社会客运量2.55亿人,旅客周转量155.3亿人/公里,货运量4.27亿吨,货物周转量269.8亿吨公里,同比增长22.5%、27.1%、10.8%、11.6%。

【规费征收】 全年各项费税累计征收42.9亿元,其中:公路养路费15.4亿元、客运附加费0.7亿元、公路通行费11.9亿元、代征车辆购置税13.3亿元、运输管理费1.6亿元,分别较上年增长39.3%、9.8%、73.5%、110.4%和43%。

【交通筹融资】 积极推进BOT、BT、TOT等多种融资方式,大力引进社会资金、银行贷款和国际金融组织贷款。全年争取国家建设投资49.9亿元,位居全国各省区首位,其中车购税45亿元、国债投资4.9亿元;利用国内银行贷款95.3亿元;参照BOT融资33.3亿元;利用外资3.29亿元。

【公路养护】 按照"以人为本、以车为本、服务社会"的理念,坚持日常养护与重点养护相结合,继续深入开展"两改两加强"活动,推进"安保工程"和文明样板路创建。积极深化养护体制改革,进一步完善人事、用工、分配制度,充分调动广大养路职工的积极性和创造性,促进养护工作的企业化、社会化、市场化进程。全年全区平均公路好路率达到81%,较上年提高0.8个百分点。

【工程质量】 以全面提高公路工程的安全性、耐久性和美观性为总目标,继续强化质量意识,完善业主负责、施工单位自检、监理单位检查、质监部门监督和工程交工验收的全过程质量保证体系,全面落实"分级管理、分级负责、严格把关、责任到人"的工程质量责任制度,强化现场质量监控、随机抽检、技术达标、工程质量鉴定等重要环节的质量监管,加强质检队伍和试验能力建设等管理手段,全年3项交竣工重点公路建设项目全部达到优良标准,全区在建工程质量均处于可控状态,未发生大的质量问题。

【交通改革】 按照"分级管理、分级建设"的原则,进一步理顺公路建设管理体制。赤峰至通辽、赤峰至大板、通辽至鲁北等项目建设管理权限下放盟市,积极推行工程代建制和项目总承包制度。按照"事企分离、市场运作"的原则,2004年7月经自治区人民政府批准组建内蒙古高等级公路建设开发有限责任公司。对已建成的呼包、包东、呼集高速公路进行企业化管理改革。

【安全管理】 深入开展"安全生产月"活动,强化"三关一监督",完善紧急救援预案,积极推广应用安全监管新技术,健全交通安全生产的长效管理机制。在5 100多台营运车辆上安装使用汽车行驶记录仪、13家一级汽车客运站配备"三品"检测仪。道路运输安全生产形势稳定;水上交通安全没有发生重特大责任事故。

【超限超载治理】 重点抓住源头治理、卸载点监控和队伍建设三个主要环节,突出解决大吨小标、二次装载和清理沿途煤站等问题。全年投入治超资金8 000万元,投入交通路政执法人员21万多人次,检测车辆165.7万多辆次,其中超限超载车辆124.7万多辆次。

【依法行政】 按照"四五"普法、依法治理工作目标,积极推进依法治交战略,全系统广泛学习《行政许可法》、《全面推进依法行政实施纲要》、《道路运输条例》、《收费公路管理条例》等法律法规,先后组织3 495人次参加有关学习培训。深入开展行政执法自查工作,及时纠正和规范行政执法行为。

【科教兴交】 全年投入科研经费1 600万元。全区承担交通部西部建设科技项目15项。在自治区科技进步奖评选中,1个项目获一等奖,2个项目获三等奖,并获2项专利。交通教育培训方面,全年培训职工24 000多人次,招收各类学员2 200余人,一批工程技术管理人员考取在职博士和工程硕士。交通新技术应用推广取得突破,成功引进韩国波形钢板结构技术,呼集老高速公路采用生态植草护坡技术。组建交通通信信息中心,内蒙古交通门户网站完成改版,办公自动化系统投入试运行。

【交通战备】 坚持"平战结合"原则,以新时期军事斗争准备为牵引,认真贯彻《国防交通条例》和《民用运力国防动员条例》,以提高应急交通保障能力为重点,以服务国防建设和经济建设为宗旨,完善交通战备工作机制。年内自治区战备办公室组织举办两期业务培训班,参训人员85人。

2004年自治区交通厅获奖情况

姓名	性别	民族	奖项	获奖时间	工作单位
郝继业	男	汉	全区公路交通建设特殊贡献奖	2004年2月	内蒙古交通厅
包建设	男	蒙	全区公路交通建设先进个人	2004年2月	内蒙古交通厅
张　礼	男	汉	全区公路交通建设先进个人	2004年2月	内蒙古交通厅
周　杰	男	汉	全区公路交通建设先进个人	2004年2月	内蒙古交通厅
臧　俊	男	汉	全区公路交通建设先进个人	2004年2月	内蒙古交通厅
沈　玲	女	汉	第二次全国内河航道普查先进个人	2004年6月	内蒙古交通厅
成　旭	男	汉	第二次全国内河航道普查先进个人	2004年6月	内蒙古交通厅
郭德胜	男	汉	全区精神文明建设先进工作者	2004年9月	内蒙古交通厅
刘洪波	男	汉	全国交通职业教育工作先进个人	2004年9月	内蒙古交通厅
陶　和	男	蒙	全区老干部先进个人	2004年4月	内蒙古交通厅

(渠　涛)

国家铁路

【呼和浩特铁路局领导名录】

局　　长:郑明理

副 局 长:孙福才

王幼慧

武文魁

朱惠刚

王连春

总会计师:杨　华

总工程师:徐双永

党委书记:吕德文

党委副书记:王纪杰

才荣方(纪委书记)

工会主席:索　河(女　蒙古族)

【安全生产】 2004年呼和浩特铁路局坚持以强化"三基"为重点,创新实践"三个两"安全管理模式,推进运输安全精细管理。全面实施运输系统干部职工正负积分考核办法,强化安全生产的责任落实和过程控制;扎实开展安全专项整治,强化安全预警机制;认真开展"4·18"新图跟踪补强工作,确保新图安全平稳有序过渡;进一步加强自控型班组和企业安全文化建设,安全管理水平得到巩固提高。在客货运量大幅度增长、列车速度进一步提高、行车密度不断加大、既有线施工任务十分繁重的情况下,保持全局安全形势的基本稳定。到年末,实现无责任行车重大、大事故2 273天,无责任职工死亡事故1 607天,无责任重大火灾事故20年,连续四年荣获全国"安康杯"竞赛优胜单位称号。

【运输经营】 2004年呼和浩特铁路局按照"能大就不要小,能快就不要慢"的指导思想,坚持"扩口伸腿,达速提效,增吨加密,打造品牌"的方针,面向市场,内涵挖潜,开展"多拉满载,挖潜提效"活动,积极组织开行4 000吨、4 500吨大列,全力以赴保证重点物资、口岸和军交运输。全年货物发送量完成7 500.6万吨,超铁道部调增后的7 440万吨目标60.6万吨,较上年增长14.9%,增幅创造历史新纪录;二连口岸进出口运量完成628万吨,同比增长34.4%,较2001年翻一番;旅客发送量完成1 527.9万人次,超部调增后的1 340万人次目标187.9万人次,同比增长23.2%,较2002年增长18.9%;换算周转量完成559亿吨公里,同比增长8.3%;运输进款收入完成50.06亿元,超部调增后的48.1亿元目标1.96亿元,较上年增加12.16亿元,相当于2001~2003年3年的增量之和,同比增长32.8%。集通公司货运量完成1 317.8万吨,同比增长29.5%;旅客发送量完成104.5万人次,同比增长30.3%;运输收入完成10.3亿元,同比增长36.6%。

【多元化经营】 2004年呼和浩特铁路局积极创新管理体制和经营机制，全力实施“二三四三”经营战略，着力发展龙头支柱产业，在巩固煤焦“4＋2”经营成果的基础上，按照投资主体多元化的要求，大力发展新兴实业项目，全年投资500万元以上的项目18个，其中锡盟草原伊盛羊肉加工基地、呼铁如意国际物流园、乌海呼铁如意煤化工业园等8个经营实体当年开工当年见效，实现产值8 445万元，安置运输业分流人员224人。草原伊盛肉业有限责任公司被列为自治区农牧业产业化重点龙头企业；呼铁如意国际物流园启动的呼和浩特至法兰克福国际集装箱物流专列，为促进自治区向北开放创造了良好的运输条件，得到自治区党委书记储波的高度评价。全年多元经营销售收入完成31.8亿元，为年度必保指标的122%，较上年增加11.6亿元，同比增长57.4%，是2001年的3倍；实现利润1.06亿元，为年度必保指标的133%，同比增加4 400万元，增长71%。集经系统完成产值4.23亿元，超额完成0.63亿元，为年计划的118%，较上年增长12.8%；实现利润2 001万元，超额完成1 301万元，为年计划的286%，同比增长119%。集通公司多元经营销售收入完成3.1亿元，同比增长83.4%。

【经营管理】 2004年呼和浩特铁路局积极推行全面预算管理，强化成本动态管理、总量控制和一体化考核。实施职工通勤公交化改革，取消呼和、包环地区各4对8趟通勤列车，使区段增加9.6对货物列车能力。加强废旧轨料清理回收和常态管理，推行废钢轨网上竞价销售，年内成交21 495吨，平均单价较以往提高1 440多元。全年运输业全员劳动生产率按换算周转量计算为150万吨公里/人，同比增长8.5%；按运输收入计算为13.43万元/人（全路为12.56万元/人），首次超过全路平均水平，同比增长32.5%。

【企业改革】 2004年呼和浩特铁路局积极优化运输生产力布局，撤并运输站段16个，减幅为39%；加快社会职能移交步伐，继2003年教育机构移交地方政府管理之后，完成4所医院的整建制移交，总计分离在编在册职工5 635人、离退休人员2 998人。积极探索辅业单位改制工作，推进生活、房建、物资等部门的管理创新、体制创新，恒诺（集团）公司市场经营机制初步建立。不断深化三项制度改革，实施标杆机车司机奖励制度，首批评选14名标杆机车司机，极大地调动了职工争先向上的积极性；强化劳动用工管理和劳动力调剂中心的职能作用，压缩机构编制，在局机关率先引入全解重聘机制，在基层站段实行竞争上岗，在多元系统推行公开招聘机制，运输生产单位的职能机构、站段领导职数、站段机关干部定员分别精简了45%、21.9%、28.1%。

【设备基础】 2004年呼和浩特铁路局大力压缩非生产性支出，把有限资金投向关键性、基础性项目，全年生产性项目投资占更改资金总量的93.7%，是历史上最多的一年。加大既有线技术改造，组织夜间施工423次，完成大修换轨380公里，为部定计划的228.9%，使轨道结构明显加强，全年断轨较上年减少37次，减幅达54.4%；巩固发展集二线沙害治理成果，延伸治沙林带21公里；完成呼和、乌海、临河、察素齐、十八台等站客运设施配套改造；集贲段和二连站场扩能改造工程全部按期销号；道口平改立开工42处，完成25处。加强技术装备建设，新购DF8B机车35台、DF7G机车11台和新型25G空调客车60辆、25B型客车36辆，翻新改造客车120辆。加快信息化建设，京包线一期DMIS系统建成投入运用；工务地理信息系统实现对防洪和晃车仪检测轨道动态信息的实时监控，率先完成TMIS建设任务，取得工务信息系统和DMIS系统建设的历史性突破；集二线集宁至贲红段开通全路最大的区域微机联锁，并在呼铁局首次采用了ZPW—2000自动闭塞制式和5点牵引提速道岔。

（刘新惠）

地方铁路

【内蒙古集通铁路有限责任公司领导名录】

党 委 书 记：郑明理
总　经　理：王惠川
党委副书记：甦　南（蒙古族）
纪检委书记：朱宪文（女）
工 会 主 席：聂明远
副 总 经 理：程汝利
　　　　　　高富安
　　　　　　王贵忠
　　　　　　王　欣
总 工 程 师：张　丑

【安全生产】 公司以“规范管理，强基达标”为主线，以创优争先为动力，以强化现场作业控制为重点，积极开展“保安全、保任务、保畅通”为主要内容的冬春运竞赛活动，加强班组和安全文化建设，加强“基层、基础、基本功”，安全生产的内在质量和管理水平得到提升。深入开展安全反思和专项整治，严格事故定性定责，不断深化安全基础建设，实现“安全年”。认真开展全面细致的安全大检查，安全隐患得到整改。牢固树立防洪、安全、效益的一体观念，防洪、抗灾与运输生产协调进行。严格落实维修施工标准，施工安全得到保证。加强道口安全管理，签订监护道口安全管理责任状，严格落实道口安全的联控工作，强化道口的管理力度。至12月31日，公司实现无行车重大事故465

天，实现无职工重伤以上事故709天。

【运输主业】 2004年营业收入达到13.74亿元，比上年增长了46%，实现利润3.54亿元。牢牢把握住西部大开发、铁路跨越式发展、自治区经济快速增长三大机遇，在铁道部、呼铁局及相关邻局的大力支持下，目光朝外谋发展，眼睛向内挖潜能，根据运输市场情况，面对两分界接入的行车流量大且极其不均衡的现实，进行四次运输图调整，进一步优化集通线车流径路和编组计划，压缩中停时间和货车周转时间，精心组织，充分利用车辆的有效荷载和允许载重量，优化车辆检修布局，切实提高线路的综合运输能力和机车、车辆的使用效率。面对运量持续增加和运能不足的矛盾，及时新购内燃机车实现贲正段内燃化，引进通辽分局内燃机车承担查哲段牵引任务，利用双蒸汽机车牵引查大段，提高牵引定数，努力实现运输资源配置合理化、运输组织高效化，公司运输经营效益创历史最好成绩。12月31日，公司完成货运量1 317.8万吨，与上年同期相比增加300万吨，增长29.5%；完成客运量104.5万人次，与上年同期相比增加24.3万人次，增长30.3%；完成换算周转量11 299.3百万吨公里，与上年同期相比增加2 641.1百万吨公里，提高30.5%；运输收入10.2亿元，与上年同期相比增加2.73亿元，提高36.6%。

【多种经营】 2004年，神通公司全年完成煤炭运销236.3万吨，比上年三家公司煤炭销量增加41.4万吨，增长21.2%；营业收入31 108.6万元，比上年三家公司增加14 146.9万元，增长83.4%；实现利润8 609.8万元，比上年三家公司增加6 064.4万元，增长238.2%。在巩固提高煤炭经营及工程建筑、物资供应、浑善达克、旅游等基础上，积极培育新产业，努力探索投资主体多元化的企业经营方式，以生产硅铁为主的高载能项目紫鑫化工完成总投资4 259.05万元，一期工程基本建成，投产后将成为公司又一经济增长点。

【经营管理】 2004年通过在公司机关开展"岗位问卷"调查活动，使每个员工明确自己的工作目标、职责范围。采取"工效挂钩"的办法，严格考勤纪律。公司机关及两办事处人员编制重新进行整合的压缩。积极推进中级以上专业技术职务全解重聘工作。积极推行全面预算管理，强化成本控制。积极开展内部审计工作，强化监督，服务大局。按照"强本简末"的原则，大力压缩非生产性支出，集中有限资金加强基础建设，全年生产性投资占总投资的99%以上。2004年公司购置25台内燃机车，逐步加快牵引动力换型的配套建设步伐。集中精力进行工务设施改造，大力推行"养修分开"的线路维修机制，全面实施大工区作业，充分利用大清开展线路中修，逐步提高线路设备的安全运用能力。全线电力贯通、白旗站扩能改造、贲红站微机联锁、车辆红外线二代机、哲里木客车库以及白旗机务段内燃改造等建设项目基本完成。列车预确报自动转报、TMIS子系统全面开通。桑蓝铁路线下工程全部完工。

【改制上市】 "深化内部体制改革，推动改制上市工作"是2004年公司的重点工作。按照铁道部和自治区政府的有关精神，公司组建专门班子，精心组织，统筹安排，克服许多难以想象的困难，研究制定重组方案、开展评估和审计工作、争取自治区政府和铁道部的政策支持等主要工作取得积极进展。有限责任公司的规范问题已经解决，财务审计和资产评估工作接近尾声，股权转让和增资扩股工作正在进行。

【发放住房公积金】 2004年底公司累计提取住房公积金2 381万元。累计为1 413户员工发放住房贷款1 865万元，有效地缓解员工的购房困难，加强员工住宅建设管理，共整治房屋漏雨1.8万换算平米，对其它住宅设施也进行相应的维修，初步完成正镶白旗、大板两个物业管理小区试点建设，开展"送温暖"活动，超额完成年初公司与工会签订的集体合同确定的各项指标和员工生活福利8件实事。员工工资收入水平得到提高，2004年公司实施对各基层单位的工效挂钩"安全百日"浮动工资、公司全员年度效益奖励、经营责任和绩效奖励、调整和提高效益工资标准等工资分配办法，普遍提高员工的收入水平，全年员工人均收入17 130元，同比增加3 110元，增长22.18%。其中，合同制职工年均工资19 082元，比上年15 856元增加3 226元。

（王吉春）

国际航空

【中国国际航空股份有限公司内蒙古分公司领导名录】

总　经　理：彭桂云

党 委 书 记：李双恩

副 总 经 理：高　斌

党委副书记
工 会 主 席：常国军

【概况】 中国国际航空股份有限公司内蒙古分公司成立于1990年7月24日，主要经营国际、国内、地区航空客运业务，是中国国际航空股份有限公司设在内蒙古自治区的分公司。现拥有波音737—300型运输机15架，运营国内航线40条，航线网络辐射华北、华东、东北、华中、中南地区和韩国、日本、蒙古、香港等周边国家和地区。

从1995年开始，连续十年运送旅客突破100万人，运输总周转量1亿多吨公里，自1996年以来实现了连续9年盈利。至今累计向地方政府上缴税费几亿元。

2004年，国航内蒙古分公司为适应区内经济环境的变化，积极引进运力，新投入3架波音737—300型飞机，使国航股份内蒙古分公司机队总数达到13架，随着国内民航行业的整体发展速度的加快，相信驻地航空企业与地方的各方面经济合作将日益加深。因而，在企业自身的发展过程中，深感需要不断完善服务水平、提升品牌竞争力、加强市场资源管理水平、创造更加贴近旅客的服务产品，从而回报旅客、回馈社会。

2004年9月30日，中国国际航空公司顺利实现改制，更名为中国国际航空股份有限公司，内蒙古分公司相应更名为中国国航股份有限公司内蒙古分公司。改制后的国航注册资本65亿元，折合65亿股，拥有以波音系列飞机为主的各型飞机136架，通航69个国内目的地、34个国际及地区目的地。12月15日，国航股份在香港、伦敦两地同时挂牌上市，成为近年来首家同时登陆香港伦敦市场的内地公司。

2004年，国航股份内蒙古分公司在顺利推进企业改革的进程中，共完成运输飞行近3万8 000多小时，刷新了企业在内蒙古民航历史上的年飞行记录，实现了安全飞行28周年。全年运输周转量、运送旅客人数等均突破历史水平。

【服务管理】 针对区内市场的特点，推出了特色产品“一票通”业务，即联程登机业务，共分国内、国际两个子产品，使在北京中转的旅客在内蒙古部分地区出港时就可以直接办理下一站的登机牌和行礼托运手续，在第二航段登机时不用重复进出安检隔离厅和办理行礼托运手续，最大程度地实现了旅客的出行方便。在打造服务品牌的过程中，注重服务标准化管理，秉承“细微、真诚”的服务内涵，按照行业规范，建立有效的服务管理机制，严格执行服务管理手册的相关规定，不断提高服务品质，争做行业典范。以特色求发展，在坚持标准化服务的基础上，坚持“人无我有、人有我新”的目标，在“要客服务”、“头等舱服务”、“延伸服务”、“节日特色服务”等项目上进行了改进和创新：在长航线实施了“漫长旅途、有我相伴”的服务新项目；制定《节日期间服务方案》、《两会期间特殊服务方案》，满足了旅客在两会、春运及黄金周期间的服务需求；适时推出“航线风情、地方美食”计划，在固定餐饮配备标准的基础上，依旅客的需求进行调整，赢得了旅客的赞誉。

【安全管理】 始终坚持“安全第一、预防为主”的方针，推进科学的安全管理，正确把握安全与效益的关系。不断完善安全管理制度体系，推行安全工作领导制度和安全问题领导负责制，严格安全目标责任考核，层层落实安全责任。于2003年正式启动了安全管理自我审核机制，加强了安全管理事前防范工作，自我审核立足于安全管理基础，着眼于长效、闭环的管理机制的建立，重点推进规章制度的落实和完善，重点检查和改进安全漏洞和薄弱环节。促进了各单位安全管理体系的自我完善，调动了分层次、全过程抓管理的主动性。此外，不断加强空防预案准备和空防教育，加装了飞机客舱监视系统，加固驾驶舱门，顺利通过了“国际民航航空保安小组”对航班机组安全工作程序的审核。

【先进集体 先进个人】 2月10日，经内蒙古自治区总工会评选，国航股份内蒙古分公司客舱服务部王丽妍同志获得2003年度自治区“五一”女职工劳动奖章；

2月23日，经过自治区总工会女职工委员会评选，国航股份内蒙古分公司客舱服务部“昭君”乘务组获得全区“五一女职工示范岗”荣誉称号；

3月19日，国航股份内蒙古分公司客舱服务部二分部“昭君乘务组”被自治区授予“女职工示范岗”；

6月，国航股份内蒙古分公司飞行部一分部工会被内蒙古自治区总工会直属企事业工会授予“先进职工小家”称号；

6月30日，国航股份内蒙古分公司飞行部被内蒙古自治区总工会直属企事业工会授予“安康杯”竞赛先进单位称号；

9月，国航股份内蒙古分公司党委书记李双恩同志被授予“十年全区青年文明号突出贡献奖”荣誉称号；

9月，国航股份内蒙古分公司客舱服务部一分部“百灵乘务组”被国家人事部、国资委联合授予中央企业先进集体。

（王炯明 王泽明）

民航管理

【内蒙古自治区民航机场集团有限责任公司领导名录】

总经理
党委书记：董志毅

常务副总经理：郑建青（4月任职）

副总经理：郑建青
云德普（3月任职）
韩志亮（3月任职）
杜强（3月任职）

党委副书记
纪委书记：邱蕴琦（3月任职）

工会主席：王荣敬（女 2月任职）

【概况】 内蒙古民航机场集团有限责任公司于2003年12月19日正式挂牌成立。内蒙古民航机场集团公司是在原民航内蒙古自治区管理局基础上组建,为内蒙古自治区政府直属国有全资企业,拥有区内呼和浩特、包头、锡林浩特、赤峰、通辽、乌兰浩特、海拉尔7个机场,公司总部设在自治区首府呼和浩特市白塔机场,内设机构19个,下属机场子公司6个。2004年底,全系统职工总数1 372人,其中在册职工1 236人,离退休职工136人。资产总额6.75亿元。主营内蒙古地区民用航空机场运营。2004年,是内蒙古民航机场集团公司创业的第一年,在这一年里,集团公司运输生产呈现出快速发展势头,全年共完成换算旅客吞吐量1 542 560人次,内蒙古地区民用航空运输生产年换算旅客吞吐量首次突破150万人次。

【航线里程】 2004年,内蒙古民航机场集团公司在经营所属7个机场的航线运营下,对乌海机场进行业务指导。内蒙古地区运营航线35条。其中内蒙古民航机场集团公司运营34条、乌海机场运营1条。运营航线中,国内航线33条,国际航线2条;定期航线23条,旅游包机航线12条。

定期航线 呼和浩特—锡林浩特、呼和浩特—赤峰、呼和浩特—通辽、呼和浩特—乌兰浩特、呼和浩特—海拉尔、呼和浩特—北京、呼和浩特—太原、呼和浩特—上海、呼和浩特—广州、呼和浩特—深圳—海口、呼和浩特—西安、呼和浩特—成都、西安—呼和浩特—沈阳、包头—北京、包头—上海、海拉尔—北京、锡林浩特—北京、赤峰—北京、通辽—北京、乌兰浩特—北京、乌海—呼和浩特—北京。呼和浩特—乌兰巴托、呼和浩特—莫斯科(货包机)。

旅游包机航线 呼和浩特—青岛、呼和浩特—济南、呼和浩特—合肥、呼和浩特—南京、呼和浩特—大连、呼和浩特—武汉、呼和浩特—石家庄、呼和浩特—合肥—厦门、呼和浩特—宁波、呼和浩特—温州、呼和浩特—武夷山—厦门、呼和浩特—厦门。

通航城市30个,其中国内城市28个 呼和浩特、包头、锡林浩特、赤峰、通辽、乌兰浩特、海拉尔、乌海、北京、上海、广州、深圳、海口、成都、西安、太原、沈阳、大连、青岛、济南、合肥、南京、武汉、石家庄、厦门、宁波、温州、武夷山;国际城市2个:乌兰巴托、莫斯科;定期通航城市19个:呼和浩特、包头、锡林浩特、赤峰、通辽、乌兰浩特、海拉尔、乌海、北京、上海、广州、深圳、海口、沈阳、太原、西安、成都、乌兰巴托、莫斯科;旅游城市11个:青岛、济南、合肥、南京、大连、武汉、石家庄、厦门、宁波、温州、武夷山。通航总里程29 223公里。主要运营航空公司9家:中国国际航空公司(CA)、海南航空公司(HU)、上海航空公司(FM)、东方航空公司(MU)、南方航空公司(CZ)、四川航空公司(3U)和厦门航空公司(MF);蒙古国航空公司(OM)和俄罗斯航空公司(4J)。主要运营机型:B737—300/400/700/800(波音737—300/400/700/800)、DON328(多尼尔328)、CRJ—200(庞巴迪200)、A319/320(空中客车319/320)、A300—600(空中客车300—600)、EMB145、DHC—8(冲八)、MD—82(麦道82)、F—50(福克50)、IL—76(伊尔76)等。

【运输生产】 2004年,是自治区民航机场实施属地化管理、企业化经营的第一年,是内蒙古民航机场集团公司的创业之年,内蒙古民航机场集团公司面对创业之局,把握发展机遇,坚持"走出去、请进来"的经营思路,采取多种形式宣传自治区政府对航空企业到区内经营的优惠政策,加大航空旅游推介力度,航空运输生产呈现出强劲的发展势头。

内蒙古地区 完成旅客吞吐量1 319 600人次,货邮行吞吐量21 261.5吨,换算旅客吞吐量1 555 839人次,保证飞机起降21 931架次,其中运输飞行20 548架次,与上年同期相比,分别增长55.8%、14.0%、47.5%、44.1%和51.4%;完成旅客发运量652 327人次,货邮行发运量14 659.3吨,分别比上年增长57.7%、3.9%;共完成旅客发运量652 327人次,货邮行发运量14 659.3吨,同比增长57.7%、3.9%。内蒙古地区运输起降架次和旅客吞吐量增幅达51.4%和55.8%。

内蒙古民航机场集团公司 完成旅客吞吐量1 306 819人次,货邮行吞吐量21 216.7吨(含俄包机),换算旅客吞吐量1 542 560人次,保证飞机21 197架次,其中运输飞行19 976架次,同比分别增长54.4%、13.7%、46.4%、39.5%和47.9%,完成旅客发运量645 794人次,货邮行发运量14 636.7吨,分别比上年同期增长56.2%、3.8%。内蒙古民航机场集团公司运输生产旅客吞吐量突破130万人次、换算吞吐量突破150万人次。其中,呼和浩特白塔机场旅客吞吐量突破80万人次、换算吞吐量突破100万人次,包头机场旅客吞吐量突破29万人次、换算吞吐量突破32万人次,海拉尔机场旅客吞吐量突破11万人次、换算吞吐量突破12万人次。

乌海机场 完成旅客吞吐量12 781人次,货邮行吞吐量44.8吨,换算旅客吞吐量13 279人次,保证飞机起降734架次,其中运输飞行572架次,完成旅客发运量6 533人次,货邮行发运量22.6吨。

【经营管理】 适应建立现代企业制度的需要,制定《集团公司投资管理规定》、《工程建设项目管理实施办法》、《物资设备采购招投标管理实施办法》,对投资、工程项目、物资设备采购加强管理;制定《财务分析与评价制度》、《财务收支预算管理办法》、《现金预算管理办法》、《机场管理建设费管理办法》等规章制度,修订《成本控制管理办法及考核标准》,进一步加强对财务的管理,增强企业的运营与控制能力。重新制定并实行《集团公司岗位绩效工资制度》(试行)。加强对航空运输市场的调研,采取走出去、请进来的方式,加大航空运输市场的开发步伐,经营管理逐渐向完全企业化转变。全年完成主营业务收入

6 237万元，比上年增长35.1%；实现利润 -8 948万元，比上年减亏893万元。剔除独联体货机因素，实现利润 -9 639万元，完成国资委下达经营指标 -10 000万元的96.4%，减亏361万元。

【人事 机构改革】 2004年3月，机场体制改革后集团公司本着建立现代企业管理制度，"经营与职能分开"的原则，对公司内部机构进行重整组合，本部二级机构由25个缩减至19个，19个非常设机构缩减为4个。各机场公司二级机构设为8个，减少交叉环节，理顺工作流程。本部二级机构设置：总经理办公室、党委工作部、工会工作部（代管离退休人员管理中心）、规划发展部、市场开发部、财务管理部、人力资源部、安全质量部、公安处、现场指挥中心、安全检查站、地面服务部、机场机务保障部、保安公司、客货代理公司、候机楼管理公司、空港服务公司、物业管理公司、广告公司。4个非常设机构为：安全委员会、爱国卫生委员会、投资委员会和薪酬委员会。集团公司下属机场公司二级机构设置：办公室（党群办公室暨行政办公室）、经营管理部、运输服务部、航务保障部、机场机务保障部、安全检查站、公安派出所、旅客服务公司。机构责任人实行经理、主任和部长制。配合机构改革的进行，集团公司进一步深化人事制度改革，深入推行"公开选拔、竞争上岗"的干部用人制度。

【航空安全管理】 制定实施1、2号值班经理制度，增强对生产现场的组织管理；细化各机场《专机保障细则》、《机坪管理规则》，保证生产现场秩序的畅通；修订各机场的《应急救援方案》及《反劫机预案》，提高各机场的应急处置能力。加强了与驻场单位的协调和对生产现场的指挥管理。在生产、保障工作中加大对各项工作流程及过程的管理和监控。各机场的空防安全形势一直保持在良好的运行状态中。"11·21"事故发生后，集团公司开展为期60天的安全整顿检查，结合14项安全保障重点，对各机场进行安全检查和隐患排查，进一步提高机场的安全系数，促进各项生产的有序、高效运营。全年共保障飞机起降21 197架次，其中运输飞行19 976架次。责任事故征候率为零，应急保证率为100%。

【机场建设】

呼和浩特白塔机场　完成的主要基础设施建设有：候机楼贵宾室装修改造、广场绿化、广场喷泉改造、机场部加层、新建公安业务楼、候机楼边检用房装修改造、货运仓库封闭、货运线路监控系统、现场指挥中心监控系统、候机楼卫生间改造、公司办公楼文化长廊、机场单身公寓加层工程、办公楼前道路改造、候机楼宾馆货运仓库的消防等工程。2004年9月22日，自治区政府与民航总局就呼和浩特机场扩建问题达成共识，将呼和浩特白塔机场作为首都机场主备降机场之一进行规划建设，投资10亿元对呼和浩特白塔机场进行扩建，主要项目：新建一条3 600米长的跑道，将现跑道加长加厚改为平行滑行道，新建5万平方米的航站楼，建设飞行区及航站区相关附属设施。扩建后，机场飞行区等级将达到4E，站坪拥有31个停机位，航站楼年吞吐量将达到300万人次。扩建各项工作正在紧张有序进行。工程计划在2007年6月底前完成，保证内蒙古自治区庆祝成立60周年使用，满足北京2008年奥运会的需求。

海拉尔机场　完成海拉尔机场改（扩）建工程可研和海拉尔机场航站楼流程设计的评审，《海拉尔机场总体规划》的审查。海拉尔机场改（扩）建工程主要内容为：在规划航站区内新建7 500平方米航站楼，同时配套建设2 000平方米航管楼和23米高塔台、39 840平方米停机坪、25×228米联络道、20 000平方米停车场、832米围界和供水、供电、供暖及场内道路等附属设施。候机楼改（扩）建工程已开工。海拉尔机场飞行区扩建（跑道延长、加厚）工程也进入可研阶段。

通辽机场　完成新建机场综合办公楼工程，于4月交付使用。新建办公楼占地433平方米，楼体为两层，总面积866平方米，投资90万元。

其他　完成7个机场防雷工程。

【服务工作】 建立健全《不正常航班信息通报程序》、《保障航班正常服务程序》，定期与航空公司召开协调会，减少机场原因造成的航班延误。为妥善处理不正常航班引发的各类事件，制定《处置不正常航班引发的群体性事件工作预案》。制定《航空器清仓工作程序》，减少因航空器清仓给旅客出行带来的麻烦。适应市场需求，健全要客、头等仓旅客服务及信息通报制度，推出收费性开放头等舱休息室、贵宾室服务项目；推出接受电子客票、国航中转联程行李以及头等舱旅客植机柜台等多项新兴服务项目，服务工作程序日趋规范。

【白塔机场扩建工程合作会谈会】 9月22日，自治区主席杨晶、民航总局局长杨元元视察呼和浩特白塔机场并签署机场扩建工程会谈纪要。当日晚上，在呼和浩特市新城宾馆举行白塔机场扩建工程合作项目会谈会。根据双方会谈纪要，此次呼和浩特白塔机场飞行区工程将按4E级标准建设，即在现有跑道南侧新建一条3 600米跑道，现有跑道盖被延长改为平行滑行道；扩建停机坪，建设飞行区配套设施；航站区工程包括新建一座35 000平方米航站楼，建设航站区配套设施。扩建工程总投资控制在10亿元以内，资本金按60%进行落实，其余通过申请国债或银行贷款解决。资本金来源，民航总局初步安排3亿元，自治区政府安排3亿元。会议还就扩建工程中将涉及到的机场内各单位拆迁和还建工程等其他项目协议如下：凡涉及机场内各单位拆迁和还建工程项目，由地方政府与相关单位协调解决。

供油工程由油料公司负责投资建设。空域和航路建设由民航华北局地区管理局负责提出方案,由国家民航总局安排解决。自治区政府主席杨晶、民航总局局长杨元元分别代表自治区政府和民航总局在会谈纪要上签字。此次扩建投资总额将超过内蒙古机场前46年机场建设积累的固定资产的总和。扩建后的白塔机场,将进入国内大型机场行列,可以接纳世界民航业目前在用的所有等级的飞机。

【新开旅游航线】 10月31日,内蒙古民航机场集团公司于26日至31日,组织自治区重点旅游城市呼伦贝尔市、锡林浩特市旅游局和区内主要旅行社在海南省三亚市举行2005年新开航线及航空旅游产品推荐会。中国南方航空公司、北京好运通国际运输服务公司、广东康辉旅行社等一批实力雄厚的相关产业的高层管理人员应邀出席会议。会议上,集团公司与南方航空公司就2005年进一步加强合作,开通呼和浩特—温州—广州、海拉尔—呼和浩特—广州、锡林浩特—呼和浩特—广州、包头—杭州—广州、乌兰巴托—呼和浩特—广州等五条航线,逐步形成以呼和浩特为枢纽,以呼伦贝尔、锡林浩特为旅游航线支点,连同蒙古国,通达广州的航线网络布局进行探讨。

【"11·21"空难】 11月21日,一架由包头飞往上海虹桥机场的民用客机Mu5210航班在包头机场起飞后失事,机上47名乘客,6名机组人员全部遇难。此次发生空难事故的航班,由东方航空公司使用加拿大庞巴迪宇航集团公司提供的50座CRJ-200/B3072号民用支线喷气飞机执行。飞机于8:21时起飞,8:22时与地面失去联系。随后即坠入包头市南海公园湖中。坠地后,飞机发生爆炸,并导致地面2人死亡。事故原因正在调查中。

【重要活动】 1月12日,自治区副主席赵双连率领政府办公厅、交通厅、安全监察局、交通运输管理局及新闻单位等一行10余人到内蒙古民航机场集团公司检查春运期间的安全保障工作。赵双连副主席一行对呼和浩特白塔机场候机楼安全检查、隔离区、值机柜台、公安值勤等生产现场进行检查,详细询问支线飞机及支线廊桥的运行情况,并对工作在一线的机场职工进行慰问。

2月2日,呼和浩特白塔机场现场指挥中心监管室正式运行。

3月15日,呼和浩特白塔机场现场指挥中心指挥室正式运行。

4月20日,四川航空公司使用EMB145型飞机开通呼和浩特至成都的直达航线。航班号3U172,班期每周二、四、六。这条航线是内蒙古民航机场集团公司成立后,按照集团公司航空市场发展规划开通的第一条直达西南地区的航线。

5月17日,内蒙古民航机场集团公司与满洲里市政府在呼和浩特市内蒙古新城宾馆,举行满洲里市政府委托内蒙古民航机场集团公司管理满洲里机场签字仪式。集团公司总经理助理陈建军与满洲里市副市长任宇江分别代表集团公司、满洲里市政府在协议书上签字。这是管理内蒙古地区民用机场的新模式。满洲里机场于2003年5月,由国家计委、民航总局和满洲里市共同投资1.58亿元兴建,机场等级设计为3C,预计于2004年8月竣工,年底正式通航。

6月23日,受自治区政府委托,内蒙古民航机场集团公司和自治区旅游局共同承办的"内蒙古地区航空旅游研讨会"在呼和浩特白塔机场召开,会期两天。参加会议的有民航总局的有关负责同志,国航、东航、南航等国内8家主要航空公司业务代表,自治区各盟市分管领导、旅游局长,自治区规模较大的几家旅行社的负责同志,集团公司领导及相关部门负责同志,共80余人。自治区副主席赵双连、民航华北地区管理局局长黄登科出席会议并讲话。研讨会是内蒙古民航机场属地化管理后召开的第一次航空旅游专题会议。也是内蒙古民航机场历史上涉及单位最多、参会人员最广、内容最全面的一次航空旅游研讨会。

6月24日,内蒙古民航机场集团公司在呼和浩特白塔机场举办首次内蒙古地区航空旅游航线新闻发布会。集团公司副总经理杜强及国航、东航、南航等7家航空公司的代表向到会的20家新闻单位的记者发布航线消息,并现场回答记者的提问。

6月25日,南航开通呼和浩特至广州航线,标志着三大航空集团共同参与内蒙古航空运输市场的格局形成。

7月24日,呼和浩特白塔机场日运输生产记录创历史新高,旅客吞吐量首次达到4 689人次,进出港均突破2 000人次。创造了呼和浩特白塔机场的历史最高水平。

7月31日,呼和浩特白塔机场7月份月旅客吞吐量首次突破10万人次大关。

8月3日,呼和浩特白塔机场日旅客吞吐量达到5 501人次,再创该机场历史新高。

8月18日,自治区主席杨晶与民航总局局长杨元元在北京会谈,就呼和浩特白塔机场扩建工程达成一致意见,将呼和浩特白塔机场作为首都机场备降场,新建一条跑道,现跑道改为平行滑行道,新建候机楼等附属设施。要求在2007年自治区成立60周年前投入使用,并保证2008年奥运会使用。

【先进人物】

孙宏跃　男,中共党员,集团公司呼和浩特白塔机场安全检查站站长。2004年3月30日,被全国民航总局授予全国民航劳动模范荣誉称号。

吉玉玲　女，中共党员，集团公司运输服务部客运科科长。2004年3月8日，被内蒙古自治区妇联授予内蒙古自治区五好文明家庭荣誉称号。

朱耿生　男，中共党员，包头民航机场公司党委书记、工会主席；吉玉龙，男，中共党员，集团公司机场机务保障部副经理。2004年8月27日，被内蒙古自治区总工会授予内蒙古自治区优秀工会积极分子荣誉称号。

董志毅　男，中共党员，集团公司总经理。2004年8月27日，被内蒙古自治区总工授予内蒙古自治区荣誉工会积极分子荣誉称号。

陈俊安　男，中共党员，集团公司工会工作部部长。2004年8月27日，被内蒙古自治区总工会授予内蒙古自治区优秀工会工作者荣誉称号。

（乌日娜）

通信管理

【内蒙古自治区通信管理局领导名录】

局　　长：敖大明（蒙古族）

副 局 长：乌力吉（蒙古族）

纪检组长：耿利君（女）

【市场状况】　2004年，在基础电信领域，全区共有中国网通集团内蒙古自治区通信公司、中国移动通信集团内蒙古自治区移动通信公司、中国联合通信有限公司内蒙古分公司、中国铁通公司内蒙古分公司、中国电信集团公司内蒙古电信分公司、中国卫星通信集团公司内蒙古分公司六家电信运营企业，分别在本地通信、长途通信、移动通信和数据通信等电信业务中展开竞争与合作；在增值电信领域，全区共有121家经营互联网接入服务、互联网内容服务、无线寻呼服务、电话信息服务的增值电信业务运营商，繁荣了电信业务市场，消费者选择电信服务日益多样化。

【行业发展】　至2004年底，全区基础电信企业累计完成电信业务收入73.96亿元，比上年同期增长16.8%。其中固定电话收入同比增长10.6%（本地电话网业务收入同比增长17.8%，长途电话网业务收入同比减少13.4%，数据通信业务收入同比增长38.0%），移动通信网业务收入同比增长30%，无线寻呼网业务收入同比下降49.9%。全区固定本地电话网业务收入、长途电话网业务收入、移动通信网业务收入、数据通信业务（含互联网及IP）收入、无线寻呼网业务收入等占总收入的百分比分别为36.58%、10.50%、49.10%、3.50%、0.31%。全年全区新增电话用户178.4万户，用户总数达到1 085.3万户。其中固定电话用户新增62.9万户，达到490.7万户；移动电话用户新增115.5万户，达到594.6万户。移动电话用户构成中，GSM移动电话用户为542.2万户，CDMA电话用户为52.4万户。全区互联网用户新增20.7万户，互联网用户总数达81.5万户，其中宽带接入用户达26.6万户。

【市场监管】　以落实国办75号和部453号文件为核心，重点加大关系市场稳定的互联互通、电信资费和通信建设市场整治力度，严肃查处各类违法违规行为。互联互通强化重点监管和技术监测，开展网间结算、网间码号开放、主叫号码传递、网间通信质量、关口局管理等全方位、多层次的专项整治，对造成严重网间通信质量问题的1名旗县企业负责人追究行政责任，一些新老问题得到有效解决或缓解，促进互联互通大局的稳定。加强资费的审批备案工作，建立备案信息发布制度，依据部204号文件组织开展资费的清理整顿，有效维护资费市场竞争秩序。面对通信建设市场违规问题频发的势头，坚持从实际出发，建章立制，保护竞争，开放户线，有效遏制固定电信企业的恶性竞争，同时会同公安机关严厉打击破坏通信设施的违法犯罪行为，促进建设市场秩序的明显好转。

【行风建设】　作为“治本”之策，行风建设统领电信服务监管和民主评议行风活动继续务实推进。积极开展面向企业的守法经营培训，进一步提高企业领导干部的法制和竞合意识，有力推动企业的守法运营。“电信服务年”、“评优帮差”和民主评议行风活动瞄准用户反映强烈的热点和难点问题扎实开展，全年明查暗访150余个营业厅（窗口），受理系企业责任的用户有理由申诉154件，较好地解决用户反映强烈的营业窗口不找零钱、企业收取选号费等问题，“霸王条款”、“短信陷阱”和个别企业业务宣传不实以及代销商的违规行为也得到进一步的规范。全行业又涌现出17个省部级以上的文明窗口、青年文明号和全国用户满意服务明星班组及个人。进一步确立良好的行业形象。

【制度建设】　针对通信建设市场出现的新情况、新问题以及相关法规尚不完善的实际，按照科学发展观的要求，制定出台《内蒙古自治区通信建设若干问题的暂行规定》，本着实事求是和保护竞争的原则，较好地解决干线以外通信线路的通行权和户线开放问题，制约房地产开发商“吃两头”的行为，最大限度地保护企业和用户的合法权益，通信建设市场秩序渐趋规范。同时与公安机关联合下发的《关于加强打击和防范破坏通信设施违法犯罪活动工作的通知》，进一步明确公安机关、通信管理局和电信企业保护通信设施的职责和协作程序，一定程度上解决管理局取证难的问题。通信建设市场相关文件的出台为行政执法和企业竞争提供必要依据,是管理局在监管制度建设上的新突破,信息产业部给予充分的肯定,另外《网间结算数据交换流程》的出台,解决了企业网间结算局数据交换不及时的问题,规范企业行为,使各企业每月网间结算总误差基本保持在3%以内,实现无拖欠。

【互联网专项整治】 认真落实上级工作部署,与有关部门积极配合,加强领导,精心组织,对"网吧"等互联网营业场所、淫秽色情网站和声讯台进行专项治理,关闭违规人工热线52条。积极探索长效机制,围绕自律、诚信、协作等主题组织开展"互联网行业自律公约"活动,启动签约单位的自查、自纠、评比工作,与有关单位共同发起"青少年绿色上网工程",号召全社会为青少年健康上网创造条件,在营造绿色健康的信息网络环境,规范信息服务经营秩序,保护未成年人的身心健康等方面发挥积极作用。

(幺志洁)

邮　政

【内蒙古自治区邮政局领导名录】

局　　长:苏　和(蒙古族 2月离任)
　　　　　刘晓兵(7月任职)
副 局 长:肖庆宝
　　　　　张少波(1月任职)
　　　　　沙　迪(回族 7月任职)
纪检组长
工会主席:凌　志
助理巡视员:孙志安
　　　　　麻　勇(8月任职)

【概况】 内蒙古邮政局为中央公用企业,实行由国家邮政局和地方政府双重领导,以国家邮政局为主的管理体制,辖12个盟市邮政局,15个直属单位和专业化公司(内蒙古邮政储汇局、邮政报刊发行局、信息技术局、电子信息业务局、速递物流局、函件广告局、呼和浩特邮区中心局、集邮公司、广告总公司、快递物流公司、保险代理公司、报刊零售公司、机关服务中心、职工培训中心、邮电印刷厂)。局机关设办公室、行管法规处、人事教育处、公众服务处、安保视察处、网路运行处、计划财务处、审计处、监察处、机关党委、区邮政工会。

全区邮政业务收入完成8.57亿元,同比增长3.57%;邮政业务总量完成8.62亿元,同比增长7.3%,邮政业务总成本完成9.88亿元,同比增长11.64%;完成支差16 731万元;全年完成固定资产投资3 445万元,总数达到197 613万元;全员劳动生产率达到5.67%万元/人。

2004年底,全区邮政从业人员总数为15 021人,其中在岗职工总数11 170人;邮路总条数710条;邮路总长度57 762单程公里;农村投递路线总长度110 812单程公里;城市投递段道1 260条;邮政局所、服务网点总数1 691处;自有房屋面积75.29万平方米,其中生产用房面积41.84万平方米;邮政汽车1 216辆;ATM自动柜员机115台;邮资机122台;已通邮的行政村12 012个;开办邮政储蓄业务的乡(镇)302个;按固定班期投递邮件的乡(镇)1 152个;城区每日平均投递2次;农村每周平均投递3次;开办185客户服务中心盟市12个。

【业务发展】 2004年,全区邮政整体经营工作立足于结构调整,着眼于提高效益,重点发展储汇、速递、代办、物流业务;突出发展函件、代理保险业务;大力发展包件、报刊业务;健康发展集邮业务;积极发展有市场潜力的新业务。

储蓄业务　全区实现储蓄余额纯增20.24亿元,累计达到181.7亿元,同比增长12.5%,活期比重提高2.53个百分点,达到33.18%,实现收入4.74亿元,同比增长19%。

代收代付等金融中间业务　代理保险业务开办范围扩大到全区12个盟市局,全年代理保险业务实现保费1.97亿元,收入超过800万元,比上年增长1倍,银邮代理保险市场占有率达到17%。代发工资业务与内蒙古社保局达成代发全区行业养老金合作协议,月新增代发额5 000多万元,为全区邮储"上规模、调结构"奠定良好的基础。

函件业务　函件业务实现收入3 650.93万元,同比下降13.87%,完成年计划的81.86%。年内,开发昭君专用邮资图、呼伦贝尔小批量邮资封等新业务品种,促进商函业务的发展,商函占函件比重达到59.43%,制作2005年企业拜年卡266万枚,增收近38万元。

汇兑业务　年内,开发汇兑回执、2小时、实时、入账等汇款新业务,实现收入2 272.19万元,同比下降5.07%,完成年计划87.39%。

速递业务　进一步整合资源,开通呼和浩特市、包头、鄂尔多斯金三角区域特快及呼和浩特市至集宁,呼和浩特市至锡林浩特间城际特快业务。组织实施中秋思乡月专项营销活动,实现收入135万元,同时进一步扩大身份证快递、银行票据专递等速递新业务市场。速递业务全年实现收入6 516万元,同比增长4%。

物流业务　通过发展蒙牛、海尔、福田等大客户,逐步消除邮件运输业务量减少带来的不利影响。农资分销配送业务初具规模,全区配送化肥、饲料近2.3万吨,收入达到500万元以上。海尔仓储、宝洁产品分销、同城配送等业务发展平稳,初步形成运输、仓储、配送、信息等业务内容齐全的物流服务架构，全年实现收入6 832万元，同比增长18%。

报刊业务　接办2005年度报刊发行总数增加37种，全年实现流转额1.78亿元，同比增长5%，增幅排名列全国第5位。

集邮业务　开发《绿色的摇篮》、《军旅中的我》、《祖国边陲风光》、《神舟号升起的地方—阿拉善》等专题邮册，开发包头一机厂、赤峰发电厂厂庆等个性化邮折、拜年卡书和形象年册等，实现收入4 832.64万元，同比下降31.67%。

代办业务　进一步扩大代收电话费、代收电费的开办范围和规模，月代收话费额达到10亿元以上，实现业务收入2 194万元，完成年计划的73.13%，综合市场占有率达到26%。

【"全夜航"发运特快邮件】　2004年8月18日，中国邮政EMS"全夜航"全面开通。此次开通的"全夜航"是以上海为中心辐射北京、广州、厦门、沈阳、成都、武汉、西安等城市覆盖范围的集散网，通过邮航飞机凌晨1点至上午10点之间实现"全夜航"达到全国27个省(区、市)136个大中城市。呼和浩特市、包头市、鄂尔多斯市、集宁、赤峰市、通辽市、乌海市、临河、锡林浩特等9个盟市所在地城市部分截邮时间收寄的出口特快邮件纳入"全夜航"范围。使上述9个邮政局在不同收寄段寄发北京、广州、厦门、沈阳、成都、武汉、西安等城市部分特快邮件实现次日上午递，寄达苏州、南京、合肥、珠海等邮航通航局范围的部分特快专递邮件实现次日递。全年，特快专递业务量完成218万件，同比增长13.74%；业务收入实现5 515.86万元，同比增长4.04%。

【邮政与您共贺中秋】　2004年中秋节来临之际，国家邮政局推出"百年邮政与您共贺中秋"为主题的中秋"思乡月"活动。内蒙古邮政局在全区范围内开展此项活动，各局充分利用电台广播、电视、各类报纸等多家媒体报道邮政中秋"思乡月"服务，利用邮政网络优势和邮政部门求真务实、雷厉风行的工作作风使每位顾客感受到邮政人性化的服务。在各邮政营业网点销售的月饼同商场价格同等条件下，顾客只需加5元就可邮寄到全国各地，同时在此期间销售中秋节个性化邮品、VCD光碟等。9月29日，内蒙古邮政局第一次开展的全区联动中秋"思乡月"专项营销活动结束，全区共销售月饼33.05吨，实现业务量66 237件，月饼销售额达到345.1万元。

【专业化经营管理体制改革】　3月29日，内蒙古报刊零售公司成立，增强市场控制力和竞争力，为实现报刊零售业务规模发展奠定基础；2月23日，将集邮专业从盟市邮政局剥离，实行全区集邮业务专业化经营，人、财、物由内蒙古集邮公司垂直管理；3月5日，内蒙古邮政电子信息业务局成立，在现有代办电信业务的基础上，拓宽经营渠道，发展电子信息业务，努力实现向电信虚拟运营商转变；9月28日，实行储蓄业务专业化经营管理，各盟邮政局成立邮政储汇局，实行盟市邮政局、区邮政储汇局双重管理。

（李凯红）

烟　草　盐　业

烟草管理

【内蒙古自治区烟草专卖局
中国烟草总公司内蒙古自治区公司领导名录】

局　　长
总 经 理：董晓民

副总经理：张治平

副总经理
纪检组长：张福义

副 局 长：陈　余

【概况】　内蒙古自治区烟草专卖局、中国烟草总公司内蒙古自治区公司机关有11个处室，下设14个盟市局(分公司)及区卷烟销售公司、区烟叶分公司、区烟草质量监督检测站3个直属二级单位和1个多元化经营集团公司。2004年底，全系统有在岗职工3 799人、其他从业人员2 994人。全区烟草行业实行统一领导、垂直管理和专卖专营的管理体制。

2004年全区烟草行业种植烟叶5.8万亩，收购烟叶20.26万担。全区烟草行业"电话订货、网上配货、电子结算、现代物流"的城乡卷烟销售网络全面运作，采取户籍化诚信等级专卖管理方式，为持有烟草专卖零售许可证的65 508户入网卷烟零售商户提供卷烟产品和服务。

【经济指标】 2004年,全区烟草行业工商企业共实现税利16.85亿元,同比增长48.36%,其中税金9.46亿元,同比增长27.67%;利润7.39亿元,同比增长87.16%。

【经济效益】 全区全年累计系统外销售卷烟74.3万箱,卷烟商业企业共实现利税7.4亿元,同比增长62.15%,其中利润6.03亿元,同比增长83.63%;税金1.38亿元,同比增长7.27%。烟叶按计划生产收购,全年种植烟叶5.8万亩;收购烟叶20.26万担,比上年增加12.22万担;烟叶销售率100%;全年烟叶生产经营实现利税1 122万元,同比增长100%;实现利润812万元,同比增长185%。在此基础上,与黑龙江烟草进出口公司建立紧密型合作关系,烟叶生产经营呈现出新的工作局面。全区多元化经营工作继续保持良好发展势头,金叶集团公司全年实现利税2 106万元,同比增长22.31%;实现利润1 564万元,同比增长21.2%。全区烟草行业商业企业经济效益综合指数约123%,高于上年同期水平。

【工商企业改革】 行业内工商分离管理体制改革全面推行,2004年11月,区局(公司)不再具有管理内蒙古昆明卷烟有限责任公司和原乌兰浩特卷烟厂的职能,全区烟草行业管理转变为以卷烟商业企业经营管理为主体。各分公司按照区局(公司)统一部署推进卷烟流通体制改革,取消县级公司法人资格、重组业务流程和网建升级等工作取得实质性进展,年底实现由分公司统一纳税。各分公司及县级营销部的机构设置、人员配置按要求进行调整核定,统一配送、统一呼叫等工作已在全区全面展开。区局(公司)稳妥推进直属二级单位组织机构改革,明确职能定位,已撤并区烟草技术中心和区烟草边贸公司,取消区卷烟销售公司的法人资格,区局(公司)和各分公司工作职能逐步按照国家局要求进一步转变。

【依法行政】 2004年,全区组织完成五年一次的换发专卖许可证工作,规范卷烟市场准入制度。开展零售许可证合理布局听证工作,分阶段、有步骤地合理布局零售户,实行零售明码标价,促进卷烟市场的规范有序。全区以学习贯彻《行政许可法》为契机,进一步严肃“五条纪律”要求,开展执法督查和群众评议工作,加大对违法案件的查处力度,提高全区专卖管理人员依法执法、严格执法和文明执法的能力及水平。

【财经秩序专项整顿】 全区专项治理卷烟体外循环工作有序开展,各单位以市场为导向订购卷烟,按计划均衡购进,从源头上遏制卷烟体外循环的发生。全区全年纯购进卷烟77.06万箱,完成计划的108.10%。全区卷烟批发价格先后经4次调整并于2005年1月1日起按北方11省(区、市)卷烟统一批发价格规定执行,全区卷烟批发价格实现统一,并建立长效价格管理机制,整顿规范烟叶种植和流通秩序,基本实现控得住、稳定住的目标。全区卷烟市场监管力度加大,非主渠道流通卷烟行为得到有效遏制,打假工作取得阶段性成果。全年全区烟草行业共查获违法案件8 555起。其中未从当地烟草批发企业购进卷烟案件6 173起;假冒卷烟案件812起;无烟草专卖品准运证运输卷烟案件681起;无烟草专卖许可证经营卷烟案件453起;查获走私卷烟案件43起。捣毁贩藏假冒卷烟窝点80个,没收、收购卷烟1 259件,查获假冒商标卷烟1 938件、走私卷烟17.86件,罚没款138.78万元。依法判刑7人,劳教1人。

【名优卷烟销售】 品牌集中度进一步提高,全区全年共销售名优卷烟18.6万箱,同比增长11.49%,占卷烟总销量的25.04%,百牌号卷烟销量占系统外销量超过50%。商业企业平均毛利率13.3%,较上年同期增长2.33个百分点。全年全区商业企业总资产贡献率33.88%,同比增长46.92%;资产负债率41.51%,同比降低21.75%;平均费用利润率137.37%,同比增长62.17%。

【网络建设】 2004年,全区烟草行业信息化建设共投入资金5 100多万元,基本构建起覆盖全区烟草行业的信息化基础网络系统。卷烟生产经营决策管理系统建设按计划有序推进,将有效保证行业经营管理信息渠道的畅通和决策的科学合理;卷烟营销网络系统的试点成功和全面推广,将网建水平提升到一个新的高度;公文远程传输和烟叶、专卖换证、财务、人力资源等管理信息系统的应用,促进全区烟草行业整体管理水平和工作效率的提高。全区有针对性地强化安全管理,重点整治车辆交通安全,从而保证行业产销经营工作的顺利进行。

【现代流通手段】 各分公司以上海、大连、河北卷烟销售网络建设为榜样,围绕从传统商业向现代流通转变的目标,重组网络组织架构,调整网络规划布局,全面推行现代流通手段,推进网建联动工作,实施十一省区市统一批发价,开展零售明码标价试点工作,充分依托卷烟销售网络。全区烟草行业加大对网建的投资,加快信息化建设步伐,各分公司顺利实施完成卷烟营销网络系统各阶段工作任务。到年底,全区共建成营销中心14个,县级营销部81个,物流配送中心15个,呼叫中心14个。全区现有电话订货户60 311户,电子结算户12 738户,分别占全区零售户总数65 508户的92%与19.4%,人均市场占有率达7.8条。

【重要活动】 4月15日,内蒙古自治区烟草公司烟叶物资分公司和中国烟草黑龙江进出口有限责任公司在呼和浩特共同签订《紧密型出口烟叶基地合作协议》。

5月28日,内蒙古昆明卷烟有限责任公司技术改造工程在呼和浩特市赛罕区金桥经济技术开发区奠基。内蒙古自治区副主席余德辉及有关委、办、厅、局领导，呼和浩特市副市长武文元，自治区烟草专卖局（公司）局长（总经理）董晓民等领导出席奠基仪式。

6月30日，内蒙古昆明卷烟有限责任公司工商正式登记注册。

8月，中国烟草机械集团公司经济运行工作会议和全国烟草行业教育培训、多元化经营、财务审计、办公室（外事）、《烟草控制框架公约》对策研究、高级政工师专业技术职称评审，以及中国烟草学会经济专业委员会学术研讨会等全国烟草行业专项会议先后在内蒙古召开。国家烟草专卖局何泽华副局长出席全国烟草行业财务审计工作座谈会，并在呼伦贝尔市、满洲里市烟草考察工作。

8月12日至16日，国家烟草专卖局治理卷烟体外循环检查组到内蒙古赤峰、通辽等分公司及部分旗县公司检查治理卷烟体外循环工作。随后，区局（公司）召开全区烟草行业专项治理卷烟体外循环工作会议，研究讨论全区彻底治理卷烟体外循环和提升网建水平工作对策，部署全区烟草行业专卖管理、网建和卷烟销售工作。

11月1日，国家烟草专卖局下发《关于调整兰州卷烟厂等8家卷烟工业企业管理体制的通知》（国烟法〔2004〕734号），将内蒙古自治区烟草公司持有内蒙古昆明卷烟有限责任公司的股权划转给中国烟草实业发展中心。11月19日，内蒙古自治区烟草公司与中国烟草实业发展中心正式签订股权转让协议。调整后，内蒙古自治区烟草公司不再具有管理内蒙古昆明卷烟有限责任公司的职能。

11月29日，国家烟草专卖局下发《关于曲靖卷烟厂兼并乌兰浩特卷烟厂的批复》（国烟法〔2004〕835号），取消内蒙古乌兰浩特卷烟厂企业法人资格，乌兰浩特卷烟厂成为曲靖卷烟厂的分厂。至此，全区烟草行业工商分离。

（王爱琳）

盐业管理

【内蒙古自治区盐务管理局 内蒙古自治区盐业公司领导名录】

局长（经理）：赵玉怀

副局长（副经理）：李树森

刘建潮（女）

副书记：杜爱华（女 蒙古族）

副局长（副经理）：张占选

李学义

纪检书记：江亚君（女）

党委委员：张金良

总经济师：吕信

【经济指标】 2004年全区共生产成品盐184.78万吨，完成年计划151万吨的122.37%，比上年同期增产20.07万吨，同比增长12.19%。其中食盐生产28.11万吨，完成年计划27.165万吨的103.49%，同比减少15.69%。生产企业累计销售各类盐产品164.94万吨，比上年同期增销21.52万吨，同比增长15.01%。其中销售食盐28.69万吨，完成年计划27.165万吨的105.63%，比上年同期减销1.61万吨，同比减少5.31%；累计销售工业盐136.25万吨，比上年同期增销23.13万吨，同比增长20.45%。全区生产企业盐产品实现销售收入3.49亿元，同比增长42.56%。产值4.07亿元，同比增长43.31%。实现利润5 164.61万元，同比增长95.30%，实现税收9 231.44万元，同比增长46.85%。

全区运销企业在运力、盐源紧张的情况下，积极与有关部门协调，加强组织调运，保证盐品的供应。至12月末，共销售各类盐产品24.72万吨，为年计划19.895万吨的124.25%，同比增加14.60%。其中，食用盐销售14.81万吨，为年计划13.922万吨的106.38%，同比增加8.02%。工业盐销售60 593吨，同比上年增销7 095吨。12月底，全区直属运销企业实现销售收入3.22亿元，实现利润1 012.12万元，上交税金2 891万元。

【市场监管】 2004年，全区共查获涉盐违法案件1 426起，比上年同期下降20%；查获违法盐产品1 767吨，比上年同期下降14%；没收违法盐产品1 414吨，比上年同期下降12%。移交司法机关刑事处理的案件共9起，其中检察机关批捕2起，赤峰、呼市各1起。

在打击非法盐产品的同时，各地盐务部门加强法制宣传和健康教育，2004年全区共散发宣传材料75万份，宣传费用支出16.2万元。

【质量管理】 至2004年11月，全区加碘盐综合合格率100%，比目标值98%提高2个百分点；综合一级品率80.93%，比目标值60%提高20.93个百分点。盐产品综合合格率99.42%，比目标值98%提高1.42个百分点；综合一级品率66.20%，比目标值60%提高6.2个百分点。2004年度考核质量目标值12项，全部达标，各种成品盐质量比上年均有不同程度的提高。

8月，自治区产品质量监督检验所对4个食盐定点生产企业、28个运销企业的食用盐产品进行监督抽检。共抽检49个批次，经检验的样品全部合格，批次合格率为100%。

在《卫生部办公厅关于2004年全国碘盐监测结果的通报》中，全国有85.09%的县完成2004年度全国碘盐日常监测工作，23个省（市、区）的居民合格碘盐食用率达90%以上。其中内蒙古碘盐批质量合格率达98.19%,碘盐覆盖率为99.14%,碘盐合格率98.75%,合格碘盐食用率97.91%,碘盐中位数为31.70毫克/千克,各项指标均高于全国平均水平。

【优化产品 产业结构】 2004年,吉兰泰盐化集团公司金属钠、液氯等产品的产销量比上年同期有大幅度的增长。雅布赖盐化有限责任公司抓住硫化黑价格上扬,行情看好的有利时机,实现资源转换增值,大力发展盐硝化工,联合投资扩建2万吨硫化黑工程项目,项目建成后预计年工业总产值可达到3亿元。额吉淖尔盐场加大技改力度,精盐技改项目的试车成功,添补锡盟地区没有真空精制盐生产的空白,提升盐产品的档次。呼和浩特市远通饲料添加剂制造有限公司针对畜牧用盐产品低档单一,技术含量低的状况,加强与科研院所合作,研发高、中、低档矿物质饲料营养调控、营养强化、营养补充舔块,并在微量元素预混合饲料的设计、开发、生产与销售范围内取得ISO9001: 2000标准的认证,扩大了产品的市场占有率,增强了企业竞争力,在国内同行业保持领先地位。

2004年,全区运销企业销售小包装盐11.33万吨,同比上年增销1 469吨。小包装率为99.61%。食盐的精细化程度和包装率进一步提高。销售畜牧用盐36 138吨,比上年同期增销7 846吨,同比增加27.73%。多品种盐销售809吨,比上年同期增销449吨,同比增加124.72%。

【资源保护和生态建设】 2004年,各生产企业针对盐湖基础设施建设薄弱的现状,把保护盐湖资源,加强盐湖生态环境治理、生态建设作为一项重点工作,采取多种有效措施抓紧抓好,抓出实效。和彤池盐业有限公司从2003起就对盐湖资源的合理开发利用进行全面规划,提出并实施“三防工程”,即建设绿色矿区,恢复湖区植被,改善盐湖生态环境的防沙工程,环采盐区围封修筑防洪坝的防洪工程以及打井补水的防旱工程。经过两年的建设,取得明显的成效。其它生产企业也加大资金投入,采取积极的措施加强资源保护和盐湖周边生态建设。如建设网围栏,构建生态封育区;造林绿化、种植沙生植物、围扎草方格,建设“绿色矿区”;加固、清淤改造盐湖补水坝、补水沟,这些措施的实施,对有效恢复盐湖周边植被,遏制盐湖周边生态环境进一步恶化的趋势,形成科学的补水体系,恢复盐湖采盐区自然生长期,改善生产、生活环境,实现盐湖资源的有效开发利用和可持续利用,扩大产能,提高产出率,使资源优势最大限度地转化为经济优势都起到积极的作用。

【存在的问题】 虽然2004年自治区盐业管理局在碘盐供应和经济发展方面做了大量工作,但是工作中依然存在很多问题,一是由于区内外土私盐、劣质盐、非碘盐、小工业盐的冲销,对自治区食盐安全仍然构成极大威胁。二是由于盐源供应形势偏紧,铁路运输紧张,给全区企业盐的调运带来很大困难。三是盐业批发企业盐产品结构单一,科技附加值低,市场竞争力弱,盈利空间小,还不能满足市场多层次、多样化的需求。四是尽管这些年加强了盐湖生态、环境治理,但生态环境恶化的趋势还未从根本上得到遏制,使资源的转换增值能力受到制约,资源保护和可持续利用任务仍然十分艰巨。

(景 恕)

农 牧 林 水

农 牧 业

【内蒙古自治区农牧业厅领导名录】

厅　　长:陶　克(蒙古族 9月任职)
副 厅 长:王守陆
高云平
赵存发
纪大才(女)
周文毅
赵存才
翟　琇
纪检组长:李桂兰(女)
助理巡视员:赛吉拉乎(蒙古族 3月离任)
奇占荣(蒙古族)
石先勇

【概况】 内蒙古自治区农牧业厅是主管全区农业、畜牧业与农村牧区经济工作的自治区人民政府组成部门。农牧业厅共设行政编制 114 名，实有人数 116 人，设有办公室、人事处、政策法规处、市场与经济信息处、发展计划处、财务处、经济合作处、科技教育处、种植业管理处、畜牧处、草原处（饲料工作办公室、草原防火办公室）、兽医处、农牧业机械化管理局、农牧场管理局、渔业局（自治区渔政渔港监督管理局）15 个职能处室局，另设机关党委、离退休人员工作处、自治区推进农牧业产业化办公室（自治区乡镇企业局）及派驻纪检组、监察室。

全区第一产业增加值达506.07亿元，比上年增长11.7%，增速快于上年5.8个百分点。全年农牧民人均纯收入2 606元，比上年增加 338 元，增长14.9%，扣除价格因素实际增长8.6%。

【粮食生产】　全年农作物种植面积592.4万公顷，比上年增加17.46万公顷，特别是粮食作物种植面积扭转了连续 5 年下滑的局面，达到418.11万公顷，比上年增加 13 万公顷。全年粮食总产量1 505.39万吨，比上年增产144.66万吨，增长10.6%，是历史上第三个丰收年。其中小麦、稻谷和大豆产量分别增长40%、22.5%和92.2%。

【畜牧业】　全区牧业年度牲畜存栏头数9 274.43万头（只），比上年同期增长16%；牲畜总增4 125.02万头（只），增长26.6%，牲畜总增率51.6%。全年牲畜出栏4 969.34万头（只），比上年增长28.9%。主要畜产品产量大幅增长。全年肉类总产量201.9万吨，比上年增长24.1%；牛奶产量 490 万吨，增长59.1%；山羊绒产量5 552吨，增长4%；禽蛋产量38.75万吨，增长12.5%。全区草原建设总规模达到8 549万亩，实施草畜平衡核定的草场面积达到5.2亿亩，禁牧、休牧和轮牧面积达到 611 亿亩，约占全区可利用草原面积的60%。

【农牧业结构调整】　农牧业结构依据自然规律和市场导向，按照“优化布局，发挥优势，突出特色”的原则，进一步得到优化。农牧业结构中，畜牧业产值占第一产业的比重上升为44%。畜牧业内部结构中，农区畜牧业牲畜头数占全区牲畜总头数的比重上升到67%，在全区新增1 286万头只牲畜中，农区畜牧业增加1 150万头只，占新增牲畜的89%，增长22.9%。种植业结构中优质、专用、高效作物比重不断提高。全区饲用作物面积达1 055.5万亩，比上年增加 63 万亩，增长6.3%。高效设施农业栽培面积达到 36 万亩以上，较上年增加 5 万亩。主要粮食作物中，优质专用品种达3 083万亩，比上年增加 700 多万亩，占粮播面积47%。

【农牧业产业化】　按照区域化布局、专业化生产、集约化经营的思路，龙头企业不断壮大。全区销售收入百万元以上农畜产品加工企业实现销售收入647.5亿元，比上年增长38%，完成增加值201.4亿元；销售收入超 500 万元的企业达到 734 家，实现销售收入632.5亿元，完成增加值196.5亿元；超 10 亿元的 9 家，实现销售收入304.7亿元；全区现有国家级重点龙头企业 18 家，自治区级重点龙头企业 40 家，销售收入占全区农畜产品加工流通企业总销售收入的75.6%。品牌效益日益明显。农畜产品加工品牌中国驰名商标总数达到 11 个，销售金额占全区农牧业产业化销售额的55%，辐射带动农牧户占产业化总带动户数的45%。全区各类农牧民专业合作组织2 642个，会员总数11.3万人，农牧民经纪人4.96万人，带动 38 万户农牧民与龙头企业建立起不同形式的利益联结机制。

【农牧业科技】　全区共开展农牧民科技培训 350 万人次，全区农作物良种率、家畜良种及改良种比重、水产良种覆盖率分别达到93%、88.4%和90%，分别比上年提高 1 个百分点、1.6个百分点和 1 个百分点；粮食亩产达 240 公斤/亩，比上年增长7.2%；完成农村牧区小型公益设施沼气建设项目14 299户。

【农畜产品质量安全】　全区以基层防疫队伍建设为重点，加强动物疫病防控体系建设，以防控和扑灭重大动物疫病为重点，全面提升动物疫病免疫、疫情处置、检疫和防治水平。全区重大动物疫病始终处于稳定控制状态，赢得高致病性禽流感等重大动物疫病防治工作的阶段性胜利，实现全区无大疫的目标。以无公害食品行动计划为带动，积极推广无公害农畜产品、绿色食品生产标准和技术，切实推进农畜产品质量监测工作，加强对以农药、兽药残留、饲料及饲料添加剂为重点的农牧业投入品质量监管。全区新认定自治区级无公害种植产品产地 190 个，面积为1 649.4万亩，新认定水产品产地 18 个，面积为9.8万亩，首次认定 42 个无公害畜产品产地，认定产地牲畜规模达到1 104.43万头（只）。

【农村牧区劳动力转移培训】　“阳光工程”实施以来共开展劳动力转移培训119 119人，转移就业82 048人，转移就业率达70%以上。2004 年全区农村牧区劳动力输出约 130 万人，比上年增加 21 万人。

【农村牧区政策落实】　全区各地落实统筹城乡发展方略和“多予、少取、放活”的方针，在进一步加强农村土地承包和草原“双权一制”、减轻农牧民负担等党在农村牧区基本政策落实的同时，卓有成效地贯彻落实中央一号文件精神，全区减免涉农税收9.2亿元，对种粮农民直接补贴资金5.2亿元，良种和农机具补贴5 800万元，中小学义务教育“两免一补”2.8亿元，加上退耕还林、退牧还草等工程兑现的补贴，农牧民人均因政策增收 150 元，成为增产增收最根本的促进因素。

【农牧业机械化】 2004年,中央财政加大对农民购买农机的补贴投入,启动优质粮食产业工程现代农机装备推广项目;自治区各级财政加大农机化投入,投入资金总量达到2 703万元,带动全社会投资7.6亿元,比上年增加3亿元,有力地推进全区农机化水平的提高。农机社会拥有量大幅度增加,农牧业机械总动力达到1 772.29万千瓦,比上年增长9.6%。主要环节的机械化水平有较大幅度提高。完成机械化耕地6 725.1万亩,机械化播种5 671.1万亩,机械化收获1 854.8万亩,分别比上年增长3.9%、10.4%和40.7%。农牧业综合机械化水平达到53.5%。其中,耕、播、收机械化水平分别达到75.7%、63.8%和20.9%。保护耕地技术研究与示范推广再上新台阶,全区开展保护耕作试验示范的旗县区44个,完成核心示范田75.9万亩,机械免耕播种447.2万亩,深松638万亩。

【渔业经济】 全力实施天然水域渔业产业带、池塘养殖产业带和盐碱水域渔业产业带建设,切实开展渔业种苗繁育、渔业科研和技术推广、水产品质量安全管理、渔政综合执法等工作,全年水产品产量7.73万吨,比上年增长6.2%,实现渔业产值7.2亿元,增长10.3%,渔民收入实现较快增长。

【农垦改革】 全区农垦系统围绕"职工增收、企业增效、示范带动作用增强"的目标,努力挖掘潜力,克服各类自然灾害带来的不利影响,促进农垦经济的持续健康发展,深化农垦改革和职工减负,推进社会职能剥离、职工养老保险、土地确权、职工城镇户口等政策的落实。全系统完成国民生产总值24.5亿元,比上年增长17.9%,增速提高15个百分点。国有农牧场盈利企业数量和盈利水平都有不同程度的提高,全系统由上年总体盈利214万元提高到2004年的5 000万元,盈利水平比上年提高23倍多。农牧场人均纯收入3 050元,比上年增加205元,增长7.2%。

【推进农牧业产业化现场会】 2004年9月11日至12日,自治区党委、政府在通辽市召开全区推进农牧业产业化经营现场会。自治区党委书记储波在会上作重要讲话,自治区党委副书记、自治区主席杨晶主持会议并讲话,自治区党委常委、秘书长任亚平出席,自治区副主席雷·额尔德尼部署工作。自治区有关部门负责人,各盟市旗县的主要领导及部分国家和自治区级重点龙头企业的代表共200人参加了会议。会议主要任务是坚持和落实以人为本、全面、协调、可持续的科学发展观,分析形势,总结经验,学习典型,开拓思路,强化措施,把自治区的农牧业产业化经营推向一个新的发展阶段。

【全国粮食主产省(区)农业生产工作会议】 2004年9月初,国务院组织召开的全国粮食主产省(区)农业工作座谈会在呼和浩特举行。中共中央政治局委员、国务院副总理回良玉出席会议并作重要讲话,河北、内蒙古、辽宁、吉林、黑龙江、江苏、安徽、江西、山东、河南、湖北、湖南、四川等13个粮食主产省(区),中央和国家机关有关部门负责同志参加会议。会议主要任务是确立粮食主产省(区)在国家农业农村经济发展全局中具有的举足轻重地位,进一步加强对主产省(区)粮食增产和农民增收的支持,积极探索建立促进粮食增产和农民增收的长效机制,形成保障国家粮食安全的合力,不断开创主产区农业和农村经济发展的新局面。

(马强 马晓明)

农牧业产业化

【内蒙古自治区推进农牧业产业化办公室领导名录】

主 任:周文毅(满族)

【概况】 内蒙古自治区推进农牧业产业化办公室是隶属自治区农牧业厅管理的准厅级行政单位,具体负责指导推进全区农牧业产业化经营。产业办下设四个处,综合处履行办公室的职责并负责各产业的综合协调和统计汇总及指导全区乡镇企业工作,产业一处负责抓粮油、马铃薯(瓜果、蔬菜)产业,产业二处负责抓乳、肉、绒(皮革、皮毛)产业,产业三处负责抓饲料饲草产业和特种生物资源及沙产业。根据"三定方案",产业办人员编制40人。目前有工作人员29人,其中副处以上干部12人,中共党员26人,具有研究生学历人员3人,具有大学本科学历人员17人,具有大专学历人员9人。

2004年,以自治区党委、政府名义召开农牧业和农村牧区经济形势分析会、全区推进农牧业产业化经营现场会,召开全区农牧业产业化办公室主任工作会议,与自治区党委组织部、农牧业厅联合举办全区推进农牧业产业化领导干部专题研讨班,根据自治区六大主导产业,组织编制8个产业发展规划。评选出40户自治区级农牧业产业化重点龙头企业,并推荐18户龙头企业评定为国家农业产业化重点龙头企业。组织开展一系列招商引资活动,接待13个省市区的有关考察团。

【龙头企业建设】

龙头企业发展壮大 全区销售收入百万元以上农畜产品加工企业达1 366户,实现销售收入636.1亿元,完成增加值194.9亿元,实现利润46.5亿元,上交税金22.2亿元,收购农畜产品资金205.3亿元,出口创汇6.1亿美元。其中,规模以上加工企业725户,实现销售收入621.2亿元,完成增加值190.1亿元,实现

利润45亿元,上交税金21.8亿元,出口创汇6亿美元。销售收入亿元以上加工企业72户,实现销售收入457亿元,完成增加值134.4亿元,实现利润31.8亿元,上交税金16.9亿元,出口创汇4.8亿美元。

2004年,全区工业增加值1 015亿元,其中农畜产品加工业位列能源工业、冶金工业之后,居第三位,约占全部工业增加值的四分之一。

全区规模以上流通企业309户,交易额146.7亿元,实现利润5.5亿元,上交税金0.9亿元,出口创汇0.2亿美元。其中,交易额亿元以上流通企业32户,交易额86.7亿元,实现利润2.2亿元,上交税金0.4亿元,出口创汇0.06亿美元。全区有国家级重点龙头企业18户,自治区级重点龙头企业40户,它们的销售收入占全区农畜产品加工流通企业总销售收入的75.6%。

品牌效应日益明显　在原有鄂尔多斯、鹿王、仕奇、伊利、蒙牛、草原兴发、河套(面粉)7个驰名商标的基础上,新增河套(酒)、草原(糖)、塞飞亚、小肥羊等4个,全区的这11个中国驰名品牌,均为农畜加工产品。具有较高的市场占有率,已经成为自治区农牧业产业化的"旗舰"。这些品牌销售额占全区农牧业产业化销售额的55%,辐射带动农牧户占产业化总带动户数的45%。

新的龙头不断涌现　原有的龙头企业通过兼并、联合、重组,融资扩张,不断增强实力。一批新的重点项目正在实施,成为农牧业产业化新的拉动力量。全年全区投资规模1 000万元以上农牧业产业化在建项目322项,投资规模264.5亿元,当年完成投资73.1亿元;投资规模1亿元以上在建项目60项,投资规模达到182.3亿元,当年完成投资37.1亿元。瑞士雀巢、河北梅花味精、安徽丰源、新疆屯河、海南椰风、上海佳格、山东九发、香港嘉利等一批国内外知名龙头企业成功引进,为推动农牧业产业化经营注入新的动力。

【基地建设】 2004年,全区各地按照区域化布局、专业化生产、集约化经营的思路,加大基地建设投入,为农牧业产业化发展奠定了良好的基础。到年底全区奶牛存栏200万头,比上年增长38%,鲜奶总产量达490万吨,比上年增长59.1%。全区肉类总产量201.9万吨,比上年增长24%。其中,羊肉产量60万吨,同比增长33.2%,居全国第一位;猪肉产量81万吨,同比增长14.2%;牛肉产量28万吨,同比增长18.3%,居全国第十位;禽类生产在克服禽流感疫情影响的情况下,禽肉产量达34万吨,增长55.6%。六月末全区牲畜总头数为9 274万头只,纯增1 287万头只,增长16%。其中,农区牲畜头数达到6 184万头只,占全区牲畜总头数的67%,比上年同期纯增1 150万头只,占新增牲畜总数的89%,牧区牲畜总头数3 090万头只,增长11%。

牧业年度内,全区山羊存栏2 424万只,产绒5 552吨,同比增长4%,占全国总产量的38%,世界总产量的1/3,居全国第一。

全区粮食播种面积达6 272万亩,扭转连续4年下滑的局面。主要粮食作物播种面积均比上年有较大幅度增加,其中玉米播种面积达2 513万亩,比上年增加126万亩,增长5.3%。粮食总产达301亿斤,比上年增产29亿斤,增长14%,是自治区历史上第三个突破300亿斤的年份。

全区马铃薯播种面积为782万亩,总产量932万吨,面积和产量均居全国第一。全区蔬菜种植面积达到305万亩,总产量达873万吨,面积和总产量均比上年有所增加。

当年人工种草1 518万亩,人工草场保有面积达到4 124万亩。全区打贮饲草达1 341万吨,其中人工草场打贮饲草557万吨,青贮饲料2 263万吨,其中青贮玉米产量2 056万吨,比上年增长30%左右。全年生产混配合饲料178万吨,增长42%。

【产业化经营】 全区各类农牧民专业合作经济组织发展到2 642个,会员总数11.3万人,农牧民经纪人4.96万人,带动农牧户38万户。呼和浩特市、包头市建立奶牛风险基金,促进奶牛业发展,全区畜牧业风险基金制度的建立迈出可喜的步伐。

全区农牧民人均现金收入2 606元,其中有820元来自于产业化经营,占33%。全区约有158万农牧户参与到产业化经营中来,占农牧户总数的40%以上。农牧业产业化已成为农牧民增收的重要手段和有效途径。

【全区推进农牧业产业化经营现场会】 9月11日至13日,自治区党委、政府在通辽市召开有盟市、旗县一把手参加的全区推进农牧业产业化经营现场会,这次会议也是全区多年来少有的"三级干部会议"。会议分析全区农牧业产业化经营的形势,总结交流各地的先进经验,现场参观学习通辽市在发展产业化经营中涌现出的好的典型。储波书记、杨晶主席和雷·额尔德尼副主席出席会议并分别作重要讲话,要求各地充分认识推进农牧业产业化经营的重大意义,全面把握全区农牧业产业化的发展形势,加大力度,突出重点,抓住关键,发挥优势,加快推进全区农牧业产业化进程。这次会议在全区起到营造推进农牧业产业化经营的良好社会氛围的作用。

【全区推进农牧业产业化领导干部专题研讨班】 为使各级领导干部掌握新形势下农牧业产业化发展的理论与实践,了解区内外推进农牧业产业化经营的政策措施和取得的基本经验,进一步统一思想,提高认识,增强领导水平和实际工作能力,5月24日至6月4日,自治区推进农牧业产业化办公室与自治区党委组织部联合举办全区推进农牧业产业化领导干部专题研讨班,对全区各盟市、旗县分管农牧业产业化工作的党政领导,各盟市产业化办公室负责人,自治区推进农牧业产业化领导小组部分成员单位的有关处室负责人,以及农牧业厅、自治区产业办、呼市产业办的全体干部共计310多人,分两期各进行为期一周的产业化业务培训。研讨班邀请国内、区内10位领导、专家给研讨班学员作农牧业和农牧业产业化专题讲座。这是党委组织部和业务厅局联合办班以来规格最高、规模最大、时间最长、效果最好、影响最大的一次培训。通过培训,使研讨班学员增长了知识,开阔了视野,拓展了思路,明确了任务,提高了政策理论水平和业务工作能力。

【全区农牧业产业化办公室主任工作会议】 11月26日至28日,自治区推进农牧业产业化办公室在呼和浩特市召开全区农牧业产业化办公室主任工作会议。采取以会代培的形式,培训了盟市、旗县(市区)产业化办公室主任和统计人员,对各地贯彻通辽现场会精神、落实农牧业产业化工作机构编制的情况进行督促检查,并就发挥产业化办公室的作用、加强产业化工作队伍建设和做好产业化工作等方面作了全面深入的动员部署。这次会议起到了奠定推进农牧业产业化经营工作基础的作用。

【产业化对外开放和招商引资】 自治区推进农牧业产业化的经验在全国农业产业化工作会议、全国农产品加工工作会议上介绍后,有13个省市区的同志慕名前来学习考察,自治区产业办认真做好接待和宣传工作,进一步扩大自治区产业化工作在全国的影响。引进瑞士雀巢、河北梅花味精等一批国内外知名龙头企业,为农牧业产业化经营注入新的动力。

积极"走出去",组织企业参加甘肃酒泉、辽宁大连、江苏扬州召开的全国性农牧业产业化产品展销和经贸洽谈会及吉林长春玉米产销衔接会。在甘肃酒泉东西合作经贸洽谈暨产品展销会上,共签约7项,总投资2.48亿元。在辽宁大连振兴东北老工业基地经贸洽谈暨农产品加工贸易博览会上,共签约8项,总投资1.22亿元,其中签定合同3项,总投资1.06亿元。在江苏扬州优秀农业龙头企业名优产品展销暨投资贸易洽谈会上,共签订意向性协议34个。展销期间,完成760多万元的成交额。其中,呼和浩特市签定意向11项,其中销售合同5项,协意资金2.2亿元。在吉林长春玉米产销衔接会议上,全区8家供方企业与上海爱农饲料有限公司、北京大发正大有限公司等68家需方企业达成意向性协议42项,交易量140万吨。

(王利明)

林 业

【内蒙古自治区林业厅领导名录】

厅　　长:高锡林(蒙古族)
副 厅 长:曹文仲
纪检组长:李树平
副 厅 长:田选明
　　　　　呼　群(蒙古族)
助理巡视员:曹志全(4月退休)
　　　　　谢振有
　　　　　李纯英(12月任职)

【概况】 内蒙古自治区林业厅行政编制65人,2004年实有人员64人,其中妇女干部19人、少数民族干部19人。有研究生学历4人、大学本科学历40人、大学专科学历17人、中专学历2人、高中及以下学历1人;从年龄结构上分,35岁及以下人员10名,36~45岁28名,46~54岁17人,55岁及以上9名。自治区林业厅所属18个事业单位,人员编制1 419人,2004年实有人数1 272人。

【植树造林】 全区共完成人工造林51.9万公顷,飞播造林11.2万公顷,封山(沙)育林20.4万公顷,义务植树6 291万株。育苗1万公顷,其中新育0.6万公顷,容器育苗2.4亿袋。造封飞按工程分:退耕还林工程人工造林44.2万公顷,占计划的100.5%。其中退耕地还林10.7万公顷,占计划的100%;荒山荒地造林33.6万公顷,占计划的100.7%。京津风沙源治理工程完成农田防护林1.06万公顷,占计划的100%;飞播造林3.3万公顷,占计划的100%;封山(沙)育林9.6万公顷,占计划的100%。天然林保护工程飞播造林7.7万公顷,占计划的90.4%;封山(沙)育林8.5万公顷,占计划的102.3%。"三北"四期工程完成人工造林0.48万公顷,占计划的101.4%;封山(沙)育林0.3万公顷,占计划的100%。

【资源林政管理】 1.加大林业立法力度,自治区人大常委会出台《内蒙古自治区实施〈防沙治沙法〉办法》和《内蒙古自治区森林草原防火条例》,为全区的防沙治沙和防火工作提供法律保障。2.深入开展林业法律法规的宣传、教育和普及,进一步提高全民生态保护和建设意识。3.加强机构和队伍建设。在资源监督方面,经自治区政府批准,自治区林业厅成立三个派驻盟市的资源监督办,健全森林资源监督体系。在林业站建设方面,各地努力推进乡镇(苏木)林工站垂直管理,在试点的基础上,赤峰和兴安盟率先实现这一目标,为其它地区提供宝贵的经验和示范。全区有32个旗县完成乡镇(苏木)林工站垂直管理,占全区乡镇(苏木)林工站总数的45.7%。在公安队伍建设方面,自治区林业厅主动协调配合自治区编办,就解决森林公安编制和经费等问题对区内外进行调研达成共识。

【森林保护】 1. 全区共发生森林火灾136起(雷击火灾55起),其中火警74起,一般火灾53起,重大火灾9起(均由雷击引发),受害森林面积4 647公顷,比2003年下降96%,森林火灾受害率0.2‰。发生草原火灾175起,其中火警165起,一般火灾9起,重大火灾1起,受害草原面积7 949公顷,比2003年下降88%,草原火灾受害率0.08‰。2. 全区共发生森林病虫鼠害75.5万公顷,比上年同期下降25.6%。累计完成防治面积51.3万公顷,防治率为67.3%。3. 进一步加大生态保护力度,在全区推行禁牧、轮牧、休牧和舍饲圈养。2004年,除项目区全部禁牧外,在全区101个旗县中,全年禁牧的有51个,季节性禁牧的有15个,划区轮牧的有17个。4. 全区各级森林公安机关共发现和受理各类森林和野生动物案件17 056起,侦破和查处16 634起,查处率99.5%;共查处各类违法犯罪人员36 210人次,挽回经济损失1 469万元。

【科技育林】 开展了"林业生态重点工程全面质量管理年"活动,按照全面质量管理的理念,制定考核指标体系和考核办法,对重点工程造林实行全过程管理。1. 修改并严格执行《内蒙古自治区营造林技术规程》(地方标准)和有关质量管理办法,坚持生态优先,坚持适地适树,合理配置林种树种,科学确定建设模式,加大乡土灌木树种和混交林的营造力度,提高成活率和保存率,保证森林生态系统的稳定性和生物多样性。2. 认真贯彻执行《种子法》和《内蒙古自治区林木种苗条例》,加强林木种苗生产与管理,规范种苗培育和经营活动,严禁不合格苗木用于林业生产。3. 按照自治区林业厅的要求,在完成2004年各项任务的同时,各地狠抓不合格造林地的补植补造,加强中幼林抚育,积极开展预整地工作。全区共补植补造林43万公顷,预整地28万公顷。4. 积极鼓励和组织干部、技术人员到生产第一线,包工程、包项目,开展技术指导和技术服务,推广应用抗旱造林系列技术,提高工程建设科技含量。2004年,共完成林业技术推广50万公顷,推广覆盖度达到60%。

【野生动植物保护及自然保护区建设】 认真实施野生动植物保护及自然保护区建设工程,加强对国家投资建设的8处国家级自然保护区的建设与管理;申报晋升国家级自然保护区2处,已通过专家实地考察和评审工作,待国务院批准;建立自治区级自然保护区4处;初步编制了野生动植物保护、湿地保护及自然保护区建设管理"十一五"规划。

【启动重点公益林生态效益补偿基金】 按照《国家林业局和财政部重点公益林区划界定办法》,完成全区105个旗县、国有林业局森林区划界定工作,共区划界定国家重点公益林地1 113万公顷,其中非天保工程区690万公顷。在非天保工程区符合财政部和国家林业局先期补偿范围内的578万公顷重点公益林中,有313万公顷从2004年开始,纳入国家财政森林生态效益补偿基金第一批补偿范围,补偿资金2.37亿元。全区开始进行试点,试点旗县有达茂、喀喇沁、扎鲁特和正蓝旗,自治区财政拨出补偿资金205万元。

【扶贫】 根据国家林业局对贫困林场的扶持政策,对贫困林场脱贫项目进行了筛选、储备,是年共上报申请国家扶贫资金项目61个,国家批准34个,补助扶贫资金1 200万元。

【对林木采伐管理进行改革试点】 在2003年黄河上中游天保区的临河区、五原县、达拉特和土默特右旗进行人工商品林采伐管理试点的基础上,2004年,国家林业局同意扩大试点范围,涉及呼和浩特、巴彦淖尔、鄂尔多斯、乌兰察布市的13个旗县和单位。在此基础上,自治区决定在奈曼旗、敖汉旗和喀喇沁旗旺业甸林场进行林木采伐管理试点。通过依法适度采伐,促进农牧民增收和森林资源增加,实现"绿色银行"可存可取的目标,调动了广大农牧民造林积极性。

【存在问题】 1. 建设质量有待进一步提高,主要原因,一是干旱的影响,东部已连续多年严重干旱,林业生产损失较大。二是国家种苗补助标准较低,在一定程度上限制高标准、高质量苗木的使用,三是补植、浇水、管护等费用短缺,影响建设质量。2. 退耕还林工程任务小。2003年,全区进行退耕还林项目预备工作,提前完成2004年部分退耕地的整地和造林工作。而2004年国家调整退耕还林计划,调减自治区任务,使部分地区形成缺口。3. 后续产业发展滞后,制约生态建设的发展后劲。其中一个重要原因是,启动资金短缺,贷款难以落实,贷款期限短,贷款手续繁杂。

(乔云 张爱军)

水 利

【内蒙古自治区水利厅领导名录】

厅　　长:赵文元(蒙古族)

副 厅 长:徐　荣

戈　锋(蒙古族)

冯国华(满族)

于长剑

纪检组长:王东江(女)

助理巡视员:柴建华

【概况】 2004年是实现“十五”计划的关键之年。认真贯彻落实自治区党委、政府和水利部的一系列决策部署和新的治水思路,坚持“两手抓,两手都要硬”,围绕“治水、管水、找水、蓄水、节水”5个关键环节,突出重点,扎实工作,水利建设的投资、规模、速度和效益继续保持强劲的发展势头。自治区得到国家较多的资金投入和项目支持。从2001年至2004年底统计,累计争取国家水利投资61.68亿元,是“九五”期间投资22.58亿元的2.73倍。

【防汛抗旱】 2004年,黄河防凌在春季开河和冬季封河期尽管多处出险,特别在鄂尔多斯市杭锦旗段落和巴彦淖尔市五原县中管湾险工出现卡冰结坝、管涌和滑坡淘岸等险情,但由于抢护及时,均排除了险情,确保了黄河大堤和两岸人民群众生命财产的安全,使黄河凌汛顺利通过自治区。2004年,全区黄河、西辽河、嫩江干流水势平稳,没有发生大的洪水。但局部地区山洪发生暴雨山洪,造成不同程度的灾害。由于防汛准备工作充分,各级党委和政府部署及时,措施得力,组织军民全力抗洪抢险,最大限度地减轻洪灾损失。

2004年,全区大部地区都遭受严重干旱,特别是自治区东部盟市遭受近60年来最为严重的旱灾。在自治区党委、政府的领导下,受旱地区各级党委、政府组织广大干部群众因地制宜地采取综合措施奋力抗灾,国家和自治区及时下拨抗旱补助资金6 900多万元。由于抗旱措施得力,把灾害损失减少到最低限度,水利工程在抗旱工作中发挥了巨大的防灾减灾效益,为确保自治区粮食产量150亿公斤和农牧民增收8%目标的实现做出贡献。

【前期工作】 2004年,自治区水利厅加强重点骨干水利建设项目的前期工作,并及时完成上报水利建设工程年度计划和可研,根据水利部要求,结合自治区水利发展形势,完成自治区“十一五”期间水利发展规划思路报告;全区水资源综合规划通过流域汇总;毕拉河口水利枢纽项目建议书已经水利部审查研究并上报国家发改委待批,同时中国国际咨询公司已进行评估;红吉水库项目建议书已经水规总院审查,近期可报水利部;晓奇水利枢纽工程项目建议书通过水利部审查;包头市引黄入市工程项目建议书已经水利部初审;海勃湾水利枢纽工程项目建议书已基本通过水规总院审查;海黄河十大孔兑治理工程、文得根水利枢纽工程项目建议书已报水利部待审;赤峰市三座店水利枢纽工程总投资7.01亿元,国家批复开工建设,2004年安排投资7 450万元。

2004年,国家安排的水利投资由2003年356亿元压缩为302亿元,减少54亿元,而且加大南水北调、治淮、首都水资源工程等定向投资规模。在这种形势下,2004年仍下达自治区专项水利投资16.87亿元,占国家总投资5.6%,比2003年下达自治区16.8亿元的投资提高0.9个百分点。2004年,全社会完成水利固定资产投资约53亿元。

【农田水利】 2004年,全区新增农田有效灌溉面积15.45万公顷,发展节水灌溉面积22.64万公顷,分别是年度计划的115.9%和113.2%;牧区新建灌溉草库伦8 695处,发展饲草料灌溉面积3.07万公顷,是年度计划的115%。全面超额完成自治区政府下达的各项建设任务指标。大型灌区续建配套与节水改造、节水灌溉示范项目等重点建设项目进程不断加快。小水电及电气化县建设稳步发展。

【水土保持】 中央财政预算内专项资金水土保持项目、黄土高原水土保持世行贷款、淤地坝工程、东北黑土区水土流失防治试点工程等重点项目建设进展顺利。全年累计完成治理面积54.5万公顷,是年度计划任务的125.8%,完成生态修复面积142.66万公顷。全区水土保持监测网络的监测分站基础建设基本完成。对新立项的大型开发建设项目开始进行水土保持监测。全年共审查大中型开发建设项目水土保持方案大纲19个、报告82个。以电力和公路建设项目为重点,加大开发建设项目水土保持监督执法力度。

【人畜饮水380工程】 2004年是国家实施农村饮水解困工程的最后1年。全年解决70万人、160万头牲畜的饮水困难问题,分别是年度计划任务的140%和107%,如期完成国家下达的任务。农村饮水解困工程显现出巨大的经济效益和社会效益。根据全区各地的条件、需求和可能,编制完成全区农村牧区饮水安全2004~2005年规划报告并报水利部,为全面启动农村牧区饮水安全工作奠定基础。

【基本建设】 2004年累计完成病险水库除险加固总投资6.57亿元,全区在建病险水库工程49座,水闸工程2座,其中已完工验收水库7座。大江大河防洪工程累计完成投资3.66亿元。经国家和自治区批准建设的尼尔基、绰勒、美岱、前夭子、哈拉沁、乌兰木伦等重点调蓄水骨干工程顺利推进。鄂尔多斯、通辽等盟市通过市场运作开工建设了札萨克、呼和乌素、川掌工业园区三水综合利用、霍林河等一批蓄水骨干工程。面对自治区工程性缺水突出的实际,在抓项目上下大工夫,把建设一批水利控制性骨干工程作为水利建设的重中之重。

【水利管理】 各地加大水利工程建设管理力度,在水利工程建设领域全面推行项目法人责任制、招标投标制、建设监理制及合同管理制,工程项目管理逐步规范。在建工程合格率达到

100%,优良率达到60%。台河口水利枢纽工程被评为"全国水利系统用户满意工程"。全区共完成水利工程招投标项目40项,累计完成招标金额约6.67亿元。实施《内蒙古自治区水利工程管理体制改革实施方案》已经自治区人民政府批准。呼伦贝尔市、包头市率先出台本地区的水管体制改革实施方案。

【水政水资源】　作为新《水法》的地方性配套法规,《自治区实施<水法>办法》经自治区十届人大常委会第九次会议审议通过并施行。全面贯彻实施《自治区行业用水定额标准》,呼和浩特市、包头市被水利部确定为全国节水城市建设试点。继续加大黄河、辽河等重要河流的水质监测工作,开展重点城市供水水源地保护和水源地监测工作。完成《自治区水资源保护规划》、《自治区水功能区划》和《自治区水质监测规划》的编制和审查,并上报自治区政府。颁发《内蒙古自治区水利建设基金筹集和使用管理实施细则》自治区人民政府以政字〔2005〕3号文件,从2005年元月开始征收。

按照水利部的治水新思路,应用水权、水市场理论,积极探索推行水权转换工作,积极推进用水结构调整,进一步优化配置水资源,为中西部地区工业项目用水提供保障。自治区黄河干流水权转换工作成为水利部的试点。在达电四期和鄂绒电厂被列入水权转换试点的基础上,魏家峁等6个项目水权转换工作已经启动。《内蒙古黄河水权转换总体规划》黄委会已审查通过。自治区黄河干流初始水权分配方案及关于黄河干流水权转换的实施意见已经自治区政府批准实施。此外,按照水利部与松辽委的部署,松辽流域初始水权分配工作开始启动。黄河干流枯水期,确保黄河头道拐断面不断流,圆满完成黑河分水任务,东居延海恢复水面面积35.7平方公里,是东居延海干涸以来进水最多的一年。

【水利科技】　水利科技发挥了有效的支撑作用。"十五"国家重大科技专项《北方半干旱集雨补灌旱作区节水农业综合技术体系集成与示范》、《大型灌区节水改造综合技术示范推广》、《牧区水资源高效利用综合技术集成与示范》等20多项科研和技术推广项目顺利实施。水利科技成果获自治区科技进步奖2项、自治区农业"丰收奖"2项。

（杨亚军）

水　文

【内蒙古自治区水文总局领导名录】

局　长:云雪峰(蒙古族)

【概况】　内蒙古自治区水文总局是自治区水利厅所属的相当副厅级的事业单位。总局机关内设办公室(劳动人事)、计划财务、站网、水情、水资源勘测、水环境监测等6个处(室)。总局下设呼和浩特市、包头市、呼伦贝尔市、兴安盟、通辽市、赤峰市、锡林郭勒盟、乌兰察布市、鄂尔多斯市、巴彦浩特10个相当副处级的水文勘测局,并对巴彦淖尔市水文水资源勘测局、三盛公水文实验站、昆都仑水库水文实验站实施行业管理。同时,内蒙古自治区水环境监测中心也设在内蒙古自治区水文总局,所属的4个水环境监测分中心分别设在包头市、呼伦贝尔市、通辽市、赤峰市水文勘测局。自治区水文总局承担着全区各流域地表水资源的勘测和资料汇总整编,审定裁决;水文情报预报,水情信息传递;水文分析计算,水资源调查评价、供需平衡及旱情分析;地下水观测、水环境监测等项任务。现有国家基本水文总站136处(169处监测断面),水位站10处,雨量站630处,蒸发站83处,墒情监测站15处,地下水动态监测井958眼,水环境监测站45处(48处断面),基本上形成了监测门类齐全、覆盖广泛、控制良好、功能完善的水文监测网络。

自治区水文总局在职职工1 296名(其中教授级高工5名、高级工程师84名、工程师368名、本科以上毕业生132名、专科196名、中专36名)。总局机关现有在职职工82名,其中教授级高工4名、高级工程师39名、工程师19名、本科以上毕业生48名、大专17名、中专11名。

【水文测报】　凌讯期传递黄河水情0.5万份,编发《黄河水情简报》98期。主汛期向国家防总、流域机构及邻省防汛指挥部门传发水情信息1.6万份,向区内各防汛机构发出水情信息4万份,编发《水情日报》92期,《水情月报》3期,《水情简报》2期。

【水文资料整编 复审 验收】　对地表水、地下水、水质监测和观测资料进行整编和复审,各种错误率均控制在规范标准之内,达到刊印标准。完成2003年度地表水资料复审验收,编写《内蒙古自治区水文基本建设概况》。

【全区地表水水质评价】　根据《地表水环境质量标准》(GB3838－2002),2004年全区地表水水质评价结果如下:全区各河段评价总河长为4 423.6公里,Ⅳ类水质评价河长为190.4公里,占评价总河长的4.3%,Ⅴ类水质评价河长为968.7公里,占评价总河长的21.9%。劣Ⅴ类评价河长为1 726.4公里,占评价总河长的39%。全年期受到污染的总河长为2 885.5公里,占总评价总河长的65.2%。主要污染河段多分布在西辽河、额尔古纳河和莫河,污染类型以耗氧有机污染为主。重点污染河段为海拉尔段、老哈河赤峰段、莫金河赤峰段、西辽河通辽段、小黑河呼和浩特段及乌梁素海退水渠。

（钱　伟）

【水资源管理】 编制《内蒙古自治区水资源综合规划》、《内蒙古自治区水资源保护规划》、《内蒙古自治区水功能区划》和《内蒙古自治区水质监测规划》。编发《内蒙古自治区水资源公报》、《内蒙古自治区水资源简报》、《内蒙古自治区泥沙公报》、《内蒙古自治区地下水通报》和《内蒙古自治区水资源质量公报》，向社会提供更多的实用信息。

2004年，自治区平均降水量291.1毫米，折合水量为336.70亿立方米，比2003年增加17.2%，比多年平均值增加3.2%，属平水年份；全区地表水资源量355.57亿立方米，地下水资源量239.29亿方米；扣除重复量，总水资源量为495.57亿立方米，比上年增加57.4%，比多年平均值减少11.7%。

2004年自治区水资源分布情况为：松花江流域334.85亿立方米，占总水资源量的67.6%，其中地表水资源量为307.09亿立方米，地下水资源量为92.53亿立方米；辽河流域60.62亿立方米，占总水资源量的12.2%，其中地表水资源量为20.36亿立方米，地下水资源量为52.86亿立方米；海河流域3.36亿立方米，占总水资源量的0.7%；黄河流域52.15亿立方米，占总水资源量的10.5%，其中地表水资源量为16.22亿立方米，地下水资源量为50.21亿立方米；内陆河流域44.59亿立方米，占总水资源量的9.0%，其中地表水资源量为9.22亿立方米，地下水资源量为41.15亿立方米。

黄河干流入境水量170.6亿立方米，出境水量113.2亿立方米。

年末，大中型水库蓄水总量为12.38亿立方米，比上年增加4.05亿立方米。平原区浅层地下水储存量比上年增加1.78亿立方米。

全年各河流悬移质输沙量为20 649万吨，比多年平均减少32.6%。

2004年，全区实际用水量为166.87亿立方米，比上年减少11.36亿立方米，其中地表水86.44亿立方米（包括黄河干流引用水量46.48亿立方米）、地下水80.12亿立方米。各业用水：农业用水量为149.69亿立方米，占总用水量的89.7%；工业用水量为9.55亿立方米，占总用水量的5.7%；生活用水量为7.63亿立方米，占总用水量的4.6。

2004年，全区人均用水量700立方米，万元GDP（当年价）用水697立方米，农田灌溉亩均毛用水量359立方米，万元工业增加值用水量111立方米。

（何　桥）

【基础建设】 2004年筹措资金完成国际河流坝后、坤都冷站改造建设，两家子站改造建设（建筑面积360平方米，投资197万元），福山地站震后重建（建筑面积166平方米，投资20万元），干沟子和锦山站迁站建设，集宁站改造建站（建筑面积380平方米，投资101万元），二道边站建站（建筑面积400平方米）以及巴彦浩特水文水资源勘测局办公楼建设。

【有偿服务】 水文总局利用已有的水资料源调查评价和建设项目水资源论证两个甲级证书，以及国家技术监督局颁发的水环境质量认证，申办水土保持方案编制乙级证书，成立银博水文技术服务公司，与开发建设单位签订《胜利电厂开发建设项目水土保持方案编制》和《蒙西天然气经甲醇制烯烃工程水资源论证》等15个项目合同，总金额约500多万元。

【实地测量】 继6月23日黑林河白音他拉站发生百年一遇的洪水后，6月24日胜利河鲁北站也发生了30年一遇的洪水，洪水发生后，测站职工冒着生命危险，测量数据，及时向防汛部门传递信息，为防办正确制定抗洪措施提供依据，真正起到了耳目的作用。

【跨界河流水文站网项目】 分布在内蒙古自治区的主要跨界河流有额尔古纳河、克鲁伦河和哈拉哈河均属于额尔古纳河水系。该水系布有14处水文站。多年来这14处水文站的水文监测成果已为跨界河流的水资源开发利用与保护及国际合作提供重要的基础信息。近来年水事谈判不断增多，跨界河流的水资源保护与开发工作引起中国政府的高度重视。但因水文基础设施更新改造投入少，加之自然环境恶劣，至使额尔古纳河水系站网密度严重不足，设施设备十分落后，水量水质不清的现状已不能满足国内水资源开发利用和国际合作的需要。因此，为加强跨界河流水文站网基础设施建设，加快跨界河流水资源保护与开发利用。国家发改委批复了《关于跨界河流水文站网第一期建设工程项目建议书》，主要项目是：内蒙古自治区额尔古纳河水系列有改建测站7处，新建测站4处，新建水位站1处，恢复水位站1处，新建巡测基地2处，新建水质监测站17处，改建水质监测分中心1处，总投资2 630万元。改建后的水文测站的测洪能力将由20年一遇提高到50年一遇标准，主要支流控制站达到百年一遇标准。测验手段实现自动或半自动化，工作实效、信息服务质量将大幅度提高。

（张武忠　张志明）

扶贫气象地震

扶 贫

【内蒙古自治区扶贫开发领导小组办公室领导名录】

党组书记
扶贫办主任:云才晓(蒙古族)

党组成员
扶贫办副主任:白长江(蒙古族)

周立群

杜 古(鄂温克族)

助理巡视员:杨秉谦

【概况】 内蒙古自治区扶贫开发领导小组办公室是内蒙古自治区扶贫开发领导小组的常设办事机构,独立的正厅级单位,列入政府序列。行政编制26名,内设4个处,分别为综合处、项目管理处、社会扶贫处和计划财务审计处。下设机关事务服务中心、扶贫培训中心、扶贫开发中心、扶贫基金会共4个事业单位。

2004年,扶贫办认真贯彻落实中央和自治区有关"三农"问题的重要精神,按照扶贫开发工作的总体要求和部署,坚持以人为本、全面协调可持续的发展观和开发式扶贫的方针,以解决贫困人口温饱,巩固温饱成果,增加贫困户收入为主要任务,立足实际,围绕整村推进、劳动力转移培训、产业化扶贫三项重点工作,强化资金和项目监管力度,全年解决10万贫困人口的温饱问题。

【千村扶贫开发工程】 继续加大2002年启动的2 310个重点贫困嘎查村的项目建设力度,按照已确定的村级规划,重点改善嘎查村的基本生产生活条件和实施种养业项目。一是加大资金投入。为每个重点嘎查村投入财政扶贫资金8万元,使每个重点嘎查村累计投入的财政扶贫资金总数增加到20万元以上。自治区发改委投入5 868万元以工代赈资金,重点建设156个嘎查村的扶贫项目。农行信贷扶贫资金以支持农牧业扶贫龙头企业加强基地建设的方式扶持了一定数量的重点嘎查村。全区各级扶贫部门也积极协调,确保社会帮扶资金及其它各项支农资金向重点嘎查村倾斜。二是确保项目建设周期和实施进度。在扶贫资金尚未下达之前,为不误农时和项目建设期,各级扶贫部门积极协调有关部门和单位,采用赊欠、拆借、担保等办法,努力筹措资金,如期开展扶贫项目建设。三是全面落实项目责任人制和公告公示制。按照扶贫项目资金的管理要求,完善和加强了重点嘎查村扶贫项目责任人制和公告公示制。至年末,重点嘎查村的立碑挂牌和公告公示工作基本完成。

【劳动力转移培训】 为切实加强劳动力转移培训工作,全区安排3 000万元的财政扶贫资金,专项用于贫困地区劳动力的转移培训。培训对象涉及全区60个国家和自治区扶贫开发工作重点旗县及鄂伦春、鄂温克两旗的三少民族共11.25万人,培训内容以职业技能和维护自身权益的法律知识培训为主。至年底,全区已完成劳动力转移培训90 320人,完成任务的80.28%,实现转移62 921人,占培训人数的70%,安排资金数额和完成转移培训任务两项指标均居全国前列。已审核认定并报自治区扶贫办、阳光办备案的劳动力转移培训机构124家,从事劳动力转移培训的专兼职人员1 100多人。主要做法:一是成立专门机构,实行专人负责,各司其职的工作责任制,并按要制定了实施方案和细则。二是认真调查摸底,登记造册,建档立卡,实行微机动态跟踪管理。三是本着自愿的原则,通过公开招标、相互协商的形式,审核认定了一批劳动力转移培训机构,并在媒体公告接受社会和公众的监督。四是对劳动力转移培训经费全部实行专户直拨和报帐制管理。严格执行国家和自治区核定的补贴标准。五是通过设点培训、订单培训、人才储备等形式落实培训任务。积极与就业部门、用工单位合作,努力为贫困劳动力提供就业信息,搭建就业平台,实现稳定就业。

【产业化扶贫】 为推动产业化扶贫的深入开展,管好用好扶贫贴息贷款,按照国务院扶贫办、财政部、中国农业银行《关于认真做好扶贫贴息贷款工作的通知》及自治区《关于大力推进产业化扶贫工作的意见》,加强了产业化扶贫项目筛选审批论证和项目库建设。经审核论证,2004年共向农行推荐了36个产业化扶贫项目,可利用信贷扶贫资金10亿多元。抓住养羊业投资小、周期短、见效快、风险小、适合一家一户饲养的特点,依托"千村扶贫开发工程"、"移民扩镇工程"等的实施,建立和培育了一批集养殖、科技服务、销售为一体的标准化、规范化养羊小区和示范户,农牧业龙头企业和农畜产品基地辐射带动作用进一步增强。

【资金管理】 2004 年,国家投入自治区的三项扶贫资金总计为134 956万元,其中财政扶贫资金34 436万元,以工代赈资金3.72亿元,扶贫信贷资金 6 亿元,自治区财政配套3 320万元。财政扶贫资金主要用于“千村扶贫开发工程”确定的重点嘎查村基础设施建设和种养业项目。扶贫资金管理继续推行“三专一封闭”报帐制管理制度。以自治区政府办公厅名义召开了全区扶贫资金项目公告公示工作会议,在全区推行扶贫资金项目公告公示制,增加扶贫资金管理和使用的透明度,12 个盟市和 2 个计划单列市全部按要求在当地报纸、电台、电视台、政府网站等公众媒体予以公告,接受社会各界监督。全区各级扶贫部门也转变方式,创新机制,努力探索和尝试加大扶贫投入,加强扶贫资金管理的新路子。

【社会扶贫】 社会扶贫工作与实施“千村扶贫开发工程”相结合,继续落实“单位包村、干部包产”的帮扶责任制,帮扶方式已从简单的帮钱帮物转变到为被帮扶嘎查村理思路、定规划、帮技术、供信息的新型帮扶关系。特别是在帮助贫困地区改善基本生产生活条件、改善医疗卫生条件、资助贫困子女入学和保证春耕备耕生产方面,各帮扶单位做了大量的工作。中直、北京市、有关部门和全区各级帮扶单位和干部职工已投入帮扶资金、物质折款近4.5亿元。社会扶贫工作正由政府主导逐步转变为全社会的自觉行动。乌兰察布市扶贫办被国务院授予“全国东西扶贫协作先进集体”。

【移民扩镇】 2004 年继续在 26 个试点旗县实施移民扩镇项目,投入扶贫资金3 200万元,两年累计投入5 200万元,解决1.04万移民的生产生活问题。各项目区按照既定的规划,加大项目建设的力度,努力解决移民入住后的生产生活问题,并立足地区实际,积极扶持和引导移民发展能解决温饱,有稳定收入来源的主导产业。积极与“千村扶贫开发工程”,产业化扶贫项目和劳动力转移培训工作相衔接,探索出了有土安置、无土安置等多种灵活的移民方式和途径。

【外资项目】 世行贷款扶贫项目继续在 8 个盟市 21 个旗县实施农牧业开发、灌溉开发、农村企业等项目。各项目区积极落实配套资金,加快项目实施进度,同时做好债务确认、提款报帐和项目监督检查工作,确保项目实施质量。截至年末,世行贷款扶贫项目已完成投资9.2亿元,占全部投资的92%。已报帐回补资金5 319万美元,占贷款总额的89.9%。世行扶贫贷款项目实施五年来,项目实施质量、工作进度、配套资金落实情况等工作均居国内同类项目前列,多次受到世行专家的一致好评。世行贷款扶贫项目为全区 185 个乡、16 万项目户、62 万贫困人口稳定解决温饱奠定了坚实的基础。项目实施和运作过程中的一整套科学、规范的管理办法正逐步被借鉴运用到其它扶贫项目中。

【区域扶贫】 自治区各有关部门和兴安盟各级党委、政府继续认真落实自治区党委、政府有关扶持“南三苏木,北八乡”的政策措施,进一步加大扶持力度,“南三苏木,北八乡”基本解决温饱人口3.49万人,占贫困人口总数的37.7%,完成计划目标的87.3%。自治区及各有关部门已累计投入资金1.6亿元,“南三北八”群众的生产条件明显改善,生活质量明显提高,社会事业有了很大发展。2003 年国务院扶贫办把自治区呼伦贝尔市鄂温克族、鄂伦春族、俄罗斯族、达斡尔族等 4 个少数民族人口集中地区列入国家重点扶持对象。2003 年首批启动了鄂伦春旗、阿荣旗、额尔古纳市所属的 3 个试点村的示范项目,解决了1 700人的温饱问题。2004 年又启动了呼伦贝尔市 8 个旗市共 10 个试点村的扶贫开发项目,覆盖农牧户1 813户,7 256人。投入资金 713 万元,其中:财政扶贫资金 300 万元,少数民族发展资金 200 万元。力争通过三年的扶持,使人口较少民族地区贫困人口的人均收入提高 1 倍以上,实现稳定解决温饱目标,为小康建设创造条件。

【科技扶贫】 全年自治区共安排各类科技扶贫资金近亿元,在农区大力推广节水灌溉、秸秆转化、优质牧草种植、畜种改良、疫病防治等实用技术,大力调整产业结构、发展农区畜牧业;牧区以发展灌溉草场、推行舍饲、半舍饲以及轮牧禁牧为主,加快畜牧业生产方式的转变。通过采取集中设点培训、深入田间地头现场指导、送科技宣传资料、鼓励科技人员进行科技承包、到先进地区学习考察等多种形式,调动贫困群众学科技、用科技的积极性、主动性。

【政策调研】 一是进行政策跟踪调研,与自治区政协共同开展了少数民族聚居区经济社会发展和扶贫开发调研,调研内容以自治区政协九届六次常委会提案上报自治区党委、政府,引起自治区领导的高度重视和关注。抽调专人,先后两次深入到扶贫开发重点旗县,认真开展了粮食安全和粮食直补政策执行情况的调研,深入了解和分析粮食生产、销售过程中存在的突出矛盾和问题,积极向上级部门反映并争取支持。二是进行整村推进专题调研,选取了 22 个不同经济类型的贫困嘎查村逐村逐户调研,并逐一填写个人调查表、住户调查表、村级调查表,走访农牧民 942 户、3 558人,为 2005 年实施整村推进工作提供了决策依据。三是创新机制调研,结合“十一五”规划的制订及不断发展变化的扶贫形势和特点,集中研究改进扶贫方式、提高扶贫效果等重大问题。

(韩建刚 云利燕)

气　象

【内蒙古自治区气象局领导名录】

局　　长：乌　兰（蒙古族）

副 局 长：李红宇（女 蒙古族）

沈建国

李彰俊

纪检组长：何卫卫（蒙古族）

【概况】　全区有124个气象台站。其中有119个台站承担地面观测（基准站13个，基本站34个，气候站16个，其余为一般站），12个台站承担高空观测，8个台站承担气象辐射观测，3个台站承担酸雨特种观测，24个台站承担农牧业气象观测，5个台站承担沙尘暴观测，有4个牧业气象试验站、1个农业气象试验站、1个蔬菜气象试验站。全区有77个艰苦台站。

2004年底，全区气象在职职工2 930人。其中干部2 819人、工人111人。学历结构：硕研28人、本科382人、大专927人。职称结构：高级职称136人（正研级4人、副研级132人）、中级职称1 140人、初级职称1 451人。

【气象服务】

预测基本准确　积极推进精细化预报系统建设和降水落区预报，着力提高重大灾害性天气量级、时间和落区预报精度，天气预报质量进一步提升。

天气服务主动及时　黄河内蒙古段防凌气象监测和预报服务准确、主动、及时，受到自治区防汛抗旱指挥部表彰；3月上旬呼伦贝尔市遭遇大范围暴风雪袭击，区、市两级气象台预报准确，及时发布专题预警报，把暴风雪造成损失降到最低限度，中央电视台对此进行专题报道；年内两次大范围强沙尘暴天气和13次沙尘天气预报准确；3月24日，锡盟地区发生里氏5.9级地震，当地气象局站与自治区气象台共同开展地震专项服务；6月22日，大兴安岭发生森林火灾，自治区气象卫星遥感中心于第一时间发现火情并向有关部门报告，同时自治区气象局与呼伦贝尔市局开展扑火气象服务，并抓住有利时机组织实施人工增雨作业，对扑灭大火起到重要作用，受到国家林业局和自治区党委、政府表扬；5月16日巴彦淖尔市出现强霜冻天气，市气象局提前3天做出准确预报并协助当地政府采取有效防冻措施，明显减轻霜冻危害，仅杭锦后旗就有130万亩农田免受霜冻损害，直接经济效益达4.29亿元。

"三农"气象服务工作　各级气象部门按照自治区气象局制定、自治区人民政府印发的《内蒙古气象局关于支持"三农三牧"气象服务工作的意见》，把"三农"服务列为气象服务工作重中之重，加强产前、产中、产后，特别是人工增雨、农牧业产量预报等多种服务，努力扩大农经网服务覆盖范围，实现与30多个省区气象部门、区内14个盟（市）和36个旗（县）农经网站连接，形成逐步向涉农单位及乡镇延伸的农经网络服务体系。

气象服务保障工作　自治区气象台与西安卫星测控中心合作，研制开发着陆场气象服务保障系统；赤峰市和阿盟开展军事气象服务保障工作；在"中国内蒙古首届国际草原文化节暨呼和浩特市第五届昭君文化节"及乌兰察布市、巴彦淖尔市撤盟设市庆典活动中，气象服务保障工作受到有关部门好评。

气象服务准确 及时 优质 高效　自治区党委书记储波5次对气象工作做出批示，认为气象部门服务经济大局意识比较强，工作积极主动，可圈可点。要求及时提供气象信息，有针对性地采取措施，打主动仗，避免消极地救灾和抗灾。要抓住每一次有利天气过程，实施人工增雨作业，为生态恢复和农牧业生产提供服务。自治区副主席雷·额尔德尼也多次批示，对气象工作给予肯定。自治区政府办公厅、14个盟市行署、政府、诸多用户单位来信来函表示感谢。

【现代化建设】　以提高监测能力和传输能力为重点，全区气象现代化建设取得新突破，现代化总体水平明显提升。自筹资金组织建成覆盖全区的计算机广域网和IP电话网，与之配套的数据网、语音网投入使用。

赤峰新一代天气雷达投入业务化试运行，雷达资料实现上传；呼和浩特新一代天气雷达完成系统安装调试，开始运行试验；东胜、海拉尔新一代天气雷达按期完成天线吊装；通辽新一代天气雷达经中国气象局批复正式立项并开工建设；索伦、锡林浩特L波段探空雷达系统完成建设并投入业务使用；自治区气象局完成DVBS卫星资料接收系统安装和调试工作。73个自动气象站系统投入业务试运行，提高了自治区大气监测自动化水平；阿拉善盟自筹资金建设了30个自动雨量站；6个沙尘暴监测站建成并已正式投入业务运行。

【六大系统建设】　1. 生态监测评估系统建设。在全区116个气象台站建立森林、草原、荒漠、农田、湿地等不同生态类型区的生态监测站网，监测要素46种，发布服务产品67种，形成两基监测和三级服务业务体系，并实现业务化运行。各盟（市）、旗（县）气象局都建立生态监测评估机构，兴安盟、鄂尔多斯市、巴彦淖尔市积极争取，经地方编制委员会批准相继成立气候生态评估中心，所属旗（县）相应成立气候生态环境监测站。2. 精细预报系统建设。加强与中国气象科学院合作，引进GRAPES模式，在自治区气象台投入业务运行，正式启动降水落区预报工作。3. 地质灾害气象预报系统投入业务运行，在地质灾害服务中发挥着重要作用。4. 建立自治区、盟（市）和旗（县）三级气象灾情收集业务系统，部分盟（市）气象局实现灾情快速、全面、准确上传。5. 高速公路能见度和路况预报服务业务系统建设取得阶段性成果并实现业务化。6. 内蒙古农牧业主要病虫害预报方法及服务系统建设开始启动。

【科技工作】 积极组织申报科研项目,完成立项14项,资助经费165万元以上,其中获得国家自然科学基金项目1项、国家科技部项目1项,自治区科技厅项目3项,承担多个空冷气象条件分析论证项目和7个电场建设气象条件评估工作。与自治区环保局、水文总局签署资源共享合作纪要,与中国气象科学院科技合作取得实质性进展,与国家卫星气象中心联合建立"国家卫星气象中心北方遥感应用试验基地"。先后派科技人员赴日本、韩国、德国、奥地利、蒙古国等国家以及中央气象台、国家卫星气象中心等单位进行学习、交流、访问。邀请韩国、美国、蒙古国专家以及中科院、中国气象科学院、内蒙古大学等单位国内专家讲学,加强与国际、国内科研交流力度。

【地方气象事业】 自治区各级政府对气象部门给予极大支持,各类经费投资达6 500余万元。人工影响天气工作立足于向防灾减灾、缓解水资源短缺、改善生态环境等多功能、多目标转变。全区人工增雨飞机累计作业141架次,飞行398小时,作业影响区域覆盖全区大部。地面火箭增雨作业1 236次,发射增雨火箭弹5 984枚。741门高炮适时开展防雹作业,有效防护面积约5万平方公里。飞机和火箭增雨作业规模均创自治区历史之最。

人工影响天气作业在重大气象服务中成效明显。飞机人工增雨在扑灭大兴安岭火灾中起到重要作用。首次飞机人工消雨作业保障了"中国内蒙古首届国际草原文化节暨呼和浩特市第五届昭君文化节"开幕式顺利进行。乌兰察布市撤盟设市庆典活动中,飞机人工消雨作业也取得良好效果。春季东部地区持续干旱,东部盟(市)气象部门抓住有利时机,连续实施高强度飞机和火箭增雨作业,对解除和缓解严重干旱,发挥了重要作用。为提高土壤底墒,冬、春季巴彦淖尔、锡盟、包头、赤峰、通辽等地在农区首次开展地面火箭增雪作业试验。

认真调研、统筹规划、多方筹资,继续加大基层台站综合改善工作力度,基础设施建设投资2 839.9万元,新开工台站建设项目63个,连同续建项目近80个基层台站工作条件和生活环境正在得到明显改善。

【气象法制】 2004年,自治区人大派出两个调研组赴盟(市)和旗(县)开展《中华人民共和国气象法》和《内蒙古自治区气象条例》执法调研,并据此向自治区人民政府提出加强气象工作的5条建议,对于促进测场环境保护、双重计划财务体制和地方津补贴落实等工作提供有力政策支持。自治区人民政府办公厅向各级政府印发"关于加强气象探测环境和设施保护工作的通知",自治区安全生产监督管理局与自治区气象局联合印发"加强雷电灾害防护工作的通知"。全区开展首次防雷装置检测单位资质认证工作,制定"施放气球管理实施细则"和"实施气象预报发布与刊播管理办法的若干规定"。加强行政执法工作,制止和查处违法案件37件。兴安盟气象局获得全国气象部门法制工作先进集体称号。

【气候影响评价】

气候概况 2004年自治区主要气候特征:气温起伏变化频繁,年平均气温偏高1℃~2℃,年总降水量阿盟东南部、巴彦淖尔市西部、鄂尔多斯市西部、锡盟东北部、赤峰市南部、通辽市大部、兴安盟、呼伦贝尔市大部比常年偏少,旱灾较重,其余地区多于常年。冬季、春季出现不同程度的沙尘暴、扬沙。日照时数中部地区比常年偏少,其余地区偏多。2004年气候条件对自治区农牧业生产影响类似于2003年,中部地区为丰收年景,而东部地区则遭受了严重的春夏连旱,使农牧业生产受到损失。

气候对农业生产的影响 2004年度除东部偏北地区农业产量欠收外,全区大部属偏丰年景:1.春季前期中、西部地区降水偏少,不利于春播及抓苗,东部大部地区春旱严重,不利春播。入春后大风、扬沙、沙尘暴天气频繁发生,加上气温逐渐升高、表土水分蒸发快、降水偏少、使土壤墒情不断下降。中、西部地区春季前期出现旱情,对春播影响较大,已播种的小麦出苗不齐。2.初夏、夏末中西部降水偏多,盛夏大部分地区出现伏旱,东部地区夏旱严重,影响作物生长。夏季前、后期中、西部地区光、热、水较为匹配,降水频次多,中部偏南地区雨量偏大,各地积温比历年同期偏高,有利于作物关键期生长。盛夏阿盟、锡盟北部出现伏旱,锡盟降水比历年同期偏少60%~100%,加上高温酷暑,致使农作物出现生长迟缓或停止现象。3.秋季西部地区降水前多后少,利于后期作物生长、成熟,中部地区及东部秋霜偏晚,无霜期较长,利于作物成熟。秋季气温东部高于中、西部地区,初秋东部偏北地区气温出现历史少见高值,降水主要集中在初秋,整个秋季气候条件较好,大风等灾害天气少,对农田水利建设和农事活动有利。

气候对畜牧业生产的影响 2004年度气候条件对自治区中、西部牧区是利大于弊,大部分牧区牧草生长期气候适宜,牧草长势良好,对牲畜抓膘、越冬渡春、牧事活动等十分有利。东部牧区弊多利少,冬季雪多,局部出现白灾,春季至夏初连旱,牧草长势较差。1.冬季中、西部地区温度高、降雪少,东部地区降雪多,部分地区白灾严重。2.春季中西部及东部偏南地区温度高、降雨少、旱情严重,抑制牧草生长,春季后期4月下旬到春末中、西大部地区出现降水,对前期旱情有所缓解,局部地区得到解除。中部地区光照充足,对接羔、保育和成幼畜成活有利,春末锡盟全盟成活仔畜6 792 786头(只),成活率98.8%,比去年同期多成活42万头只。东部除偏北地区外,整个春季降水异常偏少,出现严重干旱。3.初夏中部大部地区降水严重匮乏,影响牧草生长,东部区夏季旱情严重,高温天气多,牧草生长受阻。4.秋季秋高气爽,利于中西部地区打贮草、抓秋膘,进入深秋东部偏北出现陆续降温10℃以上天气,对牧区交通运输、秋季打贮草、备料、牧事活动影响较大,整个秋季气候利大于弊。

气候对其它行业的影响 1.气候对建筑业的影响。2004年气候条件对建筑业非常有利,从春季到入冬气温偏高,春季、秋季大部地区以晴热少雨天气为主,春季回暖早,大风、沙尘天气比往年相对偏少,使各地建筑业开工较历年偏早近半个月,在全年整个工程期间无较严重气象灾害影响，工程进度快、质量高。进入冬季以来，气温仍持续偏高，12 月上中旬各地气温比历年偏高4℃～6℃，部分地区偏高7℃～8℃，温度高降雨少，延长了工程时间，有利于各地建筑工程的质量和进度。2. 气侯对旅游业影响。2003 年旅游季节全区大部地区气候宜人，春季回暖早，温度高，风沙少，夏季大部地区高温炎热时间短，秋季秋高气爽，对旅游极为有利，各地旅游景点人数倍增，有利于旅游业发展。

（魏兴杰）

地　　震

【内蒙古自治区地震局领导名录】

局　长：包东健（蒙古族）

副局长：曹　刚

刘　美

【监测预报】

1. 2004 年，按照中国地震局要求，震情跟踪工作突出了省局、盟市之间协作互动和资料信息共享，承担晋、冀、蒙交界区省际地震联防协作区组长单位，完成协作区震情跟踪工作方案，建立观测资料和信息专用交换平台；建立起连接辽—蒙的联防协作区，与甘肃、宁夏等周边省自治区局保持震情信息交换。

2. 在自治区内开展以重点监视区为重点的短临跟踪工作，实行以监测预报中心指派专家分区负责制，充分发挥盟市地震局的作用，以抓重点监视区前兆典型异常和捕捉宏观异常为突破口，分别组成以呼和浩特市地震局为组长，由包头市、乌兰察布市、锡林郭勒盟参加的呼和浩特—晋、冀、蒙交界地震联防协作区；以巴彦淖尔市地震局为组长，由包头市、乌海市、阿拉善盟参加的蒙—宁交界地震联防协作区，进一步落实监测预报的各项措施，推进重点监视区互动协作的震情跟踪工作。

3. 根据震情形势，在乌兰察布市、呼和浩特市、包头市、巴彦淖尔市、乌海市、鄂尔多斯市等重点监视区，整顿和新建宏观观测站 101 个（点）。各盟市地震局逐一对宏观观测点建档立册，明确通讯方式和制定报送制度，强化盟市地震局定时定期的检查督导制度。

4. 强化和细化短临异常核实工作程序，突出和提高异常核实工作的时效性。完成对重点监视区突发异常进行及时落实和排查，分别对宝昌地震台电阻率和呼和浩特市、包头市、乌海市、鄂尔多斯市和克什克腾旗地下流体、地形变化等异常核实，重点解决观测环节和数据处理中存在的问题。

5.“十五”期间重点项目：完成全区 32 个强震数字化台网站点的土建工程，已具备仪器安装条件；完成全区测震数字化改造项目 15 个台站的土建工程和设备选型、订购工作；前兆数字化台网乌兰浩特台、赤峰台洞体扩建，乌加河台、满洲里台、海拉尔台已完成场址测试已具备施工条件；应急指挥系统已完成机房装修和基础设施建设进入设备订购和安装阶段；信息系统在完成包头市、巴彦淖尔市机房装修基础上，已确定盟市信息机房和工程建设方案；城市活断层测项目进入前期准备阶段。

6. 完成乌加河地震台、赤峰地震台新观测楼建设任务和锡林浩特地震台新址的搬迁。批准立项满洲里地震台、阿尔山火山监测站，进入建设阶段。历经三年建设的海拉尔核查台阵项目 9 月 14 日通过中国地震局、外交部和中国人民解放军总装备部组织的验收。

7. 加强台站目标管理责任制的日常督导和检查，组织台站对目标责任制进行进一步修订和完善，在注重细化、量化和可操作性的基础上，更突出目标责任制规范化、科学化管理。有 19 个台站制定和实施台站目标责任制管理细则。在参加全国 2003 年度观测资料质量评比中，呼和浩特遥测台网、乌加河，海拉尔、地震监测预报中心等有七项评比获得前三名。

8. 根据对全国地震系统个单位 2004 年度地震监测预报绩效综合评定结果，内蒙古自治区地震局被中国地震局授予地震监测预报工作先进单位。

9. 起草完成《内蒙古自治区防震减灾科技“十一五”发展规划》，完成国家、自治区科研项目的申报、立项和验收，其中报中国地震局参与南北带地震活动可研报告和申请国家三结合课题各一项，自治区科研课题立项四项，《内蒙古自治区地震监测志》编辑完成交付出版。

【震灾预防】

1. 认真贯彻落实全国防震减灾工作会议，分别召开中心组学习会，全体职工大会和自治区东、西、中部地区片会传达了回良玉副总理讲话和会议精神，并结合震情形势、“十五”项目和“十一五”规划等工作进行讨论，初步提出召开全区防震减灾工作会等贯彻落实意见。

2. 根据赤峰巴林左旗、锡盟东乌珠穆沁旗两次地震的破坏程度及实际情况，自治区防震减灾领导小组会议研究并经自治区政府同意，自治区地震局和建设厅联合发文，规定自治区内所有不设防和抗震设防标准小于Ⅵ度的地区全部按Ⅵ度进行设防。

3. 全区工程项目安全性评价工作逐渐走向规范，清理换发工程地震执业人员的资格证书和工程地震执业单位的资质证书；调整地震安全性评价委员会与灾害评价委员会。年内自治区地震安全性评价委员会评审项目报告 60 余项；自治区地震工程勘察研究院承担工程项目 50 余项。

4. 自治区人大和自治区地震局组成“一法一条例”执法调研组于 2004 年 7 月和 9 月分别赴自治区东部、西部进行执法调研，并形成执法调研情况报告。自治区十届人大常务委员会第 52 次主任会议认真听取、审议通过，并以内常发〔2005〕6 号文向自治区人民政府印发《关于印发〈中华人民共和国防震减灾法〉和〈内蒙古自治区防震减灾条例〉执法调研情况报告的通知》,要求自治区人民政府对报告中提出的问题和建议认真研究,提出整改措施,将整改措施落实情况于2005年5月30日前书面报告自治区人大常委会。

5.增强台站观测环境法律保护意识,提高依法保护台站观测环境的主动性。年内对集宁台、乌兰花台、包头台、呼和浩特台、乌加河台和料目山台观测环境破坏和干扰情况进行执法检查,及时解决几个台站观测环境受干扰破坏的问题。

6.地方地震管理工作有明显进步,全区“三网一员”建设已形成初步框架,个别盟市对三网人员进行培训。在2004年全国地方地震工作综合评比中,包头市地震局获得全国一等奖,通辽市地震局评为优秀。

7.内蒙古自治区防震减灾科普教育基地被中国科协确定为第二批全国科普基地。年内科普基地接待包括党政、机关、民族党派、大中小学生等800余人。自治区地震局组织参加自治区科普宣传周,“7·28”唐山地震纪念日,法制宣传周,向回民区红旗科技示范小学赠送一套测震仪器,并结成科技指导单位,选派3位校外科技辅导员。自治区地震局被自治区科技厅、科协命名为自治区级科普宣传先进单位。

【地震应急与紧急救援】

1.在春节上班的第一天(正月初八)进行地震应急拉练演习。根据应急拉练中出现的问题,及时修定和落实完善各项对策,配备先进的地震现场装备,以确保地震应急始终保持在快速启动和现场发挥实效的状态。

2.3月24日东乌珠穆沁旗5.9级地震发生后,自治区地震局与中国地震局迅速启动地震应急预案,组成地震现场工作队赶赴震区。在地震现场罕见的强沙尘暴天气和寒冷气候的恶劣条件下,用三天时间对锡林郭勒盟3个旗的14个苏木、一个开发区和赤峰市两个旗县的13个乡镇苏木的灾情进行全面的考察。行程万余公里、调查抽样点71个,取得了大量的、丰富的第一手震灾资料,为当地抗震救灾和重建提供科学的依据。受到灾区政府和自治区政府的高度评价,

3.“内蒙古自治区地震紧急救援队”建设方案经自治区政府阅准,进行各主管部门协调阶段;社区应急救援志愿者队伍建设完成调研;按中国地震局要求完成第一期地震应急数据库的建设任务。

【地震活动】 2004年,内蒙古自治区发生ML≥1.0级地震522次,其中ML 1.0~1.9级地震258次;2.0~2.9级地震215次;3.0~3.9级地震43次;4.0~4.9级地震5次;MS5.0~5.9级地震1次;最大地震是2004年3月24日锡林郭勒盟东乌珠穆沁旗MS5.9级地震。

2004年度,内蒙古自治区地震活动特征主要表现为:1.中强地震持续活动。继2003年8月16日巴林左旗与阿鲁科尔沁旗间5.9级地震后,2004年3月24日东乌珠穆沁旗再次发生5.9级地震,显示出内蒙古东部地区本年度中强地震持续活动特点。2.地震活动格局未出现大的变化。地震活动主要集中于阴山地震带西端的乌海—临河,阴山地震带中东端的包头—呼和浩特以及内蒙古东部地区的大兴安岭中部。与上年度相比,中小地震活动总体格局未出现大的变化。3.地震频度仍维持较高水平。与2003年度相比,2004年度全区3级以上地震未出现大的起伏,地震活动频度继续处于20世纪90年代以来的较高水平。4.发生破坏性地震。2004年3月24日内蒙古自治区东乌珠穆沁旗发生5.9级地震,地震造成1人死亡、3人重伤,极震区多处房屋裂缝、局部坍塌,经济损失XXX万元,该地震是2004年度中国大陆东部最大的一次破坏性地震。

内蒙古自治区2004年度 $M_L \geq 1.0$级地震分布图

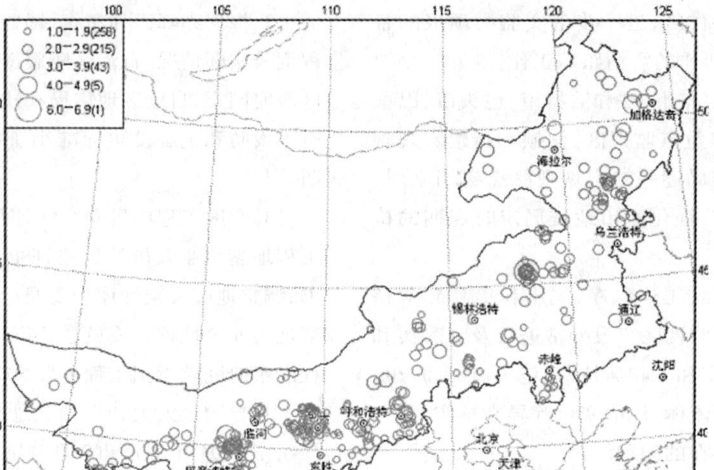

【严重地震与震害】

2004年3月24日09时53分内蒙古自治区锡林郭勒盟东乌珠穆沁旗5.9级地震

地震基本参数

发震时间:2004年3月24日09时53分

微观震中:45°19′N;118°22′E

宏观震中:东乌珠穆沁旗翁根苏木格日乐图嘎查

震 级:Ms=5.9

震源深度:30Km

震中烈度:Ⅶ度

震源机制解:

东乌珠穆沁旗5.9级地震震源机制解参数(据内蒙古地震局)

编号	节面Ⅰ			节面Ⅱ			P轴		T轴		B轴		X轴		Y轴	
	走向	倾角	滑动角	走向	倾角	滑动角	走向	仰角	走向	仰角	走向	仰角	走向	仰角	走向	仰角
Ⅰ	53	64	16	316	75	153	258	25	1	7	112	60	227	13	323	25
Ⅱ	39	60	25	332	55	163	97.5	5.4	3.5	41	180.9	40	63	35	310	30
Ⅲ	356	21	79	182	59	92	263	14	124	72	359	2	92	21	250	58

注:以上为内蒙古地震局预报室手工乌尔夫网作图法的求解结果,编号Ⅰ、Ⅱ为可能的最佳解结果。

地震类型:孤立型地震

余震情况及特点:据内蒙古自治区锡林浩特地震台单台记录结果,截至到2004年3月30日24时,东乌珠穆沁旗5.9级地震序列共发生余震41次,最大余震为3月24日10时的ML3.5级地震(图2),其中ML0.1~0.9级地震4次;ML1.0~1.9级地震28次;2.0~2.9级地震7次;3.0~3.9级地震1次。主震释放能量占全序列总能量的99.0%。地震序列衰减正常。

烈度分布与震害

此次地震强烈有感范围较大,地震有感范围东至吉林省白城市,南至北京市,西到集宁市。锡林浩特市、赤峰市、通辽市等地强烈有感。宏观震中位于东乌珠穆沁旗与西乌珠穆沁旗交界处的格日乐图嘎查,震中烈度为Ⅶ度。

极震区(Ⅶ度区):位于东乌珠穆沁旗翁根苏木和西乌珠穆沁旗巴棋苏木、高日罕牧场境内。西起巴棋苏木达布斯台,东至翁根苏木包日塔拉,南起高日罕牧场五间房,北至塔拉呼都格,基本形态呈近东西方向椭园型,长轴约为67公里,短轴约21.4公里,长短轴之比约为3:1,面积约1 151 km^2。

Ⅶ度区主要涉及到西乌珠穆沁旗的巴棋苏木、高日罕牧场及东乌珠穆沁旗的翁根苏木,包括11个嘎查。区内土木结构房屋普遍发生裂缝,巴棋苏木达布斯图土木结构房屋普遍发生裂缝,前后墙体严重开裂,局部倒塌,砖木结构房屋重墙体出现宽3~5cm裂缝。翁根苏木格日勒图嘎查及哈日根图等5个嘎查,土木结构房屋后墙及墙角部分倒塌,承重墙严重裂缝宽约3~5cm,包日塔拉嘎查土木结构房屋局部倒塌。砖木结构房屋,墙体严重开裂,横墙和纵墙裂缝比较严重,区内30%严重破坏或局部倒塌,40%达到中等以上破坏,没有人员死亡。砖木结构房屋也有35%以上达到中等破坏,表现为前后墙体开裂或局部倒塌,窗角及门框部位墙体普遍产生裂缝。仅有10%左右的房屋轻微损坏。据调查资料统计,一般房屋的平均震害指数为0.25~0.35。

在调查中了解到,多数房屋的前后墙体严重向外闪或倒塌,居民住宅烟囱多数向南北或北西—南东倒塌。乌拉盖苏木海拉庙白塔顶部饰物明显南移。此次地震时地面运动特征为南北—北西向运动为主并兼反向扭动。

Ⅵ度区:西起乌珠穆沁旗额尔敦乌拉,东至巴彦花苏木太本林场,南起西乌珠穆沁旗乌兰哈拉嘎苏木,北至东乌珠穆沁旗哈达图,长轴方向约为北西45度,长约184公里,短轴方向约为北东45度,长约131公里,面积17 090平方公里。

Ⅵ度区包括了东、西乌珠穆沁旗的15个苏木62个嘎查。据调查资料统计,土木结构房屋(年久失修的老旧房屋)受严重破坏、毁坏或倒塌的占10%。中等破坏的占35%,轻微损坏的占40%。砖木结构房屋严重破坏的占10%,中等破坏的占25%、轻微损坏的占35%。

Ⅵ度异常区:位于Ⅵ度区北东30公里,南起巴彦呼舒,北至朝克图音及贺斯格乌拉牧场,平面形态呈向南突的弯月状,其面积约681平方公里。

震前宏观现象

在本次地震考察中,调查到的宏观异常现象极少。分析其原因,一是由于震中区为蒙古族聚居区,考察队员与牧民语言不通,难以了解更多的宏观情况;二是牧区的牧民缺乏地震科普知识,对震前的一些现象未引起注意;三是震区人烟稀少,地震发生于上午9时30分,牲畜一般都在野外草场,牧民难以发觉震前动物异常现象。所以在考察中仅搜集到以下几例:1.根宝日格斯台苏木巴彦胡博嘎查牧民苏孟克,震时听到轰隆巨响,头晕恶心站立不稳,持续有2~3秒。震前2天马在网围栏内乱跑不停,震前1天晚上牛和狗狂叫不止。2.距巴彦胡博嘎查考查点南东约10公里的牧民家约20米深的大口井,震前1个月井水干涸见底,数日后虽然井中又有了水,但最终距恢复原水位有

0.4米之差。

本次地震受灾范围主要包括锡林郭勒盟的东乌珠穆沁旗、西乌珠穆沁旗和乌拉盖开发区。与其毗邻的通辽市和赤峰市的部分地区,由于受构造和场地条件的影响,一些房屋也产生了裂缝,造成一定的经济损失。另在赤峰2003年8月16日老震区,在"8·16"地震时产生裂缝和严重受损的房屋,由于受震害叠加的影响,使灾害进一步加重。锡林郭勒盟的东乌珠穆沁旗、西乌珠穆沁旗受灾最为严重,牧区的房屋遭到严重破坏,部分倒塌。地震造成1人死亡、3人重伤和2人轻伤。地震总经济损失为23 779.53万元。

2004年3月24日内蒙古自治区锡林郭勒盟东乌珠穆沁旗5.9级地震烈度分布图

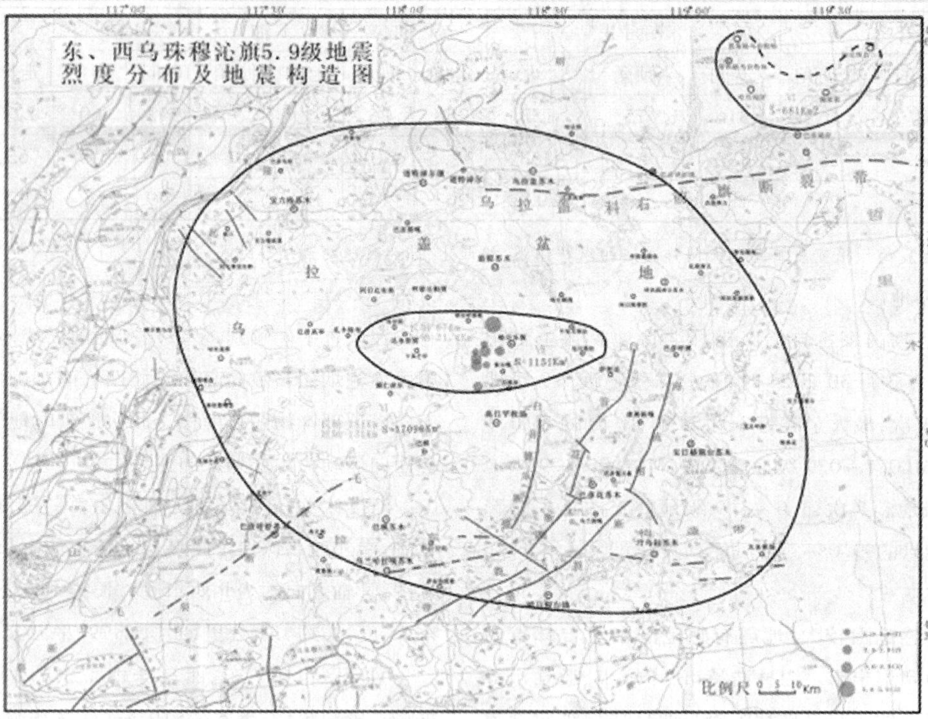

(弓建平)

旅游海关检疫

旅 游

【内蒙古自治区旅游局领导名录】

局　　长:赵广华

副 局 长:马永胜

云大平(蒙古族)

白　薇(女)

助理巡视员:郑家宁

【概况】 内蒙古自治区旅游局是主管自治区旅游业发展的职能部门,是自治区人民政府正厅级直属机构之一。内蒙古自治区旅游局现有编制25人,在编25人。局机关设办公室、质量管理处、规划发展处、旅游促进处四个职能处室和机关党委。

人员结构:正局级1名、副局(厅)级4名、正处级干部7名、副处级干部7名、主任科员以下6名。25名公务员中,男14人,女11人,少数民族6人。

产业规模与从业人员队伍状况:2004年,随着自治区旅游业的快速发展,旅游经济效益的不断提高,旅游企业不断壮大。全区有各类旅游企事业单位2 753个。旅行社293家,比上年度增加73家,其中国际旅行社36家,比上年增加7家;国内旅行社257家，比上年增加66家。星级饭店165家，比上年度增加13家，增长8.55%。旅游景区(点)375个，其中A级旅游景区72个。旅游直接从业人数达到了79 181万人，间接从业人数达到了39.59万人。

2004年，主要实施旅游发展总体规划，重点抓了四大旅游协作区、四条旅游精品线路和12个重点旅游区的规划建设；组织宣传促销，拓展京津、东北市场，开拓长江三角洲、珠江三角洲等发达地区的客源市场，重点拓展港、澳、台、日、韩、东南亚等周边国家和地区客源市场；整顿和规范旅游市场秩序，宣传贯彻《中华人民共和国行政许可法》和《内蒙古自治区旅游条例》；加强对外开放和区域协作，简化国内旅行社的审批。鼓励多种经济成分参与旅游业发展。加强与周边省市的区域合作；优化旅游产品结构，深度开发观光旅游产品，加大开发休闲度假、会议商务、特色文化旅游和生态旅游产品；实施人才兴旅战略，编制“十一五”旅游人力资源开发规划；加强旅游统计工作，执行新的《旅游统计调查制度》；加快实施旅游信息化工程。

【旅游业发展情况】 全年接待入境过夜旅游者79.98万人次，比上年增长92.53%、港澳同胞6 456人次，比上年增长317.60%、台湾同胞2 314人次，比上年增长93.97%，国际旅游外汇收入25 313.06万美元，比上年增长82.86%。国内旅游人数1 511万人次，国内旅游收入124.09亿元。国内外旅游人数和旅游创汇数三项指标提前实现了“十五”计划目标。2004年，旅游业和交通运输业、餐饮业、金融业成为自治区第三产业发展最快的行业，对自治区经济发展和产业结构调整作出了突出贡献。

【旅游法规建设】 重新修订《内蒙古自治区旅游条例》，并在自治区十届人大九次会议上通过。自治区人大常委会还批准通过呼和浩特市旅游局、鄂伦春自治旗人民政府制定的《呼和浩特市旅游管理条例》和《鄂伦春自治旗旅游管理条例》。

【旅游规划编制】 完成了乌海市、呼伦贝尔市、赤峰市、锡林郭勒盟、巴彦淖尔市等11个盟市以及阿拉善盟额济纳旗、腾格里沙漠月亮湖、赤峰市敖汉旗、乌兰察布市灰腾锡勒旅游区和鄂尔多斯市恩格贝旅游区的旅游规划的评审和研讨。按照国家旅游局和国家发改委的要求，组织红色旅游项目调研工作，与自治区发改委合作对全区主要红色旅游资源进行收集、整理，提出20多个红色旅游项目规划意见。大青山抗日根据地、乌兰夫故居与纪念馆、满洲里红色国际秘密交通线3个项目列入了国家红色旅游发展规划纲要，并入选国家100个红色旅游项目。

【旅游招商引资】 发挥政府主导作用，引导外资、民资等社会资金加入旅游业的开发建设。全年签约招商引资项目100个，协议额87.2亿元，到位资金16.9亿元。香港嘉里集团计划投资近15亿元人民币，分别在呼和浩特、包头和满洲里建造3家五星级的香格里拉酒店，北京太伟集团在呼和浩特市修建总投资1.8亿元的大青山太伟生态休闲运动度假村，北京国际电力投资公司在乌兰察布市凉城县投资建设环岱海旅游综合开发区，香港笔克集团深圳市笔克投资发展有限公司投资经营通辽珠日河草原旅游区，计划投资3亿元在通辽兴建蒙古族风情园等。

【旅游对外合作】 2004年6月，由自治区旅游局、满洲里市人民政府、俄罗斯赤塔州政府、蒙古国东方省政府主办，满洲里市旅游局、俄罗斯赤塔州文化委员会、蒙古国乔巴山市政府具体承办“中俄蒙三国交界地区旅游节”，组织中俄蒙三国交界地区旅游洽谈会，来自俄罗斯赤塔州、乌兰乌德市、伊尔库茨克市，蒙古国东方省乔巴山市政府、旅游部门代表，以及广东、上海、北京、大连等地区的旅游部门和50余家国内外旅游企业负责人参加旅游洽谈会，成功地推介了满洲里的旅游资源和旅游线路，扩大客源市场和旅游外联范围，推进跨国旅游联合。积极推进与周边省市的旅游合作，和京津地区、东北地区、“长三角”、“珠三角”建立广泛的旅游合作关系。积极与航空公司合作，全年旅游包机456架次，运送游客39 309人次。

【旅游市场管理】 自治区成为全国旅游投诉最少、最安全的旅游地区之一。规范旅行社经营行为，清理违规旅行社门市部，查处违规“甩团”、“扣团”等侵害旅游者正当权益的行为，严格出境游、国内游合同规范。整顿出境游市场秩序，重点查处组团社出境游组织到非目的地国家、作虚假宣传以及组织旅游者参与色情、赌博等活动项目。清理查处非法中介机构、个人等非法经营出境游业务行为、违规合同经营行为。整顿旅游市场环境，加强对非法经营旅游业务的“黑社”、“黑导”、“黑车”、“黑店”的整治。整顿星级饭店经营行为，查处投诉问题严重、问题较多、服务质量较差、管理不善造成恶劣影响的星级饭店，清理非星级饭店以星级或准星级进行假广告宣传的违规行为。3月中旬，自治区旅游局开展旅游常识、政策法规和倡导诚信消费的宣传活动，组织了旅游市场秩序以及导游人员IC卡等专项检查，重点对呼和浩特市、包头市、乌兰察布市的旅行社、星级酒店、景区(点)等20家单位的经营、服务质量、设备、消防、食品卫生以及导游人员计分制网络管理、非法中介经营出境游、旅游行风建设、旅游企业诚信经营等方面进行全面的监督和检查，对存在的问题及时提出整改意见和建议，优化旅游市场环境。按照国家旅游局部署，集中组织了专项治理出境旅游市场秩序的“春雷行动”。

【旅游宣传促销】 进一步培育和拓展国内客源市场。“五一”

黄金周,在北京组织了“内蒙古旅游宣传周”促销活动,在北京旅游界掀起了内蒙古草原旅游风,中央电视台、中央人民广播电台、中国旅游报、北京晚报等都多次对内蒙古旅游宣传周进行报道,首都100多家旅行社、30多家媒体210多人参加自治区旅游推荐洽谈活动。四月中旬,在济南、青岛举办内蒙古旅游推荐和洽谈活动。在广州举办“回归大自然—2004年内蒙古草原行”旅游促销活动。2004年,组织全区旅游企业参加十多个国内国际旅游交易会,充分利用交易会这个平台,全方位展示内蒙古旅游主题形象,进一步提高了内蒙古旅游的知名度。在第九届中国北方旅游交易会上,自治区展台被北方交易会组委会授予“最佳组织奖”和“最佳展台奖”。在东南亚、韩国、日本、香港等地参加的国际旅游展也引起当地媒体和市民的关注。

【旅游节庆活动】 2004年,采取联办、自办等多种形式,组织了草原文化节、第十五届旅游那达慕大会、第二届蒙古族服装服饰艺术节、西乌珠穆沁旗2048搏克大赛、赤峰市首届辽文化节、通辽市8.18赛马节、额济纳旗金秋胡杨节以及呼伦贝尔、满洲里、阿尔山冰雪节等节庆和赛事活动。节庆活动的数量成倍增加、规模不断扩大、档次不断提高、形式更加灵活、内容更加丰富、组织更加周密,观赏性和参与性进一步增强,对游客的吸引力越来越大,在弘扬民族文化、推动旅游业发展、拉动经济增长上都起到积极作用,部分节庆活动已逐步成为自治区的知名旅游品牌。

【旅游“黄金周”】 2004年,春节、“五一”、“十一”3个“黄金周”出现了人、财“两旺”的局面,全区共接待国内旅游者211万人次,其中过夜旅游者84万人次、一日游游客127万人次,旅游收入6.82亿元。自治区假日旅游局成员单位积极配合,加强假日旅游工作的督促检查,狠抓旅游安全工作,实现了“健康、安全、秩序、质量”四统一。

【旅游队伍建设】 积极采取灵活多样的方式,开展旅游业务培训,全面提高从业人员的业务素质。组织培训旅行社经理人员1 124多名,培训导游人员2 480人,共有1 239人通过导游人员资格证考试,全区获得资格认证的导游员共5 124人。承办中国旅游饭店业协会举办的“中国饭店集团化发展论坛”。

【旅游信息化建设】 内蒙古旅游信息网络可提供多方面旅游信息的服务查询,逐步成为集政务、宣传、服务于一体的综合性网络。

【旅游行风建设】 旅游行业站在讲政治、顾大局的高度,坚持以“三个代表”重要思想为指导,扎扎实实地抓了旅游行风建设。盟市旅游局得分均在自治区纠风办规定的满意单位分值以上。自治区旅游局行风建设走在了前列,在10月份国家旅游局召开的部分省(市、区)旅游行风建设工作座谈会上进行交流发言,介绍了经验。组织了创建“中国优秀旅游城市”活动,赤峰市、阿尔山市获得了“中国优秀旅游城市”称号。与自治区团委、文明办合作开展了创建“青年文明号”、文明导游员、文明旅游区(点)示范点活动,组织了最佳星级饭店评比。

(郭丽萍　来苏棠)

海　关

【呼和浩特海关领导名录】

关　　长:臧玉健

副 关 长:长　江(蒙古族)

周凤琴(女)

王富宽

纪检组长:格日勒图(蒙古族)

缉私局长:刘琦瑾

调查局长:孙铁燕(女)

【概况】 1988年,为适应自治区改革开放和对外经济贸易进一步发展的客观需求,国务院根据自治区人民政府的请求,批准在自治区首府呼和浩特市建立呼和浩特海关。1991年7月6日,呼和浩特海关正式开关,为直属海关总署领导的副厅局级海关,原直属海关总署领导的二连海关改为呼和浩特海关的隶属海关。2000年12月,呼关机构升格为正厅局级。

呼和浩特海关关区面积72万平方公里,边境线长2 400多公里,业务管辖范围包括自治区中西部的呼和浩特市、包头市、乌海市、鄂尔多斯市及锡林郭勒盟、乌兰察布市、巴彦淖尔市、阿拉善盟共8个地区的进出口业务。关区辟有呼和浩特国际航空港、二连铁路、公路3个长期开放的口岸和珠恩嘎达布其、甘其毛道、策克、满都拉4个中蒙季节性开放口岸。

呼和浩特海关现下设副厅局级、正处级机构23个(含隶属海关和缉私分局),副处级机构4个(法规室、审单中心、调查局下设的2个处),其中呼关内设机构有:办公室、通关管理和技术处、征税处、统计处、监管处、调查局、缉私局(内设办公室、政治处、侦查处、查私处、法制处、情报处并辖有二连、包头两个分局)、人事教育处、财务处、思想政治工作办公室、监察审计室;派驻机构有:现场业务处;隶属海关有:二连海关(1956年1月1日开关)、包头海关(1997年7月18日开关);事业单位有:机关服务中心。关区在册员工359人,其中呼关103人,二连海关136人,包头海关32人,缉私局60人,离退休13人。334名关员中,大专以上学历295人,占关员总数的92%,40岁以下职工有265人，为关员总数的83%；党员人数达到155人，占全体干部职工比例的48%；少数民族关员共103人，包括蒙族、回族、满族、达斡尔族、鄂温克族、锡伯族等，占关员总数的32%；关区现有处级干部27人，占关员总数的8.4%。

1991年至今，呼关累计监管进出境货物2 700多万吨，货值66亿美元；监管进出境人员860万人次；征收关税、代征税58多亿元人民币；查获走私违规案件800多起，案值7亿元人民币。

【先进集体个人】 2月11日，在第十六次全区“扫黄”“打非”工作电视电话会议上，现场业务处查验科被评为2003年自治区“扫黄”“打非”工作先进集体。3月25日，二连海关妇委会被全国妇联授予“三八红旗集体“荣誉称号，同时被锡林郭勒盟妇联授予“先进基层组织”及“三八”红旗集体荣誉称号；其木格同志被内蒙古妇联授予“五好文明家庭”称号。7月23日，全国“三八红旗集体”授匾仪式在二连海关举行。二连市委主管领导、二连市妇联主席为二连海关授予了全国“三八红旗集体”牌匾。

【准军事化管理】 为贯彻落实《海关内务规范（试行）》和《海关工作人员着装管理规定》，建设一支准军事化纪律部队，经关党组研究，决定从3月中旬至5月中旬，呼和浩特海关关区开展全员军事训练。要求关区326名公务员，除长期病休人员外，全部参加。关区成立准军事化管理领导小组，负责指导监督和检查落实。

【策克口岸】 4月27日，在总关副关长周凤琴的主持下，包头海关与总关现场业务处在策克口岸现场进行工作交接。从5月1日开始，策克口岸的进出境监管任务将正式由包头海关承担。

【首起知识产权侵权案件】 6月4日，呼和浩特海关查获建关以来的首起知识产权侵权案件。该案件是由现场业务处在发往俄罗斯的包机货物中查获并移交的。经初查，本案的侵权商品为鞋类，共计2 792双，涉嫌侵犯耐克、阿狄达斯和鲁道夫达斯勒公司的商标权。

【中国第一套加入少数民族文字的刑法文书制作系统】 6月29日呼和浩特海关缉私局举办海关缉私系统蒙汉文字对照2002版刑事法律文书制作系统培训班。这套系统是由呼和浩特海关缉私局联合满洲里海关缉私局，共同委托内蒙古大学智能电脑公司开发研制，以海关总署缉私局开发的刑事法律文书制作系统为蓝本，在原有汉文基础上加设相应的蒙文翻译译文，是中国第一套加入少数民族文字的刑事法律文书制作系统。

【首次行政处罚听证会】 8月4日上午，呼和浩特海关举行建关以来首次行政处罚听证会。应当事人内蒙古炎太科贸有限公司的申请，呼和浩特海关依照有关法律法规，就申请人对呼和浩特海关行政处罚提出异议一事举行听证。

【捐赠活动】 8月18日，呼和浩特海关与宁波海关共同向内蒙古自治区红十字会捐赠侵权货物仪式在呼和浩特海关举行。捐赠仪式由副关长王富宽主持，臧玉健关长、宁波海关阎志辉副关长、自治区红十字会会长云曙碧出席并作重要讲话。本此捐赠有运动服1 500套，运动鞋1 500双，防寒服500套，防寒童装100套，物品总值达50余万元。

【销毁违禁宣传品】 8月17日上午举行呼和浩特海关举行“法轮功”邪教组织等违禁宣传品公开销毁活动。王富宽副关长及自治区文化厅、“扫黄”“打非”领导小组、“610”办公室等相关单位、部门的负责同志参加公开销毁活动。共销毁“法轮功”邪教组织光盘423张、磁带2盘、宣传册及传单4 290本(张)；散发性宗教宣传品光盘299张、书籍406本、磁带160盘、卡片950张；淫秽物品光盘93张、书籍及画报13本；反动宣传品书籍80本、报刊248份。

【出访蒙古国】 11月12日至13日，副关长长江以中蒙边境地海关中方联络官的身份，率领中国海关代表团一行5人出访蒙古国扎门乌德海关，并与蒙方边境地海关联络官班道日格查先生进行首次正式会晤。

（董素霞　李春晖）

检验检疫

【内蒙古自治区出入境检验检疫局领导名录】

局　　长：刘兴范
副 局 长：布　奎（蒙古族）
　　　　　徐华良
　　　　　斯勤夫（蒙古族）
纪检组长：汪运甫
助理巡视员：刘新民
　　　　　施培信

【概况】 内蒙古自治区出入境检验检疫局是国家质量监督检验检疫总局派驻直属单位，下设8个地区局、3个办事处，担负着自治区出入境检验检疫工作。2004年口岸过货量首次突破2 000万吨，检验检疫业务量再创历史新高。

【出入境货物检验检疫】 2004年，共检验检疫出入境货物14.6万批、33.3亿美元，与上年同比分别增长16%和45%。其中出境货物4.4万批、8.7亿美元,与上年分别同比增长17%和18%。主要出境货物有:羊绒衫、硅铁、纯铝、山羊绒、服装、蕃茄酱罐头等;入境货物10.2万批、24.6亿美元,与上年同比分别增长14.9%和57.4%。主要入境货物有:原油、原木、铜精矿、木浆、化肥等。

【动物产品检验检疫】 是年,检验检疫出入境动物及其产品1 811批、4 914万美元,与上年同比分别增长9%和32%。全年检验检疫出口牛羊禽等肉类5 855.2吨、1 381万美元。与上年同比分别增长6%的44%。出口活牛5 387头,比上年同期增加1 410头,合格率和优质率均为100%。出口牛奶8 116吨、560万美元,与上年同比分别增长78.9%和86%。出口活羊147 039只,是中断8年后中国出口活羊首次重新打入中东市场。

【植物产品检验检疫】 是年,检验检疫出入境植物及其产品10.4万批、6.8亿美元,与上年同比分别增长16%和24%。全年共进口木材882万立方米,货值5.9亿美元,比上年同比分别增长17%和40%,继续保持全国第一大口岸木材进口量地位。全年检验检疫出口小麦15.7万吨,与上年同比增长7倍;水果14万吨,与上年同比增长30%,蔬菜13万吨,同比增长10%。

【边境贸易和旅贸查验】 边境贸易入境商品13万批、23.8亿美元,与上年同比分别增长19%和65%。查验旅贸货包53.3万个,查出"三无"假冒商品3 718包、货值65万美元。

【卫生检疫】 全年共检疫查验出入境人员223万人次,与上年同比增长16%;检疫交通工具飞机587架,同比增长4%,火车41.7万节,同比增长79%,汽车37.8万辆,同比增长19%,集装箱检疫1.2万个,查验邮包2.6万件。全年办理出入境人员监测体检4.5万人,与上年同比增长64%。发现病例7 203例,其中性病61例、艾滋病病毒感染者5例,其它传染病982例、非传染病6 155例,预防接种2.3万人。

【抓源头提高检验监管效率】 到12月底,共进口废金属55万吨,检测出不合格及放射性超标废金属203吨,查出各种废弃炸弹、炮弹82枚和80多密闭容器,有效地控制有毒有害物质流入国内。全年检验进口原油658万吨、18亿美元,比上年分别增长1倍和1.7倍。针对近几年进口铜精矿放射性超标严重的情况,严密监测严格监管,确保高风险产品进口安全,全年共检验进口铜精矿63.6万吨、3.7亿美元,列进口货物第三位。检验出口硅铁15.5万吨、1亿美元,纯铝5.9万吨、9 345万美元,稀土9 930吨、1 968万美元。

【提高实验室检测能力】 首次开展对进境货车携带铺垫材料的检疫,对食品新开展铅、砷、锰等12种元素的检验,对乳制品新开展蛋白质、亚硝酸盐、黄曲霉毒素M1的检验,对出口的人制板新开展甲醛的检验检测。

包头局冶金化矿实验室通过国家认监委组织的有关项目分析能力验证(国际对比试验),取得满意结果;内蒙古局技术中心实验室和二连局实验室通过国家认监委组织的应用"酶联免疫吸附试验"检测牛羊副结核病的水平测试;二连局实验室还通过CN AL认可/计量认证"二合一"审评,同时还通过蒙古国标准计量局国际认可实验室审评。

【推进大通关建设进程】 加快"三电工程"推广和应用电子报验率、产地证电子签证率、电子转单率均达到100%。实施"绿色通道"制度后,内蒙古局积极向国家质检总局申报内蒙古山丹羊绒公司、包钢稀土有限公司等15家区内企业获得"绿色通道"的便捷通关优惠待遇。

在主要公路口岸,与海关实行资源共享,实现"一机两屏"的查验监管新模式。

推进直通模式,打造口岸"快速通道"。经与蒙方协商,在阿日哈沙特口岸实施《出口商品加施检验检疫标识管理办法》,使经内蒙古局检验检疫出证和加贴标识的商品可在该口岸直接通关,通关速度提高4倍。二连局实验室获得蒙古国认可后,在认可商品范围内,经二连局检验合格的商品,蒙方予以免检,实现一个标准、一次检验、双方接受、便捷通关的目标。在后贝加尔,认真与俄方做好对我国出口水果蔬菜的共同交接检验工作。经与俄方协商并达成协议,凡是满洲里局检验检疫后出具证书的水果蔬菜,到达俄方赤塔州后,一般季节俄方不再检测,保证出口水果蔬菜提前7天在俄方市场上市,腐烂率大幅降低。2004年经满洲里口岸出口的水果蔬菜达19万吨,同比增加19%。出口形势呈现出品种多、质量好、出口量增加、通关速度快、一年四季均能供应的良好势头。

【支持地方经济发展】 配合自治区开发引进境外资源性产品,利用俄、蒙资源促进地区经济发展。内蒙古自治区检验检疫局多次派员深入策克、甘其毛道口岸及蒙古国进行考察和调研,加强技术方面的全程服务,与蒙古方有关机构协调检验检疫事宜,对进口原煤采取分类管理模式,减轻企业负担,加快通关速度。全年进口原煤160万吨。

扶持和创建名优品牌,始终是内蒙古检验检疫局工作重点。帮助草原兴发等7家企业获得国家理地标志认证,2家企业获得原产国标记证书,2家企业通过国家质检总局专家组的审核,鄂尔多斯羊绒制品、通辽肥牛等一批品牌已驰名中外,名牌效益已经显现。

针对自治区没有出口蔬菜基地的状态,创新工作思路,向当地政府建议转变经营方式,在部分地区开展出口蔬菜基地的培育和建设。培育多种绿色有机蔬菜出口基地,面积30万亩,出口日本、韩国、港澳等国家和地区7 000多吨,货值达233万美元,农民种植蔬菜每亩增收400元。

(康徐男)

金 融 保 险

人民银行

【中国人民银行呼和浩特中心支行领导名录】

党 委 书 记
行　　长：赵志华（蒙古族）
副 行 长：王中新（蒙古族）
党委副书记
副 行 长：张子君
副 行 长：牧　人（蒙古族）
　　　　　高兰根
　　　　　额尔德尼（蒙古族）
纪 委 书 记：于成龙
工 会 主 任：张树模

【概况】 2004年末，人民银行呼和浩特中心支行全辖机构7个，实有职工661人，女职工267人，占职工总数的40.4%；党员355人，占53.7%；具有本科以上文化程度的278人，占42%；大专文化程度的221人，占33%；中专及以下162人，占25%。其中省会城市中心支行一个，职工497人；旗县支行6个，职工164人。

12月末，全区金融机构人民币存款余额2 576.4亿元，比年初增长23.2%，人民币贷款余额2 239.8亿元，比年初增长18.1%，存贷款增长速度分别高于全国平均水平7.7和3.8个百分点。在341.6亿元新增贷款中，中长期贷款新增263.4亿元，占77.1%。其中电力增加125亿元，交通86.7亿元，城市建设13.9亿元，煤炭4.3亿元，合计占中长期新增贷款的87.3%；农牧业贷款增加66.3亿元，占全部新增贷款的19.4%，而同期钢铁、水泥、电解铝的贷款余额则比年初下降5.6亿元。各项助学贷款余额9 007.3万元，其中国家助学贷款6 707.3万元，比年初增加726.3万元；累计发放下岗职工再就业小额担保贷款16 297万元，比年初增加12 859万元，当年支持了9 201名下岗职工重新走上工作岗位；累计发放中小金融机构专项借款12.4亿元，一定程度上缓解了部分中小企业和个体工商户贷款难的问题。“有保有压”的调控政策见到成效，全区GDP增长20%，人均GDP首次超过全国平均水平。

【扶持“三农”】 2004年，全区累计发放支农再贷款46.7亿元。规范和发展再贴现业务：全区累计办理再贴现5.5亿元，累计收回11.7亿元，12月末再贴现余额为1.6亿元。加强地方政府向中央银行专项借款的管理；对2003年地方政府向中央银行专项借款管理和使用情况进行检查。全区累计发放地方政府向中央银行专项借款1.3亿元。灵活运用短期头寸贷款及时调剂金融机构临时资金需求：全区累计发放短期头寸贷款9.8亿元，对解决商业银行临时资金不足，确保其正常运营发挥了重要作用。加强紧急贷款管理，重点做好对高风险城市信用社和信托投资公司的监测工作：开展对自办金融机构和紧急贷款清理情况的检查，确保中央银行资金安全。累计向信托投资公司发放紧急贷款2.05亿元，有效防范高风险金融机构的支付风险。

【调研工作】 为实施货币政策服务，制定下发《全区人民银行调查研究工作管理办法》和《内蒙古自治区人民银行系统重点课题管理办法》，对2004年全区人民银行调查研究工作进行安排部署，完成重点调研课题128项，重点开展对自治区钢铁、水泥、电解铝三大行业发展状况、金融支持县域经济发展、农村信用社利率浮动情况等进行专题调研。就国家助学贷款业务拓展、深化农村信用社改革、农村信用社资金利率等向自治区领导专题报告，提出有针对性的政策建议，为总行制定货币政策和自治区经济决策提供参考依据。总行和自治区领导对中心支行的调研信息批示达20件次。加强对货币政策执行情况的反馈，坚持季度经济金融例会制度，加强对经济金融运行情况的分析预测，及时反映货币政策在全区的实施效果，受到政府有关部门和金融机构的高度重视。

【农村信用社改革】 按照《国务院关于印发深化农村信用社改革试点方案的通知》以及农村信用社改革试点中央银行资金支持方案精神，深化农村信用社改革工作将在试点的基础上进一步推开，制定《内蒙古自治区农村信用社改革试点资金支持方案和考核细则》，抓紧做好农村信用社改革有关人民银行资金支持的前期准备工作，积极配合自治区政府和银行监管部门做好农村信用社资金状况的摸底测算和业务培训工作,为农村信用社改革的全面开展和顺利实施奠定良好的基础。

【防范和化解系统性金融风险】 与自治区政府和金融监管部门就建立“一行三局”模式的金融稳定协调机制达成共识,制定联席会议制度,并会同有关部门对育财信用社进行联合处置。研究探索内蒙古金融风险预警、评价机制和工作程序,逐步实现人民银行与各金融监管部门信息共享,提高对金融机构潜在风险的分析、预测和判断能力。开展对全区金融机构风险状况的摸底调查,建立金融风险档案。部署全区已停业整顿的11家城市信用社资产清收工作。

【改进金融服务】 本着面向基层、面向金融机构、面向社会的原则,结合人民银行行业特点,努力探索金融服务业务创新的新途径,经过调查研究和反复论证,制定了会计财务、国库、货币金银、科技、保卫业务标准。制定银行卡产业发展规划,按照统一业务规范、统一技术标准和统一联网通用标识的要求,成立中国银联商务公司内蒙古分公司,推广“银联”标识卡,扩大银行卡联网通用覆盖面,改善银行卡市场受理环境。制定《呼和浩特市、包头市、鄂尔多斯市区域票据交换及清算工程实施方案》和《区域票据交换及清算管理办法》及《实施细则》,10月8日,实现自治区跨区域票据交换和资金清算,为提高三地社会资金效益,营造良好的信用环境,活跃经济往来起到推动作用。组织召开推进财税库行横向联网联席会议,提出财税库横向联网实施方案,加快内蒙古、呼市两级财税库行横向联网的实施步伐。

【反洗钱和信贷征信管理】 提请自治区政府成立全区反洗钱工作协调领导小组,研究建立反洗钱部门间协调制度和运行机制,8月初组织召开商业银行反洗钱工作协调会议,12月初组织召开全区反洗钱工作电视电话会议。7月初对商业银行开展反洗钱工作进行专项检查,督促商业银行及时、准确报送大额和可疑支付交易信息,并及时向公安机关移送,是年共向自治区公安厅移送18笔,金额2.4亿元。会同国家外汇管理局自治区分局与公安机关联合开展打击地下钱庄违法犯罪活动,有力地遏制洗钱犯罪。12月末,共收录区内与金融机构发生信贷关系的企、事业单位借款人的基本信息和信贷信息9.9万个,入库的贷款余额占全部金融机构贷款余额的97%以上,系统月均查询500次,一些金融机构已把对该系统查询纳入信贷风险管理之中。开展全区征信业和社会对信贷征信业务需求的调查,探讨内蒙古信贷征信业发展规划和工作措施,为自治区经济金融发展创造良好的信用环境。

2004年先进人物获奖名录

姓名	性别	民族	奖　　项	获奖时间	工作单位
尹志诚	男	汉	外汇管理先进工作者	2004年	外汇管理局
卢丽娟	女	汉	人总行金融统计先进工作者	2004年	调查统计处
郝爱莲	女	汉	人总行金融统计先进工作者	2004年	调查统计处
于越红	男	汉	总行先进离退休干部工作者	2004年	离退休干部处
姜鸿卷	男	汉	先进离退休人员	2004年	离退休干部处
韩　斌	男	汉	全国反假货币先进工作者	2004年	货币金银处
王广平	男	汉	天津分行“五四”青年奖章	2004年	科技处
白　音	男	蒙古	总行支付结算先进个人	2004年	结算中心
恩　和	男	蒙古	总行支付结算先进个人	2004年	营业部
洪诚洁	女	蒙古	总行支付结算先进个人	2004年	结算中心

【加强外汇管理 支持外向型经济发展】 积极推动边境地区商业银行开办双边本币兑换业务,鼓励边境地区商业银行与俄蒙毗邻地区商业银行继续发展账户行关系,自治区商业银行与俄蒙两国商业银行建立13个账户关系。至12月末,全区边贸进出口额分别达156 215万美元和13 147万美元,同比增长27.2%和45.7%,边贸进出口实现连续两年高增长,进一步强化经常项目外汇账户、非贸易外汇收支和保险外汇业务管理。切实加强进出口收付汇贸易真实性审核,深入开展进出口逾期未核销清理工作,促进核销监管水平的提高。进一步规范国际收支申报操作程序,制定《国家外汇管理局内蒙古自治区分局国际收支统计间接申报核算制度》,全面提高申报质量。至12月末,全区发生涉外收支申报61 706笔、金额416 153万元,全区涉外收入、支出笔数、金额申报率多年来首次均达到100%。加大对进出口逾期未核销案件的查处力度。认真组织开展收汇结汇专项检查的处罚、整改和收尾工作,对全区74家单位和个人的外汇业务进行检查,对9家单位进行立案调查,立案金额1 681.2万美元,

累计结案 10 家，当期结案率100%，累计罚没款10.5万美元，当期结案率、收缴率100%。对跨境资金流动方面的异常情况和国际收支项下需关注的问题进行调研。探索研究在贯彻执行国家外汇管理政策和为企业提供服务过程中遇到的新情况、新问题，灵活运用外汇管理政策，为蒙牛等自治区重点企业增加出口创汇提供及时服务，有效地促进和支持自治区经济发展。

（王晓中）

银 监 局

【中国银监会内蒙古监管局领导名录】

局　　长：汤小青

副 局 长：席前进（蒙古族）

陈志韬（12 月任职 纪委书记）

宋建基（12 月任职）

局长助理：张玉峰

助理巡视员：李增毅

【概况】 至 2004 年末，中国银监会内蒙古监管局下设 11 个盟市银监分局，80 个旗县监管办事处（含 6 个直辖监管办事处），共有干部职工 859 人。其中：大学本科以上学历 442 人，大专学历 327 人、大专以下 90 人，具有高级专业技术职称 61 人、中级专业技术职称 644 人、初级专业技术职称 136 人，中共党员 557 人。

银监局机关内设 15 个处室和 1 个后勤服务中心，15 个处室分别为办公室（党委办公室）、政法处、工商银行监管处、农业银行监管处、中国银行监管处、建设银行监管处、政策邮储处、股份制银行监管处、非银行金融机构监管处、合作金融机构监管处、统计处、财务会计处、人事处（党委组织部）、纪委监察室和机关党委（党委宣传部）。机关共有干部职工 151 人，其中处长、主任 14 人，副处长、副主任（含宣传部副部长）15 人，副处级监管员 7 人，正科级 44 人，副科级 27 人，科员 33 人。

【宏观调控政策】 制定下发《关于当前贯彻落实国家宏观调控政策 加强信贷风险管理的指导意见》，提出全区银行业金融机构落实宏观调控政策的七条原则，要求各机构全面、正确、积极地理解和落实宏观调控政策，引导和督促辖内银行业金融机构构建防范风险的长效机制，对防止全区信贷投放大起大落，消除无故停贷和无为停贷起到重要的作用；按月进行经济金融运行和不良贷款变化情况分析，特别是加强对银行业金融机构资金的产业和区域流向及资产运用状况等重要指标的分析，并与全国和西部省份类比，及时分析和掌握宏观调控政策实施后自治区经济金融发展的运行轨迹和特征；多次组织开展对宏观调控重点行业、项目的检查与调查，了解和掌握银行信贷的投入情况与风险状况；制定下发支持教育助学、三农三牧、下岗职工再就业的指导意见，引导银行业金融机构加大对经济发展中的薄弱环节以及弱势产业和弱势群体的信贷支持，全年各银行业金融机构累计发放助学贷款0.75亿元，下岗失业人员小额担保贷款1.4亿元，农牧业贷款141.3亿元，同比分别增长50%、115.4%和24.3%；制止银行业金融机构向“五小”及国家限制、没有立项、土地和环保部门没有批准的项目授信。各银行业金融机构根据内蒙古银监局的监管要求，提高建立防范风险长效机制的意识，按照“有保有压、区别对待”的原则，合理调整信贷结构，积极支持国家瓶颈产业和自治区具有区位优势与资源优势项目的发展，进一步压缩了对限制行业的贷款，加强信贷管理，强化了贷款项目审查，改进了授信管理的操作方式。通过银监局督促和引导商业银行把产业政策和信贷政策相结合，不仅使各银行业金融机构的信贷保持合理的增长速度，防止因大起大落而增加信贷风险，支持了自治区经济发展。全年银行业信贷增长17.3%，比全国平均增长水平高出3.3个百分点。支持煤电油运4 个行业贷款340.6亿元，同比增加165.4亿元；对限制类的钢铁、电解铝等7 个行业贷款51.4亿元，同比减少5.5亿元。

【现场检查工作】 全系统全年先后派出现场检查组 970 多个，派出现场检查人员3 100多人（次），投入30 000多个工作日，检查各类银行业金融机构3 500多个（次）；共提出监管意见和整改建议 187 条，处罚违规机构 92 个，处分相关责任人 102 人，取消高管人员任职资格 28 人。2004 年共安排 30 多项的全面和专项现场检查，其中银监会部署 12 项，银监局自行安排 20 余项。特别是在全面综合分析自治区金融运行的总体风险状况和潜在的主要风险源和风险点的基础上，自行安排开展对担保贷款、关联方和关联企业贷款等检查，发现重要空白凭证、银行承兑汇票、贴现、抵押贷款等业务的主要风险特征与风险环节以及管理中的制度性缺陷，提出完善制度建设，强化内部控制，防范风险的具体监管意见。

【非现场监管工作】 按银行业现行的各类报表体系初步集合包括经济金融运行和银行经营与风险等重要指标的监管统计报表体系、非现场统计指标体系和风险性指标监测体系，搭建统一的信息采集平台，并进行分析和评价；加强对非现场信息和资料的收集整理和综合分析，从中发现一些被监管机构在业务经营和风险管理中的问题，开展有针对性的现场检查；规范监管报告和不良贷款分析报告框架，报告质量有所提高；根据非现场监管发现的问题，综合对被监管机构采取约见会谈、高管人员质询、监管提示等监管措施。全年全系统共对被监管机构做出风险提示1 121次,违规通报 82 次,进行约见会谈 566 次,发出质询书 48 份。

【新的监管理念 手段 方式】 按照中国银监会新的监管理念要求,结合银行监管实际,建立健全了4大类15项监管制度,基本覆盖了市场准入、退出和持续监管等业务范围。按照"提高贷款五级分类准确性—提足拨备—做实利润—资本充足率达标"的持续性监管思路,深入推进贷款五级分类制度,促使银行业金融机构准确进行贷款风险分类,加大拨备提取和核销的力度,增强利润的真实性,制定和落实资本充足率达标计划。特别是针对辖内城市商业银行和农村信用社等法人机构,督促其切实增加拨备提取,核销呆帐,增加资本金。截至 2004 年末,全区农村信用社增扩股金4.27亿元,比上年增长37.22%,资本充足率达到4.83%,比上年提高3.27个百分点;提取呆账准备金1.87亿元,同比增长1.22亿元,比 2003 年增长 2 倍;当年核销呆账近 1 亿元,是 2000 年至 2003 年核销总和的1.4倍。加强对内控制度和"三项业务"等现场检查发现问题整改情况的后续跟踪检查,整改率达92%。对各类检查发现的问题,不仅督促银行业金融机构进行整改,还加大对违规机构和责任人的处罚力度。在新业务审批方面,重点评估申请机构是否有严密的内部风险评价系统、从事该类业务的技术人员、产品定价系统和风险控制补偿系统。

【金融风险处置】 银监局通过由组建单位接收的方式,成功处置辖内高风险机构育财城市信用社的风险;查处包头"6.8"金融违法违规案件。对 2003 年度 23 家新增不良贷款农村信用合作联社进行检查,对相关联社和信用社责任人进行严肃处理;查处信托投资公司违规办理信托业务的行为。

【银行业改革】 华夏银行呼和浩特分行筹建并开业;北方电力集团公司申请设立财务公司的前期准备工作进展顺利;内蒙古信托投资有限责任公司引进战略投资者;中国银行、中国建设银行内蒙古分行改革进展顺利,剥离、核销不良资产工作有序开展。

【支持"三农三牧"】 全年各类业务、监管和支农 17 项重要指标持续好转。至 2004 年末,全区农村信用社各项存款总额314.99亿元,较年初增长23.32%;各项贷款余额211.15亿元,较年初增长21.27%。累计发放各项贷款255.79亿元,同比增加54.07亿元;累计发放农牧业贷款 160 亿元,同比多投放49.57亿元;累计发放农牧户小额信用贷款和农户联保贷款90.74亿元,同比多投放45.74亿元;发放农牧户小额担保贷款和联保贷款的户数达 175 万户,贷款受益面达49.86%,两类贷款的累计投放量占农村信用社农牧业贷款累计投放量的56.71%。

【全区银行业金融机构盈利】 全区银行业金融机构业务经营风险度降低,抵御风险能力提高,金融秩序更加规范。至 2004 年末,全区银行业金融机构各项存款2 616亿元,同比增长22.9%;各项贷款2 278.5亿元,同比增长17.3%,贷款增长速度分别比全国和西部地区平均水平高3.3和1.9个百分点。银行业金融机构全年实现盈利 7.4 亿元,比上年增盈减亏23.7亿元。全区银行业金融机构(不含政策性银行)不良贷款比年初下降55.35亿元,不良贷款率下降1.66个百分点。

(王　喆)

开发银行

【国家开发银行内蒙古自治区分行领导名录】

行　长:冀忠实(12 月离任)
　　　　郭明社(女 12 月任职)
副行长:王伟化(回族)
　　　　刘彦超
　　　　程占元
　　　　吴丽洁(女)

【概况】 2004 年,分行人员编制 90 人,在职职工 58 人,正局级 1 人,副局级 4 人,正处级 6 人,副处级 8 人,科级以下 36 人;研究生 4 人,本科 46 人,大专 7 人;30 岁以下 8 人,31 ~ 40 岁 33 人,41 ~ 50 岁 16 人,51 岁以上 1 人;经济专业人员 19 人,财会专业 3 人,金融专业 14 人,工程专业 13 人,法律专业 1 人,计算机专业 4 人,其他 4 人;高级职称 20 人,中级职称 25 人,初级职称 9 人,其他 4 人;男 34 人,女 24 人;党员 35 人,团员 2 人,民族党派 1 人,其他 20 人。

【资产情况】 至 2004 年末,分行全口径管理资产总额为418.27亿元,其中表内信贷类资产总额为263.98亿元,比上年同期增长37.34亿元,增幅16.5%,其中人民币中长期贷款余额252.28亿元,比上年同期增长33.55亿元,增幅15.3%,短贷余额 11 亿元,比上年同期增长4.5亿元,增幅69%。

【项目开发评审】 开发评审项目涉及电力、煤炭、交通、城市公共设施、农牧业产业化、中小企业以及社会发展瓶颈领域,全年分行共有 4 批 38 个项目新增入库,新增开发量539.30亿元。至年末,分行项目库共有 70 个项目,其中:项目规划库内项目 34 个,申请开行贷款414.03亿元;项目开发库内项目 36 个,申请开行贷款449.33亿元。全年共完成评审项目24个,总承诺金额131.9亿元。

【贷款发放】 全年累计发放人民币中长期贷款73.8926亿元,比上年增长16.63亿元,增幅29%,短贷发放11亿元,比上年增长4.2亿元,增幅62%。

【本息回收】 全年表内资产贷款当期本息回收率、累计本息回收率100%,连续九个季度保持两个回收率99%以上。表外资产当期与累计利息回收率均为100%。

【表外资产业务】 广泛与区内外十多家商业银行接触,就管理资产合作空间、合作领域、合作方式、具体操作等进行协商,加大营销力度,建立工作联系。同时在项目开发评审阶段就与客户明确开展管理资产业务的合作意向,并就县城电网改造、达电二期项目、永圣域线路、农网二期等项目多次与借款人沟通、协商、谈判,以取得客户对我行开展表外管理资产业务的理解、支持和配合。经过努力,与工商银行等商业银行签订表外贷款合同金额27.9亿元,2004年当年形成余额15.3亿元,分行自行操作的管理资产业务取得重大突破,开创与商业银行合作的新途径,并为来年表外管理业务的开展创造良好的开端。

【利润情况】 全年实现利润4.09亿元,比历史上创利最高的上年增长了0.25亿元,人均利润705万元,比上年同期增长54万元。

【不良贷款】 2004年,分行不良资产贷款余额25.527亿元,比上一时点增加25.5亿元,不良贷款率为9.67%,比上季度上升9.65个百分点,分行不良贷款率出现反弹,主要是因为本行投向伊敏电厂贷款降为黄灯信号项目所至。扣除伊敏电厂不良贷款因素,不良贷款余额0.027亿元,不良贷款率为0.01%。

【开发性金融宣介】 一方面研究制订分行开发性金融理论学习和宣介实施意见以及开发性金融对外宣介和培训滚动计划,并印发全行贯彻执行;另一方面组织人员撰写大量的宣介材料,并主动与自治区党委、自治区人民政府有关部门联系,探索开发性金融宣介的有效途径。

【信用建设】 一是加强与自治区有关部门的沟通,并从自治区本级信用结构的设计、信用评审报告的撰写完善、省级开发性金融合作协议的审议修改等方面做准备工作。8月2日本行与自治区政府举行"开发性金融合作座谈会暨开发性金融合作协议签字仪式"。二是加强基层信用空间的开发研究,加大地区基层信用空间开发力度。有重点地选择符合地区实际情况并有一定潜力的个别县域经济、三农、中小企业新行业新领域的信用建设做试点,研究探索切实可行的模式,为更广泛地涉入社会瓶颈领域和进一步发挥开发性金融作用创造条件。三是实施信用风险监控,提升信用风险管理水平。四是开展政府信用平台建设质量评价,进行重点城市(镇)类客户贷后信用建设情况和开发性金融合作协议落实情况调研。全年对1个自治区级政府类客户和9个地市级政府类客户开展政府信用平台建设质量评价,促进政府对信用结构的完善,增强政府对信用平台的支持力度。

【社会瓶颈领域和政府热点】 坚持把支持社会瓶颈领域和政府热点作为落实"五个统筹"和践行开发性金融理论的重要着力点,结合地区实际,在防范风险的前提下,稳步推进,大力支持制约自治区经济社会发展的农牧业产业化、中小企业、城镇基础设施等领域的发展以及自治区政府关注的热点项目。

【资金财务管理】 在资金管理方面,一是为实现拆借资金效益的最大化,有关处室加强协调配合,对未来资金流动情况进行滚动预测,根据不同来源资金的稳定性,全面分析未来资金流入流出情况,在保证流动性的前提下,通过拆借金额与期限的合理搭配,全年共获得系统内部往来利息净收入2 360.16万元。二是为降低资金使用成本,坚持以服务为本,发挥业务优势,增进与客户的沟通协作,从源头上抓好单位存款,努力吸收一般存款,并做好存款资金的稳定沉淀工作。年末存款余额为17.79亿元,同期相比增加7.33亿元;全年日均存款12.61亿元,吸存率17%。在财务管理方面,一是加强分析预测工作,按照全成本核算的要求,逐步建立成本/利润中心,测算有代表性的产品对分行的贡献度,明确分行主营业务方向,加强收支动态监测,适时调整经营重点,努力扩大收入来源。二是合理配置财务资源,控制不合理开支,使有限的费用尽可能向业务发展方向倾斜。三是在资金清算、账务核算和支付结算过程中,认真审核,严格把关,高效运作,坚决杜绝差错事故的发生。全年累计发生营业费用开支、清算结算业务中转帐业务、收取现金、办理电汇、柜台前移借款和付款业务4 164笔,涉及金额1 075 524.5万元,没有出现任何差错,继续保持了业务"零差错"的优异成绩。

(肖东兵 乌云格日乐)

农业发展银行

【中国农业发展银行内蒙古自治区分行领导名录】

行　长:卢纯才

副行长:赵培方

贾 楞
王铁民(蒙古族)
赵焕英

【概况】 2004年,各项贷款余额210.77亿元,各项存款余额37.07亿元。全年累计发放粮棉油收购(含调入)贷款70.66亿元,实现收购总值69.33亿元,当年新放粮棉油购销贷款物资保证率为100%;贷款综合收回率为111.09%;信贷资金运用率为98.24%;贷款利息综合收回率为90.01%;挤占挪用贷款下降率为20.09%;超期结算资金占用贷款下降率为54.88%;企业其他不合理资金占用贷款下降率为39.53%;不良贷款额比年初下降47 799万元;各项财务收支相抵实现利润4 794万元。一年来,全区各级农发行积极支持粮棉油的收购、储备、调销和加工等业务,全面完成农发行总行下达的各项工作任务,为促进自治区农业和农村经济的持续快速健康发展做出积极贡献。

【粮食购销政策】

支持国家和地方储备粮体系建设 做好中央储备粮轮换的信贷支持工作,累计发放中央储备粮贷款5.08亿元,支持轮入粮食4.28亿公斤,轮出粮食3.83亿公斤,收回占用贷款4.61亿元。加强中央储备粮油贷款集中管理,配合中储粮内蒙古分公司上收划转为中储粮总公司直属库11家。按照"此增彼减"的方法推进直属库租仓储粮工作。至12月末,全区直属库中央储备粮油占用贷款20.76亿元,直属库占贷比例达到59%。积极与中储粮内蒙古分公司协调,建立中央储备粮轮换风险补偿金制度,共提取轮换风险补偿金547万元。积极支持地方储备粮体系建设。累计发放地方储备粮贷款4.38亿元,购入粮食2.95亿公斤,支持完成增储计划的91%。

支持企业开展粮棉油购销 累计发放粮棉油收购贷款49.33亿元,同比增加9.72亿元。支持国有粮食购销企业收购粮食38.22亿公斤,同比增收3.28亿公斤;收购棉花0.288万吨,同比增收65.5吨;收购油脂1.41亿公斤,同比增收0.27亿公斤。至年末,全区国有粮食购销企业累计销售粮食56.46亿公斤,销售油脂1.14亿公斤;实现销售收入62.48亿元,回笼销售货款62.84亿元。积极支持"订单农业"发展,发放合同收购贷款0.17亿元。做好退耕还林(草)等补助粮的兑付工作。至12月末,全区累计退耕还林1 114万亩、退牧还草2 878万亩、禁牧舍饲6 430万亩。当年供应补助粮5.53亿公斤,累计挂账占用贷款14.5亿元。

【拓展新业务】

做好粮食产业化龙头企业和加工企业信贷支持工作 加大服务"三农"的力度,全年,共批准12家农牧业产业化重点龙头企业的贷款准入资格,累计批复加工企业收购资金贷款限额3.44亿元。

扎实开展保险代理业务 积极与中国人民财产保险股份有限公司内蒙古分公司开展保险代理合作,建立了保险代理业务组织管理体系,制定保险代理业务管理实施细则,保险代理业务扎实开展。全区农发行84家机构中,有80家取得保险兼业代理资格,共实现保险代理手续费收入27.83万元。开办中间业务取得新突破。

【风险管理】

深入开展商品粮油结算资金占用贷款清理和粮食库存核查工作 积极配合自治区粮食局等有关部门对国有粮食购销企业粮食库存进行全面核查,进一步开展粮油贷款与库存核查情况的对照检查。针对检查出的差额,认真查找分析原因,积极采取措施,督促企业全面整改。

切实做好"老粮"、"老账"占用贷款的清理认定工作 至年末,共处理"老粮"62亿公斤,占用贷款64亿元,形成"老粮"销售应收补贴挂帐贷款5.4亿元,已处理"老粮"占锁定库存的93.7%。呼伦贝尔市在全区率先完成"老账"清理认定工作,共认定挂账50 744万元。

加强风险管理基础工作 开展对全区328个无收购业务企业的调查摸底工作,建立无收购业务企业月报监测制度,年内,对全区应办理有效资产抵押担保的655个粮食企业全部办理有关手续,办理抵押担保的贷款16.34亿元,办理抵押担保登记的资产额25.21亿元。全区共确认具备贷款资格的企业579户,占参加贷款资格认定企业总数的86.2%;对应参评的585个粮食企业全部进行信用等级评定。至12月末,正常贷款187.12亿元,占比88.78%;不良贷款23.65亿元,占比11.22%。

【财政补贴资金监管】 至12月末,全区应筹措到户各项补贴资金62.81亿元,其中:中央级57.26亿元,自治区级5.55亿元;实际筹措到户62.78亿元,欠筹0.034亿元,综合筹措到户率为99.95%。各项财政补贴资金应补企业44.22亿元,实补企业43.18亿元,同比增加19.14亿元,欠补企业1.04亿元,综合拨付到位率95%,同比提高6个百分点。

【经营管理】

完善资金计划管理 全年日均头寸占用1.67亿元,同比少占用0.12亿元,各月旬均信贷资金运用率均在98%以上,信贷资金始终保持高水平运营。

加强会计管理 全面落实会计内控制度,充实配备支行会计人员43人,确保每个营业机构的会计人员不少于5人;组织工作组对全区7个盟市分行的32个旗县支行会计内控工作进行检查,对12个盟市分行及部分旗县支行的会计工作进行检查辅导,电子联行工作实现全年无差错。

加强财务管理 制定《中国农业发展银行内蒙古自治区分行财务费用分配暂行办法》,健全系统财务授权机制,严格财产管理、财务开支的审批程序和权限,落实重大财务事项集体审议和日常开支"一支笔"审批制度。制定《中国农业发展银行内蒙古自治区分行固定资产管理实施细则》,完善固定资产"三项指标"管理制度,规范自治区分行大宗物品的集中采购工作,加强财务收支管理,制定《关于增收节支加强费用管理的意见》,转变经营观念,强化成本意识,在全行范围内深入开展增收节支、勤俭办行活动。

加强和改进稽核监督 在东、中、西部分设自治区分行驻通辽、呼和浩特和巴彦淖尔三个稽核特派员办事处,进一步优化配置稽核力量。共投入3 950个工作日,对11个盟市分行和69个旗县支行2003年1月至2004年6月的资产、负债、所有者权益、损益、内部控制制度建设执行情况以及分支行行长任期经济责任进行现场稽核,并延伸检查了240个粮油购销企业的贷款使用情况,共提出稽核整改意见及建议640条,落实整改意见及建议640条。稽核面达到100%。

加快电子化建设进程 加强应用系统的运行管理和技术支持,完成电子联行应用系统和大额支付系统的结转和升级工作,全面推广电子公文处理系统,为综合业务会计子系统的准备和上线运行提供技术支持,强化信息电脑基础工作。建立健全《计算机病毒防治管理制度》、《统计工作考核评比暂行办法》等制度办法,进一步完善机房和网络运行环境。组织工作组对10个盟市分行和14个旗县支行的信息电脑工作进行全面检查。电子化建设稳步发展。

做好安全保卫工作 落实安全保卫责任制,层层签订责任状,加大监督检查力度,抓好安全生产和交通安全,加强安全防范设施规范化建设,开展业务培训和消防演练,提高安全保卫人员素质,增强员工的安全防范意识,保证农发行资金和员工生命财产的安全。

【先进集体与先进个人】

刘永林 农发行科右前旗支行,中国金融工会授予"全国金融'五一劳动奖章'"。

农发行临河支行 中国金融工会表彰"全国金融系统'女职工双文明示范岗'"。

卢纯才 农发行内蒙古分行,中国金融职工思想政治工作研究会表彰"全国金融系统优秀思想政治工作者"。

农发行总行党委表彰"中国农业发展银行先进工作者" 李东(农发行内蒙古分行营业部)、顾玉宏(农发行兴安盟分行)、张东明(农发行阿拉善盟分行)、康玉博(农发行锡林浩特市支行)、杨金扣(农发行达拉特旗支行)、李先梅(农发行乌拉特前旗支行)、何丽凤(农发行包头市九原区支行)。

农发行总行党委表彰"中国农业发展银行优秀共产党员" 何庆福(农发行呼伦贝尔市分行)、于赤生(农发行赤峰市分行营业部)、刘锦玲(农发行丰镇市支行)。

农发行总行党委表彰"中国农业发展银行文明建设先进单位" 农发行临河支行、农发行科右前旗支行。

(李 波)

工商银行

【中国工商银行内蒙古自治区分行领导名录】

行　长:范尔钢
副行长:娜日苏(女 蒙古族)
　　　刘建民
　　　李长命
　　　左中海
巡视员:贺福元(蒙古族)
　　　王鸿杰
　　　王 皓

【概况】 2004年末,中国工商银行内蒙古自治区分行全区机构总数785个,正式员工11 316人。内蒙古分行辖属12个二级分行、1个分行营业部、4个稽核特派员办事处、1所金融培训学校、1个后勤服务中心;100个支行、291个分理处、363个储蓄所。

2004年经营效益大幅度提升,实现经营利润增幅110.15%。年末,各项存款余额681亿元,较年初增长95亿元。各项贷款较年初增加88亿元,为前两年增量之和的1.98倍。运用现代科技手段,实现存贷款、电子银行、国际业务等"一揽子"营销,实现中间业务同比增长64.25%。

2004年,中国工商银行总行与自治区人民政府签订《银政合作协议》。工行内蒙古分行对40多个符合国家宏观调控政策和自治区产业政策的基础设施、重化工及海外投资项目进行前期的准备工作,同时,达成融资意向560亿元。

【信贷管理】 风险管理工作开始由单纯的信贷风险管理向信用风险、市场风险、操作风险并举的全面风险管理模式转变。认真执行总行的行业、区域、品种和客户信贷政策,严把新增贷款质量关。加快信贷结构调整,综合运用授权、授信及规模管理等手段,加大对信贷进入和退出的调控力度,不断优化资源配置。创新工作思路,灵活运用利率、内部转移支付等杠杆作用,加大劣质客户退出力度。

【财务管理】 引入业绩价值理念,对分类考核和差别考核进行探索,建立以行长责任目标考核为主、行长经营绩效考评为辅的考评体系。建立以结构调整和成本核算为基础的集约型业务发展模式,实现在有效控制风险和增加效益基础上的可持续发展,各行讲成本制约、在制约下发展的意识得到提升。

【强化内部管理】 成立"分行内控管理委员会",作为全行内部控制的领导机构,统一领导和管理全行的内控工作。明确内控工作的目标、重点、要求,逐步形成"责权分明、平衡制约、规章健全、运作有序"的内控体系。发挥自控、互控、监控"三道防线"的作用,对重要业务进行双线控制,进一步完善内控机制。进行案件分析,加强执法、执纪工作的针对性和实效性,案件防范工作的渗透力得到增强。严格执行中纪委关于个人廉洁自律各项规定,发扬勤俭办行的优良传统,高度重视社会稳定,做好政策疏导与矛盾排解工作,群体性事件明显减少。

【科技兴行】 把信息化建设作为提高核心竞争能力的手段,不断进行技术创新。实现科技工作从大规模的工程建设到"整合优化科技体系,全面提升管理水平"的转变。全功能银行系列版本成功投产,按时完成向上海数据中心正式迁移的投产验证工作。完成行内三级网络项目的改造,网络结构、网络性能进一步提高。依托先进的技术平台,推出财政代管、代收费等一批新的业务处理系统,对于提高全行管理水平和竞争发展能力发挥重要作用。管理信息工作的专业化、集约化建设步伐加快,重点推进数据质量清理、行长决策支持系统建设、法人客户管理系统、个人客户管理系统、特别关系客户管理系统的推广应用,加大统计检测力度,"网讯"宣传功能进一步强化。

(徐丽梅)

农业银行

【中国农业银行内蒙古分行领导名录】

行　　长:瞿建耀

副 行 长:李儒农

　　　　　潘文俊

纪委书记:苏木雅(蒙古族)

调 研 员:崔　山(蒙古族)

【概况】 2004年全行业务经营快速、健康发展,实现15年来的首次扭亏为盈,各项工作取得良好的成绩。

存款　至12月末,全行本外币各项存款余额达473.5亿元,较年初增加107.2亿元,同比增加32.5亿元,完成全年计划的133.7%。其中人民币各项存款余额471.4亿元,较年初增加106.6亿元,完成全年计划的133%,外币存款余额2 535万美元,较年初增加716万美元,完成全年计划的358%。在四家国有商业银行中,农行的人民币各项存款、储蓄存款增量市场占比均居四行之首,增量市场占比分别达39.25%和48.16%,余额比年初提高2.24和2.98个百分点。同业存款余额11.3亿元,较年初增加3.43亿元,完成全年计划的137%。

贷款　全行本外币各项贷款余额达372亿元,较年初增加59.7亿元,同比增加16亿元。累计发放贷款223亿元,同比多投放37亿元,创历史新高,有力地支持自治区经济的发展。累计办理贴现44.7亿元,同比增加18.2亿元。

经营利润　全行实现经营利润20 576万元,同比减亏增盈26 597万元,完成全年计划的102.9%。14个盟市分行中有10个盟市分行实现盈利,其中有2家盟市行实现扭亏为盈。扣除模拟拨备全行实现经营利润18 758万元。

不良贷款　五级分类不良贷款余额较年初下降5.68亿元,占比下降7.8个百分点。全行累计清收不良贷款本息72 145万元,盘活23 197万元,抵债资产处置16 442万元,分别完成总行下达计划的171.77%、55%和66.3%。抵债资产处置变现4 493万元。

中间业务　实现中间业务收入11 834万元,同比增加6 673万元,增长129.3%,完成全年计划的118%。中间业务收入占各项收入的比重达6.4%,同比提高2个百分点。其中实现国际结算额11.75亿美元,同比增加4.85亿美元;实现银行卡手续费收入7 560万元,同比增加6 359万元;实现代理保险手续费收入1 266万元,同比增加138万元,实现代理基金手续费收入136.8万元。

城市行发展　13个二级分行的城市行改革与扁平化工作进展顺利,机构整合、业务划转、人员调整等工作均按时完成,联行跨中心系统等四个系统得到推广应用,有力地推动了全行业务经营的发展。全行撤并低效网点31个(报银监局待批43个),减员1 120人。

【主要工作】

把存款工作放在首位　一是认真贯彻落实"迎新春"优质文明服务增存竞赛活动的各项政策措施,早部署,早安排,早落实,取得明显成效,全行一季度各项存款纯增73亿元,完成全年计划的91%。二是加强对市场的细分和研究,创新组织存款的思路和方法,强化收入分配的激励机制和杠杆作用,在全辖区全面推行网点招标竞聘制,仅区分行就切出2 800万元的费用和250万元的效益工资,用于对存款工作的奖励,充分调动全行员

工特别是一线员工的积极性。所辖8个盟市分行对全部营业网点进行招标竞聘，有力地推动存款工作的快速发展。通辽市分行通过招标竞聘，存款目标较基础标的总额增加2.2亿元。三是充分发挥网络和网点优势，狠抓一线网点和员工的优质文明服务工作，加大营业网点的硬件设施改造，抓好"星级"网点创建和评比活动，以优质、高效的服务吸引和维护客户，确保储蓄存款的快速增长。2004年基层网点硬件设施建设改造资金8 894万元，较上年增加4 730万元。区分行结合5月份"优质文明服务月"活动的开展，设定专人常年对网点优质文明服务进行暗访检查，促进服务质量和水平的提高。四是加大对电信、税务、财政、社保、学校、医院等行业性、系统性客户的公关营销力度，充分挖掘信用社、农发行、证券、保险等同业客户的存款资源，加大对单位存款和同业存款的组织力度。五是在加大网点营销的同时设立公关营销特别奖，调动全行职工的营销积极性。2004年，区分行员工攻关营销存款客户5户，组织存款达6亿元以上。

加大清收盘活力度 确保不良贷款余额占比的双下降 一是对新产生的不良贷款逐笔分析行业结构、客户结构、地区结构和具体原因，采取有针对性的措施，切断源头，并逐笔落实各环节的责任，进行责任清收。对2000年以来新形成的不良贷款，区分行对贷款经营行的行长送达区分行"行长令"，责令其落实责任，限期清收，并明确期限内收不回的惩罚措施，取得实效。至12月中旬"行长令"清收不良贷款8 500笔，清收本金8 129万元。二是加大不良贷款清收管理考核奖惩力度，安排2 400万元的费用和200万元的效益工资与清收盘活工作挂钩。三是全面推行不良贷款分账经营工作，全区共成立分账经营机构13个，集中54个城区行56亿元的不良资产。四是因地制宜、因企制宜、因人制宜，于9月份起开展小额不良贷款清收攻坚战活动，共清收小额不良贷款29 645笔，金额16 457万元。五是对清收盘活进度进行逐月监测，加强对资产质量的在线监控与实时动态预警，提高化解风险的时效性。六是积极采取公开拍卖等方式，加速抵贷资产的处置变现。

信贷结构得到有效调整 2004年，按照国家宏观调控政策，坚持审慎信贷原则，加大信贷投放调控的力度。区分行制定印发《关于进一步加强信贷计划管理严格控制贷款投放总量的紧急通知》，对列入宏观调控对象的企业和行业坚决不予介入，严禁向钢铁、水泥、电解铝等行业和高耗能客户发放贷款；将绒毛、淀粉、奶牛、农户一般生产性贷款审批权上收至区分行；提高对房地产、汽车消费贷款和法人客户贷款的准入门槛；对个体工商户贷款的利率一律上浮30%以上；坚决控制散小差贷款的投放，对2000年以来新发放的贷款不良率在3%以上、2003年以来新发放的贷款不良率在1%以上的支行一律停止发放贷款，除规范的质押贷款外其他审批权一律上收至二级分行，二级分行新增贷款不良率也达到这个标准的审批权上收至区分行；取消对贴现和小额质押贷款的放开式计划管理，纳入引导类贷款总量计划；继续实行法人客户首笔贷款审批权限上收区分行等规定，并加大CMS网在线监测力度，发现违规发放贷款的严厉惩处，有效地调整信贷结构。全行全年信贷计划控制在总行计划之内，贷款投放以重点类、引导类贷款为主，分别累放77.4亿元、83.5亿元，占全部贷款累放额的72%。全面实施区域、行业信贷战略任务。制定《关于实施区域行业信贷战略的意见》，在区域上突出了呼和浩特市、包头市、鄂尔多斯市、乌海市、阿拉善盟及棋盘井等自治区经济发展中能源优势最为突出、经济发展速度最快的两个"金三角"地区，在行业上立足于国家宏观调控和产业政策，突出煤炭、电力、石油、天然气、交通、农牧产业化龙头企业、重点学校、二级甲等以上医院、电信等优势行业和客户，成功营销大唐托电、中电投、霍林河煤业等一批大型企业，有效改善客户结构。全行新增贷款的50.47%，112.56亿元向资源富集、经济发展比较活跃的呼和浩特、包头、鄂尔多斯三地倾斜，余额占比达到44.41%；交通、电力、煤炭三大行业新增贷款58.22亿元，占法人客户新增贷款的33.08%。

加大收息力度 努力提高收益水平 一是认真落实收息工作的各项措施，加大收息工作与客户经理业绩的挂钩考核力度，将收息任务层层分解落实到相关部门、客户经理和清收人员，做到任务到人、责任到人。二是坚持按月收息，加大表内应收利息的清收，确保当期贷款利息收入应收尽收，减少利息冲减，提高收息质量。三是充分挖掘表外应收利息的清收潜力，努力增加贷款利息收入。四是充分利用利率浮动政策，在存量贷款的利率浮动上做文章，对借新还旧、收旧贷新、暂时退出有困难的客户也尽最大努力提高利率浮动幅度。同时，强化与新开发客户的谈判策略和方法，尽最大努力上浮利息，增加收入。

加大营销力度 大力拓展银行卡、代理保险、国际结算、票据贴现等中间业务，努力增加了中间业务收入，中间业务收入在各项收入中的占比提高2个百分点。明确不同银行卡产品的市场定位和营销重点，在认真调研的基础上，制定合理的银行卡收费价格，在全面拓宽收入渠道的同时维护客户，银行卡收入同比增加529%。以呼和浩特、包头、鄂尔多斯为重点，以满洲里、二连边贸业务为主体，大力拓展以国际结算特别是边贸结算为主的外汇业务，进一步加强对俄、对蒙间的合作，同蒙古国4家银行签订双边或单边账户协议，与俄罗斯3家银行建立代理行关系，国际结算量首次突破10亿美元大关，外汇业务市场占比上升至28.01%，系统内外汇业务综合评价由去年的20位上升至第18位。

【模范人物】

马忠海　男，汉，农行阿盟分行工作，2004年5月荣获全国金融系统"五一"劳动奖章（称号）。

（王大勇　张惠　布仁）

中国银行

【中国银行内蒙古自治区分行领导名录】

行　　长:车　军(5月离任)

　　　　　杨　勃(5月任职)

副 行 长:乜振民

行长助理:卞海忠(回族)

　　　　　刘　明

总 稽 核:张立军(女　回族)

巡 视 员:左连成

【负债业务保持持续 快速发展】 2004年,人民币各项存款再创新高,余额达到290.5亿元,还原发行0.75亿元次级债因素,实际较年初纯增58.46亿元,完成总行下达计划的121.8%。外币各项存款余额达到34 549万美元,较年初纯增1 425万美元。

【优质资产规模增大】

优质资产规模继续扩大　人民币贷款余额达220.12亿元,还原后较年初增加68.41亿元,完成总行下达计划的112.15%。根据年末客户评级结果,A、B类客户占已评级客户的81.73%,客户结构得到调整优化。本外币综合收息率为93.4%,较年初提高11个百分点。

资产质量进一步改善　本外币不良资产余额9.26亿元,较年初减少15.35亿元,不良率3.86%,较年初下降8.88个百分点。

【中间业务发展有所突破】

国际结算业务继续保持优势地位　结算总量达19.87亿美元,同比增加4.94亿美元。其中贸易结算总量18.01亿美元,同比增加4.81亿美元,完成总行下达计划的144.08%。国际结算业务实现收益5 464万元,同比增长42.1%。

银行卡业务发展迅速　全年实现收入1 139.96万元,完成总行下达计划的159.27%;代理外卡收单交易量达到1 500.14万元,完成总行下达计划的133.46%。

资金业务取得突破性成果　代客外汇资金业务交易量达1.24亿美元,个人实盘外汇买卖交易量达6.21亿美元,发售"汇聚宝"0.18亿美元,全年共实现收益109.55万美元,同比增加82.2万美元,完成总行下达计划的526.43%。票据买卖交易额累计62.48亿元,其中,买入票据34.87亿元,卖出票据27.61亿元,实现票据融资收益3 842万元,同比增加1 205万元。

代理业务效益显著　代理平安保险3 186万元,完成总行下达计划的159.3%;代售人寿保险3 168万元,代售新华人寿保险245万元。保险兼业代理手续费收入达1 014万元,完成总行下达计划的266.84%。代售旅行支票18.03万美元,完成总行下达计划的300.5%。A、B股银券通交易金额达18 301万元。全年代理业务实现手续费收入1 202.7万元,完成总行下达计划的300.68%。

全年中间业务收入7 960万元,占全部收入的2.95%,增长率为29.47%。

【资产负债规模稳步扩大】 全行实现本外币经营利润4.96亿元,同比增加1.74亿元,完成总行计划的114%。账面利润4.41亿元,同比增加8.08亿元。资产负债规模稳步增大。总资产达357.83亿元,较年初增加75.69亿元;总负债达354.69亿元,较年初增加66.6亿元。总收入26.95亿元,同比增加4.63亿元。净收入9.83亿元,同比增加2.41亿元。其中,净利息收入9.08亿元,同比增加2.16亿元;中间业务净收入0.75亿元,同比增加0.25亿元。总费用3.99亿元,同比增加0.84亿元。其中人事费用2.02亿元,同比增加0.49亿元;业务费用1.97亿元,同比增加0.35亿元。

【存款业务】 年初召开"开门红"动员大会,充分把握一季度的存款增长旺季,储蓄存款完成总行下达全年任务的62.95%;公司存款完成总行下达全年任务的90.13%。

开展辖内总行级精品网点的评选工作,实施储蓄网点升级进档方案;对低产低效网点进行整合,完成9家行13个网点的机构撤并和账务合并工作;根据总行的统一安排,推出"绿色存款"储蓄业务新品种。

【严防行业风险 优化客户结构】 在国家实施宏观调控和总行上收授信审批权限的背景下,中国银行内蒙古分行严格执行总行授信政策和各项管理规定,积极调整优化结构,稳步做大优质资产规模。在公司贷款方面,分行通过逐步建立起全辖整体联动的营销模式,在统一规划、统一标准、控制风险的前提下有计划、有重点地发展。除尽量满足原有优质客户的合理资金需求外,积极营销发展新的优质客户,尤其是加大对电力行业优质客户的营销力度,对已经出具贷款意向和承诺的电力企业进行梳理,择优支持内蒙古电力、北方电力、丰镇电厂、元宝山电厂、通辽电厂等优质客户,继续支持蒙牛、鄂尔多斯等上市公司,巩固了同包钢、包铝、霍煤等大型企业的合作关系。全年新增人民币公司贷款重点投向优势产业和重点地区,其中电力占全部新增额的68.06%,五个重点地区占全部新增额的79.96%。

在严格控制风险的前提下,中国银行内蒙古分行继续以"个人住房贷款"、"个人购车贷款"为重要产品积极发展零售贷款业务。2月份成立消费信贷中心,初步形成贷款中心一条龙服务模式,进一步提高零售贷款业务的经营管理水平。积极配合总行消费信贷突破3 000亿元的主题营销活动，在全辖开展零售贷款营销宣传活动。全年累计发放零售贷款33.26亿元，累计收回19.28亿元，收息率达到99.62%。在全部零售贷款余额中，个人住房贷款占48.96%，个人购车贷款占27.13%。

全行充分把握总行股改不良资产划转、核销的机遇，及时上报不良贷款档案和相关资料，顺利完成辖内不良资产处置工作，共处置不良授信资产211户，618笔，本外币本息18.24亿元。同时，全行加大不良授信主动压缩力度，加强资产保全力度，全年清收现金1.53亿元，超额完成总行核定的全年任务。

【业务创新】 圆满完成银行卡中台系统转换；完成IST替换NIC/NAP投产的各项工作，投产了IST新规范和ATM同城异地收费改造项目；在全中行系统率先搭建基于CDMA网络的移动POS业务平台，并与内蒙古联通签订CDMA移动POS协议；与维多利商厦签订收银一体机（MIS）合作协议，银行卡业务科技含量进一步增强，长城卡系列产品功能日益丰富。推出长城国际卡“外币消费、人民币还款”业务。

通过主动上门营销和为客户量身定做理财方案，外汇资金业务快速发展，交易量和收益率大幅度提高。在区内率先推出汇聚宝个人理财产品，为客户提供新型增值服务产品，赢得市场先机。完善票据融资业务考核办法，灵活调整票据买卖结构。加强内部资金管理和资金成本核算，努力实现资金运用利润最大化。在保支付、适当降低低息和无息资金占用的前提下，全年日均备付率保持在3.15%。

【代理业务】 全力推广“中银一卡通”个人金融客户服务平台，顺利完成第一期的自助缴费系统投产工作，在全区率先推进二期手机短信项目。积极整合、规范代收付业务，统一全辖的电力、电信行业合作协议、管理模式和收费标准。

大力发展对公网上银行业务，用户达到79家，交易金额累计达到31亿元。抓住财政国库制度改革契机，完成自治区财政支付系统的开发投产，积极争揽无贷户存款市场。完成内蒙古电力、北方电力同该行网银接口系统对接，为进一步拓展电力系统业务搭建平台。

经过积极营销，争取到国家开发银行总金额8.5亿元的人民币贷款代理业务。与4家保险公司开展保险兼业代理业务。完成银券通二期优化版的升级改造，为客户和券商提供更多的服务功能，增强全行银券通业务的竞争实力，全年交易额达2亿元，在三类行中位居第一。

【安全保卫工作】 加强对值班、押运、守库、网点防护等重要环节的检查，开展“百例案件分析”等教育活动，加强保卫人员队伍建设，增加技防、物防上的投入，全辖金库“四个三”封闭式管理达标率74%。

（李文杰）

建设银行

【中国建设银行股份有限公司内蒙古自治区分行领导名录】

副 行 长：裴品才（主持工作）

纪委书记：江海平

副 行 长：张 勤

高升亮

总审计师：汪永俭

行长助理：东 方（蒙古族）

【概况】 2004年9月21日，中国建设银行股份有限公司正式对外挂牌。全年实现贷款利息收入16.5亿元，同比增加5.2亿元；全部贷款利息实收率94%，同比提高6.6个百分点。列入当年综合经营计划的1亿元催收利息，由于债务重组，影响贷款实收率5.5个百分点。全行实现账面利润2.69亿元，同比增盈9.85亿元。债转股处置损失、拆借资金核销、抵债资产处置损失及固定资产处置损失等共计4.89亿元统一进行损益调整，则账面利润实际增加4.96亿元，实现经营利润（拔备及消化历史包袱前利润）5.46亿元，同比增加1亿元。全行消化各类资产损失7.1亿元，同比多消化2亿元。消化的资产损失主要包括：呆账核销5 846万元，固定资产处置损失428万元，抵债资产处置损失2.24亿元，减员支出1.09亿元，债转股损失3亿元，拆借资金核销922万元，消化其他损失215万元。

【费用支出】 2004年，全行费用支出总额5.9亿元，控制在总行下达的计划之内，同比增加0.5亿元，增长9.9%。其中人力费用支出3亿元，同比增加0.5亿元，增长18.5%；非人力费用支出2.9亿元，同比增加0.06亿元，增长2.2%。成本收入比率55.7%，同比下降2.4个百分点。

【中间业务】 全年实现中间业务收入7 476万元，其中建行股份公司中间业务收入6 190万元，建银投资公司煤代油手续费收入1 286万元，完成总行计划的106.6%，实际同比增加1 717万元，增长29.8%。

【存款余额】 2004年，全行本外币全口径存款日均余额376.8亿元，日均新增35.9亿元，完成总行下达计划的126%；时点余额401.1亿元，比年初增加34.8亿元，增长9.5%。企业存款年末日均余额162.3亿元，日均新增27.8亿元，完成总行计划的137%；时点余额184.8亿元，比上年增加32.5亿元，增长21.4%；储蓄存款日均余额179.6亿元，日均新增2.7亿元；时点余额181亿元，比上年增加2.7亿元,增长1.5%,同比减少11.6亿元。

【贷款投放】 2004年,全行本外币各项贷款时点余额331亿元,比年初增加29.4亿元,剔除可疑类贷款剥离17.78亿元及呆账核销5 846万元,实际比年初增加47.7亿元,实际增长15.8%;各项贷款日均余额308亿元,日均新增41.4亿元。各项贷款时点新增同比减少15.3亿元,但平均新增同比增加8.2亿元,反映出内蒙古分行2004年贷款投放均衡性有所提高。

【资产质量状况】 全年共回收、处置、核销和剥离账面各类不良资产25亿元,不良贷款额下降21.5亿元。2004年按五级分类本外币不良贷款余额7.19亿元,比年初减少17.7亿元,剔除可疑类贷款剥离17.78亿元及核销呆账贷款5 846万元,不良贷款率为2.17%,比上年下降6.08个百分点。其中次级类贷款余额4.9亿元,比上年增加7 400万元;可疑类贷款余额2.23亿元,实际比上年减少835万元。

【非信贷资产监管工作】 根据建行总行《关于引发中国建设银行非信贷资产风险管理办法的通知》要求,内蒙古分行建立非信贷资产定期风险分类报告制度,设立非信贷资产月度监测台账,按季度报送非信贷不良资产变动情况表及分析报告。对非信贷资产风险分类形态为正常或损失类的,原则上半年进行一次风险分类审批认定;对风险类形态为关注、次级、可疑类的按季进行风险分类审批认定。对非信贷资产风险分类认定工作,按照有关规定向信息中心报送有关数据和资料,确保五级分类结果真实,准确地反映非信贷资产的风险状况。同时积极清收处置非信贷不良资产,降低损失程度,确保信贷和非信贷资产业务同步健康发展。到2004年底,内蒙古分行非信贷资产总额131.2亿元,占全行资产比重为33.5%,非信贷不良资产总额为12.4亿元,不良资产占全部非信贷资产的9.5%。

【开展信贷经营和审批环节责任认定】 全行强化问责制,有条不紊地开展信贷经营与信贷审批环节的责任认定工作,完成对消化历史包袱核销处置计划的不良资产责任认定和对违规贷款责任的认定工作。共认定承担主观责任人789人,责任追究540人,其中处级干部12人,科级干部82人。

【健全和完善案件防查机制】 2004年,内蒙古分行制定《中国建设银行内蒙古分行案件应急处理预案》、《案件防查实施方案》、《中国建设银行内蒙古分行2004年有章不循违章操作专项治理实施方案》、《中国建设银行内蒙古分行人员行为排查暂行规定》等制度,为建立风险防范与内控管理的长效机制提供制度保障。认真部署落实以信贷、会计、储蓄、资产保全和基层机构负责人作为案件防查为重点的防查工作,建立和实行以"一把手负总责,分管领导分工负责,各部门协调配合,全行上下齐抓共管"的案件防范责任制,将案件风险防范工作纳入综合经营考评指标体系,列入各级领导任期目标责任状,与绩效、晋升、评先等挂钩。全行案件防查制度体系初步建立,案件防查工作日趋规范化、制度化。

【启动风险管理平台】 风险管理平台工程于2004年4月26日正式启动,进行理念培训、清理调查、体系设计、体系文件编写和体系试运行五个阶段,共形成体系文件402份,近500万字;识别全行各类业务和管理风险点1 627个。标准化、系统化、透明化、文件化的制度平台已初步建立,为最终形成标准化、规范化的操作流程及风险防范和控制体系,实现对各项业务活动全过程的风险控制奠定坚实的基础。

【数据大集中工程】 数据大集中涉及建行的所有业务,关联到每个二级分行及其经办机构,是一项工作巨大、复杂程度较高、事关全局的综合性工程。在DCC项目实施期间,内蒙古分行成立专门的组织机构负责领导、协调全行系统的工作,克服机构撤并、人员分流、股份制改造等种种困难,在人力、财力等方面提供有力的支持,经过项目组和全行员工的奋战,于2004年4月26日成功实现全行业务数据上挂总行北中心,经总行考核、验收,质量达到总行要求,受到总行的表扬。

【突出内审重要作用】 内蒙古分行总审计室以总行《内部审计章程》、《内部审计准则》等24项内部审计规范为依据,相继补充制定《建设银行内蒙古区分行审计项目考评管理暂行办法》、《建设银行内蒙古区分行审计办事处工作考评暂行办法》、《建设银行内蒙古区分行非现场审计应用补充实施细则》等业务管理和实施细则。组织实施审计项目经理责任制、非现场审计操作流程和通报、审计整改责任制等制度,坚持重大审计事项报告制度,使审计程序执行与审计项目质量控制得到有效保障。2004年实施的审计项目,当期整改率达65%,比2003年提高27%。

【重组改制】 按照总行股份制改造总体进程,内蒙古分行重组改制各项工作积极有序开展。内蒙古分行管理机制改革领导小组、办公室及项目推进小组及时成立,为改革推进提供了强有力的组织保障。2004年相继完成2001、2002、2003年度和至2004年6月30日的审计工作;以2003年12月31日为基准日的资产评估结果已经形成;房地匹配工作圆满结束,盟市行土地初审、自治区审核备案工作全部完成;第三稿资产负债划分结果已经上报,分账工作全面完成;可疑类贷款剥离账务处理完成,财务重组取得重大突破;分立公告如期发布,应急机制有效健全,社会和广大客户反应良好,各项业务运行平稳。

(高效利)

商业银行

【呼和浩特市商业银行领导名录】

董　事　长：杨成林
行　　　长：张庆荣
监　事　长：白文明（蒙古族）
副　行　长：白剑国
　　　　　　靳生荣
　　　　　　延　城
　　　　　　姚永平
工 会 主 席：王　伟
董事会秘书长：李东安
总　稽　核：冯国茹（女）
行 长 助 理：冯　茂

【概况】 呼和浩特市商业银行现辖属1个营业部、22家支行，共60个营业网点。全行共有员工910人，其中本科以上学历占21%，硕士学历8人，中高级专业技术职称192人。

2004年底，全行资产总额为56.4亿元，各项存款余额为52.3亿元，各项贷款余额为29亿元，实现账面利润1 484万元。

【支持弱势群体再就业建设】 为满足呼和浩特市下岗失业人员再就业的资金需求，缓解社会压力，促进呼和浩特市经济发展，作为呼和浩特市唯一一家发放下岗失业人员再就业贷款的承办行，商行积极采取行动，先后召开下岗失业人员再就业动员大会，并与呼和浩特市社保局下岗失业人员担保中心共同组成联合办公室，为日用小百货、糖业烟酒、餐饮、美容美发等微利项目等行业的再就业人员发放小额贷款。至2004年，累计发放户数272户，贷款金额为500多万元。有力地支持呼市的弱势群体。

【发放中小企业贷款】 中小企业作为呼和浩特市最有活力的经济成份之一，曾为经济的增长做出重要贡献。但是中小企业融资难一直是老大难的问题。商行从成立之初就把支持中小企业发展作为服务对象。全年商行新增贷款主要用于支持中小企业发展，2004年商行新增中小企业贷款共202户，贷款余额为5亿多元，占新增贷款额的75%。有效地解决中小企业发展过程中资金缺乏的瓶颈。

【支持市政建设和公益事业项目】 商行自成立以来，先后为呼和浩特市的六大班子迁建、路桥建设、水务建设等公益事业给予贷款支持，这为支持呼和浩特市市政建设发挥了重要作用。商行在全市水务建设方面新增贷款7 000多万元，用于支持呼市地区的水管网建设及城市污水处理工程。

【打造市民银行品牌】 2004年，商行采用面向客户的设计思想，全面引进新一代核心业务系统，极大地提高为市民办理业务的效率。新一代核心业务系统的引进，为商行建立稳固的基础业务平台，将工作重点转移到提高服务质量上来奠定坚实的科技基础。

在创新业务产品上，商行在银行卡业务方面推出百灵卡，并与北京华联商厦联合推出百灵华联联名卡。自2003年12月29运行以来，商行共发行各类银行卡33 000多张，累计存款1.2亿元；并在百货、酒店、宾馆布放POS机180多台，交易金额达2 800万多元，为广大市民提供方便。

【支持外向型经济发展】 为完善业务功能，商行紧紧抓住呼和浩特市对外开放和外汇体制改革的有利机遇，充分利用股份制商业银行的优势，开办国际业务，搭建起先进的国际业务系统操作平台，设计合理科学的业务流程，并推出自己的外汇汇款业务品牌—彩虹通道；同时借鉴国内外银行业先进的管理经验和经营模式，全面推进外汇业务的发展。至2004年底，商行外币存款余额为79万美元，国际结算业务量689万美元，结售汇业务量541万美元。

（邢俊威）

华融资产

【中国华融资产管理公司呼和浩特办事处领导名录】

党委书记
总 经 理：陈　胜（女　蒙古族）

党委成员
副总经理：赵连祥（11月任职）

党委成员
副总经理：周志宏（11月任职）

党委成员
纪委书记：魏宝山（蒙古族）
工会主席

【概况】 办事处于2000年4月26日组建成立，现内设有综合管理部、股权管理部、债权管理部、法律评估部、资金财务部、审计部6个部室。另设有资产处置审查、资产评估审查、财务审查3个专门委员会。到2004年末，有职工78人。其中：长期用工41人；短期用工37人。在长期用工中，有本科学历的22人、大专学历的15人、大专以下4人;有男职工26人、女职工15人;有中共党员28人、共青团员1人、民盟1人;有办事处级干部3人、部门高级经理4人、高级副经理8人、高级经理助理3人;有高级职称人员16人(高级经济师14人、高级会计师1人、高级工程师1人)、中级职称人员23人、初级以下职称人员2人;有少数民族11人,其中蒙古族9人。

【经营情况】 2004年,财政部对资产公司实行资产处置目标承包经营的第一年,同时又是公司实施第二个三年规划的第一年。办事处认真贯彻公司年初和年中召开的办事处党委书记、总经理工作会议精神,坚持“两手抓”的方针,结合办事处的实际,层层落实责任制,一边加速处置资产;一边抓商业性业务开拓;一边加强内部管理;一边抓队伍自身建设,较好完成全年各项工作任务。年内共处置资产涉及企业106户、账面资产100 466.82万元,收回现金15 853.2万元,完成综合计划的88.07%。其中:处置债权类资产103户、涉及账面资产75 666.82万元,收回现金4 987.06万元,完成公司考核任务62.34%;股权资产处置涉及3户、涉及资产24 800万元,变现10 077.1万元,完成计划的100.77%;股权分红收回现金789.04万元,股权分红收回率为100%。此外,继续开展了财务顾问等业务,取得收入33万元,基本同上年持平。

【债权资产处置】 深化管理,精耕细做,有效加速债权类资产处置。为强化处置效率和效益,全面落实目标管理责任制,一是将总部下达的现金回收任务进行分解,逐级落实;按照公司的“四挂钩”要求,完善管理办法,加大资产处置收现与员工工资、奖金挂钩的力度;加大资产处置奖向一线倾斜的力度。二是细化管理,分类处置,提高处置效率。为做好资产管理和处置工作,将存量资产按待处置类、分期付款类、委托拍卖类和诉讼及公安追讨类进行细化分类,并将处置进度和任务分月列出计划,进行分层处置,有效加快处置进度。三是加大违约项目和拍卖项目的清理力度。同时,积极做好清户扫尾工作,呼盟、锡盟、乌海、赤峰市全部清户,剩余资产到年末全部进入处置程序。

【股权资产管理】 强化股权资产营销,有效加快股权转让退出速度。股权管理,重点围绕参与持股企业重大经营管理活动、有效行使股东权力、维护股东合法权益,同时结合资产处置任务,深入研究与把握企业发展趋势以及企业重组、资本市场导向等机遇,积极探索股权退出的各种途径。一是在重点推进北重的债转股新公司注册,完成对一机拟转股债权收购工作的基础上,积极参与持股企业的重大经营决策。先后认真参加持股企业的股东会和董事会,维护股东权益。二是积极落实赢利持股企业分红。三是加强股权资产营销,实现股权资产变现重大突破,从东恒热电、风电能源、黄河化工3户企业取得股权处置收入110 077.1万元,债权处置收入830万元;此外赤峰制药的股权转让工作开始启动,正在进行资产评估工作。

【业务开拓】 一是继续开展财务顾问业务。经过积极与牵头的债转股企业进行协商,与黄化、融华钙业签订财务顾问服务协议,取得服务收入33万元。二是认真探索商业化收购不良资产和委托处置的路子。重点是与工行内蒙古分行进行了多次不良资产收购事宜协商与谈判。三是接受委托,并认真组织圆满完成美国高盛集团公司关于对某项目做的前期尽职调查任务。

【法律事务】 为了加快资产处置进度,努力实现结案率与收现率双赢的目标,对尚未结案的45户诉讼案件(不包括正在起诉的企业)实行分户包干责任人制,达到加快案件审结与执行的目的,收到良好效果。法律评估部与项目组密切配合,随时了解并掌握案件的进展情况,加快办案进度。加大对案件代理律师的考核与管理,严格并明确案件代理的责任和义务。

【资产评估】 一是紧密围绕加快资产处置,提高资产回收率的中心工作,改进工作方法,坚持评处分离,严格执行评估项目审核程序,发挥评估工作的服务与制约作用。同时,贯彻公司《关于第一批军工和有色企业债转股评审中有关审计、评估工作的指导意见》,认真组织完成一机、北重2户债转股企业评审过程中的评估工作,保证资产处置工作的运行。二是提高资产评估审查委员会审议能力,明确审议责任,形成约束机制,以提高审议质量和效果,杜绝流于形式、走过场。在评估审查委员会工作中,严格执行《中国华融资产管理公司资产评估审查委员会工作规则》,并对上会前的资料进行初审,保证评估审查委员会会议有效运行。全年共组织召开11次资产评估审查委员会会议,审议并通过了24户资产评估报告(包括债转股企业)。评委会的参会人数、会议议程、表决程序均符合规定。

【资金财务】 坚持资金财务服务于资产处置的工作原则,严密财务计划,统筹安排、均衡使用各项管理费用;按照公司规定的各项费用支出范围和程序,规范操作,树立崇尚节约、杜绝浪费的观念,积极适应金融资产管理公司向市场化改革发展的新形势,增强经营效益观念,崇尚节约,反对浪费,精打细算,有效地控制成本。与此同时,认真执行银行开户制度规定,坚持收支两条线原则,不坐支回收现金,不在回收现金中列支费用,按照会计核算办法,分类管理各专项回收现金,积极配合业务部门,做好回收现金的入账工作,并按时分类上划到公司总部。

【规范管理】 为规范资产处置,加强跟进审计工作。全年完成

64 个项目的跟进审计及整改工作。在审计中，注重把握资产处置审批权限和审批程序、法律审查和资产处置过程中的维权工作等方面的内容，加强处置项目档案送审前审核把关工作，资产处置合规水平较以往有明显提高。

充分准备，认真接待国家审计署山西特派办审计组的审前调查和进驻审计。按照公司要求，成立审计协调领导小组，并与公司总部保持经常联系，及时反映有关情况，配合审计署太原特派专员办完成对办事处的审前调查工作；为保证审计给审计检查顺利进行，对过去曾出现的问题和容易出现问题的环节，组织进行相关的检查和整改落实；对审计组进入后的审计工作进行认真配合。

开展 ISO9000 质量管理各项工作。办事处根据公司的总体部署，组织各部门进行岗位识别，编制岗位说明书，清理修订质量管理体系文件，较好完成质量管理认证阶段性工作任务。

【劳动竞赛】 根据公司的统一部署和办事处的实际，从调动全体员工的工作积极性出发，在全办开展争创“资产处置标兵”、“资产处置能手”和办事处工作先进集体，争做先进工作者活动。年内张新军、张庆丰同志被评为公司级资产处置能手，股权管理部、法律评估部被评为办事处工作先进集体，银英、石青山、海棠、胡国茹、张浩文、刘玲、哈达、王新春、姜自习被评为 2004 年度办事处级先进工作者，王辉同志被评为办事处级资产处置能手，张明辉、郭利德同志被评为 2004 年度办事处资产处置鼓励奖。此外，韩秀峰同志，被人民银行呼和浩特中心支行评为全区金融系统银行信贷登记咨询系统建设先进个人。

【困难及问题】 困难：一是实现收现目标难度大。债权资产存量越来越少，质量越来越差，收现率越来越低。二是股权资产受政策因素、企业诚信因素、现代企业制度推进缓慢因素、资产规模较大等因素的影响，处置难度较大，要实现两个“不低于”困难很大。已实现股权资产退出的企业，现金收回率与预期目标有较大差距。

问题：主要是在职工干部中规范管理的观念和意识仍有差距，业务规范操作方面时有漏洞，年内接受国家审计时发现的一些问题，也暴露出资产处置中存在薄弱环节，这说明，依法合规管理和规范操作的观念仍需进一步增强，管理质量仍需进一步提高。

（王玉和）

长城资产

【中国长城资产管理公司呼和浩特办事处领导名录】

总 经 理：张乐义

副总经理：徐　耀

【概况】 中国长城资产管理公司是经国务院批准成立的，具有独立法人资格的国有独资金融企业，中国长城资产管理公司呼和浩特办事处作为中国长城资产管理公司的派出机构，成立于 2000 年 2 月 18 日，行政级别为正厅级，由总公司垂直领导，办事处设党委。

内设综合管理部、资产经营部、处置委员会办公室、资金财务部、评估管理部、投资银行部、监察审计部、市场拓展部 8 个职能部门。始终坚持依法经营思路，建立健全资产处置委员会、财务审查委员会、评估审查委员会、审计委员会、考评委员会等。队伍结构中大专以上学历占76%；高级专业技术职称占17%；中级专业技术职称47%；少数民族干部占35%；党员占62%；妇女干部占21%。

【经营情况】 2004 年，是国家对资产管理公司实行资产处置回收目标责任制的第一年，也是公司真正开始向商业化转轨的第一年，办事处始终坚持“抓主体、带两翼、超目标、谋发展”的工作思路，全年处置资产原值9.65亿元，完成总公司核定计划的101.58%；回收现金完成总公司核定计划的102.57%。

【资产处置工作】 为确保完成目标任务，面对资产质量散、小、差、空、管理半径大的处置难度越来越大，在资产处置方面始终坚持依法合规经营的原则，从谈判、评估、立项、法律、审核、处置等方面追求处置回收价值最大化，从大局出发，注重社会稳定，不激化矛盾，坚持一个“实”字，立足一个“早”字，突出一个“快”字，强化一个“绩”字，有效地推动了目标责任制的落实和处置工作的开展。加大了“三公”和“择优、竞争”以及资产处置信息披露力度，撤销项目经理组，调整前后台机构设置，开展“双过半”和“确保全面完成任务”的竞赛活动，提高市场竞争意识，完善考核激励机制，有效调动资产处置积极性和创造性。

【新业务领域】 面对欠发达的地区经济，在全国 30 个办事处有 17 个办事处未完成投行计划任务的情况下，实现了投行业务收入 100 万元，全面完成总公司下达的投行业务计划。同时，大力推进商业化战略转型，及时完成竞标一级批发商估价工作。结合自治区实际，提早谋划，精心运作，组建市场拓展部，与北京东方办事处多次接触，努力做好资产收购和代理业务的前期准备工作，争取参与东方资产管理公司在内蒙古地区的不良资产打包业务。受自治区政府金融办委托，对金融租赁公司业务进行重点考察，提交考察学习报告，并由自治区主席杨晶向国家银监会作汇报。这些工作的顺利开展，不仅探索与拓展新的业务增长点,更主要的是增强了广大员工的市场意识、竞争意识和自我发展意识,对推进公司的改革与发展必将产生积极影响。

【综合运用多种处置方式】 采取“五个加大力度”的工作措施,并与总公司签订《目标责任状》,100万元以上的处置标的一律实行公开招投标的方式进行处置,实现按照市场化要求多渠道处置不良资产,有效地推进原值处置和现金回收工作。全年回收现金6 154.14万元中,通过拍卖方式回收现金占比86.34%;通过协议方式回收现金占比3.69%;通过其它方式回收现金占比9.97%。审查批复及申请执行诉讼项目9个,涉及金额3 941.53万元;对分期付款项目进行一次全面清理,实行人员、时间双落实,累计实现现金回收1 853.80万元;发出催收通知书和系统维权86户,涉及金额2.8亿元;在《内蒙古日报》向社会公开推荐86个拟处置项目,涉及金额1.3亿元。抵贷车辆在车辆交易专业市场,集中拍卖成交10辆,成交价占处置评估值112.55%。召开律师工作座谈会,进一步明确职责。对物权资产进行分类整理,建立健全物权台帐。

【风险控制】 全面加强风险控制,依法运作,合规经营。一是规范资产处置行为。办事处坚决贯彻一级法人授权经营,严格执行“评处分离、审处分离”的原则,进一步完善处置各个环节的监督、制约,明确处置权限、工作流程,抓好项目审核前的各个工作环节,提高项目方案质量,对资产处置项目,加大信息披露力度,在综合性媒体或公司对外网站进行公示,增加透明度;二是加强资产评估管理工作。为进一步规范评估中介机构选聘,制定下发《呼和浩特办事处资产评估中介机构选聘办法》,规定对单户收购值在300万元以上的评估项目实行招标,使评估更好为处置服务;三是做好资金财务管理工作。对原项目组帐户进行统一的清理、核对和撤销,制定下发《呼和浩特办事处高级经理责任片区费用开支操作规程》,建立责任区财务管理制度;四是对办事处资产处置和财务收支进行内部审计;五是优化资源配置,整合人力资源和机构。为推进战略转型,落实经营目标责任制,办事处按照“资产处置、业务拓展、后台支持、内控监管”四大职能体系要求,11%员工进行岗位调整,充实部门力量,成立投资银行部、资产经营部和监察审计部,强化内控建设,推进新业务开拓。

【配合审计检查】 把接受和配合审计检查,当作是对各项规章制度再学习、再认识、再强化的过程,当作是促进内控建设,加强管理、检查内部工作的过程,并以此为契机,对广大员工开展依法合规经营再教育活动。一是成立配合审计署检查工作服务小组,在审计署进驻之前,对资产收购、处置情况及财务收支、档案管理等工作进行全面自查自纠。认真接待审计署太原特派办审前调查和进驻审计检查工作,配合审计人员深入责任区调查工作,指定专人负责服务审计检查协调工作。检查过程中,坚持实事求是提供资料、实事求是回答问题,实事求是说明情况,不隐瞒、不遮掩、不护短,确保了审计检查工作的顺利进行;二是及时做好沟通工作,对审计署检查提出的问题及时做出全面部署,举一反三,加强协调,就审计问题作详细说明,得到审计监管工作人员的充分理解和肯定;三是把握审计事件的整体进展,认真做好整改工作。结合查出的问题,查找原因,及时下发《关于加强处置资金回收管理的通知》,切实防范道德风险;四是加强资产处置内控管理工作,制定下发《呼和浩特办事处资产处置情况报告及处置款项回访监督办法(试行)》,确保各项工作依法合规经营;五是积极配合银监局开展拍卖处置专项检查。

【“三铁”建设】 2004年,一是抓好资产处置工作“回头看”,专门成立自查自纠和处置档案建设领导小组,制定下发《呼和浩特办事处全面开展自查自纠及资产处置档案建设工作实施方案》,对办事处成立以来资产处置项目进行自查自纠、审计检查、复查验收三个步骤,对已处置的975个项目、1 610卷资产处置档案进行全面“回头看”,做到边自查、边整改,不留死角,实现资产处置档案三卷合一和五卷合一,建立资产处置档案1 205盒,全力打造“铁档案”;同时,对历年来的文件采取电子文本形式刻制光盘保存,形成电子文档,对已形成发文全部实行双套制管理;二是根据业务发展要求,办事处进一步加强和改进经营决策委员会、资产处置委员会、资产评估审核委员会、资金财务审查委员会、内部审计委员会的工作,充分发挥各个专业委员会在经营决策、公司管理、内部控制等方面的内部制衡作用,并增设经营决策委员会,制定下发《呼和浩特办事处经营决策委员会工作规则》,使经营决策进一步朝着科学化、规范化方向发展;三是加快信息化建设,上年办事处被总公司《今日动态》、《工作参考》、《纪检信息》采纳信息50条,全年办事处共核发处理批办各类文件1 743份,编发《每周动态》、《简报》、《工作参考》、《每月大事记》共64期,有效促进各项工作的顺利开展。

(安静 连剑平)

保险监管

【中国保险监督管理委员会内蒙古监管局领导名录】

党委书记
局　　长:智鹏飞

副 局 长
纪委书记:刘　甄

【概况】　中国保险监督管理委员会为国务院直属正部级事业单位,全国商业保险的主管部门。2001 年 1 月 10 日,中国保监会呼和浩特特派员办事处正式成立,2004 年 2 月 6 日,正式更名为中国保险监督管理委员会内蒙古监管局。作为中国保监会的派出机构,依据其授权履行行政管理职能,依照法律、法规统一监督管理全区保险市场。内设办公室、人事教育处、统计研究处、财产保险监管处、人身保险监管处、保险中介监管处 6 个处室。

2004 年末,全区保险业共实现保费收入55.22亿元,同比增长30.50%,增幅居全国第二位,其中财产险实现保费收入14.41亿元,同比增长35.29%;人身险保费收入40.81亿元,同比增长28.89%。共支付赔款及给付11.82亿元,同比增长25.48%。

【整顿规范】

对财产险市场进行专项整顿工作　根据中国保监会《关于开展整顿与规范保险市场秩序工作的通知》要求,内蒙古保监局成立检查组,对车险业务占比高、发展较快的乌兰察布市和锡林郭勒盟两个地区进行为期 40 天的重点检查。对检查发现的代理业务不规范,手续费提取、支付不合规、理赔案卷不规范等问题进行系统分析和定性,做出限期整改、全区通报等处理决定,引导保险公司加强内部管控,依法合规经营,防范和化解风险,起到了警示效应。

对人身险市场进行专项整顿　重点围绕学生平安保险、航空意外保险、建筑工程保险、意外伤害保险、团体险等重点保险业务的承保、理赔、手续费支付的合规性以及产品销售误导等问题开展现场检查。一是于年初采取暗访与现场检查相结合的方式,对呼市、包头、通辽和赤峰等地保险机构和代理机构进行航空意外险检查。二是从 8～10 月对辖区中国人寿、平安人寿、新华人寿分支机构进行现场检查,共对 3 家分公司、11 家中心支公司、13 家支公司的内控制度和经营情况进行检查,对查出的有关问题进行处理。

推广实行保险中介服务统一发票　规范保险中介市场经营行为　保监局与内蒙古自治区地税局加强沟通和联系,2004 年 7 月 1 日全面启用保险中介服务统一发票,要求保险中介机构建立健全发票管理制度,规范经营行为。此外,保监局组织人员赴包头、鄂尔多斯、通辽等地对保险代理公司进行专项检查和调研,为今后实施有针对性的监管提供依据。

【市场培育】　根据内蒙古保险市场主体较少、缺乏竞争活力的客观实际,内蒙古保监局将加强市场培育作为促进保险业发展的一项重要举措。一是积极创造条件,争取新华人寿、中华联合、太平洋产险 3 家保险公司进入内蒙古保险市场,指导其加快筹建和开业进度。目前全区保险市场主体已发展到 7 家,初步形成多家主体竞争发展的格局。二是加快盟市及以下保险市场建设步伐,支持各保险公司向盟市以下沿伸机构和引导两家国有保险公司合理调整机构网点部局。先后批设盟市中心支公司 2 家、旗县支公司 1 家、营业部 1 家、营销服务部 16 家。三是坚持高标准、专业化原则,积极培育保险中介市场。新批设保险专业代理公司 9 家、代理公司盟市分公司 1 家,审核批准 219 家兼业代理机构,形成遍布全区、布局合理的代理公司市场格局。四是加强保险中介从业人员队伍建设,督促保险公司严把营销人员准入关、加强培训教育和落实持证上岗制度,不断提高营销队伍素质。至 2004 年,全区共有7 214人取得代理人资格证书,营销员持证率达74.4%,取得经纪人和公估人从业资格证书分别为 67 人和 197 人,保险中介从业队伍的职业化、专业化水平明显提高。

【信访投诉与《行政许可法》】　一是加强信访工作,切实维护保险当事人的合法权益。全年共接待来访 20 批 29 人次,受理书面信访材料 28 件,其中保监局直接调查处理 13 件,转保险公司 15 件,办结率达到100%。二是认真贯彻落实《行政许可法》,积极开展依法行政的培训和教育,并结合工作实际,制定下发《内蒙古保监局行政许可事项内部工作规程》,并制定 7 种行政许可常用文书,提高行政审批效率。全年共计受理行政许可事项 36 件,在规定时限内办结率达100%。

【应对突发性事件】　内蒙古保监局认真贯彻落实保监会《保险业重大突发事件应急处理规定》,结合内蒙古保险业实际,制定《内蒙古保险业重大突发事件应急处理办法》,将保险业纳入社会公共安全应急处理机制中,健全对重大突发性事件的应急处理领导小组和应急预案。特别是在包头"11·21"空难事故发生后,内蒙古保监局快速反应,立即启动重大突发事件应急处理预案,组成空难事故协调领导小组,组织和指导保险业参与施救、做好理赔服务。在保监局的统一组织和领导下,辖区各保险公司反应快、行动快、见效快,及时、高效地完成理赔服务工作,得到社会各界的高度关注和充分肯定。

【营造环境】　一是积极争取地方党政的重视和支持。经自治区政府同意,2004 年 10 月,以自治区政府办公厅名义向各盟市、旗县人民政府和各委办厅局转发《关于加快内蒙古保险业发展的意见》,要求各级政府和各有关部门要切实树立保险产业观,积极支持和促进全区保险事业的发展。二是经过广泛协调和大力争取,制定了一系列鼓励保险业发展的政策措施。出台对促进保险业发展和为地方经济建设做出突出贡献的保险机构、人员的奖励办法,对保险业设立机构在征地等方面实行税收优惠政策,对保险公司高管人员个人收入所得税实行先征后返政策等等。三是加强保险理论研究。2004 年,全区保险系统组织开展"加快内蒙古保险业发展"首届论坛暨征文活动,共征集各类理论文章110多篇,表彰奖励优秀论文。

【诚信建设】 一是以"3·15"消费者权益日为契机,组织辖区内各保险公司开展以"诚信·维权"为主题的保险宣传和服务系列活动,全区共有14 000多名营销人员参加承诺签名。二是组织召开全区保险业诚信建设经验交流会,总结交流典型经验和做法,隆重表彰全区保险战线上在诚信建设中涌现出来的30个先进集体和50名先进个人。三是制定《全区保险业信用体系建设指导意见》,对全区保险业信用体系建设工作进行系统规划,全面启动保险信用体系建设工作。

【内部建设】 按照建设"有影响、有威信、有形象"保监局的要求,切实加强机关内部建设。一是及时完成保监局更名及内设机构调整工作。2004年2月6日原保监办正式更名为内蒙古保监局,并于6月初按照保监会派出机构新"三定"方案完成内设机构及人员调整工作。二是全面修订、完善监管工作规章和机关内部管理制度,先后制定完善关于保险监管和保监局内部建设的10多项制度,确保局内各项工作有章可循,提高机关工作的规范化和制度化水平。三是加强干部队伍建设,根据工作需要,在全局开展公开选拔任用环节干部工作,共有8名同志分别走上处长、副处长及处长助理的领导岗位。此外,坚持考录制度,严格选人标准,经过笔试、面试、考察等程序,向社会公开招录7名优秀人才,充实监管力量。四是加强培训教育,制定全局政治理论学习和业务培训教育计划,定期组织开展学习和培训工作。先后举办关于执政能力建设、《行政许可法》、保险统计信息系统、公文处理、计算机应用等方面的培训10多次,努力提高干部职业的政治理论水平和监管业务水平。

(卢万美 徐志成)

财产险

【中国人民财产保险股份有限公司内蒙古分公司领导名录】

总 经 理:云 珍(蒙古族)

副总经理:于利民(蒙古族)

李 毅

李雪松(蒙古族)

【概况】 2004年,财保内蒙古分公司全年累计实现保费收入13.75亿元,业务规模一年内超过4个省份,在全国系统的位次跃升至第20位;保费收入同比增长30.24%,高出全国平均水平22.74个百分点,增速列全国系统第5位;人均保费达到82.37万元。

2004年,公司累计承担保险金额2 323亿元,责任限额511亿元,同比分别增长8.47%和7.56%。共为1万多家企业、42万辆机动车、35万户家庭以及73万人次提供了各类风险保障。累计处理各类赔案10.86万件,共向受灾、受损企业和个人支付赔款6.49亿元,同比增加1.2亿元,增长21.82%。

【业务发展】

调整车险业务结构 增强车险盈利能力 积极参与政府、大企业的统保招标,紧抓区内汽车保有量大幅度提高的时机,密切与经销商、交通运管部门的联系,做好新车承保工作。对高风险、高赔付的车险业务进行调整,提高经营效益。密切关注车险市场变化,稳步推进车险条款、费率改革。巩固优质客户群,发展盈利能力强的险种。

加强大型商业风险保险管理 优化集中型业务 推行重点企业(项目)分工责任制和业务流失责任追究制,对大客户实行授权经营、分级管理。对全区重点工业建设项目进行摸底调查,落实展业责任,并健全信息沟通机制,联动展业。对集中型业务进行盈亏平衡分析,对部分赔付率高的业务进行调整。

发展分散性业务 拓展利润空间 制定分散性业务发展指导意见,加强政策引导。建立分散性业务发展问责制,将效益型险种业务作为指令性计划下达并严格考核。实行政策倾斜,开展劳动竞赛,激发业务人员积极性。采用现场督导、视频督导等方式,加强对分散性业务发展情况的督导。

加强营销渠道建设 促进代理业务上规模 与各类专业代理公司、保险经纪公司积极联系,加强合作。深化与银行、邮政等兼业代理机构的业务合作,拓展合作领域,丰富合作内容。完善个人代理营销管理机制,加强对营销人员的业务知识专业技能培训,稳定、壮大营销队伍,推动个代业务快速发展。

【内部管理】

"三个中心"建设稳步推进 将"三个中心"建设作为一把手工程,成立专门领导小组,实行"一票否决"。完善制度,强化培训,严格考核,加强督导,狠抓整改,实现了核保、报案、财务处理和信息数据的集中处理。"三个中心"作为公司经营管理的微观基础和承保、理赔、财务处理平台的作用日益凸显。

数据质量显著提高 深入开展"数据质量年"活动,落实岗位责任,规范操作流程。实施数据录入质量管理办法,夯实数据管理基础。制定数据清查方案,开发数据质量检查程序,实行数据质量日常监控、通报制度,及时清理问题数据,控制数据源头污染。在全国系统数据质量考核中,取得第三名的优异成绩。

承保理赔管理明显改进 深入开展风险调查评估,推行劣质客户名单制度,加强承保风险控制。建立客户信用档案和应收保费预警机制,实行应收保费催收责任制,降低应收保费规

模。规范主要险种的理赔实务流程,实行理赔权限动态管理机制。严格执行双人查勘定损制度,加强对疑难案件的跟踪调查,实行理赔定损人员举报奖励制度,挤压赔案水分。

财务管理得到加强　推进新会计制度实施,加快财会制度转型。完善资金管理办法,确保资金运用的时效性和安全性。加强固定资产管理,控制固定资产规模,提高使用效率。规范集中采购行为,降低采购成本。实行盟市分公司财务中心主任由自治区分公司直接考核和任免,增强财务管理人员的独立性。

【客户服务】　一是制定实施《客户经理制实施办法》、《大客户服务实施办法》和《客户服务实施细则》等客户服务制度,推进客户服务工作的制度化、规范化。二是全面推广应用"客户关系管理系统",建立完善客户档案,有针对性地为客户提供优质服务。三是成立"客户投诉处理专家委员会",加强对客户投诉的受理、处理工作的监督、指导和管理。四是开展全区"95518服务竞赛",促使"95518"专线的服务功能日趋完善,服务质量不断提高。五是设立"盟市、旗县公司经理接待日",举办客户座谈会、联谊会,加强与客户的沟通和交流。六是建立客户满意度的季度调查、分析、通报制度,积极开展客户满意度调查,提高客户回访率。

【理赔服务】　一是制定《赔案流程时限责任追究制度》和《理赔案件结案时限考核办法》,对理赔案件各个流程的时限进行实时监控,并分险种规定最高结案天数,按月考核通报,严格奖罚兑现。二是全面推行车险互碰赔案处理办法和小额赔案快速赔付办法,简化理赔手续。如对责任明确、损失确定、手续齐全且不涉及伤人的5 000元以下车险赔案,实行限时赔付。三是加强硬件建设。调配、充实查勘定损用车,为查勘车装配数码照相机、手提电脑和车载打印机,部分盟市公司还为查勘车配备GPS全球定位系统,增强理赔服务的快速反应能力。四是选派素质高、能力强的人员充实理赔一线,公开选拔优秀人才,优化理赔人力资源配置。五是规范报、立案程序,加大未决赔案清理力度,着力解决积压赔案、双代赔案结案速度低等突出问题。

【内部改革】　一是本着"效益第一"、资源有偿使用、长期盈利能力评价和公平原则,制定《经营绩效考核办法》,建立了以业绩为导向的绩效考评体系。二是在全区推行效益导向型考核办法,将利润指标层层分解,并与展业人员薪酬挂钩,以此激励展业人员提高业务质量,减少经营成本,营造公司上下层层抓管理、人人重效益的良好氛围。三是建立财务预算体制,实行全面预算管理,公司资源得到合理配置和有效整合。四是新的薪酬管理制度得到有效实施,科学的激励约束机制逐步形成。五是加强劳动合同管理,制定《编外用工管理暂行规定》,进一步规范人力资源管理。

（罗瑛杰）

人寿险

【中国人寿保险股份有限公司内蒙古自治区分公司领导名录】

总 经 理:李有俊

副总经理:陈守荣

郭如敏(女)

纪委书记:张志忠

【概况】　2004年,是中国人寿股改上市后的第一年,也是公司改革发展的新起点。全区系统累计实现保费收入29.73亿元(不含代理集团公司保费收入4.85亿元)同比增长29.74%。全年寿险首年标准保费收入实现14.63亿元;寿险及长期健康险首年保费收入18.13亿元,同比增长23.73%。公司的市场地位得到进一步巩固,全年股份公司保费收入占全区寿险市场份额的72.8%,加上代理集团业务占到84.7%。全区系统累计各种赔款给付4.65亿元,充分发挥人寿保险的经济补偿作用。

【业务结构】　全区系统寿险首年期交保费累计实现4.65亿元,同比增长32.48%;风险型保费和投资型管理费收入14.36亿元,同比增长40%;意外险保费收入1.45亿元,同比增长4.37%,其中,卡折式业务实现保费收入5 705.4万元,同比增长35.5%;短险考核利润完成总公司预算指标。业务结构的改善,提升公司的发展质量,增强公司的发展后劲。

【信息建设】　在顺利实现数据物理集中的基础上,综合查询系统得到全面推广应用。重新修订补充完善《OBPS操作手册》,确保代理集团公司业务的有效开展。圆满完成数据清理,进一步提高数据质量。顺利实现财务支持系统、业务处理系统、客服支持系统和销售管理系统的升级,积极开展IP电话规划和视频会议系统的试运行工作,提升计算机网络的附加值。全面实施信息反馈制度,发挥客服专线对内监督的作用。银行代收续期保费工作取得一定成效,显示较大的收展潜力。以客户为中心,研究制定《学平险特殊理赔办法》,出台个性化服务方案,进一步提升服务品质。特别是在11·21空难事故发生后,公司以高度的责任感全力投入到善后处理工作中,已经给付保险金一千多万元。公司积极主动、专业稳健、人性化的理赔服务得到地方政府和广大群众的充分肯定。

【风险管控】　继续推行包括工资总额在内的全面预算制,加大费用管理和考核力度;进一步加强网上银行管理工作,加快资金运转速度,提高资金安全性;通过完善相关制度,规范三大中心的工作流程,发挥管理监督作用;准确及时的开展负债评估和利源分析工作,为业务稳健运行提供数理依据。结合"十二条禁令",在系统范围内全面开展自查自纠工作。加大核保分保工作管理力度,完善大额理赔案件的审批监控体系,有效控制承保风险,堵塞理赔漏洞。围绕"四个项目"深入开展效能监察工作。成立内部控制委员会,进一步强化风险管控工作。

【内部改革】 按照总公司的统一安排部署,围绕公司发展的总体战略目标,在充分调研的基础上,坚持"精简、高效、竞争、激励"的原则,分别研究制定《内蒙古分公司分支机构人力资源制度改革指导意见》和《内蒙古分公司机关本部人力资源制度改革实施方案》,分阶段、分步骤、自上而下深入开展人力资源制度改革工作。至年底,基本完成各项任务。通过这次改革,进一步理顺关系,强化部门职能、优化人力资源配置,初步建立起科学合理的新型组织架构,形成一个能上能下、鼓励优秀人才脱颖而出的用人机制。改革对系统干部员工的思想也产生一定的冲击,推动全员思想观念的更新,使广大员工进一步增强紧迫感、危机感和责任感,达到转变思想、更新观念、改进作风的目的,为进一步深化人力资源制度改革奠定坚实的基础。

【公司品牌】 自治区分公司被工商局授予年度营业执照免检企业;被内蒙古党委宣传部、总工会、质监局等单位联合授予"用户满意单位";在2004年自治区知名企业信用等级评价中获得最高级—五星级评价。全区系统有10个单位和20名同志被内蒙古保监局评为全区保险业诚信建设先进集体和个人;乌海分公司被自治区党委授予全区思想政治工作优秀单位;赤峰市元宝山区支公司被团中央等部委联合授予中国人寿系统唯一的"全国青年文明号"十年成就奖。

【包头空难理赔】 11月21日,由包头飞往上海的航班MU5210型飞机,在包头机场起飞1分钟后,坠落于包头飞机场附近的南海公园,造成47名旅客及6名机组人员全部遇难,其中25名参加公司航空意外保险,有8人投保中国人寿的其他险种。至2005年4月,公司共赔付10 586 189.44元。

"11·21"空难事故发生后,公司立即启动重大事件应急处理程序,成立由总经理李有俊为组长、副总经理郭如敏、纪委书记张志忠为副组长,有关部门负责人为成员的应急处理小组,迅速研究制定了事故处理方案,并将有关情况上报总公司有关部门及内蒙古保监局。与此同时,郭如敏副总经理带领应急处理小组部分成员迅速赶赴包头,与在第一时间到达事故现场的包头分公司事故处理小组协同开展有关理赔工作。公司与地方政府积极沟通联系,将中国人寿理赔工作纳入到整个空难事故处理程序中,全力协助政府开展善后处理工作。自治区分公司李有俊总经理在参加完全国系统财务决算会议后,也火速赶到包头,与公司应急小组的同志一起研究善后工作中的有关问题,并就各项工作提出具体要求。总公司也对善后理赔等项工作给予高度重视。11月21日中午,王宪章总经理代表全国系统70万多员工向包头市委、市政府发来慰问电,苗复春、万峰副总经理也迅速对空难的善后理赔等项工作做出指示,要求内蒙古及包头分公司要本着对保户高度负责的态度,迅速查明遇难人员参保情况,积极做好各项理赔工作。

事故发生当天,全区系统"95519"客户服务电话在第一时间内开通有关空难的理赔、报案、咨询等服务项目;公司在包头"天使大厦"、东河区支公司等地点设立理赔咨询服务站,在遇难者家属居住的宾馆张贴公司理赔服务指南。与此同时,两级公司统一宣传口径,明确宣传任务,积极与当地各大宣传媒体联系,通过电视台、电台、网站、报纸等途径,在对公司的理赔服务、理赔进度及时报道的同时,加大保险常识、保险产品的宣传力度。

(吴潮科)

中区直企业

机械制造

【内蒙古第一机械制造(集团)有限公司领导名录】

董 事 长:徐晓庆

总 经 理:缪文民

党 委 书 记:郭宝林

监事会主席 党委副书记:赵凤林

总 会 计 师:曹德生

副 总 经 理:张 腾
冯益柏
李志亮
白晓光

工 会 主 席:王德荣

【概况】 内蒙古第一机械制造(集团)有限公司,前身系内蒙古第一机械制造厂,是国家"一五"期间156个重点建设项目之一,是国家特大型工业企业,也是内蒙古自治区重点培育和发展的大企业之一。于1998年改制为国有独资有限责任公司,2000年底建立法人治理结构,初步建立起现代企业制度。

公司占地面积20多平方公里,建构(筑)物面积94万平方米。公司现有全民职工18 120多人,其中专业技术管理人员5 225多人。公司拥有资产总额74.6亿元,拥有各类机械动力设备10 000余台(套),其中具有世界先进水平的进口设备1 000余台(套),形成了从冶炼、铸造、锻造、焊接、机加、冲压到整机装配的一整套综合生产能力。

【生产经营】 全年完成总体经营收入602 593万元,同比增长19%;实现销售收入567 037万元,同比增长23%;完成增加值9.6亿元,同比增长16%;实现利润6 158万元,年人均收入达1.8万元。其中,车辆核心业务全年实现销售收入458 492万元,占公司总体销售收入的80%,同比增长23%;车辆零部件专业化业务全年实现销售收入54 782万元,占公司总体销售收入的9.7%,同比增长19%;车辆相关业务全年实现销售收入28 077万元,占公司总体销售收入的5%,同比增长60%;辅助产业全年实现销售收入25 686万元,占公司总体销售收入的4.5%,同比增长7.6%。公司四个层次业务呈现出互相促进、协调发展的良好态势。

【产品研发】 北方奔驰重车完成两种样车装配并进入定型试验阶段。研制开发8×8、8×4、10×2等多轴系列产品、C型经济型军车、高顶驾驶室改型开发样车试制。铁路车辆继C80铝合金运煤敞车研制成功并投入大批量生产后,C70敞车进入试制阶段,同时开发25吨轴重氧化铝粉罐车、1524轨距油罐车、E级钢小间隙车钩、16#和17#车钩、F钩及K5转向架等一批产品;专用汽车研制出双舱式结构散装水泥车、18立方米和22立方米工程翻斗车、军警用雷达导引测试车、新型导弹运输车、新式警用小型现场勘察车等;工程机械研发出TMY230、TY230B、TY160A等系列产品;石油机械完成超高超长冲程光杆抽油杆的试验及定型、杆(管)扶正器和钻杆接箍的工艺技术准备、防腐抽油杆下井试验、油管开发的可行性论证等;消防清障车完成可用于城市反恐防暴的小口径水炮车的研制。

【技术改造】 完成北方奔驰冲压生产线、车桥装配线等技术改造,形成年产10 000台生产能力;铁路车辆生产线技术改造项目和厂房土建项目基本完成;专用汽车生产线技改项目基本完成,形成年产1 000台能力。

【企业管理】 以建设数量充足、结构合理、配置科学、素质较高的四支队伍为重点,采取有效措施,加强职工队伍建设。全年共招收本科以上毕业生166名,充实一线技术工人队伍,满足生产经营的需要。按照"点菜式"和分级分类原则,对职工进行个性化、差别化岗位培训,全年培训人员达17 395人次,全年通过高级技师考核43人、技师考核91人。公司技能人员在国家、兵器集团、内蒙古自治区各项技术比赛中取得优异成绩,钳工类获2枚国家级银牌和兵器集团前2名,铣工类获兵器集团第三名,数控设备操作在全国大赛中取得第二名,为公司赢得荣誉,成为自治区首批高技能人才培训基地。财务管理加强资金筹措调度、货款回收、成本费用控制、运营监控,努力推进债转股工作,促进公司整体效益的提高。生产管理推行预期型生产管理模式,不断增强生产计划的预见性,构建"日清"管理体系,强化物资供应和协作配套,保证各项军民品任务按计划全面完成。质量管理以问题管理为重点,进一步加强质量策划、质量监督和质量整改,质量体系通过换版后首次监督检查。公司继续保持全国和内蒙古自治区"用户满意企业"称号;被评为全国质量管理小组活动优秀企业。现场管理推行5S管理和"日清看板管理",公司继续保持兵器集团五星级铜牌。班组建设以兵器集团"班组建设年"为契机,开展"五好一准确"优秀班组创建活动,企业基础得到加强。公司模修班荣获全国"职工创新示范岗"称号,后道清理班荣获全国国防邮电工会"创新示范班组"称号,中梁焊接女工班荣获"全国巾帼建功文明岗"称号,并有5个班组被自治区国防机械工会评为学习型班组。保密工作获得国家一级保密单位资格证书。信息化建设进一步加快信息主干网建设。二维和三维CAD技术应用率分别达到90%和30%以上,CAPP技术应用率接近100%。OA办公自动化系统、生产计划管理系统、产品数据管理系统进入程序开发阶段,公司被评为兵器集团信息化建设先进单位。

【改革改制及合资合作】 改革改制方面,初步制订建立混合控股公司总体方案,大力推进主辅分离、辅业改制工作,全年完成4个单位的改制。合资合作方面,实现北方奔驰公司与蓬莱黄金公司的合资合作,年产15 000辆的北方奔驰蓬莱总装分公司开工建设;实现与潍柴、玉柴和清华大学的重车研发、销售战略联盟。实现石油机械与全球第四大石油设备供应商美国威德福公司的合资备忘录,产品批量出口。实现有色金属铸造与民营企业包头林峰公司和呼和浩特市昊源公司的合资。北创公司于2004年5月18日成功实现上市。

2004年内蒙古第一机械制造(集团)有限公司获奖名录

姓　名	性别	民族	奖　　项	获奖时间	工 作 单 位
鄂庆文	男	汉	"五一"劳动奖章	2004.4	内蒙古一机集团
缪文民	男	汉	中央企业劳模	2004.9	内蒙古一机集团
郭宝林	男	汉	内蒙古自治区治安综合治理先进	2004.1	内蒙古一机集团
赵凤林	男	汉	内蒙古自治区治安综合治理先进	2004.1	内蒙古一机集团
孙思远	男	汉	内蒙古自治区治安综合治理先进	2004.1	内蒙古一机集团
翟兴刚	男	汉	全国职工创新能手	2004	内蒙古一机集团
安理伟	男	汉	全国安康杯竞赛优秀组织者	2004.3	内蒙古一机集团
王校春	男	汉	全国第一届数控技能大赛数控铣第三名	2004.8	内蒙古一机集团
鄂庆文	男	汉	中央直属企业职工技能大赛钳工组银牌	2004.7	内蒙古一机集团
张学海	男	汉	中央直属企业职工技能大赛钳工组银牌	2004.7	内蒙古一机集团
段爱平	男	汉	全国第一届数控技能大赛第三名(内蒙古赛区)	2004.7	内蒙古一机集团
张　豹	男	汉	全国第一届数控技能大赛第三名(内蒙古赛区)	2004.7	内蒙古一机集团
宋殿琛	男	汉	第二届中央企业十大杰出青年	2004.8	内蒙古一机集团
吕利萍	女	汉	全区优秀共青团干部	2004.10	内蒙古一机集团
翟兴刚	男	汉	内蒙古职工经济技术创新工程活动奖	2004.8	内蒙古一机集团
潘　勇	男	汉	内蒙古职工经济技术创新工程活动奖	2004.8	内蒙古一机集团
白宏博	男	汉	内蒙古职工经济技术创新工程活动奖	2004.8	内蒙古一机集团
王兴杰	男	汉	内蒙古职工经济技术创新工程活动奖	2004.8	内蒙古一机集团
周　凯	男	汉	内蒙古职工经济技术创新工程活动奖	2004.8	内蒙古一机集团

(刘通顺)

石油销售

【中国石油内蒙古销售分公司领导名录】

总经理、党委副书记:赵永起

党委书记、副总经理:王永和

副总经理:乔世明

刘宏设

总会计师:杨　富

党委副书记、纪检书记、工会主席:王那顺

【概况】 中国石油内蒙古销售分公司是中国石油天然气股份有限公司在内蒙古地区的分公司,主要从事成品油、车用天然气的经营业务。所属12个盟市分公司、3个控股公司、83个旗县经营部,共有员工1.3万人。公司有运营油库46座,库容41万立方米;有加油站、四级网点1 201座,其中:一类加油站140座,二类加油站349座,三类加油站398座,四类加油站181座,四级网点123座;有汽车油罐车329辆,流动加油车71台。公司固定资产16亿元。

1998年至2004年,成品油销售总量增长150%,零售量增长4.4倍,实现利润增加近10倍,共上缴税金9.7亿元,社会贡献率保持在20%。为自治区经济和工农牧业发展提供优良的油品和优质的服务。

【成品油销售】 2004年,内蒙古销售公司共销售成品油244.68万吨,同比增长36.2%,零售量190.84万吨,同比增长43.03%,零售比重78%,同比增长3.73个百分点,市场占有率85.85%,实现利润4.4亿元。

【成品油调度运输】 面对资源相对紧张的状况,实行调运分级责任制,强化油品的采调工作,成品油配置计划兑现率达到98.75%。

1.根据内蒙古市场点多线长,需求结构各异,多个大区公司配置资源的特点,制定科学的运输计划,加强与大区公司和铁路部门的衔接,合理安排油品调运,保证市场供应。

2. 为缓解区域性资源供应紧张的状况，突破计划限制，变更到站，调整运输方式，根据分公司库存和市场销售情况组织运输，有效缓解了局部市场供需不足的问题。

3. 加强基础工作，建立健全调运工作责任制。制定《成品油调度运输处岗位责任制》，设立责任明确、运行有效的工作岗位，强化监督管理，提高调运工作水平。

【固定资产投资】 2004 年内蒙古销售分公司实际完成固定资产投资15 275万元，完成中油下达计划的123.53%。投资新建、收购、改造加油站 113 座，其中：新增加油站 73 座，改扩建加油站 40 座，新增一类加油站 9 座、二类加油站 23 座、三类加油站 38 座、四类加油站 3 座。技术改造项目完成投资 833 万元；完成油库技术改造 33 项；完成加油站改造投资1 376万元。

【安全管理】 2004 年，开展"安全管理年"活动，狠抓各项规章制度落实，加强安全监督检查，加大隐患整改力度，加强员工岗位安全培训，使全系统安全管理整体水平有进一步提高。油库、加油站全年未发生安全生产事故，车辆交通事故发生数比上年下降50%。一是加强对油库加油站硬件设施的隐患整改，完善应急预案，进行事故应急预案的演练；二是结合 QHSE 体系建设，完善和统一油库、加油站及油罐车的各种记录，制定各作业岗位和安全总监的上岗条件，实行持证上岗；三是实行安全生产责任制，层层签订安全生产责任状，建立安全风险抵押奖惩制度。

【数质量管理】 严把油品入库、储存、出库、损耗四个环节，加强油品入库的验收计量和化验，不合格的油品坚决不能入库；杜绝缺斤短两、克扣顾客现象。制定和落实《中国石油内蒙古销售分公司加油站体积计量交接办法(试行)》，《中国石油内蒙古销售分公司油品质量管理办法(试行)》。在全系统开展加油站计量大检查工作，计量误差均在规定范围内。对全系统经营的成品油进行抽样化验，共抽样 21 个批次，全部合格。组织人员参加中油举办的股份公司油品质量检验员培训班，全部获得资格证书，进一步提高化验队伍素质。

【信息化建设】 制定内蒙古公司信息工作管理办法、计算机防病毒系统实施办法和管理规定等规章制度。按照股份公司安排，实现了公司本部与股份公司行文电子化。建立 4 个文件传输网站，提高文件数据的传输效率，降低办公费用。完成全区企业主干网和各盟市分公司局域网的整合，实现分公司各业务科室与内蒙古公司相关业务处室的互联互通。

【加油站零售】 2004 年系统内加油站、点总数1 146座，同比增加 77 座。一、二类加油站 472 座，占加油站总数的43.13%；星级加油站 276 座，占加油站总数的24.1%。全年成品油零售量190.84万吨，同比增加57.41万吨，增长43.03%；零售比重78%，同比提高3.73个百分点，零售市场占有率76%；资产型加油站平均单站日销量5.16吨，同比增加1.54吨。

【加油站管理】 内蒙古公司以提高加油站综合管理水平、综合形象水平、综合服务水平、综合效益水平为方针，强化加油站的经营管理和服务工作。一是加强全区加油站形象改造，达到罩棚色彩明亮鲜艳，所有标识、标志统一规范，站房整齐划一，干净明亮，统一的消防沙箱、消防器材箱等。二是规范现场管理，加强各项管理制度的落实。加油站场地干净整洁，器材用品摆放整齐，设备设施物见本色，所有的设备上都设置管理卡，员工规范着装，微笑迎送八方来客。三是加强服务管理，进一步提升服务质量。向顾客提供便利、超值服务，免费供应开水、绿豆汤、擦洗车辆、常备药品、维修工具、车辆加水、报纸、休息场所、道路指南、天气预报等服务；开展"有事请找加油站"的服务活动，对在路途中遇到困难的顾客提供帮助；进一步落实规范，严格执行加油"十三步曲"和"收银六步曲"。四是强化员工培训工作，落实培训工作责任制，实施"三级"培训教育，许多分公司建立职工教育基地，加大新员工的岗前培训和员工再教育力度。

【人事管理】 加强领导班子建设，积极开展民主评议、届中考核、加强后备干部队伍建设。在工资分配办法上进行积极探索，根据企业发展，调整和简化考核指标，发挥薪酬分配的激励作用。制定《内蒙古销售分公司员工培训教育管理办法》，开展基础培训，2004 年共举办干部培训 40 期，培训1 065人次，基层经理人培训 92 期，培训2 300人次，加油员、付油员培训 132 期，培训8 634人次，专业技术人员培训 54 期，培训1 547人次，参加社会机构组织的培训班 48 期，培训 640 人次。及时派人参加上级公司组织的各类培训，参加高级营销、党委书记等各类培训班共 40 人次。做好人才引进工作。组织开展毕业生招聘工作。在需求调研，编制计划、资格审查、考试等各个环节上精心组织，严格把关，录用会计、营销等八个专业 61 人，并在板块公司的统一组织下，从石油类院校引进毕业生 28 名。

【纪检审计】 审计工作遵循"全面审计、突出重点"的原则，把资金管理、费用预算管理、投资管理与加油站经营管理的审计以及经济责任审计列入年度审计重点，2004 年度完成审计项目 280 项，审计资金148 367.81万元，覆盖率76.15%。提出建议采纳率88.50%，直接增收节支3 338.59万元。内审独立完成 160 项。

（陈文惠）

石油化工

【中国石油呼和浩特石化公司领导名录】

总　经　理
党 委 书 记:李文勖
副 总 经 理:王兴太
副 总 经 理
总 工 程 师:刘前保
党委副书记
纪 委 书 记:王旭伟
工 会 主 席

【概况】 呼和浩特石化公司是年加工150万吨原油的中型炼油厂,现有150万吨/年常减压等12套生产装置,固定资产原值13.5亿元,净值6.63亿元。产品有汽油、柴油、聚丙烯、重油、液化气、沥青等6大类20多个品种。产品主要销往内蒙古中西部、山西北部、河北张家口等地区,并出口蒙古国。现有职工1 569人。2004年,是呼和浩特石化公司实现扭亏脱困、建设精品炼厂的一年。全年加工原油123.82万吨,完成年计划的103.18%;实现销售收入30.66亿元;全年上缴税金2.39亿元,继续保持内蒙古自治区纳税大户前列的水平;投资8亿元的重油深加工等五项改造工程全部审查立项。

【安全生产】

完善落实规章制度 年初就对三级确认、走动式管理、不间断巡检等制度进行细化,各级管理干部和广大员工认真落实,避免多起重大事故的发生。严格落实各种作业票证审批制,特别在停工小修中,强化现场施工管理。新建"危险作业许可证制度"等安全规章制度8项,完善"停工、开工、小修安全管理规定"等6项规定,为安全生产提供制度保证。

反"三违"活动 查摆"三违"现象531条,制定整改措施,并汇编成册,组织广泛学习,广大员工反"三违"的意识有所增强。同时加大检查考核力度,发现一起,通报处罚一起。

经常性安全生产检查和隐患整改 坚持定期和不定期开展安全生产大检查,全年开展季节性和节日等专项检查56次,查出各类隐患509项,建立隐患治理台帐,做到及时整改隐患,一时不能整改的,都制定了相应的预案,保证隐患整改不失控。

应急救援预案的演练与培训 制定完善公司级应急救援预案17个,车间级预案144个,并印发到班组各岗位,组织员工进行演练。狠抓安全培训工作,共培训各类人员300人次,加强了外来施工人员的安全教育,员工的安全意识进一步提高。

QHSE体系建设 全面开展体系建设的各项工作,进一步加强质量全过程控制,规范化验分析项目和频次,严格细化考核,保证四个季度股份公司产品质量抽检全部合格。

环境保护 克服畏难情绪,深入开展创完好活动,努力消除现场脏、乱、差等低标准现象,进一步改善厂容厂貌,促进绿色文明企业的创建。污水处理全面达标,顺利通过中国石油股份公司的检查验收。

【生产经营】

生产技术指标 积极克服原油入厂不均、长庆原油一度氮含量高等对生产造成的不利影响,优化生产组织,细化指标分解,严格考核兑现。加工量、轻质油收率、综合商品率、柴汽比、加工损失率等主要生产技术指标都超额完成了计划。

节能降耗工作 加大现场用水管理力度,用水单耗同比降低0.27立方米,全年用水量比上年减少33.7万立方米。开好节能设施,吨油耗电同比降低5.55千瓦小时。在保证产品质量的同时,合理加剂,化工原材料比预算降低74.98万元。回收污油1 517吨,污水回用27.8万吨,修旧利废创效近40万元。

费用指标得到控制 强化预算管理,发挥财务的监督、控制职能,出现超预算,限时追回。管理费用比预算降低72万元,营业费用比预算降低8万元,财务费用比预算降低1 101万元,修理费比预算降低576万元,采购费用降低1 278万元。

【技术效益年活动】

技术基础工作 修订完善工艺卡片和操作规程,建立健全各类工艺技术台帐。坚持抓好装置达标,达标综合技术评分由77.49提高到85.21。操作岗位员工每日绘制主要技术参数的运行曲线,上墙公示,每月统计考核兑现;职能处室和各车间对非正常波动的技术参数组织全面、准确的分析,及时指导生产。

技术攻关 针对生产薄弱环节,公司组织开展提高柴汽比、降低综合损失率,降低能耗(炼油实际能耗)和"三年一修"设备长周期运行等七项技术攻关。各攻关小组制定合理的方案,实施具体可行的攻关措施。

短平快项目 公司上下开展技术合理化建议活动,共征集技措技改项目70余项。先后建成催化减渣等多条原料直供线、常减压四顶瓦斯回收、重整加氢瓦斯回收、V107丙烯至气体分馏装置增设专线、催化增设E215换热器等项目,提高综合商品率,收到很好的经济效益。

增产高附加值产品 公司通过将预加氢拔头油送到催化提高重整汽油辛烷值、优选MMT加剂量等优化油品调合方案,93#汽油比计划增产1.83万吨。临氢降凝装置投用后,-35#柴油比计划增产2.09万吨。

【企业管理】

设备管理　围绕三年一修目标，强化设备基础工作，实施设备全员管理，形成自上而下的设备管理维护网络。深入落实设备特护制和包机制。对大型机组和关键设备成立专门的特护小组，明确责任，严格考核，保证装置长周期安全运行。

业绩指标考核　下半年，公司调整完善业绩指标考核体系，突出对主要指标、薄弱指标和管理层的考核，对完成各项经济技术指标起到积极的推动作用。

三级核算管理　各车间采取多种形式，调动员工当家理财的积极性，将公司下达的各项预算指标分解细化，班组每班一核算，车间每日一核算，每月累计考核兑现，核算结果和计划指标统一上墙公示，促进小指标保大指标的完成。

干部缺员竞聘和岗位整合　股权划转　完成123个计量、化验操作岗位、7个资金核算岗位三项业务整合工作。整合后的业务单位认真制定落实岗位标准和职责，提高系统化操作和归口管理的水平。53个干部岗位通过公开竞聘全部补齐，竞聘上岗已成制度化。与内蒙古销售公司顺利完成大青山股份公司的中油股权划转工作。

内控体系建设　对原有的管理体系进行补充和完善，完成流程目录编写、流程描述及风险控制描述。对物资采购招投标、产品出厂、各类处分执行、罚款管理情况及岗位竞聘等进行效能监察，保证公司政令畅通，经营规范。

产品出厂和煤炭入厂管理　对液化气、成品油散装出厂实行了收款、开票、装车现场联合办公，树立了良好的企业销售形象。加大了液化气出厂装车量的监管力度，出厂误差由2.5%降到0.12%。入厂原煤实行外观、程序和化验结果三级确认，保证燃煤质量。

关联交易协议签订　公司和呼炼综合服务处在顾全大局、共谋发展、互相理解、互相支持的基础上，本着共创扭亏为盈经营氛围、和谐发展工作环境的原则，按照集团公司南戴河工作会议要求，签订为期三年的关联交易协议。

【扩能改造】

申请立项　公司班子高度重视改造工作，多次主动向股份公司和板块领导汇报，反复与主管部门、专业公司沟通，多次组织人员外出学习考察，慎重论证改造方案，经过不懈努力，重油深加工改造工程（包括90万吨/年催化裂化装置改造和25万吨/年气体分馏装置改造）于6月25日批复立项，初步设计于11月3日正式批复。3万吨/年MTBE装置于12月8日批复立项，3万吨/年苯抽提装置和10万吨/年聚丙烯装置的可研已通过股份公司审查，近期能够批复立项。

设计审查责任制　为确保改造范围、改造深度、改造方案的合理性，公司内审各专业组积极配合设计院，认真做好可研和初步设计内审与对接工作，及时修改完善并送审各项改造工程的可研报告和重油深加工改造工程的初步设计，为项目及时审查批复创造条件。

工程建设前期准备工作　为保证五项改造工程有条不紊、紧张有序的进行，公司成立了重油深加工改造及配套工程项目经理部，就建章立制、加强内部控制、工程设计、设备材料招标采购、施工图审查、施工组织、档案管理和决算审计任务分工等各项工作——建立责任制，落实到单位和个人，为工程建设顺利进行创造了条件。

关键设备招标订货　为保证改造工程如期进行，公司及时组织关键设备招标采购工作，技术谈判组和商务谈判组认真负责，严把技术、价格关，到年底，已完成主要设备材料的订货工作。

（李正智）

森工集团

【中国内蒙古森工集团（大兴安岭林业管理局）领导名录】

总经理
局长：孙扎根
党委副书记
党委书记：扎　布（达斡尔族）
党委副书记：孟　根（蒙古族）
副总经理
副局长：石玉峰（蒙古族）
党委副书记：刘振国
副总经理
副局长：杨敬民
　　　　郭守杰（女）
工会主席：李冶红
副总经理：马春元
纪委书记：崔志博
副总经理：郭燕吉（蒙古族）
　　　　张学勤
　　　　王　财
总经理助理：鹿占山

【概况】　中国内蒙古森林工业集团是国务院确定的全国首批57个试点企业集团之一，林地面积和森林蓄积量均居全国四大国有林区之首，是国家最大的集中连片的国有林区，全国重要的生态建设基地和林木产品生产基地。企业总资产124亿元，被列入"中国的脊梁"国有企业500强。

内蒙古大兴安岭林区东连黑龙江，西接呼伦贝尔大草原，南至兴安盟洮儿河，北部和西部与俄罗斯、蒙古国毗邻，边境线

440公里,地跨呼伦贝尔市和兴安盟的9个旗市。经营总面积10.67万平方公里,占整个大兴安岭林区面积的47%。有林地面积8.15万平方公里,占全国国有林区森林面积的10.2%。活立木总蓄积7.17亿立方米,占全国国有林区活立木总蓄积的10%。现已开发森林面积6.96万平方公里,有34%的原始林区作为重点公益林进行全面管护。

森工集团有51个企事业单位,19.1万名职工,50万林业人口。

【经济效益】 2004年,林区实现社会总产值43.2亿元,同比增长17.7%。实现地区生产总值22.6亿元,同比增长20.9%。实现工业增加值12.8亿元(原口径),同比增长15.6%。实现非林非木产业产值22.7亿元,同比增长16.3%。实现林产工业产值8亿元,同比增长16.9%。实现全部收入30.4亿元,其中,木材销售收入11.6亿元。实现利润5 718万元。实现利税2.92亿元。

【生态建设】 一是继续深入实施"天保工程",新增家庭生态林场和沟系承包户1 365个,从业人员3 657人。建成管护站671个,落实管护面积894万公顷。林区家庭生态林场和沟系承包总户数达3 149户,分流安置8 784人。二是野生动植物保护和自然保护区工程建设力度加大,总投资883万元的金河汗玛自然保护区一期工程建设通过国家验收,总投资2 500万元的二期工程建设规划及可研已编制完成,正待国家林业局审批。莫尔道嘎额尔古纳自然保护区升级的前期工作已经完成。克一河诺敏、绰尔河源头湿地自然保护区已经立项。2004年,林区共建成各级各类自然保护区12个。三是编制完成《林区速生丰产林基地建设工程规划》和《项目建议书》,正待国家林业局审批。启动实施林区种苗示范基地建设工程,完成了项目立项、可研审批等前期工作,正在进行施工设计。四是共计完成营造林10.93万亩,并积极推行个体、联户承包造林,企业按成活率收购。五是坚持依法林,加强资源管理监督力度,杜绝超限额采伐。

【工业化强企】 内蒙古森工集团不断提升工业化水平,以实现规模化、集约化经营为重点,依靠合资合作的方式,引进新体制、新机制建设主导产业。林区已经基本形成以人造板、浆纸、集装箱底板等产品为主的林产工业新格局。

合作建设集装箱底板生产基地 森工集团与中国国际海运集装箱集团合作组建内蒙古呼伦贝尔中集木业公司,分两期建设年产20万立方米集装箱底板项目,该项目填补了国内落叶松深加工的空白,是林区历史上最大的引资项目。呼伦贝尔中集木业公司占地35万平方米,注册资金1 200万美元,投资1.5亿元人民币。一期10万立方米生产线已全部投产。

合资组建浆纸公司 森工集团与美国中南投资有限公司合资组建的股份制企业—玖龙兴安浆纸(内蒙古)有限公司,首期扩能达到年产纸浆10万吨,二期新增25万吨,最终实现年产60万吨。2004年正式按新体制运营,全年完成浆纸生产7万吨,实现产值22 698万元,利税4 661万元,利润2 200万元。

德盛纸业公司成立 森工集团与中国乡镇企业总公司、中国远洋股份有限公司合资组建德盛纸业公司,建设年生产能力1.5万吨育果袋纸项目。2004年,生产育果袋纸8 000吨,实现产值4 680万元。

根河板业公司上市进程加快 2004年,将得耳布尔、满归、甘河三家板厂的人员、资产划归根河板业公司统一管理,林区人造板行业实现了集团化、集约化经营。根河板业公司全年产量达到21.6万立方米,实现产值2.26亿元,利润1 630万元。完成金河与莫尔道嘎森工公司、根河板业公司的资产评估,上市入围企业的资产、土地已获准授权经营,新组建的大森林股份有限公司注册前的各项工作基本完成,进入上市辅导期的前期工作基本就绪。

【产业化富民】 2004年,森工集团把完善体制、激活机制和打造名品名牌做为结构调整与发展后续产业的关键,加快非林非木产业的发展步伐。在重点抓六大非林非木产业基地建设的同时,加大了矿产与森林生态旅游开发的力度。全年共扶持家庭经济户4.8万户,其中规模家庭经济户3.8万户。

培育养牛基地 森工集团投资2 000万元专项扶持资金重点用于发展养牛业,各森工公司也出台配套政策,使林区养牛产业取得突破性进展。大杨树、阿尔山、绰源、图里河、乌尔旗汉分别在养殖区建成奶站。大杨树、绰尔森工公司引资建成屠宰加工厂。吉文森工公司投资370多万元发展养牛业,建设日处理40吨鲜奶的乳品加工厂。绰尔森工公司投资建设日处理30吨鲜奶的乳品加工厂。2004年,全林区存栏奶牛7 502头,肉牛2.2万头。

培育大鹅养殖加工基地 以龙丰大兴安岭绿色产业开发公司肉食加工厂为龙头,引导、鼓励职工群众积极发展养鹅业,全年共养殖大鹅25万羽,加工13万羽。

培育食用菌种植加工基地 按照公司+基地,基地+林户的模式,以克一河绿色产业开发中心为龙头,带动林区东部食用菌培植业的发展,打造的"诺敏山"牌食用菌产品已经进入国内许多大中城市的市场。全年培植食用菌干品2 000多吨,深加工200吨,实现产值7 000万元。

培育中草药种植加工基地 2004年,中草药种植面积达到2 000多亩,金河、绰尔、绰源森工公司和毕拉河局部分家庭经济户试种平贝母300多亩,取得成功。图里河森健药业不断开拓金莲花胶囊、羚羊角口服液两种主要产品的市场,全年实现产值900万元。

培育特种动物养殖基地　金河、阿龙山发展北极狐、貂、獭兔等特种动物的饲养业，取得较好的经济效益和社会效益。全林区特种动物养殖达6.5万只。

培育山野菜采集加工基地　以茏丰绿色产品加工厂为中心，辐射带动南部、中部、东部林区的山野菜采集加工业，全年共采集各类山野菜3 800吨，山野果1 000吨。

矿产业开发工作　得耳布尔森工公司与黑牛王矿业集团合资开采万年青林场80万吨铜矿、二道河子林场300万吨铅锌矿已经进行探矿工作。绰尔森工公司与新加坡高玛公司合作的总投资450万美元，年产30万吨铁矿开采的前期工作基本完成。

森林生态旅游业　2004年，森林生态旅游成为林区新的经济增长亮点，阿尔山、莫尔道嘎等森工公司旅游景区建设不断增强，配套服务设施逐步完善，林区建成8个国家级森林公园，全年实现旅游直接和间接收入2 000万元。

【企业改革】　2004年把34家具有独立法人资格的中小企业改制，实现国有资产和职工国有身份的“双退出”。原事业单位林业设计院改制为面向市场独立经营的股份制企业。指导森源公司规范对伊图里河兴林公司和光明机械厂的改制。积极推进森林资源管理体制改革，选择根河、阿里河进行国有林管理体制改革试点，成立根河、阿里河国有林管理分局。林业总医院率先在全国林业系统组建林业医疗集团，并正在逐步进行股份制改造。其它事业单位通过进行三项制度改革，已经逐步开始实行企业化管理。

【对外开放】　除富伦纸业公司、栲胶公司分别与玖龙公司和中集集团进行股份合作和经济合作外，林区还有9家森工公司与俄罗斯签订23份森林采伐、木材加工合同，2004年采伐34.7万立方米，过货21.7万立方米，派出劳务人员1 156人，实现营业额7 000万元。全年引资1.76亿元，出口创汇720万美元。

【企业管理】　2004年，对林区的全部资产进行清理，全面完成清产核资工作。严格计划基建管理，组成专门工作组，对重点项目建设进行自查自纠，整顿违规违纪项目。积极推进民主管理，通过开展直选场级行政领导、推行首席工人制、坚持企业重大决策必须通过职代会审议等工作，强化民主管理。各企业及下属车间段队全部建立厂务公开制度，职工代表对厂务公开成果实效的满意率达93%以上。集团公司荣获全国和自治区“厂务公开先进单位”称号。强化依法治企，集团公司和部分企业配备专业法律顾问，审查起草16份经济合同，依法解决一些赔偿案件和劳资上访遗留问题，出台一些依法治企的规定和办法。

【职工生活】　在连续5年为在岗职工增资的基础上，2004年集团公司又筹集近亿元资金，按14.12%的幅度为在岗职工人均增资800元，使在岗职工年均工资收入由“九五”期末的4 457元提高到7 179元，处于全国同行业的领先位置。共投入2 000多万元用于再就业基地建设，新增就业岗位8 120个，荣获“全国林业再就业先进集体”称号。

【基础设施建设】　2004年共完成基建投资7.9亿元，为计划的86%。完成总投资3.2亿元的牙伊公路243公里路基和110公里路面建设。完成总投资3 000万元的牙克石部分林业单位集中供热系统改造项目。完成总投资1.07亿元的北部原始林区防火基础设施建设项目一期工程建设。在资金紧张的情况下，筹集3 940万元专项资金用于职工住房、饮水工程改造。

【模范人物】

鹿占山　男，汉族，现任内蒙古森工集团总经理助理，根河板业公司董事长。2004年5月1日获得“全国五一劳动奖章”。

（张小平　陈林涛）

通信公司

【内蒙古通信公司领导名录】

总　经　理：鲍晓英（蒙古族　7月离任）

　　　　　　李　华

副总经理：郑大力

　　　　　　蔡标正

纪检组长、工会主席：崔　铭

【概况】　内蒙古通信公司下设12个盟市分公司、81个旗县分公司。2004年末，主、实业国有员工10 693人；主、实业其他从业人员5 921人；主、实业内部退养、离退休人员8 639人。

【经营】　全年发展电话用户58万户，总数达443.5万户，其中发展固定电话37.7万户，净增6.1万户，累计301万户；新增小灵通用户51.9万户，累计142.5万户。新增宽带用户18万户，累计23.61万户。新增固定电话来电显示用户11.4万户，累计182.9万户，渗透率为60%。全年完成业务收入31.23亿元，同比增长8.9%，成本费用支出26.91亿元，同比下降16.12%，实现利润3.3亿元。

【服务】　认真落实服务承诺制度，不断丰富服务内容、改进服务手段、优化服务流程，主动接受社会监督，积极开展民主评议行风工作。通过增加业务代办点、开办网上营业厅、拓展业务受理渠道,建设、完善"10060"客户服务系统,使用户办理业务、查询信息、反馈意见的渠道更加畅通。通过实行社区经理制,使服务更加贴近用户、贴近市场。加强大客户服务,基本完成"一站式"服务的创建和业务开展工作,为全区大客户"绿色通道"的建立和运转提供保障。公司整体服务水平继续保持区内同行业领先地位,在2004年自治区通信行业民主评议行风活动中名列第一,客户综合满意度达85.21分,大客户流失率、障碍修复及时率、业务开通及时率等指标均达到集团公司要求。公司认真执行互联互通、电信市场监管等法律法规和相关政策,并按照集团公司要求进行自查、自纠,通过培训进一步提高广大员工对互联互通工作的认识和依法经营、依法维权的意识。各分公司加强沟通协调,妥善处理互联争议和路权纠纷,确保网间通信畅通。

【通信能力】 2004年共完成70个基本建设项目和1 444个技术改造项目,固定资产投资11.6亿元。其中:交换及接入网增容14万门,局用交换机(含接入网)累计达471万门,实占率为63%。完成无线市话四期工程,新增容量42.49万线,总容量达180.95万线,实占率为78%。完成ADSL四期扩容工程,新增接入能力8.33万线,全网的接入能力达25.3万线,覆盖范围达1 120个节点,端口占用数为17.5万。完成城域网二期扩容工程,增容1 830个百兆口、161个千兆口,解决IPDSLAM及LAN用户的接入,城域网的结构得到优化并更趋完善、安全,为宽带业务的进一步发展提供保证。在传输网建设中,主要完成集团公司传输网西北环(内蒙古段)WDM及呼和浩特SDH系统工程、长途传输网传输系统扩容、二连—扎门乌德传输工程及区内一级干线集宁—兴和保护路由工程、IP骨干网呼市—通辽出口中继工程等项目的建设。全年新增光缆3 794.4皮长公里,光缆线路总长48 758.4皮长公里。在支撑系统的建设中,主要进行6个盟市"九七"系统升级改造工程、宽带认证、计费系统扩容改造工程、智能网计费工程、财务集中管理系统、全面预算系统、七号信令监测系统、"10060"客服系统等工程项目的建设。村通工程按期完成第一批试点工程,解决106个不通话行政村的通话问题。

【改革与管理】 2004年组建内蒙古审计分部及下设三个机构,圆满完成与网通控股的融合及内蒙古党政专用局、号薄公司的剥离工作。积极推进营销、运维和管理体制改革,在盟市及旗县分公司实行社区经理制,按照市场线、网络线、综合线调整组织架构,进一步精简管理人员,精干支撑系统,壮大营销队伍。完成区公司机关机构改革、人员重组工作,机关首次实行全员竞聘上岗,队伍结构得到进一步优化。公司在全区范围内推行经营目标管理责任制,初步建立以业绩考核为基础的薪酬激励制度。实施长途通信线路维护管理体制改革,并取得阶段性成果。公司围绕规范劳动用工管理,开展对其他从业人员的清理、清退工作;加强对人工成本的控制,规范工资列支渠道,将其他从业人员的劳动报酬全部纳入工资总额管理。财务工作以全面预算管理为基础,进一步完善业绩考核体系,强化全面预算管理的执行和控制力度。积极推进财务集中管理,提高资金使用效率。完善收支两条线管理办法,节约大量资金。组织进行清产核资工作,共核销资产损失5.6亿元,提取各项准备金1.54亿元。网络维护工作继续以集中管理为目标,狠抓基础维护管理,初步建立起集中管理、统一调度的资源管理体系。进一步加大网络优化力度,完善网络服务功能,强化对市场营销的业务响应工作,建立大客户障碍快速处理流程,逐步实施差异化网络服务。全网运行平稳,网络障碍同比大幅下降,各项质量指标稳步上升,特别是一级干线首次实现零障碍。圆满完成各类重要通信保障任务。

(邢 燕)

天野化工

【内蒙古天野化工(集团)有限责任公司领导名录】

董 事 长:张玉国
总 经 理:陈 恺
党 委 书 记:伊丽娜(女 蒙古族)
党委副书记
纪 委 书 记:李景荣(蒙古族)
工 会 主 席:杨肇基
副 总 经 理:韩 秋
李可洪(回族)
李维松
周林峰
胡兰松
总经理助理:齐亚平

【概况】 内蒙古天野化工(集团)有限责任公司(原内蒙古化肥厂)是国家"八五"重点建设项目,设计能力为年产合成氨30万吨,尿素52万吨。2004年开始实施油改气联产甲醇技改项目,合成氨装置改用天然气为原料,同时联产20万吨甲醇,项目计划于2005年10月建成投产。

2002年8月1日,组建由中国信达资产管理公司、内蒙古自治区、国投资产管理公司、中国昊华化工(集团)总公司为股东的内蒙古天野化工(集团)有限责任公司。2004年7月6日与中国海洋石油总公司签订委托运营协议。

天野化工集团合成氨装置由日本东洋工程公司总承包，渣油气化采用 Shell 工艺技术，空分、甲醇洗、液氮洗采用德国 Linde 工艺技术，合成采用 Kellogga 卧式合成塔低能耗技术；尿素装置由意大利斯纳姆公司总承包，采用 Snam 氨汽提工艺技术。主要生产装置由国外成套引进，采用 DCS 集散系统控制。在建甲醇装置采用一段转化、低压合成、三塔精馏技术。

在自治区政府的支持和帮助下，于 2004 年 7 月 6 日与中国海洋石油总公司签订委托运营协议，为企业的长远发展奠定了基础。

【生产】 全年共生产合成氨33.48万吨，尿素58.36万吨，同比提高3.55%、2.3%，合成氨综合能耗43.5GJ/T，吨氨耗渣油720kg，吨尿素耗氨572.7kg，同比降低19.54kg、2.49kg，产品优等品率98%，环保综合合格率89.1%。合成氨、尿素装置长周期运行均创历史最好记录。

【经营】 全年共销售尿素69.9万吨，同比增长22.45%，货款回笼率100%，铁路运输量 45 万吨，同比增长16.3%。全年实现销售收入88 618万元，同比增加46.1%，实现利润7 740万元，首次实现扭亏为盈，经济效益的不断提高，为企业的改革发展奠定坚实的基础。

【认证】 “天野”牌尿素产品质量可靠，达到国家（GB2440—2001）规定的优质品标准，并通过 ISO9000 质量体系认证，建立可靠的质量保证体系。经过年多的市场开拓，产品已覆盖内蒙古、河北、京津、辽宁、山东、江苏、浙江、安徽、河南、湖北、山西、广西、黑龙江等全国各省市自治区，并远销东南亚、泰国、古巴等国家和地区，深受广大用户的欢迎。

【项目建设】 天野化工集团现有合成氨装置是以减压渣油为原料。但由于原料渣油资源的逐年减少及价格的大幅攀升，使企业的生产经营处于非常被动的局面。经多方调研和反复论证，决定实施油改气联产甲醇技改项目，改变原料路线，解决原料渣油供应不足的问题，同时联产甲醇解决氨碳不平衡的工艺技术问题，调整产品结构，提高企业抗风险及市场竞争能力。对项目进行安全风险评估，建立项目 QHSE 管理体系，聘请监理公司对项目的安全质量环保进行监督检查。全年项目管理未发生重特大安全质量环保事故；严格控制概算费用，编制费用控制曲线；完善合同采办程序，制定采办策略，简化采办程序，加快采办进度。全年完成项目投资2.8亿元，工程总体进度完成58%。

（赵春玲 奇丽清 赵世军 任意如）

包头钢铁集团

【包头钢铁（集团）有限责任公司领导名录】

董事长、总经理：林东鲁
副董事长、副总经理：许万成
董事：周茂森
董事、工会主席：郭一军
董事：朝鲁（蒙古族）
副总经理兼稀土集团总经理：崔臣
纪委书记：陈鸿钧（满族）
董事兼中国二冶董事长党委书记：颜维华
董事：周家骞
副总经理：张法臣
司永涛
丁志云（满族）
孙国龙
总工程师：李春龙
总经济师：曹忠魁（回族）
总会计师：刘玉瀛
组织人事部部长：王胜平

【概况】 2004 年末，在岗全民职工71 415人，其中专业技术人员24 442人，具有高级技术职称人员2 336人。是内蒙古自治区惟一一家销售收入超百亿元企业，已发展成为拥有 2 个上市公司的多法人、跨地区、跨行业的大型企业集团。

包钢白云鄂博矿是世界瞩目的铁、稀土等多元素共生矿，稀土储量居世界第一位，钍、铌储量居世界第二位，独特的资源优势形成包钢在世界冶金企业中罕有的以钢铁和稀土为主业的独特产业优势。包钢集团已生产的产品品种共计 236 个，产品规格2 363个。钢铁产业形成一二炼钢两大体系、板管轨线四条钢材精品线的生产格局，具备铁钢年产 700 万吨的能力，可生产转炉钢种 121 个、电炉钢种 82 个，钢铁产品包括热轧薄板、无缝钢管、重轨及大型材、高速线材等 63 个品种1 970个规格，是全国冶金企业中产品品种规格最全的企业之一。稀土产业具备年产稀土精矿 10 万吨、稀土产品折合氧化物5.5万吨以上，主要产品包括稀土精矿、稀土化合物与稀土金属、钕铁硼永磁体、稀土抛光粉、镍氢动力电池等 53 个品种 155 个规格，是全国最大的稀土生产、科研基地和重要的稀土信息中心，稀土矿产品产量占全国市场份额的70%，钕铁硼、负极粉、抛光粉等功能材料产能占全国市场份额的20%以上,稀土氧化物总量占全国市场份额的40%。可生产焦炭及其副产品27个品种、31个规格。

【生产经营】 2004年,包钢铁、钢、商品坯材的产量分别达到532.33万吨、543.08万吨、538.51万吨,分别比上年增产1.99万吨、18.02万吨和35.99万吨。其中,铁道用钢材48万吨,同比增长35.46%;大型型钢28.38万吨,同比下降9.95%;中板18.92万吨,同比下降5.82%;中厚宽钢带216.48万吨,同比增长6.93%;热轧薄宽钢带15.82万吨,同比增长222.42%;无缝钢管78.89万吨,同比增长16.97%。工业总产值288.95亿元,同比增长43.11%;工业增加值92.94亿元,同比增长41.12%;资产总值351.50亿元,同比增长10.68%;流动资产165.95亿元,同比增长33.87%;固定资产净值160.53亿元,同比下降7.86%;流动比率105.04%,增长24.46个百分点。全年实现销售收入215亿元,比上年增长53.57%;管理费用15.38亿元;同比增长27.39%;财务费用1.85亿元,同比减少43.53%;实现税金21.86亿元,同比增长11.75%;全年实现利润7.67亿元,同比增长50.14%。主要经济技术指标连铸比达到94.88%,比上年提高3.79个百分点;高炉入炉焦比473.06公斤/吨,比上年高出13.11公斤/吨;高炉利用系数为1.858,比上年提高0.008;综合成材率95.83%,比上年提高0.89个百分点;转炉钢铁料消耗为1 094.08公斤/吨,比上年降低9.16公斤/吨;吨钢综合能耗首次降到1 000千克标煤以下,达到972千克标煤。

【基建技改】 2004年,包钢累计完成固定资产投资317 404万元。其中,基建投资111 365万元,技改投资175 325万元,民建投资14 318万元,其它投资16 396万元,达到"九五"期间以来最好水平。钢铁产业方面,完成2号高炉大修,5号高炉、265平方米烧结机等工程建成投产,使包钢如期形成年产铁700万吨能力。石油管加工大线建成投产,冷轧薄板、轨梁高速轨万能轧机改造及石油管加工小线等项目顺利推进,四条精品线不断完善。节能环保及资源综合利用方面,交工项目达到历史之最,创造了可观的经济效益和社会效益。

【科技进步】 2004年,包钢重点科研、科技攻关、新产品开发立项147项,完成123项,计划完成率达83.6%。7项成果获内蒙古自治区科技进步奖,13项成果获包头市科技进步奖,申报国家专利10项,被国家授予专利权的有6项。稀土在钢中的开发应用解决了多流方、圆坯及CSP薄板坯连铸生产稀土钢加入稀土的关键技术;在国内首次提出用等离子发射光谱准确快速测定钢中稀土夹杂物总量、固溶稀土含量的分析检测方法。2004年,胶济线全部采用包钢时速200公里U75V客运专线钢轨,其炼钢合格率为86.05%,轧钢合格率78.05%,综合合格率67.16%,达到国内高速轨生产的先进水平。研制U71Mn50公斤/米青藏铁路用轨,满足青藏铁路钢轨的技术条件,1月至8月向青藏铁路提供3.5万吨合格的钢轨。经过开发试验,生产出不经过调质热处理的N80钢级石油套管8 000多吨。组织进行调整球团矿碱度试验,使球团矿碱度和氧化镁含量提高,高炉灰石配比明显下降,炉料结构趋于合理,同时,碱性球团的还原性、软熔特性均有一定的改善,为高炉的稳定顺行创造了条件。提高小方坯连浇炉数技术攻关获得成功,使连浇炉数从每浇次数8~9炉提高到13~14炉,提高小方坯连铸生产能力。

【深化改革】 2004年,内蒙古自治区调研组和包钢共同提出《关于加快发展,深化改革,打造新包钢的意见》,这个《意见》系统、全面地分析了包钢的发展、改革现状及面临的形势,是包钢今后三年发展、改革的总纲,必将对包钢未来产生深远影响。

剥离企业办社会职能和主辅分离工作取得实质性进展,包钢中小学实现向包头市的管理移交,中国二冶进入中冶集团并签署框架协议。为进一步精简机构、整合管理职能,对23个部门和单位进行调整和撤并,公司部门、单位总数由95个缩减为88个。对机关和二级单位领导班子进行重大调整,按照"四个必须下"和干部年轻化原则,全年共有100名厂处级干部被解聘或待分配,在岗直管厂处级干部降到433人,平均年龄降到46岁。

【新产品开发】 2004年,包钢围绕板、管、型、线四条精品线,以提升产品档次、增加技术含量、扩大产品范围、增加经济效益为目的,加强新产品开发工作。开发出KB1250贝氏体高强度耐磨钢轨、高速铁路用U75V钢轨、C80车厢用钢板、A32船用钢板、FAS355L汽车大梁用钢、37Mn气瓶用无缝钢管、42MnMo7石油套管、82B-2高碳硬线等新产品。有12种新产品已具备批量生产条件。全年实际开发生产新产品54种,累计产量32.7万吨。

【进出口贸易】 2004年,包钢进出口总额3.6亿美元,创历史新高。出口方面:全年出口创汇1.24亿美元。其中钢材出口26.27万吨,创汇1.22亿美元,首次突破亿元大关;稀土出口859吨,创汇109万美元。耐火材料出口2 108吨,创汇74.83万美元;"以产顶进"钢材5.46万吨。进口方面:全年进口铁矿石197.025万吨,进口设备和备品备件总计1.26亿美元。进口总额达2.36亿美元。2004年,中国冶金进出口包钢公司被中华人民共和国包头海关评为A类管理企业。

(陆　莹)

包头铝业

【包头铝业（集团）有限责任公司领导名录】

董事长　党委书记：芦　林

总经理　党委副书记　董事：高　刘

党委副书记　纪委书记：孔祥忠

党委副书记：刘志荣

党委常委　副总经理：刘　云

党委常委　副总经理：李满仓

党委常委　董事　工会主席：张　智

党委常委　董事　组织部长：张国利

党委常委：王云利

副总经理：蔡　旭

董事：石长存

总会计师：贾信民

总经理助理：杨永亮

股份公司总经理助理：高喜柱

【概况】　包铝集团是国家大型一档企业，国家520户重点国有工业企业之一，中国最大的铝合金生产基地。包铝集团的前身是包头铝厂，始建于1958年，1998年底由工厂制改为公司制，2001年6月发起设立包铝股份公司，2003年6月以资产划转的形式纳入中铝公司。企业下设3个控股公司、4个分公司、3个全资子公司、6个参股公司，资产总额37.54亿元。2004年包铝电解铝总生产能力为21.5万吨、炭素制品12.3万吨。

主要产品有"包铝"、"BTL"牌重熔用铝锭、稀土铝应用合金、铝合金棒材、A356合金、稀土电工圆铝杆、铸造铝合金、大板锭以及各种铝电解用炭素制品等。产品行销全国各地，同时出口中东、日本、韩国、菲律宾、泰国、澳大利亚、加拿大、美国等国家。2004年出口铝系列产品74 356吨，创汇12 445.62万美元，成为全国自营进出口创汇百强企业之一，居全国同行业之首。

1999年通过IS09002质量体系认证，2000年通过英国国家质量保证公司NQA认证，2001年通过中国国家出入境检验检疫实验室认可委员会ISO/IEC17025认证，2003年2月份通过QS9000认证，铝产品在伦敦金属交易所注册。

企业近年来荣获"五一劳动奖状"、"全国先进集体"、"全国质量效益型先进企业"、"全国优秀进出口企业"、"全国质量管理奖"等称号。

【经济指标】　2004年包铝集团生产铝系列产品233 107吨，其中初加工产品14.6万吨，占铝系列产品的比例为62.63%。生产炭素制品56 604吨，其中组装块29 600吨、大熟块27 004吨。实现现价工业总产值360 516万元，实现工业增加值47 000万元。实现利税8 143万元，税金4 943万元。

【重点建设项目】

1. 一期技改前6万吨预焙阳极块项目，于2004年5月18日点火焙烧，至2004年底共生产出成品熟块10 887吨；后6万吨预焙阳极块项目，主体厂房已完成，设备和材料采购全部招标定货，部分设备正在安装；此外，天然气替代其它能源技术改造项目，完成主管网建设。其中：一期炭素焙烧系统、新炭素锻烧和焙烧系统、铝合金棒材生产线实现供气。

2. 铝合金棒材生产线项目4月建成投产，一次性试车成功，产品批量销往美国；年产能2万吨的大板锭生产线于6月投产；4万吨稀土高强耐热电工圆铝杆生产线项目，土建厂房基本完工，主要设备的订货工作已全部完成。

3. 同加铝合资建设的5 000吨精铝项目，土建部分基本完工，正在安装国内主要设备；同港商合资建设的100万只铝合金轮毂项目，厂房已封闭，进入设备安装阶段；同内蒙古电力公司合资建设的电厂项目一期2×30万千瓦工程主厂房桩基工程已完成。

【营销工作】　针对氧化铝价格上涨，供应严重短缺的形势，积极拓展国外市场采购，增加国内氧化铝长单供应量。在掌握市场信息的基础上，对其它大宗原材料实行招标采购。受出口退税政策的影响，在努力做好国内市场，增加合金产品销量的同时，抓住国际普铝价格一度偏低的时机，通过采取进口普铝加工出口合金铝业务，稳定合金铝在国际、国内的市场份额。还积极开展利用废铝资源生产适销对路的合金产品业务，增加企业效益。全年实现销售收入336 421万元，共出口铝系列产品74 356吨，创汇12 445.62万美元。销售工作连续四个年度实现应收账款为零的好成绩。

【内部管理】　针对技改资金严重紧张、缺口较大的现状，拓展融资渠道。对内强化项目资金的统一调度管理，严格日常营运资金管理。

通过加大指标考核和现场管理考核力度，大幅度降低可控成本，进一步强化成本管理。积极优化电解生产的工艺控制，提高和稳定原铝生产的电流效率。公司全年原铝电流效率为92.99%，综合交流电单耗14 711千瓦小时/吨。

组织实施机构整合工作，重新修订和完善各部门工作职能，实现机构的合理优化配置。积极推进主辅分离、辅业改制工作，按照改革、发展、稳定相统一，互动双赢，共同发展的原则，完成了物业管理公司改制工作。

强化公司网络管理，利用网络资源，全面实施办公自动化，为公司和各单位、各部门之间架设新的联系平台，创新管理方式，提高工作效率。

实现工程建设、设备采购招标的归口管理,提高工程建设透明度。全年共组织开展招标会32次,拍卖会12次,招标拍卖总额达到8 915万元,为公司节约资金985.1万元。

【企业文化建设】 通过组织学习《包铝员工手册》,使广大员工对企业发展战略、奋斗目标、企业精神等牢记于心,对规范员工言行和培育共同的价值观念发挥了积极作用。借鉴ISO9000国际质量管理模式,进一步加大厂务公开参与和监督考核的力度,完成《厂务公开管理手册》等文字材料。2004年10月包铝被自治区评为全区企业文化先进单位。

(张学渊 魏青贵 李洁)

稀土产业

【领导名录】

工委书记:苏文清
管委会主任:李秉荣
工委副书记
纪工委书记:刘 伟
管委会副主任:贺海钧
牟 严
时素珍
王彦斌
组织部长
办公室主任:姚锡锋

【概况】 2004年,全年完成国内生产总值106.4亿元,比上年增长52.6%;实现工业总产值252.17亿元,比上年增长56.5%;实现技工贸总收入241.14亿元,比上年增长47.3%;实现工业增加值80.19亿元,比上年增长67%;实现财政收入8.03亿元,比上年增长59.3%;出口创汇2.7亿美元,比上年增长14.5%;完成固定资产投资67.9亿元,比上年增长1.3%。据国家和自治区2004年公布的数据显示,稀土高新区在全国53个国家级高新区中,经济发展综合排名第23名,技术创新能力排名第27名,创新创业环境排名第33名,经济增长速度位居第二,已经进入全国高新区中游行列;主要指标在西部十二个省区的13个国家高新区中列前5名,在全区47个重点工业开发区中位居第一,在2004年8月份召开的全区重点工业开发区工作会议上,稀土高新区被评为2004年度全区第一名,获得专项奖励600万元。

【招商引资】 全年新引进工业项目55个,总投资达80.13亿元。引进自治区外资金到位40.4亿元,占全市到位资金总额的37.4%;引进国外资金到位3 538.88万美元。在新引进的12个超亿元项目中,投资10亿以上的2项,投资1亿元以上的10项。进区项目呈现出投资规模大、科技含量高、外企投资多、稀土项目多等特点。稀土高新区重点跟踪并即将进区项目66项,投资总额196亿元,预计达产后可实现销售收入210亿元。

重点抓在建项目的建设工作。东方希望铝业一期工程已全部投产,二期即将进行设备安装,自备电厂一期已建成并网发电;阿特拉斯已开始生产整车;包头华鼎铜业发展有限公司完成投资1亿多元,正式投入生产。

【高新技术产业】 2004年,区内企业实施国家级火炬计划5项,有8家企业被认定为高新技术企业。经自治区科技部门认定的高新技术企业累计达到136家,占全自治区的50%左右,占全市的90%以上。创业服务中心、内蒙古留学人员创业园、包头软件园先后建成投入使用,全部孵化面积达到20万平方米。是年各类孵化器新引进企业110家,累计达到267家。其中,稀土企业孵化器新引进8家,累计达到25家;包头软件园新引进33家,累计达到75家,新联信息等4个公司的研发产品在第八届“中国国际软博会”上获得金奖;内蒙古留学人员创业园新引进36家,累计达到51家;大学科技园区与区内外11所高校和科研院所签订了入园协议。企业技术创新能力进一步增强,已有24个企业建立研发机构,其中北方股份、新联软件等14个研究中心被认定为稀土高新区工程技术研发中心;韵升强磁、稀奥科、瑞鑫稀土和伊利股份4个工程技术中心被认定为包头市工程技术研发中心。

【稀土特色产业】 2003年,稀土企业完成产值19.7亿元,同比增长40.5%;新引进稀土项目12个,占全部进区项目的近四分之一,项目投资总额达12亿元。稀土应用产业园已引进稀土项目11个。4月份,与内蒙古科技大学合作创办国内首家稀土学院。8月份又成功承办“2004国际稀土研究与应用研讨会”,国内外450多名专家学者参加会议,对建设“中国稀土谷”产生深远影响和积极的推动作用。自治区党委书记储波和自治区党委常委、包头市委书记邢云先后对发展稀土产业作出重要批示。12月,包头稀土高新区国家知识产权制度示范园区正式挂牌,国家稀土知识产权信息中心网站同时点击开通,成为自治区首家、全国4个国家级知识产权制度示范园区之一,为建设面向世界的集稀土生产、科研、信息为一体的产业基地创造了良好条件。

【基础设施建设】 一是规划区新建和续建道路4条,总面积2.6万平方米,铺设各类管网9.5公里,建设总投资达1.1亿元。采取BT等多种融资方式,五年累计完成基础设施建设投资25.3亿元,建成城市规划道路90.8万平米,各类管网177.5公里。确保企业发展到哪里,基础设施配套到哪里。二是采取国际招标形式,由美国兰德公司编制的万水泉地区总体规划年底前已通过市规划委员会评审,同时连接万水泉与高新区的主干道路也确定选址方案。三是按照包头市“创城迎会”工作的总体要求,重点完成黄河大街、富强南路等景观大道建设,城区绿化率达到38%。四是“一区多园”建设步伐加快。希望工业园区道路和管网全线贯通,包括昆河护堤工程等基础设施建设全面竣工,保证希望铝电、华鼎铜业等项目建设;北方工程机械工业园的厂房和配套设施建设全部完成;包钢科技园已制定完成总体规划,园区重点项目之一稀土研究院已经开工建设。特别是创业园区稀土大厦等14个项目主体工程全部完成,部分正在进行内装修,至2005年7月底可全部投入使用。

(姚锡锋 卢玉平)

海勃湾矿业

【神华集团海勃湾矿业有限责任公司领导名录】

董事长
总经理:李怀国

党委书记
副董事长:董哲华

党委副书记:李建新

董事
副总经理:袁振福(11月离任)
冯振流

副总经理:王茂盛
孙建岭

总工程师:潘永前(11月离任)

安监局长:马焕晓

纪委书记:梁 梅(女)

董事
工会主席:高大鸣

总经理助理:刘海军(11月离任)

副总工程师:王仲棉
蔚志衡(11月任职)

【概况】 神华集团海勃湾矿业有限责任公司位于内蒙古自治区乌海市境内,前身是成立于1974年的海勃湾矿务局,原属国家煤炭工业部管理,1998年划归神华集团公司,2001年经神华集团批准改制为公司。公司现由煤炭生产及其辅助、公共事业管理中心和办社会职能部分组成。公司现有4个生产矿、4座洗煤厂和1座焦化厂,煤炭资源丰富,开采历史悠久,原煤设计生产能力450万吨/年,实际生产能力600万吨/年,洗煤设计入洗能力550万吨/年,实际入洗能力700万吨/年,焦炭生产能力12万吨/年,是神华集团在内蒙古自治区生产焦煤的重要煤炭基地之一。现开采的为桌子山煤田卡布其浅部区、老石旦矿区、公乌素矿区3个勘探区,保有储量4.6亿吨,可采储量3.5亿吨,矿区为二迭系含煤地层,主要煤种有焦煤、1/3焦煤等。原煤生产主要是井工生产,机械化程度达到96.2%。产品主要有洗精煤和洗混煤两种,洗精煤牌号有1/3焦煤和焦煤两个品种,主要供冶金系统炼焦用,洗混煤主要供国内电厂发电用。煤炭产品还有化工焦、煤焦油等。拥有资产总额115 916万元。全公司现有在职职工11 750人,其中下岗职工2 682人。

2004年公司生产原煤553万吨,同比增加100.2万吨,增长22.13%;掘进进米完成40 932米,同比增加24 055米,增长242.53%;入洗煤525.1万吨,同比增加116.6万吨,增长28.54%;商品煤产量435.3万吨,同比增加126.7万吨,增长41.06%;洗精煤163.2万吨,同比增加29.8万吨;商品煤销量446.4万吨,同比增加70万吨;销售收入87 957万元,同比增加30 926万元;实现利润8 194万元,同比增盈7 957万元;上缴税金9 706.3万元;职工年人均工资14 683元,同比增加4 627元。

【重要活动】

2月20日至21日,公司七届四次职工暨六届四次工会会员代表大会胜利召开。会议全面总结2003年的各项工作,对2004年的工作进行安排部署,审议通过《大额医疗互助保险暂行办法》及《关于开展"质量效益年"活动的安排》等。

3月18日,由公司委托内蒙古科技大学高职院培训的首批综采技工培训班开班。本次培训是公司为解决生产技术工人紧缺问题,改革用工制度,变招工为招收学员,以培养技术人才为主,为公司的发展储备后续力量,本次培训124人,培训期一年。

3月19日,公司党委二届十次全委(扩大)会议胜利召开。会议对公司党委2003年的工作进行全面总结,对2005年公司党的建设工作进行周密部署,取得预期效果。

5月21日,国务院派驻神华集团公司国有资产监事会主席曹光佑在集团公司副总经理吴元的陪同下到公司进行调研。

7月24日,公司召开安全工作会议。会议针对上半年安全形势严峻的实际,研究制定下半年加强安全生产管理,扭转安全被动局面的措施和办法,对实现全年安全生产目标起到重要作用。

8月15日至31日,为期半个月的公司第二届职工技术比武圆满结束。本次技术比武共分11个工种,来自全公司各单位的174名选手参加角逐,比武活动的成功举办对推动公司广大职工技术素质的提高起到积极的促进作用。

9月2日,乌海市委书记赵忠、市长白向群等市领导前来公司调研。

9月16日至18日,中国煤炭职工思想政治工作研究会第三学组年会在公司隆重举行,中煤政研会会长马德庆、神华集团党组直属党委副书记以及各学组单位的党委书记、宣传部长、政研会秘书长近60人参加会议。

9月25日,神华集团煤制油公司30万吨煤焦油加工厂和海矿公司100万吨焦化厂、4×20万千瓦矸石电厂奠基仪式在海南区西来峰工业园区隆重举行。自治区党委书记储波,政府主席杨晶,神华集团公司董事长陈必亭、副总经理张玉卓,自治区党委常委、秘书长任亚平,以及自治区有关部门负责人、乌海市委书记赵忠、市长白向群、海矿公司董事长李怀国等领导出席奠基仪式并为项目奠基。

12月8日,自治区总工会有关领导前来公司进行厂务公开检查。

(孟中和)

科教文卫体

科　　研

科学技术

【内蒙古自治区科学技术厅领导名录】

厅　　长:徐凤君

副 厅 长:孙惠民

林　莉(女 蒙古族)

马　强

纪检组长:包锐锋(蒙古族)

助理巡视员:乌宁奇(蒙古族)

李增建

【概况】 自治区科技厅内设机构有:办公室、人事处、政策法规与体制改革处、发展计划处、条件财务处、高新技术发展及产业化处、农村与社会发展处、科技合作处、知识产权处、纪检组、机关党委共 11 个处室。现有 58 人,其中,研究生 8 人,本科 38 人,专科 10 人,中专 2 人;厅属二级单位现有 450 人,其中,研究生 15 人,大学本科 269 人,专科 118 人,中专 30 人;科技厅现有少数民族 26 人,蒙古族 24 人,回族 1 人,朝鲜族 1 人;厅属二级单位有少数民族 84 人。

科技厅所属事业单位机构有:内蒙古科学技术信息研究所、内蒙古甜菜制糖工业研究所、内蒙古对外交流中心、内蒙古技术市场促进中心、内蒙古分析测试中心、内蒙古生产力促进中心、内蒙古科学技术厅机关事务服务中心、内蒙古科学技术奖励中心、内蒙古科技厅驻北京联络处、内蒙古虚拟科学技术研究院。

【科技进步水平指数】 据全国科技进步统计监测结果显示,全区科技进步的位次扭转了十年来一直徘徊在24～28位的局面,跃居全国第 19 位,增速居全国第一位。80% 以上的监测指标都较上年有所提高,尤其是科技产出的指标明显提高。其中亿元投资新增 GDP 和高新技术就业人员劳动生产率两项指标历史性地分别上升至全国第 1 位和第 2 位。高新技术产业增加值率、获国家科技奖励系数以及万人专业技术人员数等指标均进入全国前 7 位。

【科技投入总量增长】 2004 年,全区 R&D(研究与发展的英文字头 reseach and development)经费投入达9.3亿元,科技投入总量连续 6 年保持年均30% 的增速。自治区本级科技计划总投资4.7亿元,其中自治区级财政科技拨款7 900万元,较上年增长23.2%。全区应用技术研究与开发资金达 3 亿元,较上年增长8.8%。全年实施计划项目 68 项,以科技产业化为目标的 16 项重大科技专项共投入经费3.8亿元。2004 年共争取国家科技项目 173 项,获得经费支持5 912万元。

在总量增加的同时,科技计划投入结构进一步优化。一是科技投入的集中度明显增强。2003 年,16 项重大科技专项投入资金占到科技计划总投资的80%。二是企业作为技术创新的主体地位得到确立,来自企业的 R&D 投入已占到全区 R&D 总额

内蒙古自治区档案局

2004年9月29日，内蒙古乌兰夫研究会第二次代表大会在呼和浩特市召开。

在自治区党委和政府的领导下，在国家档案局的监督、指导下，自治区档案事业稳步发展，各级档案部门基础业务建设更加扎实，档案信息开发利用工作持续发展，档案法制建设和档案宣传工作不断深入，档案资源建设与基础业务工作成绩显著，档案科技教育工作有较大的突破，档案工作的对外交流与合作进一步扩大，各方面工作取得可喜的成绩，开创了自治区档案事业的新局面。

2004年2月23日，全区档案工作暨表彰先进会议期间，自治区党委副书记杨利民同国家档案局副局长郭树银亲切交谈。

2004年12月31日，自治区档案法律法规及档案知识竞赛在自治区档案局2005年迎新联欢会上现场抽奖。

2004年11月15日—12月5日，自治区人大、档案局执法调研组深入12个盟市开展执法调研。图为西部调研组在阿拉善左旗档案馆调研的情景。

2004年12月16日内蒙古自治区档案学会北京名人分会在京成立。全国人大常委会原副委员长布赫为大会题词，刘明祖等有关领导及各界名人34人出席成立大会，周秉建主持会议，自治区档案局副局长杨勇、朝克到会讲话。

内蒙古自治区接待办公室

自治区党委副秘书长、自治区接待办主任：包广林

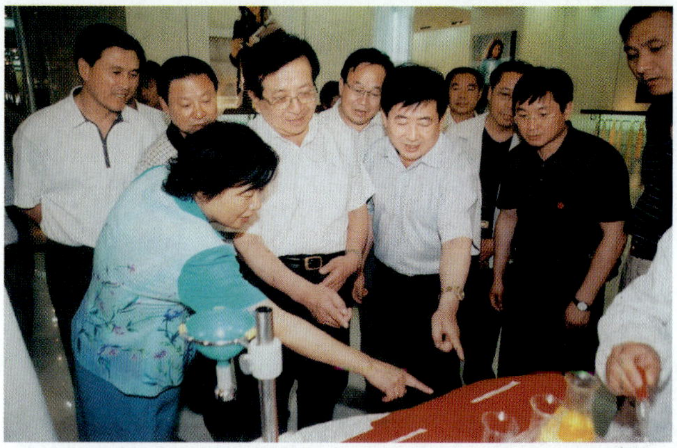

中共中央政治局常委、国家副主席曾庆红来到鄂尔多斯羊绒集团有限责任公司电脑编织生产线和产品展示厅，了解公司的生产经营情况

中共中央政治局常委、中央纪律检查委员会书记吴官正（右三）在自治区领导储波、杨晶同志陪同下考察我区企业

李长春在鄂尔多斯市成吉思汗陵参观时指出，要大力开发富有鲜明民族特色的文化旅游产业，运用经济手段保护和发展民族文化

8月10日，贺国强来到呼伦贝尔市海拉尔区天润社区，了解街道社区第二批先进性教育活动开展情况

10月3日，周永康（前排中）在呼伦贝尔市公安局指挥中心，了解社会治安动态管理情况，并通过指挥中心系统与公安部指挥中心通话

8月15日，国务委员陈至立在国家西部地区“两基”攻坚现场汇报会上，通过电子图文管理系统查阅相关信息

2004年12月，全区接待工作会议会议代表合影

内蒙古自治区司法厅

依法治区领导小组第五次全体会议

自治区人民调解暨法律援助工作会议

自治区2004年“12·4”法制宣传日座谈会

全区普法依法治理工作座谈会

自治区司法厅副厅长徐贵中接受记者采访

自治区直属机关举办“12·4”法制宣传日活动

摄影—白云峰

内蒙古自治区审计厅

3月15日，自治区党委副书记杨利民（左一）来审计厅考察机关党建工作，他对审计厅党建工作给予充分肯定，对如何抓好新时期的党建工作提出具体要求。图为杨利民在审计厅机关党建活动室听取机关党委同志现场汇报，厅长长江（左二）、副厅长王月胜（右二）、赵慧容（右一）陪同。

6月14日，自治区党委副书记、自治区副主席岳福洪（左五）在内蒙古审计厅会见蒙古国审计署审计长贾瓦兹玛（左四）一行6人。审计厅厅长长江（右三）和副厅长赵慧容（右一）陪同。

2004年6月14日至21日，以蒙古国审计署审计长贾瓦兹玛为团长的蒙古国代表团一行6人来到内蒙古自治区进行了友好访问。蒙古国审计代表团与内蒙古审计厅在呼和浩特举行了专题会谈，双方根据开展审计工作交流与合作的需要，正式签订了《蒙古国审计署·内蒙古自治区审计厅合作协议》，确定了蒙古国的东方省与内蒙古自治区的呼伦贝尔市，苏和巴特尔省与锡林郭勒盟，中戈壁省与巴彦淖尔市，南戈壁省与包头市，东戈壁省与二连浩特市的审计局之间建立往来与合作关系。

3月25日，自治区副主席赵双连到审计厅考察工作，重点听取近年来企业审计方面的情况，同时向审计厅部署对即将转制的三大流通集团（物资、商粮、经贸）企业开展终结审计工作，图为赵双连副主席（左一）在听取长江厅长（右四）的工作汇报。

5月27日，自治区副主席乌兰（图中）同志来审计考察调研，听取审计工作专题汇报。

每到年末，厅机关党委都为辛勤工作了一年的审计厅干部职工组织形式多样的文娱活动。厅领导与各处室的同志们进行扑克比赛。

内蒙古自治区人民防空办公室

2004年9月15日，自治区人防办公室在呼和浩特内蒙古美术馆举办了“首届全区人民防空（民防）摄影书法展”。图为开展剪彩仪式结束后，自治区人防办张凤翘主任陪同自治区人大和内蒙古军区的领导观看摄影作品。

2004年12月1日，自治区首届全区人防法律知识竞赛决赛，在内蒙古电视台隆重举行，来自全区人防系统和呼和浩特铁路局的6支代表队参加了这次角逐。经过两个多小时的激烈竞争，呼和浩特铁路局代表队最终以10分的优势荣获了这次竞赛的第一名，包头市、通辽市代表队获得第二名，呼和浩特、乌兰察布和乌海市代表队获得第三名，从而为这次历时4个半月的活动画上了句号。图为竞赛现场、颁奖。

2004年，在由内蒙古党委宣传部、自治区政府法制办公室、自治区政协社会和法制委员会联合举办的首届全区人民满意行政执法单位评选中，赤峰市人防办被评为人民满意行政执法标兵单位，包头市和乌海市人防办被评为人民满意行政执法单位。

党组书记、主任：张凤翘

自治区人防办在呼伦贝尔市举办全区指挥自动化系统软件培训班。

2004年10月28日至29日，由自治区人防协会组织的第二届全区人防法制理论研讨会在包头市举行。这次活动共收到区内各级人防部门选送的90多位作者的106篇论文，其中部分论文作者参加了这次交流研讨会。

自治区党委书记储波等领导视察内蒙古宇航人高科技公司

2004年4月，在自治区第二届农博会临河分会场上，自治区科技厅厅长徐凤君致开幕词

2004年度全区科技工作会议暨科技奖励大会

2004年是全面贯彻落实科学发展观的起步之年，也是实施科技发展“十五”计划的关键一年。在自治区党委、政府的正确领导和国家科技部的指导下，自治区科技厅以党的十六届三中、四中全会和全国科技工作会议精神为指导，围绕全区经济结构调整的大局和社会发展的需要，继续遵循“改革、调整、创新、产业化”的科技发展总方针，在“实现四个调整、构建三个创新体系，打造四个平台，建立两个机制”的科技工作总体思路的基础上，针对国家和自治区创新体系建设的要求和中长期规划的制定，提出区域创新体系建设的22311行动。旨在今后十年中，通过政策引导，计划项目支持，力争构筑公益科研创新和高等院校原始创新二大创新高地及20家自治区重点实验室及30家自治区级工程技术研究中心，建设100家重点企业技术中心，培育10大创新示范工程。这一工作思路把科技工作融入全社会各项工作之中，力争在推动科技带动社会可持续发展的“科技强区”宏观战略的实施上起到加速器的作用。

呼和浩特市和林格尔县国家节水项目实验田

内蒙古自治区信访局

自治区党委、政府高度重视信访工作，采取有效措施，切实加大各级解决人民群众的信访反映问题的力度。3月10日，自治区党委副书记杨利民亲自到党委来访接待室，接待来访群众2批次、29人次。

4月2日，全区各地开展了声势浩大地以《信访条例》为主要内容的信访法制宣传日活动。图为自治区和呼和浩特市有关领导、信访干部及各界群众近千人参加了在新华广场举行的呼和浩特地区的宣传日活动开幕式。

4月2日，呼和浩特市在全市范围内开展了《信访条例》为主要内容的信访法制宣传日活动。通过进社区、下乡村、悬挂宣传横幅、张贴宣传标语、散发宣传材料、法律咨询等一系列宣传活动大力宣传条例，积极营造广大干部群众广泛学习宣传《信访条例》的氛围。图为呼和浩特市回民区信访办的工作人员走上街头向群众宣传《信访条例》，在活动中散发各种宣传提纲2000余份，现场解答群众各类问题180多人次。

自治区政府副秘书长、信访局局长王晓成（左二）与李西林（右二）、白占先（右一）、连存宝（左一）等3位副局研究工作。

7月25日至8月14日，国家信访局组织部分省市信访局负责人赴日本进行了行政相谈制度的考察，自治区政府副秘书长、信访局局长王晓成参加考察。图为撰写《关于日本行政相谈制度的考察报告》的调研文章。

内蒙古自治区财政厅

国家财政部部长金人庆在我区考察

内蒙古财政系统书法 美术 摄影大赛

“祖国你好”
全区财政系统国庆汇演

内蒙古自治区人民政府

直属机关事务管理局

分管后勤工作的自治区政府办公厅党组成员、副主任魏军在“三个代表”重要思想知识竞赛现场。

管理局局长张友好（左三）、副局长张开印（右二）、包钢（左一），党委专职副书记侯贵生（右一）到通讯中心检查工作。

通讯服务科话务班以便捷、周到的服务赢得了政府领导和机关干部群众的好评，2002 年荣获自治区“青年文明号”荣誉。

车辆服务中心以“三个满意”为目标，为领导、为机关、为干部职工提供安全、高效、优质的车辆服务。

内蒙古自治区自治区人民政府直属机关事务管理局为自治区政府办公厅依照公务员管理的副厅级事业单位。内设 5 个处室，分别是办公室（挂自治区行政管理学会秘书处的牌子）、财务管理处、基建与房地产管理处、接待处（挂自治区政府接待办公室牌子）、保卫处。核定事业编制 56 名、实有 53 人、大专以上学历占 94%。核定副厅级领导职数 1 名，处级领导职数 16 名（8 正、含 3 名副局领导，8 副）。管理 6 个处级单位：后勤服务中心、车辆服务处、政府礼堂管理处、政府办公厅文印中心、内蒙古迎宾馆、房产管理中心（暂定名）；管理经翔宾馆。办公厅分管领导为魏军副主任。

2004 年，管理局坚持以邓小平理论和“三个代表”重要思想为指导，遵照办公厅党组的总体部署，紧密围绕政府办公厅的中心任务，坚持求真务实、与时俱进、开拓进取的精神，以科学的发展观，进一步强化管理，提高服务，加强后勤队伍建设，增强后勤自我发展能力，扩大经营创收效益，为政府机关高效运转提供了较为有力的保障，圆满完成了各项工作任务。

自治区政府接待工作以突出地方特色和民族风情为特点，树立良好的“窗口”形象，为领导和宾客提供了优质满意的接待服务。图为接待处工作人员一起分析、总结工作情况。

管理局档案室是自治区档案工作目标管理一级单位，保管有办公和业务档案 11000 多卷，做到了严格管理，调阅方便。

内蒙古自治区广播电视局

党组书记、局长：刘永欣

2002年8月22日，时任自治区党委常委、呼和浩特市市委书记杨晶来我局视察工作

2003年7月24日，全国广播影视局长座谈会在我区呼伦贝尔市召开

2001年11月23日，自治区党委书记储波一行到我局视察工作

内蒙古电视台大楼夜景

自1950年5月1日内蒙古人民广播电台开播至今，内蒙古广播影视事业已走过了50多年风雨历程。

目前，全区有共盟市级以上广播电台13座，电视台14座，旗县级广播电视台76座。全区广播节目达112套，对外广播节目一套，全年播出468263小时27分钟；电视节目达119套，全年播出时间459598小时20分。内蒙古电台已形成5个频率播出的专业化布局，全天播出89小时30分。内蒙古电视台已形成7个频道播出的专业化格局，全天播出120小时15分。内蒙古电影制片厂是国内16个生产故事片和译制影片的重点厂家之一，已形成年产影片30部、译制片45部、电视剧60集的生产能力。四十多年来，该厂共拍摄电影故事片132部，记录片153部，电视剧434集，并获多个国家级奖项。

内蒙古也是全国唯一规模生产译制蒙古语广播电视节目的基地。目前，内蒙古电台蒙古语广播节目每天播出18小时16分钟，年生产能力达5930小时。内蒙古电视台蒙古语卫视每天播出17小时45分钟，已具备年译制电视剧730集、动画片365集、专题译制片365期，自办栏目840多期的生产能力。蒙古语广播电视卫星节目已分别在蒙古国首都乌兰巴托和俄罗斯乌兰乌德等城市落地入户。

内蒙古蒙汉语广播电视节目通过亚太1A卫星传输，覆盖我国全境及亚太53个国家和地区。全区有5620公里的广播电视微波干线，是全国省区范围内最长的微波干线；全长1.26万公里的广播电视光缆干线建成开通；全区有中短波广播发射台55座，调频发射台741座，电视发射台和转播台站1964座，卫星电视地面接收站34904座，有线电视用户177.6万多户（其中，联网用户120万户），构建了“天上一颗星，地下一张网，干线贯东西，台站遍全区”的传输覆盖体系。目前，全区广播电视综合覆盖率分别达到90.38%和87.99%，有线电视入户率达到25.17%。

50多年来，内蒙古广播影视生产了一大批享誉国内外的优秀作品。如广播剧《母亲碑》、《永恒的旋律》等。电视连续剧《那女人》、《党员二愣妈》、《燕子李三》、《侠客行》等。电视专题片《金色圣山》、《母亲的襟怀》、《父亲的眼泪》等。电影《悲情布鲁克》、《东归英雄传》、《一代天骄成吉思汗》是国内唯一角逐奥斯卡金像奖的影片。

50多年来，内蒙古广播影视推出了一大批有影响的节目、栏目。如内蒙古电台的《纵横118》、《塞外田野》，内蒙古电视台的《今日观察》、《娜荷芽》、《蔚蓝的故乡》等。

内蒙古广电局直属27个企事业单位，在职正式职工2999人（不含各盟市网络分公司职工及各单位自行聘用人员）。通过实施人才工程，内蒙古广播影视培养了一大批名记者、名编辑、名编剧、名导演、名制片、名播音员、主持人和高级技术人才。目前，全区广播影视系统从业人员1.54万人（不含乡级广播站），其中新闻采编人员3086人，播音员、主持人649人，工程技术人员3549人，副高职称844人，正高职称63人。有2人获“韬奋奖”，5人获“全国百佳记者”称号，7人获全国百佳电视艺术家称号。塞夫、麦丽丝、王新民、冉平、孟凡耀、康洪雷、陈枰、艾丽娅、宁才、图门等已成为全国影视界的名人。

近年来，我局先后荣获全国西新工程先进集体、党的十六大安全播出先进集体、全国广播电视技术维护管理优秀单位、全国广电系统统计工作优秀单位和全区人才工作先进单位、全区抗击非典宣传工作先进集体、全区综治工作先进单位、全区防震减灾工作先进集体等荣誉称号。

中国人民武装警察部队

内蒙古自治区总队

11月8至14日，武警部队司令员吴双战率工作组在内蒙古总队考核调研。期间，吴司令员一行在总队长郄国严、政委刘玉良的陪同下，先后深入到第一支队、第三支队、包头市支队调研，并视察了指挥学校、新建的医院、后勤基地、训练基地等单位。图为吴司令员在指挥学校视察工作。

3月29日，武警内蒙古总队机关开展“为贫困牧民献爱心”捐款活动。2002年以来，根据自治区党委、政府的统一部署，武警内蒙古总队与锡盟苏尼特左旗巴彦杭盖嘎查结成帮扶对子，总队多方筹集帮扶资金110多万元，帮助贫困牧民种青贮、打机电井、盖棚圈、购买基础母羊、组织科技培训，专门派工作队工作、生活在扶贫第一线。经过总队帮扶队和驻地群众的共同努力，嘎查的生态环境逐步改善，贫困群众的生活水平明显改善。

11月21日，由包头飞往上海的MU5210次航班起飞后坠毁在包头市南海公园，53名乘客和机组人员全部罹难。空难发生后，武警内蒙古总队迅速派出包头市支队部分官兵赶赴空难现场，执行搜救打捞和外围封控警戒任务。参战官兵发扬“特别能吃苦、特别能战斗”的作风，连续奋战4昼夜，打捞罹难者遗体27具、人民币25400多元、信用卡4张、笔记本电脑1台，金表、金项链、手机等各类贵重物品135件。

武警内蒙古总队始终坚持以执勤和处置突发事件为中心，在确保固定执勤目标绝对安全的基础上适时派出兵力，在各大中城市执行武装巡逻勤务，为维护驻地社会秩序，保护国家和人民生命财产安全做出了积极贡献。

武警内蒙古总队广泛开展向“勤政为民的光辉典范—牛玉儒”学习活动。广大官兵自觉以牛玉儒为榜样，爱岗敬业，甘于奉献，有力地促进了部队全面建设。

武警内蒙古总队从实战需要出发，加强部队军事训练，保证遇有任务部队随时都能拉得出、开得进、联得上、打得赢。图为部队快速出击时的情景。

武警内蒙古总队始终把政治建设放在各项工作的首位，不断深化以“永远做党和人民忠诚卫士”为主题的各项政治教育，广大官兵自觉以《忠诚卫士守则》为依据，规范言行，激励斗志，在本职岗位建功立业。

中国人民武装警察部队

黄金第二支队

2004年4月12日，原十五大代表、“全军十大学习成才标兵”邢喜平（前一）、“全国巾帼建功标兵”、“全国百名好军嫂”王金霞（第六）等武警黄金第一总队“爱部队、爱岗位、爱基层”先进典型事迹报告团来呼和浩特武警黄金第二支队巡回演讲期间，受到官兵职工的热烈欢迎。

2004年7月27日，呼和浩特市副市长刘菊茹（前中）代表呼市市委、市政府到武警黄金第二支队亲切慰问官兵。

支 队 长：陈贺新（上校）
政治委员：潘秋贵（上校）
副支队长：翟凤志（中校）
易　蒙（中校）
副政治委员：张春泉（中校）
总工程师：黄志全（中校）
参 谋 长：李忠元（中校）
政治处主任：梁朝城（中校）
后勤处处长：安同海（少校）

2004年，支队党委坚持“三个代表”重要思想，深入贯彻上级指示精神，按照“从提高能力素质入手，加强班子建设；从正面教育入手，不断凝聚人心；从人才队伍建设入手，加大找矿工作力度；从严格管理入手，抓好基础建设”的总体工作思路，牢固树立思想政治建设的首位意识，狠抓“三项工程”建设，紧紧扭住“三项重点”工作，着力解决“五个重点问题”，较好地实现了“两个确保”，支队被武警总部评为“基层文化工作先进单位”、安全工作连续三年“三无”单位；支队团委被指挥部评为先进团委，支队政治处被武警黄金第一总队评为“新闻报道先进单位”；支队被中共呼和浩特市委、呼和浩特市政府、呼和浩特警备区授予“双拥模范单位”。

2004年6月8日，内蒙古包头市达茂旗巴音敖包苏木的一辆满载日用品的农用车陷在荒滩的沙沟里寸步难行，途经此地的武警黄金第二支队官兵立即奋力帮助将车推出沙窝窝。

2004年4月10日，支队官兵在呼和浩特赛罕区榆林镇三应窑村山下植树。

2004年3月支队领导进行徒手队列训练

支队警勤中队官兵在学习蒙语

2004年10月16日，武警黄金第二支队官兵在内蒙古大青山放飞救治的国家二级保护动物草原雕回归大自然。

2004年8月13日，武警黄金第二支队官兵在内蒙古科技馆参观草原英雄小姐妹事迹40周年纪念展。

2004年8月，武警黄金第二支队中队官兵在内蒙古潮脑忽洞矿区潘阳山槽探施工。

内蒙古自治区测绘事业局

局领导班子成员

自治区人大常委会副主任陈瑞清在测绘事业局调研

自治区副主席连辑到测绘事业局调研信息化建设

内蒙古自治区测绘事业局主要承担内蒙古行政区域内基础测绘工作，是利用现代信息技术专门生产、处理和分发空间地理信息的事业单位。局属测绘院、航空遥感测绘院、地图制印院是国家测绘局首批认证的甲级测绘事业单位，测绘科技档案资料馆（基础地理信息中心）是科技事业档案管理国家二级单位。

内蒙古测绘事业局拥有国内外先进的测绘仪器，设备总值达2200多万元，拥有空间数据采集和处理、遥感图象处理、图形处理和编辑、数据库及地理信息系统及网络管理等系列配套软件，已建成具有国内先进水平的计算机网络系统支撑的现代化基础地理信息管理服务技术体系、基础地理信息数据生产技术体系、基础地理信息系统传输网络，形成了完整的“3S”技术集成应用的数字化测绘与空间信息服务体系。

紧密结合内蒙古的经济建设，在空间大地控制网测量上全部采用GPS技术，利用航空遥感技术为呼和浩特、包头等城市规划提供基础资料，先后完成了《大青山山体灌木覆盖遥感动态监测》、《基于遥感与地理信息系统的阿拉善盟生态环境遥感系列调查》、《2000年阿拉善盟卫星影像图》、《贺兰山自然保护区数字影像》、《雅布赖山地热异常数字影像》等项目，完成了自治区“三横九纵十二出口”交通框架的前期测绘，启动和开发了《中国·内蒙古自治区》多媒体地理信息系统、《全数字真彩色呼和浩特市城市规划》项目、“内蒙古区情地理信息系统”和“数字内蒙古”空间基础地理框架建设工作，编制完成了《内蒙古自治区国土资源经济地图集》，制作《内蒙古自治区领导工作专用地图》。《2005-2014年内蒙古自治区基础测绘规划》于2004年11月23日由自治区人民政府批准施行，为推动内蒙古经济建设快速发展奠定了扎实的基础。

内蒙古自治区机械设备成套局

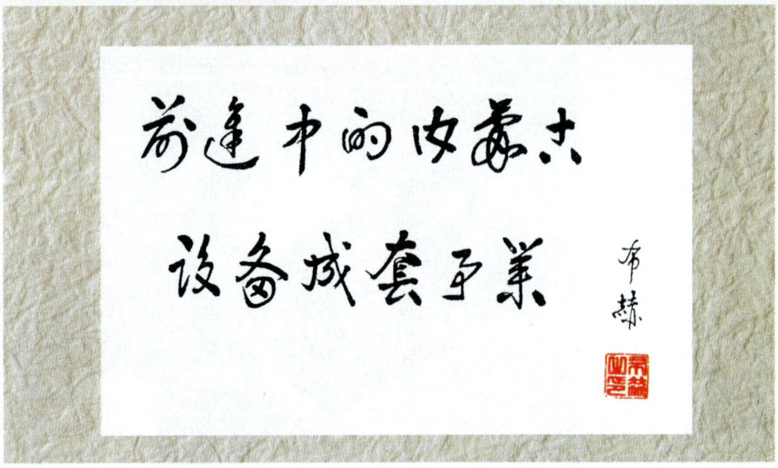

原全国人大常委会副委员长、原内蒙古自治区主席布赫题词

副局长、党组成员：张志刚

内蒙古自治区机械设备成套局自1959年成立以来，为自治区采矿、冶金、有色、煤炭、机械、电子、电力、水利、化工、轻工、纺织、森工、铁路、交通、建材、商业、广电、城建、军工等十几个行业上百个重点大中型和数以千计的小型项目供应成套设备10万台（套），设备总金额逾百亿元。为自治区形成门类齐全的工业体系，提高生产能力，促进自治区经济发展奠定了现代化工业技术装备的坚实的物质基础。

为包钢建设服务了近20年

按期、按量、按质建成投产的包头一电厂

蒙西水泥三条生产线一次点火成功

提供设备、灯具和技术服务的内蒙古彩电大楼。

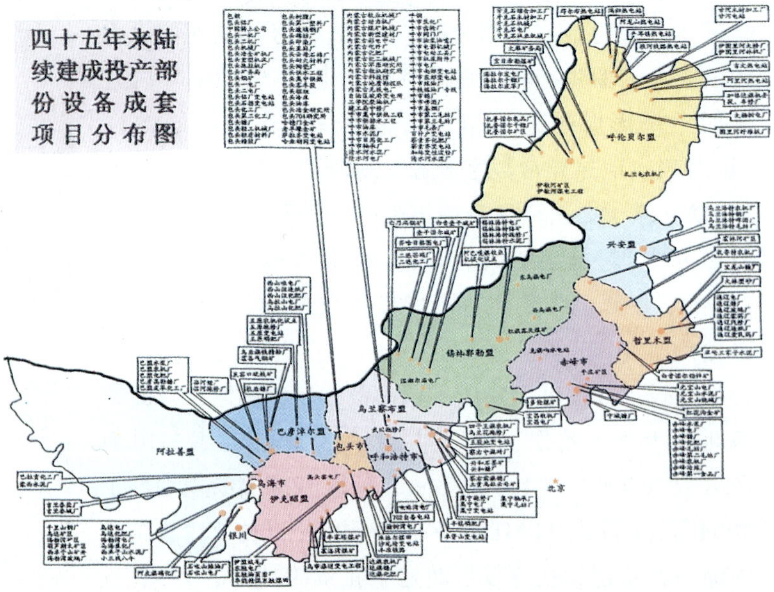

内蒙古自治区就业服务局

局　长：范锦奎

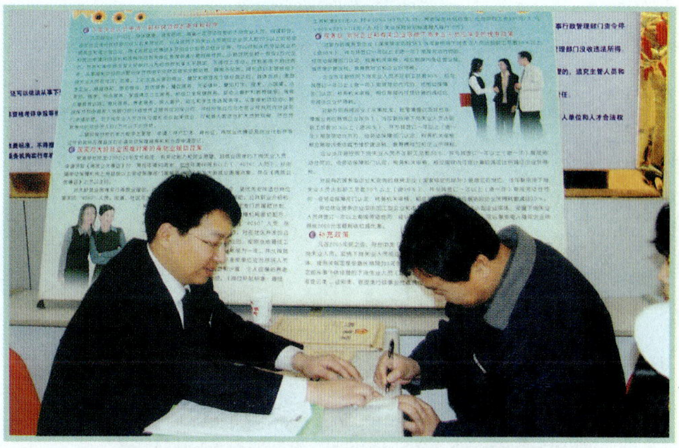

我区从2003年在全区范围启动实施小额担保贷款业务，到2005年4月末，已发放2.8亿元。

我局开展保持共产党员先进性教育活动

2005年上半年，我区开展“春风行动”为进城务工的农牧民开展免费政策宣传、职业介绍、技能培训，并帮助其维护合法权益。

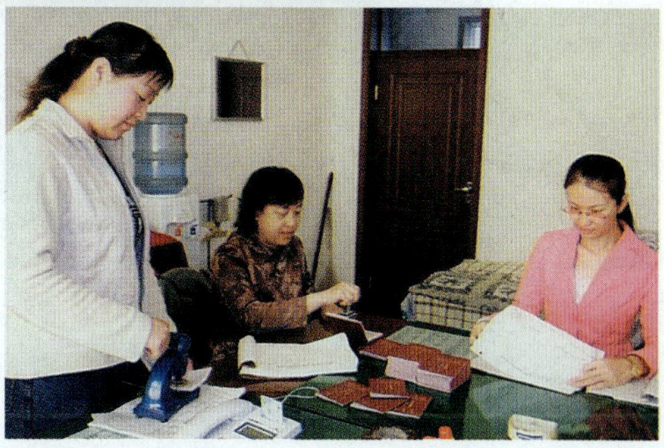

就业之路并不容易，发放『优惠证』再扶一程。

我区就业再就业工作围绕改革、发展和稳定的工作大局，坚持以促进经济发展和社会稳定为宗旨，以落实中央和自治区就业再就业政策为主线，以拓展就业领域和开发就业岗位为目标，以加大资金投入为保障，以帮助下岗失业人员、特别是“4050”人员再就业为重点，以强化就业服务、提高服务质量和效率为手段，大力开展就业服务体系制度化、专业化和社会化建设，统筹兼顾、扎实推进、因地制宜、务求实效，使就业再就业工作跃上了一个新台阶 。

2004年，城镇累计新就业人数达到24.5万人，完成全年计划任务的117%，其中：领取《再就业优惠证》的下岗失业人员达到13.92万人，“4050”人员达到3.9万人，分别完成全年计划任务数的116%和130%；下岗失业人员培训后结业人数达到21万人，完成全年计划任务的125%；城镇登记失业率4.59%，低于全年计划控制目标0.11个百分点。全区劳务输出达173.1万人，比上年度增加53.5万人，其中跨省就业人数为97.1万人，比上年度增加33.5万人 。

2005年上半年，就业再就业各项指标完成均过半，全区城镇下岗失业人员再就业数达到19.03万人，完成年度计划的86%，同比增加5.24万人，增幅达38%。登记失业率4.27%，同比下降了0.19个百分点。全区培训结业的下岗失业人员达14.1万人，其中8.27余万人享受到免费再就业培训。通过开发公益性岗位安置“4050”人员1.84万人。失业保险参保人数达到221.4万人，有7.7万名失业人员享受到失业保险待遇，失业保险已成为我区下岗失业人员的主要保障形式。

中国石油公司内蒙古销售分公司

总经理：赵永起

党委书记：王永和

大力支援春耕生产，送油下乡到田间地头

“中国石油”在内蒙古熠熠生辉

奉献能源与创造和谐的完美统一

企业文化凝聚人心

中国工商银行内蒙古自治区分行

工行内蒙古分行召开二级分行行长会议，共商改革发展大计。

内蒙古自治区副主席余德辉在工行内蒙古分行范尔钢行长的陪同下，慰问一线决算员工。

工行内蒙古分行党委书记、行长范尔钢深入基层调研。

工行内蒙古分行与内蒙古交通厅签订公路建设融资100亿元协议。

内蒙古自治区残疾人联合会

自治区残联理事长庞润辉陪同自治区人大副主任王凤歧慰问贫困残疾人

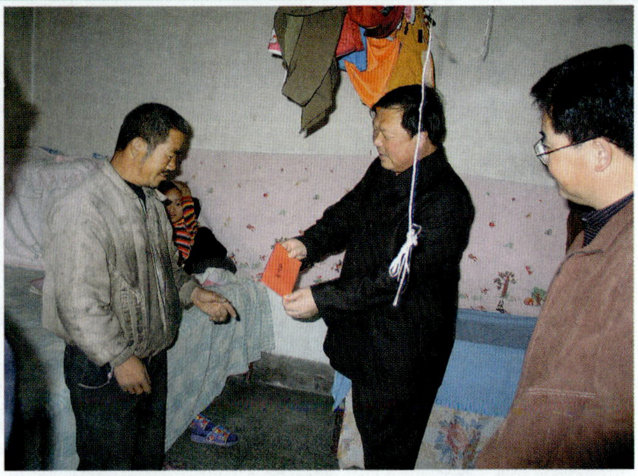

自治区残联理事长庞润辉、副理事长乔晓勇慰问贫困残疾人

北京市残联理事长慰问术后患者

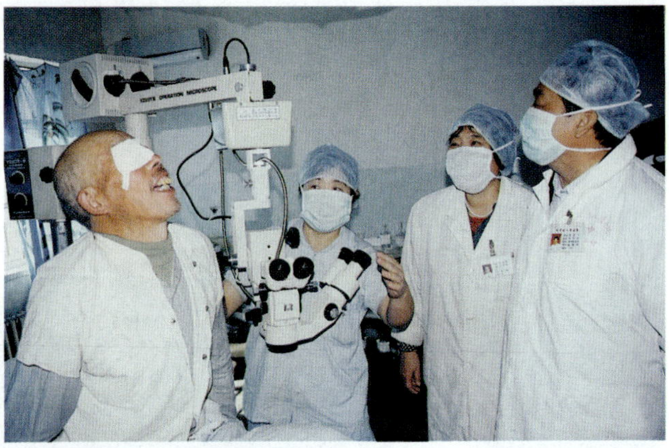

北京市卫生局、残联慰问医疗队专家和患者

当地定点医院为术后患者检查

自治区第十五次“全国助残日”宣传活动现场

自治区第二届残疾人运动会暨第一届特殊奥林匹克运动会

自治区党委副秘书长、自治区残联理事长庞润辉看望自治区聋儿康复中心受训聋儿

内蒙古自治区煤炭科学研究所

高明源所长在科研会议上（右一）

高明源所长在现场指导

内蒙古自治区煤炭科学研究所成立于1985年，隶属于内蒙古自治区工业办（煤炭工业局），是自治区级28家开发型科研院所之一。在国家科研体制改革的政策指导下，率先进行了体制改革，并于2000年10月，经自治区科技体制改革领导小组批复，转制为所有制科技企业。转制后的煤炭科研所坚持以市场为导向，以改革为动力，依托自身科技力量优势，将科研所办成集研究开发、工程设计、设计咨询，以及新技术引进、推广、转化为一体的科技企业。

建所以来，我们完成了多项科研和工程设计工作，并获得自治区科技进步三等奖两次，呼和浩特市工程设计二等奖一次。20年来，先后完成了古拉本“太西煤”出口基地总体规划、东桌子山煤田总体规划，古拉本煤田火灾灭火工程初步设计，以及鄂尔多斯电力冶金公司阿尔巴斯一、二矿、棋盘井煤矿、牙克石煤矿、双欣煤矿、万晨公司龙贵煤矿等10余座中型矿井和一批小型矿井的设计工作。

我所为内蒙古自治区古拉本“太西煤”出口基地的建设、棋盘井炼焦煤基地的建设做出了积极的贡献，在阿拉善盟、鄂尔多斯棋盘井地区树立了良好的企业形象，与我区煤炭行业20家重点企业中的5家建立了良好的业务联系。我所愿与煤炭行业的同仁一道，共同致力于我区煤炭事业的和谐、稳定、持续发展。

新建棋盘井三号井洗选皮带走廊

煤研所设计棋盘井三号井矿

武警内蒙古总队第三支队

支队组建于1989年10月，全称中国人民武装警察部队内蒙古总队第三支队（机动支队），是全区唯一一支担负机动作战任务的全训部队。主要担负处置突发事件、反恐怖、重大临时勤务、抢险救灾等任务。

支队坐落在呼和浩特东郊如意经济开发区，北靠市委、市政府，南与自治区党委政府新办公大楼相望。支队组建以来，在总部、总队党委的正确领导下，在自治区、呼和浩特市两级党委政府的亲切关怀帮助下，圆满完成了处置各类处发事件、“两会”安全保卫、中央首长来呼视察临时警卫、抗洪抢险等任务。支队连续多年被评为先进支队，1998年、2004年两次代表总队参加总部考核，均取得全优成绩，并荣立集体三等功；支队还被自治区、市两级政府授予文明单位、拥政爱民先进集体等荣誉。

为适应目前严竣的反恐形势，根据中央及武警总部的有关指示精神，在总队的统一领导下，今年初支队科学整合现有的特勤、工化、火炮等专业分队，组建了自治区首支专业反恐力量，对外称中国人民武装警察部队内蒙古总队特勤大队，主要担负全区重大劫持人质、劫机、生化袭击、爆炸等恐怖事件的核心区域武力突击、现场救援等任务。

特勤大队的建立是新生事物，在编制体制、专业训练特别是武器装备方面，与上级的要求及反恐形势的需要相比，还存在很大的差距，但我们相信有总部、总队的正确领导，有自治区、市两级党委政府亲切关怀和帮助，经过广大官兵的努力，一定能把这支自治区的反恐突击力量建设成让党中央放心、自治区党委政府用着顺心的尖刀、铁拳。

呼和浩特办事处

党委书记、总经理：陈　胜

党委书记、总经理：张乐义

中国长城资产管理公司呼和浩特办事处综合管理部党支部被评为总公司青年文明号。图为张乐义总经理为该党支部颁奖。

中国长城资产管理公司呼和浩特办事处党委积极响应自治区党委、政府号召帮扶扶贫点。图为办事处党委书记、总经理张乐义同志冒着严寒，深入帮扶点。

局长：杨永宽（中）视察工作

拜仁达坝银多金属矿选厂一角

我局成立于1956年，全局现有直属单位24个，分布在全区各盟市。至2004年底，全局职工总数15849人，有各类专业技术人员2182人，其中高级职称356人，中级及以下1826人。建局50年来，在自治区境内从事了大量的地质勘查工作，是自治区境内规模最大、实力最强的专业化地质勘查队伍。进入新世纪，全局干部职工在以杨永宽局长为首的局党委领导下，坚持地质工作服务于自治区经济社会发展的方针，面向市场，面向区域经济，在地质勘查、矿业开发和工程勘察施工以及与地勘工作相关的延伸产业方面取得了骄人业绩。我们将继续发挥专业技术优势，坚持以质取胜、诚信服务的宗旨，竭诚为区内外、国内外相关部门和单位提供优质的地质服务。

地质勘探现场

内蒙古食品药品监督管理局

党委书记、董事长：杨成林

党委副书记、行长：张庆荣

率先在呼和浩特市银行业中通过中国银联系统支持的银行卡—百灵卡，可在全国、港澳地区和韩国、泰国、新加坡带“银联”标识的ATM、POS上使用。

情系下岗职工，下岗再就业贷款

内蒙古药品检验所

内蒙古药品检验所领导班子

内蒙古药品检验所检验仪器（高效液相）

内蒙古药品检验所是国家食品药品监督体系的重要组成部分，是药监部门实施行政监督的重要技术依托。主要对自治区境内的药品、生产、经营企业及医疗单位实施技术监督检验的法定检验机构。2001 年、2002 年我所相继加挂了“内蒙古医疗器械检测中心”和“内蒙古药品不良反应监测中心”两块牌子。现所内设十四个科室，实验室面积 5000 多平方米，有原子吸收、紫外、气象、液相色谱、红外等仪器设备，收藏有中蒙药才和腊叶标本 3200 余份，可满足中蒙药材的鉴定和研究需要。近年来，由于各级政府的高度重视，内蒙古药检所在实验室改造、仪器设备、人才技术等软件、硬件方面得到了长足的发展。

内蒙古药品检验所始终坚持“以监督为中心，监、帮、促相结合”工作方针，把落实“三个代表”重要思想和实际工作结合起来，把保障广大人民群众用药安全有效作为工作的宗旨。从以制度建设为基础，以创新机制为动力，按照科学发展观，科学的培养人才，采取引进及在职培养相结合的方式，加大人才培养，人员素质、技术水平和科研能力逐年提高。目前我所拓宽了业务范围，加大了药品、医疗器械市场的检查力度，对药品生产、批发企业、连锁药店以及农村牧区基层的检查覆盖在达到 95%，每年完成检品任务 2500 — 3000 批次。2003 年在抗击非典的特殊时期，我所全年完成检品 3334 批次，实现了药检所成立近五十年来历史性的跨越。随着科学技术的不断发展、专业技术水平的不断提高以及大型检验仪器设备的增加，围绕药品质量开展多项科研工作，近年完成了二、三、四类新药的研制及科研课题多项，荣获国家、省部级科技进步奖多项，参与编写了《中国药典》等多个品种的起草修订工作。现内蒙古药检所担负着内蒙古医学院的教学基地和全区盟市药检所技术人员的业务培训工作，近年来代培学生及业务人员 3000 余人。

内蒙古药检所为实现一流的人才、一流的管理、一流的设备、一流的水平和一流的服务为奋斗目标，各项工作取得了可喜的成绩。2003 年通过了自治区质量技术监督局对实验室的计量认证；2004 年档案管理工作通过了科技事业单位国家二级标准；2004 年被呼和浩特市评为精神文明先进单位；连续六年被自治区党委宣传部、组织部等五家单位评为思想政治工作先进单位；被自治区直属机关工委、药监局评委先进基层党组织。

陈秀勤所长陪同国家食品药品监督管理局局长郑筱萸及自治区人大副主任陈瑞清同志视察内蒙古药品检验所

内蒙古移动通信有限责任公司

内蒙古移动通信有限责任公司(以下简称内蒙古移动)组建于1999年9月16日，2004年6月，作为中国移动通信集团所辖的最后10个省(区)公司之一，内蒙古移动成功实现境外上市，成为中国移动(香港)有限公司在内地的全资子公司之一。

内蒙古移动注册资本28．6亿元人民币，在职员工总数超过3000人，在全区12个盟市设立分公司。

内蒙古移动全面负责内蒙古自治区境内的“134、135、136、137、138、139”国家公众移动电话网的发展规划、建设维护和经营服务。拥有“全球通”、“动感地带”、“神州行”三大服务品牌，能够提供话音和数据两大类20多种业务，国际漫游通达五大洲200多个国家和地区。经过六年的建设和发展，内蒙古移动已建成了一个覆盖范围广、通信质量高、业务品种丰富、服务水平领先的综合通信网络。截止2004年底，交换机总容量达到396万门，基站2512个，客户总数超过360万户，全区城市、旗县所在地实现良好覆盖，室内覆盖率达95%以上，室外覆盖率99%以上，高速公路覆盖率大于99%，重要旅游景点覆盖率为92．3%，全区83%的乡镇实现了网络覆盖。同时，建设了完善的网络和业务支撑系统，不断推进行业和企业信息化的建设和应用，在促进自治区经济建设中发挥着重要的作用。

随着内蒙古移动成功上市，企业的运营机制、管理体制发生着深刻的变革，面对新的发展环境和形势，内蒙古移动将继续深化“服务与业务领先”的近期发展战略，团结拼搏、加快发展，以科学的发展观促进企业全面、协调、持续发展，全力朝着“世界一流通信企业”的长远发展目标迈进。

内蒙古自治区人民政府、教育部共建内蒙古大学协议签字仪式

教育部本科教学工作水平评估专家组在内蒙古大学实地考察

内蒙古大学学生毕业典礼

内蒙古大学综合教学楼

内蒙古师范大学

国家教育部长周济一行在自治区领导陈光林、连辑等的陪同下视察内蒙古师范大学

内蒙古师范大学举行盛乐校区启用仪式暨2004级新生开学典礼

国家教育部普通高校本科教学工作水平评估专家组对内蒙古师范大学本科教学工作进行考察评估

内蒙古师范大学主办中美教育研讨会

内蒙古师范大学聘请110余位国内外知名专家学者担任兼职教授或客座教授

盛乐校区图书馆

内蒙古农业大学

国家教育部长周济来我校考察调研

校长李畅游为博士毕业生拔流苏

中国共产党内蒙古农业大学第一次代表大会

2004届获得博士、硕士学位的毕业生

内蒙古农业大学成立于1952年，是内蒙古自治区成立最早的本科高等学校。是国家西部大开发重点支持建设的大学，是一所以农为主，具有农、工、理、经、管、文、教、法等8个学科门类、29个二级学科的多科性大学。

学校设有动物科学与医学学院、林学院、农学院、生态环境学院、机电工程学院、水利与土木工程学院、林业工程学院、经济管理学院、食品科学与工程学院、生物工程学院、计算机与信息工程学院、人文社会科学学院、中央农业干部教育培训中心内蒙古农业大学分院、继续教育学院、职业技术学院、外国语言学院、理学院、研究生院（筹）19个学院和1个优育教育部、1个高等教育研究所。现有1个国家重点学科（草业科学）、8个自治区级重点学科，1个农业部重点学科；1个教育部重点实验室，1个国家林业局重点实验室；4个自治区重点实验室；具有一级学科博士学位授权点3个，二级学科博士学位授权点17个，硕士学校授权点43个，2个博士后科研流动站（畜牧学、农业工程）。有49个本科专业，其中蒙汉汉语授课专业13个。学校在校生2.2万人。其中，硕士和博士研究生1113人。

内蒙古自治区第七届大学生运动会在我校举行

学校现有专任教师1077人。其中，教授157名、副教授357名；有博士生导师58人，硕士生导师273人；享受国家特殊津贴的专家70人；国家和自治区有突出贡献的中青年专家33人；有5人入选国家级百千万人才工程，有37人入选自治区“新世纪321人才工程”第一、第二层次，21人为自治区高等教育认可培养“111工程”第一、第二层次人选。

近5年来，学校共承担国家、自治区级科研项目645项，项目经费1.1亿元，有68项研究成果分获国家、省部级科技进步奖。在研的国家自然科学基金项目90项，总经费1840万元。

内蒙古电子信息职业技术学院

党委书记：奇锦玉

院　长：祁柱晓

学院的学生在上软件课

网络操作系统实训

移动通讯实训

校园一角

学院文化艺术节

学院运动会

内蒙古化工职业学院

党委书记：傅永春

院　长：乔子荣

内蒙古化工职业学院是内蒙古自治区教育厅直属的国办全日制高等院校、国家重点建设示范性职业院校、全国职业院校就业先进单位。

学院具有一流的办学条件，建有教学楼、实验实训楼、综合办公楼、学生公寓、学生餐厅、图书馆、电教中心、400米8道运动场等基建设施及其相关配套设施，总建筑面积10万平方米。拥有化工仿真、多媒体、计算机网络机房、电工、电拖实验室、物检、化工仪表、微机原理实验室、数控实验室、分析测试中心等设施先进的实验室49个。另有金工实习车间、产品检验站等实习场所，实践性教学设施齐备。图书馆藏书19万册，学生阅览室、教师阅览室订有500余种报刊，可提供电子阅览和电子检索系统的现代图书馆。拥有闭路电视教学系统、数码语音室等现代化的教学设施，201电话均进入教室和学生宿舍。拥有完备的后勤保障条件，学生宿舍实行公寓化管理。

教育部领导（左三、左四）来我院视察与院领导合影

学院拥有一支具有良好职业道德、治学严谨的高素质教师队伍。现有专职教师195人，其中副高级以上职称68人、中级职称103人、具有双师证者65人、硕士研究生36人。

学院以素质教育为基础、以能力培养为本位，教学过程注重理论与实践结合，通过强化实验、实训等实践性教学环节，为社会培养具有良好职业道德和创新精神的实用型、技能型高中级技术人才。

学院实行院、系（部、处）两级管理体制，现设化学工程系、机电工程系、材料工程系、环境工程系、电子信息工程系、管理工程系、测控工程系、计算机科学系和科技外语系。学院突出特色骨干示范性专业和市场急需专业建设，现开设25个专业。2003年起还开办了初中起点五年制高职班。中专部设置六大类学科，21个专业 。

我校主办全国高职高专国家规划教材编审会现场

学院与北京化工大学、武汉理工大学等院校联办专科、本科函授班，引入清华大学远程教育网；现开设专科、本科和研究生班，为广大学子进一步深造创造了良好的条件。为拓宽办学渠道，2002年经内蒙古教育厅和北京市教委批准，我院与北京昌平职业学校、北京化工学校等学校联合办学，开设有“航空服务”、“旅游服务与管理”等专业，采用2+1培养模式（前期在我院学习，后一年到北京就读，学生具有两校学籍，毕业颁发两校毕业证书，由北京联办学校负责推荐就业）。同时，我院是国家劳动部批准认定的国家职业技能培训定点单位和内蒙古自治区“石化行业国家职业技能鉴定所”、“建材行业职业技能鉴定站”。学生毕业前经职业资格培训和技能鉴定合格后，可取得高、中级职业技能等级证书，为就业上岗提供了有利的保证 。

学院以市场需求为导向，以就业安置为重点，积极开拓就业市场，已与北京、上海、广州、江苏、浙江、河北、大连、山西、内蒙古等60多家人才机构和用单位签订了长期的用人协议，建立了稳定的人才供求网络，历届毕业生供不应求。毕业生就业前景广阔。

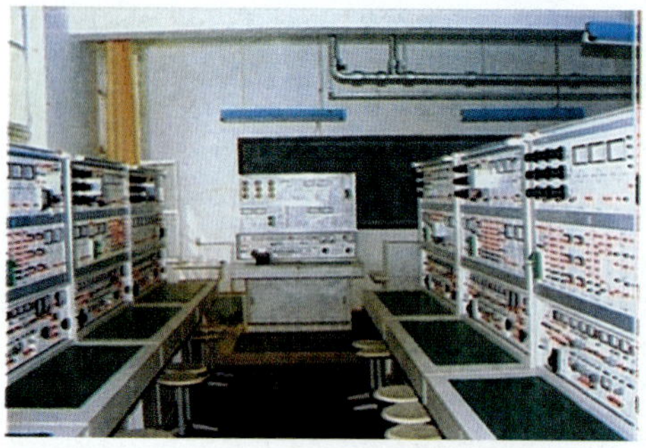

电工、电子、电拖实验室

学校地址：呼和浩特市乌兰察布东街699号（校本部）
呼和浩特市东影南街6号（南区）
邮编：010010
电话：0471-4935387、4964035
网址：www.hgzyxy.com　　电子邮箱：web@hgzyxy.com

内蒙古警察职业学院

自治区党委书记储波亲切接见我院学生

自治区党委政法委书记万继生（右）公安部政治部人事训练局副局长程智勇（左）为学院成立揭牌

学院领导班子全体成员

内蒙古警察职业学院、内蒙古政法干部培训学院，两块牌子，一套机构，是自治区人民政府2001年4月批准组建的，是自治区唯一的一所公安、政法类专科层次的高等职业学校，列入公安系列，隶属自治区公安厅。这所学校，一方面面向政法系统培养专科学历的实用型人才；另一方面承担全区政法系统在职干部继续教育任务。

内蒙古警察职业学院现有两个校区，建有微机实验室、痕迹检验室、刑事照相实验室、语音室、30多个多媒体教室、交通驾驶模拟室、道路交通实验沙盘、标准体育场、驾驶训练基地、综合训练馆等教学设施。

现有教职工312人，专任教师179人，副高级职称有70人，中级职称有72人，初级职称79人。学历教育在校生3000人，毕业生人数共计约22500多名。

内蒙古警察职业学院设置了侦查系、治安系、交通管理系、公安管理系、法律系、监管系、政治理论教学部、蒙语授课教学部、警体教学部、警训部和图书馆共11个教学和教学辅助机构。学院采用蒙、汉语两种语言授课，开设了侦查、治安、道路交通管理、法律、公安文秘和计算机犯罪侦查共六个专业。侦查专业主要是为基层公安局刑警队培养侦查员；治安专业主要是为基层公安局、派出所、大型企事业单位培养治安、保卫人才；道路交通管理专业主要是为全区基层交警队培养合格的交通警察；法律专业主要为全区公安、政法系统培养具有扎实的法律基础知识的实用型干部；公安文秘专业主要为基层公安机关培养文秘人才；计算机犯罪侦查专业主要为公安机关培养计算机应用研究及计算机犯罪侦查方面的应用型人才 。

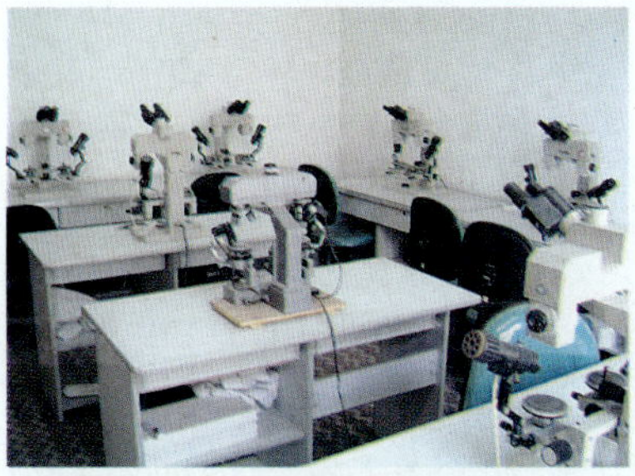

痕迹检验设备

目前学院在“三个代表”重要思想指导下，把落实教育培训任务与学院发展建设统一起来，坚持以人为本的价值取向和全面、协调、可持续发展的原则，不断深化“以专业建设为主线，以师资建设、课程建设和校园文化建设为重点”的发展思路；有计划的优化教师队伍结构，提高师资队伍水平；完善以“专科层次、职业教育、警察特色”定位的警察课程教育体系，主要完成已立项的国家级课程改革科研项目；加快学院基本建设步伐，促进办学条件的现代化，把我院办成符合高等职业教育办学标准的警察职业学院。

交通实验沙盘

地址：内蒙古呼和浩特市新城区兴安北路
邮编：010051
网址：http//www.imppu.um.edu.cn
电话：0471-6588657　　6589225　　6587935
传真：0471-6588657　　6589225

学院景观

军乐队

教学大楼

内蒙古师范大学附属中学

校运会开幕式

参加市中学生文艺汇演

与美国学生联欢

参加社会实践活动

与台湾学生联欢

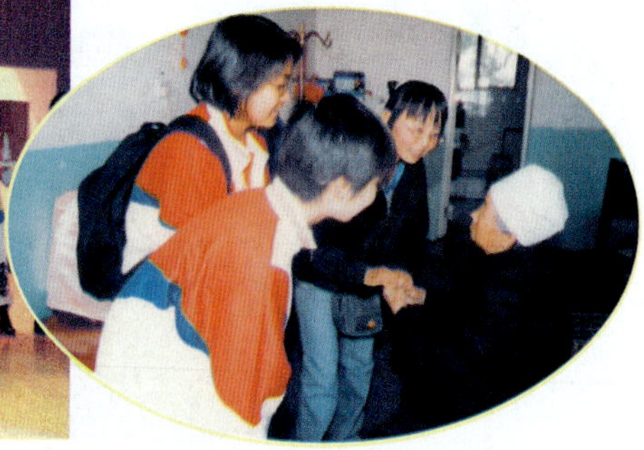

到敬老院慰问老人

内蒙古师大附中是一所蒙汉合校的民族中学，是内蒙古自治区首批重点中学和首批示范性普通高中，是具有地区特点、时代特征和民族特色的自治区窗口学校。

学校始建于1954年，迄今已走过50年的光辉历程。学校现有教职工245人，其中，教授1人，特级教师3人，硕士生导师6人，已获硕士学位和正在攻读硕士学位的教师38人，高级教师111人。在校学生3159人，其中少数民族学生约占三分之一。

2004年学校隆重举行了50周年校庆。50年来，内蒙古师大附中在党的教育方针和民族政策的指引下，几代人传薪继火、殚精竭虑，励精图治、奋发努力，形成了“团结、文明、勤奋、向上”的优良校风和“严谨治教、精心育人”的优良教风。经过长期的办学实践和努力，学校形成了自己的办学特色：把课堂教学作为素质教育的主渠道、主阵地，注重学习效率的提高和优良学风的养成，将教师的严格要求与学生的自主学习、积极参与相结合，形成了教学相长、相得益彰的良好办学传统。以人为本的自主化管理，把学生的全面、健康、终身发展作为根本出发点和归宿，从常规教学、研究性课程到各类文体和社会实践活动的开展，注重学生的个性发展和创新、实践能力的培养，培养学生民主、自信、自主、自立的优良品质。师大附中在蒙语授课班中加授英语，开办的“三语”(蒙语、汉语、英语)并进的教学模式在全国属首创，为少数民族学生提供了更广阔的发展空间。师大附中注重与国内外兄弟学校的联系交往，开展形式多样的教育教学交流，交换教育教学资料、互访、互派教师、缔结姊妹学校、联合办学，并成功地承办了三届“中美中学生中华营”。

学校占地面积103215平方米，建筑面积84766.62平方米，其中用于教学教研建筑有：主教学楼5400平方米，逸夫教学楼3456平方米，教研楼3600平方米，实验楼2906平方米，图书馆1951平方米，体育馆5988平方米，培训中心1909平方米。行政、教辅建筑主要有：行政办公楼580平方米，学生公寓8437平方米，学生餐厅1575平方米。图书馆藏书10万余册，声像教材(磁带、光盘、示范教学录像带)800余盘。拥有计算机教室2处，配有微机160台，多媒体教室4处，语音室2处，电子备课室1处，电子阅览室1处，电教室1处，理化生实验室9处。标准塑胶田径运动场1个，室外标准沥清篮球场6块，室外标准排球场2块，室外标准硬地羽毛球场6块。校园绿化面积7000平方米，硬化面积24200平方米。

实验楼

学生公寓

教学主楼

图书馆

内蒙古自治区大中专蒙文教材编审委员会办公室

办公室主任：蔡广志

教育厅副厅长满达指导工作（左三）

内蒙古自治区大中专蒙文教材编审委员会办公室担负着内蒙古自治区和蒙语文协作八省区大中专院校蒙古文教材的组织编审、出版和教材供应工作任务，承担着国家教育部授权的全国大中专院校蒙古文教材的审定工作任务。始建于1980年7月。1997年12月，经内蒙古自治区编制委员会批准为内蒙古自治区教育厅直属事业单位。

蒙文教材编审办通过长期的教材建设，为全国大中专民族院校编译出版了近800种蒙古文教材，600余万册。这些教材的编译出版，极大地促进了民族教育的发展，对传承和弘扬民族文化、提高民族素质、促进少数民族地区经济社会发展和民族团结进步、边疆的稳定以及维护祖国统一都起到了巨大作用。

近几年，通过实施“内蒙古自治区高等院校蒙古文教材360工程”工作，拟编译出版蒙古语言文学、民俗学、新闻学及蒙汉双语专业本专科专业课程教材60种，蒙医学、蒙药学、蒙医护理学和民族艺术类本专科专业课程教材60种，法学、经济学、管理学和农林及师范类等本专科专业课程教材和共同课教材60种；并通过优化选题、优选编写人员、增加投入、与院校联办等一系列措施，大力建设精品教材、创新教材，使大中专蒙古文教材的门类增多，结构层次合理，重点突出，质量得到普遍提高，为民族教育工作做出新的更大的贡献。

开展优秀蒙古文教材评奖活动

召开蒙古文教材编审工作会议

研讨蒙古文教材建设工作

内蒙古商贸职业学院

学院通过ISO9000认证

校企合作签字仪式

内蒙古商贸职业学院是经自治区人民政府批准、教育部备案的全日制公办高等职业学院。学院面向商贸、旅游、粮油、轻纺、农畜产品加工等多个行业培养人才。学院以举办高等职业教育为主体，兼办中等职业教育和成人继续教育，设商务系、会计系、计算机系、旅游系、工程系、艺术系等近30个专业。学院现有2个校区，占地面积238亩，固定资产总值8387万元，教学仪器设备价值1397万元。正在建设的新校区占地915亩，拟建校舍16万平方米。教学楼、图书馆、综合实训楼、电教中心、运动场、学生公寓等教学和生活设施设备一应俱全。装备有专业及相关学科配套的财会模拟室、办公自动化模拟室、营销模拟展厅、电子商务操作室、酒店餐厅客房、装璜工艺制作室、服装工艺室、教学饭店、粮油食品检测制作室、皮毛工艺室等实验实训场所。图书馆藏书27万册。电教中心有多功能报告厅、语音室和计算机室，拥有多媒体计算机860台。

2005年元旦师生联欢

学院通过了ISO9000国际质量管理体系认证，在质量管理方面已与国际通用标准接轨。学院的办学方针是“服务社会，满足需求；以人为本，厚爱严管；不断改进，创建一流”。学院是自治区级文明单位，2005年，学院在百行百业社会信誉“内蒙古百姓口碑最佳单位(产品)”调查评价活动中，被授予“内蒙古百姓口碑最佳单位”荣誉称号，在两个文明建设中取得了显著成效。

呼和浩特市蒙古族学校

校长：阿布日固

演讲比赛

呼和浩特市蒙古族学校坐落在新城区呼伦北路197号，是一所完全用蒙语授课的、对外开放的内蒙古自治区和呼和浩特市重点民族学校，是内蒙古自治区首批“批准化民族学校”、呼和浩特市“义务教育示范学校”和新城区“文明单位”。实行小学五年、初中四年、高中三年的“五四三”学制。在校生2000余名，有45个教学班，其中小学10个班，初中20个班，高中15个班。住校生有1400名，实行封闭式管理。教职工有240人，专任教师196人，其中有特级教师2人，盟市级以上教学能手15人，中学高级教师51人，中级职称教师有95人。小学、初中教师学历合格率100%，高中教师学历合格率95%。小学三年级开设汉语文课，小学四年级开设英语课，部分年级有日语选修课，“三语教学”实验在内蒙古自治区同类学校走在前列。学校占地面积48428平方米；建筑面积2万多平方米，田径运动场环形跑道300米。有中学专用教学楼，小学高泽教学楼，实验电教综合楼，男女生宿舍楼和礼堂。微机教育网卫星地面接收站两处，实验仪器达到国家义务教育一类标准，具有一流的微机设备，现任校长阿布日固，党总支书记希日莫。

呼和浩特市蒙古族学校逸夫综合楼

内蒙古医学院附属医院

院　长：欧阳晓晖

党委书记：马仲奎

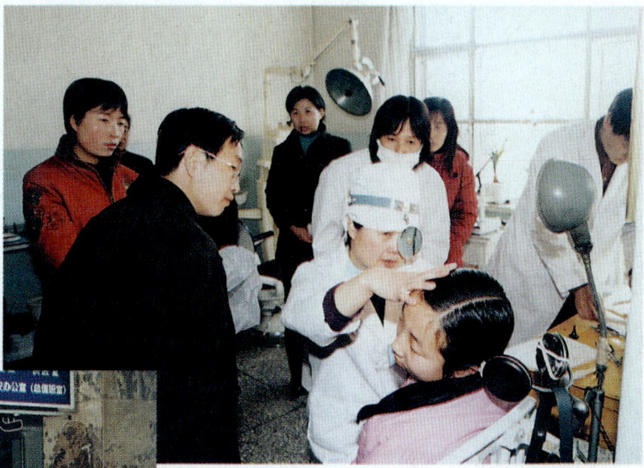

热情服务患者

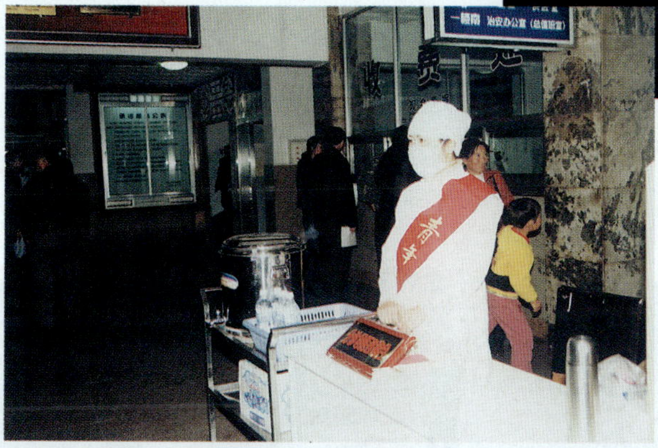

文明分诊导医

内蒙古医学院附属医院创建于1958年，是一所集医疗、教学、科研、预防保健为一体的大型综合性三级甲等医院。医院设有34个临床专业科室，16个医技科室， 27个病区，编制床位1506张，年门诊量60多万人次，年诊治住院患者达3万多人次，年平均手术2万多例。

医院始终坚持“以病人为中心”的服务宗旨，本着“精医厚德，福泽民众”的院训竭诚为广大患者服务，医德医术在社会上享有盛誉。目前在很多领域都可以开展高难度、较复杂的手术和业务，并且很多技术项目在自治区卫生行业处于领先地位。医院始终坚持严谨的科学态度，将科教兴院的方针落到实处，在人力、物力、财力等方面，向科研倾斜和重点投入，取得了丰硕的成果。仅1999年至2004年，获省部级科研成果奖20项，其中部分科研成果还填补了自治区空白。医院还是自治区最大的临床医学教学中心，每年承担着医学院八个专业年均3000余名学生的教学任务及各临床专业硕士研究生的培养工作，另外还承担着下级医院的进修、培训任务，四十多年来为国家培养了数以万计的各类医学人才。

医院不断深化改革，加强管理，各方面取得了显著成就。1994年被卫生部授予“三级甲等”医院、“爱婴医院”；1997年被团中央、卫生部授予内蒙古自治区卫生行业唯一的国家级“青年文明号”；1998年跨入“全国百佳医院”行列；1999年被评为自治区级“文明医院”； 2003年被中华医院管理学会评为“全国百姓放心医院”。2004年被国家人事部、卫生部、中医院管理局评为“全国卫生系统先进集体”。同年被中华医院管理学会评为“全国医院文化建设先进单位”和“全国行风建设先进集体”。

内蒙古医学院附属医院今后五年的奋斗目标是：争创六个一流，即一流的医疗技术、一流的科研教学、一流的服务水平、一流的管理水平、一流的设施设备、一流的就医环境。

内蒙古荣誉军人肢残康复中心

经　理：张泮恒

假肢矫形器系列产品

内蒙古荣誉军人肢残康复中心（原内蒙古假肢厂），建立于1958年，是内蒙古民政厅直属的优抚事业单位，专为荣军、社会伤残人制作安装进口和国产高、中、低档，上、下肢假肢，各种人体矫形器、矫形鞋，义眼。并经营老年人、残疾人使用的各种手摇、电动、机动三轮车，全国名优厂家生产的各种轮椅、电动车、各种拐杖、坐便器等。中心始终坚持“诚信、敬业、创新、优质”的精神；坚持人性化、科学化、制度化管理；坚持“伤残人的需要就是我们的追求”的宗旨和“最适合的才是最好”的理念。近年来，进行了内部机制改革，由原来的大锅饭变成了保低加提成，实行目标管理，人员聘用制，使整体综合素质有了明显提高，增强了员工的市场经济意识，市场份额增加，产值较快增长，消耗逐年下降，效益不断提高，职工收入明显改善，为健康、快速、协调发展奠定了良好基础。

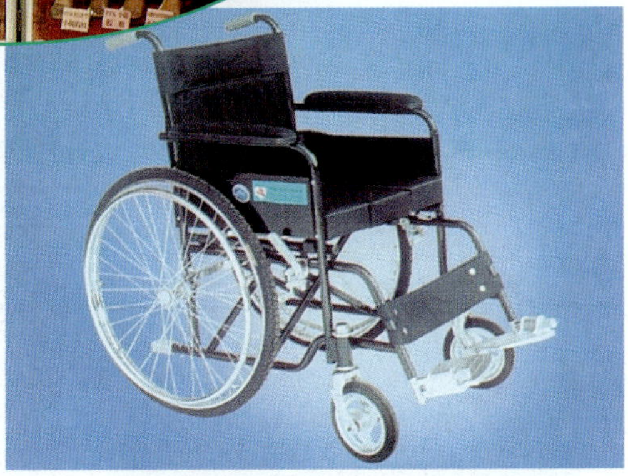

B2型喷涂低马扎硬座轮椅

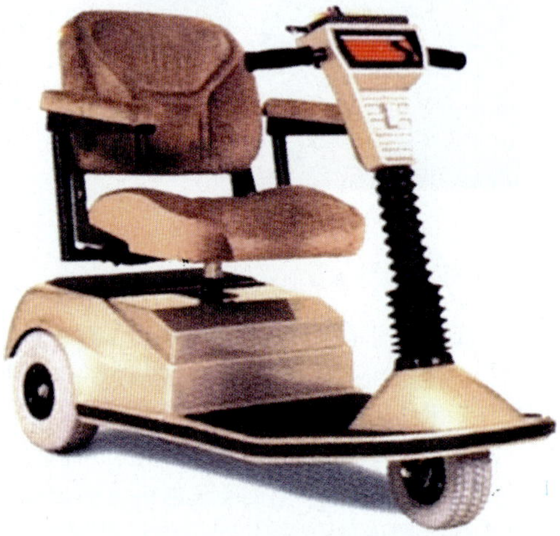

A-03电力助动车

地　　址：呼和浩特市赛罕区昭乌达路362号

乘车路线：自火车站乘座34路公交车，到赛罕区医院下车往北50米路东，乘座21、38、44、50、55、57路公交车均可达到。

电　　话：0471-4962870　　4960634转8001、8007。

传　　真：0471-4964171

邮　　编：010010

A-04机动三轮车

呼和浩特市结核病防治所

5·4青年节新团员演讲比赛

门诊大夫为患者诊治

专家为新大夫讲解X光片

我所座落于呼市玉泉区旧城大东街8号（位于恒昌商城南巷往东200米处路南），始建于1957年，是我市唯一一家结核病防治专科医院，承担着全市结核病预防、治疗和结核病的管理任务。2001年7月份成为呼市社保局城镇职工结核病医疗保险定点医院，2003年承担了世行贷款／英国赠款结核病控制项目。

全所现有各类医技人员75人，其中高级职称5人，中级职称30人，有监化床20张，设有预防科、内科、外科、心电图及“B”超室。我所现有X光机5台，日本尼康显微镜3台、奥林柏斯显微镜2台、血球计数仪1台、半自动生化仪1台、支气管镜1台。放射科可开展拍摄断层投照、胸部透视，检验科可开展各种普通化验和生化检查，并可开展结核菌检查及结核菌检查培养和药敏专科特色检验。

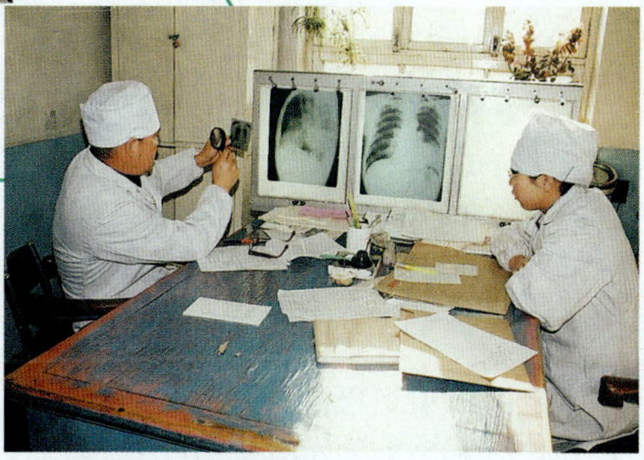

老专家仔细观看病人的X光片

所长张天明，现任正主任医师，享受政府津贴的结核病专家，从事结核病防治工作20余年，先后在《中国防痨》等多家杂志上发表论文35篇，曾参与《农村卫生手册》的编写。1995年被呼市卫生局命名为呼和浩特市结核病学科带头人。1994年被录入《中国名医列传》，并任内蒙古防治协会常务副理事长。

外聘专家李崇根，主任医师。历任内蒙结核病医院（胸科医院、结核病防治所）临床科、防治科主任，自治区结核病控制项目办主任职称。任中国防痨协会内蒙分会副理事长兼秘书长、中华医学会结核病科委员会委员，中华医学会内蒙分会结核科委员会主任委员，从事结核病防治工作43年，为自治区著名的结核病防治专家。

我所现特色治疗：肺结核、淋巴结核、结核性胸膜炎、结核病性腹膜炎、结核病性脑膜炎、肠结核、泌尿生殖系结核及骨结核（内科治疗）等各类结核病。

卡介苗科负责全市儿童卡介苗接种的培训技术指导工作及卡介苗漏种、未接种成功儿童的补种工作。

外科采用手术加我所特制纯中药制剂“加味朱砂膏”治疗淋巴结核、胸腹壁结核及各类结核道，这是我所独有的专业特色治疗方法。

从2003年起，我市的结核病控制项目工作顺利启动，项目覆盖率以县为单位达到100%，病人发现率达到目标的105.8%，初治涂阳病人治愈率达90.2%。项目对传染性肺结核病人及部人重症涂阳病人进行免费诊治，使结核病患者，特别是农村贫困患者得到及时治疗，是一项造福全市广大人民群众的德政工程。

目前，我所在结核病的流行病学调查、管理及诊治方面已形成一整套规范化管理机制，我所将本着一切以病人为中心的原则，克服各种困难，改善就医条件，不断提高医疗技术水平，以饱满的热情，精湛的医术为广大结核病患者解除痛苦。

联系电话：0471—6314324

内蒙古地方税务局直属征收管理分局

党组书记、局长：尚　勇

党组书记、局长尚勇同志对我局的全体职工就“保持共产党员先进性教育”进行动员。

内蒙地税直属征收管理分局成立于1994年底，主要负责自治区级直属企业的所得税、金融保险企业的营业税及自治区直属单位和统筹行业社保费和养老保险费的征收工作。内设办公室、人事教育监审科、税收管理科、税政法制科、税收计划统计科、社保科、机关党支部七个科室，共有职工48人，其中研究生学历16人，本科学历12人，其余全部为大专学历，全部人员中中共党员32人。

成立几年来，内蒙地税直属征收管理分局始终按照国家税务总局“带好队、收好税”的总体要求，切实改进工作作风，大力加强对干部职工的思想政治教育和专业知识培训，同时加强党风廉政建设，完善“两权”监督，实行公开办税，坚持服务承诺，接受群众监督，尽最大努力解决广大纳税人及职工工作生活中的实际困难，提高了全体税干的向心力和凝聚力。

在完成税费收入任务方面，内蒙古地税局直属征收管理分局始终遵循“加强征管、堵塞漏洞、惩治腐败、清缴欠税”的工作方针，将税收收入与经济发展紧密结合，牢固树立税收服务于经济，服务于改革发展和稳定大局的思想，严格执行税收政策，依法计征，依率计征，11年来共组织地方税税收收入64亿元，社会保险费68亿元，为自治区的经济建设和改革、发展、稳定做出了积极的贡献。

99年被自治区人民政府授予“全区税务系统先进征管单位”，1998—2000年被自治区地税局评为“A类征收局”，1998—2002年获得“自治区地税系统税法宣传先进单位”称号，2000—2002年被驻区政府评为“社会治安综合治理先进单位”，2003年度被自治区地税局评为“地方税务系统税费收入先进单位”和“地方税务系统素质教育先进单位”，还分别被自治区团委、自治区直属机关工委授予“青年文明号”称号，2004年获得我区首届“人民满意的行政执法单位”荣誉。

成绩的取得在于有自治区地税局党组的正确领导，我局有一个团结战斗的领导班子，有一支能征善战的干部队伍，在充满机遇和挑战的2005年，内蒙地税直属征收管理分局的各项工作仍将以“三个代表”重要思想为指导，深入扎实地搞好保持共产党员先进性教育活动，紧紧围绕区局党组提出的“立足全局、服务中心，服务经济”这个中心，在自治区经济发展的大局下创新思维，扎实工作，维护好、发展好当前全区、全系统谋发展、求发展、争发展的良好局面，在2005年再创新的辉煌，为自治区经济的腾飞和实现我区地税事业的跨越式发展做出新的更大的贡献。

内蒙古通信管理局

局　长：敖大明

内蒙古通信管理局保持共产党员先进性教育活动动员大会

内蒙古通信管理局于2000年11月，在实现政企分开的原内蒙古邮电管理局的基础上组建成立，实行信息产业部和自治区政府双重领导、以信息产业部为主的管理体制，主要行使全区电信行业的监督管理职能。

内蒙古通信管理局成立以来，在信息产业部和自治区党委、政府的领导下，认真贯彻落实“三个代表”重要思想，坚持保护竞争、依法行政、促进发展、监管为民的指导思想，立足实际，创造性地开展工作，有效地维护了市场秩序，保护了电信企业和广大电信用户的合法权益，初步形成了健康有序的市场竞争环境。

5年来，全区电信行业持续快速发展，电信业务收入年均增长17%以上，增速快于全国同期水平；电话用户超过了1200万户，普及率达50%以上。电信服务水平稳步提升，一些热点难点问题得到有效解决。电信企业竞争行为更趋理性，守法经营的自觉性明显增强，竞合理念在行业发展中日益发挥主导作用。电信监管工作不断走向成熟，确立了“监管为民”的指导忌想，始终坚持把实现好、维护好、发展好广大群众的利益作为工作的出发点和落脚点，把解决热点难点问题作为工作重点，以群众是否满意作为检验电信监管工作的根本标准。

通信行业迎新春联谊会

5.17世界电信日，在新华广场举办——行动起来创建公平的信息社会主题活动

内蒙古第九地质矿产勘查开发院

院长 法人代表：孟和巴图

党委书记：刘栓后

内蒙古自治区第九地质矿产勘查开发院建立30年来，在广袤的锡林郭勒草原开展了大规模的地质工作，成果丰硕。为国民经济建设和促进地方经济发展做出了重要贡献。

共提交各类地质报告145份，探明储量的矿种有：煤670亿吨、铬123万吨、铁1911万吨、镍2191吨、铜6.6万吨、钨2.5万吨、锡0.7万吨、铅1.0万吨、锌38万吨、金3吨、银3200吨、铌钽0.3万吨、锗1300吨、萤石65万吨、明矾石36吨、石膏2.2万吨、石灰岩417万吨、沸石986万吨、膨润土1109万吨、彩石231万立米米、珍珠岩820万吨、石英砂711万吨。提交地质研究报告32份、探明储量的矿产地48处，其中35处已被开发利用。同时发挥专业技术优势为草原人民找水打井200多眼，总进尺2万余米。首次编制地学研究区域性图件8份，社会和经济效益显著。

2003年，我院地质找矿实现重大突破。在大兴安岭山脉西南端，锡林浩特中间地块南缘发现重大型银铅锌多金属矿一处一拜仁达坝很多金属矿。已探明矿产储量及资源量银4600吨、铅锌158万吨、矿石量1880万吨以上，该矿区即将开发成为我国北方重要的有色金属基地 。

近年来，九勘院进一步优化产业结构和队伍结构，形成了地质勘查和矿业开发为主业，工程勘察和多种经营并举的新型产业格局，在市场经济风浪中发展状大，不断拓宽服务领域，从事的工作项目有：区域地质调查、矿产地质勘查与开发、水文地质与工程地质勘查与施工、岩矿测试、水样分析、机械加工与维修、解放系列汽车销售、维修、售后服务等。现拥有科技人员94名，其中高级职称15名，中级职称64名；具有大专以上学历61名、专业技术工人180名，固定资产1040万元，流动资金670万元，是锡盟境内唯一的具有雄厚技术力量和先进设备、手续齐全、工种配套，自成体系的综合性地勘科研生产单位。

多年来，我院在上级主管部门领导下，坚持两个文明一齐抓的方针，物质文明和精神文明建设取得双丰收。先后被授予锡林浩特市“文明单位”、全国“民族团结进步先进集体”、内蒙古自治区“民族团结进步先进集体”、内蒙古地矿局“先进单位”、锡盟“盟级文明单位”等光荣称号。

机台工作照

中国人寿保险股份有限公司

内蒙古分公司

CHINA LIFE
中国人寿
www.e-chinalife.com
95519
客户服务专线

中国人寿保险股份有限公司是中国人寿保险（集团）公司代表国家控股的全国性商业寿险公司，主要经营：人寿保险、健康保险、意外伤害保险等各类人身保险业务；人身保险的再保险业务；国家法律、法规允许或国务院批准的资金运用业务；各类人身保险服务、咨询和代理业务。

2004年，在世界500强企业中排名中，中国人寿由2003年的290位跃升至241位；在“2004中国企业500强”中排名第6位；在2004年度“中国上市公司100强”排行榜上，中国人寿保险股份有限公司以788.83亿元人民币的营业收入高居第5位。

中国人寿保险股份有限公司内蒙古自治区分公司，是中国人寿保险股份有限公司在我区的授权经营单位。作为全区最大的专业化商业寿险公司，自96年分业经营以来，随着自治区社会经济的快速稳定发展和公司改革的逐步深入，中国人寿内蒙古分公司不断发展和壮大。2003年，保费收入达到27.9亿元，占据全区寿险市场近90%的份额，总资产达到62亿元。公司的经营管理能力、信息技术支持能力、客户服务能力、风险管控能力及员工队伍建设、企业文化建设等方面均在自治区保险市场上处于领先地位。在2004年度全区30强企业排名中位居第12位。

●全面的保障范围

中国人寿内蒙古分公司目前开办有普通寿险、健康保险、意外伤害保险、分红保险等4大类100多个险种。2003年，公司为全区近600万人次提供了保险保障服务，自1996年以来已经累计向广大客户支付各种赔款和给付近40亿元。特别是在一系列重大事件及灾后重建中，中国人寿内蒙古分公司以国有保险公司的政治责任感充分发挥了保险的保障功能，发挥了社会稳定器的作用。

●方便快捷的服务体系

中国人寿始终遵循“笃守信誉、忠诚服务”的经营宗旨。在整个经营过程中，把竭诚为广大客户提供优质高效的服务作为永恒不变的追求。全国统一客户服务电话“95519”为客户提供咨询、查询、回访、投诉、报案、挂失一体化服务。银行代收续期保费、银保通、绿色理赔通道等服务手段的运用和推广极大地提高了服务客户的效率和品质。

●领先业界的信息技术

中国人寿把“科技兴司、科技强司”作为发展战略，高度重视信息化和电子化建设。目前，公司已经建成中国寿险业最大的计算机网络系统。内蒙古分公司全区所有分支机构已实现联网，业务处理、财务管理及日常办公均由计算机处理。特别是数据省级集中的实现，为确保数据质量、提高管理效率、降低经营风险提供了保证。

内蒙古自治区福利彩票中心

内蒙古自治区社会福利有奖募捐工作始于1987年1月，经内蒙古自治区机构编制委员会批准，1989年5月成立内蒙古自治区社会福利有奖募捐委员会办公室，2000年11月更名为内蒙古自治区福利彩票发行中心（以下简称福彩中心）。

福彩中心隶属于自治区民政厅，共设有五个部：综合部、市场一部、市场二部、技术部、财务部，负责发行销售经财政部批准的即开型福利彩票和电脑型福利彩票。

福利彩票的前身是有奖募捐，1987年至2000年以来，由初始的销售“奖券”发展到发行销售单一的即开型福利彩票。2001年，自治区福彩中心在一无资金、二无技术的情况下，大胆探索、勇于开拓，引进资金2000余万元，建成了电脑福利彩票准热线网络销售系统。

2004年，内蒙古福利彩票发行中心继续坚持“扶老、助残、救孤、济困”的发行宗旨，遵循“公平、公正、公开”的发行原则，在做好彩票发行各项工作的同时，考虑到行业长期发展的需要，重点进行电脑彩票销售系统的技术升级改造工作，共投入资金1100多万元，历时4个多月，在原准热线销售网络系统（于2001年建成开通）的基础上，建成了具有国内领先水平的全热线电脑彩票销售系统，实现全区1100多个投注终瑞同时在线售票，解决了长期困扰彩票中心的数据安全问题，同时进一步提升彩票销售系统的数据处理能力，为进一步扩大电脑福利彩票的发行奠定了基础。

2004年，内蒙古自治区共发行和销售福利彩票2.33亿元，其中电脑型福利彩票2.2亿元，即开型福利彩票1 336万元，共筹集彩票公益金8 177万元，代扣代缴个人所得税789万元。较过去同期相比，全年发行销售增长37.7%，创下电脑福利彩票开通以来的最好成绩。发行网点数量增至1000个以上，为社会提供1000余个就业岗位，荣获全国福利彩票销售进步三等奖和市场份额三等奖。

内蒙古蒙粮粮油股份有限公司

公司所属白塔国家粮食储备库

公司所属通辽蒙大粮油有限责任公司玉米收购中

散粮火车装车作业

玉米烘干作业

内蒙古蒙粮粮油股份有限公司是由原内蒙古商业粮油（集团）有限责任公司通过重组和股份制改造建立起来的现代股份制企业，总资产6亿元，下设7个子公司，主要从事粮油收购、仓储、运输、贸易（包括进出口）和粮油食品、油脂、饲料加工以及期货经营等，年均经营量80万吨，销售额15亿元，是内蒙古自治区粮食产业化经营的核心企业。

公司各子公司分设在北京及自治区各大产销区，在沿海北方港口还设有办事机构，公司共拥有粮库占地70多万平方米，标准房式仓、浅园仓等有效仓容30多万吨，承储中央和地方储备粮22万吨，并配有先进的烘干、检化、保管装卸、信息等设备系统和铁路专用线，收购网点辐射面广，销售渠道遍及四川、广东、广西、福建和江浙等地区，出口玉米业务享誉国内外，最高年份出口量达到130多万吨，分别出口到韩国、日本、东南亚、伊朗及欧洲等二十多个国家和地区。蒙粮公司还是大连北粮港、大连北方国际粮食物流公司、吉林玉米淀粉批发市场和通辽玉米批发市场的股东单位。目前公司已形成了集粮食购销、储运、加工、期现货相结合、内外贸并举的信息和交易网络，公司将努力依托自治区的资源优势，构建以粮食购销、物流配送、食品加工为主的产运销一体化经营体系。正在按照科工贸结合，多元化经营，全方位发展的战略向自治区农牧业产业化龙头企业的目标迈进。

公司地址：呼和浩特市锡林北路36号
传　　真：0471—6963343，联系电话：0471—6965634
邮　　编：010020

公司所属宏兴油厂精炼车间

锦州港口玉米出口装船

内蒙古西蒙科工贸有限责任公司

董事长、总裁：连广明

内蒙古西蒙科工贸集团成立于1995年，如今已发展成为以“企业法人控股、社会法人参股、企业员工持股”的机制先进、制度创新、科技含量较高的现代化企业集团，公司净资产5亿多元，年创利税突破亿元。目前，集团形成了以煤炭为主导板块，有机复合肥料、通用航空、电子信息技术、房地产开发、石灰岩开采及金融投资等多业并举的跨行业、跨地区的新产业格局，经济效益和社会效益显著，赢得社会各界的肯定和好评。集团公司连续7年被呼和浩特市如意开发区评为“纳税先进单位”和“经济工作贡献突出企业”及“2003年度开发区经济发展显著成绩奖”，被呼和浩特市委、市政府评为“2003年度呼市民营企业20强”、“2003年度呼市民营企业纳税20强”及“2003年度呼市民营经济金融诚信企业20强”，被内蒙古自治区经贸委评为“诚实守信民营企业”；2004年被中国企业联合会评为“中国优秀企业”，同时进入“第三届中国成长企业100强”。

内蒙古鑫诺物流有限公司

总经理：徐利平

自治区主席杨晶在我公司乌海鑫诺蒙西物流基地视察工程进展情况

铁路局党委书记吕德文、党委委员、副局长徐双永出席乌海鑫诺蒙西物流剪彩

铁路局党委书记吕德文来我公司检查指导工作

呼和浩特铁路局局长郑明理带领局有关领导在包头鑫诺东宝物流专用线调研工作

内蒙古鑫诺物流有限公司的是在内蒙古集装箱运输开发公司和内蒙古鑫诺运输代理中心发展壮大后整合成的集团化物流公司，是目前呼和浩特铁路局专门从事铁路运输代理和物流业的独立法人企业。1992年12月，9名铁路职工借资30万元注册了内蒙古集装箱运输开发公司，掀开了公司发展的序幕，经过10余年的不懈努力和执着追求，公司发展为集代理、仓储、配送、运输、采购、销售于一体的现代综合型物流公司。公司现有正式员工百余名，从业人数达380多人，主要分布在呼和、包头、乌海等城市地区。公司下设8个职能部门、2个全资子公司、4个控股公司、3个非控股公司，并在铁路局主要运输站段设有运输代理经营网点。2001年下半年投资加盟“中铁联合物流有限公司”，与全路36个运输代理公司建立了合作伙伴关系；纳入全国货代和物流网络。公司拥有固定资产3000千余万元，年收入达到4亿元，利润超500万元，仓储基地10余万平方米，专用线20.5公里。

近年来，公司积极策应铁路跨越式发展的步伐，按照铁道部、铁路局关于发展运输代理和物流业的总体部署，大力兴办实体，做大做强企业。充分利用内蒙古中西部地区资源、能源和二连口岸站优势，始终奉行“安全便捷、诚信履约、优质服务”的经营宗旨，积极开展工业和农副产品的营销业务，不断扩展伊利、蒙牛奶制品和煤炭、电石、硅铁、水泥等物流业务，并面向蒙古、俄罗斯国外市场，大力拓展化肥、铜矿粉等国际贸易业务，受到中外客户的好评，取得了良好的经济效益和社会效益，为呼铁局乃至内蒙古自治区的经济发展做出了贡献。

内蒙古金百威建筑装饰有限公司

董事长：董若威（高级建筑师）

我公司创建于1990年，公司以内蒙古建筑设计院转制后设计专业人士为主体创建。

企业性质为具有独立法人资格的有限公司，注册资金600万元。

建筑装饰公司是我区最早从事装饰行业的单位之一，经过十几年的不断努力、锐意进取，取得了长足发展并得到了业内外广泛的支持，在装饰界有相当的影响力及享有较高的声誉。

建筑装饰公司就是搭建在此平台上的“应运程序”，多年来，公司汇聚了一批从南到北的业内精英，从设计、施工等方面展开，全力奋进，取得了丰硕的成果。

近年来本公司先后承建了一批具有较大社会影响的装饰工程项目，如呼市六大班子迁建工程；内蒙古对外联络办综合楼；内蒙古金融大厦；内蒙古党校新建教学楼；内蒙古农业大学图书馆；内蒙古住房资金管理中心办公楼；内蒙古证券公司等。赢得了较高的社会声誉，积累了丰富的施工及管理经验。

金百威建筑装饰公司透过完成大量设计项目及一批具有影响力的施工项目，获得了珍贵的经验，加上拥有一群既忠诚而又富想象力、工作态度严谨的专业员工，相信不论在任何一个设计、施工和管理环节都能给予委托我们的客户信心，令工程尽善尽美。

不变的服务宗旨，认真和严谨的服务态度，致力提供高素质的专业设计、施工及管理服务是我们对每一个客户的服务承诺。

北方联合电力共享空间—水景

地址：呼市中山西路86号巴黎广场写字楼812

电话：0471-3356626

传真：3356622

邮箱：Engineer@truebond.com

内蒙古总商会台州商会

内蒙古总商会台州商会会长：李记常

内蒙古总商会台州商会秘书长、中共内蒙古总商会台州商会支部书记：李良秀

台州是中国黄金海岸线上一个年轻的滨海城市，位于浙江沿海中部。市区设椒江、黄岩、路桥3个区，下设临海、温岭两个市，玉环、天台、仙居、三门4个县，全市面积陆地9411平方千米，海洋8万平方千米，人口546万，台州兼得山海之利，历史上就有“海上名山”之美称。

我们台州商会成立于2004年8月18日，是受两地的双重领导。浙江台州工商业者进入内蒙古起始于八十年代初，活跃于九十年代后期，快速发展于本世纪。近几年来大家为发展西部、建设西部，带来了先进的技术，管理经验和市场理念，为内蒙古首府呼市的经济发展和社会进步作出了贡献。

商会成立一年来，共解决会员各种纠纷、难事22起，新发展理事、会员7人，热情接待浙江各市、县领导7批，共46人次。为兄弟商会周年庆典、成立庆典、商会成员单位开业庆典等送贺礼12次，发贺电6次。商会于2005年6月经上级党委批准成立了商会党支部。

我商会在呼和浩特市投资十几亿元，建成了滨江花园住宅小区和汇豪天下商住小区、十九层的巴黎广场，在锡盟建了三座萤石矿等。其中汇豪天下小区被评为2004年度呼市十大明星楼盘，2005年市民最喜爱的新居楼盘。

会长李记常同志当选为呼市玉泉区人大代表；理事黄杰同志当选为玉泉区政协常委，获得呼市第五届十大优秀青年企业家称号；理事林岳祥同志当选呼和浩特市政协委员：秘书长李良秀同志2005年被评为全区工商联系统先进个人。

商会的成立，使在内蒙古经商和办企业的台州企业家有了自己的组织，增强了台州籍在外人员的凝聚力、提升了台州企业家在内蒙古工商界的地位，更重要的是架起了台州企业家与内蒙古企业家之间联系的桥梁、企业家与政府间联系的桥梁、两地政府之间的桥梁，也是为台州及浙江同乡搞好服务、捕捉商机、拓展产业、扩大经营、促进发展的重要窗口。

武川武皇酒业有限责任公司

董事长 总经理：郭圣智

公司生产浓香型、清香型两大系列40多个品种的白酒

董事长郭圣智（左三）在北京人民大会堂举行的中国质量万里行信誉论坛颁奖会上

内蒙古·武川武皇酒业有限责任公司，始建于1958年，是在原国营武川县制酒厂的基础上，于1998年转制组建的股份制私营企业。

四十年来，企业始终以“团结奋进、务实求新、争创名牌、精益求精”为宗旨，秉承华夏渊源酒文化之精髓，努力挖掘自身潜力，积极探索科学营销理念，以高质量立市，缔造精品名牌，以高素质兴厂，树立良好企业形象。公司生产浓香型、清香型两大系列四十多个品种。产品全部引用青山脚下山泉水，以优质高粱为原料，采用传统工艺精心酿造而成。产品窖香浓郁、回味悠长、爽净绵甜，深受广大消费者青睐。其拳头产品“武皇老窖”、“武皇特窖”等闻名区内外，久销不衰，曾荣获93年乌兰巴托国际商工贸博览会金奖，2002年“青山虹”被评为内蒙古自治区著名商标，2003年“武皇”牌被确定为“中国城市代表”品牌。

93乌兰巴托国际商工贸博览会金奖奖杯

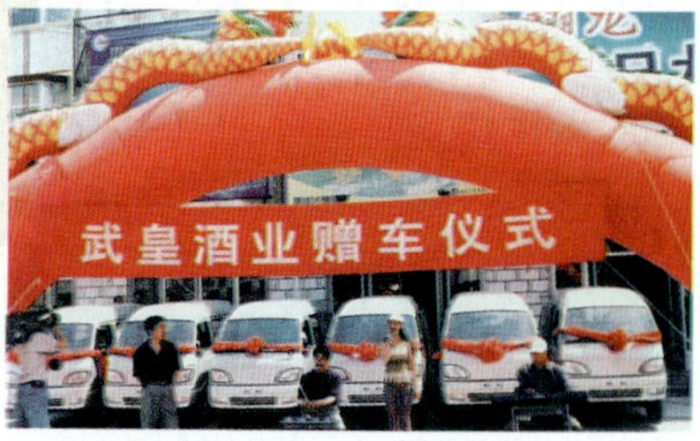

向销售大户赠车

近年来，公司为了迎接我国加入世界贸易组织(WTO)后的国际竞争，使质量管理与国际接轨，公司依据ISO9001：2000国际标准建立了质量管理体系，制定和贯彻了“管理与国际接轨，产品用真材实料，服务让顾客满意，品牌使消费者信赖”的质量方针，从而使公司的产品质量稳步提高，深受专家和广大消费者的信赖。2000年，公司荣获“中国酒行业二十世纪‘世纪之星’金奖”，2002年，公司又被评为“中国质量万里行”全国先进单位，并且顺利通过了ISO9001：2000国际标准质量管理体系认证。

二十一世纪，我公司愿借国家西部大开发的强劲东风，将继续坚持“质量第一、服务第一、信誉第一”的宗旨，竭诚为广大消费者提供优质的产品和服务。武皇酒业诚邀中外有识之士前来我公司投资洽谈，技术交流，诚信合作，共创伟业。

法人代表：郭圣智
公司地址：中国·内蒙古·呼和浩特市武川县可镇工业西街3号
联系电话：0471-8812370 8812320 传 真：0471-8821122
销售热线：0471-8813197 6508298 邮 编：011700
网 址：Http://www.wuhuang.com
E-mail：info@wuhuang.com

内蒙古聚龙大酒店

总经理敖其尔为开业庆典致词

聚龙大酒店开业庆典

聚龙大酒店，座落在美丽的呼和浩特市商业繁华地段新华广场西南角，本店特聘广东名厨主理，酒店以主营粤菜、海鲜，酒店总面积达两千平方米，二楼设有十六间豪华、风格各异的雅间，是商务洽淡、接待宾客的理想场所。一楼大厅能同时容纳300人就餐，可承担婚宴庆典，舞台配有美国进口音响设备。本店以一流的服务、一流的消费笑迎八方宾客，高品味享受，尽在聚龙海鲜。

地　　址：新华广场西南角（乌兰恰特西）

订餐电话：0471-6915522　6930198　6951122

酒店聚龙厅

酒店一楼大厅

内蒙古宇航人高技术产业有限责任公司

董事长：邢国良

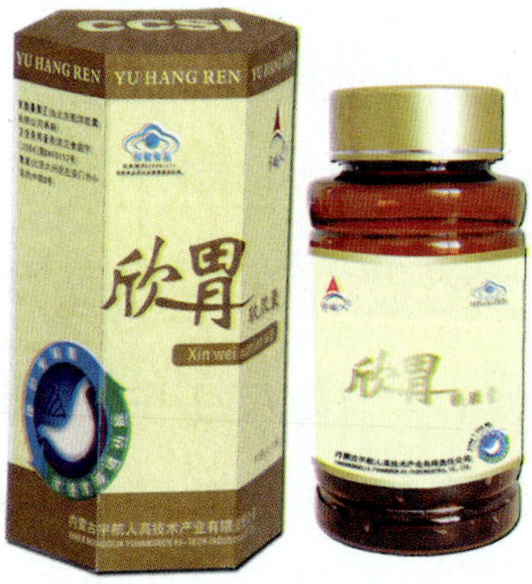

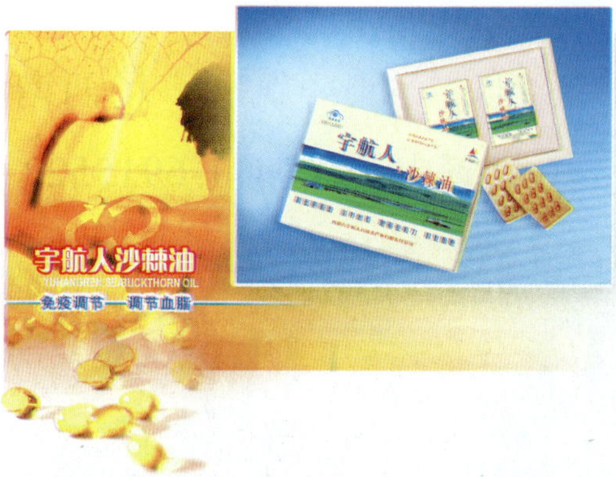

内蒙古宇航人高技术产业有限责任公司，是内蒙古自治区重点高新技术企业，同时也是目前世界上最大的一家从事沙棘综合产业化开发与研究的大型企业。公司于1995年成立，公司资产1.6亿元人民币，注册资本9183.67万元人民币，现有员工400余人。公司于2003年与国际上对沙棘植物的研发具有绝对领先优势的德国ALPHA公司合资形成了对沙棘种植、研发、产品推广的强强联合。企业汇集了经济、化工、药学、化学、医学、外语、国际贸易、食品营养学、植物学、生态学、自动化企业管理等专业的优秀人才，并建立了具有极强创新能力的现代化企业管理制度。

公司下设内蒙古宇航人药业有限责任公司、内蒙古宇航人化妆品有限责任公司、内蒙古宇航人生态建设发展有限责任公司、内蒙古宇航人绿色生态产品营销有限责任公司、北京宇航人生物工程有限责任公司及内蒙古沙棘工程研究中心多个子公司及专业沙棘研究机构。宇航人公司自成立以来，先后承担了九项国家和地方重点科技攻关、火炬计划项目，同时拥有自主知识产权及专利技术20余项。

公司多年来致力于对沙棘营养、药用功能和美容护肤领域的深层开发研究，在超临界二氧化碳(CO2)萃取分离技术、大孔树脂吸附技术、膜技术、生物酶工程技术等天然产物提取技术的基础上，应用高新技术手段，在营养保健产品、药品、化妆品、饮品、发酵等高附加值行业相继开发出沙棘籽油、沙棘果油、沙棘黄酮、沙棘多糖、沙棘化妆品、沙棘功能饮品等数十个类别，近200余种沙棘系列产品。

宇航人公司承担的中国西部大开发国家高技术产业化项目“西部沙棘综合开发利用高技术产业化示范”范的成功建设，将向人类奉献更多的纯天然沙棘植物精品。同时公司还将营建三大沙棘生态经济林，这项巨大的生态建设系统工程，将使北京、天津、内蒙古乃至整个华北地区的生态环境状况得到进一步改善，带动周边50万农牧民走上致富之路。以实际行动推动内蒙古沙产业的发展！

作为中国沙棘综合开发利用骨干企业，宇航人将不懈努力，全面推进沙棘产业。

我们承诺：以草原宽阔的胸怀对伙伴，以纯如牛奶般的品质做产品，来打造世界沙棘产业第一品牌。

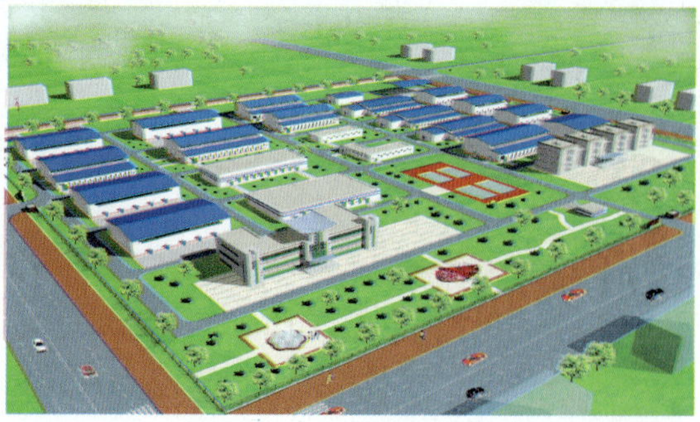

厂区全貌

内蒙古碧海云天娱乐有限公司

内蒙古碧海云天娱乐有限公司

幸福小区大浴场

营业大厅

男宾洗浴厅

餐　厅

碧海云天娱乐有限责任公司是我区首家推出以倡导全新洗浴文化潮流的集超级桑拿、餐饮、客房、休闲、娱乐、健身、美容美体于一体的综合性洗浴广场。公司本着“百德诚为先，百事信为本”的经营理念，以“顾客至上，服务第一”为服务宗旨，配以人性化的管理，在全区的洗浴行业中，声名显赫，独占鳌头。

公司始建于2000年，经过五年的拼博发展，目前已成为拥有七家分店的连锁浴场。范围覆盖到呼市，包头、东胜、乌海等市。麾下的浴场均采用典型的欧式风格、富丽堂皇、豪华典雅、同时又融入了家的温馨。

超级桑拿广场引进韩国，美国最先进的设备，具有自动循环控温、消毒、过滤的功能。特聘名厨亲自料理的八十八道精美佳肴，任君随意品尝。超大、超豪华的数码影视休闲厅，液晶电视厅，全天24小时免费休息并欣赏国内外影视经典名作。同时各类豪华客房尽显顾客尊贵的身份，各种高、中、低档按摩能为您扫去一身的疲劳。

碧海云天休闲享受与文化时尚的珠联璧合，至高品位与星级服务相得益彰。

地址：呼和浩特市玉泉区锡临南路卷烟厂南500米

联系电话：2204666　　　2204670

联系人：曲经理　　　包经理

呼和浩特市中级人民法院

党组书记、院长：李宪法

呼和浩特市中级法院领导班子成员。党组书记、院长李宪法（中）、副院长赵也夫（右三）、副院长范磊（左二）、副院长乌力吉（右二）、政治部主任乌云（左一）、纪检组长张铁海（右一）

呼和浩特市中级人民法院辖9个旗县区法院和22个派出人民法庭，有法官和其他工作人员878人。市中级法院现有法官和其他工作人员236人，其中法官117人，高级法官19人。有17个内设职能机构和机关党委、机关事务服务中心；配备院长1名、副院长3名、处科级中层干部60人。主要工作职责：依法审判法律规定由中级人民法院管辖的一审、二审、再审刑事、民事、行政案件；依法行使司法执行权和司法决定权；依法决定国家赔偿；依法审理全自治区专利权等知识产权案件等。

“十五”期间，全市法院充分发挥审判机关的职能作用，共受理各类案件84 430件，审执结79 271件，同比分别上升59.3%、49.8%，其中，受理执行案件17 794件，执结15611件，同比分别上升11%、0.3%。市中院五年共受理各类案件20285件，审执结18536件，同比分别上升9.8%、14.2%，其中受理执行案件1 160件，执结1 046件，同比下降0.2%、上升1.9%。五年来，依法从重从快审结各类刑事案件6137件，判决发生法律效力有罪人犯6 325人；妥善审结各类民事案件46 855件，去年的调解结案率达48.7%；审结各类商事案件12 165件；审结知识产权案件329件；审结各类涉外民商事案件15件；执结各类案件6 384件，执结标的额4.4亿余元；积极开展司法救助工作，对2 137件案件减缓免收诉讼费605万元，保障了社会弱势群体的诉讼权利。五年来，全市法院受国家级表彰的集体4个、个人2人，受自治区级表彰的集体23个、个人21人(次)；全市10个法院已全部进入文明单位行列。

自治区高院院长王维山、副院长王虎、呼市市委书记韩志然、副书记王志平、市委政法委书记李鹤、秘书长兰恩华、市政府副市长云公和等莅临呼市中级法院视察指导工作，并与各基层法院院长、市中院审判员以上干部合影

呼和浩特市中级人民法院新建审判办公大楼

的62.4%。三是科技投入的引导作用进一步放大。政府应用技术研究与开发资金占科技总投入的6.5%，社会的科技投入占93.5%。政府引导社会科技投入的比例达到1：14，超过“十五”前三年1：10的平均水平。

【高新技术产业】 2004年，通过国家和自治区高技术产业发展计划、863计划、火炬计划的实施，自治区高新技术产业快速增长，极大地提升自治区的科技创新能力和国民经济的可持续发展能力。全区高新技术产业产值达480.9亿元，较上年增长37.8%，高新技术产品销售收入423.9亿元，较上年增长48.3%，实现高新技术产业增加值62.2亿元，占全区工业增加值的比重达6.8%，比“十五”初期的2.1%提高两倍多。至上年12月，自治区认定高新技术企业261家，其中销售收入超亿元的47家，超10亿元的4家。高新技术已成为自治区经济发展中最有活力的部分。

【科技载体建设】 2004年，自治区科技生产力布局调整继续向纵深发展。呼包高新技术产业开发带形成明显的科技资源聚集优势。在这条带上集中了自治区90%以上的高等院校、95%以上的自治区级工程技术研究中心及重点试验室，80%的高新技术企业、高新技术园区和特色科技产业化基地。这些企业、园区、科研机构显示出强劲的发展势头。三个开发区片特有的资源开发和生态建设优势充分发挥。在三个开发区片内，以包头稀土高新区、呼和浩特高新技术开发区、赤峰国家农业科技园区、蒙西高新技术工业园区为代表的园区、基地，在培育龙头企业、推动特色经济、形成新增长点方面发挥了重要作用。科技生产力布局规划建设60个高新科技园区和特色产业化基地的目标已基本完成。这些园区和基地发展势头良好，逐渐成为当地经济发展的重要推动力量。

启动建设内蒙古科技城 为改制科研院所创造一个良好的发展环境，已组建科技城建设领导小组，完成初步规划的编制工作，内蒙古奥特奇中蒙药股份公司建设示范项目，一期计划投资9 600万元，已经在科技城安家落户，动工兴建。

组建内蒙古虚拟科学研究院 虚拟研究院以全新的运行机制，动态、柔性、高效、协作的人才资源组织模式，按照“不求所有，但求所用”的新理念，解决科技资源向产业化发展的重大技术问题。以科技项目为纽带，广泛吸引国内外的科技领军人才和科技力量，达到加强自治区创新体系建设，提高科技创新能力的目的。

全区科技企业孵化器初步形成区域性孵化网络 全区建成不同类型的孵化器7个，孵企业354家，年创产值12.3亿元，转化成果340项，累计毕业企业86家。初步显示出孵化器的集群特征和支撑后续发展的能力。其中京蒙高科企业孵化器去年孵化项目近100项，成为北京地区乃至国内外高新技术成果快速向内蒙古转移，实现资源优势向经济优势转化的纽带与平台。2004年自治区大学科技园共有申请入园建设项目18个，完成入驻审批的建设项目13个。归国留学人员在留学生创业园内创办、领办企业35家，国家“863”项目“陶瓷改性木材”等一批高科技项目在创业园内实施。

【科技成果转化体系】 全区建成15个科技成果推广中心，依托国家和自治区重点科技成果推广项目，组建48个行业推广中心，形成纵横交错的推广服务网络。自治区科技厅组织4批60余项重大科技成果进行推介，产生显著的经济效益。仅国家13个推广项目的实施就取得9.4亿元的直接经济效益。

【知识产权工作】 全区继续把专利战略纳入科技计划体系之中，通过计划实施和对发明专利资助等手段，有效地提高全区自主知识产权的数量和质量。2004年，全区专利申请量、授权量稳步增长，百万专利申请量位居全国第21位，百万专利授权量位居全国第15位。全区专利申请量1 457件，授权量831件，申请总量13 881件，总授权量7 800件，其中发明专利2 780件。多层面的知识产权试点示范工作推进自主创新能力的提高，并取得明显效果。国家专利试点城市—包头市实施专利产品产值达38亿元，比2003年增长21%。

【科技体制改革】 自治区直属26家科研机构中，13家开发类院所基本完成产权制度改革，在全国技术开发类科研机构和自治区事业单位改革中先行一步。转制院所通过学科、专业调整和技术、产品、市场的重新定位，建立以人为本的经营管理体系和面向市场的运行机制，加快产学研一体化进程，面向市场的技术开发能力有较大提高，科研优势逐步转化为产业优势。13家公益类科研院所在内设机构重组和人员分流的基础上，学科专业和人员结构得到优化。有7家科研院所被确定为国家和自治区重点实验室、工程技术研究中心，成为区域创新体系建设中的重要组成部分。

【农牧业科技服务体系】 全区上下认真贯彻落实科学发展观，把依靠科技解决“三农三牧”问题，促进农牧业增效和农牧民增收列入旗县科技工作的重要议事日程。通过多种形式，把科技服务的触角延伸到农牧业生产第一线，建立起直接、快捷、方便的科技服务体系。主要做法有：一是在呼和浩特市、乌兰察布市、巴彦淖尔市、鄂尔多斯市等地开通“96048”农牧业科技语音服务台，延伸了服务范围，使受益农牧民的数量增加。二是深入开展科技特派员试点活动，经过积极争取，兴和县、海渤湾区、科尔沁区、鄂尔多斯市被科技部确定为国家科技特派员试点地区，科特派工作取得了显著的效果。在2004年的科特派创业行动中，全区共下派科技人员1 792人次，共投入资金7 180万元，试点地区农牧民人均收入提高28.6%。三是为提升农牧业服务能力，建设专家大院6个、主导产业示范小区12个、创新服务中心和科技服务站10个。随着服务体系建设工作的深入开展，实现科技人员和农牧民在经济利益上的双赢。

【人才开发行动】 2004年，启动自治区优秀学科带头人计划，完成计划项目的征集、筛选与评审工作。为使自然科学基金项目在博士和优秀中青年学科带头人的培养上发挥更大作用，大幅度增加了自然科学基金额度，从2003年的200万元增加到500万元，重点资助具有高级技术职称或博士学位的中青年优秀人才。依托科技孵化器、留学生创业园、科技园区、科技创业中心、工程技术研究中心和重点实验室等平台，加快培养、造就自治区学科带头人和高科技创业人才的步伐。利用网络为全区科技人员和海外归国人员提供科技信息服务。

【科技合作 技术引进】 在国际合作方面，积极引进国外先进、成熟技术，合作领域不断拓展，合作规模不断扩大，合作实效日益显现。中意合作"内蒙古农村太阳能"示范项目和"中国—西班牙光伏系统"示范项目等一批合作项目取得实质性进展，应用效果良好。在国内合作方面，与有关省市、中科院和清华大学等国内知名高校开展一系列形式多样的科技合作。一批技术含量高，对全区经济社会发展影响大的项目落户内蒙古，提升全区的科技实力，推进技术跨越。

(张渊 胡德尔)

社会科学

【内蒙古自治区社会科学院领导名录】

党委书记：李 冰

党委副书记
院　　长：吴团英(达斡尔族 3月任职)

党委副书记：马俊秀(女 12月任巡视员)

副院长：宝力格(蒙古族)

牛 森

马永真(回族)

胡匡敬

党委委员
纪委书记：包桂花(女 蒙古族)

【概况】 2004年内蒙古社会科学院设有7个职能处室，即：院办公室、科研组织处、人事处、行政处、机关党委、纪检委、老干部处；设有10个专业研究所，即：蒙古语言文字研究所、文学研究所、历史研究所、民族研究所、哲学研究所、经济研究所、牧区经济研究所、社会学研究所、法学研究所、科学社会主义研究所；设有2个科研辅助单位，即：图书信息中心、杂志社；此外，内设6个科研及辅助组织，即：草原文化研究所、蒙古语信息技术研发中心、蒙古学研究中心、三少民族研究中心、学术著作出版中心、《蒙古学研究年鉴》编委会。另有2个挂靠研究所，即：呼伦贝尔经济文化研究所、兴安盟自然资源研究所。2004年底，全院在职职工184人，其中厅级7人，正处级16人，副处级26人；专业人员132人，其中高级专业技术人员59人(正高14人，副高45人)，中级专业技术人员27人，初级专业技术人员46人。享受国务院特殊津贴专家1人，自治区有突出贡献的优秀中青年专家4人，入选"321"人才工程一层次1人、二层次7人。

2004年由内蒙古社会科学院主办，公开出版的连续出版物有：《内蒙古社会科学》(汉文版)、《内蒙古社会科学》(蒙古文版)、《蒙古语言文学》(蒙古文版)、《蒙古学信息》(汉文版，12月停刊)以及《内蒙古自治区经济社会发展分析》(经济社会蓝皮书)；连续出刊的内部出版物有：《领导参阅》、《内蒙古社会科学院通讯》。

【主要科研成果】 2004年，内蒙古社会科学院已出版发表或结项的科研成果有：著作14部，论文181篇，研究报告32篇，译文5篇，其他成果19篇。如：《辽代政权机构史话》、《蒙古族传统理论思维》、《批评的视角》、《蒙古民族的生态文化—亚洲游牧文明遗产》、《蒙古族经济思想史研究》、《内蒙古旅游》、《神奇的鄂尔多斯》、《中国蒙古学20年》、《汉蒙词典》、《蒙古语标准音音位系统研究》、《蒙古语术语规范化问题研究》、《鄂温克族游牧社会文化研究》等等。

【立项课题】 2004年内蒙古社会科学院共获得省部级以上课题18项，其中，国家社科基金项目7项；自治区社科规划课题6项；自治区重点理论课题2项；全区理论政策研究课题3项。

国家社科基金特别委托项目1项：《草原文化研究工程》，项目主持人吴团英。

国家社科基金项目2项：《中国北方牧区放牧制度研究》，项目主持人敖仁其；《蒙古语术语规范化标准问题研究》，项目主持人巴特尔。

国家社科基金西部研究项目4项：《西部人力资本积聚与开发研究》，项目主持人孙学力；《内蒙古民族民俗文化遗产数据库》，项目主持人毅松；《蒙古语对照电子词典研究与开发》，项目主持人巴图赛恒；《社会转型时期的蒙古文学思潮》，项目主持人萨日娜。

自治区社科规划课题6项:《蒙古神话的文化阐释》,项目主持人金海;《蒙古文拼写形式规范化问题研究》,项目主持人奇斯钦;《内蒙古城镇化进程中的鄂温克族社会文化变迁研究》,项目主持人涂建军;《内蒙古发展循环经济的思路与建议》,项目主持人天莹;《内蒙古东四盟市与东北经济区经济发展研究》,项目主持人孙学力;《内蒙古农牧民党员先进性问题研究》,项目主持人蔡常青。

自治区重点理论课题2项:《实现兴边富民的根本之路—科学发展观在内蒙古的实践与发展》,项目主持人李冰;《要正确处理经济建设与民族文化建设的若干关系》,项目主持人胡匡敬。

全区理论政策研讨课题3项:《发展社会主义市场经济,保持党的先进性》,项目主持人胡匡敬;《三支人才队伍选拔任用监督机制比较研究》,项目主持人蔡常青;《破解"特殊群体"党员管理教育的难题—关、停、破国企党建工作》,项目主持人苏雅拉。

【"草原文化研究工程"正式启动】 "草原文化研究工程"7月被全国哲学社会科学规划领导小组批准立项为2004年度国家社科基金特别委托项目,被列为自治区成立60周年重大献礼项目。7月12日自治区党委副书记陈光林主持召开会议,决定成立以自治区领导陈光林为组长,张国民、乌兰为副组长的"草原文化研究工程"领导小组。7月22日,"草原文化研究工程"新闻发布会在内蒙古社会科学院举行。"草原文化研究工程"预计5~7年完成,作为自治区成立60周年重大献礼项目,特提出5年任务3年完成的奋斗目标。确定9项课题(其中1项含3项子课题)立项。

获准立项的项目有:《草原文化概论》,项目负责人:宝力格;《草原文化史论》,项目负责人:晓克;《中华文化大系比较研究》,项目负责人:潘照东、贾喜喜;《草原文化考古研究》,项目负责人:塔拉;《游牧民族文化研究》:1.《北方历史民族游牧文化研究》,项目负责人:陶玉坤;2.《蒙古族文化研究》,项目负责人:乌恩;3.《达斡尔、鄂温克、鄂伦春族文化研究》,项目负责人:毅松;《草原文化与现代文明研究》,项目负责人:刘高、孙兆文、陶克套;《草原物质文化研究》,项目负责人:扎格尔;《草原精神文化研究》,项目负责人:包斯钦;《草原文化区域分布研究》,项目负责人:呼日勒沙。

【"内蒙古民族民间文化遗产数据库"建设项目获准立项】 "内蒙古民族民间文化遗产数据库"建设项目是由内蒙古社会科学院提出的建议,被自治区党委、政府采纳后获准立项的自治区民族文化大区建设重点项目。

"内蒙古民族民间文化遗产数据库"建设项目将以自治区蒙古族、达斡尔族、鄂温克族、鄂伦春族民间文化遗产为主要内容,突出非物质文化遗产,调查搜集民间第一手资料,整合散落各地的现有资料,坚持系统性、科学性、完整性和高标准进行建设,保护抢救民族民间文化遗产,为民族文化大区建设提供资源基地。该项目的最终形式为集文字、图片、声像于一体的多媒体数据库。项目于2004年底启动,2007年自治区成立60周年大庆前建成并交付使用。

【学术交流】 内蒙古社科院全年共举办院级学术报告会8次,新闻发布会2次,理论研讨会2次;与乌审旗政府等单位合作成功举办"纪念萨冈彻辰诞辰400周年学术研讨会"。利用本院蒙古学、经济学等学科优势,加强与国际蒙古学界的交流与合作,先后接待来自法国、挪威、日本、蒙古等国的学者5人次,7人次赴国外及台湾地区参加学术会议和交流访问。

【"草原文化论坛"网】 9月29日,由"草原文化研究工程"领导小组办公室主办的"草原文化论坛"(www.cywhlt.com.cn)网站正式开通。

(牧 仁)

农业科研

【内蒙古农业科学院领导名录】

院　长:冯万玉

书　记:康　暄

【概况】 内蒙古农业科学院内设院办公室、科研处、财务处等3个职能处室,以及作物研究所和甜菜研究所、蔬菜研究所、植物保护研究所、园艺研究所、农产品质量安全监督检验测试中心、玉米研究中心、农作物工程技术研究中心等8个专门研究机构,以及1个后勤物业管理中心,1个农业科技开发公司。编制人数241人,现有职工385人。其中专业技术人员236人,高级职称97人,中级80人,博士生1人,本科学历131人。

【在研项目】 2004年内蒙古农业科学院在研项目有:北方农牧交错带防沙型农业技术体系的研究与示范;甜菜丰产优质多抗新品种选育技术研究(主标);纤维亚麻优质高产多抗新品种选育(参标);灌溉条件下优质高产多抗中强筋小麦新品种选育及推广(参标);旱农节雨集雨补溉旱作农业技术集成示范(参标);甜菜丰产优质抗丛根病专用新品种"内甜201"中试与示范;早熟优质高产小麦新品种"农麦201"区域试验与示范;优质向日葵新品种新技术和资源材料引进;发展生态农业治理土地

沙漠化推广研究;钾肥平衡施肥试验;万亩优质春小麦标准化麦后复种综合配套技术;优质油葵增产增效技术与产业化;饲用农作物大面积示范推广(参标);内蒙古自治区主要农作物资源转化利用及农业资源数据库的建立;洋葱突变体的诱变及理想基因型选择;杏花期冻害细胞生物学研究;华莱士瓜特有芳香的组份变化与果实贮期生理的研究;胡萝卜雄性不育生理生化的研究;BNYVV复制酶基因介导的转基因甜菜抗病性的研究。

【申报及获资助项目】 2004年农科院共承担各类研究推广项目42项,其中有国家科技攻关1项,国家自然基金项目1项,国家"863"项目5项,农业部保护性耕作项目1项,国家科技部成果转化项目4项,农业部"948"项目1项,自治区科技攻关项目8项,自治区自然基金项目6项,自治区优秀人才项目2项,自治区农牧业产业化项目1项,自治区农业厅招标项目3项,推广项目1项,自治区财政厅农业综合开发项目6项,目前已落实项目总经费575万元。新上各类项目18项,新增经费345万元。

【科研成果】 全年申报自治区科技进步奖2项,其中与中国农业大学共同主持的"农牧交错带农业综合发展和生态恢复重建技术体系与模式"荣获一等奖,"苹果专用型砧木(耐盐碱、抗寒矮化)的研究"获三等奖。新审认定品种有9个,即玉米新品种"内早9号"、"内油1"、"内单302"、"内早6"、"内单402",纤维亚麻新品种"内纤亚二号",胡萝卜新品种"金红四号",大葱新品种"内葱二号",白皮洋葱新品种"93190"。鉴定成果2项,"柠条粉栽培食用菌的研究"通过自治区科技厅组织的专家鉴定,亚麻新品种"轮选一号"通过全国胡麻鉴定委员会鉴定。共发表科技论文36篇,其中学报级论文15篇,出版论著3部(合作)。

【基础设施建设】 在2003年施工的基础上甜菜分中心、大门南商品楼,2004年进行内外装饰,即将竣工验收。农业部农产品质量安全监督检验测试中心(呼和浩特)办公楼从6月2日至9月28日进行内部装修和部分改造。机械库房在上年施工的基础上,完成配套晒场3 246.4平方米、平整场地1 761.13平方米,硬化路面1 962.6平方米。拆换方砖120平方米。进行电缆改造,拆除通往甜菜、开发和库房的500米架空电线。埋电缆863米。维修开发办公楼,6、7、8号住宅楼。新建篮球场一座。

【科技示范推广】

"948"项目 "优质向日葵新品种、新技术和资源材料引进"。

科技部科技成果转化项目 1.早熟优质高产小麦新品种"农麦201"区域试验与示范;2.甜菜丰产、优质、抗丛根病专用新品种"内甜抗201"中试与示范。

自治区财政厅农业开发办项目 1.万亩优质春小麦标准化及麦后复种综合配套技术推广;2.油葵增产增效技术与产业化;3.内蒙古西部区无公害蔬菜、瓜果生产技术集成及示范推广;4.食用菌新品种、新技术推广;5.胡萝卜新品种、新技术推广;6.高产优质玉米新品种及配套栽培技术推广。

农业厅招标项目 1.万亩优质春小麦标准化及麦后复种综合配套技术;2.优质油葵增产增效技术与产业化。

基地建设项目 巴彦淖尔市科技示范园区:1.实施完成我院自育玉米品种内单416、410、409、408、322、312、304、303、208、内油8、内油4、巴单3号和农大108的品比试验3亩;2.实施完成玉米品种内单302与巴单3号、农大108单种与套种示范试验19亩;3.实施完成油葵品种内葵杂3号、AN-1与G101、S33的品比试验7.5亩;4.实施完成小麦品种"1106"与永良4号的品比试验,并进行麦后复种草玉米、饲料甜菜、草莜麦示范23亩;5.实施完成蔬菜品种"北星七号"青椒开沟起垄育苗移栽与其他科研单位育成的8个青椒品种的品比示范试验3.5亩;6.西瓜平作油葵、密瓜开沟(平作)间油葵、籽瓜开沟(平作)间油葵示范试验13.5亩;7.引进加工型白皮葱头93190、生光二号、白株与瑞雪二代的品比示范试验10.5亩;8.阿尔筋钢苜蓿接种固氮根瘤菌示范试验10亩;9.小麦套种饲料甜菜FF10000、甜饲1号、甜饲2号的示范试验2.5亩;10.草玉米:中北410、科多4、冬凌白、科青1号示范试验6.5亩。

武川旱作试验站:1.国家"十五"攻关项目"北方农牧交错带防沙型农业技术体系的研究与示范";2.中加合作项目"钾肥平衡施肥试验"。

【重要活动】

2月,本院自选课题《拧条栽培食用菌的研究》通过由内蒙古大学、内蒙古农业大学、内蒙古自治区农牧业厅等单位组成专家的鉴定。专家们认为该项目研究为开辟新的饲料来源,解决人畜争粮的矛盾,实现柠条—食用菌—菌渣优质物饲料—肥料的良性循环找到新的途径。

4月12日至15日,本院组织有关科技人员赴内蒙古巴彦淖尔盟临河市参加"内蒙古自治区第二届农牧业科技成果博览会"。会上展出农科院的新品种、新技术,并发放宣传资料由专家现场解答农民疑问。

4月,内蒙古农科院玉米课题组选育的玉米新品种"内油1"、"内早6"、"内早9"、"内单302"、"内单402"新品种通过内蒙古自治区品种审定委员会审定。本院甜菜所亚麻课题组选育的纤维亚麻新品种"内纤亚二号"通过内蒙古自治区品种审定委员会认定。

本院申报的自治区外专局示范基地"甜菜抗丛根病品种"

及“中加平衡施肥技术”基地项目经专家审议评审被内蒙古自治区人事厅命名为自治区引进国外智力成果示范推广基地。

7月2日至12日，本院主办的全国十三省区市农（牧）科学院党建和思想政治工作研讨会第十三次会议在内蒙古呼伦贝尔市召开，来自全国十四省区市农（牧）科院领导近40人参加会议。

7月31日，内蒙古自治区科技厅农社处组织有关专家，对本院植保所承担的科技厅招标项目“河套蜜瓜品种改良、贮运、保鲜及产业化配套技术开发”子课题“产业化配套技术”进行现场验收。

7月31日，内蒙古自治区科技厅农社处组织有关专家，对本院植保所承担的科技厅招标项目“河套蜜瓜品种改良、贮运、保鲜及产业化配套技术开发”子课题“产业化配套技术”进行现场验收。

11月24日至26日，本院“农业部内蒙古农产品质量安全监督检验测试中心（呼和浩特）”双认证验收会顺利通过。专家组对中心硬件与软件水平都给予很高的评价。

12月8日，内蒙古自治区农牧业厅厅长陶克一行来本院检查指导工作。在院领导的陪同下，先后视察农业部农产品质量安全检验检测中心（呼和浩特）、生物技术引育种中心、国家糖料中心内蒙古分中心。

2004年内蒙古农业科学院受自治区党委、政府表彰的人物

姓　名	性别	民族	奖　　项
王　勇	男	汉	内蒙古自治区有突出贡献的中青年专家
李元清	男	汉	内蒙古自治区有突出贡献的中青年专家

（云和义　常玉霞　于传宗）

农机科研

【中国农业机械化科学研究院呼和浩特分院领导名录】

院　　长：杨世昆（满族）

副 院 长：王培功

　　　　　卞一丁

　　　　　柴玉柱

总工程师：刘贵林

【概况】　中国农业机械化科学研究院呼和浩特分院（原机械工业部呼和浩特畜牧机械研究所）是首批转制的具有自营进出口经营权的中央直属科技型企业。学院是内蒙古自治区畜牧业装备工程技术研究中心和新能源工程技术研究中心的依托单位，是机械工业环境技术研究中心的成员单位，是全国风力机械标准化技术委员会、机械工业风力机械产品质量监督检测中心、机械工业畜牧机械产品质量监督检测中心、中国农机学会畜牧机械学会的挂靠单位。

中国农业机械化科学研究院呼和浩特分院隶属于中国农业机械化科学研究院，现有在职职工302人，专业技术人员191人，其中研究员10人，获国家特殊津贴专家7人，拥有资产总额12 001.6万元。建院40年来，共完成各类科研技术开发项目803项，其中获国家级、省部级等科技成果奖87项，国家专利32项。

【科研成果】　2004年科技投入明显增加，全年科技开发投入425万元。当年按计划执行课题24项，其中国家部委重点项目17项（包括海拉尔试验站1项），自治区重点项目5项。按计划今年应完成14项，其中已完成鉴定验收3项，项目具备验收条件准备鉴定验收的有9项。

2004年通过鉴定验收项目3项：国家农业科技成果转化基金项目—《新型饲草压捆压块中试》项目，通过地方监理部门—自治区科技厅的项目验收。组织鉴定科研院所专项基金项目—《高品质草粉草颗粒加工成套设备》项目，顺利通过验收。国家农业科技成果转化资金—《禾本科牧草种子收获机系列中试》项目，通过北京科学技术委员会鉴定验收。

处于准备验收阶段的项目为9项：科技部项目《西部草业关键技术装备牧草种子收获与加工机械研制》；国家科技攻关计划“西部新能源行动计划”项目；科研院所基金“转刷气流式草籽采集技术及装备研究”；国家科技攻关引导项目“苜蓿种植、收获、深加工设备研制开发”；自治区科技厅项目“草原建设与草原改良机具关键设备的研制”；机械工业联合会“饲草揉碎机国家标准”；机械工业联合会“圆捆打捆机 术语和商用规范”；《风力发电机系列标准》项目；农业部“牧草种子繁育基地建设项目统一采购”子项目。

【创新能力建设】

1. 依托学院组建的“内蒙古自治区畜牧业装备工程技术研究中心”，自2003年9月16日通过由内蒙古自治区科学技术厅组织验收以来，各项工作成绩显著。是年重点对中心试验室进

行建设。先后装修、建立牧草机械试验室、牧草种子机械试验室,从运行情况看,已初步具备国家级畜牧业装备工程技术研究中心的验收条件。自治区科技厅已经向国家科技部正式申请,将“内蒙古自治区畜牧业装备工程技术研究中心”升级为国家级畜牧业装备工程技术研究中心。

2.为解决西部边远地区的用电问题,推进风力发电、光伏发电技术的推广应用,促进民族地区脱贫致富,提升新能源技术科技创新水平,依托学院成立的“内蒙古自治区新能源工程技术研究中心”,运行一年多来,以技术创新为指导,以促进高新科技成果产业化为方向,在离网型风电科研开发领域和微型风力供电系统开发领域达到国际先进水平,并积极进行大型并网型风力发电机的科研开发,对有效利用内蒙自治区丰富的风能、太阳能资源,解决边远地区居民生产、生活用电意义重大。

3.经“中国工程咨询协会”专家评审,研究院被评为“工程咨询乙级资质单位”,资质覆盖畜牧业机械装备、畜牧业工程、风能太阳能等三大领域。2004年在国家注册咨询工程师统一考试中,研究院有两位工程技术人员通过考试,获“注册咨询工程师”资格。

4.研究院是科技型企业,技术创新是全院经济发展的基础,根据这一特点,向自治区科学技术厅申报高新技术企业认定。2004年12月9日,自治区科技厅组织有关专家对学院申报高新技术企业进行评审,学院已批准为自治区高新技术企业。

【产业化工作】 2004年研究院在“内蒙古华德牧草机械有限责任公司”投入的产业化产品9YFQ—1.9跨行式方草捆捡拾压捆机,在缺乏生产经验的情况下,边试制边验证图纸,边进行工艺工装的完善。试生产70台,基本完成预定生产计划,已销售50台。通过一年多的努力,图纸和工艺文件基本完善,投资增加关键设备和工装,已具备投入大批量生产的条件。2004年实现销售收入1 200万元,完成利税31万元。与齐齐哈尔车辆厂合作的产业化项目—不对行青饲收获机,完成试生产工作,目前正进行田间可靠性试验。

为提高研究院的科研成果转化能力,缩短新产品形成产业化的周期,计划在呼和浩特市郊筹建新产品中试基地。完成2 000平方米生产车间和500平方米仓库的主体建设,供电、供暖等配套设施也在建设中。计划2005年上半年投入使用。

【人才培养】 随着研究院创新能力的提高、产业化生产的发展,同时积极应对激烈的市场竞争,对专业人才的要求越来越高。研究院加强对专有人才的培养,有9人参加2003年在职研究生全国联考,由研究院资助接受在职硕士研究生教育的专业技术人员有6人。通过对在职研究生的培养,为提升科技人员素质,持续增强创新能力奠定基础。

【科研产品】 本院生产经销的产品主要有:9GY—3.0割草压扁机、9FYQ—1.9型方捆打捆机、92LZ—4.0旋转式搂草摊晒机、9GB—2.1型往复式割草机、9KB—2.0型多功能高密度压捆机、GKY2型二次压捆机、9YK系列型秸秆饲料压块机、93ZF—1.0型铡切粉碎机组、9Q—60型青干饲草切碎机、9FC系列干草粉碎机、9R系列揉碎机、9ZQ—2.7型豆科草籽采集机、9ZQ—3.0型禾本科草籽收获机、5SHB—5A型包衣机、5ZW—1000型制丸机、9CM—300型窝眼清选机、5YS—500型丸化种子分级机、5X—5型清选机、9CJT—300型牧草种子加工成套设备、9CM—300型除芒机、5XZJ—3型清选机、5ZX—5型重力分级机、AMG—300型玉米青贮收获机、5千瓦风力发电机组、NB200R全自动保护逆变器、NB100R12WP全自动保护逆变器、NB300R24WP全自动保护逆变器、NB600R24WP全自动保护逆变器、NB1000R48WP全自动保护逆变器、NB2000R48全自动保护逆变器、NB4000R48全自动保护逆变器、风/光互补供电技术。

(吴雅梅)

畜牧科学

【内蒙古自治区畜牧科学院领导名录】

党委副书记　院长:刘永志

【概况】 2004年,承担各级各类项目43项,其中接转项目28项,新上项目15项,半数为国家和自治区重大及重点项目。包括国家自然科学基金、国家“973”、国家“863”、国家农业科技成果转化基金、农业部“十五”期间攻关、国家星火科技专家大院、国家“十五”重大科技专项、自治区自然科学基金、自治区科技攻关等项目。全年共争取国家科研经费625.9万元,自治区371.5万元,企业科研经费35万元。2004年共鉴定验收项目10项,出版专著3部,发表学术论文100余篇。“内蒙古白绒山羊优质高产类群培育及繁育体系建设”获自治区科技进步一等奖,“山羊舍饲示范工程”获自治区农牧业丰收一等奖。

【基础研究】 2004年,承担国家和自治区基础研究项目各5项。研究内容涵盖了分子生物学水平的家畜繁殖育种、畜禽主要疫病病原基因、动物利用营养素规律等领域。

1.针对传统动物育种周期长、见效慢,不适于市场经济发展的弊端,开展肉牛、肉羊基因育种研究。通过对蒙古牛和主要肉牛品种骨骼形成蛋白基因多态性的研究,比较了不同品种、不同体形肉牛骨形成蛋白基因的差异,将大型肉牛决定体格大小的骨骼形成蛋白基因导入小型肉牛,尤其是蒙古牛体内,为开展基因育种奠定基础。

2. 为解决畜产品药物残留超标问题，提高自治区畜产品国际竞争力，开展家畜外寄生虫病生物防治基础理论研究。找出蚕食家畜外寄生虫卵的有益甲虫，利用其防治寄生虫病效果良好，该成果对于家畜外寄生虫病的生物防治具有重要意义。

3. 针对如何进一步提高绒山羊科学饲养水平和舍饲经济效益的一些关键问题，开展营养素在绒山羊体内周转、代谢、利用规律方面的基础理论研究。通过对白绒山羊利用氨基酸的机理、蛋白质周转、代谢规律的研究，利用褪黑激素和控制光照，提高生绒量以及控制生绒和长肉方面取得重要成果。在总结多年研究成果和经验的基础上，著名动物营养学家、博士生导师、卢德勋研究员，经过近20年不懈努力，对传统动物营养学学科体系、研究内容和研究方法的改革做出重大创新，完成一部40余万字的《系统动物营养学导论》学术专著，获国家科学技术出版基金资助，8月由中国农业出版社出版发行，在全国获得广泛好评。

【应用研究】 畜牧科学院把解决当前畜牧业生产中存在的实际问题作为服务"三牧"的大事放在突出位置，围绕自治区优势产业集中力量攻关。2004年，共承担应用研究项目27项。

1. 为适应全区大力推进奶业产业化的需要，与伊利集团、蒙牛集团等单位联合承担了两个国家"十五"期间奶业重大专项，将饲草料加工调制、营养优化、饲养管理和疫病防治等技术进行综合集成、组装配套推广；为解决高产奶牛数量不足的矛盾，进行奶牛胚胎移植等快速繁育及性别控制技术试验，性控准确率达95%，已在生产中小规模推广。开展高产奶牛体细胞克隆技术研究，用国外高产奶牛体细胞克隆的胚胎移植受体牛已受孕，2005年6月，自治区第一头克隆奶牛有望在本院诞生。同时建立奶牛120急救中心，解决广大奶牛养殖户防疫难的问题。

2. 为提高良改率，通过引进优质种畜、选育提高本地优良畜种，实施肉羊、肉牛、细毛羊和绒山羊4个良繁体系建设项目。为解决绒山羊产业发展与草原生态保护的矛盾，进行绒山羊舍饲技术集成的研究。由于采用一系列科学饲养技术，绒山羊各项生产性能均有不同程度提高，尽管舍饲增加了成本，但效益不减。

3. 为促进草原生态建设，实现草原畜牧业可持续发展，开展多项草业研究项目。从国外引进牧草品种83个，采集野生牧草上百种，在不同气候区进行风土驯化研究。已筛选出15个适宜自治区寒冷、干旱气候特点的牧草品种和1个饲料作物品种，并已大面积扩繁，为全区草场改良、人工草地建设提供了优质种源。完成全区及各盟市、旗县草原类型分布图，草原退化、沙化、盐渍化分布图，采用卫星遥感技术结合地面监测，对全区天然草原牧草长势及全区退牧还草工程项目区植被恢复情况，全区33个牧业旗天然草原冷季牧草储量及适宜载畜量进行动态监测及预报，为自治区制定发展规划和各级领导决策提供依据。编制完成3项全国农业行业标准和2个自治区行业标准，填补了国内草原监测及合理利用方面技术标准的空白。

4. 国家畜产品在国际市场上有价格优势，但受药物残留问题的限制，国际竞争力并不强。针对这一问题，开展高效低残留的中蒙兽药、益生素和纳米兽药的研究。现已研制出治疗奶牛乳房炎、不孕症的中蒙兽药，并在本院药厂投入生产。本院研制的益生素防治畜禽疾病作用明显，可以部分替代抗生素，已获国家专利和农业部新兽药证书，研究编制了益生素生产和产品检验规程，为工业化生产奠定了基础。在国内首次将纳米技术应用于兽药研制，已取得阶段性成果。

5. 为充分利用自治区丰富的秸秆等粗饲料资源，研制开发出提高秸秆等粗饲料适口性和营养价值的微生物发酵剂—兴牧宝，营养调控剂—营养宝，微量元素、矿物质舔砖等新产品。产品分别在呼市兴牧公司、远通公司批量生产。

【技术推广 成果转化】 畜牧科学院适时调整科技力量和合理配置科研资源，将大批科技人员投入经济建设主战场，转化科研成果，推广先进适用技术。有效提高了科技成果的转化率。

1. 山羊舍饲示范工程技术已在全区6个盟市9个旗县，3.13万户、253.7万只山羊舍饲中应用；粗饲料利用技术已在自治区西部6个盟市广泛推广。这两项技术被列入2004年自治区十大重点推广技术。奶牛、肉羊胚胎移植已在19个省区推广，共移植奶牛胚胎1 000余枚，受胎率在45%～50%；肉羊胚胎1万枚，受胎率在60%以上；依托本院多年积淀的研究成果，开发高效饲料产品，在伊利集团元兴饲料厂和蒙泰大地饲料厂投入生产，蒙泰大地生产饲料产品9个系列，上百个品种，实现销售收入1 000余万元；依托动物医学方面的科研成果，开发高效低残留新兽药46个品种，在百强药厂投入生产，实现销售收入300多万元。

2. 依托本院科研成果和技术优势，为全区退牧还草工程、京津风沙源治理工程、锡盟"围封转移"战略提供技术支撑。在项目区将多年来关于草原建设、疫病防治、奶牛增产技术、粗饲料利用技术、肉羊经济杂交等多项技术成果，加以集成、配套进行推广应用。采用集中培训、现场指导等方式送成果、送技术下乡，提高项目的科技含量，保证项目的建设成效。

充分利用报刊、电视、广播宣传、推广科技成果和先进适用技术。制作蒙汉语科技专题片4个，编写《奶牛生产技术》等实用技术科普读物5种，发行3万余册，培训基层科技人员和农牧民1.5万余人次。主办5个畜牧业科技期刊，出版40期，400余万字。

【改善科研条件】 2004年创建牧草种子分析实验室、反刍动物实验室,购置一批先进仪器和设备。反刍动物实验室通过自治区组织的评估,成为自治区级重点实验室。

本院拥有代表不同自然经济类型区、科研方向各有侧重的科研综合试验示范基地6个。基地占地总面积4.8万亩,存栏种畜3 100头只,其中纯种无角多赛特种羊1 240只,纯种德克赛尔、萨福克60只,阿尔巴斯白绒山羊400只,种肉牛146头。建成天然草地禁牧、休牧、划区轮牧试验区,牧草引种驯化原种圃、优良牧草种子扩繁、高产饲料基地试验区,畜种改良和优质牛羊快速繁育试验区,家畜疫病防治试验区。初步建成机械设备齐全,功能较完备的集约化、现代化、开放式的综合性试验示范中心。中心承担着大量的科研、教学和开发任务,吸引区内外20余位科学家和40余位博士、硕士研究生在基地从事科研教学工作。基地已成为国内外科学家共同拥有的具有自主创新能力的科研平台。

四子王基地是国家级"肉用羊繁育"农引推基地;巴音哈太荒漠草原试验站是国家级"冰草引种与扩繁"农引推基地,也是自治区级优质牧草种子种苗扩繁、农业引智成果推广示范基地;草食动物营养试验基地是全国第一个设施条件比较完善的反刍动物科研基地,也是农业部饲料工业中心产品中试基地。为使科技人员及时和方便地掌握国内外相关科研动态,加强了办公自动化建设。建立院内局域网,设立内蒙古畜牧网站,为科技人员提供国内外主要科技文献库的检索服务。

【对外合作】 2004年共有来自美国、加拿大等国10批29人次专家来院讲学和开展合作研究。先后启动与日本筑波农林大学、日本畜产草地研究所、蒙古国畜牧科学院、加拿大枫叶山胚胎公司、澳大利亚墨尔本大学开展畜牧业方面的科学研究。18人次赴澳大利亚、日本、蒙古、新西兰等国参加国际学术会议、开展合作研究、进行专题培训。7月,由本院协办的"国际草业科技创新大会"在呼和浩特成功举行。

根据自治区与华北五省地缘相邻,畜牧产业相近的情况,加强与华北五省农科院的协作。与各院达成包括联合申报项目、人才培养、仪器设备和信息资源共享等方面的合作协议。与内蒙古气象局、内蒙古农大加强人才培养、科技服务、气象信息等方面的合作。与中国农业大学联合承担了"973"国家重大基础理论研究计划,与内蒙古大学联合承担国家"863"高技术产业化项目,也是首次承担国家"973"、"863"项目。

2004年又与临河市政府、阿巴嘎旗政府、中基饲料、殷源饲料公司签订了科技服务协议。

【重要活动】

3月6日,内蒙古自治区畜牧科学院承担的国家科技成果转化基金项目"新型生物活菌制剂的生产工艺优化及产品中试",通过了由自治区科技厅组织的鉴定验收。

3月30日,科技部科技型中小企业技术创新基金管理中心在呼和浩特市召开,本院承担并完成的国家科技成果转化基金项目"牛、羊新型营养调控饲料配套产品和技术的中试示范"验收会。验收专家组成员在听取项目实施情况介绍,审查相关技术文件和产品后认为,该项目全面完成合同规定的各项指标,同意通过验收。

4月3日至4日,在全区科技工作会议及科技奖励大会上,"内蒙古白绒山羊优质高产类群培育及建立繁育体系"项目被评为2003年自治区科技进步一等奖。

5月15日至22日,加拿大枫叶山胚胎公司专家B rain Roland Hill先生到本院,与院有关科技人员合作开展有关奶牛胚胎移植性别鉴定技术方面的研究。通过学术讲座、座谈、示范和现场指导等形式,B rain Roland Hill先生与院技术人员进行广泛、深入的交流。

5月21日,畜牧科学院与蒙古国畜牧科学院签订合作意向书。双方议定在建立高产人工草地、开发利用蒙古国饲用植物、野生牧草引种驯化、互派科技人员等方面进行合作。

6月22日,本院主办的《畜牧与饲料科学杂志》在"中国学术期刊(光盘版)检索与评价数据规范"(国家新闻出版署18999.1颁布)执行评优活动中,主要规范数据达到标准要求,荣获首届《CAL—CD规范》执行优秀期刊奖。

6月,自治区人事厅按照国家外国专家局"农业引智成果推广示范基地管理办法"和自治区人事厅"引智成果示范推广基地管理办法"规定,组织专家评审了本院申报的"驼绒藜种子种苗扩繁基地",评审组专家给予高度的评价。自治区人事厅命名本院"驼绒藜种子种苗扩繁基地"为自治区级引智成果示范推广基地。

7月25日,国际草地会议(IGC)主席微维·埃伦女士、国际天然草原会议(IRC)主席詹姆斯·欧诺克先生在畜牧科学院院长刘永志的陪同下,考察综合试验示范中心四子王科研基地,并决定将此基地列入2008年国际草地会议的参观点。

9月10日,自治区科技攻关项目"草地发展与草地合理利用关键技术集成研究与产业化示范专项—禁牧舍饲条件下不同类型的牛羊饲草料供给技术集成研究与示范"、自治区科技成果推广项目"秸秆转化配套技术推广"成果通过了由自治区科技厅组织的鉴定验收。验收组专家对两个项目成果给予高度评价。

9月28日,本院科技人员与澳大利亚国际克隆公司专家在呼和浩特市大正美联现代奶牛工程有限公司合作完成高产奶牛体细胞克隆项目。14 枚克隆牛胚胎被成功地移植到 12 头受体牛体内。此次克隆奶牛胚胎项目主要是把国外优质奶牛的体细胞移植到奶牛的去核卵子中，进而克隆出国外优质奶牛。

10 月 26 日，在重庆市召开的“中国畜牧兽医学会动物营养学分会第七届会员代表大会暨第九届学术研讨会”上，举行了本院全国著名动物营养学专家、博士生导师卢德勋研究员专著《系统动物营养学导论》首发式及赠书仪式，首发式及赠书仪式由本院院长刘永志主持。动物营养学分会名誉会长张子仪、冯仰廉、李德发、新任会长王康宁及与会代表参加了赠书及首发式。此次赠书及首发式由本院、中国农业出版社和广东溢多利生物科技有限公司联合主办。

（张喜彦）

草原研究

【中国农业科学院草原研究所 内蒙古自治区草原研究所领导名录】

所　　长
党委副书记：王宗礼

党 委 书 记：苏　和（蒙古族）

副　所　长：徐　柱

郭永清

王育青（蒙古族）

【概况】 中国农业科学院草原研究所含内设机构 12 个，其中专业研究室 5 个：草地生产与管理研究室、牧草资源与育种研究室、草地生态与监测研究室、草地工程机械研究室、草地综合发展研究室；职能部门 3 个：办公室、人事处（党办）、科技管理处；中心 3 个，草业科技信息中心、牧草及草产品质量检测与分析测试中心、后勤服务中心；公司 1 个：内蒙古中农草业发展有限公司。有呼郊试验场、鄂尔多斯沙地草场改良试验站、十二连城试验基地等 3 个野外试验基地和 1 个农业部草地资源生态重点开放试验室。到 2004 年底，有在职职工 153 人，其中科技人员 96 人，高级专业技术人员 47 人、享受政府特殊津贴专家 3 人、农业部有突出贡献的中青年专家 3 人、中国农业科学院跨世纪学科带头人 1 人。

【科研项目】 是年，新获准立项项目 15 项。2004 年底草原所在研科研项目达到 47 项（详见内蒙古自治区草原研究所 2004 年在研课题情况表）；获得新型实用专利 1 项；出版科技著作 3 部；发表科技论文 53 篇。

是年，草原所作为主要参加单位参加的“中国农作物种质资源搜集、保存、评价与利用”项目获得国家科技进步一等奖；“沙打旺草地衰退综合防治技术推广”项目获得农业部农牧渔业丰收二等奖。1 人获得由美国农业部颁发的国际合作奖。

【国际合作与学术交流】 草原所围绕“加强学术交流、扩大对外影响和知名度”这一主题，积极实施“走出去、引进来”战略，合作层次有了新的提升，合作内容更加广泛，合作地区、领域、渠道大为拓展。

草原所与内蒙古科技对外交流中心、内蒙古农业大学等单位联合承办的“中国草学会第六届二次会议暨草业科学与技术创新国际研讨会”，圆满完成题为“草业科学技术创新”10.7万字的国际草学会议论文集的编写任务。选派 1 人参加“东西伯利亚（俄罗斯、蒙古国、中国东北等地区）草地生态资源综合调查”工作。3 月选派 2 人参加中日韩三国第一次草地会议。选派 3 人赴日本参加“中国退化草地荒漠化防治及可持续利用”国际会议，并对日本畜产草地研究所进行综合考察，就相互合作的领域进行交流，并达成合作意向。

全年，接待来自美国、澳大利亚、波兰以及国际畜牧与家禽研究中心的专家、学者 17 人次。

完成商务部组织的针对发展中国家举办的为期 1 个月的“草地畜牧业可持续发展与荒漠化控制”专业技术培训任务。

7 月，草原所召开了“苜蓿逆境条件下适应性评价”中澳国际合作项目验收鉴定会。来自澳大利亚、巴西、中国林业大学、甘肃草原生态研究所、甘肃农业大学和山东农业科学院的 30 多位专家、学者出席了会议。

【人才培养】 2004 年，新招博士 1 人、硕士 7 人。鼓励在职人员攻读在职博士、硕士。有在读博士 4 人，硕士 7 人，进入博士后流动站 2 人。完成中国农科院二级、三级杰出人才的推荐工作；完成享受国务院政府特殊津贴专家的推荐工作；新增博士生导师 1 人。

【科技体制改革】 精减机构、明确职责：对职能部门进行调整。并在全所范围内对职能管理部门和后勤服务中心处级领导岗位进行公开招聘。积极推进学科建设：是年，多次组织科技人员讨论草原所学科设置、发展目标及主要研究任务，从学科设置、指导思想、原则、目标、方向任务、支撑条件等方面进行整合，完成学科建设的整体构架，为草原所在学科建设方面搭建有利于发展的平台。制度改革：通过人事制度、收入分配制度的改革，全面推行“基本工资、岗位工资、绩效工资”相结合的分配制度，使全所职工的收入水平得到较大的提高。

内蒙古自治区草原研究所2004年在研课题情况表

序号	课题名称	类型	起止年限	课题来源	备注
1	抗寒、高产苜蓿新品种培育	863课题	2001~2004	科技部	参加
2	典型草业生态经济区牧草产业化发展评价	科技基础性工作专项	2003~2004	科技部	子课题参加
3	苜蓿品种在逆境下的适应性评价	中澳合作	2001~2004		主持
4	草原牧区退化草地改良技术示范基地	948项目示范基地	2000~2004	农业部	参加
5	中期库种质资源繁殖更新与利用	农业部	2003~2004	农业部种植业管理	参加
6	国家种质圃种质更新和鉴定数据库建设	农业部	2003~2004	农业部种植业管理	参加
7	温带备份库的转运与备份繁殖入库	农业部	2003~2004	全国畜牧兽医总站	参加
8	乌兰布和沙漠区优质高产一年生牧草及饲料作物种植管理技术	农业部	2002~2004	农业部	主持
9	沙地灌木穴播、草本撒播联合播种技术示范	农业部天然草地保护技术支撑	2002~2004	农业部	主持
10	典型草原退化草地新型补播改良及配套应用技术示范	农业部天然草地保护技术支撑	2002~2004	农业部	主持
11	农牧交错带退耕还草与草产品生产加工技术试验示范研究	中科院知识创新项目	2001~2004	中科院	参加
12	微生物制剂对蓖麻饼有毒成分及纤维降解率的影响	内蒙古自然基金	2002~2004	内蒙古科技厅	主持
13	长爪沙鼠和黑线仓鼠种群数量变动规律的研究	所长基金	2003~2004	草原所	主持
14	荨麻人工草地建立及其利用技术的研究	所长基金	2003~2004	草原所	主持
15	羊柴、柠条主要害虫生物防治技术研究	所长基金	2003~2004	草原所	主持
16	青莜麦饲草双季栽培和多次刈割栽培技术的研究	所长基金	2003~2004	草原所	主持
17	沙障建植播种机的改进研究	所长基金	2003~2004	草原所	主持
18	北方草地重要有毒植物棘豆属异株克生现象的研究	所长基金	2002~2004	草原所	主持
19	中国草种资源收集、鉴定、评价与入库	科技基础性工作专项	2002~2005	科技部	主持
20	饲草种质资源的生物学基础	973项目	2000~2005	科技部	参加
21	应用微生物提高奶牛饲料营养价值研究	国家攻关子课题	2002~2005	国家攻关	子课题主持
22	黄淮海地区优良苜蓿高效生产关键技术研究、集成与示范推广	国家科技攻关	2002~2005	科技部	专项主持
23	西部地区耐盐碱苜蓿新品种选育	863项目	2002~2005	科技部	子课题主持
24	河西走廊优质苜蓿高效生产示范区	国家科技攻关	2002~2005	国家攻关子课题	子课题主持
25	苜蓿低损收获配套机械研究	国家重大项目	2003~2005	科技部	第二主持
26	优质牧草新品种及新技术示范推广	农业部推广项目	2003~2005	农业部科技教育项目	主持
27	抗旱抗寒草坪型野生白三叶的驯化和选育	院科研基金	2003~2005	中国农科院	主持
28	退耕盐碱地高产优质芦苇纸浆原料基地建植技术研究	内蒙攻关项目	2002~2005	内蒙科技厅	主持
29	不同生态条件下沙打旺根腐病机理的研究	内蒙自然基金	2003~2005	内蒙科技厅	主持
30	牧草种质资源描述标准和规范的研究制定	科技基础平台工作	2003~2004	农科院品资所	参加
31	多年生牧草种质资源共享试点建设	科技基础平台工作	2003~2004	农科院茶叶所	参加

续表

序号	课题名称	类型	起止年限	课题来源	备注
32	牧草植物种质资源标准化整理、整合及共享试点	科技平台	2004～2005	科技部	主持
33	反刍动物蛋白质和氨基酸营养价值评定	国家科技攻关	2004～2005	中国农科院畜牧所	参加
34	牧草种质资源繁殖更新、入库及分发利用	农业部专项	2004～2005	农业部种植业管理司	参加
35	多年生牧草种质资源标准化整理、整合及共享试点	科技部科技平台	2004～2005	农科院茶叶所	参加
36	牧草种质资源标准化整理整合及共享试点	科技部科技平台	2004～2005	农科院作物所	参加
37	空间分析与运算模块	农业部	2004～2005	全国畜牧兽医总站	子课题主持
38	中国草原植物种质资源信息系统	农业部专项	2004～2005	全国畜牧兽医总站	参加
39	草原火险预警及风险评估研究	农业部专项	2005～2005	农业部草原监测中心	参加
40	内蒙古多年生牧草圃	农业部专项	2004～2005	农科院品资所	参加
41	速生大叶槐的引种研究	所长基金	2004～2005	草原所	主持
42	草原火情监测及全国火险等级划分	农业部	2004	农业部草监测中心	主持
43	内蒙古草地杂草生物防治	国际合作	2003～2004	农科院生防研究所	参加
44	抗寒抗旱抗盐优良牧草品种高新繁育技术研究与产业化开发	内蒙攻关项目	2002～2004	内蒙科技厅	主持
45	草地资源共享地理信息系统建立技术的研究	国家自然科学基金	2005～2007	国家自然科学基金委	主持
46	浑善达克沙地围封移民区肉羊高效规模化饲养技术产业结构调整专项	2005～2007	农业部	主持	
47	应用苜蓿雄性不育系制种的研究	留学基金	2005～2007	国家留学基金委员会	主持

（王桂芳）

林业科研

【内蒙古自治区林业科学研究院领导名录】

院　　长:杨俊平

党委书记:秦进保

【概况】 2004年,内蒙古林业科学研究院内设处级机构9个,其中专业研究所5个、杂志社1个、管理处室3个。此外还有环境绿化工程设计所、国家林业部重点开放性实验室—沙地生物资源保护和培育实验室、树木园、内蒙古荒漠化防治技术培训交流中心。全院人员编制113人(不含《内蒙古林业》杂志社),在职职工153人(不含《内蒙古林业》杂志社),其中专业技术人员91人、高级专业技术人员54人(研究员11人)、中级专业技术人员30人、初级专业技术人员7人。有博士生导师1人、博士2人、硕士4人。

【科研项目】 是年,林科院承担科研项目39项,其中科技跨越项目1项、科技攻关项目15项、自然科学基金项目5项、引智及引进技术项目7项、"973"专题1项、科技支撑项目2项、科技成果推广项目3项、科技成果转化项目1项、国际合作项目3项、科技扶贫项目1项(见内蒙古林业科学研究院2004年科研项目表)。

【科研成果】 是年,内蒙古林科院承担的"天牛生物控制技术开发与应用"等3个科技部农业科技成果转化项目,通过科技部的验收。承担的国家林业局重点科研项目"沙生灌木良种区域化试验"制定工作计划,落实库布齐沙漠和科尔沁沙地两处试验示范区具体地点和试验地块,完成试验区规划方案及试验树种定植设计,根据不同灌木种特性摸索种子和苗条处理及保存技术,完成播种繁殖,部分树种完成嫩枝扦插繁殖;承担的自治区科技厅应用研究项目"内蒙古林木种质资源基因库建设和扩繁技术研究"及1个招标项目和1个合作项目都按照合同规定全面完成计划任务,计划2005年接受科技厅的验收。自治区招投标项目"绿色食品枸杞开发研究"在巴彦淖尔市建立枸杞良种选育及丰产栽培研究试验基地，选育出“先杞1号”和“先杞2号”两个枸杞优良新品种，完成新品种的现场测试，得到专家的肯定，筛选出适宜的无公害防治农药和丰产栽培技术。农业科技成果转化项目“干旱、半干旱区微灌、喷灌设备的优化和灌溉制度及配肥技术工程化示范”项目完成节水灌溉示范面积750亩，其中在毛乌素沙地防沙治沙实验中心完成500亩(微灌、喷灌)；在内蒙古林木种苗站沙尔沁基地完成200亩(微灌、喷灌)；在兵州亥育苗科研基地完成50亩(喷灌)，完成年度计划目标；“十五”期间攻关项目“抗旱保水技术产品和配套使用技术”，进行试验研究，扩大荒漠藻固沙试验面积，对喷洒的荒漠藻生长量以及结皮硬度进行测定。对荒漠藻结皮进行对比研究。

是年，内蒙古林科院主持完成的“半干旱区沙地综合治理技术研究与推广”项目，获国家科技进步二等奖。由自治区交通厅主持、内蒙古林科院参加，合作完成的项目“沙漠地区公路边坡防护及固沙技术研究”，获内蒙古自治区科技进步一等奖。内蒙古林科院主持完成的“生物定时水开发及造林应用研究”通过科技厅组织的专家鉴定：“在调节供水与植物吸水过程同步，利用微生物和表面活性剂降解释放水等方面具有创新，在抗旱造林方面达到国内领先水平”。

内蒙古林业科学研究院2004年科研项目表

国家科技部项目

序号	项目名称	项目类别	起止年限	研究内容	主持人	备注
1	防沙治沙新材料，新技术创制研究及经济植物高效利用	研究与试验发展成果应用	2002～2004	1.沙漠化地区节水新材料研究 2.沙漠化地区固沙新材料研究 3.沙区植物产业化利用技术研究	杨俊平 闫德仁	延续
2	中国北方沙漠化土地成因及防治技术研究	“973”项目	2001～2005	内蒙古地区荒漠化土地成因及防治对策	杨文斌	延续
3	干旱、半干旱区微灌、喷灌设备的优化和灌溉制度及配套技术工程化示范	成果转化	2003～2005	建立干旱、半干旱区不同立地类型，林果植物品种的优化灌溉模式示范区3处，面积2000亩。通过技术集成与设备的组合配套，让用户掌握生长期植物根系变化规律	杨文斌 梁建平	延续
4	气候变化对中国内蒙古干旱地区荒漠化的影响	科技合作	2003～2006	1.草地生态系统生产力的影响 2.荒漠化进程的影响 3.pnet模型在全区范围内预测气候变化对草地生产力及土壤水分蒸发散损失总量的影响	杨文斌	延续

国家自然基金项目

序号	项目名称	项目类别	起止年限	研究内容	主持人	备注
1	干旱半干旱沙地蔬林配置结构与固沙机理研究	应用基础研究	2004～2006	风速流场分布规律与地表蚀积关系、风洞模拟实验，提出柠条和沙蒿灌木固沙优化配置模式、基本原理与技术参数等	杨文斌	新列

国家林业局项目

序号	项目名称	项目类别	起止年限	研究内容	主持人	备注
1	沙生灌木良种区域化试验	研究与试验发展成果应用	2004～2008	1.沙生灌木生长节律及生物学、生态学特性研究 2.沙生灌木生长状况及抗逆性比较分析研究 3.沙生灌木繁殖及丰产栽培管理技术研究	高桂英 杨俊平	新列
2	微热量法开发利用灌木树种资源技术引进	“948”项目	2004～2007	利用微热量仪对蒙古扁桃、花棒、柽柳、锦鸡儿等进行适宜生态环境因子分析	杨俊平 樊文颖	新列
3	毛乌素沙地综合治理技术	中间试验	2002～2004	采用“毛乌素沙地综合治理技术”在内蒙古乌审旗图克苏木完成中试林3 000亩	杨文斌	延续

续表

序号	项目名称	项目类别	起止年限	研究内容	主持人	备注
4	乌兰布和沙区优良沙生灌木林营造技术试验示范	研究与试验发展成果应用	2003～2005	1. 优良沙生灌木种引种、育苗技术研究 2. 流动沙地和半固定沙地高效、低价沙障研究 3. 优良沙生灌木种的立地适应性和种间混交关系的研究 4. 显著提高造林成活率的高效造林技术研究	杨文斌 郭永盛	延续
5	优良抗逆性丁香品种推广	成果推广	2003～2006	推广4个品种，及配套栽培技术和繁殖技术，建立良种繁育基地及示范基地40亩	李爱平	延续
6	水源涵养林营建技术推广	成果推广	2002～2005	采用“内蒙古大青山水源涵养林营建技术”在内蒙古大青山相同立地类型区完成人工造林1 000亩，完成白桦次生林封育保护和抚育管理1 000亩，在造林困难的地段封山育林2 000亩	白育英	延续
7	引进北美樱桃园柏等高抗逆性优良种源与选育技术引进	“948”	2002～2005	引进北美樱桃园柏、兰云杉两树种高抗逆性优良种源各5个种源及选育技术，在此基础上筛选2～3个优良种源进行推广	杨文斌 李爱平	延续
8	耐盐碱灌木新品种—四翅滨藜的推广	引智推广	2004	1. 盐碱地区营建推广示范林 2. 建立采穗园进行无性繁殖	杨文斌 季　蒙	新列
9	几种荒漠珍稀濒危树种生理学及树木年代学的研究	引智	2004	利用微热量仪对胡杨、沙冬青等测定分析其生物生态学特性、通过解析木和年轮分析等进行不同年代气候变化分析研究	余伟莅	新列
10	多伦县荒漠化监测定位站	试验发展	2001～2005	1. 沙地小气候常规监测 2. 沙地水分动态变化监测 3. 沙地不同立地类型植被动态监测 4. 流动沙化、盐渍化及沙地土壤养分动态变化监测 5. 流动、半流动沙丘沙体动态监测 6. 人为活动对本地区生态环境影响的监测	余伟莅	延续
11	林西县干旱山丘区风蚀沙化土地生态经济型防护林构建技术推广应用建设项目	科技支撑	2002～2004	科尔沁沙地退化土地治理技术，山杏人工丰产技术，柠条大播幅直播技术，蒙古野果矮化密植集约栽培技术，封山(沙)育林技术，建设规模800公顷	郭永盛	延续

【科技合作】 是年，内蒙古林科院继续与中国林科院、中科院水生所、国家林业局规划院、内蒙古农业大学等单位合作开展“中国森林生态网络体系建设大青山实验点研究”等7个研究项目。继续与美国、俄罗斯、日本等国家加强合作关系。是年申请到位自治区外专局引智项目3项，国家林业局引智项目2项，执行国家林业局“948”项目2项，其中“微热量法开发利用灌木树种资源技术引进”进展顺利。主要完成微热量仪及相关辅助设备购买预定；邀请美方专家来内蒙古林科院培训相关技术人员，交流他们在植物生理学方面的研究成果；准备建立实验室，配套设备、购置实验用品、实验材料、实验材料繁殖培养；收集所需要测定灌木种子和苗木材料等。

内蒙古林科院与日本福岗大学、鸟取大学、京都环境与人类研究所合作开展亚洲中部水循环及其对全球变化的影响，主要负责阿拉善高原额吉纳绿洲的水系变迁与绿洲环境变化的研究。日方为内蒙古林科院项目组提供或资助300多万元的科研仪器、汽车、电脑等设备。与美国额勒岗洲大学合作，开展耐旱树种—北美樱桃园柏、兰云杉、黄松等的引种及不同种源试验，培育云杉、黄松等苗木20多万株。得到韩国资助，与北京林业大学合作研究毛乌素沙地治沙造林示范及其技术研究，在毛乌素沙地建立5 000亩示范基地。

【科技支撑】 内蒙古林科院共承担7项科技支撑项目，是年按照项目实施方案规定的计划任务顺利进行。其中2001年立项的敖汉旗、太仆寺旗、商都县三个旗县的京津风沙源治理工程科技支撑项目和达拉特旗天然林保护工程的科技支撑项目，按照上级批复的实施方案，全面完成任务，建设成效示范效果总体良好，是年将如期进行项目验收。

内蒙古林科院实施的科技支撑项目，在应用原有科技成果和完成建设任务的基础上，积极进行探索创新。敖汉旗科技支撑项目在生物沙障配置结构、生物经济圈防护林建设、抗旱造林树种和林分配置及造林密度，不同技术在空间上的组装配套等方面有所创新。太仆寺旗科技支撑项目公路绿化标准高，覆膜抗旱造林成效好,具有良好的示范效果。商都县科技支撑项目设在干旱风蚀地区,造林成活率高,起到科技示范效果。其它科技支撑项目按照实施方案都在顺利进行。

【科技产业】 内蒙古林科院科技产业继续稳步发展。防虫保水生物复合肥开发利用研究室内培育细菌生物肥300升。在达拉特旗制做10吨保水生物复合肥。保水生物复合肥在沙地柏、柠条、苜蓿上的应用试验。

林木种苗的选育与扩繁结合科研项目继续深化发展。在沙旱生树种、城市绿化树种、生态优良灌木和杨树抗逆性品种方面,进行扩大引种和试验研究,在四翅滨黎、密花柽柳、沙枣、紫叶矮樱、金指金老梅、小叶蔷薇等引种和区域试验中表现良好。

【人才培养】 是年,有2名科技人员获得博士学位,1名研究人员被中国科学院聘为博士生导师,4名科技人员考入北京林业大学水保学院,攻读博士学位。1名科技人员获得硕士学位。还有1名管理人员于内蒙古党校研究生班毕业,3名科技人员分别到日本、韩国进行学术交流和培训,另有3名研究人员到俄罗斯培训。

【中国林科院内蒙古分院】 内蒙古林科院在与中国林科院进行长期科研合作和学术交流的基础上,是年,正式向内蒙古自治区政府、中国林科院和国家林业局提出组建中国林科院内蒙古分院的申请。8月5日,国家林业局正式批准成立中国林科院内蒙古分院。8月17日,中国林科院内蒙古分院挂牌仪式在呼和浩特市隆重举行,国家林业局党组成员、中国林科院院长江泽慧,内蒙古自治区副主席雷·额尔德尼参加挂牌仪式,并亲自为中国林科院内蒙古分院揭牌。

(刘润焕 张幼军 王淑敏)

水利水电勘测

【内蒙古水利水电勘测设计院领导名录】

党委书记:张　仑(3月离任)

　　　　　路二文(3月任职)

院　　长:田　震

【概况】 内蒙古水利水电勘测设计院始建于1956年,隶属于自治区水利厅,是具有独立法人资格的副厅级综合性勘测设计研究事业单位,是自治区唯一的甲级水利水电勘测设计院,技术水平居自治区领先地位。持有水利部颁发的甲级水文、水资源调查评价资质证书、建设项目水资源论证甲级资质证书、建设监理甲级证书、水土保持方案编制甲级资格证书;国家建设部颁发的工程勘察综合类甲级资质证书、工程设计水利行业甲级以及电力行业水力发电、市政公用行业给排水、农林农业综合开发乙级资质证书;国家测绘局颁发的测绘甲级资质证书;国家环境保护局颁发的乙级环境影响评价证书等多种专业的资质证书。2002年1月通过了ISO9001(2000版)质量管理体系认证。

设计院现有职工560人,其中:博士生2人,硕士研究生7人;正(教授级)高工18人,高级职称122人,中级职称115人;执业注册人员40人。拥有先进的计算机系统辅助设计,先进的测绘、勘探设备和实验检测仪器。

【成果】 近50年来,设计院先后完成勘测设计项目2 000余项,如:黄河、西辽河、海河、嫩江、松花江、俄中界河额尔古纳河等江河流域区域的水利水电综合开发规划;内蒙古自治区地下水资源调查评价;内蒙古自治区水资源利用规划;黄河河套灌区、西辽河灌区等大型灌区的规划、修正规划及设计。红山、三盛公、台河口、绰勒、等几十座大中型水库、水利枢纽的新建、改建及除险加固工程设计;引黄入呼、准格尔煤田供水、托克托电厂供水、达拉特电厂供水、锡林浩特市供水等数十项大型工业及城市供水工程设计;黄河及呼和浩特市、包头市等重点城市的防洪防凌和国土防治工程规划设计等,获得省部级以上科技成果奖65项。

【勘察测绘设计】 自治区"十五"计划中的重点建设工程90%以上的规划设计是由设计院承担的,设计院充分发挥自治区水利行业唯一甲级勘测设计院的技术优势,2004年完成产值8 000多万元,财务回款8 000多万元。合同回款率达85%以上。

全年共承揽生产任务112项,其中指令性任务8项,市场承揽104项,对外委托合同29项,监理项目12项,合同履约率达95%,完成的各类项目有水资源、灌区等规划及水库设计和除险加固。以及一批防洪、节水、电厂供水、水土保持、水资源论证项目的设计和勘察测绘工作。

【牛栏江黄角树水电站设计标】 在立足区内,面向全国市场的经营战略指导下,院领导亲自参与指导工作,发展经营处、技术质量处及有关业务处室通力合作,认真编制投标文件。在与多个部委院竞争的情况下,经过艰苦努力,一举中得云南牛栏江黄角树水电站设计标,合同额为3 032万元,装机26万千瓦,是设计院建院以来承揽的建设规模最大的水电站项目。

(于万吉 李刚)

文 教

文 化

【内蒙古自治区文化厅领导名录】

厅　　长：高延青（蒙古族）

副 厅 长：刘兆和

明　锐（蒙古族）

安泳锝（蒙古族）

纪检组长：图门乌力吉（蒙古族）

助理巡视员：苏　俊

【概况】 内蒙古自治区文化厅是主管全区文化艺术事业的自治区人民政府组成部门。厅机关现有公务员编制48名，在职43人，离退休73人，设职能处室10个，管理区直文化单位20个，职工1 500余人。

2004年，艺术产品质量不断提高，演出繁荣有序，创作精品纷呈；基层文化建设得到加强，社会文化活动丰富多彩；网吧和音像市场得到有效整顿，演出和娱乐市场的健康发展，规范有序的文化市场体系在逐步建立；文物保护和利用工作成效显著；文化产业、基础文化设施建设步伐进一步加快；文化交流进一步扩大，全区文化工作水平持续提高。

【艺术】

艺术创作和演出 全区各地艺术表演团体坚持“二为”方向和“双百”方针，按照《内蒙古自治区2004年～2006年重点节目创作规划》的部署，创作并演出一系列思想性、艺术性和观赏性具佳的艺术作品，参与组织中国·内蒙古首届国际草原文化节暨呼和浩特第五届昭君文化节开幕式“天堂草原”文艺晚会、庆祝中华人民共和国成立55周年“阳光草原”文艺晚会、中国首届“成吉思汗”杯蒙古舞蹈大赛、全区企业文艺调演和全区专业文艺调 演等多场文艺晚会和大型文艺活动。并参与了由党委宣传部组织的“建设民族文化大区征歌活动”，征集歌曲5 440余首，并评选出获奖作品56首歌曲。内蒙古民族歌舞剧院、赤峰巴林右旗乌兰牧骑代表自治区参加国庆期间在北京举行的盛大游园联欢活动，受到国家领导和各界群众的一致好评。自治区文化厅与呼市政府联合主办了内蒙古情歌演唱大赛，并作为草原文化节的一项重要活动。同时，自治区文化厅还举办全区民族器乐演奏大赛。

获奖艺术作品 在中国（博兴）国际小戏艺术节上，内蒙古二人台艺术团新编古典二人台小戏《折箭教子》荣获本次艺术节最高奖—艺术节大奖，并获10个单项个人奖。自治区文化厅选送的群舞《布里亚特情韵》在第六届全国舞蹈比赛中获编导、表演两项三等奖。赤峰市敖汉旗文工团排演的现代评剧《大漠绿海》和宁城县文工团排演的历史风情故事剧《神鹿情缘》在第四届中国评剧艺术节上分别荣获优秀演出奖、演出奖。包头市歌舞剧团排演的舞剧《额吉》获第七届中国艺术节文华新剧目奖、文华编导奖和文华表演奖。在金狮奖第六届全国杂技比赛上，内蒙古杂技团的《五人踢碗》获金狮奖、表演奖，《六人滚灯》获铜狮奖、教师奖。其中杂技《五人踢碗》的一名演员入选全国“十大杂技宝贝”。内蒙古京剧团李继春主演的《闹天宫》在第三届中国京剧艺术节武戏擂台赛上荣获铜奖，演员孟祥宏获优秀表演奖。内蒙古民族曲艺团排演的好来宝《腾飞吧，马背民族》、玛克塔拉（赞词）《蒙古包颂》获第二届全国少数民族曲艺展演金奖。内蒙古话剧团的话剧小品《除夕之夜》荣获第十一届“曹禺戏剧奖”。第十三届少数民族艺术孔雀奖暨第五届全国少数民族声乐比赛上，自治区选手获得一、二、三等奖和优秀奖各一名，获奖项总数在全国少数民族选手中名列榜首。由内蒙古文化音像出版社出版发行的CD《内蒙古长调民歌集萃》荣获2004年第三届国家音像制品“提名奖”。此奖项是音像制品国家最高奖。

加强乌兰牧骑工作 是年，自治区文化厅积极支持和指导乌兰牧骑学会的工作。对各盟市乌兰牧骑评估工作进行抽查和调研，乌兰牧骑建设有了新的发展和提高。

【社会文化】

基础设施建设 2004年，全区的基础文化设施建设，与历年相比都有新的突破。首先，由自治区文化厅主持兴建的内蒙古文化大厦主体竣工，办公区已投入使用。同时，内蒙古乌兰恰特大剧院和内蒙古博物馆两大工程已完成国际设计招投标，建筑设计方案也已确定，计划在2005年4月份开始动工。这两项工程与呼和浩特机场、内蒙古体育馆共同成为庆祝自治区成立

六十周年的四大工程。此外,全区各盟市也纷纷建起自己的博物馆、图书馆和文化馆等,内蒙古自治区文化基础设施建设迈出新的步伐。

落实“送书下乡”“民族民间文化保护”工程 自治区文化厅将国家赠送的7万册图书如数及时配送到15个国贫旗县的图书馆和150个国贫旗县的乡镇苏木图书馆(室)。受到各地政府和群众的欢迎。全区民族民间文化保护工程全面启动。成立由自治区副主席乌兰任组长、自治区有关部门参加的全区民族民间文化保护工程领导小组和专家小组,制定《全区民族民间文化保护工程实施方案》。按照文化部的要求,完成“蒙古族长调民歌”与蒙古国联合申报联合国教科文组织“人类口头和非物质遗产代表作”中方第一阶段工作。“蒙古族服饰艺术”被确定为全国第二批民族民间文化保护试点项目,此项目全国共确定了29个。

全区公共图书馆建设进一步加强 按照国家文化部统一部署,对10个盟市图书馆进行检查评估,对22个旗县(市、区)图书馆进行抽查。通过检查评估工作,进一步推动图书馆建设。

群众文化活动 自治区文化厅与自治区综治办、文明办等部门联合举办的“六进社区” 服务日活动,开展具有社区特色、群众喜闻乐见、便于参与的各类文艺活动和文化服务活动,受到基层广大人民群众的欢迎。全区各地举办大量的文化节会活动,取得良好的社会效果。除呼和浩特市昭君文化节、包头市的消夏文化节外,呼伦贝尔市成吉思汗草原文化节、额济纳的金秋胡杨节等等,都对推动当地的经济发展、对外开放,提高文化知名度发挥了积极的作用。全区各地的广场文化、社区文化、老年文化、少儿文化等社会文化活动都极大地丰富了广大群众的精神文化生活。在全国“群星奖”评比活动,内蒙古自治区获得群星奖2个、优秀奖2个、纪念奖2个。这一成绩居全国少数民族自治区之首。

农村牧区电影工作 “2131工程”和“科普之春”电影汇映活动持续展开,农村牧区电影事业得到进一步繁荣发展。科教影片的数量持续增加,全区完成农村牧区电影放映16万场。

【文物】

政府高度重视文物工作 自治区政府以内政字〔2004〕260号文件发出了《内蒙古自治区人民政府关于进一步加强文物保护与利用工作的意见》,经自治区编委批准,在自治区文化厅内成立文物局,对于加强全区文物保护工作具有重要意义。经过文化厅的努力,国家文物局和自治区财政都加大对全区文物保护经费的投入。自治区人民政府并对被列为2003年度全国十大考古发现的通辽吐尔基山辽墓与乌兰察布集宁路遗址两大考古发掘中作出积极贡献的单位和个人给予了表彰和奖励,颁发了嘉奖令和奖金50万元。

文物保护得到加强 自治区人民政府批准公布并划定全区36处全国重点文物保护单位的保护范围,并将各盟市人民政府报来的40处申报第六批全国重点文保单位的文物古迹,予以汇总公布、划定其保护范围,并向国家文物局正式推荐。此外,自治区人民政府还向国家文物局推荐喀喇沁旗人民政府、敖汉旗人民政府为“全国文物保护先进县”候选单位。配合自治区人大完成《内蒙古文物保护条例》(修改稿)的起草工作,编印《文物保护重要文件法令汇编》。为摸清文物家底,自治区文化厅组织专家深入12个盟市开展“全国一级文物鉴定”工作,完成2 000余件一级文物的鉴定确认,使全区一级文物由原来的700余件,增加为2 000余件。此外,文化厅对鄂尔多斯市人民政府保护阿尔寨石窟寺、呼和浩特市人民政府加强首府特色博物馆建设和旅游、阿拉善盟行政公署保护居延遗址、赤峰市人民政府保护喀喇沁王府、乌兰察布市与大企业联合保护和开发环岱海遗址,都积极地给予协调、指导和支持。通过这些工作,使文物保护与文化建设、旅游开发很好地结合起来。

元上都申报世界文化遗产工作 自治区文化厅配合锡盟行署继续开展“元上都申报世界文化遗产”的申报工作。2004年7月,在苏州召开的“第28届世界遗产大会”上,内蒙古自治区参加举办了“元上都文物展览”,被列入中国申报世界文化遗产的预备名单。

学术研究及人才培养工作 由自治区文化厅会同各有关文博单位历时多年编绘的《中国文物地图集·内蒙古分册》,已正式出版。全区一批文物考古学术著作,也已陆续出版。陆续召开“中国古代北方考古国际学术讨论会”;“元代考古国际学术会议”、“红山文化与辽文化国际学术会议”、“成吉思汗文化国际学术会议”,反响很热烈。同时,自治区文化厅会同内蒙古大学研究生院、人文学院联合举办的“全区文博专业硕士研究生班”正式开学,50名文博专业骨干被录取入学。

博物馆建设 根据中宣部、自治区党委的部署,全区各级博物馆向未成年人免费开放。全年共计免费接待中小学生30余万人,免费接待大批的老干部和离退休人员。并根据自治区实际,自治区文化厅提出“建设特色博物馆体系”的构想,通过对地区特点和民族特色的展示与研究,发掘全区丰富多采的民族文化遗产,形成各具特色,各有新鲜展览内容的新的博物馆体系。

【文化市场】

暑期禁止未成年人进入网吧特别行动 自治区文化厅与自治区工商局、教育厅、团委联合开展暑假期间禁止未成年人进入网吧特别行动。全区共组织文化、工商、公安等执法人员48 980多人次,检查网吧48 690家次,吊销网络文化经营许可证24家,查处取缔“黑”网吧136家,责令停业整顿655家,受理群众举报

1 726件,收缴电脑设备2 984台,行政罚款127.57万元,破获利用网吧制作、传播淫秽色情信息案件30起,刑事拘留2人。至11月,网吧远程计算机管理平台建设工作已进入管理软件安装调试阶段,到年底全面完成平台搭建工作。

整顿和净化文化市场 2004年,继续开展音像市场的整顿工作,转发文化部《关于加强和改进音像制品进口管理的通知》,加强对进口音像制品的管理。开展严厉打击粗口歌、哈狗帮、摇头玩等违法音像制品的专项斗争。并与自治区教育厅、团委联合开展第五届全区音像市场法制宣传周活动,推动音像市场走上法制化轨道。同时,扶持自治区新华书店集团建立音像制品连锁经营公司,在呼和浩特市、包头市、鄂尔多斯市等地区建立连锁店,扩大正版音像制品的市场占有率。

演出市场监管工作 自治区文化厅加大对演出市场特别是农牧区演出市场的监管,查处武川县、锡林浩特市物资交流会的大棚演出,严厉处罚涉及违法演出和演出不健康内容的9个大棚演出团体,交由公安机关刑事拘留不法分子6人,通缉2人,有力地震慑了在农村牧区组织违法违规演出活动的不法分子,净化了农村牧区演出市场。按照文化部《关于开展歌舞娱乐场专项检查的通知》要求,对全区各类歌舞娱乐场所进行专项检查,全区共出动1 100余人次,车辆230台次,重点检查场所645家,对存在问题的60家依法进行查处。严格控制娱乐场所的总量,停止电子游戏场所的审批,严格对歌舞娱乐场所的核准。根据地区经济发展状况及人口数量合理布局,扶持一批"量贩式KTV"的发展,引导娱乐场所向规模化、多样化、特色化发展。

"扫黄、打非"集中行动成效显著 自治区文化厅组织执法力量,对全区图书市场、音像市场和电子出版物市场进行反复检查,文化、公安、工商、通信、新闻出版等部门密切配合,共出动检查人员65 083多人次,检查、清理出版物市场32个,图书、音像制品、电子出版物经营摊点18 845个,取缔和关闭非法摊点444个,对违规经营的12家市场和725家摊点进行行政处罚。在集中行动中共查缴非法书刊131 158册,非法音像制品162 615盘,电子出版物849 101件,查缴"法轮功"邪教组织宣传品及其它伪科学出版物4 921件(册)。

【对外文化交流】 自治区文化厅全年派出艺术、展览团组赴美国、德国、法国、荷兰、比利时、日本、蒙古、缅甸、泰国等9个国家进行文化交流20起,317人次。对港澳台进行文化交流5起,134人次。邀请来自韩国、蒙古、朝鲜、埃塞俄比亚、马来西亚、越南等6个国家的艺术团组6起,154人次,来自治区进行访问和商业演出活动。在对外文化交流中,注重发挥民族和地区特色,打造自己的艺术品牌,扩大了内蒙古的影响,把草原文化推向世界。

(关福财)

广播电影电视

【内蒙古自治区广播电影电视局领导名录】

党组书记
局长:刘　瑞

党组副书记
副局长:刘永欣

党组成员
副局长:海　青(蒙古族)
王向文(12月离任)

党组成员:关方方(蒙古族)

党组成员
副局长:赵春涛

党组成员
纪检组长:董庭玉(女)

党组成员
副局长:王　增

助理巡视员:额尔德尼(蒙古族)
王大为

【概况】 2004年,内蒙古自治区拥有盟市以上广播电台13座,电视台14座,县级广播电视台76座。广播电视微波站点132个,电路全长5 751公里。新增光缆干线2 211公里,总长度达12 600公里,光机站新增15个,达到122个,形成连通12个盟市、101个旗县市(区),具有自愈环保功能的三级干线网络。全区各级有线电视本地网光接点达1 910个,建成城区管道490公里。全区光缆干线已将CCTV—1、CCTV新闻频道和内蒙古电视台6套电视节目、内蒙古电台2套广播节目传送到各盟市、旗县。有线入户全区达175.5675万户,入户率25.12%。

拥有广播中短波发射台55座,电视转播发射台1 000瓦以上76座,广播电视人口覆盖率分别达90.38%和87.99%。全区广播电视从业人员有15 448人。

【广播电视信息网络】 2000年内蒙古广播电视网络建设至今,建成东至满洲里西至阿拉善,总长度达到12 600公里的光缆干线,设置12个盟(市)枢纽站,80个旗(县)站,30个中继站,共122个光传输机站。形成连通全区12个盟(市)101个旗、县、市(区),具有光缆自愈保护功能的三级干线网络,光缆覆盖率达到100%。成为全国规模最大,干线长度最长的省级广播电视光缆干线。

2004年,完成呼市至包头之间SDH干线网的扩容、内蒙古电视台的"经济生活"、"文体娱乐"、"新闻综合"、"影视剧"频道4部编码器的更新工作、内蒙古电视台"新闻综合"频道的下传和在12个站点。入网的工作、将呼市的3套电视节目和2套广播节目利用“华为”编解码器,通过2.5G设备传送至传输中心。

开通传输中心至各盟市数字电视客服热线“96066”电路(11＊2M)、内蒙古传输中心至包头传输中心数字电视二期工程电路(9＊45M)、呼伦贝尔市下传伊敏河电视台,根河、扎兰屯数字电视(6＊45M)电路、完成内蒙古电视台新闻综合频道由内蒙古传输中心至二连浩特分公司(1＊45M)电路的开通及设备的调试、内蒙古卫视的下传45M双向电路的开通及设备调试;开通呼和浩特市公安网以太网业务、阿盟公安网以太网业务(10＊2M);完成历次总局会议中心召开电视电话会议的业务开通、设备调试工作等。网络已整合完毕27个二级分(支)公司,其中整合企业网4个。为实现全区广播电视网络统一规划、统一建设、统一管理、统一运营奠定基础。

2004年上半年,内蒙古广播电视网络完成数字电视平台搭建、测试工作及机顶盒测试、选型及招标工作,数字电视系统扩容工程设备安装和调测完成开始试播。中间件项目调研、论证工作及前端集成,机顶盒升级、信息栏目设置等相关工作也已完成。现在共传输包括所有模拟电视节目、部分外省市卫星电视节目、中央节目平台付费数字电视节目等共计80余套电视节目;另外2个模拟电视频道传输数据广播、股票信息和信息时空等信息。

“西气东输”项目,现已开通纳林河、查镇、东胜、包头铝厂、包头机场、达旗6个分输站的电路,共计6条长途2M电路;完成公安及大部分教育网盟市节点光纤接入,其中,公安网已开通大部分电路;与内蒙古信息办在技术上进行交流共建内蒙古政府电子政务网;还积极进行UCLINK试验,并取得成功,为下一步发展有线宽带业务奠定基础;在光纤租用业务方面,内蒙古广播电视网络为中国移动公司、中国电信铁通等网络运营商提供近600多公里(2芯)光纤干线,充分利用现有资源创造经济效益。

【两会宣传报道】 2004年,内蒙古广播电视宣传组成精干有力的“两会”宣传报道阵容,台长亲自带队,骨干记者积极参与。广播宣传在蒙汉语新闻综合广播的新闻和专题节目中开设“两会快报”、“两会传真”、“两会特别报道”等栏目,迅速、准确、全面地对自治区十届人大二次会议和政协九届二次会议进行大容量、多角度、全方位的报道,总计发稿近30篇(条)。录音报道《代表委员谈机遇、谈思路、谈优势》、《代表委员谈以工兴农、以工富农、以人为本》,录音侧记《回顾过去振奋人心,展望未来信心百倍》、《聚精会神搞建设,一心一意谋发展》、《献计献策、使命神圣》等深化和活化会议报道。电视宣传高度重视、精心策划,使两会报道新意迭出,特色鲜明。《内蒙古新闻》节目开辟《两会报道》、《两会话题》、《两会快讯》等栏目,从不同角度,不同侧面对“两会”进行全面深入报道。《内蒙古新闻》、《早间新闻》、《午间新闻》、《晚间新闻》、《今日观察》等节目相互互动,形成强大的宣传声势。在全国两会报道中,派出骨干力量,形成强大阵容,以异地连线方式进行新闻直播,从3月3日到18日的16天时间里,报道组共录制新闻61条,分别在各档新闻节目中滚动播出,总长度达380分钟,在中央电视台《新闻联播》上稿量达到25条。

【关注“三农三牧”问题】 在广播《全区联播》、《早间新闻》,电视《内蒙古新闻》节目的《求真务实》栏目中开设专栏《贯彻落实中央1号文件,千方百计提高农牧民收入》、播发系列评论《千方百计提高农牧民收入》、《玉米加工转换使科尔沁区农民踏上致富之路》、《内蒙古免征牧业税收牧民得实惠》、《内蒙古农资价格平稳,农民忙备耕》等近百篇报道。蒙古语广播在《新闻透视》节目中播出了《专家评论1号文件》上下篇,《自治区启动农村牧区新型医疗合作制度》等4套节目。《农牧民之友》节目开辟《认真落实中央1号文件 切实增加农民牧民收入》专栏,播出系列讲座,讲解中央1号文件精神。并播出《要为农牧民增收多办实事》系列论坛、《中央1号文件精神在各盟市》系列报道等。到9月收获季节,广播宣传组织《东部纪行》采访组深入到呼伦贝尔、兴安盟、赤峰、通辽等地采访,播发一系列有关农牧民增产增收的报道,并特别为此报道制作栏目曲,在《全区新闻联播》、《早间新闻联播》中挂牌播出记者的所见所闻。《蓄势突破—呼伦贝尔何处破题》、《多彩通讯—来自科尔沁的报道》、《大兴安岭的新生》、《乌兰浩特打造东北乳域》等。10月,广播宣传组织播发一系列有关农牧民增产增收的报道《包头市农牧民增收幅度为八年来最快》、《前三季度全区农牧民人均现金收入同比增长23%》、《巴彦淖尔农牧民增收之路》,全方位地反映自治区农牧民增产增收的喜人形势。

【草原文化节盛况】 内蒙古广播电视宣传从7月中旬开始,就在新闻节目中组织记者对全区各地文化、旅游、文物等文化资源的利用建设情况进行报道,相继在广播的联播节目中挂牌推出“弘扬草原文化,建设文化大区”和“弘扬草原文化、促进经济发展”专栏,其中《科尔沁—打造独特民族文化品牌》、《璀璨的和硕文化》等专稿,多侧面地展示自治区富有地域特色的民族文化。

电视宣传运用新闻、专题、晚会等多种形式,全方位报道了草原文化节的盛况,为草原文化节营造良好的舆论氛围。《内蒙古新闻联播》于7月12日起,在节目中开设“弘扬草原文化、建设文化大区”专栏,到8月,“内蒙古新闻”中播出的有关文化节的新闻120多条,蒙古语《内蒙古新闻》从7月16日至8月17

日播发民族文化艺术题材的各类新闻报道计 108 条。《晚间报道》、《都市全接触》、《新闻早报》等新闻栏目也根据栏目的自身特点，在文化节召开期间采制大量贴近百姓、贴近生活，生动、有趣的动态新闻。

【"11·21"空难事故报道】 2004 年 11 月 21 日上午8: 20，东航小型客机在包头市坠毁。空难事故发生后，内蒙古电视台立即启动新闻快速反应机制，在第一时间派出四组 10 名记者赶赴事故现场进行采访。在当天播出的《内蒙古新闻联播》《今日观察》、《晚间报道》等栏目中，根据各自不同定位，对事故进行迅速、准确、全面、客观地报道，向社会及时传递了这一重大突发事件的各种信息。为保证在第一时间播发新闻，在拍摄、采访完事故现场的报道后，一组记者在下午 5 点左右赶回台里。18: 30《内蒙古新闻联播》节目头条播出新闻《一架包头飞往上海的客机失事，55 人遇难》。除事故报道外，这一天的节目中还报道国家事故调查小组、自治区领导、东航及保险公司负责人到达现场开展工作的情况，后方编辑还多方搜集资料、图片，配发了一条出事的庞巴迪客机的小资料，给观众提供更多的信息。留在包头现场采访的记者通过微波线路把最新采访到的内容和画面传到台里，当天的"今日观察"栏目以记者现场目击的方式，制作、播出 15 分钟的空难专题。

21 日的搜救工作进行到晚上 8 点半，记者一刻也没有离开现场，拍下了公安、武警官兵连夜维护现场及家属祭奠遇难者的场面。当晚 10 点播出的《晚间报道》节目以电话连线前方记者的方式，报道这些最新的情况。

22 日的新闻节目及时播发党和国家领导人及自治区主要领导对妥善处理空难事故的重要指示。到 30 日，《内蒙古新闻联播》和《晚间报道》共播发了《一架包头飞往上海的客机失事 55 人遇难》、《国家"11·21"坠机事故调查组和自治区有关领导抵达包头》、《胡锦涛、温家宝、黄菊等对东夯云南公司发生重大空难事故高度重视并做出重要指示》、《储波、杨晶指示全力做好空难善后工作》、《包头"11·21 空难事故新闻发布会"》、《有关部门全力寻找黑匣子》、《有关部门妥善安置遇难家属》、《"11·21"空难两个黑瞎子全部找到》、《国务院"11·21"事故调查小组慰问部分遇难家属》、《包头市全力做好空难家属接待服务工作》、《"11·21"空难保险理赔工作全面展开》等 52 条、近 90 分钟的空难报道。《今日观察》栏目还播出了《一架小型客机在包头失事》、《关注"11·21"空难》两期节目，每天还有 3 分钟的最新连线报道。内蒙古电视台还积极向中央台和东方卫视、湖南、云南、上海等省区台传送画面，在 21 日中午 12 点，内蒙古电视台就将包头台传过来的画面通过光缆线路传送给中央台和东方卫视，10 分钟后，这两个台的空难新闻就播出了，这是关于空难的最早的电视画面报道。前方记者也多次接受中央台和多家省市台的电话连线报道。

【《走进黑河》系列报道】 内蒙古人民广播电台与中央人民广播电台、中国国际广播电台、内蒙古电视台、阿拉善日报、阿拉善人民广播电台、阿拉善电视台以及宁夏新消息报等媒体 30 多名记者联合开展了《走进黑河》大型系列报道活动，并在中央台及内蒙古电台蒙汉语《全区新闻联播》和《早间新闻联播》节目中特设专栏挂牌播出。

黑河位于中国西北地区，是中国十大内陆河的第二大河。近年，黑河流域生态资源遭到破坏，生态环境不断恶化，位于黑河下游的额济纳旗人民的生存和发展受到严重威胁。为了挽救居延海、保护额济纳绿洲，2001 年国务院做出黑河跨省际分水的重要决策，使久已干涸的东居延海重新"碧波荡漾"，从而有效阻止沙尘暴，使额济纳绿洲生态环境得以恢复和改进，为了全面客观地展示 4 年来综合治理工程建设进展、沿河地区经济社会发展以及额济纳生态环境的状况，内蒙古人民广播电台派出 3 名记者参加《走进黑河》大型系列采访报道活动。

《走进黑河》报道组从黑河源头—海拔4 200米的祁连山顺流而下，沿河途径甘肃张掖市甘州区、临择县、高台县、酒泉市金塔县、中国酒泉卫星发射中心到黑河尾闾额济纳旗居延海，行程 5 000多公里，历时 16 天，对整个黑河流域的水资源统一管理、综合治理工程进展、人文地理、历史沿革、社会经济发展概况、水资源演变、生态环境变化、国防建设、民族团结等进行全方位的报道。报道充分发挥了广播的优势，用蒙汉两种语言在《全区新闻联播》和《早间新闻联播》节目中播出稿件 20 多篇（组），播出的《黑河源头的生态治理迫在眉睫》、《黑河是额济纳的生命之河》、《黑河流域实施水资源调配给额济纳带来了"绿色希望"》、《黑河的喜与忧》等报道。

【蒙古语卫视频道在俄罗斯乌兰乌德市落地入户】 2004 年 8 月 9 日，随着内蒙古广播电视信息网络有线公司呼伦贝尔分公司与俄罗斯贝加尔公司合资建设的俄罗斯乌兰乌德市有线电视信息网络工程一期工程有线电视信号的成功开通，内蒙古电视台蒙古语卫视频道在乌兰乌德市落地入户。乌兰乌德市观众可以完整地收看到蒙古语卫视频道的节目。

【《索伦嘎》在蒙古语卫视频道试播】 7 月 19 日开始，内蒙古电视台与中蒙合资桑斯尔有线电视有限责任公司合办的电视栏目"索伦嘎"在蒙古语卫视频道试播。"索伦嘎"栏目全长 60 分钟，根据蒙古国观众的收视心理习惯和对中国信息的需求，节目中设置经济、文化、科技、卫生、旅游、体育、医药、城建、友好往来和民俗风情等综合性内容，由双方编辑、记者共同采制，播出时屏幕上同时打出新蒙古文（斯拉夫蒙古文字）和旧蒙古文两种字幕。节目由内蒙古党委外宣办、内蒙古电视台负责终审。每周一、三、五首播,二、四、六重播。

【牛玉儒同志先进事迹的宣传报道】 10月下旬,在广播的蒙、汉语《联播》、电视的《内蒙古新闻联播》中陆续播发《自治区党委发出向牛玉儒同志学习的决定》、《中央新闻采访团到呼和浩特采访报道牛玉儒先进事迹》、《自治区党委书记储波接受中央新闻媒体采访》等消息及大型系列报道《党员领导干部的楷模—牛玉儒》,并通过广播的汉语新闻综合广播《全区新闻联播》、《早间新闻联播》和蒙古语《全区联播》、《早间新闻》节目,系统播出牛玉儒先进事迹的报道和后续反响报道。至12月,内蒙古广播宣传已经播出60条相关报道,内蒙古蒙古语播发动态消息33篇。完成50分钟的长篇录音通讯《草原孺子牛》,从11月15日开始在《全区新闻联播》和《早间新闻联播》节目中播出,蒙古语广播采制的长篇录音通讯《新时期领导干部的楷模—牛玉儒》也同步播出,在社会上引起强烈反响。内蒙古广播电台还在《纵横108》、《午间新闻播报》、《今晚播报》等节目中相继播出《难忘公仆情》、《党的好干部、人民的贴心人—牛玉儒》等报道。《新闻透视》节目播出《亲戚眼里的牛玉儒》、《百姓眼里的牛玉儒》、《同事眼里的牛玉儒》三组专题。此外,中央人民广播电台《新闻纵横》节目播出了内蒙古电台提供的15分钟录音专题《草原孺子牛》。《新闻直播间》连续播发内蒙古电台提供的反映报道;中央台还与内蒙古电台采访牛玉儒先进事迹的记者进行了长达60分钟的连线直播。11月30日中央人民广播电台《新闻和报纸摘要》节目专门播发了内蒙古电台提供的牛玉儒先进事迹反响报道。中央台蒙古语广播播出内蒙古电台制作的三组专题报道。

(李保国 杨晓葵)

广播电台

【内蒙古人民广播电台领导名录】

台 长:海 青(蒙古族)

【概况】 内蒙古人民广播电台为自治区广电局所属相当副厅级事业单位。全台通过台务会、编委会对广播宣传各项工作实施有效领导和管理。下设5个系列台:汉语新闻综合广播、蒙古语广播、交通之声广播、音乐之声广播和经济生活广播。全台通过台务会、编委会对广播宣传各项工作实施有效领导和管理,综合部门包括:办公室、总编室、研究室、党总支、对外部、技术部、广告管理部、网络中心、文艺制作中心、调频广告经营中心等。现有职工378人,其中专业技术人员367人。全台资产总额3 269万元,全年创收691万元。

内蒙古人民广播电台作为中国发射功率最大、覆盖面最广的省级广播电台之一,目前办有汉语新闻综合、蒙古语、交通之声、音乐之声、经济生活五套广播节目,全天播音88小时。汉语新闻综合广播、蒙古语广播以中波、短波、调频等方式有效覆盖全区。此外,汉语新闻综合广播、蒙古语广播、交通之声广播通过卫星传输,信号源可覆盖全区、全国及周边53个国家和地区。

全台共有75件作品在全国和自治区获奖,其中获中国新闻奖、中国广播奖作品5件,《广播实录》节目获中国广播十佳栏目称号。

【汉语新闻综合广播】 内蒙古人民广播电台汉语新闻综合广播走新闻立台之路,精办节目,拓展服务,信息量大,时效性强,充分满足群众多层次和多样化的需求。主要新闻节目有《早间新闻联播》、《全区新闻联播》、《今晚播报》、《纵横118》、《广播实录》等。其中《早间新闻联播》和《全区新闻联播》迅速准确地报道自治区区政治、经济、科教、文化等方面的重要新闻,集萃国际、国内最新动态,宣传党的路线、方针和政策。新闻评论性节目《纵横118》深入报道社会焦点和重大新闻事件。《广播实录》沟通党和政府与群众的联系,为广大听众排忧解难。主要社教和文艺节目有《法治直播间》、《塞外田野》、《行风热线》、《阳光你好》、《娱乐在线》、《陶然时光》等。其中《法治直播间》追踪社会热点,解读法制生活,普及法律知识。《塞外田野》宣传党在农村牧区的各项方针政策,关注"三农三牧"问题,架设农牧民致富的桥梁。《阳光你好》以独特的民族音乐、别具一格的草原文化为主旋律,展示内蒙古优秀的民族文化艺术瑰宝。通过实施精品工程,内蒙古人民广播电台汉语新闻综合广播和蒙古语广播涌现出以《全区新闻联播》、《纵横118》、《新闻透视》、《服务直播间》、《法制直播间》、《广播实录》、《欢聚今晚》等节目为代表的一大批精品节目和名牌栏目,精心打造出一大批思想性、艺术性俱佳,深受听众喜爱的广播精品力作,以此拉动整体节目质量的稳步提高。

【蒙古语广播】 内蒙古人民广播电台蒙古语广播面向国内外广大蒙古族听众,以新闻为龙头,社教文艺为两翼的综合性广播。蒙古语广播主要新闻节目《全区联播》和《早间新闻》宣传党的路线、方针、政策,为广大蒙古族听众提供最新的时事和信息。《新闻透视》是以焦点类新闻事件为主要报道对象的新闻评论性节目。《西部瞭望》着力宣传在西部大开发中内蒙古改革开放和现代化建设的成就,展示全区各族人民的精神风貌。社教节目《服务直播间》集对象性、服务性、参与性为一体,服务大众生活,关注法制热点;《农牧民之友》立足农村牧区,及时为农牧民提供各类生产、生活和信息服务。主要文艺类节目有

《文化时空》、《音乐30分》、《欢聚今晚》等。

【组织重点报道和典型宣传】 按照中央、自治区的工作部署，在蒙汉语《早间新闻联播》、《全区新闻联播》等重点新闻节目及《纵横118》、《新闻透视》等节目中或开辟专栏，或组织专题和系列报道，有计划分阶段地推出"贯彻中央一号文件精神"、"学习宣传新宪法"、"直通全国两会""求真务实、开拓创新"、"树立科学发展观"、"加强和改进未成年人思想道德建设"、"建设民族文化大区"、"经济宏观调控"、"贯彻十六届四中全会精神"、"牛玉儒先进事迹"等重大主题报道，发挥广播宣传的舆论引导作用，为自治区经济社会发展营造良好的舆论氛围。

【重要活动的宣传报道】 2004年，内蒙古人民广播电台成功组织了"庆祝中华人民共和国成立55周年"、"纪念邓小平同志诞辰100周年"等全国性的重大宣传活动，成功组织"中国·内蒙古首届草原文化节暨呼和浩特第五届昭君文化节"、巴彦淖尔盟和乌兰察布盟撤盟建市、"全区两个文明建设经验交流会"等全区性重要活动的宣传报道，形成广播新闻宣传的一大亮点。

2004年，电台在元旦、春节、"五一"国际劳动节、"六一"国际儿童节、"七一"党的生日、"八一"建军节和世界环境日、安全生产宣传周、法制宣传周、民族团结表彰月等重要节日、纪念日和重要活动的宣传报道中，都较好地做到精心组织策划，认真贯彻实施，宣传效果良好。

为做好对灾害性、突发性事件的新闻报道，2004年成立突发事件应急新闻报道领导小组，加强组织与协调。在具体报道工作中，广播电台充分发挥广播时效快、传输手段便捷、现场感强等优势，通过电话回传、现场口播、异地直播等多种形式，对发生的严重自然灾害、重大责任事故和灾难事故进行快速、及时、准确的报道，起到引导社会舆论、化解社会矛盾、维护社会稳定的积极作用。

【组织大型采访报道活动】 2004年，电台加大策划组织大型采访活动的力度，其中"东部纪行"、"牛玉儒先进事迹"、"走进黑河"、大小"金三角"采访、"西部大开发西北省区采访"、"2048搏克大赛报道"等极大地提升广播媒体的地位和影响力，培养锻炼新闻编采队伍，收到良好的宣传效果。

【加强舆论监督性报道】 2004年，广播电台按照中宣部和国家广电总局的总体要求，进一步健全机制、充实队伍、加强领导，努力加大舆论监督报道力度，《纵横118》、《新闻透视》、《广播实录》、《行风热线》、《天天3·15》、《148法律服务热线》等节目的舆论监督内容广泛，涉及农村税费改革、企业改制、环境保护、消费者权益、青少年思想道德建设、生态建设、就业和社会保障、教育、医疗、土地市场清理整顿、食品安全专项整治、纠正行业不正之风、城市市容市貌等社会生活的各个领域。

【举行各类大型活动】 是年，通过组织各类大型活动拓展广播发展空间，延伸广播触角。汉语新闻综合广播组织的"内蒙古听众喜爱的军旅歌唱家、歌手评选活动"、蒙古语广播组织的"首届蒙古语广播业余主持人大赛"、音乐之声广播组织的"金号奖全国听众喜爱的歌手内蒙古地区选拔赛"、交通之声广播组织的宣传道路交通安全大型直播活动"和春天一起上路"、经济生活广播组织的"天天3·15"大型直播、"常青树开播一周年"等活动都较好地扩大频率的社会影响力，为广播产业化发展提供借鉴。

【对外宣传和精品工程】 进一步加大对外宣传工作力度，至10月底，电台在中央人民广播电台、中国国际广播电台等中央媒体播发稿件479篇(组)。同时分别与"海峡之声"及北京、山东、天津、广东、四川等电台合作，通过互供新闻和连线报道等多种形式对外发稿40多条(次)；台里还组成代表团参加蒙古国国家广播电台建台70周年庆典；接待蒙古国广播电视代表团来内蒙古考察访问，达成一系列合作意向；协助多家中央和地方广播媒体完成在自治区的采访报道任务。

在节目创优和精品创作方面，2004年电台共有75件作品在全国和自治区获奖，其中获中国新闻奖、中国广播奖作品5件，《广播实录》节目获中国广播奖十佳栏目称号。记者山丹获全国"百佳"新闻工作者称号。

【交通之声广播】 11月20日，内蒙古电台交通之声落地鄂尔多斯市和乌兰察布市，广播信号成功覆盖"金三角"地区、110国道沿线。

【广告经营】 是年，内蒙古电台针对广告经营市场形势的新变化，及时调整广告经营策略，组织实施5个系列台专题广告时段的市场公开竞标拍卖，取得良好效果。蒙汉语广告经营中心、调频广告经营中心在管理好拍卖专题广告的同时，集中力量打"品牌"战，在规范管理、有效经营和提高服务质量上做文章，努力打造群体合力，提高经济效益，全年品牌广告不断增加，电台广告经营纯收入突破1 000万元。

（刘昌永 马露霞 苏元龙 董志强）

新闻出版

【内蒙古自治区新闻出版局领导名录】

局　　长:石玉平

副 局 长:布仁巴雅尔(蒙古族)

高金祥

姜伯彦(蒙古族)

纪检组长:段洪胜

助理巡视员:邵　鸥(女)

林　华(女　蒙古族)

【制定发展规划】　为贯彻落实党的十六大提出的大力发展文化事业和文化产业的精神,根据自治区第三产业工作会议精神,从自治区新闻出版业的实际出发,认真研究制定《内蒙古新闻出版产业2010年发展规划》,提出内蒙古新闻出版产业的发展总目标、发展重点和建设项目,制定具体的政策措施,确定发展思路,力争到2010年,全区新闻出版产业的总产值达到73亿元,总资产达到101亿元,总利润达到1.2亿元,解决就业人员1万多人,实现新闻出版业跨越式发展,实现建设民族文化大区的目标。

【深化出版改革】

加快组建内蒙古出版集团步伐　进一步研究讨论、修改完善《关于组建内蒙古出版集团公司的方案》,明确集团的企业性质、范围、目标、原则和运行体制机制及有关配套政策,突出可行性和可操作性。

制定区直机关报刊结构调整和实行分类财政补贴的方案　在对全区区直机关报刊主办单位性质和财政拨款方式进行分类分析的基础上,对全区报刊的结构调整和财政补贴方式提出建议并形成《方案》。方案的提出对调整优化全区报刊结构,突出民族和地区特色,对推进文化事业和文化产业体制改革,增强发展活力,具有非常重要的意义。

加快发行体制改革　局机关和新华书店联合组成调研组,赴区外发达省区对新华书店进行股份制改造和组建发行集团进行考察调研,初步形成《内蒙古新华书店集团有限责任公司进行股份制改革的方案》和《关于组建内蒙古发行集团的方案》讨论稿。完成包头外文书店的转制工作。

调整报刊结构　为适应市场需求,有8种报刊调整变更刊名,调整业务范围,如:《内蒙古工商报》更名为《财会信报》、《党的教育》(城市版)更名为《漫画世界》、《蒙古语言文学》更名为《中国蒙古学》等。创办期刊《内蒙古大学艺术学院学报》,填补全区报刊结构中的空白。

【重点项目建设】

投资兴建内蒙古只读类光盘生产线　经国家新闻出版总署批准,同意自治区进口2条只读类光盘复制生产线。主要经营VCD、DVD复制及电脑软盘和只读类光盘生产。该项目填补自治区没有光盘生产的空白,对发展边疆民族地区科技文化,实现新闻出版业跨越式发展,具有划时代意义。

抢救对勘出版蒙古文中华大藏经　对勘出版蒙古文中华大藏经是国家"十五"重点出版规划图书,是建设民族文化大区的重点工程之一,涉及面广,资金投入大。根据自治区党委政府的决定,出版局及时牵头成立抢救对勘出版蒙古文中华大藏经工作领导小组,拟定出版计划,并多渠道筹措资金,启动编辑出版工作。

编纂绥远通志稿　《绥远通志》始修于民国19年(1931年),是一部全面志述内蒙古中西部地区的非常珍贵的地方文献稿,列入向自治区成立六十周年的重点献礼图书,字数240多万,共12册,出版经费基本落实。

内蒙古图书大厦和维力斯大厦主体竣工　经过一年多的努力,建筑面积3万多平米的图书大厦和维力斯大厦主体竣工,大厦集办公、销售、信息、商贸服务于一体,为自治区新闻出版业走集团化之路,实现规模化经营,打下坚实的基础。

增加蒙文图书亏损补贴　由二十年前的470万元,增加到700万元。

【实施精品战略】

获奖情况　《蒙古民族通史》、《蒙古人与马:蒙古族马文化大全》(蒙古文)获第十四届中国图书奖,《内蒙古长调民歌集萃》CD获第三届国家音像制品奖提名奖,《草原歌声》CD列入"向未成年人推荐百种优秀音像制品"目录,《影响世界的50部文学名著》等2种图书被列为教育部2004年全国中小学图书馆推荐书目,《睡前30分钟好故事》被列入"百套全国青少年喜爱的优秀图书",有《绘图本蒙古族通史》等20种图书获第三届内蒙古图书奖。1名同志被评为全国新闻出版行业有突出贡献中青年专家。

《纳荷芽》杂志获首届中国优秀少儿报刊奖　《内蒙古社会科学》(汉文版)、《花的原野》2种期刊荣获北方"十佳"期刊奖,《实践》(汉文版)、《稀土》等15种期刊获优秀期刊奖。组织第三届"内蒙古期刊奖"评奖活动,《内蒙古大学学报》(蒙古文版)等10种期刊荣获"内蒙古期刊奖"。组织评选出第二届"内蒙古十佳编辑"。认真组织开展书报刊编校质量优胜奖评选,有3个单位获奖。选报4种期刊参加第三届国家期刊奖评选活动，选报4种报纸参加第三届全国地方报社管理先进单位评选活动。有102种图书被新闻出版总署质检中心评为一等品。至10月底，共出图书音像制品2 172种，其中蒙文图书841种，发行码洋约2亿元。新华书店、外文书店发行销售收入共约5亿元，其中蒙文图书发行2 400多万元。

【出版管理】

加强盟市新闻出版（版权）机构管理　组织盟市新闻出版局负责人召开研讨会，明确管理职能职责，合理划分管理权限。加强业务培训和指导，对全区盟市新闻出版局行政管理人员进行集中培训1次，不定期培训指导6次。根据《中华人民共和国行政许可法》规定，进一步清理全区新闻出版行政许可事项，规范行政审批程序，提高工作效率。

推进正版软件化工作　受自治区政府委托，承担推进自治区政府各部门软件正版化工作，由于工作认真，组织实施有力，受到国务院督查组的肯定，并予以通报表扬。

加强音乐著作权 作品稿酬收转 作品登记管理　呼和浩特市星级饭店均依法取得背景音乐许可使用，有5万多元稿酬转到作者手中，新增作品登记38件。

按时发放教科书　针对2004年秋季教材不按时上报订数等问题，及时进行协调和督促，确保课前到书。向自治区人民政府上报《关于协调解决规范使用中小学免费教材经费的报告》。

审批发行年检　认真做好出版物总发行经营许可、书报刊重大选题审批、书号及出版物条码、报刊扩版、增版、增刊的审核报批工作。积极开展全区出版、印刷、发行、打字复印等单位的年度核验登记和换发许可证工作，在年检工作中注重加强报刊治理中停办报刊的注销登记以及划转、管办分离报刊的项目变更登记工作。

加强书报刊检测　对700多种书报刊、教材进行编校质量、印刷质量抽检。检测中印刷品合格率达99.60%。加强书报刊审读，对《保健俱乐部》、《今日财富》、《财经时报》等违纪违规的报刊给予警告等处罚。

开展报刊社记者证的网上申报和发放工作　根据总署要求，开展全区统一换发新版记者证工作，并通过“中国记者网”进行网上申报和审批，共审批40家报社和28家广播电台、电视台5 800余个记者证。

【治理整顿 规范市场】

加强对报刊治理措施落实情况的督察　通过自查和举报，对《兴安日报》一号多报出版《兴安晚报》、《北方家庭报》违规出版“女性周刊”、《巴彦淖尔报》违规出版“新闻超市”、《北方瓜菜报》违规出版“生活周刊”等问题进行查处。对《理论研究》以发文形式进行摊派予以查处。对《作文报》发放“小记者证”的违规行为进行停业整顿。做到“件件有宗”，保证报刊治理成果，防止反弹。

治理整顿全区连续性内部资料出版物　对全区16种报型内部资料和138种刊型内部资料进行重新审核登记，停办和注销连续性内部资料出版物22种，压缩总量达15.5%。对违纪违规的内部资料，停办1种、严重警告2种、提出批评18种。

清理整顿和重新登记报刊社记者站　依据条件和标准，对93家报刊社记者站进行重新登记并核发“登记证”，撤销40多家未办理重新登记的报刊社记者站登记号，对法制日报内蒙古记者站擅自建立分社进行查处。通过治理整顿，全区报刊社记者站的工作秩序明显好转。

与自治区纠风办等有关部门联合开展2004年秋季盗版教材、教辅读物专项治理行动，并赴各盟市检查验收。与自治区8个部门联合开展对印刷复制业专项整治工作。

【打击侵权盗版活动】

《成吉思汗》盗版　严肃查处自治区内蒙古仕奇集团投资拍摄的电视连续剧《成吉思汗》被盗版盗播案，并在首都举办中央各大媒体参加的新闻发布会，在全国产生广泛影响，推动自治区知识产权保护工作。帮助文化企业制定知识产权保护制度，为文化产业发展提供法律保障。

打击计算机软件侵权盗版治理行动和知识产权专项治理行动　全区共查处著作权侵权案件67起，收缴各类侵权盗版制品8万件，维护市场秩序。

打击色情网站　与自治区有关厅局联合开展治理互联网游戏出版中的“私服”、“外挂”等违法行为，开展打击淫秽色情网站行动。

打击假冒商标盗印教科书　调查核实假冒自治区印刷企业名义印制的安徽阜阳毒奶粉假包装、假标识和假商标案。查处了内蒙古百银印刷厂盗印蒙古国图书一案，给予该印刷厂通报批评、停业整顿三个月的处罚。对武川燕有印刷厂盗印教材教辅等案进行查处。

扫黄打非　与自治区“扫黄打非”办联合开展，集中查处有关政治类反动书刊和非法书刊工作，加强出版物市场的监督管理工作。在全区“扫黄打非”集中行动中1个处室被评为先进集体，1名同志被评为先进个人。

【交流与合作】　与自治区信息产业办联合举办全区首届中外著名软件企业产品演示会，为中外高新技术企业参与自治区信息化建设，提供交流与合作的平台，受到用户和产业界人士的好评。积极做好国庆55周年期间优秀出版物的展示、展销活动和十六届四中全会文件学习辅导读物的发行工作。选送《宇宙奥秘》(蒙古文)、《少儿科学宝库丛书》(蒙古文)、《青少年科技活动导论》等6种图书作为自治区科学技术产品参加"第三届APEC亚太经合组织青年科学节"展览,收到良好的社会效果。

组团参加第十四届全国书市 共展出图书2 176种,期刊100多种,总订货码洋达到2 100万元,高于历届。自治区代表团总人数150多人。组织全区7家出版社参加北京图书订货会,订货码洋1 790多万元。

组织举办第五届草原书市 本届草原书市是内蒙古首届国际草原文化节的一项重要组成内容。期间举办京、晋、鄂、冀、内蒙古版图书定货会、第七届蒙古文图书展销定货会、报刊展销定货会及蒙古文图书出版发行工作研讨会等。全国有50余家图书、音像出版社、30余家报刊杂志社和60余家发行单位参加,加强自治区出版发行界与兄弟省市的交流与合作,提高声誉,扩大影响。

坚持为"三农"服务 内蒙古新华书店集团有限责任公司等3家单位获全国服务"三农"图书出版发行工作先进单位。参加"全区科技活动周大型科普宣传活动",展销图书及音像制品500多种。

实施"走出去"战略 加大外宣力度 《纳税人报》承办了"伊利杯首届中国纳税人维权论坛"、漫友杂志组织"2004年东方国际原创动画漫画艺术大赛";文化出版社在北京举行《葛尔乐朝克图全集》首发式;人民出版社与内蒙古电台合办"蒙古文图书宣传直播节目";外文书店举办"书香三月人大版图书全国联展活动",都取得较好的社会效益和经济效益。

【岗位教育培训工作】 举办继续教育培训、报刊新闻采编人员资格培训、新闻出版行政管理人员培训、印刷发行人员业务培训14期,培训人数1 800多人。

组织完成全区出版专业职称评审工作,共评审通过78人,其中编审人员31人,副编审47人。

【"草原书屋"工程】 继续开展"草原书屋"工程建设,目前仅全区书店系统建立"草原书屋"联系点共300多个,送书1 000余次,35万余册,码洋230多万元。向呼市托县五申乡、锡盟正镶白旗明安图小学、锡林浩特市蒙古族中学赠送书报刊3 100多册、价值6万多元。

(袁新春)

出 版 社

【内蒙古人民出版社领导名录】

总 编 辑:布仁巴雅尔(蒙古族 4月离任)

社 长:王东生(4月任职)

副 社 长
副总编辑:陈 平(蒙古族)
段秋艳(女)
官布扎布(蒙古族)

【概况】 2004年,内蒙古人民出版社继续深化编务工作改革,全年共上报选题827种,其中蒙古文134种,汉文693种。

【自治区60周年献礼图书选题】 内蒙古人民出版社共有《汉蒙大词典》、《尹湛纳希全集》(8卷,蒙古文)、《绥远通志稿》等9种图书列入献礼书目。其中《蒙古族大辞典》、《蒙药正典》在2005年一季度出版,其余图书也进入编辑、出版阶段。至11月底,出版图书613种,其中蒙古文图书118种,汉文图书495种;重印再版图书为67种,引进版权图书8种。

【精品战略 培育品牌 特色图书】 推出一系列适合市场需要的品牌图书(如《千年风云第一人[世界名人眼中的成吉思汗]》、《少年科学奥秘文库(6~10)》等)。同时,落实草原书屋工程选题5个。

【教材教辅图书】 出版《手工制作指导用书》、《幼儿手工》等61种新书,重印《寒假作业》、《作文》等60余种。其中,《环境教育》、《科技小制作》等列入自治区教学用书目录。这些图书的出版,为内蒙古人民出版社在竞争激烈的教育图书市场占有一席之地打下良好基础。

【图书宣传】 向第14届(2002~2003年度)中国图书奖组委会推荐了《蒙古学百科丛书·文学卷》、《巴·布林贝赫文存》、《内蒙古旅游文化丛书》等3种图书;向第三届"内蒙古图书奖"组委会推荐了《蒙古学百科全书·新闻卷》、《科尔沁版画》等15种图书,其中有6种图书获奖;向第19届北方十五省、市、自治区哲学、社会科学优秀图书奖组委会推荐《蒙古游牧文化景观》、《蒙古佛教史》等15种图书,并有14种图书获奖。《内蒙古少年报》有3篇文章分获全国蒙古文报刊新闻二、三等奖及自治区新闻奖。在《内蒙古日报》、《北方新报》等报刊上刊登书评及相关报道,宣传内蒙古人民出版社出版的图书。内蒙古人民出版社同内蒙古人民广播电台长期合办的"蒙古文图书宣传直播节目"也进一步扩大影响。

(黄 滔)

内蒙古日报

【领导名录】

社　　长：张玉岭

副 社 长
总 编 辑：贾学义（2月任职）

副 社 长：李马钦（12月离任）

副总编辑：朝鲁巴根（达斡尔族）

于守民

相恒义

岱　钦（蒙古族）

王　开

李玉林（12月任职）

纪委书记：徐彦富（2月离任）

郭漠南（达斡尔族 6月任职）

党委委员：李建国

【概况】　内蒙古日报社实行党委领导下的社长负责制。现有在职职工548人，女职工198人，占36.1%；少数民族261人，占47.6%；研究生学历的有17人；大专以上学历的有375人；已聘高级职称79人。设有33个处级单位和部门，2个分社、16个盟市记者站。

7月1日，社党委决定成立内蒙古日报社编辑委员会（简称编委会）。编委会在社党委的领导下开展工作，是内蒙古日报社蒙、汉文报刊（包括各子报子刊）采编、出版、发行工作的决策实施机构。8月10日，社党委会决定，在海拉尔区原呼伦贝尔记者站的基础上成立呼伦贝尔分社。分社实行社站合一，原副处级建制不变，隶属社党委管理。

【《内蒙古日报》汉文版】　11月1日，内蒙古日报（汉文版）按新机构、新版面、新机制运行。改版扩版：①一、二版为要闻版；三版为国际新闻版，四版为旗县新闻版，五版社会新闻版，六版为国内新闻版，七版为专刊版，八版为体育新闻版。②原周日4个版扩为8个版。③原有的专刊整合为经济类和政文类共11个专刊（经济类、政文类各5个，另有《草原画廊》专刊）；保留摄影部和群工部办的专刊（《摄影》、《社情民意》）。机构设置：保留总编室及"三部一所"（记者部、摄影部、群工部、新闻研究所），将科教部、农牧部、政法部、工商部、时事部、理论部进行整合。

《内蒙古日报》汉文版为每日对开八版，蒙文版每周二、三、五、日为对开八版，一、四、六为对开四版。目前除《内蒙古日报》（蒙汉文版）外，报社还主管主办有《北方新报》、《北方经济报》、《北方家庭报》、《北方劳动时报》、《内蒙古生活周报》（蒙文版）5张子报及《新闻论坛》（蒙汉文版）、《致富之友》（汉文版）2种期刊。此外，内蒙古日报社印刷厂凭借先进的印刷设备、雄厚的人才技术实力成为《人民日报》、《经济日报》、《法制日报》、《参考消息》、《中国电视报》等三十多家区内外报纸的代印点。

【北方劳动时报】　5月31日，经国家新闻出版总署批准，报社将《北方劳动安全报》更名为《北方劳动时报》，周六刊，对开16版。报社还创办《青城52信息周刊》。

【第十二届全国省市区党报新闻评奖会】　7月19日至21日，由内蒙古日报社承办的第十二届全国省市区党报（天狮杯）新闻评奖会议，第十七届五自治区党报民族好新闻评奖会议，第三届西部十二省市区党报总编辑联席会议在呼伦贝尔市召开，来自全国31家省市区党报的69名代表汇聚自治区，共商报业改革发展大计。内蒙古日报社党委书记、社长张玉岭，总编辑贾学义和相关同志参加会议。自治区党委常委、宣传部长张国民同志亲临会议指导，并代表自治区党委、政府讲话。"三会并开，一家承办"在新闻界前所未有，首开先河，会议的成功举办受到各家报社的称道。

【内蒙古日报社印务中心】　8月18日，内蒙古日报社印务中心落成典礼暨引进德国高宝8色胶印轮转机、海德堡4色平版机新设备演示会在呼和浩特市赛罕区金桥经济技术开发区隆重举行。新落成的内蒙古日报社印务中心是自治区工业重点技改项目，一期总投资7 000多万元。

自治区2004年获国家级、区级新闻奖项名单

姓　名	性别	民族	奖　　项	获奖时间	工作单位
刘少华	男	汉族	第六届全国百佳新闻工作者	2004.9	内蒙古日报社首席记者
江新辉	男	汉族	全国省级党报新闻奖一等奖	2004.7	内蒙古日报社呼盟记者站
荣松如	男	蒙古族	全国省级党报新闻奖二等奖 第十二届内蒙古新闻奖一等奖	2004.7 2004.12	内蒙古日报社汉编总编室

续表

姓　名	性别	民族	奖　　项	获奖时间	工作单位
沈静芳	女	汉族	全国省级党报新闻奖二等奖	2004.7	内蒙古日报社汉编政文新闻采访部
呼木吉勒	男	蒙古族	全国省级党报新闻奖一等奖(摄影)	2004.7	内蒙古日报社摄影部
马建斌	男	汉族	全国省级党报新闻奖二等奖(摄影)	2004.7	内蒙古日报社摄影部
袁永红	男	汉族	全国省级党报新闻奖二等奖(摄影)	2004.7	内蒙古日报社摄影部
杨慧军	男	汉族	全国省级党报新闻版面奖	2004.7	内蒙古日报社汉编要闻部组版组
宝力德	男	蒙古族	第十七届全国五自治区党报民族好新闻一等奖	2004.7	内蒙古日报社锡盟记者站
毕力格图	男	蒙古族	第十七届全国五自治区党报民族好新闻一等奖	2004.7	内蒙古日报社蒙编农牧部
许晓岚	女	汉族	第十七届全国五自治区党报民族好新闻一等奖	2004.7	内蒙古日报汉编政文新闻采访部
娜仁其木格	女	蒙古族	第十七届全国五自治区党报民族好新闻二等奖	2004.7	内蒙古日报社蒙文专刊部
贺希格图	男	蒙古族	第十七届全国五自治区党报民族好新闻二等奖	2004.7	内蒙古日报社蒙文工商部
珊　丹	女	蒙古族	第十七届全国五自治区党报民族好新闻二等奖	2004.7	内蒙古日报社汉编新闻编辑部
武彦敏	女	汉族	第十七届全国五自治区党报民族好新闻二等奖	2004.7	内蒙古日报社汉编要闻部
叶文畅	女	汉族	第十七届全国五自治区党报民族好新闻二等奖	2004.7	内蒙古日报社汉编专刊部
杨彦魁	男	汉族	第十七届全国五自治区党报民族好新闻二等奖	2004.7	内蒙古日报社汉编总编室
乌日图那斯图	男	蒙古族	全国蒙文报刊好新闻一等奖 第十二届内蒙古新闻奖一等奖(蒙文)	2004.7 2004.12	内蒙古日报社蒙编农牧部
官布苏荣	男	蒙古族	全国蒙文报刊好新闻一等奖 第十二届内蒙古新闻二等奖	2004.7 2004.12	《内蒙古生活周报》(蒙文)
永　翔	男	蒙古族	全国蒙文报刊好新闻二等奖	2004.7	《内蒙古生活周报》(蒙文)
王玲籽	女	蒙古族	全国蒙文报刊好新闻二等奖	2004.7	《内蒙古生活周报》(蒙文)
苏布达	女	蒙古族	全国蒙文报刊好新闻二等奖	2004.7	内蒙古日报社呼市记者站
图门巴雅尔	男	蒙古族	全国蒙文报刊好版面奖	2004.7	《内蒙古生活周报》(蒙文)
白喜辉	男	蒙古族	第十二届内蒙古新闻奖特别奖	2004.12	内蒙古日报社汉编经济新闻采访部
贾怡缓	女	汉族	第十二届内蒙古新闻奖特别奖	2004.12	内蒙古日报社汉编经济新闻采访部
孙亚辉	男	汉族	第十二届内蒙古新闻奖特别奖	2004.12	内蒙古日报社汉编政文新闻采访部
刘晓冬	男	汉族	第十二届内蒙古新闻奖特别奖	2004.12	内蒙古日报社汉编政文新闻采访部
高雪芹	女	汉族	第十二届内蒙古新闻奖特别奖	2004.12	内蒙古日报社汉编新闻编辑部
张俊在	男	汉族	第十二届内蒙古新闻奖特别奖	2004.12	内蒙古日报社汉编要闻部
吉儒木图	男	蒙古族	第十二届内蒙古新闻奖特别奖	2004.12	内蒙古日报社蒙文工商部
伊拉图	男	蒙古族	第十二届内蒙古新闻奖特别奖	2004.12	内蒙古日报社蒙文总编室
扎哈斯巴特尔	男	蒙古族	第十二届内蒙古新闻奖特别奖	2004.12	内蒙古日报社蒙文专刊部
贺希格图	男	蒙古族	第十二届内蒙古新闻奖特别奖	2004.12	内蒙古日报社蒙文工商部
百　先	男	蒙古族	第十二届内蒙古新闻奖特别奖	2004.12	内蒙古日报社蒙文农牧部

续表

姓 名	性别	民族	奖 项	获奖时间	工作单位
玉 兰	女	蒙古族	第十二届内蒙古新闻奖特别奖	2004.12	内蒙古日报社蒙文科教部
海 鄰	男	蒙古族	第十二届内蒙古新闻奖一等奖	2004.12	内蒙古日报社汉编新闻专刊部
周秀芳	女	汉族	第十二届内蒙古新闻奖一等奖	2004.12	内蒙古日报社汉编政文新闻采访部
袁永红	男	汉族	第十二届内蒙古新闻奖一等奖（摄影）	2004.12	内蒙古日报社摄影部
塔布金	男	蒙古族	第十二届内蒙古新闻奖一等奖（蒙文）	2004.12	内蒙古日报社蒙文科教部
李德斌	男	汉族	第十二届内蒙古新闻奖一等奖	2004.12	内蒙古日报社《北方新报》
杨永利	女	汉族	第十二届内蒙古新闻奖一等奖	2004.12	内蒙古日报社《北方新报》
贾怡缓	男	汉族	第十二届内蒙古新闻奖一等奖（编辑）	2004.12	内蒙古日报社《北方经济报》
刘少华	男	汉族	第十二届内蒙古新闻奖二等奖	2004.12	内蒙古日报社首席记者
双 喜	男	蒙古族	第十二届内蒙古新闻奖二等奖	2004.12	内蒙古日报社蒙文科教部
吴青兰	女	蒙古族	第十二届内蒙古新闻奖二等奖	2004.12	内蒙古日报社呼盟记者站
宋波涛	男	汉族	第十二届内蒙古新闻奖二等奖（摄影）	2004.12	内蒙古日报社摄影部
群 英	男	蒙古族	第十二届内蒙古新闻奖二等奖（摄影）	2004.12	内蒙古日报社摄影部
袁永红	男	汉族	第十二届内蒙古新闻奖二等奖（摄影）	2004.12	内蒙古日报社摄影部
路 兴	男	汉族	第十二届内蒙古新闻奖二等奖（摄影）	2004.12	内蒙古日报社摄影部
孟 捷	女	蒙古族	第十二届内蒙古新闻奖二等奖	2004.12	内蒙古日报社《北方新报》
郝连峰	男	蒙古族	第十二届内蒙古新闻奖二等奖	2004.12	内蒙古日报社《北方新报》
李秀军	男	汉族	第十二届内蒙古新闻奖二等奖	2004.12	内蒙古日报社《北方经济报》
马秀梅	女	汉族	第十二届内蒙古新闻奖二等奖	2004.12	内蒙古日报社《北方经济报》
贾 渊	男	汉族	第十二届内蒙古新闻奖二等奖	2004.12	内蒙古日报社《北方家庭报》

（红 梅）

教 育

【内蒙古自治区教育厅 中共内蒙古自治区高等学校工作委员会领导名录】

厅长
党组书记：郭明伦
高校工委书记

副厅长
党组成员：布 和（蒙古族）
高校工委副书记

副厅长
党组成员：何成保
高校工委委员

李东升
何瑞芝（女）
满 达（蒙古族）

高校纪工委书记
党组成员：程 哲（蒙古族）
高校工委委员

党组成员：董方成
自治区教育招生考试中心主任

助理巡视员：秦政奇
刘 勤

【概况】 自治区教育厅（高校工委）设16个职能处室：办公室、组织人事处、发展规划处、政策法规处、财务处、基础教育处、职业教育与成人教育处、高等教育处（自治区学位委员会办公室）、民族教育处、师范教育处、督导室（自治区人民政府教育督导团办公室）、高等学校思想政治工作处、高等学校学生工作处、科技外事处、体育卫生与艺术教育处、汉语言文字应用管理处(自治区语言文字工作委员会办公室);并设高校纪工委(教育厅监察室)、机关党委、离退休人员管理处。

【行风建设和治理教育乱收费】 积极发挥治理教育乱收费牵头部门作用,全年召开两次部门联席会议,制定《2004年全区治理教育乱收费工作实施意见》。以治理教育乱收费为主要内容,制定《关于加强教育系统纠风工作的意见》和《内蒙古自治区教育厅2004年民主评议政风行风工作实施意见》,对全区教育系统深入开展治理教育乱收费,纠正行业不正之风工作起到积极的推动作用。继续开展收费检查工作。在各级教育部门自查的基础上,按照全国治理教育乱收费部际联席会议《关于开展全国治理教育乱收费专项检查的通知》,自治区教育厅、纠风办、发改委、财政厅等部门组成联合调查组,对全区部分地区学校收费、收费公示、经费投入保障等情况进行抽查,严肃查处一批违规乱收费案件,有效遏制教育乱收费现象。进一步加强财务审计工作,对内蒙古大学等8所高校及直属单位2003年度财务预算执行及收费管理使用情况依法进行审计,并就发现的问题提出整改意见。加大对自治区各类招生、考试、录取工作的监督和对违纪考生的查处力度,与自治区纠风办共同调查处理普通高考考生违规更改民族成分事件。2004年,共处理普通高考违纪考生152人,成人高考违纪考生566人,自学考试违纪考生6 478人,维护考生的合法权益,确保公正、公平、公开、择优录取原则的落实,社会反响积极。

【教育法制建设】 以依法行政、依法治教为重点强化执法监督,认真贯彻实施《行政许可法》,制定工作方案,举办专题讲座,完成教育厅行政审批项目和规范性文件的清理工作。保留行政许可事项12项,对现行的158件规范性文件进行清理,对14个规范性文件提出修改和废止意见,开展创建"依法治校示范校"活动。对全区20万中小学教师进行继续教育法制专题培训和考试。组织完成自治区实施《民办教育促进法》和《国家语言文字法》办法的立法调研和草案起草工作。

【人才工作】 贯彻《内蒙古党委、政府关于贯彻〈中共中央国务院关于进一步加强人才工作的决定〉的意见》和全国人才工作会议精神,成立以厅主要领导为组长的教育系统人才工作领导小组,明确人才工作的年度重点和目标,开展人才工作情况的调查研究。按照新形势下人才培养工作的要求,进一步改革人才培养的模式,不断创新机制和方法,完成承担的9项责任目标,各类教育人才培养工作得到进一步改进和加强。

【教育对口支援工作】 和北京市教委共同组织召开京蒙高校对口支援协作座谈会,两市区又有7所高职院校建立对口支援协作关系。经会商北京教委,调整原18个县区的对口支援关系,重新确立北京市18个区县对口支援自治区"两基"攻坚旗县的协作关系,拟定《两市区"两基"攻坚对口支援实施方案》。

【电子政务建设】 教育厅把电子政务建设列入重要议事日程,给予高度重视。年内,相继建设内蒙古语言文字网、高职高专教育网和教育学会网。争取教育部的支持,筹措资金,通过政府采购的方式,建设与盟市链接的视频会议系统和机关局域网。举办电子政务和"文档一体化"管理培训班,进一步完善同上级部门的网上链接,实行部分文件的网上传输。

【普通话培训测试工作】 会同自治区有关部门制定《关于在全区开展国家公务员普通话培训测试的通知》,正式启动全区公务员普通话培训测试工作。印发《关于在全区开展语言文字规范化示范校创建活动的意见》,正式启动语言文字示范校创建活动。

【信访 提案建议办理 督查督办和信息工作】 成立集中处理信访突出问题及群体性事件专项治理领导小组,继续坚持领导信访接待日制度,全年处理群众来信522件,接待来访群众79批、208人次,基本上做到事事有回音,件件有着落,并妥善接待和处理几起重大信访案件。办理人大、政协提案建议99件,督查督办件132件,办结率为100%。信息专报工作位居全国、全区前列。

【基础教育】

"两基"攻坚和巩固提高工作　贯彻全国农村教育和"两基"攻坚工作会议精神,筹备召开全区农村牧区教育暨"两基"攻坚工作会议,制定下发《内蒙古自治区"两基"攻坚总体规划》等八个配套文件,全面部署农村牧区教育和"两基"攻坚工作。自治区政府对下与有关盟市、旗县政府签订"两基"攻坚、二期"危改工程"责任书,对上与国家三部委签订责任书,进一步强化各级政府的领导责任。为推动"两基"攻坚,教育厅领导班子成员分工联系未达标旗县,对计划早达标的旗县在资金和项目上予以倾斜,对拟达标旗县进行前期和中期督促检查。经过上下努力,特别是达标旗县的艰苦奋斗,全区又有新巴尔虎左旗、突泉县、喀喇沁旗、正镶白旗、察哈尔右翼中旗等5个旗县通过自治区"两基"达标验收。全区"两基"达标旗县(市区)已达到84个,"普九"人口覆盖率达到78.42%。制定全区"两基"巩固提高督导复查工作规划,完成土左旗等8个旗县的督导复查任务。

各项重大工程建设　年内,争取到国家"两基"攻坚资金

5.2亿元,危改资金3.2亿元,远程教育网络示范工程3 700万元。自治区"两基"攻坚配套资金1.4亿元,危改配套资金9 000万元。在自治区基础教育史上,这是国家投资最多的时期。在国家资金未到位的情况下,多方自筹,全区寄宿制学校建设工程已开工项目学校达131所,占计划项目的107%,危改工程计划改扩建校舍80万平方米的任务也全部开工。完成2 570所农村牧区中小学"校校通"建设项目,累计完成8 030所农村牧区中小学现代远程教育网络工程的建设任务,占全区中小学总数的73%。结合各项工程的实施,继续推进中小学布局结构调整,调减中小学校点1 617所,明显提高办学效益。进一步加大实施"扶困助学工程"的力度,出台在城镇中小学实行"一费制"的政策,在全区75个农村牧区旗县义务教育阶段家庭经济困难学生及接受特殊教育的学生中实施"两免一补"政策,使130.7万贫困学生受到资助,占这类学生总数的80%,资助金额达1亿多元。这项政策的出台走在了全国的前列,得到国家2 100万元专项经费的奖励。从2004年起,自治区决定每年划出1亿元转移支付资金,逐步解决拖欠教师工资问题。

【进城务工就业农民子女义务教育】 贯彻落实"三个代表"重要思想,下发《关于认真解决好进城务工就业农牧民子女接受义务教育的通知》。要求各城市学校克服困难,努力解决进城务工就业农牧民子女接受义务教育问题。要求各地教育行政部门要本着就近入学的原则,安排进城务工就业农牧民子女入学。对于服从当地教育部门安排的,学校不得收取借读费、赞助费等费用,做到收费与当地学生一样。组织开展全区进城务工就业农牧民子女接受义务教育情况专项督导检查,进一步推动进城务工农民子女接受义务教育工作的开展。

【高中教育 幼儿教育和特殊教育】 各地认真落实全区普通高中教育工作现场经验交流会精神,采取有效措施,加快普通高中的发展步伐。2004年,自治区级示范性普通高中由上年的16所增加到21所,全区普通高中在校生42.01万人,比上年增加5.6万人,招生人数为16.58万人,比上年增加1.66万人,已经超过"十五"计划15万人的指标。幼儿教育与特殊教育进一步加强。制定自治区2004~2007年幼儿教育发展规划。为500名家庭贫困的视障儿童提供17.5万元助学金,开展对视障儿童辅导新教师的培训。

【课程改革和中小学思想道德建设】 组织召开全区基础教育课程改革实验经验交流会,总结交流实验区课改工作经验,全区课改实验旗县由55个扩展到91个。召开中考评价制度改革研讨会,提出课改实验区初中毕业考试与普通高中招生制度改革的指导意见,为全面推进全区初中毕业考试与普通高中招生制度改革奠定基础。中央8号文件颁发后,及时制定《关于进一步加强和改进中小学思想道德建设工作的决定》,会同有关部门召开中小学思想道德建设工作座谈会,举办加强和改进未成年人思想道德建设专题培训班,在中小学普遍开展诚信教育,开展树立民族魂教育活动。完成全国青少年学生校外活动场所建设项目24个,为每个场所各配备60万元的项目设备。扎扎实实推进"33211工程"的实施,各级各类学校的体育、卫生、艺术和国防教育工作取得较大进展。在全区开展中小学、幼儿园安全管理的专项整治行动,开展学校安全专项检查暨年度基础教育工作综合评估,促进各项安全管理制度和责任制的落实。

【高等教育】

高等教育发展　通过合并和资源重组,年内,新组建四所高等职业学校,全区高等学校达31所,在校生达20万人,比上年纯增近4万人,招生录取率首次突破70%,高等教育毛入学率达到16.2%。适应高教事业发展的需要,努力拓展高校办学空间,加大改善办学条件的力度。自治区高校新增土地8 000亩,开工校舍建设面积达40多万平方米,是近几年高等院校基建规模最大的一年。

高等教育教学改革　在稳步扩大高校办学规模的同时,注重深化高等教育内部结构改革,不断提高办学质量和效益。全区高校新增本科专业52个(其中有21个待教育部审批),增设85个应用性较强的高职专业,增幅为近年之最。进一步加大对高职高专教育教学及人才培养工作的指导力度,组织召开全区高职高专院校人才培养工作座谈会,开通自治区高职高专教育网站,成立自治区高职高专教育研究会。内蒙古大学动物学等2个学科被评为国家级重点学科。农大、师大、工大列入全国英语教学改革试点范围。完成内大、师大、工大三所学校四个教学改革项目并通过教育部验收。指导和支持内大、师大接受教育部本科教学水平评估,获得教育部专家组的一致好评。

高校科研和对外交流与合作　经积极争取,国家教育部与自治区共建内蒙古农业大学乳品生物工程与技术重点实验室通过建设论证,教育部人文研究基础内大蒙古学研究中心通过教育部专家组的评估。年内,又有10个高校实验室被认定为自治区重点实验室。积极争取支持,获得国家自然科学基金等各类科研项目490项,经费7 200万元,比上年增加700多万元。积极向国家发改委争取,将自治区高校日元贷款项目列入2005年正式贷款项目。对外交流与协作进一步加强。实施《西部地区人才培养特别项目协议书》,自治区有50人被国家留学基金委批准公派出国留学。旨在加强高校与发达国家科技协作与交流、引进国外科技人才联合开展科技公关的"春晖计划"有新的进展,有13项科研项目获得国家资助。

【高校党建和思想政治工作】 年内,以自治区党委名义召开两次全区高校党建工作会议,组织开展高校领导班子思想政治建设及大学思想政治状况两次大型调研,出台《加强和改进在大学生中发展党员工作的意见》、《关于学习贯彻落实〈中共中央国务院关于进一步加强和改进大学生思想政治教育的意见〉的通知》、《关于加强全区高校马克思主义理论课和思想品德课教材建设和管理工作的意见》等文件,组织修订《当代世界经济与政治》等“两课”教材。成立大学生心理健康教育专业委员会,加强大学生心理健康教育。重新修订高校领导班子实绩考核目标和指标体系。落实维护高校稳定工作责任制,采取有力措施,把潜在的不稳定因素消除在萌芽状态,全区高校连续15年保持稳定。

【国家助学贷款工作】 进一步推进国家助学贷款工作,与中国人民银行呼和浩特中心支行联合组织区外考察,制订《内蒙古自治区生源地财政贴息助学贷款管理办法》。自治区政府批转教育厅等四部门制定的贯彻国务院51号文件的实施意见,调整充实领导小组,组建管理机构,按新机制进一步推动高校国家助学贷款工作的开展。

【招生 就业工作】 根据国家和自治区招生政策的调整,普通高校招生、成人高校招生及时调整考务管理办法,成人高校招生在全国率先进行网上报名试点。各类招生考试加大评卷管理力度,自学考试部分公共课首次实现招生考试机构直接组织管理的集中阅卷。2004年,全区共有186 743人报考普通高校,计划招生114 538人,实际录取136 479人。有81 645人报考成人高校,实际录取63 190人。进一步加强对毕业生就业工作的指导,调整、完善就业政策,毕业生就业政策框架初步形成。在毕业生人数大幅度增加的情况下,高校毕业生初次就业率达到67.26%,比上年提高13个百分点。

【民族教育】

学校建设 认真贯彻落实“优先重点”发展民族教育的方针,加大投入,努力改善民族学校办学条件。年内,有53所民族中小学列入“寄宿制学校建设工程”项目,安排薄弱民族初中改造专款200万元,为6个盟市10多所民族中学购置教学仪器设备。完成“国门学校建设工程”12所项目学校的建设任务,4所民族高中进入自治区级示范学校行列。

民族师资培养和教材建设 全年共培训小学数学、蒙古语文、汉语初中英语师资2 000多人。制定《全日制义务教育阶段蒙古语文课程标准(实验稿)》,组织审查147种中小学蒙古文教材和教辅用书,完成蒙古语教育教学资源库开发建设的前期论证工作。

招生工作 圆满完成区内高校民族预科生、八省区对等招生、国家部属院校和内地高校民族预科、民族班招生计划。2004年全区蒙古语授课学生高考升学率达73.59%(其中本科升学率44.07%),比2003年提高10个百分点。

【职业教育与民办教育】

事业发展 召开全区职业教育工作会议,制定《内蒙古自治区关于加快职业教育改革与发展的意见》,提出全区职业教育改革发展的目标、任务和政策措施,全面部署今后一个时期全区职业教育工作。继续落实自治区政府批转的《关于全区中等专业学校管理体制改革和布局结构调整的意见》,指导盟市进行中等职业学校布局结构调整工作,中等职业学校比上年减少26所,基本完成“十五”规划的目标。全年各类中等职业学校招生7.96万人,比上年增长8.87个百分点。

重点学校和专业建设 组织新一轮国家级重点中职学校的评定申报和自治区重点学校的评估认定工作。国家级重点学校达23所,自治区重点学校达38所。结合国家实施的“制造业和现代服务业技能型紧缺人才培训计划”,加强职业学校重点专业建设,首批确定环境保护、生态建设、乳品工程、电力工程等20个重点专业并进行集中投入和建设。指导中等职业学校与高等学校、行业部门和企业开展联合办学,组织有关学校赴南方考察,签订就业协议,打开职业学校毕业生到发达地区就业的渠道。组织举办呼市地区职业教育成果展示暨校企合作“定单培养”洽谈会,扩大“订单培养”的规模。

民办教育 召开民办教育工作座谈会,提出相关鼓励支持政策。向自治区人大提交《关于制定内蒙古自治区实施〈中华人民共和国民办教育促进法〉办法的立项报告》和《实施办法(草案)》,重新修订《民办学校设置标准与审批办法》和《民办学校管理办法》,加强对民办学校的规范化管理。结合贯彻自治区加快发展第三产业的优惠政策,制定《关于大力发展民办教育的意见》。继续支持5所学历文凭试点院校与普通高校联合开展学历教育,积极支持有条件的非学历高等教育机构申报建立高等职业学校。

【师资队伍建设】 按照教育部的要求,制定《内蒙古自治区开展新一轮中小学教师培训工作的实施意见》。开展新课程教师培训者自治区级培训,90个旗县(市、区)的4 000多名中小学教师、教研员参加培训。启动二期“义教工程”师资培训项目,培训小学英语、计算机和其他新课程各学科教师1 700多人。成立自治区中小学继续教育中心,加强对中小学继续教育的指导。切实加强教师师德建设,制定《内蒙古自治区关于进一步加强和改进中小学师德建设的意见》,提出加强和改进师德建设的具体措施和教师行为禁止性规定。成立自治区师德论坛领导小组,举办以

“光荣的人民教师”为主题的全国师德论坛内蒙古分论坛。与美国英语学会联合举办第15期130人参加的中小学英语教师培训班。开展联合国儿基会近600人参加的教师培训活动。继续实施并扩展“英特尔未来教育”项目,共完成7 000人的培训任务。草拟《自治区中小学校长考核办法》,与已出台的选任办法和培训意见一并成为中小学校长管理工作的配套政策。进一步加强对中小学校长培训工作,年内,培训中小学校长786人。

【人事制度改革】 盟市、旗县中小学人事制度改革进展顺利。年内,全区有8个盟市、50个旗县出台中小学人事制度改革方案,分别占66.7%和49.5%。高等学校全部推行人事制度改革。基本完成全区各级各类学校教师资格认定工作。举办庆祝教师节表彰大会,评选表彰全国和自治区模范教师、优秀教师、教育系统先进工作者242人。

(张　波)

内蒙古大学

【领导名录】

党委书记:刘丽华(女)
党委副书记
校长:旭日干(蒙古族)
常务副校长:陈国庆(蒙古族)
党委副书记:赵　东(蒙古族)
副校长:梁希侠
呼格吉勒图(蒙古族)
李延俊
佟国清(蒙古族)
纪委书记:刘文英(女)
党委委员:锡胡尔(女 蒙古族)
李玉林

【概况】 2004年,全校教职工2 347名,其中专任教师1 373名;全校各类在校生22 574名,其中全日制研究生2 215名、普通本科生11 355名、高职生2 810名、成人教育本专科生6 194名,另有长短期留学生181名。2004年共录取新生6 706人,其中全日制研究生728人、普通本科生2 934人、高职生1 022人、成人教育学生2 022人。本科专业在自治区内及区外部分省份继续保持第一志愿录取率100%。2004年毕业学生4 882人,其中全日制研究生333人、普通本科生1 919人、专科(高职)生1 028人、成人教育学生1 602人。

2004年,学校被确定为内蒙古自治区人民政府和教育部共建学校,继续保持全国精神文明建设工作先进单位和自治区文明单位标兵的荣誉称号。

【教学评估】 按照教育部关于本科教学工作水平评估的有关要求,切实贯彻“以评促改、以评促建、以评促管、评建结合、重在建设”的方针,围绕1998年学校提出的创建本科教学优秀学校目标,完成自评工作任务与评估的材料工作及其它各项准备工作。2004年10月16日至22日,教育部本科教学工作水平评估专家组进校进行实地考察,对本科教学工作给予充分肯定。

【“十五”期间“211工程”建设工作】 加强“十五”“211工程”建设项目和资金的管理,对重点学科、公共服务体系、师资队伍、基础设施建设、教育教学基础实验室建设等各项投资进行规划、监督及核查。

【学科建设】 积极组织实施《内蒙古大学学科分级建设与管理暂行办法》。结合2004～2006年聘期的聘任工作,按照学科方向聘任上岗人员,采取措施加强创新团队建设,增强学术团队的整体力量。加强重点研究基地和重点实验室建设,新增自治区重点实验室3个,使学校的自治区重点实验室由原来的4个增加到7个。

【师资队伍建设】 积极推进人才强校战略的实施。全年共引进教授、博士9人,副教授、硕士50人;投入专项经费160万元,落实人才待遇。全年共选拔54位青年教师定向攻读博士、硕士学位,选派10多位优秀中青年教师到校外进修,投入专项经费172万元。2004年培养的青年教师中有15名博士、35名硕士完成学业回校或留校参加工作。加强博士后科研流动站建设,吸引博士进站工作。全年共吸引4名博士进入学校博士后科研流动站工作。1名博士后研究人员完成研究任务,顺利出站。

【管理体制改革】 实施2004～2006年聘期岗位聘任工作。对部分岗位,采取聘用合同制办法聘用人员,并逐步规范合同制人员的管理工作。继续推进了后勤社会化改革。

【教学改革】 组织修订教学计划,出台一系列教学管理规章制度;全面实施315课程建设计划,注重抓好精品课程建设,“统计热力学”被评为国家精品课程;加强基础课程教学实验室建设和人才培养基地建设;深化大学公共英语教学改革。加强招生和毕业生就业指导工作。认真组织完成优秀教学成果的总结、申报和评奖工作,共评选出校级教学成果奖57项,获得自治区优秀教学成果一等奖3项、二等奖6项。进一步加强学位与研究生教育工作,获得工程硕士、法律硕士2个专业学位点的授权。新增9名博士研究生导师、52名硕士研究生导师。

【科技工作】 重视对重大研究项目的组织申报,积极争取国家和自治区重大科研项目。2004年,全校教学科研人员申请各级各类科技项目434项。全年获准项目有213项,获得资助科技项目经费1 260余万元。全年开展横向科技项目22项。新建鄂尔多斯绒山羊高科技养殖示范基地,申报的硫酸化叠氮胸苷(1-4)的制备方法获得国家发明专利权。

【学术交流与合作】 加强了与国内外高校和科研机构的学术交流与合作。有126名教职工出国(出境)进修学习,进行短期学术交流和学术访问、考察,参加国际学术会议;接待了来校参加学术会议、进行学术访问考察的外宾40批400余人;聘请外籍文教专家、互派留学生等项工作继续正常开展。举办第四次蒙古学国际学术讨论会;与中国工程院农业轻纺与环境工程学部共同主办2004国际动物生殖生物学与生物技术青年科学家论坛,此外,还主办和承办4次国际学术会议。

【图书文献建设】 全年共购进各文种图书59 305册,新增购进电子图书20 994册。图书馆年分编入库图书20 413种61 596册。对5种蒙文图书、788册博士、硕士论文进行数字化。加强数字图书馆基础设施建设。完成《内蒙古大学学报(人文社科版)》蒙古学研究论文文摘数据库的建设。

【学报与出版工作】 2004年,人文社科版、自然科学版继续被确定为全国中文类核心期刊。蒙文版获第三届内蒙古期刊奖,并入围第三届国家期刊奖百种重点期刊奖。人文社科版"蒙古学研究"栏目入选全国首批人文社会科学学报"名栏工程"。

出版社出版的图书经上级部门抽检,全部合格。出版的《蒙古民族通史》获第十四届中国图书奖,《蒙古英雄史诗源流》、《科尔沁土语研究》分别获得中国民族图书奖二、三等奖,《爱的前沿》获国家计生委2004年"五个好"图书一等奖,《民族理论与民族政策》获2004年全国大学出版社优秀畅销书二等奖。

【学生工作】 学校不断加强学生管理,着力解决学生的实际问题;积极组织学生开展科研训练,鼓励学生开展课外科技学术活动,并取得了前所未有的好成绩。在第四届"挑战杯"中国大学生创业计划竞赛中,学校学生获得金银铜奖各一项的优异成绩,在2004年全国大学生"高教社杯"数学建模竞赛中,学校获得全国一等奖1项、二等奖1项和赛区一等奖1项、二等奖2项的好成绩,还有一名学生获得2004年"CCTV杯"全国英语演讲大赛赛区一等奖。

【基本建设】 按时完成东校区二期工程—两栋3万多平方米的学生公寓楼的建设。完成田径场、足球场和篮球场的改造,以及学府花园4栋156套教工住宅楼的竣工验收及小区硬化、绿化的整体建设工作。

【行政管理】

人事与劳资管理 完成2004年度全校专业技术人员的职称评定和考核工作;加强教职工工资、津贴及各类奖金发放的管理工作。

财务管理 认真做好2004年度部门经费及支出预算表,编制政府采购预算,严格经费管理,提高办学经费的使用效益。

审计 完成对校内5个单位近三年财务收支情况、"十五"期间"211工程"建设项目2001～2003年度资金使用及管理情况的审计工作,提出了审计意见;对2000～2003年审计意见落实情况进行调查。

固定资产管理 在全校范围内进行国有固定资产登记管理,规范资产管理;按照自治区政府有关精神,有序开展了校内各类招投标的管理工作和物品的采购工作。委托会计师事务所完成全校资产清查、评估、核实资金工作。

档案 经自治区档案局考评,学校档案馆被晋升为"机关档案工作目标管理自治区特级先进单位",并被评为"全区档案利用服务考核优秀单位"。

安全保卫 购置车辆开通校园110,24小时巡查校园安全情况;投入13万元完成校园监控系统一期工程的建设;加大消防安全监督检查力度,组织消防实战演练。校园及周边环境综合治理工作得到加强。2004年被评为"全区学校及周边治安综合治理工作先进集体"。

体育与计划生育 积极开展群众性体育运动,提高体育课和课外活动的质量。积极做好饮食卫生管理和防疫工作。坚持思想教育、调查研究、优质服务和科学管理的有机结合,完成上级下达的本年度人口计划和各项工作任务。

2004 年内蒙古大学模范人物名录

姓 名	性别	民族	奖 项	获奖时间	工 作 单 位
陈国庆	男	蒙古	全国"五一劳动奖章"	2004 年 4 月	内蒙古大学教授、常务副校长
杨 劼	女	蒙古	中国青年女科学家奖 享受国务院特殊津贴的专家	2004 年 9 月 2004 年 11 月	内蒙古大学教授、生命科学学院院长
杨 持	男	汉	全国优秀教师	2004 年 9 月	内蒙古大学教授
王迎春	女	汉	全国师德先进个人	2004 年 9 月	内蒙古大学教授、生命科学学院副院长
白音门德	男	蒙古	自治区有突出贡献的中青年专家	2004 年 11 月	内蒙古大学教授、蒙古学学院院长
张吉维	男	汉	自治区有突出贡献的中青年专家	2004 年 11 月	内蒙古大学教授、教务处处长
阿拉坦仓	男	蒙古	自治区有突出贡献的中青年专家	2004 年 11 月	内蒙古大学教授、图书馆馆长
云国宏	男	蒙古	自治区有突出贡献的中青年专家	2004 年 11 月	内蒙古大学教授、科技处处长
赵林平	女	蒙古	自治区有突出贡献的中青年专家	2004 年 11 月	内蒙古大学教授、艺术学院舞蹈系主任

(张士伟 郭瞳)

内蒙古师范大学

【领导名录】

党 委 书 记:王占荣

副书记 校长:陈中永(蒙古族)

副 书 记:斯日古楞(蒙古族 2 月任职)

副 校 长:初志壮

王希明

刘新华

亚 新(蒙古族)

昭日格图(蒙古族 2 月任职)

郑福田(2 月任职)

纪 委 书 记:石忠文

【概况】 内蒙古师范大学成立于 1952 年,是新中国成立后党和国家在边疆少数民族地区最早建立的高等学校之一,自治区重点大学。学校占地面积253.4万平方米,校舍建筑面积55.28万平方米,固定资产总值近 8 亿元。馆藏图书资料 178 万余册。下设 20 个职能处室,19 个二级学院,6 个直属系和教研部。开设 49 个本科专业,涵盖 8 大学科门类,有自治区重点学科 8 个,校级重点学科 21 个。有 45 个硕士学位点和 1 个教育硕士专业学位点。有 42 个研究所(研究中心),58 个实验室,其中遥感与地理信息系统实验室为自治区重点开放实验室,8 个实验室为校级重点实验室。有教职工1 968人,其中专任教师1 134人;具有硕士以上学位的教师占专任教师的50%以上;具有副高级以上职称的教师 567 人,占专任教师的一半以上;有硕士研究生导师 230 人,兼职博士研究生导师 8 人;国家和自治区有突出贡献中青年专家 16 人,入选国家"百千万人才工程"、自治区"新世纪 321 人才工程"、自治区"高等教育人才培养 111 人才工程"共 115 人(次),享受政府特殊津贴教师 45 人。现有全日制本专科生16 339人,研究生1 367人,成人教育学生10 850人。

【新校区建设】 按照"现代化、科学化、生态化、智能化"的建设思路,经过努力奋斗,仅用一年半时间,新校区(和林格尔县盛乐校区)一期工程全部完成并正式投入使用,占地面积3 000余亩,建筑面积达14.9万多平方米,2004 级新生顺利入驻,拓展办学空间,解决制约学校发展的瓶颈问题,开创自治区高校新校区建设的先河,为学校今后发展奠定坚实基础。学校因此被评为 2004 年度全区国有资产投资和重大项目建设成绩突出单位。

【以评促建】 按照"以评促建、以评促改、以评促管、评建结合、重在建设"的方针,加强领导,精心组织,狠抓落实,举全校之力,扎实有效地开展"以评促建"工作,深化教育教学改革,加强教学基本建设,办学条件显著改善,教学质量稳步提高,形成优良的校风、学风,赢得良好的社会声誉,学生就业保持良好势头。10 月 16 日至 22 日,教育部普通高等学校本科教学工作水平评估专家组一行 13 人来校进行为期一周的实地考察,通过听汇报、听课、测验、实地考察、专题调研等多种形式对本科教学工作进行详细的评估,对学校的办学水平和办学特色给予充分肯定和高度评价。

【学科建设】 按照"全面建设、突出重点、彰显特色、鼓励创新、扶持应用”的方针,采取有力措施,加强学科建设工作。民俗学、心理学和应用数学3个校级重点学科增列为自治区级重点学科,学校自治区级重点学科增至8个,确定地理学等21个学科为校级重点学科。学校适时召开学科建设、科学研究及学位与研究生教育工作会议,讨论“建设教学研究型师范大学”的科学内涵,研究今后一段时期学校学科建设、科学研究及学位与研究生教育工作的基本思路,制定学科建设、科学研究及学位与研究生教育发展规划,将学校工作重心转向学科建设,努力建设特色鲜明的教学研究型师范大学。

【科学研究】 2004年学校共获准各级各类纵向科研项目74项,其中国家自然科学基金和国家社会科学基金项目19项,省部级项目34项,内蒙古人才基金项目4项,其他项目17项,资助经费总额为539万元;横向科研项目4项,资助经费总额为173.5万元。横纵向科研项目资助经费总额共712.5万元,全年共投入资金5 300多万元用于购置教学科研仪器设备,实验条件得到极大改善,17个实验室通过全区高校第一批基础课教学实验室合格标准验收评估,学校确定磁学等8个实验室为校级重点实验室。

【开放办学】 学校与陕西师范大学正式签署合作办学协议;与美国北卡罗兰纳州费耶特维尔大学签署合作办学《谅解备忘录》;学校招收首批中英合作办学学生;与包头稀土高新技术产业开发区签订长期合作协议,并成立包头国家稀土高新区内蒙古师范大学环境友好能源与新型催化剂孵化中心和包头国家稀土高新区内蒙古师范大学稀土永磁材料与磁制冷材料孵化中心。联合办学初见成效,与河套大学共建内蒙古师范大学西部学院,与内蒙古军区司令部共建内蒙古师范大学人民武装学院,与华为3COM公司共建内蒙古师范大学华为3COM网络学院,各学院发展势头良好。

【重要活动】 1月17日,自治区人民政府副主席连辑出席华为3COM内蒙古师范大学网络学院成立大会,并视察学校网络中心和自治区重点实验室—遥感与地理信息系统实验室。

3月8日,巴彦淖尔盟、内蒙古师范大学共同设立“巴彦淖尔奖学金”签字仪式在学校举行,巴彦淖尔盟每年出资50万元用于资助学校品学兼优的贫困生。

4月22日至26日,学校成功主办中美教育研讨会,来自全国高等师范院校的专家学者和全区基础教育的骨干教师100余人参加会议。

7月26日至8月1日,内蒙古师范大学合唱团赴无锡参加“第七届中国国际合唱节”,获成年组铜奖,并参加“太湖广场文艺汇演”和“无锡大众剧院音乐会”。

8月8日至9日,学校成功主办“海峡两岸教育理论与实践研讨会”,来自台北和大陆教育界的专家学者70多人参加会议。

9月23日,盛乐校区建成并投入使用,学校举行盛乐校区启用仪式暨新生开学典礼。

10月16日至22日,教育部普通高等学校本科教学工作水平评估专家组来学校进行考察评估,对学校的本科教学工作给予充分肯定和高度评价。

10月20日,以德·齐德布校长为团长的蒙古国文化艺术大学访问团到学校进行友好访问演出。

12月份,学校被自治区综治委评为“全区学校及周边治安综合治理工作先进集体”,并被推荐为“全国学校及周边治安综合治理工作先进集体”。

(哈达 李笑燃)

内蒙古农业大学

【领导名录】

党委书记:云荣布扎木苏(蒙古族)
校　　长:李畅游
副 书 记:包赛音(蒙古族)
　　　　　邬建刚(蒙古族)
纪委书记:张　坚(蒙古族)
副 校 长:王林和
　　　　　郑俊宝
　　　　　侯先志
　　　　　任　强(蒙古族)
　　　　　李金泉

【概况】 内蒙古农业大学成立于1952年,是内蒙古自治区成立最早的本科高等学校。是国家西部大开发重点支持建设的大学,是一所以农为主,具有农、工、理、经、管、文、教、法等8个学科门类、29个二级学科的多科性大学。

学校设有动物科学与医学学院、林学院、农学院、生态环境学院、机电工程学院、水利与土木工程学院、林业工程学院、经济管理学院、食品科学与工程学院、生物工程学院、计算机与信息工程学院、人文社会科学学院、中央农业干部教育培训中心内蒙古农业大学分院、继续教育学院、职业技术学院、外国语言学院、理学院、研究生院(筹)19个学院和1个体育教学部、1个高等教育研究所。现有1个国家重点学科(草业科学)、8个自治区级重点学科,1个农业部重点学科;1个教育部重点实验室,1个国家林业局重点实验室;4个自治区重点实验室;具有一级学科博士学位授予权点3个,二级学科博士学位授权点17个,硕士学位授权点43个,2个博士后科研流动站(畜牧学、农业工程)。有49个本科专业,其中蒙汉双语授课专业13个。学校在校生2.2万人。其中,硕士和博士研究生1 113人。

学校现有专任教师1 077人。其中教授157名、副教授357名;有博士生导师58人,硕士生导师273人;享受国家特殊津贴的专家70人;国家和自治区有突出贡献的中青年专家33人;有5人入选国家级百千万人才工程,有37人入选自治区"新世纪321人才工程"第一、第二层次,21人为自治区高等教育人才培养"111工程"第一、第二层次人选。

近5年来,学校共承担国家、自治区级科研项目465项,项目经费1.1亿元,有68项研究成果分获国家、省部级科技进步奖。在研的国家自然科学基金项目90项,总经费1 840万元。

【召开第一次党代会】 4月26日,内蒙古农业大学成功召开第一次党代会,回顾和总结学校组建以来的各项工作及在办学实践中积累的宝贵经验,讨论和确定学校今后一个阶段建设和发展的指导思想和主要任务;进一步探索如何加强和改进党的建设和思想政治工作;选举产生了中国共产党内蒙古农业大学新一届委员会和纪律检查委员会,确立了把学校建设成为特色鲜明的教学研究型大学的奋斗目标。

【教学工作】 加大教学工作和教学基本建设经费的投入力度,全年业务费、教学差旅费、体育维持费和教学仪器设备等四项经费达1 204.3万元,占全年学费收入的25.2%。当量生均仪器设备值达到6 224元。教学用计算机台数1 902台,多媒体教室语音实验室座位数4 835个。加强学科建设,投入400万元用于新上专业及实验室的建设。加强校园网络建设和现代教育技术应用。完成"西部大学校园网计算机网络项目",并于11月份结束二期校园网络建设,教育资源库开发建设和多媒体课件建设取得突破性进展。

【人才工作】 为激活人才资源,优化人才结构,学校制定并实施《内蒙古农业大学关于培养和引进优秀人才的暂行办法》。全年共吸引25名博士(其中3名为回国博士),45名硕士来校工作,使专任教师博士达到106名,硕士达到267名。通过加强重点学科、一级学科和硕士点、博士点的建设,以学科建设吸引人才、凝聚人才,实施调动、兼职、技术合作和科研联合等形式多样、灵活务实的人才引进办法,提升学校师资队伍的层次和水平。全年学校共投入80万元用于师资队伍建设,培养在职攻读学位的教师170人,免试推荐攻读硕士研究生80人。

【科学研究】 学校正式提出"科研兴校"的办学理念,制定《内蒙古农业大学关于科技项目经费使用管理的补充规定(试行)》,修订内蒙古农业大学科技管理的各项规章制度,进一步健全激励机制。全年组织申报各级各类科研计划项目共327项,已列入国家有关部委、自治区有关厅局科技计划135项,总经费1 410万元。其中获国家自然科学基金项目24项、国家社科基金3项。组织申报自治区科技进步奖9项,其中获一等奖3项、二等奖2项、三等奖1项;同时,学校做为协作单位,获奖2项;推荐呼市市长特别奖1项、呼市科技进步奖1项。到2004年底,在研科研项目443项,总经费达9 395.6万元,教学与科研人员人均科研经费9 656元。

学校积极将科研成果应用于自治区经济建设,签定科技合作协议3项,成果转让协议1项,有16项科研成果得到推广应用。取得专利数或新品种授权4项。全面启动1个教育部乳制品重点实验室、3个自治区重点实验室和3个工程中心的建设。作为项目主持单位,成功举办全区菌根菌剂应用技术现场会。

【机构改革 干部聘任】 制定并实施2004~2007年机构设置方案。坚持德才兼备,职责岗位统一,公开聘任、平等竞争等原则和要求,先后完成正、副处级干部,科级干部、专业技术人员以及后勤各中心(校医院)的经理(院长)、副经理的聘任工作。共聘任处级干部183名,其中双学位、硕士、博士及在读博士56人,占聘任干部总数的30.4%。40岁以下干部52名,占28.3%。新提拔干部66名,占36.1%。

【内部管理体制改革】 修订出台《关于〈内蒙古农业大学教职工全员聘任暂行办法〉的补充规定》、《党政领导干部选拔任用工作条例》、《内蒙古农业大学录用各类人员工作原则》等规定。推行管理重心下移的校内管理体制,逐步建立结构合理、配置科学、程序严密、科学有效的内部管理运行机制。继续深化后勤改革,出台水电定额管理办法和8个服务中心的考核和奖惩办法。完成全校教学科研设备以及行政单位和校办企业的固定资产清产核资工作。

【招生与就业】 学校在17个省、市、区招收本专科生5 900人;招收博士生83人,硕士生456人;专业学位报名人数200余人。

制定出台《内蒙古农业大学关于进一步做好就业工作的意见》,建立毕业生就业指导工作责任制。是年一次就业率达88.45%,居全区前两名,被自治区评为"高校就业工作先进单位"。

【基础设施建设】 全年完成1.8万平方米的学生公寓、0.2万平方米的学生浴室和306平方米燃气锅炉及外网工程的建设;完成学生公寓文化广场、水建院楼休闲广场、人工塑胶操场的建设;1.1万平方米逸夫教学楼、6 026平方米的乳制品实验楼和

1 512平方米的车库等工程正在建设中。聘请清华大学专家、教授等来校进行新校区前期规划和指导工作。

【校办产业】 继续加强科技园区建设,新上 4 个建设项目,共投入 235 万元。完成土默特左旗海流图科技园区土地使用证的办理,为学校发展奠定资产保证和法律保障。由学校(公司)牵头,注册资金 500 万元的内蒙古宝隆汇泰科技投资有限责任公司已落户包头稀土高新技术开发区内蒙古农业大学科技园区,校办产业体制改革迈出新步伐。

【对外交流】 实行"2+2"共同培养教育的模式与国外院校、科研院所签定了 8 项校际合作交流协议书,接待国际友人来访 263 人次。7 月,承办中国草学会第六届二次学术会议暨草业科学与技术创新国际研讨会。协助中国草学会和自治区政府成功取得了 2008 年国际草原和国际草地大会的举办权,这次大会被誉为草学界的"奥林匹克",这是国际草原大会和国际草地大会首次联合召开,也是中国首次申报成功。

(王忠东 郭松朋 刘占波)

内蒙古工业大学

【领导名录】

党委书记:荀黎明

党委副书记、校长:李含善

党委副书记、纪委书记:刘志雄

党委副书记:王永明

副校长:谭福贵(蒙古族)

邢永明

刘进荣

黄龙海(蒙古族)

助理巡视员:阿日德(蒙古族)

【概况】 学校现设有电力学院、信息工程学院、建筑工程学院、化工学院、管理学院、机械学院、轻工与纺织学院、材料科学与工程学院、能源与动力工程学院、外国语学院、理学院、人文与社会科学学院、国际商学院、职业技术学院、工程技术专修学院、继续教育学院、体育部、工程训练中心 18 个教学单位;4 个博士学位授权点,30 个硕士学位授权点,一个第二学士学位授权专业,8 个工程硕士专业学位授权领域,4 个高校教师攻读硕士学位领域,并具有 MBA 专业学位授予权;有 46 个本科专业,38 个高职高专专业;具有在职人员以研究生毕业同等学力申请硕士学位授予权和优秀本科生免试推荐攻读硕士学位资格;学校有 5 个自治区级重点学科,2 个自治区级重点实验室;自治区新能源试验示范基地和内蒙古制造资源计划应用研究中心也设在本校;学校还是教育部批准设立的 32 个国家级大学生文化素质教育基地之一。

学校现有 58 个实验室和 28 个研究院所;学校信息中心 1997 年联入中国教育与科研计算机网(CERNET);全国外语水平考试呼和浩特中心、全国计算机等级考试内蒙古中心考点也设在学校;学校图书馆是自治区收藏和借阅科技文献的中心之一,也是首批开通专项咨询服务的中国学术期刊文献一级检索站。学校出版有《内蒙古工业大学学报》(其中自然科学版于 2004 年 3 月被中国科技信息研究所正式确认为"中国科技核心期刊")、《高等教育研究》和《内蒙古工大报》等刊物。同时,学校重视加强与国内外高校的交流与合作,与一批高校建立长期的校际合作关系,在学生培养、教师进修、学术交流、教学改革、科研协作等方面合作成果丰硕。

学校现有教职工1 451人,其中专任教师1 052人,教授、副教授等副高级以上专业技术人员 462 人,并聘请一批国内外知名学者担任学校的兼职、客座教授;有 26 人被授予国家级、自治区级有突出贡献中青年专家称号,14 人享受政府特殊津贴,83 人担任省级以上专业学会、协会的理事长、秘书长和理事。

【教学】 2004 年,加大教学督导力度,深化教学内容和课程体系改革,加强考试管理,启动精品课程建设;引进先进的教务管理系统,提高学校教学管理的现代化水平;积极开展教学研究活动,配合评建工作,加强学校办学指导思想、办学理念、创新教育等方面的研究;强化教学工作日常管理,编制《内蒙古工业大学本科教学规范》。以"深化教学改革、提高教学质量"为主题,召开教学工作会议,实施《内蒙古工业大学本科教学工作水平评建方案》,成立各级评估工作机构,完成年度评建工作计划各项评估指标的任务分解,初步建立评建工作激励机制;对各学院本科教学评建工作进行评估检查。

【学科建设】 2004 年,新增工程硕士学位授权领域 3 个,高校教师在职攻读硕士学位领域 4 个;招收首届博士研究生,全力做好 MBA 的招生及硬件建设工作;申报软件工程、金融学两个部审本科专业;初步完成学校学科建设规划。

【科技工作】 2004 年,获得 4 项国家自然科学基金项目,其它各类国家级项目 8 项,到校纵横向科研经费近1 400万元;2003 年学校被 SCI、EI、ISTP 收录的论文共有 24 篇;获自治区科技进步三等奖二项;经考核审批,成立自治区新材料工程技术研究中心；制定《内蒙古工业大学科研管理条例》；以“科技为经济建设服务、为推进自治区工业化服务”为主题，召开科技工作会议。

【学生工作】 2004 年，学校有 30 件作品在自治区“挑战杯”大学生创业计划竞赛中获奖，有 3 项作品获第四届“挑战杯”全国大学生创业计划竞赛铜奖，暑期大学生“三下乡”社会实践活动获“全区优秀组织奖”和“全国先进单位”荣誉称号。全年共为5 543名学生发放各类奖学金 238 万元，为 415 名学生发放国家助学贷款 258 万元，为1 561名学生发放特困生补助 64 万元，安排勤工助学岗位11 000多人次，发放勤工助学费 18 万元；积极开拓毕业生就业市场，不断加强毕业生就业指导和服务，开设就业指导课，研究生一次性就业率达95.15%，本科生一次性就业率达81.46%，专科生一次性就业率达58.71%，高职生一次性就业率达64.34%，均居全区高校前列。

【师资队伍建设】 2004 年，教师中考取硕士研究生 27 人，博士研究生 28 人，出国访问、留学、进修等 6 人，引进博士、硕士 40 人，从优秀学生中直推硕士研究生 50 名，增选 31 名硕士研究生导师，遴选 7 名博士研究生导师，全校有 91 人晋升为高级职称。

【基础设施建设】 学校多方筹措资金，努力改善办学条件，投入1 300多万元用于教学科研仪器设备的购置更新和重点学科的建设，日元贷款项目已和日本国国际协力银行签订备忘录，科技实验楼投入使用，校本部的体育设施、道路交通状况改善明显。

（成　涛）

内蒙古科技大学

【领导名录】

党 委 书 记：刘振洪
校　　　长：郝兆兴
党委副书记：奇那顺达来（蒙古族）
　　　　　　杨一江
纪 委 书 记：武也文（女）
副　校　长：李保卫
　　　　　　安胜利
　　　　　　云炜恒（蒙古族）
　　　　　　李海丰
　　　　　　和彦苓（女）
　　　　　　杜茂林

【概况】 内蒙古科技大学位于内蒙古自治区包头市，是 2003 年 4 月经国家教育部批准，由原包头钢铁学院、包头医学院、包头师范学院合并组建的综合性普通高等学校。2004 年学校进入实质性合并阶段。学校集研究生教育、普通本专科生教育、成人教育、高等职业技术教育为一体，形成多层次、多形式的办学体系。现有本专科（包括高等职业技术教育）24 944 人，研究生252 人，成人学生11 348人。现有教职工2 700人，其中专任教师1 352人。专任教师中副高以上职称 801 人，具有博士学历的 26 人，具有硕士学历的 281 人，研究生导师 136 人，享受政府特殊津贴的专家 34 人，国家和自治区优秀中青年专家 7 人。

学校学科设置齐全，有文、理、医、管、教育等 8 个学科门类，106 个本专科专业，17 个硕士点，5 个自治区重点学科。学校现有 4 所附属医院，1 所附属中学，3 所实验中学，3 所附属小学。学校占地面积1 149 538平方米，校舍建筑面积559 009平方米，固定资产43 078.54万元，图书馆藏书126.38万册。

2004 年 11 月 30 日，根据内蒙古自治区主席办公会议纪要〔2004〕14 号文件精神，自治区政府决定将三校分开，各自独立运行，原包头钢铁学院保留内蒙古科技大学的牌子，包头医学院、包头师范学院暂冠名为：内蒙古科技大学包头医学院、内蒙古科技大学包头师范学院。

【教学工作】 2004 年学校新增 12 个本科专业，5 个工程硕士点，组织申报近 30 个硕士点，为申报医学“两段式”教学作了大量的、扎实的基础工作。继续加大实验室的建设力度，特别对新专业、重点实验室进行重点投入，提高整体实力，突出传统特色。进一步强化工程基础教育、生产实习、毕业实习等实践教学环节，提高学生的实践能力。

全年增加了 15 个多媒体教室，多媒体教学基本得到普及。充分利用校园网络，在学生选课、网上考试报名、教师网上成绩登陆和网络评教等方面实现了网络化，并在网络教学方面做出新的探索。例如，文检课实现多媒体教学与网上提交批改作业相结合的教学模式。

借助国家教育部西部高校校园网络工程建设之机，新增350 多台网络设备，建起三校统一的网络平台，站点遍布校内教学区、在办公区、学生生活区、教职工家属区，为建设数字校园奠定基础。

三校区图书馆的自动化管理系统进一步完善和提高，初步完成设备终端的配置，整合中国学术期刊数据库，累计引进购入中外文数据库 14 种，图书馆新增计算机 80 台，建成并开放第二电子阅览室、第一影像室、购置图书 3 万多册，基本满足教学、科研工作需求。向自治区教育厅申报教学成果 13 项，获得内蒙古自治区教育教学成果一等奖 2 项，二等奖 8 项。在全国一级学科评估中，学校冶金工程学科综合实力名列第 4 位、材料学科名列第 49 位，在一定程度上提高学校的知名度。

【科研产业】 2004年,学校共完成科研项目100多项,其中国家级项目20项,科研经费3 800多万元。共获得各级科技进步6项、国家发明专利1项。举办学术讲座45场,累计听众达5 000多人次。

学校积极扶持和帮助由学科带头人和学术骨干创办的爱能、联方、博益、光通等高科技产业,以现代企业管理模式,不断调整校办产业结构,提高产业的科技含量,提高校办产业的市场竞争力。2004年校办产业产值创历史新高,达到6 000万元;另外,经过稀土高新区的审批,学校有5个项目进驻内蒙古自治区大学科技园,占地77.56亩,为学校产业的发展拓展空间。

【合作办学】 为适应高等教育国际化的形势需求,学校积极开展国际交流与合作,已同美、英、德、日、澳大利亚等国家的十几所大学建立长期稳定的交流合作关系,并与澳大利亚科·廷科技大学联合开展本科办学项目,与澳大利亚新南威尔士大学、昆士兰大学开展联合培养工程硕士办学项目,与德国卡塞尔大学、多特蒙罗大学开展联合培养本科和硕士生办学项目。学校常年聘请多名外籍教师从事外语教学工作。并邀请10名国际专家、学者为名誉教授。

【学生工作】 建立和完善学生工作机构和机制,成立学生工作委员会,修订和完善各项学生管理制度。加强大学生思想政治教育工作,全面推进大学生的素质教育。加大特困生扶助力度,多渠道开辟勤工助学岗位,解决特困生实际困难。完成了2004年新生心里普查和建档工作,通过“心理健康月”和日常咨询工作的开展,促进学生的健康成长。

通过开展科技扶贫、“三下乡”、军民共建、青年文明号评选、青年志愿者服务、文体娱乐等丰富多彩的活动,提高校园文化品位,营造良好的育人氛围。2004年学校被授予全国大中专学生暑期“三下乡”社会实践优秀单位荣誉称号。

【获奖成果】 3月,在高等学校与科研院所学位与研究生教育评估所组织开展的第二次学科评估工作中,学校冶金工程学科在全国整体水平排名第4,学术读物排名第4,科学研究排名第5,学术声誉排名第6。学校副校长李保卫教授5月入选首批“新世纪百千万人才工程”国家级人选。

6月,2003年自治区科技进步奖评选结果揭晓,由学校李保卫等人主持完成的《燃烧过程优化技术与计算机控制研究》获一等奖。

【稀土学院成立】 10月22日,学校稀土学院正式挂牌成立。稀土学院是学校与包头市稀土开发区联合创办。中国工程院院士、中国稀土学会常务理事张国成,自治区科技厅副厅长马强,包头市领导苏青、哈达、赵胜利、朱蒙、李秉荣、张海顺应邀出席揭牌仪式。

(校办)

内蒙古民族大学

【领导名录】

党 委 书 记:特木尔(蒙古族)

党委副书记
校　　　长:王顶柱(蒙古族)

党委副书记:刘金赋

盛国清

副　校　长:马国文(回族 12月离任)

潘　祥(满族)

肖剑平(蒙古族)

刘宗瑞(4月任职)

【概况】 2004年,学校以迎接教育部本科教学水平评估为契机,加大基本建设力度,全年新建校舍2.46万平方米,新增教学仪器设备价值700万元。办学规模不断扩大,本专科学生增加2 631人,研究生增加51人,留学生增加10人,成人学历教育在籍学生增加5 925人。蒙医药学学科被国家中医药管理局评为重点学科。

2004年内蒙古民族大学获奖名录

姓名	性别	民族	奖　　项	获奖时间	工 作 单 位
李桂芳	女	汉	全国教育系统关心下一代工作先进个人	2004.1	离退办
孙志刚	男	汉	自治区优秀专业技术人员	2004.4	附属医院
张文韬	男	汉	自治区优秀留学回国人员	2004.4	化学学院
李增春	男	汉	自治区优秀留学回国人员	2004.4	化学学院
巴根那	男	蒙古	全国模范教师	2004.9	蒙医药学院
王顶柱	男	蒙古	国务院特贴专家	2004.11	蒙古学学院
杨阿敏	男	蒙古	国务院特贴专家	2004.11	蒙医药学院

【重要活动】 6月27日，国际有机产业发展高层次论坛在该校举办。全国人大常委会原副委员长布赫、自治区党委副书记巴特尔、通辽市市委书记莫建成、市长那顺孟和出席此次开幕式；9月15日，自治区副主席连辑在教育厅厅长郭明伦和通辽市市长那顺孟和陪同下到校视察；10月17日至26日，王顶柱校长率团赴蒙古国进行考察访问。分别同蒙古国国立大学和蒙古国卫生科技大学签署校际合作协议；12月9日，自治区副主席乌兰在卫生厅、计生委、新闻出版局等单位领导陪同下到该校实地考察。

（裴云涌）

内蒙古广播电视大学

【领导名录】

党委书记：孟　和（蒙古族）

党委副书记、校长：韩　竞

党委副书记、纪委书记：于　洋

党委委员、副校长：刘永生

张利生

【概况】 内蒙古广播电视大学占地面积7.1万平方米，校舍建筑面积5.8万平方米，固定资产和教学设备总值为4 830万元，图书馆藏书15万册。内设党政管理机构15个，教学支持服务中心7个，办学实体设5个学院。在职职工228名，其中教师和专业技术人员170人，全区电大系统教职工1 308人，专任教师607人，副高以上职称的有291人。初步形成一支适应远程开放教育需要的教学、科研、电教、技术队伍和行政、教学管理队伍。

内蒙古广播电视大学建立26年来，在12个盟市和矿区、铁路系统建立18所电大分校，全区94个教学点。形成以内蒙古电大为中心，基本覆盖全区城乡118万平方公里的现代远程开放教育的系统和网络。

【远程综合性开放大学】 建立了主动适应自治区经济建设和社会需要的办学机制，在进行学历教育的同时还举办为农村牧区实用技术培训服务的燎原广播电视教育和为社会各界服务的各种类型的非学历教育。学历教育分为本科、专科、中专3个层次8种办学形式。专业设置方面：本科和专科层次上先后依托中央电大统开和自开工学科、理学科、医学科、农学科、文学科、法学科、教育学科、经济学科、理工科农医科、金融科等，积极开展了民族教育。燎原教育拥有“一技一课”实用技术音像教材2 000多个，继续教育开展岗位培训、专业培训、干部培训、职业技术教育的非学历教育30多个。

【“中央广播电视大学人才培养模式改革和开放教育试点”】 2000年，经国家教育部和中央电大批准，内蒙古电大从当年秋季开始，正式承担“人才培养模式改革和开放教育试点”研究项目。经过四年多的努力，现在“试点项目”已有本科专业13个、专科专业18个，开放教育在籍生38 821人。同时全区电大共自筹资金2 327万元，用于电大现代远程教育建设工程，初步形成适应开放教育需要的现代远程教育设施和网络。2002年学校通过国家教育部“人才培养模式改革和开放教育试点”项目中期评估。根据《教育部关于启动高等学校教学质量与教学改革工程精品课程建设工作的通知》和《国家精品课程建设工作实施办法》结合内蒙古电大创建“品牌专业”的活动和电大远程开放教育的特点，学校制定《内蒙古广播电视大学精品课程建设五年规划》、《内蒙古广播电视大学精品课程建设实施方案》。

【奥鹏远程教育公共服务体系】 2004年8月内蒙古电大集体加盟奥鹏远程教育公共服务体系，设立内蒙古奥鹏远程教育管理中心，并在全区电大系统下设23家学习中心，建立基于计算机网络的远程学习环境及学习支持服务系统，为普通高校的网络教育提供积极有效的支持服务。

【总结性评估】 2004年9月，全面部署、启动迎接教育部“中央广播电视大学人才培养模式改革和开放教育试点”项目总结性评估工作，以评估指标为建设目标，贯彻“以评促改、以评促建、以评促管理、以评促发展”的指导原则，认真落实中期评估的整改方案，强调全面推进，力求重点突破。专家组受教育厅委托根据细化后的评估指标对全区电大各试点分校和部分教学点进行一次全面、细致的诊断性评估（即预评估），实地检查、指导，并提出反馈意见，极大地推进了开放教育试点项目在全区电大系统的深入发展。

【教学质量投诉中心】 为加强全区电大系统的教育教学质量管理和监控力度，充分体现以人为本，以服务为本的宗旨，落实教学的核心地位和学生的主体地位，2004年11月学校设立教育教学质量投诉中心，公布投诉电话和电子信箱。

【专业学科建设】 “品牌专业”和“精品课程”建设是学校教学、科研、学科建设的重要组成部分，是突出特色的需要。2004年9月完成了第二批“品牌专业”和“精品课程”的申报、评审和认定工作。

【系统建设】 根据各地区教育结构调整给电大系统带来的影

响,教育厅转发《内蒙古广播电视大学关于切实加强系统建的意见》,学校制定党委成员与分校当地党委、政府、教育部门联系沟通制度,主动给予分校和教学点提供指导、支持、帮助、解决发展中的问题,为分校免费安装双向视频系统,依托中央电大建设电子图书馆,与分校共享优质资源。

【模式构建】 研究形成内蒙古电大开放教育教学模式和教学管理模式,分别获自治区教学成果一等奖和二等奖,其中一等奖由自治区向国家推荐申报二等奖;在学校的指导性框架下,分校开始研究和创设自己的教学模式和教学管理模式,有些模式体现了本地特色,具有适应性和可行性。

【实施"一村一名大学生计划"】 中央电大的指导和支持下,2004 年共有 2 个国家扶贫重点县级电大工作站受到援助,通过援助,2 所受援县级电大工作站建成校园网,增加一批电教设备,能够满足开放教育和"一村一名大学生计划"的教学需要。援助项目建成将成为当地的设施较为完善的远程教育中心。2004 年秋季"一村一名大学生计划"在敖汉旗电大工作站和察哈尔右翼后旗电大工作站开办 5 个专业,正式注册学员 218 名。完成 2004 年实施"中央电大西部百所县级电大援助计划"工作,通过中央电大验收。

【科研工作】 全年科研工作的重点放在总结成果,加强应用上。在自治区教育科学研究规划办组织的教育科学优秀论文评奖活动中。学校推荐的以"中央电大人才培养模式改革和开放教育试点项目"为研究对象的 9 篇教育科学研究论文全部获奖(4 项一等奖,5 项二等奖)。参加中央电大试点课题研究项目评优,学校有一项获得"科研项目三等奖",一项获得"教学创新奖"。由中央广播电视大学委托内蒙古广播电视大学主办的全国电大系统的学术理论期刊《广播电视大学学报》(哲社版)以大文科观念为指导,开设 30 多个栏目。学报所刊文章在中国人民大学《报刊复印资料》等文摘报刊上的转引率逐年上升。在办好全国性的《广播电视大学学报》的同时,《内蒙古电大学刊》作为实施导学远程开放教育服务的主要文字媒体。

【教学及设施建设】 在教学及设施上投入 900 万元,系统建设上投入 90 万元,教职工培训投入 20 万元。建成全区电大双向视频会议系统,建成网络教室 6 个、多媒体教室 9 个,多功能视听教室 9 个,多功能阶梯教室 2 个,电子阅览室 1 个,建成全区电大共享的网络图书馆,建成一批有独立知识产权的多媒体教学资源。

【招生就业】 内蒙古电大 2004 年开放教育总计招生人数本(专)科共招生15 359人,其中本科4 382人、专科10 977人。本科完成招生计划的102%、专科104%。2004 年内蒙古电大全系统基本完成普通、成人专科招生计划。学校党委十分注重毕业生就业工作,成立就业指导办公室,采取有效措施,一次就业率比 2003 年提高 30 个百分点。完成高校就业指导中心下达的就业率指标。

【学生工作】 自 2000 年秋季正式启动实施教育部开展的"中央广播电视大学人才培养模式改革和开放教育试点"项目以来,已有三届近万名毕业生跨出"现代远程教育"超市大门。他们的思想素质、专业理论素质,文化艺术素质、身心健康素质等几方面不同程度地得到了改善和提高,这为自治区高等教育大众化和学习化社会的构建,奠定了基础。修订《内蒙古广播电视大学学生综合素质测评条例》,提高学生管理工作的制度化和规范化。发放奖学金。发放勤工助学困难补助。完成国家助学贷款工作。做好学生医疗、意外事故的保险工作。完成新生军训工作。开展全区评优工作。开展"中央电大优秀毕业生"评选推荐工作。

(吕淑琴)

内蒙古医学院

【领导名录】

书　　记:王耀新
院　　长:毕力夫(蒙古族)
副书记
纪委书记:迟耀君
副院长:傅　亮
　　　　宋振先
　　　　毅　和(蒙古族)
　　　　牛广明

【概况】 内蒙古医学院设有基础医学院等 11 个教学单位、2 所成人教育分院和一所卫生技术学校,有 3 个学科门类,26 个专业。有 20 个学科和专业具有硕士学位授予权。学院现有本科生4 500余人,研究生 500 余人,留学生 29 名,各级各类在校生9 800余人,形成以培养本科生为主,同时培养研究生、专科生、留学生的多层次,多专业,多形式的办学格局。

学院设有药物研究所、蒙药研究所和眼科等 9 个研究室。拥有 3 个自治区重点学科、2 个自治区重点实验室、6 个自治区临床医学领先学科、4 个自治区临床医学重点学科和 5 个自治区基础医学与预防医学重点实验室。学院建有病理学中心、分子生物学中心、化学实验中心、电镜中心、计算机网络中心、动物实验中心及8个大型多媒体教室和5个大型语音教室。学院有技术力量雄厚,设备先进的第一附属医院、第二附属医院和附属肿瘤医院(原呼和浩特铁路中心医院)为直属附属医院;包钢职工医院、内蒙古一机厂医院分别为学院的第三、第四附属医院;学院设有20所教学医院,临床教学基地充足而且教学条件与环境十分优越。

学院具有一支素质优良,结构合理的师资队伍。全院教职工总数3 686名(含三所附院),其中有正高级职称人员94名,副高级职称人员465名;博士生导师2名(与北京中医药大学联合招生),博士生副导师2名(北大医学部聘请),硕士生导师125名;并聘请国外名誉教授30余名。有19人被评为国家和自治区有突出贡献的中青年专家,51人享受政府特殊津贴。

【教育教学】 实验资料费、实习费、职工培训费都有不同程度的增长。业务费、教学差旅费、体育维持费和教学仪器设备维修费等四项经费占学费收入的25.2%,生均四项经费比上年度增长5.2%,现有教学仪器设备总值达5 454.25万元,生均教学仪器设备值达5 347.31元。新增教学仪器设备值951.23万元,新上的3个本科专业和6个专科专业都按计划完成首批新生的招生工作,并获准新上制药工程、药品营销、医学检验、应用心理学、预防医学、药物制剂6个本科专业。2004年共招收全日制本专科生1 561名,比2003年扩招477名,招收研究生186名,扩招率为20%,新招收蒙古国留学生13名。进一步深化临床医学专业"两段式"教学管理体制改革,完成基础医学试题库编制工作,制定并开始实施"两段式"考务。

【科技创新】 2004年,学院获得国家自然科学基金资助项目两项,共申报各级各类科研项目179项,中标70项,其中包括国家自然科学基金2项,比上年增加57项;共获经费278万元,比上年增加252万元,增长近10倍。获自治区科技进步奖5项,其中二等奖2项,三等奖3项。申请鉴定科技成果9项。申报两项国家发明专利。投入200万元加强和完善分子生物学实验室的建设。筹措资金10万元设立青年科技创新基金。做好学报编辑工作,共出版4期,累计50余万字,编辑出版《研究生专辑》。

【人才队伍】 认真贯彻中央、自治区人才工作会议精神,狠抓人才队伍建设,完成了享受政府特殊津贴、自治区有突出贡献中青年专家人选、"321"人选、自治区"优秀留学回国人员"的选拔推荐工作,有1名同志获政府特贴,有3名同志被评为自治区有突出贡献的中青年专家,有14名同志入选自治区"321"人才工程一、二层次。同时积极"筑巢引凤",努力把学院建设成为自治区的人才流入区,继续采取"送出去、引进来"等措施培养师资,重点抓了新上专业的师资培养,194人取得各级专业技术资格。组织1 000余人参加继续教育培训。重视培养和引进高层次人才,进一步提高教师特别是中青年教师的学历层次,引进硕士以上学历教师24名,使硕士以上学历教师比例上升到28.5%,新招聘本科生87名。加大了对高学历、高职称人员的培养使用力度,在学院新一轮处级干部聘任中,聘任具有研究生以上学历正处级干部7名,占16%,提高一个百分点;聘任具有研究生以上学历副处级干部18名,占30%,提高18个百分点;处级干部中具有高级职称人员62名,占59%,提高5个百分点。对人才采取动态、流动的管理模式,在吸引、留住和用好现有人才的前提下,出台《内蒙古医学院特聘教授试行办法》,设立特聘教授岗位,聘请校外特聘教授3名。与北京中医药大学实现联合办学,两名教师被聘为博士生导师。继续定向培养博士生和硕士生,选送18名(国内12名、国外6名)骨干教师赴国内外知名大学和科研院所进修学习,协作开展科学研究。隆重奖励教学、科研、医疗工作先进集体和个人。

【基础设施建设】 稳步拓展学院办学空间,积极筹措资金,完成新校区1 400余亩的土地购置、校园规划设计和一期工程的单体设计后勤服务集团2 664平方米的进修生综合楼交付使用。投资近千万元对锅炉房进行改扩建,投资近40万元对学生公寓供暖、供水进行改造维修。对学生公寓用电实行智能化管理。提高学生食堂的饭菜质量,解决学院内外接待就餐问题,为学院节约一定资金。

【学生工作】 召开首次学生工作会议,对学生管理中存在的突出问题进行了研究和探索,出台《关于严禁全日制学生校外住宿的规定》,建立学生微机化管理系统,加强学生的规范化管理;重新修订《大学生综合素质测评条例》,开展学生综合素质测评,评出1 387名奖学金获得者,发放奖学金119万余元;开展"三好学生"、"优秀学生干部"和"先进班集体"评选表彰工作;开展国家奖学金评选申报工作,评选出20名国家奖学金获得者;为282名贫困生减免学杂费33.56万元;完成国家助学贷款信息系统采集工作;发放勤工助学补助和困难补助72 840元,受益特困学生1 073人次,通过社会助学工程,积极为贫困学生联系助学资金2.5万余元;完成2004级1 561名新生的军训任务;完善毕业生就业网站,做好毕业生就业指导工作,毕业生就业率达72.6%,其中本科毕业生初次就业率达74.28%。

【对外交流】 把省际间对等招生院校由2003年的10个省、市、自治区扩展到16个。与俄罗斯伊尔库茨克州、蒙古国生命健康科技大学和澳大利亚、新西兰等国家和地区的有关机构达成联合办学意向,巩固和扩大协作工作成果。推进了首都医科大学对口支援学院的工作。继续巩固和推进与日本国山梨医科大学和富山医科药科大学等国外大学及科研机构在教学、科研、人才培养等方面所签署协议内容的落实工作。

(赵云山　安志新)

内蒙古财经学院

【领导名录】

书　　记:汪世清

院　　长:尹正业

副 书 记:荣板晓(蒙古族)

副 院 长:张亚民

杨平川

孟凡如

刘文清

纪检书记:白守中

【概况】 内蒙古财经学院成立于1960年,是自治区所属的以经济和管理学科为主,兼办法、文 、理、工学科的高等财经院校。学院2004年有在校本科生5 505名。全院共有教职工942名,其中教师525名,教师中有教授、副教授219名。

学院设有外贸外语、市场营销、工商管理、统计学、计算机信息、金融学、财政税务、公共事业管理、法学、会计与财务管理、经济学和旅游经济管理等十二个系及基础课教学部、马列思政教学部、体育教学部、继续教育学院等教学部。开设经济学、金融学、财政学、国际经济与贸易、会计学、财务管理、旅游管理、工商管理、市场营销、信息管理与信息系统、公共事业管理、计算机科学与技术、统计学、法学、人力资源管理、商务英语等本科专业和金融与证券等专科专业。学院占地面积8 117 765.21平方米。有校舍252 768平方米。学院设有电教中心、语音室、外语广播电台、计算机中心、网络中心,工业技术实验室、制图室、会计实验室、CAI试验室、商品实验室和模拟法庭等实践教学机构。

【教学科研工作】 继续完善和推行学分制管理制度,积极探索和研究学分制实施过程中的新情况、新问题。制定内蒙古财经学院"十一五"发展规划。新申报的金融工程、资金评估、审计等三个本科专业将于2005年开始招生。

【公共服务体系与基础设施】 全面完成旅游经济系教学楼工程,新建5 010平方米多媒体教学楼、12 625平方米学生宿舍楼、1 500平方米学生食堂。购建兴松小区15 136平方米住宅楼,完成东西区教学楼、学生宿舍楼、教工住宅楼、办公楼及其它设施的维修改造工程。

【重要活动】 1.美国怀俄明大学代表团应邀访问本院,就互派教师、访问学者达成初步共识。

2.学院第三届教职工代表大会暨工会会员代表大会召开。通过了学院《十五后期 、十一五及二O二O年远景规划》。

(王学岩)

内蒙古大学艺术学院

【领导名录】

党 委 书 记:锡胡尔(女　蒙古族)

院　　　长:李玉林

党委副书记:毅　力(蒙古族)

副　院　长:宋生贵

赵魁武(蒙古族 12月任职)

【概况】 2004年,学院占地50 000平方米,总建筑面积56 688平方米。设有美术、艺术设计、音乐、舞蹈四个系,1所附属中等艺术学校,有12个本科专业。2004年在校学生3 885人,其中本科生2 250人,中专生1 252人,高职及成人教育学生383人。全院教职工527人,少数民族占41.4%。专任教师343人,其中教授、副教授55人。其他副高级以上职称19人,国内外客座教授30多人。

【网络建设】 构建网络宣传、院报、橱窗、板报等全方位、多角度的立体宣传网络,4月22日开通校园网,学院主页正式运行。为建设好校园网,召开全院网络工作会议,举办网络信息员培训班,制定《内蒙古大学艺术学院网络宣传管理办法》,顺利地开展学院网络宣传工作,及时对学院的教学、科研等重大活动进行动态报道。学院网站共发布文字信息148条,图片信息25条。院报再次荣获自治区报业质量评比最高奖和印刷质量先进奖荣获"全区高校校报优质级第一名"。

【评选活动】 开展优秀教师、优秀教育工作者的评选,1名教师被评为校级"十佳"女教工;22名教职工被评为学院优秀教师和优秀教育工作者;18名教职工被评为"三育人"先进个人, 23名学生被授予"三好学生"称号,15名学生被授予"优秀学生干部"称号,25名学生被授予"优秀毕业生"称号。

【改革工作】 在广泛调研、充分酝酿、精心组织、严格程序的基础上，完成学院第二轮机构改革和干部人事分配制度改革。较之改革前，处级干部的年龄降低6.4岁，本科以上学历增加到70%，妇女干部比例由21.4%增加到30%。全院专业技术岗位中B2岗以上高岗人员比例明显提高，而低岗人员比例有所下降，其中A岗比例平均提高3.7个百分点，B1－B2岗比例平均提高5.6个百分点，由高岗到低岗1∶3∶6的“金字塔”型比例说明这次岗位聘任的结构较为科学合理。

【教学组织机构】 成立了内蒙古大学艺术学院学术委员会、教学督导室、教材管理委员会等教学组织在重点学科建设、重点课程建设、职称评聘、教材选用、教学科研成果评奖、教学督查等各项工作中已充分发挥了专家治校的重要作用。

【重点学科建设】 开展院级重点学科的遴选工作，初步遴选和确定了文艺学、音乐学、美术学、艺术设计学、舞蹈学、中国少数民族艺术学等6个学科为学院重点建设学科。

【招生工作】 制定《内蒙古大学艺术学院函授成人后本教学计划》，招收首批函授成人后本学生151人。按照学校及学院制定的相关细则，学院首次推荐2名应届本科生免试进入文艺学硕士点学习，20名专科生升入本科学习，28名中专生作为免试生升入大学。在大学招生工作中，采取蒙授考生单列计划、单独划线的方式，向传统民族艺术专业倾斜，突出民族教育特色。共有4 925人报考本院，2 430名考生取得大学文考资格。中专首次招收初中起点五年制高职班。学院共录取2004级新生928人，其中本科生658人，中专生270人，本科生录取比例为16%。文艺学硕士学位点正式招生开创研究生教学工作。

【现代化教育技术应用】 开展多媒体教育技术的培训和推广工作。新建4个多媒体教室，68名教师参加学院首届现代多媒体教育技术培训班，11门课程参加学院首届多媒体教学展示活动。

【科研创作】 开展科研项目的申报立项、优秀教学成果奖的评选推荐工作和第四届学院科研、创作成果评奖活动。获准立项的校级以上科研项目达到10项，推荐评选1项为自治区级优秀教学成果奖，6项为校级优秀教学成果，26项为院级优秀教学成果奖。2004年度各级科研课题共申报3项，其中1项被批准为自治区级重点课题。开展首届学术月活动，共举办各类学术讲座36场。出版专著1部，在国家公开出版的学术期刊上发表学术论文和艺术创作作品200余项，其中国家级核心期刊发表13篇、省部级以上核心期刊发表33篇。

【艺术展演】 有209名师生的科研、创作、表演作品在国内外的专业评奖与比赛中获奖。其中在国际性比赛中获奖3项，全国性比赛中获奖58项。师生参加的专业比赛有：第七届中国国际合唱节、第十届北京国际手风琴比赛、全国首届中华杯音乐比赛、J道尔吉达格瓦杯国际长调大赛、中国首届“成吉思汗杯”蒙古舞大赛、第十三届真维斯杯全国休闲装设计大赛、第五届虎门国际女装设计大赛等。举办和参加校内教学成果展示会、音乐会、文艺演出、教学观摩、作品展78场；组织师生参加了27场全国以及自治区的大型文艺演出。如全国“校园之春”春节联欢晚会、中央电视台“心连心”艺术团赴赤峰慰问演出、“全国推广普通话宣传周”闭幕式文艺晚会、内蒙古首届草原文化艺术节暨呼和浩特第五届昭君文化节开幕式文艺晚会、自治区庆祝第20个教师节文艺晚会、自治区国庆文艺晚会、自治区团委主办的纪念“五四”运动85周年大型文艺晚会、锡林浩特市首届国际游牧文化艺术节开幕式文艺晚会、自治区直属机关主办的庆祝建党83周年暨纪念邓小平诞辰100周年文艺演出、庆祝巴彦淖尔市建市演出、“国际青年科学家论坛”专场文艺演出等。

【对外交流】 为服务民族文化大区建设，主办“内蒙古大学艺术学院首届民族艺术国际学术研讨会”，承办“内蒙古民族音乐发展主题研讨会”、中国首届“成吉思汗杯”蒙古舞大赛、全区文艺调演等大型艺术交流活动。

与丹麦皇家美术学院成功互访并结为友好学校。签订校际学术交流协作书，并开展了一系列学术交流，分别在哥本哈根和呼和浩特内蒙古美术馆举办师生作品展。

与美国佛蒙特州教育部门就1999年以来双方的第一期项目交流情况做了总结，达成第二期教育文化交流合作项目协议，并成功实现互访，在佛蒙特州的交流和展演活动受到当地众多媒体的关注。

【基础设施】 筹资83万余元完成操场翻新、美术系版画工作室改造、大小音乐厅维修、琴房改造、舞蹈排练厅装修等13项基建项目，对学院水、电、锅炉等后勤福利设施进行检修和更新改造。加大教学投入，投入近100万元用于教学科研日常工作和师资培养的经费，投入335万元新建4个多媒体教室，购置更新了钢琴等一大批教学乐器和图书音像资料等。

【成果展示】 5月18日至19日，学院美术系、艺术设计系2004届毕业生作品展在内蒙古美术馆举行，美术系绘画专业（美术教育、中国画、油画、版画、电脑美术5个专业方向）130余件作品；艺术设计系艺术设计专业（环境设计、视觉传达设计、服装设计、电脑多媒体设计4个专业方向）600余件作品参加展览。

【音乐会】 音乐系"百灵"合唱团荣获"第七届中国国际合唱节"比赛银奖。相继成立"潮尔民族乐团"、"大学生手风琴乐团"和举办了建团专场音乐会。至2004年底,音乐系已建立5个师生艺术实践团体,并成功运行,探索出了一条科学的艺术实践之路。

【学报】 经国家新闻出版总署批准,学院学报《内蒙古大学艺术学院学报》(原《草原艺坛》)正式成为国内外公开出版发行的国家统一正式出版物,布赫、乌云其木格同志和自治区领导王占、陈光林、宝音德力格尔、陈瑞清为学报公开发行题辞,自治区副主席连辑为学报题写刊名。

(苗秀林)

河套大学

【领导名录】

校　　长:李成义
党委副书记:刘还俊(7月任职)
党委副书记
纪检书记:郭玉梅(女)
副 校 长:李振国
王荣旺
巴图查干(蒙古族)
石文清
郑锦麟
王宏伟
张建国

【概况】 2004年,经自治区人民政府批准,原巴彦淖尔盟电大、巴彦淖尔盟卫校、巴彦淖尔盟财校、巴彦淖尔盟农牧学校和临河水校并入河套大学,进行临河地区大中专院校新一轮结构布局调整。经过全校上下特别是原五校师生的共同努力,五校实现稳定过渡,八校实现重新整合。新整合后的河套大学办学规模空前扩大,现有在职教职工1 058人,其中,高级正职5名,高级副职178名,中级职称384名,学校下设18个教学单位,各类在校生12 000余名。

2004年3月18日,学校隆重举行内蒙古师范大学西部学院成立挂牌仪式,标志着学校与区内外名校联合办学走出一条新路子,内师大西部学院是内师大与河大为满足自治区西部地区对高学历专业人才的需求,联合共建的本科层次高等院校,学院设在河套大学,与河套大学实行一套机构两块牌子的管理模式。首批招收8个专业本科新生467名,编为13个班进行教学,执行内师大教学计划,双方共同选派富有教学经验、学历层次较高的教师承担教育教学和管理任务。11月中旬,接受内师大期中教学检查,西部学院各方面做出的努力受到检查组的充分肯定。

【思想政治工作】 12月24日,组织全校"思政工作研究会2004年年会",总结和交流了师生思想政治工作的成功经验,年会共收到各部门参选论文87篇,并评选出优秀论文34篇予以表彰,其中7篇论文在大会上进行交流。全共发展师生新党员248名,其中学生党员235名。组织两次较大型的扶贫帮困活动,并组织全校师生为印度洋海啸灾区捐助4 000元。在下半年全校扶贫济困送温暖活动中,共捐款3 973元,各类捐赠衣物2 000多件。

【科研工作】 2004年,对全校教职工撰写论文和进行科研与教育教学相结合等情况进行了新一轮的摸底,为教职工建立科研档案,同时完善一系列规章制度。经自治区新闻出版局批准,《河套大学学报》于11月30日正式出版。

2004年度申报区级科研立项2项,审核鉴定校级科研成果1项。广大教师积极撰写科研论文,年度学术年会共收到参评论文132篇,并对优秀论文进行宣讲和交流,评选出60篇优秀论文进行表彰奖励。

【基础设施建设】 2004年,主校区新建的5 860平方米的第四栋学生公寓楼,6 390多平方米的科技信息楼和700平方米2号学生餐厅全部交付使用,并配置了相应的设施。南校区新建的4 000多平方米的艺术楼竣工验收,投入使用,新增335人座艺术厅及舞蹈厅、画展厅等。旧图书馆加层490平方米已经完成,新增阅览室200人座,有效地缓节南校区阅览室不足的矛盾。改造体育馆礼堂工程已竣工。新配备电脑257台,并使全校电脑接入英特宽带网,成立河套大学网络中心,建立学生就业网站。新建多媒体教室4个,投资48万元新建化学实验室4个,附属中学投资20万元新建实验室3个。新增学生课桌2 000余套,解决2004年新生入学难的问题。更新大量的其它急需教学设备,购买部分图书资料,接受中国人民大学捐赠图书8 000多册,价值21万元。

【德育教育】 2004年,在德育工作中,重点贯彻中共中央、国务院《关于进一步加强和改进高校学生思想政治教育的意见》和《公民道德建设实施纲要》,在青年学生中大力开展中华民族传统美德和社会主义高尚道德教育活动,倡导该纲要提出的20字的公民基本道德规范。除了注重在各学科教学中渗透德育内容外,还通过讲座、演讲、征文、军训、社团活动、值周劳动、文艺演出等活动加强道德教育。例如主校区的"三下乡"活动、国庆中秋文艺晚会、校园歌手大奖赛和农牧职业技术学校科技下乡活动、师范部组织的志愿者赴部队演出活动、生化系的"热爱祖国、热爱河大、热爱生活"演讲比赛、数学系利用媒体举办的系列活动、水建系的二课堂成果展览、医学院组织的500多名师生无偿献血活动,以及各部系开展的迎新生系列活动等。都利用学生喜闻乐见的形式开展爱国主义教育。学校充分利用电视、广播、宣传栏、校报等舆论工具,大力宣传德育内容,并在优化校园环境建设中,注重形式和内容的和谐,为德育创建良好氛围。各部系还组织学生慰问孤寡老人、失学儿童,并到少管所进行帮教活动。深入敬老院、特殊教育学校、部队、社区进行各类宣传和慰问活动。

【招生和毕业生就业指导】 2004年共招新生2 200多名,并与13个周边省区实现对口交流招生,招收区外学生258人,完成首届民族教育两个专业72人的招生任务,由于宣传到位、措施到位、真抓实干,年度招生工作较圆满地完成任务。学校申报的七个新增专业已有四个获准招生,招生宣传工作已经展开。坚持"以质量求生存,以教学为中心,以就业为导向"的原则,就业指导单列机构,落实"一把手"工程,加大对就业指导的投入力度,努力改善软硬件条件。广泛征集各地就业信息,与用人单位建立联系网,积极开展就业指导工作。完善毕业生基本情况上网宣传工作机制,组织召开共22场与用人单位的就业洽谈会,开设学生就业指导课教育,并开展就业安全教育活动。经过精心筹备,与市人事局联合,成功地举办"巴彦淖尔市2004年人才交流大会暨河套大学2005年毕业生双选洽谈会",共有53家用人单位参会,与学校2 000多名毕业生进行洽谈,共达成初步意向2 000多人次,提供就业岗位986个,另有30多家区内外用人单位来电来函,查询基本情况。为广大毕业生提供了广阔的就业平台,2004年毕业生一次性就业率为88.6%,居全区高校前列,呈现出入口通、出口畅的良好态势。

【继续教育和远程教育】 2004年完成成人高等教育招生605人,成人教育在校生总数达1 773人,比往年有长足进步。在此基础上,开办各类培训班,其中,寒暑两期面授师范类函授学员698人,年底面授水建类学员267人,年初开展全市第九期初中教师培训,培训学员256人。承办全市345名中小学教师信息技术培训,承办全市首期124名初中骨干教师继续教育任务,市直行政、企事业单位专业技术人员继续教育,培训总量1 549人次。此外还组织本校拟评聘和转职称教师的继续教育培训,总数140名。继续教育工作,既服务社会,又提高学校声誉,收到很好的社会效益和经济效益。电大部春秋两季共招新生1 604人,在籍学生达3 130人。在完善规章制度、改善办学条件的基础上,重点开展人才培养模式改革试点工作,力争在现代远程开放教育模式上有新的突破。

（刘　军）

内蒙古建筑职业技术学院

【领导名录】

党 委 书 记:巴音巴图(蒙古族)

副书记　院长:侯　元

副　书　记:张　涛

副　院　长:王　立

乔志远

贺俊杰

纪 检 书 记:张　涛

【概况】 内蒙古建筑职业技术学院是直属自治区人民政府的一所全日制普通高等学校。2002年12月被教育部、财政部审评为国家级示范性职业技术学院项目建设单位。2004年3月,被自治区人民政府确定为全区高职教育改革试点院校。

学院占地面积391.41亩,其中新校区310.11亩。校舍建筑面积13.34万平方米,馆藏图书25万册。固定资产总值1.5亿元。至2004年底,教学仪器总值达3 200万元。有教职工403人,专任教师260人,其中,副高以上职称91人,占专任教师总数的35%。全日制在校生6 700余人。学院毕业生一次性就业率83%,连续3年名列自治区高校专科层次之首,年内就业率基本达100%。

学院设有天津大学函授站、沈阳建工学院函授站、长安大学函授站。承担着全区项目经理、监理工程师、注册建筑师、结构工程师、房地产估价师、工程造价师等高层次专业技术人员的培训任务。

【新校区建设】 采取自筹、集资、吸引校外投资等多种方式筹措建设资金,新校区建设初具规模。相继完成图书馆和网络中心大楼,实训大楼,2号教学楼,4号、5号、6号学生公寓楼的建设任务;完成新建项目给水、中水、排水、采暖和外网管线连接等项工程;完成二期外网供电和新建楼供电入户工程;新增加630千伏安和800千伏安两个箱式变压器;完成134平方米配电室土建工程和120千瓦发电机及配电设备安装和调试工作;新建790平方米学生和教职工车棚工程;建成39.20平方米的垃圾转运站;新建锅炉房沉淀池一座;初步完成新校区高低压电缆铺设工程。长度为1 750米的校内道路硬化工程全面竣工。新校区建设完成总投资近2亿元。2004年10月学院学历教育整体搬迁。

【迎评工作】 召开全院"迎评促建"动员大会,成立学院"迎评”工作领导小组针对学院迎评工作以及建设和发展中存在的实际困难，自治区副主席连辑于年初带队亲自深入到学院新、旧两个校区，进行实地考察并召开现场办公会议。会上就解决学院的“迎评”工作和建设发展问题提出七点意见。会议同时将学院确定为全区高职高专院校改革与发展试点单位。

【教育教学工作】 作为贯彻落实学院第一次教学工作会议的精神的重要举措，成立学院教学成果奖励评奖领导小组，经过专家组的严格审定和公示，评出学院教学成果一等奖1项；二等奖12项；优秀奖24项。同时，院级教学成果一等奖“2+0.5+0.5人才培养模式研究与实践”项目荣获自治区教学成果一等奖，并推荐申报全国教育教学成果奖的评审，院级成果二等奖“‘建筑装饰’专业改革与实践”项目获自治区级教学成果二等奖。

在2004年5月24日召开的全区高职高专教育研究会上，学院被推举为理事长单位，并于12月承办召开全区高职高专教育研究会2004年年会，出版内部刊物《高职高专动态》，研究会工作正式启动。

【招生就业】 2004年区外招生省数达17个，入校新生2 300多人。在2004年12月4日举行的2005届内蒙古自治区高职类毕业生首场就业洽谈会暨院第八届毕业生就业供需见面会上，有来自全区150多家用人单位参加就业洽谈会，见面会还吸引来自内蒙古工业大学、内蒙古农业大学、内蒙古科技大学和其它在呼和浩特的高职高专院校的毕业生。2004年学院毕业生一次性就业率达83%，年底实现2004届毕业生全部就业。学院还被推选为全区高职高专毕业生就业工作促进会理事长单位。2004年学院8个专业的57名毕业生通过推荐、选拔、公试、考试进入自治区高等本科院校学习，考生录取率达80%，较往年相比上升幅度较大。

2004年底，学院召开第一次毕业生就业工作会议。会议分析了学院毕业生就业工作面临的新形势，安排部署当前和今后一个时期的就业工作。会议通过《学院关于进一步加强和改进就业工作的意见》，提出今后一个时期就业工作的指导思想、工作目标、主要任务和具体措施。

【对外交流】 学院与北京工业职业技术学院签订京蒙高等学院对口支援协作协议，协议约定双方将在学术交流、迎评促建、师资培养、招生就业等多个领域进一步开展合作。

2004年蒙古国欧·铁勒罕建筑学院和蒙古国国立科技大学分别与学院建立友好合作关系。2004年8月、11月两次派专业人员分赴蒙古国进行实地考察并进行友好访问，开展学术交流。签订合作协议。

（校　办）

呼伦贝尔学院

【领导名录】

党委书记：留　锁（蒙古族）

院　　长
党委副书记：王　志

党委副书记：刘晶毅

党委副书记
纪检书记：李雅梅（女）

党委副书记：布　仁（蒙古族 6月任职）

副 院 长
党委委员：朱玉东

董一琳

金　宝（蒙古族）

党委委员：常　海（蒙古族）

【概况】 2004年，在院党委的统一部署下，对党员和全体师生进行思想政治教育、形势政策教育，强化理论学习。举办“三个代表”重要思想和党的十六届四中全会精神理论培训班、环节干部计算机网络知识培训班等，累计培训达2 400多人次。11月，学院荣获“全区思想政治工作优秀单位”光荣称号，受到自治区党委宣传部、组织部、国资委、总工会和思想研究会的表彰奖励。根据中宣部、教育部关于“两课”课程设置和改革的要求，结合学院新学分制方案的实际，积极构建“理论教学与社会实践相结合”、“2+1”的教学新模式，制定并出台《大学生暑期社会实践活动方案》。

2004年，学院在原有8个本科专业的基础上，又新增旅游管理、学前教育、德育教育、音乐学、俄语、会计学、地理科学、化学、土木工程、教育技术学、历史学、英语、市场营销、心理学等14个本科专业。至此，学院共有22个本科专业。

【人才兴校战略】 2004年，学院制定出台“一个计划、三项规划”，即《呼伦贝尔学院深化教学改革提高教学质量行动计划》、《呼伦贝尔学院师资队伍建设规划》、《呼伦贝尔学院校园建设规划》和《呼伦贝尔学院实验室建设规划》，出台《呼伦贝尔学院骨干教师队伍建设实施方案》。全年共派出22名教师在外进修学习，外聘教师53人，有近百名新毕业的研究生、大学生充实到学院各教育教学岗位。同时以优惠政策吸引人才，学院引进硕士13名，学成返校工作的博士有1名，在职攻读博士学位有6名，在职攻读硕士学位的192名，对引进或自己培养的博士给15万元补贴，对引进硕士给7万元补贴，对在职攻读取得硕士学位的给5万元补贴。2004年全校博士、硕士学位教师有66

人，占全校教师总数的11%。被评为呼伦贝尔市人才工作先进单位。

【为教学科研服务】 2004年，学院坚持以教学科研为中心，积极深化教育教学改革，确保本科办学质量，把教学科研中心工作当成主要工作。召开学院历史上首届教学工作会议，讨论通过《呼伦贝尔学院深化教学改革提高教学质量行动计划》、《呼伦贝尔学院学科建设规划实施方案》、《呼伦贝尔学院师资队伍建设规划实施方案》、《呼伦贝尔学院骨干教师队伍建设实施方案》、《呼伦贝尔学院课程建设实施方案》、《呼伦贝尔学院2004年本专科教学计划的修订意见》、《呼伦贝尔学院实验室建设规划》和《关于加强本科教学工作提高教学质量的若干措施》等8个重要文件。学院采取措施，积极开展科研及学术交流活动，与北京大学合作的敖鲁古雅鄂温克民族乡综合科研项目被列为自治区级课题已正式启动；举办20多期教授论坛和博士、硕士论坛，活跃校园学术气氛；由科研基地承担的《俄罗斯紫花苜蓿引种繁育试验研究》项目于2004年9月通过市级验收鉴定。2004年学院共发表省级以上学术论文350篇，举办学术讲座102次，召开各类学术会议68次，选派专业人员外出参加学术交流57次。学校的学术氛围日益浓厚，科研水平、学术水平正在稳步提升。

通过引资等渠道，向教学部门投入经费1 000余万元，新建30多个多媒体教室，改造校园网，完善机房的设备设施，推进应用现代教育技术的水平。

实施“以评促建，以评促管，评建结合，重在建设”的方针，学校教学经费投入多用在实验室建设上，实验教学质量有进一步的提高。在2004年底结束的全区高校基础课教学实验室评估中，学院参评的8个实验室全部通过评估验收。学院有9个工种获得国家职业技能鉴定中心确认的高等职业技术资质鉴定资格，高职教育的标准和培养培训目标进一步明确，起到应有的导向和示范作用，凸显了学院的办学特色。

【招生和就业】 成立招生就业指导处，有8个专业晋升为本科，全校有22个专业实现本科招生。与区外省市高校联系，同黑龙江、辽宁、吉林、河北、湖南、湖北6省15所高校签订对等交换协议，首次实现区外招生。秋季新生报到人数3 851人，创学院新生入学人数新高，其中本科报到1 614人，超计划714人，专科报到2 237人，区外新生共报到93人，首次实现不补录超额完成计划。

就业指导工作，采取主动出击的策略，想办法、找出路、走出去、请进来，以信函、电话、互联网、走访、参加各类人才交流会等多种形式多方收集就业信息。2004年3月成功举办呼伦贝尔学院2004届毕业生供需洽谈会。2004届秋季毕业生1 758人中就业1 101人，待业647人，就业率为57.5%。

【对外开放办学】 2004年，学院正式组建外事处，建立健全外事工作各项规章制度，明确岗位职责。根据教育部国际司意见，在学院建立国家赴俄留学生培训基地，使学院成为全国赴俄留学培训五大基地之一，2004年这项工作正式启动。同时启动留学生招生及短期留学生培训工作。2004年已接收对等互换蒙古留学生3名，招收韩国语言留学生1名。全年学院共聘请长短期外国文教专家16名。

【干部人事制度 分配制度改革】 2004年，学院圆满完成全院包括机构设置、岗位设置、干部职数编制等在内的一整套第二轮全院干部竞聘工作。本次竞聘共设112名处级岗位，256个科级岗位，报名参聘人数达470人，最终有112名处级干部和246名科级干部走上工作岗位。继续推行校内职员津贴制和教师八级岗位津贴制，确保教职工收入水平不断提高，并加强向一线教师倾斜的力度。

【后勤社会化改革和财务管理】 进一步明确后勤管理处与后勤集团的关系和职责，提高部门的工作效率。后勤集团面向全院做好服务保障工作，逐步形成“自主经营、自负盈亏、自我约束、自我发展”的相对独立企业法人地位的运行机制。后勤集团走出校门开拓社会市场，接收文博小区的物业管理，增强市场竞争意识和可持续发展的活力。

在加强财务日常管理的同时加大财务支出和物资采购的监审力度。加强预决算管理，成立经费预算审查委员会。增设监审处，审计和监督各项支出，参与购置和大型建设、维修项目的公开招标，强化了审计监督。

【基础设施建设】 基础设施和校园环境建设中共投入1 000多万元，主要的建设项目包括：装修工程分院安培中心，投入33万元；改造原管院院内自来水及工程分院自来水管道，投入5万元；维修工程分院学生公寓楼、教学楼，投入75万元；新建学生公寓楼8 099平方米，引资投入900万元；由市政出资将全市排污管道次干线接入学院；“五一”期间全院师生植树10 000株，美化、绿化校园，种植丁香、花草等投入13.6万元。

（王广利 张树福）

卫生 体育

卫生事业

【内蒙古自治区卫生厅领导名录】

厅　　长:杨成旺

副 厅 长:刘树涛(满族 12月离任)

郝　富(6月离任)

白宝玉(蒙古族)

乌　兰(女 蒙古族)

许宏智(12月任职)

纪检组组长:贺丰奇

助理巡视员:尹赤林(蒙古族 12月任职)

裴政峰(12月任职)

【概况】 内蒙古自治区卫生厅内设处室13个:办公室、人事处、规划财务处、医政处、中蒙医处、卫生法制与监督处、疾病预防控制处、科技教育处、基层卫生与妇幼保健处、离退休人员工作处、机关党委、纪检组、保健处。自治区卫生厅直属单位:自治区卫生厅机关事务服务中心、内蒙古自治区医院、内蒙古中蒙医医院、内蒙古妇幼保健院、内蒙古精神卫生中心、内蒙古第四医院、内蒙古国外贷款卫生项目服务中心、内蒙古卫生厅卫生监督所、内蒙古疾病预防控制中心、内蒙古地方病防治研究中心、内蒙古血液中心、内蒙古健康教育研究所、内蒙古卫生厅国际交流中心、内蒙古医学杂志社、内蒙古卫生信息中心、内蒙古卫生干部进修学校。

自治区卫生厅机关现有编制65人(其中2人单列编制),实有人数57人。其中省级2人、正厅级1人、副厅级7人、正处级11人、副处级19人、科级15人、科员2人。其中男性35人、女性22人、少数民族18人、中共党员49人、民族党派2人。有研究生7人、大学本科30人、大学专科13人、中专2人、高中3人、初中1人。

【公共卫生体系】 内蒙古自治区卫生厅专门成立公共卫生体系建设工作领导小组。10月份,卫生厅在包头召开全区医疗急救指挥系统建设现场交流会,认真总结分析工作中出现的问题,进一步规范项目建设工作。各地高度重视两个体系建设,保证项目如期完工。按照建设计划,全区104个医疗救治体系建设项目已有83个开工建设,其中21个项目当年竣工。68个疾病预防控制体系在建项目,有51个竣工。年内,自治区先后实施世行贷款、国际合作以及国家卫生建设项目20个,国家投入卫生事业发展资金4.6亿元,公共卫生服务能力明显提高。

全区公共卫生事件预警机制基本形成。全区建立各类疾病监测点85个,自治区、盟市、旗县区三级疾病预防控制机构之间实现联网互通,477个县级以上医疗机构实现疫情网络直报。全区疫情报告及时率达95.3%,准确率达93.5%。全区广泛开展防治非典、艾滋病、人禽流感等传染病知识培训工作,提高传染病防治技能和水平。经过抽查,卫生技术人员培训率和合格率均达90%以上。全区进一步完善突发公共卫生事件应急预案,组建应急处置队伍,健全信息报告系统,卫生应急机制基本形成。11月,锡林郭勒盟发现一例人间鼠疫病例,自治区立即组织有关专家赶赴现场开展防治工作,迅速控制疫情。“11.21”空难事故发生后,包头市医疗急救指挥系统迅速反应,统一调度,医疗急救力量在第一时间赶到现场开展处置工作,得到各方面的肯定。

【疾病预防控制】 全区认真贯彻落实《内蒙古自治区2004~2010年艾滋病性病防治规划》,成立防治艾滋病工作委员会,自治区政府组织召开全区艾滋病防治工作暨内蒙古中美艾滋病合作项目会议,有4个艾滋病综合示范县工作正式启动,13所医院被确定为艾滋病定点收治医院。全区共监测艾滋病高危人员1.3万人。重点地区高度重视艾滋病病人管理,加强部门协调,逐步落实“四免一关怀”政策。

自治区先后3次召开结核病防治工作会议,新启动结核病防治项目旗县25个,发现涂阳肺结核病患者8 488例,超额完成年初计划任务16个百分点。发现初治涂阳病人6 094例,完成

10月份新下达任务的86.8%。全区初治涂阳肺结核病人治愈率达到80.2%。

各地认真落实自治区政府出台的《内蒙古自治区防治鼠疫灭鼠灭蚤工作方案》,明确防控工作程序,加强人员培训,广泛开展宣传教育,组织人间鼠疫应急演练,不断提高预防控制鼠疫疫情的能力。

组织开展防治非典和人禽流感的准备工作,完善防治预案,严密监视疫情,开展爱国卫生运动,普及卫生防病知识,确保"无疫区"目标的实现。

加大氟砷中毒地区水质监测工作力度,先后监测水源井17万口,发现饮用超标水居民251.8万人。

全区"五苗"接种率继续保持在96%以上,继续保持无脊髓灰质炎状态,法定传染病报告发病率趋于平稳。

【妇幼保健工作】 2004年,联合国儿基会初保项目、人口基金会生殖健康项目、中英合作项目、"降消"项目等4个妇幼卫生项目进展顺利。新周期"降消"项目正式启动,又新增项目旗县17个,全区项目覆盖率达55%。各地不断加强妇幼保健机构建设,认真贯彻《妇幼保健机构评审标准》、《孕产妇系统和儿童系统管理规范》等规范性文件,组织开展妇幼保健机构等级评审和"爱婴医院"创建活动。全区先后评出1所三级甲等、6所二级甲等、10所一级甲等妇幼保健机构。6月,自治区组织召开全区妇幼卫生工作会议。通过多方面的共同努力,全区住院分娩率达到75%,孕产妇死亡率和婴儿死亡率分别下降到55.43/10万和25.98‰。

【农村牧区卫生】 认真贯彻《中共中央、国务院关于进一步加强农村卫生工作的决定》及自治区实施意见精神,强化县乡村三级卫生服务网建设,稳步探索新时期农牧民医疗保障制度,农牧民就医负担有所减轻。自治区制定出台了新型农村牧区合作医疗管理暂行办法、试点工作方案、基金管理方法、基本用药目录等配套文件,组织力量深入基层调研督导,及时解决试点工作出现的问题和困难,积极稳妥推进7个旗县市的试点工作。至年底,参加新型合作医疗农牧民75.9万人,参合率73.8%;筹集合作医疗基金3 020万元;受益人次19.1万人次,报销门诊、住院医药费671.27万元,农牧民就诊率和住院率明显上升。试点工作受到国务院联合检查评估组的充分肯定。12月份,自治区政府召开全区新型农村牧区合作医疗试点工作会议,又新启动了5个旗县的试点工作。至此,新型合作医疗试点工作已经覆盖全区各盟市。

农村牧区卫生服务网络功能进一步增强,卫生厅确定的10件实事全部完成。112所卫生院、30所旗县医院传染病区得到强化建设;20个城市大中型医院与22个边远贫困旗县医院建立对口支援关系;20所县级妇幼保健机构新配备了救护车;349个中心卫生院的院长分三次接受卫生管理知识培训;7个新型农村牧区合作医疗试点旗县工作进展顺利;有20项实用技术在基层推广应用;2 160名初中毕业生接受五年医学专科学历教育;89个旗县级疾病预防控制机构新装备了交通工具和常规监测设备;免费治疗结核病患者1.2万人;在苏木乡镇卫生院推行药品集中招标采购工作。

【城镇医疗卫生】 自治区卫生厅修订实施内蒙古自治区《三级综合医院评审标准》和《三级综合医院评审标准实施细则》,对16所提出申请的三级医疗机构进行评审。评出三级甲等医院8所,三级乙等医院3所,三级丙等医院5所。对原三级甲等医院中排名靠后,且存在诸多问题的医院,提出限期整改意见,并将评审结果向社会公示,接受群众监督。医师、护士和乡村医生执业管理工作加强,有4.2万名执业医师、3.2万名执业护士登记注册。在试点的基础上,规范和调整医疗服务项目价格,降低大型设备检查和药品收费,提高医疗技术劳务收费标准。经过听证,新的医疗服务项目和价格正式实行。各地积极鼓励社会力量办医,扶持较大民营医疗机构发展,探索公立医院产权制度改革,公立医院与民营医院有序竞争的态势正在形成。内部运行机制改革力度不断加大。确定内蒙古医学院第一附属医院和自治区第三医院为全区深化卫生事业单位人事制度改革试点单位,深入探索医疗机构内部竞争机制和监督约束机制的改革。

【卫生法制与监督】 8个盟市34个旗县完成监督机构的组建任务,先后组织开展食品放心工程和食品安全专项整治、非法行医专项整治、非法采供血和单采血浆专项整治活动,严格从业条件,严厉查处违法行为,全年共检查食品生产经营企业527 479户次,行政处罚21 638户次,销毁不合格食品89 118公斤,罚款124万元,食品卫生监督和监测合格率分别达到84.9%和82.85%;检查医疗机构3 536个,行政处罚126户次,限期整改106户次,罚款11.75万元;检查采供血机构214户次,行政处罚26户次,限期整改22户次,罚款3.4万元。

【中蒙医事业】 利用实施《中华人民共和国中医药条例》的机遇,发挥中蒙医药特色和优势,落实《内蒙古自治区蒙医中医条例》,满足各族群众的卫生需求,依法促进中蒙医事业发展。研究提出《蒙医药研究开发规划》,启动国家扶持西部16个国贫县中蒙医专科专病建设项目,巩固9个"全国农村中医工作先进县"建设成果,加强中蒙医专科专病技术骨干和蒙医药技术创新带头人培养,开展中蒙医机构评审和放心药房建设活动,深入进行蒙医药基础理论和临床应用研究。

【卫生科教】 自治区政府实施每年投资800万元,利用3年时间,强化建设9个自治区领先学科的计划,加强重点疾病科技攻关力度,自治区SARS临床数据库、流行病学数据库建设任务全部完成,有4个国家级和自治区级防治非典专项课题通过验收。自治区卫生系统设立医学科学技术奖,在申报的100项科技成果中,评出获二、三等奖的成果39项。全区实施2004～2010年内蒙古自治区卫生人才开发规划和高层卫生专业技术人才队伍建设规划。自治区卫生厅在呼和浩特和北京分别举办卫生管理干部培训班2期,培训区内大型医院、疾病预防控制机构、卫生监督机构和卫生行政机关干部约400多人。各地继续加强在职在岗卫生技术人员新知识、新技术培训,在继续同北京卫生系统加强对口支援与技术协作的同时,自治区卫生厅与浙江省卫生厅签署协议,确立双方支援与协作关系。

【行风和职业道德建设】 全区坚持"纠建并举,教育为先"的原则,加强卫生行业精神文明建设。组织开展"向卫生先进典型学习、向身边先进典型学习"活动,以典型人物的先进事迹鼓舞和激励广大医务工作者献身于崇高的卫生事业,以身边的典型人物引导广大医务人员爱岗敬业,树立以人为本的理念,全心全意为广大患者服务。积极组织开展卫生下乡活动,在卫生帮扶中强化精神文明建设。年内,全区共派出下乡医疗队632支,下乡医务人员6 120人次,免费诊治患者7.37万人次,赠送医疗设备、药品合人民币760多万元。落实锡林郭勒盟苏尼特左旗和兴安盟"南三北八"卫生扶贫资金125万元。与国家卫生部、中央电视台等单位成功举办"健康之路·内蒙古行""送医、送药、送知识"活动。活动覆盖8个盟市,为农村牧区居民义诊10 459人次,培训基层卫生人员1 610人次,开展疑难病会诊和手术103例,捐赠医疗设备、药品合人民币320多万元。

【治理工作】 开展纠正医药购销和医疗服务中的不正之风专项治理工作,全区卫生系统采取推行药品集中招标采购、向社会公开承诺、与患者签订服务协议等多种方式,规范药品购销和医疗服务行为。全区共拒收、退回和上缴红包、回扣18.13万元,涉及218人次。参加集中招标采购药品的医疗机构329家,采购药品金额6.3亿元,占购药总额的63.64%;列入医保用药目录药品,全部实行招标采购;招标后药品降价幅度达20.1%,让利患者1.4亿元,完成了向社会承诺的目标。包头市、乌海市、鄂尔多斯市、巴彦淖尔市、赤峰市和阿拉善盟,集中招标采购药品金额达到70%以上,全区卫生行业不正之风进一步遏制,卫生系统社会满意度明显提高,受到国务院纠风办、卫生部纠风督查组的肯定。

(王占国 白云英)

人口与计划生育

【内蒙古自治区人口和计划生育委员会领导名录】

主　　任:白赛娜(女 蒙古族 5月离任)

　　　　　林　瑞(女 5月任职)

副 主 任:亢贵厚

　　　　　王苏布道(女 蒙古族 12月任职)

　　　　　云秀珠(女 蒙古族)

　　　　　张维民

　　　　　韩玉明

纪检组长:保勒德巴根(蒙古族)

【概况】 自治区人口计生委机关公务员编制36个,在编34人,其中厅级6人、处级19人、科以下9人。文化结构:大学以上学历23人,占67.65%;大专11人,占23.35%。年龄结构:35岁以下4人,占11.76%;36～45岁13人,占38.23%;46岁以上17人,占50%。民族结构:汉族22人,占64.71%;少数民族12人,占35.29%。性别结构:男性16人,占47%;女性18人,占53%。

据自治区统计局公报,2004年全区总人口2 384.35万人,全年出生22.70万人,出生率为9.53‰,人口自然增长率为3.55‰。自治区年终检查验收结果表明,全区符合政策生育率达到95%以上。

【综合改革】 为在全区加快建立人口和计划生育工作的新机制,2004年5月21日,自治区党委、政府下发《关于深化全区人口和计划生育综合改革进一步稳定低生育水平的决定》,明确提出全区今后一个时期人口和计划生育综合改革的目标和任务,为人口和计划生育工作的深入发展创造强有力的政策环境。各级围绕建立新的工作管理机制的目标和要求,纷纷出台文件,把综合改革纳入本地区经济和社会发展的总体规划,以项目运作、整体推进、重点突破等多种形式,制定优质服务标准,规范工作程序，统一部署，协调推进，使综合改革取得明显的成效，进一步确立以人为本的理念，增强各级干部的创新意识。

【优质服务工作】 2004年，全区各级以开展“创建计划生育优质服务先进旗县”活动为契机，坚持“以人为本”的理念，充分利用计生服务机构和流动服务车，积极开展“健康母亲、幸福家庭”活动，组织实施避孕节育优质服务、出生缺陷干预和生殖道感染干预“三大工程”，为广大群众提供优质便捷的生殖健康、优生优育和心理咨询等服务。各级人口计生部门一方面加快计生服务机构的房舍建设，添置和更新相关设备，改善物质条件；另一方面，培训人员，提高技术人员的服务技能，并注意解决落实基层计生工作人员的待遇问题，确保基层有人管事，有钱办事，有章理事。同时，各级还加强人口计生系统的信息化建设。内蒙古人口网在12月下旬试开通，在基本完成全区育龄妇女信息系统建设的基础上，启动了全区人口宏观管理与决策信息系统建设工作。2003年通辽市科尔沁区等三个旗区被评为首批全国计划生育优质服务先进县的基础上，2004年呼伦贝尔市海拉尔区等四个旗县区也通过了国家人口计生委的评估验收。

【奖励扶助和少生快富试点工作】 2004年，国家开展对农村部分计划生育家庭实行奖励扶助制度试点工作后，自治区虽然不在试点范围之内，但自治区把这项工作作为还政于民、建立诚信政府的一个重要内容，积极开展调查摸底和基础数据的统计工作。确定在赤峰市松山区、乌兰察布市的四子王旗、巴彦淖尔市五原县开展试点工作，共确定奖励扶助对象662人。各地以此为契机，根据实际情况，想方设法筹措资金，积极稳妥地开展奖励扶助工作。2004年，全区共有17个旗县开展了奖励扶助工作，共向1 198个农村牧区的计划生育奖励扶助对象兑现了718 800元的奖励扶助金。部分旗县还开展“少生快富”扶贫工程，向2 064户符合政策的家庭发放奖励金206万元。

【宣传教育】 各地以“婚育新风进万家”和“关爱女孩行动”为主线，根据农村牧区和城镇不同特点及群众喜闻乐见的形式，开展具有实效性、丰富多彩的计划生育宣传教育活动，营造人人学法、人人懂法的良好氛围，使关爱女孩、男女平等、女儿也是传后人等新观念进一步深入人心，群众的婚育观念有了很大的转变。自治区人口计生委和相关盟市认真筹备“西部女孩走进北京”活动和参加中央电视台“神州大舞台”的节目，取得良好的效果。与此同时，各地进一步加强人口与计划生育的法制建设，认真落实计划生育行政执法责任制、执法过错责任制、规范性文件备案审查和行政执法人员持证上岗等制度，全面实行政务公开，自觉接受群众监督。很多地方按照建章立制、民主管理、优质服务的要求，规范村规民约，明确权利义务，发挥协会作用，积极开展村民自治。目前，依法管理和群众自我教育、自我管理、自我服务的机制正在全区范围内逐步形成。

【队伍建设】 2004年，各地以培训和引入新的用人机制为切入点，切实加强队伍建设。自治区在南京举办由各盟市、旗县分管领导和人口计生部门负责同志参加的培训班。各级除组织外出学习培训外，以多种形式，层层举办各类培训班，对计生工作人员进行培训，着力提高他们的服务能力和服务水平。各地还在稳定和加强基层计生机构、人员的基础上，采取“县管、乡聘、村用”的办法，以面向社会、竞争上岗、全员聘任等方式，选拔聘任一批文化素质较高、有事业心、责任感强的年轻同志充实到基层第一线，大大激发计生队伍的活力。全区不少地方村级计生专干女性比例达到60%以上，平均年龄在35岁左右，高中以上文化程度的占到70%以上。

（田新平）

体育运动

【内蒙古自治区体育局领导名录】

局　　长：石　梅（女　蒙古族）

副 局 长：郭厚诚

潘守刚

李　远

助理巡视员：乌兰阿塔（蒙古族）

【概况】 至2004年12月31日，自治区体育局机关公务员编制34个，其中单列编制2个；实有32人，其中女性17人、少数民族10人（蒙古族7人）；有研究生学历2人，大学本科学历14人，大专学历15人，中专学历1人；平均年龄45.6岁。

【重要活动】 体育工作得到了自治区党委和政府的高度重视。6月，杨利民、巴特尔、王凤歧、刘芝兰等自治区领导与国家体育总局副局长王钧，一起参加全区第九届全民健身周活动启功仪式。10月，自治区副主席乌兰到自治区体育局调研。11月，自治区政协副主席许柏年在呼和浩特市就群众体育开展情况进行专题调研。12月，杨晶、宝音德力格尔、乌兰、奇英成等自治区党政军领导参加自治区备战全国十运会和北京奥运会动员大会暨迎新年文艺汇演,乌兰副主席做重要讲话。

坚持群众体育抓“多”(丰富多彩、形式多样)、竞技体育抓“精”(精益求精,搞精细训练、抓精品人才、拿精品金牌)、体育产业抓“广”(广开财路、广纳财源)的指导思想,使群众体育、竞技体育和体育产业取得新进展。体育科技、教育、外事、宣传等工作取得新成就。12月,对各盟市2004年度落实《内蒙古自治区(2001~2005)盟市体育工作目标管理责任书》情况进行检查。及时纠正鄂尔多斯市乌审旗、乌兰察布市卓资县和巴彦淖尔市五原县的体育行政违法案件。从国家体育总局争取款物折合人民币1 411万元;争取宋庆龄基金会援助青少年足球培养专款50万元。先后承办全国体育系统人事工作会议、第五次全国体育场地普查办公室主任会议、全国体育行政审批项目研讨会和华北东北地区群体处长会议。帮扶锡盟工作取得明显成效,受到有关部门的肯定。

【民族体育】 7月,锡林郭勒盟成功举办西乌珠穆沁旗2048搏克大赛,创造在同一时间、同一地点、参赛人数最多、规模最大的搏克比赛吉尼斯世界纪录;呼伦贝尔市、鄂尔多斯市均举办首届少数民族传统体育运动会,乌兰察布市举办首届那达慕大会,通辽市举办“8·18”赛马节,呼和浩特市举办搏克公开赛;12月,锡林郭勒盟成立搏克协会。

【群众体育】 全区体育系统坚持因时、因地、因人制宜,以“农村体育年”为主线,创新工作方法,努力推动群众体育的开展。第一,按照“体育健身指导下乡、体育场地设施下乡、体育科普知识下乡”的要求,全区广泛组织开展了“体育三下乡”活动。自治区体育局先后在武川县农村举办全区“体育三下乡”启动仪式,在克什克腾旗牧区举办“离离草原马背行”活动,受到农牧民的热烈欢迎。第二,组织举办第五届全区农牧民运动会、第二届全区残疾人运动会暨第一届特殊奥林匹克运动会、以“二十万人健步行,百万人大行动”为主题口号的全民健身周系列活动及26项次全区性群众体育单项竞赛等多种大型活动和比赛。第三,继续加大培训、审批、管理、检查的力度。全年共培训、审批一级社会体育指导员131名;建设全民健身路径40条;新增“雪炭工程”项目2个,新创青少年体育俱乐部6个;对自治区直属机关10个厅局的全民健身工作进行检查;举办首届健身气功辅导员培训班,依法审批健身气功习练站点17处,4个单位、2名个人分别荣获全国健身气功先进,赤峰市体育局在全国试行推广四种健身气功工作会议上做了典型经验介绍;制发体育社团换届和体育传统项目学校管理等规定,进一步加强群众体育工作的规范化建设。第四,参加国际、国内群众性体育比赛取得好成绩。3名残疾人运动员和1名教练员代表国家参加了第12届残疾人奥运会,荣获2枚金牌和1枚铜牌,并2次打破残疾人体育世界纪录,自治区体育局、残联、残疾人体协被中国残联和国家体育总局授予雅典残奥会“突出贡献奖”;组团参加第五届全国农民运动会,夺得2枚金牌、4枚银牌和5枚铜牌;组团参加第二届全国亿万妇女健身活动展示大赛和首届全国“四进社区”优秀体育健身项目展演活动;1人获全国航空航天模型锦标赛冠军,并取得参加2005年世界锦标赛资格;参加全国及西北区四个年龄段(U—11、13、15、17)的少年足球比赛,获3个冠军、1个亚军;参加在河南举行的首届世界传统武术节,获9项第一名。

【竞技体育】 以备战全国十运会为中心,努力提高竞技体育水平。一是认真抓好备战工作。成立自治区体育局参加全国十运会筹备工作领导小组,同时由三位副局长组成工作小组分别负责训练单位备战十运会的工作;分解下达全国十运会任务目标;做好优秀运动员注册、确认和全国十运会协议、交流工作,与江苏等省市交流、协议全国十运会运动员共计132名;结合实际,做好自治区参加全国十运会的报项、报名;加强对运动队伍的科学管理和科研、医务与训练的紧密结合;召开备战全国十运会和北京奥运会动员大会,进一步安排部署备战和参赛的各项工作。二是自治区优秀运动队刻苦训练,认真参赛。有2名运动员、1名教练员代表中国参加了第28届雅典奥运会;在国际比赛中共获得15个名次、10个冠军;参加全国各项比赛共获得269个名次、29个冠军,其中全国最高水平比赛62个名次、6个冠军;8名射击运动员和14名田径运动员已获得全国十运会决赛权。在全国射箭室外锦标赛上,获男子团体排名赛和个人淘汰赛两项冠军,是近20年来的最好成绩。三是全面加强青少年业余训练工作。对全区4 200多名业余青少年运动员进行注册管理;积极开展国家奥林匹克体育后备人才基地申报工作,其中呼和浩特体育运动学校已获国家体育总局批准;举办全区青少年体育竞赛15项次,参赛人数达4 000多名。

2004年,内蒙古有10人被评为高级教练、6人被评为一级教练。有1个项目1名运动员晋升为国际级运动健将、9个项目19名运动员晋升为运动健将、9个项目46名运动员达到国家一级运动员标准。

【体育竞赛】 举办第12届内蒙古国际马术比赛,承办国际山地自行车越野赛、中国国家队—阿联酋国家队足球赛、全国男篮甲A西部行、全国青少年篮球赛、全国越野摩托车锦标赛、全国越野滑雪比赛和国际女子网球卫星赛、中国业余网球公开大奖赛分站赛、全国优秀青少年乒乓球调赛、第四届中西部七省区领导干部乒乓球比赛等活动，均获圆满成功。2004年自治区新增国家级裁判员4个项目4人，一级裁判员15个项目66人。16人次破14个项目的自治区纪录。

【体育科技教育】 年内，体育科技人员深入运动队进行攻关服务，努力实现体育科技与运动训练的紧密结合。国家体育总局体育社会科学、软科学研究项目《关于内蒙古自治区体育经营若干问题的思考》顺利结题并通过国家体育总局的鉴定。内蒙古体育职业学院招收大专班学生276人、中专班学生306人。

【体育外事】 2004年，自治区体育局共派出34批76人次到日本、印度、荷兰、哈萨克斯坦、希腊、巴基斯坦、韩国、德国、美国、马来西亚、意大利、卡塔尔、匈牙利、缅甸、法国、丹麦、澳大利亚、蒙古等18个国家和香港地区进行体育训练、比赛、考察和观摩、交流等活动；共接待来自蒙古、日本、古巴等3个国家的10人次来内蒙古访问、交流。

4月，蒙古国奥委会代表团一行5人应邀来内蒙古访问，签订双边交流协议。8月，以自治区体育局局长石梅为团长的内蒙古体育代表团一行26人应邀赴希腊观摩雅典奥运会。

【体育产业】 召开全区体育产业发展研讨暨全区体育彩票工作会议，提高广大领导干部对体育产业及对自治区体育产业发展的认识；初步研究草拟《内蒙古自治区2005至2010年体育产业发展规划》，对今后一段时期全区体育产业的发展思路、目标任务、措施办法做出有益的探讨；认真研究并向自治区政府提出了推进体育产业发展的具体政策，被列入《内蒙古自治区加快发展第三产业若干政策的规定》之中，成为自治区在推进体育产业发展中首次出台的具体优惠政策。从体育产业重点项目开发方面，开始承办世界“元老杯”乒乓球赛和中国内蒙古国际汽车越野赛等项目的有关前期准备工作。不断丰富和完善电脑体育彩票的玩法体系，由4种玩法增加到9种玩法，使得大、中、小盘玩法面面俱到，乐透、数字、竞猜品种一应俱全。全区体育彩票销量突破1.3亿元，较2003年增加4.14%，是全国体彩销量实现正增长的6个省份之一；其中电脑体育彩票销量达1.2825亿元，较2003年提高12.24%。

【体育宣传】 召开近年来首次全区体育系统办公室主任会议，重点就体育宣传信息工作进行研究部署；重新组建全区体育信息通讯员队伍，建立健全信息考评等制度。与中央电视台合作制作第18期《全明星猜想》节目，生动地展示了自治区运动队的训练、比赛情况；中央人民广播电台播放自治区体育新闻40余条，总计时间近50分钟；《中国体育报》刊登自治区稿件50多篇3万多字，其中1篇文章刊登在报眼显著位置。建立内蒙古体育网与中国体育信息网、中华全国体育总会网和河南、重庆等省市体育网的相互链接；及时更新网站相关信息，网站点击率不断提高。经自治区信息化领导小组检查评议，内蒙古体育网被评为良好、合格网站，是24个被评为良好、合格的政务部门网站之一。

【第五次体育场地普查】 根据国家体育总局、国家统计局等九部局关于开展第五次全国体育场地普查工作的有关要求，由内蒙古体育局牵头，联合统计、教育、农牧业、民政、文化、工商、旅游、工会等部门，于2004年6月至11月开展第五次内蒙古体育场地普查工作，有6个单位、16名个人被评为全国普查先进。普查结果显示，至2003年12月31日，内蒙古除铁路、解放军、武警系统外，各系统、各种所有制形式共有符合普查要求的各类体育场地21 094个，其中标准体育场地15 476个，非标准体育场地5 618个；占地面积为9 307万平方米，建筑面积为82.5万平方米，场地面积为6 162.9万平方米；历年累计投入体育场地建设资金173 390万元；平均每万人拥有体育场地9个，人均体育场地面积为2.6平方米，人均累计投入体育场地建设资金74元。

（张　志）

盟市旗县(市区)

呼和浩特市

【党政军领导名录】

市　委

书　　记:牛玉儒(蒙古族 8月病逝)
韩志然(蒙古族 9月任职)

副 书 记:柳　秀
王振义
郭　健(蒙古族)
张彭慧
吴浩峰
王志平(蒙古族 4月任职)
张伯旭(10月任职)
杨静平(4月离任)

常　　委:张院忠
李　鹤(满族)
云忠义(蒙古族)
朝　鲁(蒙古族)
杨飞云(4月任职)
兰恩华(4月任职)
陈焕文(9月任职)
云丽珠(女 蒙古族 4月任职)
刘香芸(女 4月离任)
颜炳强(6月离任)

人　大

主　　任:牛玉儒(蒙古族 3月离任)
吴一徽(女 蒙古族 4月任职)

副 主 任:李岳清
吴福成(蒙古族)
韩　钊(蒙古族)
吕景瑞
赛　娜(女 蒙古族 4月任职)
李茂林(4月离任)
张凤凯(4月离任)
溪琇珊(女 满族 4月离任)
郑世昌(4月离任)

政　府

市　　长:柳　秀

副 市 长:张院忠
董恒宇
武文元
刘菊茹(女)
吕慧生
云公和(蒙古族 4月任职)
高炜明(蒙古族 4月任职)
王　强(2月任职)
王志平(蒙古族 4月离任)
王　刚(回族 5月离任)
兰恩华(4月离任)
揭新民(12月离任)

呼和浩特市玉泉区人民政府

区委书记：李博宏

区　长：云建东

多凌新天地广场

金峰批发城

汇豪天下
住宅小区

五塔寺

区党政机关办公楼

呼和浩特市赛罕区人民政府

区领导陪同市领导视察金桥开发区，前排依次为区政府区长康存耀（左二）、呼市市长汤爱军（左三）、副市长吕慧生（左四）、区委书记李博宏（左五）

赛罕区地处自治区首府呼和浩特市东南，是市辖区中最大的城区，具有传统的农牧业生产优势和区位优势。1999年区划调整以来，赛罕区抓住西部大开发的历史机遇，加快推进农牧业产业化、工业化和城市化建设，着力打造“首府首区”，走出了一条各业并进、城乡互补、区域协调、全面发展的道路。农牧业方面紧紧围绕“菜奶富民”战略，大力发展无公害蔬菜种植和奶牛养殖，逐步调整农牧业产业结构，优化突出菜奶业的主导产业地位。到2004年底，全区蔬菜播种面积7．23万亩，占全区农作物总播面积的18％；奶牛存栏14．3万头，占全市奶牛总数的近1／3。菜奶业成为了农民增收致富的主要产业。工业方面，坚定实施“工业强区”战略，规划建设金桥经济技术开发区，构筑工业发展平台，发挥筑巢引凤作用，先后引进金桥热电厂、蒙昆卷烟厂、凯蒙药业、内蒙古日报印务中心、蒙牛酒业等一大批项目，形成了工业一区以烟草加工、生物制药、服装生产、印刷等为主和工业二区以电力、石化为主的产业格局。目前金桥开发区已被列为自治区20个重点工业区，其发展后劲将进一步增强。城市建设方面，充分利用与城区发展主方向一致的优势，规划建设30平方公里的新市区，同时加快推进“城中村”改造，完善社区基层组织网络，使城区面积得到极大拓展，城市功能得到进一步增强。随着自治区党委政府的迁建和大批行政事业单位的入驻，赛罕区将进一步发展为首府的行政中心区。经过几年的发展，赛罕区已从一个典型的农业区变成一个新型城区，城区综合实力得到了极大增强。2004年地区生产总值达到109.2亿元，财政收入达到10．2774亿元，城镇居民人均可支配收入达到9971元，农民人均收入达到5056元，进入了自治区101个旗县区前列。

日新月异的新市区

城市建设精品工程—学府花园

前不塔气万亩无公害蔬菜生产基地

规模化奶牛养殖小区

呼和浩特市回民区人民政府

区委书记：崔世清

区　长：云挨厚

社区建设

运动会

伊利广场

呼和浩特市民族事务委员会

主　任：云子明

召开全市民族工作会议

领导班子研究工作（云子明、王慧、李万珍）

呼市民委主任云子明同志（左三）在民族法制宣传中向过往群众介绍法律知识

呼和浩特市民族事务委员会是呼和浩特市人民政府主管全市民族事务和蒙古语文工作的综合职能部门，内设综合和业务部门有：办公室、纪检监察室、机关党支部、政策法规科、经济发展科、教科文科、蒙古语文办公室、蒙古语文翻译科、古籍整理科和蒙汉文牌匾管理中心。

改革开放以来特别是近年来，呼市民委始终坚持用“三个代表”重要思想统揽首府民族工作，认真贯彻落实党的民族政策和《民族区域自治法》等民族法律法规，紧紧依靠自治区党委、政府的正确领导和上级民委的大力指导，开拓创新，扎实工作，突出抓大事，重点办实事，全心全意为民族地区和少数民族服务，努力开创新阶段首府民族工作的新局面，谱写了一个又一个民族团结进步的新篇章。

呼市民委每年都被呼市市委、市政府评为“全市社会扶贫先进集体”等。2001年，呼市民委被内蒙古自治区党委、政府评为“全区学习使用蒙古语文先进集体”等。

2001年8月，呼市民委被国家民委评为“全国民委系统法制宣传教育（1996—2000）先进集体”，2003年初又被内蒙古自治区党委、政府评为“全区‘三五’普法先进集体”。

1999年、2005年，呼市民委两次被国务院评为“全国民族团结进步模范集体”。

新形势新阶段，按照自治区和呼和浩特市经济社会发展的总体思路，呼市民委将紧紧抓住国务院第四次全国民族团结进步表彰大会胜利召开的大好机遇，继续坚持用“三个代表”重要思想统揽民族工作，全面实施西部大开发和“兴边富民行动”，解放思想创优势，与时俱进谱华章，努力绘就呼和浩特市民族团结进步事业更加美好的明天！

呼和浩特市首届民族运动会

呼和浩特第一监狱

监狱长：姜和平

政　委：张文地

2004年监狱不断加强民警队伍建设，努力造就一支政治坚定，业务精通、作风优良、执法公正的监狱警察队伍。一年来，注重加强基层党组织建设和班子建设，认真组织民警的政治学习和业务培训，坚持评优创先活动，在全狱范围内开展了民警队伍集中教育整顿活动，进一步提升民警的执法意识，规范了执法行为，推进了监狱各项工作的向前发展 。

监狱狠抓基础业务建设，不断创新教育改造手段。一是强化管理，狠抓制度建设，用制度管人，用制度保安全，在落实制度上狠下功夫。二是认真落实司法部《监狱服刑人员行为规范》（88 号令），狠抓罪犯的规范化。三是给罪犯创造良好的改造和生活环境，保障罪犯合法权益。监狱按实物量标准，保证罪犯吃饱、吃熟、吃的卫生；为保障罪犯的物资供给，开设了狱内超市，让罪犯在狱内方便购买所需生活物品；建立和完善了医疗卫生防疫制度，坚持每年为罪犯进行体检，建立罪犯健康档案。四是采取走出去请进来，不断拓宽对服刑人员社会化的教育内容。在春节、“五一”和国庆期间给部分符合条件的服刑人员放了探亲奖励假，还组织刑期将满改造表现好的服刑人员走出去进行参观和现身说法等社会化教育活动。五是监狱成立了服刑人员心理矫治中心，加强了对犯罪的心理矫治和针对性教育工作。六是充分利用亲情电话、亲情就餐、亲情团聚的形式沟通大墙内外，激励罪犯改造，积极开展联帮联教活动。

领导班子成员

自治区司法厅副厅长、监狱局局长翟贵文深入监狱基层第一线进行视察

自治区司法厅厅长、监狱局党委书记徐呼和，司法厅副厅长、监狱局局长翟贵文来监狱视察工作

自治区司法厅、监狱局领导来监狱视察指导工作

2004年工作会议

呼和浩特市司法局

党委副书记：金秀桃

局　长：云文怀

原国家司法部部长肖扬来我市考察司法行政工作

亚洲基金会总监邱越伦先生、国家司法部法律援助中心宫晓冰一行来我市考察法律援助项目

2002年国家首任司法考试在我市圆满完成

云文怀局长在发放法律宣传资料

2005年4月6日全市财政工作会议召开

全市2004年度财务工作先进集体获得者

呼市财政局是主管财政收支、财政政策、国有资本金基础工作的市人民政府的一个重要职能部门，承担着优化资源配置、调节收入分配、平衡社会财力、理顺收支结构，促进财政收入合理增长，综合管理全市国有资产的重要职责，在促进首府经济与社会全面协调发展方面发挥着重要作用。

局机关22个行政科室，所属3个准处级单位和7个部门，现有干部职工200多人。其中，男职工103人，女职工104人，汉族163人，少数民族44人。局党委下设11个党支部，现有党员186人。设团支部1个，共有团员35人。同时，设有工会、妇委会、职工代表会议。

近年来，呼市财政局在市委和政府的正确领导下，带领全局干部职工，认真实践“三个代表”重要思想，全面落实科学发展观，科学把握生财有方、聚财有度、用财有效的“三财之道”，大力支持首府经济建设和城市发展，积极培育地方财源，完善新财税管理体制，加强非税收入征管，财政收入快速增长，财政实力显著增强。同时，围绕建立完善公共财政框架目标，继续深化财政制度改革，创新财政服务机制，加强财政监督检查，提高资金使用效益；合理调整支出结构，重点保障“三农”、社保、教科文卫等社会事业的发展，全市城乡人民收入不断提高，促进全市经济社会和谐发展。坚持立党为公、执政为民，以加强党的执政能力建设为重点，以保持共产党员先进性为主题，全面加强机关党建，积极推进精神文明建设，强化机关内部管理，加大干部人事制度改革，班子领导依法理财、科学理财、民主理财的能力进一步增强，财政干部职工的素质进一步提高，共同塑造出财政新形象，营造出财政新气象，创造出财政新业绩，为促进首府经济建设和社会各项事业发展做出了积极贡献。1999—2004年，全市财政收入累计完成196亿元，从1999年的18.98亿元增长到2004年的60.88亿元，增长了220%，年均增长15.65%。2004年较上年增长20.4亿元，相当于2000年全年财政收入。为此，2000年以来，市财政局连续被市委和政府评为“实绩突出单位”；2001年被自治区党委和政府评为“文明单位”；2002年被国家人事部、财政部联合授予“全国财政系统先进集体”的荣誉称号。

与会同志认真听取报告

呼市财政局局长银孝（二排中）、副局长江惠（二排左一）、副局长云海（二排右一）、副局长马力强（二排右二）、党委委员杨伟莲（二排左二）同参加全局第二届党建知识竞赛代表合影留念。

呼市财政局党委委员在与环节干部研究财政工作

呼市财政局局长银孝（二排左四）及部分同志向市人大领导汇报工作

呼和浩特市赛罕区地方税务局

2004年12月10日，国家税务总局谢旭人(中)局长视察赛罕区地方税务局巧报镇标准化税务所

巧报镇标准化税务所副所长刘虎斌向企业人员讲解税收政策

在2004年8月31日召开的第六届全国“人民满意的公务员”和“人民满意的公务员集体”表彰大会上，呼和浩特市赛罕区地方税务局作为内蒙古唯一的一家单位，光荣跻身于全国31个“人民满意的公务员集体”行列，受到了表彰。

赛罕区地税局于1994年建局，当时的年税收收入只有4912万元，而到2004年，年税收收入已达到18381万元，是建局时的3．74倍，实现历史性的突破，取得这样的成绩，归功于赛罕区有一支政治过硬、业务熟练、作风优良、执法公正、服务规范的税收队伍。

多年来，赛罕区地税局将创新发展作为第一要务，把服从服务于地方经济建设作为工作的切入点，一方面深入细致地开展税源调查与分析，使辖区已实现税收及时足额入库；另一方面，积极向区政府提供合理化建议，牵线搭桥为当地政府招商引资。

赛罕区地方税务局党组成员召开党组会议，党组书记、局长祁建强（中）、副局长张勇（右二）、王海明（左二）、闫敏（右一）、纪检组长、副局长银雅飞（左一）参加会议

为纳税人提供优质服务，做人民满意的公务员，是当今社会发展的真诚呼唤。从2002年起，赛罕区地税局多渠道筹措资金1160万元，先后建成和改造12个标准化税务所，配备综合服务器、计算机、打印机，开通三级网络，实现办公自动化。2004年上半年，该局又在全区地税系统率先建立电子地理信息系统，可以全面监控税源分布、税收申报、入库和欠缴等情况。而且可以通过网上定税、网上办税，减少税务人员定税的随意性，遏制了“人情税”、“关系税”，堵塞了税收漏洞，填补内蒙古地税系统征管信息化的一项空白，走在全区及全国税务系统信息化建设的前列。

在巧报镇标准化税务所征收大厅内，税务人员正在为纳税人办理纳税申报、发票购领手续

“金杯银杯，不如纳税人的口碑；金奖银奖，不如纳税人的夸奖”。赛罕区地税人始终坚信这一服务理念，努力让社会各界满意，让广大纳税人满意。2003年，一位纳税人写信反映在办税服务厅办税不方便，个别办税人员态度不好。局党组立即责令办税服务厅限期整改，并推出限期服务承诺制，“一窗式”服务制度，实施办税提速工作。过去，纳税人办理开业及变更税务登登记按规定时限为30日，现在最多30分钟就可以办结。一份税单原来平均需30分钟办完，现在仅需要10分钟。

巧报镇标准化税务所工作人员正在进行申报数据处理

呼和浩特市人民检察院

2004年，是我市进一步贯彻落实党的十六大精神，推动经济社会取得快速发展的重要一年，也是首府检察工作继续争先创优、争创一流，整体工作上水平的关键一年。一年来，我市检察机关以邓小平理论和“三个代表”重要思想为指导，认真贯彻党的十六大和十六届三中、四中全会精神以及市委九届六次、七次全委会议精神，紧紧围绕全市经济社会发展的大局，坚持“立检为公、执法为民”的宗旨，突出“强化法律监督，维护公平正义”的主题，按时“五二六八”的工作思路，全面落实“一个加大，两个提高”的总要求，瞄准首府检察工作实现争名升位，整体工作上水平的奋斗目标，积极履行法律监督职责，为创造和谐稳定的社会环境和公正高效的法治环境，作出了积极的贡献。

最高人民检察院副检察长胡克惠在呼和浩特市检察院检查指导工作

呼和浩特市人民检察院党组一班人

呼和浩特市人民检察院建院五十周年暨综合技术大楼庆典仪式

呼和浩特市回民区海拉尔西路办事处

海西办事处领导集体研究工作

办事处领导分组慰问辖区特困老党员

办事处组织召开的劳动再就业洽谈会上有280多名失业人员签订了再就业意向书

在全区两个文明现场经验交流会期间，海西办事处组织辖区22家驻区单位举办了“家美·社区美”千人大合唱。

海西辖区内活跃着一支由260人组成的青年志愿者队伍，图为内蒙古水利学校的志愿者走上街头清洗马路“牛皮癣”。

海西办事处社区少儿业余书法班举办三年来，共免费为辖区63名特困学生进行了书法基础知识培训

呼和浩特市金桥经济技术开发区管委会

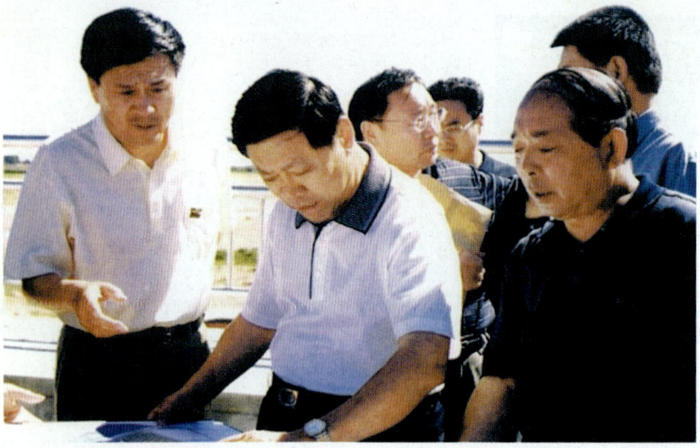

自治区党委书记储波（中）、自治区主席杨晶（左）等领导视察金桥经济技术开发区

原自治区党委常委、呼和浩特市委书记牛玉儒（中）同原呼和浩特市长柳秀（左二），呼和浩特市委副书记王振义（左一），副市长高炜明（左四）在金桥经济技术开发区检查指导工作

呼和浩特金桥经济技术开发区位于内蒙古自治区首府呼和浩特市城区东南部，处于呼和浩特市的重点拓展方向上，与市区相连，2000年9月创建，规划面积13.6平方公里，分为工业一区（高新技术产业区）和工业二区（石化工业区），总体规划由国内甲级设计院规划设计，是经内蒙古自治区人民政府批准的自治区级（省级）开发区，是内蒙古自治区20家重点工业开发区之一。

金桥经济技术开发区享受国家西部大开发优惠政策、民族自治地区优惠政策、沿边城市优惠政策，享受内蒙古自治区、呼和浩特市两级人民政府赋予的各项优惠政策。

金桥经济技术开发区交通干线密集，纵横交错，形成四通八达的路网系统。北与市区贯通，经110国道、209国道、109国道可抵达北京、天津、环渤海经济圈和长江三角洲地区。开发区内年运输量达200万吨的铁路专用线，与京兰铁路线相通，辐射全国各地。呼和浩特市机场40余条航线通往国内外主要城市，新近开通的呼和浩特市至法兰克福的铁路大通道横跨欧亚大陆，18天即可抵达目的地。

内蒙古自治区党委常委、呼和浩特市委书记韩志然（中），呼和浩特市人大常委会副主任邢燕菊（左二）在金桥经济技术开发区与呼和浩特市赛罕区委副书记、区长康存耀（左三）共商发展大计

金桥经济技术开发区经过几年的开发建设，起步区基础设施达到"七通一平"，共引进项目50多项，投资规模达到130亿元。2004年开发区实现财政收入6.6亿元，完成工业总产值43亿元，实现产品销售收入41.7亿元，工业增加值11.5亿元，注册企业148户，注册资金4.63亿元。

金桥经济技术开发区以内蒙古天野化工（集团）有限责任公司和中国石油天然气股份有限责任公司呼和浩特石化分公司的石油化工产品为主导产业发展方向，引进并形成了以蒙康科技、凯蒙药业和北京凯风公司为主的高新技术产业；以伊思绒羊绒、翔泰羊绒为主的羊绒纺织业；以内蒙古日报社印务中心、内蒙古瑞德印务和内蒙古爱信达印务为主的印刷出版业；以内蒙古蒙奇药业和凯蒙药业为主的生物制药业；以云南红塔集团和呼和浩特卷烟厂合资打造的卷烟制造业；以呼和浩特蒙牛酒业公司为主的营养酒生产业；以金阙金属和金诚水泥制品为主的新型建材产业等工业发展格局，具备了一定的档次和规模，呈现出良好的发展态势，成为呼和浩特市冶金化工、装备制造、煤化工、天然气化工为主的产业基地。

金桥经济技术开发区是首府"首"区赛罕区构筑大产业，培育大企业、发展大工业的发展载体，是集产、学、研、商贸、娱乐、仓储、金融保险、信息咨询等多功能、综合型、现代化的新型开发区。现具备承载300～400亿元大型项目建设的能力，发展潜力巨大，投资前景广阔。

金桥经济技术开发区管理机构健全，办事程序便捷，基础设施配套完善，生活区功能齐全，土地出让价格低廉，劳动力资源充足。开发区竭诚欢迎各界有识之士前来观光、洽谈、合作，这里将成为每一位投资者事业发展、壮大、腾飞的首选之地。

呼和浩特市赛罕区委书记李博宏（左二）在金桥经济技术开发区现场办公

呼和浩特市自来水公司

呼市市长汤爱军（中）在总经理孟玉军（左二）陪同下视察引黄供水工程

公司总经理孟玉军赴管网改造现场检查指导工作

引黄工程“中央程控室”

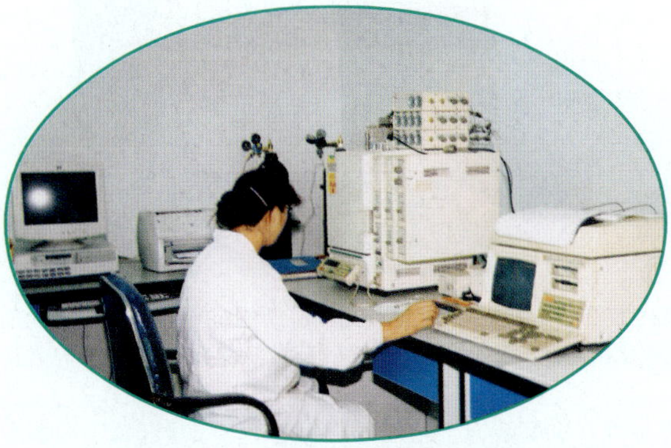

水质监测人员正在进行水质分析

加压泵房

呼和浩特市自来水公司始建于1958年。40多年来，经过几代供水人的努力奋斗，逐步发展成为一个具有综合实力的国有中型供水企业。

目前，公司拥有固定资产11.3亿元，地下水厂8座，地表水厂1座，水源井116眼，供水能力24.2万立方米/日，供水面积75平方公里，供水管道500公里。公司下设供水营销、管网维修、黄河制水、地下水制水几大分公司及部分基层单位，员工总数3079人，形成了产、供、销、修为一体的经营体系，公司下属的国家供水水质监测网呼市监测站具有向社会提供公正检测数据的法律资格，其检测设备和能力位居国内同行先进水平。公司的档案管理已晋升为国家一级，公司计量所被呼市技术监督局授权对社会开展水表计量检定。内蒙古泰立水业是公司下属的具有独立法人资格的综合性给排水施工企业 。

被称为首府生命线工程的引黄工程于1998年开工兴建，设计供水能力为40万立方米/日。2002年11月引黄一期工程竣工，具备了20万立方米/日的供水能力，目前，引黄一期工程已完成了运行前各项准备工作，随时可投入运行，二期工程正在进行管网配套工作。随着引黄工程的投入使用，一方面会使我市珍贵的地下水资源得到有效保护；另一方面会使公司的供水能力逐步达到60万立方米/日，公司将形成以地表水为主、地下水为辅的城市供水综合体系。

多年来，公司以“安全供水，优质服务”为治企方针，狠抓企业两个文明建设，坚持向管理要效益，不断完善各项基础管理工作，企业的经济效益和社会效益都有了显著提高。近年来，公司深入开展以服务用户、奉献社会为宗旨的优质服务活动，“一站式”服务的推出和供水服务热线96266的开通，以及2005年6月中旬推出的“优质服务进社区活动”，使公司的优质服务水平得到较大幅度提升 。

1998年至今，公司被自治区呼市两级政府先后授予诸多荣誉。公司党委被自治区、呼市两级政府授予“先进基层党组织”、“思想政治工作优秀单位”，被中国水协政工委评为全国供水行业“思想政治工作十佳标杆集体”。公司还先后荣获自治区和呼市两级政府授予的“自治区先进企业”、“企业管理优秀奖”。2002年，公司被市委、市政府命名为“文明单位”，2004年晋升为自治区“文明单位”。2003年底，公司被市委、市政府授予“呼市地区抗击非典成绩突出单位”。在中国质量万里行促进会2002年和2004年对呼市地区窗口单位开展的明察暗访活动中，公司下属的管网维修所因表现出色，受到高度称赞。

内蒙古公安消防总队

自治区副主席连辑带队检查消防安全工作

总队领导检查基层建设情况

积极参加包头市空难救援工作

开展大型灭火救援演练

消防教育从娃娃抓起

呼和浩特市室内装饰协会

呼和浩特市室内装饰协会是呼和浩特地区室内装饰行业的一个自律性行业协会。

协会主要承担着室内装饰行业的资质审查，岗位培训等一些行政职能，主要从事室内装饰行业发展的调查研究，协助制定行业法规和行业质量规范及服务标准，组织编制行业发展规划，协调处理行业重大事宜，了解会员存在的困难和问题，及时向政府部门反馈意见和要求，维护会员的合法权益。

协会先后起草制定了自治区地方标准《家庭装饰工程质量规范》呼和浩特市地方标准《家庭装饰工艺规程》制定了《家居装饰工程参考报价》、《呼和浩特市家装工程合同》《呼和浩特室内装饰材料信息报价》等规范性文件。先后创建了《呼和浩特室内装饰报》报社、咨询服务信息中心、室内环检中心（环检中心已通过自治区政府CMA认证）、材料委员会、家装委员会、网管部，这些专业部门的成立形成了多层次、全方位的服务体系。

协会成功地出版发行了《呼和浩特室内装饰》报、《新世纪·青城室内装饰》大型画册及《呼和浩特室内装饰实用手册》等报刊。

协会与北京科普兰德科技有限公司合作BMMP三维实景建材交易平台，与内蒙古广播电台联合主办89兆赫“百姓装饰”栏目，开办了“内蒙古装饰网”（Http:www.nmgzsw.net）为会员提供更加快捷、全面、高效的服务。

协会成立了自治区首家“元和百姓家装市场”，制定家装委员会行业自律条例。举办了呼和浩特地区首届元和家美杯绿色交响室内设计大赛。

协会先后获得“自治区室内装饰行业管理先进集体”、“全国先进室内装饰协会”的荣誉称号，获得民政部“全国先进民间组织”称号。

这些荣誉是鞭策协会向更高层面迈进的起点。

办公地址：呼和浩特市新城西街132号　原工艺美术公司后四楼
电　　话：0471-6262475　6203454

中国人寿保险股份有限公司

呼和浩特分公司

呼和浩特分公司总经理：林显明

中国人寿保险股份有限公司是中国大陆居于领导地位的专营人寿保险、健康保险、意外伤害保险等各类人身保险业务的保险公司，占中国大陆寿险市场的份额50%以上。公司的营销网络遍布城乡，目前在全国拥有66.8万名个人代理人，8 200多个营销网点，超过4 000家分支机构，12 000多名直销人员，91 000家分布在商业银行、邮局、信用社、旅行社、酒店和航空公司的销售网点。去年底，公司已拥有超过4 800万份有效的个人和团体寿险保单、年金合同及长期健康险保单，已为超过1亿的长期保单客户和1.5亿的短期保单客户提供过6亿人次服务。截至2004年6月30日，公司资产总规模已达3 965.55亿元。公司实际偿付能力为最低偿付能力要求的3.39倍。

2004年公司又以营业收入排名再度入选全球500强企业，截至10月底，中国人寿市场份额为56.4%，在2004年6月28日揭晓的由世界品牌实验室和世界经济论坛共同举办的《中国500最具价值品牌》评选中，中国人寿以427.67亿元的品牌价值成为我国十大最具价值品牌之一，成为我国保险行业的第一品牌。12月28日，王宪章总经理被评为中国年度经济人物，更充分证明了中国人寿取得的巨大成绩。中国人寿呼市分公司2004年被总公司授予"大中城市业务考核评比最具潜力奖"。

中国人寿保险呼和浩特分公司机构网点遍布城乡，在市属各旗、县、区设有9个支公司、5个营销服务区、2个中介服务部，400多家兼业代理网点。公司现有员工1600余人，资产8.6亿多元。在全国范围内开通的"95519"客户服务专线电话，可以为客户提供咨询、查询、投诉、理赔报案、客户回访、保单挂失、客户联系地址和联系电话申请修改等多项服务；2005年元月在全区推广使用"移动95519"短信服务系统，是我公司提升服务水平、扩展服务渠道、优化服务手段的重要举措。服务项目有红利领取通知、续交保费确认、生日祝贺、节日祝福、催收、催交通知、保单失效通知、会议通知等等及一系列自定义服务。相继推出了为客户免费办理"客户就医卡"、每年为大客户提供一次免费体检、小额赔案立等可取、为学生险理赔建立"绿色通道"、银行代收续期保费、邮政代发各类通知书等新的服务项目。

邮保合作签字仪式

办公大楼

中国大地财产保险股份有限公司呼和浩特分公司

总经理：于利民

中国大地财产保险股份有限公司渊源于1949年10月成立的原中国人民保险公司。1996年7月原中国人民保险公司改建为中国人民保险（集团）公司，下设中保财产保险有限公司、中保人寿保险有限公司和中保再保险有限公司。1998年，经国务院批准，中保集团撤销，产、寿、再三家专业子公司独立为国务院直属保险企业。1999年3月，中保再保险有限公司改建为中国再保险公司。经国务院同意，中国保监会批准，2003年8月，中国再保险公司更名为中国再保险（集团）公司。2003年10月，中国再保险（集团）公司以投资人和主发起人的身份控股设立了中国大地财产保险股份有限公司，公司注册资金10亿元人民币，总部设在上海。到日前，中国大地保险已在全国开设了包括呼和浩特分公司在内的29家省级分公司。

公司主营财产险、机动车辆险、工程险、货运险、责任险、保证险和各类人身意外险、短期健康险业务。

中国大地财产保险股份有限公司呼和浩特分公司于2005年3月9日在我区正式营业，公司下设赤峰、通辽、包头、鄂尔多斯4家中心支公司。呼和浩特分公司的成立标志着中国大地保险建立以长江三角洲、珠江三角洲、环渤海经济带为中心，辐射东北、西北、西南的全国市场服务网络的战略构想全面完成。

公司地址：呼和浩特市大学西街附中西侧长兴大厦四楼

电　　话：0417-3385225　　传　　真：0471-3385225

业务咨询：0471-3385172　　客服中心：0471-3385300

邮　　编：010020

内蒙古生产力促进中心

主任：汪立勤

中心被国家科技部评为国家级重点示范中心

中心服务培育的蒙药企业

内蒙古德美纯种肉羊种羊场，德国肉用美利奴羊原产于德国，早熟、产肉多、繁殖率高，该品种是最优良的终端父系品种

内蒙古万民药房连锁有限公司是山西万民药房连锁有限公司在内蒙古地区开设的分公司。万民药房已陆续在山西开设九家分店，在兰州开设两家分店，内蒙古万民药房连锁有限公司呼市金宇店于2003年12月19日开业，根据公司整体发展思路，将在内蒙地区发展规模较大的连锁门店，旨在成为内蒙零售企业的领头羊。

公司目前主要经营：中成药、中药饮片、化学药制剂、抗生素、生化药品、生物制品、医疗器械、保健品、保健食品、化妆品、图书、食品、饮料、日用百货、洗涤用品、消杀防腐、残疾人用品、老年人用品、验光配镜及销售、技术咨询。公司在销售方式上突破了传统的药品销售模式，它采用与国际接轨的大型仓储超市的经营模式，商品构成组合多样化，商品经营个性化。分类陈列标识明显，公司全部实行了计算机网络一体化管理，先进的信息系统为公司的经营分析和经营决策提供了准确、及时的信息支持。

公司内部内设十个部门，分别为：行政管理部、人力资源部、财务部、企划部、采购部、质量管理部、信息部、配送中心、加盟发展部、营运部。大专以上医药学相关专业人员占80%以上，公司由资深的执业药师、主管药师、从业药师及经验丰富，技术精湛的质控专家组成万民服务团队，全心全意为顾客提供尽善尽美的服务。

公司始终坚持“万民努力，全民健康，一切为了父老乡亲”的经营理念，始终把“质量立业、质量兴业、质量壮业”作为企业的发展轨道，力求质量求生存。在广大群众的关怀和公司全体员工的共同努力下，公司将不断创新，稳步发展，为老百姓的健康平安尽我们的一份拳拳之心。

地址：内蒙古万民药房连锁有限公司
呼和浩特市赛罕区诺和木勒大街26号
电话：0471—2203116　　传真：0471—2203104
呼市金宇店
地址：呼和浩特市赛罕区诺和木勒大街26号
电话：0471—2203114
包头东河店
地址：包头市东河区劝业城二楼
电话：0472—2217060
传真：0471—2217022

包头市国税局

党组书记、局长：牛宏军

精诚团结、与时俱进的领导班子

包头市国家税务局党组书记、局长牛宏军，深入基层办税服务厅指导工作

一年一度的税收宣传月活动深入人心

包头市国家税务局，行政隶属于内蒙古自治区国家税务局，是包头市主管国家税收工作的职能部门。

包头市国家税务局机关内设行政机构12个、直属机构2个、事业单位3个，另设机关党委办公室；下辖旗、县、区国税局10个，征收网络遍布全市城乡各地。全市国税系统现有干部职工近1400名，共管辖11305户企业、26217户个体工商户。

2002年，完成“增、消”两税18.2亿元，比2001年增长18.05%；2003年完成“增、消”两税24.7亿元，比2002年增长35.80%；2004年完成“增、消”两税33.8亿元，比2003年增长40.56%；2005年前10月完成“增、消”两税35.26亿元，同比增长44.8%，组织收入取得新突破。

2005年1月1日，从包头市交通征稽局成功接收车辆购置税划转人员和业务工作。通过加强各项制度建设，规范税收业务基础管理，加强车购税划转人员的业务培训，确保车购税税收的稳定增长，上半年共征收车购税9704.4万元，比上年同期增长8.1%。

全市国税系统建立再就业税收工作“绿色通道”，在各办税服务厅设立了下岗失业人员再就业专门窗口，建立减免税台帐，截至上半年，从政策执行之日起累计免收下岗失业人员税务登记工本费2064户，免收税务登记工本费82560元，吸纳下岗失业人员163人，累计免收下岗失业人员从事个体经营不达起征点814户，减免增值税47.19万元。核准11户企业享受企业所得税优惠政策；截至11月底，2005年共办理“免、抵”税款31907万元，办理退税款5863万元，扶持了出口企业发展。

近年，全市国税系统先后多次获得“全国税务系统文明单位”、“全国税务系统先进单位”、“全国城镇妇女巾帼文明示范岗”、“全国税务系统信息化建设先进单位”、“自治区级文明单位”、“全区国税系统文明单位”等多项荣誉；2001年，全市所有基层国税局还全部创建为包头市“文明单位”，并进入了首批市级“文明行业”。

举办职工文艺汇演，鼓舞了士气，凝聚了人心

设施齐全、功能完善、服务高效的办税服务厅

包头职业技术学院

计算机实训中心

数控机床操作实训

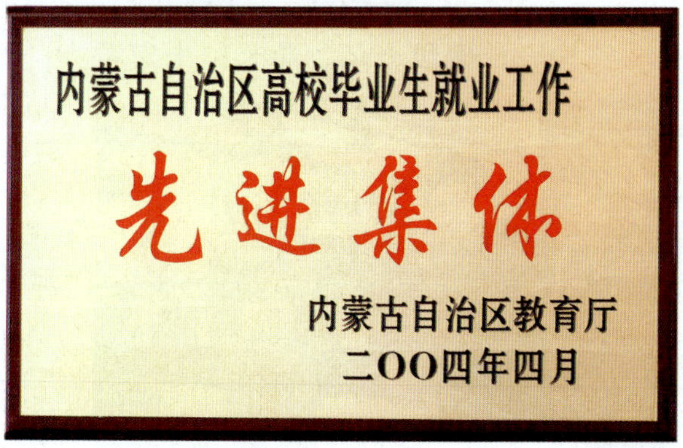

就业先进集体

包头职业技术学院坐落在内蒙古草原钢城包头市，是国防科工委与内蒙古自治区共建的高等职业技术学院，隶属于内蒙古自治区。其前身是创建于1956年的国家级重点普通中等专业学校—包头机械工业学校。1994 年成为全国首批选设的十所初中后五年制高等职业教育试点学校之一。1998 年经教育部批准为内蒙古自治区第一所独立设置的高等职业技术学院。学院自 1994 年试办高职以来。在管理，教学及专业建设等诸多方面加大改革力度，使学院得到了前所未有的发展，在自治区和全国影响日益增大。学院现为中国高等职业教育研究会常务理事单位及该理事会的高职教育研究会副主任委员单位、教育部高职专业指导委员会副主任成员单位、全国五年制高等职业教育专门课开发指导委员会副主任单位、内蒙古自治区高职高专教育研究会副理事长单位。2001 年内蒙古自治区教育厅对学院进行教学质量评估，被评为优秀等级。2003 年学院被列为国家教育部首批高职高专院校人才培养工作水平评估试点的 26 所院校之一，顺利通过评估，取得优良成绩。2004 年学院被评为自治区“全区思想政治工作优秀单位”，同年学院被内蒙古自治区教育厅授予“高校毕业生就业工作先进集体”荣誉称号。

学院现设有机械制造及自动化系、电气工程系、车辆工程系、人文与艺术设计系、材料工程系、经济贸易管理系、计算机与信息工程系及 40 个实验室、实训基地，还与多个企业建立了稳固的实习基地，为学生的生产实习和毕业实习提供了良好的平台。目前，学院开设的 21 个专业已经形成了以机械、电子、信息类为主，兼有管理、财会、广告设计、商务英语等综合的专业结构。还有 31 个成人本、专科学历教育专业。目前学院各种学制的学历教育在校生综合规模达 8500 人。

包头职业技术学院面对国家大力发展职业教育的大好形势，坚持在改革中求发展，在发展中探索改革的办学方针，找准高职人才培养的目标定位，并确立按国家示范性高等职业院校要求建设学院的目标。

正确的办学定位成为学院各项教育改革的中心，在深化教育改革、转变教育观念、增强服务意识、改变教学模式、加强专业建设、深入开展教育教学研究及加快师资队伍建设等方面均取得显著成效。学院“数控技术应用”、“模具设计与制造”专业被列为国家高职高专教改试点专业，“模具设计与制造”专业还被列为国家精品专业建设项目；2004 年学院被教育部等六部委确定为“数控技术应用”、“汽车运用与维修”专业技能型紧缺人才培养培训院校。2004 年在第一届全国数控技能大赛内蒙古选拔赛和全国比赛中师生成绩显著。2005 年《数控技术应用专业教学改革研究与实践》项目荣获内蒙古自治区高等教育教学成果一等奖，《机械制造技术》教材荣获二等奖。

随着西部大开发的潮涌，作为国家西部地区的知名高等职业技术学院，正以创办国家级示范性高职院校为契机，提高质量与效益，努力使整体办学水平和综合实力跻身全国同类院校的先进行列。我们有充分理由相信，21 世纪的包头职业技术学院必将谱写出更加辉煌的兴教篇章。

张之楠(12月离任)
张伯旭(10月离任)
党组副书记:刘承恩(9月离任)
政　协
主　　席:王铁小(蒙古族 4月离任)
刘香芸(女 4月任职)
副 主 席:扎木苏(藏族)
葛　健
吉日木图(蒙古族)
彭皓芳
高昆生
张润锁
李绍华(4月任职)
云普选(蒙古族 4月任职)
白金祥(4月任职)
王天恩(9月离任)
檀凤魁(4月离任)
李喜忠(4月离任)
石　琳(4月离任)
朝　鲁(蒙古族)
纪检委
书　　记:杨静平(4月离任)
王志平(蒙古族 4月任职)
政法委
书　　记:李　鹤(满族)
法　院
院　　长:林　诚(4月离任)
李宪法(4月任职)
检察院
检 察 长:云布俊(蒙古族)
公安局
局　　长:王福森(4月离任)
崔海威(4月任职)
军分区
司 令 员:颜炳强(6月免职)
张立忠(6月任职)
政　　委:陈焕文

【概况】　呼和浩特市是内蒙古自治区首府,位于内蒙古自治区中部。地处北纬40°51′~41°8′、东经110°46′~112°10′。1954年改归绥市为呼和浩特市,属内蒙古自治区。1960年前,呼和浩特市辖新城区、回民区、玉泉区和郊区。1960年,原属乌兰察布盟的土默特旗划归呼和浩特市管辖。1971年,原属乌兰察布盟的托克托县划归呼和浩特市管辖。1995年11月21日,经国务院批准,乌兰察布盟的和林格尔县、清水河县划归呼和浩特市管辖。1996年5月18日,经国务院批准,乌兰察布盟武川县划归呼和浩特市管辖。呼和浩特市现行政区划共辖9个旗县区,26个街道办事处,53个乡,24个镇。土地面积17 224平方公里。其中城区面积81.1平方公里。总人口2 147 453人,其中城区人口1 097 672人。

2004年,全市地区生产总值按可比口径计算达到600亿元,比上年增长47.7%,成为历年来经济发展速度最快的一年。其中全市第一产业完成增加值50亿元,比上年增长35.1%;第二产业继续增长,实现增加值260亿元,增长48.6%;第三产业繁荣发展,增加值达到290亿元,比上年增长49.5%。

【财政】　全年财政总收入60.88亿元,比上年增长50.4%。其中,地方财政收入36.7亿元,增长72%。全年财政支出60.4亿元,比上年增长40.3%。在财政支出中,企业挖潜改造支出、农业支出、抚恤和社会福利救济、社会保障补助支出、教育支出分别为28 726万元、11 016万元、13 191万元、37 436万元、67 128万元,比上年增长142%、51.4%、31%、100.9%、25.4%。

【农业】　全年农林牧渔业总产值305 224万元,比上年增长17.1%。2004年农作物总播种面积389.5千公顷,比上年增长4.1%。其中,粮食作物面积241.3千公顷,增长5.7%。全市粮食总产量115.52万吨,比上年增产25.8%;油料产量10.39万吨,增产58.2%;蔬菜产量45.72万吨,比上年减产18%。在粮食作物中,玉米产量760 160吨,增产31.5%;薯类产量273 757吨,增产12.6%;豆类产量20 195吨,减产3.1%。年末全市农牧业机械总动力达到1 429 421千瓦,比上年增长11.6%;拥有拖拉机51 195台。农药使用量311吨,比上年减少24.7%;农用塑料薄膜使用量4 055吨,减少4.4%;农村用电量21 959万千瓦小时,增长2.6%。

【畜牧业】　全市年末家畜总头数179.19万头(只),比上年增长12.9%。其中大牲畜存栏63.97万头,比上年增长35.2%,在大牲畜中,奶牛存栏头数达50.45万头,比上年增加41.4%。小牲畜存栏84.84万只,比上年增加12.1%;生猪存栏30.38万头,比上年减少14.8%。全年肉类总产量10.23万吨,比上年增长11.1%;奶类产量152.09万吨,增长50.9%;禽蛋产量3.43万吨,增长3.7%。

【林业】　全年完成造林合格面积17.7千公顷。其中人工造林合格面积13.5千公顷。

【工业】　全年工业增加值实现120.1亿元,比上年增长38.2%,

成为拉动经济增长的重要因素。轻工业实现增加值74.83亿元,比上年增长46.1%;重工业实现增加值45.26亿元,比上年增长27.3%。外商及港澳台投资企业完成增加值386 797万元,比上年增长30.5%,股份制企业完成增加值610 515万元,同比增长64.8%。

全市工业经济效益综合指数为224.51%,比上年提高34.3%。在构成经济效益综合指数的七项指标中,产品销售率为97.74%,比上年降低1.2%;总资产贡献率为14.99%,提高1.2%;成本费用利润率为10.12%,提高1.1%;流动资产年周转率为2.28次,提高15.2%;全员劳动生产率为154 587元/人,增长41.6%;资本保值增值率为126.49%,降低17.6%;资产负债率为60.12%,提高1.0%。

【固定资产投资】 2004年,全市固定资产投资总额285.07亿元,比上年增长58.2%。基本建设投资完成217.56亿元,增长71%;更新改造投资完成26.45亿元,增长24.5%;房地产开发投资完成30.20亿元,增长10.2%;其它投资完成10.86亿元,增长150.2%。

【交通】 2004年,全市公路货物周转量43.69亿吨公里,比上年增长41.8%,公路货运量为5 171万吨,增长34.2%;公路旅客周转量40.74亿人公里,比上年增长16.7%,公路客运量为3 690万人,增长23.6%。

【邮电】 全年邮电业务总量达24.54亿元,比上年增长25.7%。城市电话用户766 705户,比上年末增加9.6%;乡村电话用户60 244户,增加26.5%;年末移动电话94.43万户,增加26.4%。

【金融】 年末全市金融机构各项存款余额635.62亿元,比年初增长32.8%。其中,城乡居民储蓄存款仍是金融机构存款的主要来源,其余额达307.26亿元,比年初增长20.3%;企业存款232.86亿元,比年初增长45.9%。全市金融机构贷款余额达483.49亿元,比年初增长32.3%。从贷款投向看,短期贷款为154.77亿元,增长10.2%;中期流动资金贷款为14.94亿元,减少51.7%;中长期贷款为291.9亿元,增长63.3%。全年全市金融机构的现金收入为1 462.0亿元,比上年同期增长26.5%;现金支出1 471.3亿元,比上年增长26.0%。收支相抵,货币投放9.28亿元。

【商贸】 全年社会消费品零售总额156.46亿元,比上年增长27.2%。市的零售额1 367 348万元,增长26.4%;旗县的零售额125 367万元,增长35.7%;县以下的零售额71 845万元,增长29.7%。批发零售贸易和餐饮业快速增长。批发零售贸易业实现1 273 485万元,增长23%;餐饮业实现240 484万元,增长63.9%;其他行业实现50 591万元,增长6.4%。

全年海关进出口总额45 608万美元,比上年减少7%。出口总额26 733万美元,减少26.5%。签订项目50个,合同引进外方资金28 575万美元,外方资金实际到位23 940万美元。

【教育】 全市共有高等院校17所、普通中学167所、职业中学23所、小学725所。高等院校在校学生11.5万人,增长28.4%。普通中学在校学生14.7万人,增长4.6%。职业中学在校学生1.2万人,下降13.7%。小学在校学生19.1万人,比上年下降2.6%。

【文化】 全市共拥有艺术表演团体13个。其中文化馆9个,公共图书馆10个,博物馆3个,广播电台2座,电视台2座。

【卫生】 全市共有各类医疗机构198个,其中有医院66个,医院拥有病床6 741张。全市共有专业卫生技术人员10 524人。其中,执业医师4 105人,助理执业医师551人。

【体育】 2004年底,全市有体育场9个,体育馆6个,游泳池20个。全市中小学在校学生有21.6万人体育锻炼达到《国家体育锻炼标准》。其中,达到良好级以上的有10.6万人。

【人口】 年末全市总人口254.4万人,比上年末增长0.4%。其中市区人口109.8万人,增长0.1%;非农业人口97.9万人,增长0.1%;少数民族人口26.0万人,减少2.9%。人口出生率10.4‰,死亡率4.6‰,自然增长率5.8‰。

【保险业】 全市保险保费收入12.93亿元,比上年增长32.0%。其中,人寿保险费收入10.50亿元,增长39.9%;财产保险费收入2.4亿元,增长6.1%。全市保险业务支出2.31亿元,比上年增长19.8%。

【劳动就业】 全市在岗职工从业人员28.8万人,比上年末增加0.5万人。其中国有单位从业人员20.3万人,减少2.6万人;城镇集体单位从业人员1.3万人,减少14.4万人;其他经济类型单位从业人员7.2万人,增加14.5万人。

全年在岗职工工资总额48.86亿元,比上年增长29.1%。其中国有单位在岗职工工资总额39.01亿元,增长27.7%;城镇集体单位在岗职工工资总额1.33亿元,增长0.2%;其他类型单位在岗职工工资总额8.52亿元,增长43.2%。全年在岗职工平均工资16 663元,增长27.3%。

【人民生活】 2004年,全市城市居民消费价格总水平比上年上涨2.4%。分项目看,食品、衣着、娱乐文教服务、居住分别比上年上涨16.6%、22.5%、5.1%和20.3%,设备用品及服务比上年下降11.2%,医疗保健、交通与通讯的价格分别比上年上涨27.9%和41.6%;农民生活消费价格总水平比上年上涨9.1%。其中医疗保健下降0.9%、食品上涨19%、服务项目下降0.3%。城市商品零售价格总水平上涨1.7%。农业生产资料价格总水平比上年上涨6.3%。

抽样调查:全年城市居民人均可支配收入10 166元,比上年增长23.5%;农民人均纯收入4 005元,比上年增长26.4%。全年城市居民人均消费性支出7 481元,比上年增长18.1%;农民人均生活费支出2 355元,增长18.3%。

2004年呼和浩特市模范人物名录

姓名	性别	民族	奖项	获奖时间	工作单位
李变霞	女	汉	全国“三八”红旗手	2004年3月	呼和浩特市妇女联合会
戈文英	女	汉	全国“三八”红旗手	2004年3月	呼和浩特市和林格尔县城关第一小学
杨文俊	男	蒙古	全国“五一”劳动奖章	2004年4月	内蒙古蒙牛乳业(集团)股份有限公司
张君	男	汉	全国“五一”劳动奖章	2004年4月	内蒙古自治区仕奇集团有限公司计算机中心

(高宏 任飞 李潇枫)

新城区

【领导名录】

区委书记:吕景瑞
副书记:吴安俊(满族)
巴图(蒙古族)
列夫(蒙古族)
武志强
人大主任:闫泽林
副主任:云公义(蒙古族)
何志清(满族)
范爱荣(女)
朱建国
区长:吴安俊(满族)
副区长:云涛(女 蒙古族)
薛燕群(满族)
赛青克(蒙古族)
银小平
王斌
刘金库
政协主席:朱祥福
副主席:祖凤芸(女)
杨渊明
锡晓云(女 蒙古族)
张立军(女 满族)
武装部长:王义平
政委:赵文智(蒙古族)

【概况】 新城区位于首府呼和浩特市东北部,北面和东面以大青山为分水岭与武川县和乌兰察布市的卓资县隔山相望,南与赛罕区接壤,西与回民区毗邻。地理坐标位于北纬40°48′~41°7′,东经111°35′~112°5′。辖区总面积700平方公里,农区总面积675平方公里,城区面积25平方公里,总人口42万人。辖1乡、1镇、7个街道办事处、30个行政村、55个社区居委会。有满、蒙、回、汉等38个民族,属满族聚居区。2004年,人口出生率8.81‰。

2004年,地区生产总值完成120亿元,比上年增长38.1%;财政总收入完成7.23亿元,为年预算的100.22%,比上年增长27.57%;城镇居民年人均可支配收入11 558元,比上年增长22.8%;农民年人均纯收入4 941元,比上年增长21.1%。固定资产投资达到15亿元,完成年计划的150%。

【农牧业】 2004年,10.4万亩农产品生产基地通过自治区无公害农产品基地认证,16种农作物通过农业部无公害农产品认证,获得在全国农产品市场免检流通的权力。投资1 000多万元建成塔利村百户规模奶牛养殖小区。树木成活率和保存率居全市前列,生态环境得到有效改善。

【工业】 完成现价工业总产值11.57亿元,比上年增长14.9%;实现税金6 681万元,比上年增长14.9%。鸿盛高科技园区入园企业达到16家,2004年协议引资4.3亿元。

【非公有制经济】 新建便民市场5个、专业市场3个。一批高科技专业市场投入运营,一批专业汽车经销店相继建成。

【城区建设】 新北区建设为龙头,以成吉思汗大街、哲里木路两侧的开发建设为重点,通过招商引资,采取市场运作方式,全面启动麻花板村、府兴营村的整体拆迁改造项目,把成吉思汗大街建设成有民族特色的景观街,综合整治其它街道,全面提升城市品位。

【旅游业】 新城区以草原文化、历史文化和民俗文化为主题,古代建筑有将军衙署,绥远城城墙遗址,古长城遗址、公主府,建设和完善的建筑有大窑文化遗址、成吉思汗影视城、莜蓉狩猎区、内蒙古博物馆、内蒙古赛马场,在建的景区有小井沟生态旅游区、神水梁风景区、内蒙古原始文化博物馆及大青山太伟运动休闲度假村。

【招商引资】 以"招商引资年"为契机,围绕北区建设、三次产业结构调整,全年共引进项目57个,引进区内资金8.1亿元,完成年计划的116%,位居全市九个旗县区首位;引进区外资金6.1亿元,完成年计划的102%,位居市四区第一;引进国外资金727万美元,完成年计划的145%。建设大青山抽水蓄能电站、太伟运动休闲度假村等一批重点项目,启动"城中村"改造项目。

【环境保护】 工业污染源达标率、烟尘控制区覆盖率均达到100%。严格国土资源管理,全面做好土地市场整顿工作。切实贯彻《物业管理条例》,完成全区101个物业管理区域的划分工作。

【科技】 加大对工农业发展的支持力度,"四位一体"温室、饲料青贮等一批先进实用技术得到推广。2004年被评为"全国科技进步先进区"和"全国科普示范城区"。

【教育】 教育事业稳步发展,教育信息化建设走在自治区前列,区电教中心被评为"中国信息化工作创新集体"。教学科研工作稳步推进,获得"全国创建以校为本教研制度建设基地"荣誉称号。民政工作扎实开展,服务社区居民的网络化平台基本建成,"十一进"社区活动深入开展。

实施名牌战略,拉动经济发展。全面启动"名师、名校长"工程,深入开展"十佳校(园)长"、"优秀教育工作者"评选活动。选树10名同志为"新城区首席教师",优先为他们提供进修,外出学习考察的机会,使之起到典型引路的作用。同时,先后组织7名教师参加国家级培训,10名教师参加自治区级培训,240名教师参加市级培训,2 000名教师参加创新思想培训。评选出教学能手60名,教学新秀67名。全年共形成科研成果30多项。严格控制班容量,坚决执行自治区教育厅制定的"一费制"收费标准,投入400多万元新建"新城区青少年科技活动中心",使学生受到更为全面的素质教育。

2004年,新城区在财力紧张的情况下投资70多万元,为23中学进行维修、改造;多方筹资25万元,对保合少乡名言小学进行危房改造,总计完成改造面积2 280平方米。为奎素危改工程争取到30多万元经费,为19中学的危旧平房改造争取到40万元危改资金。全年实现勤工俭学总收入1 223万元,全部用于增添教学设备,改善办学条件。

出台《新城区中小学校长职位竞选上岗实施方案》,确定第38中学和光华小学实行校长公开选聘。根据市教委的安排,新城区对在呼市教育局组织的教师聘用考试笔试合格的24名教师进行试讲工作。试讲结束后,根据笔试成绩与试讲成绩的总分,录取20名教师,充实到中学的各个教学岗位,对提高新城区教育教学水平起到较大的作用。制定《新城区民办教育评估指标体系》,11月由教育专家和教研、科研部门代表组成的评估、检查组深入到25所民办校园,采取听汇报、查资料、看设施、办座谈等方式,对民办学校综合水平进行打分评估,不具备办学条件的坚决取缔。

【文化】 新城区在巩固和保持"全国文化先进区"、"自治区文体工作先进区"荣誉的基础上,大力发展社会文化,注重发展特色文化和民族民间文化,努力提高城区文化品位。在举办好迎新春,区政广场大型灯展,大型焰火晚会、消夏文艺演出的同时,深入社区演出10余场,活跃社区居民的文化生活,满足社区居民的文化生活需求。先后在博物馆街心花园、新华广场举办大型演出4次。积极开展以文化三下乡、图书进社区为主题的专项活动,赴保合少乡慰问演出2次,为迎新路办事处捐赠图书2 000多册。不断加大"扫黄、打非"的工作力度,共收缴盗版书刊1万余册,盗版音像制品2万余张。针对未成年人进入"网吧","网吧"超时服务等现象,通过采取强化属地管理,加大舆论监督力度,层层建立责任追究制等一系列措施,使新城区"网吧"从过去的296户压缩到现在的67户。基本做到学校周边200米内无审批"网吧",居民楼(院)内无审批"网吧"。6月份,由区综治办牵头,区公安局、教育局、工商局、市场办、联合行动,对校园周边200米的45户歌吧、茶吧进行专项整治,规范辖区内的8家夜总会和9家歌舞厅。区文联现有文艺团体50多个,举办文学创作培训班及"美术、书法、摄影、剪纸展览活动"。

【卫生】 应对重大传染病、突发性公共卫生事件机制初步建立。群众性文体活动蓬勃开展,城区文化品位不断提高。交通工作成绩突出,超额完成小额养路费征收任务,开创交通事业的新局面。安全生产工作得到加强,事故发生率和死亡率分别比上年下降75%和80%。其他各项社会事业全面协调发展。

【体育】 认真落实《全民健身计划纲要》。"3·19"全民健身日,全区近6万人次参加形式多样的健身活动。成功举办全区职工学生运动会，职工篮球赛，中小学生冬季越野赛，中国象棋高水平棋手赛等赛事。承办如意区第二届“TCL 王牌杯”职工运动会，承担内蒙古自治区第五届农村牧民运动会开幕式的表演任务。

（耿君胜）

回　民　区

【领导名录】

区委书记：崔世清（回族）

副 书 记：云挨厚（蒙古族）

卜长安（蒙古族）

张俊平

高玉喜

人大主任：陈瑞珍（女）

副 主 任：王联胜（蒙古族）

张双旺

刘伯林

康　伟（女 回族）

区　　长：云挨厚（蒙古族）

副 区 长：王草原（蒙古族）

刘卫平

王仲权

封灿金

赵海强

牛　俊（回族）

李春燕（女 蒙古族）

政协主席：白　云（回族）

副 主 席：金雪明（回族）

李欣莉（女）

郭利利

沈玉萍（女）

武装部长：武同宝

政　　委：王天玉

【概况】 回民区地处呼和浩特市城区的西北部，总面积为 175 平方公里，其中城区面积19.47平方公里，耕地 2 万亩，有回、汉、蒙、满等 22 个民族，人口 30 万人，其中，回族1.98万人，是一个回族聚居区。全区辖海西、新华、环河、光明、中山、通道、钢铁路 7 个街道办事处和攸攸板 1 个镇，共有 55 个居委会，19 个村。区内有大中专院校 11 所、中小学 66 所。

2004 年地区生产总值实现79.3亿元，比上年增长28.9%；财政收入完成50 073万元，首次突破 5 亿元大关，比上年纯增14 063万元，增长39%，其中地方财政收入完成29 250万元，比上年增长46%，增速创历史新高；规模以上工业增加值完成9.88亿元，比上年增长39.9%，工业经济综合效益指数达141.93%；全社会固定资产投资完成22.3亿元，比上年增长23.9%；利用外商直接投资1 300万美元，首次超过千万美元；城镇居民人均可支配收入和农民人均纯收入分别达9 262元、5 473元，分别比上年增长24.1%、18.77%。

【农牧业经济】 农业增加值预计完成5 000万元。完成节水灌溉面积3 000亩，新增有效灌溉面积2 000亩。建成养殖小区 4 个。年末牲畜存栏数12 888头（只）。投资 116 万元解决4 300人和3 406头牲畜的饮水问题。森林保有率达到85%。

【工业经济】 独立核算工业总产值完成28.22亿元，比上年增长40.3%，其中规模以上工业总产值完成25.51亿元，比上年增长49.8%，规模以上工业增加值完成9.88亿元，比上年增长39.9%，工业经济综合效益指数预计达118%。金海工业园区新引进科达铝业钢化玻璃生产线和蒙旺达羊绒制品两个项目，工业总产值完成2.53亿元，比上年增长89.4%。

【商贸】 商贸业日益丰富，麦当劳、必胜客、北京华联和王府井百货等知名企业相继入驻，深圳铜锣湾购物中心、内蒙古出版大厦、星月大厦、温州机电城即将投入运营。自治区最大的汽车贸易园区—利丰汽车文化广场建成使用，奥迪、宝马、东风标致等4S 店相继投入运营。由香港嘉里集团投资6 500万美元的呼和浩特香格里拉大酒店即将开工建设。社会消费品零售总额达44.89亿元，比上年增长22.99%。

【招商引资】 吸收区内外实际到位资金11.45亿元，比上年增长52.7%；吸收外商直接投资实际到位1 300万美元，引资额首次超过千万美元，是上年的 13 倍。引进项目 33 项，其中投资超过亿元的项目有 5 项。

【大青山沿山旅游带建设】 内蒙古团委生态园综合性娱乐项目建设取得新进展，配套设施进一步完善。以半亩地莜面大王和园外园为龙头的餐饮、住宿、休闲、娱乐农家观光旅游项目初具规模。段家窑滑雪场正在抓紧建设，呼和浩特国家森林公园乌素图滑雪场一期工程建成运营，填补了呼和浩特市冬季旅游项目的空白。

【非公有制经济】 全区现有非公有制企业7 008户，从业人员35 000人，分别比上年增加 308 户、2 359人；其中，私营企业 836 户，从业人员11 551人，分别比上年增加 61 户、1 857人。个体私营经济实现税收12 100万元,比上年增长27.4%。

【城区建设与管理】 拆除危旧房屋16.6万平方米,开工新建23万平方米,超额完成全年任务。牛街幸福家园二期、新华西街家和住宅小区、大庆路新希望小区开工建设,温州步行街二期、新华西街电厂小区、大庆路兴旺家园建设基本完工,首府广场、内蒙古世贸大厦、内蒙古医学院附属医院住院大楼等高层建筑即将投入使用。完成9条街巷改造、25条街巷的绿化美化,10条街巷的亮化和24 080平方米绿地建设,配合市政府完成了通道北路出城口、新华广场、青城公园、伊利广场的改造。城中村改造和村间道路建设步伐加快,完成城中村改造任务5.45万平方米,建设村间道路18公里。

【城市管理】 推进城管系统内部人事制度改革,实施全员聘用制。强化长效管理,清理整治马路市场,规范户外广告、店名牌匾,整顿商住楼不合格餐饮网点,市容市貌管理工作在全市评比中名列第一。拆临拆违5 000平方米,拆除村民违法自建房屋106户、9 472平方米。建成5座水冲厕所和4座垃圾转运站,道路清扫保洁率、垃圾清运率、公厕清掏率保持100%。拆并燃煤锅炉41台,拆除燃煤茶浴炉21台,城区空气质量二级以上天数达到310天,环境质量显著改善。

【科技】 投入科技三项费110万元,完成新产品开发和新技术应用推广项目3项,实现技术贸易成交额352万元。

【教育】 高中入学率97.3%,高考升学率87.3%。办学条件极大改善,20中实验楼、第三幼儿园教学楼、金海路二小体育馆建成使用,海西路小学等5所学校的操场改造和攸攸板小学教学楼主体工程建设完工,16中危旧教学楼改造工程顺利启动。投资186万元初步建成教育城域网,在全市率先开通教育信息网站。顺利接收铁路系统8所中小学、幼儿园。

【文体】 加强文化市场管理,依法取缔无照经营的黑网吧、电子游戏厅和群众反映强烈的公园南路歌厅。疾病预防控制体系和突发性公共卫生事件应急机制进一步完善,重大疫情处理率、卫生执法监督率达100%;药品集中招标采购制度得到落实。人口出生率8.66‰以内,人口自然增长率6.75‰以内。自治区首家穆斯林老年公寓建成运营,呼和浩特市古林人文纪念园一期工程竣工。

(王志灏)

玉 泉 区

【领导名录】

区委书记:李博宏

副 书 记:云建东(蒙古族)

付培义

李建社

田忠宝

人大主任:杨永胜(蒙古族)

副 主 任:刘永义

荣　景(蒙古族)

史雅琴(女)

荣瑞生(蒙古族)

区　　长:云建东(蒙古族)

副 区 长:荣忠厚(蒙古族)

云林华(女 蒙古族)

邢玉禄

云　飞(蒙古族)

郝党政

张继平

李晓东

政协主席:郭爱成

副 主 席:张占平

昌淑君(女 蒙古族)

夏冬梅(女 蒙古族)

姜挨用(蒙古族)

武装部长:贾玉荣

政　　委:吴　鸣

【概况】 玉泉区位于呼和浩特市区西南部,北纬39°28′~40°08′、东经110°23′~111°01′,平均海拔高度1 050米,全区面积270平方公里,其中耕地面积8.8万亩,总人口27.2万人,其中城镇人口14.2万人,农业人口4.3万人,财政供养人口5 400多人,辖1乡1镇7个街道办事处,56个行政村和60个社区居委会。

2004年,地区生产总值达52亿元以上,比上年增长41.73%;财政总收入达9.0964亿元,比上年增长35.6%,其中地方财政收入达2.403亿元,比上年增长43.2%;固定资产投资完成9亿元,比上年增长79.2%,社会商品零售总额达19.94亿元,比上年增长26.7%;城镇居民人均可支配收入8 817元,比上年增长25.6%;农民人均纯收入5 289元,比上年增长19.4%。

【农牧业】 2004年,农业增加值1.28亿元以上,比上年增长18.2%。全区新打机电井总数546眼,有效灌溉面积达到7.5万亩,完成3 000亩低压节水灌溉工程。奶牛疫病防治、中介服务组织等体系建设进一步加强,奶牛纯增4 000头,比上年增长

24%，鲜奶产量达9万吨，比上年增长28.6%。完成无公害蔬菜认证6 350亩，引导农民试种中草药材效果明显，农民收入有所提高。生态建设成效显著。全年完成人工造林合格面积1 890亩。农民减负工作进一步加强。“三补一减”（种粮补贴、良种补贴、农机具补贴和农业税减免）政策得到落实。

【工业】 2004年工业增加值达10.85亿元，经济效益综合指数达356.56%，比上年提高60.99个百分点。特别是以裕隆工业园区为主要平台的工业经济项目建设得到加快。工业园区在2003年基本完成启动区域2平方公里基础设施的基础上，2004年多渠道融资、筹资1.03亿元，实施3平方公里的基础设施建设，先后启动、完成2平方公里道路、自来水和天然气入园工程，以及110千伏变电站建设、废弃土坑的回填等基础设施建设工程。2004年有7家企业签订入区协议，协议资金10.4亿元，有5家企业开工建设，其中2家企业投产，企业固定资产完成8 892万元。积极扶持区域内工业项目建设，奈伦乳业二期扩建项目和华立水泥桃花粉磨厂新建项目已竣工投产。工业项目拉动经济快速增长作用逐步显现。

【城乡建设与管理】 先后与12家企业签订改造开发合同，投资额超过3亿元，改造面积72.5万平方米，其中城中村改造面积55万平方米。拆除危旧平房占地面积15.4万平方米，开工建筑面积43.6万平方米。其中占地20万平方米的汇豪天下家园高档住宅小区主体建设已完工开盘销售。建筑面积18 000平方米的党政机关办公大楼和3 700平方米的工业园区管委会办公大楼投入使用。小街巷改造工程进展顺利，全年完成小街巷改造14条，铺装补修便道1.6万平方米。道路景观整治完成19条主次干道，完成5条花街建设任务，对昭君路等道路两侧种植花草30余万株。加强市容和环境卫生综合整治工作力度，全年拆临拆违0.3万平方米，清理整顿马路市场等“六乱”现象1万余处，清理垃圾12万余吨、卫生死角1 200余处，垃圾清运率、道路清扫率、厕所清掏率均达到100%。环境保护按照污染与防治、开发与保护并举等措施，拆除采暖锅炉51台，茶浴炉27台，取缔重污染企业，对工业园区等重点项目范围内砖窑进行拆除，大气中的TSP值呈下降趋势，巩固“一控双达标”成果。积极推进土地资源保护，按可持续发展的要求进一步深化土地市场秩序治理整顿工作。完成二环路、呼准铁路等重点工程和项目的土地报批工作，乡级土地利用总体规划正在二次修编。加大依法打击乱搭乱建和违章建设行为，城中村、近郊村的“种房”现象得到有效遏制。

【服务业】 全年增加值达25亿元以上，比上年增长38.4%。商贸流通、餐饮、交通运输等传统服务业和房地产、文化、教育、信息、法律咨询等新型服务业发展呈现强劲的发展势头。全区围绕建设商贸旅游大区的目标，重点培育以批发市场为载体的商贸流通发展格局，进一步配套完善了旅游市场服务体系。建筑面积11.6万平方米的金峰综合广场投入运营，五里营集贸市场、太平洋商厦、天孚服装批发市场、多凌新天地广场、北方药都等一批重点项目已投入建设。旅游市场的硬件设施、周边环境治理得到明显改善，制作宣传画册，加大外出对口促销，组织专家学者进行学术研讨等，有效地宣传促销工作，为扩展旅游市场和树立良好的旅游品牌营造氛围。

【招商引资】 通过环境招商、政策招商、以商招商的方式，在完善服务措施、优化政策环境的基础上，2004年11月，在广东惠州市举办对台招商项目介绍会，并通过一段时间的跟踪联系洽谈，有效地提升玉泉区在沿海地区的知名度。2004年全区引进国内外资金11亿元，引进项目26个，其中上亿元项目9个，千万元项目13个，多凌新天地广场、冀东水泥、食全食美无公害物流园区、北方药都、汇豪天下家园等一批亿元项目先后落户玉泉区。

【科技】 加大对科技的投入，加快科技成果的转化和应用，实用技术得到推广。信息化建设进程明显加快，建立了政府信息门户网站，构架出政务、科技、教育、计生等诸多应用信息平台，信息化程度明显提高。

【教育】 区内共有直属中学5所（农村中学1所）、小学16所（民族学校2所）。深化教育改革，强化教育管理，推进学前教育、基础教育、职业教育等各类教育的长足发展，“两基”达标成果进一步巩固提高。全区学校布局趋于合理，中小学危房改造工程进展顺利，拆除危房2 881平方米，新建校舍5 095平方米，办学条件明显改善。实施“名优”教师工程，加强师德教育，师资水平得到提升，教育教学质量明显提高，全区高考成绩喜人，总上线率较上年提高19个百分点，中考均分超全市均分13分。名校、名师创建成效显著，六中、二十六中和恒昌店、五塔东小学社会声望明显提高。

【计划生育】 加大人口与计划生育工作管理力度，认真贯彻执行《计划生育法》，全力推行计生综合改革，制定出台计生家庭奖励扶助政策，全区人口出生率为9.85‰，低于责任目标值1.71个千分点，建立全区育龄群众信息系统，代表自治区接受国家计生委的督查验收，有望走进全国先进行列。代表呼和浩特市接受自治区计生年度检查验收，取得很好的成绩。坚持“以人为本”，全区卫生工作进一步增强，疫病防控体系得到加强，突发性公共卫生事件应急机制基本建立，结核病防治工作圆满完成市政府下达的任务,艾滋病防控工作全面铺开,食品、药品监督整治工作成效显著,为人民生命安全提供保障。

【社会保障事业】 2004 年接收离退休人员9 986人,全部实现社会化管理,按时足额发放养老金。全年累计发放低保金 901 万元,加大就业和再就业工作力度,为12 648人审核发放《再就业优惠证》,多渠道安置5 296名下岗失业人员就业。按照国家、自治区、呼和浩特市三级政府的有关政策,为下岗职工和劳动密集型企业分别解决 152 万元和1 300万元小额贷款,为1 326户下岗职工免税 36 万元、免工商管理费 76 万元。探索建立区级领导包扶特困户、部门帮扶贫困村,区、街道(乡镇)社区居(村)委会三级联动帮扶弱势群体的工作机制,机关干部和单位分别对 413 户特困对象和 56 个行政村进行对口帮扶,有效地推动扶贫扶困扶弱和下岗再就业工作的深入开展。

(郭忠堂 刘军)

赛罕区

【领导名录】

区委书记:邢燕菊(女)

副 书 记:康存耀(蒙古族 7 月任职)

荣林森(女 蒙古族)

张 荣

靳春亮

人大主任:赵连炳(蒙古族)

副 主 任:李景平(女 蒙古族)

王虎虎

赵润成(蒙古族)

彭金川

区 长:康存耀(蒙古族)

副 区 长:苏 锐

云 瑶(女 蒙古族)

李浩书(蒙古族)

王 宏(回族)

格尔图(蒙古族)

云 龙(蒙古族)

王振勇

吕洪涛(3 月挂职)

政协主席:云东贵(蒙古族)

副 主 席:赵智琨

王能业(蒙古族)

郭喜梅(女)

高之健(蒙古族)

武装部长:杜化铭

政 委:刘培成

【概况】 呼和浩特市赛罕区地处自治区首府呼和浩特市东南,1999 年 7 月区划调整更名为赛罕区,2000 年 6 月 14 日正式挂牌,是自治区首府呼和浩特市面积最大的新型城区。地理座标为北纬40°36′~40°57′,东经111°40′~112°10′,周边分别与乌兰察布市、和林格尔县、玉泉区及新城区相接,全区总面积1 013.1平方公里,其中城区14.5平方公里。全区现有耕地75.3万亩,天然草地32.5万亩,农业生产资源较为丰富。全区人口51.9万人,其中常住人口 36 万人,常住人口中非农业人口22.4万人。区辖 7 个乡镇(巧报镇、西把栅乡、金河镇、巴彦镇、黄合少镇、榆林镇、太平庄乡)、5 个街道办事处(人民路、大学西路、大学东路、乌兰察布东路、中专路),设 122 个行政村、63 个社区居委会,是一个以蒙古族为主体、汉族占多数的多民族聚居区。区内交通便利,呼和浩特白塔机场坐落境内,京包铁路、京包高速公路、110 国道穿境而过。辖区高等院校、科研院所集中,有国家、自治区级科研单位 8 家,内蒙古大学、内蒙古师范大学、内蒙古农业大学等大中专院校 28 所,是自治区科技、教育、文化的聚集区。自治区党委、政府的迁驻,将使赛罕区成为呼和浩特市的行政中心区。

2004 年全区地区生产总值达109.2亿元,同比增长47%,是 2000 年的3.3倍;财政收入完成10.2773亿元,同比增长51%,位列自治区 101 个旗县区第三。地区生产总值、财政收入首次分别突破百亿和 10 亿元大关。城镇居民人均可支配收入达9 975元,同比增长22.6%,是 2000 年的1.8倍;农民人均纯收入达5 056元,同比增长20.6%,是 2000 年的1.5倍。

【农业】 2004 年全区农作物总播面积完成39.51万亩,其中粮食作物播种面积达28.62万亩,总产量达11.78万吨。蔬菜播种面积达7.23万亩,蔬菜产量、商品量达3.48亿公斤和3.25亿公斤,同比分别增长7.1%、4.8%,其中无公害蔬菜商品量3.2亿公斤,"汇东"、"塞罕"无公害蔬菜品牌市场竞争力得到增强。

【畜牧业】 奶牛存栏14.3万头,牛奶产量达 42 万吨,同比增长 50%,优质奶牛所占比重达80%以上。奶牛综合服务站增加到 11 个,标准化奶牛养殖小区达到 5 个,奶站 260 个,企业+基地+奶户的产业发展链条逐步完善。新增有效灌溉面积2.8万亩,改造中低产田1.1万亩,完成人工造林1.3万亩,森林覆盖率达到 20.4%。

【工业】 全部工业总产值达90.12亿元,规模以上工业产值达

54.64亿元，完成增加值12.02亿元，同比分别增长28.1%和22.9%，独立核算工业产值达到3.6亿元，乡街企业产值达到31.88亿元。金桥开发区基本实现"七通一平"，工业区累计引进项目35项，投资总额51亿元，其中落地项目26项，项目总投资超过46.7亿元，包括金桥热电厂2×30万千瓦机组、天野化工20万吨甲醇、呼和浩特市炼油厂催化裂化技改、内蒙古昆明卷烟厂、内蒙日报社印务中心等多个投资亿元以上的大项目。基本形成以电力、化工、烟草、制药等为主的产业布局。

【城市建设】 完成前巧报等4个城中村的规划论证。建成102省道赛罕区段2.5公里道路，改造城建档案馆西巷等11条小街巷，完成铺装便道2.6万平方米，街景综合整治8 000多平方米。拆除危旧平房99.4万平方米，新建住宅31.3万平方米，讨号板"村改居"试点工作进展顺利。加强城市绿化和环境保护，完成3条主干道、10条小街巷的新植和22条小街巷的补植任务，完成地被覆盖3万平方米，建成绿地9 000多平方米。拆除并网锅炉34台，限期治理达标排放11家。新市区2平方公里起步区基础设施基本实现"七通一平"，引资引项能力显著增强，入区项目达65个。自治区党委政府迁建工程顺利实施。

【科技】 全年推广自治区科技实用技术2项，科普宣传和科技培训深入开展，被评为"全国科技进步示范区"，同时获得人事部、科技部共同颁发的"科技管理系统先进集体"荣誉称号，并被国家科协批准为第二批全国科普示范区。

【教育】 "两基"达标成果进一步巩固。高中阶段教育普及率达到88.5%，民族教育优先发展，职业教育健康发展，教育信息化建设取得新成果，教育教学质量稳步提高。撤点并校工作进展顺利，中小学布局更趋合理，教育资源得到合理配置利用。

【文化】 文体活动设施得到改善，新建1 400平方米图书馆、1 100平方米文化馆各一座。基层群众文体活动丰富多彩。

【卫生】 全面加强食品卫生及公共场所卫生监督，卫生监督覆盖率市区达100%，农村达到85%，医疗市场进一步规范。疾病预防与控制、计划免疫等各项工作有序开展，城乡医疗卫生条件逐步改善。

【精神文明 民主法制】 创建市级文明单位17家、自治区文明单位2家。区地税局被评为国家级"人民满意的公务员集体"。全面实施政务、村务、厂务公开，顺利完成第一届居委会选举工作。深入开展《行政许可法》的宣传贯彻，清理行政许可事项102件，受理审批服务事项4 168件。修订完善《政府工作规则》等一系列政府工作制度，促进政府工作的规范化。

（赵剑峰 王永强）

土默特左旗

【领导名录】

旗委书记：云忠义（蒙古族）
副 书 记：云根亮（蒙古族）
赵国忠
王威亮
张国平（蒙古族）
韩宝珍（蒙古族）
云建强（蒙古族）
旗 长：云根亮（蒙古族）
副 旗 长：罗 琳
莎 娜（女 达斡尔族）
张老在（蒙古族）
王占德（蒙古族）
常建军
董文煜
舒 华（蒙古族 4月任职）
曾令鸣（蒙古族）
人大主任：张 焕
副 主 任：云光明（蒙古族）
马引弟（女）
刘志强
赵玉龙（蒙古族）
政协主席：李建新（汉族）
副 主 席：补满堂（蒙古族）
李银枝（女）
云长勇（蒙古族）
其木格（女 蒙古族）
武装部长：赵文智（蒙古族 3月离任）
孙毅刚（蒙古族 3月任职）
政 委：霍中康

【概况】 土默特左旗地处内蒙古自治区首府呼和浩特市西郊，位于著名的土默川平原上。地理坐标为北纬39°45′～41°31′，东经109°50′～112°10′之间，东西宽175公里，南北长205公里。北与武川县接界，南临托克托县、和林格尔县，东与呼和浩特市赛罕区相连，西与土默特右旗毗邻。察素齐镇是旗人民政府所在地，东距呼和浩特市48公里，西距包头市98公里，是全旗政治、经济、文化的中心。辖区总面积2 712平方公里。辖16个乡镇、321个行政村。是年年末，总人口354 792人，其中非农业人口46 535人,少数民族40 136人,人口自然增长率7.38‰。

2004年地区生产总值达52亿元,比上年增长47.8%。其中,第一产业增加值14.2亿元,比上年增长26.8%;第二产业增加值25.7亿元,比上年增长55.5%;第三产业增长值12.1亿元,比上年增长62.1%。财政收入完成2.3亿元,比上年增长44.8%。全旗固定资产投资完成15.3亿元,比上年增长114.6%。

【农牧业】 农业总产值20.36亿元,比上年增长32.3%。以奶牛业为主的农区畜牧业继续保持了较快的发展势头,奶牛年末存栏达到15.1万头,鲜奶总产量45.3万吨。畜牧业产品产值占农业总产值的比重为57.6%。

【工业】 全旗工业总产值完成66.7亿元,比上年增长44.6%;规模以上工业完成增加值2.1亿元,比上年增长41.1%;规模以上工业经济效益综合指数达148.8%,比上年提高25.6个百分点。

【城镇建设】 建设小城镇建设投资7 753.8万元。

【外引内联】 私营企业和个体工商户总数达4 651个。全年协议引资47.8亿元,比上年增长47.7%。实现利用外资584万美元,比上年增长383.3%;利用区内外资金10.8亿元,比上年增长96%。

【金山开发区】 全年完成基础设施建设投资1.9亿元,开工建设了南区"一纵一横"两条道路12.8公里,继续完善北区的道路、供水、供电、供暖、通讯等基础设施建设,进一步满足入区企业的生产和建设需要。入区项目累计达67个,其中16个已建成投产。完成工业总产值7.2亿元,工业增加值2.4亿元,实现财政收入7 898万元。

【生态建设】 造林面积4.9万亩,超额完成年度造林任务,其中退耕还林3.2万亩,"三北"四期防护林1.7万亩。天然林保护围栏封育6万亩,全旗义务植树81.2万株。新增有效灌溉面积4.9万亩,新增节水灌溉面积9.5万亩,完成水保治理4.5万亩。

【人民生活】 城镇居民人均可支配收入6 896元,比上年增长24.7%;农民人均纯收入4 502元,比上年增长27.2%。城乡居民储蓄存款余额为7.8亿元,比上年增长18.1%。社会消费品零售总额9.07亿元,同比增长47%。

【社会保障】 离退休人员和下岗失业人员社会化管理率达到100%,养老金和失业救济金按时足额发放;全年发放低保金205万元,累计有36 846人(次)得到救助,实现动态管理下的应保尽保。全面落实"三补一免"政策,使农民人均直接获得实惠105元。

【就业再就业工作】 2004年,土默特左旗千方百计开发就业岗位,积极创办社区就业实体,有效组织劳务输出,累计实现就业再就业5 278人,其中新增劳动力就业2 904人,安置下岗失业人员2 374人(其中"4050"人员759人)。新增就业服务实体129个。到2004年12月,城镇登记失业人数497人,城镇登记失业率为3%。全年提供就业岗位4 205个,登记求职人数7 590人(其中下岗失业人员780人),达成意向3 139人,成功率41%,组织劳务输出973人。累计完成职业技能培训3 856人,其中下岗失业人员1 489人,全年就业培训人数达到实现就业人数的73%。完成职业资格鉴定781人。

【内蒙古工业大学 内蒙古医学院入驻金山开发区】 2004年3月至4月,内蒙古工业大学、内蒙古医学院分别与土默特左旗金山经济技术开发区签订有偿使用教育用地合同书。前者征地2 200亩,于2004年6月动工建设,2007年9月竣工并开始招生,计划招生人数达2万人;后者征地1 400亩,投资8亿元,于2006年6月开工,2006年11月竣工,到2007年在校生人数达12 000人。两所院校的入驻,必将拉动金山开发区周边地区的经济发展,推动周边地区的现代化进程,为周边地区增添浓厚的文化氛围。

【粮食补贴方式】 为稳定和发展粮食生产,保护农民利益和调动农民种粮的积极性,响应国家惠农政策的实施,土默特左旗出台粮食补贴方案。方案规定,全旗粮食补贴发放的对象为种粮的农户;玉米和小麦两个品种享受直接补贴;每市斤商品粮补贴0.03元;以农村税费改革核定的农业税计税土地面积为依据,确定每个农户享受的补贴额,以现金形式补贴。

【珍贵历史档案抢救工程】 旗档案馆收藏自清代雍正年间至民国末年各个历史时期的珍贵文献21 587卷(件),包括蒙、满、汉三种文字,数量居自治区旗县级档案馆馆藏量之首。这些以少数民族语言文字成文的档案文献内容丰富,涉及呼和浩特市、包头、土默特左旗、土默特右旗、托克托县、和林格尔县、清水河县、武川县等8个市旗(县)地区约200余年间的政治、经济、军事、文化、历史和宗教等方面的史料,是了解这些地区从清代到民国初年间社会发展变化情况的极其珍贵的第一手资料,具有很高的开发和利用价值。由于时代久远,缺乏经费和必要设施,这些珍贵档案损毁严重。经多方争取,2004年呼和浩特市政府和民委拨专款50多万元,用于抢救历史档案。到2004年底,旗档案馆安装了一流的档案存放装置密集架,并把5 533卷民国档案整理成件,拟写目录标题,重新进行装袋、装盒。

【内蒙古奶业第一旗】 2004年4月6日,在石家庄市召开的中国奶牛发展大会上公布:至2003年底,土默特左旗以10.8万头的存栏数量列全国县级地区第一位,仅次于黑龙江省双城市;年人均占有鲜奶834公斤,列全国第一,远远走出全国人均占有鲜奶11公斤的水平;农民年人均纯收入3 540元中的1/3来自奶业,奶业成为土默特左旗的立旗产业。土默特左旗随之跨入全国奶牛大县行列,成为内蒙古奶业第一旗。

(张贵英)

托克托县

【领导名录】

县委书记:韩　钊(蒙古族)
副 书 记:燕天才
杨　茂
李　宏(蒙古族)
孙　德
人大主任:蔡永旺
副 主 任:周文光
韩继雷
元振华(蒙古族)
文建光(蒙古族)
县　　长:燕天才
副 县 长:斯钦毕力格(蒙古族)
塔　娜(女 蒙古族)
郑建中
刘　祯
戴　青(蒙古族)
赵志忠(挂职)
政协主席:康小虎(蒙古族)
副 主 席:许俊峰
云海龙(蒙古族)
冯　光
武装部长:赵克明
政　　委:郭武平

【概况】 托克托县隶属内蒙古自治区首府呼和浩特市,地处大青山南麓、黄河上中游分界处北岸的土默川平原上,位于北纬40°5′55″~40°35′15″,东经111°2′30″~111°32′21″之间,总面积1 416.8平方公里,辖6乡3镇,13个居民委员会,120个村民委员会。全县居住着23个民族,总人口为19.3万人。

2004年,全县实现地区生产总值(现价)完成41.1亿元,比上年增长77.9%;财政收入完成5.62亿元,比上年增长148.8%,连续两年实现翻番;城镇居民人均可支配收入实现7 098元,比上年增长28%;农民人均纯收入实现4 057元,比上年增长30%。财政收入和城镇居民人均可支配收入提前实现并超过"十五"计划目标。

【农业】 农业总产值预计完成3.8亿元,比上年增长15%;粮食播种面积达到42.5万亩,粮食总产量完成17.4万吨,比上年增长24.6%。

【畜牧业】 奶牛总数达5.9万头,比上年增加1.7万头;产奶量增加5.4万吨,达18万吨,新增奶站65个,总数达189个;新增奶牛养殖小区10处,总数达25处;牲畜的良种改良种比率提高到78%;全面启动了奶牛风险金,畜禽疫病免疫密度达100%。

【水利】 共完成各类水利工程3 858座(处),解决了1.2万人、1.5万头(只)牲畜的饮水问题;新增灌溉面积3.32万亩,新增节灌面积7.83万亩,治理水土流失面积1.22万亩,解决了牲畜的饮水问题。完成麻地壕西片续建配套工程,毛不拉扬水站扩容工程全部竣工。

【林业】 共完成人工造林1.448万亩,补植造林3.82万亩,义务植树30.05万株,四旁植树40.1万株,中幼林抚育4.15万亩,河道渠道绿化235.77千米。

【工业】 全县规模以上工业总产值累计完成36亿元,比上年同期增长129.6%;工业增加值累计完成15.4亿元,比上年同期增长148.8%。以华玉为首的7户中小企业完成工业总产值1.8亿元,同比增长35.8%。

【基础设施】 投入1 300万元,完成新建中西路、新坪路、利民路、水源巷的路面改造工程,东出城口氧化塘建设一期工程,托电工业园区及县城区的绿化工程,民小供热工程,云中文化宫广场硬化、亮化工程,500户自来水管网改造工程,大圪尖雨水排出管道工程,文化路—人字路、南坪路—民小的亮化工程,5座公厕的建设工程,10条巷道的硬化工程。

【交通】 共投入2 975万元,相继完成后壕—小圐圙5.7公里三级油路、主力汗—伍什家6.35公里三级油路、十二连城—双河镇10公里二级油路等重点公路及135公里四级通乡通村公路建设项目。平均好路率达到78.3%。呼准铁路、高速公路征地拆迁工作基本完成,控制性工程及部分路基工程已开工建设。

【科技】 启动了"托克托县百万农民科技培训工程"。成功举办“科技活动月”、“科普活动周”、“三下乡”等科技活动。发放培训资料6.5万余份,举办培训班101期,累计培训8.5万人次。引进推广科技新品种38个。

【教育】 投资212万元,为38个教学点、6所农村中学、67所农村完小安装配备电子信息设备;投资1 140万元用于中小学危房改造;投资1 700万元建成民小、新营子中学、五申中学教学楼及南坪小学教学楼主体部分、职业中学教学楼基础工程和部分主体。完成48名幼师的聘用工作。为130余名代课教师增加工资。筹资150万元设立“助学、济困”基金,首开教育救助奖励先河。

【卫生】 新建面积为1 600平方米的计划生育服务中心,人口出生率控制在9.9‰,计划生育率99.3%。建立计划生育工作利益导向机制,推开农村计划生育户养老保险,制定出台《托克托县农村独生子女户养老保险办法(试行)》。制定出台《托县农村卫生改革与发展实施办法》。

【文化】 开展群众性广场消夏文化活动,成功组织俄罗斯、波兰等五个国家和地区文艺团体的大型演出活动和领导学会2004年年会大型文艺晚会;文化宫工程基本完工;《托克托文物志》编撰工作即将完成;《云中文苑》正式创办。

【体育】 组织参与全国第五次体育场地普查;承办了呼和浩特市九旗县、区第二届“庆寿杯”老年门球赛并取得优异成绩;在内蒙古第八届农牧民运动会棋类比赛中,取得男子第一名的好成绩,并代表自治区参加全国第五届农运会。

【社会保障】 新增就业服务实体82个,新增劳动就业1 210人,下岗失业人员再就业1 600人,公益性岗位安置“4050”人员120人。养老保险扩面1 698人,累计征缴养老保险金962万元。基本医疗保险扩面2 106人,参统人数达7 150人,乡镇基本医疗保险全面推开。加强失业保险管理,参统人数达8 635人。出台工伤、生育保险实施办法,工伤保险正式启动,参统85人。全县低保对象达到有3 283户4 291人,发放低保金405.55万元。全县农民减负增收总额达到948万元,农民收入增幅首次超过城镇居民收入。

【大唐托克托电厂】 托克托电厂是由北京大唐发电股份有限公司、北京国际电力开发投资公司和内蒙古电力集团公司三方共同出资筹建的大型火力发电厂。于1995年11月6日正式出资筹建,位于托电工业园区能源区内,是托电园区的立区企业。托克托电厂规划装机容量为114万千瓦(8台60万千瓦、4台90万千瓦、10台30万千瓦)。一期工程2台60万千瓦机组总投资60.8亿元,分别于2003年6月份、8月份投产发电,2003年可实现产值8亿元。同等装机容量的二期工程已于2002年5月1日动工,总投资40.89亿元,2004年投产发电。三期工程已于2003年8月1日正式开挖。四期工程于2004年开工建设。到2006年,一到四期工程和4台30万千瓦机组自备电厂投产以电后,托电将成为亚洲最大的火力发电厂,托县将成为国家重要的电力能源生产基地,充足廉价的电力资源,将成为托县经济发展的强大能源优势。

【托电工业园区】 投资3.9亿元,完成5项基础设施重点工程建设。总长18公里的东西区主干道全部建成通车,配套完成道路两侧绿化和部分管网铺设工程;西区物流通道纬九路开工建设;生物制药区污水处理厂、蒸汽供应站正在紧张建设,一季度可投入使用;西区110千伏变电站已为首批投产企业送电;东西区2座220千伏变电站已完成规划选址,进入设计阶段。园区项目建设顺利推进。协议引进项目38项,协议总投资282.4亿元。托电二期工程两台机组分别于7月和9月先后投产发电。除大唐托电外,园区共有14个项目正式开工建设,项目总投资94.7亿元,全部建成后可实现年产值87.7亿元,上缴税金9.5亿元。石药集团青霉素、中抗液糖、华奥磷酸二氢钾、金达威VB12、乾丰工大苯乙酸钠5个项目创造了当年开工、当年投产的佳绩。中牧黄霉素、石药阿莫西林、金河五期金霉素、升华拜克阿维菌素、唐山永丰特种钢、托电高铝粉煤灰综合利用、世纪化工电石、八重洲工业硅及园区自备电厂9个项目进展顺利。托克托中石环保设备有限公司机电产品及设备制作、呼和浩特市鑫龙硅业有限公司工业硅、内蒙古绿天地生物科技有限公司阿维菌素、内蒙古华晶有限公司工业硅4个项目,总投资12亿元,拟于近期开工建设。上海凯赛集团玉米深加工、华北制药、石家庄神威药业等18个项目正在洽谈中,协议投资140亿元。

(赵永光)

和林格尔县

【领导名录】

县委书记:王恒俊(蒙古族 7月任职)

副 书 记:姚子明

回 力(回族)

云珍丽(女 蒙古族)

县 长:刘文玉(7月任职)

副 县 长:云亚民(蒙古族 5月任职)

原 枝

索耀武
云玉明(蒙古族)
刘生长(1月任职)
常微风(蒙古族 1月任职)
王慧英(蒙古族 1月任职)
苗　平(10月任职)
人大主任:孟　斌(1月任职)
副 主 任:云　林(蒙古族)
王吉文
张　秀(女)
王元富(1月任职)
政协主席:伊明世(蒙古族 1月任职)
副 主 席:云　鹏(蒙古族)
云士俊(蒙古族)
刘　斌
张一帆(女 1月任职)
武装部长:仁义刚
政　　委:李邦虎

【概况】 和林格尔县位于内蒙古自治区中南部,位于北纬39°58′~40°41′、东经111°26′~112°8′。属呼和浩特市管辖,东界凉城县和山西省右玉县,南接清水河县和山西省平鲁县,西毗托克托县,北邻土默特左旗和赛罕区。县城距自治区首府呼和浩特市区仅47公里。全县现辖11个乡、2个镇,1个工业园区,145个行政村,791个自然村。土地面积为3 436平方公里,总人口18.8万人(其中农业人口16.4万人),全县总耕地面积99万亩,有林面积169.5万亩,森林覆盖率22.8%。

2004年,全县地区生产总值完成44.1亿元,完成年度目标36亿元的122.5%,三次产业结构由2003年的22: 62: 16调整为18: 65: 17。全县财政收入完成3.43亿元,完成年度目标3亿元的114%,全县规模以上固定资产投资完成20.05亿元,完成年度目标20亿元的100.3%。城市居民人均可支配收入达到7 052元,较2003年增加1 354元,完成年度增长目标1 000元的135.4%。农民人均纯收入达3 627元,较2003年增长955元,完成年度增长目标500元的191%。

【农业经济】 2004年,全县新打机电井203眼,新增灌溉面积15.02万亩,解决1.08万人,1.2万头(只)牲畜饮水困难问题。无规定疫病区建设工程进展顺利,成立动物疫病控制中心,初步形成县、乡、村三级防疫网络。继大正美联胚胎移植建成投产以后,赛澳牧业科技公司、赛科星生物技术公司、内蒙古西部良好繁育中心相继开工建设或投产。6月末全县家畜总头数达60万头(只),奶牛饲养量达8.4万头,奶产量达25.4万吨。围绕奶产业全县种植青贮玉米10万亩,饲用玉米20万亩,人工种草面积11.8万亩。6月末肉羊存栏41.6万只,全年出栏肉羊20万只。马铃薯种植面积25.4万亩,向龙头企业缴售鲜薯8万吨。

【工业经济】 全县规模以上工业总产值完成69.6亿元,完成年度目标65亿元的107%,工业增加值完成21亿元,完成年度目标20亿元的105%。

牢固树立建设经济大县必须建成工业强县的思想,以重点项目为切入点,以招商引资为手段,以优质服务为基础,以盛乐经济园区作为发展经济的平台、突出抓好农畜产品加工企业的建设工作,全力推进工业化进程。盛乐经济园区是全县经济建设的主战场,投入更多的精力、财力、物力全力把盛乐经济园区建设好。一是继续加强基础设施建设,完成北区11平方公里内10公里道路框架工程,完善了南区基础设施,开辟中欧创业园,总投资868万元的污水处理厂竣工。二是抓好入区项目的管理和服务,争取签订协议的项目快开工,开工的项目快投产。三是继续加大招商引资力度,让更多的企业落户经济园区,把园区经济做大做强。在盛乐经济园区的带动下,全县工业经济发展建设明显加快。全县规模以上工业总产值完成69.6亿元,完成年度目标65亿元的107%,工业增加值完成21亿元,完成年度目标20亿元的105%。

【城镇建设】 深入开展以创建文明卫生城镇为主题的活动,城镇建设迈出新的步伐。北出口综合整治工程有了新进展;西出口的综合整治正在进行规划设计;金三角综合农贸市场建设完成了主体框架;盛春园示范住宅小区动工兴建。城镇亮化、净化、美化、绿化工作得到完善。

【旅游业】 以盛乐百亭园和盛乐经济园区为重点,全年接待游客17.7万人次,旅游收入进一步提高,在旅游业的带动下,城镇服务业得到较快发展。

【招商引资】 全年新引进各类项目23个,协议引进区内外资金30.5亿元,到位资金13.25亿元,完成市下达任务的102%,其中引进区内资金6.38亿元,引进区外资金6.88亿元,引进外资14.55亿港元、1 250万美元。

【科技】 实施"百万农民科技培训工程",有13个科技服务小组、267名科技人员下乡开展了科技培训活动,共培训农民6万人次。一批科技企业建成投产,一大批科技成果得到推广应用。

【教育】 师大新校区一期工程建成并招收新生。巩固完善"以县为主"的教育管理体制,教师工资按时足额发放。一中新校区建成投入使用,可容纳50个教学班3 000名学生就读,提升全县整体办学水平。"优质高中建设工程"进展顺利,教育教学质量明显提高,高考升学率连续三年在全市五旗县名列第一。推进教师全员聘用制,面向社会招聘50名教师,加强全县的师资力量。

【文化】 改造有线电视传输网络,完成光缆铺设28公里,新增有线用户900多户,全县有线用户达5 100户。

【卫生】 计划生育率达到99.6%,人口出生率控制在9.25‰之内。乡镇卫生院改革取得新进展,选聘13个乡镇卫生院院长,疾控中心投入使用。

(杜俊峰)

武川县

【领导名录】

县委书记:郭召来(5月离任)

狄瑞明(7月任职)

副书记:杜延峰

曲平均(6月离任)

云挨厚(蒙古族 6月离任)

陈高寿

人大主任:彭德柱

副主任:袁 俊

巩万宝

张占福

张立侠(女)

县 长:常志刚(蒙古族)

副县长:许文俊(7月离任)

郝秀钢

郎曙敏(女)

张 毅

郭志钢

许书珍

迟瑞平(女 4月离任)

李荣富

政协主席:宋征和

副主席:徐建英(女)

全国新

韩元恩

高兰根

武装部长:东 光(蒙古族)

政 委:闫钟鹏

【概况】 武川县位于内蒙古自治区中部、大青山北麓,是首府呼和浩特市所属五个旗县之一,在呼和浩特市西北。辖区总面积4 885平方公里,全县耕地面积190万亩,有天然优质草牧场373万亩,其中滓尔梁天然牧场为自治区极少见的高山湿地,有林地275.23万亩,森林覆盖率14.19%。县境东西长约110公里,南北最宽约60公里。县境东南部和南部与呼市新城区、回民区和土左旗相连,西南和西部与包头市土默特右旗、固阳县毗邻,北部与达尔罕茂明安联合旗、四子王旗接壤,东与乌兰察布市卓资县交界。地理坐标位于北纬40°47′~41°23′,东经110°31′~111°53′。武川县辖13个乡3个镇,93个行政村,964个自然村,总人口17.1万人,其中农业人口14.7万人,蒙古族占1.8%,汉族占98%,其他少数民族占0.2%。

2004年,全县地区生产总值完成15.71亿元,比上年增长25.7%,第一、二、三产业增加值分别完成6.35亿元、5.8亿元和3.56亿元,增长36.2%、14.1%和28.9%。财政收入达到5 318万元,增长30.95%。固定资产投资完成7.8亿元,增长21.6%。城镇居民人均可支配收入6 105元,增长18.7%;农民人均纯收入2 976元,增长39.3%。

【农业】 2004年全县粮食总播种面积193万亩,总产量4.5亿斤,其中种植马铃薯66.6万亩,油菜籽60.2万亩,产量分别达17亿斤和1.3亿斤。全县9 000吨马铃薯产品获国家农业部无公害农产品认证,34.8万亩马铃薯获得自治区农业厅无公害农产品产地认证。武川县被首届"中国—新西部高层论坛"命名为"特色经济最佳县—马铃薯之乡"。

【畜牧业】 2004年全县建成养殖小区3处,奶站28座,育肥牛羊重点户1 406户,育肥羊11.6万只,育肥牛1万头,奶牛新增5 348头,总数达到10 388头。牲畜商品率和出栏率分别达48.3%和62.9%,农民人均纯收入中来自畜牧业的收入占到24%。

【林业】 大青山生态治理、黄河中上游天然林保护、退耕还林等重点工程顺利实施,全年完成退耕还林任务3 000亩,荒山荒坡造林10.61万亩,围栏封育4.14万亩。加强农田水利建设,有效灌溉面积不断扩大,新建维修等高田3万亩。

【工业经济】 2004年,全县工业增加值完成3.72亿元,比上年增长7.7%,其中:规模以上工业企业完成增加值4 741万元,增长50.2%;规模以上工业经济综合效益指数达108%。全县共引进各类项目33个,已全部开工建设,项目合同资金12.5亿元,完成年初任务的125%，实际到位资金5.17亿元，完成任务的129.5%。冀东水泥、卯独庆抽水蓄能电站等大项目的成功引进建设。2004年全县铁精粉产量实现翻番。高载能工业园区规模进一步扩大，水、电、路、讯等基础设施建设日趋完善，园区资金、人才、技术的集聚效应日益增强，有力地拉动全县经济快速增长。农畜产品和优势矿产资源为开发重点的乡镇工业成为新的经济增长点。

【电力 交通】 2004年全县供电量达2.17亿千瓦小时，比上年增长82%。特别是工业园区110千伏变电站和三合井220千伏变电站的建成，极大地缓解武川县电力供需压力。贯通8个乡镇、全长91.5公里的哈一西路主体工程竣工，后渠子一纳令沟、磁窑一哈少两条通乡油路建成通车，西乌兰不浪一圪妥三级油路完成路基、桥涵等工程。

【通讯】 有长途通讯线路和光缆通讯线路110条，全部并入国际国内长途电话自动网，16个乡镇全部实现了通讯程控和数字传输，拥有电报、电话、自动直拨、移动通讯等一系列先进的信息传输手段。

【旅游】 县境内有井尔沟、大青山抗日根据地遗址，哈达门国家森林公园、李齐沟、德胜沟旅游区，都是消夏旅游的好景点。

【教育】 "33211"素质教育工程顺利通过自治区检查验收；面向全市公开考录教师，加强教师队伍管理，教师无序流动得到有效控制。认真落实"一费制"、兑现"两免一补"政策，进一步减轻农民经济负担。

【文化】 3月21日，武川县文体、公安、工商等有关部门组成联合检查组，对县城可镇内网吧进行全面整顿，进一步规范网吧经营行为。6月12日，武川县青少年爱国主义教育基地在纳令沟乡正式落成。

【卫生】 逐步完善医疗保健三级网络体系，应对突发性公共卫生事件的能力有所提高。人口出生率7.03‰。

【社会事业】 2004年全县解决温饱人口8 500人，返贫率控制在10%以下。全年发放低保资金119万元，基本实现"应保尽保"。全年实现就业再就业1 902人，安置下岗失业人员967人，安置"4050"下岗职工722人，为下岗再就业人员发放小额贷款160万元。

【体育】 7月6日，投资600多万元的内蒙古体育局综合训练基地在武川县可镇挂牌落成。

（政府办公室）

清水河县

【领导名录】

县委书记：张　亮
副 书 记：苏日勒格（蒙古族）
荣天福（蒙古族）
吕　霸
白　亮
人大主任：王　耀
副 主 任：张文利
孟二何
温利平
田秀珍（女）
县　　长：苏日勒格（蒙古族）
副 县 长：范锦莲（女）
闫　耀（蒙古族）
韩　宇
孙清宾
李开元
王再明
孙福义
贺丰荣
政协主席：邢振悦
副 主 席：皇满全（蒙古族）
王世雄
张志新
云巧堂（女 蒙古族）
武装部长：高洪飞
政　　委：杨杰耀

【概况】 清水河县位于内蒙古自治区中部，隶属于呼和浩特市。东南以古长城为界，与山西省朔州市、偏关县接壤，西与鄂尔多斯市准格尔旗隔河相望，北与和林格尔县相连，西北与托克托县毗邻，109、209两条国道从县境内穿越而过，大准（大同—准格尔）铁路横贯西北。地理坐标为北纬39°35′0″～40°12′30″，东经111°18′45″～112°07′30″。全县总面积2 859平方公里，境内水土流失严重，属典型的黄土高原丘陵沟壑山区。县辖3镇8乡，108个村（居）委会，780个自然村。全县总人口13.6万人，其中非农业人口2.03万人，境内居住着汉、蒙、回、满等12个民族。

2004年，全县地区生产总值（当年价格）完成11.3亿元，同比增长38%，其中第一产业增加值完成3.9亿元，同比增长

25.7%;第二产业增加值完成2.9亿元,同比增长3.5%;第三产业增加值完成4.5亿元,同比增长97.6%;全县财政总收入完成6 074万元,较上年增加1 678万元,其中地方财政收入完成3 201万元,增长17.5%。城镇居民人均可支配收入和农民人均纯收入分别达5 242元和2 582元,比上年分别增长17.8%和37.2%。全县粮食总产达到1.4亿斤,油料总产量1 683万斤,创历史新高。

【畜牧业】 全县牲畜存栏19.6万头(只),大小畜增加8.98万头(只)。其中奶牛饲养头数达3 502头,全县建成奶牛小区3个,奶站13个,鲜奶年产量1.1万吨,小畜育肥业迈出较好步伐,草业建设成效明显,全年完成人工牧草种植面积21万亩,全县人工优质牧草保存面积达43万亩。

【生态建设】 全年完成退耕还林面积10.8万亩,天保工程飞播造林6.3万亩,封山育林4.2万亩,义务植树38万株,补植5.7万亩,完成村村绿化工程植树10万株,浑河、古力畔几河河床绿化50公里,国道及乡道绿化31公里。

【水利】 全年建成引水灌溉工程7处,新打筒井25眼,机电井17眼,新增有效灌溉面积0.52万亩,世行二期贷款、水保国债以及浑河项目顺利推进,黄河淤地坝项目全面启动。全年完成水保治理面积15.8万亩,建成治沟骨干工程7座,淤地坝13座,有效地改善了当地的生态环境。

【工业】 是年,全县独立核算工业企业完成工业增加值11 795万元,同比增长59%,工业经济已成为全县的主导财源。

【基础设施建设】 全年新建机电井供水工程15处,河泉引水工程3处,新建水窖380眼,蓄水池17座,铺设输水管道35公里,解决1.02万人,2.3万头(只)牲畜的饮水困难。城关镇自来水改扩建工程已完成投资660万元,铺设管道12.2公里,全县有近一半的城乡居民吃上自来水。喇嘛湾至下城湾沿黄二级公路建成通车,万家寨库区水运码头主体工程完工,全县新增黑色路面41.46公里,新增四级以上公路114.47公里,城乡电网建设有了新突破,王桂窑、神池窑110千伏输变电工程已建成投入使用,清水河220千伏输变电工程、窑沟110千伏输变电工程在紧张施工建设中,全县供电能力逐步增强。投资150万元,新建2 700平方米的休闲小公园已交付使用。

【商业】 全县社会消费品零售总额达14 722万元,同比增长10.6%,其中贸易业完成12 071万元,餐饮业完成2 627万元。

【招商引资】 是年,全年共引进区内外项目14项,引进到位资金2.57亿元,同比增长46%,在全县范围内形成了一个以"大开放推动大发展"的招商引资格局。

【通信】 新增移动电话用户0.7万户,固定电话用户达到1.23万户。

【科技 教育 文化】 以百万农民科技培训工程启动实施为契机,进一步加强科技服务体系建设,有效开展科技培训及科普工作,一批科技成果项目得到推扩应用,并从2004年开始列入全区科技工作试点县,"两基"成果巩固提高,加快了中小学危房改造步伐,切实改善办学条件和育人环境,高考升学率、高考优秀率和高等院校绝对录取人数再创历史新高。村村通广播电视工程进展顺利。

【卫生】 全县人口出生率和计划生育率分别为7.13‰和99.03%。农村卫生工作得到重视,卫生监督管理、预防保健工作全面推进。预防控制危害农民身体健康的传染病、地方病等重大疾病。加大对艾滋病的预防控制和救助,合理制定长效防控措施和应急预案,以县医院为中心、乡镇卫生院为枢纽、村卫生室为依托的三级医疗救治体系得到完善。全县拥有医疗卫生机构18所,病床200张,卫生技术人员349人。

【社会保障】 全县实现就业和再就业2 241人,其中安排下岗失业人员995人,为下岗失业人员支出再就业补助资金339万元;养老保险累计扩面续保5 008人,共征收各项社会保险费1 311万元,为1 999名企业退休人员发放养老金1 170万元。全县有1 003人纳入低保范围,全年发放低保资金48万元。

【扶贫开发和移民工作】 是年,随着扶贫移民扩镇、生态移民等重点项目相继实施,有521户2 698人喜迁新居,圆满完成万家寨水利枢纽库尾喇嘛湾镇5个自然村1 314人的移民搬迁任务,各移民户的生产生活条件不断改进。全县集中用于改善贫困地区生产生活条件的扶贫资金达1 300万元,通过各项扶贫措施的落实,全县有1 700户,6 600人的温饱问题得到稳定解决。

(姜培成)

包　头　市

【党政军领导名录】

市　委

书　　记：邢　云

副 书 记：苏　青（蒙古族）

张铁网（5月离任）

杨建和

曹征海

哈　达（蒙古族）

廉　素（6月任职）

常　　委：仇祥富（12月离任）

陈其满

董汉忠

杜守纲

张俊华（蒙古族）

巴建光（蒙古族）

余德辉（2月离任）

闻荣友（2月任职）

红　洁（女 蒙古族）

苏　誉（12月任职）

秘 书 长：廉　素（8月离任）

曹文华（8月任职）

人　大

主　　任：赵道尔基（蒙古族）

副 主 任：张清河

邱荣庆

赵胜利

格日勒（女 蒙古族）

韩文正

王庆增

白同仁（回族）

政　府

市　　长：苏　青（蒙古族）

副 市 长：余德辉（2月离任）

杜守纲

闻荣友（2月任职）

朱　蒙

郝茂荣（蒙古族）

云文霞（女 蒙古族）

李逢春

王　智

程　刚

胡景星

张继平

李　东（2月任职）

政　协

主　　席：李玉然（女）

副 主 席：李　伟

牛长贵

张秀峰

道尔吉（蒙古族）

侯晓菊（女）

张　生

李广斌

王金陵（女）

侯唤明

李秉荣

纪检委

书　　记：哈　达（蒙古族 8月离任）

廉　素（8月任职）

政法委

书　　记：张俊华（蒙古族）

法　院

院　　长：王　虎（3月离任）

张　民（3月任职）

检察院

检 察 长：龚占永（蒙古族）

军分区

司 令 员：陈其满

副司令员：王玉兴（3月离任）

高东升（3月任职）

政　　委：李迎会

副 政 委：王青山（蒙古族）

【概况】 包头市位于内蒙古自治区西部,南临黄河,北跨阴山,东与呼和浩特市相接;西与巴彦淖尔市为邻;南与鄂尔多斯高原隔河相望;北与蒙古国接壤。地理坐标为东经 109°15′12″～111°26′25″,北纬 40°14′56″～42°43′49″。包头市总面积27 768平方公里,辖9个旗、县、区,1个国家级稀土高新技术产业开发区,其中,5个城区(昆都仑区、青山区、东河区、九原区、石拐区),1个矿区(白云鄂博矿区),3个农牧业旗县(土默特右旗、固阳县、达尔罕茂明安联合旗)。总人口240.78万人,居住着蒙古、汉、回、满、达斡尔、鄂伦春等43个民族,其中蒙古族6.93万人,其他少数民族6.2万人,城镇人口169.99万人,占人口总数的69.6%。包头市是国务院首批确定的13个较大城市之一,是内蒙古自治区较大的工业城市和唯一的"中国优秀城市",是国家重要的工业基地。是连接华北地区和西北地区的交通枢纽。京包、包兰、包神、包白等铁路干线在此交汇,北京至银川的110国道和包头至南宁的210国道从境内穿过,呼包高速公路等多条公路干线四通八达,4c级现代化民航机场已开通至北京、广州、上海、武汉、西安等大城市的定期航班,辐射华北、华东、华南、西北等地区。包头电讯便利,长途交换机容量达1.45万线,市话交换机总容量达57万门。

2004年全市生产总值、财政收入、规模以上工业增加值、社会消费品零售总额、固定资产投资、城镇居民人均可支配收入、农牧民人均纯收入均居自治区第一。在全国286个地级以上城市中,包头市生产总值排65位,比上年前移17位;地方财政一般预算收入排56位,前移10位;城镇居民人均可支配收入排34位,前移7位。在全国西部地区82个地级以上城市中,主要经济指标均进入前10强。这标志着包头市在建设经济强市和全面小康社会的征程上,又迈出坚实的一步。

全市生产总值达到570.42亿元,增长28.5%。人均生产总值达到3 072美元。

全市财政收入达到73.3亿元,增长45.9%;其中,地方财政收入实现45.3亿元,增长52%。

全市城镇居民人均可支配收入达11 509元,增长24.9%;农牧民人均纯收入达到4 136元,增长20.4%。

人口自然增长率控制在3.78%。

【农业】 2004年,认真落实国家农业和粮食生产政策,累计发放粮食直补资金2 287万元,良种、农机具补贴340万元。在国家减免农业税3个百分点的基础上,率先为农牧民代缴剩余农业税1 738万元。全市粮食产量达到91.2万吨,增长37.9%。

【城市基础设施建设】 全市基础设施投资完成122.6亿元,增长1.9倍;其中城市建设投资完成25亿元,相当于前三年的总和。实施亿元以上城市建设重点工程27项,完成钢铁大街、建设路等43条道路的履行建设,实施以百里长街为重点的10条主要道路亮化改造、阿尔丁植物园建设、东河治理等景观工程和城市出口改造工程。主要道路的地下管网得到改造。集中供热普及率达69%,燃气普及率达80.1%,污水处理率达60.7%,生活垃圾无害化处理率达97.1%。

【畜牧业】 年末牲畜存栏196.7万头(只),增长11.5%;奶牛总数达33.1万头,比上年增加2.1万头,奶产量达91万吨,增加48万吨。推进了农牧业产业化进程,全市形成年销售收入100万元以上的农畜产品加工流通企业133户,其中国家级重点龙头企业5户。

【招商引资】 引进国内外资金108.8亿元,增长41.5%;直接利用外资到位2.5亿美元,增长1.1倍。进出口总额完成8亿美元,其中出口达到4.3亿美元,增长64.1%。非公有制经济进一步发展,在国民经济中的比重已达42%。

【第三产业】 引进和实施香格里拉大酒店、豪德贸易广场、纽约新天地、东方明珠休闲广场、明日星城等重大项目。消费品市场繁荣活跃,社会消费品零售总额达177.5亿元,增长27.4%。

【旅游】 全年接待游客336万人次,实现旅游总收入23.5亿元,增长71%。

【金融保险业】 年资金流量达2 780亿元,增长64.4%。

【清理整顿各类开发区】 对全市35个开发区和园区进行了认真清理,最终整合保留了5个,规划用地面积由原来的21 177公顷核减为6 280公顷,提高土地集约利用水平,保护耕地和农民利益。充分发挥中直区直企业、衡土高新区、市属企业和旗县区"四个方面军"的作用,积极引进和实施符合国家产业政策、科技含量和工艺水平高的重点项目,大力发展具有包头特色和竞争优势的基础产业,在拉长产业链条、发展循环经济、推进新型工业化进程上做文章。城镇以上固定资产投资达340.1亿元,增长52.1%。实施亿元以上的重大项目135个,当年完成投资204.5亿元。建成投产了包钢五号高炉、265平方米烧结机、石油套管和180毫米无缝管精整线,包铝12万吨炭素阳极,东方稀铝一期25万吨电解铝及配套2×15.5万千瓦自备电厂1#机组,晶牛一期浮法玻璃和一期微晶玻璃生产线,西水200万吨水泥,二电厂2×20万千瓦机组等项目。进一步推进东华热电2×30万千瓦机组,包钢140万吨冷轧薄板车,包铝三期13.8万吨电解铝改造、香港力劲集团100万只铝轮毂,北方创业铁路车辆,北方股份1 500台液压挖掘机等项目的建设进程。开工建设华业特钢60万吨不锈钢项目，晶牛玻璃二期浮法玻璃生产线，以及华电包头电厂2×60万千瓦、西源电厂2×30万千瓦、二电厂2×30万千瓦、东恒热电2×30万千瓦机组等8个电源点项目。引进世界500强之一的苏伊士集团亚洲投资有限公司重组鹿王集团，燕京啤酒重组雪鹿啤酒并实施20万吨扩能改造。完成神华集团煤制烯烃和大连华丰甲醇等项目的前期工作。规模以上工业增加值达到220.5亿元，增长38.2%；实现利税48.8亿元，增长33.5%。

【生态建设】 建成区绿化覆盖率达到34.5%；人均公共绿地增加1.1平方米，达10.5平方米。改造旧小区37个。城镇居民人均住房面积达25.8平方米，农牧民人均住房面积达到22.4平方米。全年完成人工造林、封山育林面积54.7万亩，新增水土流失治理面积8.5万亩。

【水资源管理与保护】 城市分质供水工程进展顺利，惠及6.1万市民。加大环境保护力度，率先在全国同行业建立包钢、包铝两个国家级生态工业园区，拆除包铝自焙槽211台，关停325户不符合国家产业政策、污染严重的小企业，空气质量达到二级的良好气数由2001年的45天、2002年的57天、2003年的110天增加到2004年的178天，在工业总量成倍增长的同时，空气质量有了明显提高。

【交通】 完成投资9.6亿元，新建、改建公路1 033公里，全市公路总里程达4 005公里，机场高速公路、包固公路、萨凉公路、固阳至武川公路、110国道东兴西北门连接线、萨拉齐至大城西公路等建成通车，全市62个乡的油路（水泥路）通达率为80.6%。

【社会保障】 全力抓好就业再就业工作，全年新增城镇就业7.3万人，城镇登记失业率控制在4.67%，就业再就业工作受到国务院表彰。扩大社会保险覆盖面，养老、失业、医疗、工伤、生育保险参保人数均有新的增加。按照新增财力主要用于提高人民生活水平和生活质量的要求，在实现“两个确保”的基础上，为企业退休人员每月增发了40元供热补贴，从2004年7月1日起提标人均增加38元的养老保险金。加大对弱势群体的救助力度，率先在自治区实施分类施保，重点施保对象达到4.8万人；开展教育、大病、特殊困难和一次性向低保家庭发放400元的冬季取暖等四项救助，发放救助资金2 589万元；为低保对象每人每月增发粮食差价补贴10元；将城镇居民最低生活标准提高到了190元，全市低保金支出超过1亿元。最低工资标准提高到420元，增加60元。率先在自治区实行廉租户租金补贴，增长企业离休人员地方补贴，为市本级财政供养人员发放一次性奖励工资。

【科技】 实施新型稀土铝合金、稀土高强耐候钢等10个科技专项和4个农牧业科技示范工作。

【教育】 有7个旗县区通过自治区“两基”巩固提高工作的复查验收，基本普及高中教育。

【文化】 市博物馆、美术馆基本建成。加快公共卫生休系建设步伐，“120”医疗急救指挥中心正式运行。

【完善突发事件应急机制】 为“11·21”空难的救援、调查和善后工作的顺利开展提供保障，得到国务院调查组和社会各方面的肯定。

（王新洲）

昆都仑区

【领导名录】

区委书记：红　洁（女 蒙古族）
副 书 记：张国忠
张燕森
邬怀俊（2月离任）
郭卫新
赵　君（2月任职）
人大主任：赵道劳金（蒙古族）
副 主 任：高　宪
许　涛（女）
王春青（蒙古族）
燕建生
区　　长：张国忠
副 区 长：张海宽（2月离任）
郭卫新（12月任职）
郭明秀（2月离任）
范　英
李明生（蒙古族）
刘振远
贺　俊（女 2月任职）
吕惠斌（2月任职）
张福义（2月任职）
刘程民（蒙古族 2月任职）
政协主席：张福荣
副 主 席：陈桂荣（女 2月离任）
段绪存（蒙古族）

贺　俊(女 2月离任)

韩艺红(女 2月任职)

郭明秀(2月任职)

赵俊康(2月任职)

武装部长:王志杰(蒙古族)

政　委:王存景

【概况】 昆都仑区(简称昆区)位于包头市城区西部、昆都仑河两岸,河西是以包钢(集团)公司为主的工业区,河东是居民住宅区。北倚阴山,南临黄河,东与青山区接壤,北、西、南与九原区为邻,地理坐标为北纬40°34′,东经109°50′。是包头市政治、经济、科技、文化、教育的中心。总面积94.8平方公里,常住人口55.7万。辖13个街道办事处,1个镇,154个居委会,3个村委会。

2004年,昆区实现生产总值219.12亿元,同比增长35.4%,位居自治区旗县区首位;财政收入实现10.38亿元,同比增长35.2%。

【工业】 2004年,昆区坚持工业立区,用市场化原则整合工业存量,构筑实施新型工业项目,通过融资重组,成功引进宁波华光、万华、华升集团组建内蒙古华业特钢股份有限公司承接实施年产60万吨不锈钢项目,一期工程进展良好;燕京啤酒(包头雪鹿)投资1亿元实施20万吨技改扩产项目,向自治区最大的啤酒生产企业迈进;包头一电厂2×12.5万千瓦热电联产项目进展顺利;包头草原200万吨水泥项目等一批技改项目建成投产。2004年,昆区规模以上工业企业累计实现增加值110.55亿元,同比增长40.1%,产销率达101.37%,综合效益指数为176.96%,同比提高35.4个百分点。

【第三产业】 中央商务区建设取得重要进展,神华国际城建成运营,商务、办公、会展等现代化服务功能日臻完善。纽约新天地项目主体全面竣工,招商态势良好。东方明珠休闲广场项目开工建设。商贸流通业发展迅猛,王府井百货、华联商厦等大型商场繁荣活跃,北国商贸城、文化图书城、团结商贸广场等新建项目运营良好。2004年昆区社会消费品零售总额实现53.5亿元,同比增长27.4%。鹿畅达钢材市场吞吐量进一步扩大。以小肥羊餐饮连锁项目为首的餐饮业发展迅猛。

【招商引资】 2004年,引进区外资金实际到位44.66亿元,比上年净增25.79亿元,同比增长136.6%;实际利用外资完成3 500万美元,出口创汇1 528万美元。

【人民生活】 2004年,昆区城镇居民人均可支配收入12 039元,居包头市第一,增长25.8%。昆区政府大力实施就业和再就业工程,新增就业16 581人,城镇登记失业率控制在4.2%以内。社会保障覆盖面稳步扩大,社保基金大幅增长,2004年发放养老金1 910万元,确保企业退休人员工资按时定额发放。

【城区建设】 2004年昆区加大道路建设力度,采用新材料、新技术,高标准实施友谊大街、团结大街、青年路3条主干道及白彦道等6条次干道的建设改造工程,总面积达25.8万平方米。同时配套实施团结大街、青年路等19条道路的人行便道硬化工程,新增彩砖硬化面积19万平方米,道路交通承载能力显著增强。加强城区亮化工程建设,实施新光西路、白云路路灯亮化工程,同时积极协调争取市里实施阿尔丁南大街、阿尔丁北大街、民族东路等主要道路的路灯亮化工程,方便人民群众生活。完成团结公园和新光西路等一批绿化美化工程,城区绿化覆盖率达到35.88%。协调配合有关方面实施明日星城等6个改造项目,新建住宅面积60万平方米,治理改造14个旧小区,使广大市民的居住条件和居住环境明显改善。加强大气污染治理和环境保护,清理取缔一批严重污染环境的小炼铁等“五小”企业,全区空气质量为二级(良)的天数达199天。

【科技】 全年共安排科技三项费453万元,科技强区战略全面推进,科技对全区经济社会促进作用日益凸显。

【计划生育】 在自治区率先建立了流动人口现居住地管理模式和服务平台。人口出生率为7.63‰,计划生育率为99.99%。

【文化】 6月17日,在第四届“中国—菲律宾—日本”三国国际少年儿童书法艺术展中,昆区青二小夏文娟等五名同学的书画作品经中国评审委员会审定为入选作品。8月21日,全国部分省、市文化(艺术)馆发展战略研讨会第十九届年会暨第二期馆长进修班在昆区举行。有来自30个省、市、自治区的119家群艺馆、文化馆的200多名代表参加本届年会的研讨、学习。

【卫生】 昆河镇实现“县办县管”,启动世行贷款—英国赠款结核病控制项目,初步建立突发公共卫生事件应急机制和重大疾病预防控制体系。

【社区建设】 创建21个示范社区,新建6个社区老年“星光之家”,星光计划受到自治区表彰。

【小肥羊大厦建成开业】 1月18日,小肥羊大厦在包头昆区建成开业。大厦共7层,建筑面积5 800平方米,投资1 600万元。

【成立昆区现行文件服务中心】 5月18日昆区现行文件服务

中心成立，现行文件中心收集包头市、昆区两级党政机构、社会团体、企事业单位29个部门自1996年以来形成的与人民群众生产生活密切相关的政策性、服务性、法规性、公益性的现行非涉密文件426件，文件汇编54册。

【昆区第三届独生子女节】 6月12日昆区第三届独生子女节在八一公园举行。活动现场开展"关爱女孩"、"春蕾计划"、"捐资助学"活动，举办独生子女文艺演出、专家义诊、少儿棋类比赛等活动。

【"明日星城"开工奠基】 6月16日，由市房产管理局和包钢房产处联合开发，改造包钢5个旧街坊，建设西北地区最大的经济适用住房样板小区"明日星城"项目正式开工奠基。项目占地面积35万平方米，建筑规划面积45万平方米，返还回迁户面积21万平方米，剩余为经济适用住房，总投资4亿元，可入住4 160户。

【招商引资主要项目】

华业特钢60万吨不锈钢项目 由宁波华光、万华、华升企业共同组建华业特钢股份公司，实施60万吨不锈钢项目，总投资35亿元，形成60万吨不锈钢生产能力。

燕京啤酒(包头雪鹿)20万吨技改扩产项目 项目于9月开工，2005年建成投产，总投资1.4亿元。项目建成后，将形成年产销啤酒20万吨生产规模。

纽约新天地项目 主体工程封顶，内外装修已开始，开盘销售和招商情况进展顺利。

东方明珠休闲广场项目 项目由上海裕华房地产开发公司整体拆迁市公安局大院开发建设，总投资2.5亿元，建筑面积3.8万平方米，将建成大型综合性高档时尚购物娱乐中心。

（桂晓梅 李富春）

青山区

【领导名录】

区委书记：文　民
副 书 记：刘德君
　　　　　张天平
　　　　　刘俊华
　　　　　高争占
　　　　　哈　斯（蒙古族 2月任职）
人大主任：赵　恒
副 主 任：斯　琴（女 蒙古族）
　　　　　刘清祥
　　　　　郝惠军
　　　　　方　敏
区　　长：刘德君
副 区 长：于爱武（女）
　　　　　黄宝珠
　　　　　张世明
　　　　　程晓军
　　　　　哈　斯（蒙古族 2月离任）
科技副区长：李国清（2月离任）
　　　　　白桂香（女 2月任职）
政协主席：韩国栋（2月离任）
　　　　　路　健（2月任职）
副 主 席：赵金红（女 2月离任）
　　　　　孙广彦（2月离任）
　　　　　宋潼临
　　　　　张玉泉（2月离任）
　　　　　田昌瑞（2月离任）
　　　　　齐　恒（女 2月任职）
　　　　　鄂热德木（达斡尔族）
　　　　　裴秀梅（女）
武装部长：韩海林（蒙古族）
政　　委：李玉辉（4月离任）
　　　　　任长武（4月任职）

【概况】 青山区地处黄河包头段主要支流昆都仑河（原名石门水）冲积扇，位于包头市市四区中部，地理坐标为北纬40°40′，东经109°52′，地势平坦、由北向南缓缓倾斜，因背负阴山山脉的大青山故得名。2004年底，青山区辖8个街道办事处和1个青福镇，共有113个社区居委会和2个自然村。辖区面积东西7 000米，南北8 000米，总面积约56平方公里。户籍人口306 320人，92 167户，其中男153 302人，女153 018人。常住人口370 611人，少数民族25个，计23 000人，占全区常住人口比例约为6.2%；是年全区人口出生率7.57‰，自然增长率3.39‰，计划生育率99.71%，全年出生2 743人。城镇居民人均可支配收入达到12 011元，人均住宅面积达到27平方米，科技三项费用全年投入资金499万元，扶持科技项目31项。

2004年，青山地区生产总值完成110.96亿元，财政收入实现11.02亿元，完成工业产值99.48亿元，实现社会消费品零售总额13.95亿元。区属规模以上工业企业总产值完成18.7亿元，同比增长76.6%；区属规模以上企业产品销售收入完成17.78亿元；引进国内资金3亿元；利用外资650万美元；对外贸易出口额完成1 262.76万美元，同比增长47.5%。全区现有汽车销售企业44户,是年销售量实现17 845台,销售总额达35.86亿元,同比增长73.94%。其中,轿车销售企业41户,销售量实现10 484台,销售总额达11.86亿元,同比增长21.32%。三产增加值完成45.25亿元,增长26.8%;三次产业结构比例为0.34: 58.88: 40.78。共引进国内资金14.3亿元,同比增长84.75%;引进外资4 500万美元,同比增长329%;外贸出口额完成1 563万美元,同比增长48%;固定资产投资突破60亿元,同比增长83.1%;实施重点项目44个,实建项目41个,竣工投产15个,投资5 000万元以上项目25个。

【工商监管】 集中力量开展食品安全专项整治,共查处食品类违章案件262起,案值15余万元。查处涉嫌传销案件2起,教育和遣返传销人员300余人。取缔130余户无照经营户,查处商标侵权案件3起,查处虚假违法广告17起。是年共查处各类经济违法案件13 092起,涉案案值385.58万元。其中当场处罚12 698起,一般程序案件394起。共受理清费者申诉110起,受理举报58起,为消费者挽回经济损失10余万元。

【防凌防汛】 组建1 500人抢险队伍。设置警示牌,查处人为破坏以及乱到垃圾和废土等现象。保障汛期安全,开展河道清淤、工程维护。投资4.5万元,组织北郊防洪沟和厂前明沟的清淤4万余立方米;投资3.5万元对北郊防洪沟3个哨所进行维修,对部分破损坝体进行维修加固。

【交通建设】 全年采取BT、投资合作等融资方式,筹集资金8 000余万元(包括道路亮化),新建青东路、望园中道、青东辅道3条道路;翻建奇峰道、邻园道、民主路、繁荣道、兵工大道、青卫路、进步道7条道路;文化路、互助道、呼得木林大街、富强路、团结大街、体育馆道6条道路进行整体罩面,便道硬化青北路、少先路2条道路;建设总面积约57万平方米。道路亮化青北路、兵工大道、民主路、邻园道、自由路、少先路等6条道路(投入资金600万元),更新和安装路灯536基。

【设施建设】 筹集资金3 000余万元,进一步加强广场、公园、道路及庭院、住宅小区绿化美化工作。全年完成植树5.1万株,种草31.7万平方米,种花5.8万平方米,完成3条道路的道树新植和3条道路的道树补植工作。由北重集团投资1 780万元,占地面积11.7万平方米的北方兵器广场修建完成;由青山区政府投资4 000余万元兴建的阳光湿地保护一期建设项目开工;与二O二厂共同投资100万元完成乌素图公园改造;配合一机集团完成太阳湖广场二期工程建设的园内植物及种花种草工作。

【环境保护】 开展高污染燃料禁燃区建设。拆除生产经营性燃煤锅炉21台,对14家正在开工建设的新建项目,提出必须进行集中供热的环保要求。同时发展集中供热,取缔7台/23蒸吨采暖锅炉,入网集中供热面积13万平方米,年减少原煤散烧耗量近6 400吨。建立相应的建筑施工工地动态档案,严把夜间施工审批关,减少夜间施工扰民情况的发生。共收到居民投诉环境污染扰民案件352件,信访投诉数量较上年同期增加16%,结案305件,结案率86%,查处率100%,回访率100%。

【社会保障】 2004年底,青山区共有保障对象2 201户,4 965人。低保人数占全区城市户籍人口数的1.4%。全年共发放低保金499.4万元,月人均补差为80元。12月份发放教育救助、大病救助、粮食补贴,提高标准等各项救助金200万元。春节前,区政府拨出专款用于扶贫帮困,为486户特困家庭发放救助金近200万元,有效地帮助特困家庭渡过难关,成为低保制度有益的补充和延伸。在社区公益性岗位上已安置低保对象64人,通过职业介绍安排低保对象35人,为低保对象301人办理再就业优惠证。为加强经常性捐助工作,建立"实物救助、服务救助"的经常性社会救助体系,成立青山区社会捐助接收工作站,并建立26个社区社会捐助工作网点,在此基础上逐步完善《青山区经常性社会捐助管理办法》,《经常性接受物资管理制度》。

【教育】 区内有内蒙古科技大学本科师院1所,大中专院校4所,中小学校41所,特教1所,幼儿园遍布城区,进入全国"双基"达标行列,第四职业高中被国家教委评为"国家首批重点职业高中"。绿色环保学校自治区级2所、包头市级5所,数量居包头市之首;区教育局直属中小学19所、少年宫1所、特教1所、幼儿园1所、私立高中2所,拥有1 400多名教职员工;小学教师学历合格率100%,其中72%以上为专科学历;中学教师学历合格率98.1%,其中48%以上为本科学历;普高教师学历合格率98.7%;职高教师学历合格率63%。

【文化】 2004年组织和协调100多场文化活动。正月十五在幸福路步行街举办2 000多人参演的元宵节街头民间文艺汇演。2004年的活动时间多达4个多月,演出130余场,演职人员5 000余人,观众10万人次以上。区政府为图书馆购买计算机和图书专用管理软件,新建了电子阅览室和地面卫星接收站;图书馆为社会和读者提供最大限度服务,部分时段开设过夜馆,自治区文化厅评估达到国家一级图书馆标准。

【体育】 青山区全民健身活动丰富多彩,健步行、广播操、健身操、棋类、球类、武术等比赛频繁,建成体育辅导站(点)近百个,拥有社会体育指导员163名,建成配套路径10条,零散路径遍布社会、广场,常年参加体育锻炼人口达14万余人,占全区人口的37%。

2004年包头市青山区先进集体 个人获奖情况

时　间	获　奖　单　位	项　　　目	授　奖　单　位
3月	哈达道小学	全国优秀小甲A红领巾足球俱乐部	国家少工委 中央电视台 国家少工委足协
4月	包四中	信息技术创新与实践活动先进单位	中国科协　少工部 中国关工委 中国发明协会等
5月	幸福南路小学 哈达道小学	全国少年儿童科学体验活动示范学校	国家少工委 中国少年科学院
8月	青山区民政局	首届全国社区文明风采电视大赛二等奖	民政部 中央文明办 广电总局新闻出版总署
11月	人口和计划生育局	全国人口和计划生育"五好"优秀作品歌曲类二等奖	国家人口和计划生育委员会
11月	人口和计划生育局	全国人口和计划生育"五好"优秀作品戏剧类三等奖	国家人口和计划生育委员会
12月	人口和计划生育局	中国计划生育协会先进拓展项目点	中国计划生育协会
12月	万青路街道办事处武装部	全区先进基层武装部	自治区政府 内蒙古军区
12月	科学路街道办事处武装部	全区先进民兵分队	自治区政府 内蒙古军区

2004年先进个人获奖情况

姓　名	性别	民族	工作单位	项目	时间	授奖单位
曹喜禄	男	汉	包头市第二热电厂	优秀专武干部	2月	北京军区
胡爱玲	女	汉	包四中	优质课全国一等奖	4月	国家教委
马桂英	女	汉	青山区民政局	全国优秀婚姻登记员荣誉称号	5月	国家民政部
郭媛媛	女	汉	民族路小学	全国少儿科学体验活动优秀辅导员	6月	全国少工委
洪　威	男	汉	少年宫	全国青少年宫优秀教师	8月	共青团中央文化部
谭爱民	女	汉	光荣道小学	全国优秀教师	9月	国家教育部
郭　芳	女	汉	包五中	全国说课观摩课一等奖	11月	国家教委教研室
康小平	男	汉	司法局	法律援助先进个人	7月	自治区政府
王　强	男	汉	包头市交通运输管理处运政稽查大队	全区民兵工作先进个人	12月	自治区政府 内蒙古军区

（蔡占海　李琦）

东　河　区

【领导名录】

区委书记：刘志斌

副 书 记：史文俊

魏建勋

王　章

王耀文

刘子华

人大主任：杨俊美

副 主 任：王吉斌（蒙古族）

温玉昆

廉　朴

刘　虹（女　回族）

区　　长：史文俊

副 区 长：张凯峰

谢　泉
张志慧
唐　勇
韩立新
秦　斌
政协主席:龙　梅(女　蒙古族)
副 主 席:刘敬武
白建国(蒙古族)
傅　民
田来怀
武装部长:田　旭
政　　委:周勇亮

【概况】 包头市东河区北依阴山,南临黄河,地理位置优越,交通发达,具有航空、铁路、公路等多种运输功能,是内地连接西北地区和包头市连接周边盟市的重要枢纽。地理坐标为北纬40°35′,东经110°。东河区全区总面积85平方公里,辖1个镇,12个街道办事处,110个社区居委会,总人口43.77万人,聚居着蒙、汉、回、达斡尔等26个民族。在自治区乃至西部地区的商业流通中占有重要地位。全区现有各类市场40余处。全区有商业网点6 000多个。香港豪德集团、国美电器、家世界的入驻,进一步提升壮大了第三产业的质量和规模。

2004年,地区生产总值实现83.4亿元,比上年增长28%;财政收入实现8.7亿元,比上年增长35%;城镇居民人均可支配收入实现10 300元,比上年增长23.5%;农民人均纯收入实现6 100元,比上年增长32%,以上四项指标均进入了自治区101个旗县区的前10位,在2002年的基础上接近翻一番。第三产业增加值完成42.4亿元,占地区生产总值50.9%。全年社会消费品零售总额达到45.8亿元,同比增长24.4%。招商引资取得了丰硕的成果,全区直接利用自治区外资金19.3亿元,比上年增长206%;利用外资实际到位3 155.6万美元,比上年增长477%。

【城市建设】 全年城市建设投资达10.5亿元。全长5.4公里的东河综合治理工程完成筑坝蓄水,150米长的"东方之光"音乐喷泉成为东河区的靓丽风景,创造东河区城建史上的壮举。人民公园开放式改造全面完工,赢得全区人民的广泛好评。投资3.2亿元的包头豪德贸易广场,完成60%的主体工程。东河区北梁地区座落在东河区北部,是东河区相对贫困的地区,居民多为弱势群体,区政府为彻底改变这一地区面貌,提升东河区城市整体形象,引进上海家化有限公司对其进行整体开发,开发后的北梁将成为集居住、旅游、休闲、娱乐为一体的多功能区,现在北梁地区保护性开发工程进入实施阶段,基础设施建设已完成前期工作。东出口综合整治工程全线铺开,将极大改善城市的入口形象。同时,投资5 000万元新建、改造的耐火厂路、西脑包大街、康复路、环城路等7条道路全部通车。东门大街、西门大街等10条道路的便道整治工程全面完工。随着投资6亿元、建筑面积达60万平方米的东方明珠嘉园、锦绣香格里拉等一批封闭式住宅小区的相继建成及旧小区改造工程的实施。

【教育】 全年投入教育经费1.1亿元。人口出生率和自然增长率分别控制在6.5‰和2‰以内。

【卫生】 疾病防控能力进一步提高。政府应对突发公共事件能力显著增强,"11·21"空难现场打捞和善后工作受到各方的高度评价。

【社会保障】 城镇新增就业岗位3 820个,城镇失业登记率为4.5%。全年安置下岗失业人员9 045人,其中"4050"人员3 799人。发放小额贷款282.2万元。进一步完善社会保障制度,全年发放养老金3 753万元,发放失业金792.2万元。改进城镇居民最低生活保障制度,进行分类施保,全年发放低保金4 219万元,切实保障困难职工群众的基本生活。

【东河电厂签字仪式】 2004年3月10日,中国广东核能源开发有限责任公司、内蒙古电力(集团)有限责任公司、包头铝业(集团)公司合作建设总投资52亿元,一期4×30万千瓦机组的东河电厂协议书签字仪式在呼市新城宾馆举行。

(严　非)

石 拐 区

【领导名录】

区委书记:杨洪吉
副 书 记:姚卫华
乌　云(女　蒙古族)
王　军
刘　彪(2月任职)
布　赫(蒙古族　5月任职)
人大主任:杨洪吉(2月任职)
副 主 任:吕文荣(2月任职)
云虎威(蒙古族)
张福中
姚守华(女)
区　　长:姚卫华
副 区 长:金满仓(蒙古族)

杨家庆
郭　俊
王　强（2月任职）
李丽君（女 2月任职）
王　威（2月任职）
政协主席：董淑贤（女 蒙古族）
副 主 席：张新华
武福瑞（2月任职）
韩月祥
何少华
武装部长：任浩业
政　　委：郭永平（2月任职）

【概况】　石拐区位于内蒙古阴山山脉大青山腹地，属包头市辖区，地处北纬40°37′～40°45′，东经110°14′～110°28′。东与呼和浩特市武川县相邻，南与土右旗隔山而居，西与九原区相连，北与固阳县相接。2004年石拐区辖大磁、大发、石拐、五当沟、白狐沟5个街道办事处，国庆乡1个农业乡，五当召镇一个半农半牧镇，全区总人口约5.13万人，面积约618平方公里。总人口约6万人，其中城镇人口约4万人，产业工人约2万余人。由蒙、汉、回、藏、维、朝鲜、满、达斡尔、羌、锡伯等10个民族组成。

2004年，全区生产总值完成95 804万元，同比增长60%；规模以上工业增加值完成49 799万元，同比增长83.2%；财政收入完成12 058万元，同比增长100.2%；城镇居民人均可支配收入8 121元，同比增长39.3%；农牧民人均纯收入3 292元，同比增长37.7%；社会商品零售总额完成19 717万元，同比增长6.3%。

【农牧业】　全年新增奶牛1 177头，奶牛存栏数达到3 090头，建成奶牛养殖小区5个、奶站18座。进一步完善畜禽疫病防治体系，免疫率达到90%。完成播种面积3.03万亩，农业总产值达4 300万元，同比增长33.4%。粮、经、饲比例调整为4∶2∶4，植树造林5.67万亩，森林覆盖率达到20.5%，林草覆盖率达到55.92%，协调落实农业信贷资金385万元，不断加大农田水利基础建设，累计开工16处，完工14处，新增水保治理面积25 000亩，新增有效灌溉面积2 000亩，新增节水灌溉面积2 000亩。完成饮水工程5处，解决400人、2 000头（只）牲畜的饮水问题。草原建设项目经自治区农业开发办批准立项。10万亩沙棘基地建设项目在国庆乡实施1.3万亩。全部减免农牧业税；认真兑现国家粮农直补政策，为3 593户农民发放粮食直补金6万元。

【工业】　全年生产原煤338万吨，同比增长14.7%；实现产值4.36亿元，同比增长40.1%；完成税收5 300万元，同比增长81.6%，占全区财政收入的44%。山西聚隆焦化公司建设的10万吨冶金焦项目正式投产。全区洗煤规模达30万吨，焦化规模达15万吨。总投资600万元，分三年实施，是年投入260万元，项目实施后，将为煤炭业的发展增添后劲。

2004年，工业园区共生产电石、硅铁、硅锰、金属硅14.5万吨，粗铜5 000吨；完成工业总产值8.7亿元，同比增长4.4倍；实现税金3 500万元，占全区财政收入的29%。

【财税】　全区财政收入首次突破亿元，实现翻番，是2001年的4.6倍，在自治区101个旗县区中列第55位，比2001年前移了34位。全年财政支出10 900万元，完成调整预算的96%，实现收支平衡略有结余。

【城区建设】　完成东梁3号商业楼、政法大楼主体工程；4号商业楼、公共汽车站、农牧业科技综合服务大楼、交通调度指挥中心已经开工建设；拆除原法院大楼建成1 700平方米的停车场；投资43万元改造了新石拐供水管网和旧石拐供水主管网，实现24小时供水；完成居民区1 114平方米的绿地建设；维修新石拐街路灯180盏；在大桥至陶园新区公路两侧铺设彩砖，种植柏树，新装路灯50盏；改造和修缮公厕33座。投资2 000万元完成包—石公路改造工程；开工建设园区公路并完成2.5公里路段；沙尔沁—立甲子—明灯公路建设项目通过国家发改委批准，争取到国债资金2 900万元，第一标段沙尔沁—立甲子已经开始建设。

【旅游业】　完成五当召森林公园建设项目可研编制工作，并通过自治区林业厅专家评审，已上报国家林业部待批。完成五当召旅游接待中心主体工程。达旺塔拉旅游度假村已具备向游人开放的条件。腮大坝旅游渡假村项目争取到200万元资金，正在进行道路平整等基础性工作。老爷庙山旅游开发区建设进展顺利。累计投资700多万元，完成陶园广场一期工程。

【科技】　多媒体培训中心建设项目、石拐区煤层气勘探开发项目已经市科技局批准立项。与内科大联合筹建铁合金研究所，为科技兴企搭建平台。举办各类培训班7期，培训农牧民4 000人次，实现劳务输出3 533人。

【教育】　通过多种渠道，向市教育局争取远程教育设备28套，电脑30台，并对区属中小学校进行改造维修，极大地改善了教学条件和教育环境。蒙古族中学教学楼已竣工，即将投入使用。

【卫生】　建设传染病房，引进价值130万元的螺旋CT机。在工业园区设立社区门诊，方便企业职工就医。完善公共卫生应急体系和食品药品安全体系，人民群众健康得到保障。

【社会保障】 职业技能培训3 807人,城镇新增就业5 224人,安置下岗失业人员再就业2 821人。注重加强社会保障体系建设,累计发放低保金1 258万元,收缴养老保险金 261 万元,发放离退休职工养老金 975 万元,弱势群众生活得到基本保障。税务、技术监督、食品、药品监督、检验检疫等部门为地方经济发展作出贡献。

(李培云)

九原区

【领导名录】

区委书记:奇福海(蒙古族)
副 书 记:李文秀
张　伟
韩建民
尹福业
韩文林
韩　巍
刘铁柱
人大主任:奇福海(蒙古族)
副 主 任:杨培明
张宏伟
胡贵龙
张庆龄(女)
区　　长:李文秀
副 区 长:金埃云(蒙古族)
杨占明
杨建伟
任宽厚
德力格尔其其格(女 蒙古族)
杨文胜(科技)
政协主席:张宏伟
副 主 席:王连喜
孟克巴图(蒙古族)
高崇国
连立新(女 回族)
武装部长:乔新江
政　　委:赵万喜

【概况】 包头市九原区位于阴山南麓,黄河北岸。东邻土默特右旗,西接巴彦淖尔盟乌拉特前旗。全区辖 8 镇 2 乡 1 苏木 1 农场 1 奶业公司,地理坐标为北纬40°5′~40°17′,东经109°37′~110°27′。总面积1 858平方公里,总耕地面积46 566公顷,总人口27.47万人,由蒙、汉、满、回等 15 个民族组成。

2004 年,全年生产总值完成70.1亿元,同比增长33.1%,在 2002 年的基础上翻了一番;财政收入完成7.06亿元,同比增长130.7%,在 2002 年基础上基本翻了两番;城镇以上固定资产投资完成47.9亿元,同比增长184%,在 2002 年基础上翻了一番半。城镇居民人均可支配收入达11 560元,同比增长26.5%;农牧民人均纯收入达4 907元,同比增长16.7%,两项收入增幅均高于自治区平均水平。财政收入增长、固定资产投资增幅、城镇居民人均可支配收入增幅、农牧民人均纯收入总量四项指标均居包头市第一,跨入自治区十强行列。

【农业】 2004 年,投入资金1 171万元,全年粮食总产量达2.57亿斤,增产1.37亿斤,扭转了粮食产量连续 4 年下降的局面,亩均产值同比增加 656 元。花卉种植面积 310 亩,增加 232 亩,亩均产值 2 万元以上,成为农民增收的新亮点。实施农牧业产业化项目 12 个,完成投资 8 亿元,同比增长733%;发展订单农业 3 万亩,带动农户3.5万户,占总户数的7.6%。农业产业化企业增加值超过2.7亿元,同比增长16.7%,黄草洼蔬菜运销公司等 3 家流通型龙头企业,年销售收入突破1 500万元;兴胜脱水蔬菜厂等 9 家加工型龙头企业,年销售收入突破 500 万元;莎木佳葡萄协会等 5 家经济合作组织,年销售收入突破3 000万元。森林覆盖率达14.6%。九原区从 2004 年 1 月起全部免征农业税,共减免金额总计 160 万元。全区15.7万农牧民人均减免10.2元,成为自治区第一家减免农业税的旗县区。全面落实粮食直补、良种补贴,极大地调动了农牧民的生产积极性。九原区为减轻农牧民负担,将全区 117 个行政村所有村干部的工资性补贴全部由区财政列入预算统一发放,全年预算额为 160 万元,使九原区农村干部吃上"皇粮"。

【畜牧业】 2004 年,九原区家畜存栏35.9万头(只),同比增长53.4%;畜牧业产值占第一产业的比重达53.8%,同比提高 16 个百分点。全区奶牛存栏达11.1万头,纯增3.7万头;奶站 140 个,养殖小区 47 个;日产鲜奶 810 吨,同比增长42.6%;农牧民从奶牛养殖中人均增收 440 元。

【工业】 全年新建、续建工业项目 50 个,建成投产 29 个,计划投资 84 亿元,完成投资29.9亿元,是上年投资的 4.1 倍。其中投资在5 000万元以上的项目 12 个,完成投资 17 亿元,占全部工业投资的56.9%、华电包头电厂、三电厂异地扩建、西源电厂、启通3 000吨稀土高铈化合物等重点在建项目取得重大进展。大安一期 40 万吨钢联项目、吉鑫 50 万吨钢联项目、华美 4 万吨稀土氧化物项目、鑫晶 2 万吨金属镁项目已建成投产,钢铁生产能力达到双80万吨，稀土精矿加工能力达到8万吨。投资117亿元的神华煤制烯烃项目，审批程序基本完成，进入开工阶段。这批重大项目的引进建设，使九原区工业经济快速增长。全年完成工业增加值27.8亿元，同比增长21.2%。其中38家规模以上工业企业完成增加值7.6亿元，同比增长57%；经济效益综合指数达128.8%，同比提高23.8个百分点，为历史同期最好水平。钢铁、稀土、制酒、电力等主要产业实现税收1.9亿元，占财政总收入的27%，其中钢铁产业实现税金8 036万元，同比增长435%；稀土产业实现税金1 893万元，同比增长170%。

【第三产业】 2004年，全年完成第三产业增加值23亿元，同比增长26.1%，占地区生产总值32.8%，实现税收2.93亿元，同比增长116%，占全区财政收入43%。新建扩建哈业胡同等7个煤炭市场，引进亿能普等26个煤炭储运企业，煤炭储运企业实现税收1.79亿元，同比增长108%，占全区财政收入的25.4%，石油销售实现销售收入4.65亿元，税金1 926万元，同比增长52%；建材营销业实现销售收入4亿元；汽车经销业实现销售收入14亿元，旅游业基础设施投资3 000万元、接待游客14万人次，昆都仑水库成为全市继五当召、九峰山之后的第三个自治区级森林公园。

2004年九原区获自治区级以上模范人物

姓名	性别	民族	奖项	获奖时间	工作单位
金埃云	男	蒙古	全国第二次基本单位普查先进个人	2004.1	九原区人民政府
苏建成	男	满	自治区公安个人二等功	2004.1	九原区公安分局
王引才	男	汉	自治区公安个人二等功	2004.1	九原区公安分局
苗文君	男	汉	全国农业科技年活动先进工作者	2004.2	九原区农牧业局
张志中	男	汉	自治区公安个人二等功	2004.2	九原区公安分局
周正中	男	汉	自治区公路建设先进个人	2004.3	九原区交通局
崔庆萌	男	汉	自治区水土保持先进个人	2004.7	九原区水利局
刘　燕	女	汉	全国辅导员大赛二等奖	2004.8	新城中学
张俊峰	男	汉	全国“语文报”杯一等奖	2004.8	包三十三中
孟炳峰	男	汉	自治区优秀共青团员	2004.8	郊区信用联社
温美荣	女	汉	自治区优秀教师	2004.9	包十一中
奇福海	男	蒙古	自治区荣誉工会积极分子	2004.9	九原区区委
田海清	男	汉	自治区优秀工会工作者	2004.9	九原区工会
苗文权	男	汉	全国优秀教师	2004.9	九原区教育局教研室
杨世宏	男	汉	自治区工会积极分子	2004.9	兴胜镇政府
于世华	男	满	自治区“经济创新工程”先进个人	2004.9	长城电缆厂
高志刚	男	汉	自治区优秀侦察员	2004.10	九原区反贪局
郭东海	男	汉	自治区检察系统先进个人	2004.10	九原区检察院
张志强	男	汉	自治区优秀公诉人	2004.10	九原区检察院
王旭晨	男	汉	自治区公安个人二等功	2004.10	九原区公安分局
程　刚	男	汉	自治区最佳责任区民警	2004.10	九原区公安分局
乌　仁	女	蒙	自治区学习使用蒙古语文先进个人	2004.12	九原区民宗局
温利威	男	汉	自治区“保护母亲河”先进个人	2004.12	九原区团委

【城镇建设】 2004年，城镇建设投资近6亿元，相当于前五年投资总和的3倍。投资1 000万元，完成城区26平方公里的总体规划，控制性详规和建设性详规的修编工作，开展10个苏木乡镇的土地利用总体规划和镇域规划修编工作。融资4.7亿元，全面启动东北组团基础配套工程，完成文明北路等4条道路的新建、改建工程，锦湖花园等3个住宅小区建设工程、哈屯高勒公园一期工程。新增硬化面积3.7万平方米，住房面积7.4万平方米，绿地面积9 000平方米。投资600万元，实施哈业脑包镇卜尔汉图生态移民工程，90%的村民搬迁新居；投资9 800万元，实施新城镇甲尔坝三期建设工程，建成271户2层住宅楼，276户高层住宅楼。投资1.8亿元，实施北出口道路改造工程。九原区按照“南延北扩，东治西改”的城区建设战略，开始实施“一

团、二园、三场、四街、五中心”建设工程。

【工业园区】 2004年,对全区13个工业园区进行清理整顿,整合保留九原区工业开发区和农业产业化绿色园区2个工业园区(全市保留5个),保留工业用地17.07平方公里,占全市可利用工业用地31%。投资4 860万元,实施九原工业开发区11万伏变电站、6公里铁路专用线和绿色园区1.5公里公路等基础设施建设工程;投资1.4亿元实施园区供水工程。2004年底,两个园区入驻企业35家,累计完成投资17.8亿元。在20个重点工业园区考评中,九原区工业开发区位居第10。

【教育】 连续五年被评为“全国科普示范区”和“全国双拥模范区”。投资1 558万元,新建扩建哈业胡同等6所中小学,全区100%的中学、50%的中心小学实现楼房化。小学入学率达100%,初中入学率达97.85%,高中入学率达83.36%,高考上线率达96%。

【文化】 4月,九原区投资120万元改建区青少年校外活动中心。5月,九原区成立区文物管理所。6月,九原区三十三中民乐队表演的民乐合奏《大青山下》,在全国儿童艺术表演大赛上获得一等奖。

【卫生】 投资600万元新建、扩建区中医院,传染病防治区和4所乡镇卫生院。全区50%的村实现计划生育村民自治,人口出生率为9.63‰。

(王立杰)

白云鄂博矿区

【领导名录】

区委书记:牛俊雁
副书记:孟　和(蒙古族)
　　　　蒋　剑
　　　　苗耀武(2月任职)
人大主任:牛俊雁(2月任职)
副主任:范建国(2月任职)
　　　　张建利
　　　　王富明
　　　　吴志宏(女　蒙古族　2月任职)
区　　长:孟　和(蒙古族)
副区长:郝金花(女　蒙古族　2月任职)
　　　　张玉谦
　　　　侯炯毅
　　　　雪　松(蒙古族　2月任职)
科技副区长:侯世强(2月任职)
政协主席:张桂英(女)
副主席:刘建国(2月任职)
　　　　侯志学(蒙古族)
　　　　孟保中(2月任职)
　　　　苏胜旺(2月任职)
武装部长:刘秉林(7月任职)
政　　委:张洪波

【概况】 白云鄂博矿区位于阴山之北,乌兰察布草原西北部,南距包头市区149公里,北距中蒙边境75公里,地理坐标为北纬41°39′~41°53′,东经109°47′~110°04′,南北最长32公里,东西最宽18公里。区域面积328.64平方公里,属内蒙古自治区包头市所辖,是包头市北部地区的工业重镇,被誉为世界“稀土之乡”。总人口近3万人,有蒙、汉、回、朝鲜、满、达斡尔等11个民族。2004年,地区生产总值完成5.73亿元,同比增长23.02%;财政收入完成5 904万元,同比增长110.78%;城镇居民人均可支配收入达11 630元,同比增长31.80%。

【工业】 积极调整工业经济结构,形成年产铁精粉120万吨、生铁3万吨、硅铁合金1.5万吨、稀土精矿粉3万吨的生产能力,初步构建起以铁矿石冶选、高载能冶炼和稀土产品初加工为主体的资源加工型工业框架,实现工业经济量的积累和扩张。工业增加值完成4.20亿元,同比增长21.53%。

【项目建设】 加强对重点项目的服务、协调和督办,220千伏变电站正式投入运营;黑脑包选矿厂顺利开工生产;包头龙腾风电公司投资300万元的风电实验场开始动工建设;山东鲁能集团公司拟投资30亿元的风力发电项目,前期工作进展顺利。2004年引进工业企业11户,引进自治区外资金5 280万元,同比增长68.69%;固定资产投资完成2.41亿元,同比增长94.40%。

【城市建设】 2004年,区委、区政府筹集资金3 000余万元,完成四个类别38项城市建设改造工程,是白云鄂博矿区历史上城市建设规模最大、投入最多的一年。完成稀土路、通阳道、百灵道主干道的水泥混凝土路面改造工程,改造道路总长2 000米,建设规模24 014平方米。完成各主干道的配套改造工程,更换道路侧石12 665延长米,铺装人行道砖32 300平方米。对主要街道两侧30幢建筑实施了立面装饰改造。主要街道安装树挂,稀土广场增设雕塑园艺小品。通过政府引导、市场运作、民间投资方式完成通阳道中段平房拆迁改造,开发建设通阳道友谊小区商用、住宅楼。加强城市管理、环境保护和土地规划工作。对环卫体制和供暖体制进行改革。

【第三产业】 2004年,接待游客7万人次。继续发展奶牛养殖业,养殖规模进一步扩大。2004年,社会消费品零售总额完成1.12亿元,同比增长12.75%;个体私营经济实际入库税金完成521万元,同比增长60.31%。

【科教文卫】 2004年共投入科技三项费用88万元,同比增长9.86%。全面实施素质教育,巩固"双基"达标成果。开展形式多样的群众性文化体育活动。完成国债项目—传染病区的建设任务。全年出生211人,人口出生率为8.76‰,自然增长率为4.24‰,计划生育率100%。

【社会保障及再就业】 2004年,累计发放最低生活保障金132万元,社会救济款56万元,企业退休人员养老金219万元,发放率均达100%。启动生育保险、工伤保险,恢复事业单位养老保险,城镇登记失业率控制在2.7%以内。

(赵剑梅)

土默特右旗

【领导名录】

旗委书记:李杰翔
副书记:图布兴(蒙古族)
王成
周宪涛
云瑞(蒙古族)
云占高(蒙古族)
赵东兴
人大主任:李杰翔
副主任:刘虎小
赵美英(女)
赵永厚
郭建业
旗长:图布兴(蒙古族)
副旗长:伏瑞峰(蒙古族)
吕尚飞
邬雄飞
窦雄
刘学武
谷淑珍(女)
张清
政协主席:章柱柱(蒙古族)
副主席:王银光
邢志强
云高怀(蒙古族)
武装部长:毕新跃
政委:吴忠国

【概况】 土默特右旗地处北纬40°14′38″~40°51′06″,东经110°14′32″~110°07′02″。北靠大青山,南临黄河,地处自治区首府呼和浩特市、自治区最大的工业城市包头市和"煤都"鄂尔多斯市"金三角"腹地,旗政府所在地西距包头市45公里,东距呼和浩特市103公里、距北京666公里,南与鄂尔多斯市隔河相望。旗境北部为大青山区,南部为土默川平原,山区和平原区各占29%和71%,总面积2 369平方公里。全旗辖4个镇、13个乡、1个生态管委会,总人口34.6万人,其中农业人口29.1万人,是一个以蒙古族为主体、汉族居多数的少数民族聚居区。

全旗生产总值完成34.68亿元,列包头市外五旗县区第一位,同比增长27.7%;财政收入完成2.5亿元,同比增长106.2%;城填居民人均可支配收入达到7 004元,比上年增加1 405元,增长25.1%;全社会固定资金投资完成22亿元,同比增长90.3%,社会消费品零售总额达到7.7亿元,同比增长16.1%。

【农业】 2004年,认真贯彻中央1号文件,农业增效,农民增收。免征农业税及附加总额达2 359万元,人均减免87.3元。发放良种补贴140万元、粮食直补资金1 591万元。通过"两补一免",农民人均政策性增收150元,实现了农民税费零负担。在政策带动、市场拉动的双重作用下,农民种粮积极性高涨,粮食作物播种面积达到80.5万亩,占总播面积的60.7%,粮食总产量达46.2万吨,较上年增加13万吨,农民人均纯收入达4 148元,比上年增加779元,增长23.1%,高于包头市平均水平。

【畜牧业】 紧紧依托蒙牛、伊利两大龙头企业,坚持"速度与效益"并重,坚定不移地推进农区畜牧业特别是奶牛业发展,牧畜总头数达到51.54万头(只)。全年共发放奶牛养殖专项贷款8 000多万元,购进奶牛2.5万头,奶牛总头数达13.1万头,日产鲜奶470吨,月收奶款达2 400万元。建成运营奶站253座,养殖小区(场)达40个。小尾寒羊饲养量达20万只,畜牧业在农民人均纯收入中的比重由2003年的30%上升到36%。

【电力】 全旗有22万伏变电站一座,11万伏变电站3座,35千伏变电站7座。工业园区内非大工业电价为0.428/千瓦小时,大工业电价为0.381元/千瓦小时,(另加容量电费:容量数×14

元/千伏安),硅铁电价为0.332元/千瓦小时,城镇居民生活用电0.39元/千瓦小时,城镇非居民生活用电0.438元/千瓦小时,城镇商业用电0.708元/千瓦小时,农村居民生活用电0.59元/千瓦小时,农村非居民生活用电0.624元/千瓦小时。2005年对毛岱变电站,萨拉齐变电站进行扩容,并在海子乡山格架村新建22万伏变电站1座。

【交通】 实施"两纵三横五出口"、乡乡通油路、村村通等级公路三大工程,公路建设总投资15 711.3万元(其中争取国家无偿投资3 000余万元),完成4条县道、10条通村水泥(油)路,30条通村等级砂石路,建设总里程达247.38公里(其中当年完工233.38公里,在建工程14公里);完成大小桥涵157道(座)。使全旗乡乡通油路目标提前一年实现,298个行政村有274个通等级砂石路,通村率达92%。

【招商引资】 全年共引进塑料管材、煤炭系列生产、冶金、玻璃、造纸、地毯、乳制品加工、物流等项目98个,合同投资额5.34亿元,同比增长176%,到位资金3.32亿元,同比增长343%。其中建成投产项目80个,正在建设项目18个,签订协议项目23个,总投资额达230亿元。

【财政税收】 2004年对财政收入总量超1 000万元和排名前三位、实现翻番的乡镇给予重奖,极大的调动了乡镇干部抓财政增收的积极性。全面加强税收征管,继续对各乡镇的税收采取超收全留、超收奖励、短收不补的政策和按月下达任务、逐月排名考核的办法,促进了税收均衡入库。针对全旗葵花和中药材市场疲软的实际,加大对煤炭开采、加工、洗选、运销行业的税收征管力度,实行一厅式办公、一站式征收、一条龙服务,严防跑冒滴漏,仅此一项实现税收6 200万元,增收5 000多万元。2004年,全旗财政收入总量实现了翻番,其中,国税完成8 000万元,同比增长185%;地税完成1.6亿元,同比增长82%;财政组织收入1 000万元,同比增长267%;切实加强财政支出管理,严格执行财政预算,从严控制支出,在财政收支矛盾依然突出的情况下,全年财政支出完成4亿元,同比增加3 400万元,增长10%,支出率达93%以上。

【教育】 2004年度考本科上线71人,专科上线448人,高考荣获包头市九连冠、自治区七连冠;旗教育局荣获"包头市现代教育技术先进集体"称号;地方财政4年累计拨款4.5亿元,专项资金到位100%。

【煤碳生产】 全旗通过煤矿专项整治验收共保留矿井41处(包括神华万利公司大青山矿业有限责任公司煤矿),基保露天开采8处,井工矿井33处;无烟煤7处,焦煤15处,电煤19处。41处煤矿分布在东西长约65公里、南北宽约30公里的大青山煤田东段。其中生产动力煤的矿井共有21处,储量约占全旗煤炭总储量的90%,产量占全旗总产量的80%。2004年共生产动力煤320万吨。全旗年原煤生产110万吨,流通煤量为240万吨,其中汽运140万吨,铁运100万吨。原煤生产与流通煤量分别同比增长37.5%和43%;煤炭工业产值完成3.51亿元,销售收入完成3.68亿元,全年税收入库1 380万元,同比增长70%以上。煤炭行业已形成较大的产业集群。

【团结灌区节水配套续建项目】 至2004年1月,团结灌区连续4年累计投放国债资金2 300万元,进行节水改造配套工程建设,共完成更新渠道扬水机泵8台套,大干渠防渗衬彻23公里,新建干渠节水闸2座,改造干渠节水闸3座,新建支渠进水闸42座,农用交通桥12座。灌区节水改造工程遵照国家水利工程建设要求,严格实行"三项制度"工程进展顺利,达到国家一级大型灌区标准,灌溉面积31.2万亩,流量21M3/S,年提水量1.23亿立方米。

(张海明 张连根)

达尔罕茂明安联合旗

【领导名录】

旗委书记:巴特尔(蒙古族)
副 书 记:池德荣(3月任职)
张文亮
郝润全
何 伟(2月任职)
邹 韬
杨振兴(5月任职)
人大主任:贺希格巴特尔(蒙古族)
副 主 任:何建军(蒙古族)
那布和(蒙古族)
李吉祥
旗 长:卜文厚(蒙古族)
副 旗 长:李 凯
梁 瑞
乌云格日乐(女 蒙古族)
郝文亮
郑瑾琛(2月任职)
王 义(2月任职)
张贵才(2月任职)
政协主席:陈玉玲(女 蒙古族)

副 主 席:张　耀
　　　　徐忠文(蒙古族)
　　　　韩俊璞
　　　　金文仲
武装部长:周振平
政　　委:侯永明(3月任职)

【概况】 达尔罕茂明安联合旗,地理坐标为北纬40°20′~42°40′,东经109°16′~110°25′,位于内蒙古自治区中北部,行政隶属于包头市。是内蒙古自治区19个边境旗(市)和23个牧业旗之一。北与蒙古国接壤,国境线长88.6公里。全旗辖有8个苏木、5个乡和4个镇。总面积18 177平方公里,总人口11万人,其中农业人口6.7万人,牧业人口1.5万人,城镇人口2.8万人。少数民族人口1.66万人,有蒙、汉、回、满、达斡尔等11个民族,是一个以蒙古族为主体,汉族占多数、多民族聚居的边疆少数民族地区。

2004年,全旗完成地区生产总值28.8亿元,同比增长59.7%;完成工业增加值10.4亿元,同比增长77.8%。城镇以上固定资产投资完成19.4亿元,增长119.6%。财政收入实现2.49亿元,同比增长146.8%;城镇居民人均可支配收入达到8 859元,同比增长23.1%;农牧民人均现金收入达到3 981元,增长25.1%。

【工业】 2004年,以建设自治区钢铁原料生产基地为目标,大力实施了"百万吨铁精粉扩张工程"和"钢铁产业链开发工程"。新上石宝五选六选、威顺、大千博等铁精粉项目14个,铁精粉生产存量企业已达20户,在建项目7项;铁精粉存量规模达到178万吨,在建规模达到242万吨(含白云西矿120万吨),共计420万吨。2004年生产铁精粉152万吨。新上炼铁项目3项,炼铁存量规模26万吨,在建规模4万吨,共计30万吨。在建还原铁项目1项,规模5万吨。

【满都拉口岸项目】 到2004年底,口岸成功开放7次,累计进出口货物48 944吨,进出口货物总值6 466万元,累计出入境人员39 767人(次),进出境交通工具10 227辆(次)。满都拉口岸对应的蒙古东戈壁省和紧临的南戈壁省具有丰富的铁、锰、铜、稀土、焦煤和金矿资源,开发进口蒙古矿产资源前景十分广阔。为此,组织人员多次赴蒙古国,加深了同蒙古国政府、企业、社会各界的了解和互信,初步掌握了蒙古国境内,邻近中方200公里范围内矿藏和塔奔陶勒盖煤矿、奥云陶勒盖铜矿矿产资源分布状况。引进河北唐山港陆钢铁有限公司、山东蓬莱黄金集团等企业,与蒙古国有关部门签订了合作开发煤、黄金等矿产资源协议;协助乌兰察布森源公司,成功从蒙古国匂麦特有限公司,购买到那林赫尔斯1 558公顷锰矿的勘探许可证,并协助蒙古国有关企业,办理了进口原料境外供货临时注册申请手续,为正常进口废旧金属提供了保障。为打通进口蒙古资源通道,积极开展白云鄂博—蒙古珠恩巴音铁路筹建前期工作。经过努力,白云鄂博—满都拉口岸铁路已被自治区列入2005年铁路建设计划。

【煤电项目】 白彦花煤电化项目于2002年下半年正式提出,2003年初开始开展前期工作。2004年初,委托西北电力设计院完成4×30万千瓦坑口电站初步可研报告,于4月份获得自治区发改委立项批复,并获得自治区电力、环保、国土、水利等部门的相关批准文件。从2004年10月份开始,与山东鲁能集团进行了广泛的接触洽谈,双方就建设"煤电化"项目初步达成共识,签署《合作意向协议书》。11月中旬,鲁能集团派出专家到本旗,深入现场开展项目整体规划,编制完成《达茂旗煤电化项目化项目总体规划》。2005年启动白彦花煤电化项目。

【风电项目】 达茂旗风能资源极为丰富,理论上,全旗地表以上40米到120米高度层风能总功率为7 200万千瓦。依据这一独特的新型能源,规划建设380万千瓦风电项目。2004年,已规划了四大风场,立测风塔9座。与美国金州、德国英华威、加拿大风能、华能、中电投、内蒙北方电力等国内外7家投资商签订了总装机容量600千瓦的风能开发协议。

【白云西矿项目】 白云西矿是包钢的后备矿,经过努力,2004年9月与包钢集团公司达成了原则性、框架性一致意见,白云西矿由达茂旗开发。依托白云西矿矿产资源,建设形成300万吨铁精粉生产能力的选矿厂。选定了达茂旗石宝铁矿有限责任公司、达茂旗威顺铁矿有限责任公司等五家企业投资建设选矿厂。2004年,输水管线、供电、尾矿库等公辅设施建设已全面展开,选矿厂也开始启动建设,2005年建成。

【飞机灭蝗】 2004年,由于气候条件非常适宜蝗虫发育,达茂旗又发生了大面积的蝗灾。旗委、政府对此高度重视,及时向自治区有关部门和市政府汇报了灾情,并积极采取了必要的措施。6月9日,达茂旗正式调机灭蝗。共出动飞机灭蝗8架次,撒药面积6.4万亩,重点防治了饲草料基地、移民工程种植区和虫口密度100头/平方米以上地区。在飞机灭蝗的同时,畜牧部门组织牧民利用人工机械,在飞机灭蝗涉及不到的地区和农牧交界地带及饲料基地与草场接壤地段打药物隔离带。

【重要活动】 6月19日,国家建设部会同发改委、民政部等六部委开展了确定全国重点镇工作,达茂旗百灵庙镇和希拉穆仁镇榜上有名。六部委要求,重点镇要充分运用市场机制,多渠道争取资金,加快建设发展步伐。目前,两镇的建设规划正在修编之中。

7月15日,包头市青少年德育教育基地挂牌仪式在达茂旗新宝力格苏木举行。基地占地面积8 700平方米,建筑面积999平方米。青少年德育教育基地的建成,对于促进达茂旗民族教育的发展和蒙语授课教育的开展创造了一条新途径,对于新宝力格苏木的旅游产业形成规模具有积极的推动作用。市人大常委会副主任赵胜利、市教育局、市妇联有关负责人和旗领导郝润全、何伟、何建军、梁瑞、乌云格日乐、韩俊璞及各旗县区教育局负责人、100多名校长、70多名优秀学生参加了挂牌仪式。政府副旗长梁瑞同志挂牌仪式上致词。

11月16日,由市残联和包头市朝聚眼科医院联合组织的"视觉第一光明扶贫行动"在达茂旗医院举行义诊活动。自2002年以来,达茂旗已有90多名白内障患者从这一活动中受益。政府副旗长郑瑾琛、市残联副理事长董淑华参加了此次义诊活动开诊仪式。

11月16日,达茂旗宝源钢铁公司179高炉正式投产,旗领导巴特尔、卜文厚、张文亮、张贵才到场视察,这是达茂旗历史上炼出的第一炉铁,对于加快全旗工业化进程具有十分重要的现实意义和深远的历史意义。

12月10日,在全国县域经济基本竞争力评价中心组织开展的中国西部县域经济基本竞争力百强县市评比活动中,达茂旗创造了国内生产总值和财政收入三年翻两番、城乡居民可支配收入和农牧民人均纯收入三年翻一番的奇迹,而一跃成为第四届中国西部县域经济基本竞争力百强旗,在西部地区12个省区888年县市中排91位,是西部百强竞争力动态呈上升趋势的10个县市之一。同时,基本竞争力等级由E级上升到C级。

(王炳贤　吕平平)

固　阳　县

【领导名录】

县委书记:孙树伟(满族)
副 书 记:尚　云
　　周家瑛(女)
　　李国栋
　　王松涛(2月任职)
　　王思凯
人大主任:白尚寿(2月离任)
　　孙树伟(满族 2月任职)
副 主 任:王凤莲(女 蒙古族 2月离任)
　　张多杰(2月离任)
　　黄志林(2月任职)
　　郭建荣(2月任职)
　　兰可佩(2月任职)
县　　长:尚　云(2月任职)
副 县 长:高　祥
　　张金莲(女 2月离任)
　　刘子俊(2月离任)
　　李福亮(2月离任)
　　刘满元(2月离任)
　　王凤莲(女 蒙古族 2月任职)
　　米　禄
　　王东明(2月任职)
　　张　清(2月任职)
　　张慧宇(2月任职)
　　韩守斌(2月任职)
政协主席:李秀莲(女 蒙古族 11月逝世)
副 主 席:黄志林(2月离任)
　　刘满元(2月任职)
　　丁　元
　　王云峰
　　张茂生(2月任职)
武装部长:杜新庄
政　　委:张春廷(蒙古族)

【概况】 固阳县位于内蒙古自治区中部,阴山北麓,是包头市的市辖县,在包头市北。地理位置为北纬40°42′~41°08′,东经109°40′~110°41′,东与呼和浩特市的武川县交界,南与土默特右旗、石拐区、九原区相邻,西同巴彦淖尔市乌拉特前旗、乌拉特中旗接壤,北与达尔罕茂明安旗相连,东西长约80公里,南北宽约66公里,总面积4 970平方公里,耕地面积240万亩,草场面积427万亩。全县辖10个乡、2个镇、139个行政村、16个居委会,总人口21.38万人,由蒙、汉、回等11个民族组成,其中农业人口17.22万人。

2004年,全县完成地区生产总值21.9亿元,比上年增长35.2%。其中,第一产业实现增加值6.7亿元,第二产业实现增加值10.2亿元,第三产业实现增加值5亿元,分别增长41.4%、37.5%和26.3%。财政收入完成1.82亿元,比上年增长128.2%,在全区101个旗县中排名第37位,较上年前移了15位。城镇居民人均可支配收入达7 220元,比上年增长52.7%;农牧民人均纯收入达3 357元,比上年增长30.1%。

【农业】 粮食总产量3.6亿斤、油料总产量6 600万斤。认真贯彻国家支农政策,切实加大"三农"工作力度,政府替农民代缴农业税774万元,发放粮食直补金244.3万元,实现农民税费零负担，全县农民人均减负增收63.3元。2004年全县投入水利建设资金4 400万元，新增有效灌溉面积2万亩、水保治理面积3万亩，完成节水灌溉面积2.51万亩；新建人畜饮水工程19处，解决11 800人、26 800头（只）牲畜的饮水困难，组织实施总投资5 000万元的阿塔山南部集中供水工程，完成投资460万元的农业综合开发项目。投入资金4 276万元实施了千村扶贫、世行贷款等扶贫工程，基本解决25 000名极端贫困人口的温饱，5 000名低收入贫困人口实现稳定脱贫。

【畜牧业】 奶牛存栏25 656头，比上年增加8 917头。出栏育肥羊87万只，加强牲畜疫病防治服务体系建设，重点疫病免疫率达100%。

【工业】 全县工业总产值达到20.9亿元，同比增长48.2%，首次突破20亿元大关；规模以上工业总产值完成3.33亿元，同比增长82.8%；规模以上工业增加值完成1.37亿元，同比增长73.3%。工业综合效益指数205.75，比2003年提高98.85个点。全县50万元以上的固定资产投资完成12亿元，同比增长69.8%，引进铁精粉生产项目96个，设计生产规模506万吨，铁精粉产量达86.7万吨，同比增长67.7%。引进生铁冶炼项目12个，设计生产规模100万吨，生铁产量达12.7万吨，同比增长807%。建成硅铁、硅钙冶炼等高载能生产项目8个，设计生产规模10万吨，硅铁产量达到1万吨，同比增长72.5%。累计引进区外资金3.75亿元，发展各类私营企业379户，其中2004年新发展113户，新增注册资金7 630万元，新增从业人员2 248人。

【城镇建设】 全年投融资3亿元实施阿勒塔大街拓宽改造和景观综合整治、民主东街改造、公厕及金山广场建设等5项市政工程，完成建筑面积24 400平方米的沁园小区、公卫站、科委住宅楼，组织实施万胜壕农牧新村建设工程。

【交通】 投资1.15亿元，新修公路142公里，完成6个乡镇的通油路工程，全面实现乡乡通油路和春坤山、红花敖包2个旅游景点通油路，修建22个行政村通村公路119公里。

【电力 邮电】 完成固阳、电报局、兴顺西变电站增扩容改造工程和固北220千伏变电站建设工程，全年售电量达1.8亿千瓦小时，同比增长126.3%。

全县电话实现交换程控化、传输数字化和小灵通全部开通城乡。

【科技】 全年，通过开展“送科技下乡”活动和农民实用技术培训直接培训农民3.5万人（次），发放各类技术资料1.2万余份。

【教育】 全县公开招聘教师21名，完成西斗铺、兴顺西和红泥井3所中学的撤并工作。投资1 036.7万元，完成1.9万平方米的校舍扩建工程。投资138万元，为5所农村初中和1所中心校实现集中供暖，使全县农村初中寄宿制学生宿舍供暖达90%以上。认真贯彻落实“两免一补”政策，为义务教育阶段学生免补学费112万元，使10 974名中小学生受益。全县中考成绩居全市第四、农矿区第一，职高高考本科上线率名列全市第一。

【计划生育】 人口出生率和自然增长率分别在7.96‰和2.53‰，被评为国家级计划生育优质服务先进县。

【卫生】 实施建设总投资406万元的县医院门诊大楼和疾病控制中心大楼，对全县12个乡镇卫生院实行“县办县管”，及时组建应对重大疫情和突发公共卫生事件的县级医疗救治大队。

【再就业】 全年城镇新增就业岗位3 030个，安置下岗失业人员1 056人，城镇登记失业率控制在4.2%以内。政府投资47.8万元购买190个公益性岗位，解决“4050”下岗人员就业。

【社会保险】 按时足额为1 752名企事业退休人员发放养老金1 354万元，为1 175名失业人员发放失业金310万元。城镇居民最低生活标准提高到134元，全县低保人口增至2 092户、4 724人，发放低保金726.88万元，并向低保家庭每户发放400元的取暖补助。加强农村剩余劳动力的转移输出，全年共输出劳力6.1万人，实现劳务收入1.69亿元。人均增资600元。拨专款72.8万元，为678名“三民”对象提高生活补助标准，并纳入政府预算。解决了历年拖欠工程款和农民工工资386.6万元。

【李秀莲遇空难】 11月21日，政协固阳县委员会主席李秀莲，政协办公室副主任吕爱珍在包头赴上海学习的班机上不幸遇空难，以身殉职。

（岳建军 侯锦秀 王瑞琴）

呼伦贝尔市

【党政军领导名录】

市　委

书　　记:梁铁城(蒙古族)

副 书 记:汤爱军

赵金才(蒙古族)

杨再明

景建华

孙扎根

孙　震

常　　委:吴延明

赵凤林

朱炳文

宋照明

赵立华

赵玺成

孟松林

臧春林

人　大

主　　任:德玉庆(蒙古族)

副 主 任:孙梦林

包志儒(蒙古族)

王喜旺

刘永杰(达斡尔族)

姜宝水

陈玉珍(女 11月病逝)

马连芳

政　府

市　　长:汤爱军

副 市 长:赵凤林

臧春林(2月任职)

安国通(蒙古族)

李宝昌

斯　琴(女 蒙古族)

王宝成

于德荣

魏国楠

白志远

政　协

主　　席:赵山根

副 主 席:鲍　喜(蒙古族)

姜兆文

贺喜格扎布(鄂温克族)

纪志国

史茂森

谷盛成

马国起

万　路

孟志毅(达斡尔族)

纪检委

书　　记:孙　震

政法委

书　　记:于永甲(6月离任)

赵玺成(7月任职)

法　院

院　　长:乔　欣(4月任职)

检察院

检 察 长:杨　俊

军分区

司 令 员:王峥嵘

政　　委:吴延明

副司令员:张立忠(6月离任)

王毅军(蒙古族 6月任职)

张永田

副 政 委:巴特尔(蒙古族)

参 谋 长:张　秀

【概况】 呼伦贝尔市地处内蒙古自治区东北部,北纬47°05′~53°20′、东经115°31′~126°04′。东西630公里,南北700公里,总面积25.3万平方公里,占自治区总面积的21.4%。南部与兴安盟相连,东部与黑龙江省为邻,北部和西北部以额尔古纳河为界与俄罗斯接壤,西部和西南部同蒙古国交界。边境线总长1 723.82公里。全市辖13个旗、市、区,74个镇(含2个矿区)、

23个乡(其中13个民族乡)、25个苏木(其中1个民族苏木)、32个街道办事处。海拉尔区为呼伦贝尔市人民政府所在地。至2004年末,呼伦贝尔市总人口为271.23万人。其中男性人口138.98万人,女性人口132.25万人,各占总人口的51.24%、48.76%;农村人口94.16万人,城镇人口177.07万人,各占总人口的34.72%、65.28%,其比为1: 1.88。呼伦贝尔市是多民族聚居区。2004年,呼伦贝尔市共有35个民族。其中汉族217.48万人,蒙古族25.63万人,各占总人口的80.18%、9.45%。内蒙古自治区3个少数民族自治旗都在呼伦贝尔市,在全自治区19个民族乡(苏木)中,呼伦贝尔市占14个。

2004年,呼伦贝尔市土地总面积25.3万平方公里,人均占有土地9.33公顷。全市60%以上草地分布在呼伦贝尔草原。

2004年,耕地总面积119.4公顷,占全市土地总面积的4.72%。人均耕地0.44公顷。呼伦贝尔市天然草场总面积1.25亿亩,占全市土地总面积的32.9%。呼伦贝尔草原是牧业四旗—新右旗、新左旗、陈旗、鄂温克旗和海拉尔区、满洲里市及额尔古纳市南部、牙克石市西部草原的总称。由东向西呈规律性分布,地跨森林草原、草甸草原和干旱草原三个地带。除东部地区约占本区草原面积的10.5%为森林草原过渡地带外,其余为天然草场。呼伦贝尔市林地面积2.03亿亩,占全市土地总面积的53.4%。森林覆盖率49%。

至2004年末,全市已发现的矿产有9类65种,探明或初步探明资源储量的矿产49种。已发现矿床(点)矿化点近700处,其中探明储量的矿产地370余处(多数非金属矿产),累计探明总资源储量317亿吨。其中,煤炭资源保有量302.6亿吨,全市煤炭年产量1 900万吨左右,主要用于发电及部分民用。

2004年,全市生产总值完成261.79亿元,按可比价计算,增长25.0%,比上年提高14.2个百分点。其中,第一产业增加值完成71.79亿元,增长42.0%;第二产业增加值完成73.03亿元,增长26.3%,其中:全部工业增加值完成44.30亿元,增长32.7%。建筑业增加值完成28.73亿元,增长17.8%;第三产业增加值完成116.97亿元,增长16.5%。三次产业结构由上年的23.4: 27.7: 48.9调整为27.4: 27.9: 44.7。人均GDP 9 598元,增长25.2%。2004年,呼伦贝尔市市场物价略有上涨。全市居民消费价格总指数为101.8%,商品零售价格总指数为100.9%,农业生产资料价格指数为102.1%,服务项目价格指数为101.3%。从居民消费价格指数分类看,上涨的主要有食品类,上涨7.1%、娱乐教育文化用品及服务类上涨1.7%、居住类上涨1.5%,其余均呈下降趋势。到2004年末,城镇登记失业人员2.74万人,登记失业率为4.7%。

2004年,呼伦贝尔市财政总收入完成27.68亿元,完成年度预算的107.7%,同比增加5.36亿元,增长24.0%。其中,地方财政收入完成19.08亿元,完成年度预算的108.9%,同比增加3.84亿元,增长25.2%。在地方财政收入中,一般预算收入完成14.48亿元,完成年度预算的95.3%,同比增加2.56亿元,增长21.5%。全市财政支出完成51.80亿元,完成年度预算的113.0%,同比增加8.86亿元,增长20.7%。

【农业】 2004年,农作物的总播种面积1 798.2万亩,增长10.6%。其中,粮食作物播种面积1 363.7万亩,增长13.4%。全年粮食产量38.1亿斤,比上年增产25.1亿斤,增长193.5%,接近历史最好水平。在粮食作物中,小麦产量6.07亿斤、增长208.1%;玉米产量10.4亿斤、增长362.2%;大豆产量15.89亿斤、增长145.2%;马铃薯产量3.96亿斤、增长175.0%。在经济作物中,油料产量3.92亿斤、增长21.5%,甜菜产量0.61亿斤,增长60.5%。粮食平均亩产140公斤,增长159.3%。粮经饲种植比例由上年的73.9: 23.3: 2.8调整为79.3: 17.7: 3.0。全市农林牧渔业增加值完成71.79亿元,增长42.0%。

全市进一步扩大了绿色、无公害、有机食品种植面积。全市按标准种植140万亩,同比增加30万亩,无公害农产品基地认定面积61.05万亩。有7个产品获得绿色食品认证,有10个单位、28个产品通过无公害产品(标志)认证。全市累计有51个企业、139个产品获绿标使用权,占全区的1/3。全市绿色食品总量达34.5万吨,同比增长35.24%,总产值9.01亿元,同比增长11.65%。

【畜牧业】 到2004年末,全市农牧业机械总动力达190.6万千瓦,比上年增长2.3%,机耕地面积100万公顷,化肥施用量(折纯)10.1万吨,增长23.1%,农村牧区用电量1.5亿千瓦小时,增长15.3%。全市牧业年度牲畜存栏首次突破1 000万元大关,达1 148.45万头只,比上年同期增加293.41万头只,增长34.3%,其中:大小牲畜存栏1 057.86万头只,增长35.7%。生猪存栏90.59万口,增长19.7%。全年牲畜出栏484.1万头只,比上年增加127.8万头只,增长35.9%。其中。大牲畜出栏30.6万头,增长12.5%;小牲畜出栏373.4万只,增长43.2%;牲畜出栏率达78.7%,比上年增加8.5个百分点;良种及改良种牲畜589.65万头只,比上年增加88.9万头只,增长17.9;奶类产量66.15万吨,比上年增加18.85万吨,增长39.9%。肉类产量19.46万吨,比上年增加2.98万吨,增长18.1%。禽蛋产量2.51万吨,增长6.0%。水产品产量2.6万吨,比上年增长4.0%。

【林业】 2004年,全市林业总人口4.95万人,职工总人数1.02万人,经营总面积562万公顷,其中有林地面积340万公顷,森林活立木蓄积蓄1.97亿立方米。森林公园4个,其中国家级森林公园1个(海拉尔国家森林公园);自治区级森林公园3个(红花尔基森林公园、嘎仙洞森林公园、巴林喇嘛山公园)。自然保护区10个,其中国家级自然保护区2个(达赉湖自然保护区、红花尔基樟子松自然保护区),自治区级自然保护区4个(海拉尔西山自然保护区、额尔古纳室韦森林野生动物自然保护区、额尔古纳湿地自然保护区、维纳河自然保护区),旗市级自然保护区4个(胡列也图湿地自然保护区、赫尔洪德樟子松自然保护区、白音嵯岗樟子松自然保护区、乌日根山森林自然保护区)。全市完成木材生产22万立方米,地方林业总产值2.9亿元,其中非林木产值1.2亿元。

天然保护林工程自1999年正式启动以来,采伐限额已调减到位,实行近山区承包、远山区管护工作保护机制。生态公益林建设初见成效,已累计完成人工造林7 228.8公顷、封山育林19 837公顷,人工促进天然更新8 236.6公顷,工程区内148.3万公顷森林得到有效管护,林地面积和森林蓄积实现双增长。退耕还林工程的实施有效地促进全市生态环境的改善,有效地调动当地农民的积极性。林木种苗工程全市共启动实施种苗工程项目18项,育苗完成7 137亩。野生动植物保护及自然保护区建设工程一些重点项目已得到国家林业局批复并组织实施。三北防护林四期工程自1986年正式列入"三北"防护林建设体系后,有效地促进沙化环境治理,使草原生态环境得到庇护,为改善全市生态环境,特别是牧业地区环境发挥巨大作用。"樟子松行动"是2002年11月经市政府批复实施的针对全市防沙治沙开展的生态建设项目,实施三年来已累计完成大苗移植42万株,2004沙化旗市区计划栽植樟子松大苗12.9万株,实际完成造林16.7万株。

【工业】 2004年,呼伦贝尔市全部工业增加值完成44.30亿元,增长32.7%,其中:规模以上工业企业增加值完成35.42亿元,增长41.9%。六大行业成为该市规模以上工业加快增长的主要动力,分别为黑色金属加工业增长9.0倍、木材加工业增长4.5倍、石油开采业增长1.9倍、有色金属开采业增长1.6倍、医药制造业增长65.6%、农副食品加工业增长60.3%,拉动规模以上工业增加值上升约15.7个百分点。企业营销能力进一步加强,产销衔接水平良好。产品销售率达到96.1%。主要产品产量增长较快。

全年规模以上工业实现经济效益综合指数130.91,比上年提高25.45点。从构成综合指数的各项指标看:总资产贡献率9.76%,比上年增加1.75个百分点;资本保值增值率76.30%,比上年下降52.6个百分点;资产负债率91.23%,比上年增加3.50个百分点;成本费用利润率为9.58%;全员劳动生产率为52 841.25元/人,比上年增加12 935.84元/人;实现利税总额为12.1亿元,增长1.15倍。实现税金6.63亿元,增长11.2倍。实现利润总额5.47亿元,扭亏增盈16.3倍。其中,盈利企业盈利7.3亿元,同比增长1.91倍;亏损企业亏损额1.8亿元,减亏35.7%;企业亏损面为29.5%。

【基础设施建设】 2004年,呼伦贝尔市城镇基础建设项目完成150个,完成投资7.7亿元,比上年多完成3 000万元,提高0.41%。其中:城市基础设施建设项目完成112个,完成投资6.59亿元。小城镇基础设施建设完成项目48个,完成投资1.1亿元,首次突破1亿元大关。继海拉尔市污水处理厂建成之后,扎兰屯市、牙克石市、满洲里市污水处理厂正在建设之中,鄂伦春旗污水处理场(氧化塘)已建成投入使用。阿荣旗、陈旗、新右旗集中供热项目等一大批基础设施已基本完成并投入使用。海拉尔重点工程天骄生态植物园、天骄宾馆和东山机场改扩建工程,已完成了年度计划。2004年,全市新增加供热面积210.9万平方米,其中住宅117.13万平方米,供热管线42.25公里;新增供水管线41.9公里,排水管线60.14公里;新增城市道路37.52公里、面积79.23万平方米;新增城镇园林绿地面积39.85万平方米,其中公共绿地13.25万平方米,城镇植树19万株(丛);新增环卫设备16台(辆)。

全年完成建筑业产值23.82亿元,增加值6.3亿元,实现利税9 116万元,其中利润1 219万元。

2004年全市房屋开发建设项目282个,建设面积188万平方米,投资17.86亿元。其中:住宅118万平方米,投资11.21亿元。新开工项目202项,面积136万平方米,投资12.92亿元。年内完成房屋建设面积136万平方米,完成投资12.92亿元。其中住宅建设完成94.1万平方米,完成投资8.94亿元。

2004年末,全市累计归集住房公积金12.74亿元,余额8.96亿元,参加缴存职工12.01万人。其中:2004年全归集额2.73亿元,支取1.78亿元。

【固定资产投资】 2004年,全市全社会固定资产投资总额为135.4亿元,比上年增长39.5%。其中:城镇固定资产投资完成118.1亿元(不含森工集团和铁路系统,下同),增长51.7%。在城镇投资完成额中,按经济类型划分,国有经济单位投资53.9亿元,增长9.8%;集团经济单位投资0.4亿元,下降33.3%;城乡居民个人投资3.8亿元,增长11.8%;其它经济类型单位投资62.2亿元,增长113.7%。

按投资管理渠道划分,基本建设投资86.2亿元,增长58.9%;更新改造投资19.1亿元,增长33.9%;其他固定资产投资6.1亿元,增长45.3%;房地产开发投资6.8亿元,下降7.9%;城镇工矿区私人建房投资2.2亿元,与上年同期持平。按项目隶属关系分,地方项目投资102.7亿元,增长60.0%;中央项目投资17.5亿元,下降13.4%。投资在5 000万元以上的项目34个,共计完成投资67.99亿元,占全市固定资产投资的57.6%。

按投资产业划分,第一产业投资2.1亿元,与上年同期持平。

重点工业项目投资力度加大，第二产业投资63.0亿元，增长106.6%，其中，工业投资62.9亿元，占全部投资的52.3%；增长106.8%，工业投资中，采矿业投资15.6亿元，增长123.4%；制造业投资完成17.0亿元，增长47.5%；电力、热力生产和供应业投资30.3亿元，增长154.3%。主要公路交通建设和城市基础设施建设投资速度加快，第三产业投资完成55.2亿元，增长11.3%，其中：交通运输仓储及邮电通信业投资15.6亿元，增长0.6%。社会服务业投资7.0亿元，增长42.9%。

2004年，全市城镇以上全部施工项目645个，基本建设新开工项目441个，更新改造新开工项目98个。

【国内贸易】 2004年，呼伦贝尔市全市消费品零售总额完成86.65亿元，增长20.4%，比上年提高9.7个百分点。其中：批发零售业完成70.72亿元，增长17.0%；餐饮业完成10.02亿元，增长51.9%；其他行业完成5.91亿元，增长19.6%。从销售地域看：城市地区社会消费品零售总额完成60.45亿元，增长21.8%，占消费品零售总额的69.8%；县及县以下地区社会消费品零售总额完成26.20亿元，增长17.3%。市的零售总额增幅比县及县以下高出4.5个百分点，城市发展快于农村。

【对外经济】 2004年，呼伦贝尔市全市进出口总额完成13.86亿美元，在全区保持第一位，增长22.6%，其中：出口0.86亿美元（扣除旅游贸易出口），增长12.4%；进口13.0亿美元，增长28.2%。新批外资投资企业12户，合同外资金额2 710美元，实际使用外商直接投资额1 835万美元，增长9.2%。全年备案国外工程承包、劳务合作合同76个，合同总金额0.64亿美元，增长71.4%，实现营业额0.20亿美元，增长23.3%，外派劳务3 961人次，增长51.9%。

【旅游】 2004年，呼伦贝尔市全市共接待旅游者281.44万人次，增长39.8%，其中：海外旅游者36.32万人次，增长133.7%；国内旅游者245.21万人次，增长32.0%；国际旅游创汇1.48亿美元，增长169.7%；国内旅游收入23.47亿元，增长90.8%。旅游业总收入35.73亿元，同比增长112.7%。

【环境保护】 2004年，全市城区环境空气质量良好以上天数达90%以上，形成具有鲜明特色的生态示范区建设模式，在全区率先进入国家级生态示范区行列，成为全国最大的生态示范区。天然林保护、草原湿地保护、防沙治沙、退耕还林还草等一系列生态保护工程建设取得显著成效。加强了对自然保护区、特殊生态功能区、风景名胜区、森林公园的建设与管理，使全市大部分重要的生态功能区和生物多样性得到有效保护。加大了生态执法力度，强化资源开发的环境监管，生态环境恶化趋势得到一定控制。认真执行环境影响评价制度和“三同时”制度，严把环境准入关，从源头上控制新污染源的产生，促进了产业结构的调整和优化升级。此外，环境宣教、信息、科技监测等工作也都取得了新进展。2004年，全市各级环保部门共受理环境举报案件466件，办结率为98%。

【水利】 2004年，新增有效灌溉面积29.5万亩，完成自治区水利厅下达计划任务的105.36%，其中新增灌溉饲草料基地4.3万亩，完成自治区水利厅下达计划任务107.5%；新增节水灌溉面积31.1万亩，完成市委、市政府及自治区水利厅下达计划任务103.7%；解决了5.54万人和17.31万头只牲畜饮水困难问题，完成自治区水利厅下达计划任务123.1%和144.2%；新增水保治理面积32.2万亩，完成市委、市政府下达计划任务107.3%，完成自治区水利厅下达任务137%；封育保护面积262.75亩，完成自治区水利厅下达计划任务103%；水土流失防治费和补偿费征收70.5万元，完成自治区水利厅下达计划任务的100.7%。落实防汛行政首长负责制、新技术应用与推广、水工程管理范围确权划界、水资源统一管理、水政执法工作、计划与节约用水工作、工程形象进度统计、基建工程合格率、基建工程优良率、基建三项制度执行情况、专项资金管理和使用情况等11项定性指标也全部完成或超额完成。

2004年开工并完成重点水利项目90多个，完成总投资11 200多万元。竣工验收重点水利工程项目51个，全部通过自治区组织的竣工验收，验收工程优良率达到上级要求，竣工验收完成投资20 802万元。在国家投资紧缩的情况下，2004年，全市共争取水利建设资金13.5亿元，其中尼尔基水利枢纽工程12.5亿元，地方水利项目投资1亿元。这些建设资金的投入，为2004年重点水利工程和其他水利基础设施建设的顺利实施及按时竣工创造了条件。

【交通】 2004年，呼伦贝尔市全市交通运输和邮电通信业增加值完成23.79亿元，比上年增长17.1%。全年各种运输方式完成货物周转量175.2亿吨公里，比上年增长27.8%。其中：铁路完成货物周转量149.3亿吨公里，增长20.3%；公路完成货物周转量25.9亿吨公里，增长22.5%。各种运输方式完成旅客周转量28.6亿人公里，增长19.1%。其中：铁路完成旅客周转量15.0亿人公里，增长15.6%；公路完成旅客周转量13.6亿人公里，增长21.7%。全市公路里程已达9 964公里。公路晴雨通车里程2 607公里，绿化里程3 324公里，养护里程9 503公里。全市有桥梁1 161座、3 374延长米。全市有120个乡镇（苏木）通公路，789个村屯通公路。全市现有公路（水路）口岸7个，其中一类口岸4个，二类口岸3个，满洲里、黑山头、室韦、阿日哈沙特、额布都格口岸建有国际汽车站。

【邮电】 全市邮电业务总量完成10.4亿元,比上年增长15.2%。全市电话交换机总容量达91.3万门,比上年增长36.5%。全市电话用户已达65.1万户,比上年增长13.6%。全市住宅电话为58.4万户,增长1.3倍。全市固定电话普及率达24.1%。移动电话用户已达60.8万户,增长12.9%;互联网用户6.6万户,增长77.5%。

【金融】 2004年末,呼伦贝尔市全市金融机构各项存款余额达260.53亿元,增长13.6%,其中:企业存款48.28亿元,增长27.7%。城乡居民储蓄存款余额达200.25亿元,增长7.6%;金融机构各项贷款余额达171.60亿元,下降2.6%。其中:短期贷款94.58亿元,下降3.5%;中期流动资金贷款1.60亿元,下降33.1%;中长期贷款74.42亿元,增长1.7%。银行现金收入累计达980.51亿元,增长14.2%,银行现金支出累计达1 010.61亿元,增长13.3%。收支相抵累计净投放现金30.09亿元,下降10.4%。现金投放的主要渠道为工资性支出、行政企事业管理费支出、农副产品采购支出和居民储蓄存款支出。

【保险业】 全市保险业务收入5.25亿元,比上年增长14.2%。其中,财产险收入1.04亿元,增长1.3%;寿险收入4.21亿元,增长17.9%。2004年财险赔付额为0.53亿元,下降20.8%。寿险给付额为1.46亿元,增长108.0%。

【科学技术】 2004年,呼伦贝尔市全年鉴定科技成果13项。本年度获自治区以上科技进步奖5项。全年签订各类技术合同14项,合同成交金额7 924万元,增长154.5%。加强创新体系建设,通过整合科技资源,建设和完善呼伦贝尔市科技信息网。成立呼伦贝尔市生产力促进中心,认定自治区级工程技术工程中心1家。科技示范园区和基地建设进入较好发展时期。建成鄂旗巴彦托海镇畜产品加工、岭东工业园区、陈旗沙化治理、鄂旗大地草业、牙克石小麦种植、扎兰屯蚕业养殖、莫旗大鹅养殖等一大批示范作用明显的园区和基地。其中岭东工业园区、巴彦托海畜产品加工园区、牙克石小麦种植基地、鄂旗大地草业基地、大雁马铃薯基地已列入自治区科技生产力布局136工程。

2004年,全市列入各级科技计划项目57项,其中:国家4项;自治区13项;市本级40项。组织验收2004年结题项目6项。积极推进科技成果转化。2004年引进、推广先进适用技术38项,实现经济效益16 300万元。贯彻落实《科技成果转化法》和《科技成果转化条例》,出台了《呼伦贝尔市人大常委会关于促进科技成果转化的决定》,进一步修定《呼伦贝尔市"十五"科技发展规划》,制定年度科技培训计划,举办各类培训班315期,培训农牧民26.5万余人次。

【教育】 到2004年末,呼伦贝尔市全市共有各级各类学校1 373所,在校生375 243人。其中,普通高等学校1所,招收本专科学生3 956人,比上年增长24%。高等学校在校学生数9 740人,增长26.5%。成人本科、专科在校生479人,增长13.8%。普通高中51所,比上年减少3所,招收学生17 863人,增长6.8%,在校学生数47 322人,增长9.3%,其中:少数民族12 386人,增长6.4%。初中209所,招收学生39 268人,下降5.6%,在校学生数127 551人,下降5.7%,其中少数民族29 714人,下降5.3%。小学校788所,减少72所,招收学生27 563人,下降14.2%,在校学生172 124人,下降9.8%。学龄儿童入学率99.3%,初中入学率为98.9%。全市有教职工36 981人,其中,专任教师29 490人。小学、初中、高中教师的学历合格率分别达到97.72%、94.15%、76.69%。全市共有市级教学能手800名、学科带头人120名,自治区教学能手180名、学科带头人60名。全市已建成自治区级义务教育实验学校4所,自治区级义务教育示范学校50所,市级义务教育示范校239所,自治区级高中管理先进校6所,自治区示范性高中2所,市级高中管理先进校18所,海拉尔区还被自治区评为"学校管理先进学校"。

从1996年接受国家"两基"达标验收起,全市有10个旗市区通过国家"两基"达标验收,"两基"人口覆盖率达到70.94%。4个旗市通过自治区的"两基"巩固提高验收,巩固提高率达30.77%。

【文化】 2004年,呼伦贝尔市文化事业稳步发展。年末全市拥有艺术表演团体13个;公共图书馆14个;群艺馆、文化馆14个;博物馆6个;档案馆24个,档案库房面积3 270.7平方米,档案全宗1 062个,案卷32.84万卷,全年利用档案达1 401人次;全市拥有广播电台1座,调频发射台55座,广播覆盖率82.5%;电视台2座,电视发射转播台195座,电视覆盖率80.5%。全市专业艺术表演团体演出1 841场。

【卫生】 2004年,呼伦贝尔市共有卫生机构1 348个(含诊所、医务室、社区卫生服务站),比上年增加24个。卫生机构实有床位总数10 444张,医院、卫生院实有床位总数为9 603张,平均千人口医院、卫生院床位数为3.54张。全市现有各类医院113所,卫生院137个(城镇街道卫生院7个、农村牧区苏木乡镇卫生院130个,其中中心卫生院31个),卫生院实有床位1 200张,卫生人员1 978人。全市共有疾病预防控制机构41个,卫生监督机构3个,妇幼保健机构17个,专科疾病防治机构18个,医学科研机构1个。全市卫生人员总数18 292人,其中卫生技术人员15 249人,全市平均每千人口执业医师(执业助理医师)为2.75人,注册护士为1.60人。

2004年,呼伦贝尔市公共卫生体系建设取得新进展,启动了自治区下达的9个疾控中心建设项目,建设呼伦贝尔市级传染病院1所,改扩建8个旗市医院传染病区,完成市急救中心建设项目,投资总额达3 160万元。在"农牧民健康工程"建设项目中,筹集资金322万元,对6个中心卫生院、8个一般卫生院进行了强化建设。在全市进一步完善了由市、旗两级预防控制、妇幼保健、健康教育机构和乡镇卫生院组成的全市疾病预防控制体系。

启动了鄂温克旗新型农牧区合作医疗试点,解决牧民的重大疾病保障问题。截至2004年底,牧民参加合作医疗人数1.1万余人,参合率达69.17%,为牧民报销药费11万余元。

2004年,全市计划免疫以乡为单位"五苗接种率"保持在90%以上。全市发现结核病人2 794例,1 584例结核病人纳入项目管理接受免费治疗。开展了克山病、大骨节病、碘缺乏病及地氟病等地方病病情的监测和治疗。2004年碘盐合格率继续达95%以上,碘盐覆盖率达100%,8~10岁儿童"甲肿"率稳中下降。

截至2004年底,全市共设立社区卫生服务机构129家,其中社区卫生服务中心7家,社区卫生服务站122家。平均房舍面积126.88平方米,社区卫生服务人口196 924人,占全市城镇人口数的11.98%。全市范围内已经初步建立起一个布局相对合理、功能逐步完善的城市社区卫生服务网络。

【体育】 2004年,呼伦贝尔市体育事业在全国和全区的比赛中获得了很多荣誉。在全国冬季两项比赛中,体育健儿进入了前8名。在全国老将田径运动会上,有1名运动员获得40~45年龄组5 000米、10 000米两项冠军。在全区青少年9个项目比赛中,取得24金、18银、30铜,5个项目荣获"体育道德风尚奖"的好成绩。在全区第五届农牧民运动会上,获得了3金、2银、3铜和体育道德风尚奖。在全区第二届伤残人运动会上,取得2金、6银、1铜的好成绩。在校学生体育《国家体育锻炼标准》达标率为86.1%,优秀率为13.9%。全市群众性体育活动在各地普遍展开,传统体育项目有新发展。

【人口与计划生育】 2004年,保持了人口和计划生育工作持续健康发展的态势,受到自治区党委、政府的表彰奖励。2004年,全市出生人口24 492人,人口出生率为9.03‰。这一指标已连续8年保持在10‰以内,且低于全区平均水平。死亡人口15 596人,人口死亡率为5.75‰。人口自然增长率降至3.28‰;年末全市总人口达271.23万人。全市符合政策生育率达到95%以上。综合节育率为90.15%。

全面启动"关爱女孩行动"活动,各级人口计生部门多措并举,共投入资金37万元,帮扶女孩2 036人,帮助女孩及其家庭解决实际困难,在全社会营造了有利于妇女发展和女孩成长的舆论氛围及社会环境。开展了对牧区少数民族地区育龄妇女计划生育免费义诊活动,组织有关科室,聘请市医院专家分别深入到陈旗、鄂温克旗、新左旗等地免费为广大育龄群众进行查病治病,深受广大育龄群众的欢迎。进一步加强计生服务站规范化建设,开展了对全市13个旗市区级服务站、31个乡镇(苏木)自报甲级计生服务站检查验收工作,通过验收,全市基本形成了旗乡村三级服务网络,打造了以旗市区站为龙头、以乡镇站为基础、以村级服务室为网点的计划生育技术服务平台。

2004年全市新增计划生育"三结合"户4 993户,投入资金397万元。加大对独生子女奖励费兑现力度,对全市14 960个已领取独生子女光荣证的企业下岗职工家庭建档造册,并全部兑现企业下岗职工独生子女父母奖励费。加快人口和计划生育信息化建设,全市13个旗市区都通过DDN专线与市人口计生委网络中心联接,158个乡镇全部通过拨号与旗市区网络中心联接,全市育龄妇女个案信息系统得到更广泛的应用,推动了基层计划生育管理和服务水平的提高。

2004年市计生协会被国家民政部评为"全国民间优秀社团组织先进集体",这是全国计生协系统唯一获此殊荣的单位。

【人民生活】 2004年全市发放在岗职工工资总额达31.8亿元,比上年增长12.0%;在岗职工年平均工资12 092元,增长11.8%;城镇居民人均可支配收入完成7 152元,增长14.5%;城镇居民人均消费性支出5 088元,增长10.2%。城镇居民家庭恩格尔系数32.9%。农牧民人均纯收入完成2 682元,增长59.6%,其中,农民2 571元,增长68.0%;牧民4 029元,增长14.9%。农牧民家庭恩格尔系数40.0%。城镇居民住房条件进一步改善。全年城镇居民住房人均使用面积18.3平方米,增长8.9%。居民生活水平进一步提高,城乡居民每百户耐用品拥有量有不同程度增长。

【社会保障】 2004年,全市城镇实现就业3.4万人,完成目标任务115%。城镇登记失业率为4.7%,控制在自治区下达的5%的目标任务以内。年末全市有18.0万名职工参加基本养老保险,有52 388名离退休人员参加了离退休费社会统筹。连续6年做到100%按时足额发放养老金,保障企业离退休人员和遗属的生活,切实维护社会稳定。年末社会福利院床位数864张,比上年增加74个,增长9.4%。年末在院人数616人。城镇社区服务网络持续发展,建立各种社区设施262处,比上年增加8处。

【扶贫开发】 2004年,全年共争取到自治区财政扶贫资金2 955万元,同比增长410万元。重点实施了192个嘎查村的"千村扶贫开发工程";启动实施10个人口较少民族试点村项目和12个产业化试点项目;大力开展劳动力转移培训,培训农牧民7 318人;定点包扶单位由去年的121个扩大到135个。共解决11.9万贫困人口的温饱问题,发展水浇地6.2万亩,种草32.5万亩,养畜19.15万头只,顺利完成了各项扶贫开发任务。在自治区扶贫办主任会议上,呼伦贝尔市被授予"2004年度自治区扶贫开发工作优秀盟市"荣誉称号。

【信访】 2004年,呼伦贝尔市人大共收到代表和人民群众来信180多件,接待群众来访800多批、1 200多人次。按照"分级负责、归口办理"的原则,及时向各旗市区人大、"一府两院"及相关部门进行了转"交"办,全年共发出信访督办函55件,转办案件168件,来信来访办案结案率达到94.6%。

【国土资源管理】 2004年,土地市场秩序治理整顿进一步深化,成立5个土地市场治理整顿专项工作推进组,确定责任人。清理出38件土地违法案件并上报自治区,现已处理36件。按上级要求,全市共撤销了12个开发区,占原开发区总数的55%。对87个全市新上项目在建或拟建项目用地进行清理,查处非法占用土地项目5个,占地面积89.642公顷,罚没款36.62万元。检查14个2003年以来经自治区政府批准的单独选址建设项目和分批次建设用地的补充耕地情况,并补充耕地102.56公顷,达到占补平衡目的。

矿产资源勘查呈现新局面。2004年末,全市取得勘探许可证的探矿权人53个,登记地勘项目136个,登记区总面积3 758.35平方公里,均比上年翻了一番。探矿资金实际投入达到1.26亿元,首次突破亿元大关。新发现矿产地22处。矿产权市场建设快速推进。2004年共受理采矿权申请73件,全部有偿出让。全市矿产资源补偿费征收入库463.45万元,完成目标任务的210.2%。全市征收采矿权价款1 402.16万元,其中:市本级1 336.17万元。全市土地有形市场基本建立,土地收益逐年递增。2004年,全市实施招标拍卖挂牌出让供地面积68.51公顷,成交金额8 894.11万元,完成目标任务的134.76%。全市土地总收益达16 173.25万元。

【审判】 2004年,呼伦贝尔市两级法院共受理各类案件26 375件,审(执)结25 331件,其中,中院受理各类案件2 149件,审(执)结1 927件,为全市经济社会发展提供了更加有力的司法服务和法律保障。年内,涌现出以全国行政审判先进集体、中院行政审判庭和全国青少年维权岗先进个人、中院刑一庭女法官乌兰等为代表的9个全国、全区先进集体和先进个人。

2004年,共审结一审刑事案件1 610件,判处罪犯1 614人。两级法院深入开展"严打"整治斗争,积极参与全市开展的"打两抢、反盗窃"专项斗争,同时重点打击杀人、强奸等严重暴力犯罪,共审结此类案件708件,判处罪犯908人。依法严惩贪污、受贿等职务犯罪29件38人,推动了反腐败斗争深入进行。依法严惩各类经济犯罪,重点打击生产销售伪劣商品等危害市场经济秩序的犯罪,共审结此类案件12件,判处罪犯6人。在严厉打击犯罪的同时,认真贯彻"尊重和保障人权"的宪法原则,全年对4名不构成犯罪的被告依法宣告无罪。

全年共审结各类民商事案件17 632件,诉讼标的总金额9.3亿多元。其中,适用简易程序审理的达12 914件,占民商事一审结案数的77.4%,高于自治区平均数5个百分点。全年调解结案11 143件,调解率达到63.2%,高于自治区平均数27.4个百分点;受理一审行政案件271件,审结266件;受理各类审判监督案件270件,审结252件,其中依法纠正和部分改判案件67件。此外,全市法院在执行案件上升、执法环境复杂、执行难的情况下,受理各类执行案件5 826件,执结5 194件,执结标的额1.84亿元,执结率89.2%。通过开展清理执行积案大会战,共执结历年积案2 119件,执行积案由2 586件下降到467件,实现了执行工作的新突破。

【重要活动】 1月15日市委、市政府就内蒙古大兴安岭森工集团与广东东莞玖龙纸业公司合资开发富伦纸业改扩建项目举行合作协议签约仪式。市委副书记赵金才主持签约仪式,市领导汤爱军、孙扎根、赵凤林及玖龙公司董事长张茵、常务副总经理张成飞、副总经理黄铁民出席签约仪式。市长汤爱军、市委副书记孙扎根、玖龙公司董事长张茵分别发表讲话。

4月16至20日"内蒙古旅游宣传周"活动在北京举行,呼伦贝尔市参展代表团由市政府副市长魏国楠带队,旅游、宣传、文化以及相关旗市区参加,共组成130人的参展团,堪称该市旅游宣传促销之最。在此次宣传促销活动中,该市参展团共分配到7个展台,展台数居全区第一位,共向北京市民发放旅游宣传画册、宣传光盘、旅游招商项目册、旅游线路宣传单、旅游张贴画宣传品3.5万份。市旅行社等企业与北京市相关企业之间签订业务合作协议的有37家。本次"内蒙古旅游宣传周"的成功举办,标志着该市与北京市的旅游合作已经提升到了一个新的发展阶段,开创了两地旅游合作的新局面。

5月11日海拉尔污水处理工程正式投入运行举行剪彩仪式。市领导梁铁城、汤爱军、宋照明、赵玺成、马连芳、李宝昌、王宝成、纪志国为工程剪彩。这标志着海拉尔生活污水、生产废水直接排放历史的结束。

6月28日以扎赉诺尔煤业公司为主投资方,设计年产180万吨的呼煤集团东明露天煤矿正式破土动工,市委副书记、市长汤爱军宣布开工令,市政府秘书长王国林代表四大班子发表讲话。

7月7日呼伦贝尔·第三届中国成吉思汗草原文化节开幕式在海拉尔成吉思汗广场隆重举行 。市委书记梁铁城宣布草原文化节开幕,市委副书记、市长汤爱军代表市四大班子及全市各族人民致欢迎词,市委副书记景建华主持开幕式。自治区党委宣传部副部长阿龙,市领导杨再明、德玉庆、赵凤林、朱炳文、宋照明、赵立华、孟松林、刘永杰、魏国楠、史茂森以及来自全国各地的文化界、旅游界、企业界、新闻界人士出席了开幕式。青海省黄南藏族自治州副州长多杰出席开幕式并向文化节敬献唐卡。开幕式结束后,文艺表演团体从吉思汗广场到西山国家森林公园进行了文化大游演。

8月2日市信息化领导小组办公室揭牌仪式在海拉尔举行。国务院信息化工作办公室常务副主任曲维枝,专家咨询委员会秘书长徐愈,信息产业部中国电子信息产业发展研究院规划所副所长安筱鹏,自治区副主席连辑,自治区信息化工作办公室主任张传网,呼伦贝尔市领导梁铁城、景建华、赵凤林、宋照明、赵立华、孙梦林、王宝成、史茂森及市政府秘书长王国林、副秘书长许佐出席挂牌仪式。

9月9日伊敏电厂二期工程主厂房基础建设举行破土开工仪式。市委书记梁铁城发布开工令,市委副书记、市长汤爱军代表市委、市政府发表祝辞。市人大副主任孙梦林、副市长白志远,市政协副主席纪志国及市政府副秘书长陈甫等参加破土仪式。

9月16日额尔古纳市委、市政府在额尔古纳市委礼堂举行雀巢公司入驻额尔古纳签字仪式。市委书记梁铁城,市委副书记、市长汤爱军,市委常委、副市长赵凤林,市委常委、秘书长宋照明,市人大副主任孙梦林,副市长白志远,市政协副主席马国起,市政府秘书长王国林,副秘书长倪永连参加签字仪式。这标志着第一家世界500强企业进入内蒙古。

12月25日呼伦贝尔·首届中国开雪节暨银色呼伦贝尔北方少数民族风情冰雪游开幕式在牙克石凤凰山庄旅游景区举行。自治区旅游局副局长白薇宣布呼伦贝尔·首届中国开雪节暨银色呼伦贝尔北方少数民族风情冰雪游开幕,副市长魏国楠代表市委、市政府讲话。自治区旅游局副局长白薇,市委副书记景建华,市人大主任德玉庆,副市长魏国楠等为开雪节剪彩。市政府办公厅副主任张天平,来自全国各大旅行社、新闻界人士参加了开幕式。

2004年呼伦贝尔市获奖人物名录

全国劳动模范

姓　名	单　　位	职　　务
陈宏毅(满族)	牙克石建兴建筑有限责任公司	项目经理
乔玉芳(女)	鄂温克族自治旗巴彦托海镇巴彦托海嘎查	党支部书记、嘎查达
刘廷江	扎兰屯市达斡尔民族乡满都村	党支部书记
郭锁链(蒙古族)	呼伦贝尔市兽医工作站	站长
王书杰(满族)	华能伊敏煤电有限责任公司	副总经理

自治区劳动模范、先进工作者

姓　名	单　　位	职　　务
刘瑞生	大雁煤业有限责任公司物业管理中心	主任
王天祥	大雁煤业有限责任公司第二煤矿	队长
白喜文(蒙古族)	柴河林业局运修公司	工人
宋钦虎	满洲里市建筑材料厂分厂	厂长
陈宏毅(满族)	牙克石建兴建筑有限责任公司	项目经理
姚光成	阿荣旗中心油脂有限责任公司	车间主任
张国福	宝日希勒煤业有限责任公司	队长
柯长青(满族)	鄂伦春自治旗邮政局	工人
李树森	扎赉诺尔煤业有限责任公司机电总厂	工人
单洪山	内蒙古自治区国营甘河农场	工人
苗雪红(女 蒙古族)	呼伦贝尔市友谊有限责任公司	营业员
刘佩贤(女)	海拉尔牧业机械有限责任公司	工人
聂淑芝(女)	呼伦贝尔电业局满洲里供电局	站长
路敏坤(女)	海拉尔啤酒集团海威果酒厂原料车间发酵组	组长
刘爱军	海拉尔农垦(集团)有限责任公司上库力分公司	工人

续表

姓名	单位	职务
郭玉珠(女 达斡尔族)	莫力达瓦达斡尔族自治旗绿源食品有限责任公司	车间主任
张荣生	呼伦贝尔市海拉尔区环境卫生清运处	工人
刘基东	呼伦贝尔市教育局	科长
阚　伟(女 蒙古族)	扎兰屯市交通征费稽查所	副所长
任玉昌(蒙古族)	根河市好里堡镇	党委书记
阿拉木斯(达斡尔族)	陈巴尔虎旗乌兰牧骑	队长
李鹤雄(朝鲜族)	莫力达瓦达斡尔族自治旗水务局	工人
汪　虎(蒙古族)	满洲里市公安局扎赉诺尔分局	副中队长
毛世杰	扎兰屯市第一中学	教师
郑建文(女)	牙克石市第七中学	党支部副书记
万正强	牙克石五九煤炭(集团)有限责任公司	董事长、总经理
李宝华(蒙古族)	内蒙古自治区国有室韦牧场	场长
呼其图(蒙古族)	新巴尔虎右旗达来东苏木呼伦诺尔嘎查	嘎查达
仲玉明(女)	额尔古纳市黑山头镇梁西村	农民
白斯古楞(蒙古族)	新巴尔虎右旗甘珠尔苏木巴音布日德嘎查	党支部书记
吴晓娟(女,鄂温克族)	阿荣旗音河达斡尔乡维古奇猎民村	村委会主任
崔　福	阿荣旗孤山镇东山屯村	党支部书记
吴永芳(女,鄂伦春族)	鄂伦春自治旗古里乡猎民村	副村长
乔玉芳(女)	鄂温克族自治旗巴彦托海镇巴彦托海嘎查	党支部书记、嘎查达
郭淑洁(女)	扎兰屯市成吉思汗镇繁荣村	党支部书记
刘廷江	扎兰屯市达斡尔民族乡满都村	党支部书记
达玛拉(女,鄂温克族)	根河市敖鲁古雅鄂温克族乡	猎民
特格喜赛汗(蒙古族)	陈巴尔虎旗东乌珠尔苏木查干诺尔嘎查	党支部书记
张　艳(女)	莫力达瓦达斡尔族自治旗汉古尔河镇南坤浅村	农民
郭振梅(女)	牙克石市兽医工作站	站长、党支部书记
郭锁链(蒙古族)	呼伦贝尔市兽医工作站	站长
赵可新	呼伦贝尔市气象局	副台长
杜海明(鄂温克族)	呼伦贝尔市民族艺术学校	校长
刘淑华(女)	呼伦贝尔市农业科学研究所	研究室主任
宝力道(达斡尔族)	陈巴尔虎旗巴彦库仁第一小学	校长
刘晓霞(女)	呼伦贝尔学院经贸分院	副院长
郭晓立(女,达斡尔族)	莫力达瓦达斡尔族自治旗民族实验小学	副校长
李志桐	扎赉诺尔煤业有限责任公司灵泉露天煤矿	矿长
史俊良	新巴尔虎右旗新鑫矿业有限责任公司	副经理
王书杰(满族)	华能伊敏煤电有限责任公司	副总经理
孔宪守	呼伦贝尔市食品药品监督管理局莫力达瓦达斡尔族自治旗分局	局长
堂吉斯(鄂温克族)	鄂温克族自治旗人民医院	副院长
包玉山(蒙古族)	新巴尔虎左旗交通局	局长
宋树国	呼伦贝尔呼伦湖渔业有限公司	副总经理

(张晨旭　丁双　王敏　王邓海　徐鸿飞)

海拉尔区

【领导名录】

区委书记:赵玺成(7月离任)
王　伟(12月任职)
副书记:王　伟(12月离任)
张玉军
刘寒松(12月离任)
志　宏(达斡尔族 12月离任)
吕建伟(女 12月任职)
訾晨光(12月任职)
周方平(挂职)
人大主任:孙广建
副主任:冯世臻
任国芳(女)
任广德
满都呼(蒙古族)
区长:王　伟(12月离任)
张玉军(12月任职)
副区长:李春富(蒙古族)
李秀杰(12月任职)
杨　海(12月离任)
徐　广(蒙古族)
黎兆英(12月任职)
于洪涛
李　娟(女)
刘静忠
科技副区长:李海春
政协主席:乌兰巴拉(蒙古族)
副主席:李玉奎(1月离任)
孙立军
陈文鹏(1月任职)
周淑芝(女 1月任职)
王育勤(女 蒙古族 1月任职)
武装部长:佗彦启(满族 3月离任)
孟庆龙(3月任职)
政委:陈国海(3月离任)
李福平(3月任职)

【概况】　呼伦贝尔市海拉尔区地处内蒙古自治区东北部、大兴安岭西麓、海拉尔河与伊敏河汇合处北纬49°06′～49°32′,东经119°32′～120°35′,东接牙克石市,西部、北部与陈巴尔虎旗为邻,南部与鄂温克族自治旗交界。该区是呼伦贝尔市首府,下设建设镇、奋斗镇、哈克镇三镇,靠山街道办事处、向华街道办事处、正阳街道办事处、健康街道办事处、胜利街道办事处、呼伦街道办事处六个办事处和海拉尔开发区管委会。全区总面积1 440平方公里,其中城区28万平方公里。总人口258 177人(总户数76 688户),其中非农业人口235 335人,占总人口的91.2%,农业人口22 842人,占总人口的8.8%;男性126 779人,占总人口49.3%,女性31 398人,占总人口50.7%。

全年海拉尔区国内生产总值实现35.29亿元,比上年增长17.5%,总量在呼伦贝尔市排名第一。其中第一产业增加值2.93亿元,增长3.2%;第二产业增加值12.06亿元,增长23.9%;第三产业增加值20.30亿元,增长15.6%。财政总收入完成了38 822万元(不含社保基金、下同),比上年增长2.7%,地方财政收入完成24 815万元,下降1.3%。财政支出38 805万元,下降4%。城镇居民人均可支配收入达到8 075元,同比增长8.5%;农民人均纯收入达到5 640元,同比增长5.7%。乡及乡以上工业增加值完成51 135万元,同比增长39%;规模以上企业工业增加值完成47 067万元,同比增长40.6%。

2004年全区从业人员72 591人,比上年末减少4 052人,离开本单位仍保留劳动关系职工5 008人,全年就业、再就业安置人员3 710人,其中安置下岗失业人员再就业2 699人,年末城镇登记失业率为4.76%。城镇低保5 584人,发放低保资金427万元。

【农业】　全年农业总产值完成41 145万元,比上年增长9.1%。农作物总播种面积为21 435公顷,比上年增长2.5%,粮豆薯总产量15 292吨,比上年增长589.8%,蔬菜产量38 428吨,比上年增长26.1%。

【畜牧业】　年末牲畜总头数80 767头(只),比上年末增长19.2%,其中:大牲畜和羊分别增长9.1%和46.3%。肉类和牛奶产量已分别为5 617吨和92 065吨,分别比上年增长19.1%和35.5%。禽蛋产量3 006吨,增长17.9%。

【林业】　全年完成造林面积2 833公顷,其中退耕还林333公顷,全年植树247万株。

【工业】　全年乡及乡以上独立核算工业增加值51 135万元,比上年增长38.95%。其中规模以上企业增加值47 067万元,增长40.63%,产品销售率达到95.6%,比上年提高3个百分点。主要工业产品产量较上年有所增加。一些高技术含量的产品相继投产,食品加工、机械、火力发电、造纸、医药、乳品、饮料、酒等骨干企业产值占工业经济总量的67.2%,经济效益连年递增。致使工业经济拉动全区国内生产总值增速2.9个百分点。

乡及乡以上独立核算工业企业产品销售收入和利润总额分别为82 536万元和4 181万元,比上年增长22.7%和11.3%,亏损企业亏损额622万元,比上年减亏14万元,乡及乡以上独立核算工业经济效益综合指数96.2。

【国内贸易】 全年社会消费品零售总额206 135.8万元,比上年增长20.7%。其中批发零售贸易业零售额158 703万元,增长23.1%;餐饮业零售额21 932.8万元,增长35.1%;其他零售额25 500万元,增长0.09%。

【对外经济】 随着人民生活水平的提高,住房、通信、教育、旅游、餐饮等消费逐步活跃,形成了消费市场新的亮点,成为推动社会需求增长的主要部分。

全年进出口总额(海关口径)1 270万美元,比上年增长53.6%,其中进口总额10万美元,比上年减少91.8%;出口总额1 260万美元,增长78.8%。

招商引资工作取得了新进展。招商引资到位资金12.59亿元,比上年增长2%,其中自治区以外资金5.69亿元,比上年增长52.8%,直接利用外资435万美元,下降4%。

【抓项目全面带动工作】 2004年,海拉尔区项目带动战略深入实施,全年开工建设项目共78个,完成固定资产投资16.2亿元,同比增长14.6%,其中工业项目24个,累计完成投资8.9亿元,占固定资产投资54.9%。国府商务酒店、唐人酒店、步森百货大楼等重点招商引资企业投入运营。一年来,共投入建设资金6 217万元,改造8条次干道,铺设污水管线25公里,污水管网覆盖面积扩大了3倍。更新了一大批环卫保洁机械和硬件设施,城市保洁能力大幅度提高。

【固定资产投资】 2004年,海拉尔区固定资产投资总额达161 532万元,比上年增长14.6%。其中,基本建设投资63 881万元,增长7.3%;更新改造投资76 424万元,增长40.8%;房地产开发19 353万元,下降18.8%。在固定资产投资总额中工业投资为88 662万元,占投资额的54.9%,是上年的1.69倍。相继实施了蒙西东水泥扩建、东海拉尔电厂扩建、晨鸣浆改纸、元盛生产线改造等26个重点项目,累计完成投资61 413万元,是上年同期的3倍,占海区固定资产投资总额的一半以上。其中市重点工业企业项目完成投资44 308万元,工业园区项目完成投资3 780万元。

全年第一产业投资935万元,比上年增长4.2%;第二产业投资89 729万元,增长157.5%,其中工业投资增长158.7%;第三产业投资70 868万元,下降32.7%。

【交通】 铁路客运量618.8万人,比上年增长8.8%;公路173.2万人,比上年增长25.5%;民航11.2万人次,比上年增长31.8%。客运周转量:铁路1 492.7百万人公里,比上年增长15.5%;公路6 263.7万吨公里,比上年增长22.6%。货运量:铁路3 074.1百万吨,比上年增长21.6%;公路280.6万吨,比上年增长10.5%;民航0.1万吨,比上年增长42.9%。货运周转量:铁路14 968.7百万吨公里,比上年增长28.6%;公路6 519.5万吨公里,比上年增长13.5%。

【邮电】 全年邮电业务总量24 649万元,增长15.7%,其中,邮政业务总量2 324万元,比上年增长5.4%;电信业务总量10 484万元,增长13.8%。年末电话用户已达18.54万户,增长76.7%,其中,住宅电话10.58万户,增长82.4%,电话普及率达到93部/百人。随着互联网宽带业务迅速发展,计算机互联网用户达到12 770户,比上年增长197.3%。

【旅游】 全年旅游人数62.9万人次,比上年增长32.1%,旅游收入50 300万元,增长66.5%。

【金融】 全年各项存款余额691 954万元,比上年末增长12.5%;各项贷款余额311 786万元,比上年末下降11.5%。银行现金回笼3 717万元,比上年下降91.8%。

【保险】 全年保费收入10 884万元,比上年增长29.9%。其中人身险8 290万元,增长45.2%;财产险2 594万元,增长9.2%。支付各类赔款及给付1 693万元,下降16.2%。

【科技】 全年实际申请专利7件;获得国家知识产权专利授权8件。“大豆抽提蛋白(ESP)研发”通过自治区科技厅科技成果鉴定;“SSG200/80/65消防给水栓”被评为自治区科技进步三等奖。向自治区科技厅推荐的重大项目四项、科技招投标项目一项,都被列入科技厅科技投资计划。全年完成技术贸易成交额980万元,培训各类技术人员2 680人次。

【教育】 职业中学招生和在校生分别比上年增长52.2%和16.1%;普通中学招生和在校学生分别增长3%和1.7%;小学在校生比上年下降5.7%,在园幼儿下降46.4%。

【文化】 年末有艺术表演团体2个,图书馆1个,各类娱乐、书刊音像等文化场所537个,截止年末全区有线电视用户已达3.7万户。共有无线调频广播电台及电视转播和播转点各2座。

【卫生】 年末共有卫生机构105个(含医务室、个体诊所),比上年增长5%，其中：综合医院12个，卫生技术人员2 016人。其中医生932人，护士650人，医院病床1 650张，儿童五种疫苗接种率达到98%以上，全年传染病总发病率331.2/10万人。

【体育】 多方筹集资金在社区建成16个室内体育活动室，全区共有各类体育场馆161个。55个社区都有了晨练点和指导员，为全区人民健身活动创造了良好环境。全年在参加各类体育比赛中获金牌总数24枚。

【社会保障】 社会保障工作得到加强。年末城镇企业职工"三险"（医疗保险、养老保险、失业保险）覆盖率均达到90%以上。全区参加养老保险人数为31 356人，参加失业保险人数为20 685人，全年基本发放率为100%。为了完善社区保障系统，全区建立各种社区服务设施48个，其中综合性社区服务中心6个。

【人民生活】 2004年，城镇居民人均可支配收入8 075元，比上年增长8.5%；农民人均纯收入5 640元，增长5.7%。城乡居民人均消费支出5 493元和4 147元，分别比上年增长2.6%和下降11%。年末在岗职工43 024人，比上年增长2.4%；在岗职工年平均劳动报酬14 896元，增长12.1%。年末居民储蓄存款已达44.8亿元，比上年末增长9.2%，全年销售商品房住宅面积15.23万平方米，销售额达18 525万元，年末城镇居民人均使用面积18.89平方米，增长1.9%。居民消费价格总水平比上年上升1.5%。在居民消费价格指数中，食品和娱乐教育文化用品及服务价格上涨6.2%和1.2%；居住价格上涨3.8%；医疗保健和个人用品及交通和通讯价格下降1.8%和2.7%。衣着和烟酒日用品价格下降3.4%和2%。

【重要活动】 2月24日海拉尔区召开《海拉尔年鉴(2004)》编写工作会议，对海拉尔区即将开展的首部海拉尔年鉴编写工作进行安排部署。区档史局业务人员对年鉴体裁、条目编写进行专题讲述。

4月13日海拉尔区与山东鲁能集团签署煤电一体化建设项目。鲁能矿业公司将依托海拉尔及周边煤炭资源，在海拉尔投资建设两台2×30万千瓦发电机组，并投资开发非煤矿产资源，通过煤—电联营，进而开发煤电冶、煤电化项目。项目约需投资40余亿元，定于年内开工建设。

8月1日海拉尔晨鸣纸业公司浆改纸项目停机进行改造，历时44天，一次试车成功。该项目是呼伦贝尔市工业重点项目之一，总投资1 980万元，对原有的1 760浆板生产线进行改造，年产量达2万吨文化用纸。

8月26日以米哈廖夫市长为首的俄罗斯赤塔市政府代表团对海拉尔区进行了工作访问。双方讨论近两年签署协议的执行情况，并就下一步两城市间在文化、体育、教育、卫生、旅游、经济等各领域交流与合作等内容进行深入探讨，达成共识，签署《会谈纪要》。

9月30日的一场大雪使海拉尔区农业生产设施及农作物受到了严重损坏和冻害，因灾害造成直接、间接损失328.8万元。共压毁大棚121个，合计115.1亩，棚架及农膜等直接经济损失146.1万元，棚内农作物等间接损失91.5万元；还造成401个大棚，380亩青椒、豆角全部冻死，直接损失约91.2万元。成灾户471户，成灾人口1 476人，成灾面积143亩。

9月30日海拉尔区民政局为36名企业生活困难的军转干部发放2003年全年补助金94 055.64元。其中退休人员28名、在职人员6名、下岗失业人员2名。为增加补助工作的透明度，还对补助人员及补助金额予以公示，接受社会各界监督。

9月海拉尔生态示范区建设通过国家验收。在生态示范区建设过程中，海拉尔区国内生产总值较建设前增长26%，农牧民人均纯收入增长了15%，城镇单位GDP能耗减少11.13%、耗水减少3.58%，森林覆盖率增长23.66%，草原超载降低23.28%，村镇饮用水卫生合格，环保投资占GDP比例等项社会经济发展指标全部达到考核验收指标要求。

11月24日海拉尔区首家商务酒店国府商务酒店开业。酒店由哈尔滨元力公司收购原海拉尔劳动大厦并投资3 000万元改造落成，集餐饮、客房、洗浴为一体，按三星级标准兴建，委托北京贵德景元酒店管理公司管理，酒店开业共解决海区就业人员120人。

11月由海拉尔区草原站承建的自治区2003支农支牧重点项目"海拉尔区优良牧草种子繁育基地建设项目"全部完成，并顺利通过自治区财政厅验收组的验收。该项目总投资50余万元，建成优良牧草繁育基地1 000亩，地点在海拉尔区北山基地。配套设施有：集种子库、种子质检室、机械库为一体的新型钢架彩钢板结构建筑324.22平方米，晾晒场500平方米，蓄水池210立方米，机械设备8套。

（杜春鹏）

满洲里市

【领导名录】

市委书记：杨汉忠

副书记：云光中（蒙古族）

郭承民（蒙古族）

张雅斌

周吉良

人大主任：荣天厚（蒙古族 1月离任）

杨汉忠(1月任职)
副 主 任:吕中先
杨金山(1月离任)
王玉桐(1月离任)
王志国(1月离任)
吕延吉(1月离任)
田旭东(1月离任)
白惠民(蒙古族 1月任职)
齐翠萍(女 1月任职)
冯志斌(满族 1月任职)
何 明(1月任职)
刘保全(1月任职)
市 长:云光忠(蒙古族 1月任职)
副 市 长:田学敏
凌 力(女 蒙古族)
李卫东
张凤喜(1月任职)
董 志(蒙古族 1月任职)
梁宝源(1月任职)
任宇江(1月任职)
孟 根(女 蒙古族 挂职)
政协主席:尤忠久
副 主 席:杨秀敏(女)
邵满全(1月离任)
张石泉(1月离任)
劳志业(1月离任)
卜成明(1月任职)
王之光(1月任职)
陈少君(1月任职)
鄂立志(达斡尔族 1月任职)
武装部长:刘 文(2月离任)
张 亮(2月任职)
政 委:詹金家

【概况】 满洲里市位于呼伦贝尔市西部,北纬49 °19′~49°41′,东经117°12′~117°3 ′。东临新巴尔虎左旗,西南与新巴尔虎右旗相连,西北与俄罗斯接壤,是中国重要的陆路口岸城市。全市面积732.44平方公里,占呼伦贝尔市总面积的0.28%。辖4个区(扎赉诺尔区、经济合作区、互市贸易区、东湖区)、1个镇(新开河镇)、10个街道办事处。全市总人口23万人,其中少数民族18个,人口13 885人。

2004年,全市国内生产总值达35.08亿元,比上年增长40.3%(按可比价格计算。下同),创历史新高。其中第一产业增加值完成1.27亿元,比上年增长8.0%;第二产业增加值完成11.61亿元,比上年增长77.3%;第三产业增加值完成22.2亿元,比上年增长28.6%。三次产业结构比例为3.6: 33.1: 63.3(总体为100,下同)。全市人均地方生产总值达2.2万元。全年财政收入完成54 755万元,比上年增加14 440万元,增长35.2%,占GDP总量的15.6%;国地税收入合计44 783万元,比上年增长32.4%,其中国税收入22 494万元,比上年增长43.9%;地税收入22 289万元,比上年增长22.6%;地方财政收入35 755万元,比上年增长35.1%;地方财政支出64 556万元,比上年增长52.8%。

【农业】 2004年,全市农业总产值完成20 906万元,比上年增长8.1%(按1990年不变价格计算,下同)。其中农业产值完成5 351万元,比上年增长70.8%;林业产值完成179万元,与上年持平;牧业产值完成5 135万元,比上年增长32.1%;渔业产值9 351万元,比上年下降9.9%。上述四业产值结构比例为25.6: 0.9: 25.5: 53.1。

农作物总播种面积达1 648公顷,比上年增长14.8%;菜薯总产量4 737万公斤,比上年增长21%;瓜类5 340吨,比上年下降29.8%;水果130吨,比上年增长8.3%。2004年,全年菜果出口20万吨,同比增长21.1%,创汇4 495万美元,同比增长124.8%;绿色食品基地建设初具规模。狐貂存栏达2.45万只。五兴菜果仓储基地和东胡区胡萝卜仓储加工基地扩建工程进展顺利。

【畜牧业】 2004年末,畜牧业牲畜总头数52 818头(只),比上年下降4.2%。其中大牲畜和羊合计42 306头(只),比上年下降5.3%;生猪存栏10 512口,比上年增长4.8%。

【工业】 2004年,全市工业总产值突破10亿元,实现109 744万元,比上年增长48.3%。其中乡及乡以上工业企业实现产值86 780万元,比上年增长43.6%。按轻、重工业分,轻工业实现产值18 028万元,重工业68 752万元,分别比上年增长86.8%和35.4%。轻、重工业结构比重为20.8: 79.2(总体为100)。

全市乡及乡以上独立核算工业企业完成增加值37 819万元,比上年增长39.4%。国有及年销售收入500万元以上非国有工业总产值达71 159万元,比上年增长34.0%。扎赉诺尔重化工业园区基地完成环路建设3 400米,入驻企业9家;进口资源加工园区完成满航路维修,铺设供排水管线4 776米,解决通讯问题,入驻企业14家;对俄出口加工园区修建性详细规划编制完成,入驻企业3家。投资22亿元的深能源2×20万千瓦电厂开工建设;总投资5亿元的云南时杰工业硅冶炼一期工程和1.6亿元的海拉尔至扎赉诺尔22千伏输变电工程实现开工投产；投资2.3亿元的光明热电联产项目已并网发电供热。

【基础设施建设】 全年基础设施建设投资37 019万元。其中，市政工程投资21 305万元；园林建设投资 28 万元；环卫建设投资 17 万元；供水工程 961 万元；供热工程14 594万元；亮化美化工程 114 万元。

【生态建设】 2004 年封育草场5.33万亩、禁牧3.53万亩，季节休牧 7 万亩，人工种草0.26万亩，围封林地和次生林总长度6.1万米，总面积2.34万亩，对0.5万亩边防林实施保护。完成新开河镇3 000亩的牧草种植节水灌溉设施建设和二卡新村、扎区灵泉等处4 800人防氟改水和6 400头（只）牲畜饮水工程建设。

【环境保护】 全年对 8 家未办理审批手续擅自生产且选址不当的木材加工企业停止生产，重新选址。依法关停 1 个非法化油项目；对未办理环保手续、擅自经营的 20 余家餐饮、洗浴单位和环保设施不健全或私自改变、闲置环保设施的 57 家单位进行限期整改；对建筑场地施工噪声昼夜巡查，严格控制环境噪声源；加强建设项目环境保护管理，全年共审批建设项目 254 项，建设项目的环评执行率和“三同时”执行率均达到95% 以上。

全年完成空气质量周报 43 期，完成过境污水、氧化塘、地表水、地下水（包括饮用水及景观娱乐用水）的水质采样监测及数据上报，完成监测数据4 000余个。

2004 年，加大污染扰民事件的查处力度，共受理群众信访 132 件，处理办结率98% 以上，下达环境违法行为限期整改通知书 67 份、行政处罚事先告知书 97 份、行政处罚决定书 17 份。

【邮电通讯】 全市电信、邮政、移动、联通、铁通等 5 家邮电通讯公司业务总收入实现10 246万元，比上年增长10.2%。其中邮政业务收入1 927万元，比上年增长10.4%；电信业务收入5 465万元，比上年增长11.1%。全市电话交换机容量达6.5万门，与上年持平。全市年末固定电话用户达41 183户，比上年下降12.3%。其中住宅电话32 319户，比上年下降12.8%。小灵通使用户数31 185户，比上年增长91.0%。

【旅游】 2004 年，满市成功举办“第二届中国十大演出盛事颁奖晚会”、“中俄蒙三国交界地区旅游节” 和第二届中俄蒙三国交界地区“天瑞杯”选美大赛暨第六届国际冰雪节等一系列活动。其中第二届中俄蒙三国交界地区“天瑞杯”选美大赛暨第六届国际冰雪节被评为内蒙古 2004 年旅游十大盛事。签署满洲里市、新巴尔虎左旗、新巴尔虎右旗、阿尔山市 MXXA 旅游精品路线联合开发协议，组建全区首家旅游外事综合服务大厅；获得三星级酒店评定权。满洲里西郊机场实现通航；满洲里至赤塔国际旅游列车正式开通；国门景区改造工程和达永山滑雪场投入使用；江南、北国、口岸国际大酒店等一批星级标准酒店投入运营。全年旅游总人数达 149 万人，比上年增长61.5%。全年旅游总收入14.88亿元，比上年增长58.3个百分点；旅游业外汇收入14 400万美元，比上年增长65.8%。

【招商引资】 全年实施对外经济技术合作项目 190 项，引进外资22.1亿元，比上年增长74.3%，创历史新高。其中基础设施项目 13 项，引资额9.1亿元，占引资总额的41.5%；工业项目 34 项，引资额5.1亿元，占引资总额的23.0%；建筑业项目 26 项，引资额2.8亿元，占引资总额的12.5%；商业项目 66 项，引资额1.8亿元，占引资总额的8.0%；其它项目 51 项，引资额3.3亿元，占引资总额的15.0%。

【固定资产投资】 全社会固定资产投资达220 089万元（含铁路），比上年增长118.0%。地方投资完成195 089万元，比上年增长156.9%。其中基本建设投资完成168 396万元，比上年增长418.4%；企业更新改造投资完成5 527万元，比上年下降42.6%；房地产开发投资完成18 142万元，比上年增长0.1%；其它投资完成3 024万元，比上年下降80.3%。非国有单位投资成为带动全市投资增长的主要力量，国有经济与非国有经济比重为35.9： 64.1。全年施工项目 98 个，比上年增加 8 个。

【个体私营经济】 到年末，全市共有个体私营经济9 428户，比上年增长6.7%。其中个体经营户9 335户，比上年增长6.6%。个体私营经济从业人员达到2.6万人，比上年增长17.5%。上缴税金6 239万元，比上年增长36.8%。

【口岸建设】 2004 年，满市继续推进口岸大通关工程，破解制约口岸发展的瓶颈，不断提高通关效率，促进口岸运量大幅增长。西郊机场实现通航，口岸立体化大通道形成；铁路口岸宽准轨到发编组线、油脂换装场加温设施、宽轨列车会让站等工程相继完工并投入使用，铁路口岸年换装能力达1 800万吨，可实现日接俄重车 20 列；公路口岸改扩建一期工程完工并投入使用；优化了客货查验区域布局，加快电子口岸建设步伐，开展口岸税费网上支付试点工作，实现 H2000 通关系统和 CIQ2000 管理系统升级，查验效率和监管水平进一步提高。专设果菜出口海关监管场所，菜果通关速度提高5.7倍。全年口岸进出口货运量1 403万吨（铁路口岸1 354万吨，比上年增长37.7%；公路口岸 49 万吨，比上年增长76.3%），比上年增长38.8%。其中进口1 304万吨，同比增长40.9%，出口 99 万吨，同比增长16.4%。

【批发零售】 2004 年，全社会消费品零售总额达15.67亿元，比上年增长29.1%。从商品流通领域行业分布情况看,批发零售贸易业仍占据首位,全年实现零售额13.42亿元,比上年增长30.2%,占消费品零售总额的85.6%;其次为餐饮业,全年实现零售额1.70亿元,比上年增长28.9%,占消费品零售总额的10.8%。

从企业经营规模来看,规模以下及个体商业仍是满市商品流通领域的主力军,全年实现消费品零售额11.01亿元,同比增长29.5%,占全市批发零售贸易业消费品零售总额的82.0%。

【金融保险】 至年末,全市金融机构存款余额人民币50.77亿元,比上年增长21.4%、外币1 916万美元;贷款余额15.24亿元,比上年下降2.0%;银行现金收入250.33亿元、现金支出254.78亿元,分别比上年增长20.6%和17.8%。

全年实现保费收入8 459万元,比上年增长14.4%。其中,财险收入2 475万元,比上年下降3.3%;人险5 984万元,比上年增长23.8%。

【外经外贸】 2004年口岸外贸进出口总值达31.35亿美元,比上年增长41.8%。其中进口28.01亿美元,出口3.34亿美元,分别比上年增长46.2%和13.2%;上缴关税、代征税30.53亿元,比上年增长50.8%;满洲里市外贸进出口总值达13.14亿美元,比上年增长19.8%,其中进口12.41亿美元,比上年增长35.3%,出口0.73亿美元,比上年下降31.2%。全市有进出口经营权的企业322家,其中进口额超千万美元的有39家;利用外资312万美元,实施对外承包工程和劳务合同65项,合同金额1 911万美元,合同劳动人数2 398人,完成营业额312万美元。

【教育】 2004年全市有小学21所,普通中学12所。其中,初级中学9所、高级中学2所,九年一贯制学校1所。小学在校学生13 859人,比上年下降2.0%;当年毕业生2 815人,比上年减少4%;专任教师821人,比上年下降0.7%。

2004年高考专科以上上线率达69%。网络化教学日益普及,市区中小学全部实现"校校通",教育系统初步实现了网上办公,开通各类专业网页达22个。市第一中学、第五中学与北大附中进行合作,开辟北大附中远程教育网络班,提高教育信息化程度。

2004年完成扎赉诺尔煤炭公司所属4所学校及海铁分局3所学校、1所幼儿园的接收工作,完成二道街小学扩建、第一中学学生宿舍建设和第七中学维修改造工程,促成第一中学、第七中学与合作公司联合办学,实现高中扩招目标。

【卫生】 2004年,全市共有卫生机构115个,比上年增加11个;现有编制床位1 110张,实有床位881张,每千人平均拥有床位6张,病床使用率为52.97%,病床周转次数为17.41次;卫生技术人员1 373名,其中执业医师532名,每千人平均拥有医生9名。全市有药品经营企业47家,其中有43家通过国家GSP认证。

【科技】 2004年,满市成功举办第一届中俄科技工业展;开通满洲里中俄科技经济合作网站,搭建对俄科技合作平台;引进试种俄罗斯七个品种的优质牧草和系列优质黄瓜新品种,取得阶段性成果,为大面积推广提供科学依据;扎赉诺尔区鸿鹰纺织实业有限公司试制成功压电陶瓷贾卡针技术,使每台编制机成本下降500多万元;聘请专家研制开发绿色酸菜系列产品,既解决地产大白菜易腐烂,储存难的问题,又实现农业创汇。

(姚　杰)

牙克石市

【领导名录】

市委书记:巴树桓(蒙古族)
副 书 记:高　忱
李　欣
吕铁志
苏福荣(达斡尔族)
人大主任:于秀斌
副 主 任:吴占山
关晓文(女)
董增书
何丽君(女)
市　　长:高　忱
副 市 长:赵玉林
齐电力
陈丽岩(女　蒙古族)
李　志
王万林
王　群
姜宝东
政协主席:马守士
副 主 席:杨学忠
刘桂水
姜　慧(女)
甄　理
武装部长:白亚兵(蒙古族　2月离任)
华泽民(2月任职)

政　　委：贴经明

【概况】　牙克石市位于呼伦贝尔市中部、大兴安岭中脊中段西坡，北纬47°39′～50°21′，东经120°28′～122°29′。南北长352公里，东西宽147公里，总面积27 590平方公里，其中林地面积18 544平方公里，水域面积720平方公里，草场面积8 568 642公顷，耕地面积80 234公顷。辖12个镇、6个街道办事处。总人口395 448人，其中：农业人口14 776人，非农业人口379 219人。在总人口中，少数民族41 464人，其中，蒙古族18 643人，回族6 184人，鄂伦春族98人，鄂温克族417人，其他少数民族16 122人。全市人口中，男性200 259人，女性195 189人，性别比为103.0（以女性为100）。全年出生人口2 111人，同比下降13.84%；出生率为5.3‰，下降0.8个千分点。死亡2 141人，死亡率为5.4‰，下降0.1个千分点。全市人口自然增长率为－0.1‰。

2004年，全市完成地区生产总值28.16亿元，可比增长16.4%。其中第一产业增加值完成7.41亿元，可比增长35.2%；第二产业增加值完成8.68亿元，可比增长6.8%；第三产业增加值完成12.07亿元，可比增长14.5%。三种产业占地区生产总值的比重分别为26.3%、30.8%和42.9%。居民消费价格总指数为101.8%，同比增长1.8%；其中，食品价格增长6.9%，居住价格增长0.3%，衣着价格增长0.1%，家庭设备及用品价格下降0.3%，医疗保健和个人用品价格下降1.7%，交通和通讯价格下降4.1%，娱乐教育文化用品及服务价格下降0.7%，烟酒及用品价格与上年持平。社会商品零售价格总水平比上年同期增长0.7%。全市财政总收入18 201万元，同比增收3 001万元，增长19.74%；其中地方财政收入完成13 106万元，增收2 339万元，增长21.72%，财政支出33 591万元，比上年同期增支5 599万元，增长20.00%。国税收入完成4 772万元，同比增收169万元，增幅3.67%；地税收入完成8 520万元，同比增收546万元，增幅6.85%。

【农业】　牙克石市继续实施"由农转牧"战略，优化农作物种植结构，农作物总播种面积121.72万亩，同比增加8.43万亩。其中粮食播种61.72万亩（含小麦51.55万亩），同比增加13.05万亩；经济作物播种55.06万亩（含油菜52.04万亩，甜菜0.97万亩），同比减少5.42万亩；饲草饲料播种4.94万亩，同比增加0.81万亩。粮食作物总产量为11.28万吨，同比增加6.14万吨，增幅达119.46%；单产365斤/亩，同比增加154斤/亩。其中，小麦总产8.66万吨，同比增加5.11万吨，增幅达144.07%，小麦单产336斤/亩，增加159斤/亩。油菜籽总产2.67万吨，增加0.75万吨，增幅达38.76%；油菜籽单产103斤/亩，增加35斤/亩。农林牧渔业现价总产值达124 055万元，同比增长45.73%。其中农业产值43 235万元，增长86.78%；林业产值45 620万元，增长19.38%；牧业产值32 188万元，增长50.52%；渔业产值12万元，减少65.71%；农林牧渔服务业产值3 000万元，增长27.82%。

年末，农牧业机械总动力达20.8万千瓦，同比增长0.61%；农用拖拉机4 276台，增加42台；农村用电量2 039万千瓦小时，增长10.38%。全年共完成退耕还林0.3万亩，退耕还牧200余亩，落实禁牧5万亩，季节休牧15万亩，草地围栏1.5万亩，规模养殖户发展到834户，义务植树造林80.1万株，节水灌溉面积0.5万亩，人畜饮水工程完成机电井2眼。

【牧业】　2004年末，牲畜总头数21.13万头（只），同比增长49.61%。其中奶牛4.36万头，增长61.68%；生猪存栏3.93万口，增长37.13%。主要畜产品产量及人均占有量：肉总产14 293吨，人均占有量71.75斤，增长19.98%；蛋总产5 076吨，人均占有量25.48斤，增长40.77%；牛奶产量77 216吨，人均占有量387.63斤，增长54.74%。

【工业建筑业】　地方独立核算工业现价总产值完成78 100.9万元，同比增长18.5%；工业增加值完成34 147.8万元，可比增长27.24%。工业企业实现利润3 692.5万元，同比增长40.52%。产品销售率为98.39%，同比增长1.46个百分点。受国家宏观调控政策影响，固定资产投资增速减缓。至12月末，全社会固定资产投资累计完成81 914万元，同比增长1.25%。其中，地方系统固定资产投资累计完成47 198万元，同比下降14.85%。在地方系统中，基本建设投资20 889万元，同比下降32.78%；更新改造投资18 674万元，同比增长104.67%；城镇私人建房257万元，同比下降25.51%；房地产开发投资7 378万元，同比下降42.37%。全市房屋竣工面积8.1万平方米，其中住宅4.6万平方米。

【交通　邮电】　2004年，铁路货运量1 332.6万吨，比上年增长21.6%；货运周转量6 474.1百万吨/公里，比上年同期增长28.3%，铁路客运量267.9万人（次），同比增长8.6%，客运周转量647.7百万人/公里，同比增长15.6%；电信业务总量5 437万元（不含移动等），增长8.67%；邮政业务总量1 684.3万元，下降9.81%。本地电话用户为93 376户。

【旅游】　全年共接待旅游者29.3万人次，同比增长43.63%；旅游业部分收入2 603.7万元，同比增长51.4%。

【商业　招商引资】　2004年，全市社会消费品零售总额达93 668.9万元，同比增长16.0%。其中批发零售贸易业零售额73 022.4万元，增长7.6%；餐饮业零售额14 825万元，增长39.8%。对外贸易出口总额达到297.9万美元，同比增长

56.79%。加大招商引资力度,开展优化投资环境活动,形成思招商、促招商、抓招商的良好氛围。全市共引进招商项目207个,实际到位资金100 699万元,完成年初既定目标的100.7%,同比增长64.54%;其中引进区外资金62 516万元,同比增长108.16%。

【金融】 至12月末,金融机构各项存款余额达47.1亿元,比年初增长9.21%;城乡居民储蓄存款余额37.2亿元,增长6.4%;金融机构各项贷款余额18.9亿元,下降2.9%。银行现金收入147.7亿元,增长39.22%;现金支出152.2亿元,增长38.39%;货币净投放4.5亿元,增长15.71%。

【保险】 人寿保险公司全年保费收入5 227万元,同比下降11.71%;办理理赔案件3 450件,增长56.82%;理赔金额395.4万元,增长149.62%。财产保险公司保费收入1 176万元,下降14.9%;办理理赔案件1 171件,下降2.74%;理赔金额1 018万元,下降2.68%。

【科技】 2004年,推广应用新科技项目国家级1项、自治区级1项、呼伦贝尔市级4项、牙克石市级2项,上级拨款总额58万元;签订技术贸易合同3项,成交额471万元。创建自治区级科技示范特色基地一个、自治区级民营科技企业一个。

【教育】 全市有普通中学41所,在校学生26 469人,专任教师1 743人;中等职业学校3所,其中职业高中学校2所,在校学生890人,专任教师80人;小学36所,教学点26个,在校学生22 065人,小学专任教师1 580人。

【文化】 全市有文艺表演团体1个,文化馆(站)18个,图书馆1个,电影放映单位1个,广播、电视台各1座,有线电视台1座。全市电视综合覆盖人口33万人,广播综合覆盖人口36万人。有线电视用户1.2万户,有线电视频道37套。

【卫生】 全市共有卫生机构52个,其中医院23个,卫生院15个,妇幼保健院(所、站)1个,专科防治所(站)2个,疾病预防控制中心8个,医学在职培训机构1个。全市卫生机构床位2 112张,卫生专业技术人员2 398人。

【人民生活】 全年城镇新增就业4 705人,其中下岗失业人员实现再就业3 943人;就业与再就业职业技能培训和创业培训人数达3 702人;年末城镇登记失业率4.8%。

全市养老金实际发放6 637万元,养老金社会化发放率达100%。全年共为3 262名失业职工发放失业保险金1 088万元。城镇居民最低生活保障按属地化管理原则,扩大覆盖面,年末全市低保对象77 413人,累计发放保障金5 279万元。

全市在岗职工工资总额31 996万元,同比增长2.43%;在岗职工人均工资达11 440元,增长6.03%。城镇居民人均可支配收入6 135.1元,同比增长12.04%。农民人均纯收入2 367元,同比增长25.5%。

【个体私营经济】 至12月末,全市私营企业发展到433户,同比增长16.9%,从业人员2 707人,同比下降38.4%,注册资金22 818万元,同比增长59.5%,个体工商户9 328户,同比下降10.4%;从业人员14 483人,同比下降7.2%;注册资金31 106万元,同比下降8.4%。

(王平 贾堃)

扎兰屯市

【领导名录】

市委书记:金　昭

副 书 记:胡连义

杨永春

于仁清

梁建华

人大主任:娄连生

副 主 任:杜宝生

孙文明

王秀琴(女)

曹　利

市　　长:胡连义

副 市 长:牛长岭

于　军

王淑贤(女)

戴　强

宋绍明

杜联合

林宝琦

政协主席:常秀峰(蒙古族)

副 主 席:初永生

姚　姝(女)

刘宝洪

武装部长:樊元海

政　　委:涂建国(鄂温克族)

【概况】 扎兰屯市位于呼伦贝尔市南端,北倚大兴安岭,西眺松嫩平原,地理坐标为北纬47°5′40″~48°36′34″,东经120°28′51″~123°17′30″。东以音河为界与阿荣旗为邻,东南及南以金界壕为界与黑龙江省甘南、龙江二县衣兴安盟扎赉特旗接壤,西及西北以哈玛尔山和莫克河为界与科尔沁右翼前旗、鄂温克自治旗相连,北以阿牛河为界与牙克石市为伴。总面积16 926.3平方公里。全市共划设10个镇、6个乡(其中3个少数民族乡)和6个市区街道办事处。乡镇办事处共下辖167个行政村和117个居民委员会。全市总人口435 154人,农业人口270 746人,非农业人口164 408人。其中,少数民族人口56 619人。

全市国内生产总值完成25.41亿元,比上年同期增长20.1%。其中:第一产业增加值完成8.36亿元,比上年同期增长17.9%;第二产业增加值完成8.76亿元,比上年同期增长27.8%;第三产业增加值完成8.29亿元,比上年同期增长14.5%。2004年财政总收入20 049万元,其中地方财政收入14 368万元。财政支出40 143万元。全年固定资产投资完成101 862万元,比上年增长42.06%。其中基本建设完成投资47 816万元,比上年下降8.05%;更新改造完成投资44 285万元,比上年增长163.5%;房地产完成投资8 809万元,比上年增长273.7%。

【农业】 全年共投入支农贷款10 100万元,发放粮食直补1 440万元,保证了春耕资金需求。但由于严重旱情,粮食减产5成以上,总产量收入仅为1.9亿元,但粮食产量仍比2003年增长61.6%。全年农牧业发展重点项目13个,已实施7个,总投资1 600万元。建设无公害绿色食品生产基地10万亩,优质杂粮、杂豆基地9万亩。建成出口创汇蔬菜基地2万亩。组织近300名技术人员赴俄罗斯赤塔州等地建设蔬菜基地5 000亩,成功打开了俄罗斯市场。

新增有效灌溉面积5.2万亩,新增节水灌溉面积6.0万亩,年末实有6.5万亩;新增水保治理面积7.5万亩,年末实有10.5万亩;新增保护面积70万亩,年末实有70.75万亩。

【畜牧业】 全市牲畜总存栏达152.3万头只,比上年增长43.8%。其中,大小牲畜存栏125万头,比上年增长54.8%;羊存栏109万只,比上年增长56.7%;生猪存栏为16万口;奶牛存栏5万头,全年牛奶产量9.3万吨,比上年同期增长31.3%。

【林业】 全年退耕还林在建工程任务22万亩,退耕还林新建工程1 000亩。全年共中标造林1 930亩,承包荒山造林2 860亩,归户管护1 210亩,市区周边的6 000亩荒山得到全部绿化。

【基础建设】 全年完成3 617万元工程投资。排水及污水处理工程完成工程投资2 647万元;完成大桥广场硬化、绿化、景观灯全部工程投资106万元;投资50万元完成短头路4条,计4 096平方米。投资70万元完成秀水景区拦水坝、护坡、道路、植物园及景区标志等项目;完成引水入城一期工程,完成工程量100万元;完成总长632米商业步行街改造工程;完成卧牛河镇道路建设12 800平方米,建桥梁1座。完成投资1.2亿元,分别建成商业和住宅楼面积10万平方米。

【工业经济】 全市乡及乡以上工业企业完成现价增加值43 681.9万元,同比增长41.23%。其中,规模以上工业企业完成现价增加值41 288.9万元,同比增长39.8%。产品销售率达86.18%,全市乡及乡以上工业企业经济效益指数达126.11,比上年同期高20.7点,实现利润总额3 649万元,比上年增长88.1%。

【交通】 年内,改造完成市区东出口路1.8公里沥青混凝土路建设;完成扎博公路市区段二级公路、扎博公路卧牛河支线镇区1.6公里油路建设和成吉思汗收费站办公生活设施楼等重点工程建设项目;协助完成省际通道(阿荣旗至北海扎兰屯段全长105公里)2004年建设任务;改造、新建、维修全市县乡公路共35项工程。

【招商】 全年实现9.3994亿元,共引进呼伦贝尔市外项目58个。其中引进呼伦贝尔市外资金8.05亿元,同比增长64.8%,实际利用外资纯增582万美元。

【城市绿化】 全年义务绿化完成植树28 000株,成活率达85%以上;在布特哈路、成吉思汗路、雅鲁街等15条街路植行道树2 119株,成活率达100%;市区广场绿地内栽植花灌木607株丛;建草坪5 200平方米,花卉育苗40万盆(株)。义务绿化和专业绿化共新增绿地面积4.5公顷。

【旅游】 全年共接待游客40万人次,同比增长157%;旅游直接收入3 405万元,同比增长149%。旅游总收入实现1.52亿元,有力地推动第三产业发展。。

【抗旱】 2004年,扎兰屯市遭受严重的旱灾,5月6日至7月5日,持续60天无一场有效降水,降水量比历年同期少85.9毫米,土壤平均干土层达15厘米~18厘米,部分坡耕地干土层达到20厘米以上。7月5日至8月3日仅出现两次有效降雨过程,至9月15日全市累计降水量为241.6毫米,比历年同期少230.2毫米。面对严重的旱情,水利部门及时修订完善《抗旱预案》,配合气象部门从3月8日开始,先后进行6次土壤墒情测报,水利专业技术人员深入抗旱第一线指导农民广辟水源,进行抗旱知识培训和技术指导,抢打、维修水源井,解决缺少问题。全年共打抗旱水源井650多眼,购置喷灌设备325台(套)。

【救灾救济】 严重的旱灾使扎兰屯市240万亩农田全部受灾,成灾220万亩,绝收170万亩;受灾人口28万人,成灾24.47万人。全市因灾减产粮食3.33亿公斤,农业直接经济损失3.83亿元。面对严重的灾情,市民政部门及时出台《扎兰屯市灾民救助实施方案》,对灾民区分情况实施不同救助。全年共向上级争取救灾款525万元,用于灾民治病、烧煤、购买衣物、面粉等。自治区向灾区投放的1 000万元粮食风险金分别以救灾玉米和救灾面粉的形式全部发放到灾民手中。开展捐资助学活动,共募集资金43万元,救助因灾辍学学生666人,市直各单位开展向灾区包扶活动,包扶款物达162.3万元。接收呼伦贝尔市救灾煤碳400吨。全年共救助灾民54万人次。

【科技服务】 全年进行电视科技讲座12讲;发放《农村科技适用手册》260余册;4月9日在雅尔根楚镇开展"科技以人为本,全面建设小康"为主题的暨文化、科技、卫生三下乡集中活动,设技术咨询台18个,对农民提出的蔬菜、高油大豆、中草药栽培,小尾寒羊、大鹅等饲养技术进行现场解答;编印《东北地区高油大豆高产栽培技术手册》、《致富之友》、《造林技术》、《人口与计划生育》等科技实用手册4 000册;发放《2004年国家鼓励农民发展粮食生产的政策措施》等宣传挂图手册和宣传单6 000多份。2004年顺利通过国家科技部验收,继续保持全国科技进步先进市荣誉。

【教育】 全市拥有普通中学36所,初级中学25所,在校生18 505人,高级中学3所,在校生4 668人。小学校161所,在校生23 214人。幼儿园50所,在园儿童3 580人。中等职业学校2所,在校学生954人。

【卫生】 全市拥有医疗卫生机构38个,床位1 502张,卫生技术人员1 494人。

【文化活动】 市文工团全年完成演出任务114场,送戏下乡22场,赴其它省及外旗市演出8场,重大节日演出11场,接待演出39场,旅游景点演出16场,商业性演出18场,应邀4次前往黑龙江省大庆采油二厂慰问演出,前往哈尔滨参加黑龙江省国际旅游节专场演出1次。创作小品歌曲、器乐等艺术作品14个。建流动图书点8个,完成全国公共图书馆评估定级检查。全年重点抓好农村电影2131工程的实施,利用西新工程放映车深入农村乡镇偏远山区,共放映电影180余场,观看人次10万余人。配合机关学校、企事业单位,开展电影宣传教育活动,组织开展"爱国主义电影展映周"活动,放映电影119场,观众达43 000人。

【社会保障】 是年城镇新增就业5 591人,其中,失业人员再就业3 864人;低保标准由每月52元提高到54.9元,全市低保对象达10 629人,占城镇居民总数的6.7%;参加失业保险人数21 500人,领取失业救济金2 114人,共支出失业救济金498.8万元;全年完成养老保险收入2 112万元,发放养老金6 773万元,按时足额发放率为100%;医疗保险参保人数29 496人,年内,新增参保人数502人,全年收缴基本医疗保险金1 662万元,统筹基金征缴914万元。基本医疗保险金支出1 164万元,统筹基金支出641万元,保证了职工的基本医疗。

【人民生活】 城镇居民人均可支配收入7 086元,比上年增长14.0%。农民人均纯收入为2 282元,比上年增长47.8%。社会消费品零售总额达79 054万元,比上年同期增长21.0%。

【扎兰屯富伦纸业公司浆纸改扩建项目】 1月15日,内蒙古大兴安岭森工集团与广东东莞玖龙纸业公司合资项目—扎兰屯富伦纸业公司浆纸改扩建项目举行签约仪式,项目计划总投资50亿元,年生产浆纸能力达到60万吨,项目分三期实施。一期工程计划投资9 000万元,到2004年底生产能力达到10万吨;二期工程计划投资25亿元,自2005年开始,3年内完成25万吨扩建工程;2008年开始实施三期25万吨扩大规划。

【鹤森钢铁有限责任公司】 2月18日,扎兰屯市鹤森钢铁有限责任公司炼铁炉顺利点火,200余名下岗职工重新就业,原扎兰屯市"两钢"企业(钢铁厂、钢管厂)正式盘活启动,该公司已投资近2 000万元。年可生产1.5万吨铸造生铁,65 700吨立浇钢锭;年可实现产值2亿元,税金1 000万元,利润1 500万元;可安置500余名下岗职工再就业。

【扶贫开发项目】 3月10日,鄂伦春民族乡猎民村作为人口较少民族扶贫开发试点村项目启动实施,试点村项目总投资230万元,实施三年(2004～2006年)。通过项目实施,可使猎民村72户贫困户,301人稳步脱贫。

【重要活动】 7月20日至21日,2004·中国·扎兰屯"7·20"漂流节开幕,兴安旅游联盟成员、周边城市旅游界业内人士及新华社、中央电视台、内蒙古电视台、哈尔滨电视台、黑龙江省画报社等区内外60余家的新闻媒体共计170余人参加,漂流节活动内容包括雅鲁河漂流、啤酒节、篝火晚会、工业产品展览、文化笔会、书画展等。

全国高油大豆良种补贴示范项目现场考察会在扎兰屯市隆重召开，来自全国包括北京、黑龙江、吉林、辽宁、河南、安徽等省的50多名专家教授参加。重点就高油大豆良种补贴项目的推广模式、运作方式、种植技术等有关课题进行广泛深入的交流与探讨，与会人员参观考察扎兰屯市高油大豆基地。

（路昌芹　郑玉　袁静）

根　河　市

【领导名录】

市 委 书 记：王东辉

副　书　记：郑富旭

罗吉舫

戴福杰（鄂温克族）

李铁群

人 大 主 任：马俊龙

副　主　任：李延华

李兰英（女　蒙古族）

任桂芬（女）

郑忠义

市　　　长：郑富旭

副　市　长：车启明

靳艺民

寇子明

黄洪波

沈进忠

张柏吉

科技副市长：王　晶（女）

政 协 主 席：王文明（满族）

副　主　席：敖　华（达斡尔族）

韩九月（蒙古族）

李　颖（女）

武 装 部 长：姬国进（2月离任）

王玉平（2月任职）

政　　　委：郝　俭

【概况】　根河市地处大兴安岭北段西坡，是中国最北部的一座城市。位于北纬50°20′～52°30′，东经120°21′～122°15′。全市总面积2万平方公里，下设好里堡镇、得耳布尔镇、金河镇、阿龙山镇、满归镇、敖鲁古雅鄂温克族乡及河西街道办事处、河东街道办事处、森工路街道办事处。市内驻有大兴安岭森工集团所属的根河、金河、阿龙山、满归、得耳布尔5个森工公司，一家根河板业集团；一家电力公司；还驻有海拉尔铁路分局所属的根河铁路运输管理中心等中区直企业。2004年人口总数169 107人，比上年下降1.2%。人口自然增长率0.17‰。男女比例为104：100，全市人口分布为市区64 613人，好里堡镇11 399人，得耳布尔镇21 337人，金河镇26 803人，阿龙山镇22 663人，满归镇20 821人，敖鲁古雅鄂温克族乡1 471人，全市人口密度为每平方公里8.5人。全市共有17个少数民族，其中：蒙古族9 713人，回族3 393人，满族4 002人，鄂温克族375人，分别比上年下降1.9%、1.4%、1.2%、3.8%。

2004年，根河市国内生产总值（现价）完成20.08亿元，比上年增长18.8%，其中：第一产业增加值完成5.31亿元，比上年增长36.7%；第二产业增加值完成5.60亿元，比上年增长14.0%，其中：工业增加值完成4.16亿元，同比增长15.8%，建筑业增加值达1.44亿元，同比增长10.4%；第三产业增加值完成9.17亿元，较上年增长13.6%。2004年，地方财政收入完成4 503万元，比上年增长2.34%，全市财政支出15 413万元，同比增长8.65%。全市城镇居民人均可支配收入6 572元，比上年增长9.6%。全市在岗职工平均年收入为9 510元，比上年增长29.1%。

【区域经济一体化】　2004年，根河市党委、政府围绕资源共享、地企联动、齐抓共管，为促进林产加工业、矿产业、旅游业、“三个基地”建设四业并举，构筑地区发展新格局，实现区域经济一体化。8月，在根河板业集团成功举办区域经济研讨会，通过《根河市促进区域经济协调发展实施办法》，推动地企协作迈上制度化、规范化发展轨道。就根河至黑龙江省漠河县公路建设、狐貂产业化、矿产开发、旅游开发、多功能机场建设、小城镇建设等八个共建项目上达成共识。组建驻市内各大企业、系统共同参与的项目研讨会，规范项目前期工作，完善项目库建设。委托中国社科院在呼伦贝尔市率先开展林区产业定位规划工作。积极与驻市内各森工企业协调，完成559公顷林地置换工作。

【畜牧业】　2004年，大小牲畜存栏达到40 324头（只），包括奶牛1 463头，比上年度增长65.8%。奶产量2 612吨；肉类总产量3 800吨比上年度增长14%。

【“三个基地”建设向规模化和产业化发展】　2004年，根河市修订了《根河市贴息支持农牧业发展管理办法》，全年审批发放贴息贷款2 153万元。“三个基地”建设形成一定规模，产生了一定的经济效益，特别是狐貂产业成为“三个基地”建设和发展的亮点。2004年底，狐存栏43 216只，貂存栏23 934只，鹿存栏3 389只，农畜产品加工率达到45%；食用菌种植300万袋；卜留克种植150亩;油菜种植17 800亩;人工种草5 000亩;饲料种植20 000亩。通过品种优化、养殖标准化、组建内蒙古北极狐产业开发公司;完成阿龙山貂养殖厂扩建工程;阿龙山森龙养殖公司被列入呼伦贝尔市首批农牧业产业化龙头企业。鹿血酒研制成功并投放市场;食用菌、卜留克产业化开发取得新进展,组建呼伦贝尔北森有机食品有限公司;蒙森公司与兴安盟森发公司签订卜留克收购加工协议。满归松佳露厂注入资金106万元,购置生产设备。注册敖鲁古雅、大兴安岭、北极等11个特色产品商标,保护特色产品知识产权。

【工业经济】 2004年,全年工业项目17个,工业固定资产投资1.2亿元,同比增长34%。根河板业集团上市前期工作稳步进行,企业技术改造投资2 300万元,产值达到2.36亿元,实现了达产达效。中小型木材加工企业积极开拓国内外市场,年内共加工转化木材16.73万立方米,比上年增长46.5%,并出现了金河金宇木业公司、满归华茂木制品公司、得耳布尔人造板总厂3家出口创汇企业。加快开发矿产资源,年内编制完成《根河市矿产资源开发利用总体规划》,加大勘查力度,引进3家企业开展风险探矿。黑牛王集团新建600吨选矿厂项目主体工程完工,日处理矿石可达1 000吨,3万吨铅锌冶炼项目已批准立项。全年地方乡及乡以上工业(不含电业),现价总产值完成11 292.3万元,同比增长38.0%;现价增加值完成4 977.7万元,同比增长54.8%,高于目标14.8个百分点,规模以上增速达到61.2%,高于目标23.2个百分点,规模以上效益综合指数完成160,高于目标60点。工业产品收入8 938.2万元,同比增长39.5%,产品销售率为83.6%。

【第三产业】 根河市始终把加快发展第三产业作为带动经济增长的重要支撑点,扩大了就业渠道,在市场准入、税费、就业、土地使用等方面严格执行《自治区加快发展第三产业若干政策的规定》,编制完成《根河市2004~2010年第三产业发展实施方案》,有26个项目纳入呼伦贝尔市重点项目库,总投资为19.6亿元。民营经济发展迅速,全市现有个体私营企业4 988户,从业人员6 280人,分别比上年增加1 100户和1 127人,实现社会消费品零售总额6 025万元,占全市社会消费品零售总额的12.7%。2004年全市第三产业增加值完成9.17亿元,较上年增长13.6%。

【城市建设】 2004年,完成市区进出口道路、市区中央路东段和阿龙山街道路改造工程,新增沥青路面4.76万平方米;根河—黑龙江省漠河县、根河—额尔古纳市莫尔道嘎镇公路工程外业勘测工作结束;根河市区问松体育休闲广场投入使用,青少年校外活动中心、文化馆改扩建工程竣工;根河公园完成了1.2万立方米土方回填任务;应急供水工程完成315万元的土建工程;完成房地产开发4万平方米,共投资5 100万元,人居环境进一步改善。市区有7条街道和2个广场进行了美化、亮化;新购置10辆垃圾清运车,极大地提高了城市垃圾清运能力;拆除违章建筑1.1万平方米,取缔马路市场3个;设置市区主要街路标志牌43个,生态示范区建设通过国家验收;自然保护区约占全市总面积的10%以上;姑子庙林场34 769亩森林列入国家重点公益林;市区新增绿地1.88万平方米,市区绿化覆盖率26.66%,人均绿地面积4.19平方米,分别增长0.37%和2.44%;大气监测仪投入使用,空气质量监测水平得到提高;"环评"执行率100%。

【农业综合开发项目建设全面完成】 自2003年,根河市被批准列入国家农业综合开发县,被批准实施总投资328万元,建设期为1年的农业综合开发草原建设项目,2004年6月建设任务全部完成并通过验收,新增节水灌溉面积4 500亩,年节约水量22万立方米,增加农田林网防护面积2 500亩,扩大良种种植面积4 500亩,控制水土流失面积3平方公里,使农业生产条件及生态环境得到改善;完善农业服务体系1个,增加优质农产品种植面积4 500亩,提高农业竞争能力;新增干草产量50万公斤,新增优质饲料作物625万公斤,新增种植业总产值260万元,新增利税65万元,项目区农民收入增加46万元。

【以煤代木工程】 6月10日至11日国家建设部城建司司长王天锡一行来根河市,就实施"以煤代木"工程进展情况、城市基础设施建设和林区生态资源保护措施等情况进行调研指导。在市委主持召开的座谈会上王司长对本市"以煤代木"、"生态移民"工程的前期工作给予肯定,并指出如何继续保护环境、发展经济、提高人民生活水平,如何结合"天保工程"的实施把"以煤代木"工程进展落到实处。

【灾情】 7月12日傍晚,根河市满归镇受暴风冰雹袭击。历时45分钟,降水量达到601毫米,冰雹最大直径达到5厘米,平均厚度达10厘米,暴风造成全镇有10余处线杆刮倒,导致全镇断电。据统计:暴风使受灾人口达到11 500余人,损坏居民住房3 987户,450亩农作物绝产。这次灾害造成直接经济损失(不包括森工企业的损失)约500多万元。

【根河情中国小提琴名曲音乐会】 8月10日为庆祝根河市撤旗设市10周年,由根河市委、市政府主办,市委宣传部、文联、文体广电局共同承办的根河情中国小提琴名曲音乐会在根河举行。世界著名小提琴家盛中国及夫人日本著名钢琴家濑田裕子应邀到根河进行义演。音乐会上两位演奏家各自先后演奏了《梁祝》、《黄河》、《献给爱丽斯》等中外著名小提琴和钢琴名曲。盛中国夫妇为根河市捐赠珠江牌三角钢琴一架。市委、市政府授予盛中国先生为根河市"荣誉市民"。

(李淑伟)

额尔古纳市

【领导名录】

市委书记:张福礼
副书记:钱瑞霞(女 蒙古族)
刘建国
张春仁
潘金生
人大主任:李桂芬(女)
副主任:郑炳文
何海霞(女)
杨建中(回族)
杨文林
市长:钱瑞霞
副市长:沙元月(回族)
郑成坤
刘志
岳晓波
赵卫忠
科技副市长:李启华
政协主席:戎占祥
副主席:张宝山(俄罗斯族)
郭继明(回族)
赵秀荣(女 俄罗斯族)
武装部长:王吉顺
政委:王崇伟

【概况】 额尔古纳市在呼伦贝尔市北部。位于内蒙古自治区大兴安岭西北麓,呼伦贝尔草原东北端,额尔古纳河右岸。北纬50°01′~53°26′,东经119°07′~121°49′。东北部与黑龙江省漠河县毗连,东北部与根河市为邻,东南及南部与牙克石市、陈巴尔虎旗接壤,西部及北部隔额尔古纳河与俄罗斯相望。南北长约600公里,东西宽(最窄地段)约50公里,边境线长671.6公里,全市总面积28 444.64平方公里。下辖5个乡镇一个办事处:新城街道办事处、莫尔道嘎镇、黑山头镇、三河回族民族乡、室韦俄罗斯族民族乡、上库力乡,市政府驻地新城街道办事处(拉布大林)。距海拉尔124公里。2004年底全市总人口85 813人,三分之二集中在南部,其余集中在中部,平均每平方公里不足3人。

2004年,全市地区生产总值10.11亿元,比上年同期增长12.4%。其中:第一产业增加值4.95亿元,第二产业增加值2.21亿元,第三产业增加值2.95亿元。

【农业】 2004年,全市继续采取种植结构调整措施,农作物总播种面积94 756公顷,其中小麦播种25 988公顷,总产量61 007吨;油菜播种64 324公顷,总产量83 771吨。2004年全市粮食总产量67 754吨,比上年同期增长160.57%。农林牧渔业总产值50 988万元,比上年同期增长20.8%。其中农业产值完成18 766万元,林业产值完成24 543万元,牧业产值完成6 954万元,渔业产值完成127万元。农林牧渔服务业完成598万元。

【畜牧业】 牧业年度,全市牲畜总头数271 573头(匹、只),比上年同期增长41.29%,其中大牲畜57 357头,比上年同期增长13.38%,小牲畜195 549只。比上年同期增长57.86%。

【工业】 2004年,全市累计完成独立核算工业总产值(现价)23 397.6万元,比上年同期增长23.58%。其中:轻工业完成8 891.4万元;重工业完成14 506.2万元。年末全市累计完成工业增加值10 822万元,增速34.59%,规模以上工业增加值7 739.7万元,销售产值(现价)22 854.6万元。比上年同期增长18.3%。实现销售率97.68%,比上年同期减少4.34个百分点。

【固定资产投资】 2004年,全市在实施扩大内需,拉动经济增长措施的同时,继续扩大城市基础设施建设的投资。全市固定资产投资累计完成33 125万元,比去年同期增长43.2%,其中:城镇以上投资32 715万元,农村投资完成410万元,总投资中基本建设投资22 866万元,比上年同期增长59.5%,更新改造投资915万元,比上年同期下降20.2%,其它投资7 891万元,比上年同期增长24.8%。房地产开发投资1 043万元,增长96.1%。

【贸易】 全年社会消费品零售总额累计完成14 806.3万元,比上年同期增长14.3%,其中:市的零售额累计完成12 377.2万元,县以下零售额2 429.1万元。

【财政 金融】 2004年,全市累计完成财政总收入4 618万元,比上年同期下降9.45%,地方财政收入3 451万元,比上年同期下降12.43%;财政支出12 433万元,比上年同期增长4.08%。年末全市金融机构存款余额95 111万元,比上年同期增长16.67%;金融机构贷款余额69 704万元,比上年同期下降26.49%,城乡居民储蓄存款余额76 334万元,比上年同期增长9.61%;金融机构现金收入266 230万元,同比增长8.53%;金融机构现金支出290 795万元,同比增长7.46%;货币投放回笼24 565万元,同比增长2.89%。

【保险】 2004 年全市累计完成承保额144 258万元,比上年同期下降1.72%;全年保费收入2 497万元,比上年同期增长13.65%,其中:财产险保费收入 426 万元,比上年同期下降4.7%,人身险保费收入2 071万元,比上年同期增长18.34%。全年共处理各种财产险理赔案 334 件,支付财产险赔款19.8万元;共处理各种人身险理赔案 794 件,支付人身险赔款59.7万元。

【教育】 全 2004 年底,全市共有普通中学 11 所,教职工 639 人,在校学生5 661人。全市共有职业中学 1 所,教职工 34 人,在校学生 117 人。全市共有小学 13 所,教职工 641 人,在校学生6 803人,学龄儿童入学率100%。幼儿园 9 所,教职工 161 人,在园幼儿1 740人。

【文化】 2004 年全市共有文化馆及站 6 个,图书馆 1 个,文化演出团 1 个,广播覆盖率60.2%,电视台 1 个,电视发射台和转播台 14 座,电视覆盖率77.1%。

【卫生】 全市现有医疗卫生机构 112 个,病床 432 张,各类卫生技术人员 724 人。

【人口】 2004 年末全市总人口85 813人,其中汉族65 695人,蒙古族7 886人,回族6 741人,满族2 264人,朝鲜族 120 人,达斡尔族 621 人,鄂伦春族 52 人,鄂温克族 97 人,壮族 29 人,苗族 8 人,锡伯族 2 人,藏族 2 人,土家族 21 人,水族 5 人,彝族 1 人,俄罗斯族2 269人。全市人口出生率7.5‰。

【人民生活】 全市城镇居民人均可支配收入7 121元,同比增长10.4%;2004 年全市农民人均收入4 920元,同比增长6.5%。年末全市在岗职工人数14 836人,比上年同期下降13.13%,在岗职工工资15 581万元,比上年同期下降1.37%,在岗职工平均工资9 288元,比上年同期增长0.93%。其中:国有单位在岗职工人数11 915人,比上年同期下降26.33%。工资总额12 824万元,比上年同期下降13.09%;城镇集体单位在岗职工人数 232 人,比上年同期增长4.04%,工资总额 211 万元,比上年同期下降6.02%;其他单位在岗职工人数2 689人,比上年同期增长206.75%,平均工资6 393元,比上年同期下降2.28%(以上均包含农牧场系统)。

【四大支柱产业】

奶业发展成为全市共识 2004 年初,该市制定下发了《关于加快全市奶业发展的决定》,当年完成畜牧业投入3 000多万元,帮助农垦企业和域外奶源基地得尔布耳林业局引进纯种荷斯坦奶牛 700 头。目前,全市奶牛暖舍面积 15 万平方米,舍饲 708 户,养殖小区 18 个。2004 年牧业年度牲畜存栏27.2万头(匹、只),增速42.4%;牛5.4万头,增速14.9%,产奶牛2.23万头,鲜奶产量 7 万吨,同比增长30.42%。

旅游业呈现快速发展态势 完成与北京诚与诚公司合作启动了全生态自驾车游项目,引进美国沙米那集团建立了全国青少年英语夏令营基地,扶持 10 户俄罗斯民族家庭做特色旅游项目。蒙古族朝圣祭坛项目获自治区旅游局立项,莫尔道嘎国家森林公园晋升为国家 2A 级旅游景区,俄罗斯特色餐饮被呼伦贝尔市首批命名为特色餐饮之一。还与笔克公司、中青旅等国内外从事旅游业的知名大企业就整体包装开发该市旅游资源进行了多次洽谈,提升了该市旅游业地位。

外经贸及对外开放领域得到扩展 通过走出去招商,新增 7 家外贸企业在本市注册,进出口贸易额大幅攀升。蔬菜出口基地建设、境外项目调研等工作也取得长足进展,口岸经济日趋活跃。2004 年,黑山头、室韦两口岸完成进出口货物 3 万吨,同比增长120%;出入境旅客1.3万人次,同比增长174%;出入境车辆4 663辆次,同比增长195%。

矿产资源开发前景看好 2004 年度全市设立探矿权 22 处,投入勘查经费1 058万元,接待加拿大艾芬豪公司等找矿单位 30 多批次。投资 800 万元的光明煤矿一号井增储项目获得储量 100 万吨,可延长服务年限 4 年,工程将于今年 3 月完工并接续生产。30 万吨接续井项目以招商引资方式引入风险勘探,正与投资商进行洽谈。沙金生产在开采期限已到的情况下,经过努力争取,国家批准延长 2 年开采期。国家投资 200 万元对该市岩金接续进行探矿,已探明储量 6 吨,总投资3 500万元的开发项目将于今年进行试采。

【雀巢公司正式入驻额尔古纳】 在与瑞士雀巢公司前期一年多洽谈的基础上,2004 年上半年,经过十几轮接洽,终于在奶源专属权、市域内乳品厂关停、并购梅鹿企业、优惠政策、生产规模及品种、奶质奶价、收奶方式的重大问题上达成一致,于 9 月 16 日正式签定了入驻协议。并于 11 月 1 日正式挂牌生产。呼伦贝尔雀巢公司开工投产后运行十分顺利,日加工能力提升到 220 吨的技术改造可望在2005 年 4 月完工。作为世界最大的食品企业—雀巢公司入驻额尔古纳,实现了自治区招商世界 500 强企业的突破,至此独具资源优势的市域支柱产业—乳业产业化链条正式形成。

【成功举办建市十周年庆典活动】 2004 年 8 月 8 日,额尔古纳建市十周年庆典大会在哈撒尔广场举行 。为全面展示设市十年来经济社会发展所取得的丰硕成果,从 7 月 30 日至 8 月 8 日每天晚上在哈撒尔广场举办系列文化演出活动。

【灾情】 7月21日海拉尔农垦(集团)有限责任公司驻额尔古纳市上库力分公司第二管理区19：10分遭受强风暴雨袭击,一台清粮机被巨风掀出30余米,8台收割机驾驶室严重受损,一台新购进的收割机台严重变形,7根水泥电柱(8米长)折断,低压电线损坏1 400延长米;小麦、油菜农田严重倒伏各1 000余亩;供电、有线电视、通讯全部瘫痪,受灾职工群众达102户,受灾人口408人,未出现人员伤亡现象。

【重要活动】 3月1日额尔古纳市政府与俄罗斯赤塔州政府在赤塔正式签订跨额尔古纳河改建黑山头至旧粗鲁海图口岸大桥合同。

3月24日额尔古纳市企业办教育移交地方管理工作举行接收签字仪式。财政、编制、社保、教育、各国营农牧场有关领导及学校负责人参加了签字仪式。副市长郑成坤代表市政府与六个农垦集团公司的相关领导签订了交接协议书。

5月24日市政府市长钱瑞霞与美国沙米那国际非赢利基金会举行了建立中美文化活动中心的签字仪式,市政府副市长沙元月参加了签字仪式。

6月6日美国沙米那国际非赢利性基金会沙米那东方文化交流中心特从美国权威医疗机构聘请专家、教授来到本市为医务工作者进行医疗卫生讲座,市政府副市长沙元月在开课仪式上讲话。

6月28日额尔古纳市正式启动全生态“自驾车游”项目并在西山举行首发仪式。市委副书记、市长钱瑞霞主持首发仪式,呼伦贝尔市政府副市长魏国楠、市委书记张福礼为旅游车鸣枪发令。

8月17日由额尔古纳市旅游局设计规划的关于在本市黑山头古城遗址附近建蒙古族朝圣祭坛项目,经自治区旅游局审核后正式批准立项。该项目规划为,一期工程设计投资360万元人民币,在黑山头古城遗址附近建一座蒙古族朝圣祭坛,并以此和黑山头古城为中心形成一个西起中俄界河,东至黑山头小姑山;南起呼伦贝大草原,北至室韦镇的旅游景区。项目开发以祭祀、朝拜、观光、度假为目的,最终建成集观光、度假、祭祀、朝拜、娱乐为一体的世界级旅游拳头产品。

9月19日首届明天·额尔古纳中国诗歌双年展颁奖晚会在额尔古纳市举行 。全国政协常委、绿色书院院长梁从诫及夫人、《明天》诗刊主编、城市设计师谭克修、额尔古纳市市委书记张福礼、市政府市长钱瑞霞等领导参加了颁奖晚会,著名诗人西川的诗《大意如此》获双年展艺术贡献奖;诗人伊莎以《我的英雄》获双年诗人奖。

10月27日由国家民政部组织实施的万家社区图书室首批援建项目落户额尔古纳市,该市两个受援项目新城办和三河回族乡地区的图书已到达,总价值约1万元。

2004年额尔古纳市先进人物名录

姓　名	性别	民族	奖　　项	获奖时间	工 作 单 位
周　莉	女	汉	自治区优秀教师 自治区语文教学整体改革先进个人	2004.9 2004.12	额市第二中学
吴华升	男	汉	自治区语文教学整体改革先进个人	2004.12	额市第二中学
宋美华	女	汉	自治区小学语文学科带头人	2004.9	额市第一小学
刘岩松	女	汉	自治区十佳优秀少先大队辅导员	2004.7	额市第一小学
董仕民	男	汉	自治区精神文明建设先进工作者	2004.9	宣传部
王树林	男	蒙古	被内蒙古自治区边防总队荣记个人三等功	2004.12	额尔古纳市边防大队
武喜军	男	汉	被内蒙古自治区边区防总队荣记个人三等功	2004.12	额市莫尔道嘎边防派出所
冯晓明	男	汉	被内蒙古自治区边防总队评为优秀警官	2004.12	额市莫尔道嘎边防派出所
李国君	男	蒙古	被内蒙古自治区边防总队评为优秀警官	2004.12	额市拉布大林边防工作站
胡亚琴	女	汉	全区模范人民调解员	2004.7	上库力乡司法所人民调解员

(纪聿珩　宋金香)

新巴尔虎左旗

【领导名录】

旗委书记:特木其乎(蒙古族)
副书记:牧 仁(蒙古族)
松然扎布(蒙古族)
包金钢(蒙古族)
铁 岭(鄂温克族)
人大主任:乌力玛(蒙古族)
副主任:王德金(蒙古族)
德力格尔(蒙古族)
孙 德(蒙古族)
斯琴格日乐(蒙古族)
旗长:牧 仁(蒙古族)
副旗长:古·满都拉(蒙古族)
奇 进(蒙古族)
戴宏学
那日苏(蒙古族)
布和巴雅尔(蒙古族)
孟青海(蒙古族)
科技副旗长:索伦高娃(女 蒙古族)
政协主席:段捷飞
副主席:边 巴(蒙古族)
刘寿考
萨日娜(女 蒙古族)
革 命(蒙古族)
武装部长:徐国富(2月任职)
政委:王相柱

【概况】 新巴尔虎左旗(简称新左旗)位于呼伦贝尔市西南端,大兴安岭北麓,地处北纬46°10′~49°47′,东经117°33′~120°12′之间。下辖6个苏木2个镇,(巴音诺尔苏木、甘珠尔苏木、莫达木吉苏木、吉布胡郎图苏木、乌布尔宝力格苏木、罕达盖苏木及阿木古郎镇、嵯岗镇)。总面积22 000平方公里。2004年,人口出生率为8.23‰。年末全旗总人口为41 489人,同比增长0.3%,其中:非农业人口20 148人,总人口中,少数民族人口30 457人,同比增长0.63%,其中蒙古族人口29 505人,同比增长0.67%。

2004年,新左旗地区生产总值完成7.46亿元,按可比价计算,增长16.2%,其中:第一产业增加值3.21亿元,增长6.1%;第二产业增加值2.29亿元,增长31.2%;第三产业增加值1.96亿元,增长16.4%。第三产业占国内生产总值的比重由上年的49.2∶19.9∶30.9调整为46.6∶20.9∶32.5。社会固定资产总额突破4亿元大关,达到4.85亿元,同比增长27.6%,投资2 400多万元,完成了阿木古郎至甘珠尔路建设工程,投资663万元,完成农网改造项目。社会消费品零售总额达2.2亿元,同比增长13%。招商引资项目17个,招商引资完成1.59亿元,同比增长53.1%。完成财政总收入4 156万元,同比增长23.8%,其中,地方财政收入3 606万元,同比增长32.3%;财政支出1.22亿元,同比下降0.2%。金融机构各项存款余额1.36亿元,同比增长5.2%,各项贷款余额5 996万元,同比下降38.5%。保险业务总收入394万元,同比增长5.7%。

【畜牧业】 2004年,牧业年度牲畜达到180万头(只),纯增19.1万头(只),同比增长11.8%。实施"种子工程",改良、冷配牲畜7 320头(只),奶牛总头数达到3.1万头,奶产量3.5万吨。双娃乳业配套奶牛小区的开工建设,给嵯岗地区畜牧业产业化的加快发展创造了条件。成立了肉羊、肉牛、绒山羊协会等三个中介组织,在草原生态建设、防灾基地建设、"千村扶贫开发工程"、农业综合开发项目带动下,畜牧业投入达到9 000万元,完成人工种草9万亩,新增饲料地9万亩。新建草库伦152万亩,改良草场15万亩,打贮草30万吨,生产商草0.4万吨,利用油菜秆饲料3.4万吨。新打各种井40眼,新建棚圈4万平方米,确保无重大疫情发生。对常见的15种疫病开展流行病学调查及采样工作,对全旗56个嘎查的牛、羊进行口蹄疫病毒检测。

【工业经济】 2004年,工业企业总产值累计(现价)完成1.18亿元,同比增长101.4%,工业增加值累计完成3 986万元,工业增速87.9%,工业企业经济效益综合指数为203.9,同比提高41.1个百分点。新增规模以上工业企业2户。规模以上工业增加值实现3 673万元,占全部工业增加值的92.1%,增长89.6%。规模以上工业综合经济效益指数达到238.9。以石油和新产品加工为重点的工业项目进展比较顺利,大庆石油持续性开发项目实际完成投资4 300万,生产原油2.8万吨,创产值6 012万元。井录石油工程项目完成投资1 100万元。集中供热一期工程铺设管道3 400延长米,锅炉设备及配电设备等投资1 215万元,供热面积15万平方米。双娃乳业改扩建及奶源基地建设完成投资2 370万元。全旗乳品加工企业日加工鲜奶能力达100吨,全年收购鲜奶1万吨。

【交通 邮电】 交通运输全年公路货运量完成25.6万吨,同比增长10%;公路客运量126万人次,同比增长9.6%;全年邮电部门业务收入完成1 745万元,同比增长37.5%。移动电话覆盖率93%,电信普及率每百人16部。

【招商引资】 2004年,招商引资项目17个,招商引资15 855万元,同比增长53.1%。全年口岸进出境货物量突破了3 000万吨。

【教育】 全旗小学和初中入学率分别为93.5%、100%,初中辍学率控制在1.55%以内,小学辍学率控制在零。

【卫生】 医疗卫生机构17个。

【人民生活】 城镇居民人均可支配收入6 175.4元,同比增长18.4%。牧民人均纯收入3 731.0元,同比增长20.2%。

【民族文化建设】 2004年,通过"西新工程"和"村村通"工程争取到1 000瓦和300瓦电视固态发射机以及1 000瓦调频广播固态发射机各一部,并引进国家广电光缆工程两处开口。全旗54个嘎查中有46个嘎查实现了"村村通"广播电视。广播覆盖率为80.19%,电视覆盖率为79.48%。全年放映113场,观众达11 130人次,一人荣获"全国农村牧区电影放映工作者"荣誉称号。旗电视台制作播出各类专题节目21个,其中:旗电视台拍摄的《巴尔虎过年》和《山羊生出羊宝宝》分别获蒙语社教类专题片国家级一等奖;与市电视台联合拍摄的《奔腾的马群—吉祥的旋律》荣获国家级"骏马奖"二等奖;旗电视台荣获"西新工程"自治区先进集体称号。民间作家协会积极开展工作,在区级、市级报刊上共发表58篇作品和专题,出版《巴尔虎民俗》等5部书。乌兰牧骑重新创编大型歌舞"巴尔虎韵"文艺晚会,受到好评 。全年下乡和演出127场,观众达到2.17万人次。新左旗成功地举办了"纪念新巴尔虎蒙古族定居呼伦贝尔270周年那达慕大会暨甘珠尔庙176次年会"和"首届全国淡水钓鱼邀请赛"。

【对外开放】 外经贸进出口总额完成43.03万美元,其中:进口30.68万美元,出口12.35万美元。额布都格口岸界河大桥建设工程不日可竣工。阿木古郎至额布都格口岸公路已纳入国家规划中,2005年开工建设,口岸也在申请晋升为一类口岸。甘珠尔庙至河北(301国道)的二级公路已批准立项,2005年开工建设。阿木古郎至额布都格口岸22公里的10千伏配电线路已经投入使用。

【旅游产业化】 2004年,共接待海外游客1 850人次,创汇37万美元,接待国内游客20万人次,创汇4 200万元人民币,总收入4 053.4万元。签订MCCA框架协议;内蒙古电视台、呼伦贝尔电视台、《旅游中国》、《中国钓鱼》、《海峡钓鱼》等电视台和杂志对该旗旅游资源、旅游业发展现状进行广泛的宣传:加强旅游景区、景点建设,丰富旅游活动,成功举办首届钓鱼邀请赛。开展"牧民生产生活游"活动,在道乐都景区接待来自沈阳的近1 000人组成的旅游团;组织牧民到蒙古国参观考察,增进友谊,促进双边政治、经济、文化的交流。

【牧区流动党校】 2004年,在加大学校建设投入力度、改善党校教学条件的同时,旗流动党校下基层讲课行程2 000多公里,覆盖全旗54个嘎查,8个社区,为基层党员群众授课70多个学时,参加培训的人数达2 000余人(次)。其中参加培训率占基层党员总数的95%以上。编发导读材料、发放宣传单1万条份,播放VCD、电影17场。反映旗流动党校工作的专题片《草原上的流动党校》(上、下)在呼伦贝尔和内蒙古电视台播放。

【重要活动】 4月10日中德财政合作内蒙古雪灾恢复重建项目德国财政首席执行官费斯先生前来新巴尔虎左旗检查指导工作,在旗政府副旗长孟青海及旗财政、卫生等相关部门负责人的陪同下对吉布胡郎图苏木卫生院项目实施进行全面初验,费斯先生指出:新巴尔虎左旗项目工程设计、施工、医疗器械调试各项指标,均达到该项目合作援助要求(该项目总投资额为30万欧元,折合人民币120万元,项目区包括吉布胡郎图苏木卫生院、莫达木吉学校及4个牧户基础设施建设)。

5月17日美亚中心"GHO义诊队"前来新左旗,与旗卫生局联合开展了义诊活动,共诊治内科、妇科、牙科患者664人次,发放药品4万美元(折合人民币约35万元)。

8月4日至6日"纪念新巴尔虎蒙古族定居呼伦贝尔270周年那达慕大会暨甘珠尔庙176次年会"在新左旗甘珠尔庙隆重举行 。国家、自治区、呼伦贝尔市有关领导应邀前来参加此次盛会。大会由旗委副书记松然扎布主持,旗政府旗长牧仁代表旗委、政府致辞。会上表彰奖励侯虎平等70名劳动模范。盛会期间还举行祭敖包、甘珠尔庙开光、庙会等活动,进行赛马、搏克、射箭、蒙古象棋等传统体育竞技比赛。

(赵长青)

新巴尔虎右旗

【领导名录】

旗委书记:段志强(蒙古族)

副 书 记:金　海(蒙古族)

金　钱(蒙古族)

白爱军(蒙古族)

布仁贝尔(蒙古族)

人大主任:钢巴图(蒙古族)

副 主 任:白音宝力格(蒙古族)

巴拉沁(蒙古族)
麦　黑(蒙古族)
包梅荣(女　蒙古族)
旗　　长:金　海(蒙古族)
副 旗 长:刘玉兰(女　蒙古族)
额尔敦绍布(蒙古族)
包常顺(蒙古族)
李昌武
那日苏(蒙古族)
特木日胡(蒙古族)
赛汉吉日嘎拉(蒙古族)
政协主席:长　明(蒙古族)
副 主 席:班泽日格其(蒙古族)
阿日德那(蒙古族)
苏优乐玛(女　蒙古族)
关继峰(满族)
武装部长:方衍勇
政　　委:魏志方

【概况】 新巴尔虎右旗位于内蒙古自治区呼伦贝尔市西部,北纬47°36′~49°50′,东经115°31′~117°43′。东以乌尔逊河为界,与新巴尔虎左旗隔河相望;东北部与口岸城市满洲里市毗邻;北、西、南三面与蒙古国和俄罗斯接壤,国境线长达515.4公里。其中,47公里为中俄边境,468.4公里为中蒙边境线。全旗东西宽168.34公里,东北长245公里,总面积25 194平方公里,人口密度为每平方公里1.37人。全旗辖1镇9苏木1个牧场(达赉苏木、达赉准苏木、阿敦础鲁苏木、抗乌拉苏木、克尔伦苏木、呼伦苏木、赛汉塔拉苏木、贝尔苏木、宝格德乌拉苏木、敖尔金牧场),有人口34 512人,其中,非农业人口18 791人。总人口中,蒙古族人口28 169人,占81%,性别比例为50.5∶49.5。2004年,全旗人口出生率7.6‰,比上年下降0.4个千分点。

2004年,实现全旗生产总值(GDP)8.95亿元,按可比价计算,比上年增长64.4%,创下历史最高水平、增长速度位居全市第二。其中,第一产业完成增加值2.77亿元,比上年增长20.9%;第二产业完成增加值4.49亿元,比上年增长161.2%;第三产业完成增加值1.24亿元,比上年增长5.9%。三次产业结构由上年的41.4∶35.4∶23.2调整到31.0∶55.2∶13.8。2004年,全旗财政收入首次突破亿元大关,完成13 671万元,完成市财政预算的254.77%,比上年同期增加8 209万元,增长150.3%。其中,地方财政收入完成6 671万元,完成预算的254.04%,同比增加2 688万元,增长67.5%。上划中央税完成7 000万元,增长372.9%;一般预算收入完成5 831万元,增长246.05%;基金预算收入完成840万元,下降63.4%。全旗财政支出达15 815万元,完成旗内预算的129.95%,同比增加4 002万元,增长33.9%。其中,一般预算支出15 805万元,增长34.26%;基金支出10万元,下降75.6%。

【畜牧业】 全市畜牧业完成产值33 848.6万元,按1990年不变价计算,比上年增长40.3%,占农林牧渔业总产值的87.5%。牧业年度大小牲畜头数达2 054 108头(只),比上年增长11.6%。牲畜商品率达36.9%,出栏率为39%。年末,牲畜头数达1 002 170头(只),比上年同期减少191 849头(只),下降16.1%。年末牲畜存栏头数中,能繁殖母畜为796 992头(只),比上年减少12 842头(只),下降1.5%,母畜比重为79.53%。全年日历年度牲畜出栏1 055 233头(只),同比增长38.5%,出栏率达87.1%,比上年提高17.2个百分点。

【工业】 独立核算工业增加值完成32 628.6万元,按可比价计算增长240.01%,占GDP的36.4%,其中,规模以上工业企业完成增加值31 579万元,增长221.26%。独立核算工业企业产品销售收入为101 097万元,比上年增长250.8%。实现利润51 697.1万元,增长501.2%,实现利税56 363.7万元,增长476.9%。企业亏损面为47.1%,比上年缩小14.0个百分点。

规模以上工业实现销售收入95 171.4万元,比上年增长255.5%,实现利润52 169.8万元,增长484.5%,实现利税56 681.6万元,增长466.2%。

【固定资产】 全年固定资产投资总额(含私人建房)84 111万元,比上年增长94.1%。其中,国有单位投资61 473万元,增长44.4%。在全社会固定资产投资中,基本建设投资77 690万元,增长106.0%;更新改造投资3 000万元,增长73.4%;其它投资1 985万元,增长211.1%;房地产开发投资1 174万元,下降58.8%;私人建房投资262万元,下降35.3%。按项目隶属关系分,地方项目完成投资82 769万元,增长100.3%;中央项目完成投资1 080万元,下降32.5%。本年度新增固定资产49 918万元,同比下降18.4%。

【交通】 全旗客运周转量11.0万人公里,比上年下降46.0%;客运量820万人次,下降17.2%。货运周转量870万吨公里,货运量12.6万吨,与上年持平。

【邮电通信】 全年邮电通讯业务收入实现1 588万元,比上年增长23.2%。全旗电话交换机总容量达7 824门,基本与上年持平。年末,固定电话用户达9 311户,比上年增长24.9%(包括小灵通),其中,小灵通用户达4 480户,比上年增长79.2%;市内电话用户达3 838户,下降1.8%;农话用户达993户,下降4.8%。

全旗电话普及率83.9部/百户(包括小灵通),比上年提高15.7个百分点。移动通讯业发展迅速,年末,移动电话用户猛增到9 483户,比上年增长19.8%;互联网络用户达266户,增长195.6%。

【旅游】 旅游景区景点由上年的4处增至9处。全年共接待游客17.2万人次,比上年增长247.7%,实现旅游总收入6 700万元人民币,同比增长1 550.2%。

全旗社会消费品零售总额达13 976.0万元,比上年增长14.7%,按销售地分,县的零售额为6 568.7万元,比上年增长14.3%。县以下零售额为7 407.3万元,比上年增长15.1%。按行业分,批发零售贸易业零售额13 169万元,增长14.7%;餐饮业零售额615万元,增长14.3%;其他行业零售额192万元,增长18.5%。

【对外贸易】 全年对外贸易进口总额622.73万美元,比上年增长110.9%,其中,进口总额428.22万美元,增长150.3%;出口总额194.51万美元,增长56.6%。同时,引进国内外资金力度继续加大,引资来源和领域趋于多元化。2004年,签订招商引资项目14个,签约资金总额100 029.8万元。实际引进国内市外资金70 104.8万元,比上年增长110.22%,直接利用境外资金50万美元,比上年下降26.9%。居民消费价格总指数为102.8%,比上年上涨2.8个百分点。按类别分,食品和通讯工具类价格上涨0.6个百分点;衣着类价格上涨0.2个百分点;烟酒类价格与上年持平;家庭设备及用品类价格下降0.3个百分点;医疗保健类价格下降0.4个百分点;娱乐教育文化用品类价格下降1.0个百分点。

【金融】 全旗各项存款余额达19 789万元,比上年增长46.1%。其中,企业存款3 820万元,比年初增长229.6%;城乡居民储蓄存款余额12 971万元,比年初增长25.6%。全旗金融机构各项贷款余额7 458万元,比上年初下降2.0%。金融机构各项现金收入96 233万元,现金支出107 840万元,分别比上年同期增长34.0%和34.5%。收支相抵后,全年货币净投放11 607万元,同比增长38.9%。

【保险业】 2004年保费收入723.1万元,比上年下降15.6%。其中,财产险收入123万元,增长23.0%;人寿险收入600.1万元,下降20.7%。保险业赔付额165.85万元,增长35.8%,其中,财产险赔款额91万元,增长24.7%。人寿险赔款额74.85万元,其中,住院赔款45.57万元;死亡赔款额29.28万元。

【教育】 全旗普通初中在校生数1 675人,增长4.7%;职业中学在校生数127人,增长5.0%;小学在校生数2 396人,下降8.1%。普通初中毕业生数322人,下降34.3%;职业中学毕业生数20人,增长53.9%;小学毕业生数516人,下降13.4%。学龄儿童入学率100%;初中入学率103.0%。

【文化】 全旗电视覆盖率70.3%,广播覆盖率80.7%。全年放映电影1 186场次,比上年增长21.0%,文艺演出198场次,比上年增长31.1%。

【卫生】 年末,全旗有卫生机构25个,比上年增加2个;有病床154张,比上年增长20.3%;卫生技术人员260人,同比下降8.8%。在卫生事业技术人员中,有中高级卫生专业技术人员63人,同比增长8.6%;初级164人,同比下降13.7%。

【人民生活】 2004年,城镇居民人均可支配收入6 759.65元,比上年增加910.61元,增长15.6%,城镇居民人均消费支出5 306.35元,比上年增加893.59元,增长20.3%。牧民人均纯收入3 838.66元,比上年增加646.36元,增长20.3%,牧民人均生活消费支出2 574.05元,比上年增加318.0元,增长14.1%。在岗职工平均工资达13 294元,比上年下降8.3%。

【社会保障】 基本养老保险覆盖面达到100%。2004年末,全旗养老保险参保职工达1 266人,其中,企业单位职工参保956人,比上年增长70%;个体工商户参保310人,比上年增长32%。全年城镇就业人员达532人,其中,失业人员就业289人,4050人员再就业57人。发放再就业优惠证137份。社会福利院共拥有床位56张,院民26人。

【奶业发展步入正轨】 新右旗阿镇沿河一线5公里处奶牛养殖带现已形成。至3月,共引进高产奶牛230头,建成标准化、永久性棚圈170座;建成2处8 000亩节水灌溉区;青贮窖20个、机井50眼;1套大型、20套小型喷灌设备。奶牛养殖业逐步形成规模,基础设施日趋完善。

【矿山园区扩建工程全面启动】 至上年末,新右旗矿山园区开发总投资达1.8亿元,生产规模达2 050吨/日。4月20日,扩建工程全面启动,各项设计工作已就绪。园区扩建计划再注入资金3 500万元,使生产规模达到3 550吨/日。其中,甲乌拉矿业有限责任公司由800吨/日增加到1 400吨/日,投资1 000万元;荣达矿业有限责任公司由300吨/日增加到800吨/日,投资1 000万元;投资1 500万元兴建怡盛元矿业有限责任公司,生产规模为400吨/日。

【植树造林 美化家园】 自4月初起,继续实施"樟子松行动计划",全旗开展了声势浩大的春季植树造林大会战,到5月,共栽植树木84 180株,投入资金30多万元,人力8 000多人次。采取因地制宜,分类栽植原则,分别在额尔敦乌拉沙地、满西公路和新右旗至新左旗公路两侧、阿镇镇区种植了樟子松、杨树、榆树等。本次春季植树造林大会战,不仅改善了生态环境,美化了家园,同时也推进了绿色通道建设,为新右旗"迎会、迎庆"增添了一道亮丽的风景线。

【《新巴尔虎右旗志》出版发行】 历经史志工作者十余载的辛勤笔耕,《新巴尔虎右旗志》于本年6月成书面世。该志书为精装本大16开,105万字,插页图片近200幅,上限追溯至建置起的1734年,下限为1990年。该志的出版发行,不仅填补本旗历史上无志书传世的空白,且为全旗两个文明建设、文化大旗建设增添浓重的一笔,并为全市两个文明建设现场会、新巴尔虎蒙古族屯牧戍边定居呼伦贝尔270周年那达慕盛会的召开献上一份珍贵的厚礼。

【新右旗通乡公路全线开通】 建设总投资5 380万元,总长163.89公里的通乡公路是于2003年8月开工投建,2004年7月交付使用的。该路是以阿拉坦额莫勒为中心的两条线路,主车道宽3.5米,两侧路肩宽0.5米,碎石土填筑路基0.25米,水泥路面。其中,阿拉坦额莫勒至贝尔苏木(阿—贝线)全长59.64公里,接通南部三个苏木、一个采油区。阿拉坦额莫勒镇至克尔伦苏木(阿—克线)全长103.23公里,接通西部四个苏木、两个矿山、一个采油区。

【阿拉坦额莫勒镇一横四纵五条马路建成投入使用】 2004年5月20日破土动工的一横四纵五条马路于当年8月10日建成通车。其中,横向马路呼伦大街投资900万元,道路全长1 500米,主车道宽22米,两侧人行道宽5米,排水、照明等附属设施齐全,是阿镇第三条标志性大街,由大庆市第四建筑安装工程公司第六施工处负责承建的;纵向布尔敦路全长1 100米,主车道宽14米,两侧人行道宽5米,排水、照明等附属设施齐全,投资650万元,是由呼伦贝尔市鸿雁市政建筑有限公司负责承建的;纵向白音乌拉路、乌兰诺尔路和阿尔山路全长分别为340米、320米、220米,主车道宽10米,两侧人行道宽5米,排水、照明等附属设施齐全,总投资450万元,是由哈尔滨市基础工程公司负责承建的。

【巴尔虎博物馆建成开馆】 总投资600万元,占地面积1 700平方米,建筑面积3 395平方米的巴尔虎博物馆于2004年5月动工,8月15日竣工,原新右旗阿镇党委书记、现任国家政协副主席、中国社会科学院院长陈奎元命笔为博物馆题写了馆名。馆内设成就展厅、自然生态展厅、民俗展厅、历史展厅,陈列有历史文物、矿产资源、动植物标本、宗教文化及生产生活用品、图片等,展现了新巴尔虎右旗由弱到强的历史进程和巴尔虎蒙古族的衣食住行。该馆的建成开馆,是本旗文化大旗建设取得的又一丰硕成果。

【文体搭台经贸唱戏】 借全市两个文明现场会暨新巴尔虎蒙古族屯牧戍边定居呼伦贝尔270周年庆典那达慕盛会召开的契机,本旗隆重召开招商引资项目推介会。会议由旗政府、计划与经济贸易局、招商局承办,来自全国各地的企业界来宾、项目对接单位和相关职能部门百余人参加了会议。通过招商引资项目口头介绍、书面推介、有关资料情况投影说明等形式,推出了资源转换、农牧业产业化、旅游开发、城镇建设四大类三十个招商项目。在风能开发、肉类加工等领域,分别与广东集化集团、呼伦贝尔水产有限公司等六家企业签署了协议书,签约资金达2.1亿元;在旅游、生物化工、非金属开发煤电高能等项目上,分别与上海锦天渡旅行社、上海东浩国际产权经济服务有限公司、上海福添贸易公司签订合作意向书。

【灾情】 3月30日,新巴尔虎右旗全境遭受强烈暴风雪袭击,持续时间长达72小时,平均风力6~7级,最大风力达8级以上,降雪量达10.2毫米,持续出现"白毛风",能见度最低时不足10米,气温急剧下降。这场暴风雪造成公路交通中断,牲畜无法采食,加重了原有的灾情,给抗灾保畜、接羔保育工作带来严重威胁。旗委、旗政府统一思想,加强领导,动员全社会的力量,成立了"苦战一个月坚决打赢接羔保育战役,为迎会、迎庆献厚礼"工作领导小组,组长、常务副组长分别由旗党政一把手担任。

【大灾之年喜获丰收】 新右旗从2003年入冬以来到2004年春,连续遭受自然灾害,但由于措施得力,使畜牧业生产在大灾之年喜获丰收。牧业年度,牲畜头数突破200万头大关,达到2 054 108头(只),比上年增长11.6%,创下了历史最高水平。其中,大畜81 154头(匹)、小畜1 972 954只,分别增长2.2%、12.1%。

【中蒙边境开关事宜】 10月20日蒙古国东方省省长策·詹拉布为团长的蒙古国东方省政府代表团一行抵达新右旗,就实现中蒙边境口岸阿日哈沙特口岸对哈毕日嘎口岸集中开关事宜,与呼伦贝尔市政府、新右旗政府及相关部门进行磋商。双方本着平等互利的原则,在实现口岸集中开关的诸多环节上达成共识,呼伦贝尔市政府副市长于德荣、蒙古国东方省政府省长策·

詹拉布分别代表两地政府在协议书上签字。协议规定:1.2005年1月1日起,阿日哈沙特口岸—哈毕日嘎口岸执行《协议》规定的开关时间。具体时间为每年的1月6日至25日、4月1日至10月31日;2.呼伦贝尔市政府与蒙古国东方省政府要确保《协议》的落实,双方口岸管理机构要加强协调配合,不断完善口岸功能,优化通关环境;3.双方进一步加强口岸基础设施建设,中方可以对蒙方的口岸建设给予一定的支持和帮助;4.双方进一步加强两国两地区的经贸合作和友好往来,为双方经济发展提供宽松环境,促进口岸经济长期、快速、稳定发展。

12月10日由自治区统计局、农牧业厅、交通厅等部门联合组成的自治区重大项目建设检查考核组东部组,在呼伦贝尔市政府副市长白志远及相关部门领导的陪同下前来新右旗考核。考核组一行在旗政府有关领导的陪同下,深入到大庆油田驻新右旗贝16采区、德一联合站以及额仁陶勒盖银矿开发项目区实地踏察,详细了解了石油、有色金属项目区的建设、生产情况。当日下午5时,在旗党政大楼召开工作汇报会,旗委副书记,旗长金海、副旗长包常顺及相关部门负责人参加了会议。

【重要活动】 3月17日以自治区民委主任胡其图为团长的自治区民委"国家兴边富民行动"考察团一行3人,在呼伦贝尔市委副书记赵金才、副市长魏国楠的陪同下,来新巴尔虎右旗就本旗申报兴边富民行动项目试点旗县事宜进行实地考察。旗委组织召开了由旗兴边富民行动工作领导小组全体成员参加的工作汇报会。考察团一行在视察了阿镇镇容镇貌和呼伦苏木绿色蔬菜出口基地、移民新村等城镇周边经济辐射带后对本旗的申报工作开展情况表示满意。指出,要进一步抓住国家扩大试点范围的有利时机,争取早日加入重点旗县的行列。

3月27日至30日应俄罗斯阿金斯克布里亚特自治区毛盖图区区长马吉日夫·朝克图·巴拉吉尼玛叶维奇的邀请,以新右旗旗委书记段志强为团长、政府旗长金海为副团长的代表团一行赴毛盖图区进行友好访问。其间,双方就经济、文化、旅游、蔬菜出口、畜产品加工等进行洽谈并签署有关合作协议。

4月5日,蒙古国东方省省长傲德巴雅尔、乔巴山市市长那顺德力格尔一行,经阿日哈沙特口岸入境前来新右旗进行友好访问,受到热诚欢迎。访问期间,双方就阿日哈沙特口岸集中开关、开发矿藏、地区间友好往来及东方省派出文化、体育代表团前来参加新巴尔虎蒙古族屯牧戍边定居呼伦贝尔270周年庆典那达慕等事宜进行磋商并达成共识。

6月9日,自治区党委书记储波、政府主席杨晶,党委常委,秘书长任亚平、副主席乌兰、政府秘书长乌兰巴特尔、公安厅厅长祝广凯一行在呼伦贝尔市委书记梁铁城、市长汤爱军等领导的陪同下,前来新右旗进行视察。在旗党政领导的陪同下,储波书记一行先后视察了小城镇建设、甲乌拉选矿厂、呼伦苏木无公害蔬菜出口基地、大庆呼伦贝尔分公司贝301作业区,并慰问了驻守在贝尔湖畔的边防某部五连全体指战员。视察结束后,储波书记一行对全旗各项事业的发展给予充分肯定,奖励100万元,并表示,新右旗的"收缩战略"经试验成功后,要在全区内予以推广。

8月4日至5日国家政协副主席、中国社会科学院院长陈奎元,在自治区政协秘书长王玉山、呼伦贝尔市委副书记赵金才、市政协副主席贺喜格扎布等领导的陪同下莅临新右旗视察。在旗党政主要领导的陪同下,先后视察了呼伦苏木无公害蔬菜出口基地、思歌腾广场、多蓝广场、巴尔虎博物馆、那达慕会场、草原兴发新右旗肉食品厂等地。5日,召开与故乡老同事座谈会,陈奎元副主席的部分老同事、旗四大班子主要领导及部分苏木、科局负责人参加了座谈会。

8月19日至20日呼伦贝尔市2004年两个文明建设经验交流会在新右旗阿拉坦额莫勒镇召开。市党政领导梁铁城、汤爱军、赵金才、景建华、宋照明、赵丽华、孙梦林、谷盛成、李宝昌、于德荣等及各旗市区领导100余人出席了会议。会议由市委副书记赵金才主持,市委书记梁铁城、市长汤爱军先后作了重要讲话。旗委书记段志强、满洲里市市委书记杨汉中在会上分别作了典型发言。与会人员观看了新右旗、满洲里市两个文明建设专题片,还参观了旗小城镇建设重点工程、矿业企业、绿色蔬菜生产基地、畜产品加工等项目区。20日下午,与会人员乘车返回满洲里,参加21日在该市举行的本会闭幕仪式。

8月19日至21日新巴尔虎蒙古族屯牧戍边定居呼伦贝尔270周年那达慕大会在阿拉坦额莫勒镇隆重召开。来自北京、上海、广东、湖南、福建、呼和浩特等地及呼伦贝尔市党政四大班子领导、各旗市局、俄罗斯、蒙古国和全旗各族人民群众3万余人观看了大会盛况。大会进行了博克、赛马、射箭、蒙古象棋、沙嘎等项目比赛,其间,还进行了文艺演出、篝火晚会、联欢会等文娱活动,表彰奖励101名劳动模范和100名优秀牧民。

(赵立臣)

陈巴尔虎旗

【领导名录】

旗委书记:杜学军(蒙古族)

副 书 记:李 才(蒙古族)

杨巍恒

何 涛(达斡尔族)

满都拉(蒙古族)

人大主任:哈敦巴拉(蒙古族)

副 主 任:特格喜(蒙古族)

其木格(女 蒙古族)
赵永春(蒙古族)
旗　　长:李　才(蒙古族)
副 旗 长:银　山(蒙古族)
托　亚(女 蒙古族)
希日莫(蒙古族)
高宝坤
海　青(蒙古族)
于海莉(女)
宏　程(蒙古族)
政协主席:吴长贵(蒙古族)
副 主 席:图日根巴雅尔(蒙古族)
于　华(女 蒙古族)
赛音巴图(蒙古族)
武装部长:葛　林
政　　委:于立连

【概况】 陈巴尔虎旗位于内蒙古自治区呼伦贝尔市西北部。东部和东北部分别与牙克石市、额尔古纳市接壤,东南与海拉尔区毗邻,南接鄂温克族自治旗,西邻新巴尔虎左旗,西北与俄罗斯隔额尔古纳河相望,中俄边境线长233公里(全系水界)。全旗总面积18 364平方公里。2004年,全旗常住人口59 187人,同比增长1.3%,其中农牧业人口10 967人,非农牧业人口48 211人。总人口中少数民族人口31 132人,人口自然增长率1.6‰,死亡率1.8‰。

2004年,全旗地区生产总值达到96 200万元(现价),按可比价计算同比增长27.6%,其中第一产业增加值33 700万元(现价),同比增长36.7%;第二产业增加值36 500万元,同比增长33.7%;第三产业增加值26 000万元,同比增长13.6%。三次产业结构比重为35∶38∶27。年末财政收入达9 148万元,同比增长55.76%;地方财政收入6 613万元,同比增长66.87%;地方财政支出15 909万元,同比增长22.54%。各项存款金额42 360万元,同比增长11%;各项贷款余额28 095万元,同比增长10.3%;城乡居民储蓄余额29 473万元,同比增长1.8%;全年现金收入159 522万元,同比增长20.7%;现金支出168 499万元,同比增长17.3%。保险收入1 369万元,同比下降8.9%,其中财险收入年420万元,同比下降31.8%;人险收入949万元,同比增长7%。全年社会消费零售总额23 400万元,同比增长14.2%。固定资产投资完成86 002万元,同比增长63.2%,其中基本建设投资76 162万元,同比增长59.8%。全年施工项目28个,其中新建项目20个。招商引资项目205个,累计到位资金13.36亿元,其中国内(市外)资金8.08亿元,同比增长58%。

【农牧林】 农作物总播种面积61 608公顷,同比下降11.82%。其中粮食作物面积24 117公顷,粮食总产量49 464吨,粮食单产2 051公斤/公顷;油料播种面积30 850公顷,总产量30 079吨,单产975公斤/公顷;薯类播种面积254公顷;蔬菜播种面积221公顷。

农牧林渔业总产值达59 858万元,同比增长46.97%。其中种植业产值达21 426万元,同比增长52.78%;牧业产值达37.657万元,同比增长45.91%;林业产值达236万元,同比下降40.25%;渔业产值达95万元,同比下降20.83%。肉类产品产量13 019吨,同比增长18.32%;牛奶产品产量119 029吨,同比增长73.07%;羊毛产量639吨,羊绒产量9吨,牛皮产量41 580张,羊皮产量300 233张。牧业年度牲畜总数1 006 250头(只),同比增长18%,其中牛108 628头,马14 694匹,羊871 054只。良种及改良畜525 696头(只),占总牲畜的比重达88.38%。新建棚圈52座7 800平方米,打机电井31眼,全年打贮草19.8万吨。人工种草8.05万亩,饲料种植10.03万亩,围栏草场90.4万亩。禁牧38万亩、休牧175万亩、改良草场15万亩、划区轮牧5.47万亩、退牧还草70万亩。全年防护林保护工程139.5万亩、荒山造林1万亩、植被保护16.88万亩、封沙育林20万亩。

【工业】 年末,全部工业增加值完成19 400万元,增加3 790万元,其中规模以上工业企业增加值完成15 394万元,增长45.2%。乡及乡以上工业总产值达到37 083万元,同比增长56.52%(现价,以下均现价),其中重工业产值27 509万元,同比增长43.03%;轻工业产值9 573万元,同比增长114.75%。按经济类型分,国有工业总产值28 478万元;集体工业总产值565万元;股份合作制工业企业总产值81万元,股份制企业总产值7 926万元,其它类型工业产值32万元。全年工业销售产值31 448万元,其中国有工业企业销售产值25 122万元,集体工业企业销售产值380万元,股份合作制工业企业销售产值73万元,股份有限公司销售产值5 827万元。其它经济类型企业销售产值4万元。原煤产量390.5吨,发电量3 026万千瓦小时,红砖859万块,乳制品4 162.4吨。

【交通 邮电】 全年,交通运输管理费82万元。邮电通讯业务总量2 049万元,其中电信1 200万元,邮政、联通219万元,移动业务总量630万元。全旗有固定电话13 000部、小灵通4 800部、移动电话8 342部。

【旅游】 2004年,总投资761.5万元修建了呼和诺尔景区1.2公里旅游路,5 000平方米的停车场;莫尔格勒生态旅游度假村接待大厅;巴彦哈达景区跑马娱乐场和接待大厅。呼和诺尔景区被评为"全国农牧区旅游示范点"。全年接待游客22万人次,旅游业总收入6 600万元。

【教育】 年末,全旗有小学9所、初级中学7所、职业高中1所。专任教师小学443人,普通中学291人。在校生小学4 481人、普通中学3 420人。

【卫生】 全旗有卫生机构1所、医院1所、卫生院6所。卫生技术人员286人,医疗病床92张。个体门诊22所,卫生技术人员35人。

【人民生活】 城镇居民人均可支配收入6 155元,同比增长11%。牧民人均收入3 974元,同比增长7%。城镇居民人均支出4 737元,同比下降15.7%。

【宝日希勒煤业公司跻身全国煤炭生产百强企业】 宝日希勒煤业公司"以人为本,安全第一",制定出台了24万字的《安全生产制度》建立"一人自保、两人互保、三人联保、家庭担保"的安全生产责任制,与员工家属签定了生产联保责任书,投资800万元完善矿井工业监控系统和瓦斯检测、排放系统。在生产上,实行承包制和一票否决制;把职工工资同产量相挂钩;改扩建了180万吨的露天矿工程。实现了全天候24小时规模化生产,创下了日产原煤2.96万吨、日销原煤2.4万吨的历史新纪录。全年生产原煤336.8万吨,跻身全国煤炭生产百强企业。

【招商引资】 全年共实施171个项目,其中新建项目140个、续建项目31个,累计到位国内(旗外)资金13.36亿元,同比增长82.7%。其中引进国内(市外)资金8.08亿元,同比增长58%,名列全呼伦贝尔市第3位,在俄罗斯设立办事处,进出口总额完成10万美元,实际利用外资60万美元。

【巴彦库仁镇基础设施建设】 2004年,总投资5 580万元,建巴尔虎体育馆3 514平方米,人民广场1.2万平方米,苗圃公园8.26公顷,"四路一街"3 640延长米、29 120平方米。新建垃圾中转站4个,300万平方米垃圾处理场1处,1 000平方米氧化塘3座。

【地税收入】 2004年,全旗地税系统累计组织入库各项税费3 722万元,完成必保任务3 015万元的123.45%,同比增收874万元。社会保险费入库894万元,完成任务800万元的111.75%,同比增收274万元。

【灾难】 3月10日陈旗遭受暴风雪袭击,全旗受灾敖特尔525个,人口7 600余人,其中被围困人口4 000余人,受灾牲畜达40余万头(只),受灾面积达14 700平方公里。"301"国道和"S201"省道受阻。

【古墓群遗址】 6月2日旗境内发现古墓群遗址位于完工镇乌兰秋火车站北三公里处,海拉尔河南二级台地沙丘中,共发现古墓4个,初步判断该遗址为东汉鲜卑人遗址。

【重要活动】 6月1日旗委、旗教育局联合开展全旗首届"十佳少先队员"评选活动。陈丽娜等10名同学获全旗首届"十佳少先队员"称号;诺敏等15名同学获旗级"优秀少先队员"称号。

6月10日至13日中共中央政治局常委、国务院副总理黄菊在内蒙古自治区党委书记储波,自治区主席杨晶和呼伦贝尔市、陈旗党政领导的陪同下到呼伦贝尔草原考察工作,深入到陈旗巴彦哈达苏木嘎查牧民恩和巴雅尔的夏营地。在蒙古包里副总理黄菊与牧民恩和巴雅尔促膝交谈,详细了解牧民的收入和生产生活情况。

7月11日德国大使专家及项目负责人费茨先生一行在自治区、市两级财政和德国援助项目办领导的陪同下到陈旗检查验收雪灾恢复重建、无偿援助项目的实施及效益等情况。

7月24日至26日"呼伦贝尔市陈巴尔虎旗经贸洽谈会"在海拉尔区成吉思汗广场开幕。全国15个省市的70多家企业的负责人参加洽谈会。

8月24日国家环保总局自然司司长春宝为组长的生态示范区建设验收领导小组一行15人对陈旗生态示范区建设进行验收。验收组对示范区现场进行检查并听取旗领导的汇报。验收组充分肯定陈旗生态示范区建设的成绩。

8月29日至30日国务院副总理回良玉在自治区党委书记储波、自治区主席杨晶的陪同下,在呼伦贝尔视察工作时到陈旗巴彦哈达苏木划区轮牧示范户格根哈斯的草场。回良玉与格根哈斯一家人亲切交谈,了解牧民的生产生活情况。

10月24日由新西兰引进的1 136头荷斯坦品种奶牛的950头运抵陈旗"克林泰克"奶业基地。该基地因此成为中国北方规模最大的奶牛养殖基地。

(吴凤兰 乌云格日乐 白亚平)

阿荣旗

【领导名录】

旗委书记:谭宏宇

副 书 记:郑 俊

陈立新

刘国权

齐佰金

人大主任:张洪珠(女 满族)
副 主 任:侯殿兴
金秀兰
金 焕
左 泉
旗 长:郑 俊
副 旗 长:高 升
韩广文
马志龙
王洪波
肖国忠
钟海斌
科技副旗长:郝桂娟
政协主席:郭 英(女 达斡尔族)
副 主 席:李殷述(朝鲜族)
梁文秋
孙丽斌
武装部长:石秀东
政 委:李凤华

【概况】 阿荣旗位于祖国的东北部,内蒙古自治区的东北部,呼伦贝尔市东南岭东三旗市之一。南接松嫩平原,北连大兴安岭林海,地处北纬47°56′54″~49°19′35″、东经122°2′30″~124°51′40″。东以扎格敦山岭为界和莫力达瓦达斡尔族自治旗为邻;西与扎兰屯市隔音河相望;西北靠大兴安岭与牙克石接壤;南以金界壕为界和黑龙江省甘南县毗邻,北以毕拉河为界和鄂伦春自治旗相连。南北长151.9公里,东西宽149.6公里,总面积13 641平方公里。辖11个镇:那吉镇、孤山镇、六合镇、亚东镇、三岔河镇、太平庄镇、霍尔奇镇、复兴镇、那克塔镇、红花梁子镇、三道沟镇;4个民族乡:新发朝鲜族乡、音河达斡尔鄂温克民族乡、得力其尔鄂温克民族乡、查巴奇鄂温克民族乡,150个行政村,835个村民小组。辖区内有那吉屯、格尼河两个国有农场和7个国有林场。全旗总人口达319 509人。其中农业人口227 956人,占总人口的71.3%;非农业人口91 553人,占总人口的28.7%。在总人口中汉族287 992人,蒙古族7 191人,回族210人,满族17 709人,朝鲜族1 968人,达斡尔族2 183人,鄂温克族1 918人,鄂伦春族136人,其他民族191人,外国人加入中国籍11人。人口密度为每平方公里23.43人。全年出生人口3 101人,出生率9.7‰;死亡人口1 486人,死亡率9.7‰;人口自然增长率5‰,计划生育率100%。

2004年全旗地区生产总值完成21.22亿元,按可比价计算,比2003年增长73.8%。其中第一产业增加值完成13.33亿元,比2003年增长129.4%;第二产业增加值4.08亿元,比2003年增长25.1%;第三产业增加值3.81亿元,比2003年增长14.6%。三次产业所占的比重分别为:62.8%、19.2%、18%。全年财政总收入9 370万元,比2003年增长23.5%,占地区生产总值的比重为4.4%。其中地方财政收入完成8 142万元,比2003年增长30.6%。

【农业】 2004年全旗农作物总播种面积290 410公顷,比2003年增长24.6%。其中玉米53 146公顷,比2003年增长8.6%;小麦133公顷,比2003年下降31.1%;水稻2 198公顷,比2003年增长31.1%;薯类24 342公顷,比2003年增长16.5%;大豆186 314公顷,比2003年增长39.3%。全年粮食总产量521 991吨,比2003年增长438.8%。全年农业现价总产值完成206 673万元,比2003年增长183.1%。在农业总产值中种植业产值131 603万元,比2003年增长317.7%;林业产值3 331万元,比2003年增长14%;牧业产值69 810万元,比2003年增长84.3%;渔业产值830万元,比2003年增长22.1%;农林牧渔服务业产值1 100万元,比2003年增长32.5%。

【畜牧业】 2004年牧业年度牲畜存栏总头数达175.6万头(只),比2003年增长72.9%,新增74.06万头(只)。其中大畜115 227头(匹),比2003年增长43.4%;小畜1 438 045只,比2003年增长92.8%;生猪201 433口,比2003年增长6.6%。奶牛存栏1.35万头,奶产量1.8万吨。养鹅数量达到178万羽。牛冷配改良1.37万头,大小畜改良完成9.3万头(只)。畜产品产量,猪肉20 085吨,比2003年增长0.7%;羊肉10 691吨,比2003年增长123.6%;牛肉4 049吨,比2003年增长133.5%;毛绒总产量2 074吨,其中绵羊毛产量1 930吨,比2003年增长101%;禽蛋总产量0.98万吨。全年人工种草5.2万亩,种植饲料地48.8万亩,其中青贮玉米种植8.55万亩,青贮饲料4.54亿公斤,围栏草地50万亩,全旗禁牧面积5万亩,休牧面积50万亩,畜禽防疫密度达到100%;免疫密度100%。畜牧业增加值4.02亿元。

【林业】 2004年,全年林业实现总产值4 600万元,完成抚育伐生产任务28 210立方米,实现木材销售利润170万元,上缴税金80万元;上交育林基金15万元;植树造林1.1万亩,退耕还林1.1万亩,实施天然林保护230万亩,禁牧5万亩,季节性休牧50万亩,新增苗木基地1 350亩,共有苗圃164个,3 470亩。森林覆盖率由2003年的55.2%提高到80.25%。次生林放养蚕2 300把,蚕茧产量265万公斤,产值3 400万元。

森林防火和病虫害防治工作采取了切实可行的措施,克服了气温回升快、风大物燥等诸多不利因素的影响,全年共发生森火警15起,取得了有火无灾的好成绩。森林病害防治率达87%。

林区多种经营发展迅猛。畜牧养殖户644户，养畜14万头（只），种植户400余户，土地4 000余亩。

【水利】 2004年水利年度投入劳动日69.8万个，综合治理水土流失面积8.7万亩，其中种树5.1万亩；种草3.6万亩，封育保护66万亩。治理侵蚀沟270条，轧谷坊1 800座，群众投工投劳折资220万元，地方财政投入30万元。全旗共有中小型水库13个，塘坝32个，有效灌溉面积57.3万亩，其中新增5.7万亩。

全区大中型水库之一的复兴水库、向阳峪水库除险加固工程，总投资4 887万元，完成土方32.75万立方米，石方8.22万立方米，砼2.606万立方米，坝体防渗1.0479万平方米，坝基防渗0.0562万平方米，金属结构846吨。通过了自治区水利厅的竣工验收，被评为优良工程。

全旗人畜饮水现状普查工作，通过自治区水利厅验收。总投资100万元的东华村供水工程，被自治区水利厅评为优良工程。孤山镇供水工程11月完成。那吉镇振兴村供水工程，总投资1 067万元，11月末交付使用。三岔河等6个乡镇供水工程项目可研，3处200万元以上项目通过自治区水利厅评审，其余3处正在函审。全年解决了8 816人和1.2万头牲畜的饮水困难。

【节水灌溉工程】 2004年阿荣旗共打水源井557眼，购喷灌设备469套，新增节水灌溉面积6.6万亩。统一耕种，统一品种，统一喷灌，2 000亩高效节水示范区一处。5～6月份，阿荣旗发生严重的旱灾，旗直部门进村入户，出台优惠政策，新购喷灌设备每套补助2 000元；抗旱水箱每台补助300元。大力推广节水灌溉、保水剂等综合措施，完成座水种面积65万亩。全旗喷灌设备累计达到2 458套，水源井总量3 813眼，水箱12 663台。投入抗旱资金949.1万元，其中农民自筹779.1万元，抗旱浇灌一次面积230万亩，从而将旱情造成的损失降到最低点。

【农业机械】 2004年末农牧业机械总动力达266 335千瓦，比2003年增长2.8%，大型拖拉机744台，比2003年增长4.1%，小型拖拉机19 623台，比2003年增长2.6%，化肥施用量10 837吨，比2003年增长11.8%，农村用电量2 970万千瓦小时，比2003年增长16.3%。

【工业】 2004年全旗独立核算工业企业增加值完成21 537.4万元，比2003年增长68.2%；其中轻工业增加值完成17 132.2万元，比2003年增长81.5%；重工业增加值完成4 405.2万元，比2003年增长11.6%。全旗规模以上工业企业增加值完成17 250.3万元，比2003年增长50.6%。以经济类型分：国有工业增加值为952.1万元，比2003年增长42.3%；股份制工业增加值为14 436万元，比2003年增长26.8%；其它类型工业增加值为6 646.8万元，比2003年增长471.2%。全年实现销售产值56 718.1万元，比2003年增长36.5%，产品销售率92.9%，比2003年增长7.2%，经济效益综合指数138.08。主要产品产量：水泥73 800吨，比2003年增长1.6%；红砖4 078万块，比2003年增长21.7%；食用植物油15 243.5吨，比2003年下降20.5%；白酒374.6吨，比2003年增长1.5%。

【建筑业】 2004年全旗共批建项目46个，总面积32.7万平方米，总投资4亿元以上。其中那吉镇批准建设项目33个，建筑面积77 522平方米；开发项目14个66 708平方米；工业和公共建筑19户，10 814平方米。全旗建筑业增加值完成18 200万元，比2003年增长20.4%。全部投产项目投产率69.2%，全部施工房屋面积13万平方米。其中住宅面积39 834平方米，竣工房屋面积89 726平方米，竣工住宅投资2 760万元，新增固定资产投资25 272万元，固定资产交付使用率41%。城镇居民人均住房25平方米，农村人均住房17平方米。

【固定资产投资】 2004年全年固定资产投资累计完成投资总额63 608万元，比2003年增长18.6%。在固定资产投资中，基本建设投资完成29 936万元，比2003年下降19.6%；更新改造投资22 121万元，比2003年增长190.1%；其它投资8 416万元，比2003年下降4.2%；限额以上农村固定资产投资524万元，城镇和工矿区私人建房投资2 611万元，比2003年下降4.3%。

2004年全旗新开工项目47个，其中基本建设开工项目22个；更新改造新开工项目11个；其它投资新开工项目14个。全年竣工项目36个，限额已农村固定资产投资项目3个。

【交通】 2004年以301国道为依托，以省际大通道建设为契机，争取通达工程、省际通道支线工程、绿色通道工程资金3 060万元。国道平均好路率完成96.4%，综合值完成80.3；县道平均好路率完成84.3%，综合值完成76.6。全社会客运量完成138万人次，客运周转量完成6 425万人/公里。全社会货运量完成178万吨，货运周转量11 566万吨/公里，比2003年增长20%。

【邮电通信】 2004年全旗通讯业务收入2 712万元，比2003年增长15%。全旗电话用户达到33 515户，增加3 940户，比2003年增长13.2%；全旗住宅电话用户达29 128户，比2003年增长10.2%，其中农村住宅电话用户11 303户；城镇住宅电话用户17 825户；全旗上互联网用户1 010家，比2003年增长46.2%；小灵通用户8 569户，比2003年增长74.4%。全旗移动电话用户25 000户，比2003年增长25%。

【商业和对外经济】 全年实现社会消费品零售总额60 515万

元,比2003年增长17.9%。以分地域情况,县级零售额实现38 114.3万元,比2003年增长21.5%;县以下零售额实现22 400.8万元,比2003年增长16.8%。全旗承担招商引资、个体私营经济指标的单位88个,共引进项目129个,引进资金4.44亿元,比2003年增长35.75%。其中引进国内市外资金3.63亿元,比2003年增长32.8%;引进国内区外资金1.88亿元,比2003年增长56.83%。直接利用外资60万美元。

【金融】 2004年全旗金融机构各项存款余额85 786万元,比2003年下降0.1%;其中城乡居民储蓄存款余额67 330万元,比2003年下降4%;银行贷款余额87 360万元,比2003年下降0.7%;全年现金总收入381 871万元,比2003年下降8.3%;现金支出396 939万元,比2003年下降8.6%,其中工资性支出14 579万元,比2003年下降9%;全旗货币净投放15 068万元,比2003年下降17.4%。

【科技】 旗蚕业管理站、蚕种场实施完成的《推广柞蚕高产放养综合技术》项目通过市科技局成果鉴定。九丰种业培育的玉米新品种"九玉一号"、"九玉二号"通过自治区品种委员会的鉴定。粮饲兼用型玉米新品种选育及配套技术研究、大豆秸杆颗粒饲料加工技术开发、北方药材科技示范基地建设及开发中药材特色产业、少数民族特禽养殖技术等项目获自治区科技厅立项。引进世界先进节水设备科发全移动式滴灌20套,每套争取国家补贴资金2 600元,在3个乡镇推广示范。全旗建立科技示范园1处;科技示范基地1处;科技示范镇1个;科技示范村5个;科技示范户150个。

全年农业先进实用技术推广13项,经济效益达8 780.8万元,科技成果1项。阿荣旗率先进入全区科技试点旗的先进行列。制定了《阿荣旗创建全国科技先进旗活动实施方案》、《阿荣旗科技进步奖励办法》、《阿荣旗科技进步奖励实施细则》,形成了科技启动、政府推动、部门联动、全社会共同参与的创建氛围。2004年全旗共有专业技术人员4 624人,其中:高级职称97人,中级职称1 485人,初级职称2 597人,未聘专业技术人员463人。全旗共举办各种农民培训办1 028期,培训人员105 000人次。

【教育】 2004年寄宿制集中办学试点工作顺利实施。中小学"三乱"得到有效治理,"两免一补"专项资金全部兑现。教育督导评估工作在全市评比中名列第二,接管农场教育工作顺利完成。教育基金会正式建立,开始运作,为贫困学生就学提供了有力保障。全旗普通初中招生5 684人,在校生15 314人,毕业生4 034人;普通高中招生1 371人,在校生3 670人,毕业生988人;职业高中招生220人,在校生782人,毕业生198人;小学招生2 907人,在校生18 433人,毕业生5 549人,全旗有特殊教育学校1所,共9个班,在校生136人,2004年招生49人,毕业生48人。2004年全旗共考入各类大专院校和高等职业大学969人。

【文化】 全旗形成了以文化馆为龙头,以乡镇文化站为基础,以社区文化活动为前沿的群众文化活动网络。编制了《阿荣旗2004—2010年文化大旗建设规划纲要》。成功举办了春节文艺晚会和元宵联欢晚会。全年送文化下乡13场,阿荣之夏广场系列活动演出21场,观众30万人次。在市级歌手大赛中,王娜、沃斯尔特分获一、三等奖;《阿伦河故乡的河》、《阿荣雄英放飞理想》歌曲获市文艺汇演优秀节目奖。全区企业文艺调演《信合颂》获演唱二等奖。刘绘的油画《草原牧马图》被世界教科文卫组织收藏,王忠范的诗歌《大草原祝福我的祖国》获全国"祖国·母亲"征文大赛二等奖,那吉镇二小邱末表演的舞蹈《雀之灵》获全国少儿艺术风采大赛金奖。严格依法执法,确保文化娱乐市场健康有序发展。全年举办娱乐场所业主培训班6期,使业主们都知法、懂法、守法。

全旗有文化馆一个,旗级图书馆一个共藏书40万余册,电子图书10万册,电子阅览室1个;各乡镇有文化活动中心,村组有文化活动室。旗党政专刊《阿荣通讯》每周一期,全年发行10万余份。全旗在市级以上新闻媒体发稿2 538篇,金界壕为国家一级保护文物;全旗共收集历史民族文物400余件,其中有11件达到国家一、二、三、四级文物;据统计在民间的历史民族文物有1 000余件。

【体育】 2004年,阿荣旗全面实施《奥运争光计划》和《全民健身纲要》,做好场地、队伍、组织、责任四个关键环节的建设,全旗建立了城、乡、村、居四级社会体育网络。

成功举办第十届全旗田径运动会;举办丰富多彩的大型体育活动8次;参赛人员4 000余人,观众达13万人次。在自治区第五届农民运动会中取得了"女子象棋"个人第4名,团体第5名和"田径项目"中男女各有一项第6名。在市首届少数民族运动会中,参加"女子秋千"项目的两支代表队分获团体冠亚军和女单前3名、女双冠亚军。

阿荣旗有封闭体育馆一个,封闭体育灯光场一个,封闭大型体育赛场一个,5万平方米的集体育健身于一体的王杰广场;儿童公园、丁香园、迎宾广场、北山公园、水上公园都是集体育健身休闲于一体的好地方。有健身房8处2 000多平方米。

【广播电视】 全旗有电视台1座、电视转播台33座,广播电台1座、调频差转台8座,有线电视台1座,可收看30套电视节目,用户8 023户,微波站3座,多路微波用户点73个,可收看12套电视节目的用户3 746户,地面卫星接收站1 484座,共用天线系统56个,可收看8~16套电视节目的用户9 845户,全旗有线电视干线电缆295公里。全旗15个乡镇都建有文体广电中心,村村通广播电视。全旗广播人口覆盖率达90%以上,电视人口覆盖率达90.7%。

【卫生】 全旗有医疗卫生机构26个,各类医院21个。医疗卫生单位病床430张;专业卫生技术人员742人,其中:执业医师179人,执业助理医师117人,注册护士213人,药剂人员79人,检验人员23人,其他卫生技术人员131人;全旗有村级卫生室272个,村级医生273人,共有个体诊所37个,社区卫生服务站2个。

【社会保障】 全年征缴社会保险金857万元,低保覆盖2 879人,发放低保资金190万元。全旗离休人员31人,退休人员1 572人,遗属47人,共支付养老金1 194万元。"千村扶贫开发"、社会扶贫以及"三少"民族整体脱贫试点等项工作成效显著。全年发放救灾款物1 818万元,救济灾民17万人。投入扶贫资金433万元。就业再就业各项政策得到有效落实,城镇登记失业率为3.1%。全年新增就业人员1 289人;下岗失业人员再就业91人;再就业小额担保贷款发放100万元;就业再就业培训及职业技术和创业培训1 448人;失业保险人数9 560人;发放《再就业优惠证》463本;有劳动就业服务企业4家,再就业基地7家;劳务输出达8 000多人,创收5 000多万元。共有207个单位参加医疗保险,参保人数达10 854人。基本医疗保险统筹基金支出172万元,基本医疗保险统筹基金收缴428万元;个人帐户收缴167.4万元,个人帐户支出351.7万元。收缴大病救助医疗保险基金42.6万元。全旗有优抚对象7 400多人。其中重点优抚对象683人,为360名重点优抚对象解决了治病基本核销。烈士遗属、带病回乡复员退伍军人治病医疗费得到减免。

2004年,全旗在岗职工工资总额18 981万元,比2003年增长9.9%,其中企业在岗职工工资总额7 887.2万元,比2003年增长5.7%;事业单位在岗职工工资总额7 887.5万元,比2003年增长14.7%;机关单位在岗职工工资总额3 206.3万元,比2003年增长9.4%。全旗在岗职工平均工资9 118元,比2003年增长10.6%,其中企业在岗职工平均工资5 865元,比2003年增长10.3%;事业单位在岗职工平均工资14 907元,比2003年增长5.9%;机关单位在岗职工平均工资15 437元,比2003年增长6%。年末全旗有6 062人参加基本养老保险;有10 384名职工参加医疗保险;1 514名离退休人员参加社会统筹。

【保险】 全年实现保费2 912.3万元。其中寿险公司实现保费2 368万元,比2003年增长11%;财险公司实现保费544.3万元。寿险公司全年为3 102人支付健康保险赔款110万元;为43人支付死亡保险金132万元;为11人支付大病医疗保险金25万元。财险公司年累计处理赔案1 054件,赔付金额433.4万元。

【人民生活】 2004年城镇居民人均可支配收入6 609.5元,比2003年增长13.8%,人均消费支出4 441.1元,比2003年增长2.9%,农民人均纯收入2 780元,比2003年增长103.7%,人均消费支出1 364元,比2003年下降1.6%。

(郭书增)

鄂伦春自治旗

【领导名录】

旗委书记:刘德照
副书记:莫日根布库(鄂伦春族)
张洪岩
阿丽惠(女 鄂伦春族)
徐成俊
旗长:莫日根布库(鄂伦春族 1月任职)
副旗长:杨玉江
张立军
张雄飞
敖桂英(女 蒙古族)
姚兴学
赵新兴(1月任职)
科技副旗长:吴涛(鄂伦春族)
人大主任:阿巨山(鄂伦春族)
副主任:王绍东(1月任职)
钱桐昌
吴汉臣(1月任职)
阿丽(女 鄂伦春族 1月任职)
政协主席:赛林(鄂伦春族)
副主席:鄂巴亭(达斡尔族)
刘金城
阿文保(鄂伦春族 1月任职)
阿芳(女 鄂伦春族 1月任职)
武装部长:何国良(7月离任)
张玉国(7月任职)
政委:刘永学

【概况】 鄂伦春自治旗位于内蒙古自治区呼伦贝尔市东北部、嫩江西岸,北纬48°50′~51°25′,东经121°55′~126°10′。北与黑龙江省呼玛县以伊勒呼里山为界,东与黑龙江省嫩江县隔江相望,南与莫力达瓦达斡尔族自治旗、阿荣旗接壤,西面与根河市、牙克石为邻。旗境南北长261公里,东西宽280公里,边线总长1 294公里。全旗总面积54 657.8平方公里,占呼伦贝尔市总面积的21.6%,是呼伦贝尔市面积最大的旗市。鄂伦春自治旗所辖乡镇有8镇2乡,即:阿里河镇、大杨树镇、吉文镇、甘河镇、克一河镇、诺敏镇、乌鲁布铁镇、宜里镇和古里乡、托扎敏乡。其中:阿里河镇是鄂伦春自治旗政府所在地,是全旗政治、经济、文化中心;诺敏、乌鲁布铁、古里、托扎敏是本旗4个猎民乡镇。全旗总人口282 228人,其中:非农业人口217 805人,占总人口的77.17%;男性为143 563人,女性为138 665人;民族构成中:汉族249 955人,蒙古族11 066人,达斡尔族6 418人,鄂温克族3 649人,鄂伦春族2 393人,回族1 118人,满族6 655人,朝鲜族801人,其他民族173人。

2004年,全旗地区生产总值14.1亿元。全旗完成工业总产值(现价)24 977万元;完成工业增加值(现价,含应交增值税)8 415万元;全旗完成固定投资额23 773万元,其中基本建设投资完成15 698万元,修建阿里河镇自来水工程,修建城镇沥青、水泥混凝土路、铺装砂石路;续建污水氧化塘工程,安装路灯,绿化植树,江坝绿地植树,新建猎民社区活动小区等。全旗财政总收入9 659万元,其中地方财政收入7 736万元。国税完成收入2 570万元,地税完成收入6 225万元,城镇居民人均可支配收入5 883元,农民人均可支配收入2 269元,猎民人均收入2 814元。

【农业】 2004年,全旗农作物播种面积达286万亩,在遭受多种自然灾害情况下,粮食产量仍然达到2.61亿公斤。牧业年度牲畜存栏总数达48.2万头(只),纯增19.1万头(只)。同比增长65.3%,奶牛存栏8 091头,纯增6 891头,同比增长507.6%。

【畜牧业】 新建古里猎民乡养殖基地项目,养奶牛50头、羊2 000只,新建年出栏527头肉牛快速育肥基地项目。

【工业】 2004年,旗实施工业项目有:新建日产5万吨腐植酸复合肥项目、续建双好煤开发项目、乌鲁布铁铅锌矿项目、续建年生产20吨春粮酒业分公司项目;建筑业:新建7 900平方米大杨树商会大厦项目、服务楼改造项目、新建2 800平方米阿里河沁园小区综合住宅楼项目、新建5 200平方米大杨树镇地税局综合楼项目。完成招商引资资金18 872万元。

【基础设施建设】 新建大杨树镇内道路排水项目、续建阿里河步行街二期工程项目;公益事业:新建吉文、大杨树火化场项目。

【千村扶贫开发工程】 鄂伦春自治旗2002~2004年"千村扶贫开发工程"第二批共有20个村被列入重点项目村。2004年是项目实施的关键年,呼伦贝尔市扶贫办和旗委、旗政府加大了工作力度和投资数额,全年共投入财政扶贫资金261万元。按照政府统一采购的要求,2004年为20个贫困村购进基础种羊1 398只,乳肉兼用基础成年母牛282头,荷斯坦高产成年奶牛24头。根据贫困村的实际情况,在提高贫困户养殖技术的前提下,按照重点扶持贫困户,照顾特困户,带动一般户的分配原则,采取分散饲养的生产模式,分清责、权、利,层层抓管理,"三年收本金"使有限的扶贫资金滚动发展。2004年末,第二批"千村扶贫开发工程"全部结束,等待验收。

【电视进万家】 由中央宣传部、中央文明办、国家广电总局开展的"电视进万家"活动惠及鄂伦春旗,旗委、旗政府非常重视这项活动,责承旗委宣传部、旗精神文明办具体负责抓落实。并确定把TCL集团赠送给自治旗的十台电视机送到最困难的群众家中(十四英寸王牌传输机)。经认真研究,向旗委提交10台彩色电视机的分配方案。为把电视机在春节前及时送到贫困群众家中,让贫困的猎民、农民、居民观看到除夕夜春节联欢晚会,旗委常委、宣传部长何胜宝亲自带队,于2004年12末,走猎户、进农家、下社区,顶风冒雪,行程500多公里,将10台电视在春节前夕逐一送到诺敏猎民村孟金山等10户农牧民家中。

【实施鄂伦春族猎(居)民医疗保险制度】 为充分落实党的民族政策,保障鄂伦春族猎(居)民病有所医,根据国家医疗保险政策并结合本旗实际,实施对自治旗境内四个猎区乡镇具有长住户口的猎民、鄂伦春族城镇无职业居民和鄂伦春族职工子女医疗保险制度。2004年12月4日旗委、旗政府出台《鄂伦春自治旗鄂伦春猎(居)民医疗保险制度实施办法》,猎(居)民医疗保险基金实行统筹和个人帐户相结合,保险费由旗财政和猎(居)民双方共同承担。此项工作于2005年1月1日开始实施,有1 251名猎(居)民办理参保登记,这一制度的实施,鄂伦春族猎(居)民疾病医疗得到进一步规范。

【《鄂伦春自治旗旅游条例》颁布施行】 2003年自治旗人大常委会将《鄂伦春自治旗旅游条例(草案)》例入地方立法计划。5月由旗旅游局起草《鄂伦春自治旗旅游条例(草案)》初稿,自治旗党委、政府多次召开座谈会,广泛征求各有关部门和驻在森工企业的意见,对《鄂伦春自治旗旅游条例(草案)》进行3次修改。11月内蒙古自治区人大常委会民族侨务外事委员会专程就鄂伦春自治旗地方立法作调研和指导,专门为地方和驻在森工企业召开协调会,听取地企两方面意见,对《鄂伦春自治旗旅游条例(草案)》进行了技术上的指导。根据各部门和自治区指导组的意见,对《鄂伦春自治旗旅游条例(草案)》作进一步的修改和完善。

《鄂伦春自治旗旅游条例》于2004年1月6日鄂伦春自治旗第十二届人民代表大会第一次会议通过,2004年7月31日内蒙古自治区第十届人民代表大会常务委员会第十次会议批准,自2004年9月1日起施行。

《鄂伦春自治旗旅游条例》的施行,对自治旗旅游业的发展起到了很大的促进作用,2004年成立第一家鄂伦春风情旅行社,接待国内游客58 817人次,旅游收入达4 705万元,布苏里旅游渡假山庄晋升为国家AAA级景区。

【阿里河镇给水一期工程】 按照国务院、自治区的统一布置,内蒙古自治区人畜饮水领导小组于2002年2月19日下发内饮水〔2002〕51号《关于对鄂伦春旗阿里河镇给水工程设计的批复》,同意阿里河镇给水一期工程总体设计,兴建阿里河镇给水工程,鄂伦春旗阿里河镇自来水工程。阿里河镇给水一期工程2003年5月9日正式开工,2004年11月18日竣工。工程主要包括:水源井一眼(10 000立方米/天),300立方米清水池两个,200立方米一体化净水器一座,30千瓦供水泵3台,低压配电装置1套,自动化控制及变频设备一套,10千瓦高压供电线路0.82公里200千伏安变压器一台,管网安装5 630米,阀门井、检查井、排泥井共计36个,生产、办公用房366平方米,围墙350米,厂区回填15 515立方米,水泥保护地刺丝围栏760米,拆迁居民50户。工程试运行后,现供给行政企事业单位住户及个体工商户2 100余户用水。供水水质完全符合国家饮用水标准。改善了鄂伦春旗饮水状况,使居民喝上了"放心水"。

【接交农场局系统学校和铁路系统学校工作】 根据国家经贸委等五部委《关于进一步推进国有企业分离办社会职能工作意见》(国经贸企改〔2002〕267)和内蒙古党委办公厅、政府办公厅《关于加快全区国有农场改革的通知》(内党发〔2002〕2号)精神,按照呼伦贝尔市人民政府关于印发《海拉尔、大兴安岭农场局企业办教育移交地方实施方案》(呼政办字〔2003〕278号)通知要求,旗政府负责抽调人事劳动局、编办、教育局相关部门人员,深入大兴安岭农场局七所学校逐一核定人员编制和现有资产情况,按照"工勤人员严格按自治区标准控制、符合任职资格且正式在编的教师全部接收"的原则,以2002年12月31日为限,为每一名需接收职工登记造册。同时,会同农场局对学校现有资产进行核实登记,保证学校资产不流失。2004年3月29日举行移交签字仪式,宣告移交工作正式完成。这次共接收大兴安岭农场局七所学校教师396人(不含退休人员),学生5 874人。铁路学校教师81人(不含退休人员),学生473人。

【优化经济发展环境】 鄂伦春自治旗委、政府为全面贯彻落实《内蒙古党委、政府关于进一步优化投资环境的决定》精神,加大优化经济发展环境工作力度,2004年3月29日,设立了鄂伦春旗优化经济发展环境办公室(正科级建制),与监察局合署办公,并配备事业编制人员3名。优化办职能职责:负责自治旗优化经济发展环境领导小组日常事务;负责鄂伦春自治旗优化经济发展环境工作的部署和落实;负责落实上级对优化经济发展环境工作的安排部署,研究制定自治旗有关优化经济发展环境工作的政策、办法、制度、规定,并组织实施、监督执行;负责自治旗优化经济发展环境各项工作的协调开展;负责监督检查优化经济发展环境各项规章制度在自治旗部门、行业的贯彻落实情况及对损害经济发展环境案件的处理。旗优化办成立后先后召开全旗优化经济发展环境协调会和全旗优化经济发展环境企业座谈会;设立投资者投诉中心;聘请50名优化经济发展环境特邀监督员;建立优化经济发展环境评价监督体系和快速高效的投诉处理机制及严明的奖惩制度;实行了优化经济发展环境"一把手"负责制;开展优化经济发展环境宣传月活动;推行首问负责制、全程跟踪制、政务公开制、服务承诺制、限时办结制、重点企业保护制、企业投诉制度;对全旗15家重点企业实施了挂牌保护;对到企业乱收费、乱罚款、乱摊派和吃、拿、卡、要等违法违纪行为,进行坚决查处,并追究有关责任人的责任。

2004年鄂伦春旗获国家级奖项

姓名	性别	民族	工作单位	奖项	奖励级别	获奖时间
何胜宝	男	鄂伦春	旗委宣传部	全国各族青年团结进步优秀奖	国家级	2004年12月
涂田宝	男	鄂温克	旗文体广电局	全国优秀农牧区电影放映员	国家级	2004年12月
王艳红	女	汉	旗法律援助中心	全区法律援助先进个人	自治区级	2004年7日

(窦淑花)

鄂温克族自治旗

【领导名录】

旗委书记:布　仁(蒙古族)

副书记:达喜扎布(鄂温克族)

陈占柱(蒙古族)

乔　鸿(达斡尔族)

那晓光(鄂温克族)

人大主任:敖金福(鄂温克族)

副主任:车淑芳(女 蒙古族)

斯仁道尔基(鄂温克族)

李振国

乔志钢(达斡尔族)

旗长:达喜扎布(鄂温克族)

副旗长:齐　全(蒙古族)

陈黄宝(蒙古族)

赛音图(鄂温克族)

巴达玛拉布丹(蒙古族)

阿拉坦巴图(鄂温克族)

孙庆杰(女)

科技副旗长:多　明(达斡尔族)

政协主席:杜　刚(鄂温克族)

副主席:乔伟光(蒙古族)

索优勒巴图(达斡尔族)

敏　杰(女 鄂温克族)

黎　明(鄂温克族)

武装部长:于洪河

政　委:严式光

【概况】 鄂温克族自治旗是内蒙古自治区三个少数民族自治旗之一,地处自治区北端、呼伦贝尔草原东南部、大兴安岭西侧。地理位置在东经北纬47°32′50″~49°15′37″,118°48′02″~121°09′25″之间。总面积19 111平方公里。全旗辖10个苏木、乡、镇、区,即:辉苏木、伊敏苏木、锡尼河东苏木、锡尼河西苏木、巴彦嵯岗苏木、巴彦塔拉达斡尔民族乡、巴彦托海镇、伊敏河镇、红花尔基镇、大雁矿区。巴彦托海镇是旗委、旗政府所在地。鄂温克族自治旗是以汉族居多数,多民族杂居。旗内共有21个民族,144 976人,其中汉族87 707人,占总人口的60.5%,少数民族57 269人,占总人口的39.5%。在总人口中男性为75 774人,女性为69 202人。在少数民族人口中,鄂温克族10 488人,占总人口的7.2%;达斡尔族14 413人。占总人口的9.9%;蒙古族26 643人,占总人口的18.4%。

2004年,全旗地区生产总值完成23.13亿元,按可比价格计算,同比增长21.4%,其中:第一产业增加值3.58亿元,同比增长8.1%。第二产业增加值13.58亿元,同比增长28.7%。第三产业增加5.97亿元,同比增长13.2%。人均GDP达15 996元,同比增加3 214元,增长20.8%。财政总收入达42 084万元,同比增长15.4%,其中地方收入20 188万元,同比增长32.4%。城镇居民平均可支配收入达6 620元,同比增长11%,牧民人均纯收入达4 478元,同比增长6.9%。全年社会消费品零售总额累计实现27 640万元,同比增加3 605万元,增长15%。1~12月,全旗居民消费价格水平比上年增长4.4%。

【农牧业】 2004年,牧业年度牲畜头数达792 984头(只),比上年同期纯增85 855头(只),纯增率为12.1%。牲畜年末存栏527 127头(只),同比增加76 910头(只),纯增17.1%。全旗鲜奶总产量达114 110吨,同比增加24 110吨,增长26.8%,出售商品奶94 029吨,同比增加10 984吨,增长13.2%,绵羊毛产量761吨,同比增加110吨,增长16.9%,牛皮产量80 101张,同比增加28 479张,增长55.2%。全旗农作物播种面积为29 726公顷,同比增加37公顷,油料播种13 278公顷,同比减少5 023公顷,甜菜855公顷,同比减少478公顷,麻类1 866公顷,同比增加533公顷,药材6公顷,与上年同期持平,蔬菜瓜果类42公顷,同比减少52公顷,其它作物856公顷,同比增加78公顷。粮食总产量达29 284吨,同比增加19 979吨,增长214.7%,其中:小麦21 930吨,增加18 189吨,增长86.2%油菜籽8 962吨,增加7 502吨。增长513.8%,薯类6 975吨,增加1 518吨,增长27.8%,全旗人均粮食203公斤,同比增加138公斤。增长212.3%。全旗草原建设总规模127万亩,其中人工种草9.9万亩,饲料作物12.2万亩。新建草地围栏87.3万亩,使全旗围栏保留面积达149.7万亩,完成草地改良17.5万亩。全年共打贮草2.2亿公斤,完成牧草种子基地建设1.95万亩,生产牧草种籽1 100吨。新增灌溉饲草地26处,累计10 300亩,总投资519万元的巴彦塔拉等4处人畜饮水管道供水工程,已顺利通过自治区验收并投入使用。年末拥有农牧业机械总动力70 089千瓦,比上年增加160千瓦,增长0.2%,拥有大中小型托拉机3 740台,比上年增加10台,增长0.3%。

【工业】 2004年,全旗独立核算工业企业累计完成工业增加值95 751万元,增速达29.95%。规模以上工业增加值累计完成95 080万元,增速达29.68%,规模以上工业综合经济效益指数达92。全旗独立核算工业企业累计发电57.36亿千瓦小时,同比增加6.12亿千瓦小时,增长11.9%。原煤产量达999.22万吨,同比增加149.28万吨,增长17.6%。乳制品5 812吨,同比减少988吨,下降14.5%,累计生产液态乳1 506吨,同比减少1 291

吨,下降46.2%。地方工业企业累计完成工业增加值6 767万元,增速达27.6%,占全旗工业增加值的7.1%。

【基础设施建设】 2004年,总投资1 236亿元的海—伊公路BOT模式改扩建工程、投资1 790万元的伊—辉公路、投资494万元的东苏木—河东办事处公路全面竣工通车。巴彦嵯岗—五泉山油路建成通车,S201线—西博桥砂石路等新改建县乡村公路全部竣工通车。全年基本建设工程共开工24个项目,总投资2.74亿元,建设规模17万平方米。投资1 500万元的巴镇自来水改扩建工程完成总工程量的75%,索伦大桥西行桥9 500平方米路面硬化等工程顺利完工。投资9 434万平方米。全旗全社会固定资产投资累计完成138 585万元,比上年增加69 801万元,增长101.5%。

【金融保险】 2004年,各项存款余额达157 315万元,同比增加26 114万元,增长19.9%,各项贷款余额达489 861万元,同比增加9 052万元,增长1.9%,城乡居民储蓄存款达102 077万元,同比增加7 789万元,增长8.3%,人均储蓄达7 059元,同比增加502元,增长7.7%。全年保险业务总收入达4 068万元,同比增加10万元,增长0.4%,其中:财产保险收入1 778万元,同比增长3%,人寿保险收入2 290万元,同比下降1.5%,全年保险赔付额546万元,同比下降45.2%,其中:财产险赔付472万元,同比下降48.6%,人寿险陪付74万元,同比下降6.3%。

【生态建设 环境保护】 2004年,完成退耕还林1.4万亩,樟子松行动工程5万株,义务植树、四旁植树14万株,育苗面积85亩,新育苗210万株。国家"三北"防护林封育1万亩,海—伊公路巴彦托海段环城路绿化工程栽植樟子松苗1.12万株。完成退耕还草20万亩,禁牧30万亩,休牧150万亩,划区轮牧5万亩,围栏封育草场60万亩。植树种草治理沙漠13万亩,水土保持生态建设保护面积60万亩,荣获"全国封山育林先进单位"、"全国森林病虫害防治先进单位"等荣誉称号,顺利通过全国生态示范区验收。全旗建设项目环境影响评估和"三同时"执行率达100%,被自治区环保局授予全区污染控制工作先进集体。

【招商引资】 全年共引进国内资金64 390万元,同比增长381.42%,对外贸易额完成48万美元。

【旅游】 2004年,呼伦贝尔市首批10户牧民家庭旅游示范户全部落户本旗。红花尔基森林公园、五泉山旅游区、晨光生态园等重点景区规模日益扩大。成功举办了2004年鄂温克瑟宾节暨赛牛大会、第五届内蒙古冬季那达慕暨鄂温克草原家庭那达慕启动仪式,有力地推动了全旗冬季旅游业的发展。全年共接待国内外旅游游客14万人次,实现旅游收入8 000余万元。

【扶贫开发】 2004年,自治旗认真实施自治区"千村扶贫开发工程",落实项目资金260万元,扶持贫困户363户1 505人。落实人口较少民族整体脱贫试点村工作,为辉苏木嘎鲁图嘎查10户贫困户解决了482平方米的房屋,同时进行了装修和购置生产生活用品,各项费用达23万元;落实项目资金27万元,为牧民购置牲畜。积极争取自治区"千村扶贫开发"以工代赈资金150万元,投入85万元用于草牧场围栏建设,受益牧户达225户;投资35万元用于棚圈建设,使35户贫困户受益;投资30万元为牧民购买牲畜,使39户贫困户受益。全年解决1 505人的温饱问题。举办贫困户劳动力培训班5期,共培训400人次。

【社会保障】 2004年,全旗城镇低保人员达3 883户10 700人,牧区低保人员407户781人,全年发放低保金718万元。参加基本养老保险4 500人,全年收缴养老保险金1 038万元,发放养老保险金1 016万元,社会发放率达100%。参加失业保险人员35 796人,全年收缴失业保险金1 118万元,上结失业保险金257万元,发放失业保险金81万元。参加基本医疗保险47 340人,全年收缴医疗保险金2 785万元,支出基金2 311.2万元。工伤保险工作已经启动,完成6 000人的征缴工作。城镇新增就业人员1 752人,其中"4050"人员150人,城镇登记失业率为3.63%。

【科技】 促进牧民增产增收。免耕法补播改良化草场研究项目已列入自治区科技厅"民族机动金"重点支持项目,利用风光互补发电系统提水试验项目在牧户中适度推广并获得成功,科发全移动式节水滴灌系统推广项目被列入呼伦贝尔市重点推广项目。全年共举办适用技术培训班32期,培训牧民2 279人次。

【教育】 2004年,全旗拥有普通中学18所,职业中学2所,小学22所。中小学在校生20 660人,教职工2 056人,幼儿园5所,在园幼儿2 019人,教职工175人。自治旗进一步深化教育改革,促进各类教育协调健康发展。"两基"巩固提高工作顺利通过自治区验收,被授予"两基"工作先进旗光荣称号。全旗共有20所学校设置了计算机教室,14所学校安装了远程教育地面接收系统。严格执行"一费制",认真贯彻落实"两免一补"政策,全旗中小学学生享受"两免一补"人员达15 622人,补助金额达166万元。红花尔基林业局3所学校、大雁煤业公司7所中学顺利移交自治旗,教育系统公开录用了35名教师。

【文化】 旗乌兰牧骑共演出300余场次。组团参加蒙古国国际布里亚特蒙古族"阿拉德日嘎那"文化艺术节活动。布里亚特蒙古族牧民合唱团赴蒙古国东方省开展文化交流活动。

【卫生】 2004年,全旗拥有各类卫生机构76个,病床718张,职工1 073人,其中卫生技术人员893人,全旗每162人拥有1名卫生技术人员。全旗参加牧区合作医疗的牧民已达1.2万元,参合户3 534户,参合率69.4%。积极推进苏木乡镇卫生院人事制度改革进展顺利,10所苏木乡镇卫生院公开选聘了院长。

【体育】 2004年,自治旗成功举办了长距离赛马创大世界吉尼斯之最活动,承办了呼伦贝尔市首届少数民族传统体育运动会和全市青年中国式摔跤比赛,成立了呼伦贝尔市首家旗级体育总会。

【计划生育】 全面推进计划生育综合改革,初步形成了综合治理人口问题的长效机制。全年出生人口924人,出生率6.98‰,死亡人口601人,死亡率4.31‰,人口自然增长率2.67‰。

【职工工资】 2004年,全旗在岗职工工资总额38 301万元,比上年增加5 641万元,增长18%,其中:国有单位10 308万元,集体单位218万元,其它单位27 775万元。在岗职工年平均工资14 875元,比上年增加1 616元,增长12.2%。其中:国有单位14 136元,比上年增加1 355元,增长10.6%;集体单位7 408元,比上年减少702元,下降8.7%;其它单位15 293元,比上年增加1 752元,增长12.9%。

【重要活动】 1.5月21日,受鄂温克族自治旗人民政府的委托,呼伦贝尔市金典拍卖有限公司对呼伦贝尔光明乳品有限责任公司49%的政府股权转让进行公开拍卖。有3家公司参加竞拍,最终浙江熊猫乳品有限公司以550万元的成交价竞买成功。

2.5月28日至31日,以自治区教育厅督查室调研员吴铁丹为组长的自治区政府督导团一行8人,用分类抽签定点和点面结合方式,深入到自治旗7个苏木乡镇区21所中小学进行了检查,采取听、看、查、问、谈等方式,就自治旗"两基"巩固提高工作进行了全面检查。经检查,教育普及程度、办学条件和教育经费三个主要方面指标均达到了国家和自治区的标准和要求,顺利通过自治区"两基"巩固提高验收。

3.6月17日,创"大世界吉尼斯之最"长距离赛马活动在鄂温克草原举行。参赛马匹208匹,赛马的起点为海拉尔—阿木古朗公路路标177公里处,区间路标177~157公里,长20公里。经过紧张激烈的角逐,海拉尔区选手满来以29′18″78的成绩夺得冠军,并获得6 000元的奖金。该项目在7月被上海大世界基尼斯总部授予"大世界吉尼斯之最"。

4.7月14日至17日,由呼伦贝尔市政府主办、市民族事务委员会、体育局、鄂温克族自治旗人民政府承办的全市首届少数民族传统体育运动会在鄂温克族自治旗那达慕会场隆重举行。鄂温克族自治旗代表团获得中国式摔跤和博克男子团体第一名、赛马总分第一名、金牌总分第一名的好成绩。

5.8月18日,由呼伦贝尔市公路工程局承建,采用BOT模式,总投资1.2亿元的二级收费公路海拉尔—伊敏公路主体路面改建工程竣工通车。该公路北起海拉尔、南至鄂温克族自治旗伊敏河镇,公路长81.5公里,路基宽12米,路面宽9米,全部为沥青路面。

6.8月,总投资160.12万元的鄂温克族自治旗巴彦塔拉达斡尔民族乡人畜饮水工程顺利竣工。

鄂温克族自治旗锡尼河东苏木哈日嘎那嘎查被国家司法部、民政部授予"全国民主法治示范村"。

7.10月12日,总投资1 790万元的鄂温克族自治旗伊敏河镇—辉苏木公路竣工通车。该公路长51.989公里,路基宽4米,路面宽3.5米,全部为混凝土路面。

8.10月16日,鄂温克族自治旗巴彦嵯岗苏木实施的"国家级节水灌溉工程竣工,并通过验收。

9.10月,鄂温克族自治旗第四小学学生张旭在全国中学生英语能力竞赛中获全国低年级组第二名和全区低年组第一名。

10.鄂温克族自治旗环境保护局被自治区环境保护局授予全区污染控制工作先进集体。

11.由鄂温克族自治旗锡尼河东苏木牧民子女组成的"金沙盖"少儿民族服饰表演队在北京举行的第三届全国少年儿童风采展示大赛中,以其出色的表演荣获一等奖。

12.鄂温克族自治旗乌兰牧骑鄂原家庭,在中央电视台《神州大舞台》栏目参演的节目获得该栏目设立的优胜奖。

13.12月27日以"银色呼伦贝尔"为主题的呼伦贝尔首届"开雪节"系列活动之一,第五届内蒙古冬季那达慕暨鄂温克草原家庭冬季那达慕启动仪式在鄂温克族自治旗举行。在活动中选手们参加了博克、抢枢、布龙、雪地叠罗汉、赛马、骆驼雪撬、马拉雪撬速度赛骆驼等传统民族体育项目的角逐,同时游客们还自由选择牧户活动,感受少数民族的民风民俗。

(杜 彪)

莫力达瓦达斡尔族自治旗

【领导名录】

旗委书记:夏鹏远

副 书 记:艳 东(达斡尔族)

苏 星(达斡尔族)

张宝泉

人大主任:敖明晓(女 达斡尔族)

副 主 任:鄂文秀(达斡尔族)

喜能泰（达斡尔族）
苏玉环（女 达斡尔族）
庄福松
旗　　长：艳　东（达斡尔族）
副 旗 长：孟智军（达斡尔族）
布日古德（鄂温克族）
咸志广（12 月任职）
冯连民
郭铁忠（达斡尔族 1 月任职）
付建辉（11 月任职）
郭永保（达斡尔族 12 月任职）
鄂金玲（女 达斡尔族）
政协主席：褚士成
副 主 席：孟国庆（达斡尔族）
涂文孝（女 鄂温克族）
迟玉亭
武装部长：王树军（2 月任职）
政　　委：马瑞平（4 月离任）
李旭明（蒙古族 4 月任职）

【概况】　莫力达瓦达斡尔族自治旗（以下简称莫旗）是全区仅有的三个少数民族自治旗之一，在内蒙古自治区呼伦贝尔市东部。东隔嫩江与黑龙江省的讷河市、嫩江县毗邻，西部、北部与内蒙古自治区的阿荣旗、鄂伦春自治旗接壤，西南是黑龙江省甘南县。地处北纬 48°05′10″～49°50′50″，东经 123°32′55″～125°16′14″。地域中部宽，南、北部窄，呈纺锤形。莫旗总面积10 386.68平方公里。辖 17 个乡镇（其中有两个鄂温克民族乡），人民政府驻尼尔基镇。总人口323 522人，比上年增长2.8%，其中：非农业人口80 089人，比上年增长25.9%。达斡尔族人口30 497人，比上年增长2.2%，鄂温克族人口5 945人，比上年增长2.2%，鄂伦春族人口 328 人，比上年增长5.5%，人口自然增长率8.95‰，比上年增长0.92个千分点。

2004 年现价生产总值完成26.99亿元，可比价计算，增长46.9%，其中：第一产业完成现价增加值13.68亿元，可比价计算，增长80.5%；第二产业完成现价增加值9.01亿元，可比价计算，增长31%，其中：全部工业完成现价增加值2.06亿元，可比价计算增长49.4%，建筑业完成现价增加值6.95亿元，可比价计算增长25.7%；第三产业完成现价增加值4.3亿元，可比价计算增长15.5%。人均地区生产总值由 2003 年的5 549元增加到 2004 年的8 459元。三次产业结构由 2003 年的39.6：38.9：21.5增加到 2004 年的50.7：33.4：15.9。财政收入完成19 803万元，比上年下降0.4%，完成年度预算的84%，其中：地方财政收入完成17 246万元，比上年下降1.2%，完成年度预算的84%，财政支出完成36 968万元，比上年增长9.8%，完成年度预算的100%；包括社保基金的财政总收入完成21 575万元，完成年度预算的92%，其中：地方财政收入完成19 018万元，完成年度预算的93%，财政支出38 740万元，完成年度预算的95%。

【农业】　2004 年，旗政府以"促进农民增收"为目标，着力解决"三农"问题，全旗农作物总播种面积 660 万亩，粮食总产量达7.5亿公斤。全面完成第五期农业综合开发扫尾工作，顺利通过国家、自治区、市三级验收。畜牧业年度总投资超过1.5亿元，种养结合户达4.5万户，牧业年度牲畜存栏达到121.1万头（只），再次实现翻番增长，增速列全市第一。

【工业】　2004 年，加大对项目工作的组织领导和项目建设工作力度，收集整理各类近、中期重点项目 61 项，储备项目 126 个，有 7 个项目列入呼伦贝尔市项目库，位列全市第一。全年共实施招商项目 111 个，累计引进国内、市外资金38 858.8万元。列入呼伦贝尔市级重点工业项目 10 个，新开工投产中小工业项目 20 个。巴特罕工业园区的聚集效应进一步显现，各项效益指标位居呼伦贝尔市前列，成为自治区保留的 47 个工业园区之一。成功引进实力较强的山西聚富集团，实现北京洛娃公司收购蒙兴的平稳过渡，完成豆都集团9 000吨大豆分离蛋白扩能改造项目一期3 000吨生产规模，蒙鹅公司实现年屠宰大鹅 50 万只。位居全市前列。

【基础设施】　2004 年，本着为民办实事的原则，完成巴特罕大街三期工程，全长3.72公里的巴特罕大街全线贯通。硬化学府北路，改造三角地环岛，配备完善一兰广场景观设施。对巴特罕大街、纳文大街、诺敏路进一步美化绿化，绿化面积达8 100平方米。完成尼尔基镇集中供热工程，供热面积达 60 万平方米，基本实现尼尔基镇区内楼房一根烟囱冒烟供热的计划。城镇居民新增住房面积17.9万平方米，居住条件进一步改善。

【交通】　新建的客运中心投入使用，开工建设尼尔基至拉哈5.26公里二级公路及后兴隆至阿尔拉 4 公里公路，建设通村公路 26 条 218 公里。新增节水灌溉面积 6 万亩，人畜饮水及各项防洪工程顺利实施。完成尼尔基城市电网改造一期工程，完成腾克镇1 004户移民房建及附属设施工程，移民得到妥善安置。完成退耕还林1.6万亩，水土保持5.4万亩。新增固定电话用户1 100户，手机用户6 000户、"小灵通"无线电话用户3 413户、ADSL 宽带用户 766 户。

【旅游业】　全年旅游总收入3 350万元，比上年同期增长24.07%，接待旅游人数达 18 万人次，比上年增长33.3%，其中中国达斡尔族民族园接待10万人次，涉及旅游业的总投入达3 039万元，以达斡尔民族园为代表的旅游风景区13家。

【科技】 2004年，科技项目示范、推广取得新成效，实现经济效益2 800万元，成立科技信息服务中心，科技培训和科普宣传工作扎实有效。

【教育】 “两基”巩固提高工作稳步实施，集中办学成效显著，民族教育得到优先、重点发展。旗乌兰牧骑代表“三少”民族在第一届国际草原文化节暨呼和浩特第五届昭君艺术节上大展风采。

【文化】 图书馆和青少年校外活动中心建成使用。

【卫生】 疾病预防控制工作得到加强，人口低生育水平保持稳定，人口和计划生育工作稳步提高，并代表全市受到自治区表彰。

【体育】 曲棍球队在几年之后再获青年锦标赛冠军，并获体育道德风尚奖。旗体育健儿在呼伦贝尔市第一届少数民族运动会上摘得四金四银，总成绩列第一位。

【人民生活】 2004年，下岗、失业人员再就业率达到70.4%，城镇登记失率稳定控制在4.3%以内。发放养老保险金1 173万元、失业保险金14.79万元、城市居民最低生活保障金579.4万元。扎实推进“千村扶贫开发工程”。城镇居民人均可支配收入由6 044元增加到6 701元，增长10.8%；农民人均纯收入由1 052元增加到2 451元，增长132.9%。恩格尔系数不断下降。农村居民人均生活消费支出1 643元，比上年下降5%，农村居民人均住房面积16.41平方米，比上年减少0.68平方米。

【模范人物】

霍宝霞 女，汉族，于2001年任尼尔基镇工商所所长。于2004年8月21日被评为第六届全国“人民满意的公务员”。

鄂色英 女，达斡尔族，内蒙古莫旗民族实验小学校长。在教学改革中，她提出“科研兴校”的发展目标，引进了语文“注·提”实验、数学“教育与发展实验”，并推行素质教育的整体改革实验研究，教育实验由革新课堂模式，改革教学方法入手，重新设计各项考察目标，邀请专家进行讲座，她在教学改革中，一直身处第一线，所主持的“创新教育”课题已被批准为区级课题，国家级“教育与发展”实验的子课题已取得了阶段性的成果。她所撰写的实施方案和研究计划发表在课题通讯上，所撰写的阶段性总结得到了同行的认可。2004年“全国第二十个教师表彰大会”上，被授予“全国模范教师”光荣称号。

（陈百灵 杜卫东）

兴 安 盟

【党政军领导名录】

盟 委

书 记：崔国柱

副书记：常 海（蒙古族）

崔莲姣（女）

吴志忠（蒙古族）

王喜才（2月任职）

王 儒（6月任职）

刘 彪（2月离任）

包满达（蒙古族 4月离任）

委 员：王 玉

别永河（兴安军分区政委）

高震邦（乌兰浩特市市委书记）

刘俊清（组织部长）

刘春良（宣传部长）

刘福德（秘书长 9月任职）

钱海峰（政法委书记 12月任职）

人大工委

主 任：穆芳霞（女）

副主任：苏贵民

张有才

田 仓（蒙古族）

傅 敏（女）

刘景毓

行政公署

盟 长：常 海（蒙古族）

副盟长：王 玉

陈国才（蒙古族）

郑学鸣

张　利

崔文军

杨瑞平（4 月任职）

乌其拉图（蒙古族 10 月离任）

黄　辉（12 月离任）

政　　协

主　席：乌其拉图（蒙古族 10 月任职）

白　锁（蒙古族 10 月离任）

副主席：汪亚洲

佟德钧（10 月任职）

纪相军（蒙古族 10 月任职）

周　岩（女 10 月任职）

莽志宏（蒙古族 10 月任职）

黄宝平（10 月任职）

任树学（10 月离任）

苏　荣（女 达斡尔族 10 月离任）

崔志鹏（10 月离任）

纪　检　委

书　记：王　儒（6 月任职）

包满达（蒙古族 4 月离任）

政　法　委

书　记：钱海峰（12 月任职）

法　　院

院　长：包满都呼（蒙古族）

检　察　院

检察长：王秀春

兴安军分区

司令员：张保信

政　委：别永河

【概况】　兴安盟地处北纬 44°14′～47°39′，东经 119°28′～123°38′。位于内蒙古自治区东北部，西北接蒙古国，有国境线126.084公里。北与呼伦贝尔市相连，东与黑龙江省、吉林省接壤，南与通辽市毗邻，西与锡林郭勒盟相接。全盟总面积59 806平方公里，辖乌兰浩特市、阿尔山市、扎赉特旗、突泉县、科尔沁右翼前旗、科尔沁右翼中旗。境内居住着蒙古、汉、满、朝鲜、回、达斡尔等 22 个民族。2004 年全盟出生人口14 277人，出生率为8.70‰；死亡人口7 003人，死亡率为4.27‰，人口自然增长率4.43‰。全盟总人口为164.48万人，同比增加6 416人。其中：非农业人口52.17万人，同比增长5.50%，蒙古族人口66.63万人，同比增长0.68%，其他少数民族人口8.27万人。

2004 年，完成地区生产总值（现价）100.45亿元，比上年增长13.40%，其中：第一产业增加值31.48亿元，增长2.3%；第二产业增加值34.15亿元，增长26.1%；第三产业增加值34.82亿元，增长12.2%。人均地区生产总值（按户籍人口计算）6 119元，比上年增加1 025元，增长20.1%。

全年居民消费价格总水平比上年有所上涨，上涨3.1%。其中：食品类价格总指数108.9衣着类价格总指数99.7，家庭设备用品及维修服务类总指数98.8，交通和通讯类99.5，医疗保健和个人用品类99.5，娱乐教育文化用品及服务类100.4，居住类102.1。

全盟从业人员67.97万人。其中全部在岗职工人数11.68万人，比上年增加0.1万人；国有经济企业从业人员9.24万人，比上年减少0.18万人；城镇个体、私营劳动者6.34万人，比上年增加1.14万人。个体工商户发展到23 790户，从业人员达45 447人，私营企业1 104户，注册资金9.42亿元。

全年实现全部财政收入9.07亿元，比上年增长25.58%。其中地方财政收入6.01亿元，比上年增长26.20%。全盟财政支出22.65亿元，比上年增长20.82%。

国民经济和社会发展中存在的困难和不足：经济总量太小，占全区比重较低，未形成规模优势，经济发展水平还比较低，缺少支撑性强、带动力大的支柱产业。农业效率低下，水利建设滞后，老百姓生活较贫穷，财政收入和城乡居民收入有待提高。

【农业】　2004 年，农牧业开始走上稳定发展之路，农牧业基地化、产业化程度有了新突破。全年农作物播种面积63.04万公顷，比上年增加1.53万公顷。粮食产量达138.1万吨，比上年减少16.16万吨，减少10.48%；油料产量3.55万吨，比上年减少1.85万吨，减少34.26%；甜菜产量1.15万吨，比上年减少2.95万吨，减少71.95%。

全年完成造林面积55.6万亩。全年实有封山育林面积7.99万公顷。幼林抚育实际面积8.50万公顷，成林抚育面积1.62万公顷，育苗面积1 275公顷，植树 261 万株，果园面积4 160公顷，水果产量1.75万吨。

2004 年末，牧业年度家畜总头数达855.8万头（只）。全盟当年肉类总产量13.69万吨，比上年增长13.33%；牛奶产量21.99万吨；增长2.06倍。由于畜群结构调整，大小畜存栏快速增长。2004 年末全盟家畜存栏总头数650.39万头（只），比上年增长10.73%，其中：大畜存栏51.04万头，同比增长15.74%，羊存栏543.62万只，同比增长10.51%，生猪存栏55.72万头，同比增长8.49%。全盟奶牛总数增加到115 989头，2004 年新增50 639头。

全年水产品产量3 800吨，比上年增长8.48%。全年渔业产值（现价）0.37亿元，同比增长0.51%。

年末全盟农牧业机械总动力达143.85万千瓦。大中型拖拉机2 441台，比上年末增加 346 台，小型拖拉机6.9万台，比上年末增长2.1%。农用排灌动力机械24.5万千瓦，同比增长3.4%。

大力实施农牧民人人3亩水浇地工程,农田水利设施建设得到加强。年末全盟农用井总数达83 084眼,水浇地面积达18.80万公顷。

【工业】 全盟乡及乡以上工业企业总数达563家。2004年工业增加值达24.41亿元,比上年增长28.7%,其中:规模以上工业增加值15.2亿元,增长50.9%;工业产品销售率为98.26%,比上年增长0.63个百分点。工业经济效益综合指数147.45,比上年提高38.24个百分点。主要工业产品产量(乡及乡以上)原煤达142.61万吨,同比增长31.9%;发电量20 917万千瓦小时,同比增长7.2%;糖15 662吨,同比增长79.4%;卷烟325 000万支,同比增长1.6%;水泥64.44万吨;同比增长77.9%;生铁32.25万吨,同比增长22.5%;小型拖拉机3 457台,同比增长159.0%。

【交通 邮电】 2004年公路货运量达1 219万吨,比上年增加6.09%。货物周转量完成112 000万吨公里,比上年增长5.96%。公路客运量完成690万人,比上年增长12.4%;公路旅客周转量完成58 600万人公里,比上年增长8.05%。

邮电部门全年完成业务收入35 468万元。电话年末到达户数250 026户,增长65.3%。小灵通用户87 270户,移动电话达174 347部。

【固定资产投资】 固定资产投资达到前所未有的规模,全社会固定资产投资总额完成53.01亿元,比上年增长65.9%。按投资管理渠道分,基本建设投资完成32.87亿元,增长64.2%;更新改造投资完成3.62亿元,下降14.7%;房地产开发投资完成3.96亿元,增长20.9%。

【内外贸易】 2004年全年实现社会消费品零售总额43.59亿元,比上年增长17.8%。其中:城市零售额23.57亿元,增长22.6%;县级零售额12.15亿元,增长15.0%;县以下零售额7.87亿元,增长9.0%。按行业分,批发零售贸易业零售额35.79亿元,比上年增长16.5%;餐饮业零售额为5.39亿元,比上年增长33.8%;其他行业零售额2.41亿元,比上年增长6.4%。

对外开放、招商引资取得新进展,全年引进盟外资金达80多亿元,其中当年到位32亿元,增长91.2%,引进外资达1 100万美元,增长110%。2004年外贸进出口总额588万美元。其中:出口总额365万美元,增长6.1%;进口总额223万美元,增长6.43倍。

【旅游业】 2002年,兴安盟在全区第一个提出并且也是唯一提出"旅游兴盟"的盟市。三年来,旅游业正在成为全盟新的经济增长点。2004年全盟旅游接待人数首次突破200万人/天,达到202万人/天,比上年增长95.3%;旅游收入首次突破4亿元,实现4.13亿元,增长150%。三年来全盟旅游接待人数和旅游业收入平均增速达到46.2%和79.67%,增速分别超过自治区平均增速1.1倍和1.4倍。

【金融】 全盟金融机构各项存款余额65.44亿元,比上年末增长15.75%。其中:居民储蓄存款余额45.78亿元,增长14.3%。各项贷款余额75.58亿元,比上年末增长3.23%。其中:工业贷款7.87亿元,增长10.0%;商业贷款33.30亿元,下降5.5%;农业贷款7.67亿元,增长11.6%。

【教育】 2004年全盟大中专院校在校生(含成人班)6 468人,比上年增长27.6%;普通中学在校生9.46万人,比上年减少2.27%,其中:普通高中在校生2.43万人,普通初中在校生7.03万人。农职中学在校生0.68万人,比上年减少7.43%。小学在校生11.24万人,比上年减少5.5%。适龄儿童入学率达99.54%,小学升学率96.6%,初中升入普通高中升学率39.48%。

【文化】 全盟有艺术表演团体7个,文化馆7个,文化站82个中,公共图书馆6个。广播、电视覆盖率分别为87.24%和89.91%。广播(调频)电台5座;电视台、转播台和插转台(站)293座。盟级报刊出版发行量16 000份,其中蒙文版1 100份。

【卫生】 全盟有卫生机构319个,比上年增长1.59%。有医疗床位4 070张,比上年减少1.81%;有卫生技术人员5 735人。全盟有妇幼保健机构7个,技术人员227人。有卫生防疫机构6个,卫生防疫技术人员424人。

【体育】 全民健身运动开展普遍。举办县以上运动会5次,参加运动会运动员800人。各类学校学生达到《国家体育锻炼标准》的人数为18.1万人,占应达标学生的98.7%。

【人民生活】 全年城镇居民人均可支配收入6 466元,同比增加629元,增长10.78%。农牧民人均纯收入2 040元,同比增加175元,增长9.38%。城乡居民储蓄存款余额45.77亿元,同比增长14.32%。社会保障基本普及,就业和再就业取得新进展,城镇登记失业率控制在4.5%以内,比自治区平均水平低0.2个百分点。

【人人1~3亩水浇地建设】 兴安盟人人1~3亩水浇地建设从2002年初至开始实施,2004年新增井33 874眼,拥有完好井数已达到82 510眼,通过各方面努力现有配套井数已达44 305眼,全盟纯增水浇地面积达80.1万亩,使水浇地面积达到了338.7万亩。全盟有水源条件的地区的人人1亩水浇地已基本解决,有水源条件地区的80%以上的人解决3亩水浇地。在全盟遭遇有气象记录以来最严重干旱的情况下,所有水浇地均发挥巨大作用。

【解决进城农牧民和外来务工经商人员子女上学问题】 2004年初,兴安盟制定出台相关政策,切实解决农牧民和外来务工经商人员子女上学问题。具体措施是:各级政府、教育部门、学校本着"流入地政府管理为主,公办学校解决为主"的原则,解决进城农牧民和外来务工经商人员子女接受义务教育问题。各级公办中小学要按照"免试就近入学"的原则,在容量许可的条件下,无条件接收学区内有暂住证明的进城农牧民和外来务工经商人员子女入学。义务教育杂费按当地学生相同标准收取,不再收取借读费和其它形式的赞助费。对家庭特别困难的进城农牧民和外来务工经商人员子女,通过设立助学金,减免费用,免费提供教科书等方式帮助他们解决实际困难。

（窦向华）

乌兰浩特市

【领导名录】

市委书记:高震邦
副书记:纪相军(蒙古族 10月离任)
尤国钧(蒙古族 1月任职)
刘剑夕(达斡尔族 1月任职)
张慧敏(女 1月任职)
王玉君(满族 1月任职)
陈延成
吉和(蒙古族 1月任职)
应飔(3月挂职)
周殿文(7月挂职)
市长:尤国钧(蒙古族 2月任职)
常务副市长:刘剑夕(达斡尔族 2月任职)
副市长:孙义刚(2月任职)
巴图(蒙古族)
周文峰(2月任职)
王才(满族 2月任职)
张世晶(女 2月任职)
科技副市长:王金国(2月任职)
人大主任:纪相军(蒙古族 2月任职)
副主任:郝维巧(女 满族)
宝新民(蒙古族 2月任职)
陈长青(蒙古族 2月任职)
陈世平(2月任职)
政协主席:额尔敦宝力高(蒙古族 2月任职)
副主席:张淑荣(女 2月任职)
刘剑夔(2月任职)
武装部长:尚德明
政委:蒋辉(3月任职)

【概况】 乌兰浩特市位于内蒙古自治区东北部,西南与吉林洮南市毗邻,其余方位均于科尔沁右翼前旗接壤,地理坐标为北纬45°55′~46°18′和东经121°50′~122°20′之间,总面积865.15平方公里。全市辖4个镇,设7个街道办事处。2004年末,全市有汉、蒙古、朝鲜、回等17个民族,总人口285 968人,其中蒙古族人口74 541人。全市人口中有223 073人分布在城区,62 895人分布在农村。全市人口密度为每平方公里366人。

2004年,全市生产总值完成35.81亿元,增长18.8%,总量占全盟的35.7%,均量是全盟平均水平的2.1倍。其中第一产业增加值完成3.18亿元,增长23.1%;第二产业增加值完成16.1亿元,增长29.6%;第三产业增加值完成16.53亿元,增长9.2%。经济结构进一步优化,三次产业比为9: 45: 46。全社会固定资产投资完成27.33亿元,增长64.5%,占全盟的51.5%。财政收入完成3.77亿元,增长35.9%,占全盟的41.5%,其中地方财政收入完成1.52亿元,增加56%。GDP含税率达到10.5%,比上年提高1个百分点。城镇居民人均可支配收入达7 250元,比上年增加699元,比全盟平均水平高784元;农民人均纯收入达3 203元,比上年增加585元,比全盟平均水平高1 163元。居民储蓄存款余额达25.5亿元,比年初增加4.4亿元。城乡居民家庭恩格尔系数分别达到29.5%和46.9%。城市居民人均住宅建筑面积达到21.4平方米,住宅成套率达到53.3%。

【工业】 全口径工业增加值完成12.68亿元,增长35.4%,占GDP的比重达到35.4%,比上年提高4.3个百分点。规模以上工业增加值完成10.21亿元,增长47.6%。工业企业实现税收2.85亿元,增长17.7%。39个工业重点项目开工33个,竣工22个,累计完成投资7.15亿元。特别是蒙牛二期、白医制药、绿色有机肥、金谷粮油等扩产改造项目的竣工投产,对全市经济发展起到巨大加速作用。四镇民营企业创业中心的基础设施进一步完善。开发区新入驻企业3家,总数达到13家,完成工业增加值1.85亿元,比去年翻一番;创业中心引进项目62个,实现工业增加值3 300万元。全社会消费品零售总额实现21.12亿元,增长19.5%。

【农牧业】 畜牧业在大农业中的主导地位进一步巩固,增加值占一产的比重达到70.9%。尤其是乳业发展迅猛,新增奶牛2万余头,总数突破6.2万头,占全盟的53.9%。种植业结构进一步优化,水稻、蔬菜和饲料播种面积占总播种面积的35.6%,对大灾之年增加农民收入起到十分关键的作用。农产品加工转化能力日益增强,产值在300万元以上的农产品加工企业达到27家,实现销售收入8.2亿元,出口创汇110万元。

【旅游业】 全年接待游客67.9万人,旅游收入首次突破亿元。旅游建设项目进展顺利,王爷庙复建项目完成一期工程,投资6 000万元的四星级宾馆项目开工建设,投资3亿元的蒙元文化一条街项目达成开发建设协议。成吉思汗旅游景区通过专家组验收,晋升为国家3A级旅游景区。加强与周边地区旅游资源的衔接,在自治区规划的东部4条黄金路线中,有3条经过乌兰浩特市,增加了本市旅游客源和知名度。

【招商引资】 全市共引进项目92个,引进国内资金8.46亿元,增长59%;引进外资386.6万美元,增长46.4%。向上争取资金6 781万元,增长39.6%,是当年地方财政收入的44.6%。

【城市建设】 罕山街公铁立交桥开工建设,桥梁基础已经完工,预计2005年10月竣工投入使用,乌兰浩特市与科尔沁右翼前旗新址连接路完成路基铺设,具备通车条件。投资1.2亿元的城市管道燃气工程动工建设,完成部分路段和室内管线铺设任务。滨河小区开发建设用地24万平方米,完成工程投资2.6亿元。市政广场一期工程和综合办公楼二期工程建设基本完成。妥善解决第二热源经营权移交问题,全力支持企业扩网改造,确保城市东部原有和新增供热面积正常供暖。全年房地产开发建设面积达到33.7万平方米,实现投资2.3亿元。一期建设12万平方米的物流中心正式启动运营,成为全盟首家集仓储运输、包装配送等功能于一体的大型物流服务平台。

完成丝绸路、复兴东街综合改造工程,改善道路通行条件。安排专项资金150万元,治理小巷24条。城区新增绿地面积8万平方米,绿化覆盖率达到26.64%,人均公共绿地面积达到16.3平方米。圆满完成联胜街、团结街、乌兰街排污排水,爱国南路排洪明渠清障清淤,污染源调查整治,给水管网改造和环卫设施建设工程任务。

【社会事业】 全年共举办科技培训班378期,培训农民3.5万人次;推广区级先进适用技术10项、盟级18项。新建兴安二小、一中、四中、五中教学楼,配备多媒体电教设备,安装远程教育网,进一步改善办学条件。成功承办乌兰浩特国际女子网球挑战赛和首届"友好城市杯"老年门球邀请赛。

2004年乌兰浩特市模范人物名录

姓名	性别	民族	工作单位	授予机关	奖项
宝音	男	蒙古	乌兰浩特市人民法院	国家最高人民法院	"全国法官十杰"提名奖
于德信	男	汉	乌兰浩特市水保站	国家水利部	全国水土保持先进个人
段宏波	男	汉	蒙牛乳业乌兰浩特有限责任公司	自治区党委、政府	劳动模范
华宝柱	男	蒙古	乌兰浩特市乌兰哈达镇东白音噶查	自治区党委、政府	劳动模范
郁宝祥	男	蒙古	乌兰浩特市环境卫生管理处	自治区党委、政府	劳动模范
张斯琴	女	蒙古	乌兰浩特市蒙古族小学	自治区党委、政府	劳动模范
韩士杰	男	蒙古	乌兰浩特市公安交警大队	自治区党委、政府	劳动模范
孔祥玲	女	汉	乌兰浩特市司法局	自治区政府	全区人民调解工作先进个人
阿拉塔	男	蒙古	乌兰浩特市人民法院	自治区政府	优秀基层人民调解员

【社会保障】 五大险种全面实施,同时推进,新增参保人数12 071人,总数达到69 448人,全年发放社会保险金4 713万元。城镇居民最低社会保障和环卫工人工资标准进一步提高,12 000人从中受益。安置就业4 486人。政府出资83万元开发公益岗位,安排360名"4050"人员就业。全年劳务输出9 972人,比上年增加6 525人。

【扶贫帮困】 在全盟率先成立慈善协会,建立健全扶贫帮困机制向上争取和向社会募集资金50万元。深入开展扶困再就业援助行动,全市党政机关、事业单位捐款78万元,帮扶1 000名下岗失业特困人员。提高农村特困人口救助标准,市级财政救助比例由每年每人100元增加到200元,全年发放救助金18.5万元。推广流动畜群扶贫方式,购进优质绒山羊624只,扶助贫困户104户。

(孙文 李树森 张天凡)

【重点项目建设】 8月16日,内蒙古奈伦集团乌兰浩特有限责任公司马铃薯淀粉加工项目奠基仪式在乌兰浩特市经济技术开发区举行。奈伦集团董事长郭占春，呼和浩特市委常委、统战部长朝鲁，自治区政协提案委员会副主任、乌兰浩特市经济顾问窦连玺，兴安盟委书记崔国柱，乌兰浩特市委书记高震邦、人大主任纪相军、市长尤国钧等参加。该项目计划总投资1亿元，建成投产后，可形成年生产加工马铃薯淀粉4万吨的生产能力，年销售收入25 000万元，上缴税金2 500万元。

至12月末，内蒙古电力(集团)公司4×30万千瓦热电联产项目完成在乌兰浩特选址规划完成了项目可研编制等前期工作，该项目一期工程建成后，可实现销售收入10亿元，上缴税金9 000万元。

至12月末，总投资1.22亿元的蒙药"爱克泻"研发项目被列入国家"双高一优"项目行列，该项目已完成前期投入2 710万元，达产后，年产中蒙药500吨，销售收入20 000万元，上缴税金2 000万元。

（林夕　钟智杰）

阿尔山市

【领导名录】

市委书记：李　锋（蒙古族 10月离任）
副 书 记：刘维东
　　　　　吴长青（蒙古族）
　　　　　李久春（满族）
　　　　　李俊彦
　　　　　王振华
人大主任：刘汉智
副 主 任：徐淑兰（女）
　　　　　王永和（1月任职）
　　　　　许宏霞（女 1月任职）
市　　长：刘维东（2月任职）
副 市 长：王维孝
　　　　　周学文
　　　　　陈德慧（蒙古族）
　　　　　邵常翠（1月任职）
　　　　　崔铁文（1月任职）
　　　　　李晓光（1月任职）
政协主席：任忠民（2月任职）
副 主 席：包　林（蒙古族）
　　　　　李秀玲（女）
　　　　　包　儒（女 1月任职）
　　　　　关喜君（满族 1月任职）
武装部长：侯金钟
政　　委：赵建涛（3月任职）

【概况】　阿尔山市位于兴安盟西北端，地理位置为北纬46°39′～47°39′，东经119°28′～121°23′之间。总面积7 408.7平方公里。辖区内设有伊尔施、天池、白狼、王岔沟、明水5个镇和温泉、新城、林海3个街道办事处，全市总人口50 182人；其中男性26 268人，占总人口的52.3%；少数民族人口9 423人，占总人口的18.8%；非农业人口48 563人，占总人口的96.8%。人口出生率5.78‰，死亡率3.88‰，自然增长率1.9‰。

2004年，阿尔山市国内生产总值完成42 827万元，同比增长15%。其中，第一产业完成增加值12 662万元，同比增长7.1%；第二产业完成增加值11 553万元，同比增长33.4%；第三产业完成增加值18 612万元，同比增长11%；三种产业结构比例为29.56∶26.97∶43.47。财政收入完成4 388万元，同比增长38.6%；人均国内生产总值7 219元，同比增长14.8%；城镇居民人均可支配收入6 405元，比上年增长8.5%；农牧民人均纯收入2 458.7元，比上年增长10.2%。

【农业】　农作物播种面积12 717公顷，增加1 100公顷；实现定单农业5.5万亩。粮食总产量19 509吨，比上年增加11.5%；其中小麦产量14 184吨，比上年增加8.6%；油菜籽3 134吨，比上年增加271%；亚麻3 160吨，比上年减少38吨；青饲料3 140吨，比上年增加657吨。农牧业机械总动力34 220千瓦，大中小拖拉机1 504台，机耕面积22万亩，机收面积15.8万亩；全年化肥用量2 142吨，农药用量28吨，农用柴油用量820吨。

【畜牧业】　全市养鹿2 105头，奶牛1 275头；全年大小牲畜存栏12.61万头（只）。

【林业】　全市完成封山育林7 000亩，人工造林4 000亩，荒山造林4 000亩，义务植树3万株。乡镇企业产值8 877万元，增加值完成2 847万元，上缴税金761万元。

【工业】　工业增加值完成979万元，同比增长4.6%；其中乡及乡以上工业增加值完成674万元，同比增长25.2%，主要工业产品产量为：矿泉水1 588吨，食用植物油105吨，纸箱66吨，砖1 069.5万块。工业产品销售率为104.6%。

【交通 邮电】　公路客运量24.5万人，客运周转量1 062万人公里；货运量52万吨公里，货运周转量810万吨公里。邮政电信业务量2 101万元，同比增长16%。固定电话用户8 900户，其中住宅电话6 700部，增长11.7%；移动电话11 000户，增长10%。

【建筑业】 全社会固定资产投资45 026万元,比上年增加23 785万元,同比增长112%。建筑业完成增加值10 574万元,同比增长37%;竣工面积54 433平方米,其中住宅面积25 819平方米;基本建设投资16 532万元。

【商贸】 社会消费零售额完成21 443万元,增长14.5%;其中批发零售业零售额14 270万元,餐饮业零售额3 861万元,其它服务行业零售额3 312万元;外贸出口60万美元。招商引资全年利用国内资金23 965万元,争取专项资金3 636万元。

【旅游业】 全年接待旅游人员数66.7万人天次,旅游社会总收入16 008万元,同比增长58.1%。

【金融保险】 金融机构贷款余额30 574万元,同比下降13.8%。储蓄余额达46 726万元,同比增长15.3%;其中城镇居民储蓄存款达30 569万元,增长13.8%。保险机构保费收入807万元,下降9.1%;赔付387万元,下降3.7%。

【教育】 全市有中小学12所,幼儿园2所;教职工634人,其中专任教师445人,在校学生5 495人。

【卫生】 全市现有卫生机构26个,卫生技术人员236人,床位6 697张。

【体育】 2004年承办了内蒙古第二届圣水节和内蒙古第三届冰雪节。

【人民生活】 年末全市单位从业人员5 421人,同比增加6.6%;单位从业人员平均劳动报酬9 466元,同比增长18.6%。城镇居民人均居住面积19.76平方米。城镇居民最低生活保障1 963人。全年安置下岗人员107人。实有登记失业人数211人,城镇登记失业率2.5%。

【"创优"工作】 "中国优秀旅游城市"是国家旅游局为推动全国旅游行业健康发展而设立的一个国家级行业评比活动。阿尔山市自1999年以来就提出要通过"创优"工作,发展阿尔山旅游事业,提升阿尔山城市品位。为此,阿尔山市一方面广泛借鉴外地先进经验,对旅游业的发展进行科学规划;另一方面采取措施对全市的旅游资源进行合理整合与科学开发,对景区景点及周围环境进行有效的保护。同时,通过运用行政手段进行规范与引导、用市场手段进行推动等方法对旅游市场进行大力整顿,使之更加规范、有序。2004年5月,阿尔山市对"创优"工作进行全面总结,并正式向国家旅游局提出验收申请报告。7月中旬,阿尔山"创优"工作通过自治区旅游局的初审;8月下旬,接受了国家旅游局的严格验收,并获得通过,一跃成为自治区首个获"中国优秀旅游城市"殊荣的城市。

(肖光 刘贺)

科尔沁右翼前旗

【领导名录】

旗委书记:额尔敦敖其尔(蒙古族)
副书记:张世伟
王世平
包石头(蒙古族)
朱邦柱(蒙古族 4月离任)
张运发
人大主任:艾斯扎布(蒙古族)
副主任:胡文品
王红(女 蒙古族)
周晓春
黄树发
旗长:张世伟
副旗长:丁宪章
黄宝平
包德龙(蒙古族)
刘丽华(女)
王爱群(蒙古族)
王旺盛(蒙古族)
科技副旗长:汤天翔
政协主席:卢玉玺(蒙古族)
副主席:纪景兰(女 蒙古族)
包代小(女 蒙古族)
白瑞庭
武装部长:李庆科
政委:王吉拉(蒙古族)

【概况】 科尔沁右翼前旗位于内蒙古自治区东北部,大兴安岭南麓。东与吉林省白城市洮北区、镇赉县,兴安盟扎赉特旗毗邻;南接白城市洮北区、洮南市,兴安盟突泉县、科尔沁右翼中旗;西与锡林郭勒盟东乌珠穆沁旗,蒙古国接壤;北至兴安盟阿尔山市、扎赉特旗。北纬45°42′07″~47°1′36″,东经119°31′51″~122°52′07″。南北长102.7公里,东西宽198公里,总面积20 343.7平方公里。中蒙边境线长32.553公里。全旗辖5个苏木、4个乡、11个镇、3个管理区、1个种畜场。总人口

35.92万人，其中：蒙古族16.37万人，旗境内人口密度为每平方公里17.7人。

全旗地区生产总值实现22.2亿元，同比增长31.4%。其中，第一产业实现9亿元，同比增长21.6%；第二产业实现6.7亿元，同比增长48.9%；第三产业实现6.5亿元，同比增长30%。固定资产投资达7亿元，同比增长38.6%。财政收入实现11 168万元，同比增长35%。城镇居民人均可支配收入达6 210元，同比增长9.3%；农牧民人均纯收入1 841元，同比增长7.7%。

【农业】 2004年，全旗遭受百年不遇的旱灾，面对灾情，全旗上下不等不靠，通过采取适时早播、抗旱坐水种、开展夏灌夏浇、强化田间管理等措施，使灾害带来的损失降到最低程度，全旗粮食总产达到3.5亿公斤。2004年全旗共打井3 679眼，新增水浇地11万亩。全旗累计完成造林26.9万亩，其中退耕还林工程14.9万亩；速生丰产林12万亩。从2004年12月1日起在全旗范围内实施封山禁牧。

【畜牧业】 牧业年度家畜总头数达374.2万头（只、口），纯增率达15.4%，其中大小畜达352.5万头（只），纯增率达15%。全旗新发展农牧结合户13 160户，使农牧结合户总数占全旗农牧户的78%。新增奶牛9 240头，奶牛存栏2万头。

【工业】 2004年，全旗工业增加值实现4.8亿元，同比增长55.2%，其中规模以上工业企业增加值1.95亿元，同比增长60.5%；实现税金2 135万元，同比增长29.8%。累计完成投资额20 135万元。乡镇工业发展迅速，完成工业项目总投资9 320万元。

【个体私营经济及招商引资】 全旗个体私营企业3 910户，从业人员达到7 549人，注册资金20 624万元，实现税金1 500万元。全年引进国内资金5.48亿元；向上争取专项资金11 207万元；引进国（境）外资金182万美元。

【社会事业】 继续实施科教兴旗战略。新建一个盟级农业科技示范园区。农作物优良品种覆盖率达95%以上，良改畜比重达96.1%。顺利完成中小学内部管理体制改革，优化配置教育资源。实施"彩虹文化计划"、"全民健身计划纲要"等，文化体育事业有了新的发展。深化卫生系统管理体制改革，旗、乡、村三级医疗保健网建设和社会公共卫生管理等工作得到加强。计划生育工作稳定发展，全旗人口出生率为9.32‰，计划生育率达99.78%。劳动就业和社会保障体系进一步健全，养老保险金、失业保险金、最低生活保障金得到按时足额发放。全年共为2 436名失业人员成功介绍职业，安置城镇失业人员2 134名。

【扶贫】 继续扶持列入"千村扶贫开发工程"先行启动的43个重点贫困村。扶持特困户2 308户、9 700人。全年共争取上级扶贫资金394万元，社会扶贫资金940.9万元。下拨救灾款110万元，帮助重灾区解决口粮90万公斤。

【迁旗建镇】 迁旗建镇工作有条不紊进行。先行启动的连接路桥、市政道路等25项工程有不同程度的进展，累计完成投资2.59亿元。13个旗直部门办公楼已开工建设，完成投资4 211万元。

【公路交通建设】 全旗累计完成地方公路重点工程建设投资12 392万元。完成通乡水泥路31公里；完成新建通村公路68公里；整修公路2 000余公里；全旗现有13个苏木乡镇累计硬化中心街近50公里。

【灾情】 入春以来，科尔沁右翼前旗发生沙尘暴和持续的干旱，特别是4月至7月间的旱情是百年未遇的。9月份灾情调查，全旗23个苏木、乡、镇、管理区的241个嘎查村的34万农牧业人口全部受灾，其中：成灾人口30万人。全旗260万亩耕地全部受灾，其中，绝产面积118万亩。有27万人不同程度缺口粮，缺粮5 960万公斤。全旗1 632万亩可利用草场全部受灾，其中：未返青草场1 272万亩。受灾牲畜320万头（只），因缺饲草死亡的大小畜1.3万头（只）。旗境内4座水库枯竭，5 000眼抗旱井、2.5万眼人畜饮水井干枯。旱灾造成农牧业直接经济损失1亿元。

【旗大事】

1.4月15日，全国政协副主席、中国社会科学院院长、中国地方志指导小组组长陈奎元为《科尔沁右翼前旗志》（1989～2000年）题词："翘首期盼科右前旗进入小康行列，衷心祝愿家乡人民攀登文明高峰"。

2.5月，科右前旗选派190名中青年干部赴区外谋职锻炼。

3.6月9日，科右前旗被国家和自治区定为聋儿社区家庭康复试点地区。

4.9月15日，科右前旗葛根庙首次举行上万人参加的开光法会。9月28日，科右前旗葛根庙大雄宝殿奠基仪式隆重举行。

5.10月，科右前旗被列为全国"兴边富民行动"重点旗。

（季占成 王学东 王爱群 董旭明）

科尔沁右翼中旗

【领导名录】

旗委书记:波特奇(蒙古族)
副 书 记:高长胜(蒙古族)
　　陈凤岐
　　刘庚海
　　乌力吉(蒙古族)
　　陶特格(蒙古族)
　　黄凤武
　　嵇浩存
人大主任:嘎　达(蒙古族 2 月任职)
副 主 任:白长山(蒙古族 2 月任职)
　　高黑龙(蒙古族 2 月任职)
　　王丽华(女 蒙古族 2 月任职)
旗　　长:高长胜(蒙古族 1 月任职)
副 旗 长:刘庚海(2 月任职)
　　白长胜(蒙古族)
　　朝克图(蒙古族 2 月任职)
　　曲贵军(2 月任职)
　　赵田喜(蒙古族 2 月任职)
　　王喜林(2 月任职)
　　白晶莹(女 蒙古族 2 月任职)
政协主席:庄　子(蒙古族 2 月任职)
副 主 席:董文亮(蒙古族)
　　吴栓柱(蒙古族)
　　白金叶(女 蒙古族 2 月任职)
　　霍俊亮(蒙古族 2 月任职)
武装部长:王领全(3 月任职)
政　　委:张　健

【概况】 科尔沁右翼中旗位于内蒙古自治区兴安盟南部,北与科尔沁右翼前旗、突泉县为邻,东与吉林省通榆县、洮南市接壤,南与通辽市科尔沁左翼中旗相连,西与通辽市扎鲁特旗、霍林郭勒市以及锡林郭勒盟的东乌珠穆沁旗毗邻。位于北纬44°15′~46°41′、东经119°34′~122°18′之间。总面积15 613平方公里。全旗辖 18 个苏木镇(管理区),23 个居委会,173 个嘎查,456 个艾里。总人口为246 848人,同比增长0.46%,自然增长率为6‰。

2004 年,全旗地区生产总值完成12.5亿元,同比增长13.6%(按 2000 年可比价格计算。下同)。其中,第一产业增加值实现4.1亿元,第二产业增加值实现4.8亿元,第三产业增加值实现3.6亿元,同比分别增长44%、43.3%和6.7%。固定资产投资实现5.1亿元,同比增长94.3%。全社会商品零售额达4.23亿元,同比增长11.9%。财政收入8 120万元,同比增长31.2%。实现联合项目 90 个,引进国内区外资金5.3亿元,同比增长115.4%,引进国(境)外资金 101 万美元,同比增长94.6%,出口创汇100.8万美元,同比增长83.3%。

【农业】 农业生产虽然遭受百年未遇的大旱灾,但粮食产量仍达到1.53亿公斤,为上年的83.3%。农业总产值为7.65亿元,同比增长11.6%;乡镇企业产值达7.1亿元,引进项目 35 个,资金4 200万元,新办企业 53 个,实现增加值2.63亿元,同比增长19%。

【畜牧业】 2004 年牧业年度,全旗家畜总头数170.9万头(只、口),其中,大小畜总头数152.2万头(只),同比分别增长5.5%和5.3%;出栏大小畜79.3万头(只、口),出栏率为54.9%;大小牲畜商品率为53.2%;产肉量26 470吨,与上年基本持平;销售皮张56.5万张;牛奶产量4 810吨,与上年持平;禽蛋产量2 793吨,为上年的98.4%。畜牧业产值占农业总产值的比重为56.5%。

【工业】 2004 年,全旗乡及乡以上工业增加值实现3.1亿元,同比增长47.6%;限上工业企业增加值实现6 864万元,同比增长56.2%。工业重点项目建设又有新突破,推进实施 19 个重点项目,完成投资6.05亿元,同比增长13.7倍。其中,10 个项目已分别启动运营。内蒙古富祥发电有限责任公司科右中2×13.5万千瓦热电厂项目,完成"四通一平"工程及主厂房、冷却塔和烟囱的基础工程,装机主要设备已订购,完成投资4.02亿元;山东鲁能科右中电厂一期 2×60 万千瓦项目可研报告通过国家电力规划总院的审查,6 个专题报告、21 个支持性文件待上报国家发改委核准。百吉纳工业基地已有 9 户企业入驻。加大对矿产资源的勘探和开发力度,投资1 030万元在新佳木苏木至高力板镇凹陷带、铅矿周边等地带,对煤、地热、高岭土、硅石、多金属等矿产资源进行重点祥查,加快资源的有序开发,为培育后续经济增长点奠定基础。全旗工业总产值达3.13亿元,同比增长47.6%。其中,重工业产值6 864万元,轻工业产值为2 130万元。工业经济效益综合指数达到135.84%,产品销售率达到98.97%。主要工业产品产量:白酒7 743吨,原煤23.89万吨,水泥1.85万吨,红砖24 682万块,铜精矿含铜量 764 吨,铁合金1 504吨。

【林业】 2004 年全旗新增造林面积 22 万亩,其中,速生丰产林 13 万亩。完成补植造林21.58万亩。年内引进资金 927 万元,完成造林3.76万亩。

【水利】 继续实施以水利为中心、农田草牧场基本建设为内容的“1350”工程，全旗各类井达到20 171眼，井上配套5 100万台套，水浇地面积突破60万亩，大灾之年发挥了重要作用。

7月19日，兴安盟夏季农田草牧场水利基础建设现场会在科右中旗召开。副盟长陈国才，盟农、牧、林、水等部门领导，各旗县市分管领导参加现场会。

【生态建设】 2004年，实施日本国“小渊惠三绿化交流基金会”无偿投资1 060万元的生态保护项目二期工程，并争取到“三期”工程，将得到无偿投资1 500万日元。完成水土保持治理面积16.9万亩，退牧还草95万亩，新增草牧场围封面积95万亩，退耕还草32万亩，种植优质牧草20万亩。科尔沁国家级自然保护区内38.1万亩天然林被纳入国家第一批公益林补偿范围，每年将得到国家补偿资金171万元。农建工作在全区评比中获得第二名的好成绩；森林草原防火工作取得较好成绩，被“两盟三市”森林草原防火联防会评为先进单位。

【交通 邮电】 2004年，全年公路载客完成139万人，同比增长1.5%；公路运输243万吨，同比增长2.1%；公路通车里程1 607.48公里。完成公路客运周转量为8 529万人/公里，货运周转量为1 651万吨/公里。铁路载客14.7万人，铁路货运14.2万吨。有市话18 609部，其中住宅电话7 648部；有移动电话5万部；同比增长32%；有小灵通电话8 637部，宽带用户797户。

【基础设施】 2004年，投资2 170万元，重点在巴彦呼舒镇实施10项益民工程，即：巴彦呼舒镇桥北区主要街路改造（硬化、绿化、亮化、排污）、五角枫广场、河堤广场扩建、“三线”（电力线、通讯线、有线电视线）下埋、集中供热二期和自来水管网改造工程，除五角枫广场工程正在做前期工作外，其余9项工程已基本完成；继续加大房地产开发力度，新增开发面积5.8万平方米。巴彦呼舒镇、高力板镇、吐列毛杜镇和坤都冷苏木自来水已投入使用。高力板镇至吉林省通榆县开通镇的20.5公里三级油路完成土建基础工程，续建高力板镇至巴彦茫哈苏木40.9公里水泥路，完成巴彦呼舒镇至新佳木苏木30公里水泥路建设；打通不通公路嘎查21个，241.3公里，建设水泥路50.5公里，在全盟验收评比中获第一名。投资3 400万元，实施农村电网改造工程，全旗234个艾里供电设施得到明显改善。

【扶贫开发】 在大灾之年全旗仍然解决21 472个贫困人口的温饱问题，是盟下达任务的2.7倍，是近年解决温饱人口最多的一年。“南三苏木”区域扶贫工作取得突破性进展，基本完成“352工程”（人人3亩水浇地、人人5只羊单位牲畜、人人2亩林地）建设；动员旗直机关干部职工为“南三苏木”贫困户捐资建房，累计捐资180万元，实施和基本完成6个示范村、300户危房改造工程；解决“南三苏木”7 120贫困人口的温饱问题，完成区域扶贫工作三年任务的82%，高出盟下达责任目标2个百分点。

【撤苏木设镇】 2004年，好腰苏木和杜尔苏木被自治区批准为建制镇，名称和驻地未变，使全旗建制镇数增到6个，新增城镇人口5 000人，城镇化率达到32%。

【个体私营经济】 年底，全旗个体私营户达到3 258户，从业人员5 511人，注册资金3 334万元；私营企业76户，从业人员1 600人，注册资金3 973万元。

【文化】 2004年，全旗有文化艺术表演团体1个，文化馆1个，基层文化馆16个，市场管理办公室1个，文物管理所1个，图书馆1个。有中波发射台1座，广播电台1座，电视转播台2座，有线电视转播台17座，广播电视人口综合覆盖率100%。为挖掘科尔沁文化，打造民族文化大旗，举办首次全旗乌力格尔艺人培训、第三届乌力格尔大赛和农村牧区、旗直单位文艺调演；举办第二届科尔沁赛马节暨那达慕大会，观众总人数达30万人次；编制5 000套《走进科尔沁草原腹地—科尔沁右翼中旗》旅游宣传册和光盘，并录制《图什业图歌专辑》，搜集、整理、出版了《科尔沁右翼中旗—乌力格尔之乡》一书。

【教育】 高考专科以上升学人数750人，创历史新高；中小学辍学率分别控制在1.89%和0.13%以内；落实农村牧区中小学生“两免一补”资金245万元，补发1999年以前拖欠教师工资300万元；国家投资2 800万元的寄宿制学校工程开始启动，争取到远程教育设备资金500万元。全旗有中小学校226所，在校生34 285人。其中，普通中学14所，在校生10 407人；小学212所（含教学点），在校生23 878人。有专任教师2 831人，学龄儿童入学率99.95%；有职业中学1所，在校生141人；有聋哑学校1所，在校生13人；有幼儿园58所，在园儿童3 327人。

【卫生】 全旗医疗卫生单位28个，其中，旗级医疗卫生单位4个。有医疗卫生人员1 249人，其中专业技术人员989人。有病床566张。全年共投入150万元，改善基层卫生院医疗条件。被列入全国新型农村牧区合作医疗试点旗县。人口出生率控制在10.78‰以内，计划生育率99.92%。

【人民生活】 2004年，全旗城镇居民人均可支配收入实现5 904元，同比增长12.4%；农牧民人均纯收入实现1 698元，同比增长4.4%；城乡居民储蓄存款余额达到2.9亿元，同比增长12.5%。

【社会保障】 2004年，大力实施城镇养老保险、失业保险、医疗保险和最低生活保障制度，养老保险社会化发放率达到100%，发放养老金1 148万元；参加失业保险人数达到11 754人，发放失业保险金52万元；安置下岗失业人员1 263人，其中"4050"人员101人，城镇人口登记失业率控制在4.3%以内；参加医疗保险人数12 955人，医疗保险覆盖率达到55%；城镇居民最低生活保障线标准由每月80元提高到110元，享受最低生活保障人员达3 434人，发放城镇居民最低生活保障金240万元，基本实现动态管理下的应保尽保；切实加大农村牧区救灾救济工作力度，全年下拨救灾粮154.5万公斤，组织劳务输出17 053人，增加农牧民收入6 000多万元，兑现粮食直补资金626万元；在巴扎拉嘎等3个苏木镇推行苏木镇干部职工工资由旗财政统一发放试点工作。

【可口可乐希望小学】 9月18日，建成由可口可乐中国有限公司援助40万元兴建的巴彦胡舒可口可乐希望小学和好腰苏木可口可乐希望小学。可口可乐中国有限公司总监牛世忠，可口可乐天津饮料有限公司党委书记张立芬等为这两所学校揭匾并赠送礼物。

【招商引资项目】 10月26日，内蒙古鲁能科右中电厂奠基仪式在巴仁布敦化西侧鲁能科右中电厂厂址隆重举行。鲁能科右中电厂是山东鲁能发展集团公司在内蒙古兴安盟兴建的2×60万千瓦机组电厂。是旗最大的招商引资项目。11月26日至28日，内蒙古鲁能科右中电厂一期2×60万千瓦工程可行性研究报告审查会议在乌兰浩特召开。科右中电厂前期工作进展迅速，项目申请报告已编制完毕，并上报自治区发改委预审。

【爱心捐助】 11月10日，国家广播电影总局在本旗资助"春蕾女童"捐赠仪式在好腰苏木学校举行。这次捐赠7 000元资助20名贫困女生完成初中学业。11月18日，科尔沁名人爱心小学揭牌仪式在巴镇二完小举行。这是国务院新闻办和中国人权协会牵头百名名人捐助兴建的。

【引绰济辽】 12月16日，由国家水利部松辽委总工朱振家、自治区水利厅副厅长于长剑等专家组成的"引绰济辽"工程考察团在副盟长陈国才陪同下到科右中旗调研。"引绰济辽"（原称"北水南调"工程）工程是国务院1994年批准的《辽河、松花江流域综合规划》的核心工程，重点解决包括通辽在内的辽河中下游资源性缺水问题，扎赉特旗文得根水利枢纽是调水的三大水源工程之一。按照规划，通过文得根水利枢纽工程，将绰尔河水调到察尔森水库，输水线路59.25公里，投资8亿元，利用察尔森水库将河水调到翰嘎利水库，这段输水线路225公里，投资21亿元。

（史玉清　色音巴雅尔　乌日嘎）

扎赉特旗

【领导名录】

旗委书记：刘景毓（1月离任）
邵万荣（1月任职）
副书记：赵云翔（蒙古族）
孙静波（满族 1月离任）
高长胜（蒙古族 1月离任）
王　炎
张双泉（蒙古族）
王森林
人大主任：贺琪叶勒图（蒙古族 2月离任）
丛培君（2月任职）
副主任：刘振兴（2月离任）
姜玉艳（女 2月离任）
宝　德（蒙古族 2月离任）
赵胜志（2月离任）
谷桂霞（女 2月任职）
关永泉（锡伯族 2月任职）
吴跃进（蒙古族 2月任职）
旗长：赵云翔（蒙古族 2月任职）
副旗长：乌力吉（蒙古族 1月离任）
王森林（1月离任）
海　龙（蒙古族 1月离任）
刘郡生（1月离任）
张　旭（女 1月离任）
朱中文（1月离任）
哈　达（蒙古族）
汪　晶（女 满族）
包常柱（蒙古族）
图布新（蒙古族）
王常君
巴　图（蒙古族）
科技副旗长：费生林
政协主席：白永才（蒙古族 2月离任）
乌力吉（蒙古族 2月任职）
副主席：海　宝（蒙古族 2月离任）

王喜忠

孙耀夫(2月离任)

刘郡生(蒙古族 2月任职)

钱连瑞(女 2月任职)

武装部长:毕洪良

政 委:段英正(2月任职)

【概况】 扎赉特旗位于内蒙古自治区兴安盟东北部,嫩江右岸,大兴安岭东南麓。东接黑龙江省龙江县,南与黑龙江省泰来县、吉林省镇来县交界,西连科尔沁右翼前旗,北与呼伦贝尔盟扎兰屯市毗邻。地理坐标为北纬46°04′~47°21′,东经121°17′~123°38′之间。旗境东西长210公里,南北宽143公里。总面积11 155平方公里。地属大兴安岭向松嫩平原过渡地带,多山地和丘陵,地势由西北向东南倾斜,地形依次为低山、丘陵和平原。全旗总人口394 446人,其中蒙古族161 926人。人口密度为35.4人/平方公里。

2004年全旗地区生产总值达16.01亿元,财政收入实现9 029万元。城镇居民人均可支配收入达5 938元,农牧民人均纯收入1 762元。

【农业】 全旗粮食播种面积196 636公顷,高油大豆基地20万亩,杂粮杂豆基地50万亩,优质玉米基地150万亩,优质水稻基地14万亩,粮食总产量达4.51亿公斤。

【畜牧业】 牧业年度家畜总头数达到2 187 133头只(口),奶牛存栏11 458头,新增奶牛7 232头。农牧结合户达50 026户,新增农牧结合户20 926户。

【林业】 全旗造林32万亩,其中速生丰产林18万亩,退耕还林14万亩。

【水利】 全年完成水利建设投资2 600万元。绰勒水库2004年完成投资6 030万元,至2004年底完成原概算工程的60%。2004年乡及乡以上工业产值43 209.9万元。

【工业】 全旗全年共实施工业重点项目14个,项目总投资2.8亿元,当年完成投资1.2亿元。其中9个项目完工投产。全部工业增加值实现1.78亿元。

【交通】 2004年投资2 646万元,累计投资6 146万元。全旗新修乡村公路10条,总长131.2公里。音德尔至江桥公路主体工程完工。全旗境内公路总里程达2 535公里,全年客运量122万人次,货运量达212万吨。

【邮政】 全年业务总量453.9万元,邮政业务收入412.0万元;电信业务收入1 870.99万元,全旗电话总数3.25万部,其中小灵通1.16万部,音德尔镇1.89万部,全旗电话普及率8.5部/百人,音德尔镇电话普及率28.5部/百人;全旗移动用户3.5万户,中国联通用户4 700户。

【科技】 全年培训农牧民10万人次,培训乡村技术骨干1 200人次。2004年科技进步对经济增长的贡献率达到43%。2004年秋季高考专科以上上线762人,全旗中小学、职业学校295所,中小学在校生43 757人,中小学教师3 828人。

【卫生】 全旗医疗单位27个,医疗技术人员749人,床位567个。

【基础设施建设】 2004年投资2 744.3万元。全旗共引进国内盟外资金2.65亿元,其中引进区外资金1.22亿元,引进国外资金101万美元。全旗个体工商户发展到2 587户。全社会消费品零售总额达到5.97亿元。

【农业生产受灾情况严重】

旱灾 自2003年9月25日至2004年7月6日,扎赉特旗没有出现10毫米以上降水,干旱日数达290多天,历史上罕见。特别是2004年春季以来,降雨极少,而且大风日数偏多,3月至5月份大风扬沙日数为27天,是历史平均日数的10倍,土壤失墒严重,造成33万亩耕地不能按时播种。全旗已播耕地全部受灾,成灾面积180万亩,其中吊干面积15万亩,出苗后枯死面积60万亩,毁种面积85万亩。

低温冷害 春播初期,扎赉特旗北部大部分地区地温回升缓慢,4月15日至30日平均日地温较常年低5℃,导致部分早播作物"粉种",成灾面积10万亩,需毁种面积8万亩。

虫灾 进入5月中旬后,全旗大范围内发生以地老虎为主的地下害虫危害,受灾面积50万亩,成灾面积35万亩,需毁种面积3万亩。

雹灾 2004年7月18日,全旗部分地区遭受雹灾,经实地调查核实,共有巴达尔胡、阿尔本格勒、胡尔勒、种畜场、宝力根花5个苏木镇受灾,农田受灾面积5.99万亩,绝产面积4.53万亩。

【布病疫情】 2004年1月开始,全旗北部和西南部苏木镇群众相继出现感染布病情况,至6月12日,到兴安盟疾病控制中心检验确诊43人,旗防疫站检验确诊5人,共确诊48人。涉及到巴彦乌兰、五七农场、阿尔本格勒、绰勒、小城子、二龙山、巴彦高勒、新林、音德尔9个苏木乡镇。疫情发生后,旗政府成立以旗长赵云翔为组长的防治领导小组,并配专人负责,旗政府拨出

4.43万元用于布病防控工作。以监测畜群为主,同时做好人群监测,对发现的患病牲畜进行扑杀,并通过广播、电视宣传布病的发病特征及危害和预防知识,把宣传材料发送到基层和广大养畜大户手中,从而使疫情得到有效的控制,确保病情造成的损失降到最小程度。

【考察引绰济辽工程】 11月15日,松辽委总工程师朱振家一行来到扎赉特旗考察自治区引绰济辽工程。考察组一行深入到位于巴彦乌兰苏木境内的文得根山实地考察引绰济辽工程的前期调研准备工作,详细了解文得根水库库容、水源和地理情况。

引绰济辽工程是自治区"北水南调"工程的必要补充和重要组成部分。重点解决包括通辽市在内的辽河中下游资源性缺水问题。文得根水库枢纽是调水的巨大水源之一。通过西支线向通辽地区调水11亿立方米。此项工程可解决资源性缺水,改善和修复水区的生态环境,为全面建设小康社会提供水利支撑和保障。

(田花 高殿富)

突泉县

【领导名录】

县委书记:孟占辉
副书记:孙德敏
杨光
李跃飞
石庆喜
李云华(6月任职)
人大主任:鲍文龙(满族 2月任职)
副主任:李绍文
孙景和(2月任职)
张久春(2月任职)
王淑霞(女 蒙古族 2月任职)
县长:孙德敏(2月任职)
副县长:王文玺(2月任职)
秦蓉(女)
佟胜良
赵凤海(2月任职)
修儒峰(2月任职)
屈振年(2月任职)
科技副县长:于仁杰(3月任职)
政协主席:张秀兰(女 2月任职)
副主席:马长林(2月任职)
张佰忠(2月任职)
关冶(2月任职)
吴广志(2月任职)
武装部长:李洪
政委:王维亮(1月离任)
李建平(2月任职)

【概况】 突泉县地处大兴安岭南麓,兴安盟西南部,位于北纬45°11′25″~46°05′12″,东经120°43′45″~122°10′20″之间。北部、西北部与科右前旗交界,南部、西南部与科右中旗接壤,东部与吉林省洮南市毗邻。县域东西长133.5公里,南北宽40公里,边境线长416.5公里。总面积达4 889.5平方公里,耕地面积175.7万亩,总人口30.5万人,其中:城镇人口6万人,乡村人口24.5万人,人口密度62人/平方公里,人均耕地7.15亩。全县6镇6乡,188个行政村,4个国营林场,2个国营苗圃,共有464个自然屯。

全县地区生产总值完成14.93亿元,同比增长13.8%,超过全盟平均增速0.4个百分点。财政收入完成8 413万元,同比增长29.2%。全县固定资产投资完成5.17亿元,同比增长69.5%。三项经济发展指标均创历史最好水平。第一产业增加值6.96亿元,同比增长3.1%;第二产业增加值5.24亿元,同比增长34.9%;第三产业增加值2.73亿元,同比增长9.2%。全社会消费品零售总额5.1亿元,同比增长10.8%。城镇居民人均可支配收入5 941元,同比增长12.4%。农民人均纯收入1 954元,同比增长5.7%。

(徐丽英)

【农业】 2004年是突泉县农业生产遭受自然灾害最为严重的一年。年降水量不足200毫米。县委、县政府高度重视,加大对农业的投入力度,全县新打机电井3 110眼,增加有效灌溉面积。使得突泉县农作物种植业在罕见的大灾之年取得粮食总产高达7.15亿斤的可喜成果,被自治区评为粮食生产先进县。

【畜牧业】 2004年,全县家畜存栏总数为73.1万头(只),总增34.6万头(只),总增率为49.4%。年末全县新建机械化挤奶站6座,新建奶牛专业村3个,新建奶牛养殖小区5个,新增奶牛7 522头。奶牛存栏总数达12 130头,日产鲜奶60吨;新增肉羊养殖户8 271户,使全县的肉羊养殖达2.8万户,肉羊存栏56万只;在贝思特鹅业有限公司带动下,养鹅业迅速发展壮大起来,养殖肉鹅已成为农民增收的又一新亮点,全县共发放养鹅贷款133.47万元,发展规模养鹅户3 450户,肉鹅存栏总数达116万羽,实现历史上新突破。

(石睿)

【工业】 全年全部工业增加值3.6亿元,同比增长27.9%,其中乡及乡以上工业增加值3.23亿元，同比增长57.3%，规模以上工业增加值1.4亿元，同比增长59.6%。工业产品销售率98.29%。乡及乡以上工业经济效益综合指数147.78，比上年提高16.97，其中规模以上工业经济效益综合指数138.41，比上年提高25.70。

【招商引资】 全年全县引进投资项目279个，引进资金5.6亿元，向上争取资金1.58亿元。

（宁振江）

【第三产业】 2004年三产完成增加值2.73亿元，同比增长9.2%，市场布局进一步优化，煤炭、建筑建材、农资、蔬菜等专业市场逐步形成。餐饮、信息、社区等服务业发展较快。房地产开发完成11万平方米，完成建安总产值1.06亿元。个体私营经济健康发展，个体工商户发展到3 396户，注册资金5 088万元，从业人员4 204人。全县劳务输出人数达4.47万人，累计创收1.49亿元。

【基础设施建设】 全年完成工业基础设施建设项目投资2.1亿元。实施生态建设工程，完成造林21.5万亩，退牧还草45万亩。新打机电井3 110眼，新增有效灌溉面积10.7万亩，新增节水灌溉面积9.2万亩，人人一亩水浇地人口达到23.4万人，占农业人口的95%。水土保持综合治理完成19.2万亩，水土保持工作受到自治区表彰，农田草牧场水利基本建设工作获自治区一等奖。交通建设投资450万元，完成太平——突泉镇水泥路工程，省际大通道支线基础工程。城镇建设投资1 500万元，硬化道路4万平方米，县城主干道全部硬化。完成绿化面积1.4万平方米，绿化覆盖率达到31.6%，突泉镇被确定为全国小城镇建设重点镇。电力、通讯事业发展迅猛。农网城网改造完成投资5 593万元。网通、铁通、移动等通讯业务走进千家万户。

【科技】 组织开展送科技、文化、卫生"三下乡"活动。

【教育】 突泉县现有村级以上小学158所，教学点39个，初中14个，一贯制学校2所，教师进修学校、普通高中、职业高中各1所，幼儿园2所。义务教育阶段在校生31 484人。初中专任教师1 071名，学历符合规定及取得相应教师资格的比例92.06%；小学专任教师1 570名，学历符合规定及取得相应教师资格的比例100%。2004～2005学年度，小学适龄儿童入学率100%，辍学率为零，毕业率100%。初中阶段，入学率102.05%，辍学率1.46%，毕业率98.72%。残疾儿童、少年入学率为94.73%。15周岁人口总数1 949人，实际完成初等教育学业的1 949人，完成率100%；17周岁人口总数1 975人，实际完成初级中等教育学业的1 874人，完成率为95.36%。15周岁人口中无文盲，文盲率为零。合格率为100%。全年投入教育资金3 300万元，建校及增加教学配置。"两基"达标工作顺利通过国家验收。

（李绍兰）

【文化】 成功举办了第二届民间文化艺术节。广播电视覆盖面不断扩大。完成疾病预防控制中心和传染病防治中心建设工程。初步建立公共卫生事件应急机制和重大传染病、地方病防控体系。计划生育工作以优质服务为重点，保持低生育水平。人口自然增长率为5.5‰。

【"工业富县"战略】 2004年，全年投资1.96亿元，完成森源脱水蔬菜厂、泰达纸业再生文化用纸和白板纸生产、莲花山竖井建设等9个工业重点项目的技术改造。新增贝思特鹅业、吉盛能源化工等60个工业项目，并帮助贝思特鹅业加工企业落实养殖基地。成立大项目办公室，重点谋划了10万千瓦风力发电、25万千瓦热电联产和林浆纸一体化等几个大项目。全年投资664万元加强工业基地建设，完成基地内道路建设及道路配套工程，解决工业园区内企业排污问题。

（刘永华）

【敖牛村奶牛专业合作社】 2004年12月13日，永安镇敖牛村奶牛专业合作社成立并召开合作社第一届一次社员代表大会。会议通过《合作社章程》，制定《合作社奶牛意外死亡补偿办法》及《合作社入股股金管理办法》，选举产生合作社第一届理事会、监事会。合作社宗旨是"风险同担、利益均沾、共同发展"。为充分发挥专业合作社的优势，逐步建立风险同担机制，确保股金发挥最大作用，两《办法》规定：对因病等人力不可抗拒的意外死亡的奶牛，专业合作社按死亡奶牛评估价格的35%给予补偿；每头奶牛入股股金为50元，入股后，合作社无偿提供奶牛养殖、良种引进、疫病防治、饲料对比试验、主副产品深加工、奶牛交易等全程服务，年末社员还可享受盈余分配和股金分红，最大限度地维护了社员的利益。合作社有社员96户，入股奶牛213头。敖牛村奶牛专业合作社是全县第一家奶牛合作社，也是兴安盟唯一一家组织健全、制度完善、管理规范、正规的合作社。

（常东东）

【劳务输出】 至2004年，全县共输出剩余劳动力44 667人，占总劳动力的35.8%，年累计创收1.5亿元，可使农村人口平均增收600元。基本实现"输出一个劳动力，脱贫一户家庭"的目标。突泉县与北京华都集团、大连红峰制衣等几十家大中型企业建立稳固的劳务合作关系。

（石　睿）

【"3·10"风 火灾】 2004年3月10日，突泉县遭强沙尘暴袭击，全天风力达7～8级，从上午9时21分至中午12时53分，风速达30米/秒，最大风力11级，是突泉县1959年有气象记录以来从未有过的特大风灾。至3月10日21时，全县共有7个乡镇发生11起火灾，起火主要原因是风力过大，吸出农户灶堂内余火,引燃庭院堆入的农作物秸秆,导致火势蔓延。全县共有344户农民庭院着火,94户农民的住房被烧毁,毁坏房屋470间,粮食、家电、车辆、家畜及5 000余头(只)牲畜的越春饲草、饲料被烧毁,因火灾造成的直接经济损失600万元。全县共有11 892户住房屋顶被破坏,摧毁蔬菜大棚1 360座,计1 010亩。损毁树木28 600株,输电线路倒杆310基,损毁导线240公里,烧毁变压器31台,城市市政设施、商店门面、广告牌破坏严重。此次灾害造成一人死亡,直接经济损失4 246元。

(王宏平 宁振江)

【王俊才漫画作品获铜奖】 突泉县文化馆长王俊才,多年来一直从事漫画创作。1997年主编出版《突泉漫画选》,深受社会各界好评。目前,已有300余幅漫画作品先后在《人民日报》、《工人日报》、《中国漫画》、《内蒙古日报》等报刊发表,同时多次参加全国各类漫画大赛并获奖。10月,他的漫画作品《人不可貌相》在文化部、中国美术家协会主办的第十届全国美术作品展览中获铜奖。这是兴安盟美术作品在全国美展中获得的第一块奖牌。

(刘永华)

2004年突泉县获国家奖项名录

姓 名	性别	民族	奖 项	获奖时间	工作单位
郭凌云	女	汉	全国优秀团干部	2004.4	县团委
谢凤喜	男	汉	全国计划生育先进志愿者	2004.1	县计生局
吴广志	男	汉	全区建筑安全生产先进个人	2004.1	鑫泰建筑安装有限责任公司
聂士利	男	汉	全区建筑安全生产先进个人	2004.1	鑫泰建筑安装有限责任公司
郭永宽	男	汉	国家农业部授予“全国种粮大户”称号	2004.4	水泉镇小泡子村
张金德	男	汉	国家农业部授予“全国种粮大户”称号	2004.4	永安镇巨有村
刘凤春	男	汉	国家农业部授予“全国种粮大户”称号	2004.4	太平乡东风村

(冯月广)

通 辽 市

【党政军领导名录】

市 委

书 记:莫建成

副书记:那顺孟和(蒙古族)

王治安

王明义

鲍常青(蒙古族)

于永泉(蒙古族)

常 委:莫建成

那顺孟和(蒙古族)

王治安

王明义

鲍常青(蒙古族)

于永泉(蒙古族)

李世春(组织部长)

道尔吉(蒙古族 秘书长)

辛金山(政法委书记)

王宗华(军分区政委)

孙克栋(副市长)

云喜顺(科尔沁区委书记)

闫 鹏(宣传部长)

李秀芝(女 统战部长)

人 大

主 任:汪海涛(3月离任)

白赛娜(女 蒙古族 3月任职)

副主任:齐向东(蒙古族 3月离任)

王德才(3月离任)

乌 兰(女 蒙古族)

王玉伟

贾裕民

陈至捷
王　杰(3月任职)
李双喜(蒙古族　3月任职)

政　府
市　长:那顺孟和(蒙古族)
副市长:张万忠
孙克栋(2月任职)
齐建忠
布仁特古斯(蒙古族)
萨　仁(女　蒙古族)
李荣禧
张国秋(3月任职)
李永刚(蒙古族　3月任职)

政　协
主　席:王佐玉
副主席:白金财(蒙古族　3月离任)
高裕良
孙传福
张凤书
赵荣甡(3月离任)
包庆贺(蒙古族)
巴日其格(蒙古族)
阿木古冷(蒙古族)
张庆宗
王宝湖(蒙古族　3月任职)
苏丽华(女　达斡尔族　3月任职)

纪检委
书　记:鲍常青(蒙古族)

法　院
院　长:宝　音(蒙古族)

检察院
检察长:张继勋

公安局
局　长:高运民

军分区
司令员:王根彦
政　委:王宗华

【概况】　通辽市位于内蒙古自治区东部,地理坐标为北纬42°15′~45°41′,东经119°15′~123°43′。东连吉林省,起于科尔沁左翼中旗东部和科尔沁左翼后旗东部;南临辽宁省,起于科尔沁左翼中旗南部、库伦旗南部和奈曼旗南部;西接赤峰市,起于奈曼旗西部、开鲁县西部和扎鲁特旗西部;北与兴安盟和锡林郭勒盟毗邻,起于霍林郭勒市北部。全市总面积59 535平方公里,南北长约418公里,东西宽约370公里。通辽市地处东北经济区和环渤海经济区,交通便捷,是重要的交通枢纽,通辽站是全国38个铁路重点枢纽和14个编组大站之一,京通、集通、通让、大郑、平齐、通霍6条铁路纵贯全境;4条国道(111线、304线、203线、303线)在境内穿过,与沈阳、长春、锦州等城市和天津、大连、营口、秦皇岛等出口海岸形成交错网络;民航可起降大型客机。全市有1个市辖区、1个县级市、1个县、5个旗、1个经济开发区。

2004年完成地区生产总值277.08亿元,同比增长18.5%,人均GDP达8 940元,同比增长18.1%,其中第一产业增加值77.03亿元,增长7.3%;第二产业增加值97.03亿元,增长24.8%;第三产业增加值103.02亿元,增长21.1%。二产比重超过一产比重7.2个百分点,三次产业比重达到27.8:35.0:37.2。

全市财政总收入实际完成18.09亿元,同比增长36.2%。其中地方财政收入完成12.95亿元,同比增长35.9%,人均财政收入584元,同比增长154元。居民消费价格总水平比上年上升3.2%。其中城市上升1.9%,农村牧区上升4.6%。分项目来看,食品、衣着、医疗保健和个人用品、居住类别价格水平分别比上年同期上涨7.5%、0.1%、8.9%、7.1%;烟酒及用品、家庭设备用品及维修服务、交通和通讯、娱乐教育文化用品及服务等类别价格水平分别比上年同期下降1.0%、1.0%、0.1%、4.5%。

全市总人口310.92万人。年出生人口3.11万人,出生率9.81‰,年死亡人口1.67万人,死亡率为5.76‰,人口自然增长率4.05‰,比上年低0.95个千分点;在总人口中,农业人口230.37万人,非农业人口80.55万人;乡村人口233.9万人,占72.0%,城镇人口87.02万人,占28.0%;蒙古族人口140.45万人,占45.2%,男性人口158.82万人,女性人口152.10万人,男女性别比为1.04:1。年末全市从业人员135万人,其中在岗职工22.5万人。年内有2.15万名城镇失业人员实现再就业,其中安置"4050"和下岗人员1.48万人。

【农业】　全市实有耕地面积91.4万公顷,比上年增加5.4万公顷。农作物总播种面积91.2万公顷,增长8.2%。在农作物总播种面积中,粮食作物播种面积68.7万公顷,比上年增加4万公顷,占总播种面积73.5%;油料作物播种面积4.03万公顷,比上年减少2.37万公顷,占总播种面积的4.4%,比上年下降3.2个百分点;蔬菜播种面积5.74万公顷,比上年减少0.06万公顷,占总播种面积的6.3%,比上年下降0.6个百分点。全年粮食产量367.7万吨(73.5亿斤),比上年增产5.2斤,增长7.6%。其中玉米317.5万吨(63.5亿斤);水稻17万吨(3.4亿斤);小麦5.5万吨(1.1亿斤)。主要经济作物中,油料、甜菜产量均比上年减少。油料产量6.4万吨,比上年减产3.9万吨;绿豆5.9万吨,减产

4万吨;甜菜产量1.1万吨,较上年减产0.3万吨。蔬菜总产量191.0万吨,蔬菜产值达16.7亿元。全年水产品产量5 200吨,比上年增产600吨。

【畜牧业】 牧业年度牲畜实有头数863.1万头只,比上年增加136.5万头只。年末全市家畜实有头数712.5万头只,比上年末增加177.3万头只,增长33.1%,其中大小牲畜500.1万头只,比上年末增加122万头只,增长32.3%;猪212.5万口,增加55.4万口,增长35.3%。全年肉类总产量达到38.1万吨,比上年增长22.9%,其中牛肉8.4万吨,与上年持平;羊肉2.9万吨,比上年增长45%。

【林业】 全年造林合格面积12.7万公顷,比上年增加1.6万公顷,增长14.4%。退耕还林还草7.57万公顷。年末实有草原面积达346.8万公顷,比上年增加12.1万公顷。

【农田水利建设】 全年新增有效灌溉面积2.7万公顷,年末实有有效灌溉面积58.4万公顷;年内新增节水灌溉面积3.4万公顷,年末实有节水灌溉面积23.9万公顷。

【工业】 全年全部工业增加值完成61.5亿元,比上年增长29.7%。其中全部独立核算工业企业增加完成60.4亿元,增长34.8%。全部国有及年销售收入500万元以上的非国有工业企业(以下简称规模以上工业企业)增加值完成50.5亿元,增长40.2%。规模以下工业完成增加值11亿元,同比增长6.5%。在规模以上工业企业中,国有及国有控股企业完成增加值21.1亿元,增长38.9%。分类型来看,国有企业增加值12.5亿元,增长20.2%;集体企业增加值1.5亿元,增长70.0%;股份合作企业增加值4.5亿元,增长49.0%;股份制企业20.9亿元,增长55.0%;外商及港澳台商投资企业6.1亿元,增长23.5%。全年轻工业增加值25.8亿元,增长51.0%;重工业增加值24.7亿元,增长30.9%。全部独立核算工业企业产品销售率95.3%;经济效益综合指数达158.1,比上年提高20.4点;实现利税13.6亿元,比上年增长74.3%。全年规模以上工业企业产品销售率94.9%;经济效益综合指数达179.6,比上年提高31.0点;实现利税12.4亿元,比上年增长81.4%。全年能源工业增加值14.5亿元,增长36.4%;建材工业增加值2.9亿元,增长25.6%;医药化工工业增加值7.1亿元,增长96.8%;农畜产品加工业增加值21.3亿元,增长55.5%,农畜产品资源得到有效转换。

【建筑业】 全市37户资质特级建筑企业,实现建筑业总产值10.6亿元;房屋建筑施工面积95.6万平方米,其中新开工面积73.9万平方米;房屋竣工面积45.2万平方米,竣工率达47.3%。

【固定资产投资】 全年全社会固定资产投资达160亿元,同比增长48.7%。城镇以上完成固定资产投资140.1亿元,同比增长52.3%。其中国有单位投资完成83.3亿元,占59.5%。按投资用途分,基本建设投资完成59.2亿元,同比增长15.3%;更新改造投资完成72.2亿元,同比增长123.6%;房地产开发投资完成6.0亿元,同比下降18.9%;其它投资完成2.7亿元,同比增长182.9%。

农牧林渔业完成投资8.7亿元水利管理业完成投资3.2亿元;交通运输、仓储和邮政业完成投资20.4亿元;电信及其他信息传输服务业完成投资完成投资4.0亿元;公共设施管理业完成投资3.8亿元;教育业完成投资5.5亿元;制造业、电力、煤气及水生产和供应业完成投资67.2亿元。

企业更新发改造投资增长加快。全年更新改造72.2投资亿元,占投资完成额的比重由上年有35.1%提高到51.5%,提高16.4个百分点。其中500万元以上项目投资完成70.4亿元;外商投资2 630万元。在更新改造投资中,用于制造业的投资完成额达到36.5亿元,同比增长69.8%,占更新改造投资的50.6%。

全市固定资产投资新增能力:原煤开采60万吨/年;城市自来水管道长度135.2公里;新增中小学建筑面积22.2万平方米,学生席位4.6万个;新建一级公路14公里,改建公路282公里。

【交通 邮电】 交通运输邮电业实现增加值21亿元,同比增长12.5%。全年铁路完成货运周转量34 234百万吨公里,比上年增加3 623万吨公里,增长11.8%;客运周转量2 893百万人公里,比上年增加557百万人公里,增长23.8%;公路货运周转量2 067百万吨公里,比上年增加72百万吨公里,客运周转量1 316百万人公里,比上年增加50百万人公里。民航旅客发运量7 069人,发运行李27.2吨,发运货物和邮政0.4吨;旅客周转量770.5万人公里,货物、邮政和行李周转量3.01万吨公里。邮电通信业全年完成邮电业务收入6亿元。邮政机构151个,邮路总长度3 844公里,农村投递路线15 887公里。年末全市移动电话用户(含小灵通用户)超过50万户,固定电话用户35万户。百户城镇居民拥有固定电话90.8部,移动电话115.8部;百户农牧居民拥有固定电话45部,移动电话27部。

【国内贸易】 全市社会消费品零售总额达77.9亿元,比上年增长17.2%。其中城市消费品零售额34.6亿元,增长19.1%;县及县以下消费品零售额43.3亿元,增长15.8%。分行业看,批发零售贸易业66.7亿元,增长17.4%;餐饮业8.0亿元,增长18.5%;其它行业3.2亿元,增长9.7%。限额以上批发零售贸易业经济效益状况继续改善。全年商品销售总额8.7亿元,其中批发企业6.0亿元,零售企业2.7亿元。

【对外贸易】 全年外贸进出口总额完成7 137万美元,同比增加3 791万美元,增长171.1%。其中进口总额2 074万美元,同比增长8.8倍;出口总额5 063万美元,同比增长109.1%。进出口相抵,实现贸易顺差2 989万美元,同比增长35.2%。对外贸易伙伴增加,香港、韩国、日本仍是通辽市的主要出口市场。在出口中一般贸易出口和加工贸易出口均保持大幅增长。全年一般贸易出口2 423万美元,同比增长46.15%;加工贸易出口2 637万美元,同比增长246.44%。从出口商品种类来看,植物产品类出口1 278万美元,同比增长71.8%;活动物及产品类出口399.5万美元,同比增长223.6%;化工及相关产品类出口185.4万美元,同比增长12.1%;木及制品类出口102.2万美元,增长79.4%。出口下降的种类有:食品、饮料、烟酒类出口38.5万美元,下降64.6%。利用外资形势继续看好,共引进市内外生产开发资金80.1亿元,实际利用外资1 761万美元。

【金融 保险】 年末全部金融机构各项存贷款余额148.5亿元,比上年同期增长18.8%。其中城乡居民储蓄存款92.3亿元,增长15.5%。全部金融机构各项贷款余额191.6亿元,增长13.9%。其中短期贷款144.2亿元,同比增长10.7%;中长期贷款40.8亿元,同比增长18.6%。全年保费收入30 545万元,比上年增长6.0%。其中财产险保费收入9 022万元;寿险保费收入21 523万元。支付各类赔款及给付6 113万元,其中财产险赔款4 470万元;寿险赔款及给付1 643万元。

【文化】 年末全市有艺术表演团体8个,文化馆9个,群众艺术馆1个,公共图书馆9个,博物馆3个。中、短波广播发射台和转播台36座,通广播的乡147个,广播综合人口覆盖率91.19%,比上年增加2.7个百分点,电视台和转播台190座,通电视的乡147个,电视综合人口覆盖率89.71%,比上年增加2.7个百分点。有线电视覆盖面不断扩大,包括农村MMDS网用户在内,全市有线电视覆盖率已达96%,比上年提高3个百分点。

【教育】 2004年全市普通高校1所,在校生15 360人;普通高中招生19 347人,在校生53 994人;初中招生47 600人,在校生141 468人;普通小学1 052所,专任教师19 352人,招生38 315人,在校生234 703人;特殊教育学校1所,招生22人,在校生503人;幼儿园25所,招生26 755人,在校生30 489人。小学入学率100%,比上年提高0.1个百分点,升学率94.8%;初中入学率99.4%,比上年提高1个百分点,升学率46%。

【卫生】 年末全市共有卫生机构(不包括诊所)249个,在全市卫生机构中,医院35个,卫生院151个,供采血机构1个,妇幼保健机构9个,专科疾病防治机构8个。医疗床位5 188张,医院、卫生院床位4 794张,占92.4%。卫生技术人员9 391人,其中执业医师3 993人、占42.5%,注册护师2 135人,占22.7%。

【环境保护】 年末全市环保系统职工共有224人,环保机构20个。环境滥测站7个,环境滥测人员92人。自然保护区55个,其中国家级自然保护区1个,自治区级自然保护区2个。自然保护区面积4 848平方公里,占全市总面积的8.1%。生态示范区3个,其中国家级3个(其中1个试点),自治区级2个。建成环境噪声达标区2个,达标区面积9.12平方公里,年内设立的建设项目环境影响评价制度执行率达100%。全年施工的污染治理项目5个,完成工业污染治理投资238.2万元,其中废气治理项目完成22.2万元,废水治理项目完成121万元;固体废物治理项目完成95万元。

【人民生活及社会保障】 全市在岗职工年人均工资10 728元,比上年增加1 147元,增长12.0%。职工工资首次突破万元关。

城镇居民年人均可支配收入达6 864元,比上年增长13.26%;人均生活费支出5 285元,增长19.78%。恩格尔系数32.6%。农牧民人均纯收入2 889元,增长16.3%;人均消费支出1 982元,增长31.7%;恩格尔系数41.7%,低于城镇居民水平9.1个百分点。

全市城镇居民人均居住面积16.6平方米;农牧民人均居住面积19.2平方米,比上年增加0.6平方米,高于城镇居民2.6平方米。

全市参加基本养老保险的职工达21.3万人,同比增长13.9%,年末全市所有行政机关、事业单位及部分企业参加基本医疗保险,参保的职工及离退休人员达21.6万人。

全市拥有收养性社会福利单位110个,其中社会福利院2个、光荣院3个、农村敬老院104个。拥有床位2 841张,年末在院人数1 891人。城市享受最低生活保障的人数由上年的7.3万人增加到7.4万人。全年发放城镇低生活保障资金达5 000多万元,有3.1万户低收入家庭得到救助;农村有1.4万人得到定期救济。全市通过各种渠道安置城镇各类失业人员21 513人,完成自治区下达安置15 000人任务的143.4%。

【通辽市林业“双百万亩”和“两改”工程初见成效】 2004年是通辽市启动科尔沁沙地综合治理“双百万亩”示范工程和“两改”工程的第一年。共完成“双百万亩”71.1万亩(其中综合治沙43.5万亩,商品用材林27.6万亩),“两改”8万亩。“双百万亩”工程建设从造林整地、苗木质量栽植标准抚育管护等方面都严格按照技术规程操作,大部分地块铲趟抚育三次以上,切实做到“树木当做庄稼种,林地当做耕地管”。沙地综合治理工程造林成活率达到85%以上,商品用材林造林成活率达到95%以上。在实施以国有林场低产林改造和农防林改造为主的“两改”工程中,坚持随采伐、随挖根、随整地、随打井,不跨年度,防止采伐和更新脱节,确保森林资源不减少,林地用途不改变,林场职工和农牧民群众获得利益。

(乌力吉巴雅尔)

科尔沁区

【领导名录】

区委书记:云喜顺(蒙古族)
副 书 记:严洪波
王贵学
赵忠孝
姜晓东
邢立君
人大主任:宝 音(蒙古族)
副 主 任:王文学(满族)
李景山
史家振(蒙古族)
李洪仁(蒙古族)
马丽杰(女)
区 长:严洪波
副 区 长:刘 亚
李英华(女 满族)
李洪伟
巴一凡(蒙古族)
韩国武
李亚东
许亚林(蒙古族)
政协主席:华 君(蒙古族)
副 主 席:闻首龙
宁树桐
韩 才(蒙古族)
李云娟(女)
李伟东(蒙古族)
武装部长:崇先锋
政 委:王启友

【概况】 科尔沁区是通辽市政府驻地。位于内蒙古自治区东部,松辽平原西部边缘的科尔沁草原,毗邻吉林、辽宁、黑龙江三省,属环渤海经济区。地理坐标为北纬43°22′~43°58′,东经121°42′~123°02′之间,南同科尔沁左翼后旗接镶,西与开鲁县为邻,北及东和科尔沁左翼中旗毗连。全区总面积3 176平方公里,全区设18个镇(苏木)、10个街道办事处,居住着蒙、汉、回、满等16个民族,总人口74.46万。

全年完成地区生产总值102.36亿元,同比增长17.1%。其中,第一产业增加值21.2亿元,同比增长8.7%;第二产业增加值22.6亿元,同比增长50.7%;第三产业增加值20.4亿元,同比增长21.4%。三次产业比由上年的39∶26∶35调整为33∶35.2∶31.8。财政收入完成3.37亿元,同比增长12.3%,其中地方财政收入完成2.1亿元,同比增长13.5%。实现社会消费品零售总额35亿元,同比增长17.7%。全社会固定资产投资完成76亿元,同比增长60%。

【农业】 全年完成总播种面积166.79万亩,其中粮食作物126.5万亩,油料作物1.17万亩,蔬菜22.03万亩,饲用作物16.18万亩,其它作物0.91万亩。在粮食作物中,玉米105.84万亩,小麦7.23万亩,水稻2.14万亩,高梁1.48万亩,大豆2.6万亩,杂豆4.4万亩,薯类1.55万亩,其它1.26万亩;在油料作物中,花生0.12万亩,芝麻0.83万亩,葵花籽0.12万亩,其它0.1万亩;在蔬菜面积中,保护地蔬菜0.68万亩,圆葱1万亩,红干椒10.04万亩,瓜类1.3万亩,其它9.01万亩;在饲用作物中,青贮玉米8.08万亩,牧草8.1万亩。全年粮食总产量15.1亿斤,被评为全国产粮先进县。全年农村劳务输出7.4万人次,实现务工收入2亿元。

【牧业】 全区牧业年度牲畜存栏总数121.07万头(只),增速达42.15%,其中育肥牛存栏12.4万头,基础母牛存栏5.9万头,奶牛存栏3.89万头,生猪存栏79.4万口,羊存栏19.48万只。白鹅饲养量达304万只,农牧业结合户发展17 295户达到51 697户。投放种猪1 200口,引进五角道塞特种公羊4只,黄牛改良2.63万头,畜牧业产值达15.5亿元,占农牧业总产值的45%,承接自治区农牧业产业化现场会。

【水利】 全年利用农业综合开发、节水灌溉示范县等项目资金726万元,打配机电井205眼,新增节水灌溉面积12万亩,完成莫力庙水库险工加固续建工程、西辽河马家窝堡和大四家子险工整治工程、清河民堤改线工程;投资150万元,完成了7个村的人畜饮水工程。

【林业】 全年完成人工造林16.9万亩,其中农防林1万亩,商品用材林3.5万亩,经济林0.3万亩,固沙林12.1万亩,同时完成封沙育林(草)2万亩、义务植树290万株、四旁植树100万株、公路绿化120公里,村屯绿化120个、育苗3 500亩。全年共许可林采伐36 185立方米。病虫防治2.79万亩,防治率86%,监测覆盖率90%以上,苗木检疫率和木材检疫率100%。

【工业经济】 全部独立核算工业企业完成现价总值87.82亿元,同比增长37.5%,完成工业增加值33.23亿元,同比增长37.6%,完成产品销售收入58亿元,实现利税6.2亿元。其中,区属独立核算工业企业完成现价总产值39.36亿元,同比增长42.3%,完成工业增加值15.2亿元,同比增长49.6%,完成产品销售收入16.6亿元,实现利税8 400万元,同比增长60%,上缴税金5 926万元,同比增加1 149万元,完成固定资产投资116 961万元,同比增长89.7%。区属第二产业增加值首次超过第一产业。竣煌生化公司在新加坡成功上市,万顺达淀粉公司成为科尔沁区首家上市企业的子公司,企业授信额度增加5 000万元。全年科尔沁工业园区完成基础设施建设投资6 280万元,基本实现了"七通一平";木里图工业区基础设施建设投资1 859万元。

【第三产业】 全年第三产业增加值为39.6亿元,占全区GDP的36.5%,新增营业收入50万元以上的民营企业115户,新增个体工商户1 939户,从事第三产业的个体私营企业、个体工商户17 220户,从业人员81 800人,占全区从业人员总数的28.1%。全年投资3 447万元,加强旅游景区建设,将莫力庙旅游区的民俗风情旅游区、沙湖旅游区整合为一个旅游区,全年接待游客46.8万人次,实现收入2.32亿元,比上年同期增长9.01%。

【招商引资】 年初组建成立招商局,有针对性地推出22类87个重点招商项目,全年招商引资签约项目244项,签约额40.5亿元,到位资金16.86亿元。其中,工业项目80项,签约额31.3亿元。在建工业项目70项,当年到位资金11.7亿元。全年直接利用外资122万美元,间接利用外资153万美元。争取国家和自治区项目21项,到位资金6 829万元。

【城镇建设】 全年完成木里图、大林、余粮堡等8个镇、苏木的小城镇总体规划编制,投资2 767万元,小城镇基础设施建设投资2 605.8万元,改建县乡公路6 505公里,干线公路绿化73.5公里;投资600万元,新建和翻建县乡油路30公里。全区镇苏木道路硬化率52.3%,住宅砖瓦化率为81.2%,自来水普及率为76.8%,人均居住面积为19.38平方米,城镇化率达38.5%。城区内投资1 074万元,完善了环卫、辽河和东顺三个社区的排污设施。新建旱式厕所27座,维修厕所12座,建永久性污水池38个,排污水管道549延长米,在社区内建居民健康活动中心9处2 880平方米,建社区服务大厅4个。

【科技】 全年推广野茄子嫁接、矮杆食蔡、东大二号大豆、万寿菊、优质牧草等十余个新品种;推广玉米缩垄增株、种草养鹅、麦茬复种、无公害蔬菜栽培等十余项新技术。当年有6个项目通过市级科技成果鉴定,其中有4个项目获通辽市科技进步奖,旱作虚实并存蓄水节水保墒机械化技术获国家农业部丰收计划三等奖,科技特派员试点工作进展顺利,科技特派员领办科技民营企业28家,并代表内蒙古东部地区出席全国科技特派员试点会议。全年累计举办科技培训班500余期,召开科技现场会128次,发放各类科技书籍2万余册,培训农牧民10万人次。

【教育】 农区共撤并小学15所,中学7所,年未有区属小学187所,在校学生4.9万人,普通中学38所,在校学生3.7万人,民办全日制小学1所,在校生127人,民办幼儿园42所,在园幼儿2 379人,各类培训班23个,在班人数1 221人。全区小学儿童入学率达100%,初中适龄少年入学率为96%,普通大专报名6 546人,录取4 566人。投资400余万元,改造农区学校危房8 600平方米,投资6 624万元,完善了科尔沁中学、三中、八中等11所学校的基础设施建设,城区小学全部实现楼房化。

【文化】 全区有区属图书馆1座,藏书38万余册,有专业戏曲剧团1家,全年共演出30余场次,影剧院举办文化活动500多场次,电影放映200多场次。举办首届社区文化艺术节,历时12天,演出大型文体节目近百场,举办第九届少儿版画艺术节,展出版画79块424幅作品;在传统节日期间,举办近百场大型文艺演出。

【卫生】 投资4 000万元,建设科尔沁区第一人民医院1.6万平方米的病房综合楼,门诊量由21万人次增加到29万人次;投资600万元,完成红星医院5 578平方米的病房楼;投资240万元,改造120急救中心,农区以"农牧民健康"工程建设为契机,投资120万元,分别建起钱家店防疫综合楼和庆和镇中心卫生院病房。区属医疗单位共有床位750张,床位占有率为238张/万人,床位综合使用率为100%。全年各医院门诊合计58.6万人次,收治住院病人3.15万人次。全年乙类传染病发生9种2 062例,其中病毒性肝炎和肺结核占总发病数的86.52%,五种疫苗接种101 176人次。

【体育】 全年城区体育人口达45%,农村38%,建有乒乓球、大秧歌、门球、网球等54个专项协会。在自治区以上级组织的各项比赛中,共获金牌16枚、银牌19枚,并为上级体育学校、体工队输送体育优秀人才28人。

【人民生活】 全年城镇居民人均可支配收入6 998元,农牧民人均纯收入3 874元,分别比上年增加525元和372元。安置再就业人员7 980人,其中"4050"人员850人,城镇登记失业率4.1%。参加社会基本养老保险的职工60 534人,发放养老金8 110万元,社会发放率100%。参加失业保险的职工43 500人,发放失业救济金636万元。城镇职工参加基本医疗保险30 690人,支付职工医疗费870万元。筹资470万元,解决老干部医疗费陈欠;投资240万元,对12 000名企业退休职工进行医疗补助。享受低保人员35 387人,发放低保资金2 463万元,实现应保尽保。建立特困人员重大疾病医疗救助制度,医疗救助3 773人次。城区9个街道办事处全部建立"低保爱心超市",近万名低保群众得到实物救助。投入扶贫资金359.6万元,用于33个贫困村的开发建设,贫困村人均纯收入达到1 980元,比上年增加169元。

(赵洪武)

霍林郭勒市

【领导名录】

市委书记:特木尔巴根(蒙古族)
副 书 记:郭建伟
张国忠
李东辉(女 蒙古族)
人大主任:特木尔巴根(蒙古族)
副 主 任:吕国文
包淑芳(女 蒙古族)
刘玉斌
战明奎
赵白玉(女 蒙古族)
市 长:张志刚
副 市 长:曹文敏
门德白乙拉(蒙古族)
檀志军
于云凌(满族)
刘艳玲(女 蒙古族)
单国福
政协主席:刘胜彬
副 主 席:白海山(蒙古族)
高桂兰(女 蒙古族)
陆永德
叶布和(蒙古族)
张亲辉(女)
武装部长:王秉文
政 委:马更生

【概况】 霍林郭勒地区1975年开矿,1985年建市。城市位于大兴安岭南麓,科尔沁草原腹地,地处通辽市、兴安盟、锡林郭勒盟交界地带,西北邻锡林郭勒盟的东乌珠穆沁旗,南接赤峰市的阿鲁科尔沁旗,西南与通辽市的扎鲁特旗相连,东北靠兴安盟的科尔沁右翼中旗及军马场,霍林郭勒市位于北纬45°16′~45°46′,东经118°17′46″~119°46′12″。距中蒙边界120公里,距通辽市330公里。辖区总面积589平方公里。现辖1个苏木、1个镇、3个街道办事处,12个嘎查村、20个居委会,全市总人口71 845人。全国五大露天煤矿之一的霍林河露天煤矿在市境内。

全市生产总值完成18.2亿元,同比增长50.1%。三次产业比重为4∶66∶30。全社会固定资产投资完成18.48亿元,增长103%。社会消费品零售总额达到3.9亿元,同比增长30%。2004年,财政收入完成19 117万元,同比增长46.4%。其中地方财政收入完成11 230万元,同比增长60.2%。城镇居民人均可支配收入达7 945元。农牧民人均可支配收入达3 040元,分别增加1 125元和415元。城镇居民储蓄存款余额达6.05亿元。

【农业】 2004年,以建设生态效益型农牧业为目标,不断调整产业结构,形成"菜草畜"三元立农格局。积极发展订单农业,大力开拓农产品销售市场。大量引进推广蔬菜新品种,蔬菜种类达到70余种,极大地丰富城乡居民的"菜篮子"。确立畜牧业在农村经济中的主导地位,积极开展牲畜改良、防疫工作,畜群结构不断优化,确保全年无疫情。继续落实"一退三还"和"五禁"措施,禁牧舍饲工作成效显著。以项目建设为依托,相继实施农业综合开发草原建设工程、"5820"工程、退耕还林及荒山造林等16个重点生态建设工程。

【工业】 2004年,全部独立核算工业企业增加值完成10.2亿元,同比增长80.4%;实现利税32 129万元,同比增长23%;工业经济效益综合指数达146%。年内,全年全市原煤总销量达1 378万吨。新型能源化工高新技术工业园区建设顺利,累计入园企业达20家,被自治区列为16个重点发展的工业园区之一。中电投、内蒙古电力、金源口等电厂相继开工,霍煤鸿骏铝电、霍宁碳素等项目陆续投产。采取政策扶持、项目支持、挂牌保护等措施。

【城乡建设】 2004年,成功承办通辽市文明城市暨小康村建设现场会,通辽市授予霍林郭勒市"城市建设先进市"荣誉称号,并获得自治区级"小城镇建设先进奖"。市财政投资3 400万元,拉动社会投资2亿元,重点实施哲里木大街、振兴路等"五街六路"拓宽补强工程,城市排污主体工程开工建设。城市广场、滨河公园等公益设施不断完善。改革城市管理体制,整合市政、供热、园林、市容监察等职能,组建公共事业管理局。整合城市资源,成立城市建设投资公司,经营城市工作开始起步。

【社会事业】 认真实施科教兴市战略，通过国家科技进步考核。确立教育的优先发展地位，先后累计投入资金3 500万元，改善办学条件。教育"两基"进一步巩固和提高，荣获自治区级"两基"巩固提高工作先进市称号。医疗卫生体制改革稳步推进，完成市医院内部运行机制改革。广泛开展社区文化娱乐活动，社区居民文化生活日益丰富。人口自然增长率6.6‰。双拥工作扎实有力，再次被评为自治区级双拥模范城。城镇职工基本养老保险、医疗保险、失业保险和城乡居民最低生活保障等社会保障制度得到有效落实。

【人民生活】 各项保障金发放率达100%。实施再就业援助工程，下岗职工再就业率达100%。社会保障体系不断健全，"两个确保"和"三条保障线"衔接工作扎实有力。农村扶贫济困工作全面开展，组织2 300多名农牧民进城务工，扶持592名农牧民实现脱贫。全面启动实施税费改革，不断减轻农牧民负担。

（赵布和）

科尔沁左翼中旗

【领导名录】

旗委书记：石壮沙（蒙古族）
副 书 记：纪渤源
　　　　　赵海山（蒙古族）
　　　　　吴金成（蒙古族）
　　　　　于　钢
　　　　　洪志刚（蒙古族）
　　　　　孙洪玉
人大主任：石壮沙（蒙古族）
副 主 任：郃宝喜（蒙古族）
　　　　　程俊霞（女 满族）
　　　　　王海雷（蒙古族 2月任职）
　　　　　白满都拉（蒙古族 2月任职）
　　　　　贾沙仁（女 蒙古族 2月任职）
旗　　长：纪渤源
副 旗 长：孙洪玉
　　　　　白宝柱（蒙古族）
　　　　　管长山
　　　　　包云学（蒙古族）
　　　　　薛　静（女）
　　　　　吴吉力特（蒙古族）
　　　　　张玉玺
政协主席：王玉兴
副 主 席：戴五月（蒙古族）
　　　　　杨立群（2月任职）
武装部长：戴呼和（蒙古族）
政　　委：赵玉清

【概况】 科尔沁左翼中旗隶属于内蒙古自治区通辽市，位于北纬43°32′～44°32′，东经121°08′～123°32′之间，其南部、东部和北部分别与吉林省的双辽市、长岭县和通榆县交界，西北部与兴安盟的科尔沁右翼中旗和通辽市的扎鲁特旗相邻，西部和西南部与通辽市的开鲁县、科尔沁区和科左后旗接壤，东西长191公里，南北宽116公里，土地总面积9 811平方公里。全旗辖有11个镇、11个苏木、4个乡、4个国有农牧林场，共计30个行政区，下辖519个嘎查。全旗总人口528 324。

2004年，全旗财政收入完成10 022万元，首次突破亿元大关，比上年增收759万元，增长8.3%。其中地方财政收入完成8 838万元，比上年增长7.7%。农牧民和城镇居民可支配收入完成2 686元和5 902元，分别增长17.5%和15.8%。全年全旗国民生产总值达274 512万元，比上年增长17.7%。

【农业】 年内，播种农作物350万亩。其中早播种玉米、小麦、水稻、蓖麻等旱田作物240万亩，雨后抢种晚田110万亩。在种植结构上，玉米、小麦、水稻等粮食作物播种213万亩，蓖麻、葵花、蔬菜等经济作物播种102万亩，饲草作物播种35万亩。全旗粮食作物总产量可达7.65亿公斤，比上年增加0.58亿公斤。面对60年一遇的旱情，全旗投入抗旱资金3 650万元，开动机电井2.66万眼，动用机动抗旱设备1万台套，出动机动运水车辆1.3万辆，完成抗旱浇灌面积186万亩，其中坐水点种16万亩。抗旱用电210万度，用油9 510吨，挽回粮食损失32.5万吨，挽回经济损失9 000万元。全年新打井配套950眼，新增有效灌溉面积11万亩，新增节水灌溉面积10万亩。新建6处农村牧区人畜饮水工程，解决0.52万人口、0.59万头（只）牲畜饮水困难问题。

【畜牧业】 年内，牛存栏24.3万头，其中基础母牛存栏7.9万头，完成任务7.1万头的111.3%；高产奶牛存栏达0.91万头，完成任务0.88万头的103.4%；牛出栏9.5万头，完成任务9万头的105.6%；其中出栏育肥牛8.55万头，完成任务8.5万头的100.6%。羊存栏43.7万只，完成任务40万只的109.4%，羊出栏26万只，完成任务的100%。有万只以上养鹅专业村109个，有高产奶牛小区7处。

【林业】 2004年全旗共完成人工造林31.14万亩，其中退耕地造林0.3万亩；荒地造林22.2万亩，"双百万亩"工程完成造林12.4万亩，其中综合治沙示范工程完成造林8.4万亩，营造丰产林4万亩(其中速生丰产林2万亩),农防林完成造林1.5万亩;村屯绿化完成100个;乡级以上公路绿化350公里;完成义务植树160万株,新建义务植树基地40个,四旁植树完成200万株;封育完成20万亩;育苗完成0.42万亩。

【工业】 引进500万元以上工业项目11个,其中1 000万元以上工业项目达4个,独立核算工业企业累计实现产值108 069万元,完成工业增加值44 697万元,完成销售收入76 210万元,实现利税8 325万元,实现利润4 588万元,同比上升0.77个百分点。全旗限额以上工业企业实现产值71 479万元,完成增加值29 563万元。

【交通】 2004年,全旗公路建设里程达88.5公里(包括乡村公路),总投资1.5亿元;其中宝开线希伯花至开鲁段13公里油路改建工程,工程投资455万元,9月12日竣工通车。七巴线三条支线油路总长15.54公里,8月30日全部竣工通车。

【邮政 电信】 累计完成邮政业务收入307万元,代办电信收入累计完成6.6万元;其它收入累计完成12万元。通信公司业务收入完成2 204.82万元。至12月底,全旗固定电话普及率达到6.83部/百人,比上年增长0.49百分点;完成小灵通放号2 585部,完成宽带业务720部。

【科技】 2004年围绕520万羽"达尔罕"白鹅基地建设,全年累计下乡开展技术咨询服务达700多人次,解答技术难题20多项。共举办养鹅技术专题培训班45期,培训师资人员和技术明白人2 500人。旗科技和农业部门实施了蓖麻新品种、新技术试验示范工程。全旗共举办各类技术培训班2 500期,培训农牧民达17.5万人次,发放《农村牧区适用技术》、《白鹅养殖技术规程》、《秸秆转化技术》等科普读物1万册,开通热线电话8部。

【教育】 2004年,制定上报了《科左中旗2004~2006年"国家西部地区两基巩坚"农村寄宿制学校建设工程总体规划》和《科左中旗2004~2006年"两基"巩坚实施规划》。2个"普九"规划单位顺利通过市级验收。中小学辍学率分别控制在国家规定的标准之内。高考上线人数达1 264人,本科上线人数比上年增加230人,上线率达43.3%,比上年提高了7.8个百分点。开展蒙授小学"达尔罕杯"和"骏马杯"知识竞赛活动,组织参加全市"科尔沁杯"竞赛获得团体总分第一。全年共培训农牧民6 000人次,扫除青壮年文盲167人,复盲率控制在5%以内。全年培训教师9 781人次,全年共投资1 246万元,新建、维修、改建校舍涉及29所学校。

【文化】 2004年,共完成文学艺术作品110余件,其中文学作品90件,美术作品35件,音乐作品12件。收集蒙汉歌曲作品71件。送文化下乡方面,全年下乡演出60场次,招商演出30场次,商业演出10场次。送电影260场次,观众达5万多人。举办了全旗首届"达尔罕杯"文艺大奖赛和为庆祝建国55周年承办了"祖国在我心中"为主题的职工大合唱和演讲比赛。完成了20个广播电视信号盲点嘎查村的广播电视"村村通"任务,全旗广播电视信号覆盖率达到90%以上。

【卫生】 2004年,全旗有医疗卫生单位35所,其中旗级医疗卫生单位8所,苏木乡镇卫生院27所。共有职工1 212人,其中副高15人、中级职称226人、初级职称760人、其它211人。

【计划生育】 2004年,全旗出生人口4 872人。出生率为9.69‰。计划生育率为99.92%。

【财税】 年内全旗预算内财政收入完成10 022万元,按可比口径计算,比上年的9 263万元增收759万元,增长8.19%。年内,全旗预算内财政总支出完成43 979万元,其中:地方财政支出完成39 465万元。全年财政收支相抵后,净结余28万元。

【金融】 2004年末,全旗各项存款余额70 508万元,同比增长9 906万元。其中储蓄存款余额47 753万元,企业存款余额6 816万元,各项贷款余额129 687万元,共发放农户小额贷款6 480万元。人民银行累计发放支农再贷款55 000万元。

【城市建设】 2004年完成梅林大街道路工程实施方案;实施6个乡镇、10个村屯的规划工作。完成保康镇内2街3路的绿化工作。完成西转盘和梅林广场种花种草8 500平方米;2街3路绿化树木1 320棵。全年城镇基本建设工程以保康蒙中、蒙古族实验小学教学楼及北大荒集团场房建设为代表的建筑工程51项,工程总面积达11万平方米,工程总投资5 759.92万元,道路建设的基本建设总投资600多万元,建设面积达6万平方米。

【先进集体 个人】

2004年度科左中旗林业局被自治区政府受予"绿化杯"奖。

2004年3月16日,科左中旗妇联被中国妇女发展基金会受予"香港回归扶贫资金项目"执行先进单位称号。

那仁高娃 女,科左中旗蒙古族中学教师,2004年9月分被内蒙古自治区人民政府、教育局表彰为区级优秀老师。

徐荣安 男,科左中旗一中教师,2004年9月分被自治区人民政府、教育厅表彰为自治区级优秀教师。

陆文杰 女,汉族,在科左中旗文化局创编室工作,2004年

9月她的作品《草原飞彩虹》被国家文联、中国文学艺术基金会第二届"中国时代新闻人物"优秀报告文学二等奖。2004年8月《不变的是忠诚》获中共中央国务院四部委主办人民日报时代潮周刊承办的全国主旋律作品三等奖。

吕红梅　女，蒙古族，在科左中旗文化局工作，作品《达尔罕黄昏》2004年8月，获纪念邓小平诞辰110周年"春天的故事"全国图书画展一等奖。

哈　斯　女，蒙古族，在科左中旗文化局创编室工作，2004年春，她的作品《草原的问候》获中国音乐协会歌曲编辑部中国民族歌曲演创大赛组委会、中国民族声乐演创研究中心民歌演创银奖。《家乡的小河》获中国民族歌曲演创大赛组委会、中国音乐家协会歌曲编辑部、中国民族声乐研创研究中心民歌演创银奖。

（毕长海　吴斯日古楞）

科尔沁左翼后旗

【领导名录】

旗委书记：刘布和（蒙古族）
副 书 记：陈凤玉（2月任职）
王亚林（蒙古族）
李锦标
宝音达来（蒙古族）
谷秀云（女）
旗　　长：陈凤玉（2月任职）
副 旗 长：王守义
满都拉（蒙古族）
王国清
李艳荣（女 2月任职）
姜守义
赵青龙（蒙古族 2月任职）
吕永成（2月任职）
人大主任：刘布和（蒙古族 2月任职）
副 主 任：特木勒（蒙古族 2月任职）
张学文
图力古尔（蒙古族）
包建平（蒙古族 2月任职）
王丽华（女 2月任职）
政协主席：刘　祥（2月任职）
副 主 席：王永光
闫天仓（蒙古族）
郑永琴（女）
包常玺（蒙古族 2月任职）
周一夫（2月任职）
武装部长：张继平
政　　委：孙景生

【概况】　科尔沁左翼后旗位于内蒙古自治区通辽市东南部，与辽、吉两省四县毗邻。地处科尔沁沙地东南边缘，松辽平原交界地带，东辽河西岸。北纬42°40′～43°42′，东经121°30′～123°43′。面积11 576.4平方公里，东西长154公里，南北宽107公里。总耕地面积为185 712公顷，有林地14.87万公顷。年末总人口39.74万人，其中蒙古族28.67万人。是以蒙古族为主体，居住有汉、回、满、朝鲜、达斡尔、鄂温克、壮、锡伯、苗、土家11个民族。辖23个苏木乡镇，12个国营农牧林渔场，522个嘎查（村）。

2004年，全旗生产总值完成36.3亿元，同比增长18.2%。其中一、二、三产业增加值分别完成12.1亿元、10.6亿元、13.6亿元，依次增长11%、27.3%、19.3%，三个产业结构比例达到33∶30∶37。

【农业】　2004年，粮食播种面积264.9万亩，同比增长31%。其中玉米158.6万亩，同比增长44%；水稻17.9万亩，同比增长25%；小麦0.52万亩，同比增长24%；粮食总产量121 118.4万斤，同比增长35.7%。其中玉米96 534.2万斤，同比增长49.2%；水稻15 383.4万斤，同比增长19.9%；小麦159.2万斤，同比减少38%。油料总产量3 780.4万斤，同比增长3.7%。

【畜牧业】　是年种植饲草作物19.3万亩，冬贮饲草料1 500 730吨，建设棚舍115 820间，围封天然草牧场129万亩。年鲜牛奶生产量5万吨，同比增长102.4%；肉类总产量2.7万吨，同比增长56.23%；绵羊毛产量420吨，同比增长11%；山羊绒产量20吨，同比增长43%。以黄牛为主的畜牧业产值占大农业比重的41%。牧业年度家畜存栏达110万头（只，口），同比增长11.3%。其中黄牛存栏28.1万头，羊41.97万只，生猪32.71万口。

【林业】　全年共完成综合治沙100万亩，其中人工造林45.1万亩，封沙育林22.7万亩，退耕还林19.8万亩。森林覆盖率提高到12.93%。

【水利】　全旗抗旱打井配套大井150眼，小井4 980眼。重点贫困嘎查村新打大井85眼，小井575眼，新配套290眼。全旗新增有效灌溉面积10万亩，新增节水灌溉面积6.1万亩。新灌溉草库伦328处，面积1.5万亩。完成人畜饮水工程7处，续建3处，解决0.837万人、1.5万头（只）大小畜饮水困难。完成东辽河渡口险工2处,护岸总长640米,完成土方1.77万立方米,铅丝石笼0.82万立方米,东西辽河堤防工程岁修完成土方6.5万平方米,坨甸区排灌工程渠系清淤扩建完成土方69万立方米,牧区水利完成2处各1 000亩的饲草料地节水灌溉示范项目。

【工业】 突出抓新增重点工业项目的引进和建设,全年实施新增重点工业项目11个,其中1 000万元以上项目6个,500万元~1 000万元项目5个,有8个项目竣工投产,其它3个项目开工建设。康源药业、金宝屯煤矿、矽砂公司、农电公司等企业生产能力不断扩大。实现利税明显增长。科尔沁牛业、维尔公司对农牧业产业的拉动作用初步显现。全旗独立核算工业企业实现工业增加值4.8亿元,同比增长68.6%;实现产品销售收入9.8亿元,同比增长74.6%;实现利税7 100万元,同比增长24.6%。全旗共引进实施内引外联项目90个,引进国内市外生产开发类资金5.3亿元。

【城镇建设】 甘旗卡镇新开工程建设项目35个,建筑面积11.7万平方米,投资额8 900万元。上年接转工程8个,建筑面积23 323.67平方米,投资1 663.57万元。全年竣工项目20个,竣工面积66 743.15平方米,完成投资4 792.37万元,竣工验收一次性合格率100%。巴彦路改造工程总投资500万元。路面由原来18米拓宽到24米,铺设黑色路面3.4万平方米。更新桥涵1座,铺设排污管网1 500延长米。体育广场工程总投资172万元。兼有体育、健身、娱乐等多功能,建设面积达5.3万平方米。市政工程全年完成工程总投资130万元。园林工程投资50万元。集中供热工程投资120万元,进行外网维修和锅炉改造。供热面积达到41万平方米,比上年增加近3万平方米。全年办理房屋产权登记388户,面积72 839平方米。住房资金管理中心年末资金总额1 984万元。

【第三产业】 全旗新增年营业收入50万元以上的民营企业53户,个体工商户1 485户。培育和壮大农畜产品交易市场、综合市场36处,带动相关产业的发展。公路建设投资完成4 221万元,甘金北线翻修80公里,甘金南线新建19公里,穿沙公路续建17公里。邮电业务总量5 008万元。固定电话数达3.98万部,移动电话数达5万部。网络系统实现增容,宽带由300兆增至550兆。

【旅游业】 全旗共接待国内外游客26万人(次),旅游总收入达8 000万元。投入资金1 700万元,加大大青沟旅游区基础设施和景点景区建设,获得国家4A级文明景区认证。

【财政金融】 财政总收入11 200万元,增长11.91%,财政总收入中,地方财政收入9 190万元,同比增长11.35%。财政总支出39 842万元,同比增长35.30%。财政总支出中,社会保障金支出1 654万元。全社会固定资产投资93 305万元,同比增长16.6%;社会消费品零售总额70 505万元,同比增长11.8%;城镇居民可支配收入6 030元,同比增长15.3%;农牧民人均纯收入2 395元,同比增长26.45%;年末金融机构各项存款余额73 900万元,同比增长21.55%,各项贷款余额150 505万元,同比增长6.28%。保险业务收入1 636万元,同比增长8.6%。

【科技】 深入实施"科教兴旗"战略,积极开展科技服务活动,培训农牧民10万人(次),普及推广各类适用技术42项。

【教育】 深化教育改革,整合教育资源,撤并中小学93所,中小学校舍建设资金投入815万元,进一步巩固了"两基"达标成果。切实做好"两免一补"工作,发放323万元资金,28 775名学生享受待遇,初中生辍学率降低到1.57%。

【文化】 广播和电视覆盖率分别达83%和92%,完成了40个"村村通"工程。档案管理工作进入自治区先进行列。

【卫生】 旗乡村三级卫生基础设施条件明显改善。计划生育率达到99.9%,人口自然增长率4.74‰。

【社会保障】 全旗实现再就业1 022人。按时发放养老金、失业保险金、城镇居民最低生活保障金2 025万元,全旗共输出劳动力47 540人(次),实现劳务输出收入3 565万元。

【招商引资】 全旗共完成招商引资项目85项,引资总额达51 391万元,完成市下达任务的128.4%。其中第一产业引资额3 385.8万元,占引资总额的6.5%;第二产业引资总额45 468万元,占引资总额的88.5%;第三产业引资总额2 538万元,占引资总额的5%。

【抗旱打井】 2004年春季,科左后旗遭受严重的旱灾。旗委、旗政府带领全旗各族人民每天出动劳动力34 000多人投入抗旱,出动运水车辆3 400多台,开动机电井大井3 700眼,小井25 000眼,共浇灌农田116万亩,占总播种面积的50%。全旗各地群众集资投入抗旱资金1 080万元,打井投入资金1 443万元。

2004年科尔沁左翼后旗模范人物

姓名	性别	民族	奖项	获奖时间	工作单位	授予部门
包金鸽	女	蒙古族	全国优秀家长	2004	蒙古族中学	国家妇联
闫桂范	女	汉族	十佳优秀妇女干部	2004	妇联	自治区政府
巴根那	男	蒙古族	青年农业产业化带头人	2004	海斯改苏木	团中央农业部

2004年科尔沁左翼后旗先进集体

受表彰单位	奖项	授予部门
团委	全国保护母亲河生态监护站	团中央、全国绿化委员会、全国人大环境与资源保护委员会、全国政协人口资源环境委员会、水利部、农业部
团委	2004年度全国保护母亲河行动先进集体	国家环保总局、国家林业局
科左后旗	农田基本建设二等奖	自治区政府
科左后旗	"33211"工程先进旗县	自治区政府
科左后旗	计生工作综合考评优秀县	自治区政府
科左后旗	"长安杯"县	自治区党委、政府

（乌日根达来 包显明）

库伦旗

【领导名录】

旗委书记：梁志远（蒙古族）
副 书 记：么永波
孙忠礼
阿木古冷（蒙古族）
关文涛（蒙古族）
人大主任：孟令成（2月离任）
梁志远（蒙古族 2月任职）
副 主 任：阿木尔萨那（蒙古族）
照日格图（蒙古族 2月任职）
王永明
萨布哈（蒙古族）
王秀华（女）
旗　　长：么永波
副 旗 长：王清江
张　国
门德白乙拉（蒙古族 2月离任）
阎存武（2月离任）
阿木古冷（蒙古族 2月离任）
孟庄子（蒙古族）
李　忠（2月离任）
虞新栋（满族 2月离任）
何志伟（蒙古族）
霍守山（蒙古族 2月任职）
王庆川（2月任职）
曹世杰（蒙古族 2月任职）
政协主席：刘国堂（2月离任）
阎存武（2月任职）
副 主 席：敖特根（蒙古族 2月离任）
李　忠（2月任职）
冯淑华（女）
宋　谦
宝力稿（蒙古族）
林　杰（2月任职）
武装部长：张　彪（3月离任）
宫树民（蒙古族 3月任职）
政　　委：璆　勇（3月离任）
周　源（3月任职）

【概况】 库伦旗位于通辽市西南部。地理坐标为北纬42°21′~43°14′，东经121°09′~122°21′。东连科尔沁左翼后旗，南与辽宁省阜新、新武二县接壤，西、北和奈曼旗相邻，总土地面积4 716平方公里，其中耕地面积为138万亩。辖10个苏木镇，186个嘎查村，总人口17.56万人，其中农业人口13.8万人。由11个民族构成,其中蒙古族占56%。

2004年,全年全旗地区生产总值完成10.1亿元,同比增长22.3%,其中第一产业增加值3.2亿元,增长18%;第二产业增加值3.1亿元,增长34%;第三产业增加值3.8亿元,增长14.5%,三次产业比重达到32∶31∶37。财政收入完成5 485万元,增长21.5%。

【农业】 全旗粮食产量达到1.69亿公斤。杂粮杂豆产量达到0.5亿公斤,8个品种已打入欧洲市场,实现出口创汇223万美元。食用菌生产滑子菇发展到100万盘,新发展香菇50万袋。

【畜牧业】 全旗牧业年度牲畜存栏50.6万头(只、口),新增7万头(只、口)。白鹅饲养量103万羽。专业化养殖水平进一步提高,新发展养殖业专业村30个,新增农牧结合户4 309户。

【林业水利】 全年共完成造林15.2万亩,其中退耕还林1.1万亩,综合治沙30万亩,小流域治理25万亩,新续建小水库、塘坝4座,打配机电井150眼,新增有效灌溉面积3.7万亩,新增节水灌溉面积2.1万亩。完成1.6万亩中、低产田改造任务。

【农村产业】 苏木镇新增年营业收入超50万元的民营企业22家,嘎查村新增个体工商户538户。劳务输出质量、规模、效益大幅度提升,完成劳务输出近3万人,为全旗农村人口的22%,创收4 140万元,农牧民人均劳务输出收入302元,同比增加92.9元。

【工业】 全旗完成工业增加值2.1亿元,同比增长50%。工业企业上缴税金1 853万元,同比增长36%。工业经济对财政的贡献率达到34%。全旗新增独立核算工业企业12户,总数达到64户。规模以上工业完成增加值1.1亿元,同比增长79%。工业固定资产投资完成2亿元,比原有工业固定资产总和多8 700万元。新开工建设投资500万元以上项目10个,其中完成投资1 000万元以上的项目有5个,即日产5 000吨水泥熟料新型干法回转窑项目一期工程、内蒙古北大荒有机食品有限公司荞麦精加工生产线项目、宏发矿业公司精铁粉扩建项目、铅锌选厂项目、绿丰草业有限公司年产2万吨颗粒饲料项目;完成投资500万元以上、1 000万元以下的项目有5个,即京伦2号矿、扣河子铁选厂、扣河子绿森木材加工、六家子双炀木业、镇区供热工程。新上10个项目中,已有8个项目当年建成投产,其余2个项目正在建设当中。

【建筑业】 2004年,全旗建设项目由上年接转工程8项,总规模3.6万平方米,总投资1 679.4万元;全年新开工项目20项,建筑面积4.3万平方米,总投资4 194.03万元,工程质量监督率为100%。竣工验收工程10项,验收总规模4.2万平方米,工程总造价2 257万元,验收合格率为100%。

【交通】 全年公路货运量为26 000千吨,与上年持平;货运周转量为16 000千吨/公里,与上年持平;全年公路客运量为1 470千人/公里,比上年增长8%;客运周转量为123 000千人/公里,比上年增加8%。公路总里程为1 200公里。全年打通不通油路的苏木1个、不通公路的村5个。完成全长28公里,总投资为4 200万元的省道305线库伦-平安地段公路建成通车,当年完成投资3 600万元,为通辽市开辟了一条通往京津地区的捷径。完成甘旗卡至库伦镇地方铁路项目预可研报告。全年新改建乡村公路82公里,完成投资449万元;投资23万元,完成库大线哈尔稿—六家子段全线23公里绿化任务。组织民工拉运公路养护砂3万立方米。

【电力】 实施第一期城网改造工程,新建66千伏城东变电所、三家子变电所和66千伏"三—东"输电线路,缓解了工业用电紧张的问题。

【通讯】 邮政业务收入完成162.7万元,比上年增长3.96%。网通业务收入完成1 040万元,比上年增长12%。电话放号1 776部(市话放号626部,农话放号1 150部),来电显示2 562户,小灵通放号1 850户。移动放号4 433户,业务收入完成1 000万元,比上年增长33%。基站总数达到16个,直放站达到3个。全年完成扩容、搬迁、网络优化等建设投资达300万元。联通业务收入320万元,比上年增长50%。放号4 000户,建成5个基站和直放站。

【旅游 外事】 全年累计接待国内外游客6.3万人次,旅游营业收入660万元,增长10%。全年共接待来自日本、美国、英国等国家和地区的团体组织31个、513人次。引进外资127万元,增长11%。接受无偿捐助38万日元。

【财税】 2004年,全旗财政收入完成5 485万元,其中地方财政收入完成4 033万元,同比分别增长21.5%和19.7%。按部门分类,国税收入完成1 733万元,是年初预算的101.9%,比上年纯增390万元,增长29%。地税收入完成2 263万元,为年初预算的100.1%,比上年纯增70万元,增长3.2%。按可比口径计算,财政收入增长38%,比上年纯增1 722万元。

【金融】 各项贷款和存款余额分别为39 314万元和38 333万元。全旗保险业收入1 361万元,比上年增长17%。

【城镇建设】 2004年,投资20万元完成10座公厕建设。投资70万元,改造安装中心街、养畜牧路、阿其玛路3条主街路的路灯。投资150万元完成后府街改造和兴源北路延伸工程,共铺装水泥路面9 550平米、人行道1 220平米。投资84万元完成阿其玛桥和宾馆南桥改扩建工程。建移民新村8处,搬迁539户、2 411人,总投资1 347万元。投资334万元,实施乡村人畜饮水工程8处,解决1.1万人和0.9万头(只)牲畜的饮水困难。总投资500万元的库伦镇给水扩建一期工程当年竣工投入使用,日总供水能力达到7 000立方米,有效缓解了自来水供需矛盾。

【招商引资】 全旗累计实施内联项目71项,引进国内市外资金2.2亿元,同比增长1.2倍,间接利用外资140万美元。

【扶贫】 投放各类扶贫资金1 024万元,3 953户贫困户、1.7万贫困人口通过扶持基本解决温饱。农民政策性收入达到人均252.9元。

【科技】 全年共引进推广良种47个、适用技术24项;开展科技下乡36场次,印发科普宣传单2.2万份,累计培训农牧民7.5万人次。

【教育】 投资1 411万元,规划农村寄宿制学校建设工程项目校18所,改建校舍18 334平方米;发放195.21万元资金,使全旗17 951名中小学生享受"两免一补"优惠政策。全旗适龄儿童入学率、初中阶段入学率均达到100%,辍学率分别为0和0.68%,青壮年非文盲率达到99.31%,公开考录98名专业教师,撤并完小24所,撤掉教学点23个,成功举办库伦一中建校50周年庆祝活动。高考升学率再创历史新高,录取率名列全市第二名。成立教育"春蕾女童班",资助女童139人。组织召开全旗中小学生第十六届运动会。

【卫生】 累计引进医疗物资、资金485.6万元,促成旗蒙医医院与内蒙古民族大学附属医院的医疗协作关系。全旗活动性肺结核患病治疗率达100%。全旗常规免疫"四苗"接种率均达到100%。全旗农村孕产妇住院分娩率达到94.34%以上,对全旗67个贫困村开展"扶贫义诊"活动,有568人在活动中受益。2004年,被国家卫生部、国务院妇儿工委、国家财政部联合授予"降低孕产妇死亡率和消除新生儿破伤风项目先进集体"。

【计划生育】 2004年全旗人口出生率为10.66‰,人口自然增长率控制在7‰以内,总性别比为106∶95,在全市名列前茅。投入80万元,落实1 148户计划生育保险家庭户,出资6.8万元,兑现独生子女奖励费。对村级计生干部实行"乡聘、乡管、村用"的管理办法,全面推行村(居)民自治。全旗各苏木镇已全部按照服务室"四个一"标准进行建设,计划生育三级服务网络已经形成。

【就业】 全年安置各类失业人员2 312人,其中"4050"人员400人。多方筹措并注入小额贷款担保基金60万元;为下岗职工发放小额贷款300万元,扶持600名下岗职工实现再就业。启动实施库伦旗城镇居民(职工)脱困和再就业援助工程,全旗388名副科级以上干部每人包扶一户城镇特困家庭,全年救助1 306户、3 257人,发放低保资金211万元;"三险"覆盖面进一步扩大,养老保险扩面续保1 415人、增收保费330万元,失业保险扩面509人,医疗保险扩面1 050人。

【人民生活】 2004年,全旗城镇居民人均可支配收入和农民人均纯收入分别达到5 942元和2 100元,分别较上年增加782元和450元。全年有4 011户、1.6万贫困人口解决温饱。

【灾情】 7月15日下午,库伦镇降特大暴雨,镇区累计降雨量达129毫米。其中14时30分至15时30分降雨量达93毫米,造成直接经济损失667万元。

【先进集体 个人】

库伦旗农调队 被国家统计局评为全国农村统计调查先进集体。

宫树民 库伦旗人武部部长,被北京军区国防动员委员会评为国防动员工作先进个人。

嘎 达 库伦旗库伦镇武装部长,被北京军区评为优秀专武干部。

王显辉 库伦旗水泉镇兽医站站长,被内蒙古自治区人民政府评为全区基层防疫工作先进个人。

【重要活动】 2月25日,国务院扶贫办主任刘坚带领国务院扶贫办、农业部有关司的同志,在自治区副主席雷·额尔德尼、区扶贫办主任云才晓及自治区有关厅局领导的陪同下到库伦旗视察扶贫工作。

4月3日,库伦旗公安局3小时内破获一起劫持人质案,人质被成功解救,犯罪嫌疑人被抓获。

4月28日,举行东蒙水泥有限公司年产120万吨水泥新型干法回转窑生产线项目一期工程开工奠基仪式,此项目投资1.2亿元,是自治区东部地区最大的水泥生产线。

4月,库伦旗第三期易地扶贫搬迁试点工程全面启动,计划搬迁539户、2 411人,涉及7个苏木镇12个村,建移民新村8个。

4月,国电东北公司投资400万元,在库伦镇东梁建1座66千伏变电所,解决新老城区和工业发展基地供电问题。此后,又投资550万元,在三家子镇建1座66千伏变电所,并将其列入城网改造项目。

6月18日,辽宁本溪前卫金属板材有限公司在白音花苏木境内投资2 000万元新建铅锌选厂,其中一期工程投资1 000万元,达到日处理矿石200万吨、年生产铅锌粉4 000吨规模,年可实现销售收入2 000万元以上。

6月23日,自治区党委书记储波一行到库伦旗视察工作。储波书记一行深入到东蒙水泥有限公司和蒙药厂,对库伦旗工作给予充分肯定。

6月,投资1 200万元的库伦旗伊河沟铁矿6万吨精铁粉生产线,在6月份建成投产后,又与沈阳瑞丰房屋开发有限公司合资组建宏发矿业有限公司,计划投资1 300万元扩建精铁粉生产线项目。新生产线建成后,总体生产能力将达到年产精铁粉10万吨。

7月9日,库伦旗与抚顺客商签订集中供热协议。协议规定由抚顺客商承包经营库伦镇内的五处集中供热小区,并在3年内改造管网和供热设施,实现镇内集中供热。

7月28日,由黑龙江北大荒农垦集团引进的荞麦深加工生产线项目在库伦旗完成注册登记。企业名称为"内蒙古北大荒有机食品有限公司",注册资金1 000万元。随项目进展和规模扩大逐步注入资金,年内完成投资3 000万元。该项目对库伦旗优势农产品的种植、加工和出口起到积极带动作用。

9月2日,中国工程院院士、全国政协原副主席钱正英带领中国工程院水土保持生态治理课题组到库伦旗开展调研。

9月16日,全长28公里、总投资4 100万元的省道305线库伦镇至辽宁省平安地公路库伦段全线竣工,又为通辽市打开了一条南出口。

12月16日至22日,库伦旗到江苏省南京市召开库伦旗招商引资项目(南京)推介会。此次招商项目推介会得到农业部南京农业机械化研究所的大力支持,有江苏正昌集团等13家江苏省企业的负责人参加,并在木材加工、畜产品加工等10个项目上达成合作意向。

12月,库伦旗旱作农业示范建设项目通过国家验收。该项目实施地点在水泉镇平台子村,总面积1.2万亩,总投资300万元,项目区内2 900户、1.3万农业人口普遍受益。项目建成后可新增产值148万元,人均增收114元。

(史志办)

奈曼旗

【领导名录】

旗委书记:张　毅
副 书 记:步进来(蒙古族)
　　　　　赵布和(蒙古族)
　　　　　吴志强(蒙古族)
　　　　　张广德
　　　　　李惠放
人大主任:尹　恩
副 主 任:李炳辉(蒙古族)
　　　　　鞫国义
　　　　　孙艳秋(女 蒙古族)
　　　　　特木勒(蒙古族)
旗　　长:步进来(蒙古族)
副 旗 长:于　立(蒙古族)
　　　　　于　沨
　　　　　刘　春
　　　　　王　琼
　　　　　白立柱(蒙古族)
　　　　　王喜伦(满族)
　　　　　李　莉(女 蒙古族)
政协主席:徐国兴
副 主 席:李相林
　　　　　苑德存
　　　　　敖力布(蒙古族)
武装部长:王敏峰
政　　委:宋树良

【概况】 奈曼旗位于科尔沁沙地腹地,通辽市西南部,西与赤峰市、南与辽宁省阜新市为邻。地处北纬42°14′17″~43°32′14″,东经120°20′35″~121°36′00″之间,地貌为"南山中沙北河川,两山六沙二平原"。2004年底,全旗总人口431 536人,其中蒙古族157 117人,占总人口的36.2%,汉族267 367人,占总人口的62%。其他少数民族7 052人。土地总面积8 137.6平方公里。辖13个镇、6个苏木、2个乡,共21个乡级行政区划。即:大沁他拉、八仙筒、青龙山、东明、治安、土城子、沙日浩来、义隆永、新镇、平安地、得胜、黄花塔拉、白音他拉等13个镇;固日班花、章古台、巴嘎波日和、奈林、清河、明仁等6个苏木;白音昌、苇莲苏2个乡,355个嘎查村,12个居委会。

2004年完成地区生产总值30.86亿元,同比增长22.11%。其中第一产业增加值为9.04亿元,同比增长10.1%;第二产业增加值为11.73亿元,同比增长36%;第三产业增加值10.09亿元,同比增长20.3%。财政总收入完成10 091万元,比上年纯增2 424万元,首次突破亿元大关。全社会固定资产投资完成8.7亿元,同比增长64%。

【农牧林水】 是年实现农业增加值9.04亿元。粮食总产量达7.4亿公斤，油料总产量6 009吨，蔬菜瓜果总产量80 046吨。牧业年度家畜存栏115万头只，其中，到年底羊存栏50.3万只。依托长荣鹅业和东明镇天童养殖场，推行"龙头＋农户"的养殖发展模式，使鹅饲养量达436万羽，养殖业发展到最好水平。养殖业、种植业、劳务输出分别使农民均收入720元、590元和536.5元，占农民人均纯收入的比重依次是32.7%、26.8%和24.4%。年底，完成人工造林34.3万亩，其中退耕还林20.4万亩，建设精品公路林132公里，封山（沙）育林20万亩，人工种草25.9万亩，退牧还草70万亩，治理小流域21万亩。完成城镇给水扩建工程，建设人畜饮水工程34处，解决2.6万人，1.4万头只牲畜的饮水，启动孟家段灌区节水改造工程，建设南部山区应急水源工程46处。其中新建小水库、小塘坝7座，新增有效灌溉面积8.2万亩、节水灌溉面积9.2万亩。

【工业】 2004年，工业经济主导地位已经开始显现，带动第二产业首次超过第一产业。年内新建设三个工业区："奈曼工业区"：一平方公里实施"四通一平"，绿化、美化、香化工程都已完成。"奈曼化工区"：修建2条沥青路面，启动铁路专用线。"八仙筒工贸区"：完成500亩"四通一平"。引进并开工建设投资1 000万以上项目19个，建成投产9个，蒙东水泥项目正式启动实施。全旗独立核算工业企业完成增加值2.4亿元，增长58.3%，其中规模以上企业完成增加值1.4亿元，增长87.4%。"蓝宇化工"二期工程，当年建设当年投产。

【城镇建设】 全旗有三级以上建筑企业施工单位3个，新建房地产开发项目19个、5.7万平方米。全年施工面积94 355平方米，竣工面积92 805平方米。

【邮政通讯】 邮电业务收入总量2 400万元，固定电话总量13 934户，其中城镇住宅11 360户，农村总户数603户。

【交通电力】 改造巴苇穿沙公路，新建乡村公路155公里，整修乡村达标公路475公里，新增通客运班车嘎查村46个，完成白音昌矿区公路和大沁他拉镇至长荣鹅业厂区油路建设。全年公路客运量为1 970千人次，比上年增长1.9%；客运周转量为6 100千人公里，比上年增加1.7%。货运量为3 080千吨，比上年减少5.5%；货运周转量为208 200千吨公里，比上年减少1.6%。220千伏"一次变"工程当年建成并投入使用。

【科技】 全旗有科技人员7 625人，其中，女340人。政府投入科技经费403万元，科技贡献率43%。推广新技术15项，新品种80个，培训农民15万人次，完成科技部"科尔沁沙地退化草地植被恢复重建技术项目示范区"的建设。

【教育】 调整学校布局，整合中小学校26所，当年在校生62 461人，其中普通中学在校生人数为26 375人、职业中学在校生人数为2 320人、小学在校生人数为33 766人。全旗小学生入学率100%，普通高考上线率97.9%，职教就业率90%。投入760万元修建校舍1.8万平方米。建成通辽市城域网三级网络中心，有10所学校被评为市级民族中小学管理示范学校。

【文化】 全旗有表演团体1个、文化馆1个、图书馆1个、博物馆1个、电视台1座、中波转播台1座、有线电视用户14 150户，广播电视覆盖率达100%。

【卫生】 全旗有卫生机构26个、医院2个、卫生院21个、结核病防治所1个、卫生防疫机构1个，病床468张，医疗卫生人员964人，旗蒙医院门诊楼建成并投入使用。农村新型合作医疗全面实施，有29.6万农民参加新型农村合作医疗，为7万多农民核销医疗费240余万元。全旗计划生育率达到99.98%，人口自然增长率为4.44‰。9个自治区文明单位通过届期管理，11个文明单位通过市级验收。

【金融保险】 全年城乡存款余额84 198万元，比上年增加9.3%，其中居民储蓄存款64 988万元，同比增长11.1%。保险业发展后劲较强，全年保险费收入2 180万元，比上年增长9.5%，其中财产保险收入500万元，人寿保险收入1 680万元。财产保险支付340万元，人寿保险支付78万元。

【人民生活】 社会消费品零售总额完成6.4亿元，同比增长15%。全旗从业人员190 385人，其中单位从业人员18 744人、个体私营经济从业人员7 973人、乡村从业人员163 668人。累计安置2 358名失业人员再就业，城镇失业率控制在4.2%以内。完善城市居民最低生活保障制度，年累计发放资金393万元，有6 145人被纳入城镇居民最低生活保障范围。城镇居民人均可支配收入达6 118元，农民可支配收入达2 200元，分别增加820元和420元。劳务输出成为脱贫致富主渠道，全年劳务输出8.4万人次，农民务工收入达到2亿元。清理建设领域拖欠工程款825万元，兑付欠发的农民工资187万元。在通辽市率先成立农村合作经济组织联合会，新增个体工商户814户，新增销售收入50万元以上的民营私营企业43户，启动木材综合交易批发市场前期建设。

【改革开放】 全年实施外引内联项目221个，合同引资22亿元，其中超5 000万项目9个，已有209个项目开工建设，开工率达到95%，到位资金7.7亿元，工业项目到位资金6.2亿元。在通辽市五项重点经济指标考核验收中，奈曼旗排在第一位。

（李玉山 李茂杰 孙福昌）

扎鲁特旗

【领导名录】

旗委书记:付泽彬

副 书 记:孙振云(蒙古族)

郭学军(达翰尔族)

陈守峰

色音巴雅尔(蒙古族)

人大主任:包哈达(蒙古族)

副 主 任:布和巴雅尔

高书勤(女)

宝力道(蒙古族)

潘 印

政协主席:杜 辉

副 主 席:苏日嘎图(蒙古族)

郜学兰(女 蒙古族)

布茂祥

布和特木尔(蒙古族)

旗 长:孙振云(蒙古族)

副 旗 长:韩宪军(蒙古族)

邵占军(蒙古族)

张守乾

马砚春(女)

李宝柱(蒙古族)

刘光毅(蒙古族)

杨宇奇

武装部长:翟力康

政 委:陶振学(8月离任)

【概况】 扎鲁特旗位于通辽市西北部,地理坐标北纬43°50′~45°50′,东经119°14′~125°57′。土地总面积17 471平方公里,辖19个苏木乡镇,245个嘎查村。总人口为304 514人,由蒙、汉、回、朝鲜、鄂伦春等13个民族组成。其中蒙古族人口为138 275人,占全旗总人口的45.4%。2004年全旗出生人数为2 998人,死亡人数为961人,自然增长人口2 037人,自然增长率6.70‰,出生率9.90‰,死亡率3.2‰。

全旗全年完成国内生产总值235 656万元,比上年增长16.2%,其中第一产业增加值86 638万元,增长7.0%;第二产业增加值52 866万元,增长20.1%,第三产业增加值96 152万元,增长23.1%。全旗人均国内生产总值为7 753元,增加1 482无,增长23.6%。全年财政收入完成13 121万元,比上年增长16.8%。财政总收入占国内生产总值的比重为5.57%。

【农业】 2004年完成总播种面积163.43万亩,比上年减少1.77万亩;粮食作物播种面积达127.38万亩,比上年减少7.15万亩;绿豆播种面积达36.7万亩,比上年减少13.7万亩;引草入田面积25.2万亩,比上年增加4.5万亩,增长21.7%,全年粮食产量达24.2万吨,同比减少7.55万吨。

全年化肥施用量(按折纯量计算)12 474吨,农用塑料薄膜使用量95吨,其中地膜使用量为93吨。地膜盖面积3.5万亩,农用柴油使用量为7 300吨。农药使用量214吨。加强农牧业种子工程建设,繁育玉米良种7 000亩,总产量350万公斤;调剂种公羊6 510只。

全旗农业机械总动力达33.423万千瓦,比上年增长5.5%,拖拉机拥有量为18 146台,比上年增加974台。其中小型拖拉机16 458台,比上年减少183台,大中型拖拉机1 688台,比上年增加1 157台。

【畜牧业】 牧业年度全旗大小畜存栏2 153 576头(只),比上年增长30.8%。其中大牲畜存栏305 504头,羊1 729 577只,猪118 495口。日历年度全旗大小畜存栏1 564 378头(只),其中大牲畜存栏180 444头,羊存栏1 253 001只,猪存栏130 933口。白鹅饲养量达45.6万只。大小畜出栏90.2万头(只),其中牛出栏9.7万头,羊出栏79.5只,猪出栏11.5口。全旗肉类总产量达43 123吨。全旗奶站达到43处,新增奶牛7 255头。

全旗草原建设总规模228.5万亩,其中,人工种草25万亩,青贮33万亩,饲用灌木10.5万亩,飞播牧草2万亩,草地改良20万亩,封育退化草场140万亩,建配套草库伦450处,8万亩,草田轮作1万亩,浅翻改良退化草场1万亩,推广牧草增产菌1万亩,草原灭鼠80万亩,草原灭虫60万亩,除毒草10万亩,全旗新建高标准棚900处、5 400间,新建永久性青贮窖池4 015座,建家庭生态牧场383处。

【林业 水利建设】 全旗全年共完成人工造林面积达位8.85万亩,比上年增加2.65万亩,增长10.1%。其中退耕造林面积达14.7万亩;荒山荒地造林面积14.15万亩,封山封沙育林30万亩,育苗4 948亩。完成鲁北镇东出口、北出口和炮台山公园的绿化工程。义务植树100万株,四旁植树60万株,公路绿化110公里,村屯绿化42个。退耕还林工程补植力度大,补植造林24.7万亩,秋季造林整地12.04万亩,秋季造林4.6万亩,秋季公路林整地74.5公里。全旗干部群众的林业生态意识和经济意识明显增强,实现"要我造林"到"我要造林"的思想转变,造林机制实现重大突破,自发植树造林日益增多,上千亩造林大户有3户,上百亩大户520户,招商造林突破6万亩。

2004年全旗水井累计达9 936眼。其中农业井8 575眼，在全部农业井中配套机电井占7 375眼，新增机电井530眼，排废机电井500眼。有效灌溉面积达83.78万亩，比上年减少2.1万亩。

【工业】 2004年，全旗工业增加值实现了20 141万元，比上年增长24.5%。其中规模以上工业（国有及年销售收入在500万元以上非国有工业企业）增加值实现16 181.9万元，增长29.4%。独立核算工业企业产品销售收入达31 756.9万元，增长51.3%。其中限额以上工业企业产品销售收入达25 690.8万元，增长39.48%。全旗独立核算工业企业产品销售率为99.66%，同比上升2.25个百分点；工业经济效益综合指数为111.19%，比上年提高0.19个百分点；全员劳动生产率为67 227元/人；利税总额3 440.9万元，同比增长5.9%。矿产开发业和农畜产品加工业新开工建设企业有12户，招商引资新上工业项目投资金额9 765万元以上。

【建筑业】 2004年，扎鲁特旗在建工程15项，面积42 100平方米，其中2003年结转 工程5项，面积17 600平方米，新建工程10项，面积24 500平方米。全年施工房屋面积144.529平方米，同比减少11.91%。竣工房屋面积104.159平方米，同比减少21.56%。全年城镇工矿区私人建房157户，建筑面积19 223平方米，竣工房屋价值750万元，全年建筑业增加值32 725万元，增长17.6%。

【个体私营经济】 全旗个体工商户5 453户，从业人员6 956人，注册资金16 170万元。其中城镇户数3 484户，从业人员4 431人，注册资金9 132万元。从结构上看，批发零售贸易餐饮业3 252户，从业人员4 304人，注册资金9 751万元。农、林、牧、渔业7户，从业人员7人，注册资金20万元。采矿业11户，从业人员31人，注册资金287万元。工商个体户总产值为3 720万元，销售总额17 516万元，社会消费品零售额11 535万元。

【财政金融】 全旗全年财政总收入完成13 121万元，比上年增长16.8%。其中地方性财政收入完成9 963万元，增长25.0%，全年财政支出36 761万元，同比增长45%。

2004年末金融机构各项存款余额76 748万元，比上年增加16 812万元，增长28.05%。城乡居民储蓄存款余额达57 889万元，同比增加11 490万元，增长24.8%，各项贷款余额为96 680万元，同比增长27.8%。

全年完成保费收入1 318.4万元，比上年增加4.0万元，其中财产险保费收入457.3万元，同比减少6.3%，人寿保费收入达861.1万元，比上年增加35万元，全年支付各类赔偿款345.1万元，比上年少支付40.4万元。

【交通】 2004年全旗公路建设总投资6 403.51万元，完成年计划229%；新改建县乡村公路445.9公里，新通公路村屯25个，全旗公路里程为1 171.3公里，比上年增加16公里。其中国道163公里，县道349.02公里，乡道659.3公里。全旗全年完成货运量3 998千吨，比上年增加108千吨，货运周转量259 870千吨公里，比上年增加7 020千吨公里；完成客运量2 230千人，比上年增加90千人，增长4.2%；客运周转量133 800千人/公里，增加5 400千人/公里。

【环保】 全旗有自然保护区32处，总面积485.6万亩，其中自治区级自然保护区2处，面积为227.2万亩；市级自然保护区9处，面积为132.4万亩；旗级自然保护区21处，面积为126万亩。自然保护占全旗总土地面积的18.6%，全旗现有市级生态示范区6处。

【科技】 全旗有科技示范园区在32处，共计3 428亩，其中旗级1处，260亩；乡级22处，2 468亩；村级9处，700亩。全旗共引进新品种150个，新技术20项。全旗共开设各类培训班813期，科技培训10万人次，发放各类图书5 100余册，光盘350张，科技明白纸5万张，有效提高广大农牧民的科技素质。2004年被自治区评为"科技示范旗"。

【教育】 全旗现有小学84所，少数民族小学20所，教学点120个。现有中学35所，少数民族中学8所，其中初级中学23所，高级中学2所，九年一贯制中学10所。全旗小学招生3 944人，在校生23 588人，毕业生5 418人；初中招生5 067人，在校生15 822人，毕业生4 335人；普通高中招生1 708人，在校生3 931人，毕业生741人；职业高中招生113人，在校生278人，毕业生69人。全旗有专任教师3 912人，其中小学专任教师2 540人，普通中学专任教师1 309人，职业中学专任教师39人，幼儿园专任老师24人，全旗校舍建筑面积224 594平方米，2004年新增建筑面积5 932平方米，学龄儿童入学率100%，初中入学率97.89%，"普九"人口覆盖率达78.5%，继续实施农村牧区中小学现代远程教育工程建设，完成远程教育网学校37所，有52个教学点光盘播放系统设备到位，扎鲁特教育中心网络在建设之中。

【卫生】 全旗共有卫生机构32个，其中医院2所，卫生院26所。现有卫生技术人员785人，比上年增加40人，其中，执业医师336人，助理执业医师128人，村卫生室350个，比上年减少64个。

【人民生活】 2004年全旗城乡居民人均可支均收入6 120.82元,比上年同期增加802.7元,增长15.09%,城镇人均居民消费支出达4 729.54元,增加15.97%;居民家庭恩格尔系数(即居民家庭食品消费支出占家庭消费支出的比重)为33.32%。农牧民人均收入2 785.43元,增加377.03元,增长15.7%。农村居民恩格尔系数为45%。全旗城镇失业人数为3 832人,新增3 038人,再就业人数为2 418人,登记失业率为4.1%。全旗失业保险参保人数为13 550人。

全旗养老保险新增参保人数7 288人,全旗养老保险累计参保人数达18 820人,全旗实现养老金社会化发放离退人数2 400人,享受遗属补助300人,社会化发放率达100%。参加职工医疗保险单位188户,参保职工13 200人,收缴养老金、医疗保险和失业保险金3 318万元。

【模范人物】

项秀华　女,蒙古族,扎旗检察院工作,2004年1月获第四届"中国优秀青年卫士"称号。

江　溉　男,扎旗公安局治安大队工作,2004年4月获全国依法行政先进个人称号。

张　宝　男,香山镇五井子村农民,2004年1月获全国种粮大户。

(牡丹　陈明)

开　鲁　县

【领导名录】

县委书记:汤连荣

副 书 记:刘庆文(蒙古族)

林文惠

希日巴拉(蒙古族)

王宏图

姜宝玉

人大主任:耿　璞

副 主 任:陈继全

梅景林

肖彦德(蒙古族)

廉淑云(女)

县　　长:刘庆文(蒙古族)

副 县 长:刘进贤

崔　志

王胜利(9月任职)

杨占田(蒙古族)

王伟琴(女)

王喜春

王国锋

政协主席:闫淑云(女)

副 主 席:王洪悦

崔守明

包凤英(女 蒙古族)

侯俊发

武装部长:李方芹

政　　委:王　琛

【概况】 开鲁县位于内蒙古自治区东部、通辽市西部。属西辽河冲积平原腹地,平均海拔241米,地处北纬43°9′~44°10′,东经120°25′~121°52′之间,东与科尔沁区毗连,西与赤峰市阿鲁科尔沁旗、翁牛特旗为邻,南与奈曼旗隔西辽河相望,北与扎鲁特旗交界。另外东南、东北部分地区还分别与科尔沁左翼后旗、科尔沁左翼中旗接壤。全县总面积4 488平方公里,现有耕地面积141万亩,林地面积172万亩,草牧场面积277万亩。国道303线、111线,集通铁路横贯县境,县政府驻地距通辽市政府驻地科尔沁区86公里。区位上属于西部大开发、振兴东北老工业基地地区,经济上属于东北经济区、环渤海经济区内。2004年全县人口出生率为9.84‰,死亡率为4.11‰,自然增长率为5.73‰。年末全县总人口为392 434人,增长0.90%,其中,男性人口为200 491人,女性人口为191 943人。少数民族人口为61 412人,占总人口的15.65%。

2004年地区生产总值实现37.6亿元,按可比价格计算,比上年增长22.8%。其中,第一产业增加值实现17亿元,比上年增长12.9%;第二产业增加值实现9.9亿元,比上年增长44.6%;第三产业增加值实现10.7亿元,比上年增长23.3%。全县财政收入首次突破亿元大关,实现1.02亿元,同口径增长24.5%,其中,地方财政收入完成7 798万元,同口径增长19.45%。居民消费价格总水平比上年上升了5.8%;商品零售价格水平比上年上升了6.1%;农业生产资料价格水平比上年上升了7.9%。

【农业】 全县农作物总播面积166.6万亩(含复种),其中,粮食作物面积111.1万亩,比上年增加30.4万亩,经济作物面积55.5万亩,比上年减少16.9万亩。全县粮食总产量首次突破15亿斤,达到15.06亿斤,比上年增长28.72%。农业产值实现185 644万元,比上年增长3.47%。红干椒全县播种面积25.5万亩,总产量达1.66亿斤,实现产值6.02亿元。渔业生产因干旱水域减少甚至干涸,水产品产量下降,全县水产品产量160吨。

全年实现农林牧渔业总产值265 636万元,比上年增长9.95%,其中,牧业产值实现69 514万元,比上年增长70.23%;

林业产值实现8 617万元，比上年增长33.89%；渔业产值实现107万元，比上年下降63.73%；农林牧渔服务业产值实现1 754万元，比上年增长2.21%。

全年新打配套机电井260眼，新增有效灌溉面积2.6万亩；新增节水灌溉面积10万亩。完成人畜饮水工程7处，解决1.41万人和1.34万头（只）牲畜饮水问题。

【畜牧业】 全县牧业年度家畜总存栏92.17万头（只），比上年增长30.46%，其中：大牲畜存栏11.92万头，比上年增长7.19%；羊存栏40.10万只，比上年增长48.03%。在大小牲畜存栏中，牛存栏7.07万头，比上年增长6.32%，牛存栏中奶牛存栏1.18万头，比上年增长195.00%。生猪存栏40.15万口，比上年增长23.77%。年末全县家畜实有头数101.79万头（只），比上年增长55.59%，其中：大牲畜13.23万头，羊52.56万只，分别比上年增长16.56%和81.43%；猪36.00万口，比上年增长43.43%。在畜牧业生产中，奶牛和白鹅养殖项目发展势头强劲，年末全县奶牛存栏11 458头，占牛存栏的19.16%，牛奶产量达34 374吨，比上年增长22.67%，实现产值5 912.3万元，比上年增长22.66%。白鹅养殖476万羽，占家禽总数的71.58%，比上年增长83.08%，鹅肉产量达12 300吨，比上年增长74.47%。

【林业】 全县完成人工造林18.5万亩，合格面积11.58万亩。全县森林覆盖率达21.6%。

【工业】 全年工业增加值完成6.55亿元，比上年增长54.3%，其中：独立核算工业企业工业增加值完成2.80亿元，比上年增长47.11%；实现利税4 557.6万元，比上年增长89.71%；工业产品销售率达98.20%，比上年提高0.05个百分点；工业经济效益综合指数完成137.16%，比上年提高25.37个百分点；全年独立核算工业企业实现产品销售收入6.57亿元，比上年增长66.76%；年末产成品库存为1 398.7万元，比上年下降8.84%；全年全员劳动生产率达41 150.46元/人，比上年提高10 817.69元/人；流动资金周转次数3.05次，比上年快0.04次。

【建筑业】 全社会建筑业增加值实现33 500万元，比上年增长26.5%，具有三级及三级以上资质等级的建筑业实现利润总额8 651万元，利润总额231.3万元，税金总额331.3万元房屋建筑施工面积92 825平方米，其中新开工面积58 412平方米，竣工面积59 572平方米。

【固定资产投资】 全年全社会固定资产投资完成12.1亿元，比上年增长56.25%。城镇以上单位50万元以上项目完成投资94 318万元，比上年增长68.49%。按经济类型分，国有经济投资77 049万元，比上年增长65.54%；其它经济投资17 269万元，比上年增长83.07%。按投资用途分，基本建设投资完成24 377万元，比上年下降49.17%；更新改造投资完成66 941万元，比上年增长746.5%；房地产开发投资完成3 000万元，比上年增长2 627.27%。全年城镇以上单位50万元以上项目中，第一产业投资7 461万元；第二产业投资19 753万元；第三产业投资28 885万元。

天然原油开采5万吨/年；木材2万立方米；改建公路35.6公里；染料2 000吨/年；啤酒1万吨/年；其他酒0.3万吨/年；造林面积18.5万亩；热水8兆瓦/小时。城市污水处理能力2万吨/日。

【交通】 全年交通运输业公路货运量完成4 550千吨，比上年增长22.25%，公路货运周转量完成286 650千吨公里，比上年增长22.25%；公路客运量完成3 530千人，比上年增长35.15%，公路客运周转量完成165 910千人公里，比上年增长35.15%；公路总里程2 946.9公里。

【邮电】 全年完成邮电业务总量6 163万元，比上年增长20.65%。固定电话用户达到42 069户，比上年增长26.48%，其中城市电话用户14 001户，增长19.66%；乡村电话用户28 068户，增长30.19%。移动电话用户达42 908户，增长14.40%。

【商贸】 全年社会消费品零售总额达到82 561.6万元，比上年增长24.70%，扣除物价因素，实际增长22.83%。其中：县消费品零售额44 176.5万元，增长25.93%，县以下消费品零售额38 385.1万元，增长23.32%。分行业看，批发零售贸易业零售额75 129.8万元，增长23.17%；餐饮业零售额6 262.7万元，增长44.92%；其它行业零售额1 169.1万元，增长31.20%。

【金融】 年末全县金融机构各项存款余额为89 908万元，比上年增长12.76%，其中：企业存款余额为4 655万元，比上年下降24.30%；城乡居民储蓄存款76 231万元，比上年增长13.74%。年末全县金融机构各项贷款余额为110 627万元，比上年增长2.61%，其中：短期贷款余额102 729万元，比上年增长2.75%，中长期贷款余额7 880万元，比上年增长1.65%。金融机构现金收入为512 693万元，现金支出527 418万元，分别比上年增长25.32%、18.04%，全年货币净投放14 725万元。

【保险】 年末全县保险机构保费收入2 473.59万元，比上年增长22.92%。其中，寿险保费收入1 748.47万元；健康险和意外伤害险保费收入135.02万元；财产险保费收入590.1万元。支付各类赔款及给付541.58万元，比上年增长5.59%。其中，寿险业务给付193.99万元;健康险和意外伤害险赔款及给付78.79万元;财产险赔款268.8万元。

【科技】 年末全县各类专业技术人员达6 412人。科技经费投入力度继续加大,全年科技经费支出176万元,科技三项费用131万元;科学支出45万元。

【教育】 中等学校:2004年新增学生席位2 048个,建筑面积7 840平方米;小学校:学生席位1 056个,建筑面积4 160平方米;全县普通高中在校生4 269人;职业高中在校生161人;普通初中在校生18 353人;小学生在校生34 126人;进修校在校生50人。学龄儿童入学率达99.97%,小学毕业生升学率达99.5%,初中生毕业生升学率达37.8%。办学条件进一步改善,校舍建筑面积中:普通中学125 086平方米,职业高中7 082平方米,小学158 339平方米,进修学校2 061平方米。幼儿教育进一步加强,向标准化方向发展。

【文化】 年末全县有艺术表演团体1个,文化馆1个,公共图书馆1个,藏书72 659册,图书流动册次80 200册,接待读者人次60 180人次,电影放映队24个,放映场次7 901次,广播人口覆盖率96.02%,电视人口覆盖率76.69%。

【卫生】 全县共有卫生机构28个,床位409张,卫生技术人员916人。其中:职业医师411人,职业助师71人,注册护士172人,药剂人员87人,检验人员50人。

【体育】 全年举办各类运动会8次,参加运动员人数5 484人次,81%的在校生达到国家体育锻炼标准。

【人民生活】 全年城镇居民人均可支配收入达6 330元,比上年增加720.44元,增长12.84%;农牧民人均纯收入达3 807.76元,比上年增加402.57元,增长11.82%。

【社会保障】 年末全县各类社会福利机构18个,床位228张,收养210人。年末全县参加基本养老保险人数为25 151人,其中参保职工10 394人,参保的离退休人员4 759人。全县参加医疗保险的人数为12 334人,其中参保职工9 999人,参保退休人员2 335人。年末全县企业参加基本养老保险离退休人员2 898人,实现养老金按时足额发放;全县参加失业保险的人数为13 606人;年末全县领取失业保险金人数为372人;全县共有2 890户城镇居民6 010人得到政府最低生活保障。

【劳动就业】 年末全县从业人员19.69万人,比上年增加492人,增长0.25%;全年有1 610名下岗失业人员实现再就业。年末城镇登记失业率为3.9%。

(王安杰)

赤 峰 市

【党政军领导名录】

市 委

书 记:罗啸天

副 书 记:杭桂林(蒙古族)

徐国元

赵 兴

高溥泽(6月离任)

斯日古楞(蒙古族)

张国华(6月任职)

常 委:罗啸天

杭桂林(蒙古族)

徐国元

赵 兴

高溥泽(6月离任)

斯日古楞(蒙古族)

王 波

张国华

杨宝忠

陶淑菊(女)

钱荣旭(蒙古族)

朱景田

句建奇

马爱国

人 大

主　　任:照那斯图(蒙古族)

副 主 任:敖日泽(蒙古族 3月离任)

赵　慧(女)

宝敬群(女 蒙古族)

刘廷赞

许兆峰

汝俊杰(3月任职)

政　府

市　　长:杭桂林(蒙古族)

副 市 长:王　波

马爱国

麻树昌

扎　那(蒙古族)

李学玉

李雪波(女)

姚云峰(蒙古族)

白玉刚(蒙古族)

张利平

李春光

政　协

主　　席:张立华(满族)

副 主 席:布　和(蒙古族 3月离任)

孙　哲(3月离任)

哈斯巴根(蒙古族)

刘　珍

呼格吉图(蒙古族)

郑喜春

郭丽虹(女)

林澄宇

邱　富(3月任职)

白音那(3月任职)

布和朝鲁(3月任职)

纪检委

书　　记:高溥泽(6月离任)

张国华(6月任职)

政法委

书　　记:杨宝忠

法　院

院　　长:张　智(蒙古族)

检察院

检 察 长:徐瑞祥

公安局

局　　长:郑贵胜

军分区

司 令 员:张　忠(大校)

政治委员:句建奇(大校)

【概况】　赤峰市位于内蒙古自治区东南部、蒙冀辽3省区交汇处,总面积9万平方公里。现有耕地98多万公顷,草原580多万公顷,有林面积233.33多万公顷。2004年全市总人口为459.0万人,人口出生率为9.94‰,人口死亡率为6.34‰,人口自然增长率为3.6‰。

2004年,全市地区生产总值实现326.65亿元,按可比价格计算,比上年增长27.2%。第一产业增加值89.14亿元,增长27.0%;第二产业增加值130.25亿元,增长36.8%;第三产业增加值107.26亿元,增长17.6%。三次产业结构继续得到优化,从总量来看,二、三产业占地区生产总值比重为39.9%和32.8%,分别高出第一产业12.6和5.5个百分点;从增速来看,第二产业达到36.8%,居三次产业之首。在地区生产总值增长的27.2%中,第二产业贡献了10.99个百分点,分别高于一、三产业4.11和1.66个百分点。全年人均地区生产总值7 130元,比上年增长26.7%。全年全社会劳动生产率为15 685元,比上年增长22.2%。财政总收入完成24.20亿元,增长35.4%,增幅比上年提高9.5个百分点,其中:地方财政收入15.80亿元,增长43.2%,增幅比上年提高11.5个百分点。地方财政支出61.11亿元,增长29.7%。

【农业】　2004年赤峰市农牧业生产虽然遭受春季旱灾以及局部雹灾,但全市各族人民采取各种措施抗灾夺丰收,加之6月以后雨水调合。全市农作物播种面积达到1 488万亩,比上年增加102万亩,增长7.3%,其中:粮食作物1 175万亩,比上年增加120万亩,增长11.3%;经济饲料作物313万亩,下降5.4%。粮食产量达62.93亿斤,比上年增长29.5%,是历史上粮食生产第二个高产年,其中:谷物产量为57.29亿斤,增长31.6%;豆类产量为2.98亿斤,增长15.1%;薯类产量2.66亿斤,增长8.6%。经济作物也有较大幅度增长,油料产量1.37亿斤,增长5.4%;甜菜产量7.08亿斤,增长21.6%;蔬菜产量30.93亿斤,增长27.4%。全年完成造林合格面积11.13万公顷,比上年下降22.7%。全年水产品产量8 607吨,比上年增长6.5%。农田有效灌溉面积32.40万公顷,比上年增长9.3%;农牧业机械总动力达到251.04万千瓦,比上年提高7.0%;每公顷耕地拥有农业机械动力2.56千瓦,提高2.4%。

【畜牧业】　从总量指标来看,6月末牲畜存栏突破千万头(只)大关,达1 181.32万头只,比上年纯增204.34万头只。随着农牧业产业化经营继续深入推进,牧业生产方式得到有效改变,畜牧业生产已开始朝着生态型、效益型的发展方向迈进，牲畜周转进一步加快。从效益指标来看，繁殖基础母畜存栏568.78万头只，比上年增加138.55万头只，增长32.2%；牲畜商品率132.0%、出栏率41.6%，分别比上年提高3.2和2.1个百分点；繁殖率106.4%、仔畜成活率97.6%，分别比上年提高9.0和0.5个百分点；良种及改良种率为87.6%，提高1.2个百分点。年末畜禽产品产量增幅显著。

【工业】 全年全部工业实现增加值86.87亿元，按可比价格计算，比上年增长31.1%，其中：全部国有及年销售收入500万元以上非国有工业企业完成工业增加值51.19亿元，比上年增长39.0%。按企业规模分，大中型工业完成增加值35.87亿元，增长33.1%，小型工业完成增加值15.32亿元，增长55.5%；按经济类型分，国有及国有控股企业完成增加值29.53亿元，增长24.6%，其他类型企业完成21.66亿元，增长67.7%；按轻重工业分，轻工业完成增加值15.25亿元，增长24.8%，重工业完成35.94亿元，增长43.2%。原煤1 597.71万吨，增长17.3%；发电量96.21亿千瓦时，增长3.4%；化学原料药1.39万吨，增长19.2%；中成药0.12万吨，增长6.9%；配混合饲料51.14万吨，增长41.3%；白酒15 104.62千升，增长18.9%；啤酒158 192.02千升，增长38.6%；水泥179.36万吨，增长34.4%；呢绒362.34万米，增长51.8%；纸制品0.40万吨，增长34.5%；十种有色金属14.63万吨，增长94.6%。全年建筑业完成增加值43.38亿元，比上年增长51.0%。

【固定资产投资】 全社会固定资产投资完成162.08亿元，比上年增长50.1%。其中：基本建设完成投资119.04亿元，增长66.8%；更新改造完成投资5.76亿元，下降63.2%，房地产开发完成投资10.91亿元，增长77.7%，其它投资完成9.59亿元，增长160.0%。固定资产投资结构优化，在定期统计的145.31亿元投资中，第一产业完成投资16.66亿元，比上年增长71.1%，增幅分别高于二、三产业5.9和32.2个百分点，投资所占比重提高1.4个百分点；第二产业完成48.28亿元，增长65.2%，其中：工业完成45.10亿元，增长56.3%；第三产业完成投资80.37亿元，增长38.9%。基础设施建设投资完成45.20亿元，增长4.3%，其中：交通运输邮电投资完成24.97亿元，与上年持平；水利管理投资3.83亿元，增长76.5%；文化、体育和娱乐业投资3.44亿元，增长6.8%；电力、煤气及水的生产和供应业投资12.96亿元，增长3.5%。全年新增固定资产84.17亿元，比上年增长12.4%。新建公路2 209公里；改建公路800公里；改建独立公路桥梁1 059米。

【交通 邮电业】 全市公路货运量6 823万吨，货物周转量40.29亿吨公里，公路客运量2 600万人，客运周转量14.64亿人公里。

全年完成邮电业务总量11.92亿元，增长4.7%。市内电话交换机容量达65万门，比上年增长27.5%，程控电话比重为100%。市内电话用户达52.4万户，增长13.9%，其中住宅电话42.2万户，增长11.1%。已通电话的行政村所占比重为55.8%。新的业务不断发展，移动电话用户达到58.57万户，增长11.5%。

【旅游业】 全年共接待境内外游客310万人次，比上年增长17.3%，其中：海外游客9 896人次，国内游客309.01万人次。旅游业总收入实现12.90亿元，增长46.6%，相当于地区生产总值的3.9%，其中：国际旅游创汇313.86万美元，国内旅游收入12.66亿元。

【国内贸易】 全市消费品零售总额118.09亿元，增长20.5%，增幅比上年提高7.6个百分点，其中：市的消费品零售总额实现60.14亿元，增长22.2%；县的消费品零售总额实现31.79亿元，增长19.8%；县以下实现26.16亿元，增长17.6%。餐饮业销售额达到13.46亿元，比上年增长32.9%。

【对外经济】 全年外贸出口总额实现6 465万美元，比上年增长24.1%，其中："三资"企业出口2 765万美元，比上年增长48.2%；自营企业出口3 700万美元，增长10.7%。

【环保】 2004年，全市共完成785个建设项目的环评审批和611个污染项目的治理，全年完成水污染治理项目24个，开工在建项目3个，总投资1.47亿元。全年共完成大气污染治理项目587个，总投资2.63亿元。全市又有308家饮食企业安装了油烟净化装置，456家饮食企业拆除了原煤散烧炉灶，改用清洁燃料。城区空气环境质量II级以上的天数为237天，较上年多出13天。

【金融 保险业】 2004年底金融机构各项存款余额为254.27亿元，比上年增长17.9%，其中：城乡居民储蓄存款余额186.95亿元，增长16.1%。金融机构各项贷款余额201.88亿元，比上年增长14.2%。

全年财产保险金额257.84亿元，比上年下降15.8%，保费收入11 187万元，比上年增长6.3%，年末人寿险承保人数121万人，比上年增加49万人，保费收入46 331万元，比上年增长19.8%，赔款9 132万元，增长61.5%。

【科技】 全年鉴定科技成果60项，获市级以上科技进步奖30项，其中获自治区以上科技进步奖4项。年内签订技术合同17项，合同成交额1 821万元。

【教育】 全市普通高校1所，招收学生3 170人，在校学生6 890人，毕业生3 170人；中等专业学校6所，招收学生3 712人，在校学生10 023人，毕业生4 919人。全市初中在校学生24.16万人，初中入学率98.24%，比上年上升0.37个百分点，小学在校学生31.83万人，小学学龄儿童入学率98.75%，比上年上升0.10个百分点。普通初中和小学学生辍学率分别为1.52%和0.07%。初升高升学率达61.1%，高中阶段在校生达13.5万人。全年普通中小学新增校舍16.08万平方米，危房比例控制在国家规定的范围内。中小学计算机拥有量达到15 549台，增长26.4%，图书795万册，增长3.8%。

【文化】 全市拥有艺术表演团体12个，公共图书馆14个，群艺馆、文化馆13个，博物馆8个；广播电台1座，电视台1座，电视发射台、转播台和差转台346座，其中1 000瓦以上9座。广播混合覆盖率92.5%，电视混合覆盖率84.4%。《赤峰日报》全年出版9 645千印张。

【卫生】 全市拥有医疗卫生机构808个，其中医院387个，实有床位1.09万张，专业卫生技术人员1.73万人。

【体育】 全年举办县级以上运动会51次，参赛人数3.22万人次，其中体委系统举办14次，参赛人数1.02万人次。全年发展二级运动员4人。全市老年体协组织已发展到3 224个，经常参加体育锻炼的老年人28.84万人，占老年人口总数的60.0%，比上年提高2.4个百分点。

【人民生活】 2004年，全市城镇居民人均可支配收入为6 706元，比上年增加679元，增长11.3%，其中：城市居民实现7 291元，增加933元。城镇居民人均消费性支出5 221元，增长7.1%。全市农牧民人均纯收入2 415元，比上年增加359元，增长17.5%。其中，农民人均纯收入2 441元，增加365元，增长17.6%；牧民人均纯收入2 172元，增加343元，增长18.8%。农牧民人均消费性支出1 798元，增长10.9%。年末城镇居民现住房屋人均使用面积19.59平方米，农牧民人均居住面积19.74平方米。

【社会保障】 全市各类社会福利院床位7 441张，收养5 172人。城镇社区服务网络持续发展，已建立各种社区服务设施1 004处。社会救济改革进一步深化，城乡居民得到国家救济的达16.21万人，妥善安置1 014名退伍军人的生活和就业。

全市有19.09万职工参加基本养老保险，有5.79万离退休人员参加离退休费社会统筹，分别比上年增长10.4%和15.8%。

【就业】 全市从业人员208.26万人，增加8.22万人，其中：城镇在岗职工30.15万人，城镇私营和个体劳动者11.89万人，乡村从业人员165.84万人，增加8.12万人。本年新增就业人数2.87万人。全市城镇新增登记失业人数2.82万人，登记失业率4.2%。

【央视“心连心”艺术团来赤峰市慰问演出】 9月13日，中央电视台“心连心”艺术团赴赤峰市慰问演出，演出活动的主题为《吉祥草原》。

【阿旗绍根发现大煤田】 2004年，阿鲁科尔沁旗对绍根煤田东、西区进行详细勘探，已探明储量5.01亿吨，埋藏深部为270米～614米，最大单层厚度为12.4米，煤质为褐煤，发热量为6 648卡/千克。

【赤峰市荣膺“中国优秀旅游城市”称号】 9月2日至5日，以中国旅游城市分会秘书长唐洪广为组长的国家创建中国优秀旅游城市检查验收组对赤峰市创建中国优秀旅游城市创优工作展开全面检查，自治区旅游局质量管理处及赤峰市党政领导陪同检查。2005年1月8日，在江西省南昌市召开的全国旅游工作会议上，国家旅游局宣布了2004年赤峰市荣膺“中国优秀旅游城市”称号。

【“中华第一凤”惊现赤峰】 5月18日，经国内考古学家和赤峰市文物专家鉴定，由赤峰市翁牛特旗企业家张军捐赠给赤峰市人民政府的陶凤杯上的凤造型是“中华第一凤”。它出土于距今约6 800年的赵宝沟文化遗址，早于1971年在赤峰发现的“中华第一龙”。“中华第一凤”的首现再次让世人认识赤峰是红山文化的摇篮。

【赤峰承办中国乒乓球俱乐部超级联赛】 11月6日，经国家体育总局批准，由中国乒乓球协会和中央电视台联合主办的2003～2004“鲁能杯”、中国乒乓球俱乐部超级联赛“赤峰·中国巴林石杯”比赛在赤峰新落成的市体育馆隆重举行。奥运会冠军张怡宁等参加本次比赛。北京先体女子乒乓球俱乐部以3:0战胜河北保定正大女子乒乓球俱乐部。

【赤峰市获得“全国双拥模范城”五连冠】 1月8日，赤峰市第五次获得了“全国双拥模范城”的光荣称号。这是本市继1993年1月、1994年7月、1997年1月和2000年1月连续四次被国家民政部、解放军总政治部命名为“双拥模范城”后，连续第五次获此殊荣。

【赤峰市旅游形象大使】 9月16日，著名表演艺术家斯琴高娃被赤峰市人民政府聘任为“赤峰市旅游形象大使”。在聘任仪式上，市委副书记、市长杭桂林为斯琴高娃颁发聘任证书。

（唐玉茹　肖丽娜）

红 山 区

【领导名录】

区委书记:董歧福
副 书 记:韩 铭
王敬国
孙建华
张敬国
人大主任:王维新
副 主 任:于景奎
张成钢(土家族)
王 彬(女)
郭小荣
区 长:韩 铭
副 区 长:王长春
范国忠
张国庆
张丽梅(女 1月任职)
杨宪峰
姜 丛
宋锡波
郑 江
政协主席:郝庆云(女)
副 主 席:马秀文
展国兴(回族)
刘 波
武装部长:王卫东
政 委:滕建忠

【概况】 红山区位于内蒙古自治区东部,区境以赤峰市区为中心,分别向东、西北、西南三侧凸出,呈“Y”形版图。四周与松山区、元宝山区、喀喇沁旗毗邻。地理坐标为北纬42°13′~42°21′,东经118°53′~119°11′。总面积169.63平方公里,城区面积20.4平方公里。辖1乡、2镇、9个办事处;有18个行政村、68个社区居委会。至2004年底全区总人口30.38万人,其中非农业人口25.39万人。人口出生率8.19‰,比上年上升0.24个千分点;人口死亡率2.70‰,人口自然增长率5.49‰。有少数民族22个。

2004年,红山区实现国内生产总值33.99亿元,比上年增长28.1%,其中,第一产业实现增加值1.68亿元,增长37.0%;第二产业实现增加值8.19亿元,增长39.6%;第三产业完成增加值24.12亿元,增长24.3%。全社会完成固定资产投资10.59亿元,比上年增长75.0%。实现财政总收入3.42亿元,比上年增长25.3%,其中地方财政收入1.59亿元,按可比口径增长33.7%。市场商品零售价格指数103.1,同比上升3.1个百分点。市区居民消费价格指数103.5,比上年上升3.5个百分点。

【农牧业】 2004年改扩建养殖小区1 000亩,新建日光温室1 018亩。粮食总产2.25万吨,比上年增长0.02%;蔬菜总产13.89万吨,比上年下降0.02%;肉类总产0.70万吨,禽蛋总产0.40万吨,奶类总产0.61万吨。全年人工造林合格面积3 400亩,育苗面积700亩,义务植树40万株。拥有农业机械总动力4.53万千瓦。全年化肥施用量(折纯量)1.96万吨,农村用电量1.43亿千瓦小时。

【工业】 全年实现工业增加值5.43亿元,比上年增长20.5%,其中:规模以上工业企业完成增加值1.88亿元,同比增长60.4%,规模以下工业企业完成增加值3.54亿元,同比增长3.0%。工业产品销售率99.3%。

【建设】 全年城镇以上(不包括农村)固定资产投资10.59亿元,比上年增长75.0%。其中,基本建设投资5.87亿元,比上年增长48.2%;房地产开发投资3.12亿元,比上年增长104.2%。更新改造完成投资9 588万元,比上年增长268.7%。

完成文化广场扩建工程,共扩建广场面积1.8万平方米。完成步行街亮化工程。维修道路2.46万平方米。共治理小街、小巷32条,治理总面积8.45万平方米。继续实施“绿色行动”专项工程,城区绿化美化水平进一步提高。

【交通运输业】 全区共有公路102公里,其中国道11公里,省级公路22公里,县公路27公里,乡镇公路52公里,综合好路率为82.7%。全年公路货运量351.4万吨,货运周转量16 767万吨公里;公路客运量149万人,客运周转量13 003.2万人公里。完成城郊乡东郊村红旗路1.26公里油路改建工程和红山高科园区三期道路工程3.5公里的道路铺设任务。

【贸易业】 全年社会消费品零售总额20.31亿元,比上年增长24.3%。其中:批发零售贸易业零售额实现16.24亿元,比上年增长24.4%;餐饮业零售额实现1.81亿元,比上年增长30.4%;其它行业零售额实现2.26亿元,比上年增长19.4%。全区现有各类市场46处,其中亿元市场5个,全年成交总额11.91亿元。

全区引进自治区外资金7.55亿元,比上年增长125.2%。全区投资规模100万元以上的建设项目开工84项,完成投资7.11亿元;其中投资规模500万元以上的建设项目43项,完成投资6.25亿元。列入全市重点调度的专项推进项目9项,完工4项,完成投资8 100万元;列入自治区重点调度的项目6项。全区争取到上级投资的项目15项,共争取资金3 000万元。

【科技】 全年完成科技成果13项,其中4个项目达到自治区领先水平。有4项科技成果获得赤峰市科技进一步奖。全年申请国家专利21项,授权18项。被自治区科技厅命名为创新型星火龙头企业1家、被认定为赤峰市级民营科技企业4家。

【教育】 有各类学校(全地区)96所。其中:小学34所,初中8所,普通高中14所,职业高中2所,幼儿园36所,特殊教育学校2所。在校学生总数6.19万人。其中小学2.31万人,初中1.30万人,普通高中1.69万人,职业高中2 432人,学前教育在校(园)生数6 454人,特殊教育245人。有专任教师4 639人。适龄儿童入学率100%。2004年红山地区高考报名人数为4 992人,院校录取人数为3 978名。

【文化】 全区有公共图书馆2个,藏书35万余册。基层文化站12个,乡镇文化中心3个,群众业余文艺团队2个。全年组织丰富多彩的文化活动,约有20余万人次参加。

【卫生】 全区有医疗卫生机构9个,床位599张,卫生技术人员864人。

【体育】 认真贯彻落实《体育法》和《全民健身计划纲要》。年内承办和组织各类比赛30余项,全年比赛、表演及学习班的人数累计近2万人次。武术队获内蒙古自治区武术比赛第一名;篮球队获全市青少年篮球赛第二名;乒乓球队获赤峰市青少年乒乓球比赛团体第一名;向外输送足球人才3名。

【社会生活】 全区城镇居民人均可支配收入7 291元,按可比口径计算,比上年增长14.7%;农民人均纯收入4 587元,比上年增长12.6%。年内收缴养老保险金1 927万元,发放养老保险金1 924万元,有3 213人领取养老保险。城市低保对象实现应保尽保。全年发放最低生活保障金3.18万户次、7.47万人次,共发放最低生活保障金456.1万元。全区共有城镇在岗职工10 501人,全年职工工资总额1.40亿元。全区在岗职工平均工资为1.35亿元,比上年增长20.3%。

(刘瑞翔 布和)

元宝山区

【领导名录】

区委书记:辛广昌
副书记:邹德华
何映礼
吕广信
张恒
人大主任:谢宝金
副主任:张振武
张贵
潘一青(女)
田忠
区长:邹德华(代理)
副区长:孟庆祥
赵德永
侯东辉
张树军
安国友
康进玉
赵全明
科技副区长:薄智慧(女)
政协主席:孟繁臣
副主席:汪秀荣(女 蒙古族)
李宝恒
何明江
郭文清
武装部长:李柱维(蒙古族)
政委:翟建超

【概况】 元宝山区是1983年10月经国务院批准建立的市辖区,在赤峰市东。东隔老哈河与敖汉旗和辽宁省建平县相望,南接喀喇沁旗,西北与红山区、松山区相连。地理坐标为北纬41°55′~42°25′,东经119°03′~119°30′。全区东西宽39公里,南北长56公里,总面积887.14平方公里,下辖9镇、1乡、2个街道办事处、58个村、64个居委会。全区总人口290 996人,其中非农业人口175 118人。

2004年,全区地区生产总值(全口径)实现483 613万元,按可比价格计算,比上年增长31.3%。其中,第一产业增加值39 235万元,同比增长49.2%;第二产业增加值286 806万元,同比增长35.7%;第三产业增加值157 572万元,同比增长22.2%。三次产业结构继续得到优化,从总量看,三次产业所占地区生产总值的比重分别为8.1%、59.3%和32.6%。全社会固定资产投资完成177 829万元,比上年增长146.2%。实现财政总收入41 966万元,比上年增长25%。其中地方财政收入完成14 443万元,同比增长38%。金融机构各项存款余额367 828万元,同比增长22.2%，其中企业存款余额77 671万元，同比增长70.2%，城乡居民储蓄存款余额282 529万元，同比增长13.5%。金融机构各项贷款余额401 718万元，同比增长8%。

【农业】 全年农林牧渔业实现总产值6.82亿元，增长56.5%。农业增加值3.92亿元，增长49.2%。全年农作物播种面积307 131亩，比去年增加720亩，增长0.2%，其中，粮食作物246 908亩，产量达90 268吨，同比增长44.4%。年末牲畜存栏168 774头只，同比增长60.1%。全年奶牛存栏17 495头，同比增长248.1%；牛奶产量20 772吨，同比增长81.7%。肉鸡饲养量完成1 675.9万羽，同比增长66.8%，其中肉鸡存栏157.7万羽，同比增长36.2%，肉鸡出栏1 518.2万羽，同比增长70.8%。蔬菜保护地面积达17 130亩，比年初增加10 330亩。全区饲草料基地面积达到8万亩，新增青贮设施10万立方米。全年肉类总产量达36 717吨，同比增长65.8%；禽蛋总产量达到7 641吨，同比增长51.6%。完成造林26 236亩。全区农机总动力9.6万千瓦，同比增长3.2%。

【工业】 全部工业增加值完成250 659万元，比上年增长28.3%，工业对经济增长的贡献率达到44.4%。新增规模以上工业企业5家，全区规模以上工业企业达到27家，经济效益综合指数为86.7。比上年下降5.46点，其中区属规模以上工业企业经济效益综合指数为106.38，比上年提高2.5点。规模以上工业企业完成增加值217 371万元，增长35.3%，占全市规模以上工业的42.5%。规模以上工业企业中，按照经济类型分，国有企业增加值完成32 642万元，增长19.42%，集体企业完成增加值16 853万元，增长19.29%，有限责任公司完成增加值116 932万元，增长55.32%，股份制企业完成增加值50 216万元，增长27.93%，私营企业完成增加值728万元，增长76.71%；按轻重工业分，轻工业完成增加值55 255万元，增长35.93%，重工业完成增加值162 116万元，增长40.07%。

全区重点培育壮大煤电能源、重化工和绿色食品加工主导产业，共实施新改扩项目111个，完成投资8.02亿元。草原兴发完成肉食品卫生安全体系建设，进入中国最具生命力企业100强，平庄热电厂一期工程2.4万千瓦机组实现供热和并网发电，赤峰伊利乳业有限责任公司液态奶生产线日处理鲜奶能力达280吨，赤峰贺麒铜业年产1.2万吨精密铜管项目成功试生产。

工业产品中，原煤产量达到1 392.58万吨，同比增长1.0%。其中，区属企业产原煤363.86万吨，同比增长7.6%；发电量达到853 697万千瓦小时，同比增长2.3%，其中区属企业发电量18 820万千瓦小时，同比增长72.0%；水泥产量达52.82万吨，同比增长41.8%，其中，区属企业产水泥15.83万吨，同比增长19.6%；机制纸产量达3 200吨，同比增长2.8%；液体乳产量达9 749吨，同比增长596.4%；鲜冻畜肉产量达16.42万吨，同比增长183.3%；鸡肉产量达9.61万吨，同比增长64.3%；啤酒产量达39 521吨，同比增长4 380.8%；饲料产量达19.63万吨，同比下降4.3%。

【基础设施建设】 全区完成基本建设投资7.04亿元，比上年增长139.8%；房地产开发完成投资0.84亿元，下降36.9%。建筑业增加值完成36 147万元，比上年增长115.0%。全区有资质建筑企业施工单位9个，房屋建筑施工面积393 578平方米，增长19.6%，竣工房屋面积339 418平方米，增长32.3%。

【交通】 全区公路通车里程299公里。公路运输完成货运量309万吨，比上年增长22.1%；完成货物周转量7 081万吨公里，比上年增长27.1%。公路运输完成客运量106万人，增长37.7%；完成旅客周转量6 051万人公里，比上年增长22.0%。

【邮电】 全年完成邮电业务总量7 231万元，比上年增长6.9%。其中电信业务总量6 350万元，增长8.5%；邮政业务总量881万元，下降3.3%。年末固定电话用户达6.2万户，移动电话用户达6.3万户。全区实现村村通电话。

【保险】 2004年保险业保费收入8 217万元，比上年增长16.4%。其中财产险收入2 146万元，下降3.6%；人寿险收入6 071万元，增长25.6%。全年保险业赔付额1 743万元，增长17.7%，其中财产险赔付1 167万元，增长37.9%；人寿险赔付576万元，下降9.3%。

【贸易 旅游】 全年社会消费品零售总额173 850万元，比上年增长24.0%。其中，批发零售贸易业零售额146 105万元，增长23.2%；餐饮业零售额21 360万元，增长30.0%；其它行业零售额6 385万元，增长23.3%。外贸出口总额实现1.05亿元，增长121.3%。全区主要旅游景点有4处。

【科技】 2004年被列入自治区星火科技示范县和可持续发展试验区，荣获全国科技进步先进区县称号。引进推广先进适用技术16项，发展科技示范户220户；开展科技培训3.3万人次，其中专业技术人员630人次，种养大户500多户；引进新技术新品种15个，完成技术合同认定登记交易额402万元。

【教育】 全区有各类学校95所，其中幼儿园29所，小学51所，初中11所，普通高中2所，职业中学2所。中小学在校学生总数30 621人，其中小学13 876人，初中9 861人，普通高中5 479人，职业中学1 405人。学前教育在校(园)人数3 503人。有各类专职教师2 600人。2004年全区高考报名人数1 903人，其中1 640

人考入大中专院校。

【文化】 2004年末,全区有文化馆1个,举办大型群众文化活动2次,参与群众28万人次;公共图书馆1个,拥有图书18 208册、件。有广播站10座,广播室10座,广播人口覆盖率为100%;电视发射台和转播台2座,电视人口覆盖率86%;有限电视台1座,有线电视用户达2.7万户。完成了全区广播电视光缆联网工程,建设光缆干线总长133公里,形成网络资产1 100万元,成为自治区第二家有线电视光缆覆盖各镇乡街的旗县区。

【卫生】 2004年末,全区共有卫生机构36个,其中医院2个,卫生院9个,疾病预防控制机构1个,妇幼卫生机构1个,健康教育研究机构1个,结核病防治所1个,个体中西医诊所21个。全区医疗卫生单位拥有病床509张,其中医院、卫生院457张,妇幼卫生机构6张。有卫生技术人员582人,其中医院、卫生院458人,疾病预防控制机构49人,妇幼卫生机构20人,健康教育研究机构3人,结核病防治所10人。

【体育】 2004年全区举办县级以上运动会1次,有375名运动员参加6个组别共40个项目的比赛,有11人次打破7项运动会记录。

【人口】 2004年末全区总人口为290 996人,人口出生率为8.61‰,人口死亡率为3.96‰,人口自然增长率为4.65‰。总人口中60岁以上人口比重为11.1%。

【人民生活】 全年城镇居民人均可支配收入7 055元,比上年增加937元,增长15.3%,人均消费性支出5 520元,增长17.5%,人均住房使用面积19.55平方米,在岗职工人均货币工资11 339元。农民人均纯收入4 006元,比上年增加550元,增长15.9%,人均居住面积26.06平方米。城镇居民家庭恩格尔系数为34.7%,比上年降低0.1个百分点,农民家庭恩格尔系数为30.0%,比上年降低5.4个百分点。

【再就业 社会保障】 全区1 685名下岗失业人员实现再就业,475名大龄就业困难人员得到安置,劳务输出2.6万人次,城镇登记失业率控制在4.2%以内。全区参加基本养老保险职工7 408人,比上年增加509人;参加失业保险职工42 237人,比上年增加3 686人;领取失业保险金人数531人,比上年减少40人;有11 368名职工和99名离退休人员参加基本医疗保险;全年有7 412户共20 690名城市居民得到最低生活保障救济。

（夏文虎）

松 山 区

【领导名录】

区委书记:赵知文

副书记:戈树奎(满族)

张成利

崔广学

屈银霞(女)

人大主任:常柏林

副主任:曹建利

郑淑华(女 蒙古族 1月任职)

卢天君

常富国

区长:戈树奎(满族)

副区长:刘振富

王锐清(蒙古族)

陈志强

董海瑞(满族)

张百川

于宝珠(蒙古族)

科技副区长:袁文英(女 蒙古族 1月任职)

政协主席:张明华

副主席:赵名立(1月任职)

苑春利

陈 杰(女 蒙古族 1月任职)

武装部长:于志军(3月离任)

韩庆宝(3月任职)

政委:明俊国(3月离任)

孙德才(3月任职)

【概况】 赤峰市松山区地处内蒙古自治区东部,赤峰市中南部。地理坐标为北纬42°01′~42°43′,东经117°47′~119°39′。东西最长152.5公里,南北最宽77公里,总面积5 955平方公里。1993年改郊区名松山区。东与敖汉旗相望,西与河北省围场县搭边,西北与克什克腾旗接壤,南与喀喇沁旗、元宝山区毗邻,北与翁牛特旗交界。是联结东北、华北两大经济区的重要枢纽。赤峰市委、市政府于年内迁址松山区境新城区。全区辖11镇、18乡、5个街道办事处、260个村民委员会、19个社区居委会。2004年末,全区总人口53.9万人,其中蒙古族95 118人,占总人口的17.6%;其他少数民族38 429人,占7.1%。人口密度每平方公里90人。

2004年,全区实现地区生产总值310 361万元(原口径。下同),按可比价格计算,比上年增长28.1%,增速创历史新高。其中,第一产业增加值125 425万元,增长38.3%;第二产业增加值93 674万元,增长22.7%;第三产业增加值91 262万元,增长22.9%。三次产业增加值占GDP比重由上年的36.5∶30.4∶33.1变成40.4∶30.2∶29.4。人均生产总值5 767元,按可比价格计算,增长28.1%。财政收入按同比口径计算达1.68亿元,同比增长20%;其中地方财政收入1.18亿元,增长15.8%。城镇居民人均可支配收入增加822元,达6 583元;农民人均纯收入增加540元,达2 660元。

【农业】 全年落实粮食作物播种面积174.3万亩,比上年上升37.6%;谷物播种143.1万亩,增长52.9%;油料播种19.7万亩,下降39.7%;糖料播种4.8万亩,增长25.36%;蔬菜播种14.8万亩,增长15.7%。全年粮食总产53.5万吨,比上年增产13.5万吨,增长33.8%;油料产量20 352吨,下降17.1%;肉类总产5.3万吨,增长55.9%。全区种植业增加值完成7.1亿元,增长47.9%。年内被评为"全国粮食生产先进县"。粮食产量、设施农业增量、无公害蔬菜总量均居全市第一。

年末,全区农业机械总动力36.8万千瓦,比上年末增长1.2%,其中,农用排灌动力机构4.2万千瓦,与上年持平。

农业综合开发完成项目投资1 168万元,其中完成中低产田改造2.1万亩。五期农业综合开发以自治区第一名的成绩通过国家验收。全区农村合作经济组织发展到190个,农民经纪人队伍增加到4 400多人。

【牧业】 新发展养殖小区和专业村48个,牧业年度牲畜存栏49.7万头只,新增15.1万头只。畜群畜种结构进一步优化。新增奶牛1万头,存栏达1.4万头;肉牛饲养量达13.1万头,新增2.6万头;肉羊饲养量21万只,新增7.6万只;生猪和禽类饲养量均有较大增长。全区畜牧业增加值达4.6亿元,比上年增长48.4%,占第一产业比重达38%以上。

【林业】 完成生态治理面积52万亩,其中退耕还林12.17万亩,封山育林6.7万亩,人工造林0.6万亩,飞播造林0.5万亩。城区周边绿化3.365万亩。完成德国援项目5.9万亩,营造防护林0.5万亩、水保林1.38万亩、人工直播封育4万亩。

【水利】 完成播前灌溉面积86.01万亩,新增有效灌溉面积3.33万亩,新增节水灌溉面积3.32万亩,完成水保治理22.3万亩。启动民间资本1 460万元,新建各类水源工程560处,其中新打机电井133眼,解决10 665口人和11 044头(只)牲畜的饮水困难。总投资3 600万元的英金河灌区四期节水改造工程及续建配套工程顺利通过检查验收。

【工业 建筑业】 全年全部工业增加值完成65 928万元,按可比价格计算,比上年增长19.3%。规模以上工业企业(全部国有和年产品销售收入500万元及以上非国有工业企业,下同),由16个增加到28个,全年实现总产值8.33亿元,比上年增长94.6%。其中国有及国有控股企业完成产值1.8亿元,增长1.6%;集体企业完成0.14亿元,增长33.5%;股份制企业完成7.7亿元,增长100.3%。全年规模以上工业企业产品销售率为97.66%,比上年下降0.87个百分点。全年规模以上工业企业实现产品销售收入7.73亿元,增长56.61%,实现利税7 190万元,比上年增加2 554万元。经济效益指数为163.02%,提高27.69个百分点。

全年建筑业实现增加值2.8亿元,按可比价格计算,比上年增长31.7%。

【民营经济】 发展私营企业75家,发展个体工商户750户。全年完成现价总产值15.4亿元;营业收入15.8亿元;完成增加值4.8亿元,入库税金1 710万元,实现农畜产品加工业增加值700万元。

【固定资产投资】 全年全社会完成固定资产投资15.1亿元,比上年增长100.8%。其中,城镇完成12亿元,增长122.2%;农村完成3亿元,增长42.9%。

【批零贸易】 全年社会消费品零售总额12.9亿元,比上年增长26.4%,其中,城市消费品零售额3.9亿元,增长62.5%,贸易业实现10.2亿元,增长22.9%,餐饮业实现2.5亿元,增长47.1%。

【交通 邮电】 全区公路货运量388万吨,公路货运周转量17 086万吨/公里,同比增长8.6%;公路客运量351万人次,完成客运周转量10 530万人/公里,增长6.5%。全年完成邮电业务总量5 716万元,增长14.6%。其中,邮政业务总量1 230.8万元,增长2.5%;电信业务总量4 485万元,增长18.6%。全区固定电话数年末达80 949户。

【金融 保险】 年末全部金融机构各项存款26.23亿元,同比增长43.7%;各项贷款余额14.4亿元,增加10.8%。保险公司保费收入6 770万元,增长22.6%。其中寿险保费收入3 642万元,增长13.8%;财产险保费收入3 128万元,增长34.8%。

【扶贫开发】 投入各类扶贫开发资金1 558.5万元,覆盖贫困人口10.85万人,其中解决温饱3 500人,巩固温饱1万人。产业化扶贫、社会扶贫和科技教育扶贫得到较好落实。

【教科文卫】 年末本区拥有普通高中5所,在校生13 599人;初中学校40所,在校生28 852人;普通小学224所,在校生38 343人;小学学龄儿童入学率100%;成人教育学校295所,毕业人数6 080人。全区有各类专业技术人员10 794人。拥有文化馆(站)34个,公共图书馆1个。拥有卫生机构43个,其中医院3个,卫生院29个,妇幼保健院1个,专科疾病防治院1个,健康教育所1个,卫生防疫站1个,社区卫生服务站4个。各类卫生机构拥有床位652张,卫生技术人员939人。

【计划生育】 年末全区总人口(按2004年公安口径推算)53.9万人。全年出生0.67万人,出生率12.4‰;死亡0.31万人,死亡率5.7‰;全年净增人口3 543人,人口自然增长率6.7‰,比上年上升2个千分点。

【社会保障】 全区参加基本养老保险人数为11 510人,比上年增加301人。其中参保职工5 253人,离退休人员2 912人。参加医疗保险为19 807人,增加1 605人。

【改革开放】 年内,整体出售原赤峰第二制酒厂,妥善安置76名供销企业职工和粮食系统企业全部职工。减免农牧业税、发放粮补和良种补贴5 158万元,农民人均直接增收112元。全年引进项目165个,引进资金8.15亿元。其中,自治区外资金5.35亿元,增长59.7%。

(鲁殿华)

阿鲁科尔沁旗

【领导名录】

旗委书记:王国江

副 书 记:汪　洋(蒙古族)

齐双义(蒙古族)

王广悟

南振虎

人大主任:那顺孟和(蒙古族)

副 主 任:王铁命(蒙古族)

魏树毅

王景枝(女)

孙秀文

旗　　长:汪　洋(蒙古族)

副 旗 长:张　华

吉日嘎拉(蒙古族)

郭文斌

于丽华(女)

凌　河(蒙古族)

黄彦峰

宝　民(蒙古族)

政协主席:鞠喜玲

副 主 席:张志良(女)

白振林(蒙古族)

满都拉(蒙古族)

呼和巴拉(蒙古族)

武装部长:王宝林

政　　委:张志刚

【概况】 阿鲁科尔沁旗位于内蒙古自治区中东部,赤峰市东北端,东与通辽市扎鲁特旗、开鲁县接壤,西与巴林左旗、巴林右旗为邻,南与开鲁县、翁牛特旗隔河相望,北和锡林郭勒盟西乌旗、东乌旗毗连。地理位置处在北纬43°21′43″~45°24′20″,东经119°02′15″~121°01′之间。南北长232公里,东西宽114.4公里,总面积14 277平方公里。全旗辖23个苏木乡镇(7个苏木、8个乡、8个镇),245个行政村(嘎查)、6个居委会,92 336户,总人口29.97万人,其中非农业人口3.61万人;有蒙、汉、满、回、朝鲜、达斡尔等12个民族,其中蒙古族人口11.66万人,占总人口的38.9%,其他少数民族占2.5%,是一个以蒙古族为主体、汉族为多数的地区。

全旗现有草原面积1 418万亩,耕地126.6万亩;境内有林面积504万亩,森林覆盖率25.5%。全旗每年大小畜存栏保持在180万头(只)左右,居自治区前列,是赤峰市重要的肉牛、绒山羊生产基地。全旗年粮食产量1.5亿公斤左右,盛产杂粮,是全国三大绿豆主产区之一。

2004年,全旗实现地区生产总值13.4亿元,按可比价格计算,比上年增长21.1%。其中,第一产业实现增加值5.12亿元,第二产业实现增加值4.27亿元,第三产业实现增加值4.02亿元。三次产业比重为38.2∶28.6∶33.2。全社会完成固定资产投资10亿元。实现财政总收入8 166万元,其中地方财政收入5 266万元。社会消费品零售总额5.36亿元。城镇居民人均可支配收入5 474元,增加421元;农牧民人均纯收入1 965元。年末金融机构各项存款余额7.36亿元,其中居民储蓄存款余额5.57亿元,年末金融机构各项贷款余额3.50亿元。

【农牧业】 2004年,全旗粮食产量15万吨,经济作物总产0.12万吨;6月末牲畜总头数188.1万头只,其中大小畜存栏179.1万头只,肉类总产3.41万吨,禽蛋总产0.11万吨,奶类总产2.07万吨。全年农林牧渔业实现总产值8.83亿元。全旗农机总动力23.59万千瓦。

【工业】 有规模以上工业企业16家,全年实现工业增加值8 093万元。规模以上工业实现产品销售收入2.32亿元;实现利润763万元;实现利税2 435万元。工业经济效益综合指数102.3。

【基础设施建设】 完成基本建设投资8.69亿元,房地产开发投资2亿元,更新改造投资0.51亿元。全旗公路通车里程721公里,公路旅客运输量和周转量81万人、9 936万人/公里;公路货物运输量98万吨、周转量7 550万吨/公里。完成邮电业务总量2 799万元,其中电信业务总量1 760万元,邮政业务总量455万元。固定电话用户2.7万户,移动电话用户3.4万户,电话普及率20.3部/百人,互联网用户0.2万户。

【贸易旅游】 全年共实现社会消费品零售总额5.36亿元,城乡商品交易市场18处,成交额1.01亿元。主要旅游景点有4处。全年接待国内外游客65 000人次,实现旅游总收入1 250万元,其中外汇收入22 000美元。

【科教文卫】 有普通中学29所,在校生2.04万人。有各类科技人员5 771人。有各种艺术表演团体1个,艺术表演场所3个,公共图书馆1个,文化馆1个。有卫生机构30所,其中,医院、卫生院25所,卫生防疫防治机构1所,妇幼保健机构1所。各类卫生机构拥有床位609张,卫生技术人员564人,其中医生287人。

【人民生活】 2004年,城镇居民人均可支配收入5 474元,人均消费性支出为4 134元,人均住房使用面积20平方米。在岗职工平均工资9 577元,农民人均纯收入1 964元,牧民人均纯收入1 967元,生活消费支出1 753元;人均居住面积18平方米。全旗城镇最低生活保障救助人数2 742人。

(张向春 林学忱)

巴林左旗

【领导名录】

旗委书记:杨立刚
副 书 记:王国良(蒙古族)
敖日格乐(蒙古族)
姜跃华
白景武
阎 彪
人大主任:何振祥(1月离任)
孙庆莲(女 蒙古族 1月任职)
副 主 任:西 林(蒙古族)
马 俊(1月任职)
陈国荣(女 蒙古族 1月任职)
王艾华
牛新民(1月任职)
旗 长:王国良(蒙古族)
副 旗 长:朱玉民
李 国
马 俊(1月离任)
李庆东(蒙古族)
单秀林(1月离任)
陈国荣(女 蒙古族 1月离任)
宝音图(蒙古族 1月任职)
杨宝坤(1月任职)
于凤芝(女 蒙古族 1月任职)
王 健(1月任职)
张福宽(7月离任)
政协主席:孙庆莲(女 蒙古族 1月离任)
副 主 席:范长才(1月任职)
刘 锋(蒙古族 1月离任)
李清玉
张国华
李建军(1月任职)
范雅秀(1月任职)
武装部长:赵金玉
政 委:姚 杰(3月离任)
明俊国(3月任职)

【概况】 巴林左旗地处内蒙古自治区赤峰市北部,大兴安岭山脉向西南延伸处,西辽河支流乌力吉沐沦河中上游地段,内蒙古高原向东北平原的过渡带上。地理坐标为北纬43°36′~48°48′,东经118°44′~119°48′之间。东与阿鲁科尔沁旗为邻,西、南两面与巴林右旗接壤,北与锡林郭勒盟西乌珠穆沁旗交界。全旗总面积6 644平方公里。辖11个乡、5个镇、3个苏木,165个行政村、12个居委会。全旗总人口35.46万人,其中非农业人口5.25万人。男女性别比104∶100。人口出生率10.5‰,自然增长率5.78‰。有少数民族12个,130 470人。

2004年全旗完成地区生产总值17.59亿元,按可比价格计算,比上年增长20.0%。其中,第一产业实现增加值5.46亿元,增长19.7%;第二产业实现增加值7.35亿元,增长22.6%;第三产业实现增加值4.78亿元,增长17.0%。三次产业比重为31∶42∶27,第二产业增加值首次超过第一产业。人均地区生产总值4 921元,比上年增长20.9%。全社会完成固定资产投资14.82亿元,扣除大通道建设3.05亿元,实际完成固定资产投资11.77亿元,比上年增长38.5%。实现财政总收入1.23亿元,其中地方财政收入0.7316亿元,按可比口径增长24.6% 。年末金融机构各项存款余额11.87亿元,比上年末增长38.2%。其中,城乡居民储蓄存款余额8.14亿元,增长31.9%。年末金融机构各项贷款余额6.73亿元,增长14.0%。国家银行净投放货币1.54亿元,下降54.6%。

【农业】 全年农林牧渔业实现总产值9.4亿元,增长29.7%。农业增加值5.46亿元,增长19.7%。粮食总产24.35万吨,比上年增长1.5%;肉类总产2.16万吨,禽蛋总产0.89万吨,奶类总产0.49万吨。全年造林9 540公顷,林木覆盖率达到32%。全旗农机总动力23.9万千瓦,增长17.2%。

【工业】 有规模以上工业企业16家,全年实现工业增加值3.86亿元,比上年增长13.1%;实现利税13 386万元,增长91.63%。工业经济效益综合指数160.4,比上年提高44.5个百分点。

【建设 环保】 全旗建筑业实现增加值3.49亿元,比上年增长34.7%,拉动地区生产总值增长6个百分点。林东镇烟尘治理共拆除取暖锅炉27座,新增集中供热面积27万平方米,使集中供热面积达到100万平方米。

【交通 邮电】 公路通车里程1 036公里,全年累计完成公路货运量58.7万吨,货运周转量4 161万吨公里;公路客运量196.4万人次,客运周转量11 008万人公里。完成邮电业务总量4 421万元,比上年增长14.7%,其中电信业务总量1 995万元,增长20.9%。固定电话用户达到2.89万户,移动电话用户2.9万户,电话普及率达到16.3部/百人,互联网用户793万户。

【贸易】 全年共实现社会消费品零售总额70 012万元,同比增长21.9%。城乡商品交易市场25处,同比增加5处,成交额16 000万元,同比增长15%。全旗引进旗外各类资金4.96亿元,完成市下达任务的124%,其中:引进区外资金4.6亿元,新上项目58个。

【旅游】 主要旅游景点有5处。全年接待国内外游客23万人次,实现旅游总收入4 900万元。

【科技】 拥有各类科技员7 445人,比上年增长8.8%。

【教育】 全旗普通高中2所在校学生5 564人,职业高中3所在校学生2 573人;初中在校生18 934人,初中入学率为100%;小学在校生23 977人,小学学龄儿童入学率98.3%。普通初中辍学率为2.6%,小学学生辍学率为零。

【文化】 全旗拥有文化馆、博物馆、图书馆、电影院各1个;拥有调频台19个,中波台1个;电视转播台24个,有线电视网络106个。全旗有线电视通播2.8万户。

【卫生】 拥有乡级以上卫生机构29所,其中医院、卫生院24所,卫生防疫防治机构1所,妇幼保健机构1所。各类卫生机构拥有床位592张,卫生技术人员956人,其中执业医生335人。

【人民生活】 城镇居民人均可支配收入5 950元,按可比口径计算,比上年增长12.6%;人均消费性支出为4 800元,增长9.8%;人均住房使用面积22.9平方米。在岗职工平均工资11 348元,增长25.5%。农民人均纯收入2 398元,增长26.6%,农牧民人均生活消费支出1 902元,增长29.5%;人均居住面积17.81平方米。全旗共有9.8万农牧民参加了农村社会养老保险,12 293名职工参加基本养老保险,3 680名离退休职工参加了离退休费社会统筹,12 692名职工参加医疗统筹,2 318名离退休人员参加医疗费用统筹,全年发放基本养老金2 294万元,发放医疗费用268万元。全旗最低生活保障救助1 536户4 609人,比上年增长186户574人。社会福利性收养单位(含敬老院)19个,床位552张,收养502人。

(王冬旭 赵紫军)

巴林右旗

【领导名录】

旗委书记:孟繁有
副 书 记:德　杰(蒙古族)
　　　　　昭日格图(蒙古族)
　　　　　明凤保(女)
　　　　　师传江
　　　　　麻　魁(蒙古族 5月调离)
　　　　　钟兴奎(畲族 5月挂职)
人大主任:图　门(蒙古族 1月任职)
副 主 任:李松盛
　　　　　梁新建
　　　　　国　庆
　　　　　达林台(蒙古族 1月任职)

杨春广
鲍云铎(蒙古族 调研员)
旗　　长:德　杰(蒙古族)
副 旗 长:周春义(1月任职)
钢苏和(蒙古族)
孟和达来(蒙古族 1月任职)
刘存祥(1月任职)
蔚治国(7月调离)
高忠泽(蒙古族 1月任职)
崔景英(女 1月任职)
政协主席:崔　义
副 主 席:岳金荣(女 蒙古族 1月任职)
怀枫忠(蒙古族 1月任职)
翟金柱
哈斯牧仁(蒙古族 1月任职)
特古斯(蒙古族)
武装部长:吕广治
政　　委:王　辉

【概况】 巴林右旗在赤峰市北,位于内蒙古自治区东部,北纬43°12′~44°27′,东经118°51′~120°05′。旗境东西长154公里,南北宽139公里,全旗总面积10 221平方公里。全旗行政区为10个苏木、2个乡、4个镇,159个嘎查村,至2004年底,全旗总人口17.8万人,其中非农业人口54 546人,男91 320人,女87 051人;男性占总人口的51%,女性占49%。人口出生率8.35‰,死亡率12.1‰,自然增长率-3.75‰。有少数民族11个,87 542人。是一个以蒙古族为主体的多民族聚居区。

2004年,巴林右旗地区生产总值实现8.95亿元(现价),按可比价计算,比上年增长21.8%。其中第一产业完成3.43亿元,比上年增长19.7%;第二产业完成2.97亿元,比上年增长33.4%;第三产业完成2.55亿元,比上年增长13%。财政收入完成7 369万元,比上年增长31.6%。其中地方财政收入完成5 360万元,增长46.2%。2004年,认真落实"三农三牧"各项政策,全旗农牧民人均得到实惠513.6元。筹措资金203万元,补发了各苏木乡镇拖欠的1993~1999年和部分2000~2002年教育在职、离退休、民办、遗属人员工资。城镇居民人均可支配收入达到5 080元;农牧民人均纯收入达到2 441元,分别比上年增加411元和501元。大力实施"千村扶贫开发工程"、"世行贷款扶贫项目"和社会扶贫,解决温饱人口5 800人,巩固温饱不稳定人口8 200人。全旗金融机构存款余额7.4亿元,贷款余额5.1亿元。

【农牧业】 2004年,巴林右旗牧业年度牲畜总头数达到170.2万头(只),粮食总产量达到1.08亿公斤,牲畜总头数和粮食总产量均创历史最高水平。加快牲畜改良步伐,新建配种站(点)20处,完成牛冷配3.2万头,小畜改良12万只,肉羊胚胎移植3 120只,完成公牛去势9 512头,如期实现了"无种公牛旗"的目标。狠抓了牲畜疫病防治工作,防疫密度达100%。种植业结构得以优化,新开发水稻5 200亩,栽植果树2 893亩,发展无公害农产品基地5万亩,完成订单农业8万亩。发展肉牛肉羊育肥小区21处,育肥户1 199户;绒山羊专业村10个,饲养量在150只以上的绒山羊养殖户1 084户。引进肉用型高杂母牛6 100头,优质基础母羊1.5万只;建设奶牛养殖小区(专业村)5处(个),购进奶牛3 015头,奶牛发展到4 065头;生产罕山白绒山羊种羊6 000只,绒山羊存栏103.5万只;新建养鹿小区1处,购进种鹿1 000只。年内出栏肉牛2.1万头,肉羊51.2万只。

全旗新打配机电井174眼,修复渠首工程2处,新建爬坡引水工程2处、蓄水工程6处,新增有效灌溉面积3.1万亩。节水灌溉面积3.2万亩。新建人畜饮水工程9处,解决0.45万人、2.37万头(只)牲畜的饮水问题。畜牧业基础设施建设得到加强,新建和维修养畜棚圈30.5万平方米,青贮窖10.6万立方米,购置加工机械785台(套)。常年禁牧区面积由416万亩扩大到726万亩,全旗植被覆盖率提高到86%。巴林右旗被国家绿化委员会评为"全国绿化模范旗(县)",被自治区人民政府评为"水土保持先进集体"和农田草原水利基本建设三等奖。

【生态建设】 2004年,巴林右旗共投入生态建设资金5 940万元,较好地完成了京津风沙源治理、退耕还林(草)、德援造林、禁牧舍饲等生态重点项目。完成人工造林11.42万亩,飞播造林1.6万亩,封山(沙)育林10.2万亩,草原建设80.3万亩,水土保持治理14.2万亩,共完成生态治理面积117.72万亩。

【基础设施建设】 2004年,巴林右旗全社会固定资产投资完成8.6亿元,比上年增长56.9%。严格执行城市规划,依法拆除违章建筑4 340平方米。新建、续建住宅小区建筑面积14万平方米,全旗城市建设投资达1.3亿元。公路建设,完成县际公路哈大线沙布台至塔西段三级油路、县道西大线大板至宝日勿苏段三级油路一期工程,铺筑油路86公里,新开通10条通村公路,建设村级公路110公里,新建桥梁2座,完成地方公路建设投资6 765.7万元。建成省际通道巴林右旗段一级油路75公里。当年铺筑油路里程是巴林右旗有史以来黑色路面建设里程的总和。投资3 065万元,完成了二期农网改造和城网一期改造工程,架设高、低压线路392.2公里。积极开展抗震救灾工作,通过争取上级资金、组织社会捐助、地方财政投入等渠道筹措资金1 068.4万元,完成震后房屋重建1 015户,使受灾群众得到妥善安置。

【科技】 2004年,巴林右旗积极开展科技培训和推广工作,青少年科技制作中心被列为“全国青少年社区示范室”,科技培训中心荣获“国家星火计划农民科技培训学校”称号。继续抓好电脑农牧业推广体系建设工程,“全区电脑农牧业推广体系建设工作现场会议”在巴林右旗召开。

【教育】 加大教育投入,多方筹措资金560万元,启动大板三中教学、宿舍楼和大板五中教学楼工程,全旗新建和维修校舍19 453平方米。全旗高考上线1 151人,本科上线率达47%,再创历史新高。通过招商引资,创办了全旗第一家民办学校。

【文化】 举办“中国蒙古文学巴林笔会暨著名作家阿·敖德斯尔作品研讨会”,承办“全国第四届蒙古语乌力格尔评比会”和“全国蒙古语电视优秀节目评比会”,旗乌兰牧骑代表自治区进京参加庆祝建国五十五周年游园演出。

【体育】 举办“全旗首届老年人那达慕大会”和“全民健身周活动”。筹资400多万元,实施有线电视网络升级改造工程,改善有线电视信号质量,开通广电宽带增值业务。积极配合博物馆馆藏文物鉴定工作,通过鉴定一级文物达到126件组、262(件套),跃居全区第三位。筹措资金40万元保护和抢救民族文化遗产,重建了300年历史的内蒙古地区唯一一座“格斯尔”庙。

【社会保障】 城镇职工社会保险覆盖面逐步扩大,全年共收缴社会保险基金1 288万元,为1 625名离退休职工、1 080名下岗失业人员及参保对象发放养老、失业、医疗、工伤、生育保险金1 810万元。发放城镇低保资金172.1万元,辐射低保对象2 772名。认真落实再就业优惠政策,安置下岗失业人员591人,城镇登记失业率控制在3.2%以内。加强劳动监察,清偿建设领域2003年度以前拖欠工程款676.2万元,为农民工追回拖欠工资73万元。成立劳务输出管理机构,引导规范劳动力市场,促进城乡劳动力合理有序流动,全年共输出剩余劳动力3.69万人(次),实现劳务经济收入8 900万元。

【支持“三农”工作】 2004年,是巴林右旗解决“三农”问题工作力度最大,政策落实最快、农牧民受益最多的一年。一是继续深化农村牧区税费改革,认真组织落实税费改革各项政策措施,当年减免涉农税收1 043万元,农牧民人均减免84元。二是继续推进粮食流通体制改革,对种粮农民实行直接补贴,兑付直补资金526万元,人均补贴41元。三是继续加大扶贫开发力度,拨付扶贫资金1 399万元,重点支持72个嘎查村扶贫工程建设;拨付劳动力就业转移培训资金35万元,培训农牧民1 000人次。四是继续实施退耕还林(草)、京津风沙源治理工程等,2004年拨付(2003～2004年)退耕还林和禁牧舍饲资金8 510万元,其中补助退耕还林户粮食2 900万公斤,户均912公斤;直补退耕还林户现金3 835万元,户均1 206元,投入资金4 177万元,用于生态建设、农牧业救灾、疫病防治和地震灾后重建,支持3个嘎查村移民搬迁。

(纳·宝音贺希格)

克什克腾旗

【领导名录】

旗委书记:刘万华

副 书 记:王立山

花 拉(女 蒙古族)

于凤先

人大主任:斯钦巴特尔(蒙古族)

副 主 任:刘占会(1月任职)

李长春

李俊卿

王瑞琴

王玉成

旗 长:李欣华(蒙古族)

副 旗 长:汪耳河(满族)

吉日嘎拉(蒙古族)

刘建华(1月任职)

李秀峰(1月任职)

姜惠君(1月任职)

董 岩(蒙古族 1月任职)

政协主席:宋喜岭(1月任职)

副 主 席:赛音巴雅尔(蒙古族)

刘德胜(1月任职)

刘俊林(1月任职)

武装部长:白音门德(蒙古族)

政 委:李国庆

【概况】 克什克腾旗位于赤峰市西北部,地处北纬42°23′～44°22′,东经116°21′～118°26′之间,是内蒙古高原与大兴安岭南端山地和燕山余脉七老图山的交汇地带,南北长207公里,东西宽170公里,总面积20 673平方公里。全旗辖9个镇,3个苏木,8个乡,2处开发区,136个嘎查(村、居委会)。至2004年底全旗总人口24.6457万人,有蒙古、满、回等少数民族9个,少数民族人口33 185人,非农业人口4.5万人。男女性别比104∶100。人口出生率5.5‰,死亡率6.8‰,自然增长率

2.11‰。

2004年,全旗实现地区生产总值16.2亿元,按可比价格计算,比上年增长22.1%。第一产业实现增加值5.5亿元,增长20.3%;第二产业实现增加值6.3亿元,增长23.6%;第三产业实现增加值4.4亿元,增长21.9%。三次产业比重为37: 28: 35。全社会完成固定资产投资10.3亿元,比上年增长54.4%。实现财政总收入1.1亿元,其中地方财政收入0.64亿元,按可比口径增长97.2%。年末金融机构各项存款余额7.8亿元,比年初增加1.0亿元。其中居民储蓄存款余额5.1亿元,比年初增加0.34亿元。年末金融机构各项借款余额5.5亿元,比年初增加0.31亿元。

【农业】 全年农林牧渔业实现总产值9.5亿元。农业增加值5.5亿元,增长20.3%。粮食总产量13.9万吨,比上年增长-1.2%;经济作物总产量1.2万吨,增长50%;肉类总产量2.3万吨,禽蛋总产量0.2万吨,奶类总产量1.8万吨。全年造林12 466.7公顷,林木覆盖率18.8%。全旗农机总动力14.7万千瓦,增长2.8%。

【工业】 有规模以上工业企业8家,全年实现工业增加值1.6亿元,比上年增长120.2%。规模以上工业实现产品销售收入3.6亿元,增长140%;实现利润1.1万元,增长738.1%;实现利税1.5万元,增长455.6%。工业经济效益综合指数328.37,比上年提高199.65个百分点。

【城市建设】 完成基本建设投资7.4亿元,比上年增长114.7%;更新改造投资1.2亿元,增长-45.69%;房地产开发投资9 600万元,增长21.85。完成环境污染治理项目32个,完成投资额825万元,增长20%。

【交通】 公路通车里程1 187公里,公路旅客运输量和周转量82万人,6 001万公里,分别比上年增长15.5%和15%;公路货物运输量64万吨、周转量5 639万吨公里,分别增长14.3%和15%;客运量82万人次,增长15.5%。

【邮电】 完成邮电业务总量3 074万元,比上年增长26.9%,其中电信业务总量1 137.6万元,增长25.4%;邮政业务总量1 936.4万元,增长27.8%。年末固定电话用户2.4万户,移动电话用户2.3万户,电话普及率达到9.77部/百人,互联网用户0.14万户。

【贸易旅游】 全年共实现社会消费品零售总额5.9亿元,比上年增长195。城乡商品交易市场20处,同比增加1处,成交额31 000万元,同比增长6.9%。主要旅游景点景区有20处。全年接待国内外游客85万人次,比上年增长25.7%;实现旅游总收入2.5亿元,增长31.6%。

【教科文卫】 2004年,有普通中小学112所,在校生3.4万人,拥有初级以上技术职称的科技人员4 994人,其中中级以上技术职称人员2 322人;有艺术表演团体1个,公共图书馆1个,文化馆1个,拥有卫生机构27所,其中,医院、卫生院23所,卫生防疫防治机构1所,妇幼保健机构1所。各类卫生机构拥有床位738张,卫生技术人员391人,执业医师、执业助理医师311人。

【社会生活】 城镇居民人均可支配收入5 252元,按可比口径计算,比上年增长11.7%;人均消费性支出为4 317元,增长14.5%;人均住房使用面积20平方米。在岗职工年平均工资11 500元。农民年人均纯收入2 248元,比上年增长25%;牧民年人均纯收入2 376元,比上年增长20.5%;农牧民生活消费支出1 738元,增长6.0%;人均居住面积16.5平方米。全旗最低生活保障救助人数为2 531人,比上年增长9.9%。其中城镇227人,增长9.9%;社会福利性收养单位(含敬老院)16个,床位600张,收养420人,安置残疾人员19人。

【模范人物】

薛广坡 男,汉族,克旗新庙乡司法所所长。2001年被国家司法部授予"人民满意的司法助理员"称号,2003年被自治区司法厅授予"优秀共产党员"称号。

(李玉田)

翁牛特旗

【领导名录】

旗委书记:韩会申(蒙古族)

副 书 记:郑洪学

于德会

特古斯(蒙古族)

冀景荣

路海平(5月离任)

郑德学(10月任职)

人大主任:毛树涵

副 主 任:袁国忠(11月病逝)

孙洪武

傅永和

于 芝(女 蒙古族)

旗　　长:郑洪学

副 旗 长:杨国森

孙树田

刘　翔

孟　宇

吉日木图(蒙古族)

骆秀燕(女)

郭玉峰

蒋德明

张　义

高长久

政协主席:张俊昌

副 主 席:张富平

高云霆

李明玉

武装部长:侯玉葆

政　　委:王　泰

【概况】 翁牛特旗在赤峰市北,位于内蒙古自治区东部,大兴安岭山脉与七老图山脉汇接地带东麓,科尔沁沙地西缘。地处北纬42°26′~43°25′,东经117°49′~120°43′。北隔西拉沐沦河与林西县、巴林右旗、阿鲁科尔沁旗通辽市开鲁县相望,东与敖汉旗、通辽市奈曼旗毗邻,南与赤峰市松山区接壤,西与克什克腾旗相连。旗所在地乌丹镇南距赤峰市红山区 85 公里。全旗土地总面积11 882平方公里,东西最大距离 256 公里,南北最大距离 86 公里,人口469 759人。汉族与少数民族数量比为5: 1,全旗中西部人口居多,东部人口稀少,人口密度为39.54/平方公里。全旗辖 8 个镇、11 个乡、8 个苏木、5 个国营农牧场,229 个村民委员会(嘎查)。

2004 年,全年实现地区生产总值239 783万元,同比增长18.7%。其中第一产业增加值117 093万元,增长9.6%;第二产业增加值59 184万元,增长36.1%;第三产业增加值63 506万元,增长21.0%。三次产业结构比为48.8: 24.7: 26.5。人均地区生产总值达5 110元,同比增长15.8%。全旗财政总收入8 918万元,同比增长25.6%。其中地方财政收入5 903万元,同比增长19.4%。全旗财政支出46 095万元,同比增长29.6%。农牧民人均纯收入2 156元,同比增加 414 元。

【农业】 2004 年,同比增长9.6%。全旗农作物播种面积210.4万亩,同比上调7.2万亩,粮食作物播种面积 169 万亩,同比上调16.3万亩。油料作物播种面积 23 万亩,同比下调3.8万亩。粮食产量10.6亿斤,同比增长59.1%。其中,玉米产量6.5亿斤,同比增长56.9%;油料产量0.4亿斤,同比增长87.9%。

【畜牧业】 牧业年度家畜存栏总头数152.5万头(只)。其中牛存栏11.7万头,羊存栏111.4万只,生猪存栏 20 万口。家畜头数总增52.5万头(只),总增率45.2%;纯增37.1万头(只),纯增率32.3%,全年肉类总产量43 797万吨,同比下降26.3%。

【林水】 是年,重点实施红山水库除险加固工程已经完工。全年淡水产品产量1 690吨,同比增长2.4%。完成人工造林合格面积 15 万亩,全旗实现农林牧渔业增加值117 093万元。年末,农牧业机械总动力25.7万千瓦。机电井3 569眼,农田有效灌溉面积77.27万亩,增长3.3%;农村牧区用电量5 891万千瓦小时,同比增长11.5%,化肥施用量13 881吨,同比增长17.5%。

【工业】 2004 年,全旗工业总产值达110 387万元,同比增长22.3%,实现工业增加值37 923万元,同比增长22.3%。其中国有及限额以上工业总产值56 475万元,实现工业增加值18 896万元,同比增长56.6%,产销率为100.9%。工业经济效益综合指数达 136,同比提高 29 个百分点。共实现利税总额2 574万元,同比增长17.8%。

【建筑业】 全旗资质等级三级以上的 6 家建筑企业,年内完成施工产值3.75亿元,房屋建筑面积 37 万平方米,全年实现营业税润1 085万元。

【固定资产投资】 全社会固定资产投资115 206万元,同比增长74.3%。按投资口径分,固定资产投资额82 826万元,同比增长102.6%。其中,基本建设投资额为60 188万元,更新改造投资额为7 090万元,房地产开发投资为4 870万元,其它投资额为10 678万元。

【旅游业】 年内,共接待境内外游客30.1万人次,旅游收入7 835万元。

【城建 环保】 2004 年,城镇建设加快、投入加大。投资额达3 692万元,同比增加 792 万元。旗政府所在地乌丹镇,城镇建设用地面积7.2平方公里,供水量 160 万立方米,供水用户1.32万户。镇区内道路长度25.63公里,道路面积35.25万平方米,路灯 703 盏,排水管长度33.4公里,绿化覆盖面积 93 公顷。

是年,投入环境污染治理资金 102 万元。

【贸易】 社会消费品全年零售总额78 360万元,同比增长22.1%。批发零售贸易业67 864万元,同比增长21.8%;餐饮业9 762万元,同比增长25.2%。其它行业 734 万元,同比增长8.1%。是年,引进国内区外资金7.44亿元,同比增长126.1%。

【交通】 继续推进翁旗东西大通—大兴至灯笼河油路改造工程,向西近伸至亿合公,向东延伸到海金山东分场;布日敦至勃隆克旅游油路如期开通。全年货物周转量为7 977万吨公里,同比增长5.6%,旅客周转量9 329万人公里,同比增长39.1%。

【邮政 电信】 全年完成邮政业务总量416万元,同比增长0.3%。电信业务总量完成2 190万元,同比增长16.2%。市内电话交换机容量达3.9万门,全旗28个农话网点实现了交换设备程控化。固定电话用户达34 010户,公用电话1 012部,IC卡公用电话444部,移动用户48 561户。

【金融 保险】 2004年末,金融机构各项存款余额达121 290万元,比年初增加29 468万元,增长32.1%。其中储蓄存款余额96 246万元,各项贷款余额为99 837万元。年末银行现金收入643 961万元,现金支出662 612万元,净投放货币18 651万元,比2003年多投放265万元。

全年金融保险业务保费收入3 080万元,同比增长24.6%。其中财产险保费收入326万元,同比下降17.4%;人寿保险保费收入2 754万元,同比增长29.9%。全年保险业赔付额948万元,同比下降22.4%。

【科技】 年内采取不同形式共培训农牧民8万人次。农业新品种、新技术交易会上共展出实物40余种。

【教育】 全旗有教职工6 248人,中小学在校生75 421人。小学入率为99.6%,毕业率为100%;初中入学率为95.6%,毕业率为99.6%。比上学年减少校数(点数):小学校30所;小学下伸教学点8个。全旗高考录取人数2 339人,录取率88%,同比提高7个百分点。

【文化】 全旗有文化馆(站)27个,公共图书馆1个,乌兰牧骑1个。有电视发射机20座,广播站27个,广播覆盖率91%,电视覆盖率89%。

【卫生】 年末全旗有医疗卫生机构35个,病床位642张,卫生技术人员1 013人。

【人口】 年末,全旗户籍人口469 759。其中,非农牧业人口62 389人,人口出生率9.57‰,自然增长率5.57‰。

【人民生活】 全旗城镇在岗职工平均工资9 590元,同比增长12.2%。下岗职工再就业率73%。城镇居民人均可支配收入5 820元,同比增加540元,城镇居民人均消费性支出4 761元,同比增加544元。

年末,全旗投入扶贫资金2 170万元,解决了3万人的稳定温饱问题,发放救济金105万元。参加基本养老保险的已有16 054人,有4 807名离退休人员参加了离退休费社会统筹。

是年,各类社会福利院已有床位564张,年末在院人数468人。同年,建立了居民最低生活保障体制,3 799名城镇贫困人口纳入了城镇低保范围。城乡居民得到社会救济的人数达19 705人次。

【"中华第一凤"面世】 5月18日,翁旗文物收藏爱好者张军将自己多年来收藏的2 849件(组)文物捐赠给市政府。据国内考古学家和赤峰市文物专家认定,所捐赠的文物中,尤以属于赵宝沟文化的陶凤杯品级最高,其凤头、冠、翅和尾的造型与中华传统的"凤"极为相像,将"凤"的特征完全显现,且文物相当完整,这在史前文物中是首次发现。考古学家和文物专家认为,陶凤杯上的凤造型当属"中华第一凤",它出土于距今6 800年左右的赵宝沟文化遗址。

【首届民族文化旅游节】 7月20日,翁旗首届民族文化旅游节暨梵宗寺修复落成庆典活动在乌丹隆重举行。赤峰市委常委、统战部长钱荣旭、市人大副主任赵慧、宝敬群、市政协副主席白音那、中国藏语系高级佛学院教务长丹迥·冉纳班杂活佛等各界人士1 000多人应邀出席。新华社、中央电视台、内蒙古电视台、赤峰日报社、红山晚报社、赤峰电视台、赤峰人民广播电台多媒体记者30多人采访了这次活动。翁牛特旗电视台首次现场直播了开幕式的盛况。

【红山水库修复工程】 10月,全自治区最大的水库—红山水库水毁修复及险工治理建设历时五年,顺利通过竣工验收并交付使用。从2002年6月始,国家对红山水库实施加固工程,红山水库水毁修复及险工治理工程总投资1 527万元。五年中,完成护岸工程2 064米,排水沟改造工程477米,泄洪洞、输水洞裂缝化学灌浆补强工程735米,主副坝坡维修工程6 000平方米,右岸大堤险工治理300米。共完成土方挖填20万立方米,混凝土2 000立方米,更换电源自控屏、保护屏、逆变电源屏等。这座水库水毁修复及险工治理工程完成后,高水位运行期间能够保护建筑物自身安全,提高枢纽工程自身抗洪能力。

【模范人物】

岳洪臣 2004年被国家教育部授予"全国优秀教师"荣誉称号。

李文国 2004年李文国被国家林业局授予"德援项目先进个人"荣誉称号,被自治区党委、政府评为"林业生态建设先进个人"称号。

(张仲仁 辛巨文 于敏华)

敖汉旗

【领导名录】

旗委书记:吉玉龙(蒙古族)
副 书 记:冯任飞
冯云亭
孙 仁
夏荣坡(10月离任)
高玉波(蒙古族)
闫路增(10月任职)
人大主任:张德奎
副 主 任:刘亚伦
刘玉山
鲍瑞祥(蒙古族)
方兴安(1月任职)
旗 长:冯任飞
副 旗 长:关显峰(满族)
鲍杰峰(蒙古族)
张文革
邱文博(蒙古族)
李文钧
薛德凯(满族 1月任职)
潘晓燕(女 1月任职)
政协主席:宋士清
副 主 席:张国生
魏国民(1月离任)
方兴安(1月离任)
吴海军(蒙古族 1月任职)
李明玉(1月任职)
武装部长:唐根朝
政 委:王兴军(满族)

【概况】 敖汉旗隶属于赤峰市,位于赤峰市东南部,地处燕山山脉东段努鲁尔虎山北麓,科尔沁沙地南缘。介于北纬41°42′~43°02′,东经119°30′~120°53′之间。东与内蒙古通辽市奈曼旗毗邻,南与辽宁省朝阳市接壤,西与内蒙古赤峰市松山区相连,北依老哈河与内蒙古赤峰市翁牛特旗隔河相望。辖29个乡镇苏木(21乡、7镇、1苏木),317个行政村(嘎查、居委会)。总面积8 294.14平方公里。总人口58.5852万人,男女性别比为108:100,分布在全旗29个乡镇苏木,人口密度为70.5人/平方公里。

2004年,全旗实现地区生产总值29.1亿元,增长23.1%。其中,第一产业实现增加值14.5亿元,增长27.4%;第二产业实现增加值6.1亿元,增长30.1%;第三产业实现增加值8.5亿元,增长13%。三次产业比重为49.8:21.1:29.1。全社会完成固定资产投资10.3亿元,增长71.6%。敖汉旗财政收入首次历史性地突破亿元大关,实现1.218亿元。敖汉旗四家子镇、贝子府镇财政收入均首次突破千万元大关,分别实现1 200万元和1 150万元。城镇居民人均可支配收入5 310元,增长8.3%;农牧民人均纯收入达2 120元,增长37.6%。人均生产总值4 965元,增长27.6%。年末金融机构各项存款余额13.37亿元,增长29.4%。其中居民储蓄存款余额10.48亿元,增长22.1%。年末金融机构各项贷款余额9.8亿元,增长15.9%。

【农业】 农业增加值实现14.5亿元,增长33.5%。粮食总产51万吨,增长50%;肉类总产7.29万吨,禽蛋总产10万吨,奶类总产3 804吨。6月末家畜存栏首次突破百万头只,总数达到139万头只,比2003年增加42.5万头只。人工造林完成1.43万公顷,水保治理面积达1.7万公顷,人工种草面积达2.6万公顷,森林覆盖率39.96%。水产品产量达532吨,比2003年增长5.8%。农牧业机械总动力29.9万千瓦,增长15.9%。

【工业】 工业增加值实现4.03亿元,增长23.2%。有规模以上工业企业17家。规模以上工业实现增加值2.1亿元,增长46.2%;实现产品销售收入4.24亿元,增长48.9%;实现利润4 474万元,增长125.6%;实现利税6 704万元,增长81%。工业经济效益综合指数160.44%,比2003年提高36个百分点。矿产业实现产值4亿元,生产黄金2 003.9公斤,生产铁粉40万吨。花炮企业新增23家,总数达106家;年创产值2.03亿元,增长153%。

【城镇建设】 建设投资达到1.6亿元,在建项目建筑面积达29万平方米,新增城镇人口1.5万人。新惠镇完成新中街人行道硬化亮化、新化路中段和新西街道路改造等工程;新城区建设新惠路河东段道路工程,建成党政综合楼、公安局、工会等办公楼。

【交通 邮电】 新增油路通车里程41公里。公路旅客运输量和周转量分别为113万人、5 581万人/公里,分别增长26.9%和25.2%。公路货物运输量63.2万吨、周转量4 577万吨/公里,分别增长4%和4.5%。完成邮政、电信等业务总量5 271万元,增长25.4%。年末固定电话用户52 064户,移动电话用户5万户,电话普及率17部/百人。ADSL宽带用户710户。

【商贸 旅游】 实现社会消费品零售总额6.87亿元,增长16%。

其中,城镇以上零售额为3.9亿元,增长18.7%;城镇以下零售额为2.9亿元,增长12.4%。餐饮业零售额实现0.9亿元,增长20%。新签利用外资项目1项;实际利用外资100万美元。主要旅游景点有4处,接待国内外游客26.9万人次,增长5.2%;实现旅游总收入4 830万元,增长4.3%。

【招商引资】 实现招商引资额4.5亿元,增长115.7%。引入招商项目152个,其中500万元以上的项目22个。

【教科文卫】 共有中小学校273所,在校生77 456人。初中升高中升学率48%,高考上线率83.4%。有各类专业技术人员7 982人。有艺术表演团体1个、公共图书馆1个、文化馆1个。有卫生机构38所。各类卫生机构拥有病床1 108张,卫生技术人员1 238人。

【人民生活】 城镇居民人均可支配收入5 310元,增长8.3%;城镇居民人均消费性支出4 963元,增长7.5%。农牧民人均纯收入2 120元,增长37.6%;农村居民人均生活消费性支出1 545元,增长4.5%。人均住宅建筑面积30平方米。全旗最低生活保障救助人数为5 526人,增长31%。社会福利收养单位30个,收养789人。

【党政综合楼】 敖汉旗委、政府为推进城镇化进程,实施新惠镇城区东扩战略,通过将原旗委、政府两院的房地产权转让给宁城强盛建筑公司,宁城强盛建筑公司以房地产权抵顶工程款而建成的办公楼。地址新惠镇孟克河东新区,2003年4月13日开工建设,2004年10月30日竣工。建筑面积16 574平方米,安装两部电梯,设置中央空调,造价1 800万元。被评为赤峰市"玉龙杯"工程、赤峰市乙级样板工程。2004年11月,23个机关、400多人迁入新楼。

【赤峰新韩农牧业有限公司】 敖汉旗引进的第一家外资企业,8月20日奠基开工。韩国客商林铉哲注册70万人民币在敖汉旗成立了新大丰信源农牧业有限公司,与韩国大丰信源株式会社合资注册成立赤峰新韩农牧业有限公司,注册资金200万美元。计划利用敖汉苜蓿和青贮玉米生产综合发酵饲料,产品将全部出口韩国。

【草原兴发敖汉肉食厂肉鸡加工车间】 6月28日,草原兴发敖汉肉食厂肉鸡加工车间建成开业。总投资1 200万元,年屠宰、加工肉鸡能力1 000万羽。

【自治区名牌产品】 12月29日,敖汉旗华海酒业有限公司生产的"华海"牌系列白酒,在第四届评比中蝉联内蒙古自治区人民政府"名牌产品"。这是赤峰地区酒行业经过整顿唯一一家获此殊荣的企业。"华海"牌系列白酒绵甜纯净,香味醇厚,深受消费者欢迎。

2004年敖汉旗模范人物名录

姓名	性别	民族	奖项	获奖时间	工作单位
宋士清	男	汉	全国绿化奖章	2004.3	敖汉旗政协
王显峰	男	汉	2003～2004年度全国优秀人民警察	2003.7	敖汉旗公安局
张素英	女	汉	全国优秀教师	2004.9	敖汉旗下洼镇中心小学
李国峰	男	汉	全国产粮大户	2004.12	敖汉旗长胜镇乌兰巴日嘎苏村
魏向图	男	汉	全区森林资源林政管理先进个人	2004.3	敖汉旗林业局
王学武	男	汉	全区动物防疫工作先进个人	2004.7	敖汉旗四家子镇畜牧站

(穆海东)

喀喇沁旗

【领导名录】

旗委书记:于文涛

副 书 记:巴特尔(蒙古族)

陈军力

陈文阁

陆桂林

人大主任:孙振明

副 主 任:翟 鹏

宫玉贺

韩志军(蒙古族)

郭长升(蒙古族)

旗　　长:巴特尔(蒙古族)

副 旗 长：王士华
　　　　　汝海波
　　　　　于俊峰
　　　　　李国增（蒙古族）
　　　　　李浩楠
　　　　　姜　波（蒙古族）
　　　　　郭卫红（女）
政协主席：刘长华
副 主 席：王廷禹
　　　　　李文昌
　　　　　刘瑞明（女）
　　　　　叶凤国
武装部长：赵常富（2月离任）
　　　　　白　魁（2月任职）
政　　委：高跃喜

【概况】 喀喇沁旗位于赤峰市西南部，地处燕山山系中段，七老图山脉东北麓，蒙、冀、辽三省区交界地带。地处北纬41°53′~42°14′，东经118°08′~119°02′。北境与赤峰市松山区、红山区接壤；东与辽宁省建平县隔老哈河相望，南与赤峰市宁城县毗邻，西与河北省隆化县、围场县交界。赤—叶铁路、京—通铁路和国省公路G306线、S206线穿境而过，交通便利。全旗东西长104公里，南北宽75公里，总面积3 071.8平方公里，下辖12个乡，6个镇，173个行政村，2个国营农（牧）场，4个国有林场。至2004年底总人口366 974人，非农业人口40 239人。人口出生率7.06‰，死亡率5.05‰，自然增长率2.01‰。男女性别比103∶100。有12个少数民族，168 288人。

2004年，全旗实现地区生产总值12.66亿元，同比增长22.2%。其中，第一产业完成增加值4.40亿元，增长28.7%；第二产业完成增加值4.45亿元，增长22.2%；第三产业完成增加值3.81亿元，增长16.3%。全社会固定资产投资达79 127万元。全旗实现财政收入8 000万元，同比增长28.7%。城镇居民人均可支配收入和农民人均纯收入分别达5 342元和1 988元，同比分别增加353元和388元，同比增长率分别为7.1%和24.3%。引进国内区外资金3.2亿元，同比增长30%。社会消费品零售总额达4.73亿元，同比增长19%。

【农业】 全年农林牧渔业实现总产值7.58亿元，增长16.2%；农业增加值4.40亿元，增长27.8%。粮食总产量达1.78亿公斤，同比上年增长44.11%；肉类总产2.18万吨，禽蛋总产0.69万吨，奶类总产0.33万吨。全年造林8 666.7公顷，林木覆盖率42.7%。年末农牧业机械总动力18.8万千瓦，比上年增长2.7%。

【工业】 全旗规模以上工业企业11家，实现增加值20 923.3万元，增长40.4%；规模以上工业实现产品销售收入7.4亿元，增长68.2%；实现利润1 763.2万元，增长122.2%；实现利税总额5 626.3万元，比上年增长108.2%。工业经济效益综合指数126.65，比上年提高25.27个百分点。

【交通 邮电】 公路通车里程950公里，公路旅客运输量和周转量分别为204.1万人、8 773.9万人公里，分别比上年增长42.7%和15.9%；公路货物运输量118.6万吨，周转量8 413.3万吨公里，其中周转量增长5.4%。完成邮电业务总量2 260.4万元，增长0.6%，其中电信业务总量1 716.2万元，增长0.2%，邮政业务总量544.2万元，增长2.1%。年末固定电话用户达到35 300万户，移动电话用户4.55万户，电话普及率达到22部/百人，互联网用户455户。

【特色产业】 以烤烟、中药材、蔬菜、花卉、桑蚕、种子、山葡萄为重点的特色种植业进一步发展。蔬菜种植达到6.3万亩，中药材种植面积突破4万亩；旗内外万寿菊花卉基地达12 000亩。全旗经济作物种植面积占全旗总播面积的三分之一以上，预计特色产业人均收益440元，占农民人均纯收入的24%以上。

【畜牧业】 全旗开工新建养殖小区22个，累计达到84个；建成牛羊改良点89处；落实青贮和粮饲兼用作物23.5万亩，耕地种草2.5万亩；6月末家畜存栏首次突破30万头只，达到33万头只；特别是养羊业，由上年6月末的10万只增长到27.5万只。农民人均畜牧业收益达到280元，约占农民人均纯收入的15%以上。

【生态建设】 全旗共完成沙源治理工程面积13.2万亩，退耕还林6万亩，并圆满完成赤峰城区周边绿化工程1.3万亩绿化任务。

【水利】 全旗新打配机电井82眼，新增有效灌溉面积2.37万亩，节水灌溉面积3.29万亩，新增水土保持治理面积13.39万亩。全年新建各类水利工程90处，新增水浇地面积1.8万亩，解决了5 000人和5 000头（只）牲畜饮水困难。

【城镇建设】 全年多方筹资1.2亿元，其中社会融资4 000多万元，全面加大了城镇建设力度。实施锦山镇区旧城改造工程，累计改造翻新临街沿路办公楼26处，新上房地产开发工程12处，改造硬化小巷6条，河滨南街300米路段全部硬化；镇区绿化面积扩大到11万平方米，三道坝东西水面延长到2 100米，蓄水面扩大到410亩，新增住宅面积8万平米。

【招商引资】 全年发展横向联合项目48个,引进国内旗外资金3.2亿元,超额完成市下达的目标任务。

【科技】 拥有各类专业技术人员6 020人。拥有各类艺术团体10个,艺术表演场所20个,公共图书馆1个,文化馆1个。拥有卫生机构28所,其中,医院、卫生院23所,卫生防疫防治机构3所,妇幼保健机构1所。各类卫生机构拥有床位920张,卫生技术人员886人,其中医生444人。首次举办为期3天的全旗农民科技大集,展示各类新成果300多项,开展"科技进社区"活动,采取各种形式培训农民总数达8万人次。

【计划生育】 全旗出生婴儿性别比同比降低2.11个点,新续建5所基层卫生院已有3所完工并投入使用。

【教育】 全面完成教育"两基"达标任务,顺利通过自治区的验收。"以县为主"的农村义务教育管理体制得到落实,农村中小学工资全部划入旗财政统一管理;落实教育人事归口管理政策,有效保证教育资源的合理配置。大力实施"二期义教"及"农村寄宿制"项目建设工程,全旗新建、改建校舍40 660平米。动员全旗广大干部职工,积极开展捐资助学活动,妥善救助贫困儿童1 100多名,防流控辍及扫盲工作取得显著成效。高考上线人数1 662人。全旗有普通中学32所,在校生23 966人,其中:高中8 490人,初中15 476人。职业中学在校生3 255人。普通中学辍学率为1.62%,小学生辍学率为零。

【文化】 喀喇沁旗在全区率先成立文物管理局,文物挖掘和保护工作走在全区前列,被评为"全国文物工作先进旗",是自治区唯一获此殊荣的旗县。实施广电宽带入户工程,全旗通讯条件和信息化水平进一步提高,电视、广播综合覆盖率均达到90%。

【贸易 旅游】 全年共实现社会消费品零售总额4.73亿元,比上年增长19%。城乡商品交易市场42处,与上年持平。主要旅游景点8处。全年接待国内外游客25.6万人次,比上年增长17%,实现旅游总收入5 980万元,增长25%。

【人民生活】 城镇居民人均可支配收入达5 342元,比上年增长7.1%;人均消费性支出为4 051元,增长4.9%;人均住房使用面积20.93平方米。在岗职工平均工资10 342元,增长14.7%。农民人均纯收入达1 988元,比上年增长24.3%;生活消费支出1 923.6元,增长14.6%;人均居住面积20.59平方米。全旗最低生活保障救助人数2 444人,比上年增长5%,全部为城镇人口。社会福利性收养单位(含敬老院)19个,床位550张,收养465人,社会福利企业11个,安置残疾人员435人。

【生态移民工程】 总投资1 100万元惠及7个乡镇、9个村、1 744口人。共协调资金835万元,提供致富信息4 000条,办好事实事2 845件,包扶贫困户人均增收300元,为贫困户解决温饱。

【龙头企业 专业市场】 荣兴堂药业有限公司扩建项目完成,牛家营子中药材市场年交易量突破8 000吨,中药材销售收入达1亿元;食美秀公司年加工出口能力突破3 000吨;年产400吨缫丝厂建设工程完工投产;开工新建了占地28亩的恩州粮食市场一期工程,吸引入驻粮食经营大户16家;积极筹建西桥活畜交易市场和王爷府蔬菜批发市场。

【劳务输出产业】 全旗18个乡镇、4个社区新成立了劳动保障事务所和社区劳动保障服务站,以劳动力资源统计调查、信息发布、用工考察、职业培训、组织输送、跟踪服务为一体的劳务输出体系初步形成,全旗劳务输出总数突破10万人次大关,其中有序输出1.5万人,新开辟劳务基地4处,劳务收入2.5亿元,农民人均劳务收益达500元,约占农民人均纯收入的28%。

【旅游兴旗】 以赤峰市创建"中国优秀旅游城市"活动为契机,全面完成亲王府东跨院、福会寺、龙泉寺、灵悦寺一期维修工程;引资新建王爷府餐饮娱乐服务中心,王府博物馆4A景区申报顺利通过自治区检查,喀喇沁人文旅游品牌正在形成;茅荆坝旅游风景区正式批准为国家级森林公园,新建木制游步道、垂钓和餐饮中心,旅游功能进一步完善;马鞍山国家森林公园游客服务中心建设完工;锦山"农家乐"旅游项目启动实施;美林谷山地私人牧场项目正在申请国家立项。

(徐国峰 张鹏 张晓峰)

宁城县

【领导名录】

县委书记:钱海峰(蒙古族 1月离任)

张文树(1月任职)

副书记:张文树(1月离任)

赵 富(蒙古族 2月任职)

赵宗源

王玉良

张 富(蒙古族)

人大主任:闫国珍(1月离任)

宋国祥(1月任职)

副 主 任:项广凤

耿志民(1月任职)

陈秀荣(女 蒙古族)

陈景星(蒙古族 1月离任)

黄国飞(1月离任)

马再林(1月任职)

县 长:张文树(1月离任)

赵 富(蒙古族 2月任职)

副 县 长:宋国祥(1月离任)

李显良(蒙古族 1月离任)

米成文(1月离任)

张 荣(1月离任)

王福仁

李志刚(2月任职)

王艳民(2月任职)

周建华

文 辉(女 蒙古族 2月任职)

童 祥(蒙古族)

黄国飞(2月任职)

政协主席:何 信(蒙古族 1月离任)

李显良(蒙古族 1月任职)

副 主 席:耿志民(1月离任)

付玉明(蒙古族 1月离任)

马再林(1月离任)

张 荣(1月任职)

魏利天(1月任职)

米存义(1月任职)

武装部长:崔宝宾

政 委:徐国臣(3月离任)

冯保安(3月任职)

【概况】 宁城县位于内蒙古自治区赤峰市南部,地处辽宁、河北、内蒙古三省(区)交界处,东与辽宁省建平县、凌源市交界;南与河北省平泉县毗邻;西与河北省承德县、隆化县接壤;北与赤峰市喀喇沁旗相连。地处东经118°26′~119°25′,北纬41°17′~41°53′之间。总面积4 305.47平方公里。全县辖12个镇、14个乡、330个村民委员会,12个社区。至2004年底全县总人口59.8万人,其中非农业人口7.4万人。男女性别比107.4: 100。人口出生率10.4‰,死亡率8.0‰,自然增长率2.4‰。有少数民族15个,76 391人。

全县实现地区生产总值29.34亿元,按可比价格计算,比上年增长18.7%。第一产业实现增加值10.41亿元,增长21.3%;第二产业实现增加值7.32亿元,增长22.8%;第三产业实现增加值11.61亿元,增长14.3%。三次产业比重为1: 0.7: 1.1。全社会完成固定资产投资15.5亿元,比上年增长61.5%。实现财政总收入1.3亿元,其中地方财政收入0.82亿元,按可比口径增长1.16%。

【农业】 全年农林牧渔业实现总产值17.95亿元,增长43.7%。农业增加值10.4亿元,增长21.3%。粮食总产50.2万吨,比上年增长42.3%;肉类总产6.1万吨,禽蛋总产1.2万吨,奶类总产1.5万吨。全年造林11 933公顷,林木覆盖率达到41%。全县农机总动力27.9万千瓦,增长3.7%。

【工业】 有规模以上工业企业14家,全年实现工业增加值4.63亿元,比上年增长26.3%。规模以上工业实现产品销售收入9.33亿元,增长37.91%;实现利润2 511万元,增长21.1%;实现利税5 129万元,增长35.92%。工业经济效益综合指数127.8%,比上年提高16.6个百分点。

【建设 环保】 完成基本建设投资13.1亿元,比上年增长87.1%,更新改造投资0.7亿元,比上年有所下降;房地产开发投资1.3亿元,下降41%。完成环境污染治理项目45个,完成投资额2 406.69万元,增长82.6%。

【交通 邮电】 公路通车里程2 000公里,公路旅客运输量和周转量240万人、4 760万人公里,分别比上年增长41.9%和30.4%;公路货物运输量162万吨、周转量7 962万吨公里,分别比上年增长15.7%和13.6%。完成邮电业务总量(不含移动和联通)3 719万元,比上年增长10.8%,其中电信业务总量3 010万元,增长11%;邮政业务总量709万元,增长4%。年末固定电话用户达到64 252万户,电话普及率达10.7部/百人,互联网用户800户。

【贸易 旅游】 全年共实现社会消费品零售总额11.22亿元,比上年增长20.1%。城乡商品交易市场72处,同比增加5处,成交额8.5亿元,比上年增长17.5%。实现出口100万美元,比上年稍有下降。新签订利用国内资金项目108项;实际利用县外资金6.5亿元。主要旅游景点有8处。全年接待国内外游客40万人次,比上年增长10%;实现旅游总收入8 000万元,与上年持平。

【科教文卫】 拥有各类科技人员19 057人。有普通中学48所,在校生4.2万人。拥有各种艺术表演团体1个,艺术表演场所1个,公共图书馆1个,文化馆27个。有卫生机构37所,其中,医院、卫生院30所,卫生防疫防治机构1所,妇幼保健机构1所。各类卫生机构拥有床位1 177张,卫生技术人员1 459人,其中医生674人。

【社会生活】 城镇居民人均可支配收入6 100元,按可比口径计算,比上年增长8.1%;人均消费性支出为3 242元,增长5.2%;人均住房使用面积21.7平方米。在岗职工平均工资10 653元,增长2%。农民人均纯收入2 229元,比上年增长24.8%;生活消费支出1 294元,增长5.6%;人均居住面积21.3平方米。全县城镇最低生活保障救助人数为4 118人,比上年增长9%。社会福利性收养单位(含敬老院)26个,床位745张,收养524人,社会福利企业12个,安置残疾人员386人。

(李文 魏利达)

林 西 县

【领导名录】

县委书记:陈　宏

副 书 记:李延庆

张金东

陈　生

焦清华

人大主任:范景林

副 主 任:戴金炎(1月任职)

郭秀云(女)

鞠　军(1月离任)

陈淑芹(女)

贾兆芳

黄　达

县　　长:李延庆(1月任职)

副 县 长:王秉忠(蒙古族 1月任职)

张子明

王明军

苗清华(蒙古族 1月任职)

王春艳(女 1月任职)

高希华(蒙古族 1月任职)

姚兰城(10月任职)

政协主席:王俊山

副 主 席:孙长海

张振塀

回淑芬(女 回族)

武装部长:韩庆宝(3月离任)

王光荣(3月任职)

政　　委:张富军

【概况】 林西县位于赤峰市北部,西与克什克腾旗接壤,东与巴林右旗毗邻,北接西乌珠穆沁旗,南与翁牛特旗隔河相望。地理坐标为北纬43°14′~44°15′、东经117°37′~118°34′,总面积3 933平方公里。辖7镇9乡,106个行政村(居委会)。至2004年底全县总人口23.6万人,其中非农业人口4.86万人。男女性别比104.4∶100。人口密度为62人/平方公里,有少数民族9个、13 376人。

2004年,全县实现地区生产总值15.06亿元,按可比价格计算,比上年增长20.0%。三次产业比重为27.1∶34.4∶38.5。全社会固定资产投资完成9.15亿元,比上年增长48.8%。实现财政总收入0.82亿元,按可比口径增长30.9%。城镇居民人均可支配收入达5 820元,按可比口径计算,比上年增长9.4%;人均消费性支出为4 157元,增长7.3%;人均住房使用面积25平方米。在岗职工平均工资9 710元,比上年增长5.6%。农民人均纯收入达2 212元,比上年增长22.6%。生活消费支出2 058元,增长4.9%;人均居住面积18.1平方米。

【牧业】 牧业年度家畜存栏70.5万头只,增长34.1%。奶牛养殖取得突破性进展。新建高标准奶牛养殖小区8处,进口优质奶牛1 307头,奶牛存栏3 050头,日产鲜奶达15吨。肉牛、肉羊饲养量分别达10.5万头、70万只。食用菌生产规模迅速扩大,全年栽培275万盘,是上年的2.7倍。

【林业】 完成风沙源治理6.32万亩、退耕还林8万亩。被授予"全国封山育林先进单位"称号。

【水利】 以水利为中心的农田基本建设力度加大。朝阳水库、大冷山水库除险加固工程全面启动。完成防洪工程4处、人畜饮水工程6处。新增有效灌溉面积2.04万亩。

【工业经济】 全县规模以上企业完成工业增加值16 800万元,增长41%。年产1万吨粗铜冶炼项目正在建设之中。锦绣大地公司屠宰加工生产线投产运营。康丽药业公司通过GMP认证。一元工贸公司年产5万件羊绒衫技术改造工程基本完成。冷山制糖公司完成日处理1 500吨甜菜技术改造项目。大井银铜矿完成采选生产二期扩建工程,日处理能力提高300吨。通和矿业公司日处理300吨铜锡选厂、大井铅锌矿如期投产。富源矿业公司步入全国铜矿采选效益先进行列。新上乡镇工业项目42个,实现税金200万元。亿万德公司日处理1 400吨水泥熟料、金源矿业公司日处理200吨萤石、中宇矿业公司日处理300吨萤石等项目正逐步成为新的经济增长点。

【体制改革】 全县共筹措资金近3 000万元,置换企业职工身份2 433人。先后完成电线厂、中兴铅锌矿、面粉厂、羊毛衫厂、白酒厂5户工业企业和国储库、基层粮站、粮油食品供应公司、天然水晶制品开发公司、保健食品公司等16户商业企业改革任务,供销冷冻厂、8个基层供销社改革工作基本结束,国营林场、苗圃、果园改革顺利实施。事业单位用人制度不断完善。公开考录工作人员95名,招聘高校专业人才29名。

【招商引资】 完成以项目建设为中心的固定资产投资91 500万元。全年招商引资4.26亿元,增长68.2%。引进赤峰白音罕山公司重组原林西冶炼厂和中兴铅锌矿,累计注入资金1亿多元。

【城镇建设】 全县城镇化率38%。投资3 700多万元,完成东环北段、政府路东段、城区排洪道、南环路改造工程11.7万平方米。安装路灯366盏。建设家园小区、新林花园小区住宅8万平方米。铺设城区供水管网1.1万延长米,基本满足城区生产生活用水。污水处理厂开工建设。看守所工程交付使用。全县集中供热总面积119万平方米。

【科技】 引进试验示范新品种、新技术85项,科技培训6万人次。全县市级科技进步先进乡镇达6个,科普示范乡镇4个。

【教育】 高考升学率89%,位居全市第二名。教育布局进一步优化,撤并学校13所。林西一中校园生活服务中心、职教中心综合教学楼交付使用,民族中学学生生活服务中心启动建设。238万元教育“两免一补”资金全部发放到困难学生手中。

【人民生活】 城镇居民人均可支配收入实现5 820元,增长9.4%。农民人均纯收入实现2 212元,增长22.6%。

【社会保障】 城镇特困居民应保尽保。有1 644名下岗失业人员实现再就业。劳务经济成为城乡居民特别是农民增收的重要渠道,输出劳务5.2万人次,实现劳务收入1.56亿元。

2004年林西县先进人物名录

姓名	性别	民族	奖项	获奖时间	工作单位
任喜森	男	汉	被自治区人民政府授予“全区劳动和社会保障系统先进个人”	2004年	林西县劳动和社会保障局局长
乔荣增	男	汉	被自治区党委、政府授予“自治区劳动模范”	2005年4月	林西县富源矿业公司总经理
杨良盛	男	汉	被自治区党委、政府授予“自治区劳动模范”	2005年4月	林西县金城建筑公司总经理
孙玉良	男	汉	被自治区党委、政府授予“自治区劳动模范”	2005年4月	林西县林西镇南门外大队党支部书记
陶振国	男	汉	被北京军区评为“优秀专武干部”	2004年8月	林西镇武装部部长
崔　志	男	汉	被自治区政府、内蒙古军区评为“民兵工作先进个人”	2004年12月	林西县国税局局长
宋　磊	男	汉	被自治区人民政府、内蒙古军区评为全区“百名优秀教练员”和“十佳教练员”	2004年8月	林西县种子公司职工
张晓光	男	汉	被自治区人民政府、内蒙古军区评为“优秀示范兵”	2004年8月	林西镇职工
周　虎	男	汉	被内蒙古军区评为“优秀学员”	2004年8月	十二吐乡党委秘书
王中耀	男	汉	被自治区人民政府授予“模范教师”	2004年9月	林西一中校长

（刘德军　于洪涛）

锡林郭勒盟

【党政军领导名录】

盟　委

书　　记:刘卓志

副 书 记:荣天厚(蒙古族)

白志明(蒙古族)

王中和

蔚小平(蒙古族)

邓月楼(蒙古族 6月任职)

常　　委:其木格(女 蒙古族 11月离任)

王志远

杨飞云(4月离任)

田学臣

卢　增

东　戈(蒙古族 2月任职)

罗·麦尔根(蒙古族 6月任职)

包丽玲(女 蒙古族 9月任职)

周凤臻(9月任职)

人大工委

主　　任:张雁卿

副 主 任:赛音朝克图(蒙古族 10月离任)

张　忠

达木林(蒙古族)

额日和穆(蒙古族)

那顺巴雅尔(蒙古族)

道尔吉(蒙古族 9月任职)

行　署

盟　　长:荣天厚(蒙古族)

副 盟 长:王志远

李　魁(3月离任)

包智勇(蒙古族 3月病故)

范金星

莘文印

阿迪雅(蒙古族)

其其格(女 蒙古族)

吴久冰

武国栋(蒙古族 9月任职)

政　协

主　　席:朝伦巴特尔(蒙古族 11月离任)

其木格(女 蒙古族 11月任职)

副 主 席:阿格旺(蒙古族)

高·拉希扎布(蒙古族 11月离任)

李·巴特尔(蒙古族 11月离任)

金　桩(蒙古族)

姜树文

敖小孟(蒙古族)

敖云格日乐(女 蒙古族 11月离任)

敖秀田(蒙古族 11月任职)

高晓峰(蒙古族 11月任职)

纪检委

书　　记:白志明(蒙古族 6月离任)

邓月楼(蒙古族 6月任职)

政法委

书　　记:东　戈(蒙古族)

法　院

院　　长:闫世儒(蒙古族 2月离任)

韩赤锐(蒙古族 2月任职)

检察院

检 察 长:阿尔斯楞(蒙古族 2月离任)

杨树林(2月任职)

公安局

局　　长:赵吉瑞(蒙古族)

军分区

司 令 员:卢　增

政　　委:王战国

副司令员:谭宝泉

副 政 委:满都拉(蒙古族)

参 谋 长:徐建英

政治部主任:田晋裕

后勤部长:史永生

【概况】 锡盟位于内蒙古自治区中部,北纬42°32′~46°41′,东经111°59′~120°00′。北与蒙古国接壤,边境线长1 098公里;西与乌兰察布市交界;南与河北省毗邻;东与赤峰市、通辽市、兴安盟相连。东西长700多公里,南北宽500多公里,总面积202 580平方公里。其中草原总面积19.2万平方公里,占总面积的97.8%,是中国四大草原之一内蒙古草原的主要天然草场。其中可利用草场面积17.6万平方公里,占草原面积的90%。森林面积249平方公里,占总面积的1.21%。2004年,全年实现生产总值1 334 612万元,按可比价格计算,比上年增长28.1%,较上年增速高13个百分点,经济增长率创1980年以来最高水平。其中第一产业增加值324 291万元,增长10.3%,较上年增速低1.8个百分点。第二产业增加值625 714万元,增长42.6%,较上年增速高22.4个百分点。第三产业增加值384 607万元,增长22.5%,较上年增速高11.6个百分点。三次产业结构由上年的28.3: 42.2: 29.5转变为24.3: 46.9: 28.8。人均地区生产总值达到13 739元,增长25.5%。社会劳动生产率29 810元/人。

全盟财政总收入累计完成122 670万元,比上年增长59.5%。其中,地方财政收入完成80 064万元,增长72.9%;地方财政收入中一般性预算收入65 321万元,增长61.9%,基金收入14 743万元,增长146.9%,上划中央"两税"收入36 473万元,增长40.3%。全年地方财政支出322 063万元,增长48.3%。地方一般性预算支出311 581万元,增长46.4%,其中基本建设支出58 628万元,行政管理费支出35 776万元,教育支出26 444万元,医疗卫生支出9 967万元,农林水气支出74 493万元。

国民经济和社会发展存在的主要问题是:经济发展速度虽然有所加快,但总量差距仍在拉大;财政收入虽然增长较快,但占GDP比重仍然偏低;电力、交通、资金短缺等外部约束制约着工业经济快速发展;城乡居民收入增幅远低于经济增长幅度。对外开放的层次和水平还比较落后,社会经济秩序有待进一步整顿和规范。

【2004年气候特点】 气温大部地区显著或异常偏高,降水量正常,大风沙尘日数偏少,日照时数大部地区偏多,大部地区终霜日期结束偏早,初霜日期出现偏晚,无霜期偏长。暖冬,大部地区积雪适中;春暖,降水南多北少;扬沙、沙尘暴日数偏少;夏热,降水初夏南多北少,盛夏少,末夏多,透雨南早北晚;秋高气爽,降水前秋多后秋少。年平均气温1~7℃,与常年和上年同期相比偏高1~2℃。年降水总量西北部地区及东乌珠穆沁旗113~230毫米,其余地区291(镶黄旗)~435(正蓝旗)毫米。降水异常等级为正常(-25~24%)。

2004年主要灾害及影响:春季沙尘暴,3月26~30日受蒙古气旋影响,出现5天大风,4天沙尘天气,27日9时46分强沙尘暴天气,自西向东覆盖全盟大部地区,至28日凌晨1时32分结束,持续16小时。瞬间最大风速19~28米/秒,最小能见度大部地区0.03~0.5千米,苏尼特左旗不足5米,27日15时后大部地区出现天空昏暗,野外风沙更大,能见度为零米。风后大部地区有小雪,72小时降温达13~17℃,南部地区及西乌珠穆沁旗、锡林浩特市出现寒潮,其余地区接近寒潮天气。这次天气过程仅次于2001年同月21日至22日和2002年同月19日至21日2次强沙尘暴天气。大部地区造成一定损失,受灾涉及约80个苏木乡镇,10万多户,近40万人,100多间房屋瓦被掀起,80多顶帐篷损坏,50多顶蒙古包破损,走失牲畜700多头(只),死亡牲畜500多只,200多处棚舍损坏、15处倒塌。特别是东乌珠穆沁旗地震灾区除房瓦、帐篷、蒙古包受损外,40多台风力发电机损坏,导致停电。局部地区冻害,5月19日的霜冻使2 666.7公顷农作物受冻,其中266.7公顷幼苗冻死。春夏季阶段性干旱,旱情造成北部部分地区天然草场牧草返青晚,个别地区返青后的牧草和农作物苗枯死,甚至出现牲畜死亡现象,直接影响牧草及农作物产量和牲畜膘情。气温偏高,进入夏季北部地区,≥30℃的高温日数19~29天(二连浩特市高达40天),全盟蝗虫发生面积338.5万公顷,重度发生面积184.7万公顷,平均虫口密度60头/平方米,最高550头/平方米。涉及全盟14个旗县市(区),72个苏木、乡、镇,228个嘎查、村,有14 534户,57 735人,333.4万头只牲畜受灾,重度发生区局部草场因蝗虫啃食造成减产或绝产,影响翌年牧草返青甚至不返青,致使原本就很脆弱的草原生态环境进一步遭到打击。2004年蝗虫灾害相对常年较重,但与上年相比发生面积减少受灾程度减轻。7月末基本得到控制,防蝗任务基本完成。11月至12月气温偏高,预测1月气温略高,基本确定为暖冬,向有关部门发出防蝗预报。夏季暴雨洪涝、冰雹灾害,部分地区发生暴雨、冰雹、洪涝灾害,给农牧业生产及人民群众生活造成严重损失。全盟58个苏木乡镇、153个嘎查村受灾。农田受灾、成灾、绝收面积分别为3 273.3、3 146.7、1 826.7公顷;受灾10 621户、38 594人,成灾2 902户、11 163人,紧急转移安置317人,死亡1人;死亡牲畜6 887头(只);倒塌房屋368间,损坏房屋2 036.5间。直接经济损失2 537.096万元,农业经济损失1 180.88万元。

7月22日19时20分,锡林浩特市突降大雨,15分钟左右路面积水1尺多深。车辆受阻,行人被困。8月11日11时40分至22时50分,锡林浩特市出现大暴雨,11个小时内降雨量近110毫米(24小时降雨量112.6毫米,创下历史极大值),大部路段积水深近0.6米,最深地段达1米。11日中午到夜间,市内交通处于半瘫痪状态。

(李志军 周丽萍)

【人民生活】 全年城镇居民人均可支配收入6 655元,比上年增加1 032元,增长18.4%;全年农牧民人均纯收入2 568元,增加340元,增长15.7%。农村牧区居民家庭恩格尔系数(即居民家庭食品消费占家庭消费总支出的比重)为33.6%;比上年下降3.4个百分点;城镇居民为38.1%,比上年下降0.4个百分点;城乡居民每百户耐用消费品拥有量有不同程度增长。居民消费价格总指数103.2%,比上年同期增长1.8个百分点。其中城市增长4.8%,农村牧区上增长2.8%。分项目看,消费品价格比上年同期增长3.3%,服务项目价格增长3.2%,食品类价格增长6.7%,其中粮食类价格大幅增长,比上年同期增长20.7%。非食品价格增长1.7%。衣着类价格增长3.0%,居住类价格增长4.0%,家庭设备用品价格增长1.7%,娱乐教育文化用品价格增长1.6%,烟酒及用品、医疗保健、交通通讯价格分别增长0.1%、0.7%、0.1%。农牧业生产资料价格指数增长5.4%,工业品出厂价格指数增长8.6%,固定资产投资价格指数增长7.8%。

年末全盟从业人员447 709人,比上年增长2.5%,其中全盟城镇单位从业人员99 010人,个体私营从业人员84 981人,乡村从业人员263 718人,全盟共安置各类人员14 833人,其中安置下岗失业人员7 178人。10 085人领取再就业优惠证。

【畜牧业】 牧业年度牲畜总头数1 669.76万头(只),比上年同期减少48.2万头(只)。其中大牲畜和羊1 664.29万头(只),同比减少47.4万头(只)。大牲畜和羊总增率38.7%,比上年减少4.1个百分点,繁成率92.9%,比上年提高1.2个百分点,死亡率0.8%,与上年持平。大牲畜和羊的良种及改良种牲畜1 311.48头(只),良改比重为78.8%,同比提高4.0个百分点。年末牲畜存栏904.8万头(只),其中大牲畜和羊存栏901.0万头(只),较上年减少19.1万头(只)。年内大牲畜和羊出栏866.8万头(只),较上年多出栏48.9万头(只),其中肉畜出栏799.9万头(只),较上年多出栏25.3万头(只)。出栏率90.3%,比上年提高9.1个百分点,商品率为126.2%,提高5.1个百分点。肉类总产量18.6万吨,增长12.7%;奶类产量19.4万吨,增长51.6%;羊绒毛产量13 829吨,下降0.8%;皮张产量819.8万张,增长5.3%。年末全盟农牧业机械总动力78.2万千瓦,比上年提高17.2%;农田有效灌溉面积47.79万亩,增长7.6%;农村牧区用电量2 727.3万千瓦,增长5.4%;化肥施用量(折纯)9 812吨,比上年增长17.1%,新增高产饲料基地8.7万亩,建设棚圈21.84万平方米,生态及异地移民8 446人,解决8.9万人和49 万头(只)牲畜的人畜饮水问题。

【农业】 全盟各类农作物种植面积18.74万公顷,同比增长18.1%。其中粮食作物、经济作物及其它作物种植面积分别为7.62万公顷、3.12万公顷和8 万公顷。全年粮食产量20.4万吨,同比增长39.9%;其中小麦产量3.3万吨,增长2.6%,玉米6.5万吨,增长28.7%,豆类6 252吨,增长18.1%,马铃薯(薯折粮)8.3万吨,增长13.6%。油料1.4万吨,增长4.3%,蔬菜71.1万吨,增长10.1%。

【草场治理】 2004 年底,全盟治理草场面积(人工草地有效面积)13 938.23万亩,其中多年生牧草保有面积70.95万亩,草地围栏保有面积13 737.58万亩,当年种植一年生牧草58.48万亩,饲料作物种植面积71.22万亩。全盟当年种植多年生牧草22.48万亩,新建围栏1 284万亩,当年改良草场155.7万亩(保有面积533 万亩),当年飞播牧草20.75万亩(保有面积113.03万亩)。全盟牧草种子繁育基地面积5.85万亩,当年产草籽95.45万公斤。2004 年全盟打贮草合计24.77亿公斤,其中人工牧草产量12.33亿公斤。全盟当年草地鼠害发生面积2 324万亩,灭治面积643.7万亩,当年草地蝗害发生面积5 078 万亩,灭治面积1 343.5万亩。全年造林面积9.69万公顷。其中,退耕还林5.3万公顷,农防林0.27万公顷,飞播造林1.3万公顷,封山育林2.75万公顷,四旁植树104.2万株。

【工业】 2004 年全部工业增加值391 472万元,比上年增长38.7%,提高23.2个百分点。其中国有及年销售收入 500 万元以上非国有工业企业(以下简称规模以上工业企业)完成增加值330 093万元,同比增长47.1%;在规模以上工业企业中,大型企业增加值154 507万元,同比增长13.7%,中小型企业增加值175 586万元,同比增长29.4%。在规模以上工业企业中,轻工业增加值84 995万元,重工业增加值245 098万元。分别比上年同期增长59.7%和35.8%。全盟规模以上工业企业由 2003 年的 139 户增加到 2004 年的 174 户。原煤、铁合金、硅铁、发电量等工业产品产量有较大幅度增长。全年规模以上工业企业经济效益综合指数达191.78,比上年提高39.9个百分点。实现产品销售收入527 111万元,同比增长75.6%;实现利税总额57 279万元,同比增长94.4%。

【建筑业】 全盟建筑业增加值完成234 242万元,同比增长50.2%。全盟四级及四级以上建筑企业 24 个,实现利税4 500万元。

【固定资产投资】 全年全社会完成固定资产投资992 607万元，比上年增长88.3%。其中地方固定资产投资完成947 163万元，比上年增长105.6%。其中基本建设投资769 313万元，增长88.8%；更新改造投资23 207万元，增长7.6%；房地产开发投资27 834万元，下降27.2%；其它投资130 892万元，增长379.1%；城镇私人建房投资41 361万元，增长26.7%。

西部大开发重点行业固定资产投资：电力、燃气及水的生产和供应业完成投资201 896万元，增长1.2倍。以生态建设为主的农林牧渔业完成投资120 317万元，同比增长62.6%，比上年增速快2.7个百分点。交通运输及邮电通讯业完成投资233 180万元，同比增长96.1%，占总投资的23.5%，非国有经济完成投资353 890万元，同比增长82.6%，占总投资的35.6%。全盟完成额在5 000万元以上的项目33个，完成投资额607 065万元，占全部投资的61.2%。项目建成投产率54.3%，新增固定资产380 242万元，比上年增长16.8%。新增生产能力主要有：原油开采8万吨/年，原煤开采2 720万吨/年；铁矿开采43.55万吨/年；电石80 000吨/年；新建改建公路562公里。

【交通 邮电】 全年交通邮电业完成增加值60 425万元，增长14.7%。公路货运周转量161 950万吨公里，比上年增长45.0%；公路客运周转量116 360万人公里，比上年增长16.4%。全盟通车里程7 759公里，等级公路里程5 512公里，其中黑色路面2 990公里，新增253公里。

全年邮政电信业务总量完成53 487万元，比上年同期增长29.0%，其中电信业务总量完成50 520万元，增长31.1%。邮政业务总量完成2 967万元，增长0.9%。移动电信业务量完成27 851万元，增长42.1%。全盟电话用户总数22.2万户，其中城市电话用户174 793户，乡村电话47 661户。公用电话点10 883个。移动电话用户23.25万户，电话普及率（包括固定和移动电话）48部/百人。全年函件305万件，下降4.1%。特快专递7.4万件，增长20.5%。年末互联网用户14 848户。

【国内贸易】 全年社会消费品零售总额422 390万元，比上年增长20.3%。分行业看，批零贸易业368 660万元，同比增长18.7%；餐饮业44 606万元，增长42.4%；其它零售总额9 124万元，增长0.3%。分城乡看，城镇零售额348 594万元，增长21.6%，农村牧区零售额73 796万元，增长14.3%。全年限额以上批发零售贸易企业实现商品销售收入20 945万元，比上年增长49.9%。

【对外贸易】 全年外贸进出口总额40 514万美元，比上年同期增长38.3%，其中出口总额5 529万美元，增长65.9%；进口总额34 985万美元，增长34.7%。

【招商引资】 全年引进盟外资金670 240万元，比上年同期增长2.8倍，直接利用国境外资金1 006万美元，与上年持平。年末全盟外商投资企业9户，外资企业销售收入2 479万元，实现利润217.6万元。

【旅游业】 全年共接待游客149万人次，比上年增加33万人次。其中国内游客115万人次，国际游客34万人次，旅游业务收入15.07亿元，比上年增长36.5%。

【金融】 年末全盟金融机构各项存款余额80.94亿元，比上年增长20.7%。其中企业存款余额15.98亿元，增长15.8%；储蓄存款余额54.70亿元，增长18.6%。年末金融机构各项贷款余额61.33亿元，增长22.0%，其中短期贷款余额26.27亿元，下降7.5%；中期流动资金贷款余额0.57亿元，增长40.9%；中长期贷款余额34.0亿元，增长61.1%，居民消费贷款继续较快增长，年末个人消费贷款余额11.55亿元，增长30.3%。全年金融机构现金收入451.69亿元，现金支出472.19亿元，分别比上年增长30.0%和26.9%，收支相抵，货币净投放20.5亿元，比上年下降16.9%。

【保险】 全年保险业保费收入19 669万元，比上年增长35.4%。其中财产险收入5 526万元，增长37.1%；人寿险收入14 143万元，增长34.7%；全年保险业赔付额3 468万元，增长62.0%，其中财产险赔付2 647万元，增长61.2%；寿险赔付821万元，增长64.8%。

【环境保护】 全盟确定的自然保护区9个，其中，国家级保护区1个，自治区级保护区4个。自然保护区面积19 251平方公里，其中国家级自然保护区面积10 786平方公里。各级环境监测站4个，环境监测人员26人，完成环境污染治理项目263个，完成环境污染治理项目投资额1 541万元。草原生态建设和防沙治沙力度进一步加大，休牧、禁牧、轮牧面积达到2.6亿亩，占到草场总面积的88.1%。全盟共落实生态及农牧业建设国家投资4.1亿元，生态及异地移民8 446人，解决8.9万人和49万头（只）牲畜的人畜饮水问题，草原生态环境有所改善。

【科技】 科学研究与技术开发成果显著,全盟有2项科研成果通过盟级以上正式鉴定验收,荣获自治区奖1项。全年签订技术合同498份,成交额3 107万元,技术交易额115万元。

【教育】 普通中学58所,在校生63 981人,毕业生17 526人。其中:高中生17 583人,初中生46 398人,职业中学10所,在校生4 717人,毕业生1 034人。小学177所,教学点85个,在校生67 699人,其中少数民族23 824人。全年学龄儿童入学率99.9%。普通中等专业学校2所,在校生1 501人,其中少数民族学生1 017人,教职工271人,其中专任教师142人。

【文化】 全盟有艺术事业机构72个,从业人员552人;艺术表演团体13个,其中乌兰牧骑10个。年末全盟拥有文化馆13座,公共图书馆12座,藏书24万册;文物保护站(所)13个,馆藏文物达3 000余件(套)。城镇电影院14座,城镇电影放映150场。全盟拥有调频发射台81座,广播人口覆盖率87.98%。电视转播发射台194座,有线电视用户7.83万户,电视覆盖率90.20%。《锡林郭勒日报》汉文版日发行量8 000份,蒙文版3 700份,《锡林郭勒晚报》日发行量1 060份。

【卫生】 全盟医疗卫生机构191个,其中医院34所,农村牧区卫生院119所,疾病预防控制机构14个,妇幼保健机构13个,专科疾病防治院1所,医学研究机构1所,采供血机构1个。医疗机构拥有病床2 706张,其中医院拥有病床1 733张,农村牧区卫生院拥有病床523张,年末全盟拥有卫生技术人员4 150人,其中执业医师1 960人。

【体育】 年内全盟体育健儿在国内外重大竞赛中获奖牌48枚,其中金牌31枚,银牌8枚,铜牌9枚。在校学生《青少年体育健康标准》达标率91.6%。

【人口】 人口增长保持较低水平,人口出生率9.79‰;人口死亡率6.25‰;人口自然增长率3.54‰。年末全盟常住人口99.59万人,其中蒙古族人口28.68万人,占总人口的28.8%,其他少数民族人口4.23万人,占总人口的4.2%。男性人口51.42万人,女性人口48.17万人,人口性别比106.75:1。

【社会保障】 年末全盟参加基本养老保险职工为101 504人,参加失业保险职工81 072人,领取失业保险金人数为1 586人。全年有103 656名职工和26 375名离退休人员参加基本医疗保险,全年共有37 867名城市居民得到最低生活保障救济。全盟各类社会福利院14个,拥有床位733张,共收养445人。接受社会捐增264万元,年末城镇各种社会服务设施106个。

【杰出青年牧民—斯琴花】

斯琴花 女,蒙古族,32岁,阿巴嘎旗德力格尔苏木萨如拉锡里嘎查牧民。在多年的生产实践中,斯琴花认识到靠天养畜的脆弱性。她分析草原畜牧业现状并得出结论:只有对传统的畜牧业生产经营方式进行变革,依靠科技,改进饲养方式,提高经营管理水平,牧业经济才能走出困境、实现畜牧业可持续发展。

于是斯琴花从畜牧业基础设施建设入手,1998年至2001年间先后投入15万元,将自家的7 100亩草场全部围栏,对1 000亩草场采取禁牧措施,建设高产饲料基地86亩,建起两处面积250平方米的太阳能暖棚以及两处储量15万公斤的水泥结构青贮窖,建设全套设备的机井一眼,并采购引进抽水喷灌机、拖拉机、打草切草机等全套生产用具,成为运用现代化设备进行草原建设的突出典型。

2002至2003年间,斯琴花从86亩饲料基地,得到45万公斤饲料收成,不仅满足了自家的需求,剩余部分还帮助了别人,也增加了自己的收入。斯琴花看到畜群结构调整改良是加快发展的必由之路,便在畜群改良优化上下功夫。2001年,斯琴花有90多匹马、300多只混合品种的绵羊,出于草畜平衡、生态保护的考虑,她忍痛将所有牲畜全部出栏,投入13万元的资金引进良种奶牛40头、大尾寒羊100只。科学合理的畜群结构让斯琴花很快看到了回报,2003年她家的奶牛产下25个牛犊,折合近7万元,每只大尾寒羊则有3~5个幼羔的高接羔率。2003~2004年,因为斯琴花的科学管理与过硬的基础设施,她家的畜群不仅膘情看好,并且产冷配牛犊30头,接羔率大畜达100%,小畜达95%。在多灾之年,一直保持了畜牧业的可持续发展,年纯收入达10万余元,达到保护生态环境、稳步增收的目的,成为名副其实的转变生产经营方式的带头人。

斯琴花多次被评为嘎查“青年星火带头人”、“三八红旗手”、“双学双比”先进个人,得到了盟级“双学双比”先进个人、“牲畜改良先进家庭”等荣誉。2004年12月,斯琴花被共青团中央、水利部、农业部、财政部、国家林业局、全国青年联合会共同授予“中国十大杰出青年农民”荣誉称号。

2004 年度锡林郭勒盟获表彰奖励集体名单

单位名称	奖项称号	授予部门	授予时间
锡林浩特市人民医院眼科	全国五一劳动奖状	中华全国总工会	2004 年 4 月
锡盟林业局	全区林业建设先进集体	内蒙古自治区人民政府	2004 年 1 月
正蓝旗林业工作站	全区林业建设先进集体	内蒙古自治区人民政府	2004 年 1 月
锡林浩特市人民医院	巾帼文明岗	全国“巾帼建功”活动领导小组	2005 年 3 月
锡盟通信分公司中心营业厅	巾帼文明岗	全国“巾帼建功”活动领导小组	2005 年 3 月
二连浩特市国税局办税服务厅	巾帼文明岗	全国“巾帼建功”活动领导小组	2005 年 3 月
锡盟电业局多伦农电局 35KW 变电站	巾帼文明岗	全国“巾帼建功”活动领导小组	2005 年 3 月
锡林浩特市人口和计划生育局	全国计生系统作风建设先进单位	中国人口和计划生育委员会	2004 年 11 月
东乌珠穆沁旗	全国计划生育优质服务先进县	中国人口和计划生育委员会	2004 年 11 月
正镶白旗水务局	全国水土保持先进集体	中国水利部	2004 年
正镶白旗水务局	全区农田草牧场水利基本建设一等奖	内蒙古自治区人民政府	2004 年
苏尼特右旗水利局	全区农田草牧场水利基本建设二等奖	内蒙古自治区人民政府	2004 年
苏尼特左旗林业水利局	全区农田草牧场水利基本建设三等奖	内蒙古自治区人民政府	2004 年
多伦县水利局	全区农田草牧场水利基本建设三等奖	内蒙古自治区人民政府	2004 年
太仆寺旗水务局	全区农田草牧场水利基本建设三等奖	内蒙古自治区人民政府	2004 年
锡林浩特市水务局	全区农田草牧场水利基本建设三等奖	内蒙古自治区人民政府	2004 年
二连浩特市齐哈日格图边防派出所	反偷渡专项工作先进单位	中国公安部	2004 年
武警锡盟支队	连续 7 年预防事故案件工作先进单位	武警总部	2004 年 12 月
西乌珠穆沁旗巴彦乌拉镇	第七批全国“亿万农民健身活动”先进乡镇	中国农业部、国家体育总局、中国农民体协	2004 年
锡林郭勒军分区医院	先进基层卫生单位	中国人民解放军总后勤部	2004 年 12 月
锡盟国防教育委员会	国际教育优秀组织奖	北京军区政治部	2004 年 12 月
锡林郭勒军分区	自治区级文明单位	内蒙古自治区人民政府	2004 年 12 月
锡盟人民防空办公室	国际动员工作先进单位	内蒙古自治区国防动员委员会	2004 年 12 月
苏尼特左旗贝勒镇兽医站	全区基层动物防疫工作先进单位	内蒙古自治区人民政府	2004 年 7 月
苏尼特右旗都仁乌力吉苏木兽医站	全区基层动物防疫工作先进单位	内蒙古自治区人民政府	2004 年 7 月
阿巴嘎旗德力格尔苏木兽医站	全区基层动物防疫工作先进单位	内蒙古自治区人民政府	2004 年 7 月
镶黄旗文贡勿拉苏木动物防疫站	全区基层动物防疫工作先进单位	内蒙古自治区人民政府	2004 年 7 月
太仆寺旗五面井乡兽医工作站	全区基层动物防疫工作先进单位	内蒙古自治区人民政府	2004 年 7 月
正蓝旗桑根达来镇兽医站	全区基层动物防疫工作先进单位	内蒙古自治区人民政府	2004 年 7 月
乌拉盖开发区贺斯格乌拉牧场动物防疫站	全区基层动物防疫工作先进单位	内蒙古自治区人民政府	2004 年 7 月

续表

单位名称	奖项 称号	授予部门	授予时间
西乌珠穆沁旗哈日根台镇兽医站	全区基层动物防疫工作先进单位	内蒙古自治区人民政府	2004年7月
正镶白旗伊克淖尔苏木动物防疫站	全区基层动物防疫工作先进单位	内蒙古自治区人民政府	2004年7月
东乌珠穆沁旗人民法院	人民调解工作模范人民法庭	最高人民法院、中国司法部	2004年
锡盟公安局阿尔善分局	2003年全国整治油气及输油气管道生产秩序专项行动先进集体	中国公安部	2004年
锡林郭勒盟	社会治安综合治理工作先进地区	内蒙古自治区党委、政府	2004年
锡林浩特市	自治区"长安杯"	内蒙古自治区党委、政府	2004年
东乌珠穆沁旗人民法院乌拉盖人民法庭	全区指导人民调解工作先进单位	内蒙古自治区人民政府	2004年
东乌珠穆沁旗	自治区"长安杯"	内蒙古自治区党委、政府	2004年
二连浩特市	自治区"长安杯"	内蒙古自治区党委、政府	2004年

2004年度锡林郭勒盟获表彰奖励人员名单

姓名	性别	年龄	民族	工作单位	职务	奖项 称号	授予部门	授予时间
王中和	男	47	汉	中共锡盟委	副书记	全区关心下一代事业荣誉奖	内蒙古党委、政府	2004年9月
任誉宁	男	46	汉	中共太仆寺旗委员会	书记	全区关心下一代事业荣誉奖	内蒙古党委、政府	2004年9月
阿拉木莎	男	64	蒙	锡盟关心下一代工作委员会	常务副主任	全区关心下一代事业突出贡献奖	内蒙古党委、政府	2004年9月
齐伯益	男	72	汉	锡盟畜牧局(离休)		全国老干部先进个人	中共中央组织部	2004年10月
段志军	男	51	汉	锡盟交通局	副局长	全区公路建设先进个人	内蒙古自治区人民政府	2004年3月
王曦林	男	38	汉	锡盟交通局省际通道执行办	主任	全区公路建设先进个人	内蒙古自治区人民政府	2004年3月
王永军	男	35	汉	锡盟交通局计划项目科	科长	全区公路建设先进个人	内蒙古自治区人民政府	2004年3月
贠剑明	男	38	汉	锡盟公路工程质量监督站	站长	全区公路建设先进个人	内蒙古自治区人民政府	2004年3月
张贵平	男	39	汉	锡盟交通科学研究所	所长	全区公路建设先进个人	内蒙古自治区人民政府	2004年3月
李连芳	男	52	汉	锡盟林业局	局长	全国绿化奖章	全国绿化委员会	2004年3月
巩和平	男	40	汉	锡盟林业局治沙造林科	副科长	全区林业建设先进工作者	内蒙古自治区人民政府	2004年1月
李连芳	男	52	汉	锡盟林业局	局长	全区林业建设先进个人	内蒙古自治区人民政府	2004年1月
高生发	男	52	汉	镶黄旗人民武装部	部长	全区林业建设先进个人	内蒙古自治区人民政府	2004年1月
张圣军	男	43	汉	西乌珠穆沁旗林业局	局长	全区林业建设先进个人	内蒙古自治区人民政府	2004年1月
朱永明	男	41	汉	多伦县黑山嘴镇党委	书记	全区林业建设先进个人	内蒙古自治区人民政府	2004年1月
萨仁图雅	女	38	蒙	苏尼特右旗阿尔善饭店	经理	全国城镇妇女巾帼建功标兵	全国"巾帼建功"活动领导小组	2005年3月
徐锁柱	男	44	汉	正镶白旗水务局	局长	全区水土保持建设先进个人	内蒙古自治区人民政府	2004年
任晓光	男	49	汉	锡盟青少年科技活动中心	主任	2004年度全国青少年科技活动优秀组织工作者	中国科学技术学会	2005年3月
刘国昌	男	32	蒙	锡盟青少年科技活动中心	助理工程师	2002至2004年度全国"科教进社区"活动先进个人	中央文明办	2005年1月

续表

姓　名	性别	年龄	民族	工　作　单　位	职务	奖项　称号	授予部门	授予时间
阿晓青	男	49	蒙	太仆寺旗文化体育局	副局长	全国第五次体育场地普查先进个人	国家体育总局	
武海花	女	34	汉	正镶白旗星耀乡小学	教师	全国“十佳园丁”	全国妇联	2004年6月
孟克斯琴	男	41	蒙	锡盟蒙古中学	教师	全国模范教师	中国教育部、人事部	2004年9月
孟克斯琴	男	41	蒙	锡盟蒙古中学	教师	全国中小学德育教育先进工作者	中国教育部	2004年9月
陈国华	女	37	蒙	西乌珠穆沁旗第二中学	教科室主任	全国优秀教师	中国教育部	2004年9月
额日登图雅	女	34	蒙	镶黄旗蒙古中学	教导主任	全国优秀教师	中国教育部	2004年9月
赵德林	男	51	蒙	锡盟第二中学	教师	全国优秀教师	中国教育部	2004年9月
额尔登巴格那	男	33	蒙	二连浩特市边防大队	副大队长	反偷渡专项工作先进个人	中国公安部	2004年
天　山	男	26	蒙	二连浩特市齐哈日格图边防派出所	战士	反偷渡专项工作先进个人	中国公安部	2004年
娄建新	男	33	汉	锡林郭勒军分区作训科	副科长	基础设施建设先进个人	中国国防委员会	2004年12月
刘金刚	男	30	汉	锡林郭勒军分区边防八连	指导员	一等功	北京军区	2004年12月
莫日根	男	42	蒙	锡盟公安局治安支队	副支队长	2003年全国整治油气及输油气管道生产秩序专项行动先进个人	中国公安部	2004年
徐维东	男	46	汉	锡盟公安局阿尔善分局	局长	2003年全国整治油气及输油气管道生产秩序专项行动先进个人	中国公安部	2004年
李永胜	男	32	蒙	苏尼特左旗人民法院巡回法庭	副庭长	全区指导人民调解工作先进个人	内蒙古自治区人民政府	2004年
赵海军	男	36	蒙	多伦县人民法院蔡木山巡回法庭	庭长	全区指导人民调解工作先进个人	内蒙古自治区人民政府	2004年
田永利	男	38	汉	锡盟公安局经侦支队	副主任科员	全区打击整治贷款诈骗、恶意逃废银行债务等破坏信用秩序违法行为集中行动先进个人	内蒙古自治区人民政府	2004年
李金柱	男	42	汉	太仆寺旗公安局经侦大队	大队长	全区打击整治贷款诈骗、恶意逃废银行债务等破坏信用秩序违法行为集中行动先进个人	内蒙古自治区人民政府	2004年
马新龙	男	34	汉	镶黄旗公安局刑警大队	副大队长	全区打击整治贷款诈骗、恶意逃废银行债务等破坏信用秩序违法行为集中行动先进个人	内蒙古自治区人民政府	2004年
包智勇	男	29	蒙	锡林浩特市公安局刑警大队	副大队长	全区打击整治贷款诈骗、恶意逃废银行债务等破坏信用秩序违法行为集中行动先进个人	内蒙古自治区人民政府	2004年
塔　娜	女	35	蒙	苏尼特左旗满都拉图镇兽医站	站长	全区基层动物防疫工作先进个人	内蒙古自治区人民政府	2004年7月
李振英	男	49	汉	阿巴嘎旗那仁宝力格苏木兽医站	站长	全区基层动物防疫工作先进个人	内蒙古自治区人民政府	2004年7月
乌云格日乐	女	49	蒙	正蓝旗桑根达来镇兽医站	站长	全区基层动物防疫工作先进个人	内蒙古自治区人民政府	2004年7月
魏宝林	男	35	汉	锡林浩特市阿尔善镇兽医站	站长	全区基层动物防疫工作先进个人	内蒙古自治区人民政府	2004年7月
胡春光	男	34	汉	东乌珠穆沁旗呼热图苏木兽医站	站长	全区基层动物防疫工作先进个人	内蒙古自治区人民政府	2004年7月
乌日金	男	35	蒙	西乌珠穆沁旗浩勒图高勒苏木兽医站	站长	全区基层动物防疫工作先进个人	内蒙古自治区人民政府	2004年7月
杜元明	男	38	汉	多伦县黑山嘴镇兽医站	站长	全区基层动物防疫工作先进个人	内蒙古自治区人民政府	2004年7月

（孙太元　张瑞祥　荆长风　李志军　周丽萍　斯日古楞）

锡林浩特市

【领导名录】

市委书记:姜树文

副 书 记:斯琴毕力格(蒙古族)

特木勒(蒙古族)

哈　斯(蒙古族)

南中玉

张玉枝(女)

人大主任:特木勒(蒙古族)

副 主 任:哈　斯(蒙古族 1月离任)

刘凤琴(女 1月离任)

张国忠(回族)

萨仁满都拉(蒙古族)

霍燕军

陈兰芝(女 1月任职)

市　　长:斯琴毕力格(蒙古族)

副 市 长:温同江

游晓阳

华永胜(蒙古族)

张春林(蒙古族)

包丽华(女 蒙古族)

简顺利

齐振华(蒙古族)

张艳臣

政协主席:旭　仁(女 蒙古族 1月离任)

褚延祺(1月任职)

副 主 席:斯琴巴特尔(蒙古族)

郭泽仁

叶青超(蒙古族 1月离任)

海　梅(女 蒙古族 1月任职)

格日勒(蒙古族 1月任职)

武装部长:郭云峰

政　　委:智玉宽(2月离任)

魏殿高(2月任职)

【概 况】 锡林浩特市位于北纬43°02′~44°52′,东经115°13′~117°06′之间,内蒙古高原锡林郭勒草原中部,东邻西乌珠穆沁旗,西依阿巴嘎旗,南与正蓝旗相连,东南与赤峰市克什克腾旗接壤,北同东乌珠穆沁旗为邻。市辖6个城镇街道办事处、2个镇、4个苏木,总面积14 785平方公里,其中城市建成区面积29.8平方公里,草场面积2 311万亩,牧草覆盖率在90%以上,乌兰图嘎煤矿是自治区六大煤田之一,阿尔善油田石油日产量达2 000吨。现有总人口17.7万人,含蒙古、汉、回、满、达斡尔、鄂伦春、鄂温克等17个民族,其中城市人口14.9万人。

2004年,全市地区生产总值完成40.8亿元,增长27%,第一产业增加值完成3.08亿元,增长9.6%;第二产业增加值完成26.69亿元,增长28%,其中工业增加值完成17.29亿元,增长12%;建筑业增加值完成9.4亿元,增长75%;第三产业增加值完成11.02亿元,增长29%。城镇居民可支配收入7 650元,牧民纯收入3 500元,城乡收入分别增长16.9%和16.3%。财政总收入完成17 232万元,增长40.5%,其中地方财政收入完成12 697万元,增长35.4%。全社会固定资产投资完成30亿元,增长99.3%。

【畜牧业】 2004年,全市牧业年度牲畜头数达154.4万头只,其中大畜3.7万头,小畜150.7万只,总增60.4万头只,总增率达到42.58%,同比纯增12.5万头只,年内繁殖仔畜67.8万头只,繁成率达到89.84%,保畜率达到97.94%。全市签定草畜平衡责任书5 474户,完成出栏牲畜78.4万头只,其中出栏小畜77万只,完成打贮草2.35亿公斤。有12户牧民实行划区轮牧,面积达18.3万亩。

2004年,锡林浩特市实行全境休牧60天,休牧面积1 765.53万亩,涉及9个苏木镇(场)、35个嘎查(分场)、5 356户牧户。加强对城市周边334平方公里禁牧区的管护工作。发布春季休牧通告,制定出台《锡林浩特市2004年春季休牧工作考核办法》,加大监督检查力度,实行"一票否决"制,签订休禁牧合同书5 356份(户),查处违规放牧826起。由于各项措施落实到位,草原植被建设效果明显。

【工业】 实施工业重点项目23个,其中续建项目5个,新建项目18个。23个项目中:自治区级5个,盟级3个,市级15个。进一步落实肉食品加工优惠政策,通过外引内联,逐步培育壮大草原伊盛、小肥羊、奈伦和乌珠穆沁羊业为龙头的肉食品加工企业集群,其中草原伊盛等4家年加工能力达100万只羊单位的龙头企业。2004年,地区开工加工牛羊企业64户,比上年同期增加14户,年内加工牲畜260万羊单位,占全盟牲畜出栏总量的三分之一。乳制品加工方面,以伊利集团锡林浩特分公司为龙头,鸿雁、双骄等小型乳制品加工企业为补充的乳制品加工格局已经形成,加工企业的技术水平和科技含量得到明显提升。

【城市建设】 全年投入建设资金逾5亿元,完成和在建道路85.59万平方米,完成给水管网建设40.12公里,完成排水管网建设17.5公里,完成雨水管网建设31.98公里,绿化新植乔、灌木等名贵树种1万余棵，同时改造完成贝子庙广场、敖包山景区、锡林广场。开工建设锡林湖景区、蒙元文化广场等旅游景区景点。完成污水处理厂建设，开工建设垃圾处理场工程。

【招商引资】 修订《锡市招商引资优惠政策》，制定《锡市招商引资考核办法》、《锡市招商引资奖励办法》，对招商引资结果与年度领导班子考核相挂钩，营造人人抓招商，全社会招商的良好氛围，一批国内知名企业相继落户锡林浩特市。年内，利用盟外资金15亿元，直接利用国(境)外资金315.29万美元。

【旅游】 首次推出中国·锡林浩特首届国际游牧文化节，举办额尔敦敖包祭祀大典、"牧人之家"那达慕、成吉思汗雕塑落成揭幕、蒙元文化博物馆奠基仪式、贝子庙开光暨贝子庙修复庆典活动、中国国际蒙元文化论坛、中国马业高峰会暨蒙古马论坛、《牧歌》大型文艺晚会等系列活动，承办中央电视台健康之路·内蒙古行现场直播，提高锡林浩特市的知名度，游客人数与旅游收入实现历史性突破。全年接待游客人数45万人(次)，旅游收入1.16亿元。

【生态建设】 制定出台《锡林浩特市2004年草原生态建设实施方案》，实行招投标制和目标管理责任制，组织实施沙源治理、禁牧舍饲、退耕还林、生态移民等生态建设工程，进一步加强生态项目监理、竣工验收以及后期管护力度。全年生态建设实际完成投资2 100万元，沙源治理完成41.77万亩；禁牧、休牧达2 068万亩；完成退耕还林0.7万亩。

【生态移民】 采取牧户自愿、自立与政府引导、扶持相结合的办法，实行生态移民"零"准入，鼓励引导生态恶化地区牧民和贫困牧民转移到城镇或苏木镇场所在地，从事奶牛养殖、肉羊育肥和二、三产业。认真落实各项生态移民优惠政策，移民户人均补助移民安置费5 000元，户均补助棚圈建设资金10 000元；对移民后从事二、三产业的，享受城镇下岗失业人员优惠政策；对移民后从事奶牛养殖的，享受奶牛养殖优惠政策，在办理审批、规划、用地、房产等手续方面实行零收费；移民户的子女享受义务教育助学基金全额补贴。因地制宜，采取搭建蒙古包、利用闲置校舍等办法有效解决住房需要，将资金主要用于建设棚圈和购置奶牛、饲草料等生产物资上，工程建设全部垫资进行，实现当年建设、当年完工、当年入迁。年内，以11个肉羊产业化嘎查为重点向毛登牧场等7个移民迁入区组织移民644户、2 188人。在加强牧区户口管理工作的基础上，对移民户退出的草牧场在使用权不变的前提下进行合理流转，规范流转行为，加快草资源的保护和优化配置，建设肉羊繁育、育肥基地和饲草料基地，力争户均达到800～1 000只的养殖规模，实现移民、开发、致富。

【科技】 围绕重点产业开发，培育自治区、盟和市级科技示范园区14个、科技示范苏木3个、科技示范嘎查5个以及科技示范户80户，组建奶牛养殖协会、肉兔养殖协会、读藏书协会及各类经济合作组织18个。通过建立健全市、苏木、嘎查三级技术服务网络，集中引进和推广农牧业科技成果20项，累计培训领导干部、技术人员和农牧民9 300余人(次)。大力扶持科技型民营企业进行技术革新，引进新技术22项，研制新产品17种，转化企业科技成果29项，其中双骄公司的牛奶啤酒已申请国家专利。

【教育】 切实推进以课程改革为核心的基础教育改革，优先发展民族教育，重点加强职业教育、成人教育，着力构建终身教育体系。认真贯彻执行《锡林郭勒盟公办民族中小学助学金暂行办法》，启动锡林浩特市生态移民助学工程，继续加大对民族教育贫困生的资助力度，累计发放生态移民助学金13.6万元、农村牧区扶困助学资金18万元。做好落实自治区"两免一补"制度工作，43万元专项资金全部到位。选送的8所学校全部通过全盟学校管理年拉练式评比验收，第六中学和蒙古中学顺利通过全盟普通高中综合评估，学校体育、文艺、卫生工作"33211"工程顺利通过自治区检查验收，被评为优秀。农管局中学、第八小学两项工程主体已完工，第五小学、第九小学和第一中学教学楼工程已被自治区列入国债项目。

【文化】 做好民间艺术遗产保护工作，提高贝子庙历史陈列、蒙古族文物展览的文化内涵，翻译出版《蒙古学问寺》，大力挖掘民族文化内涵，全力打造草原文化品牌，推动民族经济全面协调发展。全面实施基层群众文化"433321"工程。市乌兰牧骑选送的群舞节目荣获全盟专业文艺团体舞蹈比赛创作奖、表演奖、新人奖等6个奖项。在全盟社区曲艺小品大奖赛中，锡林浩特市推选的10个节目中有6个获得奖项，市文化馆荣获优秀组织奖。

【卫生】 重点改善牧区医疗卫生条件，继续完善新型牧区合作医疗制度，建立起具有预防保健和基本医疗功能的牧区卫生服务体系。加大传染病的监测防治力度，布病、碘缺乏症等地方病得到有效控制。组织开展"红十字爱心救助超市"和"健康之路内蒙古行"活动，顺利完成上消化道普查工作。严厉打击无证非法行医行为。

【计划生育】 全年人口出生率8.17‰，计划生育率99.41%，综合节育率93%。

【社会保障】 全年共发放低保金791.67万元，做到动态管理下的"应保尽保"。2004 年,全市机关事业单位养老保险参统职工4 793人,企业养老保险参统职工1 567人,续保人员、私营企业和个体工商户参统3 325人,按时足额发放养老金3 263万元,全部实现社会化发放。做好失业保险的扩面征缴工作,失业保险参统5 497人,扩面 400 人,征缴失业保险费 117 万元。基本医疗保险参统职工6 883人,基金总收入488 万元;大病互济医疗保险参统6 782人。启动工伤保险,参统1 514人;出台《锡林浩特市职工生育保险实施细则(试行)》,生育保险正在启动中。

【再就业】 为6 366人核发再就业优惠证,使1 800名下岗失业人员享受社保补贴,300 名下岗失业人员享受公益性岗位补贴。协调有关部门为下岗失业人员实现再就业减免工商管理费、税费、办证费、体检费、鉴证费等 210 万元,并发放小额担保贷款 100 万元。全年共免费培训各类失业人员1 282人,培训牧区转移剩余劳动力1 078人。新建再就业基地 4 个,安置城镇失业人员 402 人;新建社区就业实体 35 个,安置城镇失业人员 110 人;劳务输出 410 人;重点工业项目安置失业人员 327 人;公益型岗位安置"4050"人员 35 人;实现再就业 23 人;扶持下岗失业人员自谋职业 847 人;通过个体私营企业安置下岗失业人员1 219人。全年共征集开发就业岗位3 281个,安置城镇各类失业人员2 952人,其中下岗失业人员1 429人,城镇登记失业率控制在4.8%以内。

(吴志诚 乌达巴拉)

二连浩特市

【领导名录】

市委书记:宋喜德

副 书 记:陈和平(蒙古族)

包丽玲(女 蒙古族 10 月离任)

岩 毅(蒙古族)

方建平

郑宜平(10 月任职)

淮庆立

张业清(2 月任职)

人大主任:白景云(蒙古族 1 月离任)

姚泽民(1 月任职)

副 主 任:邢素林(1 月离任)

雒雅林(1 月任职)

李红军

赵玉英(女)

舍 登(蒙古族)

王建利(1 月任职)

任爱民(女 1 月任职)

市 长:陈和平(蒙古族 1 月任职)

副 市 长:田 永

郭锦铭(10 月离任)

周金桩(蒙古族 1 ~ 7 月任职)

刘海斌(10 月任职)

刘世生(1 月任职)

包海琨(蒙古族 1 月任职)

张月霞(女 1 月任职)

乔卫国(10 月任职)

政协主席:乌云毕力格(蒙古族)

副 主 席:高 娃(女 蒙古族 1 月离任)

乌力吉(蒙古族 1 月离任)

刘世生(1 月离任)

邢素林(1 月任职)

白淑芳(女 蒙古族 1 月任职)

张如全

乌・图雅(女 蒙古族 1 月任职)

王金星(1 月任职)

武装部长:尹继明

政 委:李 明

【概况】 二连浩特市在锡林浩特市西,位于内蒙古锡林郭勒盟西部,北纬43°22′~43°45′,东经111°53′~112°14′。北与蒙古国扎门乌德县隔界相望,东邻苏尼特左旗,西、南与苏尼特右旗相邻。总面积4 015.1平方公里,其中城区面积 16 平方公里,二连浩特市是中国通往蒙古国、俄罗斯联邦、东欧的重要交通枢纽(国际铁路联运干线经过二连浩特市)。二连浩特市有 3 个街道办事处,辖 14 个居民委员会和赛乌素科技园区,格日勒敖都苏木辖 4 个嘎查、1 个生态移民区。总人口60 558人,其中暂住人口37 509人,户籍人口23 049人。在户籍人口中男11 896人、女11 153人,汉族16 961人,蒙古族5 730人,其它少数民族 358人。人口密度为 15 人/平方公里。

2004 年全市地区生产总值完成120 395万元,同比增长30.2%;其中第一产业完成1 180万元,增长48.1%;第二产业增加值27 374万元,增长23.9%;第三产业增加值91 841万元,增长32.1%;财政收入完成16 044万元,增长24.54%;其中地方财政收入完成12 860万元,增长49.80%;人均地区生产总值21 100元,增长40.6%。

【商业】 坚持"在边字上做文章,在开发上下功夫,在内联上求发展"和扶、优、放、让,鼓励支持发展个体私营经济,第三产业在口岸经济中唱主角，发挥了经济增长的主渠道作用。2004年，登记注册的个体工商户和私营企业3 974户，从业人10 820人，注册资金26 219万元。批发零售业贸易额46 046万元，增长15.54%；餐饮业零售额10 016万元，增长42.74%。

【工业】 利用口岸"两个市场、两种资源"优势，工业增加值完成5 156万元，增长45.6%；工业总产值完成12 810万元，增长54.6%；经济效益综合指数136.3%；供水量193万吨，供电量6 589万千瓦时，增长8.46%，二连—赛汉110千伏二回输电线路已竣工使用，城区输电线路入地6公里。

【农牧林业】 全市草地面积577万亩，可利用草场432万亩。牲畜44 964头（只）。全面启动京津风沙源治理工程，当年治理沙漠面积63 787公顷。

【固定资产投资】 重点加强口岸基础设施建设，全年开工建设项目41项，全社会固定资产投资总额完成79 954万元，增长57.21%；全年完成建筑业63 480万元，增长19.6%，新增竣工面积9万平方米。

【城市建设】 新增排污管线7.5公里，新建改造道路14公里近19万平方米。硬化地面2.6万平方米，全市集中供热面积达40万平方米，为市民提供液化气500吨。完成全区城市环境综合整治定量考核工作，对建筑工程进行"一控双达标"复查。

【金融 保险】 金融业运行稳定，存贷款结构得到调整优化，各项存款余额114 941万元，增长19.00%；居民储蓄存款余额82 358万元，增长14.46%；各项贷款余额32 667万元，同比下降0.77%；现金总收入1 696 821万元，现金总支出1 706 767万元。全年，累计完成保险费1 541万元，比上年增长14.5%，保险业赔付386万元，增长17.6%。

【交通 邮电】 投资1.5亿元的二连浩特市—满都拉图镇3级公路顺利通车，208国道二连—赛汉段一级公路工程开工建设。全市各种运输方式完成公路货物周转量42 322 250万吨/公里。货物运输总量304 090万吨；各种运输方式完成公路旅客周转量39 328 750万人/公里。旅客运输量达到311 074万人（次）。

市话容量达到25 294门。全市邮电业务额完成261万元，电话普及率达45部/百人，年末移动用户达到18 000户。

【外贸旅游】 全面实施"大通关"工程，口岸联检、联运部门实现"一站式办公"，"一条龙服务"和"统一收费"，为建设向北开放的经贸大通道奠定了基础，在不断拓展蒙古国市场的同时，成功地进入俄罗斯及东欧国际市场。对外贸易进出口总额完成155 386万美元，增长63.4%；进出口货物总量完成656.42万吨，增长35.3%；海关两税征收16.37亿元，增长94.6%。

旅游业是二连浩特市四大支柱产业之一，全年共接待国内外旅游、访问、从事商务考察及其他有关活动人员56万人（次），旅游创汇11 033万美元。

【教育卫生】 投资3 800万元兴建高级中学。民族教育高中阶段升学率100%。总投资3 000多万元的中蒙国际友好医院开工建设，新建疾病控制中心、农区基层卫生院、中心血库、传染病区。健全完善卫生监督体系、疾病预防控制体系和医疗救治体系，实施综合性防治措施，群众就医用药和饮食安全得到保障。

【计划生育】 全市人口出生率9.08‰，人口自然增长率7.8‰，计划生育率98%，人口素质明显增强。完成高龄妇女个案信息管理系统建设，人口和计划生育管理实现规范化、科学化、正规化。

【文化】 成功举办"全国首届沿边开放城市经济发展论坛"，编辑出版《中国沿边开放城市发展研究》（一、二辑）。确立"开放、文明、诚信、友好"的二连精神，创作市歌《美丽的边城》。蒙古国国家民族歌舞团和俄罗斯人民扎巴注歌舞团应邀来二连演出，二连浩特市业余文艺演出团赴蒙古国乌兰巴托市罕乌拉区进行文化交流演出，促进中蒙文化交流。启动全市全民健身宣传月和广场文化活动，全年共举办大型文化活动12次，组织对外文化体育交流活动8次。深入开展"扫黄打非"集中整治专项斗争，加大网络管理和净化文化市场工作力度。二连浩特市文体局副局长吉木斯，获得蒙古国首次向外国人颁发的"蒙古国政府最高文化艺术奖"。

【广播电视】 投资50余万元更新改造广播电视设施，提高自办节目质量，巩固"村村通工程"和"西新工程"的建设成果，扩大广播电视覆盖面。全年播报新闻近2 000条，中央电视台采用二连浩特市新闻报道14条（篇），内蒙古电视台采用74条，锡林郭勒电视台采用71条，中央人民广播电台和中国国际广播电台采用42条，内蒙古人民广播电台采用65条，锡林郭勒人民广播电台采用140条。与中央电视台联合制作的《我最喜爱的西部名城—二连浩特》获中央电视台最佳采访奖。

【人民生活】 城镇居民人均可支配收入12 071元，增长27.72%，人均居住面积25.50平方米。社会消费品零售总额50 630万元，增长8.7%。人均消费性支出达8 212元，增长15.14%。

【社会保障再就业】 在3个街道办事处设立基层社会保障事务所,健全和完善社会保障体系。全年为企业和行政事业单位离退休人员发放养老金817万元,按时足额发放率和社会化发放率均达100%。基本医疗保险覆盖全市所有机关单位,覆盖人口4 497人,参保率100%。全年累计享受低保人数9 241人,发放低保金63.41万元,人均补差68.63元。

加大劳动保障监察力度,全年劳动争议案件立案6件,结案6件。立案调查拖欠农民工工资案件59起,追讨欠薪203.14万元。全年共完成培训城镇各类人员565人,安置失业人员231人,城镇登记失业率控制在2.69%。

(闫志勇 安世英 乌达巴拉)

阿巴嘎旗

【领导名录】

旗委书记:额尔登孟克(蒙古族)

副 书 记:斯琴毕力格(蒙古族)

白金昌(蒙古族)

通拉嘎(蒙古族)

任胜利(女)

人大主任:林 毅(蒙古族)

副 主 任:好特勒巴雅尔(蒙古族)

照日格图巴特尔(蒙古族 2月病故)

王淑云(女)

李力量(蒙古族 1月离任)

马爱民(女 蒙古族 1月任职)

旗 长:斯琴毕力格(蒙古族)

副 旗 长:钢呼雅嘎(蒙古族)

却金宁布(女 蒙古族)

王 玉

白文富(蒙古族)

额尔德尼(蒙古族)

郭世明

政协主席:乌兰哈达(蒙古族 1月离任)

李力量(蒙古族 1月任职)

副 主 席:呼日勒巴特尔(蒙古族)

萨仁苏和(蒙古族)

王岐瑞(1月任职)

武装部长:陈显辉

政 委:卢立群(2月离任)

丁 起(2月任职)

【概况】 阿巴嘎旗在锡林浩特市西位于锡林郭勒盟中北部,东邻东乌珠穆沁旗、锡林浩特市,西邻苏尼特左旗,南与正蓝旗相连,北与蒙古国接壤,边境线长175公里。全旗总面积27 495平方公里,其中草场面积26 985平方公里,占总面积的98.29%。阿巴嘎旗辖11个苏木,1个镇,71个嘎查;煤矿、林场、渔场各1处;总人口43 977人,其中牧业人口20 985人,占总人口的47.7%。有蒙古、汉、回、满、达斡尔、鄂温克、壮、藏等8个民族。

2004年,阿巴嘎旗实现地区生产总值58 905万元,较上年增长29.5%(按可比价计算)。其中:第一产业增加值24 268万元,增长10.0%;第二产业增加值17 262万元,增长116.0%;第三产业增加值17 375万元,增长16.0%,人均国内生产总值13 395元,增长33.0%。财政收入完成2 341万元,较上年增长100.9%,其中地方财政收入2 014万元,较上年增长119.8%。牧业年度牲畜总头数206.4万头(只),比上年同期减少3.1万头(只),下降1.5%,年末大小畜存栏110.8万头(只),同比减少4.8万头(只),下降4.2%。

【围封转移】 年内,在12个苏木镇的62个嘎查开展休、禁、轮牧工作,实施总面积3 562.3万亩,占全旗草场总面积的88%,其中休牧面积3 363.8万亩,占全旗草场总面积的83%;禁牧面积1 123.36万亩,占全旗草场总面积的2.9%;划区轮牧86.12万亩,占全旗草场总面积的2.1%。为休禁牧户调运投放颗粒饲料757万公斤,玉米351.68万公斤。生态移民工程采用集中安置的办法,在巴彦查干奶牛基地和灰腾河奶牛基地分别安置81户和59户。全旗现建有3处奶牛养殖基地和1处养殖场,存栏奶牛1 575头,日产鲜奶10.2吨。

继续实施京津风沙源治理工程。营林造林工程完成飞播造林2万亩,封山(沙)育林4万亩、荒山荒地造林2万亩、防护林建设1 000亩;水利工程完成水源井100眼、节水灌溉90处、小流域治理4 500亩;草地治理工程完成飞播牧草2万亩、围栏封育30万亩、基本草牧场种植1 000亩、人工种草1 000亩、暖棚建设2万平方米、购置饲草料加工机械200台(套)。

【畜牧业】 畜牧业总产值41 485万元,比上年增长25.5%;牧业年度牲畜良改比重78.7%,比上年同期高出7.7个百分点;出栏牲畜102.8万头(只);打储草2.73亿公斤;完成黄牛冷配8 018头;建立乌珠穆沁羊扩繁群30群,集中基础母羊9 000只;年内完成动物防疫1 128万头(只)次,投放灭鼠毒饵150吨,防治面积293万亩;签订"草畜平衡责任书"4 986份,承包草场面积2.5158万平方公里,人工草地4 180亩,高产饲料地10 465亩;新建10个牧区合作经济组织,辐射带动牧民1 070户3 740人。

【工业】 2004年,全旗工业企业实现工业增加值8 525万元,同比增长116.32%。主要工业产品产量：活畜加工36.41万头（只），生产原煤23万吨，矿泉水1 260吨，红砖2 922万块。启动德力格尔高载能工业基地和查干淖尔自备电厂两大项目。投入300万元，完成德力格尔高载能工业基地建设规划编制和“四通一平”基础设施建设。查干淖尔2×13.5万千瓦自备电厂已投资3 000万元。完成150平方公里的地震物探。

【财政 金融】 全旗财政总收入2 341万元，较上年增长100.9%。其中地方财政收入完成2 014万元，较上年增长119.8%。全社会固定资产投资完成42 012万元，同比增长210.8%。城镇居民人均可支配收入5 321元，比上年增加550元；牧民人均纯收入3 093元，比上年增加487元；居民消费价格指数102.6%，较上年增长2.6%。

2004年，全旗各项贷款余额13 650元，同比下降3.2%；各项存款余额30 142万元，同比增长13.8%。

【基础设施建设】 2004年，筹资5 070万元投入城镇建设，完成道路工程43 924万平方米；供水并网及管网延伸2 900米，排污管网延伸1 024米；绿化工程完成5 000平方米；建设4 218平方米休闲广场一处；集中供热工程完成扩容面积2.5万平方米；旧城区改造工程完成2 039平方米；新建住宅楼6 200平方米；开辟巴彦查干镇第二水源地，新打供水井6眼，日增供水能力2 400吨；继续改善苏木、嘎查交通状况，改建砂石路30公里，打通不通公路嘎查13个，共186公里；新建改建10千伏输变电线路63.6公里；通讯覆盖面进一步扩大，在4个苏木和玛尼图煤矿新开通了移动通讯，对两个移动通讯基站进行扩容改造。

【招商引资】 全年与20家企业签订开发协议，项目涉及高载能、煤炭、铁矿、煤电、旅游、房地产开发业等，引进国内（盟外）到位资金14 580万元，同比增长67.0%，其中，引进区外到位资金10 660万元，同比增长86.2%。

【科技】 强化科技推广和科普工作，全面推进科技体制改革和技术承包。全年签订有偿技术合同46份，合同金额148万元。大力推进全民素质工程，举办各类培训活动29期，培训11 364人（次），创建出5大类型19个学习型组织。

【教育】 继续深化教育改革，巩固“两基”成果。小学适龄儿童入学率100%，初中辍学生率控制在1.01%内，青壮年非文盲率为99.27%，制定出苏木学校布局调整规划，撤并苏木小学2所，教学点1个。

【文化】 2004年，全旗建设民族文化大旗工作取得初步成效，群众性文体活动蓬勃开展，文化系统人事制度改革试点工作顺利完成。

【卫生】 加强卫生防疫，建立突发公共卫生事件应急指挥部和旗疾病预防控制中心。开展牧区新型合作医疗试点工作。完善人口和计划生育目标管理责任制，年内人口出生率8.47‰。

【社保 再就业】 全面落实“两个确保”，机关事业单位、私营企业、个体工商户养老保险覆盖面、失业保险覆盖面均达到100%，基本医疗保险覆盖面99.5%，大病互济医疗保险覆盖面95%。年内，新纳入低保户55户102人；征集就业岗位882个，安置各类人员594人；新建再就业基地2个，社会就业实体10家，安置下岗失业人员110人。

【扶贫 开发】 认真组织实施“千村扶贫开发”工程，逐步加大贫困地区和贫困户的基础设施建设，增强贫困户脱贫致富的能力。年内400人实现脱贫，返贫率控制在9%以内；积极配合自治区直属机关帮扶工作，到位资金291.01万元。

（海延峰 乌达巴拉）

东乌珠穆沁旗

【领导名录】

旗委书记：乌力吉（蒙古族）
副 书 记：额尔登毕力格（蒙古族）
常　明（蒙古族 4月离任）
苏　鹏
那顺乌日图（蒙古族）
李福生（满族 5月任职）
人大主任：劳·特木勒（蒙古族 1月离任）
巴图孟克（蒙古族 1月任职）
副 主 任：哈　斯（女 蒙古族 2月离任）
巴图孟克（蒙古族 1月离任）
李秀河（回族 2月离任）
桑其尔（蒙古族）
巴图苏和（蒙古族）
宝力道（蒙古族 2月离任）
乌云格日勒（女 蒙古族 1月任职）
旗　　长：额尔登毕力格（蒙古族）
副 旗 长：巴雅吉胡（蒙古族）
朝克图巴特尔（蒙古族）
张志军（4月离任）

刘阿军(蒙古族 4月任职)
包·苏雅拉图(蒙古族)
王培红(女 蒙古族)
苏米雅(蒙古族 1月任职)
何继红(女 蒙古族 2月任职)
王立志(3月任职)
政协主席:东布日勒(蒙古族)
副 主 席:东日布(蒙古族)
德木其格(蒙古族)
乌云格日勒(女 蒙古族)
姜文英
付小军(1月任职)
武装部长:明 星(蒙古族 3月离任)
谢卫军(4月任职)

【概况】 东乌珠穆沁旗在锡林浩特市北,位于锡林郭勒盟东北部,东西长350公里,南北宽150公里,总面积47 306平方公里,为锡盟面积最大的旗,约占全盟总面积的五分之一。辖11个苏木、57个嘎查、3个镇、1个国营林场、15个居民区。乌里雅斯太镇是旗政府驻地。2004年全旗总户数16 288户,人口总数60 405人。其中蒙古族43 905人,汉族15 879人,其他少数民族621人,分别占人口总数72.68%,26.30%,1.02%。男性30 468人、占总人口50.44%,女性29 937人、占总人口49.56%。人口自然增长率7.38‰。

2004年,完成国内生产总值(现价)132 729万元,按可比价格计算同比增长29.2%,其中:第一产业增加值50 352万元,同比增长8.6%,第二产业增加值63 363万元,同比增长62.9%,第三产业增加值20 014万元,同比增长13.5%。财政总收入完成8 186万元,完成预算的88.4%,其中地方财政收入完成5 410万元,完成预算的81.67%。全旗社会固定资产投资64 359万元。牧民人均纯收入6 059元,同比增长8.0%,城镇居民可支配收入7 073元,同比增长17.86%。全旗社会零售价格总指数104.8%,城镇居民消费价格指数102.2%。

【畜牧业】 2004年牧业年度全旗牲畜总头数361.95万头(只),其中:大畜13.69万头,小畜348.26万只,继续保持全盟各旗县之首。比上年同期减少27万头(只),繁殖母畜193.8万头(只),比重53.5%,良种畜比重83.89%;繁殖仔畜147.6万头(只),成活仔畜137.5万头(只),繁殖成活率为85.7%,保畜率99.3%。新建畜棚635处8.37万平方米,畜圈575处23万平方米,维修畜棚565处5.93万平方米,维修畜圈575处9.58万平方米,草圈523处3.7万平方米,新建水井751眼,其中机电井82眼,筒井669眼,围栏草场185万亩。打储草料21 781万公斤,畜均贮草134.5公斤。至12月20日全旗牲畜出栏200.04万头(只),其中大畜3.87万头,小畜196.17万只。黄牛冷配完成5 775头,完成盟下达任务的192.5%,完成旗下达任务的82.5%。完成乌珠穆沁羊种公羊鉴定30 883只,乌珠穆沁白山羊种公羊鉴定8 490只。加强乌珠穆沁羊标准化畜群建设,新建乌珠穆沁羊核心群80个,共160 000只;新建乌珠穆沁羊扩繁群200个,总数达到60 000只,生产种公羊12 147只。建立乌珠穆沁白山羊核心群10群,共2 000只,建立乌珠穆沁白山羊扩繁群50群,共7 500只,生产后备种公羊2 000只。引进西门塔尔牛6 958头,完成了盟下达任务的248.5%,完成了旗下达任务的69.6%。

出县境检疫羊103.56万头(只),牛0.0186万头,马0.0761万匹,屠宰检疫70万(只),肉类127 000吨,消毒车辆1 300辆。成立牧区合作经济组织20个,入股草场5.6万亩,入股牲畜2万只,现金115.6万元。

【围封转移】 2004年,全旗围封转移计划实施面积4 365万亩,其中春季休牧任务4 290万亩,围栏轮牧504万亩,项目实施地块禁牧任务75万亩,乌里雅斯太镇基点工程新增防护林500亩,完成高产饲料地种植1.89万亩,完成计划任务1.5万亩的126%,其中完成灌溉高产饲料地种植1.234万亩。禁牧舍饲项目计划任务210万亩,实际实施面积270万亩,国家投放饲料粮1 149.75万公斤。

完成沙源治理建设规模40.48万亩,农田防护林0.2万亩,人工种草0.1万亩,飞播牧草1万亩,基本草牧场1万亩,围栏封育35.18万亩,饲料机械200套,修建暖棚2万平方米,水源工程20处,节水灌溉30处。

退耕还林项目计划任务为配套荒山荒地封育1万亩,工程实施地点为宝格达山林场。至年底,1万亩的配套荒山荒地封育任务全部完成,共补植兴安落叶松2 000亩,山杏苗2 000亩,补播山杏种子1 800亩,人工促进天然更新2 000亩。生态移民项目计划任务为自治区批复国家生态移民40户200人,灾后重建移民40户114人。

【草原生态建设】 2004年全旗草原生态建设共完成188.22万亩。青贮面积完成1.895万亩,青贮灌溉面积完成1.32万亩,新增灌溉面积0.48万亩。人工草地完成0.88万亩。推广草地增产适用技术:配套草库伦完成181处,0.91万亩。划区轮牧完成20处,浅耕翻完成1万亩;投放毒饵面积143万亩,控制鼠害面积180万亩。全旗出动防治人员5 860人(次),车辆350台(次),飞机防蝗面积57.75万亩,防治效果在92%以上。租调飞机2架,累计出动人员505人(次),车辆为228台(次),投入防蝗药品23.33吨。

【草原监理】 确定牧户承包经营草场面积158.5万亩,牧户244户,处理草场纠纷200件,涉及草场面积172万亩,牧户200户。签订草畜平衡责任书5 749份,签订率100%。

依据《草原法》及有关草原法规、政策,依法清理非牧民户194家,收回草场面积131.24万亩,清出牲畜10.3万头(只)。全年共查处非法转让草场案件12起,涉及面积8.87万亩,结案11件;处理各类草场承包权属纠纷200件,涉及草场面积172万亩,结案200件;非法开垦草原案件3起,涉及草场面积0.04万亩,结案3件;非法乱采、滥挖野生植物案件60起,涉及草场面积60万亩,结案60件;查处滥牧、抢牧违规案件26件,涉及草场面积20万亩,结案26件;非法临时作业勘探案件1件,涉及草场0.5万亩,结案1件;其它案件1 180起,涉及草场面积1 622万亩,结案180件;全年共查草原各类违法案件1 482起,涉及草场423.41万亩,结案1 480件。

【工业】 2004年工业完成增加值46 233万元,同比增长56%。全部工业实现现价工业总产值85 927万元,同比增长41%。矿产品采选加工业完成现价产值31 957万元,同比增长79%;肉食品加工业完成现价产值22 038万元,同比增长32%;煤炭电力业完成现价产值7 104万元,同比增长63%;造纸业完成现价产值14 913万元,同比增长30%。四大支柱产业合计拉动全旗工业增长43个百分点。按照全旗工业重点项目建设规划,筛选确定了35个工业重点项目。建成投产的项目中有5个续建项目,分别是天贺矿业有限公司400吨/日选厂技改、高产奶牛小区、伊通奶牛基地、伊通饲料加工厂、年产25万吨宝力格油田开发;有2个2004年新开工项目,分别是小坝梁联合金铜矿冰铜冶炼厂二期工程(生产规模为160吨/日)、盐场真空制盐项目。新开工建设的工业重点项目有3个:查干敖包1 000吨/日选厂、乌尼特煤矿4万吨/年露天开采、博日都饲料加工厂。续建的工业重点项目有3个:电力有限责任公司2×1.5万千瓦热电联产、钨矿竖井技术改造、英达饲料加工厂。前期工作有一定进展的项目12个,重点培育的储备项目10个。

全旗全年完成工业固定资产投资23 991万元(不包括热电联产16 050万元),完成计划任务31 680万元的76%,同比增长137%。新建2个冷库,全旗肉食品加工企业达到19户,冷藏能力达到4 500吨,日速冻能力450吨。

【外贸】 2004年珠恩嘎达布其口岸季节性开关4次,累计80天。口岸进出口货物共43 535吨,同比增长126%,其中进口货物37 332.6吨,同比增长108%,出口货物6 202.4吨,同比增长376%。完成进出口贸易总额为9 914.9万元,同比增长254%,其中进口贸易额7 916.9万元,同比增长230%,出口贸易额1 998万元,同比增长400%。出入境人员18 854人(次),同比增长98%,其中入境9 323人(次),同比增长95%,出境9 531人(次),同比增长101%。出入境交通运输工具共6 768辆,同比增长95%,其中入境3 338辆,同比增长91%,出境3 430辆,同比增长96%。

【邮政】 2004年度邮政业务收入完成140.32万元,为年计划的102.5%。至年底,邮政储蓄余额3 063万元,比上年纯增431万元,增长16.37%,市场占有率为10%,网点纯增占有率11.4%。代发工资储户360户,代发工资月均余额35万元;代办移动放号185部,代理中国网通销售201卡收入622万,代办电信业务收入0.57万元。新业务收入累计达到5万余元。

【财政】 2004年全旗财政总收入累计完成8 186万元,比上年同期增加3 841万元,增长88.40%;财政总支出累计完成17 234万元,比上年同期增加6 293万元,增长57.52%。地方财政收入完成5 410万元,比上年同期增加2 432万元,增长81.67%。一般预算收入累计入库3 920万元,比上年同期增加1 487万元,增长61.05%。

基金预算收入累计完成1 487万元,完成年度基金预算的268.90%,比上年同期增长174.36%。上划中央税收累计完成2 776万元,完成年度上划任务的131.76%,比上年同期增加1 409万元,增长103.07%。地方财政总支出累计完成17 234万元,比上年同期增加6 293万元,增长57.52%。抗震救灾期间共拨付抗震救灾专项资金1 110万元。

【教育】 全旗中小学重建维修加固校舍29 016平方米、投资1 047万元,新建校舍10 603平方米,修缮校舍4 688平方米,撤销4所苏木小学(宝拉格、额仁高毕、翁根、乌拉盖,共有61名教职工,学生559人)。蒙语授课教学成绩大幅度提高,高考升学率由上年的56.3%提高到82%;全旗初中毕业升学率68.7%。有10名蒙授小学教师参加自治区新课程教学比赛,其中2人获一等奖,5人获二等奖。

高中教师学历合格率95%、初中教师学历合格率99.37%、小学教师学历合格率100%,初中教师具有本科学历的占45.71%,小学教师具有专科学历为49.58%。年内全旗教师踊跃参加各级的优质课比赛、教学能手比赛、基本功大赛等活动,共有40人获得盟级奖励、13人获自治区级奖励、27人获国家级奖励。

完成现代远程教育工程试点示范项目,安装调试收视点校二所,播放点校15所;为7所学校接入选程教育宽带网;远程教育信息技术培训29人;全旗电教及信息教育教师积极参与各种活动,获自治区级、盟级各类奖项30余人(次)。

2004年上级拨付"两免一补"资金63万元,按照计划分配至各校。

【科技】 至10月底,完成科技培训12 773人(次),共发放培训材料7 600份,技术系列光盘85张。由国家科技部立项,西班牙政府无偿援助价值100万欧元的西班牙太阳能光伏发电系统设备,于4月23日完成了一期示范7套系统的安装,5月16日至17日,接受西班牙政府代表及项目经理和中方科技部项目经理以及自治区科技厅、锡盟科技局项目管理人员的检查验收,同时确定二期安装推广57套系统的任务。10月30日,57套光伏发电机组全部安装完毕,项目涉及9个苏木镇64户。

全年发放科普宣传材料7 000余份;自办电视科普讲座17期,制作和购进科普录像带、光盘100余套;组织科技下乡1 400多人(次),送科普图书7 000余册,发展和建立科普协(学)会16个。

【文化】 3月20日东乌旗参加全盟“鑫泰杯”首届民族民间手工艺大展赛及蒙古族服饰设计大赛,获得优秀组织三等奖和服饰表演三等奖,参展的32件乌珠穆沁传统服饰有6件获奖。5月28日~6月12日,东乌旗旗委宣传部、教育局、团委等单位联合举办首届中小学生艺术节,艺术节内容包括书法、绘画、摄影、小科技制作、篆刻等5项比赛,同时举办歌、舞、器乐比赛,参赛节目42个,演员283人,观众1 000余人。7月举办全旗乌珠穆沁服饰、雕刻、刺绣、手工艺精品大型展览和全旗“马背情”乌珠穆沁服饰设计展演大赛活动,来自12个苏木2个镇的178件参展作品,17个代表队参加了比赛。对外文化交流蓬勃发展,4月20日乌兰牧骑在蒙古国演出后,蒙古国文化卫生访问团于7月16日到东乌旗进行友好访问演出。

【卫生】 全旗有卫生医疗单位20家,其中旗卫生医疗单位4家,苏木镇(场)卫生院16家。拥有病床185张,其中旗直医疗单位115张,苏木镇卫生院70张,现有在职卫生工作者351名,其中卫生专业技术人员287名,占81.8%,卫生专业技术人员中高级专业技术人员12名,中级专业技术人员83名。乌里雅斯太镇内有个体诊所4家。全年门诊154 157人(次),住院2 629人(次),业务收入4 941 141.56万元。

3·24地震后,共派出医疗救护队10支、50人(次),为受灾群众诊疗386人(次),发放药品价值1.31万元;派出防疫队21支、97人(次),出动车辆36台(辆),发放宣传材料3 833份,发放饮水消毒片1万片,抽检水样412份,保证灾区牧民喝上了洁净水,开展灾区食品卫生监督检查,确保灾后不发生疫情。

5月1日正式启动世行贷款英国赠款结核病控制项目,各项工作进展顺利,共接诊306人(次),确诊、治疗肺结核病人132人,其中具有传染性的患者为73人,共治愈传染性患者11人。

【体育】 6月8日在山东举办的全国中国式摔跤比赛中东乌旗选手获得了2金、2银、3铜的好成绩。10月10日,在呼市举办的全区第二届残疾人运动会上东乌珠穆沁旗选派的5名残疾运动员取得3金、1铜的好成绩。10月18日至24日在江西省宜春市举办的全国第五届农民运动会上,代表自治区参加的东乌旗运动员巴雅尔巴特和赛音白雅尔分别获得中国式摔跤男子90公斤级项目的冠亚军,呼巴特尔、白音巴图和巴根那分别摘取中国式摔跤52、62、100公斤以上级银牌,巴图苏和获得中国式摔跤100公斤级和搏克项目两项铜牌。

【社会保障】 2004年,争取上级养老保险专项转移支付资金52万元。累计支付养老金1 643万元、失业保险金3 050元。至11月底,全旗基本养老保险参统4 810人,其中个体工商户及续保人员1 275人,累计支付养老金1 643万元。全旗基本医疗保险参统4 743人。

全年征集盟内就业岗位1 200个,安置城镇各类人员870人,其中:下岗失业人员490人。新建再就业基地2个,安置下岗失业人员155人。创办社区服务实体15个,安置下岗失业人员30人。城镇登记失业率控制在4.2%以内。至年底,失业保险参统人数2 752人。

【城镇建设】 乌珠穆沁广场工程总占地面积58 000平方米,总投资1 025万元。投资544万元对第一小学实施整体搬迁,投资320万元完成乌镇小学扩建工程,投资1 525万元实施了综合高中一期工程;续建排污工程,排污工程5月份开工建设,投入100万元,9月竣工投入使用。主要街道排污管网入户率达50%。吸纳社会资金,以招商引资方式兴建小商品批发市场,总投资700万元,完成投资550万元;启动三星级宾馆建设工程,计划于2005年投入使用;8月16日启动降氟给水工程,总投资1 380万元。新建、扩建、改建工程30处,总投资金额1亿元,建筑面积151 022平方米。完成村镇建设用地规划审批27宗,土地使用面积5 872平方米,建筑面积3 746平方米。“3·24”地震造成乌镇部分供水主管网及分支管网崩裂,新铺设主管网592米,分支管网1 090米。

(拉·巴图孟克 苏和 达古拉 齐迎春)

西乌珠穆沁旗

【领导名录】

旗委书记:海　明(蒙古族)

副 书 记:朝鲁门(蒙古族)

池凤喜

贺希格布仁(蒙古族)

人大主任:嘎毕雅图(蒙古族 1月离任)

孟　克(蒙古族 1月任职)

副 主 任:李东振

塔木吉德(蒙古族)

赛音吉雅(蒙古族 1月离任)

朝　高(蒙古族)

那　仁(女 蒙古族 1月任职)

旗　　长:朝鲁门(蒙古族)

副 旗 长:杨立宇

巴　图(蒙古族)

乌日图那顺(蒙古族)

达林太(蒙古族 1月任职)

额日登孟克(蒙古族)

萨仁其木格(女 蒙古族)

政协主席:苏德那木道尔吉(蒙古族 1月离任)

赛音吉雅(蒙古族 1月任职)

副 主 席:达西尼玛(蒙古族 1月离任)

殷占宝

那　顺(蒙古族 1月离任)

白音吉日嘎拉(蒙古族 1月离任)

乌日图(蒙古族 1月任职)

青格勒图(蒙古族 1月任职)

武装部长:高颖慧

政　　委:赵国民

【概况】 西乌珠穆沁旗在锡林浩特市东北,位于锡林郭勒盟东部,北纬43°57′~45°23′,东经116°21′~119°31′。东西长250公里,南北宽145公里,总面积22 434.5平方公里,东南与赤峰市、通辽市相连,西接锡林浩特市,北邻东乌珠穆沁旗。全旗可利用草场面积为19 687平方公里。森林面积34 644公顷,森林覆盖率为2.05%,淡水总面积1 333公顷,耕地面积4 580公顷,沙化退化草场面积480万亩,占全旗总面积的14.1%,嘎亥额勒苏沙地自西向东横穿旗中部。现辖12个苏木,3个镇,1个林业总场,1个国营牧场,84个嘎查,11个分场,12个居委会。2004年总人口72 588人(20 018户),其中牧业人口35 172人(8 835户),分别占总人口和总户数的48.45%和44.13%。全旗有蒙古、回、达斡尔、满、朝鲜、鄂伦春等少数民族,其中蒙古族49 797人,占总人口的68.60%。

2004年,全旗完成国内生产总值110 118万元(现价按可比口径计算),比上年增长26.7%,其中第一产业增加值完成43 166万元,增长7.7%。第二产业增加值38 178万元,增长90.6%,其中工业增长1.78亿元,增长50.9%,固定资产7.48亿元,增长221%。第三产业增加值28 774万元,增长14.7%。三个产业比为39: 34.7: 26.1,全年社会消费品零售总额40 090万元,增长17.5%。财政收入6 652万元,增长99.7%,其中地方财政收入5 038万元,增长101.4%,城镇居民人均可支配收入为6 056元,增长16.3%。牧民人均可支配的收入3 656元,增长8.4%。全年引进项目48项,其中投资规模在1 000万元以上的项目23项;全年招商引资6.01亿元,同比增长638.1%。2004年度西乌珠穆沁旗在全盟各项工作评比中获得了一个"一等奖"(财政收入工作先进地区),两个"二等奖"(招商引资和工业经济工作先进地区)以及固定资产投资成绩特别突出奖和计划生育工作突出奖。

【财政】 财政总收入完成7 582万元(剔除社会基金收入930万元),实际完成6 654万元,较上年增加2 462万元,增长70.22%;完成年初预算的163.61%,同期增长104.8%。基本预算收入完成3 023万元,完成年初预算的254.25%,比上年同期增收955万元,增加46.41%。上划中央两税收入完成1 614万元,完成预算的137.36%,比上年同期增收784万元,增长94.46%。财政总支出完成18 743万元,完成年初预算的14.14%,比上年同期增长6 657万元,增长55.08%。基金支出完成2 797万元,完成预算的92.55%,比上年同期增长719万元,增加34.60%。

【畜牧业】 2004年度大小畜总头数299.8万头(只),其中大畜15.23万头,小畜284.6万只。年度总增数为115.7万头(只),总增率为34.97%,年内成活仔畜118.6万头(只),繁成率达91.46%,保畜率为99.04%,牧业年度母畜比重达50.78%,良改比重达78.02%,2004年度共出栏1 834 930头(只),其中大畜出栏39 610头,小畜出栏1 795 320只。

【林业】 全旗完成人工造林3 020亩,飞播造林4.9亩,育苗310亩。完成义务植树6.5万株,成活95.4%万株,四旁植树5.7万株。完成绿色通道6公里。秋季造林2 100亩,完成沙障设置累计925亩,封育区平茬累计完成复壮6 613亩,人工造林、飞播造林、封沙育林完成44 108万亩。全旗森林病虫鼠害防治面积5.12万亩,检疫率100%,监测覆盖率88%。

【水利】 2004年度农田草牧场水利基本建设共完成水源开发工程48处,新增灌溉面积1.021万亩,全部实现节水灌溉,新建高力罕移民区管道供水工程1处,解决0.16万人、牲畜5.2万头(只)的饮水困难,共完成水源开发工程20处,安装节水灌溉工程20处,埋设喷灌管道4 660米,实现节水灌溉面积2 016亩。

【草原生态建设】 2004年,完成草原建设187.5万亩,其中人工草地建设任务2.5万亩(多年生牧草任务0.8万亩,一年生牧草1.7万亩),实际完成2.01万亩,草地围栏建设完成182万亩,其中飞播牧草3万亩,饲用灌木2万亩,配套草库伦180处,青贮饲料7 000万公斤。全年划区轮牧总面积30万亩。春季休牧面积2 809万亩,是可利用草场的90%。生态移民投资400万元,搬迁160户800人,易地搬迁移民工程国家投资200万元,搬迁80户444人。其中农业开发办高产饲料基地500亩,改良草场1万亩,划区轮牧6万亩,棚圈2 000平方米,青贮窖2 000平方米,羊胚胎移殖500只。投入资金214万元,年内农项目区提增干草300万公斤,青贮饲料600万公斤,亩产达到3 000公斤以上。

【交通 邮电】 省际公路—S204线乌—巴段(乌里雅斯太至巴彦乌拉镇)于2004年7月底完工,西乌旗境内投资4 552.4万元,路基8.5公里,路面宽6米。省际公路—S307线巴彦乌拉镇至白音华煤矿黑色路建设工程2004年9月动工。全年养护苏木(乡)公路7条、养护工程262.8公里。养护投资33.3万元,县道养护综合值为75.1,修复地震损毁桥4座。完成货运量6.3万吨,货运周转量77.63公里,完成客运量1.24万人,客运周转量135.85公里。

全旗邮政业务收入完成110.34万元,业务总量完成125万元。至年底,通信业务收入完成1 054万元,比上年增长316.33%,净增148万元。全年小灵通放号完成2 761部;ADSL宽带放号累计完成915部;固定电话放号为负增长,拆机较多。

【科技】 培训农牧民8 010人(次),完成年度计划的100.13%。评审综合技术人员260人,发放绿色证书260本。

【教育】 2004年,全旗小学适龄入学率100%,适龄少年入学率100%,残疾儿童、少年入学率79.4%,小学辍学率为0、初中辍学率1.2%,15周岁人口初等教育完成率99.86%,17周岁人口初级中学教育率97.91%,15周岁人口文盲率为0,2004年高中招生数达到299名,完成年度招生任务。共扫除青壮年文盲13人,巩固提高53人,全旗非文盲率99.21%,小学专任教师学历合格率为99%,初中专任教师学历合格率94.4%。

【文化】 西乌旗著名歌手巴图苏和参加蒙古国举行的长调歌曲比赛获得金奖,6月在全区蒙语歌曲电视大赛中获得专业组优秀奖,7月获得内蒙古草原文化艺术节研究发展促进会颁发的荣誉证书。10月1日,西乌旗舞蹈选手参加全国"成吉思汗"杯蒙古舞蹈大赛获优秀奖。8月,呼都特参加中国第二届南北民歌擂台赛获得"歌王奖"和"最佳歌手奖"。2004年,西乌旗共创作文艺作品28个,其中舞蹈《挤奶员》参加全盟"三独汇演"获创作二等奖等多个奖项。

全年专业文艺演出团共演出126场,观众96 800人(次),其中城镇演出60场,行程3 800公里,下乡演出66场,行程2 760公里。7月,举办《情系乌珠穆沁》艺术展,共展出作品400幅。

【体育】 7月28日至8月1日,举办蒙古搏克历史上参加人数最多的"2048"创吉尼斯世界纪录搏克大赛(即参赛选手2 048名),同时举办128名女子搏克赛、128名儿童搏克赛、30公里速度赛马、128名国际象棋比赛。4月28日,庆祝都荣扎那摔跤馆成立一周年,举办了一次蒙古式、中国式摔跤比赛。

6月7日至12日"马清宗"杯全国中国式摔跤、蒙古式摔跤比赛在山东济南举行,西乌旗22名摔跤手参加比赛,获得了5枚金牌、2枚银牌、1枚铜牌;9月12日,8名选手参加在锡盟举办的首届"乃登杯"中国式摔跤48公斤级公开赛,获得了2枚金牌,1枚铜牌,其他选手均获得前八名的好成绩;10月在全国中国式摔跤邀请赛暨全国挠羊大赛、第二届中国忻州跤王争霸赛上获得了3金、2银、2铜牌,乌云巴图获得跤王称号,全队获得体育道德风尚奖,那顺吉日嘎拉被评为精神文明运动员。10月全国第五届农运会上西乌旗摔跤选手获得2枚金牌、2枚根牌、2枚铜牌;11月2至8日,在上海举行的2004"建桥杯"全国中国式摔跤冠军赛中获得4枚金牌,2枚银牌,1枚铜牌,1名运动员被评为"运动健将"。2月1日至2月4日,在哈尔滨举行的全国少年儿童国际象棋赛中西乌旗棋手12岁小姑娘阿拉腾花获得女子组第三名,5月2日至6日在呼市举行的第18届内蒙古自治区国际象棋个人赛中阿·钢苏和获得成人组冠军,萨其日拉图获得第5名,阿拉腾花获得第6名。10月3日,在内蒙古自治区"棋协杯"中国象棋、蒙古象棋比赛上夺得团体冠军,阿拉腾花夺得蒙古象棋个人冠军。11月13日,阿拉腾花参加在希腊举行的世界青少年国际象棋冠军赛获得第5名。

(常喜 齐迎春)

苏尼特左旗

【领导名录】

旗委书记:苏　龙(蒙古族)
副 书 记:图门额(蒙古族)
　　　　黄俊钰
　　　　宝日夫(蒙古族)
　　　　哈斯朝鲁(蒙古族)
　　　　韦占飞(7月任职)
人大主任:斯日敖德(蒙古族)
副 主 任:张占文

查干朝鲁(1月离任)
额尔登巴特尔(蒙古族)
哈斯敖其尔(蒙古族 1月离任)
包满全(蒙古族 1月离任)
张世华(1月任职)
额尔敦陶格陶(蒙古族 1月任职)
旗　　长:图门额(蒙古族)
副 旗 长:陈公学
阿拉坦苏和(蒙古族 1月离任)
朝鲁门(女 蒙古族)
宝　庆(蒙古族)
好毕斯哈拉图(蒙古族 1月任职)
那顺格日勒(蒙古族 1月任职)
谢遵国(10月任职)
政协主席:孟　赫(蒙古族)
副 主 席:阿拉腾苏和(蒙古族 1月任职)
达力玛(女 蒙古族)
杨松国(1月离任)
达　瓦(蒙古族)
彭志华(1月任职)
武装部长:迟建增
政　　委:张思东

【概况】 苏尼特左旗位于锡林郭勒盟西北部,南与苏尼特右旗、镶黄旗、正镶白旗、正蓝旗交界,东接阿巴嘎旗,西北与蒙古国接壤。边境线长316公里,南北长340公里,东西宽100公里。总面积34.252平方公里,草场面积33.792平方公里。2004年末,全旗人口为34 108人,其中汉族13 901人,少数民族20 207人,非牧区人口14 661人,牧区人口19 447人。辖2个镇、9个苏木、1个灌区、49个嘎查。旗政府所在地满都拉图镇。

2004年,全旗地区生产总值完成53 186万元,增长26.4%,其中第一生产增加值完成17 583万元,增长5.7%;第二生产增加值完成20 886万元,增长57.4%;第三生产增加值完成14 717万元,增长129.7%。财政收入完成1 420万元,增长45.5%,其中地方财政收入完成994万元,增长41.4%。城镇居民人均可支配收入完成4 611元,增长7.1%;牧民人均纯收入完成2 015元,增长8.6%。社会消费品零售总额13 417万元,增长30.7%。招商引资完成盟外资金13 040万元。

【畜牧业】 2004年,苏尼特左旗牧业年度牲畜155 591头(只),其中牛63 784头,占牲畜总数的4.2%,比上年增加10 289头,增长幅度19.2%;马10 494匹,占牲畜总头数的2.7%,比上年减少920匹,下降幅度0.8%;骆驼1 662峰,占牲畜总头数的0.1%,比上年减少1 124峰,下降幅度为0.6%;绵羊915 531只,占牲畜总头数的60%,比上年增加85 080只,增长幅度为10.2%;山羊533 816只,占牲畜总头数的38%,比上年减少27 365只,下降幅度为48%。

全旗季节性休牧面积达5 007万亩,常年禁牧面积308万亩,划区轮牧面积38.2万亩;全旗围栏草场面积2 198万亩。现有普通棚3 883处,19.4万平方米,畜圈42 162处,标准化暖棚1 240处,9.92万平方米,机井324眼,筒井3 630眼,塑料管井532眼;永久性青贮窖1 247处,药浴池505处。

【水利 林业】 全旗共完成水源工程136处,其中完成供水基本井16眼,大口井105眼,小机电井15眼,机泵配套136台(套)。新增节水灌溉面积1万亩,完成灌溉草库仑200处。解决3.6万人,5.8万头(只)牲畜的缺水问题,完成人工造林700亩,完成飞播造林2万亩,完成封沙育林5万亩。

【城镇建设】 满都拉图镇内完成道路7条,总长5 254米,总面积49 333平方米,投资512.2万元。贝勒镇修建路长1 446米、宽18米,面积26 028平方米,投资351.4万元。满都拉图镇改造路灯160盏,新安装路灯59盏,贝勒镇安装路灯60盏,总投资20.2万元。2004年完成基础设施改造总投资2 039.2万元。

【财政金融】 全旗财政总收入1 200万元,其中财政收入70万元。城镇居民储蓄存款余额17 691万元,各项贷款14 466万元。城镇居民人均可支配收入4 306元,职工工资年均收入1 856元。

【交通邮电】 2004年,全旗社会货运量23万吨,货运周转量完成3 422万吨,全社会客运量完成225万人。

邮电业务总量1 200万元,住宅电话2 545部,牧区电话用户2 900部,移动电话用户70 005部。

【旅游】 在自治区、盟旅游部门的协助下,由内蒙古民族文化研究中心,内蒙古财经学院旅游经济研究中心制定《苏尼特边境旅游区综合开发策划方案》和《内蒙古锡林郭勒盟二连浩特—苏尼特边境旅游区项目建议书》。旗边境旅游核心景点—宝德尔石林的三级油路建设开工。

【教育文化】 全旗中小学校10所,在校学生4 152人,毕业生581人。全年组织举办4期读书活动,安排指导牧民自办歌咏比赛4次,小型那达慕会36次。深入开展"科普之春"电影放映活动,共放26场(次)。

(恩克　乌达巴拉)

苏尼特右旗

【领导名录】

旗委书记:武国栋(蒙古族 10月离任)
副 书 记:巴根那(蒙古族)
宝德巴雅尔(蒙古族 1月离任)
董德福
青格勒(蒙古族)
额尔登宝勒(女 蒙古族 12月离任)
人大主任:锡 拉(蒙古族)
副 主 任:照日格图(蒙古族)
王和胜(1月任职)
苏耀乐图(蒙古族 1月任职)
春 光(女 蒙古族 1月任职)
旗 长:巴根那(蒙古族)
副 旗 长:邢文峰(蒙古族)
张龙云
邓 文
王哈斯(蒙古族)
孟凡靖(女 满族 1月任职)
布和巴特尔(蒙古族 1月任职)
政协主席:王斯钦(蒙古族 1月离任)
宝德巴雅尔(蒙古族 1月任职)
副 主 席:张 俊
达希道尔吉(蒙古族 1月任职)
金 花(女 蒙古族 1月任职)
孟克吉日嘎拉(蒙古族 1月离任)
根格宝(女 蒙古族 1月离任)
吴天禄(回族 1月离任)
武装部长:张献文
政 委:王晓东(3月离任)
张恩东(3月任职)

【概况】 苏尼特右旗在锡林浩特市西南端,位于北纬41°55′~43°47′,东经111°03′~114°16′。东与镶黄旗,西与四子王旗毗邻,南与乌兰察布市商都县、察右后旗接壤,北衔二连浩特市、苏尼特左旗与蒙古国交界。国境线长15.192公里,全旗总面积22 340平方公里。2004年,苏尼特右旗辖9个苏木、51个嘎查、4个镇、19个居民委员会、5个村民委员会,全旗总人口68 438人,其中男性34 839人,女性33 599人;牧业总人口19 604人,农业总人口10 535人。牧业年度牲畜存栏1 311 066头(只),地区生产总值9.891亿元,同比增长27%,其中第一产业增加值1.51亿元,增长11%;第二产业增加值5.51亿元,增长38%;第三产业增加值2.87亿元,增长16.6%。

【畜牧业】 牧业年度牲畜总头数1 311 066头(只),总增554 531头(只),总增率54.5%;纯增294 081头(只),纯增率28.9%。全旗种植青贮玉米2.258万亩,种植人工草地5.16万亩,建设围栏草场235万亩,打贮草11 968万公斤;建畜棚339处/33 540平米,建青贮窖530座;草原灭蝗365.26万亩;选育苏尼特羊3万只;从国外引进奶牛732头,存栏奶牛总数1 422头,日产奶5吨;引进优质肉牛233头,良种肉牛存栏4 000头。

【农业】 农区新民镇继续进行退耕还林,退耕400亩,荒山荒坡造林5 000亩,人工种草1万亩,进行小流域治理3 000亩,建设筒井8眼,发放退耕还林粮食直补资金12万元。种植面积1.6万公斤,其中马铃薯4 000亩,平均单产150公斤/亩,总产量60万公斤;种植青贮玉米2 500亩,平均单产2 600公斤/亩,总产量650万公斤;种油菜3 800亩,平均单产50公斤/亩,总产量19万公斤;种豌豆4 700亩,平均单产75公斤/亩,总产量35.25万公斤;种杂粮1 000亩,平均单产50公斤/亩,总产量5万公斤。

【工业】 全旗独立核算工业企业52户,其中规模以上企业15户。全年总产值9.891亿元,同比增长27%,其中第一产业总产值1.51亿元,同比增长11%;第二产业总产值5.51亿元,同比增长38.1%;第三产业总产值2.87亿元,同比增长166%。人均国内生产总值12 430元,同比增长16.6%。主要工业产品产量为黄金229千克,铁精粉17.55万吨,铁矿石102万吨,鲜冻肉3 663吨,白酒24.4吨,砖茶1 753万块,自来水生产43.5万吨,无毛绒产量90.5吨,硅铁产量2 930吨,硅锰合金3 000吨,硅钙产量832吨,电石生产8 680吨,硫化碱607吨,铜精粉1 317吨,生产小苏达10.47万吨,固碱2.7万吨,纯碱27.2万吨。年供电量16 104.4万千瓦时,同比增长7 504.3万千瓦时。

【林业】 全旗退耕造林4 000亩,荒山荒坡造林5 000亩,补植造林5万株;封沙育林3万亩,其中完成沙障1 500亩,人工补植造林(柠条、杨柴)0.34万亩;造防护林1 000亩;飞播造林2万亩;义务植树9万株,两旁植树7万株。

【水利】 治理沙源完成水源工程90处,其中建机井10眼,中深井35眼,塑料管井20眼,筒井25眼,节水灌溉完成80处,灌溉面积9 000亩。应急抗旱水源建设和人畜饮水建设共打机井14眼,建苏木镇自来水工程6处,农村牧区水土治理6 000亩。

【交通】 进行赛汉塔拉至桑宝力嘎沙石公路养护建设,长度35公里,投资17.5万元;建省道101线至都呼木奶牛基地小油路2公里,投资40万元;建社保局旅游点水油路1公里,投资10万元;建朱日和镇毕力图嘎查至都仁乌力吉苏木查干乌拉嘎查公路(三级砂石路)27公里,投资162万元;进行赛汉塔拉至赛汉乌力吉苏木沙石路维修,长度100公里,投资60万元;年度征收养路费277.5万元;年度征收运管费46.22万元。

【邮电】 邮政业务收入207.3万元,同比增长5.27%。邮政储蓄存款年末余额5 954万元,同比增长15.23%,快包邮递298件。通信分公司对朱日和镇至赛汉塔拉镇市话线路进行扩容工程,新建4个苏木镇的ABSL。全年完成业务收入1 038万元,同比增长5.5%。移动通信业务部建布吐木吉苏木基层站、都仁乌力吉苏木基层站、郭尔奔基层站,总投资380万元。新增客户2 000户。

【财政】 财政总收入10 444万元,同比增长131%,其中地方财政收入5 876万元,同比增长174%。总支出21 583万元,其中一般预算支出19 164万元,社保基金支出2 008万元,其它资金支出411万元,农业支出1 015万元,林业支出4 445万元,水利气象支出106万元,教育支出2 639万元。

【金融】 年末,金融机构各项余额58 808万元,比年初纯增9 552万元;各项贷款余额58 838万元,比年初纯增2 205万元。现金净投放20 599万元,在贷款投向上各行社重点支持朱日和工业园区的工业企业及当地肉食、绒毛加工企业、财产保险公司完成保费810万元,人寿保险公司完成保费1 440万元。

【税务】 国税总收入6 744.69万元,其中增值税6 579.72万元,消费税10.2313万元,个人所得税109.55万元,企业所得税45.18万元。地税税收总收入2 423万元,其中税收收入2 230万元,其它收入193万元。社保费完成3 389万元。

【城市建设】 赛汉塔拉镇新修11条小街巷道路,长度6.7公里,新增道路面积4.9万平方米,投资785万元;配套更新自来水管道4 670米,投资260万元;改建2 300米排污主管道,投资105万元。建设朱日和工业区道路3条,总长度3.13公里。房地产建设项目12项,总建筑面积4.7万平方米,其中住宅面积2.68万平方米。

【生态建设】 继续实施"围封转移"战略。春季休牧面积3 253.63万亩(其中2 703.69万亩享受国家禁牧舍饲项目饲料粮休牧补贴),涉及11个苏木镇,51个嘎查,牧民5 190户,牲畜65.13万头(只);朱日和镇和都仁乌力吉苏木的巴彦敖日格勒、查干乌拉嘎查255.27万亩草场未列入国家禁牧舍饲项目区,实行40天的自行休牧,涉及776户,10.31万头(只)牲畜,实施全年禁牧97.4万亩,涉及9个苏木21个嘎查,2 899户农牧民,7.2万头(只)牲畜。其中38.15万亩列入国家禁牧舍饲项目,享受国家饲料粮、禁牧补贴。沙源治理建设总规模34.36万亩,其中飞播造林2万亩,封沙育林3万亩,防护林0.1万亩,围栏封育25.76万亩,人工种草1万亩,基本草场建设2万亩,暖棚建设2万平方米,饲料机械配套390台,水源工程90处,节水灌溉80处,小流域治理0.5万亩。"五带"建设:在浑善达克沙地南缘带完成生物措施4万亩,其中飞播造林2万亩,封沙育林2万亩;208国道两侧和集二线附近实施治理面积6.76万亩,其中实施封沙育林0.5万亩,草地施肥0.3万亩,人工种草0.16万亩,新增围栏封育5.56万亩,退耕还林0.24万亩。

【教育】 全旗学校教学点布局经过调整,有高中学校1所,初中学校3所,小学10所。在职教师629人,其中初级职称391人,中级职称226人,高级职称12人。在校学生共9 629人,其中小学生5 236人,初中生3 250人,高中生1 143人。进一步加强各种小学"两基"达标,通过了自治区的复查评估验收。全旗初中辍学学生43人,辍学率为1.3%,小学无辍学生。强化了教学仪器设备设施的投入力度,为第一中学、第一小学、第三小学、蒙古族小学配备语音室;为第一中学、蒙古族中学、第四小学共配备计算机192台;为蒙古族中学、第二中学、蒙古族小学、第一小学、第三小学、第四小学配备多媒体教学设备。对义务教育阶段家庭经济困难的农牧民学生实行"两免一补"(即免费提供教科书、免缴杂费,为住宿生补助住宿费),涉及在校生4 303人,合计发放"两免一补"资金507 636元。

【文化】 举办苏尼特右旗首届乌兰牧骑艺术节暨草原那达慕大会,邀请蒙古国艺术团及国内乌兰牧骑等文艺团体进行演出。

【卫生】 进行食品与药品监督管理,对以药品和医疗器械为重点的10项专项整治活动。

【人民生活】 2004年,城镇居民人均可支配收入5 852元,同比增长17.2%;农民人均可支配收入1 522元,同比增长38.1%;牧民人均可支配收入1 611元,同比42.8%。年末职工平均工资13 154元,增长18.6%。年末城乡居民储蓄存款余额47 875万元,同比增长19.4%。

【社保再就业】 全旗养老保险参统职工8 598人,基本医疗保险参统10 724人。为全旗2 208名企业退休人员每月发43元风沙费。保证低保户低保金发放。全年安置城镇各类人员1 029人,其中下岗职工 580 人;新建再就业基地 3 处,新老基地共安置 143 人,城镇登记失业率5.1%;失业保险参统人数7 097人,公益性岗位安置 37 人,政府托底就业安置 21 人。

【扶贫开发】 以增加贫困户收入为主线,继续开展“千村扶贫工程”,新建水浇地4 030亩;购进牲畜12 270头(只),其中羊12 210只、奶牛 10 头、肉牛 50 头;打机电井、大口井、管井 28 眼;解决人畜饮水2 277人、25 830头(只);围建草场45 630亩;新建棚圈 116 座,面积14 170平方米;种草28 360亩;农田种植5 050亩,其中覆膜4 050亩,其它1 000亩。项目总投资2 106.99万元,其中定向财政扶贫资金 312 万元,社会帮扶1 631.84万元,农牧民自筹163.15万元。

(田珍 布和巴特尔 乌达巴拉)

正 蓝 旗

【领导名录】

旗委书记:崔建国

副 书 记:李少峰(女 蒙古族)

巴特尔(蒙古族)

特木勒(蒙古族)

斯琴其木格(女 蒙古族)

人大主任:那木吉拉斯仁(蒙古族)

副 主 任:查干莲花(女 蒙古族)

斯琴毕力格(蒙古族)

钢苏和(蒙古族 1月任职)

邢 卿(3月任职)

旗 长:李少峰(女 蒙古族)

副 旗 长:陶国华

孟克乌力吉(蒙古族)

席治江

包志群(蒙古族)

李有康

斯琴毕力格(蒙古族 1月任职)

哈斯海日罕(蒙古族 1月任职)

吴 刚(蒙古族 3月任职)

政协主席:布仁巴图(蒙古族)

副 主 席:苏伊拉图(蒙古族)

艾宝生(1月任职)

萨仁图雅(女 蒙古族 1月任职)

武装部长:孙喜明(1月任职)

政 委:冯勇跃

【概况】 正蓝旗在锡林浩特市南,位于内蒙古锡林郭勒盟南部,地理坐标为北纬41°46′~43°07′,东经114°55′~116°38′,东邻赤峰市克什克腾旗,南与河北省沽源县接壤,北与阿巴嘎旗、苏尼特左旗和锡林浩特毗邻,西与太仆寺旗、正镶白旗相连。全旗土地总面积10 182平方公里,2004 年,全旗辖 3 个镇,8 个苏木,3 个国营农牧场,103 个嘎查(村),13 个居民委员会。全旗总人口82 961人,人口密度7.8人/平方公里,城镇人口29 931人,占总人口的36.7%;牧业人口19 783人,占总人口的23.8%;农业人口34 247人,占总人口的40.2%。有蒙、满、回、藏、土、达斡尔、鄂温克等 7 个少数民族,是以蒙古族为主体,汉族占多数的多民族聚集区。旗政府所在地上都镇。

2004 年全旗地区生产总值完成10.05亿元,同比增长29.1%。全社会固定资产投资完成20.3亿元,同比增长106%。财政总收入完成7 518万元,同比增长2.38倍,其中地方财政收入完成6 795万元,同比增长2.74倍。

【畜牧业】 新搬迁牧户 455 户,1 600人,居住生态移民区,重点发展奶牛业。年末,全旗建成奶牛规模养殖区 17 个,奶牛养殖专业户2 000多户,存栏荷斯坦奶牛4 678头,西门塔尔牛3 711头。新建冷配站 234 处,黄牛冷配 3 万头。牧业年度牲畜总头数62.3万头(只),其中大畜14.5万头,牲畜改良比重达到83.3%。

【林业 水利】 全年完成沙源治理工程15.89万亩,完成投资2 299.3万元;以农区和国营牧林场为重点,大力推进退耕还林还草 6 万亩;新增以水为中心的高产饲草料基地1.34万亩,年饲草料总产量达2.45亿公斤。

【工业】 全旗工业总产值完成3.73亿元,同比增加2.72亿元,增长2.69倍。实现工业增加值2.15亿元,同比增加1.24亿元,增长1.36倍,工业经济效益综合指数达145%。

【城镇建设】 2004 年,城镇基础设施建设总投资3.5亿元,修建黑色油路7.4万平方米,混凝土路5.8万平方米,硬化道路1.34万平方米。上都镇新建污水排水管线1 200米,新增雨水排水管线 875 米,新增给水管线 800 米。新建直属中学、蒙古族小学、第一小学、职工幼儿园的教学楼。改造修建敖包希热公园。开发20 万平方米的商业及居民小区。集中供热工程新增供热面积4.5万平方米。完成上都镇至锡林浩特市 220 千伏,上都镇至高载能工业园区 110 千伏输变电工程建设,贯通五一牧场至乌和尔沁敖包林场 15 公里长的 10 千伏输变电线路。

【交通】 贯通贺日斯台苏木、赛音胡都嘎苏木、宝绍岱苏木与呼海通道的连接线，打通15个嘎查村总里程74.01公里的乡村公路。引进外资改造建设省道304线上都镇至哈毕日嘎镇一级线路工程，改造修建五一牧场至乌和尔沁敖包林场总长25公里的四级公路。

2004年货运量完成58万吨，客运量完成5 085.2万人(次)。

【旅游文化】 注重突出民族特色，着力打造旅游精品战略，充分利用元上都遗址和金莲川草原独特声誉的优势，推进乌和尔沁敖包森林公园，小扎格斯台淖尔的民族文化旅游业的发展。年内举办了正蓝旗第十二届那达慕大会暨第六届元上都文化旅游节，正蓝旗第三届马文化节，接待中外游客5万多人(次)，完成旅游业相关收入1 000多万元，成为全旗经济增长的新亮点。

【科技】 进一步加快科技示范基地和科技园区建设，根据围封转移战略和产业结构调整的需要，建立奶牛养殖、绒山羊舍饲、沙地治理的科技示范基地20处，建立盟级命名的科技示范园区2个，开展农牧业技术承包，推广实用技术，举办科普活动，加强科技队伍建设，加强与高等科研院校的交流合作，植被恢复，胚胎移植，沙源治理等科研项目和技术开发取得成果，推广实用技术14项。

【教育】 全旗共有21所中小学、2所幼儿园，在校生11 328人，小学适龄儿童入学率达100%，初中生入学率达96.02%，初中毕业生综合测评合格率达82%，高中会考合格率达88.3%。

【卫生】 全旗拥有各类卫生机构18所，卫生专业人员276人，医疗机构全年总诊疗人数2.5万人(次)。各类医疗卫生单位加强自身建设，争取卫生建设项目，改善基础设施条件，增强医疗卫生服务功能，提高了临床诊疗水平。完成旗中心医院建设项目。

【招商引资】 抢抓机遇，开放思想，优化环境，大量引进资金、项目、技术，借助外力加大经济投入，壮大经济总量，增加财政收入。全年引进外资5.4亿元。

【扶贫开发】 解决贫困人口温饱2 392人。社会保障体系不断完善，社会保障覆盖面达到100%。

【人民生活】 城镇居民人均可支配收入达到5 900元，同比增长35.5%；农牧民人均纯收入分别达到1 860元和2 032元，分别增长27.9%和18.5%。

(乌日娜 乌达巴拉)

正镶白旗

【领导名录】

旗委书记：齐白乙拉(蒙古族)
副 书 记：谢 军
　　　　　张德育(回族)
　　　　　特古斯(蒙古族)
人大主任：阿拉腾花(女 蒙古族 1月任职)
副 主 任：罗永山
　　　　　福日来扎布(蒙古族)
　　　　　王茂清(1月离任)
　　　　　王占云(满族 1月任职)
　　　　　乌 云(女 蒙古族 1月离任)
旗　　长：谢 军
副 旗 长：那仁巴特尔(蒙古族)
　　　　　乌 云(女 蒙古族 1月任职)
　　　　　武根娃
　　　　　斯日古楞(蒙古族)
　　　　　照日格图(蒙古族)
　　　　　常 胜(蒙古族)
政协主席：李福强(蒙古族)
副 主 席：官布扎布(蒙古族)
　　　　　苏德那木(蒙古族 1月离任)
　　　　　郭振杰
　　　　　李天亮(女 蒙古族 1月任职)
　　　　　王卫东(1月任职)
武装部长：何京平
政　　委：张 彪

【概况】 正镶白旗位于内蒙古自治区中部，地理坐标为北纬42°05′～43°02′，东经114°15′～115°37′，总面积6 229平方公里，总人口7.1万人，辖2个镇、5个苏木、1个乡、1个林场。旗政府所在地明安图镇。

2004年，地区国内生产总值56 135万元，同比增长14.3%。全旗财政总收入累计完成3 210万元，同比增长126.4%。其中地方财政收入2 680万元，同比增长139.5%。固定资产投资完成51 566万元，同比增长18.1%。城镇居民人均可支配收入6 006元，同比增长20.3%，农民人均纯收入1 310元，同比增长23.8%，牧民人均收入1 679元，同比增长12.3%。全社会消费品零售总额11 627万元，同比增长12.7%。

【生态建设】 完成移民120户,完成生态建设34.74万亩,全旗生态治理累计总面积达126.3万亩。年内新增灌溉高产饲料基地653处,13 210亩,新增节水灌溉面积14 600亩;完成一镇一乡两个牧林场站16个行政村退耕还林面积5万亩,全旗禁休牧面积772.3万亩;春季休牧面积592.7万亩,全年禁牧面积179.6万亩。禁休牧共补贴饲料粮1 670万公斤。

【农牧业】 2004年建畜棚660处、3.3万平方米,新建维修青贮窖3 870座,退耕林间地种植牧草48 243万亩,扩大覆膜面积2.72万亩,开发水浇地0.15万亩。旗委、政府制定《正镶白旗关于鼓励扶持奶牛业发展管理办法》和《正镶白旗奶牛养殖风险互助实施办法》。牧业年度牲畜总头数73.7万头(只),同比减少2.46万头(只),下降6.9%。大畜比上年度增加5 516头,增加11%;牧业年度良改比重88.2%,比上年提高3.4个百分点。共冷配母牛16 080头,细毛羊人工受精10 200万只,肉羊经济杂交10.8万只,鉴定良种母牛467头,出栏牲畜35万头(只)。存栏奶牛、西门达尔牛、小尾寒羊头数分别为1 294头、34 800头和31 687只。改造建成4处标准化小畜配种站。

2004年全旗种植面积10.5万亩,其中杂粮豆4.4万亩,总产量597.3万公斤;油料2.6万亩,总产量267万公斤;蔬菜瓜果2.83万亩,总产量5 508万公斤。新建西瓜基地1个,星耀镇政府成功举办第一届"西瓜节"。新建保护地蔬菜基地7个,大葱基地1个,马铃薯模式化基地2个,高产饲草料基地4.18万亩,奶牛基地5个,肉羊基地5个,小型奶站1个。

【工业】 2004年全部独立核算工业企业累计完成工业产值现价15 062.4万元,同比增长65.1%;实现工业增加值7 966万元,同比增长47.1%,其中限上企业累计完成现价工业产值12 180.7万元,同比增长99.6%;完成工业增加值4 872.3万元,同比增长107.2%;工业固定资产投资完成5 314万元,工业产销率92.2%。

【招商引资】 2004年旗委、政府通过建立招商引资目标考核激励机制和完善《正镶白旗招商引资优惠办法》、《正镶白旗工业园区优惠政策》,全年协议引进项目21个,协议引进资金4 600万元。招商引资实施项目17项,引进资金1 327万元,同比增长244.2%,其中引进区外资金10 870万元,同比增长249%。

【城镇建设】 2004年明安图镇市政建设投资4 500多万元。完成4条街道改扩建,铺设排水管线3 706延长米,安装路灯106盏,建垃圾填埋场1处,公厕6座。绿化304省道两侧3 706延长米,面积3 000平方米。新建8 100平方米居民休闲广场1处,新建商居楼小区4处2.5万平方米。新建高载能园区11万千伏安输变电站1座。

【交通】 公路建设围绕工业园区、旅游景点、农牧业产业结构调整和重点项目区,投资756万元新建乡村公路125公里,完成乡村公路养护401.5公里,完成呼海通道至明安图镇路基工程12公里。

【教育】 2004年,开始中小学人事制度改革,共精简教职工336人,60名大中专毕业生、10名本科生充实到教育战线。调整学校布局,撤并2所学校,4个教学点。落实"两免一补"政策,为4 711名学生发放资金60.48万元,启动1 307万元的"农村寄宿制学校建设工程"。通过内蒙古自治区"两基"达标验收。全旗有中学4所,小学13所,幼儿园2所,教职员工625人,在校学生:小学3 956人,毕业674人,升学率100%;初中2 668人,毕业812人,升学率64.7%(不含升入中专、中师、技校学生);高中实际招生171人,毕业143人,在校生461人。

【文化】 举办"挖掘整理察哈尔民歌大奖赛"等活动,对乌兰牧骑进行改革。重新整合文化、旅游景区、景点线路,重新编制旅游线路4条,设立正镶白旗文化旅游驻北京旅游联络处,并成立服务中心。全旗22个嘎查村开通电视信号,新增有线电视接入户118户。

《正镶白旗志》2004年10月由内蒙古文化出版社出版,全书共21篇104章,102万字,填补了正镶白旗历史上无志书的空白。10月29日举行"旗志"首发仪式。

【扶贫】 购进扶贫改良畜2 501头(只),种植高产饲草料基地5 050亩;覆膜种植5 000亩,新建棚圈162处,8 180平方米,新建青贮窖77处,2 585立方米,解决人畜饮水困难535人、6 220头(只),通电13.7公里,修路8公里,劳务输出2 400人(次)。解决2 900人的温饱问题,返贫率控制在10%以下。自治区直机关帮扶到位资金36 505万元,旗直单位帮扶到位资金12.9万元。发放救济粮2.3万斤。将683户、1 710人纳入城镇居民最低生活保障范围,发放保障金112.86万元。征集就业岗位1 249个,建社区服务实体10个,再就业基地4个,安置各类人员976人,失业保险扩面征缴439人,登记失业控制在4.3%内。

【社保】 续保职工、个体商户1 295人,为全旗1 458名离退休职工及131名企业职工遗属按时足额发放了养老金及生活费,社会发放率100%。441名额里图牧场职工纳入农垦企业养老保险统筹范围。

【社会治安】 对非煤矿山、危险化学品生产企业、建筑施工工地、道路交通和人员密集场所进行检查40多次，检查企业236个，查处安全隐患100条，整改93条，整改率93%。34个单位确立为重大危险源重点监控点。

【计划生育】 全年全旗实际出生403人，出生率5.63‰，死亡率为2.32‰，人口自然增长率为3.31‰。

【卫生】 建疾病控制中心楼1处。全旗拥有各类卫生专业技术人员262人，病床100张。全旗累计报告乙类传染病168例，死亡1例，其中结核病108例，发病率147.95/10万；乙型肝炎12例（死亡1例），发病率16.44/10万；甲型肝炎15例，发病率为20.55/10万；布病32例，发病率为106.67/10万，淋病1例。总报告发病率为230.14/10万。

（刘启莲）

镶黄旗

【领导名录】

旗委书记：陈胜利（蒙古族 3月离任）

副书记：特力更（蒙古族）

刘　祥

道尔吉（蒙古族）

哈斯巴雅尔（蒙古族）

人大主任：道尔吉扎布（蒙古族 1月离任）

副主任：诺日布桑布（蒙古族 2月离任）

牛广义

青巴图（蒙古族）

都　楞（蒙古族 1月任职）

娜仁花（女 蒙古族 1月任职）

旗长：特力更（蒙古族）

副旗长：赛　娜（女 蒙古族）

张建文

布仁金（蒙古族）

朝　鲁（蒙古族）

赵　宏（1月任职）

政协主席：根　富（蒙古族 1月离任）

道尔吉扎布（蒙古族 1月任职）

副主席：扎木彦扎布（蒙古族 2月离任）

苏乙拉图（蒙古族 1月任职）

刘宝祥

敖特根巴特尔（蒙古族）

武装部长：高生发（3月离任）

赵庆春（3月任职）

政委：刘　杰

【概况】 镶黄旗位于锡林郭勒盟西部，北纬41°56′～42°45′，东经113°30′～114°45′。南与乌兰察布市化德县交界，东、东北部与正镶白旗和苏尼特左旗毗邻，北部、西部与苏尼特右旗和乌兰察布市商都县接壤。总面积5 143平方公里，草牧场占总面积的97.68%。旗政府所在地新宝拉格镇。全旗辖3个苏木，1个镇，60个嘎查，6个居民区；共有9 599户，总人口28 848万人。其中蒙古族17 953人，汉族10 781人，满族54人，回族38人，其他少数民族122人。

2004年，完成地区国内生产总值20 623万元，增长23.4%。第一产业完成增加值8 216万元，增长10.9%；第二产业完成增加值5 205万元，增长24.8%，其中工业增加值完成3 059万元，增长63.2%；第三产业完成增加值7 202万元，增长36.0%。三次产业比重由上年的43∶25∶32调整为40∶25∶35。社会消费品零售总额实现7 145万元，增长34.0%。全旗财政总收入完成3 230万元，增长585.8%，其中地方财政收入2 151万元，增长511.1%，城镇居民人均可支配收入4 421元，增长21.7%；牧民人均纯收入1 586元，增长18.4%。

【畜牧业】 2004年，繁殖仔畜265 173头（只），成活仔畜261 527头（只），成活率97.96%，较同期提高18.16个百分点，总增牲畜259 163头（只），总增率达42.03%，较同期提高8.6个百分点；牧业年度全旗牲畜总头数达621 767头（只），其中大畜21 563头，小畜600 204只；改良畜比重79.2%，较同期提高4.42个百分点，出栏牲畜240 664头（只），全旗完成草原建设总规模20.76万亩，其中高产饲料基地3.08万亩，人工草地2.58万亩，围栏封育15.1万亩，全旗高产饲草料基地总产量1.099亿公斤，亩产3 563公斤，打贮草总量1.137亿公斤，为牲畜安全过冬渡春及明年休牧工作打下基础。

【林业 水利】 2004年，春季完成退耕还林荒山荒地人工造林40 000亩，平均成活率85%。完成沙源工程防护林人工造林3 000亩，飞播造林计划任务3万亩，完成飞播作业面积33 308亩，飞播植物种为杨柴、沙蒿、沙打旺、沙果，播种量0.5公斤/亩。每公顷出苗株数7 600株，成苗率达65%，封沙育林完成面积42 000亩，完成造林补植面积6 000亩，扩建育苗基地100亩，其中扦插育苗11亩,树种为小黑杨、新疆杨,留床量为5万株;大苗培育育苗13.3亩,树种为五角枫、山桃、刺榆、云杉,留床量为4.5万株;播种育苗75.7亩,树种为柠条、杨柴、榆树、山杏、柄扁桃、刺梅,留床量为361万株。种苗基地建设面积1 100亩。实际完成水源工程50处。配套节水灌溉50处;基本草牧场建设完成0.1万亩,小流域综合治理完成治理面积2.05万亩,达到保护面积4.16万亩。种植水保林1 650亩,筑谷坊120座。完成新打机电井14眼,解决0.042万人的饮水困难,完成4 270延长米的新宝拉格镇防洪堤坝维修加固工程。

【生态建设 围封转移】 京津风沙源治理工程完成治理面积18.45万亩,集中连片综合治理7.2万亩,新增围封禁牧草场面积8万亩,建设灌木防护林0.1万亩,建成以水为中心的高产稳产饲料基地0.1万亩,人工种草1万亩。建设暖棚2.5万平方米。在巴音塔拉苏木所在地集中建成移民奶牛养殖园区1处,园区住宅、棚圈已落实到移民户。继续在全旗744万亩草场实施了春季休牧,休牧期限60天。休牧涉及牧户4 381户,牲畜61.6万头(只)。休牧结束后,在浑善达克沙地综合治理区、镇周边综合治理区、围栏封育禁区以及天然打草场共计104.8万亩草场继续实行全年禁牧。

【工业】 一批工业重点项目陆续建成并投入生产,北方冶金、兴起冶金、众鑫冶金高载能项目,首林复合分子材料公司,特鑫塑业有限公司,镶黄旗正大饲料加工厂及西联兴业、晋宝石材、宝泰等石材加工企业都已建成或投入生产,累计投资5 160万元。5户肉食品加工企业运转正常,共加工牲畜13万羊单位,另与日本东京贸易株式会社签订了建设12座12 500千伏安矿热炉的协议;与其它6家企业签订花岗岩开采加工协议。乡镇企业总产值9 580万元,比同期增长21.72个百分点。

【奶产业】 2004年,有奶牛养殖户151户、养殖奶牛466头,已建产奶档案的奶牛288头,日产鲜奶3.5吨。主要由帅牛乳制品加工厂及5处个体小型奶食品加工点、化德县奶站等企业和个人收购加工。年初与蒙牛乳业(集团)公司签订联合建设奶源基地的协议,并建立4个奶牛养殖园区,分住宅区和养殖区,总建筑面积94 587.7平方米,可容纳236户从事奶牛养殖业。与园区相配套建设4个标准化奶站,总建筑面积1 382.3平方米。4个园区的236户养殖户已全部落实,其中生态移民132户,订购澳大利亚纯种荷斯坦奶牛640头。举办2次奶牛饲养培训班,培训人数146人(次)。为降低奶牛养殖户的养殖风险,确保奶牛业的持续、稳定、健康发展,政府制定下发《镶黄旗实施奶牛养殖风险互助实施办法》。

【招商引资】 2004年,旗政府与旗直70个单位签订招商引资目标管理责任状,形成全民招商的良好氛围。全年共接待来访考察客商180余批(次),是近年来访考察客商批次和人数最多的年份,涉及北京等十多个省市。同时,先后组团赴日本及国内部分省区进行定向招商,共签订合作协议48个,先后有23个企业入驻,实施项目35个。年内引进国内资金15 640万元,同比增长5.21倍,引进国外资金52.7万美元,同比增长1.68倍。

【城镇建设】 聘请自治区规划设计院编制完成了《新宝拉格镇城市总体规划》。共投资8 132万元,完成城镇道路、排水工程、商业网点改造及社会公建项目建设。临街建筑在外观设计上求同存异,整体和谐统一,局部特色鲜明、富于变化,提高城镇品味。

【扶贫开发】 按照自治区"千村扶贫开发工程"和"水利和种草养畜扶贫"任务要求,完成舍饲育肥牛羊0.5197万只羊单位,种草2.5万亩,打井31眼,小草库伦建设11处、0.119万亩;畜棚60处、4 070平米;解决人畜饮水0.07万人、0.3万头(只)牲畜;劳务输出450人;培训0.3万人;完成职业技能培训1 000人,引导性培训1 000人,共举办各类培训10期。全年到位财政扶贫资金128万元,非定向扶贫资金182.7万元,财政扶贫(以工代赈)资金100万元,牧民配套资金133.3万元,其它配合资金120万元,各项资金到位率100%,全旗解决贫困人口温饱1 000人。贫困率下降到21.1%,牧民人均收入提高260多元。

【财税 金融】 上划中央"两税"累计完成1 079万元,比上年增加917万元,增长945.36%;上划中央所得税累计完成65万元,比上年增加43万元,增长195.45%。全旗金融机构各项存款为13 931万元,比年初增加1 108万元,同期增加1 916万元。其中储蓄存款为9 722万元,比年初增加1 562万元。

【科教文卫】 2004年,举办各类科技培训班98期,培训牧民和各类技术人员8 340人(次)。完成技术承包和技术推广任务。对中小学、幼儿园校长实行竞聘上岗。适龄儿童入学率、残疾儿童入学率、"普九"人口覆盖率均达到100%。深入开展"三下乡"活动,群众文化"43321"工程取得成效,共投资230万元,改善文化基础设施。健全了旗、苏木(镇)两级突发性公共卫生事件应急指挥体系，制定突发性公共事件应急预案，建成疾病预防控制机构和传染病楼。

【社会保障】 全年共发放保障金139.4万元，保障对象1 513户2 204人。离退休人员养老金、失业保险金发放率均为100%。通过创办再就业基地、工商企业、社区就业实体，加强生态建设、城镇基础设施建设及其它工程建设等途径，使1 936名各类人员实现就业和再就业。

【交通】 2004年，镶黄旗计划新建嘎查（村）道路42公里。年底开通不通公路嘎查（村）10个，累计修建里程63.5公里，完成哈音哈尔瓦庙至敖包山3公里旅游路和X509新明段至工业园区3.5公里的建设任务，全旗邮政业务收入完成782.465万元，比上年同期增长8.96%，业务总量完成853.600万元，比上年同期增长了-1.68%，收支差额完成-387.173元，完成年计划的97.04%。全员劳动生产率达到3.728元/人。

（乌力吉巴图　梁树芳　齐迎春）

太仆寺旗

【领导名录】

旗委书记：任誉宁

副 书 记：侯志民（蒙古族）

张九钧

王瑞刚（蒙古族）

周景颐

冯青春

刘胜利（12月任职）

人大主任：朱　成（1月离任）

王瑞刚（蒙古族 1月任职）

副 主 任：路占元（1月离任）

苏和巴特尔（蒙古族 1月离任）

刘振亮（1月离任）

贾田林（1月离任）

侯发林（1月任职）

任　富（1月任职）

梁瑞香（女）

旗　　长：侯志民（蒙古族）

副 旗 长：杨进明

云成山（1月离任）

旺　钦（蒙古族）

于晓红（女）

孟玉明

孙小勇

李维胜

姚顺利

张宝文

政协主席：云成山（1月任职）

副 主 席：温秀荣（女）

贾炳臻（1月任职）

袁顺泉（1月任职）

武装部长：赵学会

政　　委：包青春

【概况】 太仆寺旗在锡林浩特市南，位于锡林郭勒盟南端，面积3 415平方公里。其中耕地面积172万亩，可利用草牧场300万亩。全旗辖7个乡，4个镇，1个苏木，176个村（嘎查），14个居民委员会，516个自然村（浩特），648个村民小组，总人口202 244人。其中城镇居民人口数为35 500人，农业人口数163 777人，牧业人口数2 967人。其中汉族190 022人，蒙古族5 326人，占全旗人口2.6%，其它少数民族占全旗人口3.4%。平均每平方公里拥有人口59人。2004年国内生产总值完成11.19亿元，同比增长19.2%。人口出生率7.7‰，自然增长率0.47‰。旗政府所在地宝昌镇。

【农牧业】 2004年，太仆寺旗粮食产量64 515吨，同比增加26.3%。农业完成产值（现价）70 778万元，同比增长11.1%。家畜总头数32.79万头（只），畜牧业完成产值（现价）10 146万元，同比增长2.1%。

【林业】 全旗有林面积32万亩，累计合格林地面积107万亩，森林覆盖7.9%。林木种类有杨树、柳树、山杏、沙棘、榆树等。

【工业】 2004年，工业产值（现价）5.892亿元，同比增长20.2%。主要工业产品产量：面粉0.25万吨，食油7 465吨，白酒6 009吨，水泥4.99万吨，红砖1 778万块。有乡镇企业1 974家，从业人员6 231人。年完成产值（现价）64 477万元，实现利润4 095万元，上缴税金2 007万元，同比增长分别为8.5%、22%、11%。

【交通 邮电】 太仆寺旗北靠锡林郭勒大草原,南临北京、天津、张家口,207国道纵贯境内,14条县乡公路通往12个县市及17个乡镇,集通铁路距宝昌镇50公里。2004年,完成货运周转量4.5亿吨/公里。

2004年,市话程控交换机总容量13 000门,农话程控总量8 100门。年完成邮政业务收入211.8万元,同比增长2.8%,电信业务收入987万元。

【教育】 2004年,有普通中学10所,职业中学1所,普通小学43所,教师职工2 238人,其中专任1 803人。学龄儿童入学率99.44%。

【卫生】 卫生机构139个,其中卫生系统13个,病床181张,专业技术人员349人。综合性医院1所,中蒙医院1所。

【文化】 有图书馆、文化馆、影剧院各1处,专业文艺团体1个,乡级文化站12个,基层电影放映队12个。有有线电视转播台、无线电视转播台、调频广播台各1座,乡级无线电视转播台32座,电视人口覆盖率100%,广播人口覆盖率100%,12个乡苏木接通有线电视,有线电视覆盖率62%。

【人民生活】 2004年,太仆寺旗城镇居民人均可支配收入5 686元,农民人均纯收入1 860元,牧民人均纯收入2 500元。农牧民生活水平恩格尔系数是41.5。全旗贫困人口数为5.4万。

【招商引资】 2004年,全旗新建项目11个,引进资金9 270万元(人民币),续扩建项目12个,投入资金5 762万元。加大全民招商工作力度,有针对性地邀请接待组团来访30余(次),来访人数300余人。组团考察洽谈20场/次,人数200余人(次)。年初,下达全旗招商引资指标1.2亿元,实际完成1.49亿元,完成任务124.12%,同比增长65.4%。

【草原特色旅游】 2004年,旗委、政府把草原旅游特色旅游业作为拉动地方经济发展的亮点产业,加强旅游景点规划、建设。新建天上人间生态营旅游景点,完成成吉思汗渡假村和崩崩山嘎查牧户民族旅游规划设计,启动玛拉盖庙修复工程,牧户个人开办旅游点15家。加大旅游宣传促销力度。在北京成功举办太仆寺旗旅游资源推介会,被央视媒体评为"全国十大最好玩的地方"之一。全年共接待游客10万人次,旅游收入1 000余万元。

(张亮 齐迎春)

多 伦 县

【领导名录】

县委书记:寇小平
副 书 记:姚 东
赵利华(回族)
张 亮
冯绵俊(1月离任)
张 凯
人大主任:冯守杰(1月离任)
郭惠宝(1月任职)
副 主 任:田景臣(蒙古族 1月任职)
贾科科
李青山(1月任职)
高玉萍(女 满族 1月任职)
索永禄(1月离任)
程宝连(1月离任)
王 雷(1月离任)
县 长:姚 东
副 县 长:郭惠宝(1月离任)
张 亮(11月任职)
闫树林
田景臣(1月离任)
车淑荣(女)
王崇生
潘春雷
王志刚
周 峰
政协主席:冯绵俊(1月任职)
梁书策(回族 1月离任)
副 主 席:赵占发(蒙古族)
周 平
刘兆华(满族 1月任职)
罗秀芳(女 回族 1月任职)
赵慧英(女 1月离任)
周振山(满族 1月离任)
武装部长:赵新堂
政 委:徐志松

【概况】 多伦县位于锡林郭勒盟东南端，东南与河北省围场、丰宁、沽源县交界，西北与正蓝旗，东北与赤峰市克什克腾旗接壤，是中国北方农牧交错带典型的农牧交错区。地处北纬41°46′～42°36′，东经115°51′～116°54′。多伦县现辖5个乡3个镇、64个行政村，8个城镇居民委员会。全县有蒙古、汉、回、满、朝鲜、达斡尔、藏等7个民族。共28 857户、10.47万人。全县总面积3 773平方公里。县政府所在地多伦诺尔镇。

2004年地区国内生产总值完成81 266万元，同比增长19.9%。其中第一产业增加值完成36 568万元，同比增长15.0%；第二产业增加值完成19 758万元，同比增长26.5%；第三产业增加值完成24 940万元，同比增长22.0%。全社会固定资产投资35 914万元，同比增长48.8%。财政收入完成3 200万元，同比增长32.9%。城镇居民人均可支配收入5 602元，同比增长14.9%；农民人均纯收入1 872元，同比增长17.0%。各项经济指标全部完成或超额完成年初计划。

【农业】 全年农作物播种面积75万亩，其中粮油34万亩，蔬菜4万亩，马铃薯15万亩，饲草22万亩。粮食总产8 500万公斤。新增水浇地1.5万亩，水浇地保灌面积达到5.6万亩，农民人均近0.8亩。

【牧业】 牧业年度大小畜存栏33.5万头(只)。纯种黑白花奶牛存栏5 550头，增长67%。肉牛存栏5.1万头，增长40%。小尾寒羊存栏1.6万只，增加15倍。新建挤奶站9处，已全部覆盖奶牛养殖区。引进超大良种奶牛繁育项目，建成国安小区养殖园区。畜禽防疫工作全面完成。

【生态】 全年共完成沙源治理工程15.6万亩，退耕还林工程14.5万亩，新建移民小区3处，移民248户，完成大宝生态园区建设。

【工业】 全县工业经济完成增加值8 965万元，同比增长13.4%。共开工项目46项，其中新建35项，续建11项。大唐多伦电厂、煤化工等重点工业项目有了很大进展；香港协鑫集团已与县政府签订煤矿开发合作协议；铁矿井、选矿厂基本建成。其中冶金矿产品公司已生产出部分铁精粉；三家珍珠岩矿开发企业已全部投产。除以上重点项目外，原有的潭源古酒、正大饲料、永白淀粉、多伦玛瑙、盟东水泥、派克彩印六大地方品牌产销形势明显好于往年。其中，潭源古酒已覆盖全盟和周边地区并在北京市场有了一定份额，正大饲料、永白淀粉、多伦玛瑙、盟东水泥供不应求。

【基础设施建设】 文化公园已完成总工程量的60%。新开工楼房4.6万平方米。新修城区柏油路8条，6 400延长米。完成部分小街小巷的硬化。完成西、南两个出口美化、亮化，提高城市品位。多承公路、京伦公路即将竣工。多克公路完成投资210万元，路基土方工程已基本完成。大北沟至宝昌油路开工建设。

【旅游】 全年共接待旅游团360个，接待人数12万人。完善景点设施，新建一家星级宾馆，全县大部分地区实现移动电话双网同时覆盖。“京承多丰”、“京太兰多”和“锡多”旅游环线已具雏形，京津地区游客大幅增加。引进北京大陆桥公司开发旅游业，整体开发西山湾景区项目。

【招商引资】 全年共引进国内(盟外)资金16 443万元，同比增长80.8%。其中直接引进国内(区外)资金15 252万元，完成任务的217.9%，同比增长127.7%。引进投资规模超千万元的重点项目8个。

【社会保障和再就业】 全年共征集就业岗位2 480个，安置各类人员1 390人，劳务输出1 187人，城镇登记失业率控制在4.9%。一家河农牧场职工的养老保险问题得到解决，成功启动工伤保险。低保救助能力得到加强，受灾群众生产生活得到妥善安置，新建成2处敬老院并投入使用。

【科技】 全年培训农牧民34 084人次；科技有偿承包项目24项，签订并履行县级技术服务合同82份，直接经济效益700万元；安排科技计划项目24项。

【教育】 高考、中考双获佳绩。高考专科以上上线率达到85%，本科上线率达到15%；全县中考500分以上学生占全盟1/4。县政府拿出20万元重奖了做出突出贡献的一线教师。

【卫生】 全县8个乡镇已有6.7万农民参统医疗保险，占全部农业人口的95%。传染病防治工作迈上制度化、规范化轨道。计生工作顺利通过自治区年度考核，成绩优异。

(白云峰 齐迎春)

乌兰察布市

【党政军领导名录】

市　委

书　　　记:韩志然(蒙古族 9月离任)
吴永新(蒙古族 9月任职)

副 书 记:傅铁钢
侯世忠
白和平(蒙古族)
吴来贵
刘忠诚

常　　委:丁　飞
陈国文(蒙古族)
艾丽华(女 蒙古族)
赵恩虎
常永福
刘　俊
王继兴
李建国

人　大

主　　任:韩志然(蒙古族 9月离任)
吴永新(蒙古族 9月任职)

副 主 任:王全章
金二毛(蒙古族)
王世明
刘　珍
曹二忠
陈建堂

政　府

市　　长:傅铁钢

副 市 长:李建国
王军朴
王　忠
武　泉(蒙古族)
薛培明
王建国
李　雅(女)
赵永华(蒙古族)

政　协

主　　席:帅志凯

副 主 席:伊子华(蒙古族)
郜丰平
傅　炯
希日夫(蒙古族)
郭玉胜
霍建设
石良先
李一飞
袁金莲(女 藏族)
曹　兴

政法委

书　　记:赵恩虎

纪检委

书　　记:吴来贵

检察院

检 察 长:王根和

法　院

院　　长:唐　谦

公安局

局　　长:郝光东

军分区

司 令 员:陈国文(蒙古族)

政　　委:李贵俊

副 司 令 员:利格当(蒙古族)
赵海斌

副 政 委:于占海(6月离任)

参 谋 长:李凤岭

政治部主任:皇甫建

【概况】 乌兰察布市位于内蒙古自治区中部,地处北纬40°10′~43°28′,东经110°26′~114°49′之间,北与蒙古国接壤,边境线长约104公里,东北部与锡林郭勒盟毗连,东临河北省张家口市，南与山西省大同市为邻，西与呼和浩特、包头市相连，东西长368公里，南北宽354公里。总面积5.5万平方公里，辖1区、1市、4旗、5县。市政府驻地在集宁区。

2004年乌兰察布市总人口为2 716 243人，其中蒙古族70 756人，占总人口的2.6%；汉族2 622 421人，占总人口的96.55%；还有满、鄂温克、鄂伦春、朝鲜、壮、回、达斡尔、藏、锡伯、彝、苗、维吾尔、土家等少数民族人口23 066人，占总人口的0.85%。全市财政总收入完成175 500万元，同比增加55 129万元，增长45.8%。全市社会固定资产投资总额为180亿元，同比增加92.97亿元，增长206.83%。

2004年全市农牧业总产值达83.03亿元，增加值达51.52亿元。

【农业】 2004年全市共完成农作物总播面积883.54万亩，其中马铃薯378.58万亩，占总播面积的42.85%，籽玉米147.23万亩，杂粮豆类103.23万亩，蔬菜瓜类43.76万亩(其中蔬菜42万亩)，油料87.21万亩，甜菜10.66万亩，小麦31.92万亩，青饲料及牧草78.13万亩，药材、烤烟2.82万亩。全市粮食总产量达28.37亿斤。油料总产1.51亿斤；蔬菜瓜类总产28.4亿斤；甜菜总产19.3万吨。饲用作物鲜草产量62.5亿斤。各类农产品以现行市场价计算，种植业总产值达34.53亿元，实现种植业增加值达到22.44亿元。全市种植大西洋原种马铃薯3 500亩，商品薯2.3万亩；夏波蒂原种1 880亩，商品薯5 000亩。

全市完成机耕面积880万亩；完成机播面积650万亩；完成机收面积133万亩，其中青贮玉米机收16.5万亩，玉米机收12.2万亩，马铃薯机收37.98万亩，机收农田牧草62.96万亩；机械加工饲草271.5万吨；机械打草73万吨；完成机械深施化肥面积460万亩，完成机械精少量播种面积77万亩，完成机械覆膜面积180万亩。

【畜牧业】 2004年6月末，全市家畜总头数达749.6万头只，比上年同期增加32.3万头只，纯增4.5%，其中大小畜666.8万头只，比上年同期增加51.1万头只，纯增8.3%，生猪82.9万口，比上年同期减少18.7万口，纯减18.4%。全年奶牛存栏达24万头，寒羊基础母羊存栏320万只。畜产品产量肉类总产量24.4万吨，鲜奶45万吨，毛绒7 920吨，禽蛋16 000吨。全年畜牧业产值达48.5亿元，增加值达29.1亿元。

全市建成牛冷配站1 049处，冷配母牛21.1万头；建成羊人工授精站点1 032处，完成人工授精11万只，其中建成肉羊人工授精站140处，完成肉羊人工授精41.7万只，其中肉羊试管冷冻精液配种母羊3.8万只。完成胚胎移植600只。种公畜良种化程度达到80%，标准化畜群比例达75%以上。

【林业】 2004年，乌兰察布市主要实施国家六大重点工程中的京津风沙源治理工程和天然林保护工程。全市共完成重点工程治理面积171.4万亩，其中人工造林合格面积为119.8万亩，完成飞播造林合格面积11.2万亩，完成封山育林合格面积40.4万亩，完成育苗16 173亩，其中新育苗11 298亩，容器育苗6 001万袋；完成义务植树559万株，四旁植树573万株。全市受理各类破坏森林资源案件2 420起，查处2 419起，综合查处破案率达到99.9%，打击处理各类违法犯罪人员2 813人次，挽回经济损失106万元；全市共发生森林病虫鼠害面积37.14万亩，发生率为6.3%，其中重虫害发生7.47万亩，成灾率15‰；防治面积24.9万亩，防治率达80%；完成监测面积424.92万亩，监测覆盖率达86.5%；全市产地检疫苗木16 714亩，产地检疫率88.7%。

【水利】 2004年，全市新增灌溉面积17.03万亩，占全年16万亩任务的106%；新增节水灌溉面积20.78万亩，占全年20万亩任务的104%，其中安装喷灌85处，面积1.89万亩，埋设地埋管1 087.8公里，灌溉面积17.82万亩；新增水保治理面积117.08万亩，占全年105万亩任务的112%；新增保护面积209万亩，占全年205万亩任务的102%；解决人饮11.38万人，畜饮15.184万头(只)，分别占全年6万人，15万头(只)牲畜任务的190%和106%。全市68项人畜饮水解困工程除一项为续建工程外，其余项目全部竣工通水。

【工业】 全市189户规模以上企业完成增加值31.11亿元，完成目标的100.32%，增速达46.8%，高于全区平均水平8.3个百分点。同时工业经济的运行质量得到根本改善，全市规模以上企业经济效益综合指数达142.34点，超出目标42.34点，比上年同期提高14.6点。实现利税6.61亿元，增长55.45%。特别是电力、建材、重化工、农畜产品加工四大支柱产业产生强劲的拉动作用，成为全市经济保持高位运行的主要增长点。全年，四大支柱产业共完成增加值29亿元，同比增长50%，占全部规模以上企业增加值总额的93.4%。全市共实施工业重点项目45项。至12月底，已开工25项，其中完工项目8项，完成固定资产投资60亿元(不含重化工投资10亿元)，占重点项目计划投资的10%。13项区级重点项目全部开工，开工率达100%，完成固定资产投资50亿元。

【园区建设】 2004年，全市共建有工业园区10个，其中重化工园区7个，生态工业园区1个，石材园区1个，机械制造园区1个，规划占地面积74.6平方公里，基础设施建设完成投资6.8亿元，已有入园企业256户，企业固定资产投资已达32亿元。这10个园区已初具规模，各功能区分布明晰，摆布合理，规划科学，标准统一，成为构建全市四大支柱产业的主阵地和重要平台。

【电业】 2004年底,乌兰察布电业系统拥有(直管)220千伏变电站9座,主变容量2 016 000千伏安;110千伏变电站15座,主变容量868 000千伏安;35千伏变电站7座,容量39 550千伏安;10千伏变压器2 008台,容量234 190千伏安。220千伏线路15条,总长度682.285公里;110千伏线路35条,总长度1 049.376公里;35千伏线路6条,总长度105.808公里。

2004年,售电量完成384 005万千瓦小时,同比增长74.76%,线损率4.86%,劳动生产率1 050 603元/人年,电费回收率100%,资金上缴率100.28%,供电电压合格率96.54%,供电可靠率99.98%。至2004年底,市电业系统创造连续安全生产2 367天的记录,保持6年未发生重特大责任事故的安全生产局面。

【城镇建设】 年内全市完成各类城建投资34.4亿元(含电力电讯4亿元),超额完成年初市委、市政府下达的30亿元的目标任务,比上年城建投资增长88%。其中,市政项目共完成249项,完成投资17亿元;房屋项目共完成330项,完成投资17.4亿元。同时,村镇建设投资进一步加大。全市完成村镇建设投资20 926万元,其中基础设施完成投资6 708万元、公用设施完成投资3 312万元、生产性建筑完成投资3 095万元、移民工程完成投资2 815万元、住宅完成投资816万元、商业市场完成投资4 180万元。

【招商引资】 2004年,全市引进国内外资金到位总额110亿元,同比增长117%,其中引进国内(区外)资金到位总额91亿元,同比增长167%,增长率位居自治区第一位,引资绝对数位居全区第3名,比2003年上升3个位次,招商引资创历史新高。全年出口创汇1 033万美元,同比增长23%。

【贸易】 2004年,全市共有自营进出口企业53家,初步形成进出口主体的多元化格局。私营企业已占全市自营进出口企业的80%,出口创汇占全市创汇总额的90%。全市还有7家企业争取到高新技改、外经贸发展促进等资金320万元。年初,利用上年争取到的中小企业国际市场开拓资金,组织10家企业赴日本、韩国考察出口市场,收到良好的效果。

【供销工作】 2004年,全市供销系统实现商品销售总额22 030万元,同比增长14.29%;农资商品供应额8 790万元,同比增长13.42%;农副产品收购额8 720万地,同比增长24.08%;实现利润总额57万元,同比增长6%;上缴税金28万元,同比增长3.7%;招商引资额完成2 950万元,同比增长16.55%。

【交通】 2004年,全市完成公路建设投资28 670万元,完成建设里程1 476公里。全市国省干线公路平均好路率达到78.7%,综合值73.6,比上年同期提高0.5个百分点。查处损坏公路案件191起。全年完成客运量910万人次,客运周转量90 066万人公里;完成货运量1 896万吨,货运周转量138 158万吨公里。

【旅游业】 2004年,前三季度,共接待各类游客103.9万人次,实现旅游收入3.1亿元,同比增加0.5亿元。其中"五一"旅游黄金周重点旅游景区接待游客1.7万人次,实现收入500万元,"十一"旅游黄金周接待游客1万人次,实现收入300万元,均创历史新高。全市新增国内旅行社3家,旅行社总量达到12家;新建一星级宾馆1家,二星级宾馆4家,全市星级宾馆总数达到13家。

【残联工作】 先后实施白内障复明手术748例,占年度任务720名的104%,人工晶体植入率82%,脱盲率99%,脱残率95%;为45名低视力患者配用助视器,培训抵视力儿童家长15名,为贫困聋儿提供"听力助残"助听器13台;建立乌兰察布市普及型假肢装配站,装配普及型小腿假肢21条,为残疾人提供用品用具975件,装配矫形器20件,训练肢体残疾人21名,训练智力残疾儿童12名,训练脑瘫儿童11名。

【劳动就业】 2004年,全市为2.92万名下岗失业人员发放再就业优惠证,减免各种税费598万元;下岗失业人员小额担保贷款工作全面推开,共筹集小额贷款担保基金614万元,发放贷款1 057.6万元,促使1 188名失业人员实现再就业。全年共安置城镇失业人员21 961人,其中持再就业优惠证的城镇失业人员实现再就业11 057人(含"4050"人员2 525人),城镇新成长劳动力安置10 904人,城镇登记失业率4.5%,控制在全年预定目标以内。

【农村富余劳动力转移输出】 2004年,各地认真落实国家有关鼓励农民进城务工的政策,切实加大维权力度,使全市农村富余劳动力转移输出工作有了很大进展。全年转移输出农村富余劳动力33.6万人,其中向城镇转移15.63万人,向市外输出17.97万人。全市累计已转移输出农村剩余人口90万人,其中劳动力63万人。

【社会保险】 全市基本养老保险参保人数141 649人。其中企业参保6.97万人,机关事业单位参保7.19万人;全市领取养老金的企业退休人员3.87万人(含0.34万名遗属),共发放养老保险金近22 150万元。

全市参加失业保险职工12.9万人,共征缴失业保险费1 980万元,全年累计领取失业救济金的失业人员10 812人,其中上年结转6 562人。年末仍有领取失业救济金的失业人员6 141人;全年共发放失业救济金1 567.6万元,实现了失业保险金按时发放。

全市参加基本医疗保险人数达到153 557人,比上年末净增2.6万人;共征缴基本医疗保险费5 219万元,支出3 844万元。工伤保险全面启动运行,参保职工25 000人;生育保险开始启动,参保人数17 115人。

【维护民(职)工合法权益】 全市各级劳动保障监察机构和劳动争议仲裁部门把维护职工的合法权益作为一项重点工作来抓。通过加大监察力度,提高解决突发事件的能力。全年共为4 300名民工追讨工资616.5万元;主动深入1 866户用工单位,对1 634户进行劳动保障年检,补签合同21 914人;督促992户用人单位进行社会保险登记,涉及职工13 000人,使731户用人单位补缴社会保险费428.68万元;受理群众举报案件149起,化解劳动争议168起,处理集体争议案件13起。

【扶贫开发】 2004年全市共投入扶贫资金10 997万元,其中财政扶贫资金4 597万元,以工代赈资金4 900万元,扶贫贴息贷款1 500万元,全市未解决温饱贫困人口由上年的19.6万人减少到17.6万人,减少2万人,低收入贫困人口由26.3万人减少到20.4万人,减少5.9万人。

【区划地名工作】 2004年,按照撤盟设市的要求,为适应集宁区城市建设的需要,民政部门积极协调有关部门,对集宁区、察哈尔右翼前旗的行政区划进行调整。将察哈尔右翼前旗的两个乡整体并入集宁区,从而使集宁区的人口增加26 357人,达到31.3万人,面积增加304.6平方公里,达到418.8平方公里。

【科技】 2004年,全市共抽组科技人员外出宣传1 200人次,展出展版280块次,开展咨询5 000人次,散发宣传资料1.5万多份(册),涉及18个学科领域的知识。利用电视台共播出《科技之窗》栏目26期,编辑发表论文20多篇,编发科普文章100多篇。全年,共选择参观典型240个,组织农牧民19 000人,开展60多场次的现场观摩,起到以点带面,辐射全局的效应。共培训乡镇领导、业务干部200多人。科技特派员培训的人员就达29.15万人次,发放资料13.4万份。

【教育】 2004年,全市有各级各类学校693所,其中:普通高等学校2所,广播电视大学1所,中等职业学校25所,小学458所,教学点891个,普通中学112所(初中90所、高中22所),职业初中28所。年末,小学在校生152 778人,初中在校生101 661人,全市共有专任教师19 151人。全市有幼儿园66所,入园儿童12 569人,特殊教育在校生209人。全市有中小学校舍面积172.81万平方米,其中,小学80.36万平方米,普通中学86.37万平方米,职业初中6.08万平方米。

【卫生】 2004年,卫生系统投资350万元,建筑面积3 600平方米的市疾控中心大楼建成;利用中德贷款项目360万元人民币的高新仪器设备正在陆续到位。累计投入860万元的察哈尔右翼后旗等7个旗县市区疾控中心基本完成土建。投资120万元的乌兰察布市紧急医疗救治指挥调度中心建设进入关键时期。总投资410万元的市传染病医院建设已完成招投标工作,进入建设阶段。全市36家县以上医疗卫生机构全部进入国家传染病疫情信息直报网络,并筹措经费10万元,为10所乡镇中心卫生院配备计算机及辅助设备,使其实现传染病疫情网络直报。在筹集资金5 000多万元对县、乡、村三级医疗卫生机构建设的基础上,争取160万元资金,对部分中心卫生院进行建设。

【计划生育工作】 全市人口出生率7.29‰,自然增长率1.38‰,计划生育率为98.24%,独生子女领证率20.78%。年内出生总数15 020人,其中:一孩出生12 027人,二孩出生2 938人,三孩出生55人,出生人数中女婴7 560人,男婴7 460人,性别比98: 68。流动人口总数为653 889人,其中流入53 826人,流动人口计划生育率98.58%,流动人口出生一名子女3 781人,二名子女798人,多子女9人。

【文化工作】 市文化部门在圆满完成"金雕飞起的乌兰察布"撤盟设市庆典专场文艺演出、"相约神舟家园"那达慕专场文艺演出活动任务的同时,组织承办包括全市文艺调演、广场健身舞表演赛、书画展、"牛妈妈杯"青少年书画大赛等在内的乌兰察布市首届广场文化艺术节。特别是来自市直及各旗县市区17支文艺队伍参加的全市文艺调演,观众达20多万人次。

录制"蓝色的乌兰察布"电视文艺晚会,在内蒙古电视台卫视频道、中央电视台3套多次播出。

2004年,先后完成对乌兰察布电厂等旗县市区七家自备电厂和208高速公路,集宁—科布尔二级公路、商都—五台河子二级公路的先期地表文物普查工作,以及卓资县城3座北魏鲜卑时期墓葬的考古发掘工作,出土文物14件;对全市境内的全国重点文物保护单位进行了JPS定位并完成环岱海保护规划的前期资料收集、准备工作;按照国家和自治区文物局的要求,完成察哈尔右翼后旗克里孟北魏古城、四子王旗元代净州路古城及砂井总管府等国家第六批和自治区第四批重点文物保护单位的申报工作,同时,配合自治区文化厅,完成对全市馆藏国家一级文物的鉴定工作,全市馆藏国家一级文物由9件增加到32件。

2004年,全市文化系统先后荣获全国、全区各种荣誉35

项。其中,孙志忠参加中央电视台举办的西部民歌大赛获优秀奖;孟克其其格、乌云毕力格在蒙古国举行的国际长调艺术节暨国际长调歌手大奖赛中双双荣获金奖;二人台实验剧团表演的《风雨山乡路》荣获晋蒙陕冀四省区二人台电视大赛优秀奖。2004年,继续实施"村村通"工程,扩大覆盖率。市广电部门已完成463个"村村通"建设任务,广播覆盖率为86.41%,电视覆盖率为85.20%。

【撤盟设市庆典】 8月22日,乌兰察布撤盟设市庆典大会在集宁新区隆重举行。上午9时,庆典开始。大会由乌兰察布市市长傅铁钢主持,原全国人大常委会副委员长布赫光临大会;国家机关及部委领导齐续春、李荣时、王环增、铁木尔、黄怒波、黎云昆,自治区领导和有关负责人杨晶、尤仁、郭子明、罗锡恩、奇英成、韩振祥、孙忠泰、王维山、邢宝玉、乌兰巴特尔、娜仁、冯士亮、赵世亮等应邀参加庆典活动。

大会收到中共中央政治局委员、书记处书记、中宣部部长刘云山,全国政协副主席、中国社科院院长陈奎元和中共内蒙古自治区委员会、自治区人大常委会、自治区人民政府、政协内蒙古自治区委员会、内蒙古军区联合发来的贺电。

自治区人民政府秘书长乌兰巴特尔宣读《国务院关于同意内蒙古自治区撤销乌兰察布盟设立地级乌兰察布市的批复》。

市委书记韩志然在庆典大会上致辞。自治区政府副主席郭子明在会上讲话。

大会完成各项议程后,进行了《金雕飞起的乌兰察布》大型文艺表演,各条战线先进人物和市民代表15 000多人参会并观看演出。

【体育】 2004年,全市11个旗县市区都设有体育行政机构和全民健身领导小组。中小学实施体育锻炼标准实施面达100%,及格率达88.19%,优秀率达20.37%。全市体育人口达38.1%,比上年增加0.6个百分点。2004年,新建体育场馆32个,全市已有各类体育场馆1 058个。市体育部门承办全区第十二届老年人乒乓球赛,中西部地区名人乒乓球赛,青少年羽毛球邀请赛。组织参加全区第五届农牧民运动会和自治区第十届残疾人运动会暨第一届特殊奥林匹克运动会,获得10金、8银、6铜,2个体育道德风尚奖的好成绩。

【人民生活】 2004年,全市城镇居民人均可支配收入为6 471元,同比增加843元,增长15%;农牧民人均纯收入为2 608元,同比增加470元,增长22%。

(金　海)

集 宁 区

【领导名录】

区委书记:刘　俊(蒙古族)
副书记:于生龙
张金亮
赵建平
贾粉兰(女)
师永智
人大主任:内日勒图(蒙古族)
副主任:董建荣(女)
魏和平
薛玉莲(女)
魏　昭
区长:于生龙
副区长:张　勇
寿和平
刘子龙
布　和(蒙古族)
王仝生
岳艳美(女)
科技副区长:胡万斌
政协主席:刘挺军
副主席:阿力贡其其格(女　蒙古族)
梁巴特尔(蒙古族)
张哲慧
孙绍英(女　9月任职)
武装部长:李中华(2月任职)
政委:孟有福(2月任职)

【概况】 集宁区是乌兰察布市政府驻地,位于北纬40°57′15″~40°13′29″,东经113°00′20″~113°16′26″,东临京津,南连晋、冀,西接呼、包,北通二连。京包线、集二线、集通线和110、280国道、京呼高速公路在此交汇。集宁区下辖1个镇、2个乡和8个街道办事处。总面积418.8平方公里,其中城乡面积67.5平方公里,占总面积的16.1%,乡镇面积351.3平方公里,占总面积的83.9%。总人口有110 803户,316 983人,人口总密度为757人/平方公里,其中:城市人口252 390人,占总人口的79.6%,人口密度为3 739人/平方公里;乡镇人口64 593人,占总人口的20.4%,人口密度为184人/平方公里。人口自然增长率4.97‰。2004年4月8日,集宁撤市设区,为集宁区。6月21

日,原察右旗白海子镇、黄家村乡划归集宁区管辖,全区面积由114.2平方公里扩大到418.8平方公里。

2004年,完成地区生产总值37.36亿元,同比增长30.7%,其中第一产业完成0.95亿元,增长42%;第二产业完成14.15亿元,增长66%;第三产业完成22.26亿元,增长15.9%。财政收入完成31 032万元,同比增长11.3%。城镇居民可支配收入7 152元。农牧民人均收入3 494元。

【农村经济】 2004年,粮食总产量4.3万吨,蔬菜总产量4.4万吨,肉类总产量0.2万吨;年末奶牛养殖总量9 375头,寒羊2.65万只。重点培育6个养殖专业村和6个奶牛养值园区,发展霸王河村,李长庆村1 650栋温室蔬菜基地,形成反季节蔬菜、鲜奶、肉食品三大主导产业。

【工业经济】 全年固定资产投资完成5.7亿元,规模以上企业增加值达4.3亿元,同比增长38.7%,区属企业入库税金3 000万元,同比增长50%,综合效益指数达到105。总投资15.5亿元的华宁热电联产项目正式开工建设,奈伦集团变性淀粉、福瑞制药厂巴布剂贴膏、稼源兴公司肠衣、旺源食品厂燕麦、康乐公司玻璃钢型材等一批附加值高的技改产品、项目相继建成,碧海塑业降解塑料母粒、华瑞碳素制品、西北化工二期扩建等新上项目开工建设。目前,已形成稼乐、长庆、乌兰等三大工业园区,形成农畜产品加工、生物制药、金属制品以及电子产品等四大支柱产业。

【城市建设】 2004年,为迎接乌兰察布市建市庆典,多渠道筹资12亿元,集中实施八项工程。新区七纵六横13条道路全部建成,达36.9公里。乌兰察布广场、党政大楼等重点项目投入使用,新建住宅15万平方米;旧区改造方面年内新建、维修道路19条,新增和更换路灯1 844基,亮化街路、景点179处,治理小街巷126条、灯光隧道2条,10条主要街道两侧便道基本实现硬化,改造旧平房15万平方米,新建住宅20万平方米;集中供热工程一期实现80万平方米供暖,垃圾处理场完成95%的土建工程;新增绿地面积200万平方米,城市绿化覆盖率达22.74%;新建和维修公厕68座,城市"脏、乱、差"的问题得到有效治理。

【招商引资】 全年共直接引进国内外到位资金10.2亿元,同比增长88.5%,其中引进国外资金209.9万美元;出口创汇446.8万美元。

【商贸流通】 投资1.5亿元的九龙商业步行街一期工程和新光明街市场建成投入运营;占地1 400亩的煤炭市场开工建设,农机、钢材、建材、金元、永泰等专业、集贸市场运行良好。全年社会消费品零售总额达到12.1亿元,同比增长20%。

【社会保障】 全年为7 968名企业退休职工发放养老金4 370万元,为1 514名失业职工发放失业金224万元,为12 975户、31 602名低保对象发放低保金2 312万元。建成4处全封闭固定的劳动力务工市场和一个运输市场;新增就业岗位6 053个,开发公益性岗位537个,多渠道安置下岗失业人员3 786人,新设立"爱心超市"3个。

【教育】 2003年12月,集宁地区铁路所属3所中学、3所小学、4所幼儿园划归集宁区教育局,划归在职职工388人,离退休人员398人。2004年6月顺利完成接转。全区共有中学9所,在校学生11 976人;小学23所,在校学生21 916人(包括白海镇、黄家村乡学区)。

【卫生】 2004年全区共有卫生机构10所、床位236张。强化公共卫生和防疫监督工作,有效地预防禽流感,防治布病和五号病。人口自然增长率4.97‰。

(孟 涛)

丰 镇 市

【领导名录】

市委书记:霍建设
副 书 记:兰和平
米继文
贺春生
王国相
陶克涛(蒙古族)
常培忠(6月任职)
人大主任:欧 英(10月病逝)
副 主 任:石国梁
陈建堂
杜 珍
范枝兰(女)
市 长:兰和平
副 市 长:弓常青(7月离任)
付俊峰
沙凤英(女 回族)
周金山(蒙古族)
尉常青
付海青(6月离任)

樊昱奇
张　霁(6月任职)
科技副市长:王庆伟
政 协 主 席:杨鸿钧
副　主　席:吴天福(蒙古族)
杜建平
李美林(女)
张　勇
武 装 部 长:张进官
政　　委:徐　力(2月任职)

【概况】 丰镇市位于内蒙古自治区中南部,素有"塞外古镇、商贸客栈"之城,地处晋、冀、蒙三省区交界处,阴山南麓,是自治区通往祖国内地的重要门户,是北京—莫斯科国际干线、京包铁路及208国道、呼阳省级干线的重要交通枢纽。地理坐标为北纬40°18′27″~40°48′28″,东经112°47′31″~113°47′18″,总面积2 700平方公里,市境东与兴和交界,西与凉城接壤,北与察哈尔右翼前旗为邻,西北与卓资县相接,南与山西省大同市、阳高县、左云县毗邻,距首都北京不足280公里。丰镇素有自治区南大门之称。1990年经国务院批准撤县设市,1998年初列为对外开放城市,全市总面积2 704平方公里,辖6乡7镇、4个办事处,城关镇、红沙坝镇、隆盛庄镇、三义泉镇、黑土台镇、永善庄乡、浑源夭乡、新城湾镇、官屯堡乡、元山子乡、马家库联乡、黑圪塔洼乡、巨宝庄镇。全市总人口为30.2940万人,其中农业人口18.7万人。全市共有汉、蒙、回、满、藏等14个民族,其中少数民族人口为2 177人。全市人口出生率为7.7‰,人口自然增长率为1.8‰。

【农业】 2004年,全市安排总播面积75万亩。其中反季节蔬菜种植5万亩,玉米25万亩,马铃薯40万亩,占总播面积的55.6%。同时立足自然气候特点,把杂粮杂豆作为旱作农业区的主要经济作物种植2万亩。全市呈现出优势种植业向优势区域集中的趋势。粮食总产达3.04亿斤,同比增加0.15亿斤。全市农业总产值实现98 082万元,按不变价计算,同比增长55.9%。

【畜牧业】 2004年,丰镇市畜牧业总产值达53 390万元,同比增长140%。年末牲畜饲养量达174.4万头(只),家畜存栏63.56万头(只),增长34.7%。全年出栏108.9万头(只)。年末,奶牛存栏达2.62万头,比上年增加0.94万头。基础母寒羊存栏达45.1万只,比上年增加21.9万只。采取细管冷配的方式,改良奶牛2.2万头;实施肉羊杂交改良工程,共移植肉羊胚胎500例,畜种、畜群结构进一步优化。良种及改良种比重达97.5%。形成丘陵山区以寒羊养殖为主,滩川区、城郊以奶牛为主的格局。

【林业】 2004年,全市完成人工造林8.63万亩,占任务的103%;完成飞播造林0.5万亩,占任务的100%;完成封山育林3万亩,占任务3万亩的100%;完成四旁植树100万株;完成义务植树56万株,占任务55万株的102%。同时采取国家、集体、个人一齐上,股份、承包、租赁多种形式并举。发展育苗,全市共育苗1 065亩,占任务800亩的133%。

【水利】 2004年完成水土保持治理面积11万亩,新增水浇地1.71万亩,占目标的101%。新增节水灌溉面积2.08万亩,占任务的104%。完成人畜饮水工程4处,解决1.12万人、1.1万头只畜的饮水困难。

【工业】 2004年,规模以上工业增加值达到8.8亿元,增长速度达48%。

【生态建设】 2004年,生态建设完成治理面积19.04万亩。其中完成退耕还林(草)工程8万亩,占任务的100%。完成沙源治理工程11.04万亩。依托生态工程,全市累计种植以紫花苜蓿为主的优质牧草约45万亩,种植面积在全区旗县市级最大。通过实施退耕还林项目补贴到户粮食10 600万斤,补贴现金3 220万元,生态建设成为全市农民增收的一条重要途径。

【招商引资】 2004年,丰镇市继续推行市级领导承包项目责任制,招商引资工作取得显著实效,全市共实施合作项目61项,引进国内到位资金32.4亿元,出口创汇209万美元。

【城市建设】 2004年,丰镇市完成拆迁面积4.6万平方米,开工建设住宅小区、商住楼面积24.7万平方米,当年竣工20万平方米。旧城重点实施道路、给排水、厕所、休闲广场、饮马河橡皮坝、小街小巷硬化、垃圾处理厂等八大基础设施建设工程;完成市区11条街巷3 000米的排污管道工程及北桥洞泵站改造工程;新建公厕20座;改扩建城市道路17公里,完成小街巷硬化15万平方米;建成休闲广场三个;开工建设饮马河治理工程和垃圾处理厂;加快新区基础设施建设,启动了新区广场、主干道、排污等基础设施建设工程,开工建设武装部、疾控中心、财政办公楼以及巨宝庄中学,拉开了新区开发的基本框架。

【交通 邮电】 2004年,丰镇市公路货运量394万吨,客运量121万人次;货运周转量28 498万吨/公里,客运周转量11 645万人/公里。完成县乡村道路新改建里程146公里,邮电业务总量4 065万元,同比增长136%,城市电话用户3.3万户,同比增长

14%，其中住宅电话17 480户；乡镇电话用户3 896户，其中住宅电话3 639户；移动电话用户2万户，同比增长47%。

【文化】 2004年，恢复文体局机构，出版《丰镇市志》，举办全市体育运动大会和春节电视文艺晚会。文化下乡活动蓬勃开展，市歌剧团、电影公司，为农民演出放映电影1 160多场。实施了广播电视"村村通"工程，广播电视覆盖率达90.3%，全市12个乡镇，全部组建广播电视工作站。

2004年，以开展教育"两基"达标攻坚年和教育形象年建设活动为契机，将"两基"达标、学校布局调整和危房改造有机结合起来，加大学校布局调整和危房改造力度，当年开工项目44处，开工面积达83 020平方米，当年投入建设资金5 819.4万元，当年竣工面积44 646平方米。当年撤小学2所，校变点13所，撤教学点33个。永善庄、官屯堡、黑土台三个乡镇顺利通过"两基"验收，"两基"人口覆盖率达84%。严格实施"两免一补"，减免学杂费212万元，惠及学生近2万名。

【卫生】 2004年，丰镇市有各类医疗机构181所，其中市级8所，乡级卫生院20所，村级卫生室124个，个体诊所29所；公共卫生体系和应急机制基本能满足群众的医疗卫生需求。

【社会保障】 2004年，全市登记失业率为4.0%以内，失业保险新增508人，职工总数15 060人，征收失业保险金222万元；养老保险新增4 000人，职工总数15 924人，企业养老保险覆盖率100%，征收养老保险金1 043万元，基本医疗保险新增3 076人，职工总数161 920名。启动工伤保险和生育保险，筹措再就业资金466万元，全市就业安置下岗失业人员和城镇新增劳动力2 586人，农村劳动力市内就地转移17 963人，市外输出19 407人。发放小额担保贷款126.3万元，培训农民工18 349人。全年新增享受低保的城镇居民2 085人，总数达9 077人，高于全区和全盟的平均水平。

【人民生活】 2004年，城镇居民人均可支配收入达6 668元，比2002年增长10.9%，农民人均可支配收入达2 735元，比2002年增长36.3%。

（王永顺 张志刚 王月奎 田广泽 张月红 霍建功）

察哈尔右翼前旗

【领导名录】

旗委书记：郭玉胜
副书记：庞虎（蒙古族）
王瑞
狄旺旺
姚瑞
王利平
人大主任：吴图雅（女 蒙古族 1月任职）
副主任：朱远来宝（蒙古族 1月任职）
赵云（1月任职）
周文有（1月任职）
高红霞（女 1月任职）
旗长：庞虎（蒙古族）
副旗长：纳森（蒙古族）
靳前斌
乔军
陈世雄
韩雪峰
郭晓东
吴锦峰
政协副主席：赵兵巴（蒙古族）
朱宝（蒙古族）
戈贵平（1月任职）
董巧云（女 1月任职）
武装部长：郑银河
政委：李建忠（3月任职）

【概况】 察哈尔右翼前旗位于内蒙古自治区的中南部。北纬40°41′～41°13′，东经112°48′～113°41′。平均海拔1 600米，东接兴和，南邻丰镇，西靠卓资、凉城，北与察哈尔右翼后旗相连。属乌兰察布市辖旗，总面积2 433平方公里，其中耕地面积90万亩。现辖12个乡镇，全旗总户数7.98万户，总人口23.7万人，其中：农业人口19.5万人，占全旗总人口的82%，有蒙、汉、回等8个民族，是以蒙古族为主体，汉族占多数的多民族聚居区，是国家扶贫重点旗县。

2004年，全旗地区生产总值完成18.9亿元，增速达35.7%。其中第一产业完成增加值5.50亿元，增速达4.0%；第二产业完成增加值8.79亿元，增速达64.8%；第三产业完成增加值4.48亿元，增速达16.6%。财政收入完成1.58亿元，增速达90.3%；城镇居民人均可支配收入达6 200元，增速达15.9%；农民人均纯收入达2 604元，增速达33%，规模以上企业实现工业增加值4.17亿元，增速达80.3%；全社会固定资产投资完成10.5亿元，增速达249.7%，引进国内外资金17.451亿元；出口创汇166.19万美元。

【农业】 2004年，全旗农作物种植面积76万亩，其中马铃薯30

万亩、玉米26万亩(饲料玉米11万亩)、瓜菜6万亩、甜菜6万亩、水地优质牧草3万亩、油料1万亩、杂粮杂豆4万亩、全旗粮食总产达2.63亿斤。

【畜牧业】 年内全旗奶牛存栏达到35 097头,奶牛业实现纯收入7 907万元;基础母羊存栏达37.02万只;寒羊总存栏达39.5万只,寒羊实现纯收入7 182万元;马铃薯种植业实现纯收入5 100万元;瓜菜种植业实现纯收入4 352万元。

【工业】 2004年,全旗以工业园区为载体,以增加大项目为切入点,以优化投资环境、大力招商引资为重点,加快培育电力、重化工、马铃薯加工业、乳制品加工业、肉食品加工业五大支柱产业。联能察哈尔电厂项目于8月18日举行奠基仪式;平地泉220千伏输变电工程项目4月份开工,项目投资9 270万元;重化工三区110千伏输变电工程于11月份底建成,项目投资2 860万元;新建重化工电石项目5个,总投资1.22亿元;蒙牛天辅乳业公司投资8 600万元,新建7条生产线;引进建成建筑安基业混凝土搅拌项目,项目投资3 000万元;在黄茂营乡、三岔口乡等地建成的石材开发小区,引进50家石材加工企业。

【城镇化建设】 2004年察哈生态工业园区被自治区确定为区级生态工业园区,投资900万元,重点建设察哈尔工业大道:续建工程450米、察哈尔大道主体工程1.7公里和一些配套设施工程;加强旗政府所在地土贵乌拉镇的旧区改造,实施十二项工程,全年投资达2 246万元;争取国债资1 550万元,完成第三期移民新区建设,新迁入住300户、1 000多人。

【林业】 2004年全旗完成退耕还林工程8.42万亩,完成沙源治理工程17.35万亩,这两项工程顺利通过自治区和国家六部委的验收。全旗林草覆盖率由2000年的5.3%提高到2004年的27.8%,基本形成了东山、西山、北山及黄旗海周边几条大的绿色生态屏障。

【水利】 2004年全旗共投资1 318万元,建设种类水利工程119处,新增有效灌溉面积1.75万亩,新增水保治理面积11万亩,完成节水灌溉面积2万亩;解决了1万人、1.1万头(只)牲畜的饮水困难。

【交通】 投资1 417万元,重点建设平地泉镇花村至赛汉乡、玫瑰营镇至高宏店乡两条共25公里乡乡通油路工程和124公里村村通公路工程,打通31个不通公路的行政村。

【社会保障】 城镇新增就业岗位2 607个,其中安置"4050"人员207名,城镇失业率控制在4.5%以内;发放失业金262万元,覆盖失业人员9 695名。全年为2 369名企业退休人员及遗属发放养老金1 491万元;参加医疗保险人员1.05万人,支付医疗费297万元;为4 268名符合条件的低保对象发放最低生活费465万元;深入开展各类救济救助活动,全年发放各类救济救灾款55万元。

【科技】 年内,全旗围绕农牧业主导产业,重点实行科技特派员制度,在65名科技特派员的示范指导下,全旗共建立14个科技示范区(基地)、12 934个科技示范户,科技贡献率已达到43%;共举办各类科技培训班97期,培训人数1.56万人次;印发科技资料1.6万份(册)。

【教育】 旗扶贫助学基金会用12 650元捐款扶助贫困大学生22名。精心实施危房改造工程,建成11所寄宿制示范学校,极大地改善全旗的办学条件,全旗小学生辍学率为零,中学生辍学率为城镇控制在1.5%以内、农村控制在2.3%以内。

【计划生育】 全旗人口出率为6.37‰,计划生育率97%,综合节育率94.28%,已婚育龄妇女的两普及率90%以上。

(任瑞元)

察哈尔右翼中旗

【领导名录】

旗委书记:赵　锦(蒙古族)
副书记:兰永奋
乌宁吉雅(蒙古族)
乔静波
范　忠
霍建忠
人大主任:巴图巴雅尔(蒙古族)
副主任:王翠花(女)
夏玉堂
燕展荣
闫建平
旗长:兰永奋
副旗长:邢　宇
乔福才(蒙古族)
贾志军
沈彩军
科技副旗长:郭春芳(女)

政协主席：彭　悦

副 主 席：梁兰花（女）

沈　平

甫宝音（蒙古族）

董雪清

武装部长：邓海生

政　　委：胡　升（7月离任）

李春生（7月任职）

【概况】 察哈尔右翼中旗隶属于内蒙古自治区乌兰察布市，位于阴山北麓，介于北纬41°6′～41°29′24″，东经111°55′43″～112°49′51″之间，与察右后旗、四子王旗、卓资县相邻。土地面积4 190.18平方公里。全旗辖2个苏木、14个乡、3个镇、182个嘎查村、6个社区、932个村民小区。全旗总人口213 970人，其中蒙古族3 719人，占总人口的1.74%。

全旗地区生产总值达11.75亿元，同比增长22.4%。其中第一产业增加6.78亿元，同比增长11.9%，第二产业增加值2.95亿元，同比增长61.6%，第三产业增加值2.02亿元，同比增长17.3万；全社会固定资产投资完成额达7.23亿元，同比增长61.5%；财政收入完成4 759万元，同比增长6.7%；农牧民人均纯收入达2 246元，同比增长21.7%，城镇居民人均可支配收入达5 900元，同比增长14.6%。

【农业】 加快发展以红（胡）萝卜、马铃薯、畜牧业、林草业为重点的农牧业产业化进程。一是全旗红（胡）萝卜种植面积扩大到4 000公顷，比上年增20%，总产达1.35亿公斤，比上年增加14.4%；马铃薯种植33 461公顷，占全旗粮食作物播种面积的71%，总产5亿公斤以上。累计建成大中型贮窖290多座，总贮能力1亿公斤以上；

【畜牧】 以奶牛、寒羊养殖为重点的畜牧业在结构调整中快速发展。年内通过农户自筹、干部、职工贷款等方式，购进奶牛2 185头，纯繁5 020头，杂交培育4 030头，奶牛饲养量达32 000头，较上年增加12 500头，日产鲜奶260多吨，累计建成挤奶站63处，年内购进基础母寒羊78 000只，基础母寒羊存栏达310 000只。新建暖棚4 000间，累计建成标准暖棚28 000间。新建青贮窖20 000座，总贮能力达2.5亿公斤以上。

【退耕还林】 年内完成人工造林6 800公顷，占退耕还林任务的105%，义务植树51.1万株，四旁植树18.6万株，育苗35公顷；投入水利建设资金1 086万元，新打机电井96眼，配套93眼，新打筒井89眼，修复旧井31眼，新增灌溉面积1 207公顷，新增节水灌溉面积1 367公顷，新增保护面积14 667公顷。解决9 000人和1万头牲畜的饮水困难。

【工业】 全旗规模以上工业企业完成增加值9 798万元，同比增长34.5%，经济效益综合指标达90.23，产品销售率达96.38%。其中电力工是企业完成增加值4 995万元，同比增长33%，以电石为主的重化工业完成增加值3 470.4万元，同比增长87%。

龙源风能有限公司投资2.2亿元，新上22台装机总容量2.6万千瓦风电项目年内全部建成并网发电，风电装机容量达6.85万千瓦。

先后引进呼和浩特开元房地产公司和祥泰实业公司资金2.4亿元，兴建18台1.75万千伏安电石炉项目，年内有4台投入运行，另2台完成土建，新增生产能力15万吨。重化工业企业共安排下岗失业职工和农村剩余劳动力1 500多人。多方筹资1 200多万元，扩建占地134公顷的重化工业园区，已完成征地、通水、通电、通路和场地平整工作，并有白雁湖、奥立鑫、祥泰三家电石企业安家落户。争取内蒙古电网公司投资1.2亿元，兴建的220千伏变电站1号18万主变和110千伏变电站投入运行。

农畜产品加工方兴未艾。科银淀粉有限公司收购马铃薯2万吨，生产精淀粉2 800吨；巴音火石坝村小型蔬菜脱水厂收购红（胡）萝卜60万公斤，生产脱水干品1万公斤。广益隆小型精淀粉厂收购马铃薯100万公斤，生产精淀粉5万公斤。建成4家林草加工企业。年加工能力6 000吨。

【城镇建设】 城镇化和基础设施建设步伐进一步加快。休闲文化广场、主街拓宽改造及排污工程和党政、检察院办公楼等七项续建工程全部完工；启动城镇集中供热工程；二中新校址及地税局办公楼、家属楼工程进展顺利。

【扶贫开发】 以实施“千村扶贫开发”为重点，年内完成投资4 050万元，使5 800贫困人口解决温饱问题。

【交通】 中（旗）—集（宁）69公里二级油路改建工程全面开工。科（布尔）—乌（兰哈达）中旗段、大（清河）—土（牧尔台）中旗段两条三级油路全面完工；旗内5条公路的建设任务进展顺利；全面完成20个嘎查村148.5公里的建设任务。

【旅游业】 年内投资3 000多万元，用于旅游基础设施建设，旅游设施条件和接待能力明显改善。

【招商引资】 完成招商引资项目库建设。累计完成横联项目38项，引进资金4.4亿元人民币，出口创汇80万美元，有力地拓宽融资渠道，加速“三化”建设进程。

【社会保障】 全面落实退耕还林补贴、粮食直补、农业税下调等支农政策。全面落实三条社会保障线政策,加大就业和再就业工作力度,城镇登记失业率控制在3.95%以内。"两个确保"得到巩固,社保覆盖面进一步扩大,有4 189人被纳入最低生活保障范围,基本做到应保尽保。

【社会事业】 大力推广科技特派员制度,科技对农牧业生产的贡献率达到47%。教育工作坚持实施"科教兴旗"战略,顺利通过"两基"达标验收。如期组织实施国家"二期义务工程",集中资金实施"排危改土"和"农村中小学寄宿制"工程,教育教学条件明显改善,高考升学率再创历史新高。高度重视民族教育,坚持计划生育综合治理,计划生育率98.44%,卫生服务网络进一步完善,疾病预防与控制工作长足发展。实施电视网络光缆整改工程,文化、广播电视、体育事业健康发展。切实减轻农牧民负担,人均减负49.7%。

【存在问题】 发展总体水平低,产业结构不尽合理,农牧业生产抗御自然灾害和市场风险的能力还不够强,工业基础薄弱,第三产业发展滞后,财政收支矛盾突出,城镇部分居民生活困难,政府职能转变还不很适应市场经济和加入世贸组织的要求等。

(朱永生 施玉森 杨雪晴 李莉)

察哈尔右翼后旗

【领导名录】

旗委书记:李建平
副 书 记:赵世宏(蒙古族)
张 翔
秦文亮
潘小平(蒙古族)
苏雅拉图(蒙古族)
人大主任:赵炳和
副 主 任:刘太平
郭秉金
李翠莲(女)
宝日土牧尔(蒙古族)
旗 长:赵世宏(蒙古族)
副 旗 长:王晓东
张伟农
刘斯琴(女 蒙古族)
贺学敏
翟辰文
李思渊
张俊斌
政协主席:梁建军
副 主 席:陈义和
宝音达来(蒙古族)
刘爱兰(女)
武装部长:杨海钰
政 委:肖宝洲

【概况】 察哈尔右翼后旗位于内蒙古自治区中部阴山北麓,属乌兰察布市,位于北纬40°3′~41°59′,东经112°42′~113°30′。总面积3 910平方公里,总人口20.74万人。东与商都县、兴和县接壤;西和察右中旗、四子王旗交界;南与察右前旗、卓资县为邻;北和苏尼特右旗毗连。集二线铁路贯通全境;集通线铁路在旗境贲红镇分轨;208 国道、呼满大通道是通往蒙古国、俄罗斯及东欧各国的重要国际通道。

2004 年,全旗 GDP 完成17.44亿元,同比增长33.52%,人均地区国内生产总值首次超过1 000美元。财政收入完成15 008万元,同比增长42.6%;财政总支出34 364万元,增长34.04%。城镇居民人均可支配收入6 350.16元,同比增加 794 元,增长14.3%;农牧民人均纯收入2 741元,同比增加745.74元,增长37.4%,高于全市平均水平15.5个百分点;15 个小康示范村当年基本实现户均 2 头奶牛或 10 只肉羊目标,人均纯收入突破3 800元。

【农业】 全旗共完成播种面积73.13万亩,粮食总产达1.2亿公斤,创历史新高。农业税税率在2003 年的基础上降低 3 个百分点,全旗农业税正附税合计348.2万元,人均负担25.16元,较税费改革前(2000 年)的人均126.7元,减少101.54元,减负率达80.14%,比2003 年的人均 47 元减少21.84元;发放粮食直补资金 130 万元,退耕还林补贴4 664万元,教育"一费制"补贴 65 万元,"两免一补"资金 94 万元,各项惠农政策累加起来,农牧民人均受益 471 元。

【牧业】 奶牛存栏数达到18 048头,同比增加7 728头,增幅75%;调购寒羊80 439只,基础母寒羊存栏24.23万只,基本消灭了寒羊养殖空白村,年出栏商品肉羊56.87万只。配套建成奶站26 个,发展奶牛养殖基地 9 处。全旗形成以蒙原肉食品公司为龙头,14 座冷库为依托,1 380多吨库容为基础的肉食品加工贮销体系,年加工肉制品4 000多吨。

【林业】 完成退耕还林11.6万亩,京津风沙源治理工程16.53万亩,薪炭林项目建设 1 万亩。圆满完成全旗森林分类区划界定工作。新增灌溉面积1.53万亩,建设人畜饮水、防氟改水工程15处,解决1.3万人、1.9万头(只)牲畜饮水困难问题。

【工业】 全旗规模以上工业增加值完成3.79亿元,同比增长50.42%。实现利税1.35亿元,同比增长91.94%,工业经济综合效益指数达147.6%。乌兰水泥厂三期工程点窑生产,余热发电项目进入设备调试阶段。新增重化工生产能力27万吨,累计达57万吨。投资50亿元,年产50万吨PVC项目一期工程(投资5亿元)办理立项,水资源论证等手续。总投资54亿元的自备电厂厂区附属设施和办公生活用房已开工,主厂房地质钻探、电力接入系统方案也已经完成。投资45亿元的电解铜项目,投资30亿元的废铝回收项目和投资2亿美元的加拿大分风能发电项目都已签订协议。

【招商引资 旅游业】 全旗共签约招商引资项目26个,其中投资额超10亿元的项目5个,签约资金212.83亿元,实际利用16.23亿元,同比增长1.36倍。投资1 000多万元的准三星级白音宾馆竣工并投入运营。宝格达乌拉、阿贵乌拉旅游景区基础设施和服务功能进一步完善,全年接待国内外游客20万人次,其中旅行社组织的旅游团3.3万人次。哈彦忽洞天鹅湖被命名为市级自然保护区。

【基础设施建设】 全旗城镇以上固定资产投资完成8.39亿元(不包括公路建设投资2亿元),同比增长60.42%。完成白一石三级油路改建工程;完成白一八公路路基土石方和桥涵工程。开工建设电力园区主干道和红格尔图环镇路。新增10千伏配电线路41.2千米,配电变压器82台1 339千伏安。行政村通电率达100%,自然村通电率达90%。扩建无线接入3个信道,架设光(电)缆129.9公里,建接入网点5个,开通128线光接入设备和48线宽带节点。

【社保】 全年共转移输出农牧区富余劳动力4.4万人次。全旗城镇下岗失业人员再就业1 578人,其中援助"4050"等困难群体再就业156人,城镇登记失业率控制在4.25%以内,全旗参加养老保险职工达10 205人,同比增加1 769人。享受养老保险人数达2 309人,离退休人员全部按时领取到基本养老金,社会化发放率为100%。全旗纳入低保范围4 158人,普遍提高最低生活保障标准,人均差补63元,累计发放低保金310万元。参加医疗保险人数9 100人,比上年度增加1 448人。累计发放救济款61.1万元。

【科技】 全旗选派65名科技特派员,重点围绕农牧业三大主导产业和15个小康示范村开展相关服务。

【教育】 全旗开展"教育质量年"活动,"两基"达标通过自治区复查。全面实施中小学寄宿制工程,年内开工面积13 000多平方米,已竣工12 654平方米,为1 739名中小学生解决食宿问题。

【文化】 成功举办建旗50周年庆典暨第五届那达慕大会。鼓励民间创办"塞北书画院",出版《百花》文学杂志,印刷察哈尔右翼后旗风情挂历。

【计划生育】 全旗常住人口计划生育率达98.32%,常住人口自然增长率2.76‰以内,并接受了自治区计划生育优质服务旗县验收。

【存在问题】 全旗经济社会发展中还存在不少困难和问题。主要表现在:产业结构需要进一步调整优化,三产服务业水平亟待提高;农牧业产业化程度低,龙头企业规模小,数量少,带动能力弱;城乡居民收入增长速度与经济发展增速不相适应,低收入群体生活仍很困难,就业和社会保障压力仍然较大;对外开放力度有待进一步提高;政府职能仍需进一步转变,依法行政水平有待进一步提高。

(孟泽辉)

四子王旗

【领导名录】

旗委书记:特木勒(蒙古族)
副 书 记:朝克图(蒙古族)
郭的忠
孙怀民
王 孝
陈世贵(6月任职)
文 化(蒙古族)
郝俊卿(女)
张林虎(4月任职)
人大主任:巴雅拉夫(蒙古族)
副 主 任:曹俊文
王根莲(女)
特木尔(蒙古族)
敖 登(女 蒙古族)
旗 长:朝克图(蒙古族)
副 旗 长:王志强(回族)
利 民(蒙古族)
张志萍(女)

李尚荣
赵　亮
王越华
政协主席:张改娥(女)
副 主 席:于有升
哈期巴根(蒙古族)
吉仁太(蒙古族)
巴登少(女　蒙古族)
武装部长:张虎林
政　　委:王志强

【概况】 乌兰察布市四子王旗位于内蒙古自治区中部、大青山北麓,地处北纬40°20′～42°40′,东经110°20′～113°;北与蒙古国接壤,东与锡林郭勒盟苏尼特右旗、乌兰察布市察哈尔右翼中旗为邻,西连包头市达尔罕茂明安联合旗,国境线长104公里。全旗所辖面积25 513平方公里,其中牧区占81.7%,农区占18.3%。全旗辖11个苏木、11个乡、1个场、1个镇,122个行政村(嘎查),789个自然村。总人口为21万人,有蒙古、汉、回、满、达斡尔、锡伯、布依、裕固、东乡、土、瑶等11个民族,其中少数民族占8.7%,男女分别占52%、48%。全旗人口密度为每平方公里7.98人,其中牧区人口密度为每平方公里1.25人,农区人口密度平均每平方公里32.04人。2004年,财政总收入6 563万元,比上年增长15.6%。城镇居民人均可支配收入达6 173元,同比增长16.5%;农牧民人均纯收入达2 511元,同比增长24.4%;全旗地区生产总值完成14.9%亿元,同比增长22.4%。

【工业】 2004年,全旗共引进项目42个,其中矿产品和农畜产品工业项目39个,当年建成投产5个。年内完成工业增加值2.34亿元,同比增长25%,其中,规模以上工业企业完成增加值1.7亿元,同比增长44.9%,经济效益综合指数达到140%,同比增长28个百分点。第三产业增加值达3.48亿元,占GDP的比重为23.4%。

【旅游】 2004年,成功举办乌兰察布市首届那达慕大会,全年接待游客50万人(次),旅游直接收入达到5 000万元。

【林业】 全年新增林地面积29万亩,林草业增加值达5 897万元,同比增长14.7%。2004年,继续实施国家京津风沙源治理工程、牧区移民工程和退牧还草工程,生态建设和农牧林水各业取得显著成效。年内争取国家沙源项目投资3 120万元,完成治理面积131.28万亩;争取退耕还林项目投资2 392万元,完成治理面积19万亩;争取退牧还草项目投资519.75万元,完成禁牧面积105万亩。

【农业】 加大马铃薯、玉米和油料作物的种植面积,粮食总产量达3.7亿斤,同比增长0.5%。

【畜牧业】 牧业年度家畜总头数达到161.56万头(只),同比增长2.5%。年底奶牛和寒羊基础母羊存栏数分别达到1.1万头和19.1万只,同比增长213%和357%。养殖业增加值达2.7亿元,同比增长12.5%。

【水利】 水利水保实施新增节水灌溉面积2.1万亩,水保治理面积10.8平方公里。

【交通 邮电】 完成大清河—土牧尔台油路旗境内96公里改建工程;完成格根塔拉—丁计梁段83公里二级油路改建工程;完成乌兰花—江岸226公里三级公路建设,新建农村公路294.7公里,建设黑沙图工业园区水泥路4.7公里。完成白乃庙铜矿35千伏变电站改造工程,乌兰花—东八号35千伏输变电工程土建任务。乡、苏木、场、镇和部分行政村全部通了电话,行政村以上全部通邮,全旗程控电话达15 448门,城乡邮路及投递路线31条,总长度达3 219单程公里。

【城镇建设】 2004年,镇内建筑工程总面积12.8万平方米。完成杜尔伯特广场建设任务,全面改造新华街,拓宽道路,重新铺设地下管网;继续进行东山生态公园、解放路拆迁续建工程。

【教育】 全旗有中小学86所,在校学生27 726人,其中少数民族在校学生2 998人,有专职教师1 931人,小学入学率达99.9%,初中入学率达98.3%。全旗义务教育阶段学校全部实行"一费制",农牧区学生实行"两免一补"。

【文化】 广播电视覆盖率分别达到87%和80%,完成旗图书馆、文化馆建设项目。

(梁宝贵　刘秀瑞)

卓资县

【领导名录】

县委书记:吴永峰
副 书 记:且国山
苏　和(蒙古族)
张丽华(女)
邓　嵘
韩文广

人大主任:马永拴
副 主 任:吉平旺
李秀清(女)
王建国
李金星(女)
县 长:且国山
副 县 长:王新民
武玉亮(蒙古族)
周德喜
韩全宝
丁雷存
科技副县长:张静丽(女)
政协主席:霍元宏(满族)
副 主 席:娜 仁(女 蒙古族)
范 勇(蒙古族)
锁占荣(回族)
彭福全
武装部长:杨荣贵
政 委:李 强

【概况】 卓资县位于内蒙古自治区中部乌兰察布市中南部,北纬40°38′~41°16′,东经110°51′~112°56′。西倚呼和浩特市,北靠察哈尔右翼中旗,东绕察哈尔右翼前旗,南临凉城县,东南、西北、东北和丰镇市、四子王旗、察哈尔右翼后旗接壤。西距呼和浩特70公里,东距集宁市50公里,周边与8个旗县市相毗邻。京包铁路和110国道、京呼高速公路穿境而过。全县辖9乡5镇,总人口22.8万人,常住人口16万人,其中集镇人口5万人,少数民族0.5万人。总辖地面积3 119平方公里。2004年全县GDP 15.66亿元。财政收入7 850万元,完成固定资产投资13.7亿元,人均GDP 6 950元。城镇居民人均可支配收入6 365元,农民人均纯收入2 308元。

【农业】 2004年粮食种植面积63.6万亩,粮食总产量2.5亿斤,并新增水浇地1.7万亩,新增节水灌溉面积2万亩,新增人畜饮水工程2处,完成水保治理面积12万亩,完成退耕还林还草治理面积9.9万亩。投入扶贫资金1 300万元,对6个乡镇25个村387户1 560名贫困人口进行易地搬迁。在马铃薯方面,依托龙的公司以及周边富广、索伦公司,建设优质马铃薯基地,全县马铃薯种植面积35万亩,建原种网室基地53亩,马铃薯年产量稳定在7亿斤以上。在药材方面,依托内蒙古惠丰医药集团公司,着手建设全国最大的药材基地,与惠丰医药集团签订逐步建设20万亩药材基地的种植合同,年内完成种植面积1.3万亩。

【牧业】 2004年全县购入荷斯坦良种奶牛1 800头,加上自繁自育,年终全县奶牛饲养量达18 000头。引资新建奶站11处,配套饲草料加工机具300台套,为奶牛业发展奠定坚实基础。肉羊方面,依托卓子山清真肉食品公司,加大投资力度,调购优质基础母羊,利用冻精、胚胎移植等多种技术手段杂交改良,进一步提高肉羊品质和产出率。为打造真正的肉羊品牌奠定基础。6月末,全县大小畜存栏60.5万头只。

【工业】 是年开工建设了总投资34亿元、装机容量4×20万千瓦华电卓资发电厂。积极争取北方联合电力有限公司投资建设旗下营电厂项目,并完成地质勘探、水资源和可研论证等前期准备工作。与华电(10万千瓦)、光瑞(6.3万千瓦)、联能(150万千瓦)、香港恒发有限公司(20万千瓦)四大公司签字了风电项目意向性投资开发协议。重化工企业,已投产的10家,在建的4家、矿热炉达到26座,年生产能力达到50万吨。建材方面,重点对建力墙体轻体建材和宏力水泥项目进行了技术改造和重组。宏力水泥由华电兼并重组,由原来年产1.8万吨的停产半停产状态扩大为年产24成吨水泥的骨干企业。对卓资山清真食品公司进行技改扩建,年屠宰加工肉羊能力达20万只,年产肉食品5 000吨。2004年,全县规模以上工业经济效益指数达191,实现工业利税3 415万元。

【交通】 是年共新建、改建、续建道路12条,总里程46公里,已竣工道路11条,通车24公里,黑色路面23.5万平方米。

【城镇建设】 2004年,完成旧区拆迁3.8万平方米,引资1.5亿元,兴建住宅小区4个,开发建设沿街门脸1.5万平方米。开工建设卓资中学新校区、党政综合楼、九曲山生态公园、五叉路、工业园大型雕塑,社会公益性建设总投资4 000余万元。在市镇工程建设方面,水、电、气、暖等基础设施建设同步进行。城镇绿化、美化、亮化三大工程全面启动,镇内沿河、路旁、广场等空闲地段全部进行绿化。

【计划生育】 人口自然增长率控制到-2.78‰。

(付志鹏)

商都县

【领导名录】

县委书记:罗虎在
副 书 记:刘广平
张利平

赵向红(女)
张　军
曹海波
人大主任:张建民
副 主 任:于家和
任笑春(女)
王　贵
魏　兆
县　　长:刘广平
副 县 长:王志祥
纪全富(蒙古族)
吉　福(蒙古族)
王铁梁
袁金莲(女 藏族)
郭翔宇
刘建军
政协主席:潘学理
副 主 席:李　富
门永强
张占英
张丽霞(女)
武装部长:云润田(蒙古族)
政　　委:崔文林

【概况】 商都县地处内蒙古高原中南部,位于乌兰察布市东北部,东与河北省康保、尚义、张北县相邻;南与兴和县毗连,西依察哈尔右翼后旗,北与镶黄旗接壤。地理坐标为北纬41°18′~42°09′,东经113°08′~114°15′。全县总面积4 353平方公里,辖15个乡(镇),人口34.2万人。商都镇位于商都县东南部,辖18个社区。

2004年,地区生产总值达14.6亿元,同比增长30.7%,财政收入完成7 548万元,城镇居民人均可支配收入和农民人均纯收入分别为6 038元和2 389元。2004年,全县总人口34.2万人,其中常住人口21.5万人。有217个村民委员会,717个村民小组。

【农牧业经济】 现有耕地130.50万亩,其中水浇地20万亩。有林草地235.2万亩。大力调整优化农村经济结构,积极培育奶牛、寒羊、反季节蔬菜三大主导产业,年末奶牛1.53万头;寒羊34.6万只。建起奶牛养殖园区8个,专业村90个,建起寒羊养殖专业村250个,发展专业户5 000多户,畜牧业增加值占第一产业增加值的比重达35.3%,农牧业结构正在由种植业主导型向养殖业主导型转变。巩固发展蔬菜种植乡镇5个,反季节蔬菜种植面积达到8万亩,其中无公害蔬菜6.4万亩。

2004年,实施退耕还林和风沙源治理工程17.68万亩,林草平均成活率达95%,新增农田有效灌溉面积1.82万亩,发展节水灌溉1.98万亩,解决1.07万人的饮水困难。

【城乡建设】 2004年,投资7 347万元,在商都镇新建、整修道路7条,共5.5万平方米。新安装整修路灯242盏(套),铺设排水排污管道7 000延长米,新增供热面积8万平方米;更新和栽植常绿树种2 200多株,城镇绿地面积扩大到5万平方米;引进4家开发商对旧城区五处地段进行拆迁和新建;对生态广场进行全面改造,投资350万元,完成100户移民搬迁。完成玻璃忽镜—卯都三级油路路基和桥涵工程,格化—土牧尔台小油路竣工通车,商都镇—五台河二级油路开工建设,完成涉及57个村委会、总长196.5公里的"村村通"工程;建成500千伏和220千伏两座输变电站。

【工业经济】 2004年,电力工业2×30万千瓦自备电厂项目获得上级有关部门批准,正在进行前期工作,引进外商投资,装机容量30万千瓦的风电项目已签订协议,正在进行立项审批等前期准备;重化工业新引进的9家企业一期工程完成投资1.5亿元,建成1.25万千伏安矿热炉10台;农畜产品加工业引进4家客商投资1 530万元,从事羊毛、羊绒和精淀粉加工;矿产业引进5家客商投资1.06亿元,进行铁金粉、工业白灰生产。同时,鹿王商都分公司、奥淳酒业公司和牧机公司等企业也取得较好的效益。全县规模以上工业完成增加值8 250万元,同比增长240%,增速居乌兰察布全市第一位。工业对财政的贡献率达到56.3%,同比提高27.8个百分点。

【社会保障】2004年,共兑现各项生态建设补贴资金3 338万元,直接补贴奶牛,寒羊养殖户资金1 820万元,下调农业税税率3个百分点,发放粮食直补资金255万元,发放"两免一补"资金174万元,有力地促进广大农牧民减负增收。高度关注弱势群体的生活保障,发放养老保险和失业保险资金1 222万元、低保资金388万元。多渠道解决就业再就业及农村剩余劳动力转移问题,使2 932名下岗失业人员实现再就业,向外输出劳动力2万人,缓解就业压力,发放社会救灾救济资金105万元,保证受灾群众的基本生活,切实加强扶贫开发,解决1 657户5 800人的脱贫问题。

【教育文化】 全县适龄儿童入学率100%,残疾儿童入学率为93.6%,青壮年非文盲率达98.2%。2004年,全县改造危房面积10 335平方米;投资300多万元,为2所中学建起计算机教室,15所小学安装远程教育单收系统;撤并农村教学点83个,创办9年一贯制学校3所。继续深化教育改革,通过"一推双考”,择扰聘任中小学校长、副校长70名。撤销乡镇学区,组建乡镇中心校。全年正式投入使用建筑面积达2 600平方米文化活动中心。

【卫生】 投资213万元,新建疾控中心和传染病区。乡镇卫生院全部达到“四有四配套”标准,村卫生覆盖率达100%。

【计划生育】 2004年的出生人口1 564人,人口出生率为7.09‰,计划生育率为96.99%,已婚育龄妇女综合节育率93.85%,全县所有乡镇都建起标准化计生服务站,95%的乡镇做到“房舍、器械、人员、交通工具”四配套。全县217个村民委员会建起计生服务室,

（谢鹰 杜宵鹰）

凉城县

【领导名录】

县委书记:云　淮(蒙古族)

副 书 记:冯　超

马世茂

何廷元

陈永杰

李　贞

人大主任:施拴元

副 主 任:卜世兰(女 蒙古族)

王万和

张大海

王继忠

县　　长:冯　超

副 县 长:胡登龙(蒙古族)

张国斌

郭全胜

袁晓东

刘　颖(女)

于富军(回族)

蔚林聪

孙海洲(12月离任)

政协主席:刘常在

副 主 席:付桂芳(女 蒙古族)

孙苏文

张国全

姚占奎

武装部长:周　飞

政　　委:韩建斌

【概况】 凉城县位于内蒙古自治区南部,隶属乌兰察布市。东邻丰镇市,西与呼和浩特市赛罕区、和林格尔县毗连,北倚卓资县,南隔长城与山西省大同市、左云县、右玉县相望,地理坐标为北纬40°10′~40°50′,东经112°02′~113°02′之间,东西最长82.6公里,南北最宽73公里,总面积3 458.3平方公里。辖11个乡、3个镇、143个村民委员会,8个居民委员,822个村民小组,49个居民小组,总人口274 734万人,有蒙、汉、回、苗等15个民族。

2004年,国内生产总值达到21.2亿元,财政收入达到1.2818亿元,金融机构年末各项存贷款余额分别达9.2亿元和19.81亿元,三次产业比重为27∶52∶21。

【农牧业】 落实党在农村的各项政策措施,2004年,粮食总播面积91万亩,粮食总产量1.93亿公斤,玉米、马铃薯种植面积占到总播面积的74.5%。6月末牲畜总头数52.7万头(只)。奶牛存栏4.02万头,寒羊饲养量69.2万只。累计退耕种树种草64.5万亩,林草覆盖率和森林覆盖率分别达到58.8%和26.4%。

【工业】 规模以上工业企业完成增加值2.13亿元,岱海电厂一期工程完成投资28.5亿元。鸿茅实业公司获得自治区高新技术企业称号,鸿茅药酒完成GMP认证。马铃薯精淀粉制品有限责任公司生产能力由3 000吨提高到5 000吨。化工有限公司完成转制并重新投产,生产规模进一步扩大。

【旅游业】 岱海区域环境保护和综合开发利用项目全面启动,累计完成投资1.37亿元。四星级岱海电厂培训中心主体工程完工,室内网球场开始试营业;岱海旅行社和滑雪场开始营业;岱海国际乡村俱乐部项目与韩国三元株式会社达成投资协议。岱海旅游区被评为国家2A级旅游区。接待游客40万人(次),实现旅游业收入4 000多万元。

【流通业】 取缔马路市场,启动新华市场,规范生畜屠宰市场。组建各类专业协会20多个,农民经纪人队伍200多人,农畜产品年销售额4亿多元。第三产业实现总产值4.45亿元,社会消费品零售总额3.4亿元。

【基础设施建设】 城镇建设完成投资2.59亿元,新建续建商品楼31栋,新修市政油路22.32公里,硬化小街小巷4条,更换路灯494盏,建成13 000平方米广场1处。卓凉、土麦、梅岱和岱虎运煤专线相继开工,凉水路城关镇至六苏木段建成通车,乡村

公路得到有效恢复。电力建设进展顺利,220KV 变电站建成运行,用电条件彻底改善。

【邮电通讯】 电视覆盖率达到95%以上,政府网站顺利开通,信息化建设步伐加快。农田水利基本建设继续加强,新建和修复50多处水毁工程,新增节水灌溉面积3.05万亩,新增水保治理面积12.3万亩。

【社会保障】 城镇新增就业2 016人,安置退伍军人和专业军官34人,开发公益性岗位550个,城镇登记失业率控制在3.9%以内。参保人数达到3万多人,累计发放各类保险金2 000多万元。为农民减免农业税360多万元。

【招商引资】 共引进项目76个,引资额达到60多亿元,实际到位资金31.17亿元。

【社会事业】 推广应用新技术、新成果68项,科技培训7.32万人(次)。马铃薯、玉米良种使用率达到95%,全县牲畜良种比重达到97%。全面完成义务教育小学六年制课改工作,通过自治区"33211"工程验收和"两基"达标复查验收。人口出生率6.87‰,计划生育率97.19%。广泛开展群众性文化体育活动,地方病和疾病防控体系不断加强。

【人民生活】 2004年城镇居民人均可支配收入和农民人均纯收入分别达到6 657元和2 602元。

(闫建伟 杨文辉)

化德县

【领导名录】

县委书记:冯林生

副 书 记:杨国文

王大圣

贾 军(8月离任)

亢学锋

李福寿

人大主任:贺万宝

副 主 任:姚世臣

窦喜连(女 蒙古族)

王 祯

县 长:杨国文

副 县 长:朱世平

张万堂

高 娃(女 蒙古族)

于金旺

王振海

郭守玉

政协主席:贾 军(8月离任)

王大圣(8月任职)

副 主 席:李润金

陈凤鸣(女)

赵毅刚

徐福锁

武装部长:张海斌

政 委:张文德

【概况】 化德县地处内蒙古自治区中部,乌兰察布市东北部,北靠锡林郭勒大草原,与正镶白旗、正镶黄旗接壤;南接商都县和坝上地区,与河北省的康保县、张北县毗邻。地处北纬41°54′~42°16′,东经113°31′~114°46′之间。全县辖7乡3镇,93个村委会,355个自然村,总面积2 568平方米。居住着汉、蒙、回、达斡尔、朝鲜等6个民族,在册人口15.7万人,常住人口12.9万人,少数民族人口占1.72%。

2004年,全年完成生产总值9.5亿元,较上年增长31.9%,其中,第一产业增加值完成3.3亿元、第二产业增加值完成4.2亿元、第三产业增加值完成2亿元,分别比上年增长4.8%、56.7%、46.7%,三次产业之比调整为35: 44: 21,产业结构趋于合理;财政收入完成6 403万元,同比增长34.7%;全社会固定资产投资完成4.3亿元,较上年增长51.2%;牧业年度牲畜存栏达57.39万头(只),较上年增长14.4%;粮食总产达0.88亿公斤;农民人均纯收入和城镇居民人均可支配收入分别达2 100元和6 100元,分别比上年增加272元和924元,增长14.9%和17.9%,城乡居民和干部职工收入水平同步增长。

【农村经济】 全年调购寒羊8.9万只,年末全县寒羊基础母羊存栏达25万只,人均养殖基础母羊达3只,95%以上的农户饲养寒羊,基本消灭寒羊养殖空白村。通过多渠道筹集资金,调购进口奶牛2 000头,同时加大奶牛扩繁力度,年末奶牛饲养量突破1万头大关。新建5处高标准奶牛养殖园区,配套建设奶站、综合服务站,养殖水平不断提高。反季节蔬菜和马铃薯种植面积占总播面积的比重达到55.7%,仅此两项农民人均收入700元,占总收入的1/3。全年打贮草10亿多公斤。"千村扶贫开发"工程进展顺利,通过扶贫到村到户,发展特色产业,拓宽增收渠道。投入各类扶贫资金460万元,解决了5 800个贫困人口的温饱问题。高标准、高质量地完成退耕还林工程13.9万亩、沙源治理工程12.57万亩，进一步巩固禁牧舍饲成果，推动畜牧业生产和生态建设的协调发展。农田水利基本建设、农村安全饮水、电网改造、乡村公路建设、生态移民等各项工程进展顺利，农民生产生活条件明显改善。

【工业经济】 规模以上工业企业由11家增至17家，完成工业增加值2.1亿元，同比增长82.9%，全年有16台矿热炉入园建设，建成投产12台，全县点火运行的矿热炉达到18台，重化工生产能力达到30万吨，安置就业2 500余人。服装产业保持良好的发展势头。全县加工服装700万件，从业人员1万多人。以服装园区为载体，筑巢引凤，引进北京实力雄厚的服装加工企业—华鹏服装有限责任公司，为提升县服装产业整体水平奠定基础。制酒、晶体等其它骨干企业也保持良好的发展势头。农畜产品加工业有新进展。六十顷乡引进马铃薯加工企业，解决周边乡村马铃薯销售难的问题；"蒙源"、"顺达"两家肉食品加工企业生产能力稳步提高。

【城镇建设】 完成文化路拆迁开通和铺油工程，改造硬化旧区长兴大街、永胜北街、文化南路等6条小街小巷，新建和维修公厕17座，硬化金三角市场，拓宽长顺镇东西两大出口，实施美化、绿化、亮化、净化工程，镇容镇貌得到明显改善。新区建设有新进展。县医院、老年福利中心、人武部、检察院等17座布局合理、设计新颖、造型别致的大楼拔地而起，加快新区的组装配套步伐。城镇建设工程累计完成投资1.3亿元，新区建设和旧区改造房屋建筑面积达到7.5万平方米。城镇非农人口增加2 000余人。

【社会事业】 各项社会事业统筹兼顾，协调推进。大力实施"科教兴县"战略，推行科技特派员工作制度，提高科技为经济服务的水平。继续推进素质教育，实施教师队伍更新工程。二小综合教学大楼竣工投入使用，新建一中工程全面开工，办学条件有实质性改善。化德平台、政府网站、广播电视充分发挥舆论引导作用。成功地开展新型农村合作医疗试点工作，参合率达到83.4%，新建县医院、传染病房完成主体工程。计划生育继续保持低生育水平，计划生育率达到98.93%，人口出生率7.26‰。城镇居民最低生活保障基本做到应保尽保。

（杨文福 肖振宇 王占飞）

兴 和 县

【领导名录】

县委书记：常永福（4月离任）
孟甫甬（5月任职）
副书记：苍导元
左宏升
吕和忠
闻 挺
石明成（6月任职）
人大主任：王 喜（1月离任）
张守旺（1月任职）
副主任：郝熙文
刘 城
赵恒山
底廷朝（1月任职）
县长：孟甫甬（5月离任）
苍导元（5月代理）
副县长：石明成（6月离任）
杨君青
秦 斌（6月任职）
李 云
赵·额尔德尼（1月任职）
李 海（1月任职）
王晓军（1月任职）
杜立新（1月任职）
政协主席：包淑珍（女 蒙古族）
副主席：史吉瑞
兰云峰（1月任职）
赵 录（1月任职）
武装部长：李中华（蒙古族 3月离任）
郝 相（3月任职）
政委：智明慧（1月离任）
孟子丞（1月任职）

【概况】 兴和县隶属于乌兰察布市，地处北纬46°26′40″～41°26′27″，东经113°21′09″～114°07′47″之间。南北长约109公里，东西宽约67公里，总面积3 518平方公里。东部以大青山为界与河北省尚义县毗邻，南部以长城、大南山为纽带与河北省张家口市、山西省大同市相连，西部以岱青山为分水岭与丰镇市、察哈尔右翼前旗接壤，北部与察哈尔右翼后旗、商都县交界，东距北京240公里，西距呼和浩特220公里，110国道和即将开通的京呼高速公路以及正在建设的集张铁路贯穿东西，是内蒙古距北京最近的旗县，属北京3小时经济圈辐射范围。辖6镇8乡、168个村（居）民委员会、867个村民小组。总人口30.3万人，其中常住人口21.6万人，人口密度86人/平方公里。

全县国内生产总值完成16.1亿元，比上年增长48%。三次产业结构比为34.6∶47.8∶17.6。财政收完成1.76亿元，比上年增长156%。

【农业】 6月末全县牲畜存栏79.8万头(只)，比上年增长48.4%。粮食产量14.4万吨，比上年增加1.4万吨。乳业以提质增效为重点，奶牛存栏3.13万头。肉羊以提质增量为重点，饲养量达112万只，存栏64.5万只。马铃薯产业理顺龙头企业与基地的关系。种植面积35万亩，总产量34万吨。蔬菜产业打绿色牌、有机牌，种植面积6万亩，总产量24万吨，特别是2 000亩有机蔬菜进入北京、上海、深圳等地超市，部分销往日本、韩国、台湾等国家和地区。全年投资2 300万元，完成水保治理面积2.14万亩，重点人饮工程112处，节水灌溉50处，改造中低产田1万亩。

【林业】 林草业依托生态建设，共完成生态治理面积26.85万亩，其中退耕还林12.75万亩，风沙源治理14.1万亩。种植优质牧草28.5万亩，草玉料12万亩，年产饲草32.25万吨。

【工业】 全县工业增加值完成5.68亿元，比上年增长120%，其中规模以上工业增加值完成1.7亿元，全比上年增长109%。全部工业实现税金1 600万元，比上年增长45.5%。

【第三产业】 以市场建设、交通运输业和旅游业为主，煤炭市场得到壮大和规范，全年实现税金1.1亿元。运输业长足发展，大中型运输车辆达到5 000多辆，提供就业岗位2.8万个，实现税金3 000万元。"闻三省"汽运配货市场基础设施基本配套。一汽集团投资1 000万元，建立服务站。《兴和县旅游发展总体规划》通过了自治区专家评审。由香港影视集团投资有限公司一期投资2亿元的涝利海人文生态旅游园区，已完成投资600万元。苏木山被国家登山协会列为户外运动训练基地。

【基础设施】 新区开发投资1亿元，完成建筑面积8万平方米，硬化、绿化道路6 500延长米，铺设供热管道3 600延长米，给排水管道3 000延长米。旧区改造以解决行路、排污、吃水、入厕等为重点，完成投资600多万元。完成通村公路78条。电力投资1 000万元，完成二期农网改造，开始三期城网改造，新增装机容量720千伏安，总装机容量达到12.9万千伏安，年供电量达1.1亿千瓦小时，比上年翻了一番。

【招商项目】 一大批项目纷纷落户本县，全年引进各类客商70多家，引进项目29项，引资实际到位6.15亿元，同比增长193%。

【社会事业】 总投资5 000万元的教育园区一期工程全面开工。撤并小学24所，教学点49个，兴建寄宿制学校4所。重组乌兰牧骑，新区文化广播大楼投入使用，有线电视新增10个频道，投资150万元，在全区旗县中率先开通乡镇有线电视网络。新区卫生综合大楼完成主体工程。新县医院工程完成投资80万元。县计生委被国家计生委评为"行风先进集体"。全县计划生育率97.78%，人口自然增长率1.16‰以内。科技工作围绕实施科技特派员试点制度，采取合同承包、酬效挂购的运作方式，对重点项目进行科技服务。本县被确定为自治区科技工作试点县和国家科技工作试点县。

【园区建设】 高科技工业园区完成投资2 000万元，2平方公里机械制造核心区基础设施实现"五通一平"，具备企业入园条件。重化工业园区完成投资200万元，开工建设"四通一平"工程，22万伏变电站完成了前期工作。

【社会救助】 社保扩面续保新增3 303人，参保在职职工10 039人，比上年增加2 421人，征缴社会保险基金1 938万元，比上年增加990万元。低保对象达2 785户、4 602人，实现应保尽保，从第四季度起提高保障标准，由原来的58元提高到70元。投资近百万元改扩建了7所敬老院，配置电视机、洗衣机、电冰箱、太阳能热水器、电视卫星接收器。出台并贯彻《发展残疾人事业若干优惠政策》，开展了残疾人康复工作，实施了"春雨助残"工程。

【人民生活】 新增支出1 500万元，落实了财政供养人员增资政策。贯彻中央1号文件精神，全县减免农牧业税413万元，农民人均减负16.3元。兑现粮食和农机具补贴212万元，农民人均享受补贴8.5元。城镇居民人均可支配收入和农民人均纯收入分别达到6 033元和2 430元，分别比上年增长17.1%和26.6%。

【重大活动】 1月18日，兴和县煤电联营及高载能工业园项目签字仪式在呼和浩特市举行。行署盟长傅铁钢代表盟行署与山西漳泽电力股份有限公司总经理王清文，内蒙古至诚冶金有限公司董事长李扬，山西漳泽实业有限公司董事长、总经理李行宇签订协议，原全国人大常委会副委员长布赫、山西省代省长张宝顺分别发来贺电表示祝贺。自治区政府主席杨晶、政府秘书长乌兰巴特尔，盟县主要领导韩志然、王建国、常永福、孟甫甬、石明成等，中国电力投资集团公司副总经理、山西漳泽电力股份有限公司董事长孟振平，山西漳泽电力股份有限公司党委书记贾斌，内蒙古至诚冶金有限公司总经理方玉林，自治区有关部门主要领导等出席了签字仪式。

6月6日，北京市发改委委员陈怀伟、北京现代汽车集团董事长徐和宜、内蒙古党委会议处处长吴奇明、内蒙古发改委经协处处长李泽以及市委书记韩志然、政府市长傅铁钢和县委书记孟甫甬、县委副书记苍导元、闻挺在北京就引进现代汽车集团的汽车轮毂项目进行洽谈，并议定将北京现代汽车集团投资的汽车轮毂项目列为京蒙对口经济协作项目。

7月9日，国家卫生部规财司副司长赵自林、于德志一行在自治区卫生厅厅长杨成旺，纪检书记贺丰奇，乌兰察布市委常委、副市长李建国，市卫生局局长马存保等领导及县委书记孟甫甬、代县长苍导元、县委副书记左宏升、人大副主任赵恒山、副县长赵·额尔德尼、政协副主席赵录等的陪同下深入本县调研农村医疗卫生工作。

9月8日，兴和县在苏木山林场举行国家登山协会登山户外运动训练基地揭碑仪式。国家登山协会副主席颜金安、中国登山队队长王勇峰、乌兰察布市副市长李雅以及市旅游、林业、体育等相关部门负责人和县委书记孟甫甬、副书记闻挺、人大副主任刘城、副县长王晓军、政协副主席赵录等参加揭碑仪式。

10月12日，北京汽车投资公司副总经理叶正茂、华泰集团副总经理刘聪率有关人员到兴和县兴旺角科技工业园区就汽车轮毂项目的前期工作进行实地考察，县委书记孟甫甬、代县长苍导元、县委副书记石明成、副县长秦斌陪同考察。

（张富　安建斌　冯俊）

鄂尔多斯市

【党政军领导名录】

市　委

书　记：云　峰（蒙古族　1月任职）

副书记：刘　锦（4月任职）

孙炜东（蒙古族）

高俊义

杜　梓

徐万山

龚　毅（蒙古族）

常　委：王凤山

王程熙

王玉成（蒙古族）

宋有富

韩世华

杨红岩（女　蒙古族）

人　大

主　任：高峰云

副主任：何润珠

潘克义

达布希拉图（蒙古族）

李秀兰（女）

奇孟克（蒙古族）

苗秀花（女）

政　府

市　长：刘　锦（4月任职）

副市长：王德宝（3月离任）

王凤山（3月任职）

王秉军

白玉岭（蒙古族）

袁庆中

林　洁（女　蒙古族）

李世镕

安　源

张　贵

政　协

主　席：王德宝（蒙古族　3月任职）

副主席：钱世清（蒙古族）

王玉成（蒙古族）

包正兴（蒙古族）

王林祥

康润清

卢明山

王果香（女）

赵　慧

赵文魁

刘桂花（女）

纪检委

书　记：徐万山

法　院

院　长：白色登

检察院

检察长：武国瑞

公安局

局　长:王会师

军分区

司令员:李玉国(6月离任)

张新华(蒙古族 6月任职)

政　委:宋有富

【概况】 鄂尔多斯市位于内蒙古自治区西南部,地处鄂尔多斯高原腹地。东、南、西与晋、陕、宁接壤,北及东北与草原钢城包头以及自治区首府呼和浩特隔河相望。地处北纬37°38′~40°40′,东经106°30′~110°45′之间。东西长约400公里,南北宽约340公里,总面积86 752平方公里。辖东胜区、达拉特旗、准格尔旗、伊金霍洛旗、杭锦旗、乌审旗、鄂托克旗、鄂托克前旗等1个市、7个旗、60个镇、41个乡、13个苏木。东胜区是鄂尔多斯市政府驻地。常住人口为146.66万人,其中男性76.42万人,女性70.24万人;出生人口1.50万人,出生率为10.2‰;死亡人口0.80万人,死亡率为5.51‰;自然增长率为4.69‰。

2004年实现地区生产总值380.4亿元,同比增长31%,居自治区第三位。其中第一产业增加值40亿元,增长15.7%;第二产业增加值226.1亿元,增长36.7%;第三产业增加值114.3亿元,增长26.1%。三次产业结构比例上年的11.9: 56.6: 31.5调整为10.5: 59.4: 30.1。人均生产总值2.6万元,超过自治区平均水平。植被覆盖率达70%,其中森林覆盖率15%,草原产草量平均提高35%。牧业年度牲畜总头数1 094万头只,增长33.4%。粮食产量增长31.4%,突破10亿公斤。加快发展煤、电、化工等优势产业,实现工业增加值176.1亿元,增长28.1%,对GDP增长的贡献率达到43.9%。其中规模以上工业增加值122.1亿元,增长38.4%,煤炭产量1.17亿吨,发电量191.4亿千瓦时,增长27.4%。

【农业】 农作物总播种面积达323.1千公顷,比上年增长18.6%。其中,粮食播种面积结束了连年减少的局面,种植面积155.1千公顷,比上年增长21.6%。经济作物种植面积49.1千公顷,比上年减少23.1%;其它作物种植面积118.9千公顷,增长47%;甜菜面积3.0千公顷,增长7.9%;油料30.1千公顷,减少26.6%;蔬菜6.7千公顷,增长9.5%,粮食产量达到10亿公斤,增长31.4%。油料总产量0.5亿公斤,比上年下降20%。甜菜总产量1.05亿公斤,比上年增长7.4%,水果0.1亿公斤,减少8.3%,蔬菜2.5亿公斤,增长9.7%。

农牧业机械总动力178万千瓦,增长9%;农副产品加工机械14 371台,增长28.3%;农用拖拉机29 086台,比上年减少0.1%;农用运输车46 828台,比上年增长15.7%。农业机械化作业耕地面积256.7万亩,比上年增长19.2%。

【畜牧业】 大力发展饲草料种植成为各地种植业结构调整的重点,饲草种植面积增长23.5%,粮经饲比例由上年的30: 27: 43调为34: 17: 49。全市牧业年度牲畜总头数达1 094万头(只),增长33.4%,其中大小畜达1 012万头(只),增长35.2%,其中大牲畜33.3万头,增长45.4%,羊978.7万只,增长34.8%;猪82万口,增长14.8%。牲畜总增头数达496.7万头(只),总增率达60.6%,比上年同期提高7.6个百分点。年末牲畜总头数为809万头(只),出栏率为61.6%。其中,大畜出栏为7.6万头,出栏率为33.9%;羊320.7万只,出栏为55.2%;猪73万口,出栏为152.3%。肉类总产量14.4万吨,增长17.7%;其中猪肉产量为8万吨,增长7.7%;牛肉产量0.8万吨,增长118.6%;羊肉产量5.1万吨,增长25.9%。奶类总产量32.5万吨,比上年增长95.7%;羊毛产量0.9万吨,比上年增长10.8%;山羊绒产量0.13万吨,比上年增长26.9%。

【工业】 全市国有及年产品销售收入500万元以上非国有工业企业(既规模以上工业)完成增加值122.1亿元,增长38.4%;实现利润27亿元,增长113.8%。总量列自治区第2位;对GDP的增长贡献率达到32.1%。国有及国有控股企业实现增加值54.3亿元,增长43.9%;集体企业实现增加值0.8亿元,增长2%;股份合作制企业实现增加值0.5亿元,增长51%;股份制企业实现增加值100.9亿元,增长39.5%;外商及港澳台投资企业实现增加值9.6亿元,增长3.7%;其它经济类型企业实现增加值5.3亿元,增长113.6%。工业新产品产值0.54亿元,增长39.7%,工业品出口交货值23.3亿元,增长47.0%。重工业增速快于轻工业。重工业实现增加值98.8亿元,增长42.5%;轻工业实现增加值23.3亿元,增长16.5%。重工业生产增速比轻工业高26个百分点。煤炭业实现增加值45亿元,增长40.9%;纺织业实现增加值18亿元,增长3.4%;电力业实现增加值19亿元,增长29.1%。工业产品销售率达98.88%,比上年提高0.12个百分点。其中,轻工业产销率100.08%,重工业产销率98.53%;年末规模以上企业单位个数为268个,产品销售收入273.6亿元,增长48.2%;实现利税53.8亿元,增长110.7%;利润总额27亿元,增长113.8%。资产贡献率12.37,资本保值增值率121.14%。

主要工业产品产量中,原煤11 761万吨,比上年增长45.1%;洗煤314.4万吨,增长62.4%;生铁33.3万吨,增长216.4%;发电量191.4亿千瓦时,增长27.4%;天然气17.2亿立方米,增长48.7%;水泥281万吨,增长8.8%;烧碱1.7万吨,增长9.4%;服装966万件,增长49.1%;呢绒27万米,增长3.8%。

【财政】 财政总收入完成42.4亿元,居自治区第三位,增长87.7%,居自治区第一位。其中地方收入完成23.7亿元,增长70.3%。其中,增值税5亿元,增长132.8%;营业税8.1亿元,增长68%；企业所得税1.6亿元，增长91.7%；个人所得税0.8亿元，增长31.4%。地方财政支出50亿元，增长40.6%。其中，基本建设支出10.9亿元，增长41.6%；教育事业费4.5亿元，增长36.8%；社会保障补助支出1.1亿元，增长5.3%；行政管理费6.2亿元，增长34.5%。

【固定资产投资】 全社会固定资产投资完成262.74亿元，比上年增长93.8%。其中，国有经济投资110.63亿元，城乡集体投资0.76亿元，城乡居民个人投资22.78亿元，其它类型投资128.57亿元；第一产业完成固定资产投资7.25亿元，增长43.28%；第二产业完成固定资产投资138.3亿元，增长81.54%；第三产业完成固定资产投资117.19亿元，增长115.7%。城镇以上固定资产投资215.2亿元，增长78.6%。其中，基本建设投资182.89亿元，增长92.37%；更新改造投资15.13亿元，增长192.08%；房地产开发投资5.92亿元，增长6.47%；其它投资11.26亿元，降低23.14%。

【交通运输业】 公路客运量1 491万人，增长40%；公路客运周转量114 601万人/公里，比上年增长43.5%。公路货运量9 910万吨，比上年增长129.3%；公路货运周转量755 131万吨/公里，比上年增长117.9%。

【邮电 通讯】 完成邮电业务总量13.9亿元，比上年增长39.2%。全年订销报纸1 941.7万份，下降14%；订销杂志119.1万份，下降17%；收寄函件270.3万份，下降76%；收寄特快专递10.8万件，增长22%。全市本地电话用户达31.4万户，比上年增长6.8%，其中小灵通用户12.1万户。电话普及率达到21部/百人，增长47.9%。移动电话用户达到52.3万户，增长28.2%。移动电话普及率达到35.7部/百人。

【消费品市场】 社会消费品零售总额58.3亿元，增长23.8%。其中，市级市场消费品零售额为20.1亿元，增长37.4%；县级市场消费品零售额24.8亿元，增长19.1%；县以下市场消费品零售额13.3亿元，增长15.1%。分行业看，餐饮业与批发零售业同步增长，其它行业销售活跃，分别增长23.2%、28.3%和17.6%。家用电器和音像器材类零售额0.75亿元，增长31.6%，汽车零售额1.8亿元，增长36.4%。

【金融】 金融机构存款余额188.4亿元，增长33.6%；金融机构贷款余额206.9亿元，增长21.7%。其中短期贷款为123.4亿元，增长25.6%。金融机构现金收入929.2亿元，增长41.3%；金融机构现金支出942.4亿元，增长38.5%。现金投放13.2亿元，减少41.1%。年末上市企业A股3家。

【保险业】 财产保险费收入25 156万元，增长96.4%；财产险赔付金额11 025万元，增长76.3%。人寿保险保费收入32 552万元，增长11.3%；赔付金额1 195万元，增长20.5%。

【建筑业】 建筑业总产值达到44.04亿元，增长15.6%；其中，房地产业保持较快发展。完成房地产开发投资5.9亿元，比上年增长6.5%；房屋施工面积81.64万平方米，增长34.6%。其中住宅施工面积60.4万平方米；竣工面积56.92万平方米，增长23.9%。其中住宅竣工面积41.6万平方米，增长30%。商品房销售面积53.37万平方米，增长60.8%；其中，商品住宅销售面积38.7万平方米，增长56.2%。商品房销售额6.96亿元，增长41.2%；其中商品住宅销售额4.71亿元，增长77.7%。

【旅游业】 接待国际旅游者0.99万人次，比上年增长41.4%；国内旅游者225万人次，比上年增长60.7%；旅游收入9.6亿元，增长128.6%，创汇585万美元，增长178.6%。

【对外经济】 进出口总额60 042万美元，比上年同期增长18.8%，其中，出口总额58 687万美元，增长19.3%；进口总额1 355万美元，增长0.7%。利用外资规模进一步扩大。实际利用外资5 757万美元，增长25.1%。对外经济合作与交流持续活跃。利用外资新签合同项目25项，增长78.6%。

【环境保护】 环境保护系统职工人数为327人。有各级自然保护区12个，其中，国家级2个；自治区级8个，保护区面积达101.4万公顷。建成环境噪声达标区3个，面积为37平方公里；建成烟尘控制区3个，面积为37.8平方公里。环保产业单位有22个，环保产业职工1 923人，环保产业年产值1.58亿元。

【科技】 有科学研究机构10个，其中科学研究与技术开发机构8个，科学技术信息和文献机构1个，县属研究机构1个。

【教育】 有高等教育学校（成人）1所，在校生1 629人。普通中等专业学校4所，在校生6 944人。普通小学230所，在校生94 189人。普通高中24所，在校生30 722人，初中52所，在校生58 942人。幼儿园98所，在园幼儿27 173人。

【文化】 有艺术表演团体10个，其中乌兰牧骑8个，晋剧团1个，歌舞剧团1个，从业人员385人。公共图书馆9个，从业人员110人。群众艺术馆9个，从业人员86人。文物站8个，下设12个机构。博物馆1个，从业人员28人。年末，拥有广播发射台138座，其中，中波广播发射台4座，调频广播发射台134座，广播人口覆盖率达92%；拥有电视传播发射台73座，1千瓦以上电视发射台6座,电视人口覆盖率达到87.3%,有线电视用户9.12万户。

【卫生】 有医疗机构410个,其中医院23个,卫生院107个,妇幼保健院9个;卫生技术人员4 734人,其中医院2 508人,卫生院1 298人,妇幼保健院303人。拥有病床数4 170张,其中医院2 612张,卫生院1 301张,妇幼保健院111张。

【体育】 参加国内体育比赛获1枚银牌,1枚铜牌。体育人口达到56万人,占全市人口的39.7%。体育产业欣欣向荣,全年销售体育彩票594.9万元,位于自治区第7位。

【人民生活】 在岗职工人数13.58万人,增长2%。其中国有单位再岗职工8.58万人,增长3.2%;集体企业职工0.32万人。在岗职工工资总额达22.9亿元,增长33.5%。其中,国有单位在岗职工工资总额15.1亿元,增长33%;城镇集体单位在岗职工工资总额0.4亿元,增长4.6%,再岗职工平均工资16 965元,增长28.1%。其中,国有单位在岗职工年平均工资17 801元,增长28.5%;城镇集体单位在岗职工年平均工资12 068元,增长4.7%;其它单位在岗职工年平均工资15 777元,增长31.6%。

城镇居民人均可支配收入为8 770元,比上年增加1 565元,增长21.7%。其中工薪收入7 126元,占80%,增长21.3%;财产性收入为232元,增长19.1%;转移性收入为965元,增长26.4%。城镇居民消费性支出7 032元,增加1 525元,增长27.7%。农牧民人均纯收入3 908元,比上年增长26.5%,纯增818元。其中工资性收入987元,占25.3%,家庭经营性收入2 609元,占66.8%;财产性收入124元,占3.2%;转移性收入188元,占4.8%。居民住房条件继续改善。城镇居民人均住房使用面积24.25平方米,与上年持平;农村居民人均住房面积25.03平方米,比上年增加1.09平方米,增长4.6%。

【社会保障】 城镇登记失业率为4.47%。安置城镇失业人员12 491人。参加基本养老保险的各类职工98 742人,比上年末增加1 586人,增长1.63%。其中城镇企业职工参保72 021人,增长1.23%。各类单位入账社保基金14 588万元,其中企业部分社保部门方案数13 182万元,入账率92.31%,增长3.59个百分点。

【社会治安综合治理】 继续深入开展"严打"整治斗争和整顿规范市场经济秩序,严惩刑事犯罪和经济犯罪,维护社会稳定和经济安全。市旗两级法院全年共受理刑事、民事、行政、执行等各类案件19 253件,比上年同期18 662件上升3.2%,审结17 821件,结案率为92.6%。

(田华 王新刚)

东胜区

【领导名录】

区委书记:杨红岩(女 蒙古族)
副书记:赵文亮
袁志刚
张占林
祁·毕西日勒图(蒙古族)
杨红专
人大主任:吴滨(蒙古族)
副主任:王再岚(女)
王进元
张文明
张玉琴(女)
区长:赵文亮
副区长:李力
张占霖
韩昀祥
韩广源
牛建雄
千慧芬(女 蒙古族)
李冬
科技副区长:董学忠
政协主席:梁青海
副主席:周永明
林秀梅(女 蒙古族)
廉守荣
胡晓晔(女)
武装部长:石财晓
政委:李富

【概况】 东胜区位于内蒙古自治区西南,隶属鄂尔多斯市,区境东与准格尔旗接壤,南与伊金霍洛旗毗邻,西与杭锦旗交界,北与达拉特旗相连。地处北纬39°39′10″~39°58′18″,东经109°08′20″~110°23′00″。区辖6个街道办事处以及东胜经济技术开发区、康巴什新区。全区共有61个村民委员会、37个居民委员会。全境东西长106公里,南北最宽处35公里,总面积2 530平方公里,东胜城区位于区境东部,城区面积达30.1平方公里。2004年全区总人口达26.53万人,其中城镇人口20.55万人,农村人口5.98万人。有蒙古、汉、满、回、达斡尔、朝鲜、藏、鄂温克、彝、壮、白、土家、苗等13个民族。

2004 年,全区地区生产总值达 80 亿元,同比增长27%,财政收入完成9.23亿元,城镇居民人均可支配收入达到9 306元,农民人均纯收入达到3 940元,分别增长1 419元和659 元,固定资产投资完成41.4亿元,增长138%。

【农牧业经济】 全年新造林25.1万亩,种草16.3万亩,建成种养殖小区 30 个,种殖食用菌 625 万棒,牧业年度牲畜总头数30.2万头(只)。投资2 400万元,实施了城郊移民工程,全年共转移农村人口1.1万人,政府代替农民缴纳农牧业税近 100 万元,农民实现零负担。

【工业经济】 全年实现工业增加值39.8亿元,同比增长19.2%,其中,规模以上工业实现增加值 28 亿元,同比增长20.1%。全年共新建、续建工业项目 55 项,计划总投资24.4亿元,全年完成投资 12 亿元,经济建设用地主要抓了几个卫星镇工业园区的建设,开发出近3 000亩的经济用地,第三产业方面,编制完成《东胜区第三产业发展规划》,进一步加大对第三产业的投入力度。投资 5 亿元,新建和改造民生广场、购物中心、每天百货都市和大兴银街等大型商城和步行街;投资 6 亿元,新建一批上规模的饭店、宾馆,其中星级以上的酒店 5 家;投资 1 亿多元,新建了一批以摩力圣汇为代表的休闲娱乐项目;"总部经济"建设方面,共引进外地注册企业 44 户,注册资金达到6.9亿元。第三产业预计实现增加值 32 亿元,同比增长34%;实现社会消费品零售额20.5亿元,同比增长36.9%。5 月,内蒙古鄂尔多斯 500KV 输变电工程在东胜区哈巴格希乡全面开工,项目总占地面积 263 亩,总投资19 533万元。

【城市建设】 2004 年,东胜区投资近 20 亿元,重点抓交通畅通、基础设施、景观美化和房地产开发工程。完成天骄北路的拆迁征地工作和天骄南路5 000多万元的拆迁量;完成民生市场、金元城的拆迁工作,打通断头路,实施天骄路的延伸拆迁,进行铁西新区的基础建设,完成准格尔路、达拉特南路的罩面和达拉特北路的拓宽改造工程,完成公铁立交 3 号桥的续建和瑞典生态项目道路建设工程,全年新修和改造街路近 15 公里,完成引黄沿线取水工程,送水进城的条件已经具备。完成人行街道铺装 4 万平方米,新建垃圾转运站 27 座,新建、改建公厕 74 座,整治小街小巷 32 条,投资1.8亿元的国务院生态课题组鄂尔多斯示范工程垃圾无害化处理工程也正式动工。全年完成绿化面积50 万平方米,新开发各类房地产建筑面积达 65 万平方米。2004 年东胜区荣获西部开发贡献奖,被评为"西部投资环境最佳区"。

【产业建设】 2004 年,投资 5 亿元,新建和改造民生广场、购物中心,每天百货都市和大兴银街等大型商城和步行街;投资 6 亿元新建一批上规模的饭店、宾馆,其中星级以上的酒店 5 家;投资 1 亿元新建了一批以摩力圣汇为代表的休闲娱乐项目。全年第三产业实现增加值 32 亿元,同比增长34%,实现社会消费品零售总额20.5亿元,同比增长37%。5 月 24 日,占地28 000平方米,建筑面积68 000平方米、总投资1.5亿元,集购物、休闲、娱乐、地下超市、停车仓储、商业办公于一体的超大型"商业航母"鄂尔多斯民生广场全面启动。

【交通】 9 月 26 日,东胜环城公路项目正式开工。环城公路由鄂尔多斯酒业集团独资承建,总投资9.5亿元,全长41.3公里。

【招商引资】 全年共引进国内自治区外资金15.02亿元,同比增长199%;实际利用外资2 640.3万美元,同比增长249%。

【社会保障】 2004 年,企业离退休人员养老金按时足额发放,并全面推行新型农村合作医疗制度,参合农民达 3 万多人,参合率达70.3%,将城郊失去土地的农民纳入社会保障范围,有 950 名失地农民加入社保。部分到龄失地农民每月领到 600 元的养老金。城镇居民最低生活保障标准由每人每月 130 元提高到 160 元。全年共下拨救灾救济款111.5万元。

【科技】 完成科技试验示范和推广项目 38 项;共申报自治区以上科技项目 16 项,被国家科技部确立为首批全国 100 个科技工作试点县(市)之一。

【教育】 全面推行校长聘任制、负责制和任期目标责任制,通过公开考试的形式,选拔聘用 34 名中小学校(幼儿园)的校(园)长;公开招聘 90 名优秀教师;完成四完小改建工程。

【文化】 编制完成全区文化产业发展规划,有力地推动群众性文化活动的开展,小品《过大年》获"西乡杯"全国戏剧小品大赛三等奖。农村和城市社区医疗卫生服务水平得到进一步提高。

【卫生】 9 月 15 日,东胜区全面推行新型农村合作医疗制度,各乡镇农民陆续领到了新型农村合作医疗证,全区参合农民达 3 万多人,参合率70.3%。

【计划生育】 人口出生率和计划生育率分别为10.57‰和99.73%。

【重要活动】 2 月 10 日,东胜区被自治区文明委授予"六星级文明城市"称号。

10 月 18 日,国务院生态课题组鄂尔多斯示范工程暨东胜区垃圾无害化处理项目在东胜区柴家梁社巴赖沟举行奠基仪式,该项目设计规模日处理生活垃圾1 000吨。

(韩　飞)

达拉特旗

【领导名录】

旗委书记:苏建荣
副书记:额尔敦仓(蒙古族)
闫凤鸣
杨明
詹剑彬
布仁(蒙古族)
人大主任:赵谦恒(1月离任)
杜春荣(蒙古族 1月任职)
副主任:石交其(1月离任)
云保纯(蒙古族 1月离任)
王海荣
高志林
杨桂清(女 1月任职)
张国英(1月任职)
旗长:额尔敦仓(蒙古族)
副旗长:伊占胜(蒙古族)
杨丛甫
金武(蒙古族)
冯文华
王水云
赵峰
科技副旗长:乌兰(女 蒙古族)
政协主席:陈占元(1月离任)
董志强(1月任职)
副主席:杨桂清(女 1月离任)
奇玉林(女 蒙古族 1月离任)
侯永茂(1月离任)
赵永亮
巴图(蒙古族)
杨文华(蒙古族 1月任职)
王亮华(女 1月任职)
武装部长:王占荣(3月离任)
王林(3月任职)
政委:刘溉田

树林召经济技术开发区

党工委书记:闻海亮
管委会主任:刘建明

【概况】 达拉特旗位于鄂尔多斯高原北端、黄河(河套)南岸,与草原钢城包头市隔河相望;地理坐标为北纬40°00′~40°30′,东经109°00′~110°45′之间。全旗东西长约133公里,南北宽约66公里,总面积8 200平方公里。设计装机总容量500万千瓦的亚洲第一大火力发电厂—达拉特电厂就建于旗政府所在地树林召镇。(有6台33万千瓦机组投入运行,四期2×60万KW工程于5月份开工建设,项目总投资50亿元)。全旗辖20个苏木乡镇(其中:苏木1个,乡10个,镇9个),总人口33.3万,其中男174 121人,女159 014人。城镇人口为9.5万人,城镇人口密度为6 333人/平方公里;农村人口为23.09万人,密度为28人/平方公里。有蒙、汉、满、回、藏、壮、达斡尔等11个民族。粮食产量历年居全鄂尔多斯市之首。达拉特旗地处呼和浩特、包头、鄂尔多斯"金三角"开发中心,旗府所在地树林召距呼和浩特市150公里,距包头机场25公里。旗内包神铁路、包东高速公路、210国道、敖德公路(连接109和110国道的二级油路)纵贯南北,109国道、羊巴公路(地区三级油路)横穿东西,树林召镇一级绕城公路方便快捷,沿河地区乡乡贯通油路。

2004年,全旗完成地区生产总值达到68.7亿元,同比增长38.2%;其中,一产增加值14.91亿元,二产增加值36.91亿元,三产增加值16.88亿元,同比分别增长47.8%、41.7%和26%;三次产业比例调整为21.7∶53.7∶24.6。完成全社会固定资产投资40.14亿元,同比增长65.9%。实现财政收入6亿元,增长51.9%。城镇居民可支配收入8 064元,增加1 348元;农牧民人均纯收入4 406元,增加1 220元。筹资3 270万元兑现2004年职工政策增资。兑现退耕还林、退耕还草补贴7 524万元,粮食直补资金755万元,减免农牧业税及附加1 972万元,农牧民人均政策性收入436元。转移农村牧区富余劳动力3万人。

【农牧业】 2004年,完成农作物总播面积148.8万亩,粮、经、草比例调整为3∶3∶4。粮食总产量4.6亿公斤,创历史新高。完成青贮总量12.9亿公斤,超出市下达任务45%。

全旗禁牧五年后牧业年度牲畜总数达241.7万头(只),比上年增加91万头(只),总量在全区101个旗县中居第四位,增速居第一位。畜牧业增加值达到8.1亿元,占一产增加值的54%。2004年,累计投入养殖小区建设资金1 000万元,建成标准化养殖小区100个;牲畜改良率达97.23%。重点扶持四季青、东达、华森、真金种业等一批龙头企业发展壮大,带动7 000多农户发展订单农业。扶持壮大流通经纪人队伍,建立农牧业专业技术协会124个,农牧业生产经营的组织化程度大大提高。

完成退耕6 000亩,造林29.2万亩。新增水土保持综合治理面积31.8万亩。加强黄河国堤及孔兑堤防建设,实现安全度汛。改造中低产田2万亩,新增有效灌溉面积6.91万亩,节水灌溉面积10.2万亩,解决1.42万人、4.92万头(只)牲畜的饮水困难。实施生态移民、滩区移民等移民搬迁工程，移民1 555人。

【基础设施建设】 2004 年，多渠道筹措资金2.24亿元，重点加强树林召镇区建设。完成主要街道路面铺装、新旧区集中供热管道延伸、锡尼街电讯线路入地、天然气门建设和部分供气管道铺设等市政建设。实施树林召镇区出口改造、路灯更新、园林绿化、拆墙透景等城市亮化、美化工程，树林召镇区形象明显改观。投资3.6亿元加强生态、农田、水利、电力、道路等基础设施建设。实施 3 个 11 万伏变电站工程，完工 2 个。实施公路建设项目 11 个，建设里程 227 公里。树林召镇过境一级公路、马场壕至盐店三级油路、德敖线复线建成投入运营；新修达电运煤专线5.8公里；高头窑至呼斯梁二级油路完成土基及砂石垫层工程；解放滩至东胜柴登 80 公里二级油路高头窑至东胜柴登段开工建设，已完成 9 公里土基工程；实施了沿河公路升级改造工程项目。

【旅游】 2004 年，旅游基础设施投入9 123万元，景区档次和接待水平明显提高。全旗接待游客 71 万人(次)，旅游收入2.62亿元。

【通信】 信息通信营业收入达7 050万元，新增固定电话3 200门、移动电话2.7万户，互联网固定用户达 986 户。

【金融】 金融机构贷款余额26.15亿元，增长11.7%，贷大于存7.88亿元。完成房地产开发投资5 000万元，开发商品房面积 5 万平方米。

【交通】 货运周转量43 218万吨公里，增长94.2%。

【招商引资】 2004 年，引进国内区外资金18.9亿元、外资 585 万美元，分别比上年增长50%和59%。争取到国家投资建设项目 25 个，资金10 370万元。洽谈投资额亿元以上的工业项目累计达 10 个，其中 2004 年新签约煤电重化工项目 6 个，开工建设 4 个。台湾台塑集团和香港合和、建滔集团、国际能源矿业投资公司已分别与自治区、市、旗三级政府签订投资协议，拟定在达旗投资建设一批大型煤电、煤化工项目。

【教育】 2004 年，全旗向各类高等院校输送新生1 952人，高考上线率达92.8%。初中阶段优秀生比例居全市各旗区之首。吸纳社会资金1 804万元，新建达一中、五中、七中、五完小学生公寓楼；投资 380 万元实施现代远程教育工程，已有 38 所农牧区中小学校实现“校校通”；投资 230 万元为 7 所中小学配备计算机多媒体教学设备；实行教育“一费制”、“两免一补”等政策，取消借读费；发放困难生学费补贴 104 万元，少数民族学生助学金 110 万元。共撤并规模小的农村牧区中学 2 所，小学 9 所，教学点 3 个，全旗有中小学校 78 所，教学点 15 个，至年底，有小学、初中、高中达标课教师 2 461 人，在校学生38 159人，其中小学18 561人，中学19 598人。

【卫生】 2004 年，加强传染病预防和食品卫生、公共场所卫生监督监测，监督覆盖率达100%。报告各类传染病 12 种 527 例，总发病率164.68/10万。接诊结核病人 458 例，对1 359户食品单位及公共场所进行监督检查，取缔无证诊所 47 户，处罚非法行医人员 72 人。开展育龄妇女健康检查，兑现独生子女户、双女结扎户政策性补贴45.5万元。全旗人口出生率控制在8.29‰以内。

【社会保障】 2004 年，关注困难群体的生产生活，下拨救灾款 113 万元，粮食 19 万公斤；达旗政府出资购买公益性岗位 240 个，安置“4050”失业人员 240 人；积极开发个体工商和社区就业岗位，通过税费减免等优惠政策，扶持1 956名下岗失业人员实现再就业。全旗下岗失业人员再就业率达61.4%，城镇登记失业率控制在2.6%。落实城镇低保1 314户，确定农牧区低保对象 631 户，发放保障金183.5万元。征缴养老保险费1 450万元、失业保险费 370 万元、基本医疗保险费 876 万元，分别发放养老保险金、失业保险金和基本医疗保险金1 307万元、55.33万元和 702 万元。

【树林召经济技术开发区】 2001 年 3 月经自治区政府批准成立的省级开发区，2002 年 5 月正式组建，为准处级建制。开发区内含农畜产品精深加工园区、电力工业园区、化工高科技园区、电煤转化工业园区。至 2004 年，引进企业 26 个，其中国内大型企业、集团项目 4 个，完成招商引资189 201万元、基础设施建设投资99 900万元。

(王志荣)

杭锦旗

【领导名录】

旗委书记：王学丰

副 书 记：包生荣(蒙古族)

刘占平

杨海宽

黄国华(蒙古族)

旗　　长：包生荣(蒙古族)

副 旗 长：付建奇(蒙古族)

曹至琛
王德义
杨永光
高耀伟
高　华
孟克其其格(女　蒙古族)
人大主任:魏凤英(女　蒙古族)
副 主 任:白永学(蒙古族)
史介云
张志珍
刘文清
政协主席:李清义
副 主 席:万哈斯(蒙古族)
冯美宽
张增明
武装部长:王中强
政　　委:党栓成

【概况】 杭锦旗位于鄂尔多斯高原西北部,地理坐标为北纬39°22′33″~40°52′14″,东经106°55′16″~109°16′02″。东与达拉特旗、东胜区毗邻,南处至乌素沙漠北缘,与伊金霍洛旗、乌审旗接壤,西与鄂托克旗阿尔巴斯草原相连,北部紧靠黄河,与巴彦淖尔市隔河相望,辖12个苏木乡镇,总面积1.89万平方公里,共13.2万人,其中蒙古族2.3万人,是一个以蒙古族为主体,汉族占多数的地区。全旗有耕地68万亩,其中有效灌溉面积50万亩,有可利用草牧场1 608万亩,牲畜总头数稳定在110万头(只)左右。杭锦旗内质类型多样,库布其沙漠将全旗自然划分为三大类区,北部为黄河冲击平原区,中部为沙区,南部为干旱地。

2004年,杭锦旗地区生产总值完成18.2亿元,同比增长26.4%。其中一产增加值5亿元,增长11.1%;二产增加值8.6亿元,增长48.3%;三产增加值4.6亿元,增长12.2%。三次产业比例由上年的28:43:29调整为27:47:26。财政收入完成1.3亿元,同比增长15%。城镇居民人均可支配收入7 248元,同比增长16.8%。农牧民人均纯收入3 578元,同比增长27.1%。全社会固定资产投资完成11.28亿元,同比增长61%。

【牧业经济】 全旗累计投入资金3 500多万元,调入肉羊基础母畜8万多只、国外优质肉用型种羊200多只、肉牛3 000多头、奶牛500多头;建成"四有"标准化配种站100处,人工授精配种肉羊12万只,冷配奶牛3 000头,并在杭锦旗第一次成功运用胚胎移植技术。建设青贮窖2.8处,完成青贮7.8亿公斤,80%的养殖户实现青贮配套。优质肉羊、绒山羊和奶牛养殖规模迅速扩大,全旗牧业年度牲畜总头数在2003年的基础上纯增40万头(只),达175万头(只),位居全市前列。畜牧业增加值占一产增加值的比重达到42.6%。

【工业】 牢固坚持"工业立旗、工业强旗"的发展思路,立足资源优势,加大招商引资力度,狠抓项目引进和建设,共引进实施工业项目37个,完成投资4.2亿元。工业总产值完成15.9亿元,同比增长45.9%;实现增加值7.5亿元,同比增长53%,其中规模以上工业企业完成增加值6亿元,同比增长57.9%。工业产品产销率达98%。工业经济效益综合指数为140。

2004年,成功申请登记塔然高勒煤田681平方公里探矿权,完成265平方公里详查,初步探明储量40亿吨。引进神华集团投资10亿元建设年产1 000万吨煤田矿井项目,可研论证完成;神华集团、北方电力公司合作建设6×60万千瓦电厂一期2×60万千瓦机组建设项目初可研已编制完毕。亿利集团自备电厂已开工建设,2×5万千瓦坑口煤矸石自备电厂已立项,锡尼镇热电联产项目、天然气发电项目正在立项审批。中石化新打探井3眼,完成投资3 000万元。

【农业】 农作物总播面积63.7万亩,同比增长4.8%,粮经草比例由上年的29:34:37调为29:26:45,沿河农区和梁外半农半牧区基本实现畜均1分青贮玉米的目标。

【林业】 完成人工造林35.2万亩,飞播造林37.7万亩,宜林荒山荒地造林12万亩,围封草原74万亩,改良草地19万亩,森林覆盖率达到9.37%,植被覆盖度提高75%。新增有效灌溉面积5.2万亩,饲草料灌溉面积1万亩,节水灌溉面积7.4万亩,水土流失治理面积14.3万亩。建设"五个一"工程300处,牧区节水示范户44户,"三位一体"工程28处,解决0.8万人、6.7万头(只)牲畜的饮水问题。完成水权转让招投标工作,融资1.3亿元。在资金滞后、困难较大的情况下,建设三级标准堤92公里。

【科技】 全旗培训农牧民2万多人次,科技对农牧业经济增长的贡献率达55%。

【第三产业】 投资2 000多万元,进一步加强库布其沙漠生态旅游基地、摩林河温泉、七星湖等重点旅游景区基础设施建设。鄂尔多斯草原旅游区投入运营。将杭锦旗部分景区列入自治区重点旅游精品线路。全年共接待游客18万人次,实现旅游收入2 700万元。兴杭购物中心土建工程基本完工。社会消费品零售总额达到4亿元,同比增长11.1%。

【基础设施建设】 完成总投资4 950万元,对锡尼镇杭锦大街、百灵路、锡尼路3条主要街道进行综合整治,沿街两侧彩砖硬化面积17万平方米，拆除压线建筑物2 800多平方米，重建4 800平方米109支线拓宽450米、硬化1.6万平方米；改造街巷道5.2公里；镇区主要街道和出口绿化面积12万平方米，主干道绿化率达100%；更新路灯400多盏，铺设排污、排水管道14.5公里；锡尼路、杭锦大街通讯线路、电视光缆等全部入地。巴拉贡镇完成三大出口绿化面积0.7万平方米，完成锡磴线入口、交通街拓宽面积2.7万平方米、硬化面积0.8万平方米，完成110国道镇区段9.2公里拓宽路基垫层铺设。

【交通】 完成锡磴公路、锡阿公路遗留工程，新修巴杭线至七星湖旅游区油路12.5公里，修建乡村道路271.5公里，新修煤田开发专用砂石路18公里，道路交通网络进一步完善。

【电力建设】 东胜至锡尼镇220千伏输变电工程投入运营，锡尼镇工业园区35千伏输变电项目土建工程完成。农网改造圆满完成，城网改造全面展开，完成投资740多万元。全旗新增供电能力45万千瓦，总电量达52万千瓦小时。

【通讯】 开通巴拉贡镇小灵通业务，新建移动基站1处，无线通讯实现旗内主要干线公路无盲区。

【教育】 中学毕业率城镇地区达98%、农牧区达95%，高考一本录取首次突破百人大关；远程教育走在全国旗县前列，被国家教育部确定为远程教育重点试验旗；实验小学教学楼、城镇中学实验楼投入使用，巴拉贡职业中学教学楼开工建设。

【文化】 四项文化工程顺利实施，流动电影放映工作深入开展，杭锦旗文化活动中心投入使用；锡尼镇地区的有线电视网络升级换代二次建网工程基本完成，农村牧区广播电视覆盖率达70%。

【卫生】 保健所、蒙医院门诊大楼投入使用。杭锦旗人民医院引进德国政府贷款1 200多万元购进螺旋CT等先进医疗设备，医疗装备达到全区旗县级一流水平。

【体育】 成功举办全旗首届职工体育运动会。

【社会保障】 全面完成各项社会保险征缴任务，启动城镇职工基本医疗保险和企业工伤保险，发放城镇低保金161万元。锡尼镇新建社区服务中心4处，离退休人员社会化服务中心1处。

【千村扶贫工程】 解决1.07万贫困人口的温饱问题，转移农村牧区富余劳动力8 156人，实现收入5 778万元。新增就业岗位3 371个，安置城镇就业人员761人，城镇登记失业率控制在4.2%以内。

【计划生育】 低生育水平得到巩固，计划生育率达100%。

【招商引资】 共引进煤田开发、精细化工、电力建设、农畜产品深加工等项目58个，协议引资额达23亿，已到位资金7.5亿元，其中，市外国内合作项目25个，总投资6.3亿元，到位资金4.72亿元；国外投资项目1个，总投资100万美元，到位资金45万美元，实现引进外资“零”的突破。争取农牧林水、社会事业、基础设施建设等国家投资项目21个，到位资金1.6亿元。

（赵崇秀 刘燕华）

准格尔旗

【领导名录】

旗委书记：贺　隽（蒙古族）
副　书　记：白　智
尚志强
郝建中（蒙古族）
杨殿民
敖正宜
人大主任：李　靖（1月任职）
副　主　任：乔礼文（1月任职）
辛利平（女 1月任职）
奇金海（蒙古族）
蔺　丰（1月任职）
赵　来（1月任职）
旗　　长：白　智（1月任职）
副　旗　长：郭银泉（1月任职）
钱志荣（蒙古族）
王建民
杨美荣（女 1月任职）
宁　海（1月任职）
奇·达楞太（蒙古族 1月任职）
李　波（3月任职）
高云峰（8月任职）
王忠民（4月离任）
政协主席：淡　憨（1月任职）
副　主　席：王爱华（女）
白　斌（蒙古族）
李世强（1月任职）

王　源(蒙古族1月任职)
武装部长:付有祥(2月离任)
王占荣(2月任职)
政　委:傅玉栋(2月离任)
尚凤歧(2月任职)

内蒙古沙圪堵经济技术开发区
党委书记:生格都仁(蒙古族)
副书记:张仲飞
管委会主任:范镇宇

【概况】 准格尔旗位于内蒙古鄂尔多斯市东南部,位于北纬39°16′~40°20′,东经110°05′~111°27′,神奇古老的黄河环抱着准旗的北、东、南部。全旗南北长116.5公里,东西宽115.2公里,总面积7 692平方公里。北部为黄河冲击平原二级台地,南部为典型丘陵沟壑区。黄河流经准旗197公里,沟川泾流量2.88亿立方米。年日照时间为3 000小时以上。年均气温在6.2~8.7℃之间。准格尔旗水果以海红果为主,年产600万公斤。旗东部蕴藏着优质绿色煤炭,储量544亿吨。西部羊市塔、川掌等乡镇盛产优质动力煤,储量极为可观。全旗总人口269 460人,每平方公里人口密度为36.1人。有蒙、汉、满、回、壮等14个民族,少数民族总人口数24 562人,全旗有20个乡镇。旗人民政府驻地薛家湾,是连接晋、陕、蒙三省区的重要交通枢纽之一。

2004年,全旗地区生产总值完成95.01亿元,增长59.1%;财政收入完成12.518亿元,增长77.9%,位居全区101个旗县(市区)第一位;城镇居民人均可支配收入达9 010元,增长24.5%;农民人均纯收入达到3 891元,增长27.2%;全社会固定资产投资完成60.422亿元,增长209%;全社会消费品零售总额完成9.02亿元,增长17.5%。

【农业】 2004年,准格尔旗继续实行农牧业税"即征即投"政策,扶持农民大力发展种养业,积极引导农民从事二、三产业,拓宽农民的增收渠道。对"三农"工作的直接投入,全年共投入1 008万元直补农民发展种养项目,发放粮食直补资金225万元;免征农牧业税及附加580多万元,全部取消农民负担。投入各类涉农项目资金11 470万元,农牧业生产条件得到改善。投入51万元建起农民驾驶员培训基地,培训合格农民驾驶员1 461名。新增各类保护地蔬菜种植面积600亩,累计达2 500亩;新增蘑菇窑洞606孔,累计达736孔。

【工业】 2004年,工业总产值达到50.4507亿元,同比增长51.9%;工业经济效益综合指数为221;工业产品产销率为101.1%;实现工业增加值24.51亿元,同比增长47.27%。

【牧业】 全旗牧业年度牧畜总数达78.15万头(只),增长39.3%,其中羊65.2万只,增长47.6%。养殖业"四个一"示范工程全面推进,新建19个养殖小区,100个人工配种站、100个肉羊输精点。

【水利】 开工各类水利工程2 895处,已完工2 740处,其中新打机电井223眼,新打筒井1 763眼,新打旱井、水窖2 030眼。新增有效灌溉面积2.3万亩,占全年任务的110%,新增节水灌溉面积3.37万亩,占全年任务的102%,解决了1.15万人、1.5万头牲畜的饮水问题。

【林业】 全面改善生态环境,退耕地还林0.8万亩,宜林地荒山造林10万亩,共计10.8万亩,完成任务的100%。义务植树19.2万亩,完成任务的100%。种草10.7万亩,完成任务的107%。完成水保综合治理面积275.6平方公里,完成全年计划任务的100.2%。

【基础设施建设】 投资2 392万元建设的大路新区、沙圪堵工业园区供水工程和大饭铺电厂临时供水工程投入使用;宏景工业园截伏流,羊市塔、长胜店供水工程,大南沟、三拉沟水库开工建设。投资1.57亿元建设的3个(沙圪堵、长胜、杨四海)220千伏、3个(永胜、海子塔、唐公塔)110千伏输变电工程投入运营,宁格尔(大饭铺)500千伏输变电工程开工建设。在建交通项目24个,总投资46.4亿元,超过建国以来全旗公路、铁路投入总和,2004年完成投资21.5亿元。投资1 220万元修编薛家湾城市总体规划,编制大路新区总体规划和重点镇、工业园区规划。投资6 700万元改造建设沙圪堵镇准格尔路、八一路、园区路和外环线公路。

【招商引资】 2004年,共签约100万元以上项目88项,签约资金达到1 100亿元。引进项目中落地开工项目68个,总投资75.4亿元,年内完成投资11亿元。

【科技】 2004年,准格尔旗被国家科协命名为全国科普示范旗。

【教育】 全年全旗基础设施建设投入资金1.3亿元,新建校舍近5万平方米,改扩建校舍及活动场地5 180平方米,可容纳62个教学班3 000余名学生的世纪中学建成并投入使用,接收并改造了准能公司移交的学校。在薛家湾建成大型国防教育基地,

【文化】 广播电视内宣播发各类新闻稿件1 220条,外宣在上级广播电视新闻媒体发稿238条。

【卫生】 整合卫生资源，接收并改造维修了准能医院，新型农村合作医疗试点工作全面启动实施，农民看病难问题基本得到解决，全年卫生事业投入超过1 000万元。

【计划生育】 2004 年，人口出生率和人口自然增长率分别为9.8‰和5.8‰，计划生育率为100%。

【社会保障】 2004 年，全旗共投入2 420万元，系统实施以救助城乡困难群众为主要内容的“民心工程”。城镇低保标准提高至每人每月 140 元，“三民”定补标准提高至 140 元，“三无”人员每人每年补助 500 元基本生活费。救助 435 名家庭困难的高中生，奖励和救助 92 名考入国家重点大学和普通大学本科生。为6 334名离退休人员发放养老金5 577万元。为 988 名符合条件的失业职工发放失业救济金 224 万元。全年累计审批低保对象6 819人，发放低保金527.46万元。

（杜俊莲）

伊金霍洛旗

【领导名录】

旗委书记：刘文山
副书记：乌宁（蒙古族）
乔宝林
石燕杰（女）
杜存良（蒙古族）
王根喜
人大主任：白广斌
副主任：王文礼
林义（蒙古族）
梅永龙
张娅萍（女）
旗长：乌宁（蒙古族）
副旗长：袁鹏云
刘英杰（女）
杨晓龙
白志敏
王树荣
余永崇
科技副旗长：金广军（蒙古族）
政协主席：那木吉拉（蒙古族）
副主席：张军（女）
陶布庆（蒙古族）
李玉良
武装部长：周德铭
政委：乌云达赖（蒙古族）

【概况】 伊金霍洛为蒙古语，圣主陵园之意，以境内有著名的成吉思汗陵园而得名。伊金霍洛旗位于鄂尔多斯高原东南部，毛乌地沙漠东北边缘，北纬 38°56′～39°49′，东经 108°58′～110°25′，归鄂尔多斯市所辖。北和东北与东胜区、准格尔旗相邻，东南与陕西省府谷县交界、南连乌审旗，西接杭锦旗。总面积5 586平方公里，辖 15 个苏木乡镇，138 个嘎查村。总人口14.25万，其中蒙古族人口9 869人。

2004 年，全旗地区生产总值（现价）达到55.7亿元，较 2000 年增长2.5倍；全旗财政总收入完成65 653万元，同比增加25 645万元，增长64.1%，其中地方财政收入完成38 061万元，同比增加14 178万元，增长59.4%。一般预算支出完成53 566万元，同比增加17 781万元，增长49.7%。城镇居民人均可支配收入和农牧民人均纯收入分别达到8 808元和3 986元，分别比 2000 年增加3 800元和1 650元。全社会固定资产投资完成42.1亿元，较 2000 年增长近 6 倍。在 2004 年第四届全国县域经济基本竞争力评价中，伊金霍洛旗在全国县域经济中排名由 2003 年的第 467 位上升为第 209 位（提升 258 位），在中国西部县域经济百强县中排名由 2003 年的第 67 位上升为第 15 位（提升 52 位），成为全国县域经济基本竞争力提升速度最快的百县市之一。

【农牧业】 年内实施农业各类项目 21 个，争取项目资金1.3亿元。全旗完成农作物总播面积 49 万亩，牧业年度牲畜总数达到 79 万头只，奶牛、肉牛养殖总量分别达到4 908和6 133头，畜牧业占一产增加值的比重上升到52.6%，投资3 000万元的北京兴绿原肉用羊种源基地合作项目建成并投入运行。全旗人工造林保存面积达 320 万亩，天然草牧场 490 万亩，人工种草 100 万亩，林木覆盖率达31.8%，植被覆盖率达86%。牧业年度牲畜总头数达 79 万头只，畜牧业占一产增加值的比重达到51%。乌兰木伦水库等 7 座水库总容量2.5亿立方米，一个支撑“三化”的水源保障体系正在形成。

【工业】 全旗全年续建、新建和扩建工业项目 88 项，总投资232.74亿元。其中列入自治区重点项目的有 8 项，即神华煤液化项目、蒙南电厂、宝恒电厂、神东公司上湾煤矿技改、神东公司补连塔煤矿技改、东方热电厂、上湾热电厂和天隆公司皮带加工项目，总投资190.2亿元，年内计划投资21.78亿元，实际完成投资14.5亿元。全旗工业总产值预计完成57.3亿元，工业增加值预计完成26.1亿元，占地区生产总值的比重达到46.9%。全旗煤炭产量达4 250万吨，其中神东3 366万吨。

【第三产业】 编制审定《伊金霍洛旗旅游总体规划》。配合成吉思汗陵旅游区开发,启动霍洛苏木集镇整体搬迁工程;神东工业旅游区创建为“全国工业旅游示范点”。全旗全年累计接待游客54万人次,实现旅游收入1.2亿元。社会消费品零售总额达6亿元,增长17.9%。旗内金融机构存贷款余额年末分别达17.2亿元和7.6亿元,分别比年初增加2.6亿元和1亿元。第三产业增加值完成16.2亿元,增长32.7%。

【招商引资】 全旗投资50万元以上的新建、续建、扩建项目121项,累计完成投资36.7亿元。神华煤液化项目正式开工建设,累计完成投资7.56亿元。山东久泰二甲醚项目完成征地任务,项目一期工程建设用地已报经自治区国土资源厅批准。北京昊华公司总投资9亿元年产300万吨原煤项目相关手续正在报批。上湾煤矿、补连塔煤矿、上湾洗煤厂技改扩建项目和上湾热电厂2×1.5万千瓦机组竣工投产。蒙南、东方电厂全面开工建设,宝恒电厂主体工程完工,乌兰电厂、奥利星尾气综合利用电厂进入试运行阶段。上海碧海人造板生产项目和绿达公司草柳编项目成功引进。天隆集团与香港光能集团合作投资17亿元的4×20万千瓦电厂项目签订意向性协议。布连电厂6×60万千瓦空冷发电项目完成前期调研工作,并签订意向性协议。

【基础设施建设】 绘制阿勒腾席热镇、乌兰木伦镇规划区航测地形图,重新修编阿勒腾席热镇城市总体规划,编制完成阿勒腾席热镇、霍洛苏木控制性详规和乌兰木伦镇、新街镇城市建设总体规划。重点实施年初提出的“八项建设任务”,阿吉奈广场改造、富源巷和公园街南段改造、阿勒腾席热镇东出口整治、平安小区绿化美化、税务小区和综合活动中心建设全面完工,掌岗图大桥开工建设,预计2005年9月份完工。完成城市绿化14万平方米,街巷硬化2.5万平方米,更换部分街道路灯。引入社会资金5 618万元,新建住宅楼3.8万平方米,对阿勒腾席热镇旧城区实施了集中供热改造,新增集中供热面积19.5万平方米。霍洛苏木集镇搬迁工程完成投资1.3亿元,地下工程全部完成,地面路网已经成形,行政办公区、商贸区、住宅区主要建筑主体工程基本完工。

【计划生育】 人口和计划生育工作继续加强,综合节育率92.8%,人口出生率8.73‰,人口自然增长率5.37‰。全面落实城镇居民最低生活保障制度,2 430名城镇特困居民应保尽保。新建市级文明单位11个,市级文明单位标兵2个。实施少数民族聚居地区基础设施建设工程,帮助200户少数民族户完善标准化棚圈和饲草料基地建设,20户少数民族危房户喜迁新居。

【教育】 实施义务教育阶段免费助学工程,15 632名义务教育阶段学生享受免费助学待遇,累计减免杂费、书本费635万元。实施农村牧区广播电视网络工程,新建多路微波中继站4处,覆盖全旗80%的农牧户,并免收农牧民收视费;阿勒腾席热镇有线电视节目由原来的25套增加到34套。

(曹　刚)

乌审旗

【领导名录】

旗委书记:包崇明(蒙古族)
副书记:张　平
韩宝荣(5月离任)
双青克(蒙古族　4月离任)
贾其林(蒙古族)
蔺　健
牧　人(蒙古族　4月任职)
人大主任:刘治贵
副主任:徐玉兰(女)
郇天云
巴音松布尔(蒙古族)
赵广源
旗长:张　平
副旗长:韩玉光
仁　庆(蒙古族)
云卫东(蒙古族)
曹文清
伊达木(蒙古族)
石文奎
科技副旗长:全宇娆(女)
政协主席:阿迪雅(蒙古族)
副主席:吴兆军
刘钢柱(蒙古族)
赛　当(蒙古族)
武装部长:刘向伟
政委:乌云达来(蒙古族　2月离任)
鲁巴特尔(蒙古族　2月任职)

苏里格经济技术开发区

党工委书记:樊晓东
管委会主任:罗子荣

【概况】 乌审旗位于鄂尔多斯市西南部,地理坐标为北纬37°38′54″~39°23′50″,东经108°17′36″~109°40′22″。

东北部、北部与伊金霍洛旗、杭锦旗接壤，西北部、西部与鄂托克旗交界，西南部与鄂托克前旗毗连，南部与陕西省靖边县、横山县为邻，东部与陕西省榆林市相依。总面积11 645平方公里，辖1苏木、5乡、7镇，75个嘎查、村。人口97 023人，其中男50 708人、女46 315人，蒙古族29 596人、回族9人、满族62人、朝鲜族2人、达斡尔族2人、鄂温克族1人，其他少数民族9人。总户数30 137户。非农业人口23 087人。总人口增加1 639人，人口出生率为9.9‰，人口自然增长率为4.8‰。

2004年，地区国内生产总值19.65亿元，同比增长28%；其中第一产业增加值完成4.67亿元，同比增长4.37%；第二产业增加值完成10.61亿元，同比增长50.17%；第三产业增加值完成4.37亿元，同比增长14.29%。人均GDP占有量达20 253元。财政收入1.9亿元，同比增长86.4%；其中上划中央收入6 543万元，地方财政收入12 463万元，同比分别增长68%、97%；财政收入居自治区旗县区第36位。农牧民人均纯收入达4 220元，同比增加785元，增长22.9%。城镇居民人均可支配收入7 818元，同比增加1 365元，增长21.2%。

（王俊宝　郝继忠）

【农业】　农作物总播种面积49.11万亩，同比增加6.24万亩，优质牧草16.1万亩，饲料玉米和专用青贮玉米15.73万亩，完成订单及经济作物种植7.33万亩。种植品种结构得到优化，粮经草比例达37：14：49。粮食总产1.11亿公斤。部分水产品和皇香牌猪肉获得无公害食品认证。新增抗旱水源工程452处，新增水浇地3.09万亩，新增节水灌溉面积4.17万亩。水浇地面积达43.2万亩，农牧民人均水浇地6.35亩。节水灌溉面积达14.2万亩。完成水土保持综合治理面积104平方公里，其中营造水保林47.34平方公里，种草36.66平方公里，封禁治理20平方公里。

【畜牧业】　6月末，家畜总头数138.4万头只，纯增率达25.6%，大小畜改良畜比重达98%。年末，家畜总头数达102.98万头只，大小畜能繁母畜比重达69.83%。肉类总产量22 645吨，鲜奶19 816吨，绒毛3 219吨，皮张32.66万张。人工种草20.1万亩，水地种草保留面积达16万亩，种植饲用灌木10万亩，改良草场19万亩，新增加固草原围栏70万亩。禁牧370万亩，休牧540万亩，划区轮牧540万亩，禁、休牧总户数达19 050户，圈养牲畜达112万头只。继续推进三大养殖基地和“四个一”示范工程建设，建成高效益家庭牧场示范户1 000户，肉牛养殖示范户2 000户，肉羊、生猪养殖示范户1 000户，现代畜牧业示范工程户1 315户（其中达到发达国家中等经营水平的15户，达到国内先进经营水平的100户，达到自治区内先进经营水平1 200户）。17个养殖小区建设工作全面铺开，建成示范户300户，建成标准化畜棚3.27万平方米。7个苏木乡镇全面启动鄂尔多斯细毛羊“防尘服”项目，10万只细毛羊已穿上特制“防尘服”。畜禽疫病防治工作成效显著，健全13个兽医防疫检疫站，牲畜“五号病”防疫密度达100%，牲畜预防接种达229.4万头只。

【林业】　完成退耕还林工程建设12.1万亩，共使用苗木8 000万株，完成补植面积12万亩。完成飞播造林10万亩，补植、补播共计15万亩。5 000亩以上治沙造林大户共200多户，造林大户完成造林3.1万亩。生态园区、绿色通道、自然保护区、城郊绿化带等生态建设全面铺开，沙地柏保护区完成国家级自然保护区的申报工作。

（郝继忠）

【工业】　投资在100万元以上的项目37个，投资在亿元以上的项目8个，到位资金15.5亿元。大地能源公司炼油、苏里格油气化工公司高清洁车用汽油、亨泰公司2万吨小苏打等16个项目建成投产；100万吨甲醇、2×150MW级天然气调峰电厂、苏天化18万吨甲醇扩能改造、蒙格电厂等6个项目动工建设。工业企业完成工业增加值10亿元，同比增长54%；其中规模以上工业企业由2003年的12户增加13户，实现增加值8.2亿元，同比增长69.4%。工业产品产销率达98.21%。

【交通】　新增黑色公路123公里，提前一年实现乡乡通油路的目标。新改建乡村公路16条311公里。新建二级开放站达布察克汽车站，占地8 600平方米，建筑面积2 200平方米。完成客运量33.2万人，客运周转量2 988万人/公里。货运量230.4万吨，货运周转量19 584万吨公里。

【电力】　达尔罕壕至达布察克镇220千伏输变电工程12月末竣工投运；总投资1.4亿元，建设220千伏输电线路163公里，主变容量12万千伏安。苏里格2×15万千瓦级燃气蒸汽联合循环机组项目一期工程10月31日动工兴建。完成购电量6 870万千瓦时，其中自发电量951万千瓦时。售电量6 090万千瓦时，同比增长44%。

【通信】　网通公司完成通信业务收入819万元。固定电话用户9 781户，无线电话用户1 007户，小灵通用户4 558户，宽带ADSL用户434户。邮政业务收入181.75万元。邮电通信业完成增加值1 171万元，同比增长25%。

【招商引资】　共引进项目49个，总投资56.92亿元，实际利用旗外资金15.458亿元，其中利用区外资金10.727亿元。150万吨环保型清洁甲醇汽油项目等14个项目建成投产，100万吨甲醇项目、天然气发电等6个项目开工建设。

【科技】　苏里格经济技术开发区所生产的浮法微晶材料被命

名为国家重点新产品，苏天化18万吨甲醇厂被认定为自治区高新技术特色工业产业化基地。规范形成10大类29支农技协会，培养各类农牧民经纪人队伍70余支，确立高标准科技示范户100户。列入自治区"136"工程的玉米制种特色产业化基地建设进展顺利；有3省8市17家制种单位在乌审旗从事玉米制种，制种的苏木乡镇有8个，玉米制种面积5万多亩；产量2 000万公斤，实现产值4 400万元；玉米制种产品运销26个省区，仅此一项，农牧民人均增收188元。

【教育】 全旗有学校32所，在校生13 776人，教职工1 409人。小学、初中、高中教师学历合格率分别为100%、90.3%和68.12%。适龄儿少入学率小学为100%，初中为96.91%。小学毕业生升学率为100%，初中毕业生升学率为76%，高考升学率为80.19%。蒙汉授中考分别名列鄂尔多斯市榜首。青少年非文盲率为98%。

【文化旅游】 在自治区内率先提出"发展文化产业，建设民族文化大旗"的发展思路。成功举办萨冈彻辰(《蒙古源流》作者)诞辰400周年纪念活动、《蒙古源流》学术研讨会和蒙陕宁旅游协作会。着力推进文化旅游产业发展，巴图湾旅游区晋升为国家AAA级景区，乌审召—巴图湾—萨拉乌苏遗址线路列入自治区精品旅游线路，为自治区向全国重点推荐的4条旅游线路之一。第五批文物国保单位"萨拉乌苏遗址"的保护与规划工作全面展开，区内外的文物考古研究机构对遗址的地质剖面、古遗址化石进行了普查、定位和统计、鉴定，并出版了有关遗址的专著。至2004年年底，全旗有乡级文化站13个，广播、电视发射转播台共30座，有线电视用户6 100户。

【卫生】 以大病统筹为主的新型农牧区合作医疗启动实施，乡级卫生院实行县办县管。医院95%的药品实现招标采购。"五苗"接种率均达95%，孕产妇系统管理率91.66%，住院分娩率81.82%，儿童系统管理率达91.74%。7月接受国家卫生保健基金会药具捐赠，对1.5万人进行消化道疾病普查。

（王俊宝）

【萨冈彻辰诞辰400周年纪念活动】 萨冈彻辰(1604—?)，是蒙古族三大史学巨著之一《蒙古源流》的作者，杰出的文化巨人、政治活动家。出生于今乌审旗伊克锡伯尔。2004年6月29日至7月1日，在乌审旗举办萨冈彻辰诞辰400周年大型纪念活动，由纪念大会、学术研讨会、蒙陕宁旅游协作会组成。学术研讨会由内蒙古社会科学院和乌审旗人民政府举办，来自中央民族大学、自治区及日本国的蒙古学专家学者和部分市旗人士共50余人参加会议，20多位专家学者从不同的角度就萨氏的贡献及著作的科学价值进行学术探讨。这是继1962年纪念《蒙古源流》问世300周年学术研讨会后规模最大的一次，对萨氏的专题研究是第一次。新华社、国家环境报、民族报及区内共11家媒体对此进行广泛的采访报道。

（郝继忠）

鄂托克旗

【领导名录】

旗委书记：刘桂花(女)
副书记：王峰(蒙古族)
何金柱(蒙古族)
高锦文
李欣良
斯琴毕力格(蒙古族 8月任职)
人大主任：华·格日乐巴图(蒙古族)
副主任：毛赫来(蒙古族)
布林巴雅尔(蒙古族)
杭文祥
贺建永
旗长：王峰(蒙古族)
副旗长：马·嘎尔迪(蒙古族)
娜仁花(女 蒙古族)
吕瑞亨
王跃进(蒙古族)
银瑞军
贺有德
李占禄(蒙古族)
政协主席：李月珍(女)
副主席：孟克吉日嘎拉(蒙古族)
丁春(蒙古族)
刘利军
宝勒德(蒙古族)
武装部长：刘子荣
政委：鲁·巴特尔(蒙古族)

【概况】 鄂托克旗位于内蒙古自治区鄂尔多斯市西部。地处北纬38°18′～40°11′，东经104°41′～108°54′之间，总面积20 687平方公里。全旗辖4苏木、2乡、6镇。全旗总人口92 023人，人口出生率8.9‰，死亡率4.4‰，人口自然增长率4.5‰。

2004年国内生产总值达到41.02亿元，按可比价格计算，比上年增长57.8%。其中第一产业增加值2.43亿元，同比增长

16.2%；第二产业增加值31.19亿元，同比增长64.3%；第三产业增加值7.40亿元，同比增长50.2%。三次产业构成分别为6：76：18。财政收入完成37 318万元，比上年增长136.5%。其中地方财政收入19 879万元，同比增长112.6%，上划中央税收收入17 439万元，同比增长171.2%。全年地方财政支出41 264万元，比上年增长56%。城镇居民人均可支配收入8 203元，比上年增长26.2%，农牧民人均纯收入3 700元，比上年增长37%。年末在岗职工平均工资13 908元（不包括 私营企业），比上年增长13.1%。

【农业】 农林牧渔业产值（按现行价格）40 674万元，比上年增长25.6%，其中农业产值11 056万元，同比增长29.6%；林业产值4 993万元，同比增长0.8%；牧业产值22 173万元，同比增长23.9%；渔业产值1 152万元，同比增长336.4%；农业牧渔服务业产值1 300万元，同比增长71.0%。农作物总播种面积1.19万公顷，比上年增长18.9%。其中粮食作物播种面积0.70万公顷，与上年持平。全年粮食总产量5.4万吨，比上年增长0.87万吨，增长19.2%。全年水产品产量410吨，比上年增长103.9%。年末全旗农牧业机械总动力14.3万千瓦，比上年增长14.9%，耕地面积11.63千公顷，比上年增长12.4%。

【退耕还林】 全年完成飞播造林33万亩（其中补飞5万亩），人工造林55万亩，其中退耕还林18万亩。

【畜牧业】 牧业年度牲畜存栏156.2万头（只），其中大畜1.5万头，羊151.6万只，猪3.1万头；牧业年度良种及改良种牲畜总头数153.7万头（只）比重为98.4%。日历年度牲畜出栏58万头（只），比上年增长29.5%；存栏114.2头（只），比上年增长14.4%。

【工业】 全年完成工业增加值23.2亿元，比上年增长70.6%。其中规模以上工业企业（国有及国有控股企业和年产品销售收入500万以上的非国有工业企业）完成工业增加值17.7亿元，比上年增长84.4%。工业产品销售率97.2%。全年发电量24 624万千瓦小时，比上年增长37.2%，全年供电量19 535万千瓦小时，比上年增长87.6%。

【固定资产投资】 全社会固定资产投资42.1亿元，同比增长71.8%，其中限额以上固定资产投资项目104个，比上年减少36个，完成投资40.5亿元，比上年增长80.6%。其中基本建设投资完成37.8亿元，比上年增长101.6%，更新改造投资完成0.7亿元，比上年减少56.2%；房地产开发投资完成0.3亿元，比上年下降12.8%。全年完成工业固定资产投资31.2亿元，比上年增长73.3%。

【商业】 全年社会消费品零售总额3.6亿元，比上年增长21.6%。其中批发零售贸易业零售额2.8亿元，增长14.9%，餐饮业零售额0.59亿元，增长66.5%，其它行业零售额0.26亿元，增长21.5%。全年外贸出口总额1.5亿美元，比上年增长125%，外贸依存度为31%。

【交通 邮电】 全年修建油路298公里，旗境内国省干线全部实现黑色化，12个苏木乡镇全部开通油路，75个嘎查村有55个开通了公路。全年邮电业务总量6 676万元，比上年增长75%，其中电信业务总量6 255万元；邮政业务总量421万元。年末固定电话用户18 132户，小灵通用户11 601户，移动电话用户49 600户。

【旅游业】 全年完成旅游基础建设投资308万元，完成旅游招商协议资金500万元，接待旅游人数7.5万人次，比上年上升7.1%，实现旅游收入930万元。

【金融 保险】 年末全旗金融机构各项存款余额106 202万元，比上年末增加22 574万元，增长27%。其中储蓄存款余额77 453万元，同比增长30.7%。全旗金融机构各项贷款余额113 709万元，比上年末增加31 032万元，增长37.5%。全年保险业保费收入3 334万元，比上年增长26%。其中财险收入1 000万元，增长25%；人寿险收入2 334万元，增长26.4%。

【科技】 嘉南油脂公司、新华结晶硅公司和新田公司三大科技项目分别获扶持资金600万元、60万元和5万元。全年上报科技项目13个，其中被国家和自治区列项各1个。

【教育】 2004年秋季高考上线250人，上线率达77.9%。教育"两基"巩固提高工作获得通过，并被自治区评为先进旗县。公其日嘎乡、蒙西镇成立了扶贫助学奖励基金。

【社会保障】 全旗参加基本养老保险职工8 327人，参加失业保险职工7 329人，全年共发放基本养老保险金1 717万元，失业保险金187万元。全年有8 810名职工和2 694名离退休人员参加了基本医疗保险，有1 302人享受城镇居民最低生活保障金，有301人享受农村牧区最低生活保障金。

（仁 钦）

鄂托克前旗

【领导名录】

旗委书记:娜仁图娅(女 蒙古族)
副书记:于新芳
　　　　颉永烽
　　　　千敖云达来(蒙古族)
　　　　赵 斌
人大主任:方占章
副主任:马树旺
　　　　嘎 鲁(女 蒙古族)
　　　　盛子荣
　　　　王景义(蒙古族)
　　　　郝永红
　　　　其劳巴特尔(蒙古族)
旗长:于新芳
副旗长:史贵俊(满族)
　　　　冯占平
　　　　钟乌拉(蒙古族)
　　　　杨键军
科技副旗长:贺 晋
政协主席:千敖云达来(蒙古族)
副主席:吉日木图(蒙古族)
　　　　张宝华
　　　　乌日图那顺(蒙古族)
　　　　达楞浩雅尔(蒙古族)
　　　　何钧业
武装部长:吉日嘎拉(蒙古族)
政委:宋 宏
上海庙经济技术开发区书记:冯治亮
主任:孙瑞雪

【概况】 鄂托克前旗于1980年8月12日,经国务院批准从原鄂托克旗分设,属鄂尔多斯市辖旗。位于内蒙古自治区鄂尔多斯高原西南端、毛乌素沙地腹部,地处北纬37°44′~38°44′,东经106°26′~108°32′之间。东、北与本市乌审旗、鄂托克旗相依,南与陕西省定边、靖边县接壤,西与宁夏盐池、灵武、陶乐县毗邻。鄂托克前旗总面积12 180万平方公里,其中可利用草原面积976.5万亩。境内海拔在1 300~1 400米之间。全旗辖3个苏木、1个乡、5个镇。总人口7.33万人,其中蒙古族人口占总人口的32%,是一个以蒙古族为主体,汉族占多数的少数民族地区。

2004年全旗地区生产总值完成13.2亿元,增长33.2%,全旗工业增加值达2.5亿元,其中规模以上工业企业增加值达到6 610万元,增长18%,其中一产完成4.3亿元,增长10.5%,二产完成4.4亿元,增长43.3%,三产完成4.5亿元,增长32.4%。全旗财政收入完成7 015万元,增长40%。城镇居民人均可支配收入达7 835元,增长20.1%。农牧民人均纯收入达4 135元,增长29.7%。

【工业】 2004年取得上海庙地区754平方公里煤炭资源探矿权,并引入宁夏、安徽、阿拉善等地的企业,投入资金9 300多万元,加大煤炭资源勘探工作力度,完成600多平方公里的预查工作,140平方公里的普查勘探,其中60多平方公里完成详查野外作业,基本摸清上海庙煤田的煤炭储存情况。正泰公司年产90万吨矿井和日华公司年产60万吨矿井正在建设中。新宇、华翔、永昌3家企业投资6 000多万元新建的生产硅钙、硅铝、硅铁的高载能项目已基本竣工。

引入鄂尔多斯新华结晶硅有限公司对金驼药业公司进行重组,麻黄素车间已通过GMP认证,苦参碱制药项目的药号审批正在进行中。通过技术改造和产业升级,为企业发展注入新的活力。大草原乳业鲜奶生产项目和昊派公司纸制品项目已投产,无毛绒加工、炭黑生产、矿泉水生产、PVC管材加工、辣椒加工和原油脱水等项目建设进展顺利。上海庙工业园区建设投入资金500万元,完成24平方公里土地的征用工作。

【农牧业】 全旗完成农作物总播面积31.08万亩,完成青贮玉米种植12.1万亩,水地种植优质牧草3.5万亩,为养而种、以种促养的格局基本形成。

全旗牲畜饲养量达212万头只,牧业年度牲畜总头数达153.7万头只,比上年增长23.5%。新购进良种肉牛19 583头、奶牛3 169头,总数分别达到34 635头和4 051头,牲畜出栏率达到35%。新建扩建城川、布拉格、三段地3处牲畜交易市场,进一步完善市场配套设施,初步形成辐射宁夏、陕西等周边地区的畜产品交易集散地和扩散地,3个农贸市场年牲畜交易量60万头只,年交易总额2亿元以上。

9月15日,国家农业综合开发办对鄂托克前旗2001年农业综合开发项目进行验收。

【水利 林业】 全旗新增有效灌溉面积3.9万亩,新增节水灌溉面积4.12万亩,解决0.51万人、12.1万头只牲畜饮水困难问题。继续推行禁牧、休牧、轮牧政策,认真组织实施退耕还林、退牧还草和天然林保护等项目,全旗完成飞播造林14万亩,乔木造林8.4万亩,种植沙柳16.5万亩。

6月26日，鄂托克前旗大沟湾水库大坝主体工程通过鄂尔多斯市水利局组织的分部工程初验工作。

【第三产业】 鄂尔多斯生态旅游区和鄂尔多斯文化旅游区继续加大投入力度，对原有设施进行维修和改造，完善景区功能，正在申请创建国家4A级景区。两个景区2004年共接待游客8万人次，实现营业额820多万元。大沙头和大沟湾两个景区正在积极筹建之中，全旗社会消费品零售总额达2.5亿元，增长8.6%。

【基础设施建设】 争取到乌海至敖镇220千伏输变电工程和敖镇至上海庙110千伏输变电工程两个项目，220千伏输变电工程已建成投用；110千伏输变电工程正在建设。

完成敖银线穿长城、敖镇至乌审旗陶利段、城川经大沟湾至乌审旗河南乡、城川镇至陕西靖边梁镇、大池至原二道川乡政府柏油路及布拉格陶利嘎查至原陶乐县穿沙公路，全旗新增油路50公里，砂石路10公里，新改扩建乡村道路158公里。

完成大沟湾水库扩容改造工程，组织实施上海庙和敖镇地区水资源利用情况调查，编制全旗水资源综合利用总体规划。

市政建设，投资340万元新建18万平方米的体育场，投资160万元完成1 200米新区大街改造工程，进一步加强绿化、硬化、美化、亮化工作。全旗新增绿化面积1万多平方米，完成13条街道3.45万平方米的路面维修，在各主要街道两侧安装霓虹灯。

全旗固定资产投资达8.88亿元，增长59.3%。

【招商引资】 重点围绕煤炭资源开发，与北京国际电力投资公司签订300万千瓦电厂建设合同，与神华集团达成煤炭勘探开发协议，与鄂尔多斯酒业集团签订30万吨煤制甲醇项目协议，共签订煤炭勘探和开发合作项目15个，全旗招商引资实际到位资金2.53亿元，增长82%。

9月15日，引入永昌化工有限责任公司和新宇化工有限责任公司，总投资达6 000万元。

【财政金融】 坚持“保收压支”的理财原则，加强税收征管，进一步挖掘税源，强化收支两条线管理，严格控制预算支出，保证干部职工工资的按时足额发放和机关的正常运转。实施农村牧区税费改革，全面贯彻落实免征农牧业税政策，实施“金财”工程。全旗金融机构各项存款余额达23 127万元，各项贷款余额24 705万元。

【交通】 9月13日，鄂托克前旗至乌审旗河南乡公路、城川至大沟湾25公里油路建设工程，主体工程全部贯通，实现通车，完成投资2 000万元。10月25日，三段地至城川公路是鄂托克前旗南部的一条重要环线公路，采取企业“垫资”的办法启动建设北大池至二道川11公里窗幅油路，实现通车，完成投资500万元。

【环境保护】 10月1日，城川镇造林大户冯治庭荣获福特环保奖自然生态类二等奖，获奖金10万元。

【科技】 科技工作以农牧业实用技术推广和服务为重点，推行科技特派员制度，承包苏木乡镇科技服务，积极围绕模式化养殖、优良牧草种植、饲草料青贮等开展科技服务。大力推广农牧业实用技术，农牧业生产科技含量不断提高。

【教育】 中高考成绩位居全市前列，蒙授高考取得自治区单科状元和全市文理科总分状元的好成绩。

【文化】 文化广电工作启动文化活动中心，完成镇区有线电视光网改造。6月16日，鄂前旗昂素镇巴音柴登嘎查唐·朝格图一家被自治区文联命名为民间文艺之家。

【卫生】 医疗卫生工作完成基层卫生院“县办县管”和新型农村牧区合作医疗前期调研及摸底工作，并制定实施方案。

【体育】 8月25日，鄂尔多斯市第一届少数民族传统体育运动会在鄂托克前旗隆重开幕，8月27日闭幕，鄂托克前旗代表团参加11个大项33个小项的比赛，获得团体总分第一的好成绩。10月10日，旗6名残疾人运动员，代表鄂尔多斯市参加全区第二届残运会，取得2金1银2铜的优异成绩。

【计划生育】 继续保持在全市领先位次，人口出生率和自然增长率分别为7.03‰和4.9‰。

【光彩事业西部行】 10月28日，鄂尔多斯市“光彩事业西部行”鄂托克前旗项目洽谈会成功落幕，这次会议由旗工商联具体承办，会上，共达成5个项目12.6亿元投资意向，其中，总投资2 500万元的敖镇至银川柏油路路权于11月18日成功转让给鄂尔多斯酒业集团。

（庞海东　王虎栓）

巴彦淖尔市

【党政军领导名录】

市　委

书　记:郭启俊

副书记:王素毅(蒙古族)

邓秀英(女 纪委书记 7月离任)

郭　宇(7月任职)

杨志民(7月任职)

黄志江(蒙古族 纪委书记 7月任职)

贺永华(7月离任)

常　委:弓占维

李　进

侯凤岐

蔺富民

苏远忠(达斡尔族)

王建平

杜隽世(蒙古族)

罗湘成

人　大

主　任:孙　国(7月离任)

贺永华(7月任职)

副主任:王有义(7月任职)

祁俊华(蒙古族)

程树祥(7月任职)

李　茂(7月任职)

王贵平(7月任职)

刘艳玲(女 7月任职)

孟和吉德(蒙古族 7月离任)

王根宝(7月离任)

高瑞明(7月离任)

政　府

市　长:王素毅(蒙古族)

副市长:郭　宇(7月离任)

弓占维(7月任职)

罗湘成(7月任职)

马祖融

黄志江(蒙古族 7月离任)

王迎希

冀学斌(蒙古族)

侯凤岐(7月离任)

云治厚(蒙古族)

李文天(7月任职)

韦亚力(女 7月任职)

张少甫(7月任职)

政　协

主　席:韩　钢(7月离任)

张向阳(7月任职)

副主席:苏木雅(女 蒙古族)

张建方(回族)

吐　嘎(蒙古族)

郑宝青

吴寿山(7月任职)

李凤莲(女 7月任职)

张占义(7月任职)

张建国(7月任职)

王辰起(7月任职)

武振耀(7月离任)

程树祥(7月离任)

法　院

院　长:王　伟(7月任职)

吴寿山(7月离任)

检察院

检察长:赵如意

军分区

司令员:汤向进

政　委:李　进

【概况】　巴彦淖尔市位于祖国北部边疆、内蒙古自治区西部,黄河几字型顶端。北与蒙古国接壤,有国界线368.89公里。东与包头市为邻,西与阿拉善盟毗连,南隔黄河与鄂尔多斯市相望。地理位置北纬40°13′~42°28′、东经105°12′~109°53′。东西长378公里,南北宽238公里,总面积64 413平方公里。距内蒙古自治区首府呼和浩特383公里,距首都北京1 050公里(铁路里程)。乌拉特草原面积30 600多平方公里,约占全市面积的47%;河套平原面积近15 900平方公里,占全市总面积24%。黄河流经巴彦淖尔市200多公里。河套平原是亚洲最大的一首制自流灌区,巴彦淖尔市有533千公顷水浇地。灌溉条件优越,灌排工程体系完善。全年日照时数长达3 100～3 300小时，光热资源丰富，是中国日照时数最多的地区之一。河套平原农田设施完善，土地肥沃，灌、排便利，种植业发达，经营水平高。物产丰富，主产小麦、玉米、葵花、河套蜜瓜等。工业以农畜产品加工为主，河套牌河套老窖酒、金川保健啤酒和河套牌雪花粉荣获中国名优品牌。人口分布相对集中，7个旗县市中，有5个旗县市集中在河套灌区的1.65万平方千米土地上，居住人口占总人口的89%。2004年底，巴彦淖尔市总人口177.38万人，比上年增长1.45%。

2003年12月1日，国务院批准巴彦淖尔盟撤盟设市。巴彦淖尔市辖临河区、杭锦后旗、乌拉特后旗、乌拉特中旗、乌拉特前旗、五原县、磴口县。1个市、4个旗、2个县下设19个苏木、32个乡、45个镇、10个街道办事处，147个嘎查、660个行政村。

2004年，完成生产总值189.49亿元，比上年增长21.5%，增速比上年提高8.3个百分点，是历史上增长最快的一年。其中，第一产业完成增加值60.83亿元，增长9.5%；第二产业完成增加值66.04亿元，增长40.1%；第三产业完成增加值62.61亿元，增长16.1%。生产总值中三次产业构成比例由上年的35.3∶29.4∶35.3调整为32.1∶34.9∶33。二产首次超过一产，比上年提高5.5个百分点。一产和三产分别比上年下降3.2和2.3个百分点，产业结构实现历史性转折。人均生产总值突破1万元。

2004年，巴彦淖尔市居民消费价格总水平上涨4.3%。其中，城市上涨5.4%，农村上涨3.4%。分项目看，食品类上涨11%，衣着类上涨0.6%，居住类上涨3.9%，娱乐教育文化用品及服务类上涨0.4%。从流通、生产、建设领域看，商品零售价格、农业生产资料价格、工业品出厂价格和固定资产投资价格总水平分别上涨3.9%、10.25、7.6%和5.9%。

2004年末，巴彦淖尔市城镇单位从业人员14.17万人，比上年增长0.5%。其中，第一产业从业人员2.43万人，第二产业从业人员3.58万人，第三产业从业人员8.16万人。城乡个体、私营经济从业人员增多，城镇登记失业率为4.8%。

2004年，巴彦淖尔市完成财政总收入15.60亿元，比上年增长49%。其中地方财政收入为10.63亿元，增长49.6%。财政收入占生产总值的比重达到8.2%，比上年提高0.6个百分点。财政支出29.58亿元，比上年增长18.3%。财政支出中，企业挖潜改造支出增长16%，支援农业生产支出增长16.3%，教育事业费支出增长20.4%。7个旗县区财政全部超过亿元。乌拉特后旗跨入全国县域经济快速提升百强县行列。

【农业】 2004年，巴彦淖尔市农作物播种面积为477.3千公顷，比上年增长21.8%。其中粮食播种面积241.4千公顷，比上年增长32.9%。小麦、玉米播种面积分别为134.1千公顷和98.6千公顷，分别比上年增长45.4%和21.4%。经济作物播种面积为17.48万颂，比上年增长13.7%；耕地内种牧草61.1千公顷，比上年增长8.1%。粮经草比例由上年的46.4∶39.2∶14.4调整为50.6∶36.6∶12.8。小麦总产量73.16万吨，较上年增长47.4%；玉米总产量95万吨，较上年增长5.5%。油料产量35.19万吨，比上年下降0.8%；花葵产量为24.18万吨，增长1.7%；瓜类产量为39.19万吨，增长29.7%。农林牧渔业完成总产值93.06亿元，比上年增长13.7%。2004年末，农牧业机械总动力251.36万千瓦，比上年增长19.6%，机耕地面积406.9千公顷，比上年增长10.5%。农牧区用电量3.05亿千瓦小时，比上年增长6.6%。

【林业】 2004年，巴彦淖尔市完成造林面积49.8千公顷，完成退耕还林面积38.7千公顷。完成幼林抚育面积79.7千公顷，比上年增长23%。

【畜牧业】 2004年，畜牧业产值占农业总产值的比重达到33.4%，较上年提高3个百分点。牧业年度牲畜总头数为939.97万头只，比上年同期增加177.92万头只，增长23.4%，增幅比上年同期提高13.4个百分点。其中，农区牲畜总头数为703.12万头只，比上年增加145.55万头只；牧区牲畜总头数236.85万头只，比上年增加32.37万头只。牧业年度羊的存栏达到844.88万只，比上年增加177.82万只。其中农区为610.79万只，比上年增加145.99万只；牧区为234.09万只，比上年增加31.83万只。良种、改良种畜头数达到895.82万头只，占牲畜总头数的95.3%，比上年提高2.3个百分点。能繁育母畜达到513.91万头只，占牲畜总头数的54.7%。日历年度牲畜出栏总数为711.95万头只，比上年增长60.1%；出栏率为95.1%，比上年提高23.5个百分点。购进奶牛2.3万头只，年末奶牛总头数达到9.49万头，比上年增长55.3%。

1月2日，蒙牛磴口分公司在磴口5号食品工业园区举行落成及投产剪彩。

【工业】 2004年，巴彦淖尔市按照工业化发展总体思路，下大力气打造“三大支柱产业”（农畜新产品加工业、矿产工业、电力工业）。规模以上工业企业（国有及年产品销售收入500万元以上的非国有工业企业，下同）实现总产值85.53亿元，比上年增长49.6%；完成增加值30.8亿元，比上年增长42.4%。其中，国有企业实现产值5.78亿元，比上年增长42.4%；国有及国有控股企业实现产值16.85亿元，比上年增长36.6%。集体企业实现产值0.59亿元，比上年下降26.8%；股份制企业实现产值66.17亿元，比上年增长45.7%；外商及港澳台投资企业实现产值11.91亿元，比上年增长1倍；其他经济类型实现产值1.07亿元，比上年增长8.8%。分轻、重工业来看,轻工业实现产值49.88亿元,增长38.9%;重工业实现产值35.65亿元,增长67.4%。

2月10日,巴彦淖尔盟与神华集团、加拿大艾芬豪公司就合作开发蒙古国南戈壁省奥云陶勒盖铜矿有关事宜在北京神华大厦举行会谈。

【建筑业】 2004年,巴彦淖尔市规模以上工业企业产品销售率为92.4%。规模以上工业企业实现利税9.41亿元,比上年增长90.1%。盈亏相抵后利润总额达到5.32亿元,比上年增长1.4倍。在反映工业企业效益的7项指标中,产销率、资本保值增值率外,其它5项指标均好于上年同期。其中总资产贡献率为11.36个百分点,比上年提高3.19个百分点;资产负债率为62.25%,比上年下降0.6个百分点。工业经济效益综合指数为162.8%,比上年同期提高35.9个百分点。

2004年,巴彦淖尔市资质等级四级以上建筑企业完成产值21.73亿元,比上年增长24.8%。资质等级四级及四级以上建筑企业施工的房屋建筑面积为140.84万平方米,竣工房屋面积112.77万平方米。全年实现利税1.73亿元,比上年增长88.8%。

【环境保护】 2004年末,巴彦淖尔市环保系统有职工288人,有环境监测站1个,监测人员45人。完成环境污染治理项目54个,完成投资2.09亿元。设立国家级自然保护区1个,内蒙古自治区级自然保护区5个,自然保护区总面积312.1千公顷。建成环境噪声达标区13个,面积23.6平方千米;烟尘控制区14个,面积42.5平方千米。工业用水重复利用率65.2%。

【固定资产投资】 2004年,巴彦淖尔市以生态建设和电力、矿产工业项目为重点,加大固定资产投资力度。共完成固定资产投资107.69亿元,比上年增长45.5%。从投资管理渠道看,基本建设完成投资71.32亿元,比上年增长51.6%;更新改造投资5.08亿元,比上年下降8%;房地产开发投资4.16亿元,比上年下降23.7%;其它投资完成9.84亿元,比上年增长61.6%。从项目隶属关系看,中央项目完成投资2.34亿元,比上年增长96.6%;地方项目完成投资105.35亿元,比上年增长44.7%。从投资主体看,国有单位投资76.95亿元,比上年增长42.8%;非国有单位投资30.74亿元,比上年增长52.9%。

2004年,巴彦淖尔市在全社会固定资产投资中,用于第一产业的投资为12.88亿元,比上年增长37.8%;第二产业投资为44.14亿元,比上年增长75.6%。其中工业投资43.59亿元,比上年增长78.9%;第三产业投资50.7亿元,比上年增长28.4%。其中交通运输业投资29.02亿元,增长1倍。

2004年,巴彦淖尔市完成投资超亿元的项目的14个,共完成投资41.38亿元,占固定资产投资总额的38.4%。其中,哈磴高速公路完成投资25.26亿元,蒙牛有限公司磴口分公司乳业厂建设完成投资2.25亿元,乌拉山电厂2×30万千瓦机组扩建工程完成投资1.93亿元,河套木业有限公司特米尔热电联产项目完成投资1.76亿元,北方联合电力临河热电厂新建项目完成投资1.73亿元,中原油田川井开发处石油勘探开发项目完成投资1.4亿元。

2004年,巴彦淖尔市城镇以上各种经济类型单位建成投产项目397个,项目建成投产率为68.6%。新增固定资产55.63亿元,固定资产交付使用率51.7%。新增天然原油开采4万吨/年、铁合金26万吨/年、中小学学生席位3.02万个、城市自来水供水能力105.15万吨/日、医院病床1 195张。

【内外贸易】 2004年,巴彦淖尔市实现社会消费品零售总额48.77亿元,比上年增长18.9%。分地区看,市区的零售额实现14.33亿元,增长21.9%;县的零售额实现21.75亿元,增长18.5%;县以下的零售额实现12.7亿元,增长16.4%。分行业看,批发零售贸易业实现销售总额34.76亿元,比上年增长22.4%;餐饮业营业额9.44亿元,比上年下降28.9%。

2004年,巴彦淖尔市外贸进出口总额实现11 722万美元,比上年增长52.7%。其中自营出口完成9 619万美元,比上年增长42.9%。在外贸出口总额中,国有企业完成578万美元,同比下降64.2%;外资企业完成3 448万美元,同比增长84%;其他企业完成5 593万美元,同比增长72.4%。出口的主导产品有无毛绒、番茄酱、化工产品、轻纺产品、脱水菜等。

2004年,巴彦淖尔市引进国内(区外)资金34.65亿元,比上年增长55.1%;利用外商直接投资项目4项,资金到位额2 340万美元。年末在巴彦淖尔市注册的外商及港澳台投资企业有22户。

【交通】 2004年,巴彦淖尔市公路里程5 476公里。等级公路率为78.4%,比上年提高了1.2个百分点。全年完成公路货运量2 335万吨,较上年增长9.2%;完成货物周转量28.56亿吨千米,比上年增长14.6%。完成公路客运量2 241万人,旅客周转量17.42亿人千米,分别比上年增长18%与10%。

10月31日总投资4 077万元的磴口至吉兰泰县际公路巴彦高勒镇至哈腾套海苏木全线竣工通车。

【邮电】 2004年,巴彦淖尔市完成邮电业务总量10.32亿元,比上年增长50.3%。其中,邮政总量0.42亿元,下降3.4%;移动业务总量6.7亿元,增长73.1%;电信总量2亿元,增长18.9%;联通业务总量1.2亿元,增长37.1%。年末本地网固定电话用户31.7万户,比上年增长11.5%;移动电话用户达41万户,比上年增长27.1%。电话普及率41.1部/百人。互联网络注册用户

2.41万户，比上年增长4.3倍。

【旅游】 2004年末，巴彦淖尔市有旅游企业51家。其中，国内旅行社8家，国际旅行社1家，星级饭店14家。全年接待游客78.9万人次，其中外国游客0.7万人次。旅游总收入1.34亿元。

【金融保险业】 2004年末，巴彦淖尔市金融机构各项存款余额达145.21亿元，比年初增加22.3亿元，增长18.1%。其中，企业存款余额23.65亿元，比年初增加2.49亿元，增长11.8%；城乡居民储蓄存款余额107.87亿元，比年初增加13.7亿元，增长14.6%。年末金融机构贷款余额达106.67亿元，比上年增长11.2%。其中，短期贷款余额72.19亿元，增长4.3%；中长期贷款31.2亿元，增长26.7%。金融机构现金收入684.04亿元，现金支出693.52亿元，分别比上年增长23.2%和21.2%。收支相抵后，货币净投放9.48亿元，下降44.7%。

2004年，巴彦淖尔市保险业保费收入27 951万元，比上年增长31.37%。其中，财产险收入5 268万元，增长17.4%；人寿险收入22 683万元，增长35%。保险业务支出3 346万元，比上年增长26.9%。其中，财产险支出2 397万元，增长30.1%；人寿险支出949万元，增长19.3%。

【科技】 2004年末，巴彦淖尔市有科学研究开发机构（国有独立）7个，从业人员396人。年内荣获省级奖励的科技成果有1项，授权专利58项，科技合同成交金额2.65亿元。科技经费支出1 127万元。其中，用于各类科研机构的研究与发展经费支出160万元。

【教育】 2004年末，巴彦淖尔市有普通中等专业学校3所，成人中等专业学校4所，普通中学99所，职业中学30所，小学582所。在校学生分别是3 366人、630人、11.89万人、11.73万人。小学毕业生升学率为99.62%，初中毕业生升学率为61.65%。

3月10日，内蒙古师范大学与河套大学联合共建的“内蒙古师范大学西部学院”成立大会在河套大学主校区举行。

【文化】 2004年末，巴彦淖尔市有艺术表演团体8个；公共图书馆8座，图书服务点30个，藏书36.2万册；文化馆7座；博物馆3个；文物保护管理机构3个；档案馆8个。有广播电台1座，中短波发射转播台1座，广播人口覆盖率88.1%。电视台1座，电视转播发射台36座，电视人口覆盖率90.3%。《巴彦淖尔日报》全年出版502万份。

【卫生】 2004年末，巴彦淖尔市有卫生机构163个。其中，医院、卫生院136个，设在农牧区的106个；卫生防疫机构9个，妇幼卫生机构8个。医疗卫生单位拥有病床4 850张，其中农村牧区1 430张。有卫生技术人员6 149人，其中农牧区1 555人。

【体育】 2004年，巴彦淖尔市运动员参加省级比赛13项，获金牌15枚、银牌17枚、铜牌29枚。在校学生国家体育锻炼标准及格率为91.7%，比上年提高2.6个百分点。

【人民生活】 2004年，巴彦淖尔市城镇居民人均可支配收入达到6 910元，比上年增加798元，同比增长13.1%。扣除价格因素，实际增长8.4%。城镇单位在岗职工年平均工资10 991元，比上年增长12.5%，扣除价格因素实际增长7.9%。农牧民人均纯收入达到3 518元，比上年增加503元，同比增长16.7%，扣除物价因素实际增长11.2%。其中，农民收入3 549元，增加518元；牧民收入2 892元，增加202元。农牧民来自畜牧业的收入806元，占纯收入的比重为22.9%，较上年提高3.2个百分点。城乡居民人均储蓄存款余额6 093元，比上年增长13.3%。城镇居民人均消费支出达到4 914元，比上年增长12.1%，城镇居民家庭食品消费支出占消费总支出的比重为32.7%。农牧民人均消费支出为2 675元，比上年增长20.6%，农牧民家庭食品消费支出占消费总支出的比重43.9%。

【社会保障】 2004年末，巴彦淖尔市有16.15万名职工参加了养老保险，3.23万名离退休人员参加了退休费社会统筹。全年发放养老金2.31亿元。年末城镇有各种社区服务设施421个；各类社会福利床位250张，收养人数200人；城镇各种社会救济对象得到国家最低保障救济的户数为1.76万户，人数为4.15万人。全年筹集社会福利资金91万元，销售社会福利彩票1 035万元。

【撤盟设市】 1999年初，中共巴彦淖尔盟委员会、巴彦淖尔盟行政公署提出撤盟设市建议。2002年1月14日，成立撤盟设市领导小组，领导小组办公室设在民政处。2002年3月7日，撤盟设市工作领导小组召开第一次会议。就撤盟设市的政策规定、标准、条件、审报程序、需上报材料、市名方案等向会议作了汇报。6月26日开始，先后在各新闻媒体上刊登征集市名的公告，在此基础上邀请各界人士进行了讨论。7月16日，撤盟设市工作领导小组召开第二次会议。听取了撤盟设市领导小组办公室的工作汇报，审议通过了拟设市名、区名的意见。7月22日，撤盟设市的23份材料和图表上报内蒙古自治区。

2003年3月18日，由自治区民政厅、水利厅、建设厅和国土资源厅等部门组成的调研组，对巴彦淖尔盟撤盟设市进行了调研。2003年6月12日，内蒙古自治区人民政府同意巴彦淖尔盟撤盟设市。6月25日内蒙古自治区人民政府向国务院呈报了巴彦淖尔盟撤盟设市报告。2003 年国家民政部同意巴彦淖尔盟撤盟设市,并呈报国务院审批。

2003 年 12 月 1 日,国务院《关于同意内蒙古自治区撤销巴彦淖尔盟的批复》(国函〔2003〕121 号),批准撤销巴彦淖尔盟和县级临河市,设立地级巴彦淖尔市和县级临河区。国务院在对内蒙古自治区《关于撤消巴彦淖尔盟建制改设巴彦淖尔市的请求》的批复中规定:巴彦淖尔盟撤盟设市后,市人民政府驻新设立的临河区新华东街,原县级临河市的行政区域为新设临河区的行政区域。巴彦淖尔市辖原巴彦淖尔盟的乌拉特前旗、乌拉特中旗、乌拉特后旗、杭锦后旗、五原县、磴口县和新设立的临河区。2003 年 12 月 18 日内蒙古自治区政府发出了《关于撤销巴彦淖尔盟设立地级巴彦淖尔市的通知》(内政发〔2003〕94 号)。

2004 年 8 月 26 日,中共巴彦淖尔市委、巴彦淖尔市人民政府在临河区巴彦淖尔影剧院举行了巴彦淖尔撤盟设市庆典。中共内蒙古自治区党委、内蒙古自治区人民政府、内蒙古自治区人民代表大会常务委员会、政协内蒙古自治区委员会、内蒙古军区向中共巴彦淖尔市委、巴彦淖尔市人民政府、巴彦淖尔市人民代表大会常务委员会、巴彦淖尔军分区发来了贺电。

(詹耀中)

临 河 区

【领导名录】

区委书记:侯凤岐
副书记:邱进宝
李 彬
常存善
连 泽
王志云
人大主任:李 彬
副主任:王桂兰(女)
霍常富
杜振山
王振国
区长:邱进宝
副区长:薛维林
李 强
程志平
张广明
贺志亮
徐睿霞(女)
裴子亮
政协副主席:马兆虎(回族)
孟根达赖(蒙古族)
李红明
兰秀英(女)
武装部长:白利军
政委:李 钧

【概况】 临河区位于内蒙古自治区西部的河套平原腹部。地理坐标为北纬40°31′~44°17′,东经107°6′~107°44′,隶巴彦淖尔市,为市府所在地。区境南临黄河,与鄂尔多斯市隔河相望,北以乌加河为界,与乌拉特中旗相邻,东接五原县西与杭锦后旗毗邻,总面积2 354平方公里。东距自治区首府呼和浩特市 383 公里,距首都北京1 050公里(铁路里程)。临河的交通条件十分便利,连接大西北的两大动脉京兰铁路和 110 公路国道横穿市区,区乡村柏油公路成网,在西北地区公路建设名列前茅。邮电通讯设备先进,发展迅速。2004 年,全区常住人口52. 14万人。

是年,全区国内生产总值完成59. 2亿元,较上年增长20. 2%;完成财政总收入3. 87亿元,增长29%,其中地方财政收入2. 74亿元,增长35. 7%,经济运行呈现出良好态势。工业经济综合效益指数120%,同比提高 22 个百分点。规模以上工业实现增加值8. 6亿元,同比增长31. 6%。招商引资成效显著,投资拉动效应显现。全年引进国内资金10. 96亿元,增长89%,争取到国家、自治区投资项目 20 个,资金7 760万元。全年开工建设项目269 个,完成固定资产投资23. 6亿元,增长28. 5%;拉动了经济总量扩张。

7 月 1 日,中共临河市委、市人民政府以临党发 18 号转发盟委、行署《关于撤销临河市设立临河区的通知》。根据国函〔2003〕121 号《国务院关于同意内蒙古自治区撤销巴彦淖尔盟设立地级巴彦淖尔市的批复》、内政发〔2003〕94 号《内蒙古自治区人民政府关于撤销巴彦淖尔盟设立地级巴彦淖尔市的通知》和内党字〔2004〕4 号《内蒙古党委关于撤销巴彦淖尔盟设立地级巴彦淖尔市组织机构有关问题的通知》精神,将临河市撤市设区有关事宜通知如下:一是撤销临河市设立临河区,行政区域不变。区人民政府驻地庆丰东街。二是原临河市委改为临河区委,届次连续计算,不再重新召开党代会。原临河市人大改称为区人大,原临河市政协改称为区政协,届次连续计算。人大、政府、政协不需要重新选举。三是临河区原辖区及各类机构、编制原则上维持现状不作变动。临河区委、政府要做好撤市设区相关工作,确保平衡过渡,保证设区工作顺利进行。

【农业】 全年农林牧渔业实现产值25. 79亿元,增长13%;实现增加值16. 21亿元,增长11. 5%,增幅比上年提高4. 8个百分点。

种植业结构调整效果明显。坚持"为养而种、为卖而养"，临河区农作物总播面积155.7万亩，比上年增长12.4%。种植业实现产值14.36亿元，增长2.5%。农民人均从种植业得到的纯收入达2 173元，增长10.8%，占农民人均纯收入的55.6%。

2004年，粮食作物总播面积81.3万亩，增长31%，总产量42.2万吨，增长15.1%。其中：小麦播种面积45.2万亩，总产量18.4万吨，增长49.6%，玉米种植面积34.9万亩，总产量23.1万吨。经济作物播种面积55.8万亩。其中：花葵种植面积22.9万亩，总产量6.3万吨，增长20.4%；油葵种植面积7.3万亩，总产量1.8万吨，增长4.8%。蔬菜种植面积为14.6万亩，总产量68.1万吨。瓜类种植面积4.01万亩，总产量12.03万吨。2004年水产品产量2 297吨，比上年减少6%；完成产值2 099.8万元，增长13.3%。粮、经、草（饲）种植面积之比调整为31∶34∶35，饲草料面积跃居第一位，实现了由粮经二元结构向粮经饲三元结构的重大转变。

【畜牧业】 2004年年末家畜存栏209.9万头（只），增长10.2%；家畜饲养量达到541.5万头（只），增长57%。年末存栏羊179.9万只，比上年增加21.6万只；其中能繁母羊存栏127.6万只。全年出栏羊285.4万只，比上年增加161.5万只。全年肉类总产量7.2万吨。比上年增长48.7%；奶类总产量6.97万吨，增长35%；山羊绒产量7吨，减少22.2%；禽蛋类产量1 200吨，减少33.3%。畜牧业产值达到10.7亿元，增长23.1%。农民人均从畜牧业中得到的纯收入达945.5元，增长19.4%，占农民人均纯收入的24.2%。

2004年临河区农牧业机械总动力48.5万千瓦；机耕地面积121.1万亩；机电井数量1 115眼；全年农村用电量5 600万千瓦时，增长3%；化肥施用量（折纯）5.75万吨，增长2.7%。

【水利】 继续实施节水工程，完成平地缩块59.6万亩，新增井灌面积3万亩。五期农业综合开发顺利通过自治区验收。

【林业】 2004年造林5.03万亩，其中实现退耕造林面积4 995亩；幼林抚育面积7.4万亩。

【工业】 全部工业实现增加值12.3亿元，同比增长38.8%。绒纺、食品、冶化等传统产业不断壮大，电力、化工等新兴产业异军突起，优化工业结构，增强经济发展后劲。理顺开发区管理体制，完善园区规划，强化基础建设，整合生产要素。第三产业实现增加值25.6亿元、增长18.6%。

【交通】 投资2 658万元，新修通村油路38公里，改造乡村公路253公里，通乡通村油路累计达到429公里，乡村交通得到根本改善。

【基础设施建设】 以撤盟设市为契机，坚持市、区共建，大力改善城市基础设施，投资10.29亿元，组织实施排水扩建、垃圾处理、公园改造、房地产开发、北环路建设等重点工程，建成一批标准较高的住宅小区，巴彦淖尔大厦、国税大楼等高层建筑拔地而起，成为临河新的景观。以整容换装、拆墙透绿、亮化美化、市场整顿、交通秩序治理为重点，加大城区综合治理、集中整顿力度，市容市貌焕然一新。

【招商引资】 全年累计引进国内资金10.96亿元，增长89%，争取到国家、自治区投资项目20个、资金7 760万元。热电联产、椰风肉羊、春雪针织、富源蕃茄、娃哈哈炒货、国际建材城等重点项目落户临河，实现了与大企业、名企业的成功对接。认真落实重点项目专项推进机制，围着项目转，盯着项目干，促进固定资产投资快速增长，全年开工建设项目269个，完成固定资产投资23.6亿元，增长28.5%，拉动经济总量扩张。

【人民生活】 坚持以人为本，促进社会和谐发展。全面启动新型农村合作医疗试点工作，为农民报销医疗费用215万元，有效解决了农民因病致贫、返贫问题；实施"千村扶贫开发工程"，投入资金2 320万元，改善77个贫困村1 824户贫困户的生产生活条件；完成份子地、新华集中供水工程，解决1.2万人、9.5万头（只）牲畜的饮水困难；继续加强城市低保工作，将4 782户、1.2万名困难群众纳入低保；切实维护劳动者合法权益，严厉打击拖欠农民工工资行为，共为农民工追缴工资307万元。弱势群体的生存条件明显改善，切实体现党和政府对群众的体恤和关爱。城镇居民人均可支配收入达7 152元，增长13.2%；农民人均纯收入3 905元，增长18.5%；城乡居民储蓄存款达到49亿元，社会消费品零售总额达到19.4亿元。开展居民区烟尘、噪音污染专项治理，关闭城关纸厂等污染企业，撤销临狼路收费站。

【社会事业】 认真落实中央1号文件精神，深化农村税费改革，减免农业税1 550万元，发放粮食直补资金1 238万元，农民人均减负增收139元。粮食企业实现利税367万元。改革基层卫生经营管理体制，大胆尝试租赁经营和承包经营，积极开展农村和社区卫生服务试点工作，有效地改善了乡镇及街道卫生医疗条件。落实以县为主教育管理体制，调整学校布局，改善办学条件，投资5 303万元，改造建设学校17所，教育资源得到优化。代表自治区通过国家"计划生育优质服务先进区（县）"复查验收。文体活动中心投入使用，全面落实就业再就业优惠政策，新增就业岗位2 200个，安置下岗失业人员2 700人。转移农村劳动力1.78万人，向外输出9 823人。

【城镇低保】 8月，临河区民政局为切实做好城镇居民最低生活保障工作,会同各乡镇、办事处,对新申请低保的贫困户进行全面摸底调查,做到应保尽保。对将符合低保条件的489户、1 197名贫困居民及时纳入低保。至9月底,临河区有城镇低保对象4 775户、12 187人。2004年1月至9月份累计发放保障金576多万元。

【农村医疗合作检查评估】 9月12日,国务院新型农村合作医疗联合检查评估组到临河区检查农村合作医疗工作。至8月1日,临河区新型农村合作医疗运行4个月;共为41 561人(次)参保农民报销医药费用100万元,大病统筹住院763人次,补偿金额48万元,占大病统筹基金总额的20%。合作医疗运行比较顺利。

【"一把手"工程】 9月8日,《巴彦淖尔报》报道,临河区建立长效机制,巩固优化经济发展环境,着力打造良好的经济发展平台。2004年以来,区委、政府不断创新制度和机制,决定构建四大联动机制,完善五大制度体系,形成优化环境的整体合力。"四大联动机制":一是构建行政执法联动机制。成立综合执法机构,由区优化经济发展环境办公室及时组织召开相关执法部门联席会议,协调安排有关执法事宜;二是构建行政审批联动机制。对适宜于集中审批的事项,全部进入行政审批服务大厅,纳入行政服务中心统一管理,实行统一的行政审批制度;三是构建规范收费管理联动机制,逐步形成"单位开票,银行代收,财政统管"的收罚款制度;四是构建财力保障机制。对行政执法部门的运转经费适当增大,优先安排。"五大制度体系":一是完善行政审批制度,全面完成全区第二轮行政审批工作;二是完善收支两条线制度的执法申报制度;三是完善优质服务制度;四是完善监督检查制度;五是完善考核制度。该区指导优化经济环境工作作为"一把手工程",纳入领导班子和主要领导干部的实绩考核之中,列为全年工作重中之重进行考核,严格奖惩。

【临巴收费站停止收费】 8月10日,临河区为优化地区经济发展环境,减轻机动车养车负担,决定撤销临巴路通行费收费所。8月15日,位于临巴公路4公里处的临巴收费站正式停止收费。工作人员在区交通系统另做安排。

【蓝天工程】 1月9日,《临河晚报》报道,临河市从2003年开始全面实施"蓝天工程",努力改善大气环境质量。一是完成热源厂一期工程配套建设。新上3台58兆瓦锅炉,供热能力为480万平方米的设计规模;二是继续加大零星分散锅炉撤并力度。制定出台《临河市集中供热管理办法》,先后撤并零星分散各类大小锅炉150多台,将其纳入区域供热管网,2004年将继续撤并零星分散锅炉56台;三是组织环保、行政执法、工商等部门重点整治居民区和商住混合楼下餐饮业,改换炉灶、安装收集油烟装置。对污染严重、居民反映强烈的将依法限期予以关停或搬迁;四是对临河城区73个茶浴炉在2005年5月底前全部更换成精煤炉和电饮水器;五是完成城区主管道铺设任务,供气入网用户达3 000户。此外,还将加大医用垃圾焚烧的监管力度,加大建筑施工和企业生产噪音监管力度,开展农业生态示范园区建设,在巩固扩大新华、隆胜食品基地规模的基础上,完成八一乡联丰村种植、养殖、保护地、沼气四位一体小区的自治区级生态示范小区审批工作。

【禁赌通告】 9月22日,临河区人民政府下发了禁赌通告,坚决取缔以营利为目的没有工商、税务、文化许可证照的麻将馆或聚赌点。所有麻将馆必须在一周内自行关闭,否则依法给予取缔。临河区政府快刀斩"麻",廓清风气,可谓大快人心。通告下发之后,迅速收到了明显效果。居民区内或迎街门点1 000多个麻将馆纷纷关闭。对于不配合、仍然参与赌博或开设赌局的,公安部门根据赌注大小和行为给予1 000~3 000元的经济处罚,强制关闭。

(高智常)

乌拉特前旗

【领导名录】

旗委书记:苏远中(达斡尔族 8月离任)
贾英祥(8月任职)
副 书 记:王万才(8月离任)
王学君(8月任职)
邢国俊
康胜军(8月任职)
张喜民
人大主任:特并塔布(蒙古族)
副 主 任:张振峰
新文华(女 蒙古族)
王正威
张玉玺
旗 长:贾英祥(8月离任)
副 旗 长:张喜民(8月任职)
康胜军(8月离任)
严 俊
郭玉根
黄海滨
刘凤英(女)

李文华

林　峰

蔡明学

政协主席：杨秀梅（女）

副 主 席：苏社平

苏木雅（蒙古族）

苏旭君

武装部长：崔　平

政　　委：贾秀敏

【概况】 乌拉特前旗位于内蒙古巴彦淖尔市东南部。位于北纬40°28′～41°16′，东经108°11′～109°54′之间。东与包头毗邻，西与五原县相连，北与乌拉特中旗接壤，南至黄河与鄂尔多斯市杭锦旗和达拉特旗隔河相望。面积为7 476平方公里，旗政府设在西山咀镇。共辖8镇、2个苏木，8个乡，173个行政村，741个村民小组。乌拉特前旗共有95 695户，总人口334 804人，非农业人口90 753人，有蒙、汉、回、满、朝鲜、达斡尔、壮、锡伯、苗、土、彝、维吾尔等16个民族，其中蒙古族13 142人，占全旗总人口的3.9%，主要分布在牧区；回族1 955人，满族768人，汉族318 751人，主要分布在农区；其它民族188人。

2004年，乌拉特前旗完成地区国内生产总值36.56亿元，同比增长22.3%。其中，第一产业增加值达11.45亿元，同比增长10%，第二产业增加值达14.99亿元，同比增长40.9%，第三产业增加值完成10.12亿元，同比增长15%。一、二、三产业比重调整为31.3：40.0：27.7。财政收入完成2.89万元，同比增长33.4%。国地两税收入双双首次突破亿元大关。城镇居民人均可支配收入6 910元，同比增长13.4%，农牧民人均可支配收入3 445元，同比增长17.3%，一举跨入第四届中国西部百强县。

【农业】 2004年粮食总产量6.32亿斤，增长22.4%。畜牧养殖业产值占大农业产值的比重达24.3%，比上年提高8个百分点。

【畜牧业】 牲畜总饲养量260万头（只），其中羊饲养量232万只，增加115.4只，奶牛1.08万头，新增4 017头，奶站48座，新增20座。种植饲草料49.9万亩，新增10.2万亩，新建青贮窖池6 632座，青贮饲草料6.87亿公斤。完成畜牧改良48.03万头（只）。落实订单农业面积76万亩，占总播面积的50.6%。以肉羊、奶牛、番茄、葵花、速生丰产林为主的产业化发展初见成效。减免农业税、粮食直补、教育"两免一补"、青贮、良种、农机补贴等政策的落实，使全旗农牧民得到政策性实惠2 869万元，人均114.85元。年内用于农牧业基础设施建设投资达9 935万元。完成投资240万元，实施产业化经营养羊项目。

【林业】 共完成造林22万亩，完成退耕还林15万亩，种植速生丰产林1.8万亩。完成5期农业综合开发项目的扫尾工程，顺利通过区、市两级验收。

【水利】 新增节水灌溉面积12.58万亩，黄河防凌防汛应急抢险工程完成投资2 668万元，完成土方195万立方米。

【工业】 2004年全部工业增加值8.29亿元，同比增长38%；规模工业增加值达6.93亿元，同比增长40%；综合经济效益指数为140%，比上年提高42.2个百分点；实现税金1.6亿元，是上年的1.8倍，工业对财政的贡献率达55.4%，超过工业立旗确定的税收指标。5个骨干企业实现税金1.19亿元，占全部工业税金总额的74%。临化6万吨聚氯乙烯、后山工业基地、泰盛番茄、大中矿业采选、美利北辰黑液蒸发、同达建材30万吨工业石灰等重点项目相继投产。乌电三期、乌化、塞外星华章等扩建技改重点工程正在实施，PVC、电力、化肥、铁精粉、氯碱、高载能等行业发展势头旺盛。2004年全旗个体工商户、私营企业发展到6 130户，实现税收3 400万元，第三产业发展步伐加快。

【基础设施建设】 以扩大内需为契机，基地建设成效显著。全旗完成固定资产投资29亿元，同比增长76.7%，总量居全市第一，拉动GDP增长5.8个百分点。哈磴高速、乌电三期、铁矿资源开发等重大项目进展顺利。城镇建设投资2.7亿元，编制完成西山咀镇战略性框架规划和近期建设规划。全面完成振兴大街、红卫北路、政府办公楼、一中教学楼、政府广场等新区标志性工程。公路建设完成投资1.4亿元，新修油路171.85公里，提前一年完成乡乡通油路工程，实现公路建设零负债。

【招商引资】 全年引进国内（区外）资金5.96亿元。区内（市外）资金5.5亿元，引资总额居全市第二。争取国家投资项目35项，共计1.29亿元。中策集团与临海化工的50万吨PVC项目、香港迪辰公司与塞外星华章公司的造纸项目、福建华能投资公司与大中矿业合作的200万吨钢铁项目、维信集团金属镁项目达成合作协议，热电联产、还原铁、农贸市场、物流配送中心等项目正在积极动作之中，多渠道、多层次的对外开放格局基本形成。

【金融】 金融机构各项存款余额22亿元，其中城乡居民储蓄存款余额达16亿元。投入环保治理资金1.07亿元。

【科技】 完成农牧民科技培训13万人（次），农牧民的科技素质明显提高。

【教育】 全旗共撤并7所小学、11个教学点,妥善分流教师701人,聘用缺科教师189人;一中、四中、五中顺利搬迁,五校合一工作正在进行,各类高考上线总人数居全市前列,现代远程教育网络、中小学二期改造工程等进展顺利。

【卫生】 全面开展旗直医疗单位药品集中招标采购工作,实施"农牧民健康工程",改善基层卫生院的医疗条件,取得防控鼠间鼠疫的全面胜利。人口出生率为7.92‰,计划生育率99.82%。

【社会保障】 全旗共安置下岗失业人员5 389人,下岗职工再就业率达67%,城镇登记失业率控制在4.7%以内。共发放低保金285万元,灾区新村已建成并顺利搬迁。累计发放各类救灾款物794万元。

【乌拉特电厂三期扩建工程】 国家发改委批复乌拉山电厂三期扩建工程8月23日举行奠基庆典,工程装机容量为2×30万千瓦机组,动态总投资26.3亿元,所采用的直接空冷凝汽器系统填补了国产设备在该项目上的空白,对电力设备的国产化具有特别重要的意义,是国家发改委确立的试点项目。

【乌拉特前旗变电站】 位于乌拉山脚下的乌拉特前旗220KV变电站10月27日顺利启动并投入运行。前峰变电站总投资1.13亿元,是全市规模最大、电力设备和光纤通讯设备最先进,改量大而复杂的蒙西电网主要枢纽站之一。它的并网运行,将极大地改善全旗全市乃至整个蒙西电网的架构,形成强大的电压支撑点。

【临海化工公司】 是年,总投资1.49亿元的自治区100项重点技改项目之一的乌拉特前旗临海化工公司年产6万吨聚氯乙烯工程于10月底顺利投产。这个项目取氯碱企业的工艺技术之精华,引进国外三个关键的专利技术,其工艺技术的先进性、安全性、稳定性、可靠性及清洁性均达到国内统一水平,以原辅材料、质量检验、计量输入、生产过程到包装均采用德国西门子DCS控制软件,使用国内一流 组态控制方式,使整套装置的自动化达到了国内一流、国际同等水平。12月13日,临海化工有限责任公司建厂十二周年庆典暨6万吨/聚氯乙稀生产线投运剪彩仪式隆重举行。巴彦淖尔市市长王素毅代表市四大班子希望临海化工有限责任公司以此次庆典活动为动力。同日,临海化工有限责任公司与香港中策集团50万吨聚氯乙稀合作项目举行签字仪式。

【扶贫开发】 是年,以实施"千村扶贫开发工程"为主线,投入资金200万元,帮助贫困嘎查村解决水浇地6 520亩,修筑乡村公路17公里,解决36 500名贫困人口的温饱问题;移民开发工程顺利推进。100户移民已有82户的住房全部完工,其余18户住房的主体工程已完成;科技培训、社会包扶等工作成效显著。共培训贫困农牧民5 000人,社会定点包村率达100%,包户率达92%。

【清欠农民工资】 是年,采取积极措施为农民工追回被托欠工资410多万元。建立由政府牵头,人劳、工会、工商、建设等部门组成的联系会议制度,全面负责清欠工作。通过加强舆论引导,加大清欠执法力度和媒体曝光等措施,及时受理和处理群众举报的拖欠农民工工资案件。结案率100%。

【农村沼气能源项目】 是年,乌拉特前旗农村沼气能源项目顺利通过国家审批,项目总投资446.4万元,其中国家投资148.8万元。项目实施的前期工作已全部结束,计划2005年正式实施。

(刘 芳)

乌拉特中旗

【领导名录】

旗委书记:杜隽世(蒙古族 7月离任)
陶格陶(蒙古族 7月任职)
副 书 记:斯 庆(蒙古族)
苏 和(蒙古族 7月离任)
庞贵林(7月离任)
刘还俊(7月离任)
武志杰(7月任职)
额尔敦仓(蒙古族 7月任职)
人大主任:乌 兰(女 蒙古族)
副 主 任:阿拉腾朝鲁(蒙古族)
马 四(蒙古族)
苗凯明
史有君
旗 长:斯 庆(蒙古族)
副 旗 长:武志杰(7月离任)
恩和吉日嘎拉(蒙古族)
刘 杰
王肇晟
裴子亮(7月离任)
刘彦民(7月任职)
任逸群(7月任职)

岱庆格日乐(女 蒙古族)

政协主席:皇甫义

副 主 席:白志远(蒙古族)

张国华

热西尼玛(蒙古族)

王玉凤(女)

武装部长:毛中元(2月离任)

刘润生(2月任职)

政　　委:樊根在

【概况】　乌拉特中旗位于巴彦淖尔市东北部,地处北纬41°07′~42°28′,东经107°16′~109°42′之间,北与蒙古国交界,南接乌拉特前旗、五原县、临河区、杭锦后旗,东邻包头市达尔罕茂明安联合旗、固阳县,西连乌拉特后旗。有中蒙国境线184.4公里,对应开通国家一类季节性口岸:甘其毛道—蒙古国南戈壁省汗博格多县嘎顺苏海图口岸。全旗辖5个镇、8个苏木、3个乡、1个牧场,有村民委员会120个(牧区嘎查66个、农区行政村54个)、村民小组278个。全旗总面积23 096平方公里,其中可耕地面积120万亩,占3.5%;草场面积2 781万亩,占80.3%;其它面积563万亩,占16.2%。全旗总人口139 867人,比上年增长1.12%,其中农业人口102 255人,非农业人口37 612人。蒙古族26 105人,占18.7%;汉族112 775人,占80.6%;其他少数民族987人,占0.70%。人口出生率8.63‰,人口自然增长率4.99‰。

2004年,全旗国内生产总值完成13.1亿元,同比增长20.2%。其中第一产业增加值完成5.7亿元,同比增长8.2%,第二产业增加值完成4.9亿元,同比增长41.8%,第三产业增加值完成2.5亿元,同比增长13.2%,三次产业比例达44: 37: 19。财政收入完成1.0233亿元,同比增长52%。全年固定资产投资完成9.85亿元,同比增长18%。城镇居民人均可支配收入7 107元,同比增长13.4%,农牧民人均纯收入3 012元,同比增长15.1%。社会消费品零售总额完成3.79亿元,同比增长18.3%。

【农业】　年内完成农作物总播面积63.41万亩,其中粮食作物播种面积19.59万亩,同比增加12.3%;经济作物播种面积17.07万亩,同比增加9.7%;饲草作物播种面积26.75万亩,同比增加17.3%,粮经饲比例由上年30.8: 27.5: 41调整为30.9: 26.9: 42.2。各类农作物订单面积达31万亩,占总播面积50%以上。按照中央一号文件精神,降低农业税税率4个百分点,减少农业税及附加600万元,农民人均减负75元,发放粮食直补资金384万元,农民人均增收39.5元。全旗粮食总产量2.79亿斤,农业总产值82 319万元,同比增长20.76%。

【畜牧业】　全旗牲畜饲养总量达300万头(只),总增138.3万头(只),总增率61.7%,纯增75.8万头(只),纯增率33.8%。其中奶牛肉牛存栏分别达到4 609头和5 127头,同比增长38.9%和50.7%。全旗牲畜出栏率达到45%以上。肉类总产量达18 344吨,同比增长42.7%,羊绒2 180吨,同比增长21.79%,羊毛1 226吨,同比增长24.09%,禽蛋1 543吨,同比增长38.88%。奶类7 224吨,同比增长20.02%。牲畜改良育种工作有新突破共投入11 996万元,其中农区8 076万元,牧区3 920万元。累计购进基础母羊8.25万只,奶牛1 087头。牲畜改良率达95%。新建草原生态家庭牧场100户,推广畜种结构调整、舍饲半舍饲、青贮养畜和短期育肥出栏技术。草原灭蝗工作取得实效。投资340万元,完成草原灭蝗面积260万亩。

【水利】　年内,水利建设总投资3 597.64万元,其中国家投资2 097万元,地方配套148.9万元,群众自筹1 351.74万元。完成各类水利工程1 329处,水利建设总土石方202.9万立米。新打机电井280眼,新增有效灌溉面积4.03万亩,其中黄灌区新增灌溉面积0.6万亩,山旱区新增井灌面积2.6万亩,牧区新增饲草料灌溉面积0.83万亩。共铺设管道256公里,衬砌渠道17公里,新增节水灌溉面积9.77万亩,平地缩块21.97万亩,农田五配套建设2.98万亩。组织实施水库除险加固工程。对红格尔水库进行大坝维修加固、溢洪道新建工程,完成土石方17.6万立方米,砼0.52万立方米,完成乌梁素太、乌加河、乌兰等地17处人畜饮水工程,解决7 300人、7.17万头(只)牲畜饮水困难问题。

【生态建设】　年内,完成退耕还林工程10.7万亩,其中退耕7 000亩,还林10万亩。天然林资源保护工程封育4万亩。实施退牧还草工程170万亩,草原围栏项目24万亩,草原开发建设面积2.96万亩。建成家庭生态牧场、以草定畜、划区轮牧、禁牧舍饲育肥示范户共450户,完成乌拉特梭梭林—蒙古野驴自然保护区一期工程的各项任务。

【工业】　年内,工业企业实现产值8.4亿元,同比增长74%,其中规模以上工业企业实现产值5.7亿元,全部工业增加值完成3.35亿元,同比增长70.7%,其中规模以上工业企业完成增加值2.19亿元,同比增长48.6%。规模以上工业经济综合效益指数达188.38,同比提高71个百分点,实现利润4 311万元,同比增长125%,上缴税金4 821万元,同比增长185%。生产原油4.5万吨,天宝、油田、海燕、永兴、常兴等支柱企业上缴税金分别达2 403万元、616万元、489万元、346万元、325万元,比上年增长2.92倍、4.86倍、1.7倍、4.49倍、9.83倍。全力推进煤转油、煤电、风电、原油开采等重大项目。大唐公司煤转油项目已开始地质勘探,中国华电集团500万吨煤炭开发项目也正在进行勘探之中,普兴、三和公司分别建设40万吨焦化厂、60万吨洗化煤厂项目,共新建14处铁矿选厂,新增铁矿处理能力260万吨,高载能项目如正轩化工电石炉、金诺化工硅铁炉等已投入生产,开工建设重点工业项目35项,完成投资7.0095亿元,比上年增长66.7%。加快工业园区建设力度。特别是金泉工业园区7户高载能企业全部投产,创造产值16 271万元,税金614万元。

【城镇建设】 投资189万元,聘请较高资质的规划设计院对海流图镇、金泉工业园区、甘其毛道口岸进行总体规划。投资104万元,解决海流图镇重点地段的排污问题,完成主支管网建设14.8公里,受益居民640户;完成镇西北城防林绿化带400亩,11 000株,新植补植乔木4 000株,草坪1 000平方米,全年在建建筑工程19项,总建筑面积34 480.96平方米,总造价2 863.63万元,完成3 000平方米的德岭山镇移民村工程,7 725平方米的异地扶贫搬迁工程,1 413平方米的疾控大楼三项工程的公开招标工作。以招拍挂的形式,完成两宗2.9万平米的土地使用权的公开拍卖出让。

【交通 邮电】 投资1 760万元,完成德岭山到大佘太中旗境内22公里黑色路面,投资340万元,开工建设甲胜盘工业园区出口路面11公里,投资372.6万元,完成村村通公路63公里。全年客运量50余万人,客运周转量4 243万人/公里,货运量14万吨,货运周转量4 672万吨/公里,小额养路费征缴73万元,同比增长14%。移动电话拥有量增加,资费下调,邮电业务总量达1 529万元。投资675.46万元,新建4个农话交换点,新建光缆线路398公里。

【招商引资】 全年共引进项目34项,吸引利用旗外资金7.43亿元,同比增长45%;其中引进国内(区外)项目15项,引入资金3.53亿元,同比增长41.2%;引入境外资金350万美元。主要是矿产资源、煤电和风能资源开发。在境外资源利用上,甘其毛道口岸对应的蒙古国南戈壁省,矿产资源丰富,乌拉特中旗与蒙古国达成合作开发意向有:蒙古国塔本陶勒盖煤矿和奥云陶勒盖铜矿。塔本陶勒盖煤矿探明储量64亿吨,其中主焦煤18亿吨,动力煤46亿吨;奥云陶勒盖铜矿探明储量有黄金金属量280吨,铜金属量1 000万吨,是亚洲最大铜矿,名列世界第六位。以上项目现由加拿大艾芬豪公司、中国神华、中国铝业等大型企业集团开始勘探开发。

【对外贸易】 投资1 000万元的联检大楼和车检厅工程已开工建设,实现口岸“五通”目标。边民互市贸易繁荣,全年总流动人口35万人次,互市贸易成交总额4 950万元。全年口岸出入境人员59 752人次,增加31.6%,出入境车辆11 136辆次,增加65.6%,全年货物吞吐量达4.87万吨,比上年增长7.5倍,易货贸易总额达1.063亿元,比上年增长83%,特别是进口蒙古国原煤3万吨。

【矿业税收秩序整顿】 共制止违法采矿行为50起,封存私采、盗采铁矿石5 000吨,排查安全事故隐患30处,关闭不具备安全生产条件的小矿山2处,对12户存在环境污染严重的矿山企业进行限期整改,共查出偷漏税款200余万元,对境内26个砂石场、3处铁矿资源进行公开拍卖,增加地方财政收入1 536.8万元。

【社会事业】 农牧业产业化科技进步“十项工程”顺利推进。村村通工程、西新工程、2131工程相继实施,文化下乡、文艺下乡及全民健身活动深入开展,投资120万元,建成疾病预防控制中心,优化卫生资源配置。全年参加养老保险人数为7 330人,收缴保险基金1 716万元,参加医疗保险人数为8 619人,收缴保险基金467万元,社会发放率达100%。年内新登记城镇失业人员1 164人,安置1 075人,再就业培训2 618人(次),转移农牧区剩余劳动力10 112人,新办社区服务实体16个,安置155人,使失业率控制在4.4%以内。将4 486名贫困人口纳入低保范围,按国家政策安置了15名退伍军人。投资222万元实施千村扶贫工程,解决了5 400人的温饱问题,投资400万元实施移民扩镇工程,迁出移民100户、334人,实现易地脱贫和移民扩镇的“双赢”目标。

【出版发行《组织史资料》】 由乌拉特中旗旗委组织部和党史办共同编纂的《中国共产党内蒙古自治区乌拉特中旗组织史资料》续编本于2004年底出版。该书辑录了1996年4月至2004年12月期间乌拉特中旗现辖行政区域内的中国共产党地方组织及其领导下的政权组织、地方军事组织、统一战线和群众团体组织发展演变历史及历任领导名录。

(王俊红)

乌拉特后旗

【领导名录】

旗委书记:格日乐甲木(蒙古族)

副 书 记:李 彬(8月离任)

苏 和(蒙古族 8月任职)

杜占贵

高喜庆(蒙古族 8月离任)

王永国(8月任职)

牛金龙(蒙古族 8月任职)

人大主任：德力格尔（蒙古族）
副 主 任：苏　和（蒙古族）
杨淑英（女 蒙古族）
包海龙（蒙古族）
孟和巴图（蒙古族）
班尼亚（蒙古族）
清格勒扎布（蒙古族）
旗　　长：陶格陶（蒙古族 8 月离任）
苏　和（蒙古族 8 月任职）
副 旗 长：牛金龙（蒙古族 8 月离任）
保　安（蒙古族 12 月离任）
陈桂枝（女 蒙古族）
聂建忠
徐建军
银　德
政协主席：刘建忠
副 主 席：吉仁太（蒙古族）
贡布扎布（蒙古族）
德格德（女 蒙古族）
郝　慧（女）
武装部长：白利军（3 月离任）
黄吉仁太（蒙古族 3 月任职）
政　　委：侯增森（3 月离任）
汪世锦（3 月任职）

【概况】 乌拉特后旗位于内蒙古自治区巴彦淖尔市西北部。地处北纬40°41′30″～42°21′40″，东经105°8′20″～107°38′20″之间。东与乌拉特中旗交界，西与阿拉善左旗毗邻，南与杭锦后旗、磴口县相连，北与蒙古国接壤，边境线长195.25公里。旗境东西长 200 公里，南北宽约 130 公里。总面积2.5万平方公里，是巴彦淖尔市国土面积最大的旗县。全旗辖 3 镇 7 苏木。旗府所在地巴音宝力格镇，距巴彦淖尔市所在地临河区 50 公里，东距自治区首府呼和浩特 500 公里。全旗总人口56 689人，有蒙古族16 490人，其他少数民族 278 人。人口密度为每平方公里2.17人。全年人口出生率为8.46‰。全旗有可利用天然草场2 513万亩，有着发展畜牧业的天然优势。

2004 年，全旗国内生产总值实现94 000万元，工业总产值完成54 000万元，财政收入完成12 608万元，首次突破亿元大关。城镇居民可支配收入6 172元，农牧民人均收入1 816元。

【农牧业】 全旗完成总播面积5.43万亩，粮、经、草比例由 2003 年的23.5∶ 18.1∶ 58调整为26∶ 23∶ 51，2004 年，粮食总产量达4 014万公斤，为养而种、为卖而养的生产格局基本形成。牧业年度牲畜总头数达65.5万头（只），共接活仔畜18.5万头（只）。

【工业】 2004 年，全部独立核算工业企业完成工业总产值9.37亿元，同比增长133.1%；实现销售产值8.24亿元，同比增长105.5%；实现工业增加值3.77亿元，同比增长79.4%；综合效益指数达到236.23%，增长76.91个百分点，规模以上企业累计完成工业产值8.46亿元，同比增长121.9%；实现销售产值7.78亿元，同比增长95.7%；实现工业增加值3.46亿元，同比增长70.7%；综合效益指数达到297.19%，增长117.47个百分点。2004 年薪增工业企业 17 户，企业总户数达到55 户。其中，规模以上企业增长 2 户，达到 20 户。

【基础设施建设】 2004 年，青山 22 万伏输变电站建成运行、获各琦 22 万伏输变电站完成规划设计，获青公路开工建设，获青公路进行全面整修。农牧区水利基本建设投资加大，农田配套、水保治理、节水灌溉、防洪工程，部分嘎查村社饮水工程以及林业生态建设工程顺利实施。

【教育】 教育资源得到合理整合，在巴彦淖尔市率先推行中小学义务教育“两免一补”，全旗中小学生全部享受到了补贴。投资1 500万元新建了蒙古族中学、旗第二中学、呼和中心教学楼。

【计划生育】 全年人口出生率为8.46‰，底于目标值5.14个千分点。

【招商引资】 全年共引进资金62 352万元。其中，引进国内（区外）资金36 652万元，同比增长80.33%；引进区内资金25 700万元，同比增长54.7%。

（窦永刚）

杭锦后旗

【领导名录】

旗委书记：武银星
副 书 记：杜　存
丁凤玲（女 回族）
刘志勇
梁俊峰
人大主任：潘金玉
副 主 任：李凤林
胡开泽
王国栋（女）

钱文华(蒙古族)

旗　　长:杜　存

副 旗 长:周慧明

张喜明(回族)

樊　文

王海钰

郭占江

郭凤玲(女)

政协主席:钱达楞太(蒙古族)

副 主 席:仲相成

王金祥

张宝珠(女)

杨文魁

武装部长:朱安国

政　　委:裴占文

【概况】 杭锦后旗地处祖国北部的河套平原西北角,位于北纬40°26′~41°13′,东经106°34′~107°24′之间。南北长约87公里,东西宽约52公里。旗境东南隔黄河与鄂尔多斯市杭锦旗相望,北靠乌拉特后旗,东与临河市毗邻,东北角与乌拉特中旗相连,西和西南部与磴口县接壤。全旗总面积1 767平方公里,其中可耕地165.45万亩,耕地132.55万亩,森林占地24.1万亩,草牧场约65.85万亩,沙漠占地约30万亩,海子占地2.7万亩。辖16个乡镇,138个村民委员会,1 053个村民小组。全旗总户数80 898户,总人口30.2349万人,其中蒙古族3 185人,回族1 274人,满族344人,其他少数民族102人,汉族29.744万人。

2004年,全旗国内生产总值317 000万元,人均国内生产总值10 484.88元。其中第一产业增加值120 000万元,第二产业增加值95 000万元,第三产业102 000万元。粮食总产量39.66万吨,其中小麦16.72万吨,玉米22.37万吨,油料产量28 520万吨,甜菜总产量926吨,羊毛2 775吨,山羊绒13吨。牧业年度畜牧总头数158.26万头只,猪、牛、羊肉总产量33 305吨。社会消费品零售总额66 064万元,农民人均纯收入3 589元,城镇居民人均可支配收入6 546万元。农机总动力345 961千瓦,其中大型拖拉机1 521台,小型拖拉机14 851台,农用运输车3 573台,柴油机35台,电动机3 756台,播种机5 926台,饲料粉碎机6 438台,脱粒机5 286台,联合收获机137台。

【农业】 2004年,全旗种植优质小麦42.08万亩,花葵12.7万亩,番茄4万亩,脱水蔬菜2万亩,饲用型玉米30.1万亩,种植西甜瓜、无壳葫芦、作物制种等高效经济作物10万亩。

【畜牧业】 全旗购进奶牛1万头,奶牛总数达4万头,购进基础母羊32万只,肉羊饲养量达230万只,出栏130万只。

【林业】 完成退耕还林2.7万亩,其中退耕地造林0.2万亩,荒河荒地造林2.5万亩,营造速生丰产林3万亩,农田防护林3万亩。

【工业】 2004年,全旗完成工业产值17.5亿元,实现工业增加值6.65亿元,同比增长40.5%,其中限上工业增加值完成4.55亿元,同比增长52.9%;限上工业经济效益综合指数达到206.8,工业企业上交税金1.8亿元,同比增长28.6%;工业对财政的贡献率达70%,比上年提高了2个百分点;工业GDP比重达到21%,比上年提高3个百分点。杭锦后旗主要工业企业有河套酒业集团、恒德果仁公司、飞亚调味品厂、草原兴发杭后肉食品厂、河套木业公司、金穗食品公司、鸣兴食品公司、福蒙木业公司、奥华铁合金厂、大好大公司、塞上星公司、昌锦食品公司、金雪油脂公司、蒙煦绒毛公司、伊利河套乳业公司、屯河河套公司、特米尔电厂、包印公司、杭信热力公司、电力公司、锦都制衣公司、自来水公司。

【招商引资】 通过外引内联,建成屯河番茄、伊利乳业、特米尔电厂等20个工业新建和技改项目,完成投资4.5亿元,同时投资800万元。

【基础设施建设】 2004年,全年完成固定资产投资13.28亿元,同比增长31.7%,其中:农牧林水等基本建设项目完成投资3.07亿元,城镇建设项目完成投资3.53亿元,工业项目完成投资4.5亿元,电力、交通、通讯项目完成投资1.48亿元,行政和社会事业项目完成投资0.7亿元。

【城乡居民收入】 2004年向1 819户4 358人发放低保金274万元,同时组织旗四大班子和部分旗直单位领导,“一对一”帮扶陕坝镇54名“三无人员”。全旗城镇居民人均可支配收入达6 546元,比上年增13.4%。农民人均纯收入3 589元,比上年增17.5%。

(陈智军)

五 原 县

【领导名录】

县委书记:王建平(7月离任)

张绥昌(7月任职)

副 书 记:贺福宝

张　健(7月任职)
王世佑
王学君(7月离任)
杨文山
王益昌(5月离任)
人大主任:吕满贵
副 主 任:马兴刚
刘福刚
希　拉(蒙古族)
韩香莲(女)
县　　长:贺福宝
副 县 长:王志云(7月离任)
王俊义
李建军
李晓春
候继华
苗富民(蒙古族)
杨焕枝(女)
政协主席:裴世忠(蒙古族)
副 主 席:张金元
刘长河
高占祥
刘欣瑞(女)
武装部长:毛中元
政　　委:王存礼

【概况】 五原县位于巴彦淖尔市中部,地处北纬40°46′30″～41°16′45″,东经107°35′20″～108°37′50″之间,东与乌拉特前旗毗邻,西与临河区接壤,南至黄河与鄂尔多斯市杭锦旗隔河相望,北靠阴山以乌加河为界,与乌拉特中旗毗连。总面积2 492.2平方公里,占河套灌区总面积的1/4。属中温带大陆性气候,现辖7个镇、7个乡,总人口281 163人,属农业县。

2004年全县以扩张总量、数质并举、城乡统筹协调发展为目标,竭力创造发展和谐社会,实现发展新跨越。加大经济结构调整力度,三次产业比重为44∶26∶30,全年GDP完成25.4亿元,同比增长21.3%。第一产业完成增加值11.2亿元,同比增长11.9%;第二产业完成增加值6.7亿元,同比增长55.8%;商贸流通拓宽,第三产业完成增加值7.5亿元,同比增长13%。全县年内从业人员104 415人,扩大城镇"低保"范围,发放低保金311万元,社会消费品零售总额同比增长18.7%。财政收入1.6亿元,全年共引入外资6.2亿元,同比增长21%。固定资产投资达13.3亿元,同比增长94%。

存在的问题:经济总量小、工业比重低、第三产业发展滞后,固定资产投资少。就业和社会保障压力大,部分群众生活困难,财政收支矛盾突出,城乡基础设施薄弱,服务效能不高,经济发展环境需进一步优化。

【农业】 全年农作物总播176.9万亩,同比增长32.8%,其中粮食作物播种78万亩,同比增长20.9%。粮食总产量达65 541万斤,同比增长8.8%。经济作物总播98.9万亩,其中油料作物播种56.5万亩,油料总产量24 101万斤,同比增长14.5%。甜菜种植2.4万亩,同比减少9.7%,甜菜总产量16 114万斤,同比减少10%。粮、经、草三元结构趋于合理,呈现出小麦、玉米、饲草、番茄种植面积增加;籽瓜、花葵面积减少。加快农业标准化建设,建成35万亩绿色食品生产基础,13个农作物品种获得国家标准无公害质量认证。全年实现农产品订单78万亩,发展各类中介协会54个。全县发放粮食直补金0.12亿元,减免农业税0.12亿元。当年农业国内生产总值达9亿元,同比增长12%,年内农村人口为201 690人。

【畜牧业】 牧业年度牲畜存栏达127.7万头(只),同比增长22.2%。全年财政投入300万元;加快牲畜改良,引进种公羊1 400只,购进奶牛3 016头;年内新增优质牧草7万亩,总面积达25万亩,完成青贮饲料60万吨,秸杆转化率为70%。畜牧业国内生产总值达到2.1亿元,同比增长10.5%。

【林业】 全年造林7.4万亩,同比增长70%。完成退耕还林4.7万亩,义务植树60万株,选用优质种苗1 200万株。首次推行造林"直补"金费,标准大杆50元/亩,其它30元/亩。全年产水果200万斤(县现有品种),产枸杞、干果180万斤;年产优质木板5 000立方米,查处涉林案件90起。全年农业机械总动力60.1万千瓦时,同比增长3.9%。化肥施用量47 115吨,同比增长19.8%,地膜覆盖面积59万亩,同比增长43.6%。

【水利】 采取县、乡投资为主,个人出力为辅的形式,全年完成平地缩块80万亩,农田五配套11万亩、渠道衬砌43公里,高标准完成六期农业综合开发2.7万亩。投资0.13亿元,完成黄河中官湾990米险工整治工程,投资0.11亿元,完成什巴乡集中供水工程,2万人饮用上标准饮用水。

【工业】 实现国内生产总值3亿元,同比增长36.7%,占经济总量11.8%。工业企业上缴税金为0.22亿元,同比增长14.5%,注重企业效益,其指数达125.5%,同比提高13.8个分值。主要工业产品与产量为:小麦粉10.4万吨,植物油1万吨、机制纸0.8万吨、合成氨3.1万吨、中成药0.01万吨、铁合金0.9万吨、机制砖5 924万块、玻璃制品0.4万吨,全县工业产品销售率94.7%,同比减少2.7%。年产值百万元以上企业有23家(户),实施百万元以上工业项目12项,加大工业固定资产投资,投资总额达3亿元。编制完成《五原县工业园区管理办法》、《五原县工业扩张项目》、《五原县2005年~2010年工业发展规化》;完成同泰玻璃制品七号炉技改项目。食品工业园区开始建设,2×1.2万千瓦热电联产项目工程立项并鉴约,美中达炒货厂重组并已投产。提升传统产业、扩张优势产业、培育新兴产业工业发展战略已形成。

【城镇建设】 当年仅建筑业实现国内生产总值达3.6亿元,同比增长77.6%,占经济总量的14.2%。当年投资0.15亿元,建成华阳商业步行街一条;投资89万元,完成了11条、3 100米巷道建设工程;铺设供热管道500米。投资500万元,建成隆镇建材市场1万平方米;集资0.81亿元,完成房地产开发9万平方米。

【商贸流通】 年内批零贸易餐饮业实现国内生产总值2.4亿元,同比增长11.9%,占经济总量9.5%,市场供应货物充足齐全。当年对县财政提供收入0.18亿元。商品零售价格上涨1.9%,消费品价格上涨2.9%,农资价格上涨3.5%。全年社会消费品零售总额为6.4亿元,同比增长18.7%,其中批发零售贸易业零售总额达5.5亿元、饮食业零售总额达0.7亿元,其它0.2亿元。优质农畜产品购销两旺,远销区内外,签订各类农产品订单78万亩。扶持农产品流通中介组织协会54个,1 670人,市场组织化程度明显提高。全年商品牲畜出栏167.3万头(只),购进奶牛3 016头,建成商业奶站19座,合成氨化肥供不应求,中成药远销西北、华北地区,玻璃制品定点销售旺盛,机制砖除满足供本县外还销往相邻旗,优质面粉销往京、津、呼、包、东胜地区。全年完成商品货运量72万吨,鸿鼎农贸(葵花)市场年交易额10亿元。

【招商引资】 年内共引进资金6.2亿元,同比增长21%,主要引进的是富源农产品公司投资1.9亿元的日处理1 500吨番茄生产线;新疆中基番茄加工厂的一条生产线;阿拉善盟恒通煤矿投资1.2亿元2×1.2万千瓦的热电联产项目;香港金马皮革厂的500万元;由包头市开发商投资0.12亿元兴建的古郡大酒店项目;安徽喜洋洋公司投资1亿元年处理10万吨瓜籽生产线;全县招商引资条件明显改善。

【交通电力通讯】 全年邮电业务收入0.67亿元,同比增长30.2%,从业人员731人。城镇交通和通信人均消费支出494元,同比增长21%。全年用于交通、电力、通讯投资达8.2亿元。年内全县已达到村村通等级公路,加快公路建设速度为县域经济奠定坚实基础。国家投资9.7亿元,在县境实施高速公路连接线工程;投资125万元,完成粮食路1.6公里油路改造工程;完成食品工业园区1.8公里油路工程,新修乌五线15.5公里的油路续接工程。新修乡村公路73公里、整修854公里、绿化200公里。修建14个汽车站,开通环城公汽(由康远公气集团承担)。全年收缴小额养路费255万元,全县年客运量674 618人次。电力线路改造工程加快,电费收缴更加规范,民用供电服务水平提高,电费上调,电力设施更加完善,投资0.18亿元,完成套海镇110千伏变电站工程。

【通讯】 移动、固定电话的数量成倍增加,资费下调。信息、传输、计算软件建设发展明显加快,年内完成59所农村中小学天网工程建设,县城内11所中小学校地网光缆全部进校。

【财政】 年内全县财政收入完成1.6亿元,同比增长26.6%,财政总支出2.9亿元,同比增长23.7%。收入征管力度加大,做到应收尽收。资金拨付跟踪见效,保证重点支出,全县人员工资按时兑现,行政管理费支出0.5亿元,同比增长26%;社会保障金支出0.3亿元,同比增长35%;支农支出0.4亿元,同比增长84%;教育事业费支出0.7亿元,同比增长35%。

【税务】 农业税减免和粮食直补工作完成,共免农业税0.12亿元,粮食直补金0.12亿元。正式出台《五原县行政事业单位国有资产处置管理办法》,全年共收缴国有收益金0.88亿元,完成采购金额538元。

【金融】 强化税收征管,全县年内税费收入1.06亿元,同比增长22%。社保费入库0.14亿元,查补税款、罚滞金款共计249万元,征收契税187万元,征收建安营业税0.16亿元。正式启用农业税收款传操作流程。全年支农贷款0.85亿元。强化对金融运行监控,主要监测房地产贷款运行情况。重点支持县域经济产业结构调整和效益好的企业。推行失业人员小额贷款支持再就业。推进金融体制改革,设立银监办。年末各项存款余额14.9亿元,其中居民存款12亿元,同比增长18.9%。

【审计】 全年共完成审计项目(单位)62项(个),查出违规金额0.77亿元,促进增收节支294万元,挽回国有资产损失金额284万元。对10项重点竣工工程决算进行审计,核减工程投资162万元。

【科技】 全年培训科技人员3 000人次,乡、村、社干部和农民8万人次,发放科普宣传材料10万份。申报区级科技计划项目"五原县农业科技园区建设和国家科技星头计划项目"优质多胎肉羊杂交技术两个。有花卉、葵油、水产品、瓜子四个科研新产品，在自治区农牧业科技成果博览会中参展。推广立项七个科研项目，其为：种养结合科技示范、德美和澳美种羊纯繁试验、葵花新品种引进选育试验，四翅宾黎引种造林试验、人工嫁接肉苁蓉试验、奶牛养殖科技示范、菜籽繁育特色产业科技示范。

【教育】 整合中小学20所，较上年减少9所，减少教学班30个。全县普通中学16所，在校学生21 916人，同比增长14.4%；小学124所，在校学生20 406人，同比减少8.9%；学龄前儿童入学率100%。注重教育投入，争取到专项资金0.2亿元。投资0.1亿元新建校舍、宿舍1.2万平方米，发放"两免一补"资金253万元，受益学生达25 000人。全县当年建成18个教研基地，对1 580位教师进行培训。年度高考重点本科上线人数142人。

【文化】 县城文体活动中心已动工兴建，开展送文化下乡演出活动，放映电影260场，全县乡镇全部建有文化站。文化产业发展加快，年内达80户(家)从业人员300人。为中小学生放映电影400场，全县图书借阅人次达1万人次，举办"全民健身周"宣传活动和职工广场运动会，共有40个单位、2 000人参与。加强文化市场管理，开展7次集中对文化市场联合检查。

【卫生】 2004年9月，五原县被评为全区"两基巩固提高工作先进县"。深化卫生体制改革，县直属医院实行院长科长聘任制，34名骨干担任院领导；改革工资分配制度，实行院科分级核算；改革用人制度，年内招聘19名本科生，为医疗单位注入新的活力。推行药品集中采购制度，其占购药总数的87%。加强医疗卫生设施建设，投资167万元，新建妇产科大楼2 119平方米。投资13万元，对三个乡镇医院和防保站进行扩建。切实加强防疫和妇幼保健工作，开通"非典"发热门诊，全年儿童计划免疫建卡率100%，"五苗"接种率98%，防砷改水采水样120份，传染病报告率98.9%。加大食品卫生监督力度，全年检审并发放卫生许可证1 905户，学生健康体检1 200人。深入贯彻《母婴保健法》，全年妇科门诊7 202人、儿童门诊1 950人，孕妇管理率93.3%，儿童管理率92.3%，婴儿死亡率15.7%。

【社会保障就业】 规范劳动用工制度，为2 270名劳动者签订劳动合同，依据《劳动法》检查用人单170次，为劳动者追收拖欠工资38.6万元。年内共培训1 200人，将公务员职位登记造册，输入微机实行管理。注重人才队伍建设，本年聘任副高以上职称专业技术人员，新招聘本科学历专业人员53人。投资10万元，建设10个乡镇劳动保障事务所。扩大保障覆盖面，全县参统职工8 801人(企业、个体)、公务员(职工)5 076人，制定出台《转制企业下岗职工接续养老保险办法》，年内办理接续721人。全年发放养老金3 065万元，工资发放率100%。年内参统人员12 969人，收缴医疗保险费496万元。失业金征缴单位增多人员增加，有事业单位87户，企业21户，涉缴人员达4 472人，合计金额122万元。当年新增就业2 156人，劳务输出5 677人，为"4050"人员购买公益性岗位249个，发放工资补贴43万元，城镇登记失业率4.8%。

【环境保护】 坚持"预防为主、防治结合"的环保方针，从源头上控制污染，年内共为6家企业、23家医疗单位、188户服务行业进行排污申报登记，环评执行率达100%。着力解决影响群众生活的环境问题，全年共排查污染企业9家、依法取缔两个非法炼铁厂、关停3个铅粉厂，专项整治8个奶牛养殖小区、20个养鸡场，强制淘汰5台供热旧锅炉。特别是农民收入增幅首次超过城镇1.3个百分点。

【人民生活】 全县农民人均纯收入3 441元、城镇居民人均可支配收入6 770元，分别同比增长15.1%和13.8%。居民储蓄存款余额1.2亿元，同比增长18.9%。城镇居民人均住房面积为27.9平方米，同比增长3%；农村人均住房面积为22平方米，同上年持平。食品类消费更加注重营养调剂，其消费支出年人均1 197.3元，同比增长11.2%；衣着类消费日趋时尚讲究，其消费支出年人均844元，同比增长5.5%；年人均消费支出达194.5元，同比增长21%；文化娱乐丰富多彩、教育意识普遍提高，用于文化教育及其服务的消费人均年支出为664.6元，同比增长53.8%。物价较上年略有上涨，其中，农业生产资料上涨3.5%，住房上涨4.6%，食品上涨5%。救灾救济稳步推进，全年下拨救济费121.5万元，扩大"低保"范围，全年发放低保金311万元，低保对象4 869人。资助贫困学生2 200名，解决1 198名企业转制职工的入统问题。

(任学义)

磴口县

【领导名录】

县委书记：张少甫(7月离任)
张元胜(8月任职)
副 书 记：郭介中(7月任职)
杜 存(8月离任)
周玉朴(8月离任)
刘丰俊
赵秀丽(女)
徐茂龙(8月任职)
赵 远(8月任职)

人大主任:马国荣(回族)

副 主 任:黄毛扣(蒙古族)

张秀文(女)

袁兴国

李海青

李新文

县　　长:张元胜(8月离任)

郭介中(8月任职)

副 县 长:徐生贵

田有光

邢旺喜

奥林虎(蒙古族 8月离任)

李树强

张如红(女)

政协主席:李再和

副 主 席:宋巨宾

李志荣

彭富荣

赵淑兰(女)

武装部长:陶伟荣

政　　委:吴四龙(1月离任)

李　岩(2月任职)

【概况】 磴口县地处巴彦淖尔市西南,其域:西南与阿拉善盟毗邻,东南与鄂尔多斯市隔河相望,西北、东北分别与巴彦淖尔市的乌拉特后旗,杭锦后旗搭界;地理坐标北纬40°9′~40°57′,东经106°9′~107°10′,其状为不规则四边形;东西92公里,南北65公里,总面积4 166.6平方公里。县辖2苏木、2乡、4镇共8个乡级行政机构,含47个行政村(嘎查),250个村民小组(独贵龙)5个街道办事处,23个居民委员会。包括市属五个国营农场和中国林科院沙漠林业实验中心,全地区总人口12.334万人。其中非农业人口4.8万人,占总人口的28%,农牧区人口7.7万人(包括国营农场总人口1.8万人),占总人口72%。境内有蒙、汉、回等16个民族。

2004年完成地区国内生产总值14.666亿元,增速为45.2%。其中第一产业完成产值3.6亿元,第二产业完成产值7.32亿元,第三产业完成产值3.74亿元,三产业产值比为25: 50: 25;财政收入完成10.275亿元,占GDP比为7%;全社会固定资产投资12.27亿元,增速28.1%;引进国内投资7.3亿元,引进国外投资1 700万美元,分别增长1.8倍和2.4倍;外贸出口1 427万美元,增长9.6%;社会消费品零售总额3.76亿元,增长13.5%;居民消费价格指数104,增长4%;城镇居民人均可支配收入6 912元,增长10%,农牧民人均纯收入3 647元,增长18.7%;金融机构各项存款余额9.96亿元,增长11.2%,贷款余额9.078亿元。

【农业】 2004年,农民种地的积极性,使植种面积比上年扩大近3万亩,总播种面积达到40万亩,比上年增长7.2%。其中粮食作物播种20万亩,增长43.9%;经济类作物播种15.7万亩,增长20.3%;优质牧草播种4万亩,增长90.5%。粮食总产9 663万公斤,人均800公斤,平均亩产达500公斤。播种、总产、人均生产以及亩产均达历史最高记录。全县新建绿色有机产品基地12.5万亩,实现订单种植23万亩。

全年完成试范项目36项共280亩,作物良种覆盖率达到98%,覆膜播种面积达16万亩,比上年增盖5万亩,间作套作复种为种植面积的80%,机械作业占总作业量的80%。

当年引进优质奶牛10 300头,引进优质基础母羊9.35万只,种公羊80头,使牲畜良种改种率达到93%,比上年提高7个百分点。全年建成50头以上养牛小区35个,1 500只以上养羊户20个;建成标准化奶站80座。至年末,全县有大小牲畜32万头(只)(其中奶牛19 710头),出栏肉羊16万只,肉类总产量709万公斤,养殖产值达1.5亿元,比上年增长8%,农牧民养殖收入占当年收入的31%。

【生态与环保】 根据全县生态建设规划,突出“两区三线”大力营造防风固沙林、农田防护林、城镇道路绿化林,完成飞播造林6.2万亩,退耕还林8.5万亩,环城林带、道路绿化1 000公里,四旁植树53万株。完成森林病虫害防治面积8.7万亩,总计完成合格林面积17.3万亩,使全县森林覆盖率平均达13.5%。扬沙日数比治理前减少50%。加强工业污染排查,三废排放合格率100%,年际平均空气质量良好。

【工业经济】 形成以食品、化工、造纸为主的六大支柱工业体系。全部工业实现产值12.6亿元,首次突破10亿元,同比增长53.7%,增加值完成4.86亿元,增速76.1%,上缴税金3 613万元,纯增595.5万元。对财政的贡献率为36%,与上年相比降低5个百分点。其中11户规模以上企业实现产值10.5亿元,占全部工业总产值的83%。其中,全部工业增加值增速为76.1%。规模以上企业增加值增长86.2%。产值在亿元以上的企业有3户,蒙牛磴口分公司、铬盐公司和泰顺公司分别完成产值5亿元、1.64亿元和1.1亿元。产值在100万元至1亿元的企业有10户。

【招商引资】 继续实施招商引资优惠政策,不断改善投资环境,争取到国家投资项目22项,总额达1.03亿元,利用外资1 700万元,引进国内资金7.31亿元。同时进一步落实招商引资政策,寻找引资新途径,完成蒙牛公司融资2 000余万元。

【城市化建设】 按照巴彦高勒镇"南优北拓、东开西进"的建设规划,加快城镇改造和市政配套建设步伐,以高起点、高品味、高水平的建设突破巴镇中心地位,提高城市化水平,全年完成建设投资1.24亿元。其中县财政投资6 088万元,引资6 333万元,完成巴镇总体建设修编工作,为蒙牛工业园区修路7 810米,铺给水管道2.5公里,建设清水池一座,铺排污支管线1 015米,新增供热10万平方米,绿化街区6万平方米,居民住宅楼完成8 955平方米。年底巴镇十纵十横城镇街道全部硬化,绿化,总里程达47公里。城镇人均住房27平方米,人均公共绿地1.18平方米,绿化覆盖度达18%。重点突破隆盛合、补隆淖两镇基础设施配套建设,两集镇完成投资1 550万元。隆盛合主要配套镇区园林绿化、美化,并新建加油站一座,同时编修完成总体规划。补隆淖加强柏油路建设,完成3.5公里。

【教育】 全县有中小学48所,幼儿园1所,教师培训中心1所。其中,完全高级中学1所,初级中学7所,小学40所,在职教职工1 238人,在校生14 390人。共建成自治区普通高中管理先进校1所,自治区义务教育示范校6所,自治区现代信息技术教育示范学校5所,市级义务教育示范校13所,市级花园式学校12所,市级现代化教育技术优秀校2所,市级一类甲级幼儿园1所,市级农村教育综合改革示范校1所。

全年争取到上级扶贫助学基金15.7万元,筹集人民教育基金9.63万元,筹集助学基金10.7万元,共救助贫困学生1 270人,为城乡1 707名特困生减免学杂费10.5万元。完成成人扫盲50人,全县成人非文盲率达到96%。脱盲巩固率达到97.5%。创建乡镇农牧民文化技术示范学校1所,扶持文盲、半文盲、脱盲人员科技示范学校点1个。

【卫生】 全县有医院2所,妇幼保健院1所,乡级卫生院8所,个体诊所42个,从医人员576人,病床320张,城乡医疗保健事业趋于完善。

【社会保障】 政府千方百计落实社会就业、多渠道开展培训,年内共办理求职登记1 722人/次,发布劳务信息108条,组织大型劳务交流洽谈会5次,新增就业786人。其中安置失业下岗人员786人(包括80名40~50岁人员),实现劳动力转移7 020人。完成就业培训1 356人,通过培训有17人取得高级职业证书,有64人取得中级职业证书,各项指标都超额完成年初既定目标,使失业率始终控制在4.8%之内。

全年新增社保834人,参保人数达12 182人,养老保险费征缴2 042万元。共为2 358名离退休人员发放养老金1 735万元。医保参保人数12 206人,收缴基本医疗保险费830万元,工伤和生育保险参保人数共3 814人,征缴保险费27万元。全县76个单位8 000名职工参加失业保险,共收缴失业保险金70万元。为已破产的糖厂、化肥厂等单位职工发放失业保险金183.4万元,确保下岗失业职工的基本生活。

(徐　云)

乌　海　市

【党政军领导名录】

市　委

书　　记:赵　忠

副 书 记:白向群(蒙古族)

王　成(4月离任)

刘建明(2月离任)

武建中(12月离任)

薄连根(2月任职)

刘　彪(2月任职)

韩琦运(2月任职)

人　大

主　　任:赵　忠(4月离任)

王　成(4月任职)

副 主 任:罗庆国

高　义(4月离任)

刘冬梅(女 4月离任)

伊　英(蒙古族)

武文俊

刘东镐(朝鲜族)

沙日娜(女 蒙古族 4月任职)

王铁坚(4月任职)

政　府

市　　长:白向群(蒙古族)

副 市 长:薄连根(3月离任)

何永林(4月任职)
韩琦运(3月离任)
云高怀(蒙古族 4月离任)
刘新乐(蒙古族)
杜建和(4月离任)
李志民
甄晨岚(女)
徐德林(蒙古族)
李 斌
李新征(4月任职)
金 奎(4月任职)

政 协
主 席:李光席(4月离任)
云高怀(蒙古族 4月任职)
副 主 席:刘永符(蒙古族 4月离任)
杜建和(4月任职)
马 武(蒙古族)
赵 秀(女)
杜建民
刘伍才
王建新(达斡尔族 4月离任)
许惠和
吕纪俄
许宏然
康文胜(4月任职)
马万良(4月任职)

纪检委
书 记:武建中(12月离任)

政法委
书 记:王苏布道(女 蒙古族 12月离任)

法 院
院 长:张 锐

检察院
检 察 长:宝孟和(蒙古族)

公安局
局 长:孙 毅

军分区
司 令 员:吴东海
政 委:马誉炜
副司令员:臧忠友
副 政 委:张凤高

【概况】 乌海市位于内蒙古自治区西南部,鄂尔多斯高原西部,乌兰布和沙漠的东南缘。东邻鄂尔多斯市鄂托克旗,西连阿拉善盟阿拉善左旗,南界鄂托克旗、宁夏回族自治区石嘴山市,北接鄂托克旗、阿拉善左旗。介于北纬39°02′30″~39°54′55″,东经106°36′25″~107°08′05″之间,东西相距约45公里,南北距离约100公里。总面积1 754平方公里,辖3区,5乡、5镇、15个街道办事处,2个嘎查、60个村委会、104个社区居委会。2004年末全市总人口45.91万人。全市人口出生率为9.5‰;死亡率5.1‰;自然增长率4.43‰。全市常住(公安统计)人口42.23万人,比上年末增长1.5‰。

2004年,全市生产总值实现98.49亿元,同比增长36.5%,增幅提高10.2个百分点,为建市以来最高增速。其中,第一产业实现增加值1.92亿元,增长11.0%,增幅提高5.0个百分点;第二产业实现增加值72.48亿元,增长38.8%,增幅提高4.3个百分点;第三产业实现增加值24.09亿元,增长33.0%,增幅提高21.9个百分点。三次产业比重为2.0∶73.6∶24.4。财政总收入完成11.65亿元,同比增长62.75%。其中:地方财政收入6.11亿元,增长67.62%。财政总支出11.84亿元,增长38.6%。其中,基本建设支出2.6亿元,增长11.0%;科技三项费用支出534万元,增长45.5%;科教文卫事业费支出1.5亿元,增长8.3%;农林水气象部门支出0.3亿元,增长19.8%;社会保障补助支出0.7亿元,增长50.5%;城市维护费支出0.7亿元,增长90.7%。生产总值和财政收入增速均列全区首位。

全社会固定资产投资76.33亿元,比上年增长63.8%,增幅提高12.2个百分点。其中,基本建设投资47.47亿元,增长51.8%;更新改造投资14.89亿元,增长50.5%;房地产开发投资6.39亿元,增长67.6%。

全市确定的27项超亿元重点项目当年累计完成投资41.9亿元,占全社会固定资产投资总额的比重为59.3%。已有8个项目交付使用。

全市城市居民人均可支配收入为8 202元,同比增长21.7%,扣除价格因素,实际增长18.2%。人均消费支出为6 304元,增长26.0%,扣除价格因素,实际增长22.3%。农民人均纯收入达3 886元,增长26.2%,扣除价格因素,实际增长22.5%。农民人均生活消费支出2 467元,同比增长1.6%。城镇居民人均住房使用面积26.3平方米,比上年增加0.09平方米;农民人均生活用房面积22.5平方米,比上年增加1.7平方米。

职工工资明显增加。全市在岗职工工资总额12.74亿元,比上年增长28.0%。其中,国有单位职工工资总额为78 028万元,比上年增长34.3%;集体单位职工工资总额为7 699万元,比上年增长17.9%;其它经济类型职工工资总额为41 721万元,比上年增长19.5%。

年末城镇从业人员153 779人,比上年减少378人。其中,在岗职工98 910人,比上年减少240人,下降0.7%;工商注册私营个体从业人员41 073人,比上年增加3 380人,增长8.9%。城镇登记失业人员7 969人,城镇登记失业率4.6%。同比提高0.1个百分点;全年安排12 802失业人员实现就业。其中,实现再就业人数4 753人,“4050”人员再就业2 487人。

【农业】 2004年,全市实现第一产业增加值1.92亿元,比上年增长11%。完成农业总产值28 392.7万元,同比增长27.5%。其中,种植业产值13 985.2万元,增长14.3%;牧业产值12 502.7万元,增长44.7%。粮食播种面积4 261公顷,同比增长13.7%;粮食总产量28 547吨,增长23.2%。蔬菜产量126 534吨,下降11.0%;鲜蛋产量1 460吨,增长4.3%;肉类产量9 350吨,增长14.8%;牛奶产量8 346吨,增长98.6%;生猪出栏6.82万头,增长12.9%;家禽出栏24.83万只,增长3.0%。农民人均纯收入达3 886元,比上年增长26.2%,扣除价格因素,实际增长22.5%。农民人均生活消费支出2 467元,同比增长1.6%。

【工业】 2004年,全市完成工业增加值53.89亿元,同比增长39.6%。工业对全市经济增长的贡献率为54.7%。全市127户规模以上工业企业(即全部国有工业企业及年产品销售收入500万元及以上的非国有工业企业)实现增加值47.33亿元,增长47.3%。其中,国有及国有控股企业实现增加值25.66亿元,同比增长37.9%。全年规模以上工业企业经济效益综合指数162.7,同比提高20.3个百分点。实现利润5.69亿元,同比增长33.8%。

2004年乌海市主要工业产品产量

指标名称	单位	2004年	比上年增长(%)
原煤	万吨	931	-9.6
洗精煤	万吨	928	34.4
发电量	亿千瓦小时	59	8.6
焦炭	万吨	228	92.2
烧碱	万吨	3.2	27.5
电石	万吨	37.6	13.4
聚氯乙烯树脂	万吨	3.4	17.7
水泥	万吨	112.1	-2.1
平板玻璃	万重量箱	376	15.9
生铁	万吨	19.5	70.4
铁合金	万吨	21.6	30.6
泵	台	4 334	-5.9
白酒	吨	963	54.1
啤酒	吨	9 277	27.1

【基础设施建设】 2004年,财政投入城建资金3.02亿元,带动社会投资23.7亿元。完成文体中心、疾病控制中心、道路交通智能化管理系统等一批基础设施项目。城区供电管网改造工程、丹拉高速公路乌海段黑色路面已经贯通;国道109线乌海段一级公路改造、运煤大通道海勃湾至海南段建成通车,村村通油路任务过半。拓宽改造城区主要街路,新增城市道路面积51.4万平方米。城市供电网改造力度加大,主要街道架空线全部落地。加大热源点建设力度,新增供热面积87万平方米。新增煤气入户2 000余户,海勃湾污水处理工程投入使用,垃圾综合处理厂即将完工。启动滨河新区建设,世纪大道、大学路建成通车,完成滨河大道部分路段建设。城区拆迁改造步伐加快,拆迁占地面积30万平方米,新建建筑面积65万平方米。

2004年,交通行业完成投资规模11.58亿元。新改建公路161.53公里,总投资8.05亿元,均已建成通车。滨河大道等9条城市道路改扩建工程及排水工程共投入资金4 803万元,并全部竣工交付使用。全市公共汽车线路达17条,公共汽车运营里程1 479万公里;全市共有公共汽车运营车辆311辆,比上年增加39辆;全年城市公共交通共运送乘客2 105万人次,比上年增长11.5%。

全市汽车保有量23 168辆,比上年增加1 259辆;其中小型汽车保有量15 489辆,比上年增加3 446辆。私人小型汽车保有量10 155辆,比上年增加2 303辆。

全市煤气家庭用户达2.01万户,居民家庭煤气入户率达到12.5%。城市热力管网供热面积达到377万平方米。

【对外开放】 2004年,完成黄河化工集团公司、拉僧庙化工公司的转制重组工作,乌达发电公司转制工作正在实施,一通机械公司政策性破产已由国家批准。在全区率先启动城乡一体化改革,实施统一的“乌海市居民户口”管理制度,从第四季度开始,农区困难家庭全部纳入低保范围。强化对外开放基础工作,招商引资和区域经济合作不断推进,加入宁蒙陕甘毗邻地区经济联合会。实施招商引资项目138项,其中投资额在亿元以上的项目13项。引进到位国内资金42.982亿元,比上年增长66.25%。其中,实际引进区外资金30.38亿元,比上年增长84.5%。合同利用外资1 984万美元。实际利用外资1 012万美元。外资主要投入到二、三产业。投入较多的行业有金属冶炼业、采掘业、房地产业等。

对外贸易强劲增长,全年出口贸易额930万美元,同比增长166.5%。

2004年,乌达、海南西来峰工业园区进入自治区重点工业园区行列。

【生态环境建设】 2004年,乌海市完成人民公园、人民广场、植物园、东山生态林等一批市政和园林绿化景观工程,生态治理面积完成19.89万亩,生态环境进一步改善。黄河海勃湾水利枢纽工程项目建议书已通过水利部初审。全年共完成人工造林6.06万亩;封山育林4万亩;全民义务植树150万株;全市林木覆盖率达13.8%,比上年提高0.2个百分点。城区园林绿化投资1 093万元,绿化覆盖率达到17.03%,比上年提高1.73个百分点。人均公共绿地面积达到7.03平方米,比上年增加0.71平方米。

全面开展高载能企业污染治理,投入资金1.6亿元,对已生产的高载能矿热炉全部安装环保设施。淘汰落后生产工艺设备,关闭1 178孔改良型焦炉。循环经济开始起步,成为自治区循环经济试点城市。

全年完成燃煤锅炉改造15台,对重型汽油车和摩托车新车实行第二阶段排放标准,加强机动车排放检测监管。全年空气质量达二级和好于二级的天数为16天,比上年增加11天,占全年总天数的4.4%。水环境治理力度加大,污水处理系统逐步完善,日处理污水能力达到4万吨。全年清除各类垃圾45.75万吨。

【科技】 2004年,乌海市推广应用先进适用技术5项,新增自治区级民营科技企业2户,高新技术产业产值增长率达184%。与中科院北京专家团进行科技项目对接,达成17项合作意向。全年科技三项经费支出总额775万元,比上年增长45.1%。取得科技成果9项。其中1项获得自治区级奖励。全年申请专利10项,授权专利10项。全市签订技术合同46项,合同成交额2 044万元。

【教育】 2004年,内蒙古工业大学乌海学院实现当年建设,当年招生。投入7 000多万元改造基础设施薄弱学校,整合教育资源,撤并11所中小学校,启动市职业高中、技工学校、职工中专“三校合一”工作,两矿业公司破产企业学校和铁路学校由政府接收管理。

2004年,乌海市高中招生人数达到3 745名,在校生总数达到10 094名。中等职业学校招生1 520人,在校生2 988人。其中,普通中等专业学校招收学生841人,职业高中招收学生679人。普通专科招收学生340人。

全市共有普通初中38所,普通初中在校生20 662人,比上年减少3.3%;共有普通小学50所,小学在校生38 291人,比上年减少0.4%。

电视大学在校生4 051人,比上年末增长24.3%;职工大学在校生1 495人,比上年末增长48.6%。全市共有2所民办中小学校,在校生213人。

【文化】 2004年,共有艺术表演团体1个,群众艺术馆1个,文化馆3个,文化站6个,公共图书馆1个,各类藏书14.5万册(件),文体中心1个,书画院1个,文物站1个,档案馆5个,已开放各类档案3 900卷。共有各类电影放映单位2个,电影院3个,放映电影434场次。拥有电视台1座,4个频道开播,电视节目达4套。电视混合覆盖率达97.2%,有线电视入户率为75.0%。广播电视“村村通”工程顺利推进,实现让所有自然村的农村居民看上电视的目标。拥有广播电台1座,广播混合覆盖率96.3%,比上年提高5.3个百分点。《乌海日报》年发行量9 000份。拥有市级文物保护单位1处。博物馆1个,馆藏文物600件,参观人数达6 000人次。

【卫生】 2004年,市疾病预防控制中心防病业务楼已交付使用,三个区均已建立疾病预防控制中心(防疫站)。医疗机构网络直报建设全面完成。全市共有卫生机构40个,其中,医疗机构33个,医疗卫生机构共有床位2 127张;共有卫生技术人员2 001名,其中,执业、助理执业医师898名。全市共有诊所219个,拥有执业、助理执业医师234名。全市共有卫生所、医务室12个,共有执业、助理执业医师21名。社区医疗服务不断完善,共有社区卫生服务站12个,拥有执业、助理执业医师44名。全市共有村级卫生服务室11个,执业、助理执业医师10个,基本上解决农民小病不出村就能得到较好的治疗。

(张海霞)

海勃湾区

【领导名录】

区委书记:兰　宇(蒙古族 1月任职)
副 书 记:林　涛(1月任职)
　　　　张　伟
　　　　崔淑坤(9月任职)
　　　　关旭汉(满族 1月任职)
人大主任:高永清
副 主 任:张美兰(女 蒙古族)
　　　　侯忠仁
　　　　周　烨(1月任职)
　　　　杨　林(1月任职)
区　　长:林　涛(1月任职)
副 区 长:刘继高
　　　　康文胜
　　　　杜秀芬(女)
　　　　李利民(1月任职)

杨东风(1月任职)

张　勇

高登成(蒙古族 1月任职)

政协主席:石　瑛(1月任职)

副 主 席:辛明亮(1月任职)

龚福敏(1月任职)

包军英(蒙古族 1月任职)

李世华(1月任职)

武装部长:牛维胜

政　　委:冯文柱

【概况】 海勃湾区地处内蒙古自治区西南部,乌海市东北部,东倚雄伟壮观的卓子山(乌仁都喜乌拉)与鄂尔多斯市鄂托克旗为邻;西隔滔滔奔流的黄河与乌达区相望;南至四眼井与海南区相连;北与鄂托克旗碱柜乡交界。是乌海市政治、经济、文化中心,位于华北和西北的结合部,东连鄂尔多斯市,西邻阿拉善盟,南接宁夏回族自治区,北靠巴彦淖尔市,地理坐标为北纬39°31′~39°52′,东经106°46′~107°05′之间,总面积529平方公里。现辖1镇、2乡、6个街道办事处、1个工业园区,20个村委会,47个社区居委会;全区总人口为24万人,有蒙、汉、回、满等20个民族。

2004年,全区生产总值完成42.4亿元,比上年增长30%,完成"十五"计划目标的135.8%;人均生产总值达2.2万元,高于全国、自治区和全市的平均水平;财政收入完成1.7亿元,比上年增长42.6%,完成"十五"计划目标的124.3%;固定资产投资完成8.5亿元,比上年增长36.3%,完成"十五"计划目标的2.1倍;城镇居民人均可支配收入8 878元,农区居民人均纯收入达3 990元,分别比上年增长18.2%和29.4%,完成"十五"计划目标的114%和123.3%。

存在的问题:工业经济规模小,产业层次和科技含量低,缺乏支柱企业和拳头产品;第三产业总量不大,结构不优,层次不高,集聚辐射作用有待增强;农牧业龙头企业规模较小、带动作用不强,农牧业产业化程度不高;运力紧张、资金短缺、人才匮乏仍是制约海勃湾区经济社会发展的瓶颈。

【农业】 2004年,全区农业增加值完成5 754多万元,比上年增长8.8%左右;农区居民人均纯收达3 990元,比上年增长29.4%,是历年来增速、增幅最大的一年,其中农区居民来自二、三产业增收比重近50%,新增保护地147亩,新增无公害农产品基地认证8 000亩,新增葡萄种植面积1 058亩,分别完成年度任务的184%、100%、和106%。全区总播面积24 345亩,其中蔬菜种植面积6 465亩,粮料作物播种面积17 880亩,分别占总播面积的26.6%和73.4%。由于受冻影响,蔬菜种植面积与上年同比下降了42.5%。引导农区富余劳动力向城区非农产业转移,劳务输出人数达6 610人,占农区劳动力总数47.6%。全区各类农业产业化组织18个,其中年销售收入100万元以上的加工企业有3个,年销售交易额500万元以上的流通企业有3个,农牧业产业化龙头企业带动产业化基地和企业带动全区农牧户3 820户,占总户数的57%,各基地为龙头企业提供加工原料占总产量的46%,产业化收入平均占农区居民人均收入的比重达37%。

【畜牧业】 6月末大小畜总增头达18 258头,比上年同期增长了31.8%,牲畜五号病免疫密度达100%,饲草料种植面积7 230亩,青贮饲料10万立米,育肥羊、肥牛36 170头只,奶牛总数达到1 644头,畜牧业增加值占第一产业增加值比重达45.2%,分别超额完成年初预定的各项经济指标。

【水利】 全年新建水浇地600亩,建成产业化扶贫试点1个;种草2 290亩,农作物覆膜种植面积达6 800亩。新打人畜饮水井2眼,解决了0.12万人、0.65万头只牲畜饮水困难问题。修路17.5公里。

【工业】 2004年,全区实现工业总产值93 899万元,同比增长17.82%;实现工业增加值69 899万元,同比增长37.9%;实现销售产值150 796万元,同比增长43.8%;工业产品销售率达93.75%,同比下降2.49个百分点,独立核算工业企业经济效益综合指数完成117.55,同比下降21.59个百分点;实现利润2 916万元,同比下降54.83%。第二产业实现147 389万元,同比上年增长37.2%。

【第三产业】 2004年,全区固定资产投资总额累计完成85 413万元,同比增长36.3%。其中:基本建设投资完成20 948万元,同比增长8.7%;房地产投资完成50 000万元,同比增长47.75%。市场建设成效显著,随着盈泽园商厦、新元商厦等一批较大的商场投入运营,社会消费品市场日益繁荣。2004年,全区社会消费品零售总额实现147 519万元,同比增长24.61%。全区在岗职工平均工资12 195元,同比增长8.55%。

【城乡建设】 全年引进资金25 600万元,其中区外资金15 000万元(钻石广场8 000万元,新天地3 000万元,恒基御缘4 000万元),区内资金10 600万元(漠海翠庭2 600万元、帝王广场4 000万元,中环广场4 000万元);完成原计划的128%。2004年新建、续建43工程项,建筑面积178 671.7平方米,工程总造价约1.3亿元,其中新建工程29项,对不满足施工许可条件一律不予发放施工许可证。全年有25项工程达到了"安全生产、文明施工"合格工地的要求,有3项工程申报"市级安全文明工地"。

城区主要街道新建7座造型美观的水冲式厕所，安装2座环保移动厕所、680个新式果皮箱。翻建8座旱厕，建设垃圾转动站3座。购置2台环卫清运车辆，2台道路吸尘车、2台洒水车，改变道路清扫机械化率为零的状况。完成城区374万平方米街路的清扫保洁；城区158个垃圾点，日产400吨生活垃圾的收集、处理和近万吨基建垃圾的处理；城区街路全天候干净整洁，清扫率100%，保洁率90%。

【工业园区】 2004年，管委会拆除园区内新千公路两侧的临时建筑和有碍观瞻的建筑物，改造飞机场至千钢路段10.5公里，并配置路灯64盏，对道路两侧进行绿化、美化。新增了相关供水设施，打机井1眼，铺设供水主管道2公里，购置安装管道加压泵3台，铺设滴灌管路44公里。架设10KV输电线路2.6公里，架设通讯线路2.1公里，建成千里山办事处与千里山工业园区管委会综合办公楼，使园区的基础设施不断完善。工业园区共引进项目5个，计划总投资10 517万元，引进的项目有：由乌海市金欧啤酒有限责任公司建设的5万吨啤酒生产项目；乌海市嘉远粉末有限责任公司建设的5万吨直接还原铁项目；伊达科技有限责任公司建设的机械制造加工项目；乌海市宏达选烧有限责任公司建设的10万吨球团烧结项目。园区企业完成绿化2万平米，完成厂区硬化面积8万多平米，完成办公楼、厂房、围墙粉刷面积3万多平方米。工业园区企业厂容厂貌综合整治工程共计投入资金389.7万元。

【科技】 2004年，海勃湾区科技局被评为全国科技示范先进区，科技三项费用投入为119万元，占本级年度财政一般性支出(10 218万元)比例为1.1%。海勃湾区共安排科技计划项目12项，其中工业项目3项，农业项目7项，软科学研究项目1项、国家重点项目1项。工业方面，扶持珑瑛玻璃制品公司的玻璃制品烤花项目；乌海市金厦化学制品有限公司的新开发3 000吨甲酸钠项目等。重点扶持了“人事劳动和社会保障信息自动化管理”和“人员编制信息自动化管理”项目，实现人才资源的网络自动化管理。

2004年，按照“科技以人为本，全面建设小康”的主题要求，充分利用社区科普画廊、科技宣传栏等载体，开展形式各异的科普活动。期间，共发放宣传单5 000多张，发放科技图书资料8 000多册，制作大型展板7块，举办各类培训班32期，参训农牧民4 360人次。8月，经海勃湾区科技局的积极努力，海渤湾区企业家积极与中科院、北京专家团进行对接，双方签署协议2项，分别是中国建筑材料科学研究院与蓝星玻璃集团公司契约的“玻璃深加工项目”，清华大学流体机械研究所与五湖泵业有限公司签约的“屏蔽式管道泵、污水泵密封项目”。

为城区4个重点社区各配备电视机1台、VCD1台、科普图书500册、科普挂图一套。2004年9月，在狮城社区投资15万元建设社区科技馆，科技馆开放以来，已接待市民3 000多人次，收到很好的效果。科技局被评为海勃湾区2003~2004年度全区对外开放发展经济三等奖。

【扶贫】 全年解决温饱人口1 236人，其中极端贫困人口249人，低收入贫困人口1 096人，分别完成目标的124.5%和121.8%，分别比上年提高10%和9.8%。因灾返贫人口达289人，返贫率控制在5.9%。

【环境保护】 继续巩固提高“跨世纪蓝天计划”成果，清理449户居民违规存放、燃用的非指定煤种667.2吨，并处罚违规居民1户；处罚违规锅炉2家，行政警告违反操作规程、造成超标排放的锅炉6家；及时制止露天焚烧垃圾、胶皮、秸杆的违规行为23起。对辖区内40家改良型焦厂进行取缔关停，共拆除改良焦窑489孔，铲除烟道180米，爆破砖制烟囱10根、拆除铁制烟囱9根，全面完成改良型焦厂的取缔关停工作。2004年海勃湾城区空气质量二氧化硫平均浓度值为0.105毫克/标立方米，二氧化氮平均浓度值为0.037毫克/标立方米，可吸入颗粒物平均浓度值为0.440毫克/标立方米，API指数达到达到三级以上天数164天。

【教育】 为迎接“两会”的召开，通过加大投入、上级扶持、企业赞助等多种渠道，投资1 325万元，为一小、四小、五小、中海勃湾学校五所学校新建教学楼投资300多万元，维修和改造区属其它学校的校园环境及校舍。投资3万元，为公园社区和狮城社区购置室内、室外健身器材13件，方便社区群众体育锻炼。投资近5万元，为教师2栋住宅楼进行周围地面硬化，硬化面积达1 600平方米。2004年，海勃湾区政府对180名学生进行了扶困助学，共发放扶困资金39 260元；自治区、乌海市、海勃湾区三级财政为区属4所实行一费制的学校533名学生补帖资金44 140元；市长助学金为区属68名学生赞助资金70 440元。区属中小学辍学率为0。8月，撤除地处偏远、办学条件落后的七一五学校及牛奶场学校、王元地学校教学点，78名教师、566名学生、学校资财产均重新分配到区属其它学校。

【卫生】 2004年，保证药品质量，降低药品价格，区属两院全年门诊患者药品费用人均下降4.1元，住院病人药品费用人均下降76元，累计为患者减少医疗费用40万元；区中医院投资50多万元进行了医院内部装修改造，购进三维B超工作站和体外碎石机；区人民医院投资145万元购进彩超等设备，引进资金160万元，扩建4层、5层医疗用房1 000平方米；区防疫站投资2万多元进行装修和宣传。区中医院门诊量达35 000人次，住院量达420人次，业务收入350万元；区人民医院门诊量45 000人次，住院量320人次，业务收入246万元；新地乡卫生院门诊量4 800人次，住院量50人次，业务收入30万元。建立社区卫生服务站11个，其中是年新建5个社区卫生服务站，投入设备、药品等价值约57.9万元，全区共实施健康调查40 563人，建立家庭档案14 040户。

【文化】 2004年，共举办各类文体活动213场，群众参与达15.8万人。积极组织乌海市文艺界创作人才，深入基层到工业园区、植物园、农业开发基地、各乡、镇、办事处表演快板《喜迎盛会乐万家》、歌颂优秀共产党员张耀国的歌曲《你是一个好人》，同时还创编了大型歌伴舞《海勃湾》、《雄狮之湾》等文化活动。举办了奇石、书画、根雕、枝雕、文革文物、邮票等个人收藏展活动。按时举办传统文化活动，如春节义务书写春联活动，正月十五元宵节焰火晚会，社区艺术活动，全市第八届广场消夏艺术节海勃湾区专场文艺活动等。

2004年海勃湾区先进集体获奖名单

工作单位	授予机关及奖项	获奖时间
海北办事处狮城社区	荣获自治区文明社区创建示范点	2004年8月
海北办事处狮城社区	荣获自治区未成年人思想道德建设家庭教育示范基地	2004年8月
海北办事处狮城社区	荣获自治区安全示范社区	2004年8月
海北办事处狮城社区	荣获自治区“巾帼社区”先进集体	2004年12月
海勃湾区民政局	自治区民政厅星光计划先进单位	2004年9月
海勃湾区民政局	全区先进婚姻登记机关	2004年8月
海勃湾区民政局	全国老龄工作先进区	2004年8月
海勃湾区教体局	自治区基层报表工作先进集体	2004年11月
卡布其办事处	内蒙古自治区总工会思想政治工作研究会	2004年11月
海勃湾区环保局	自治区环境监察先进集体	2004年12月
海勃湾区环保局	自治区首届人民满意的行政执法单位的称号	2004年12月

2004年海勃湾区先进个人获奖名单

姓　名	性别	民族	工作单位	授予机关及奖项	获奖时间
果利娜	女	汉	凤凰岭办事处	全国敬老爱老助老主题教育活动“孝亲敬老楷模”	2004年9月
李丽梅	女	汉	科技局	对外开放发展经济先进个人	2004年12月
尹广宇	男	汉	环保局	全国打击不法排污行为先进个人称号	2004年12月
赵　兵	男	汉	环保局	自治区打击不法排污行为先进个人称号	2004年12月
聂国庆	男	汉	环保局	自治区打击不法排污行为先进个人称号	2004年12月

（兰素芳）

乌　达　区

【领导名录】

区委书记：关立武（满族）

副 书 记：丁欣亮

葛　蕊（女 2月离任）

李长江

青格乐（蒙古族）

莎仁高娃（女 蒙古族 2月任职）

人大主任：于海山（蒙古族）

副 主 任：张理平

杨树林（回族）

梁秀玲（女）

李建民

区　　长：丁欣亮

副 区 长：莎仁高娃（蒙古族 女 2月离任）

张志新（2月离任）

刘　魁

许宏然

李利民（2月离任）

包俊才(蒙古族 2月离任)
邵正文(蒙古族 2月任职)
孔庆文(2月任职)
朱晓峰(2月任职)
朱秀花(女 2月任职)

政协主席:王根明
副 主 席:张伟民(2月离任)
张建国
李普选(女)
刘绥峰(2月离任)
王志明
宋凤鸣
武装部长:邢志刚
政　委:田　毅(2月离任)
叶　林(2月任职)

【概况】 乌达区属内蒙古自治区乌海市辖区之一,位于乌海市西南部。西靠贺兰山脉北段,南、西、北与阿拉善盟接壤,东临黄河,与海勃湾区、海南区隔河相望。区辖地南北长约21.5公里,东西宽约16.4公里,地处北纬39°26′~39°38′,东经106°36′~106°46′之间,全区总面积219.716平方公里,平均海拔高度1 200米(1999年划界后)。区内有7个街道办事处,40个社区居民委员会,1个行政乡,5个自然村(嘎查),即乌兰阿日勒、巴音敖包、泽园新村、南村和北村。1个镇,划分4个行政村,即团结村、桥北村、桥西村、新民村。总人口为127 106人,其中少数民族占7 719人,流动人口占6 077人,人口密度为579人/平方公里。

2004年,全区国民生产总值完成227 360万元,比上年增长42.39%;财政总收入完成11 772万元,比上年增加5 010万元,增长74.09%,其中地方财政收入完成6 686万元,比上年增加3 061万元,增长84.44%。全区城镇居民人均可支配收入7 328元,比上年增长24.94%;农牧民人均纯收入4 139元,比上年增长38.24%。第一产业完成增加值4 280万元,比上年增长15.08%;第二产业完成增加值168 678万元,比上年增长55.64%;第三产业完成增加值54 402万元,比上年增长15.11%。在国内生产总值构成中,一、二、三产业所占比重分别为1.88%、74.19%和23.93%。

【农业】 2004年,农业增加值完成4 280万元,同比增长15.08%,新增保护地126亩,新植葡萄565亩,葡萄种植面积达到2 286.8亩,种植反季节瓜果160亩。针对黄河水位下降、旱情较重对春播不利的情况,积极组织农业单位准备各类农用物资,积运农家肥4 820吨,调运化肥326.8吨,农用模使用量21.2吨。

【林业】 严格按照林业重点工程项目进行项目管理,管道、滴灌和苗木都通过招投标,苗木必须具有两证一签,浇水设施的配套要由有资质且信誉好的单位进行施工,最大限度的提高造林成活率。2004年,完成造林4 248亩。

【畜牧业】 结合生态工程建设,推广以种养畜和饲圈养为主的生态畜牧业相结合的模式,年内羊存栏数达8 500只,牛存栏数290头,正在实现以田种草、以草养畜、以肥养田的良性循环,延长了产业链,实现全面禁牧。优质、高效、良种、良料是全区发展畜牧业走产业化道路的具体体现。

【工业】 2004年,全区工业生产保持增长趋势,新建、续建工业项目42个,完成投资159 088万元。实现工业总产值179 710万元,比上年增长69.06%。其中,限额以上企业实现产值146 773.8万元,比上年增长70.04%,占全区工业总产值的81.67%,所占比重比去年增加了2.28个百分点。全年生产洗精煤19.06万吨,焦碳17.96万吨,电石14.64万吨,铁合金64 178.47吨。区属工业增加值完成93 449万元,比上年增长69.52%;工业经济效益综合指数168.43,高出标准值68.43个百分点。

【城市建设】 2004年,乌达区实施城市改造建设项目54个,完成投资1.58亿元;完成拆迁面积2.6万平方米;新增建筑面积13万平方米;新增绿地面积14万平方米;给水管道7.4公里;供热管道5公里;新增改造道路面积14万平方米。完成解放路、乌尔特沟桥、人民广场、物流中心、再就业基地、人民武装部办公楼等一批重点项目。旧城改造稳步推进,幸福小区、锦绣花苑、景泰小区、好景嘉园等24个住宅项目开工建设。

【招商引资】 2004年,共投入16 000万元用与园区电力、供水、道路、通讯及生态基础设施建设,园区的综合服务能力增强。积极落实优惠政策,强化服务,创新招商方式,引进天津渤海集团、呼铁外经集团、山东海化集团等一批大型企业来乌达区投资,园区企业规模不断扩大。全年引进工业项目26个,其中亿元以上项目7个;招商引资实际到位资金121 974万元,是上年同期的2倍。

【教育】 2004年,全面推进素质教育,大胆尝试推行课程改革,制定出台《乌达区基础教育课程改革实施意见》,充分利用广播、板报、例会、家长学校等多种形式对课程改革进行广泛宣传,并引进"作文三步教学法"、"马承英语教学法"、"张思中英语教学法"、"过程完整化教学模式"、"洋思育人模式"等课程改革题目,同时开展多形式、多层次的课改培训工作,先后派出300多名教师赴北京、上海、深圳、珠海、南京、呼市等地培训。还邀请了江苏教育出版社教材培训部专家组、内蒙古师范大学“过程完整化教学模式”创始人陶·哈斯巴根教授、全国著名化学特级教师李开祥教授等国内知名课改专家进行课改培训，全区共培训课改教师3 000多人次。2004年，全国普通高校统一招生考试中，上线率35.5%，名列全市第二；在初中升学考试中，乌达区考生夺得全市个人总分第一名、第四名、第五名的好成绩；在全国初中化学知识竞赛中，获得自治区一等奖6个，二等奖7个，三等奖11个的优异成绩；在第十四届全国初中物理知识竞赛中，乌达区获得全国一等奖1个，二等奖1个，三等奖4个的好成绩。

2004年，共投入资金2 000多万元，开工建设中小学校外活动中心，第一幼儿园和区二中、区八小教学楼，完成了区高、区一中硬化、亮化、绿化工程。积极推进教育信息化建设，6所中小学新上远程教育卫星接收系统，80%以上的中小学接入宽带网，办学条件得到进一步改善。

（王卉　塔娜）

海南区

【领导名录】

区委书记：冯玉臻（4月离任）
　　　　　白　彦（蒙古族 4月任职）
副 书 记：白　彦（蒙古族 4月离任）
　　　　　宋晓春（5月任职）
　　　　　霍照良（蒙古族 2月任职）
　　　　　王有军
　　　　　邢利明（6月任职）
人大主任：奇　才（蒙古族）
副 主 任：周桂芳（女）
　　　　　张玉才（2月离任）
　　　　　任碧海（2月离任）
　　　　　王宝柱
　　　　　韦占飞（2月离任）
　　　　　马玉芳（2月离任）
　　　　　白喜和（2月任职）
　　　　　白风军（2月任职）
区　　长：白　彦（4月离任）
　　　　　宋晓春（5月代理）
副 区 长：李　杰（3月离任）
　　　　　吴耀峰
　　　　　丁　毅（蒙古族）
　　　　　刘素红（女）
　　　　　王　岗（2月离任）
　　　　　陈　洁（2月任职）
　　　　　马壮云（回族 2月任职）
　　　　　李和平（2月任职）
　　　　　王子林
政协主席：吴焕学（2月离任）
　　　　　王培林（2月任职）
副 主 席：白喜和（2月离任）
　　　　　王守华
　　　　　于志强
　　　　　张春荣（女 2月离任）
　　　　　高风山（2月离任）
　　　　　李文华（2月离任）
　　　　　杨桂云（女 2月任职）
　　　　　赵丽华（女 2月任职）
　　　　　甲拉生（蒙古族 2月任职）
武装部长：侯文龙（3月离任）
　　　　　邓玉春（3~8月任职）
　　　　　张军池（8月任职）
政　　委：李永中

【概况】　海南区是乌海市三个市辖区之一，位于乌海市南部。东连鄂尔多斯市鄂托克旗，西隔黄河与乌达区相望，南与宁夏回族自治区石嘴山市、陶乐县毗邻，北与海勃湾区相接。全区南北长约45公里，东西宽约20公里，地理坐标北纬39°13′~40°10′，东经106°35′~107°07′。行政区域面积1 004.95平方公里。全区辖巴音陶亥、东风两乡，老石旦、拉僧庙、公乌素三镇和拉僧仲、西卓子山两个街道办事处。2004年全区常住人口95 112人，其中汉族89 282人，蒙古、回、满、朝鲜、达斡尔、鄂温克、壮、藏、锡伯、土家、维吾尔等少数民族5 830人；男50 042人，女45 070人，男女比例为111∶100；人口密度为每平方公里95人。

2004年，海南区生产总值完成326 000万元，同比增长55.8%。财政收入20 512万元，同比增长87.3%。固定资产投资完成130 945万元，同比增长90.7%。城镇居民人均可支配收入8 324元，同比增长25.2%。农牧民人均收入3 601元，同比增长25%。城乡居民储蓄存款余额达121 010万元，比上年增加15 446万元。

【农业】　2004年全区完成农业生产总值11 611.7万元，实现农业增加值7 191.9万元，同比增长18.4%和11.5%。农民人均纯收入达3 601元，比上年增长25%。农业总播种面积完成43 815亩，其中粮食作物面积完成33 720亩，粮食产量达15 712吨；蔬菜总播种面积598.5亩，蔬菜产量达3 211吨；水果种植面积3 300

亩,水果产量达1 847吨,其中葡萄产量达1 225吨,占水果总产量的66.3%。年末家畜存栏总头数为84 765头(只)。

【工业】 2004年,工业总产值完成309 014元,同比增长76.4%;工业增加值完成138 466万元,同比增长65.7%。工业产品销售率为92%,同比下降6.3%;经济效益综合指数为107.33,同比增长30.9%。主要产品产量:原煤完成146.76万吨,同比减少30.2%;洗精煤完成203.16万吨,同比增长80.2%;焦炭完成199.96万吨,同比增长96.4%;电石完成18.06万吨,同比增长39.8%;耐火材料完成8.22万吨,同比增长7.9%;硅铁完成15.06万吨,同比增长9.2%。新建工业重点项目有:神华集团30万吨煤焦油、100万吨捣固焦、4×20万千瓦矸石发电项目已奠基;榕鑫煤焦化公司105万吨捣固焦、90万吨重介洗煤项目和沪蒙焦化公司60万吨捣固焦、60万吨重介洗煤项目的一期工程均已投产。

(李建平)

【生态建设】 2004年,全年累计投资1 100万元,共完成林业生态总面积10.4万亩,其中人工造林完成6.7万亩;围栏封育3.7万亩。义务植树40万株。育苗面积完成425亩,其中当年新增育苗124亩;退耕还林(草)59 738亩。城乡绿化一体化工程完成4 599.3亩,主要以乔木、灌木为主;天然林资源保护工程在巴音陶亥乡四道泉共完成封山育林面积3.7万亩。

【环境保护】 2004年,紧紧围绕全区环境保护的中心工作,不断加大环保执法力度和环境监管力度,继续深入实施“蓝天绿地工程”,全面改善城市环境质量。禁止烟煤散烧,推进集中供热,进一步加大工业污染源治理。关停取缔全区52户664孔改良型焦炉、3台3 200千伏安以下电石炉、6台100M3以下的炼铁炉。全区40户高载能企业92台矿热炉全部安装除尘设施,并投入试运行。20户机械化工艺生产企业已有9户投入施工,对12户腐植酸钠企业进行搬迁改造。2004年以来,依法否决审批建设项目中不符合环保要求项目16个,环境影响评价和“三同时”执行率均达到100%。有效控制新污染源的产生,使全区人居环境得到更大改善。

【城乡建设】 2004年,海南区城市建设投入资金约1.64亿元。完成黄河路、巴彦乌素大街等重点地段的拆迁占地面积6万平方米,新增商业、住宅楼4.53万平方米;完成10条街路8.63万平方米的道路建设改造、4.04万平方米的人行道硬化,更换、新安装路灯470盏;新增绿化覆盖面积7.4万平方米,植树4 700株,种植草坪5 000平方米;完成党政机关办公楼、财政办公楼改造工程,新建会议中心;完成人大、政协办公楼主体工程;完成城区热网改造和热源建设一期工程,新增供热面积5万平方米;铺设给排水管道7 622.5米;开工建设1.47万平方米的经济适用住房;金海商城一期工程2万平方米商业楼竣工并投入使用。公乌素境内109国道棋盘井至石嘴山段建成通车;投资约200万完成公乌素果品批发市场二期工程;投资约400万元建成公乌素镇人民广场,配套有停车场、音乐喷泉等基础设施;投资13万元修补了拉僧庙镇境内海拉公路破损路段。

2004年,投资约300万元,完成巴音陶亥乡迎河村移民扩镇工程,建成移民住宅100户、6 220.4平方米,庭院、圈舍46 752平方米,开垦平整生产用地510亩,水电架铺设到户,农用和防护林带全部完成,其中完成衬砌渠系3 600米,建造桥涵闸等水利建筑物123座,种植防护林带2 060米,植树3 750株,修建农田、村庄道路4 790米。

(孙 燕)

【科技】 2004年,用高新技术改造传统产业和农业科技。以蒙利中蒙制药厂为重点,促进中蒙药的研发和规模化生产,协助中蒙药厂搞好GMP认证工作。协助绿海公司招商引资,引进脱水蔬菜加工项目。用先进技术改造传统产业,引进重介洗煤,腐钠滚桶烘干,白灰立窑等先进技术,提高了传统工业的技术水平和经济效益。引进推广新品种,加快农业产业化进程。推广种植永良4号优良小麦4 000多亩,陕丹911优良玉米1.6万亩;引进克隆生等葡萄优良品种5个及配套实用技术,新增种植葡萄1 200亩。加大畜种改良力度和优质牧草的引进,小尾寒羊的存栏数已达2.2万只;引进高能饲料玉米40亩,种植紫花苜蓿700亩。在科技交流与项目对接方面,与中科院有关院所就粉煤灰综合利用等4项技术签定合作意向。申报了二甲醚、乙炔碳黑、低纯硅制太阳能电池等11个科技含量高、有发展前景的科技项目。加强科普宣传,发放各类资料2 300余份,举办培训班6期,培训1 100余人。

【教育】 2004年,投资1 260万元,新开工建设一完小第二教学楼。二完小和五完小合并新教学楼、公乌素小学新教学楼。有5所城镇学校以地面光纤方式接入内蒙教育和教研计算机网,9所农村学校全部用上卫星接收器,3所学校被评为自治区现代教育技术优秀学校。

是年,海南地区小学在校学生8 967人,其中政府办学在校生7 856人,企业办学在校生1 111人,毕业1 509人,毕业率100%。初中在校生4 245人,其中政府办学在校生3 641人,企业办学在校生604人,毕业1 068人,毕业率92.15%。残疾少儿入学率100%,小学辍学率为0,初中辍学率为0.17%;2004年,青壮年人口非文盲人数为56 714人,非文盲率达99.56%,巩固率保持在98.29%。共有教职工1 196人,其中政府办学教职工1 369人,企业办学教职工173人。小学教职工755人,专任教师637人;初中教职工441人,专任教师306人。

【卫生】 2004年，海南区卫生机构88所（含个体），其中县级医院1所，卫生防疫站1所，妇幼保健站1所，乡镇卫生院3所。专业卫生技术人员385人，其中执业医师142人，助理执业医师28人，注册护士101人，公卫医师15人，妇幼医师8人，执业药师7人，其他卫生技术人员84人。全区卫生机构共有病床454张。投资300万元，面积2 903平方米的疾控中心服务楼建成，投资500万元，面积5 000平方米的医院住院楼已开工建设，各级医院新添置了一批现代化医疗仪器设备，其中有CT、彩超、500MAX光机、全自动生化分析仪、呼吸机等。全区4家企业医院全部完成了股份制改造，转制后运转良好，重新焕发了活力。

（杨东颖）

【民政】 2004年，全年拨付救灾款50万元，发放救灾被褥150套、衣服100套，临时救助款3万元，及时解决受灾群众的生产和生活问题。对全区60岁以上老人一次性发优待金19.65万元。城市低保工作坚持"三公开"，将城乡一体化户籍变更后的625户、984名贫困农牧民纳入低保范围，全区享受最低生活保障的有4 155户、10 846人，发放最低生活保障金775万元。

（李建平）

阿拉善盟

【党政军领导名录】

盟　委

书　　记：陶　克（蒙古族 9月离任）

吴金亮（9月任职）

副 书 记：吴金亮（9月离任）

布小林（女 蒙古族 9月任职）

达　来（蒙古族）

杨继业（蒙古族）

张有恩

孟和吉日格勒（蒙古族 纪委书记）

常　　委：高志宏（蒙古族 12月离任 组织部长）

文　民（12月任职）

张　敏（女 满族 4月离任 政法委书记）

谭景峰（9月任职 政法委书记）

冯贵林（宣传部长）

李旦生

张宽治（9月任职）

人大工委

主　　任：陶　克（蒙古族 9月离任）

吴金亮（9月任职）

副 主 任：白占云（蒙古族）

安平生

乌　兰（女 蒙古族）

行　署

盟　　长：吴金亮（9月离任）

布小林（女 蒙古族 9月任职）

副 盟 长：蔡·铁木尔巴图（蒙古族 11月离任）

王金喜

税玉江

巴图朝鲁（蒙古族）

龚家栋

李超英

李新生

王玉宝（蒙古族 9月任职）

政　协

主　　席：苏　和（蒙古族 11月离任）

蔡·铁木尔巴图（蒙古族 11月任职）

副 主 席：王登山（回族）

其木德策仁（蒙古族）

白福易

张尼玛（蒙古族 11月离任）

陶格图（蒙古族 11月任职）

赵红岩（女 蒙古族 11月任职）

陈文斌（11月任职）

纪检委

书　　记：孟和吉日格勒（蒙古族）

政法委

书　　记：谭景峰

法　院

院　　长：张学忠（蒙古族）

检察院

检 察 长：林江涛（3月任职）

公安局

局　　长：李成仁（兼政委）

军分区

司　令　员:李旦生

政　　　委:姜玉平

副 司 令 员:李华成

　　　　　　陈维华

副　政　委:申建军

参　谋　长:张新华(蒙古族 4 月离任)

　　　　　　李德海(4 月任职)

政治部主任:李永亮

【概况】 阿拉善盟地处内蒙古自治区最西端,北纬 37°21′~42°47′,东经 97°10′~106°52′,西与甘肃省酒泉地区、张掖地区、武威地区相连,东南隔贺兰山与宁夏回族自治区青铜峡市、吴忠市、银川市、石嘴山市相望,东北与巴彦淖尔盟、乌海市接壤,北与蒙古人民共和国交界。国境线长733.48公里,总面积 27 万平方公里。1954 年,阿拉善成立专区一级的政权机构。1980 年 4 月,阿拉善盟正式成立,辖阿拉善左旗、阿拉善右旗和额济纳旗,盟府驻地阿拉善左旗巴彦浩特镇。共 39 个苏木(镇),203 个嘎查(村),总人口近 20 万,人口密度为0.74人/平方公里。

2004 年,全盟经济跨上 50 亿元的新台阶。全盟全年完成国内生产总值50.32亿元,比上年增长29%。第一、二、三产业增加值分达3.77亿元、30.30亿元和16.23亿元。按当前汇率折算人均国内生产总值约为2 713美元。三次产业结构从 2003 年的9: 54: 37,调整至8: 60: 32。物价涨幅较高,全年居民消费价格上涨价4.5%。就业人数92 102人,年末城镇登记失业率4.87%。全年财政收入58 698万元,比上年增长45.6%;财政支出107 502万元,增长28.2%。国民经济和社会发展中存在经济总量小,生态环境恶化等问题。

【农业】 全年粮食总产量85 486吨,比上年增长30.64%。种植业快速增产,全年农作物播种面积24 991公顷,油料、棉花亦有增长。年末全盟农牧业机械总动力16.77万千瓦,增长3.20%,主要生产环节的机械化程度提高。所增有效灌溉、节水灌溉、水土流失治理面积分别为1.17、1.34、2.43千公顷。

【畜牧业】 全年全盟向“六镇、八区、十大滩”转移转产牧业人口 863 户3 037人。牧业年度牲畜总头数218.51万头(只),良种及改良牲畜比重为77.4%,出栏率27.4%,肉类总产量13 597吨,羊毛、羊绒产量分别为1 032吨和 325 吨。

【林业】 全年造林8 774公顷,增长32.14%,以退耕还林还草为主的生态保护和建设取得较好成绩。

【工业】 全年实现全部工业增加值219 893万元,比上年增长50.7%,占地区国内生产总值43.7%。产品销售率达92.95%。全部国有工业企业及产品销售收入 500 万元以上工业企业实现利润总额60 299万元,增长76.62%,经济效益结合指数177.79,比上年提高37.16个百分点。全员劳动生产率89 439元/人,增长22.18%。

【交通 邮电】 全年交通运输和邮电通讯业实现增加值18 810万元,比上年增长9.0%。2004 年末,全盟有公路 66 条,公路总里程5 266公里,其中等级公路3 843公里。全盟 39 个苏木镇中 35 个通了等级公路,24 个苏木镇通了油路。2004 年共完成公路建设总投资10.42亿元。作为连接内蒙古自治区“三横九纵十二出口”公路网架的乌海—巴彦浩特一级公路,以及额肯呼都格—双泉城公路、达来呼布—策克公路、银川—巴彦浩特二级公路、吉兰泰—图克木公路相继贯通。新增公路里程 226 公里,新增黑色路面里程 401 公里,共完成油路铺装里程 638 公里。年末全盟汽车保有量41 657辆,其中私人轿车31 860辆。全年完成全社会公路客运量 341 万人,货运量 831 万吨,分别比上年增长11.07%和8.49%。全年邮电业务总量21 021万元,比上年增长35.76%,全盟电话普及率 79 部/百人,比上年增长 11 部/百人。

【环境保护】 全盟的自然保护区 10 个,总面积321.57万公顷。年内完成污染源限期治理项目 12 个,完成投资 580 万元。

【商贸】 全年全盟社会消费品零售总额108 021万元,增长18.7%,除物价因素实际增长13.59%。消费品市场繁荣,商品交易活跃。全年对外贸易进出口额2 606万美元,是上年的2.9倍,其中出口额1 592万美元,进口额1 014万美元。分别是上年的2.12倍和6.90倍。主要出口产品是金属钠、铁合金、草酸。全年利用国内资金66 270万元,是上年同期的2.6倍。策克口岸进出口总值 902 万美元,是上年的4.4倍。

【旅游】 全年接待国内外游客34.86万人(次),其中海外游客6 596人(次),创外汇收入146.61万美元。全年旅游总收入18 128万元,比上年增长6.01%。

【金融保险】 全盟金融机构各项存款397 505万元,贷款余额387 288万元。全年保费收入8 327万元,增27.78%;全年保险赔付额1 531万元,增长7.74%。

【科技】 全年科技三项经费支出 450 万元,比上年增长16.0%,列入国家科技项目 7 项、自治区 6 项、盟级 22 项。取得科技成果 3 项,授权专利 2 项,获全区科技进步奖 3 项,6 项科技成果通过盟级鉴定验收。开展科技下乡 30 余次,推广实用技术 22 项。

【教育】 全盟共有各类学校 70 所,在校生33 052人,毕业生8 154人。两基成果巩固提高,素质教育稳步推进,全年参加普通高考1 220人,本科、专科录取率77.3%,教学质量有所提高。

【文化】 广播和电视覆盖人口分别达17.68、17.61万人,有线电视用户3.3万户,图书馆 藏书12.6万册,全年出版报纸200.3万份。

【卫生】 年末全盟拥有一类卫生机构 70 所,卫生技术人员1 418人,执业医师633 人。二类卫生机构 68 所,执业医师 73 人。三类卫生机构 173 个,乡村医生 165 人。

【体育】 在校生体育达标率92% 以上。全年全社会参加体育锻炼人数 15 万人(次)。参加全区比赛共获各类奖牌 38 枚,其中金牌 5 枚。

【人民生活】 全盟总人口210 500人,人口自然增长率3.68‰。居民生活继续改善,全年城镇居民人均可支配收入7 568元,农牧民人均纯收入3 414元,分别比上年增加 913 元和 451 元。居民家庭食品消费支出占家庭消费总支出的比重,城镇28.08%,农牧区41.31%。

【招商引资】 全年阿拉善盟共引进国内(区外)资金66 270万元,完成年目标200.8%,同比增长159%,创历史最好成绩。全盟共实施招商引资项目 19 项,招商引资项目投资主要来自甘肃、宁夏、北京、上海、浙江 5 个省市。其中投资额在3 000万元以上的项目 7 项,累计到位资金59 700万元,占全盟到位资金的90%;投资额在5 000万元以上的项目 5 项,累计到位资金57 400万元,占全盟到位资金的87%。

【20 个工业重点建设项目】 2004 年,阿拉善盟委、行政公署确定实施的固定资产投资额在1 000万元以上,总投资达81.46亿元的 20 个工业重点项目进展顺利。20 个工业重点项目建成投产后,不仅为阿拉善盟 GDP 实现 6 年翻两番奠定坚实的基础,同时也将有力地拉动阿拉善盟经济的快速增长。在 20 个工业重点项目中,新建项目 12 个,总投资达68.75亿元。项目全部建成后,可新增销售收入39.36亿元,实现利润7.46亿元,上缴税金3.7亿元。续建的 8 个工业重点项目,总投资为12.17亿元,项目全部建成后,可新增长销售收入16.84亿元,实现利润2.62亿元,上缴税金1.34亿元。

【保护骆驼 抢救生态】 2004 年正式启动阿拉善双峰驼保种工程建设项目,项目总投资19 620万元。主要建设内容和预期目标:1. 加快恢复保种区草原生态,计划 5 年内退牧还草 200 万亩,封育改良退化沙化草场 300 万亩,建立以沙竹、芦苇等牧草为主的天然打草场 5 万亩。2. 加强保护区基础设施建设,计划 5 年内配套打井 40 眼;充分利用2 000万亩无水草场,更新改造棚圈 400 座,恢复、新增配套划库仑 200 处3 000亩。3. 开展骆驼选育及科研工作,5 年内建立骆驼基础群 300 群,选育示范群 50 群,选育核心群 30 群,并建成骆驼基因库,进行骆驼生物学特性和生态习性研究。4. 开发新的骆驼补饲喂养方式,缩短骆驼繁殖周期,加快周转、开展骆驼品种资源调查和种畜鉴定工作。5. 扶持驼产品加工企业,建立企业发展基金,鼓励发展农牧民经纪人队伍,推进改革骆驼产业化经营,使养驼业成为牧民增收致富的新产业。

【城镇基础建设】 从 1998 ~ 2004 年,累计投资超过 9 亿元,相继完成巴彦浩特新世纪广场、额肯呼都格中心广场、达来呼布生态示范园、巴彦浩特公园改造、生态园水体建设工程。近年,共拓宽改造和新建市政道路 20 余公里,硬化居民巷道 50 万平方米。建成水磨沟、哈拉坞等巴彦浩特供水工程及巴彦浩特水质净化厂,铺设改造给水管道 60 公里。开工建设额肯呼都格供水工程,结束阿拉善右旗人民 30 年吃咸水的历史。建成巴彦浩特、达来呼布、额肯呼都格等城镇排污管道 80 余公里;新增城镇硬化面积 100 万平方米,人均道路面积为12.08平方米,人均公共绿地面积达36.5平方米,建成区绿化覆盖率达到13.8%。

全盟住宅房地产开发竣工面积已达 22 万平方米,销售面积达 20 万平方米。其中盟本级完成投资9 986万元,竣工面积 10 万平方米,销售面积9.8万平方米。全盟住房公积金归集达15 546.37万元,平均归集率达72%,共发放贷款13 945.19万元,使3 557户职工的购房需求得以满足。

【农牧民扶贫脱困】 至2004 年,阿拉善盟共投入5 589万元,实施 8 项农牧民扶贫项目,使4 087人解决温饱问题,返贫率控制在10% 以内。“千村扶贫开发工程”累计投入扶贫资金 940 万元,完成对 47 个重点贫困嘎查村的扶持。农牧业产业化扶贫累计资金2 912万元,建成标准棚圈 686 座,青贮窖 725 座,引进小尾寒羊、无角道赛特、萨福克、美利奴等优质种畜产品2 200头(只),并帮助 15 个贫困嘎查建立标准化种羊繁育基地和龙头加工企业。使全盟农区牲畜饲养量达到 63 万头(只),带动农牧民增收。易地扶贫搬迁试点工程成为亮点。开工建设移民新村 15 处,共建住房1 235户5.97万平方米,牲畜棚圈 160 座8 000平方米,蔬菜温棚233 座 187 亩,青贮窖 60 座2 880立方米,开发耕地8 200亩,围封天然梭梭林 16 万亩,安装风光互补照明系统

52套。第三期扶贫开发移民扩镇项目稳步推进。全盟投入753万元,将地处腾格里沙漠腹地的嘉尔嘎勒赛汉等苏木的贫困嘎查100户382人搬迁到孪井滩生态移民示范区,共建成蔬菜温棚87座。科技扶贫和劳动力转移培训是阿拉善盟扶贫工作的重点。全盟共投入3万元,先后聘请科技人员,到示范区进行科技承包,受到农牧民普遍欢迎。同时投入80万元,重点将原来从事农牧业的人口转移到非农业上来,已完成转移引导培训和就业技能培训1.39万人次,推荐就业1 783人。积极动员社会力量参与扶贫。全盟各地继续落实社会扶贫责任制,共有2 280名干部、332个单位参加包扶工作。帮扶单位共直接投资达704万元,捐款捐物折合人民币70万元,帮助嘎查协调项目93个,结对包扶1 563户。

【利民工程】 2月18日,日本国利民工程无偿援助项目落户阿拉善左旗巴润别立镇。项目总投资107万元,其中日方投资67万元。建成后将辐射周边10万亩沙化土地,对遏制沙漠化向东推移发挥重要作用。

4月8日,阿拉善盟招商引资最大的单项项目;嘉峪关—策克专用铁路奠基。总投资为19.2亿元。

【阿盟完成生态环境现状"3S"】 5月11日,阿拉善盟完成生态环境现状"3S"(即地理信息系统、全球定位系统和遥感技术)。这标志着阿拉善盟生态环境监测工作步入全区乃至全国前列。该成果填补阿拉善盟生态监测领域的空白,是阿拉善盟首次应用现代高科技手段实施大范围生态监测。

【阿盟投资最大的工业项目】 11月20日,阿拉善盟迄今投资最大的工业项目—额济纳旗(庆化)硅电一体化建设项目启动。项目共需投入资金30多亿元。

2004年度先进集体 模范人物名录

姓　名	性别	民族	奖　项	工作单位
马建勋	男	汉	全国国防后备力量建设新闻人物	额济纳旗党委
苏布德	女	蒙古	全国"三八绿色奖章"	额济纳旗苏泊淖尔苏木
金睦仁	男	蒙古	全国检察系统枪支管理工作先进个人	阿拉善盟检察分院
赵玉山	男	汉	全国森林防火先进个人	阿拉善盟贺兰山国家级自然保护区
曹海琴	女	汉	第四届全国"五好文明家庭"	阿拉善日报社
哈斯格日勒	女	蒙古	全国优秀婚姻登记员	阿拉善右旗民政局
赵玉珍	女	汉	全国"双学双比"活动女能手	阿拉善左旗嘉尔嘎勒赛汉镇
韩青春	女	汉	全国文明家庭先进个人	吉兰泰碱业公司
杨继业	男	蒙古	全区荣誉工会积极分子	阿拉善盟委
蔡·铁木尔巴图	男	蒙古	全区关心下一代事业荣誉奖	阿拉善盟行政公署
巴图布音	男	蒙古	全区优秀工会工作者	阿拉善盟工会
曹秀兰	女	蒙古	全区优秀工会工作者	太西煤集团股份有限公司
徐宪国	男	汉	全区优秀工会积极分子	雅布赖盐化有限责任公司
肖安文	男	汉	全区优秀工会积极分子	阿拉善盟公路管理局
赵　英	女	汉	全区优秀工会积极分子	阿拉善左旗巴彦浩特镇
王爱民	男	汉	首届内蒙古西部开放突出贡献奖	阿拉善盟家畜改良站

(李文志　阿拉腾其其格)

阿拉善左旗

【领导名录】

旗委书记:张宽治

副 书 记:魏国权(蒙古族)

王秀琴(女)

田德志

闫克强(8月离任)

魏巴依尔(蒙古族)

人大主任:姚兴朴(蒙古族)

副 主 任:孟和朝鲁(蒙古族)

包金花(女 蒙古族)

甘学云(2月任职)
旗　　长:魏国权(蒙古族)
副 旗 长:汪建平
王玉杰(2月任职)
张志中(蒙古族)
高世宏
孔德荣
阿拉腾敖其尔(蒙古族)
戈　明(蒙古族)
常生德
魏巧灵(女)
政协主席:哈斯巴托(蒙古族)
副 主 席:巴　图(蒙古族)
徐景春
尤永海(回族 2月任职)
娜仁高娃(女 蒙古族 2月任职)
武装部长:柴润贵
政　　委:史　宏

【概况】 阿拉善左旗位于内蒙古自治区阿拉善盟东部、贺兰山西麓,地理坐标为北纬 37°24′~41°52′,东经 103°21′~106°51′之间,东北与乌拉特后旗、磴口县相连;东与内蒙古自治区乌海市、鄂尔多斯市鄂托克旗毗邻;东南与宁夏回族自治区的石嘴山市、平罗县、银川市、永宁县、青铜峡市交界;南与宁夏回族自治区中卫县、中宁县,甘肃省景泰县、古浪县相望;西与甘肃省武威市、民勤县以及阿拉善右旗为邻;北与蒙古国接壤,国境线长188.28公里。全旗南北长495公里,东西宽214公里,土地面积80 412平方公里,人口141 602人,辖23个苏木(镇)。

2004年,全旗实现生产总值35.2亿元,可比增长25.8%,增速连续六年高于全区水平。其中第一产业增加值26 318万元,可比增长6.80%;第二产业增加值240 911万元,可比增长35.90%;第三产业增加值84 782万元,可比增长10.90%;一、二、三产业比例达8: 68: 24。全年财政收入24 182万元,增长50.88%,其中地方财政收入14 724万元,财政支出43 501万元,增长40.71%。

【农业】 2004年,国家实行减免农业税等一系列扶持粮食生产的政策,全旗粮食生产出现恢复性的增加。农作物总播面积294 694亩,增加70 982亩,增长31.7%。其中:粮食播种面积15.16万亩,经济作物播种面积13.13万亩,饲草料种植面积1.18万亩。粮、经、草种植结构由上年的54.5: 39.9: 5.6调整为51.4: 44.6: 4.0。粮食总产量7 625万公斤,增加1 856万公斤,增长32.2%;油料总产量1 951万公斤,增长76.52%;蔬菜总产量1 323万公斤,增长16.93%。

6月末,牲畜总头数165.8万头(只),增加20.49万头(只),增长14.11%。其中:骆驼存栏3.79万峰,增长24.%。牲畜出栏46.09万头(只),下降3.31%,牲畜出栏率达42.35%。全年肉类总产量8 020吨,下降5.13%;山羊绒产量251吨,增长7.26%。

【牧业】 年末全旗农牧业机械总动力14.9万千瓦,增长1.36%。着力培育温棚种植业、高效养殖业、特色沙产业等优势产业。建成日光温室570座,工厂化养羊基地4处,舍饲养羊规模达51万只,奶牛养殖近千头,农牧业产业化进程进一步加快。

实施退牧还草、天然林保护等生态建设项目,完成飞播造林7.5万亩、退牧草场170万亩、围栏封育7万亩,围建五配套畜群草库伦100处。新建水源工程135处,修建黄河防洪堤10.3公里。

【工业 建筑】 工业总产值完成341 661万元,工业经济效益综合指数157.93,比上年提高34.01个百分点。工业增加值174 440万元,增长36.2%,工业增加值占全旗生产总值的49.56%。工业对财政的贡献率达到70%,较上年提高10个百分点。拉动经济效益提升的因素是:总资产贡献率、资本保值增值率、流动资产周转率、成本费用率和全员劳动生产率五项指标。重工业起主导作用,全旗独立核算工业总产值中,重工业产值达95.4%,重工业产值及产量大幅度提高。新建古拉本太西煤加工基地,宗别立芒乃冶金、煤化工基地,工业园区聚集效应进一步增强。投资13.5亿元,实施巴润别立7万千瓦风力发电、泰升公司30万吨生铁冶炼等41个新建、续建、技改项目,产业链进一步延伸,附加值不断提高。煤炭、化工、有色金属行业经济效益明显。原煤完成6 450 758吨,增长21.32%;发电量完成3 897万千瓦小时;焦炭完成514 203吨,增长467.8%;纯碱完成315 246吨,增长34.3%;水泥完成312 944吨,增长46.2%;铁合金完成99 313吨,增长62.75%;铁金粉完成89 800吨,增长128.60%。

全年建筑业增加值66 471万元,增长34.93%,对全旗经济增长的贡献率为24.61%。

【固定资产投资】 全旗固定资产投资累计完成328 551万元,增长61.94%。其中:基本建设投资完成269 724万元,更新改造投资完成52 120万元,其它投资完成270万元。房地产投资完成3 813万元,私人建房投资完成2 624万元。

【国内贸易及对外经济】 完成社会消费品零售总额81 588万元,增长16.08%。其中:批发零售业完成72 084万元;餐饮业完成6 768万元;其它行业完成2 736万元。

开始设立乌力吉中蒙通商口岸申报工作,与蒙古国南戈壁省在矿产资源开发、旅游等领域签订合作协议。成立阿拉善SEE生态协会,同时达成向阿拉善左旗无偿投资1亿元生态建设资金意向。全旗实施内联项目23个,引进区外资金5.6亿元,完成目标的112.8%,增长87.2%。对外贸易出口额489万美元,是上年的4.7倍。

【基础设施建设】 完成乌巴、银巴等公路建设。全年完成货运周转量52 502万吨公里;客运周转量23 831万人公里。实施乌斯太至巴彦浩特等输变电项目。重点实施巴彦浩特生态园体育场续建及周边环境整治、污水处理厂续建、南出口改造、房地产开发等工程。完成城镇绿化9.6万平方米,改造市政道路7.5万平方米。全旗城镇建设投资达到2.83亿元。

【旅游业】 投资3 560万元,实施福音寺、广宗寺、月亮湖、通湖旅游区重点建设工程,启动"牧家游"特色旅游项目。全年接待游客26.2万人次,旅游业经营收入达到3 407万元,增长9.1%。

【科技】 年末编入全旗人才库中级以上技术人员174人,投入科技三项经费75万元。储备大中专毕业生380名。

【教育】 成立阿拉善左旗高级中学和青少年活动中心,实施中小学课程改革试验,9 218名农牧区学生享受"两免一补"政策。全旗共有各级各类学校41所,在校生22 794人。其中:普通初中在校生10 965人,小学在校生9 469人,职业中学在校生741人。小学在校生辍学率为零,初中在校生辍学率0.55%;小学适龄入学率为99.98%,初中适龄入学率为97.3%。

全旗拥有文化机构31个,其中:乌兰木旗1个,文化馆1个,图书馆2个,文化站23个,电影录像管理站1个,博物馆1个,歌舞团1个,群众艺术馆1个。举办了"嘉陵杯"全国越野摩托车锦标赛等各类体育比赛及体育活动。举行大型体育活动4次,基层体育活动138次,各类体育活动150次。

【卫生】 推行新型农牧区合作医疗制度,30 058名农牧名参加合作医疗,参合率达70.89%,农牧民大病医疗得到基本保障。年末拥有卫生机构46个,拥有床位576张,卫生技术人员1 034人。

【人口】 全年人口自然增长数为657人,人口自然增长率为4.42‰。年末全旗总人口为141 602人,其中:非农业人口87 678人,占总人口的61.92%。少数民族46 269人,其中:蒙古族37 165人,占总人口的26.25%。

【人民生活 社会保障】 农牧区最低生活保证金由每人每年700元提高到1 000元,城镇居民最低生活保障金由每人每月120元提高到135元。2 023户3 733人城镇贫困人员和558户1 645人农牧区贫困人员被纳入低保范围,共发放城乡居民最低保障金552.8万元,实现应保尽保。拥有福利院1所,敬老院1所,救助站1所,发放救灾款141.8万元,救济粮17万公斤,社会救济工作继续加强。落实粮食直补及农业税减免政策,农牧民人均政策性增收180元。新增工益性岗位600个,2 600名下岗失业人员和农牧区富余劳动力实现就业和再就业。城镇登记失业率为4.78%,失业人员再就业率为73%。全年累计为7 599.07元,增长29.62%。全年城镇居民人均可支配收入为7 527元,增长13.1%。农牧民人均纯收入达3 126元,增长10.09%。

【乌斯太经济技术开发区】 开发区共入驻企业71户,排全区第9位;工业总产值13.27亿元,排全区第12位;产品销售收入12.13亿元,排全区第12位;工业增加值6.69亿元,排全区第10位;利润总额1.53亿元,排全区第11位;上缴税金7 027万元,排全区第12位;招商引资24.7亿元,排全区第10位。

(孙振翩)

阿拉善右旗

【领导名录】

旗委书记:查斯太(蒙古族)
副 书 记:吴忠岩
郭秀兰(女)
王殿英
花照海(蒙古族)
铁木尔布和(蒙古族)
人大主任:阿拉腾敖其尔(蒙古族)
副 主 任:徐永智
孟和巴图(蒙古族)
斯琴别立格(蒙古族)
乌仁高娃(女 蒙古族)
旗 长:吴忠岩
副 旗 长:王殿英
毕 克(蒙古族)
王雅生
革 命(蒙古族)
陈秀芳(女)
政协主席:张勉仁

副 主 席:王国定

达力朝(女 蒙古族)

旦 增(蒙古族)

高志强

武装部长:焦运岭

政 委:孙向阳

【概况】 阿拉善右旗位于内蒙古自治区西部,龙首山与合黎山北麓。地理坐标北纬38°38′~42°02′,东经99°44′~104°38′。全旗东西长415千米,南北宽375千米,总面积73 443平方公里。2004年底,辖9个苏木镇、1个管委会。全旗总人口24 071人,其中女性11 770人,少数民族7 468人,非农业人口14 742人,分别占总人口的48.9%、32.1%和61.2%。

2004年,全旗国内生产总值达5.5亿元,同比增长33.2%。其中第一产业增加值7 863万元、第二产业增加值35 629万元、第三产业增加值11 520万元,同比分别增长7.0%、56.1%和9.5%,三次产业结构由2003年的21.9:47:31.1调整为14.3:64.8:20.9。全旗财政总收入5 370万元,同比增长53.1%;财政总支出17 376万元,同比增长37.8%。全旗城镇居民人均可支配收入7 715元,农牧民人均纯收入3 626元,同比分别增长14%和18.7%,是改革开放以来增速最快的一年。全旗社会消费品零售总额11 580万元,同比增长15.91%。居民消费价格指数104.2%,同比上涨两个百分点。

【农业】 2004年,全旗农作物播种面积3.8万亩,同比增长9.1%。其中粮料作物1.6万亩,总产量7 886吨;饲草作物1.6万亩,青贮玉米1.6万吨。

【畜牧】 2004年,全年农牧业经济总收入4 815万元,同比增长14.7%。全旗各类牲畜存栏21.6万头(只),其中骆驼1.5万峰,白绒山羊15.4万只,能繁殖母畜13.2万头(只),全年出栏各类牲畜18.2万头(只),日历年度出栏率84.2%,商品率154%。

【工业】 2004年,全旗累积完成现价工业总产值4.76亿元,完成增加值2.61亿元,同比分别增长92.8%和5.5%。经济效益综合指数149.03,同比增加31.62。全年生产铁精粉26.5万吨、原煤50.1万吨、硫化碱2.2万吨、原盐37.3万吨、硅铁2 340吨、硫化黑1 766吨。随着工业企业的不断扩展,全年售电6 527万千瓦时,同比年增长102.5%。

【林业】 完成退耕还林400亩,荒山荒地造林1万亩。重新界定全旗公益林面积1 441万亩,其中国家重点公益林面积787.9万亩,占公益林面积的54.7%。其中灌木林地412.9万亩、灌丛地370.2万亩。

【基础设施建设】 2004年,全旗共完成固定资产投资3.45亿元,同比增长100.2%。其中国有基建投资2.1亿元,工业投资1.0亿元,同比分别增长115.3%和141.5%。退牧还草工程完成禁牧和划区轮牧围栏建设243.3万亩;巴音诺尔公至雅布赖220千伏和雅布赖至额镇110千伏输变电工程并网运行;额双公路(额镇至甘肃省金塔县双城)竣工通车;民左公路孟根图至曼德拉砾石公路和中泉子出口公路铺油工程完工;完成额镇主要街道道路改造、排污管网及配套工程、集中供热一期等工程;完成沙林呼都格节水灌溉工程及人畜饮水工程;内蒙古太西煤集团铁合金一期工程完工并投产;雅布赖染料公司硫化黑二期工程完工并投产;内蒙古太西煤集团长山坑口发电厂开工;旗一完小综合教学楼、青少年校外活动中心等楼竣工。

【交通 电信】 2004年,交通运输、邮电、电信业完成增加值2 088万元,同比增长14.1%。电信业务收入1 215万元。全旗固定电话4 593部,手机用户7 299部,小灵通4 050部,互联网用户605户。金融机构各项存贷款余额达4.25亿元和2.9亿元,同比分别增长26.6%和49.9%。

【社会各项事业】 阿拉善右旗积极推广白绒山羊增绒、肉苁蓉人工栽培、玉米青贮、优良牧草种植、农业节水灌溉、舍饲养殖等先进实用技术。素质教育稳步推进,民族教育优先发展的各项政策措施得到落实。率先在全盟实施地方政府教师津贴等5项优惠政策。建立扶困助学基金,加大对残疾儿童的救助。新型农牧区合作医疗试点工程进展顺利,有535名农牧民参加合作医疗。人口自然增长率3.24‰。群众性体育活动丰富多彩,成功举办额镇首届那达慕大会。土地管理、统计、民族宗教、新闻宣传、档案史志、文物保护等事业取得新成绩。

【人才储备】 阿拉善右旗党委,政府制定人才储备战略,提出《关于建立人才储备推进人才资源开发的意见》,并出台《阿拉善右旗人才储备实施办法(试行)》。2004年起,旗财政安排人才储备金100万元以上,由人才储备服务中心统一管理使用,专款专用。凡被人才储备服务中心指派到国家机关,事业单位工作的本科、大专、中专及技校毕业生每人每月分别发450元、350元和300元;到企业工作的本科、大专、中专及技校毕业每人每月分别发480元、450元和430元。用人单位可根据情况给予储备人才适当的酬劳补贴。2004年底,全旗人才储备中心登记在册大中专毕业生482人,有124人带薪储备到用人单位。

【教师津贴】 2004年9月10日,旗党委、政府召开庆祝教师节暨表彰大会,大会表彰64位优秀班主任、教师、教育工作者。同时,制定一系列尊师重教的优惠政策,一是实行教师岗位评聘分开,按旗编委办核定的岗位聘用教师,兑现技术职务工资;二是提高班主任津贴,小学、幼儿园由每月18元提高到40元,初中由每月21元提高到50元,高中由每月21元提高到60元;三是实行旗人民政府津贴制度,凡在阿拉善右旗教学岗位工作满20年以上的教师给予100元的特殊津贴,25年以上的教师退休时将津贴计入退休费总数;四是每年为教师免费进行一次身体检查;五是住房贷款多一点,贴息多一点;六是教师培训经费纳入财政预算。

【农牧区养老保险】 2004年3月,阿拉善右旗制定出台了《阿拉善右旗退牧还草试点工程实施办法(试行)》、《阿拉善右旗退牧还草牧民养老保险实施办法(试行)》等7个文件。牧民养老保险采取一次性投保,以政策补助为主,个人缴纳为辅的办法筹集资金。凡55周岁以上符合参保条件的牧民,一次性政策补助养老保险费6.5万元;72岁以下参保牧民每小一周岁,个人缴费比例递增1个百分点;73周岁以上牧民养老保险费全部由政策补助。参保牧民按月领取基本养老金,并享受低保待遇。2004年,全旗有184户292人,办理了养老保险。

【城镇建设】 2004年,额肯呼都格镇完成道路改造9.1千米,投资2 309万元;铺设排污管道14.3千米,修建氧化塘1处,排污检查井187个,绿化检查井65个,投资668万元;电力、电讯、有线电视线路及路灯改造工程,改造路线5.8千米,安装路灯208盏,投资588万元;集中供热一期工程完工,投资500万元。

【输电工程】 2003年11月5日,蒙西电网巴彦诺日公至雅布赖220kv输变电工程和雅布赖至额肯呼都格110kv输变电工程开工建设。2004年6月30日,接入蒙西电网并通电运行,值此,阿拉善右旗结束了靠外省供电和没有高压电等级的历史。雅布赖至额肯呼都格镇110千伏输变电工程全长104千米,总投资3 522万元。

(马西巴图 李守荣 王秀梅)

额济纳旗

【领导名录】

旗委书记:马建勋
副 书 记:乔金加布(蒙古族)
　　霍幸福
　　才巴特尔(蒙古族)
　　娜仁其其格(女 蒙古族)
人大主任:帕拉木(蒙古族)
副 主 任:李常辉
　　阿拉腾其木格(女 蒙古族)
　　巴特尔(蒙古族)
　　其日麦拉图(蒙古族)
旗　　长:乔金加布(蒙古族)
副 旗 长:弓超美
　　邓吉友
　　双　喜(蒙古族)
　　阿拉腾其其格(女 蒙古族)
　　邱军玉(科技副旗长)
政协主席:永　红(蒙古族)
副 主 席:吕生国
　　迪迪玛(女 蒙古族)
　　李治国
　　乃日木图(蒙古族)
武装部长:赵凤一(2月任职)
政　　委:邵世轩

【概况】 额济纳旗位于内蒙古自治区最西端。地理坐标为北纬39°52′20″~42°47′20″,东经97°10′23″~103°7′15″。东连阿拉善右旗,南与甘肃省金塔县、玉门市为邻,西接甘肃省肃北蒙古族自治县,北与蒙古国接壤,边境线长500.78公里。全旗地域辽阔,东西长约480公里,南北宽约380公里,总面积11.46万平方公里。全旗辖7个苏木、镇,25个嘎查、5个居委会,1个国营农场,旗政府所在地达来呼布镇。总人口16 874人,2004年全旗出生人数112人,人口出生率7.31‰,比上年同期增长0.06个千分点;计划生育率99.11%。人口自然增长率在2.94‰,同比减少0.42个千分点。

2004年,全旗完成生产总值59 727万元,同比增长94.8%。其中第一产业增加值5 069万元,同比增长7.6%;第二产业增加值35 111万元,同比增长93.5%;第三产业增加值19 547万元,同比增长64.1%。全社会固定资产投资达82 263万元,同比增长367.3%,是近年投资规模最大,增速最快的一年。财政收入完成6 058万元,同比增长100.6%,其中地方财政收入3 765万元,同比增长129.4%;金融机构各项存款余额32 261万元,同比增长32.14%,各项贷款余额18 087万元,同比增长110.7%;全旗社会消费品零售额达16 831万元,同比增长56.88%;城乡居民人均可支配收入达7 747.3元,同比增长14%;农牧民人均收入达3 857元,同比增长15.2%。2004年额济纳旗跨入全国县域经济提升速度最快的百县(市)行列。

【农业】 全旗农作物播种总面积达4.18万亩。其中:棉花2.18

万亩，密瓜、籽瓜0.76万亩，饲草料1.2万亩。

【工业】 全旗完成现价工业总产值41 005万元，同比增长135.9%；工业增加值21 653万元，同比增长77.3%；工业经济效益综合指数达285.1，同比增长122.1%。工业主要产品产量：原煤15.8万吨，铁矿石117.8万吨，生铁0.65万吨，萤石块矿11.0万吨，供电量996.5万千瓦小时，皮棉1 692吨。对外贸易进出口总额7 914万元，同比增长52.4%，工业经济对财政的贡献率达到78%。

【牧业】 2004年12月末，全旗牲畜存栏数8.5万头（只），同比下降22%，其中：骆驼1.26万峰，同比下降7.2%，出栏牲畜6.4万头（只），出栏率达到59%，同比增加17.1个百分点。草原建设规模达180万亩，新建和改善饲草料地3万亩，全旗舍饲、半舍饲能力达到5万头（只）。加大牲畜疾病防治力度，牲畜五号病强制免疫率达到100%，确保畜牧业的健康发展。

【交通】 2004年完成策克油路续建工程，投资81.85万元完成四个嘎查通路工程。完成东风航天城至14号基地（双城）公路建设项目、策克国际客运运输站建设项目、临哈铁路建设项目前期工作。其中临河至哈密线路中临河至策克段铁路建设2005年启动。全年公路货运量完成269.65万吨，同比增长145.1%；公路货运周转量完成47 850万吨/公里，同比增长224.6%；公路客运量完成25万人（次），同比增长4.16%；公路客运周转量完成4 609万人/公里，同比增长4.53%；铁路货运量完成12.33万吨，同比增长25.8%；铁路货运周转量完成1 282万吨/公里，同比增长25.8%。

【基础建设】 嘉峪关—策克（酒钢专用）铁路、策克—乌素图运煤专线开工建设、临哈铁路东段（临河至策克）、策克—纳林苏海图煤田铁路、硅电一体化、口岸至纳林苏海图煤田35千伏输变电路、达来呼布镇—东风绕城公路项目前期工作进展顺利。投入资金4 548.2万元，完成18个城建项目，人居环境得到优化。

【对外开放】 策克口岸正式升级为双边常年开放口岸。2004年，策克口岸开关4次，过货总量达156万吨，其中进口原煤154.7万吨，进出口贸易总额达1.7亿元。纳林苏海图煤田的成功开发、口岸的升级，带动一大批项目的立项或实施，全年共引进国内资金3.77亿元，国外资金63万美元。

【旅游】 组建成立金胡杨旅行社，开通额济纳文化旅游网站，开发"牧家乐"、"胡杨人家"等旅游项目。成功举办第五届金秋胡杨生态旅游节，其规模再次提升，被列为自治区三大节庆活动之一，纳入"中国百姓生活游"系列。制作《额济纳旗旅游景区（点）示意图》。全年接待国内外旅客15.3万人（次），其中国外旅客1.66万人（次），旅游综合收入达3 998万元。

【劳动 社保】 城镇登记失业率4.9%，全年城镇新就业372人，实现就业人数的80.9%。兑现下岗失业人员小额担保贷款143万元。劳动监察用人单位190户，涉及劳动者6 980人，补签劳动合同201人。受理各类劳动监察和劳动争议仲裁案件25起，均全部结案，为劳动者追回工资23.2万元。年内共调整低保对象7次，发放低保金44.5万元。

【生态治理】 投资4.9亿元的黑河一期工程基本完成，黑河成功实现分水，东居延海全年累计进水5 220万平方米，水域面积达35.7平方公里，达到历史最高水平1958年的35.5平方公里。春夏两季灌溉绿洲45万亩，使绿洲沿河草场植被覆盖度从2002年的33%上升到2004年的50%以上。共围封草场110万亩，胡杨林31万亩，完成退耕还林1.5万亩，重点防护林500亩，生态移民334户1 011人。

【科技】 推广棉花丰产栽培技术2.18万亩，新建以沼气池为纽带的"三位一体"系统新能源项目30处，《人工种植管花肉苁蓉试验项目》被列为阿拉善盟2004年科研项目。

【教育】 2004年，加大教育投入，改善办学条件，积极开展师资培训，组织新课程改革教学观摩活动，教学质量得到提高。全旗小学生适龄入学率达到100%，初中生入学率达110.5%，中小学辍学率分别为0和0.43%以内，15周岁、17周岁学业完成率分别为99.1%和96.4%。全旗专任教师学历合格率达100%。

【文化】 2004制定《额济纳旗民族文化大旗建设纲要》，投入100万元创作富有浓郁地方特色的文艺作品《土尔扈特婚礼》，成功举办2004·中国·额济纳国际金秋胡杨生态旅游节，先后举办个人书法、书画展和《天路行舟》摄影展。组织25场广场文艺活动，抢救录制整理额济纳土尔扈特长调民歌1 098首，短调民歌（包括阿拉善、肃北民歌）307首，全年累计放映电影300场，观众达9万人次。开通了7个苏木25嘎查的多路微波电视，用户达628户。

【卫生】 全旗现有医疗卫生机构18个，床位155张，卫生技术人员162人。2004年深化卫生体制改革，完成额济纳旗医药公司转制，实现民有民营，开工建设中蒙医院甘露药浴中心和农牧民健康工程，组织实施农牧业新型合作医疗试点工作，全旗有2个苏木卫生院达到区级农牧区卫生院建设标准。

【落实中央"1号文件"】 旗委、政府高度关注民生问题，2004年由旗财政代缴农牧业税，农牧业人均减负30元，为农牧民发放种粮补贴款10.7万元，补贴购置大型农机具4台（套）。落实退牧还草、退耕还林政策，共发放补助饲料粮231万公斤，现金7.5万元。

【对外宣传】 制作完成并在内蒙古电视台播出7集系列专题片《走进额济纳》,邀请区内外媒体对胡杨节、嘉策铁路和策克口岸贸易区开工庆典活动进行宣传报道。全年分别在国家级、省级、盟级新闻媒体刊播稿件62条、190条和1 010篇(条),进一步提高额济纳的知名度,额济纳旗宣传文化中心被列为中央文明办资助建设项目。

【文物保护】 认真贯彻"保护为主、抢救第一"的原则和合理开放利用的方针。全年对各文物遗址巡查20次,对馆藏380条文物进行登记、描述,积极协助内蒙古考古研究所、阿拉善盟博物馆对红庙遗址进行挖掘和清理工作。协助自治区"文物鉴定专家组"对馆藏文物进行鉴定,有7类40余件藏品被专家认定为国家三级以上文物。基本完成"居延遗址、黑城遗址"四有档案工作。不断加强对黑城、展览馆、塔王府等景点的管理。全年共接待旅客1万余人次,同比增长233.3%,文物保护事业收入达5万元,同比增长52.5%。

【嘉峪关—策克铁路建设】 嘉峪关—策克铁路南起甘肃省酒纲集团公司厂内铁路嘉峪关北站,北低内蒙古阿拉善盟额济纳旗策克口岸,线路全长457.545公里,其中甘肃境内86公里,内蒙古额济纳旗境内371.545公里。工程预计投资总额为19.2亿元,其中甘肃境内约5.5亿元,内蒙古境内约13.7亿元,技术经济指标392.49万元/正线公里。嘉策铁路为单线,计划2004年5月开工至2005年5月竣工。根据《工业企业标准轨距铁路设计规范》,确定铁路为工企Ⅰ级,投入运营后近期输送能力可达480万吨,远期输送能力可达800万吨以上。2004年1月9日,自治区发展与改革委员会对《策克至芨芨泉铁路工程项目建设书》进行批复,按照统筹规划、分期实施的原则,一期工程为策克至建国营段,线路全长98公里,总投资约3.65亿元。酒纲集团公司组建额济纳中兴铁路有限责任公司。4月8日,在额济纳旗策克口岸隆重举行嘉峪关至策克(酒纲)专用铁路开工仪式。为使铁路建设顺利进行,阿拉善盟行署与酒纲集团公司签定《嘉峪关至额济纳旗策克口岸中蒙边境铁路修建协议书》,成立嘉峪关至策克口岸铁路建设双方领导小组,额济纳旗成立铁路建设协调办公室。

【生态修复项目通过自治区验收】 额济纳旗"黑河水土保持生态修复试点项目"从2002年开始实施,总投资60万元,实施治理面积为32.08平方公里,建设期限为三年。项目区植被平均覆盖度和产草量指标逐年提高。2002年项目区植被平均覆盖度为33.23%,产草量为25.09公斤/亩;2003年平均覆盖度为43%,产草量为68.78公斤/亩;2004年平均覆盖度为51.57%,产草量达187.46公斤/亩。随着植被覆盖度的增加,保持水土能力显著增强,每年减少土壤侵蚀量7.73万吨,风沙霜冻等灾害天气数减少,农牧民经济效益明显。9月3日经自治区水利厅水土保持验收组实地检查,顺利通过验收。

【存在问题】 城乡居民收入与生产总值和财政收入快速增长相比还比较慢;资源勘查开发利用程度与全旗具有的潜在资源优势相比还较低;干部队伍的素质、能力、工作水平与经济快速发展的形势和要求还很不适应;劳动者的素质和技能不高、就业能力弱、培训工作滞后,与全旗工业经济快速发展出现的技术性劳动力的需求相比差距还很大;社会事业欠帐过多,与盟内兄弟旗县相比,在许多方面尤其是城建、移民搬迁、人才政策等方面的工作创新和落实还不够。

2004年度额济纳旗获国家、自治区级先进模范名录

姓名	民族	奖项	获奖时间	工作单位
成　刚	汉族	国家级优秀教师	2004年9月	额济纳旗中学
李润亮	汉族	全区人民调解工作先进个人	2004年2月	额济纳旗人民法院
刘秀敏	汉族	全区司法行政系统"十佳"公务员	2004年2月	额济纳旗司法局
青格勒图	蒙古族	自治区"十佳"辅导员	2004年2月	额济纳旗春雷小学
其格础海	蒙古族	全区第二届十佳春雷园丁	2004年	额济纳旗春雷小学
王长青	汉族	全区公安边防部队优秀共产党员	2004年7月	算井子派出所
乌力吉额木和	蒙古族	全区公安边防部队优秀共青团员	2004年5月	额济纳旗边防大队
王长青	汉族	全区公安边防部队优秀警官	2004年10月	算井子派出所
刘　钧	汉族	全区公安机关纪检督察先进个人	2004年	额济纳旗公安局
向国平	汉族	自治区妇幼工作先进个人	2004年6月	额济纳旗妇幼保健所
孟　根	蒙古族	自治区先进婚姻登记员	2004年	额济纳旗达来呼布镇
侯　涛	汉族	全区优秀共青团员	2004年7月	额济纳旗国税局

(徐青云)

大 事 记

1 月

1日　自治区党委书记储波，自治区代主席杨晶在《内蒙古日报》发表新年贺辞。

☆　自治区党委书记储波在自治区党委常委、党委秘书长任亚平，自治区党委常委、政法委书记胡忠，自治区党委常委、呼市市委书记牛玉儒，自治区副主席连辑的陪同下，深入呼和浩特火车站和呼市公安局交通警察支队交通指挥中心了解铁路运营情况和交通指挥系统运行情况，慰问坚守岗位的干部职工。

1～4日　中国科学院黑河水资源调查组张继焦教授一行到阿拉善盟额济纳旗就地区的水资源现状、水污染情况、农牧业生产给水资源带来的影响、水资源对促进地方经济的发展所起的作用等情况进行调研。

2日　自治区党委副书记陈光林主持召开自治区维护稳定领导小组会议，研究部署2004年全区维护社会稳定工作和做好春节及全区、全国"两会"期间维护稳定工作。自治区党委常委、政法委书记胡忠、自治区副主席连辑出席。

☆　内蒙古广播电视卫星地球站备份发信系统改造工程开通，自治区党委常委、宣传部长张国民和自治区广电局领导为工程剪彩。

☆　呼和浩特市财政局2003年度总结表彰大会召开。2003年呼市的国民经济继续保持快速健康发展的良好势头。全年国内生产总值可实现406.1亿元，增长24.9%，增速在全国27个省会城市中位居第一；全市财政收入突破40亿元；城市居民人均可支配收入达到8 230元，增长17.6%；农民人均纯收入达到3 160元，增长12%。

3～9日　由中宣部副部长雒树刚率领的中央督查组一行6人，在呼和浩特市、包头市督查指导工作，自治区党委副书记陈光林，自治区党委常委、宣传部长张国民陪同。4日，自治区党委书记储波主持召开汇报会，自治区代主席杨晶、自治区党委副书记陈光林分别就解决全区人民群众切身利益问题和深入学习贯彻"三个代表"重要思想情况做汇报。9日，中央督查组与自治区领导就督查情况交换意见，储波主持会议，自治区党委副书记杨利民、巴特尔，自治区党委常委、党委秘书长任亚平，自治区党委常委、宣传部长张国民，自治区副主席雷·额尔德尼、郭子明等出席汇报会。

4～5日　全区宣传思想工作会议在呼和浩特召开，自治区党委书记储波出席会议并作重要讲话，自治区党委副书记陈光林作报告，自治区代主席杨晶，自治区党委副书记杨利民，自治区党委常委、党委秘书长任亚平，自治区副主席连辑等出席会议，自治区党委常委、宣传部长张国民作工作部署。会议强调，要求真务实，开拓创新，做好新形势下的宣传思想工作。

5日　自治区卫生厅修订完善《内蒙古自治区SARS预防控制应急预案》，制定下发《2004～2005年冬春季内蒙古自治区传染性非典型肺炎及流感防治工作方案》，全面启动非典防控工作，重新恢复零报告和日报告制度。

5～6日　全区组织部长会议在呼和浩特召开。自治区党委副书记杨利民出席并讲话，自治区党委常委、组织部长陈朋山作工作报告。会议要求，要进一步做好组织工作，为全面建设小康社会提供坚强的组织保证。

5～7日　全区检察长会议在呼和浩特召开。自治区党委副书记陈光林、自治区党委常委、政法委书记胡忠出席并讲话。会议强调，要为经济发展创造公正高效的法治环境。

6日　自治区党委组织部人才考试与测评中心及公开选拔领导干部工作领导小组办公室正式挂牌。自治区党委副书记杨利民，自治区党委常委、组织部长陈朋山参加挂牌仪式。

7日　自治区政协九届二次会议在呼和浩特开幕。自治区政协主席王占主持，自治区党委书记储波，自治区代主席杨晶，内蒙古军区司令员黄高成，自治区党委副书记陈光林，杨利民，巴特尔,自治区党委常委、党委秘书长任亚平,自治区党委常委、政法委书记胡忠,自治区党委常委、呼市市委书记牛玉儒,自治区党委常委、组织部长陈朋山等出席。

☆　内蒙古春节联欢晚会在体育馆举行。自治区党委书记储波,自治区代主席杨晶,自治区政协主席王占,自治区党委副书记、自治区副主席岳福洪,自治区党委副书记杨利民、巴特尔等出席。

8日　蒙古国苏赫巴托省省长达喜苏荣率代表团访问锡林郭勒盟。代表团成员包括蒙古国海关总署署长巴特尔、署长助理钦德阿尤西、司长特布欣吉日嘎拉、东方省海关关长却吉苏荣。锡盟副盟长吴久冰与达喜苏荣就尽快落实蒙古国乌兰部长来华访问达成协议的具体事项进行会谈。双方就地区间加强基础设施建设,中国珠恩嘎达布其口岸和蒙古国毕其格图口岸间公路、铁路建设衔接的协调组织机构建设问题,关于中国向蒙古国毕其格图输电援助问题,关于在蒙古国苏赫巴托省合作开发矿产资源以及关于生态和野生动植物资源保护方面的合作问题等交换意见并取得共识。

☆　在河南省郑州召开的全国旅游工作会议上,呼伦贝尔市的扎兰屯市被国家旅游局批准为“中国优秀旅游城”。

8～15日　自治区十届人大二次会议在呼和浩特开幕。自治区党委书记储波主持,自治区代主席杨晶作政府工作报告。14日,自治区十届人大二次会议举行选举大会。自治区党委副书记、自治区代主席杨晶当选为自治区主席,胡忠、哈斯巴根当选为自治区人大常委会副主任。15日,自治区十届人大二次会议闭幕。大会通过关于政府工作报告的决议等6项决议和1项决定。

9日　北方联合电力有限责任公司在呼和浩特举行成立揭牌仪式。自治区党委书记储波,自治区代主席杨晶,自治区党委副书记、自治区副主席岳福洪,自治区党委常委、党委秘书长任亚平,自治区党委常委、组织部长陈朋山,自治区副主席赵双连,自治区政协副主席韩振祥,华能集团总经理李小鹏,神华集团董事长陈必亭,中信泰富公司董事局主席荣志健等出席。

10日　全区人口和计划生育工作会议在呼和浩特召开。自治区党委书记储波,自治区代主席杨晶出席并讲话,自治区党委副书记陈光林主持,自治区副主席乌兰宣读《内蒙古自治区党委、政府关于兑现2003年度盟市党政主要领导人口和计划生育工作目标管理责任状的表彰决定》,并与盟市党政主要领导签订2004年度的责任状。自治区党委常委、党委秘书长任亚平,自治区党委常委、呼市市委书记牛玉儒,自治区党委常委、包头市委书记邢云,自治区人大副主任宝音德力格尔,自治区政协副主席刘芝兰等出席会议。

10～12日　全国总工会副主席、书记处书记周玉清率全总慰问团先后深入乌盟、呼和浩特市的企业、社区、困难职工帮扶中心和劳动模范家中进行慰问。

12日　阿拉善盟工业园区乌斯太220千伏输变电工程竣工投运,从此结束了阿拉善盟没有高压电等级的历史。

12～18日　在郑州市举行的第一届全国青少年棋院棋类大赛中,由内蒙古棋院选派的冯瑞军、蔚强分获18、10岁组个人赛冠军,实现自治区棋类项目在全国大赛中金牌“零”的突破;田雨佳获得12岁组个人赛第三名。

13日　自治区党委办公厅印发《关于给包头市委机要局等八个单位记集体三等功的决定》(厅发〔2004〕1号),自治区党委办公厅、政府办公厅印发《呼和浩特市人民政府机构改革方案的通知》(厅发〔2004〕2号)、《包头市人民政府机构改革方案的通知》(厅发〔2004〕3号)、《巴彦淖尔盟行政公署机构改革方案的通知》(厅发〔2004〕4号)、《赤峰市人民政府机构改革方案的通知》(厅发〔2004〕5号)、《呼伦贝尔市人民政府机构改革方案的通知》(厅发〔2004〕6号)。

14日　全区财政工作会议在呼和浩特结束。自治区党委副书记、自治区副主席岳福洪出席并讲话。

☆　呼和浩特警备区成立。内蒙古军区司令员黄高成,政委张金柱,自治区党委常委、呼市市委书记牛玉儒,内蒙古军区副司令员道布敦、王印清等出席成立大会。

16日　自治区党委、政府发出《致全区驻军和武警部队指战员同志的慰问信》。

☆　自治区在新城国宾馆举行各族各界迎春茶话会。自治区党委书记储波出席并讲话,自治区主席杨晶主持,自治区政协主席王占,内蒙古军区司令员黄高成,自治区党委副书记、自治区副主席岳福洪,自治区党委副书记杨利民、巴特尔等出席。

17日　自治区党委书记储波在自治区党委常委、党委秘书长任亚平,自治区党委常委、呼市市委书记牛玉儒,自治区人大副主任尤仁的陪同下,在呼市深入基层看望慰问各族群众。

18日　乌兰察布盟兴和县煤电联营及高载能工业园项目签字仪式在内蒙古饭店举行。自治区主席杨晶出席签字仪式。

☆　国家科技部正式授予呼伦贝尔市扎兰屯市、赤峰市巴林左旗“全国科技进步先进市”称号。

19日　自治区党委常委、宣传部长张国民在自治区广电局领导陪同下,慰问内蒙古电台、电视台、网络公司节日前夕坚守岗位的工作人员。

20日　2003年度全区国库会计决算工作圆满完成。全年完成中央、地方级预算收入3 072 550万元,其中完成中央级预算收入累计490 923万元、地方级预算收入2 581 627万元;财政支出累计完成4 788 333万元;全区共发行凭证式国债178 589万元,办理国债还本付息共计167万元。

21日　自治区党委、政府在新城国宾馆举行直属机关春节团拜会。自治区主席杨晶致辞,自治区党委副书记巴特尔主持,自治区政协主席王占，内蒙古军区政委张金柱，自治区党委常委、党委秘书长任亚平，自治区党委常委、宣传部长张国民，自治区党委常委、呼市市委书记牛玉儒，自治区党委常委、统战部长伏来旺等出席团拜会。

24日　包头市昆区司法局获得“全国刑事解教人员安置帮办工作先进集体”称号。

2　月

1～14日　应日本环日本海经济研究所和韩国工商会邀请，自治区政府代表团40家企业90人出访日本、韩国。自治区推出招商引资项目300多个，展出商品500多种；签订利用外资意向6项、协议引进资金1 205万美元；出口合同7项，出口额1 556万美元。在韩国期间，达成投资意向10项，贸易意向20多项，涉及金额2亿多美元。

4日　自治区主席杨晶主持召开主席办公会议，研究部署禽流感防治工作，强调要坚决打好禽流感阻击战。

☆　自治区党委、政府、内蒙古军区印发《关于积极支持军队体制编制调整改革，切实做好军转安置工作的意见》（内党发〔2004〕4号）。

☆　自治区党委办公厅、政府办公厅转发《内蒙古自治区2004年“扫黄打非”行动方案》（内党办发〔2004〕2号）。

☆　呼伦贝尔市鄂伦春自治旗大杨树镇被国家建设部、发改委、民政部、国土资源部、科技部等列为全国重点镇。

5日　自治区党委书记储波、自治区主席杨晶、自治区政协主席王占听取了呼铁局2003年运输经营情况汇报。储波强调：铁路要当好拉动内蒙古经济快速发展的“火车头”。自治区党委常委、秘书长任亚平，自治区人大副主任周维德，自治区副主席赵双连，自治区政协副主席包俊臣等出席会议。

☆　自治区党委书记储波，自治区主席杨晶，自治区党委副书记、自治区副主席岳福洪，自治区党委常委、秘书长任亚平，自治区党委常委、呼市市委书记牛玉儒，自治区党委常委、组织部长陈朋山等前往呼和浩特市东河、赛罕区广场、新城区广场，与群众共度元宵佳节。

☆　自治区党委印发《关于撤销乌兰察布盟设立地级乌兰察布市组织机构有关问题的通知》（内党字〔2004〕3号）。

6日　自治区党委书记储波在新城国宾馆会见以台湾建鼎集团董事长黄顺爱为首的台湾客商一行。自治区党委常委、党委秘书长任亚平，自治区党委常委、呼市市委书记牛玉儒参加会见。

8日　自治区政府召开全区贯彻实施行政许可法工作会议暨自治区政府全体会议，并邀请国务院法制办公室主任汪永清作贯彻实施行政许可法专题讲座。自治区主席杨晶，自治区党委副书记、自治区副主席岳福洪讲话，自治区党委常委、组织部长陈朋山等出席。

11～12日　中华全国供销合作总社对2003年度全国供销合作社系统经营绩效优胜单位予以表彰奖励，内蒙古自治区供销合作联合社荣获经营绩效优胜单位一等奖。

12日　自治区纪委召开第五次全体会议。自治区党委书记储波出席并讲话，强调要大力弘扬求真务实精神，扎实推进反腐倡廉工作。自治区主席杨晶主持，自治区党委副书记巴特尔作工作报告，自治区党委常委、党委秘书长任亚平，自治区党委常委、政法委书记胡忠，内蒙古军区司令员黄高成，自治区党委常委、呼市市委书记牛玉儒，自治区党委常委、包头市委书记邢云，自治区党委常委、统战部长伏来旺等出席。

☆　武警内蒙古总队隆重表彰被武警总部评为标兵支队并荣立集体二等功的先进集体和先进个人。自治区党委书记储波，自治区主席杨晶，自治区党委常委、党委秘书长任亚平，自治区党委常委、政法委书记胡忠，自治区副主席连辑等到会祝贺并颁奖，武警内蒙古总队政委刘玉良主持会议。

13日　自治区党委书记储波会见上海复兴高科技集团董事长郭广昌一行。自治区党委常委、党委秘书长任亚平，自治区党委常委、呼市市委书记牛玉儒参加座谈。

17日　自治区党委召开座谈会，欢迎中组部选派的第二批来自治区挂职锻炼的18名干部。自治区党委副书记杨利民出席并讲话，自治区党委常委、组织部长陈朋山主持。

☆　自治区党委副书记杨利民主持召开自治区经济责任审计领导小组会议。自治区党委常委、组织部长陈朋山出席。

☆　经内蒙古人工影响天气指挥部同意，“内蒙古自治区西部乌海飞机增雨基地”正式组建，从4月1日起承担鄂尔多斯市、阿拉善盟、乌海市、巴彦淖尔盟飞机人工增雨任务。

☆　自治区副主席连辑到呼和浩特第一监狱、呼和浩特第二监狱、呼和浩特女子劳教所以及司法厅机关进行视察并慰问广大司法行政干警。

19日　自治区党委副书记杨利民主持召开自治区信访工作领导小组会议，自治区党委常委、党委秘书长任亚平，自治区人大副主任哈斯巴根出席。会议强调，要畅通信访渠道，当好群众的“代言人”。

☆　阿拉善盟被列为全国防沙治沙综合示范区，成为全国5个地级示范区之一。

20日　自治区党委政法委召开全区“严打”冬季攻势总结表彰电视电话会议，授予呼和浩特市公安局、包头市公安局、呼伦贝尔市公安局、乌兰察布盟公安局、自治区公安厅刑事警察总队为全区“严打”冬季攻势先进单位，授予呼和浩特市“4.01”专案组为全区“严打”冬季攻势先进集体。

23～24日　全区档案工作暨表彰先进会议在呼和浩特召

开,会议表彰“十五”期间在档案工作中做出突出贡献的先进集体和个人。自治区党委副书记杨利民、国家档案局副局长郭树银出席会议并作重要讲话。

☆ 全区统计工作会议召开。自治区主席杨晶,自治区党委副书记、自治区副主席岳福洪、自治区人大副主任周维德、政协副主席罗锡恩,各盟行政公署、市人民政府、计划单列市分管统计工作的盟市长、统计局局长,自治区各有关委办厅局负责人及有关单位共150多人参加会议。岳福洪主持会议,杨晶作重要讲话,国家统计局长李德水专程参加会议并作重要讲话。自治区统计局长李斌作工作报告。

26日 自治区科协召开五届三次全委会议。自治区党委副书记陈光林出席并讲话。

☆ 全区交通工作会议在呼和浩特召开。自治区主席杨晶作重要讲话,自治区副主席赵双连主持会议,自治区人大副主任周维德、自治区政协副主席韩振祥出席会议,自治区交通厅长郝继业作工作报告。

28日 全区安全生产工作会议召开。自治区主席杨晶讲话,自治区副主席赵双连主持。会议强调,要从严落实责任,强化监管,建立安全生产长效机制。

29日 自治区党委副书记杨利民,自治区党委常委、党委秘书长任亚平在呼和浩特市就近期呼市几起重大信访问题进行调研并召开座谈会。自治区党委常委、呼市市委书记牛玉儒出席座谈会。

3 月

1日 内蒙古党校、内蒙古行政学院举行春季开学典礼。自治区党委副书记杨利民出席并讲话,自治区党委常委、组织部长陈朋山主持。

☆ 由呼和浩特市档案局、档案馆主办的“刘振雄藏品捐赠仪式暨藏品展览”在内蒙古美术馆举办。刘振雄珍藏的3万多件文史资料无偿捐赠给呼和浩特市展览馆,这次展出其中的5千余件。

3日 自治区直属机关“执政为民、加快发展”培训教育活动报告会在政府礼堂举行。自治区党委副书记杨利民主持并讲话,自治区党委常委、党委秘书长任亚平,自治区党委常委、组织部长陈朋山分别以“执政为民”和“加快发展”为主题作报告。

☆ 全区广播影视工作会议在呼和浩特召开。自治区党委副书记陈光林,自治区党委常委、宣传部长张国民,自治区副主席乌兰出席会议并讲话。

4日 内蒙古自治区民族宗教网举行开通仪式。

5~14日 以自治区党委书记储波为团长,岳福洪、尤仁、万继生、王凤岐代表为副团长的内蒙古代表团共58名全国人大代表,出席了十届全国人大二次会议,自治区主席杨晶列席本次大会。会议期间,中央政治局常委、中央纪检委书记吴官正,中央政治委员、国务院副总理回良玉来内蒙古代表团听取意见并发表重要讲话;中央政治局委员、书记处书记、中宣部长刘云山、全国人大常委会副委员长乌云其木格参加了代表团的审议;铁道部、建设部、国家林业总局的主要负责同志和科技部负责同志到本团听取了意见。

6日 自治区妇联召开纪念“三八”国际劳动妇女节座谈会。自治区党委副书记陈光林出席并讲话。

7日 中国自主研制的神舟五号载人飞船在内蒙古阿拉善盟额济纳旗境内东风航天城成功发射,中共额济纳旗委、政府组织慰问团专程到首都北京看望、慰问中国航天医学工程研究所和中国航天员大队官兵和科技工作者。

9日 全区保密工作会议召开。自治区党委副书记杨利民出席并讲话。会议强调,要积极探索做好新形势下保密工作的方法和途径,努力提高保密工作整体水平。

☆ 自治区党委办公厅、政府办公厅印发《自治区贯彻落实〈中共中央、国务院关于促进农民增加收入若干政策的意见〉的任务分解意见》(厅发〔2004〕29号)。

11日 自治区党委、政府邀请在京内蒙古籍和在内蒙古工作过的老领导、老同志举行座谈。全国人大常委会副委员长乌云其木格,全国人大农业委员会主任委员刘明祖,自治区党委书记储波,自治区主席杨晶,自治区党委常委、党委秘书长任亚平,自治区党委常委、统战部长伏来旺,自治区人大副主任哈斯巴根等出席。

☆ 建设民族文化大区歌曲创作座谈会在呼和浩特召开。自治区党委副书记陈光林出席并讲话,自治区党委常委、宣传部长张国民主持。

13日 内蒙古自治区·北京市合作交流座谈会在京举行。中共中央政治局委员、北京市委书记刘淇,北京市委副书记、市长王岐山,自治区党委书记储波,自治区主席杨晶出席座谈会,自治区党委副书记、自治区副主席岳福洪主持。出席座谈会的还有:北京市领导赵家骐、孙政才、翟鸿祥、索连生、刘敬民、张茅、黄以云,自治区领导任亚平、牛玉儒、余德辉、乌兰等。

13~15日 中国保险监督管理委员会内蒙古监管局、内蒙古保险行业协会组织辖区各保险公司开展以“增强行业自律、推动行业诚信建设、塑造行业良好形象”为主题的保险宣传和服务系列活动,全区14 000多名保险营销人员参加承诺签名活动。

16日 自治区党委办公厅转发自治区党委防范和处理邪教问题领导小组办公室《关于进一步明确“四个纳入”工作职责做好防范和处理邪教工作的意见》(内党办发〔2004〕6号)。

☆ 晚19点45分,在国道111线938公里加600米处,发生一起特大交通事故。科尔沁左翼中旗舍伯吐镇西章古台嘎查农民白振学驾驶蒙G18344号捷达轿车由北向南行至国道111线938公里加600米处将车撞在前方同一方向靠公路右侧停放的蒙G00158号解放牌大货车尾部、致双方车辆当场起火,造成5人当场死亡。

16～18日　内蒙古自治区第二届农牧业科技成果博览会暨赤峰市第四届农业新技术、新品种交易会在宁城县成功举办。国内9个省、市、自治区的281家企业、大专院校和科研院所参展,参会人数达5万余人次,其中农民人数占90%以上。签订合同和达成意向性合同670个,现场完成交易额达4 800余万元。意向成交额1.1亿元。内蒙古、辽宁、河北三省区有24个旗县区、190余个乡镇苏木组团2万余人参会。

17日　自治区召开直属机关传达贯彻全国“两会”精神干部大会。自治区党委书记储波讲话,自治区主席杨晶传达全国“两会”精神。

☆　波兰·中国经贸洽谈会在内蒙古饭店举行。自治区主席杨晶会见以米诺斯拉夫·杰林斯为首的波兰经贸代表团,自治区副主席余德辉出席开幕式并致辞。

18日　自治区民族工作协调领导小组召开第一次全体会议。自治区党委副书记陈光林讲话,自治区党委常委、统战部长伏来旺主持,自治区政协副主席包俊臣出席。

☆　按照胡锦涛总书记批示和自治区政府《关于地方性砷中毒氟中毒水质调查工作的通知》要求,自治区卫生厅制定下发《自治区地方性砷中毒氟中毒水质调查方案》,并在全区12个盟市86个旗县(市区)开展调查,发现饮用水砷超标的人口为24.3万人,饮用水氟超标的人口为227.4万人。

21日　《内蒙古日报》刊登自治区党委副书记、自治区主席、综治委主任杨晶的署名文章《加强社会治安综合治理 为全面建设小康社会创造和谐稳定的社会环境》。

21～23日　2004年首届中国(包头)黄河鲤鱼节在神华大酒店开幕。

22日　自治区党委办公厅、政府办公厅印发《关于加强移动通信干扰器使用管理的通知》(厅发〔2004〕30号)。

☆　赤峰市敖汉旗政协主席宋士清获全国绿化委员会颁发的“全国绿化奖章”。

22～24日　中国果菜流通协会、中国果菜专家委员会、中国绿色食品协会、中国实用菌协会等6部门在京举办的首届中国果菜产业论坛会上,内蒙古临河市被评为“中国果菜十强县(市区)第二位”的产业殊荣。

23日　在广东省举行的雅典奥运会亚洲区拳击资格赛中,内蒙古运动员哈达巴特尔获得75公斤级冠军,获得代表中国队参加2004年雅典奥运会比赛的入场券。

24日　上午9时53分,锡盟东乌珠穆沁旗与西乌珠穆沁旗交界处发生5.9级地震,震中位于北纬45°19′,东经118°22′,距锡林浩特市293公里,周边地区震感明显。震情波及东乌珠穆沁旗、西乌珠穆沁旗、乌拉盖开发区、锡林浩特市等4个旗市(区)。地震共造成28 388间房屋受损(其中倒塌和严重损坏21 044间),7 457处牲畜棚舍受损,326处棚舍倒塌,26所中小学、930间校舍受损,受灾群众8 967户、33 309人,地震造成的直接经济损失为6.2亿元。与锡盟毗邻的通辽市霍林河地区的8个乡镇的通信机房与设备受到了不同程度的损坏,给锡盟、通辽市通信分公司共造成经济损失350万元左右。自治区党委书记储波迅速作出批示,要求有关部门做好工作,特别是关注学校受损情况,绝不能让学生在危房中上课。

26日　自治区党委、政府印发《关于表彰全区优秀专业技术人员、优秀留学回国人员及深入工农牧业生产第一线做出突出贡献科技人员的决定》(内党字〔2004〕9号)。

☆　由自治区工商局起草的《内蒙古自治区实施<中华人民共和国消费者权益保护法>办法》,经自治区十届人大常委会第八次会议审议通过。

26～27日　自治区重点项目与重型汽车工程机械发展研讨会在包头举行。自治区主席杨晶出席会议。

27～28日　国家水利部部长汪恕诚一行8人在巴彦淖尔盟调研,自治区主席杨晶、自治区副主席雷·额尔德尼陪同。

30日　自治区政协副主席、自治区佛教协会会长乌兰活佛于19时30分在呼和浩特圆寂,享年85岁。有关部门将乌兰活佛法体送抵鄂尔多斯市吉祥福慧寺并举办安放仪式。

30～31日　全区国土资源工作会议召开,自治区人大常委会副主任陈瑞清、自治区副主席赵双连出席会议并作了重要讲话。3月31日召开全区矿产资源勘查开发新闻发布会,黄·阿拉腾别立格就自治区丰富的矿产资源和投资勘查开发的优越政策及环境等有关情况进行新闻发布。

31日　“古墓·遗城·宝藏—内蒙古2003年文物考古重大发现展”在呼和浩特开展。自治区党委常委、宣传部长张国民,自治区副主席乌兰出席开幕式。

☆　落实全国西部大开发会议精神,加快重点项目建设工作汇报会在呼和浩特举行。自治区主席杨晶出席并讲话。

☆　兴安盟乌兰浩特市工商局联合市公安局一举摧毁一个正在集会、约150余人传销性质的非法经营团伙。

3月　包头市九原区荣获“全国科技进步区”称号。这是九原区连续五次获此殊荣。

☆　锡盟乌珠穆沁羊系列产品获得国家质检总局颁发的“国家原产地标记注册证书”。

☆　呼和浩特市焦化厂副厂长兼总工程师孟繁英被全国妇联授予“全国三八红旗手”荣誉称号。

4 月

1日　全区京津风沙源治理工程退耕还林工作会议在锡林浩特召开。2004年全区退耕160万亩,荒山造林500万亩,各占国家计划任务的16%和10.87%,其中,京津风沙源治理区退耕和荒山造林各140万亩。

1~2日　全区人才工作会议在呼和浩特召开。自治区党委书记储波,自治区主席杨晶讲话,自治区党委副书记陈光林主持,自治区党委副书记巴特尔,自治区党委常委、党委秘书长任亚平,自治区党委常委、宣传部长张国民,自治区党委常委、政法委书记胡忠,自治区党委常委、呼市市委书记牛玉儒,自治区党委常委、包头市委书记邢云,自治区党委常委、统战部长伏来旺,自治区党委常委、组织部长陈朋山,自治区副主席郭子明等出席。会议表彰了全区优秀专业技术人员、优秀留学回国人员及深入工农牧业生产第一线作出突出贡献的科技人员。

3日　全区西部开发工作会议在呼和浩特召开。自治区主席杨晶主持,自治区党委副书记、自治区副主席岳福洪讲话。会议强调,要把握机遇,乘势而上,努力提高全区实施西部大开发的水平。

☆　自治区政府召开全区农业和粮食工作会议,研究部署农业和粮食工作。自治区主席杨晶讲话,自治区党委副书记、自治区副主席岳福洪主持。

☆　全区科技工作会议暨科技奖励大会在呼和浩特召开。自治区党委书记储波,自治区党委副书记陈光林,自治区党委常委、党委秘书长任亚平出席,自治区主席杨晶讲话。会议要求,科技部门要带头树立和落实科学发展观。

4~10日　以国家商务部部长助理黄海为组长的国务院督查组一行9人,到呼和浩特市、鄂尔多斯市、包头市就贯彻落实中央经济工作会议精神情况、粮食生产和春耕备耕情况、基本建设规模情况等进行督查指导。10日,召开汇报会,自治区主席杨晶出席汇报会,自治区党委副书记、自治区副主席岳福洪主持汇报会。

5日　自治区党委中心组举行集体学习会,自治区党委书记储波主持并作总结发言。自治区主席杨晶,自治区党委副书记、自治区副主席岳福洪,自治区党委副书记陈光林、巴特尔,自治区党委常委、党委秘书长任亚平,自治区党委常委、宣传部长张国民,自治区党委常委、政法委书记胡忠,内蒙古军区司令员黄高成,自治区党委常委、呼市市委书记牛玉儒,自治区党委常委、包头市委书记邢云,自治区党委常委、统战部长伏来旺,自治区党委常委、组织部长陈朋山,自治区副主席郝益东、郭子明等作了发言。会议强调,要牢固树立和全面落实科学发展观,促进自治区经济社会全面协调可持续发展。

☆　为加强全区档案信息化建设,自治区档案局下发《内蒙古档案信息化建设实施方案》。

☆　力劲机械(中国)有限公司与包铝合资建设,年产100万只汽车铝轮毂项目,在神华酒店举行签字仪式。

5~6日　中国电力投资集团公司党组书记、总经理王炳华一行13人,到呼和浩特就重组霍林河煤业集团有限责任公司和合作开发建设赤峰—大板—白音华铁路项目签署协议。自治区党委书记储波,自治区主席杨晶,自治区党委常委、党委秘书长任亚平会见了王炳华一行;杨晶出席《霍煤集团重组协议》、《建设赤大白铁路协议》签字仪式。

6~7日　全国政协委员、香港合生创展集团董事局主席朱孟依一行10人到呼和浩特考察。自治区党委书记储波,自治区主席杨晶,自治区党委常委、党委秘书长任亚平会见朱孟依一行。

☆　全区宗教工作座谈会在呼和浩特召开。自治区党委副书记陈光林在会上强调:要从全面建设小康社会的宏伟目标出发,进一步加强党对宗教工作的领导。

7日　广东珠江投资有限公司和鄂尔多斯市政府就建设准格尔煤电路一体化项目在呼和浩特进行会谈,自治区主席杨晶,自治区副主席赵双连出席。

8日　甘肃省嘉峪关至阿拉善盟额济纳旗策克专用铁路建设项目开工仪式在额济纳旗策克口岸隆重举行。自治区人大副主任陈瑞清、甘肃省常务副省长孙小系及酒钢集团公司、阿拉善盟委领导出席仪式。

9~16日　河北省原副省长、河北省决策咨询委员会主任、河北省人民政府顾问郭世昌率河北省考察团一行14人,在呼和浩特市、鄂尔多斯市、巴彦淖尔盟、包头市考察。自治区党委书记储波,自治区主席杨晶,自治区党委常委、党委秘书长任亚平,自治区党委常委、呼市市委书记牛玉儒,自治区副主席赵双连及全国政协常委夏日出席了两省区经济技术合作项目(6个)签约仪式。

10日　自治区党委书记储波,内蒙古军区政委张金柱,自治区党委副书记、自治区副主席岳福洪,自治区党委副书记巴特尔,自治区党委常委、党委秘书长任亚平,自治区党委常委、政法委书记胡忠,自治区党委常委、呼市市委书记牛玉儒,自治区党委常委、统战部长伏来旺等参加首府军民义务植树活动。

12日　内蒙古自治区第二届农牧业科技成果博览会在巴彦淖尔盟临河市隆重开幕。本届农博会规模大、档次高,以"开放、发展、合作、交流"为主题,吸引了210个科研院所、企业和行政、事业单位前来参展,共设置160多个展位,参展交易科技成果1 000多项。参加博览会的各界人士达5万多人,现场交易23万元,27个项目现场举行协议签约仪式。发放各种科技、产品信息资料350万份,网上直播展况36小时,使用商务快车发到信息站5 300个,会展网点击率8 000多人次。

14日　原全国政协副主席、中国工程院院士、"东北水资源"项目组组长钱正英一行29人,到呼和浩特市就《东北地区水资源配置、生态环境建设和可持续发展战略研究》项目进行调研。自治区主席杨晶,自治区党委副书记、自治区副主席岳福洪陪同。

15日至5月6日　应加拿大农业与农业食品部和国际发展署的邀请,自治区党委书记储波率自治区代表团对加拿大进行考察访问。自治区党委常委、党委秘书长任亚平等陪同。

16～18日　八省区民族教育协作第六次专业会议在通辽市召开。自治区人大副主任宝音德力格尔、国家教育部民族教育司司长夏铸、八省区近百名民族教育部门负责人出席会议。

17日　西班牙援助中国太阳能光伏发电系统项目率先在锡林郭勒盟东乌珠穆沁旗牧区实施推广,西班牙专家和内蒙古工业大学专业人员及东乌珠穆沁旗科技局人员共同深入3个苏木(镇)、7户牧民家中,为之设计安装太阳能光伏发电设备,该系统电瓶储存电压24伏,输出功率560瓦,可供照明、家用电器及生产用电需要。项目总资金100万元。计划年内至少安装100台,并逐步在牧区推广。

18日　自治区人大副主任陈瑞清,自治区副主席郭子明,全国政协常委、政协民族宗教委员会副主任、原自治区政协副主席夏日等出席鄂尔多斯市达拉特旗东达永发纸业50万吨一期10万吨沙柳箱纸板项目开工庆典仪式。

20日　内蒙古港澳台联谊会成立庆典在香港举行,以自治区党委常委、统战部长伏来旺为团长,自治区副主席余德辉为副团长的自治区代表团应邀出席成立庆典。

☆　自治区党委巡视机构成立大会召开。自治区党委副书记、纪委书记巴特尔,自治区党委常委、组织部长陈朋山及自治区纪委、自治区党委组织部领导出席会议。

21～23日　受国家科技部委托,农业部畜牧兽医局组织专家在鄂尔多斯市鄂托克旗验收"十五"国家攻关课题"绒山羊种质特性利用与舍饲半舍饲养殖技术"应用推广项目。专家组认真听取课题汇报,审查有关资料,经过质疑答辩、座谈讨论后认为,课题准确、研究方法合理、数据可靠、项目资金安排妥当;尤其在生产中应用后,为国家绒山羊种质资源利用,促进绒山羊养殖提供科学保障,对全面推动绒山羊未来的发展具有重要意义。

22日　锡林郭勒乌珠穆沁羊业有限责任公司与国家体育总局训练局签署"产品授权协议书"。根据协议,该公司生产的羊肉系列产品,为中国运动员备战2004、2008年奥运会食用羊肉专用产品,国家体育总局训练局授予该系列产品"国家体育总局训练局运动员专用羊肉系列产品"独家使用权证书,并允许该公司的产品在包装上、广告上使用"国家体育总局训练局运动员专用羊肉系列产品"的字样。

22～24日　由美国芝加哥大学古生物系主任教授保罗·塞林诺一行5人和中科院古脊椎动物与古人类研究所教授赵喜进、内蒙古古生物研究中心主任谭琳一行8人组成中美恐龙考察组,在鄂尔多斯市鄂托克旗阿尔巴斯苏木其伦拜嘎查内发掘出恐龙骨骼化石一具。经中美专家对该恐龙股骨化研究分析,初步认定为今亚洲已发现的最大的恐龙骨骼化石。

26日　全区调查研究工作联席会议召开。自治区党委副书记杨利民出席并讲话,自治区副主席郭子明主持。会议强调,要深入实际,求真务实,提供科学的决策依据。

☆　自治区旅游战线的优秀公务员、全国防治非典工作优秀共产党员、革命烈士王绪同志骨灰安放仪式在呼和浩特殡仪馆举行。自治区党委副书记陈光林、杨利民、巴特尔等出席仪式。

☆　北方创业公司公开发行普通股股票,股票挂牌沪市发行数量为5 000万股,每股发行价格为7.2元。

27日　达拉特电厂四期2×600MS扩建工程奠基仪式在鄂尔多斯市达拉特旗达电工程现场举行。自治区党委副书记杨利民、自治区人大副主任周维德、自治区副主席赵双连、自治区政协副主席罗锡恩出席奠基仪式。

28日　自治区庆祝"五一"国际劳动节暨全国"五一劳动奖状(奖章)"颁奖大会在呼和浩特召开。自治区党委常委、统战部长伏来旺讲话,自治区人大副主任尤仁主持,自治区副主席乌兰,自治区政协副主席郧宝恒等出席,并为获奖者颁奖。

28～29日　全区农牧业和农村牧区经济形势分析会在乌兰察布市召开。自治区党委副书记、自治区副主席岳福洪,自治区副主席雷·额尔德尼到会并讲话。

29日　由部分知青投资,在乌兰察布市四子王旗乌镇东山建设1 000亩的知青世纪林,举行奠基仪式。

30日　全区青年人才工作会议在呼和浩特召开,自治区党委副书记杨利民出席并讲话,会议强调,要努力营造青年人才脱颖而出的良好环境。

☆　内蒙古军区举行庆"五一"广场文体活动,内蒙古军区司令员黄高成、自治区党委副书记杨利民等和官兵们共同欢庆"五一"国际劳动节的到来。

☆　乌海市海南区鑫源煤矿发生透水事故,15名矿工遇难。

4月　包头市昆都仑区前进街道团工委被共青团中央授予"全国五四红旗团委"称号。

☆　安徽省"阜阳劣质奶粉事件"发生后,自治区卫生厅及时下发《关于迅速查处32种劣质奶粉的函》,组织全区开展对32种劣质奶粉的追查工作。同时,配合自治区食品安全协调委员会派出三个督查组分赴呼伦贝尔市、通辽市和巴彦淖尔盟对涉嫌生产劣质奶粉的地区进行重点督查。

☆ 加拿大埃伏隆电力有限公司副总裁吴颉一行,在锡盟二连浩特市考察,并与市政府签订《关于在中国内蒙古二连浩特市设立"中国二连北美风电园区"意向书》。28日,双方在北京正式签署协议,项目由埃伏隆公司投资,设备和基础设施投资规模为12亿美元,总装机容量100万千瓦,计划于2008年北京奥运会开幕前完工并投入使用。该项目是目前亚洲建成及在建的风电园区中规模最大的。

☆ 内蒙古自治区文物考古研究所主持发掘的通辽吐尔基山辽墓和乌兰察布盟元代集宁路古城遗址双双入选2003年"全国十大考古新发现"。

5　月

1日　内蒙古电视台原汉语新闻频道全面改版,频道名称、频道呼号、频道标识全部改为"内蒙古卫视"。

☆ 应蒙古国国家广播电视部门邀请,内蒙古广电局副局长、内蒙古电台台长海青率内蒙古广播电视代表团赴蒙古国参加蒙古国国家广播电台建台70周年庆典活动,促进相互的合作与交流。

1~2日　自治区党委副书记杨利民、自治区副主席赵双连深入乌海市海南区鑫源煤矿透水事故现场,组织指导抢险工作,要求全力以赴做好救援工作。杨利民、赵双连还到海吉氯碱化工股份有限公司、海勃湾发电厂慰问在岗干部职工,实地检查安全生产情况。5月5日,杨利民再次深入到乌海市海南区鑫源煤矿透水事故现场。

2日　巴彦淖尔盟五原县遭受到有史以来罕见冷冻灾害,致使73万亩农作物受灾。

3日　巴盟临河市遭受20年来罕见的严重霜冻灾害,受灾103.4万亩。灾情发生后,各级政府高度重视,组织全市上下立即投入救灾减灾补种工作,千方百计把灾害降到最小程度。有15个救灾工作队下乡投入生产自救。民政部门下拨50万元的救灾种子发放到5 785户特困农产户手中。1 238万元粮食直补资金变为存折送到每个农产户手中。产业化龙头企业廉价供应各种种子。

6日　鄂尔多斯市达拉特旗白泥井镇发生一起群体食物中毒事件,94名中毒者经住院治疗全部痊愈,认定属食物过期中毒,经防疫部门鉴定为沙门氏菌所致。

8日　自治区党委书记储波,自治区主席杨晶在自治区党委常委、党委秘书长任亚平的陪同下,在呼和浩特市调研指导工作。调研时强调,城市建设要注重经济效益与社会效益的结合,提高人民群众的生活质量,促进经济社会全面发展。

☆ 通辽市科尔沁左翼中旗遭受历史上罕见的强沙尘暴袭击,最大风力达10级,最低能见度只有10米左右。保康镇、胜利乡、努日木镇、门达镇、花吐古拉镇等8个苏木乡镇9个嘎查村发生不同程度的火灾。有59户的168间正房、120户的210间厢房被烧毁,380多人转移安置。460头(只)牲畜被烧死,15万斤粮食被烧毁,无人员伤亡。同时保康镇内有100多座大棚被大风吹毁。全旗各地火灾、沙尘暴袭击损失达100万元。为救助灾区全旗调配资金20万元,粮食6万斤。

9~10日　全区纠风工作会议在乌海市召开,自治区党委副书记、自治区副主席岳福洪,自治区党委副书记、纪委书记巴特尔作重要讲话,自治区纪委副书记、监察厅厅长娜仁作工作报告。会议强调,要坚决纠正损害群众利益的不正之风。

11日　呼伦贝尔市莫力达瓦达斡尔族自治旗公安局塔温敖宝刑警中队被公安部命名为"全国一级责任区刑警中队"。

☆ 全区预备役部队工作会议召开。内蒙古军区司令员黄高成、自治区党委副书记杨利民出席并讲话,内蒙古军区政委张金柱主持。

11~15日　中共中央书记处书记、中央纪律检查委员会副书记何勇一行9人,在呼和浩特市、包头市、鄂尔多斯市就贯彻落实中纪委三次全会和国务院第二次廉政工作会议精神进行考察。自治区党委书记储波,自治区主席杨晶,自治区党委副书记巴特尔,自治区党委常委、党委秘书长任亚平,自治区党委常委、包头市委书记邢云等分别陪同。

14日　内蒙古自治区人民政府、国家教育部共建内蒙古大学协议签字仪式在呼和浩特举行。教育部部长周济、内蒙古自治区党委书记储波、自治区主席杨晶、自治区党委副书记陈光林、自治区副主席连辑出席签字仪式。杨晶、周济在《内蒙古自治区人民政府、教育部关于共建内蒙古大学的协议》上签字。

15~16日　自治区党委、政府在呼和浩特市召开全区第三产业工作会议,自治区党委书记储波,自治区主席杨晶讲话,自治区党委副书记、自治区副主席岳福洪作总结讲话,自治区党委副书记陈光林、杨利民,自治区党委常委、政法委书记胡忠,自治区党委常委、包头市委书记邢云,自治区党委常委、统战部长伏来旺,自治区党委常委、组织部长陈朋山,自治区副主席余德辉等出席。会议强调,要抓住建设改革开放三大环节,全力推进第三产业快速发展。

16日　内蒙古草原文化旅游推介会在呼和浩特举行。自治区党委书记储波出席并讲话,自治区主席杨晶,自治区党委副书记陈光林,自治区副主席乌兰出席。团中央书记处书记胡伟专程前来祝贺。

☆ 自治区党委副书记、自治区副主席岳福洪和自治区副主席余德辉赴沪出席北方创业股票上市揭牌仪式。

16~17日　在武汉举行的第二届全国妇女健身展示大会上,内蒙古运动员获得门球赛冠军和特色项目一等奖,并获得乒乓球、健身健美操项目的体育道德风尚奖。

16～18 日　深圳招商迪辰集团董事长范棣一行 22 人，在呼和浩特、包头市考察。16 日，自治区党委书记储波，自治区主席杨晶在新城宾馆会见范棣一行。18 日，在内蒙古饭店举行签字仪式，自治区主席杨晶、自治区副主席赵双连、范棣及自治区有关部门负责同志出席签字仪式。

17 日　包头北方创业股份有限公司5 000万股 A 股在上海证交所上市。自治区党委副书记、自治区副主席岳福洪、中国兵器工业总公司副总经理焦开河为北方创业公司成功上市鸣锣开市。融资 3.34 亿元，成为国家实行核准制以来自治区的第一家首发上市公司。

☆　《内蒙古旅游文化丛书》举行首发式，自治区党委常委、宣传部长张国民出席。

19 日　巴彦淖尔盟乌拉特前旗发现鼠间鼠疫，旗委、政府高度重视，加强领导，成立专项督查组，对疫区地段进行详细划分，组织全旗各单位共同承担灭鼠任务，于 5 月 24 日开始采用踏堵鼠洞、放药等措施，全力投入灭鼠工作。踏堵率达90% 以上，基本消除鼠疫影响。

20 日　中国人民银行呼和浩特中心支行与自治区公安厅联合下发"关于联合开展打击地下钱庄违法犯罪活动的通知"，定于 5 月 20 日至 12 月 31 日在全区范围内组织开展打击地下钱庄违法犯罪活动。

20～21 日　自治区主席杨晶在自治区党委常委、包头市委书记邢云，自治区副主席赵双连的陪同下深入包头市调研指导工作。调研时强调，要贯彻落实科学发展观，提升壮大优势产业。

21 日　以日本食品株式会社董事长泷口义男为团长的北海道乳业考察团一行 5 人，在呼和浩特考察。自治区党委副书记杨利民会见了考察团一行。

☆　鄂尔多斯市鄂托克前旗旅游景区，鄂尔多斯文化旅游村、大汗行宫、大沙头、大沟湾被列入内蒙古西部旅游精品线路。

26 日　全区规模最大的农畜产品交易市场—阿拉善农畜产品交易市场正式投入使用。总面积8 700平方米。

28 日　2004 年全区普通高等学校毕业生就业工作电视电话会议召开。自治区党委副书记、自治区副主席岳福洪出席并讲话，自治区副主席乌兰主持。会议要求，要规范招聘行为，增加就业岗位，倡导服务基层。

29 日　自治区党委副书记陈光林深入内蒙古妇女儿童中心看望少年儿童。

30 日　台湾曹仲植基金会与赤峰市喀喇沁旗残疾人联合会轮椅捐赠仪式在喀喇沁旗实验小学举行。

31 日　自治区党委副书记杨利民主持召开事业单位机构改革会议。自治区党委常委、组织部长陈朋山，自治区副主席郭子明出席。

☆　自治区妇联和内蒙古儿童基金会联合举办的加强和改进未成年人思想道德建设动员暨庆"六一"表彰大会在自治区政府礼堂召开。自治区党委副书记陈光林，自治区人大副主任王凤岐，自治区政协副主席刘芝兰，内蒙古儿童基金会会长杨紫珍，自治区广电局、自治区党委直属机关工委、自治区教育厅、自治区文化厅、自治区团委及自治区妇联的领导出席大会。香港东区议员周洁冰参加大会。实施"春蕾计划"的先进集体和个人代表、各盟市妇联儿童工作者及首府地区少年儿童代表共计1 200多人参加大会。陈光林作重要讲话。

5 月　内蒙古二人台艺术团的新编古典二人台小戏《折箭教子》，在第二届中国博兴国际小戏艺术节荣获最高奖—艺术节大奖以及剧本、导演、音乐设计、舞美、表演、道具 6 个单项一等奖和其它 4 个二等奖。

6　月

1 日　自治区党委副书记陈光林出席在青少年生态园举办的呼和浩特市地区少年儿童庆祝"六·一"活动。

☆　自治区人民政府召开全区艾滋病防治工作暨内蒙古中美艾滋病合作项目启动电视电话会议，成立内蒙古自治区防治艾滋病工作委员会办公室和内蒙古中美艾滋病合作项目领导小组，自治区党委副书记陈光林、自治区副主席乌兰等出席。同时启动了 4 个艾滋病综合防治示范区工作，完成综合示范县的艾滋病基线调查。内蒙古中美艾滋病合作项目力争在 5 年内，在 12 个盟市 40 个旗县市区建立 40 个监测点，形成监测点布局合理的监测网络系统。

☆　中国 · 乌兰浩特(金飞马杯)国际女子网球挑战赛在乌兰浩特开幕，来自中国、日本、澳大利亚、美国、比利时等 26 个国家和地区的 77 名运动员参加。中国队选手李娜获单打冠军，中国台北队的庄佳容和泰国队的 TONGSLEE 组合获双打冠军。

2 日　自治区党委副书记杨利民主持召开会议，听取自治区高层次人才培养和蒙医药资源整合工作汇报。

☆　自治区党委、政府印发《内蒙古自治区 2004～2010 年第三产业发展规划纲要》(内党发〔2004〕11 号)。

☆　由国家旅游局向海外重点推介的"中国百姓生活游"89 个旅游节日中，阿拉善盟金秋胡杨生态旅游节名列其中。

2～5 日　国务院西部开发办副主任王志宝一行 7 人，在呼和浩特市、巴彦淖尔盟、鄂尔多斯市就退耕还林、退牧还草等问题进行调研。自治区党委副书记、自治区副主席岳福洪陪同。

3 日　自治区主席杨晶在新城宾馆会见了北京军区政委符廷贵中将一行，内蒙古军区司令员黄高成、政委张金柱，自治区党委副书记杨利民、巴特尔，自治区党委常委、党委秘书长任亚平等参加会见。

4日　内蒙古电台音乐之声广播面向青少年的热线直播节目《太阳宝贝》正式开播，这是内蒙古电台强化未成年人思想道德建设宣传的一个重要举措。

☆　包头银监分局在对内蒙古银监局安排的担保贷款检查中，发现包头市达尔罕茂明安联合旗3家农村信用社重大违规疑点，被包头市公安局定为"'6·8'金融犯罪案件"。

5日　阿拉善SEE生态协会成立暨SEE生态基金会发起大会在阿拉善左旗举行。全国人大常委会环资委主任毛如柏，自治区主席杨晶，自治区副主席余德辉等出席成立大会并与全国各地百余名知名企业家为综合治理三大沙漠进行座谈。

☆　和林格尔县被全国绿化委员会授予"全国绿化模范县"称号。

7日　自治区主席杨晶会见中国铁路工程总公司党委书记石大华一行。

☆　为纪念中国著名地质学家黄汲清诞辰百年大会在北京召开。会上，内蒙古自治区地质调查院陈志勇同志被授予"第二届黄汲清青年地质科学奖野外地质工作者奖"。

☆　以色列阿里华特电子咨询投资有限公司总裁阿里华特及该公司在亚洲的代表郑享利一行在鄂尔多斯市鄂托克旗苏米图苏木苏里格地区，考察天然气综合利用开发工作。

10日　内蒙古蒙牛乳业(集团)股份有限责任公司在香港联合证券交易所成功上市，共计融资14亿元，实现自治区企业在境外上市零的突破。自治区党委副书记、自治区副主席岳福洪出席上市仪式。

☆　自治区党委宣传部、妇联、公安厅共同举办学习任长霞同志先进事迹座谈会，自治区党委副书记杨利民出席并讲话。

10～13日　中共中央政治局常委、国务院副总理黄菊一行26人，先后在自治区呼伦贝尔市、鄂尔多斯市、包头市、呼和浩特市就贯彻落实中央宏观调控政策措施、工业交通经济运行、草原生态建设、旅游开发、企业改革发展和安全生产、就业再就业和社会保障等情况进行视察，并听取自治区党委、政府的工作汇报。强调要加强宏观调控，发挥资源优势，促进经济社会全面协调持续发展。自治区党委书记储波，自治区主席杨晶，自治区党委常委、党委秘书长任亚平，自治区党委常委、包头市委书记邢云，自治区副主席乌兰等陪同考察。

10～15日　香港嘉里集团董事长郭鹤年一行12人，在呼和浩特市、鄂尔多斯市、包头市考察。13日，自治区党委书记储波，自治区主席杨晶会见了郭鹤年一行，自治区党委常委、党委秘书长任亚平参加会见。自治区主席杨晶在呼市期间陪同考察。

11日　世界第一把驼琴在阿拉善盟问世。该驼琴为木质，高120公分、宽50公分、琴身厚为12公分，能模仿骆驼的各种声音。

11～19日　彭年光明行动白内障复明手术专家抵达喀喇沁旗，共为128名白内障患者免费实施康复手术。

12日　内蒙古自治区博物馆在北京中华世纪坛举办"成吉思汗—中国古代北方草原游牧文化大展"。自治区党委常委、宣传部长张国民、自治区副主席郭子明出席展览开幕式。

☆　2004"环渤海经济区—内蒙古与北京总部经济发展论坛"在新城宾馆举办。自治区党委副书记杨利民讲话，自治区政协副主席罗锡恩出席。

☆　全区全民健身周活动启动仪式在呼和浩特市体育场举行。自治区党委副书记杨利民、巴特尔，国家体育总局副局长王钧等出席。

12～14日　内蒙古军区司令员黄高成在呼伦贝尔市与到访的俄罗斯联邦安全局后贝加尔边防区域局局长谢廖特金中将会晤，就两军共同维护边防稳定、妥善处理边界事务、积极开展边防合作等问题进行广泛的交流，并签署会晤纪要。

14日　自治区党委副书记、自治区副主席岳福洪在呼和浩特市天泽大厦会见以蒙古国审计长贾瓦兹玛为团长的蒙古国审计代表团。

14～15日　中国人民银行呼和浩特中心支行组织召开全区货币信贷暨金融稳定工作会议，传达总分行会议精神，部署全区2004年货币信贷金融稳定工作，讨论"关于进一步加强对中小企业金融服务的指导意见"、"金融业支持农牧业产业化发展指导意见"、"内蒙古生源地国家助学贷款管理办法"、"内蒙古下岗失业人员小额担保贷款实施细则"等指导意见和管理办法。

15日　自治区副主席雷·额尔德尼一行到赤峰市巴林右旗视察宝日勿苏镇新井村抗旱水源建设情况、羊场乡二八地村耕地受旱灾情况。

16日　汉鼎光电(内蒙古)有限公司项目在呼和浩特市如意开发区开工奠基，自治区主席杨晶，自治区党委常委、呼市市委书记牛玉儒，自治区人大副主任陈瑞清，自治区政协副主席韩振祥出席奠基仪式。

☆　全区道路交通、超限超载运输暨煤矿安全生产专项整治工作会议在呼和浩特召开，自治区党委副书记杨利民，自治区党委常委、政法委书记胡忠，自治区副主席赵双连出席并讲话。

会议强调，要强化监管，坚决遏制重特大事故的发生。

18日　“草原文化研讨暨内蒙古社科院建院25周年庆祝大会”召开，自治区党委副书记陈光林，自治区党委常委、宣传部长张国民出席并讲话，自治区党委常委、组织部长陈朋山参加。会议指出，要解放思想，抓住机遇，努力开创自治区哲学社会科学繁荣发展新局面。

☆　“光辉的历程—中共一大到十六大图片展”在内蒙古博物馆开展。自治区党委常委、宣传部长张国民为展览剪彩。

19日　全区第五届农牧民运动会在内蒙古体育馆开幕。自治区党委书记储波，自治区主席杨晶，自治区党委常委、党委秘书长任亚平，自治区副主席雷·额尔德尼等出席开幕式。

☆　乌兰察布市卓资县开元小区建设工地发现鲜卑古墓。

21日　自治区党委印发《关于给予肖占武开除党籍处分的批复》(内党字〔2004〕11号)。

☆　以全国政协常委、农工党中央副主席、江苏省政协副主席、农工党江苏省委主委、中科院院士朱兆良为团长的农工党江苏代表团，到乌兰察布市四子王旗考察“农工世纪林(草)”建设工程，自治区人大副主任、农工党内蒙古区委主委陈瑞清陪同考察。并将6 800名江苏省农工党员的6万元捐款赠给四子王旗的“农工世纪林(草)”工程，用于工程建设。

22日　大兴安岭北部原始林区因雷击连续引发多起森林火灾，经过2 000多名扑火人员的全力扑救于27日全部扑灭。

☆　首届八省区(内蒙古、黑龙江、吉林、辽宁、河北、甘肃、青海、新疆)蒙古语授课小学蒙古语文、汉语、数学学科中青年教师创新课教学观摩评选活动在锡林浩特举行。

☆　自治区党委书记储波会见“聚集西部中国画家内蒙古行”采风团全体成员，自治区党委副书记陈光林，自治区党委常委、党委秘书长任亚平，自治区党委常委、宣传部长张国民，自治区党委常委、政法委书记胡忠参加会见。

☆　30余名海峡两岸的专家、学者汇聚呼和浩特市，就“沙尘暴与环境治理”展开学术交流，自治区党委副书记陈光林出席并讲话。

☆　赤峰市喀喇沁旗南台子、锦山等5个乡镇遭受严重暴雨冰雹灾害，共有19个村29 687人受灾，死亡1人。

22～23日　全区加强和改进未成年人思想道德建设工作会议在呼和浩特召开。自治区党委书记储波，自治区党委副书记陈光林讲话，自治区党委副书记巴特尔主持，自治区党委常委、党委秘书长任亚平，自治区党委常委、宣传部长张国民等出席。会议强调，要遵循规律，以人为本，面向未来，努力培育“四有”新人。

23日　由内蒙古电台主办的首届全国蒙古语广播业余主持人大赛在呼和浩特结束。来自新疆、北京、甘肃、内蒙古等八省市(区)的150名选手参加比赛。

☆　北方创业公司党委被国务院国资委授予先进基层党组织称号。

25日　自治区人民政府公布《内蒙古自治区人民政府关于第一批36项行政许可项目的决定》。

25～29日　“神华准能杯”全国首届航拍摄影大赛在鄂尔多斯市准格尔旗举行。

26日　第二届中国十大盛事颁奖晚会在满洲里中俄互市贸易区举行。

26～27日　原全国人大常委会副委员长布赫一行6人，在通辽市考察。自治区党委副书记巴特尔陪同。

28日　锡林郭勒盟元上都文化景观在苏州召开的第28届世界文化遗产大会上被列入中国世界文化遗产预备清单的第13位。

29日　自治区直属机关庆祝建党83周年及邓小平同志诞辰100周年书法、绘画、摄影展览在内蒙古博物馆开展，自治区党委常委、统战部长伏来旺出席开展仪式。

☆　内蒙古青联、自治区党委老干部局在新城宾馆举行庆“七一”联谊会，自治区党委常委、组织部长陈朋山出席并致词。

☆　自治区党委常委、组织部长陈朋山代表自治区党委慰问呼和浩特市部分老党员和农村特困党员。

29日至7月3日　原中共中央政治局常委宋平一行10人，先后在鄂尔多斯市、包头市视察沙产业开发和高新技术企业。自治区党委书记储波，自治区党委常委、党委秘书长任亚平，自治区党委常委、包头市委书记邢云等陪同。

6月　国家民委和财政部核准将阿盟阿拉善左旗列入全国37个“兴边富民行动”重点县之列。

☆　为服务“三农”科尔沁右翼中旗兴农网正式开通，网站在中国互联网络中心注册。“科右中兴农网”设立政府专栏、气象专栏、招商引资、农业科技、农特产品、政策法规、农业资讯、明星苏木镇、实用科技、气象与农事、农产品市场价咨询、图片信息、政府上网工程等14个大栏目、以及在14个大栏目下的30个小栏目。为宗旨，为农民和涉农部门提供及时、准确的农业综合信息和农业气象信息的公益性网站。

☆　呼伦贝尔市满洲里海关驻十八里办事处被共青团中央命名为“全国青年文明号”。

☆　包钢一中学生张哲在2004年高考中夺得内蒙古自治区理科状元。

7 月

1日 内蒙古自治区人民政府以内政字〔2004〕228号文件发布《内蒙古自治区扶持保护残疾人若干规定》。此《规定》共二十二条,从多方面规定扶持保护残疾人的优惠政策,并规定从发布之日起施行。同日,内蒙古自治区残疾人联合会、财政厅、地方税务局联合印发《内蒙古自治区地方税务机关征收残疾人就业保障金管理(暂行)办法》,规定从2005年全区残疾人就业保障金统一由地方税务机关负责征收。

2日 呼和浩特—锡林浩特旅游专列开通,专列每周五19时35分从呼和浩特出发,周六早8时20分到达锡林浩特。

4~6日 中国进出口银行副行长苏中一行7人在呼和浩特市考察。5日,在新城宾馆举行呼市水环境治理项目转贷协议签字仪式。自治区主席杨晶,自治区副主席余德辉等出席。

5日 中国蒙古文学巴林笔会暨著名作家阿·敖德斯尔作品研讨会在赤峰市巴林右旗大板召开。

5~6日 中国海洋石油总公司总经理傅成玉一行16人,在新城宾馆与自治区政府签订资源开发利用协议、天野化工委托管理协议。自治区党委书记储波,自治区主席杨晶会见傅成玉一行并出席签字仪式,自治区党委常委、党委秘书长任亚平,自治区副主席余德辉等参加会见。

6日 内蒙古翻译工作者联谊会成立,自治区党委副书记杨利民出席并讲话,自治区副主席乌兰出席。

☆ 自治区首家奶牛隔离场在乌兰浩特市乌兰哈达镇建成并投入使用。自此,乌兰浩特市所有从外地购进的奶牛都必须先进入隔离场,在场内进行为期1周的隔离观察和监测,在确认没有任何传染病后方可进入各养殖点。

7~8日 第十九次全区公安会议在呼和浩特开幕。自治区党委书记储波讲话,自治区主席杨晶,自治区党委副书记陈光林,自治区党委常委、党委秘书长任亚平,自治区党委常委、政法委书记胡忠,自治区人大副主任王凤岐,自治区副主席乌兰,自治区政协副主席郧宝恒,自治区高级人民法院院长王维山,自治区检察院检察长邢宝玉等出席,自治区党委副书记杨利民主持。会议强调,要按照执法为民的要求,加强和改进公安工作。

7~23日 中国人民银行呼和浩特市中心支行组织开展对商业银行反洗钱现场专项检查。7月中旬分别对工商银行内蒙古分行、农业银行内蒙古分行、呼和浩特商业银行开展反洗钱现场检查。

8日 自治区党委、政府印发《关于乌兰察布市党政机构设置和改革方案的通知》(内党发〔2004〕17号)。

☆ 自治区第一个以"探索农村五保供养途径、构筑社会救助新型体系"为试点的"五保村"在乌兰浩特市义勒力特镇民生嘎查破土动工,这在全区尚属首例。该村占地面积2 000平方米,建筑面积211平方米,入住9户。

9日 由内蒙古电视台蒙古语卫视频道主办的全国蒙古语播音员、主持人电视大奖赛圆满结束。来自内蒙古、北京、黑龙江等省市以及蒙古国的近100名选手参加比赛,有36名选手进入决赛。

☆ 全区第十届美术作品展览在内蒙古美术馆揭幕。自治区党委常委、宣传部长张国民,自治区党委常委、政法委书记胡忠为展览开幕式剪彩。

9~11日 全国甲A男篮西部行巡回赛第一站的比赛在呼和浩特市内蒙古体育馆举行,自治区党委副书记杨利民为揭幕战开球。江苏南钢、浙江万马、北京首钢和陕西盖天力四支劲旅参加了比赛,最终,江苏南钢代表队夺得第一名。

10日 第十二届内蒙古国际马术比赛在内蒙古赛马场拉开战幕。自治区党委副书记杨利民、巴特尔观看了比赛。

☆ 中阿国际足球赛在呼和浩特市人民体育场拉开战幕。中国国家男子足球队在呼和浩特市人民体育场进行的亚洲杯赛前的最后一场热身赛中,凭借郑智最后时刻的点球,以2:2战平阿联酋国家男子足球队。

10~12日 全国人大常委会副委员长盛华仁一行22人,在锡林郭勒盟为希望小学揭幕,到太仆寺旗、正蓝旗等地考察,并为2004年全国人大机关出资新打的供学校师生饮水的"希望泉"剪彩。自治区党委书记储波,自治区党委常委、党委秘书长任亚平陪同。

13日 经国家银监会批准,华夏银行正式批准进入自治区,这标志着全区首家自治区级股份制商业银行的设立。此外,新华人寿保险公司、太平洋财产保险公司、中华联合保险公司、中国银联商务公司在2004年也相继进入自治区充实全区金融体系。

14~23日 全国政协副主席李兆焯率全国政协委员资源开发与草原生态保护视察团一行43人,在赤峰市、锡林郭勒盟、鄂尔多斯市、呼和浩特市、包头市就草原生态保护等情况进行考察。23日下午,自治区召开汇报会,自治区党委书记储波主持,自治区主席杨晶汇报了全区资源开发与生态环境保护情况,自治区党委副书记陈光林,自治区党委常委、党委秘书长任亚平出席。

15日至8月30日 应台湾蒙藏委员会的邀请,鄂尔多斯市鄂托克旗乌兰牧骑出访台湾,在台湾9座城市进行巡回演出,深得台湾人民的欢迎。

16日 自治区政协书画院正式挂牌。自治区党委副书记陈光林和全国政协委员、著名画家王成喜为书画院揭牌,自治区党委常委、统战部长伏来旺等出席。

☆ 全区第七届"伊利优酸爽杯"大学生运动会开幕式在

内蒙古农业大学体育场隆重举行。自治区党委副书记陈光林，自治区党委常委、统战部长伏来旺等出席。

☆　自治区政府新闻办公室召开上半年全区经济形势新闻发布会。新闻发言人、自治区统计局局长李斌介绍全区经济发展总体形势。自治区党委、政府有关部门领导和驻呼的各大新闻单位共100多人参加新闻发布会。

18日　由天津仁爱集团捐款200万元为乌兰察布市四子王旗新建的蒙古族中学举行奠基仪式。天津仁爱集团总经理姚清峰及旗有关领导参加奠基仪式。

19日　第十二届全国省市区党报(天狮杯)新闻评奖会议、第十七届五自治区党报总编联席会议在呼伦贝尔市开幕。自治区党委常委、宣传部长张国民出席会议，并向与会代表介绍了自治区经济、社会、历史、文化等发展情况。

☆　中国人民银行呼和浩特市中心支行为确保内蒙古自治区再就业小额担保贷款政策的贯彻落实，自2004年不断加大支持下岗失业人员小额担保贷款工作力度，认真学习并转发中国人民银行、国家财政部、劳动和社会保障部《关于进一步推进下岗失业人员小额担保贷款的通知》，会同自治区财政厅、劳动和社会保障厅起草《内蒙古自治区下岗失业人员小额担保贷款实施细则》，推动全区小额担保贷款工作的开展。至6月底，全区共筹集下岗失业人员小额担保贷款担保基金3 346万元，累计发放下岗失业人员小额担保贷款7 529万元。

☆　国航开通北京—井冈山—北京新航线，由内蒙古分公司执管飞机执行航班任务。

19～23日　台湾台塑集团台化公司总经理王文渊一行9人，在呼和浩特市、鄂尔多斯市、乌海市考察并就6×60万千瓦火电厂及煤化工项目与自治区领导洽谈。20日下午，自治区主席杨晶会见王文渊一行。

20～23日　由全国蒙古语乌力格尔协会主办，赤峰市人民广播电台、巴林右旗人民政府共同承办的全国第四届蒙古语乌力格尔评比暨研讨会在赤峰市巴林右旗大板召开。

21日　内蒙古自治区检察院查处的原自治区国税局长肖占武受贿、巨额财产来源不明罪，经包头市中级人民法院审理，认定其罪名成立，数罪并罚，判处无期徒刑。这是自治区检察机关恢复重建以来，查办的职务最高，涉案金额最大，涉案人员最多的一起职务犯罪案件。

23～24日　第二届中国蒙古族服装服饰艺术节暨“网通杯”中国蒙古族服装服饰大赛在锡林浩特市锡林郭勒民族文体中心举行，国内12支服饰代表队和蒙古国代表队参加比赛。锡盟阿拉腾珠岚民族服饰团获团体一等奖，其中26号服装获服装设计一等奖；新疆维吾尔自治区巴音郭勒蒙古族自治州代表队和鄂尔多斯市代表队获二等奖；阿拉善盟代表队、乌海市代表队、赤峰市代表队获三等奖。自治区党委副书记杨利民、巴特尔出席，并为获奖代表队颁奖。

24日　对口帮扶乌兰察布市四子王旗的北京市延庆县委、县政府为旗政府扶助100万元。

24～25日　沈阳市—阿尔山市“森林·草原之旅”旅游专线列车开通。

☆　国土资源部部长孙文盛一行8人在鄂尔多斯市、包头市、呼和浩特市考察。自治区党委书记储波、自治区主席杨晶分别陪同。

25日　内蒙古第十五届旅游那达慕大会在乌兰察布市四子王旗格根塔拉旅游中心开幕，自治区人大副主任周维德、政协副主席包俊臣等领导出席开幕式。

25～27日　锡盟行署与北方联合电力有限责任公司在锡林浩特签订建设煤电项目战略合作协议。根据协议，北方联合电力有限责任公司在2004～2015年间，在锡盟相继建设大型煤电一体化坑口、路口电站，规划总规模1 920万千瓦。

26日　全区人民调解暨法律援助工作会议在呼和浩特召开，自治区党委常委、政法委书记胡忠，自治区人大副主任王凤岐，自治区副主席连辑，自治区政协副主席奇英成，自治区高级人民法院院长王维山等出席。会议强调，要化解社会矛盾纠纷，保障群众合法权益。

☆　全国政协副主席徐匡迪率香港地区全国政协委员、企业家和知名人士一行，在有关领导的陪同下到额济纳旗进行实地考察，先后赴胡杨林、黑城、怪树林、王爷府等景点和达来呼布镇进行考察。期间，徐匡迪一行还视察东风航天城，慰问了广大官兵和科研工作者。

☆　由内蒙古医学会主办、北京海军总院、兴安盟人民医院联合承办的“全国妇科疾病治疗新进展子宫、腹腔镜学术会议”在乌兰浩特召开。来自日本、台湾、北京等国内外著名专家、教授进行理论知识授课及手术演示活动。

☆　内蒙古自治区侨联为包头市土默特右旗小召子乡王保公小学捐资20万元。

27～29日　全国人大常委会副委员长、全国妇联主席顾秀莲率团到阿盟额济纳旗慰问东风航天城科研人员和干部战士，并与有关方面的负责人进行了谈座。

28日　由乌兰浩特市人民政府主办、居力很镇政府承办的“全国奶牛、饲草饲料交易大会”在居力很镇奶牛交易中心举行，来自黑龙江、辽宁、山西、广东等全国各地和自治区内的41家奶牛、饲草饲料客商和饲草饲料精加工机械生产厂家及种子经销商参加。交易会成交额234万元。

☆　自1999年开始至今，鄂尔多斯、鹿王、伊利、仕奇、草原兴发、河套(面粉)、蒙牛、河套(酒)、草原(糖)、塞飞亚(食品餐饭)10件商标相继被国家工商总局认定为中国驰名商标。位居全国第10位，列西部省区市第2位。

28～29日 阿尔山·内蒙古圣水节在兴安盟阿尔山市举办。

29日 赤峰市林西县被国家林业局授予“全国封山育林先进单位”荣誉称号。

29日至8月3日 国家司法部法律援助中心呼和浩特举办中国—欧盟法律和司法合作项目—少数民族地区刑事法律援助律师实务第二期培训班。来自全国各少数民族聚居省区的85名法律援助工作人员和律师参加培训。

30日 自治区和呼和浩特市两级党委、政府在新城宾馆举行呼和浩特地区庆祝建军77周年座谈会。自治区党委书记储波,自治区主席杨晶,内蒙古军区司令员黄高成、政委张金柱,自治区党委副书记陈光林、杨利民、巴特尔,自治区党委常委、党委秘书长任亚平,自治区党委常委、宣传部长张国民,自治区党委常委、政法委书记胡忠,自治区党委常委、统战部长伏来旺等出席,杨晶、张金柱讲话,杨利民主持。

31日 位于赤峰市克什克腾旗的红山军马场被全国绿化委员会、国家林业局和全军环保绿化委员会命名为“全国草原生态保护示范教育基地”和“全军生态环境保护示范教育基地”。

7月下旬至8月上旬 由国家卫生部、中国农工民主党中央、国家中医药管理局、中央电视台联合举办的《健康之路·内蒙古行》“送医、送药、送知识”下乡活动在自治区举行。此次活动以“团结、绿色、健康”为主题,以义诊、送医、送药为切入点,对全区卫生工作所取得的成绩进行了全面客观的宣传报道。

8　月

1日 9时30分,中国首列国际旅游专列北京—乌兰巴托—莫斯科国际旅游专列由二连浩特口岸通车出境,8月15日返回北京。该专列是中国、俄罗斯、蒙古三国铁路部门为纪念三国铁路通行50周年而商定开通的,共有10节车体,可承载旅客293人。

2～3日 全国政协常委、民建中央副主席陈明德一行3人,在呼和浩特市参加“中国民主建国会西部十一省区市2004年协作会议暨东西合作研讨会”。自治区党委副书记陈光林、自治区副主席郝益东出席会议。

☆ 国家开发银行行长陈元一行14人,在呼和浩特市就开发性金融理论与自治区政府座谈并签订开发性金融合作协议。国家开发银行为自治区提供贷款共计400亿元。其中中小企业信用担保专项贷款10亿元,12月20日,首批1.5亿元中小企业信用担保专项贷款将到位。自治区党委书记储波会见了陈元行长一行。自治区主席杨晶,自治区党委副书记、自治区副主席岳福洪,自治区党委常委、党委秘书长任亚平参加会见。

2～6日 第十次全国地方立法研讨会在呼和浩特召开,中共中央政治局委员、全国人大常委会副委员长、中华全国总工会主席王兆国到会作了重要讲话。全国人大法律委员会主任委员杨景宇、全国人大常委会法工委副主任李飞分别在会上讲话。自治区党委书记、人大常委会主任储波,自治区主席杨晶,自治区人大常委会副主任尤仁、万继生、周维德、宝音德力格尔、陈瑞清出席会议。各省、自治区、直辖市人大法制委员会和人大常委会法制工作委员会负责人及工作人员130多人参加会议。

3日 国家测绘局航空摄影技术与质量工作会议在呼和浩特召开,国家测绘局副局长王春峰参加会议。会议由内蒙古自治区测绘事业局承办。

3～5日 国际联合香港有限公司董事局主席宁俊达一行2人,在呼和浩特市考察。4日,自治区党委书记储波会见宁俊达主席一行,自治区党委常委、党委秘书长任亚平,自治区副主席余德辉参加会见。

3～7日 中共中央统战部副部长、全国工商联党组书记、第一副主席胡德平一行12人在呼伦贝尔市、满洲里市考察。自治区党委常委、统战部长伏来旺陪同。

4日 自治区党委、政府在自治区政府礼堂举行学习和贯彻实施《中华人民共和国宪法》报告会,特邀全国人大法律委员会主任委员杨景宇作报告。自治区党委书记储波,自治区主席杨晶等自治区党委、人大、政府、政协、纪委和内蒙古军区、武警内蒙古总队的领导同志出席,自治区党委副书记陈光林主持。

☆ “内蒙古文化周”开幕式在北京中华世纪坛举行。自治区党委常委、宣传部长张国民致开幕词。

☆ 全国法院审判监督工作座谈会在呼和浩特召开,最高人民法院副院长沈德咏出席并讲话。自治区党委常委、政法委书记胡忠介绍了全区发展情况,自治区人大副主任周维德、自治区政协副主席奇英成、自治区高级人民法院院长王维山出席。

☆ 纪念新巴尔虎蒙古族定居呼伦贝尔270周年那达慕大会暨甘珠尔庙176次年会在呼伦贝尔市新巴尔虎旗草原隆重开幕,全国政协副主席、中国社会科学院党组书记、院长陈奎元,国务院研究室主任魏礼群,自治区党委副书记杨利民出席开幕式。

☆ 内蒙古自治区政府与中国农业银行在呼和浩特举行座谈会。自治区主席杨晶、中国农业银行行长杨明生出席并讲话,自治区副主席余德辉主持。座谈会后,双方签订金融合作协议,由中国农业银行为自治区提供600亿元授信额度。

6日 中国·内蒙古首届国际草原文化节暨呼和浩特市第五届昭君文化节隆重开幕,中纪委、中组部巡视组任克礼、吴振钧及自治区党委书记储波,自治区主席杨晶,自治区政协主席王占,自治区党委副书记陈光林、杨利民、巴特尔,自治区党委常委、党委秘书长任亚平,自治区党委常委、宣传部长张国民,自治区党委常委、政法委书记胡忠,内蒙古军区司令员黄高成等出席了开幕式，杨晶致开幕词。

☆ 内蒙古师范大学人民武装学院成立。自治区党委副书记杨利民、内蒙古军区司令员黄高成为学院揭牌。

7日 “阿诗玛杯”第二届内蒙古情歌演唱大赛在自治区政府礼堂落下帷幕，自治区党委副书记陈光林、杨利民，自治区党委常委、宣传部长张国民为获奖者颁奖。

☆ 呼和浩特2004年经济洽谈会重点项目签约仪式在新城宾馆多功能厅举行。当天签协议24个，引进资金35.8亿元人民币和1亿美元。

8日 第十三次华北地区人大财经工作座谈会在呼和浩特举行，自治区党委副书记杨利民出席并致辞，自治区人大副主任尤仁主持。会前，自治区党委书记储波，自治区主席杨晶会见了与会的全国人大财经委、预算工委和各省市人大的负责同志，自治区党委副书记杨利民，自治区党委常委、党委秘书长任亚平等参加会见。

☆ 第七届当代书画家作品邀请展在内蒙古美术馆开展。自治区党委常委、宣传部长张国民出席开展仪式。

9日 自治区党委办公厅、政府办公厅印发《关于重申党和国家机关工作人员在工作期间禁止饮酒的通知》（内党办发电〔2004〕4号）。

☆ 内蒙古广播电视信息网络有限责任公司呼伦贝尔分公司与俄罗斯贝加尔公司合资建设的俄罗斯布里亚特蒙古自治共和国首府乌兰乌德市有线电视信息网络工程一期工程有线电视开通。拥有42万人口，蒙古语观众占40%的乌兰乌德市开始收看到二套中国电视节目。

10日 由全国蒙古语电视协作会主办，巴林右旗人民政府承办的全国第六届蒙古语电视节目评奖会议在巴林右旗大板召开。节目评奖中共收到全国八个省区、盟市州、旗县各级30余电视台的200多参评节目。

11日 自治区文化艺术界人士与法国巴黎国际艺术城主席西蒙·布鲁诺夫人欢聚呼和浩特迎宾馆。自治区党委常委、宣传部长张国民讲话。

☆ 全国电脑农牧业推广工作现场会在赤峰市巴林右旗大板召开。

12～13日 由中央统战部、中央社会主义学院召开的全国社会主义学院工作会议在呼和浩特举行。自治区党委常委、统战部长伏来旺出席会议。中央社会主义学院副院长朱晓明一行4人专程参加。

12～16日 中国、日本、韩国青少年组成的2004年国际青少年科尔沁草原探险夏令营队员在兴安盟科尔沁右翼中旗开展草原探险活动。

14日 纪念邓小平诞辰100周年理论研讨会在呼和浩特召开。自治区党委副书记陈光林出席并讲话，自治区党委常委、宣传部长张国民主持并作总结讲话。

☆ 自治区党委副书记陈光林与建设民族文化大区征歌歌曲创作班成员座谈。座谈时强调，要繁荣文艺创作，推动民族文化大区建设。自治区党委常委、宣传部长张国民出席座谈会。

☆ 自治区党委常委、呼和浩特市委书记牛玉儒，因病医治无效，于凌晨4时30分在北京逝世，享年51岁。

15日 自治区党委办公厅、政府办公厅印发《关于包头市申请承办“中国·内蒙古第二届国际草原文化节”的批复》（厅发〔2004〕48号）。

16日 第五届全国医疗器械西部博览会在呼和浩特开幕，自治区党委常委、宣传部长张国民出席。

17日 内蒙古大学隆重召开第四次蒙古学国际学术讨论会，自治区副主席连辑出席开幕式。

☆ 中国保监会副主席李先穆一行，到乌兰察布市察哈尔右翼中旗考察指导扶贫工作，向察右中旗捐赠现金10万元，丰田面包车1辆。

☆ 中组部九省市区组织部长片会在乌兰察布市察哈尔右翼中旗召开。

18日 自治区党委常委、呼和浩特市委书记牛玉儒遗体告别仪式在京举行。中共中央政治局委员、中宣部部长刘云山，全国人大常委会副委员长乌云其木格，全国政协副主席陈奎元及在内蒙古工作过的刘明祖、田聪明、白志健，中组部代表李建华、张纪南及中央国家机关部委和省区市领导，自治区党委书记储波，自治区主席杨晶，自治区政协主席王占，自治区党委副书记、自治区副主席岳福洪，自治区党委副书记陈光林、杨利民、巴特尔等自治区领导参加遗体告别仪式。

☆ 伊利杯首届中国纳税人维权论坛在呼和浩特举行，自治区党委常委、宣传部长张国民主持，全国政协常委、原自治区政协副主席夏日出席。

☆ 鄂尔多斯市鄂托克前旗三段地镇、布拉格苏木、镇敖、二道川、毛盖图5个苏木乡镇15个嘎查村相继遭受百年不遇的特大冰雹灾害，冰雹最大直径5厘米，平均积厚15厘米，最厚达34厘米。

20日 自治区党委常委、呼和浩特市委书记牛玉儒骨灰安放仪式在呼和浩特殡仪馆举行。自治区党委书记储波介绍牛玉儒同志生平，自治区主席杨晶主持骨灰安放仪式。自治区党委副书记、自治区副主席岳福洪，自治区党委副书记陈光林、杨利民、巴特尔，内蒙古军区司令员黄高成、政委张金柱等出席骨灰安放仪式。牛玉儒同志骨灰安放在大青山革命公墓。

☆ 民革内蒙古区委在内蒙古师范大学音乐厅举行成立20周年庆典。自治区党委常委、统战部长伏来旺等出席。

20～22日 2004年“嘉陵杯”全国越野摩托车锦标赛阿拉善左旗站在巴彦浩特举行。

21 日　自治区主席杨晶在内蒙古饭店会见雀巢集团大中华区总裁穆立一行。

☆　内蒙古第一机械制造集团公司建厂 50 周年庆典在包头举行。中共中央委员、中华全国总工会副主席、书记处第一书记张俊九,中共中央候补委员、中国兵器工业集团公司党组书记、总经理马之庚,自治区党委副书记杨利民、自治区党委常委、包头市委书记邢云出席庆典并讲话。

22 日　乌兰察布盟撤盟设市庆祝大会在集宁区隆重举行。自治区主席杨晶、全国人大原副委员长布赫等出席庆典大会。中共中央政治局委员、中宣部部长刘云山,全国政协副主席陈奎元发来贺电。

22～23 日　全区社会治安综合治理工作会议在赤峰市召开。自治区党委副书记、综治委副主任陈光林,自治区党委常委、政法委书记、综治委副主任胡忠出席会议并讲话。会议传达贯彻全国社会治安综合治理工作会议精神,认真分析了全区社会治安形势,总结交流近年来各地开展矛盾纠纷排查调处工作的经验,对新形势下如何加强矛盾纠纷排查调处工作,进一步落实社会治安综合治理措施做出部署。

22～26 日　中澳少数民族地区反家庭暴力培训班在呼和浩特召开。来自内蒙古、宁夏、北京、山西等 15 个省区市人大、妇联、公安、法院、司法、民政等部门的代表近 100 人参加培训班。全国妇联书记处书记甄砚、自治区人大常委会副主任万继生出席培训班的开班仪式。全国妇联国际部副部长邹晓巧、权益部副部长邓丽、中华女子学院的教授和澳大利亚人权与机会平等委员会的专家为培训班授课。此次培训是全国妇联与澳大利亚人权与机会平等委员会合作举办的。从 2000 年开始,全国妇联与澳大利亚人权与机会平等委员会已在反对家庭暴力及打击拐卖妇女儿童领域进行多次合作。此次培训是全国妇联与该委员会 2004 年的合作项目之一,旨在推动内蒙古和宁夏等少数民族地区进一步加强反家庭暴力工作,维护妇女的合法权益。

23 日　历史巨片《成吉思汗》央视首播新闻发布会在内蒙古饭店举行。原全国人大常委会副委员长布赫,自治区党委书记储波出席,自治区主席杨晶讲话,自治区党委常委、宣传部长张国民,自治区党委常委、党委秘书长任亚平等出席。

☆　自治区口岸经济发展座谈会暨满洲里口岸专题会议在满洲里市召开,自治区有关委、厅、局及各盟市 70 多位代表参加会议,自治区副主席余德辉出席会议并作重要讲话。呼伦贝尔市等 8 个盟市以及满洲里海关、内蒙古出入境检验检疫局 14 个部门的负责人先后发言,提出加快发展口岸经济的意见和建议。

23～27 日　由内蒙古广播电影电视局主办的内蒙古民族电影精品故事片展映周在呼和浩特举行。

24 日　"发扬革命传统、争取更大光荣—内蒙古革命老区图片、书画展览"暨内蒙古老区建设促进会成立 10 周年座谈会在内蒙古博物馆举行,自治区党委副书记杨利民等到会祝贺。

☆　全区工业开发区(园区)工作会议在包头结束。自治区主席杨晶出席并讲话,自治区党委常委、包头市委书记邢云出席,自治区副主席赵双连主持。会议要求,要全力打造工业经济发展新的增长点。

25 日　神华煤直接液化项目开工建设。自治区党委书记储波宣布工程开工,自治区主席杨晶,自治区党委常委、党委秘书长任亚平,自治区党委常委、包头市委书记邢云,自治区副主席赵双连,神华集团董事长兼总经理陈必亭等出席开工仪式。

25～28 日　蒙元文化历史国际学术研讨会在北京、锡林浩特两地举行。北京大学中国考古研究中心、北京大学博物院、清华大学工艺美术学院、内蒙古自治区文化厅、内蒙古大学蒙古学研究中心等单位和 20 个国家(地区),共 100 多位专家学者参加会议。研讨会分为两项内容:一是《大朝遗珍—蒙元文化精品展》;二是蒙元文化研讨。会议期间在锡林浩特市河西的锡林郭勒经济技术开发区举行蒙元文化苑成吉思汗雕塑揭幕仪式和蒙元文化博物馆奠基仪式。

26 日　巴彦淖尔盟撤盟设市庆祝大会在临河区隆重举行。原全国人大常委会副委员长布赫,自治区党委副书记巴特尔出席庆祝大会。

26～27 日　中国中信集团董事长王军一行 11 人,在呼和浩特就进一步加强中信集团公司与自治区投资开发合作领域进行考察。27 日,自治区党委副书记、自治区副主席岳福洪、自治区党委副书记杨利民会见中信集团一行并座谈。

☆　中共中央政治局委员、国务院副总理曾培炎一行 25 人,在包头市参加全国大型煤炭基地建设座谈会并在鄂尔多斯市、包头市考察。自治区党委书记储波,自治区主席杨晶,自治区党委常委、党委秘书长任亚平陪同。

27 日　联合国粮农组织官员到赤峰市松山区木头沟乡进行调研。

28 日　自治区党委副书记、自治区副主席岳福洪在内蒙古饭店会见了华夏银行董事长刘海燕一行。

☆　2004 内蒙古民营企业项目合作洽谈会在赤峰市召开。全国工商联副主席、中国光彩事业促进会副会长谢伯阳,自治区党委常委、统战部长伏来旺等出席。

☆　"牧歌·中国锡林浩特首届国际游牧文化节文艺晚会"在锡林浩特市贝子庙广场举行。晚会由中共锡林浩特市委、市政府主办,中央电视台海外中心和内蒙古 21 世纪影视文化传播公司承办。媒体和演艺界人士白岩松、叶迎春、苏日娜、腾格尔、羽·泉组合、齐峰、拉苏荣、顺子(台湾)、斯日其玛(蒙古国)、"高原红"组合、黄琪珊等到会表演。

☆　由白音华煤电公司投资建设的赤大白(赤峰—大板—白音华)铁路举行奠基暨试验段开工仪式。该铁路北起西乌珠穆沁旗白音华煤田，南至京通线赤峰西站，贯穿赤峰市和锡林郭勒盟，全长361公里，与集通铁路和京通铁路相连，等级为地方一级铁路，投资36亿元。

☆　自治区党委副书记杨利民到鄂尔多斯市鄂托克旗检查指导工作。杨利民副书记充分肯定了鄂托克旗禁牧、休牧、轮牧、生态植被恢复、生态移民工作所取得的成绩。

28日至9月6日　由中央人民文广播电台和中国国际广播电台、内蒙古电视台、内蒙古人民广播电台、阿拉善日报社、阿拉善人民广播电台、宁夏新消息报等媒体组成的《走进黑河》大型系列报道团，行程4 500余公里，沿途深入青海省祁连县，甘肃省张掖市甘州区，临泽县，高台县，酒泉市金塔县，东风航天城，额济纳旗，对黑河流域水资源统一管理、流域综合治理工程建设进展，流域人文、地理、风土人情、社会经济发展及生态环境保护建设情况进行详细、全面报道。

29日至9月3日　中共中央政治局委员、国务院副总理回良玉在自治区考察。考察时强调，要突出地方特色，发挥资源优势，大力推进农牧业产业化经营。自治区党委书记储波，自治区主席杨晶陪同考察，随同回良玉考察的有国家发改委副主任刘江、国务院副秘书长张勇、财政部副部长廖晓军、农业部副部长尹成杰、林业局局长周生贤、国研室副主任李炳坤。

30日　全区第八届老年人"松鹤杯"书画联赛在乌兰浩特市闭幕。自治区主席杨晶，自治区党委副书记杨利民，自治区副主席郭子明为联赛发来贺信，自治区党委常委、统战部长伏来旺，自治区人大副主任周维德等为书画联赛亲笔题词。

☆　钱学森沙产业、草产业理论发表20周年理论研讨会在鄂尔多斯市达拉特旗举行。原国家林业部长高德占，钱学森秘书、少将涂元季，中国航天西安卫星测控中心副司令员、少将上官世盘，中国绿化基金会副会长蔡延松，自治区党委副书记杨利民，人大副主任陈瑞清，全国政协常委、政协民族事务委员会副主任夏日等参加研讨会。

☆　呼伦贝尔市莫力达瓦达斡尔自治旗工商局尼尔基工商所所长霍宝霞被中共中央组织部、中共中央宣传部、中央文明办、人事部等四部门评为全国第六届"人民满意的公务员"。是全国工商系统和内蒙古自治区唯一获此殊荣的国家公务员。

31日至9月3日　中国炒货行业第二届瓜子专业工作会议暨中国炒货行业订单农业推进会议在巴彦淖尔市乌拉特前旗召开，来自全国20多家知名企业参加会议。

8月　由中国企业家联合会、中国企业家协会主办的中国企业500强排序活动中，内蒙古小肥羊餐饮有限公司成功入选。该公司不仅是500强中唯一入选的餐饮企业，而且是500强评选史上首家入围的餐饮企业。

☆　自治区党委、政府根据国家民委筹备会议的部署，成立内蒙古自治区"中央民族工作会议暨第四次全国民族团结进步表彰大会"筹备工作领导小组和办公室。自治区党委副书记陈光林担任领导小组组长，自治区党委常委、秘书长任亚平，自治区党委常委、统战部部长伏来旺，自治区政府副主席郝益东担任领导小组副组长；成员单位由自治区党委办公厅、政府办公厅、纪委办公厅、组织部、宣传部、统战部、党委政研室、直属机关工委、民委、财政厅、人事厅等组成。领导小组的职责主要是审定《关于评选推荐国务院第四次全国民族团结进步表彰大会民族团结进步模范集体模范个人的意见》，代自治区党委、政府审定受表彰的集体和个人名单。

9　月

9月初　国务院在呼和浩特召开全国粮食主产省（区）农业工作座谈会，中共中央政治局委员、国务院副总理回良玉出席会议并作重要讲话，河北、内蒙古、辽宁、吉林、黑龙江、江苏、安徽、江西、山东、河南、湖北、湖南、四川等13个粮食主产省（区），中央和国家机关有关部门负责同志参加会议。会议主要任务是确立粮食主产省（区）在国家农业农村经济发展全局中具有的举足轻重地位，进一步加强对主产区粮食增产和农民增收的支持，积极探索建立促进粮食增产和农民增收的长效机制，形成保障国家粮食安全的合力，不断开创主产区农业和农村经济发展的新局面。

1日　中共中央政治局委员、国务院副总理回良玉在自治区党委书记储波，自治区主席杨晶，自治区党委常委、秘书长任亚平陪同下视察呼市和林格尔县。

☆　草原伊盛肉业锡林浩特基地竣工仪式在锡林浩特市隆重举行。自治区党委副书记、自治区副主席岳福洪，自治区政协副主席郧宝恒出席竣工仪式。

1日至10月22日　自治区政府法制办按照自治区政府的要求，开展全区行政执法大检查，对12个盟市、32个旗县区以及自治区交通厅、公安厅、国土资源厅、工商局、质量技术监督局5个重点执法厅局进行行政执法情况的检查。

2～5日　山东鲁能集团公司总裁高洪德一行9人，在呼和浩特市考察。自治区党委书记储波，自治区主席杨晶分别会见高洪德一行，自治区党委副书记陈光林，自治区党委常委、党委秘书长任亚平参加了会见。

3日　呼伦贝尔市满洲里市劳动和社会保障局被国务院评为"全国再就业先进工作单位"。

☆　全区农村土地承包会议在呼伦贝尔市扎兰屯市召开，来自全区12个盟市农村经营管理站站长、副站长，共计20余人参加会议。会上，各盟市代表分别就本地区土地承包工作情况进行交流探讨，特别是对新形势下农村土地承包经营过程中出现的新情况、新问题进行梳理分类，并提出相应的解决办法和建议措施。

3～5日　中国工程院"自然历史、气候变化与生态环境"等6个课题组赴兴安盟考察，有关领导陪同考察。

4日　国务委员、国家西部地区"两基"攻坚领导小组组长陈至立、教育部部长周济、国家发改委副主任李盛霖、国务院副秘书长陈进玉、财政部部长助理张少春，在自治区主席杨晶、自治区副主席连辑的陪同下在内蒙古自治区考察。

5日　全国退耕还林、退牧还草现场经验交流会与会人员在鄂尔多斯市达拉特旗参观考察。

6日　蒙古国公民意志共和党代表团访问自治区。自治区党委副书记杨利民会见蒙古国客人。

☆　为纪念包钢建厂50周年影片《钢铁脊梁》首映式在包钢少年宫举行。

7日　包钢薄板厂生产的船用结构钢带和钢板通过国家权威机构—中国船级社认证，成为中国同类生产线首家通过A32高强度船用结构钢带认证企业。

8日　自治区人大常委会召开纪念人民代表大会成立50周年新闻发布会。

10～24日　为进一步丰富馆藏，自治区档案局、馆赴蒙古国征集有关内蒙古的档案，此次共征集珍贵档案828页、电影纪录片8盘。这是自治区档案局、馆首次赴国外征集档案。

11日　国家档案局、中央档案馆馆室司副司长张曼、中国第一历史档案馆副馆长刘余才一行5人，到呼和浩特市土默特左旗档案馆，对历史档案抢救工程进行调研。

☆　自治区庆祝教师节暨表彰大会在自治区政府礼堂召开。自治区党委副书记杨利民出席并讲话，自治区副主席宝音德力格尔、自治区政协副主席许柏年出席。

11～12日　自治区党委、政府在通辽市召开全区推进农牧业产业化经营现场会。自治区党委书记储波，自治区主席杨晶讲话，自治区党委常委、党委秘书长任亚平出席，自治区副主席雷·额尔德尼部署工作。会议强调，发展县域经济的主要任务就是推进产业化。

13日　《神舟飞船与内蒙古》一书首发式在呼和浩特举行。自治区党委副书记杨利民，自治区党委常委、宣传部长张国民，自治区政协副主席刘芝兰出席首发式。

☆　中央电视台"心连心"艺术团在赤峰市举办"吉祥草原"慰问演出，自治区党委副书记杨利民、自治区党委常委、宣传部长张国民观看演出。

14日　自治区政府召开全区第一次经济普查领导小组会议，认真贯彻落实国务院第一次全国经济普查电视电话会议精神，研究部署自治区下一步经济普查工作。自治区经济普查领导小组全体成员参加会议。自治区党委副书记、副主席、自治区经济普查领导小组组长岳福洪出席会议并作重要讲话。

☆　自治区举行纪念人民代表大会成立50周年大会。自治区党委书记储波，自治区主席杨晶讲话，自治区政协主席王占，自治区党委副书记巴特尔，自治区党委常委、党委秘书长任亚平，自治区党委常委、政法委书记胡忠，内蒙古军区司令员黄高成，自治区党委常委、统战部长伏来旺等出席，自治区人大副主任尤仁主持。

15日　上午9时36分，位于呼伦贝尔市莫力达瓦达斡尔族自治旗的尼尔基水利枢纽工程导流明渠截流胜利合龙。国家水利部副部长陈雷、黑龙江省副省长程幼东、内蒙古自治区副主席雷·额尔德尼、水利部松辽委主任党连文等来宾300多人参加截流庆典仪式。

16日　内蒙古师范大学附属中学隆重庆贺50华诞。自治区党委常委、统战部长伏来旺，自治区人大副主任宝音德力格尔，自治区副主席连辑，自治区政协副主席许柏年、罗锡恩、奇英成出席庆祝大会。

16～19日　亚洲青年柔道锦标赛在卡塔尔举行，内蒙古女子柔道运动员吴树根夺得48公斤级冠军。

17日　内蒙古自治区文史馆建馆50周年庆祝大会在呼和浩特举行。国务院参事室副主任陈鹤良到会祝贺并讲话，自治区党委常委、统战部长伏来旺讲话，自治区人大副主任宝音德力格尔，自治区副主席郝益东，自治区政协副主席盖山林出席。

☆　国家质检总局副局长葛志荣、国家质检总局党组成员夏红民在内蒙古自治区检验检疫局长陪同下赴秦皇岛出席内蒙古首批活羊出口约旦离境装船仪式。内蒙古草原兴发股份有限公司首批(43 247只)乌珠穆沁羊在秦皇岛港装船并启程运往约旦，中国与中东国家间中断了8年的活羊出口贸易恢复。

☆　全国交通职业教育工作会议在呼和浩特召开。自治区副主席连辑致欢迎辞，国家交通部副部长翁孟勇作工作报告。交通部科技教育司司长孙国庆主持会议。教育部职业教育与成人教育司副司长王继平讲话。会上，自治区交通厅被交通部评为全国交通职业教育工作先进集体。

18日　自治区工会第八次代表大会在自治区政府礼堂隆重开幕，中华全国总工会副主席、书记处书记苏立清到会祝贺并致词，自治区党委常委、组织部长陈朋山代读陈光林的讲话，自治区人大副主任尤仁主持，自治区党委常委、统战部长伏来旺，自治区人大副主任云秀梅，自治区副主席连辑，自治区政协副主席奇英成出席。

20日　由中国工程院农业轻纺与环境工程学部和内蒙古大学哺乳动物生殖生物学与生物技术教育部重点实验室共同举办的中国工程院第三十次工程科技论坛暨2004国际生殖生物与生物技术青年科学家论坛隆重开幕。自治区副主席连辑出席开幕式。

20～23日　全国人大常委会副委员长乌云其木格一行6

人，先后在包头市、呼和浩特市视察。自治区党委书记储波，自治区主席杨晶，自治区党委常委、党委秘书长任亚平陪同考察。

21日　包头钢铁有限公司举行建厂50周年庆典在包头举行。全国人大常委会副委员长乌云其木格，自治区党委书记储波，自治区主席杨晶，自治区党委常委、党委秘书长任亚平，自治区党委常委、包头市委书记邢云，自治区副主席赵双连，自治区政协副主席罗锡恩等出席庆典。

21～25日　内蒙古自治区残疾人运动员边建欣、李瑞芳分别在雅典第十二届残疾人奥林匹克运动会女子48公斤、82.5公斤举重比赛中夺得金牌，并双双打破世界记录。在本届残奥会上，自治区另一名残疾人运动员哈斯劳还夺得男子铅球比赛铜牌。边建欣被授予全国五一劳动奖章和中国青年五四杰出贡献奖章，李瑞芳被授予全国五一劳动奖章。

22日　全区信息化建设和信息产业发展工作会议召开，自治区主席杨晶，国务院信息化工作办公室副主任杨学山，国家信息产业部副部长、全国企业信息化领导小组组长苟仲文出席会议并讲话。会议要求，要扎实推进信息化建设和信息产业发展。

☆　内蒙古自治区人民政府、中国民用航空总局呼和浩特白塔机场扩建合作项目签字仪式在呼和浩特举行。国家民航总局局长杨元元，自治区主席杨晶，自治区副主席赵双连出席签字仪式。

22～23日　中央纪委六室在自治区纪委召开了华北东北地区纪检监察信息工作会议。自治区党委副书记、纪委书记巴特尔和中央纪委六室主任刘森及华北东北八省区市纪委秘书长出席会议。

23日　自治区政府与中国农业银行在新城宾馆举行金融合作协议签字仪式。自治区主席杨晶，中国农业银行行长杨明生出席签字仪式。自治区副主席赵双连出席。

☆　“首都圈防沙治沙应急技术研究与示范”工作现场经验交流会在锡盟锡林浩特召开。国家科技部副部长邓楠、自治区副主席雷·额尔德尼以及国家林业局、中科院、自治区科技厅、河北省科技厅、北京市科委有关领导参加会议。

24日　呼和浩特市第一中学迎来百年华诞。全国人大外事委员会副主任委员吕聪敏出席庆典仪式，原全国人大常委会委员长李鹏，以及中共中央政治局委员、中宣部长刘云山，全国人大常委会副委员长乌云其木格，国务委员陈至立，全国人大常委会委员刘明祖等领导为呼和浩特市第一中学题词或发来贺信。自治区党委书记储波，自治区政协主席王占、自治区副主席连辑等及中国教育学会会长顾明远也为呼和浩特市第一中学题词或发来贺信。

☆　自治区党委、政府印发《关于授予全区关心下一代事业荣誉奖、突出贡献奖的决定》（内党字〔2004〕16号）。

25日　神华集团煤制油公司30万吨煤焦油加工项目、海勃湾矿业公司100万吨焦化厂和4×200矸石电厂开工奠基仪式在乌海市隆重举行。自治区党委书记储波，自治区主席杨晶，自治区党委常委、党委秘书长任亚平，神华集团董事长陈必亭出席奠基仪式，杨晶和陈必亭分别讲话。

☆　内蒙古海吉氯碱化工股份有限公司生产的15万吨电石、6万吨烧碱、6万吨聚氯乙烯项目建成投产。自治区主席杨晶参加投产仪式。

26～27日　自治区党委、政府在乌海市隆重召开全区两个文明建设经验交流会。自治区党委书记储波作重要讲话，自治区主席杨晶作工作报告，自治区党委副书记陈光林主持，自治区党委副书记巴特尔，自治区党委常委、党委秘书长任亚平，自治区党委常委、宣传部长张国民，自治区人大副主任哈斯巴根，自治区副主席乌兰，自治区政协副主席郧宝恒出席会议。会议要求，要牢牢把握科学发展观，促进两个文明协调发展。

27日　自治区人民政府、自治区党委统战部在呼和浩特举行中秋招待会，慰问政府参事、文史馆员。自治区党委常委、统战部长伏来旺出席会议。

28日　自治区机关工委成立20周年庆祝暨表彰大会在呼和浩特举行。中共中央政治局委员、书记处书记、中宣部部长刘云山，全国人大常委会副委员长乌云其木格分别发来贺电和题词，会前自治区党委书记储波，自治区党委副书记杨利民，自治区党委常委、组织部长陈朋山等会见全体会议代表并合影留念。储波、杨利民分别讲话，陈朋山宣读了自治区党委、政府的表彰决定。

☆　受自治区党委委托，自治区党委常委、统战部长伏来旺向自治区各民主党派、工商联负责人、无党派人士和民族宗教界人士通报中共十六届四中全会精神。

☆　中国与蒙古国签署的《中国政府和蒙古国政府关于中蒙边境口岸及其管理制度协定》生效，阿尔山—松贝尔口岸升格为国际性季节开放口岸。

29日　自治区党委、政府在新城宾馆举行国庆招待会，庆祝中华人民共和国成立55周年。自治区党委书记储波，自治区政协主席王占，内蒙古军区政委张金柱，自治区党委副书记陈光林、杨利民、巴特尔，蒙古国驻呼和浩特总领事萨木丹·楚龙巴特尔等出席，陈光林致辞，自治区副主席雷·额尔德尼主持招待会。并在政府礼堂举办国庆文艺晚会。自治区党政军有关领导出席。

☆　自治区举行纪念《民族区域自治法》颁布20周年座谈会，自治区党委副书记陈光林到会讲话，自治区党委常委、统战部长伏来旺主持。

☆　内蒙古乌兰夫研究会第二次会议在呼和浩特召开。全国人大副委员长乌云其木格、原全国人大副委员长布赫向大会发来贺电，自治区党委副书记陈光林，自治区党委常委、宣传部长张国民,自治区人大副主任尤仁,自治区副主席连辑等出席会议。

☆ 自治区党委印发《关于向牛玉儒同志学习的决定》(内党字〔2004〕17 号)。

30 日至 10 月 12 日 自治区主席杨晶,自治区副主席余德辉率自治区政府代表团对俄罗斯、蒙古国进行友好访问,达成经贸合作项目 40 余项。

10 月

1 日 俄罗斯赤塔夏阳国际商厦开业。该商厦是满洲里市夏阳服装有限公司于 2001 年在赤塔市投资兴建的独资企业。

1～8 日 世界青年女排巡回赛在澳大利亚举行,有 8 个国家和地区的青年女排参赛,代表中国参赛的包头市第一中学女排以七战全胜的成绩夺得冠军。

4 日 在湖北武汉举行的全国速度赛马锦标赛中,自治区运动员乌兰格日乐获得12 000米的冠军,李帅获得1 800米的第三名。6 日在国际马联中国赛区障碍挑战赛中,自治区运动员刘同晏获得冠军,并获得在德国举行的总决赛的参加资格。

7～9 日 香港嘉里控股有限公司董事长郭孔丞一行 4 人,在呼和浩特市、包头市考察。8 日,自治区党委书记储波会见郭孔丞一行,自治区党委常委、党委秘书长任亚平参加会见。

8 日 乌兰察布市丰镇发电有限公司发生机器损坏事故,中国人民财产保险公司内蒙古分公司支付理赔款355.6万元。

☆ 由自治区党委宣传部、自治区文联等主办,自治区舞蹈家协会承办的中国首届"成吉思汗杯"蒙古舞蹈大赛决赛在内蒙古大学艺术学院开赛。自治区党委副书记陈光林发去贺信,自治区党委常委、宣传部长张国民出席开幕式并讲话。

8～11 日 全国政协副主席阿不来提·阿不都热西提率全国政协经济委员会调研组一行 14 人,先后在呼和浩特市、乌兰察布市、包头市、鄂尔多斯市就统筹城乡发展情况进行考察。8 日下午,调研组一行听取了自治区工作汇报。自治区党委书记储波,自治区政协主席王占,自治区党委常委、党委秘书长任亚平出席。储波、王占在呼和浩特期间陪同考察。

10 日 庆祝中国少年先锋队建队 55 周年表彰大会在呼和浩特举行。自治区党委副书记巴特尔出席并讲话。

☆ 由中央电视台经济频道主办的"2004CCTV 城市中国系列活动"组委会公布中国十大最具经济活力城市的 20 个提名城市名单,呼和浩特名列其中。

10～12 日 自治区第二届残疾人运动会暨第一届特殊奥林匹克运动会在呼和浩特隆重举行。自治区人大副主任周维德,自治区副主席雷·额尔德尼,自治区政协副主席郭宝恒和中国残奥会副主席、特奥会主席王智钧出席了开幕式。来自全区各盟市及包钢代表队的 286 名残疾人运动员参加了田径、乒乓球、射箭、摔跤等 10 个大项 191 个小项的比赛。

12 日 自治区团委召开全区"十佳少先队员、十佳辅导员"表彰大会,自治区党委副书记巴特尔巴特尔出席。

☆ 中蒙投资促进会在蒙古国首都乌兰巴托召开。包钢董事长、党委书记、总经理林东鲁与蒙俄矿业金属有限公司总经理巴德玛苏荣签署《启动蒙中巴日格勒图有限公司工作备忘录》,标志着包钢蒙古国矿产资源开发正式启动。

15 日 2004 年中组部、团中央赴内蒙古"博士服务团"欢迎会在新城宾馆举行。自治区党委副书记杨利民讲话,自治区党委常委、组织部长陈朋山主持。

16 日 内蒙古拍卖行业协会成立,为自治区拍卖企业构筑实现联合、增进交流、加强沟通、共促发展的平台,为促进行业健康发展奠定基础。

16～22 日 以北京大学原常务副校长王义遒为组长、黑龙江大学校长衣俊卿为副组长的教育部本科教学工作水平评估专家组对内蒙古大学进行实地考察,在前期评建基础上对学校本科教学工作给予充分肯定。自治区副主席赵双连、乌兰分别出席开幕式和反馈意见会。

17 日 全区农村牧区税费改革试点工作电视电话会议在呼和浩特召开。自治区主席杨晶出席并讲话。

18 日 "神州"五号成功返回纪念雕塑在呼和浩特市内蒙古青少年生态园举行揭幕。自治区党委书记储波,自治区党委副书记杨利民,自治区党委常委、党委秘书长任亚平,自治区人大副主任陈瑞清,自治区副主席郭子明,武警内蒙古总队总队长郄国严等在新城宾馆会见了总装备部胡世祥一行。上午 10 时,解放军总装备部胡世祥、史继明、宿双宁、杨利伟和自治区领导杨利民、陈瑞清、郭子明等出席揭幕仪式。

☆ 自治区党委书记储波在内蒙古新城宾馆会见了前来自治区调研的北京军区司令员朱启、参谋长常万全一行。内蒙古军区司令员黄高成、政委张金柱,自治区党委副书记杨利民,自治区党委常委、党委秘书长任亚平,自治区副主席乌兰等参加了会见。

☆ 全国"人民满意的公务员"先进事迹报告会在自治区政府礼堂举行。自治区党委副书记杨利民出席并讲话。

18～21 日 中央人民政府驻香港特别行政区联络办公室副主任周俊明率考察团一行 34 人,先后在呼和浩特市、鄂尔多斯市、包头市考察,自治区党委副书记杨利民陪同。18 日,自治区党委书记储波,自治区党委常委、党委秘书长任亚平在新城宾馆会见周俊明一行。

20 日 自治区党委书记储波在新城宾馆会见来自治区考察工作的铁道部部长刘志军一行。自治区党委常委、党委秘书长任亚平,自治区副主席赵双连参加会见。自治区主席杨晶代表自治区政府与铁道部签署内蒙古铁路建设有关问题的会谈纪要。

20~23日 国家司法部副部长范方平来自治区就最高人民检察院、司法部、公安部开展减刑、假释、保外就医专项检查活动和司法部在全国监狱劳教系统开展的“文明执法树形象”活动的进展情况，以及监狱和劳教系统布局调整、劳教系统办特色等问题进行调研。自治区党委常委、政法委书记、人大副主任胡忠陪同视察。

21日 自治区党委书记储波会见并宴请了前来自治区考察工作的国家建设部部长汪光焘一行。自治区党委常委、党委秘书长任亚平等参加了会见。

21~23日 八省区蒙古语文工作协作小组第七次组长会议在呼和浩特举行。八协小组组长、内蒙古自治区人大常务委员会副主任宝音德力格尔，八协小组副组长、内蒙古自治区副主席郝益东，青海省人大常务委员会副主任高永红，新疆维吾尔自治区副主席努尔兰·阿不都满金，黑龙江省人民政府副省长王东华，吉林省人民政府副秘书长王甫轶，内蒙古自治区、黑龙江省、吉林省、辽宁省、河北省、甘肃省、青海省、新疆维吾尔自治区等省区民委、语委主任（副主任）、北京地区蒙古语文工作协作小组组长等40多人参加会议。

23日 由国家民委、广电总局、文化部和中国文联共同主办，内蒙古自治区民委、广电局、文化厅和文联承办的第十届全国少数民族题材电视“骏马奖”评奖活动颁奖晚会于在呼和浩特举行。国家民委副主任周明甫、国家广电总局副局长胡占凡、国家文化部副部长郑欣淼、中国文联副主席胡珍，自治区党委副书记陈光林，自治区党委常委、秘书长任亚平，自治区人大常委会副主任陈瑞清，自治区副主席余德辉出席晚会并向获奖单位、个人颁奖。由自治区党委宣传部、中央电视台、上海市委宣传部拍摄的长篇电视剧《静静的艾敏河》获“骏马奖”电视剧一等奖。由内蒙古电视台拍摄制作的纪录片《小苏布达们的故事》获“骏马奖”纪录片一等奖。由内蒙古电视台拍摄的电视文艺片《这是我的家乡》获“骏马奖”电视文艺片一等奖。由内蒙古电视台拍摄的蒙古语社教节目《额鲁特婚礼》、《凡人小事》获“骏马奖”社教节目一等奖。《静静的艾敏河》的编剧内蒙古作家杜逵、萨仁托娅、罗建凡、宁才、李希华获“骏马奖”最佳编剧奖。自治区民委、广电局、文化厅、文联获“骏马奖”最佳组织奖。

26日 中央政法委政法工作座谈会在呼和浩特召开，来自北京、内蒙古、吉林、湖北、新疆等5省市区的代表参加会议。会议就召开全国政法工作会议举行座谈。

27日 自治区党委书记储波会见并宴请国家税务总局纪检组长贺邦靖一行，自治区党委常委、党委秘书长任亚平等参加了会见。

28~29日 自治区人大常委会在呼和浩特召开全区人大环境与资源保护工作座谈会。

29日 自治区政府召开清理拖欠工程款电视电话会议，全面部署自治区清理拖欠工程款和农民工工资工作。自治区党委副书记、自治区副主席岳福洪出席并讲话。

30日 自治区党委书记储波在新城宾馆与牛玉儒先进事迹中央新闻采访团举行座谈。自治区党委常委、党委秘书长任亚平，自治区党委常委、组织部长陈朋山出席了座谈会。

31日至11月2日 中国银行业监督管理委员会主席刘明康一行9人，在呼和浩特市调研。11月1日，自治区党委书记储波，自治区主席杨晶，自治区党委常委、党委秘书长任亚平，自治区副主席余德辉等会见了刘明康一行。

31日至11月7日 以全国人大常委会委员、财经委副主任郭树言为组长，财经委委员王文泽、谭乃达和全国人大代表邱荣庆为成员，国家统计局副局长徐一帆参加的全国人大常委会《统计法》执法检查组一行13人，圆满完成在自治区进行的为期8天的统计执法检查。自治区党委副书记、自治区副主席岳福洪作汇报讲话，自治区人大副主任周维德出席会议。晚，自治区党委书记储波，自治区党委常委、党委秘书长任亚平会见并宴请了检查组组长、全国人大财经委员会副主任郭树言一行。

10月 据国家统计局公布的统计评价结果显示，2004年全国社会经济综合发展水平排名前100位的县市中，二连浩特市综合指数值为64.789，位居第37位，比上年上升10个位次；发展潜力指数值为80.182，居第1位。

☆ 在江西省宜春市举办的第五届全国农民运动会上，锡林郭勒盟代表自治区参赛的运动员夺取2枚金牌、4枚银牌、3枚铜牌。

☆ 内蒙古杂技团的杂技《五人踢碗》荣获金狮奖第六届全国杂技比赛金狮奖、表演奖。

☆ 包头市歌舞剧团创作演出的民族舞剧《额吉》荣获第七届中国艺术节的三项大奖，即第十一届文华新剧目奖、文华编导奖和文华表演奖。

11 月

2~4日 香港合和集团主席胡应湘一行20人，在呼和浩特市、鄂尔多斯市考察。自治区党委书记储波，自治区主席杨晶分别会见胡应湘一行。自治区党委常委、党委秘书长任亚平参加会见。

3~6日 河北省委书记白克明率河北省党政代表团一行18人，在呼和浩特市、包头市、鄂尔多斯市考察。自治区党委书记储波，自治区主席杨晶，自治区党委常委、党委秘书长任亚平陪同。6日上午，储波、杨晶、任亚平出席了内蒙古自治区、河北省、中国国电集团公司三方合作项目签约仪式。河北省委书记白克明、常务副省长郭庚茂、省委秘书长张力,中国国电集团公司副总经理刘彭龄出席座谈会和签字仪式。

5日　锡林郭勒盟苏尼特右旗报告发现的1例腺型鼠疫继发肺鼠疫,自治区卫生厅及时组织指导进行处理。

5~15日　中国人民武装警察部队司令员吴双战上将一行13人,在呼和浩特市考核内蒙古武警总队领导班子和领导干部,了解部队建设全面情况并进行调研。8日,自治区党委书记储波,自治区主席杨晶会见吴双战一行。自治区党委常委、党委秘书长任亚平参加会见。

7~9日　中国红十字会会长、全国妇联名誉主席、原全国人大常委会副委员长彭珮沄一行在呼和浩特市考察,8日出席内蒙古自治区红十字会第二次会员代表大会。自治区党委书记储波,自治区主席杨晶,自治区党委副书记巴特尔,自治区党委常委、党委秘书长任亚平,自治区党委常委、组织部长陈朋山出席会议。

8日　通辽市万顺达淀粉有限公司和高峰精细化工有限公司与其集团公司捆绑设立峻煌生化科技集团公司,在新加坡上市融资2.7亿元。

9日　自治区党委常委、宣传部长张国民在内蒙古电台报审的长篇录音通讯《草原孺子牛》上作出批示。并于11月15日至24日《草原孺子牛》(六篇)在内蒙古电台汉语新闻综合广播《全区新闻联播》节目播出后,引起社会强烈反响。

10日　内蒙古自治区包钢钢联股份公司18亿元A股可转债在上海证券交易所成功发行。

11日　自治区副主席连辑与内蒙古军区副政委孙忠泰少将到内蒙古大学视察国防生工作。

12日　自治区主席杨晶和工商银行总行行长姜建清在北京中国工商银行总行签订金融合作协议,由中国工商银行为自治区提供560亿元授信额度。

14日　因见义勇为献出宝贵生命的优秀共青团员张国庆同学追悼会在呼和浩特市殡仪馆举行。

16日　内蒙古首例造血干细胞捐献者、赤峰学院附属医院血液科医生王海峰从北京归来。王海峰于2001年向中国造血干细胞捐献者资料库捐献血样,2004年6月底血样配型成功,7月份到北京重新采集血样进行高分辨检测,再次配型成功。11月10日,她在北京解放军307医院成功地为一名26岁的河北籍年轻教师捐献了造血干细胞,这是全国血液医生中的第一例,也是全国第176名非亲缘捐献者。自治区红十字会授予王海峰"中国造血干细胞捐献者资料库内蒙古分库爱心天使"荣誉称号。

16~17日　以中国科技大学教授李尚志为组长的教育部专家组开始对内蒙古大学生物学基地和数理基地进行评估。数理基地由试办转为正式理科基地。

17日　国家自由式滑雪队10名队员入驻兴安盟阿尔山。次日,滑雪队员在阿尔山太伟自由式滑雪场进行雪上实地训练,实现2004~2005年度全球第一跳,成为本年度世界上开展自由式滑雪项目的国家中上雪训练最早的一支队伍。

18日　全国供销合作总社公布全国供销合作社重点企业名单,内蒙古供销合作联合社系统通辽市农资农贸有限责任公司、内蒙古农牧业生产资料股份有限公司、赤峰喀喇沁旗烟叶产销公司3家企业为全国重点企业。

☆　呼和浩特土默特左旗哈素海"2814"渔场水产品正式获得国家农业部无公害水产品标志认证。

20日　内蒙古人民广播电台"交通之声"广播落地鄂尔多斯市和乌兰察布市,广播信号成功覆盖自治区"金三角"地区和110国道沿线,标志着内蒙古电台事业建设又有了新的发展。

☆　由西部十二省、市、自治区主流媒体发起和联合主办的"中国西部大开发五周年系列回顾暨中国西部高层论坛"在北京召开,呼和浩特市武川县被评为"特色经济最佳县—马铃薯之乡"。

21日　8时21分,由包头飞往上海的航班MU5210型飞机,在包头机场起飞一分钟后,坠落于包头飞机场附近的南海公园,造成全体47名旅客及6名机组人员全部遇难,2名地面人员在事故中死亡。其中25名参加公司航空意外保险,有8人投保了中国人寿的其它险种。事故发生后,公司领导和工作人员第一时间赶赴现场,并开展事故认定和赔付工作。至2005年4月,中国人寿保险公司内蒙古分公司共赔付10 586 189.44元。

22日　中央召开全国党风廉政建设责任制电视电话会议,自治区党委书记储波,自治区主席杨晶,自治区党委副书记巴特尔,自治区党委常委、党委秘书长任亚平,自治区党委常委、组织部长陈朋山在内蒙古分会场参加会议。会后,储波就自治区落实全国党风廉政建设责任制电视电话会议精神作了讲话,自治区党委副书记巴特尔主持。

☆　宋庆龄基金会向内蒙古体育局捐款50万元,用于扶植自治区少儿足球事业的发展。原全国人大常委会副委员长布赫,原中顾委秘书长、宋庆龄基金会原副主席荣高棠,宋庆龄基金会副主席俞贵麟,中国足协副主席薛立,自治区体育局局长石梅等相关负责人出席了当日在北京举行的捐赠仪式。

22~24日　由国家国土资源部、国家发改委、财政部、农业部、建设部、监察部、审计署有关人员组成的国务院七部委土地市场治理整顿检查验收组,对自治区土地市场治理整顿工作进行检查验收。

23日　阿拉善盟"沙尘暴监测预报系统"研制成功。这标志着阿拉善盟监测、预报沙尘暴的技术已达到全国领先水平。

24日　中国画画家内蒙古写生创作展在内蒙古美术馆开展。自治区党委副书记杨利民,自治区党委常委、宣传部长张国民，自治区党委常委、统战部长伏来旺出席开幕仪式。

☆　全区促进民营经济发展座谈会在呼和浩特举行。自治区党委副书记杨利民出席并讲话。

26日　内蒙古自治区第十届人民代表大会常务委员会第十二次会议通过《内蒙古自治区人民代表大会常务委员会关于修改内蒙古自治区实施〈中华人民共和国残疾人保障法〉办法的决定》，内蒙古自治区第十届人民代表大会常务委员会第二十一号公告予以公布，自公布之日起施行。

☆　由中宣部、国家卫生部、解放军总政治部、中共西藏自治区委员会组织的李素芝先进事迹报告团一行13人，在呼和浩特举行先进事迹报告会。自治区党委副书记巴特尔在报告会上讲话，自治区党委常委、宣传部长张国民主持。报告会之后，自治区党委书记储波，自治区党委副书记杨利民，自治区党委常委、党委秘书长任亚平，内蒙古军区政委张金柱等会见了报告团一行。

28日　阿拉善沙漠地质公园成为全国第一个省级沙漠地质公园。

29日　自治区党委、人大、政府、政协、内蒙古军区发出唁电，深切哀悼原自治区党委书记周惠同志。自治区党委副书记杨利民代表自治区党委专程前往周惠家中表示哀悼并向家属表示慰问。

☆　TCL集团股份有限公司总裁李东生将120万元捐赠给内蒙古希望工程，这笔捐款将用于援建自治区贫困地区8所希望小学。

30日　由中纪委、中组部、中宣部和中央保持共产党员先进性教育领导小组共同组织的牛玉儒同志先进事迹报告团，在北京举行首场报告会。报告会前，中央政治局常委李长春，中央政治局委员、中组部部长贺国强，中央政治局委员、中宣部部长刘云山，中纪委副书记何勇接见了报告团一行，自治区党委副书记杨利民参加了会见。随后，从12月1日至12月19日，报告团分别在沈阳、济南、上海、广州、重庆、西安等城市进行巡回报告。

11月　赤峰市红山区司法局法律援助中心在第四届全国优秀"青少年维权岗"评选活动中被授予全国优秀"青少年维权岗"称号。

☆　由中国国家项目办举办的白鹤GEF项目中国东北项目区计算机培训班在兴安盟科尔沁右翼中旗开班。白鹤GEF项目是联合国环境署，全球环境基金及国际鹤类基会为保护亚洲白鹤及其它重要水鸟的迁徙通道和栖息地设立的项目。

☆　国家文化部主办的全国第十三届"群星奖"评比中，包头市昆区文化馆选送的歌曲《走进草原》获优秀奖。

☆　内蒙古典当行业协会成立，标志着自治区典当企业逐步走向成熟与规范，对典当企业实现合规有序、公平竞争、规范运作、相互监督、健康发展有着积极的推动作用。

☆　国家教育部批准呼伦贝尔学院为全国赴俄留学生五大培训基地之一。

☆　《内蒙古自治区蒙古语文工作条例》，经自治区人大常委会审议通过、颁布实施。这标志着自治区蒙古语文工作进入新的发展阶段。

12　月

3日　自治区党委、政府召开以"弘扬宪法精神，增强法制观念"为主题的法制宣传日座谈会。自治区党委副书记杨利民出席会议并讲话，自治区党委常委、政法委书记胡忠主持会议，自治区人大常委会副主任万继生、自治区副主席连辑、自治区政协副主席奇英成、自治区依法治区领导小组成员单位负责同志和自治区法学界部分专家学者参加会议。

6～7日　自治区隆重召开农村牧区社会经济调查工作20周年座谈会。自治区副主席雷·额尔德尼等参加会议并分别作重要讲话。

7日　自治区政府与自治区总工会召开第一次联席会议，研究自治区总工会提出的有关事项。自治区主席杨晶出席并讲话。

☆　下午，自治区政府召开全区第一次经济普查电视电话会议，认真贯彻落实国务院《全国经济普查条例》，部署下一步经济普查工作，进行经济普查正式登记前的临战动员。自治区经济普查领导小组全体成员，自治区各委办厅局负责人，内蒙古军区、武警总队负责人参加会议；各盟市、旗县的主要领导和经济普查领导小组全体成员在分会场参加了会议。自治区党委副书记、副主席、自治区经济普查领导小组组长岳福洪出席会议并作重要讲话。

8日　自治区人民政府新闻办公室，举行《内蒙古自治区蒙古语言文字工作条例》颁布实施新闻发布会。

10日　自治区党委办公厅发出《关于全面征集牛玉儒同志档案资料的通知》，要求自治区各有关地区和有关单位认真切实做好牛玉儒同志档案资料的征集工作。

☆　在中国白酒工业经济运行发布会上，包头市的骆驼酒业被评为中国白酒工业百强企业。

13～14日　十届全国人大内蒙古籍代表一行，在十届全国人大代表、自治区人大副主任万继生的带领下，深入鄂尔多斯市鄂托克旗蒙西、棋盘井工业园及包乐浩晓镇、察汗淖镇考察工业、农牧业工作。

15日　兴安盟科尔沁右翼中旗团委被团中央授予"全国团建先进县"和"2004全国保护母亲河行动先进集体"荣誉称号。

15～16日　自治区政府工业办公室组织召开了全区20户重点煤炭企业建设汇报会，确定建设项目56项，设计生产能力总计27 825万吨/年。

16日　内蒙古自治区档案学会北京名人分会在京成立。原全国人大常委会副委员长布赫为大会题词，在内蒙古工作过的刘明祖等有关领导及各界名人34人出席成立大会，周秉建主持会议，自治区档案局副局长杨勇、朝克到会讲话。

17日　包头市东河区被评为全国经济责任审计先进地区。

18日　廷懋同志遗体告别仪式在呼和浩特举行。自治区党委书记储波主持，自治区主席杨晶，内蒙古军区司令员黄高成，自治区党委副书记杨利民、巴特尔，自治区党委常委、党委秘书长任亚平等出席。

18～19日　阿尔山·内蒙古首届开雪节暨第三节冰雪节在兴安盟阿尔山开幕。19日，世界第一家雪地高尔夫球场—太伟集团阿尔山雪地高尔夫球场在阿尔山市建成并举行开杆典礼。

19日　首届内蒙古"伊利杯"和"公益之星"颁奖大会在呼和浩特举行。自治区党委副书记杨利民出席并为获奖者颁奖。

20日　"内蒙华电"发行18亿元企业债券。

☆　由中组部、中宣部和中央保持共产党员先进性教育领导小组组织的牛玉儒先进事迹报告团在呼和浩特举行报告会。自治区党委书记储波讲话，自治区党委副书记杨利民主持，自治区党委常委、党委秘书长任亚平等出席。

☆　国家文化部、文物局授予喀喇沁旗"全国文物工作先进县"称号。

23～24日　全区经济工作会议在呼和浩特举行。自治区党委书记储波，自治区主席杨晶作重要讲话，自治区党委副书记、自治区副主席岳福洪作会议总结，自治区党委副书记陈光林、杨利民、巴特尔出席。

24日　乌兰夫基金会第三届理事会第一次全体会议在呼和浩特召开。自治区主席杨晶，自治区党委副书记杨利民，自治区党委常委、宣传部长张国民等出席。

☆　贺兰山国家级自然保护区被批准申请加入世界人与生物圈保护区网络。

24～25日　世界地质公园国内评委陈安泽、李风麟教授、国土资源部专家组一行在有关领导陪同下对赤峰市克什克腾国家地质公园晋升世界地质公园工作准备情况进行实地考察。

25日　自治区主席杨晶在新城宾馆会见俄罗斯伊尔库茨克州副州长特里弗诺夫一行。

☆　自治区党委副书记、自治区副主席岳福洪在上海与上海市副市长胡延照出席了亿利资源集团与华谊集团年产40万吨PVC、40万吨附属产品，总投资36亿元的项目合作签字仪式。

26日　上海华谊(集团)公司与内蒙古亿利资源集团合作建设年产40万吨聚氯乙烯及其配套项目签约仪式在上海举行。自治区党委副书记、自治区副主席岳福洪出席签约仪式。

☆　由自治区党委宣传部、自治区团委和自治区体育局等单位共同主办的"燃烧的生命—弘扬牛玉儒同志'孺子牛'精神火炬接力赛"在呼和浩特举行。自治区党委常委、秘书长任亚平，自治区副主席乌兰等领导出席了火炬接力仪式。自治区和呼和浩特市两级直属机关干部、部分驻呼部队和武警官兵、大专院校学生及各族各界群众1 600多人参加当天的活动。

27日　自治区文学艺术界联合会第六次代表大会在呼和浩特开幕。自治区党委书记储波，自治区党委副书记陈光林出席并讲话，自治区党委常委、党委秘书长任亚平，自治区副主席乌兰出席。

28日　第六届中俄蒙三国交界地区满洲里国际冰雪节在满洲里市北湖公园举行开幕式。

☆　自治区党委副书记陈光林，自治区党委常委、统战部长伏来旺出席自治区第5届归侨侨眷代表大会。

28～29日　全区老干部工作会议在呼和浩特召开，来自区直和盟市旗县的220余名代表参加，自治区党委副书记杨利民作重要讲话。自治区副主席连辑、政协副主席包俊臣和老干部工作领导小组成员单位有关领导出席会议。

☆　中央防范和处理邪教问题领导小组副组长、办公室主任、公安部副部长刘京一行6人，在呼和浩特市、包头市出席自治区公安机关反邪教工作会议，并听取自治区防范和处理邪教问题工作汇报。自治区党委副书记陈光林，自治区党委常委、政法委书记胡忠分别陪同。自治区党委书记储波，自治区党委常委、党委秘书长任亚平等会见刘京一行。

29日　自治区交通厅、国税局召开全区车辆购置税费改革划转移交人员欢送大会，欢送车辆购置税费征管人员。从2005年1月1日起，车辆购置税征收业务由国税部门负责。

☆　全区第五次个体私营经济代表大会召开，自治区党委副书记杨利民出席并讲话。自治区党委书记储波，自治区主席杨晶，自治区党委副书记杨利民，自治区党委常委、党委秘书长任亚平等在会前接见与会代表。

☆　内蒙古文联成立50周年纪念大会在内蒙古军区招待

所举行，自治区党委副书记陈光林出席。

30日 国家暨自治区精神文明单位验收汇报会在内蒙古大学隆重召开。内蒙古大学继续保持全国精神文明建设工作先进单位和自治区文明单位标兵的荣誉称号。

31日 自治区党委书记储波在自治区党委常委、党委秘书长任亚平，自治区党委常委、呼和浩特市委书记韩志然，自治区副主席郭子明的陪同下，深入呼和浩特市新城区部分社区调研并慰问下岗职工。

☆ 全区交通基础设施建设全年完成投资201.86亿元，其中公路建设完成投资201.7亿元，列全国第五位。

☆ 呼和浩特海关两税实际入库首次突破18亿大关，再创历史新高。至2004年12月31日两税入库累计18.03亿元，同比增长73%，增收7.63亿元。其中，关税入库0.74亿元，同比增长18%，增收0.03亿元；进口环节税入库17.29亿元，同比增长78%，增收7.60亿元。罚没收入入库348万元，同比增长297%，增收260万元。

☆ 自治区党委印发《关于成立内蒙古党委保持共产党员先进性教育活动领导小组的通知》（内党字〔2004〕20号）。

12月 由锡林郭勒盟科技局主办，盟科技信息所承办的锡林郭勒科技信息网蒙文频道开通。这是中国首家面向蒙古族牧民服务的蒙文科技网站。

☆ 在由中国社会科学院西部发展研究中心和《陕西日报》、《宁夏日报》等西部12省市自治区主流媒体联合主办的西部大开发5周年系列回顾活动暨新西部高层论坛上，二连浩特市获西部开发贡献奖—“区域经济增长速度最快市”奖。

☆ 锡盟西乌珠穆沁旗综合高中被国家科技部、农业部、劳动和社会保障部、共青团中央命名为国家“星火科技培训专项行动”第一批星火计划农牧民科技培训学校。

☆ 在锡盟苏尼特右旗实施的“中意太阳村”示范项目通过验收。这是国家科技部与意大利环境部签署的政府间科技合作计划中的一个子项目，也是国家科技部实施的“西部新能源行动”计划的重要内容，由意大利无偿赠送100千瓦光伏电池及配套设备，折合人民币1 200万元，项目配套费179万元，由自治区、盟、旗及示范区共同承担。项目覆盖全旗13个苏木镇，受益农牧户186户、570人，解决3.7万头（只）牲畜的饮用水困难。

☆ 在首届中国品牌影响力高峰会上，锡盟“苏尼特涮府”被评为2004年中国餐饮连锁十大杰出品牌。

是年 全区保险业共实现保费收入55.22亿元，同比增长30.50%，增幅居全国第二位，其中财产险实现保费收入14.41亿元，同比增长35.29%；人身险保费收入40.81亿元，同比增长28.89%。共支付赔款及给付11.82亿元，同比增长25.48%。

☆ 全区地税系统共组织各项税费收入197.4亿元，比上年纯增43.9亿元，增长28.6%，其中，税收总收入132.4亿元，纯增34亿元，增长33.9%；社会保险费收入65.04亿元，纯增10.4亿元，增长19.2%。税收收入的增量、增幅都创造了新的历史最好水平，其中，增量比历史最高水平的2003年多增15.6亿元；增幅比历史最高水平的1996年高出1.61个百分点。税收收入增幅比全国地税系统平均水平高14.9个百分点，居全国地税系统第二名，居西部省区第一名。

☆ 全区地税稽查系统累计查补总额32 050万元，其中查补税款26 754万元，加收滞纳金1 653万元，罚款3 643万元，入库总额24 589万元，总体入库率为77%，处罚率为13%，为全区地税收入任务的圆满完成作出重要贡献。

☆ 内蒙古社科院蒙古语信息技术研发中心研发的《蒙古文类文字信息处理平台》和《蒙古文WPS2002》分别荣获“第八届中国国际软件博览会金奖”、“2004年度国家重点新产品”称号。

☆ 内蒙古民航机场集团公司全年共保证飞机起降21 197架次，其中运输飞行19 976架次，分别比上年同期增长39.5%、47.4%；运输生产完成旅客吞吐量1 306 819人次，货邮行吞吐量21 216.7吨，换算旅客吞吐量1 542 560人次，与上年同期相比，分别增长54.4%、13.7%、46.4%；完成旅客发运量645 794人次，货邮行发运量14 636.7吨，分别比上年同期增长56.2%、3.8%。责任事故征候率为零，应急保证率为100%，保证飞行安全、空防安全和航空地面安全。全集团公司运输生产旅客吞吐量突破130万人次、换算吞吐量突破150万人次。

附　　录

模范共产党员牛玉儒同志先进事迹简　介

中国共产党的优秀党员、党的优秀民族干部，内蒙古自治区党委常委、呼和浩特市委书记牛玉儒同志，因病医治无效，于2004年8月14日4时30分在北京不幸逝世，享年51岁。

牛玉儒同志1952年11月出生于内蒙古自治区通辽市一个革命干部家庭。1970年5月在通辽县农村插队锻炼。1971年12月在哲里木盟盟委办公室工作。1975年11月加入中国共产党。1977年3月担任通辽县莫力庙公社党委书记。1978年2月在中央民族学院干部培训班政治专业学习。1979年7月在内蒙古自治区哲里木盟委员会组织部工作。1980年5月调内蒙古自治区政府办公厅工作。1983年3月在内蒙古自治区纪律检查委员会先后任秘书、秘书长、常委，期间于1987年9月至1989年11月在内蒙古管理干部学院行政管理专业学习。1989年11月开始，先后任内蒙古自治区政府副秘书长兼办公厅主任、政府党组成员，秘书长兼办公厅党组书记。1996年11月任内蒙古自治区包头市委副书记、市长。2001年2月任内蒙古自治区副主席、政府党组成员。2003年4月任内蒙古自治区党委常委、呼和浩特市委书记。牛玉儒同志是第九届全国人民代表大会代表。

牛玉儒同志在30年多年的革命生涯中，忠诚党的事业，忠于党和人民，忠实地为内蒙古各族人民谋利益。特别是走上领导岗位后，坚定地与党中央保持高度一致，自觉践行邓小平理论和“三个代表”重要思想，认真贯彻党的路线方针政策，解放思想，求真务实，开拓进取，以饱满的革命激情和忘我的工作精神，创造性地抓好工作落实，在分管和负责的领域作出了突出贡献，赢得广大干部群众的普遍赞誉。

在包头市工作期间，牛玉儒同志紧紧依靠全市各族人民，在经济建设、改革开放、城市建设、深化企业改革、关心群众生活等方面，提出并实践了具有创新性的思路和措施，做了大量富有成效的工作。针对经济转轨过程中存在的矛盾和问题，突出抓了国有企业改革和经济结构调整，组织了一批大型企业集团，成功地推进了稀土高科、明天科技、华资实业、钢联股份、北方重汽等企业实现股票上市。努力扩大对外开放，着力改善投资环境，树立了包头对外开放的良好形象。

他紧紧抓住震后重建机遇，用经营城市的理念进行城市改造和建设，实施了一大批城市基础设施建设工程，使城市面貌和人居环境发生了显著变化，先后荣获全国园林绿化、住房制度改革、安居工程先进城市和“联合国人居中心2000年国际改善居住环境最佳范例奖的良好范例”等光荣称号。

在自治区政府工作期间，牛玉儒同志分管西部大开发、对外开放、商贸流通和政法等方面的工作。他坚持从抓项目建设和规划编制入手，在建设和完善重点项目库的同时，积极向国家有关部门汇报，争取到一大批重点建设项目；认真组织编制了《内蒙古自治区实施西部大开发战略纲要》，有效地促进了西部大开发的深入发展。采取“走出去、请进来”等多种招商方式，拓宽对外开放思路，扩大招商引资领域，落实目标责任制，并多次率团到沿海发达地区和国外进行招商与经贸洽谈，2002年超额完成了“引进国内资金200亿元，进出口总额20亿美元，直接利用外资2亿美元”的工作目标，实现了自治区对外开放的新突破。在所分管的商贸流通和政法工作方面，也颇有建树。

在呼和浩特市工作期间，牛玉儒同志团结带领市委“一班人”，充分调动人大、政府、政协领导班子和广大干部群众的积极性、创造性，在过去工作的基础上，解放思想，抓住机遇，自我加压，奋力赶超，再创发展新优势，实现发展新跨越，取得显著成效。2003年，夺取了抗击非典和经济建设的双胜利，生产总值增速跃居全区和全国27个省会（首府）前列，提前实现了“十五”规划奋斗目标。城市建设力度进一步加大，市容市貌明显改观。成功承办两个文明建设经验交流会，推动了经济社会的协调发展。今年上半年，全市经济社会继续快速协调发展，优势产业集群进一步做大，城市建设步伐进一步加快，人民生活水平进一步提高,正在朝着实现"到2007年全市经济总量、财政收入和城乡居民收入在2003年的基础上翻一番,综合经济实力和人均收入水平位居全国5个少数民族自治区首府城市第一"的目标迈进。呼市经济的快速发展,城乡面貌的明显变化,人民生活水平的不断提高,无不凝聚着牛玉儒同志的心血和汗水。特别是在住院治疗期间,牛玉儒同志仍心系事业,忘我工作,忍受着病痛的折磨,全身心地关注和牵挂着呼市的经济社会发展。住院治疗期间,他几乎每天都通过电话询问、指导和督促重点工程的进展情况,还带病两次考察城市建设和开发区工作。去世前不到一个月,仍以顽强的毅力,主持召开市委九届六次全委会议,做了激情澎湃、鼓舞人心、催人奋进的工作报告,进一步描绘了呼市经济社会发展的宏伟蓝图。他把毕生经历奉献给了他所热爱的事业,奉献给了他所热爱的人民,奉献给了他深深眷恋的草原,直到生命的最后一息。

牛玉儒同志具有坚定的共产主义信念。在大是大非面前头脑清醒,具有较高的领导艺术、较强的亲和力、创造力和工作推动力。他带头执行民主集中制原则,认真贯彻党的干部工作路线,坚持科学决策和民主决策。他坚持原则,光明磊落,顾全大局,作风民主,团结同志,清正廉洁。在班子内部,是团结合作的模范;在干群眼里,是良师益友。不论是青城还是钢城,不论是干部还是群众,无不被他的革命激情和奉献精神所感染。

牛玉儒同志是党的优秀民族干部,有较高的马克思主义民族理论和政策水平,善于运用马克思主义民族观和党的民族政策观察、处理民族问题,旗帜鲜明地维护党和国家的利益,维护党的团结和各民族的团结。

牛玉儒同志自觉坚持全心全意为人民服务的宗旨,作风深入,注重实效,竭尽全力为群众多办事、办实事、办好事。他经常深入到企业、街道、社区、农村牧区等基层一线,深入到下岗职工、困难居民、贫困农牧民之中,体察民情,了解民意,直接解决涉及老百姓利益的实际问题,深受广大干部群众的信任和爱戴。他廉洁奉公,严于律己,对家属子女从严要求,为各族干部树立了良好的公仆形象。

牛玉儒同志的一生是奋斗的一生,光辉的一生。他的英年早逝,使内蒙古失去了一位优秀的民族干部同志,就是要化悲痛为力量,学习他的高尚品质和优良作风,特别是学习他为党和人民的事业奋斗不息的献身精神,在以胡锦涛同志为总书记的党中央领导下,高举邓小平理论伟大旗帜,认真贯彻"三个代表"重要思想,按照科学发展观的要求,抓住机遇,加快发展,把内蒙古的改革开放和现代化建设不断推向前进。

区内外部分网站

网站名称	网站域名
搜狐	www. sohu. com
网易	www. 163. com
新浪	www. sina. com. cn
中文雅虎	www. yahoo. com
新华书店网站	www. xinhuabookshop. com
证券之星	www. stockstar. com
考试资源网	esamres. com
263 全国聊天网	chat. 263. net
中国国际人才交流网	www. job21. cn. com
中央电视台	www. cctv. com. cn
凤凰网	www. phoenixtv. com
视听网	www. av888. com
网址之家	www. hao123. net
洪恩在线-英语频道	www. hongen. com/eng
东方军事	mil. eastday. com
中国科技网	www. cstnet. net. cn
家庭医生	www. familydoctor. com. cn
eNet 软件下载	www. esoftware. com. cn
中国教育科研网	www. cernet. edu. cn
中国互联网信息中心	www. cnnic. cn
光明日报	www. gmdaily. com. cn
电脑报	www. cpcw. com
黄金书屋	goldnets. myrice. com
清华网络学堂	www. itsinghua. com
旅行网	www. ctrip. com
招聘网	zhaopin. com
蒙古文化	www. mongolCulture. com
故乡	www. nutrge. com
中国内蒙古	www. nmg. gov. cn
中华人民共和国商务部内蒙古商务之窗	im. mofcom. gov. cn
内蒙古政府上网	www. gov. nm. cninfo. net

内蒙古统战	www. nmgtz. net	内蒙古工商行政管理局商标局	www. nmtrademark. com
内蒙古妇联	www. womennm. org	内蒙古工商行政管理红盾信息网	www. nmgs. gov. cn
内蒙古科技厅	www. nmkjt. gov. cn	内蒙古质量技术监督信息网	www. nmgcqi. net. cn
内蒙古科技厅高新技术处	www. nmgxc. com	内蒙古盐务管理局	www. nm - salt. com
内蒙古消防	www. nm119. org	内蒙古人才网	www. nmrc. com. cn
内蒙古人防	www. nmgrf. gov. cn	内蒙古国际人才交流协会	nmg. caiep. org
内蒙古卫生厅	www. nmwst. gov. cn	内蒙古人事考试网	www. impta. com
内蒙古卫生科技网	www. wskj. net	内蒙古考试资源网	www. nmgpta. com
内蒙古自治区红十字会	www. nmgredcross. org. cn	内蒙古招生网	www. nmzs114. com
内蒙古人民政府非典防控网	www. computer120. com	NMIT 信息网	www. nmit. cn
内蒙古自治区消费者协会	www. nm315. com. cn	内蒙古邮政 183 网站	nm. 183. com. cn
内蒙古交通厅	www. nmjt. com	内蒙古自治区邮政编码	www. ah163. net
内蒙古自治区教育厅	www. nmgov. edu. cn	内蒙古律师在线	www. nmglawyer. com
内蒙古环境保护	www. nmhbj. com	内蒙古自治区职务犯罪预防网	www. nm. yfw. com. cn
内蒙古自治区国土资源厅	www. nmggtt. gov. cn	内蒙古公证处	www. nmggzc. com
内蒙古自治区财政厅	www. nmgcz. gov. cn	内蒙古青少年基金会	www. nmydf. org
内蒙古自治区文化厅	www. nm - culture. com	内蒙古农科院园艺所	www. nmyy. com
内蒙古自治区发展计划委员会	www. nmjw. gov. cn	内蒙古通信学会	www. nmgic. org. cn
内蒙古自治区发展和改革委员会	www. nmgfgw. gov. cn	内蒙古职业技能鉴定指导中心	www. nmosta. org. cn
内蒙古自治区对外贸易经济合作厅	www. gov. nm. cninfo. net	内蒙古技术产权交易中心	www. nmjscq. com
内蒙古自治区水利厅	www. nmgslw. gov. cn	内蒙古高校毕业生就业信息网	www. nmbys. com
内蒙古图书馆	www. nmglib. com. cn	内蒙古自治区知识产权局	www. nmipo. gov. cn
内蒙古电视台	www. nmgtv. com. cn	内蒙古自治区地方税务局	www. nmds. gov. cn
内蒙古广播在线网	www. nmrb. cn	内蒙古建设网	www. nmgjsw. com
内蒙古记者在线	www. xw110. com	内蒙古粮食局	www. chinagrain. gov. cn
内蒙古自治区宣传网	www. hh114. com	内蒙古国家税务局	www. nmggsj. gov. cn
内蒙古新闻网	www. nmgnews. com. cn	内蒙古煤矿安全监察局	www. imcoal - safety. gov. cn
塞外新闻网	saiwai. banzhu. com	内蒙古煤炭网	www. imcoal. gov. cn
中国政府采购网	www. ccgp - neimenggu. gov. cn	内蒙古起点户外网	www. outdoorsnmg. com
内蒙古视窗	www. unn. people. com. cn	内蒙古经济信息网	www. nmg. cei. gov. cn
互联星空 · 内蒙古	nm. chinavnet. com	内蒙古教育科研网	www. nmgov. edu. cn
新华网内蒙古地方频道	www. nmg. xinhuanet. com	内蒙古科技信息网	www. nmsti. com
新华社内蒙古分社	www. nmg. xinhua. org	内蒙古科普网	www. nmkjb. com
内蒙古区情网	www. nmqq. gov. cn	内蒙古档案信息网	www. archives. nm. cn
内蒙古自治区概况	www. lianghui. org. cn	内蒙古农牧业机械化信息网	www. nmgnj. gov. cn
内蒙古时空	www. nm. cninfo. net	内蒙古农业信息网	www. nmagri. gov. cn
内蒙古馆	www. nm. efair. gov. cn	内蒙古农垦信息网	www. nmstatefarm. org
内蒙古国际科技合作网	www. imistc. com	内蒙古草业信息网	www. imgsi. com
内蒙古生产力促进中心	www. nmpnet. com. cn	内蒙古信息化	www. nmxxb. gov. cn
内蒙古自治区地震信息网	www. eq - nm. ac. cn	内蒙古黄页	www. nm - yellowpages. com. cn
内蒙古畜牧科学院	www. nmxm. com	内蒙古信息港	www. nmg - info. com. cn
内蒙古“三下乡”网	www. nm - info. com	呼和浩特信息港	www. hh. nm. cn

内蒙古呼和浩特小灵通信息网	xlt. hh. nm. cn
法制日报社内蒙古频道	www. nmgfzw. com
内蒙古招商网	neimenggu. tz888. net
内蒙古会展网	www. nmcec. com
中国技术创新内蒙古信息网	www. ctinm. com. cn
中国马铃薯商务网	www. lingtian. com. cn
内蒙古自治区－呼和浩特市	www. 0086－471. com
中国羊网	www. chinasheep. com
内蒙古特产网	www. cn－special. com
内蒙古绿色食品信息网	www. tlagri. gov. cn
达拉特信息网	www. dlt. gov. cn
林西信息港	www. linxixian. gov. cn
赤峰市人民政府	www. chifeng. gov. cn
玉龙之乡	www. wntq. com. cn
内蒙古乌盟招商网	www. wumeng. com
山城热线	www. jn. nm. cninfo. net
内蒙古自治区多伦县委	www. nmg－info. com. cn
鄂尔多斯在线	www. ordos. nm. cn
内蒙古扎赉特旗人民政府	www. zlt. gov. cn
内蒙古杭锦后旗人民政府信息网	www. nmhh. gov. cn
内蒙古乌兰浩特市网站	www. ulanhaot. gov. cn
兴安时空	www. wl. nm. cninfo. net
内蒙古锡林郭勒科技信息网	www. xlsti. com
内蒙古自治区锡林郭勒盟阿巴嘎旗	www. chinasxq. net
锡林郭勒盟信息港	www. xl. nm. cninfo. net
内蒙古锡林郭勒盟畜牧业网	www. xlglxm. gov. cn
锡盟牛羊肉	www. xmnyr. com
内蒙古绿色食品信息网	www. tlagri. gov. cn
巴彦淖尔经济信息网	www. cnbei. net
中国临河	www. linhe. gov. cn
呼盟信息港	www. hl. nm. cninfo. net
美丽神奇的鄂伦春	www. 56－china. com. cn
内蒙古阿拉善左旗人民政府	www. alszq. gov. cn
全国普通高校名单－内蒙古	www. edu. cn
内蒙古大学	www. imu. edu. cn
内蒙古师范大学	www. imnu. edu. cn
内蒙古农业大学	www. imau. edu. cn
内蒙古工业大学	www. impu. edu. cn
内蒙古医学院	www. immc. edu. cn
内蒙古财经学院	www. imfec. edu. cn
内蒙古民族大学	www. mzdx. com
内蒙古广播电视大学	www. imrtvu. edu. cn
内蒙古大学艺术学院	www. imac. edu. cn
内蒙古工程技术专修学院	www. etsa. impu. edu. cn
内蒙古科技学院	www. imstu. org. cn
内蒙古经贸外语学院	www. nmjwy. com
内蒙古电子信息职业技术学院	www. eipu. nm. edu. cn
内蒙古机电职业技术学院	www. nmggy. com
内蒙古电力学校	www. dlxxnm. com
内蒙古商法学院	www. nmzyjy. com
内蒙古对外经济贸易学校	www. nmwmxx. com
内蒙古纺织工业学校	www. nmcffx. 51. net
内蒙古呼和浩特市第二中学	www. hs2z. net
内蒙古留学信息网	www. cnmma. com
内蒙古民族博物馆	www. nmgmzbwg. com. cn
民族历史	www. oke. com. cn
旅游内蒙古	www. hometown. net. cn
内蒙古风光	www. chinahuangshan. com
今日内蒙古	www. imu. edu. cn
内蒙古旅游信息网	www. nmtravel. net
内蒙古旅游信息港	www. neimengguok. com
内蒙古春秋旅行社	www. nmgchunqiuts. com. cn
内蒙古绿野旅游有限责任公司	www. nm－lvyetravel. com
内蒙古龙之旅	www. innermongoliatravel. com
内蒙古五洲国际旅行社有限责任公司	www. innermongoliatour. com
内蒙古中国旅行社	www. imcts. com. cn
内蒙古铁运旅行社	www. tyts. com. cn
平安假期旅游有限责任公司	www. nmbvht. com
内蒙古康辉国际旅行社有限责任公司	www. comforttour. com
内蒙古格根塔拉草原旅游中心	www. gegentala. com
乌兰察布旅游网	www. wlcbly. com
内蒙古呼伦贝尔旅游网	www. hulunbeiertour. com
中国航空旅游网	spot. cnair. com
内蒙古贺兰山国家级自然保护区	www. losn. com. cn
内蒙古白音敖包自然保护区	www. losn. com. cn
内蒙古赛罕乌拉自然保护区	www. losn. com. cn
内蒙古达赉湖国家级自然保护区	www. losn. com. cn
神奇的阿拉善	www. alsfq. com
成吉思汗驿站	www. genghiskhan－post. info
内蒙古饭店	www. nmghotel. com. cn
北京内蒙古饭店	www. bjnmghotel. com
新城宾馆	www. xincheng－hotel. com. cn
内蒙古国航大厦	www. ni－phoenix. com. cn
伊泰大酒店	www. yt－hotel. com

宾悦大酒店	www. pinnacle - hotel. com
昭君大酒店	www. zhaojunhotel. com. cn
内蒙古列车时刻表	www. nmg. xinhuanet. com
内蒙古地区列车时刻表	www. jn. nm. cnjnfo. net
内蒙古药品监督管理局	www. nmda. gov. cn
内蒙古卫生厅卫生监督所	www. nmwsjds. net
内蒙古自治区药品检验所	www. mengyaocn. com
内蒙古卫生厅国际交流中心	www. imihec. com
内蒙古福瑞中蒙药科技股份有限公司	www. nmfr. com
内蒙古蒙药销售网	www. mengyao. net
内蒙康源药业有限公司	www. kypharm. com
中国内蒙古非典型肺炎防治专题	www. nmg. gov. cn
同舟共济 战胜非典:内蒙古	www. cctv. com. cn
呼和浩特企事业信息网	www. nmg114. com. cn
西部品牌战略发展网	www. westernbrand. com. cn
中国联通内蒙古分公司	www. nmhh. cnuninet. com
中国电信内蒙古电信分公司	www. nmgtele. com
内蒙古移动通信公司	www. nmmc. com. cn
内蒙古中小企业网	www. nmgsme. com
内蒙古外文书店	www. nmwwsd. com. cn
内蒙古生产力促进中心	www. nmpnet. com. cn
内蒙古大公实业有限责任公司	www. chinadragong. com
内蒙古创新基金	www. nmgcx. com
内蒙古自治区地毯进出口公司	www. flyinghorse - s. com
仕奇集团	www. shiqi - group. com
内蒙古草原兴发股份有限公司	www. cnlist. com
内蒙古金川保健啤酒厂	www. healthbeer. com
内蒙古牧王集团	muwanggroup. com. cn
内蒙古粮油购销储运有限责任公司	www. nmlc. com. cn
通辽市通华蓖麻化工有限责任公司	www. china - castoroil. com
内蒙古阿尔山森林工业有限公司	www. arshan. com
蒙古王	www. mongolking. com
内蒙古一机集团	www. nmgyj. com
中国内蒙古森林工业集团有限责任公司	www. imfic. com. cn
中国.内蒙古宇航人高技术产业有限责任公司	www. yuhangren. com
中国内蒙古东达蒙古王羊绒集团有限责任公司	www. dongda. com. cn
内蒙古阿尔贝斯羊绒	www. alpas. com
内蒙古鹿王羊绒集团公司	www. king - deer. com
内蒙古盘古羊绒集团	www. pangucashmere. com
中国 内蒙古赛汉酒业有限公司	www. saihan. com. cn
内蒙古风采电脑福利彩票	www. nmlottery. com. cn
内蒙古伊诗兰雅羊绒制品有限公司	www. yslanya. com. cn
鄂尔多斯集团	www. chinaerdos. com
伊利集团	www. yili. com
内蒙古包头稀土高新技术产业开发区	www. re - zone. gov. cn
内蒙古包钢稀土高科技股份有限公司	www. reht. com
内蒙古和发稀土科技开发股份有限公司	www. hefare. com
白云鄂博铁矿	www. byebtk. com. cn
河套酒业集团	www. hetaogroup. com
内蒙古恒丰食品工业(集团)股份有限公司	www. hengfeng. com. cn
内蒙古北大荒有机食品有限公司	www. nmgbdhyjsp. com
内蒙古金鸿工贸金店有限责任公司	www. gongmaojindian. com
中国 内蒙古鸿茅实业股份有限公司	www. chinahongmao. com
内蒙古阿尔巴斯羊绒衫有限公司	www. perfect - textile. com
金霉素 - 内蒙古金河集团	www. ctc. nm. cn
内蒙古蒙王纺织实业有限公司	www. mongolia - king. com
内蒙古阿拉善苁蓉集团有限责任公司	www. nmcrjt. com
内蒙古远兴天然碱股份有限公司	www. yuanxing. com
内蒙古霍林河煤业集团有限责任公司	www. hcgcl. com. cn
内蒙古宁城老窖生物科技股份有限公司	www. china - wine. net
内蒙古三联化工股份有限公司	www. three - u. com
内蒙古三联淀粉制品有限责任公司	www. nmsanlian. com
内蒙古塞飞亚集团	www. saifeiya. com
内蒙古北方重工业集团有限公司	www. norheinco. com
内蒙古亿利科技实业股份有限公司	www. 600277. com. cn
内蒙古兰太实业股份有限公司	www. lantai. net. cn
内蒙古蒙电华能热电股份有限公司	www. nmhdwz. com
内蒙古伊泰煤炭股份有限公司	www. yitaigroup. com

赞助企业简介

内蒙古自治区建设工程招标投标服务中心

内蒙古自治区建设工程招标投标服务中心(即有形建筑市场)是随着工程建设管理体制改革和建设领域反腐败应运而生的。建立“中心”是一项为实现建筑市场从无序到有序,从无形到有形,从隐蔽到公开,从分散行事到统一管理,从源头预防和治理腐败,建立公开、公正、平等竞争的市场环境的“阳光工程”。

“中心”的主要职能是:为建设工程招标投标提供设施齐全的场所;收集、存贮和发布招标投标、政策法规、企业、材料设备价格、科技人才等信息,并开展咨询服务;为政府主管部门实施监督和管理提供条件。

“中心”成立于1996年12月,经过8年多的艰苦奋斗,现已建成3 000平方米的自治区有形建筑市场(即自治区建设工程招标投标服务中心大楼)。其中设有可容纳200人的340平方米的第一开标厅和能容纳60人的105平方米的第二开标厅;开标厅还安装了微机、摄像、电动屏幕、悬挂式投影仪、录音、功放等现代化办公设备;还分别设备了150平方米的第一评标室和130平方米的第二评标室;对当天无法完成评标的较大型工程,第一评标室内设置了洗手间、卫生间、监视系统和两套大屏幕投影设备,可长时间封闭评标;两个开标厅,两个评标室,使中心具备了同时对两个项目进行开、评标的条件;“中心”开发建设的内蒙古自治区建设工程招标投标网站,设有政策法规、招标投标、企业概况、材料设备价格等栏目,网站开通后,可与建设部及其他省(市、自治区)和自治区各盟市联网。目前,这套系统正在调试中;330平方米的信息大厅,通过10平方米的信息显示屏和两台信息触摸屏,可不间断地发布与工程招标投标相关的信息;“中心”设置了联合办公场所,将使工程报建、施工图设计文件审查、招标投标、合同审查、工程质量与安全监督、施工许可、竣工验收和集中收费等手续,实行“一站式管理”和“一条龙”服务。

目前,完成的工程招标投标额比“中心”成立时增加了80多倍;从招标的范围看,已经从“中心”成立初期单一的施工招标扩大到勘察、设计、监理、设备采购等。2003年以来,在招标方式上已对部分工程进行了工程量清单报价招标。

“中心”成立以来,始终把提供优质服务作为一切工作的出发点和归宿点。围绕提供优质服务,“中心”不断增加资金投入,改善服务设施,配备各类专业人员,完善内部管理体制,建立基层党组织,健全各项规章制度,并持续开展规范化服务。使“优质服务”成为每一个工作人员的自觉行动。比如,在2003年整个抗“非典”期间,岗位没有一个空缺,工作没有一天中上断,工程招标投标没有一项延误。特别是近年来,“中心”每年上一个新台阶,取得良好的工作成效。曾两度受到建设部的表彰。2003年初,自治区文明办授予“中心”“全区创建文明行业示范点”称号。

“中心”已成为全区一流、全国上游的有形建筑市场,为建设领域从源头预防和治理腐败,建立公开、公正、平等竞争的建筑市场环境发挥了积极作用。

内蒙古青少年生态园

内蒙古青少年生态园是内蒙古团委响应国家西部大开发和自治区加强生态建设的号召,配合呼和浩特市大青山绿化工程的实施,引导全区各族团员青年为切实改善生态环境,建设绿色北疆而实施的集青少年生态教育、植绿护绿、素质拓展、国防教育、文化交流、休闲娱乐等多功能于一体的社会性、公益性项目。

内蒙古青少年生态园位于呼和浩特市回民区攸攸板镇一间房村北,西与坝口子村接壤,东与新城区红山口新村比邻,共占地一万余亩。青少年生态园于2001年10月开工建设,到今天已走过了三年多的风雨历程。园区建设期间得到了自治区、呼和浩特市两级党委、政府和社会各界的大力支持与热心指导。而且自治区党政军主要领导多次到生态园参加义务植树劳动及大型公益活动。

三年多来,园区内累计完成投资4 000多万元。栽种油松、云杉、侧柏、快柏、白蜡、火炬丁香、连翘等近30个品种共计140多万株苗木,植被覆盖率由建设初期的13%,达到了目前的78%。同时,园区还先后完成了围封、水、电、路、通讯等基础设施建设。在自治区团委的领导下,生态园管委会办公室通过争取各级政府支持、募集社会捐资、招商引资、合作开发等方式,在园区内建成并投入使用了民俗文化村、青少年素质拓展训练基地、水上大世界、越野卡丁车赛场、绿色希望广场、教育广场、花卉园艺中心、葡萄休闲园等青少年活动场所。经解放军总装备部批准,我国唯一象征中华民族实现千年“飞天”梦的标志性建筑一“神舟”5号成功返回纪念雕塑已落户生态园,并于2004年10月18日解放军总装备部与自治区党委、政府为纪念雕塑举行了揭幕仪式。2005年3月,青少年生态园与呼市园林局合作,引进了投资近亿元的“动物乐园”项目,目前该项目正在实施一期工程。

随着园区植被覆盖率的逐年提高和功能的日趋完善,加之整个园区实行围封管护,昔日在园区内开设的沙石场、垃圾场已荡然无存,曾经水土流失严重、草木稀疏的荒山秃岭,今天已绿树成荫,草长莺飞。生态园独具特色的建筑,各种教育、健身、娱乐场所吸引着国内外大批青少年和游客来这里观光、游览、开展各种有意义的活动。2002年5月,以朝鲜金日成社会主义青年同盟宣传部长洪正哲为团长的朝鲜青少年代表团一行参观了生态园,并详细了解了生态园的建设情况和发展规划,他们一致认为该项工程对青少年素质教育发展具有意义。随后,日本产业发展协会财团法人太田诚一先生也来到生态园,对生态园给予了高度评价;“2002年国际青年自行车环保夏令营”在园内举行开营仪式,八个国家的100多名队员参观了生态园,并种植了“和平友谊”树。同时,在“四海一心同谱和平之歌,青年携手共建绿色文明”的15米长卷上签名留言;近两年来,针对不少家长为孩子12岁生日大摆宴席的不良社会风气,生态园管委会办公室与自治区少工委联合在生态园组织开展的“我和小树一起过生日,小树和我一起成长”生日认养小树活动得到了社会各界的高度好评。2002年7月,自治区党委副书记陈光林同志在园区中参加百余名孩子12岁生日时,为孩子们的生日贺卡上题词:“过健康生日,做倡导文明少年”;2003年6月,香港青少年制服团的250名学生和来自北京的青少年考察团的150名学生专程来到生态园,捡石子在每棵树下砌成圆圈,防止小树四周的水土流失,孩子们在树旁留影,纪念这次有意义的活动;2003年8月,全国政协副主席罗豪才同志专程赴园区视察,并亲自为园区中的苗木培土、浇水,他希望内蒙古团委要充分发挥园区教育功能,为广大青少年的健康成长提供良好的环境;2004年“六一”期间,生态园管委会办公室与自治区少工委联合举办了万名少年儿童参加的“城乡小伙伴手拉手庆‘六一’暨少年儿童才艺表演”活动,引起了广泛的社会反响。

可以说,从每年的4月初开始到“十一”期间,园区内青少年主题活动丰富多彩,如祭奠“12.14”舍己救人英雄、青少年植树节、18岁成人宣誓仪式、“五四”青年文化周、“六一”少先队组织主题队会、“七一”青年团员入党宣誓及捐植纪念林、认养爱心树、青少年素质拓展训练等活动受到了广大青少年的欢迎。截止2004年8月,美国、日本、澳大利亚、韩国、朝鲜、新加坡等十几个国家近2000名青少年和友好人士慕名前来园区参加植树造林活动和文化交流活动。生态园为内蒙古乃至全国广大青少年参与生态环保实践、接受爱国主义、集体主义教育,开展文化交流、进行素质拓展和生态环保实践创造了良好环境。

内蒙古青少年生态园建设,不仅促进了周边村落的经济发展与社会进步,而且园区现已成为自治区,特别是呼和浩特市两个文明建设及对外开放的重要窗口之一。2002年,团中央和内蒙古“双百万”京(津)北绿色屏障工程组委会分别授予了生态园“全国保护母亲河行动生态教育基地”和“全区双百万工程示范基地”称号。2005年1月中央文明办、教育部、科技部、共青团中央、全国妇联、中国科协又联合授予了生态园“全国青少年校外活动示范基地”称号。

涓涓细流,汇成大海,我们相信在各级党政部门、社会各界的广泛参与和大力支持下,内蒙古青少年生态园这个绿色之园、希望之园,必将成为广大青少年健康成长的乐园,我们大家共同的美好家园。

内蒙古伊化化学有限公司

一、基本情况

内蒙古伊化化学有限公司(简称伊化集团),是集天然碱、天然气化工和精细化学品生产、销售的现代企业集团。经过十几年发展,伊化发展成为内蒙古自治区首家科技先导型企业,并跻身自治区30户重点企业行列。

截止2004年末,伊化总资产36亿元,主要成员企业有远兴天然碱股份有限公司(上市)、博源投资管理有限公司、博源联合化工有限公司和苏里格天然气化工有限公司等10多家,分布在内蒙古自治区鄂尔多斯市、锡林郭勒盟及河南省南阳市等天然气和天然碱资源富集的地区。公司生产经营纯碱、小苏打、烧碱、甲醇、环丙胺等近十种化工产品,各类化工产品生产能力130万吨,初步形成了以无机化工(纯碱及其系列产品)和有机化工(甲醇及其系列产品)为两翼的产业体系,天然碱、天然气化工两大产业板块构筑已初具规模。公司既是目前国内规模最大的纯碱和小苏打生产企业,也是鄂尔多斯市天然气化工产业的龙头和自治区天然气化工产业的排头兵企业。

公司现有员工5 500名,其中各类专业技术人员1 000人;拥有国家级技术中心一个,并已取得50多项科技成果,其中17项成果获奖。

根据鄂尔多斯市二次创业战略目标,我集团立足本地区资源优势,确定的新时期发展战略是“加大天然碱开发力度;加快天然气深度开发;拓展产业开发领域,进入新材料产业”;基本发展思路:以市场为导向、以资源优势为依托、以信息化和技术创新为助推力,实施人才强企战略和文化塑企战略,以循环经济理念为指导,全力构建无机化工和有机化工为两翼的产业体系,打选天然碱、天然气化工和煤化工三大产业板块。

二、产业发展规划及重点项目建设

当前,我集团目前正按照既定的战略目标,以大力发展循环经济理念为指导,沿着无机化工和有机化工两条产业线稳步推进,以天然气化工产业建设为龙头,打造三大强势产业,构筑三大基地。

一是全力建设天然气化工产业基地。

我公司依托苏里格气田的开发，立足鄂尔多斯市丰富的天然气资源，紧紧抓住国家在晋陕蒙建设能源重化工基地的战略机遇，以打造中国西部天然气化工产业基地为目标，正全力推进以甲醇为起点的新型能源基地建设，已取得阶段性成果。自治区第一个天然气化工项目—18万吨/年甲醇项目于2003年11月5日投产以来，运行平稳，产销两旺，效益显著，成为目前国内同行业中生产效率最高的企业之一，也是我公司新的经济增长点。

根据自治区和鄂尔多斯市领导尽快做强做大天然气化工产业的指示精神，我公司与美国一家投资公司合资设立了内蒙古博源联合化工股份有限公司，并以此为平台此进美国成套甲醇设备和先进工艺，全力推进100万吨甲醇项目建设。2004年9月3日，100万吨甲醇项目正式开工建设，预计2006年建成投产，届时，我公司将成为中国最大的天然气制甲醇基地。甲醇作为重要的基础化工原料，可以衍生出上百种化工产品，我公司正以100万吨甲醇项目的建设为契机，以多元化、多样化的合作形式推进高附加值的甲醇下游产品开发；其中合成氨是发展重点，目标是建设中国最大的天然气制造化肥的产业基地；同时，2万吨低毒脲醛胶和1万吨的二甲醚正在建设，目前进展顺利。此外，我公司正在利用甲醇基地这个平台择机介入高附加值的氯碱化工，即进军PVC新材料工业（用天然气经乙炔制PVC）。

随着甲醇在新型燃料应用领域的不断拓宽，正孕育着新的发展空间与发展机遇，新能源产业已成为我公司的重要发展方向。

二是打造中国天然碱产业基地。

目前我公司拥有全国已探明储量的95%以上天然碱资源的开采权，拥有全国最大的天然碱研究开发基地，天然碱开发技术已达到同行业先进水平。经过多年来持续的技术改造、强化管理和产业产品结构的调整，天然碱产业已经形成了较好的发展基础。天然碱产业方面，综合了资源、地域、成本以及靠近主销市场等众多优势的河南桐柏在制碱领域具有独一无二的竞争优势和综合市场优势，是我公司天然碱产业的战略重点；我们正通过进一步挖掘和扩大桐柏地区天然碱优势，巩固在国内天然碱产业的优势地位；海晶公司10万吨重质纯碱项目已建成投产；安棚公司40万吨纯碱项目正在建设中，预计明年一季度建成投产；同时继续优化和调整产品结构，积极涉足循环经济，利用安棚公司的废液、废气为原料，新建一个配套的10万吨小苏打项目和10万吨低度纯碱项目，这些项目预计与安棚二期工程同步投产，实现天然碱资源的综合利用，提升天然碱环保层次。通过以上项目的实施，将形成一个以河南桐柏地区天然碱产业为核心，能源综合利用、环保节能、园区化管理的“百万吨级”中国天然碱循环经济典型示范基地，进而强化并最终确立纯碱和小苏打的行业龙头地位，我公司将进一步调整产品结构，优化产业布局，通过新技术的运用持续提升产业的整体市场竞争力。同时适时介入盐碱化工。

三是进军煤化工产业

依托鄂尔多斯市得天独厚的煤炭资源，进军煤化工领域也是我公司重要的战略目标之一。在市委、市政府的大力支持下，我公司获得了一定储量的煤资源，为发展煤化工奠定了资源基础。目前，围绕煤炭资源综合利用方案正在编制中，煤化工将成为我公司继天然碱、天然气产业后又一具有明显发展优势的产业板块。

到“十五”末，我公司将形成并确立天然气、天然碱和煤化工产业多极支撑的产业格局。

我公司发展天然气化工、煤化工的战略构想得到自治区、鄂尔多斯和乌审旗党委政府的高度重视，并在政策、资源方面得到大力支持。我公司不仅已取得了10亿立方米/年的天然气用气指标，并且气价有一定优势。同时，我公司已经在鄂尔多斯市境内取得了储量丰富的煤资源，为发展煤化工奠定了资源基础。乌审旗人民政府为我公司定向出台了一系列优惠政策，并与我公司签署协议在该旗的乌审召工业园共同建设天然化工城，园区规划面积7.5平方公里，园区内现已形成高标准的配套基础设施。

当前，西部大开发风帆正举，资源富集、投资环境优越、人文环境卓越的鄂尔多斯日益成为投资的热土。我们真诚欢迎各届朋友、各地投资者与我公司在天然气化工及煤化工领域进行深度合作，共享西部大开发的成果。作为鄂尔多斯市化工行业的龙头企业，我公司将抢抓机遇，与时俱进，开拓创新，用全新的理念经营伊化，用全新的体制塑造伊化，全方位增强竞争力，为如期实现我们的宏伟目标不懈奋斗！

四子王旗国家税务局

一、地域概况：

四子王旗位于中国的正北方，内蒙古自治区中部，东、南、西分别与锡盟、呼市和包头接壤；北部与蒙古国东接壤。全境面积2.5万平方公里，人口21万人，全旗共辖10个苏木、11个乡、1个牧场、1个开发区和1个镇。乌兰花镇是全旗政治、经济、文化中心，也是农牧区及周边地区的物资集散地。

四子王旗南部是乌兰察布草原的产粮区，以马铃薯、油料、豆类、荞麦为主的粮食生产基地，以柠条为主的林草种植业发展迅速，既是乌兰察布市重要的粮食、林草生产基地，也是农副产品迅速崛起的主要加工区域。北部为辽阔的杜尔伯特大草原，蕴藏着丰富的矿产资源和野生动植物资源。铜、金、铅、锌、电气石、萤石、石膏、芒硝等矿藏储量巨大。黄羊、野兔、发菜、苁蓉、麻黄等野生动植物资源驰名中外。牛、羊、骆驼等食草性牲畜饲养有相当规模,是全国重点肉食品产区之一。

二、机构沿革及税收经济发展情况:

四子王旗国税局组建于1994年,担负着全旗增值税、消费税、国营企业所得税,金融、保险企业营业税和个人利息所得税的征收管理工作,承担着全旗112户国有、集体及私营企业和1 200户个体工商业户的纳税申报和税款征收入库工作。多年来,四子王旗国税局始终牢牢坚持"加强征管,堵塞漏洞,惩治腐败,清缴欠税"的税收工作方针,正确把握"税收经济观",认真落实"依法治税、从严治队、科技加管理"三篇文章,团结奋斗,拼搏进取,在面临工作人员少、税收任务重、所辖户数多、新增税源少、地方经济落后等诸多困难情况下,充分利用有利条件,克服不利因素,迎难而上,大力组织税收收入,税收收入实现大幅度增长,实现了历史性的突破,由二十世纪九十年代初期的300多万元增加到现在的2 000多万元,年年超额完成上级下达的税收任务,为地方经济建设发挥了重要作用。年年被旗委、政府评为支持地方经济建设先进集体。

三、人员机构设置情况:

现在局内在职正式职工73人,其中女27人,男46人。大专以上学历31人,中专13人,高中及以下29人。党员33人,离退休党员8人(含坐休2人)。协税员5人。临时工3人,遗属6人,共计57人在岗。内设科室,按照上级的要求设置为:办公室、人教股、监察室、税政股、计会股、发票所、稽查分局、信息中心、管理股、政策法规股十个机构,配备正副股室负责人15人。

锡盟国土资源局

几年来,锡盟国土资源局高举邓小平建设有中国特色社会主义理论的伟大旗帜,认真贯彻落实中央、自治区和盟委、行署的一系列方针、政策和决策,狠下功夫,狠抓落实,不断提高精神文明和物质文明建设的整体水平,为全盟经济社会发展做出了应有的贡献。

一、加强组织建设和思想道德建设

局领导班子始终坚持认真贯彻执行党的路线、方针、政策。班子成员团结协作,坦诚相见,勤政廉洁,办事公道,树立了良好的公仆形象。制度建设进一步完善,阵地巩固,精心培养和推荐后备干部,特别突出抓了少数民族、妇女和非中共党员干部的培养选拔工作,近年来,先后有5名同志被盟委提拔使用,有效地发挥了党组领导核心作用。在广大干部职工中深入开展了社会公德、职业道德、家庭美德教育,干部职工的职业道德水平得到进一步提高,坚持爱国主义、集体主义、社会主义教育,树立有中国特色社会主义的共同理想和正确的世界观、人生观、价值观,形成了强大的精神动力;积极倡导科学文明健康的生活方式,反对铺张浪费、奢侈糜烂之风,扎实开展"热爱内蒙古,建设锡林郭勒"的主体教育,取得了良好的效果。

二、精神文明创建活动方面

牢固树立"一把手抓两手,一班人两手抓"的思想,自上而下一把手亲自抓,分管领导重点抓,科室部门齐抓共管的领导体制,制定了精神文明长期规划和年度规划,积极参加街道办事处文明城市、文明社区的共建活动,局机关被评为盟级文明单位标兵。进一步加强机关建设,特别是信息化建设,2004年全局已拥有笔记本电脑8台,台式电脑14台,目前正在进行局域网建设。为展示全盟矿产资源优势和地质遗迹保护、科考成果,在国土资源部、国土资源厅和盟委、行署的大力支持下,经过近三年的筹建,投资600余万元,锡盟恐龙馆于2002年7月1日落成开馆,成为我国北方最大的恐龙专业展馆,为提高我盟的知名度,发挥了很好的窗口作用,锡盟恐龙馆2003年被命名为盟级爱国主义教育基地,从2004年"五·一"劳动节开始免费向社会开放。

三、积极开展扶贫、解困和社会公益的活动。

积极组织参加社会公益活动,支持社区文化活动,在白旗、太旗、黄旗扶贫工作中,投入大量资金和人力,累计投入扶贫资金近30万元,实施攻坚,深入贫困户和"一助一"帮扶户调研、指导和慰问,全面完成了工作任务,受到盟扶贫办的多次表彰和盟办每年下达给我局的扶贫任务资金是2万元,考虑到该嘎查贫困户多等原因,仅2002年至2005年上半年已投入14万元。在机关内落实典型引导,每年均开展先进科室、优秀公务员、模范党员的活动,在开展向廷·巴特尔、额尔敦陶格陶和向牛玉儒学习活动以来,先进的典型、事迹,已转化成激励全体干部职工做好工作的强大精神动力。

四、业务工作方面

我局在盟委、行署和国土资源厅的正确领导下,深入学习贯彻十五大和十六大精神,按照盟委扩大会议和国土资源厅工作部署,不断加大依法行政的力度,深化国土资源制度改革,求真务实,与时俱进。至1995年国土资源局新组建以来,连续9年获盟委、行署实绩突单位称号,连续9年获自治区国土资源系统优秀奖或综合考核评比第一名。全系统大力推行政务公开,全盟12个旗县市和一个开发区都建立了"一厅式"服务大厅,向社会公开承诺,以群众的满意与否为尺度,开展执政为民和岗位学雷锋活动,树立了良好的部门形象。

五、职工教育和队伍建设方面

全局始终把职工的科技教育放在重要的位置来抓。不断完善中心组学习制度,做到了理论联系实际。干部职工每周二、五下午政治业务学习常抓不懈,在抓好在岗学习的同时,鼓励自学成才,优先保证参加自学考试、函授学习和各类专业培训班人员的学费和差旅费支付。形成了良好的学科学、用科学氛围,大大提高了队伍的整体文化素质和业务水平。

六、民族团结方面

锡盟国土资源局一直坚持贯彻马克思主义民族观和党的民

族理论、民族宗教政策，深入开展了宣传教育活动，用科学的民族理论武装干部职工的头脑，树立"各民族谁也离不开谁"的思想，自觉维护党的民族宗教政策，在日常工作和会议等方面正确、规范地使用民族文字和语言，维护了各民族平等互助、团结合作、共同进步，共同繁荣的大好局面。

七、社会治安综合治理方面

全局在党政统一领导下，各部门协调一致、齐抓共管，依靠广大群众，运用政治、经济、法律、文化、教育等多种手段，对社会治安问题进行综合治理。积极开展"创安"和"创安"联系活动，加强组织领导，不断完善制度和防范措施。认真组织了普法教育，教育面和合格率均达到要求，2000 年获盟级长安杯，2003 年获国土资源部信访先进集体等荣誉称号。

八、环境建设方面

认真进行绿化、美化工作，绿化面积达35%，在 2003 年集中整治活动中，投入资金粉刷办公室、更新办公用具和修建家属区卫生设施，机关和干部职工向非典指挥部捐款 2 万元。今年又投入资金装修办公环境，完善职工文化活动室，做到了办公室整洁卫生有序，家属楼区干净、安全，实现了门前、门内达标。目前正在开展创建自治区级文明单位活动。

九、各科室及所属二级单位基本情况

局内共设 9 科 1 室和 3 个二级单位，核定行政编制 22 名，其中：局长 1 名、副局长 2 名、纪检组长 1 名；科级领导职数 16 名（10 正、含纪检组副组长 1 名，6 副）。核定工勤人员编制 4 名。所属二级单位三个，分别是锡盟土地评估所、锡盟土地勘测规划队、国土资源培训中心。共有事业编制 22 名，其中：科级领导职数 6 名，18 名工作人员。

（1）局机关内设办公室、人事教育科、计划财务科、规划与可科技科、土地利用与耕地保护科、地籍与估价科、矿产开发与地质环境管理科、地质勘查与储量科、测绘科、执法监察科。

（2）锡盟土地评估所正、副所长各 1 名，估价师 3 名，工作人员 2 名。

（3）锡盟土地勘测规划队正副队长各 1 名，其中工程师 1 名，其他工作人员 9 名。

（4）国土资源培训中心正副主任各 1 名，工作人员 2 名。

锡林浩特市国土资源局

锡市国土资源局成立于 1988 年 3 月，1993 年 2 月与市城乡建设环境保护局合并，1996 年 12 月从市城建土地环保局分出，2002 年 6 月机构改革后更名为锡林浩特市国土资源局。局内有办公室、建设用地股、地籍仲裁股、矿产资源管理股、测绘股、招拍挂年地租收缴办公室和 1 个执法监察大队，2 个基层国土资源所等 10 个股室所。

锡市国土资源局是锡林浩特市土地、矿产、测绘管理工作的职能部门。多年来，在市委、政府的正确领导和上级业务部门的关怀和支持下，以邓小平理论和"三个代表"重要思想为指导，紧紧围绕经济建设这个中心，在实际工作中确定寓管理中服务、服务中管理的原则，不断创新发展，获得了社会效益和经济效益双丰收。1997 年至 2002 年连续六年被评为市级先进基层党组织，1999 年至 2002 年连续四年被评为实绩突出领导班子，2001 年进入自治区级文明单位，2000 年获国土资源部全国国土资源系统"三五"普法和依法治理工作先进单位荣誉称号，又进入了蒙汉文并用标准单位，计划生育达标单位、花园式单位。

锡市国土资源局在实际工作中坚持科学发展、与时俱进、开拓进取、优化服务、不断创新，摸索出一条合理有效的工作方法。首先从制度建设抓起，结合实际，逐步建立健全了《公开办事程序及社会服务承诺制》、《机关管理工作制度》、《社会服务十公开》、《错案追究制度》等一系列规章制度和一整套保障措施，实现了机关工作的程序化、公开化、规范化。1999 年在全盟国土资源系统率先成功推出"一条龙"服务办证大厅，推行政务公开、社会承诺岗位责任制，公开办证程序、办证时限、收费依据、标准，简化了办证程序，缩短了办证时间，提高了办事效率，成效显著，被全盟借鉴推广。2001 年起大力推行国有土地使用权招标拍卖挂牌出让制度，对除法律规定的划拨用地外商业、旅游、娱乐和房地产开发等经营性用地一律以招拍挂方式供地。三年内，招拍挂收益明显增加，2002 年收益 101 万元，2003 年收益 448.8万元，到 2004 年增加到型 76 万元，有力地促进了国有土地使用权招拍挂出让工作进度。强化执法监察力度，在执法过程中走事前防范和事后查处相结合的新路子，将问题处理在萌芽状态。全市形成三级监察网络，开展土地动态巡查，针对周边乱来、滥挖无证开采等破坏国土地资源行为进行专项治理，规范土地市场秩序，使土地市场逐步走向正轨，保护城市周边环境，促进了我市生态环境建设发展。全面开展矿产资源管理工作，切实加强依法办矿，全面实行持证开采，进一步加强了采矿权管理力度，严格采矿权登记管理，建立健全矿山企业登记档案，通过矿业秩序治理整顿消灭了无证开采现象。按照政府职能部门必须依法行政的准则，明确工作职责，完善工作程序，加强对干部职工行政法律法规、理论及业务知识的学习和培训，每年培训人数达总人数的30%，提高干部职工整体素质，为依法履行职能打下了坚实的基础。

锡市国土资源局在实际工作中不断探索新路子，开拓创新，内强素质，外树形象，转变观念，树立正确的人生观、价值观，提高服务水平和依法行政水平，把为群众谋利益作为第一追求，一切为群众提供方便，一切为经济建设服务，以"立党为公、执政为民"为理念，转变作风、大胆创新，树立了良好的国土资源新形象，加快了我市国土资源事业快速发展，土地收益连年递增，从 1996 年收益 300 万元到 2000 年收益1 000万元，2004 年收益 4 100万元，有力地推进了我市经济社会的快速健康发展。

二连浩特市广播电视局

二连浩特市广播电视局座落于市前进路南,为广播电视行政管理部门。下设二连浩特人民广播电台、二连浩特电视台等单位。内设办公室、总编室、财务科、综合宣传科、广告部、广播电视发射中心等机构。全局有职工47人,其中蒙古族等少数民族为17人,女职工28人,具有大专以上文化23人,中级以上职称1人,初级职称8人。二连浩特市广播电视局的主要职责有:贯彻执行国家、自治区有关广播电视工作方针、政策、法律、法规、制定全市广电事业建设和发展规划并组织实施;负责二连市电视宣传工作,对重大宣传进行协调和组织管理;宣传市委、政府对全市工作所做的重大决策和指示;负责全市广播电视台(站)卫星地面电视的管理工作,做好市辖区内的广播电视覆盖工作;负责对各台、站工作质量进行检查;承办市委、政府及上级业务部门交办的其它工作。目前,二连浩特市广电局通过卫星和微波传输4套电视节目和3套调频广播节目,广播电视综合覆盖率为97%。

二连浩特人民广播电台现有3台1KW调频发射机,发射频率分别为97.2MHz、101.3 MHz、89.8 MUz,分别担负着中央人民广播电台、内蒙古人民广播电台汉语节目的转播与市自办节目的发射任务。电台自办节目每日播出16.5小时以上,开设《二连新闻》、《文艺节目》、《广告音乐》等栏目。

二连浩特电视台现有自办节目1套。每天制播新闻、栏目时间为160分钟。开办有《二连新闻》、《新闻播报》《大家谈》、《曝光》、《口岸时空》、《第二课堂》等版块节目。并开办蒙语新闻节目。自办节目每日播出共计18小时。

近几年来,二连浩特市广播电视局认真开展以宣传为中心的广播电视各项工作,积极占领文化宣传阵地,解放思想,与时俱进,大力弘扬社会主义先进文化和中华民族优良的美德,为城市改造和两个文明建设、口岸经济建设发挥了应有的作用。

二连浩特市文化体育局

城市文化是城市的灵魂。健康向上的文化氛围,不仅能促进经济和社会事业的繁荣,而且能增强具有品质的城市魅力。二连浩特要依托浓厚的民族文化底蕴和口岸城市的巨大优势,以“三个代表”重要思想为指导,以建设北疆口岸文化城为目标和载体,以群众文化体育为基础,创造精品,扩大中外文化体育交流与合作,以文化体育基础设施建设为重要依托,逐步形成开放、交融、健康、繁荣的文化氛围,为全国建设小康社会、发展先进文化、建立文化大区做出贡献。为此,我的工作思路是:把建设口岸文化名城作为目标,整蛤 文化资源,完善体制和机制,多出文化精品,加大文化体育设施建设的投入,加强市场培育,扩大对内对外的交流,搞好社区文化、(农)牧区文化、校园文化和企业文化建设。使文化更贴近实际、贴近群众、贴近生活,真正实现百花齐放、百家争鸣,不断满足群众日益增长的多层次文化生活需求,力争三年打好基础,五年上台阶,为我市快速发展提供有力保障。

完成沿边开放城市经济发展论坛暨纪念胡锦涛同志视察二连浩特市十周年活动和全盟城镇建设暨精神文明建设现场会期间的各类大型文艺节目的安排及演出。继续加大对外文化体育的交流力度,把旅游、文化、经贸结合起来,提高经济效益,拓展口岸招商引资的宣传范围,突出文化体育对经济的互动效应,从而起到“文化搭台、经贸唱戏”的作用。积极推进文化市场创新。允许外资进入边城文化领域,鼓励和支持国内资本,特别是民营资本,以独资、合资、合作、联营、参股、特许经营方式进入,利用地缘优势,走中蒙俄艺术合作之路。同时,拓燕尾服中蒙文化的合作领域。如美术绘画展、模特表演、蒙古族服装服饰、文博巡展等。并结合我市建设民族文化城市的实际需要,建立苏木文化站、社区文化站。按照国家对苏木、镇文化站建设标准的要求,文化站馆舍面积不少于1 000平米,包括图书阅览室、棋牌室及基佗活动室,争取下半年将苏木文化站建立起来。要进一步拓展领域,规范服务内容,加大设施设备的投入,使各级文化站建设得到功实改善。按照“一手抓繁荣、一手抓管理”的方针,本着标本兼治,规范管理的原则,进一步深入开展“扫黄打非”整治工作,规范净化文市。利用重大节日积极开展文体活动和举办各种文艺演出。积极举办群众性体育赛事,如全盟搏克大赛,组队到蒙古进行交流。创造条件举办蒙古国团体参加的各种邀请赛,社区文体活动、校园文化活动、企事业单位的文化活动及培训辅导。在保障政府投入的同时,通过招商引资等多种渠道,加强文化体育基础建设,按照全区文化工作会议精神加强文化馆、图书馆、体育馆等文化体育设施建设,为发展文化事业提供平台和载体。争取“两馆”建设资金,开工建设文化馆。年内筹集资金开通文化信息资源共享工程。按照国家农村牧区电影工作“2131”工程要求,年内健全牧区放映队伍,完善基本设施,做到牧区电影放映有队伍、有放映车、有拷贝库、有经费、有演出活动。考虑建设室内体育场馆。筹集资金建集演出、放映、会展为一体的大型会展中心。

上述各项工作,其实是今年文化艺术领导要办的几件实事。为此,我们一定要下决心,克服困难,千方百计把这些工作落到实处。

准格尔旗地税局

11年来,准旗地税人开拓创新,锐意改革,求真务实,廉洁奉献,为税收事业和地方经济发展作出了应有的贡献,取得了非凡的业绩。

准旗地方税务局自1994年9月组建以来,在市地方税务局和旗委、政府的领导下,以邓小平理论和“三个代表”重要思想为指导,认真落实“法治、公平、文明、效率”的新时期治税方针,大力弘扬“务实、高效、廉洁、奉献”的精神,坚决贯彻“加强征管、堵塞漏洞、惩治腐败、清缴欠税”的工作方针,在实践中不断创新观念、创新制度、创新文化,坚持以人为本,树立全面、协调和可持续的科学发展观,大力实施科学化、精细化管理,依法治税,从严治队,不断提高税收工作水平,服从和服务于地方经济建设,充分发挥税收职能作用,取得了物质文明和精神文明协调发展的好成绩。1994—2005年9月,11年间征收地方税收13.64亿元,社会保险费近8.4仟万元,为准格尔旗的经济发展和社会进步提供了强有力的财力保证,为鄂尔多斯市地税事业跨越式发展做出了积极贡献。连续8年被评为工作实绩突出单位和盟市级精神文明先进单位。

一、强化税收征管,实行科学化、精细化管理

准旗地税人积极探索,勇于改革,善于实践,以《税收征收管理法》为武器,重基础,抓源头,加强重点税源、重点行业、重点户的管理,攻克热点难点问题,努力挖掘收入增长潜力,征管质量和水平不断提高。

一是增强收入计划管理的科学性。重视税源调查,掌握税源增减变化,抓好对收入的动态管理和分析、预测,除按月做好收入分析报告外,还就影响收入的重要情况及趋向及时发出预警信息。加强对重点税源的监控,将年纳税额在150万元以上的企业及大的基建项目纳入重点监管范围,建设并利用好重点税源企业数据库,发挥微观监控、宏观预测两方面作用。提出有效措施,控制新欠,清理旧欠,确保税款及时足额入库。建立科学、合理的收入质量考核体系,提高收入质量管理水平。

二是重视抓好税收的源头控管。制定切实可行的规范化管理措施,如《房产税征收管理办法》、《注销税务登记管理暂行办法》等许多专项管理办法,建立健全各种征收体系,从不同层面加强和规范税收源头控管。发挥信息技术控管税收的作用,开展纳税人税收资料调查,建立征管数据库,及时掌握纳税人经营、收入等变动情况。对账证不全的个体工商户实行核定征收。及时掌握信息,抓好各类交易会、演唱会等临时性税源的征管。

三是根据各税种的特点,有针对性地强化管理。紧扣重点行业和现代服务业,强化营业税管理。着力抓好煤炭企业、交通运输、建筑安装、房地产开发、服务业等行业的税收管理。加强重点工程税源监控,健全重点工程纳税档案。多次组织开展所得税、营业税重点税源普查,掌握重点税源情况和增减变化趋势。多年来,所得税、资源税、营业税保持稳定增长态势,成为地方的主体税种。

按照“规范管理、强化扣缴、查管并重”的方针,抓好个人所得税征管。加强纳税辅导与日常管理,强化代扣代缴。重视运用高收入者的建档资料,做好数据分析,加强跟踪管理,以点带面,推进个税管理。强化对上市、非上市股份公司分红派息个税的管理,严格报告备案、申报代扣、税款解缴等制度,保证税款及时足额征缴。组织开展对个人独资和合伙企业个税的汇算清缴。落实个税“劳务报酬所得”项目征管试行办法,抓好对演出市场一次性收入的征管。开展特定服务行业“定员定额”征收。从重视基础工作入手,加强企业所得税管理。在征管方式、申报纳税、税款征收、政策执行等方面进行规范化建设。认真组织每年度的汇算清缴,采取全面审核和重点检查的汇算方法,推行企业所得税新申报表,强化企业自报自核意识。注重协作,扎实推进地方税管理。重视资源税、房产税、土地使用税、车船税等的基础数据的录入和维护,加强与煤管、国土、房产局、公安局等的协作,完善地方税源的信息库。以扩大核定征收范围为重点,做好印花税征收工作。对车船税,实行与交警车管所的协作,采取驻点征收的做法,取得好效果。

四是对热点、难点、薄弱点的征管取得突破。在私房出租、私人建房税收方面采取加强管理的措施。对私房出租,从明确基层政府及其延伸组织(街道办、居委会)为委托代征单位、建立财政激励机制,突破了税源控管这一难点,建立起私房出租税收征管新模式,得到国家税务总局的好评并予推广。对二手房交易税收则委托房产交易中心征收。同时还结合实际情况加强民办学校、行政事业单位和营利性医疗机构的税收征管等。在反避税工作方面也取得较大突破,在营业税、个人所得税、房产税上成功实施了反避税调整。

五是切实抓好发票管理,促进“以票控税”。把发票的印制、领购、缴销、查验等各环节纳入计算机管理。定期组织发票交叉检查及联查,打击印制、使用假发票、虚开发票等违法行为。

六是深入开展民主评税。为增强对个体户核定征税的透明度和公正性,从2001年起开展民主评税工作。制定管理办法,建立有各方面人士参加的评税工作组,抓好典型户调查、最低定额标准测定、单户税额核定和民主监督,规范定额核定、评税程序等。同时还与国税部门开展联合评税,形成工作合力。

七是认真落实税收优惠政策。切实贯彻落实促进高新技术发展、房地产市场发育、新办企业各项税收减免措施,兑现政策,支持经济发展。认真落实下岗职工再就业、军队转业干部及家属、退役士兵、残疾人员就业等优惠政策,促进社会稳定。

二、坚持内外并举,努力营造依法治税环境

准旗地税人始终坚持税收的法治精神,规范内外部执法行为,加大稽查力度,开展税收宣传,增强全社会依法诚信纳税意识,内外并举,形成良好的税收法治环境。

一是规范内部执法行为。认真学习国家涉及税收行政执法的法律,如新《税收征管法》、《行政复议法》、《行政处罚法》、《行政许可法》等。制定具体贯彻措施,强化自身的依法治税意识,促使机关内部法治工作步入正常轨道。1999年,制定出台了《税收执法责任制》,并分别于2002年、2004年两次进行修订,初步形成一套较为完整的执法责任制考核系统。每年组织责任制检查考核,实行过错责任追究,促进了内部执法的规范、统一。实施行政审批制度改革,对审批、核准制度进行清理,认真开展执法检查。税务执法人员的依法行政意识得到明显提高。

经多年征管体制的改革探索,形成了征、管、查相互分离、相互制约的机制。始终坚持并不断改进税收管理员制度,消除"淡化责任、疏于管理"的现象。建立选案、查案、审理、执行"四分离"制度。成立重大税务案件审理委员会,认真组织重大税务案件审理,统一税收执法尺度,把好政策关和执法程序关。

此外,还将计算机管理引入执法过程,如自动生成滞纳金、各项涉税审批审核事项在网上运转、全程监控等,做到机器管人,防止"人情税"、"关系税"的发生。

二是加大税收检查力度。根据每年确定的重点,开展税收专项检查,成立了涉税违法案件举报中心,开通电话、网站举报专线。并每年开展整顿和规范税收秩序工作。

三是做好行政处罚听证和行政复议工作。重视涉税维权服务,维护纳税人合法权益。依据《行政处罚法》、《行政复议法》和《税务行政复议规则》的规定,认真受理听证和行政复议案件,按照法定程序和法定期限,坚持以事实为依据,以法律为准绳,作出行政处理和行政复议决定。

四是致力于增强全社会诚信纳税意识。坚持不懈地开展全方位税法宣传,长期与新闻媒体合作开办"地税之窗"、"听众热线"等栏目,认真开展每年的税收宣传月活动,组织"诚信纳税,从我做起"万人签名活动、"我与税收"征文比赛和"地税与市民"文艺演出等。开展纳税信用等级评定工作。表彰纳税和扣缴税款先进单位,对涉税大要案予以曝光。重视税法宣传解释,及时公开税收法律法规,解答纳税人的各种咨询等,有效增强了纳税人和广大群众依法诚信纳税的自觉性。

三、不断创新发展,注重用科技手段提升纳税服务水平

11 年来,准旗地税人不断更新观念、拓展思路,将管理融于服务之中,在服务中加强征管,注重用科技手段提升服务水平,提倡纳税服务的公开性和高效率,为企业和广大群众创造了方便、快捷的办税环境。

一是建设"一站式"办税服务中心,为纳税人提供税务登记、申报税款、发票领购、政策咨询等服务。

二是充分利用信息技术,不断改革税费解缴入库方式,形成了多元化的税款解缴体系。

三是开辟多元化的税企沟通渠道。

四、立足科技兴税,基本建成"电子地税局"

11 年来,准旗地税人顺应现代潮流,始终重视税收信息化建设,倾力建设"电子地税局",取得丰硕成果,对税收中心任务和其他各项工作起到了巨大的推动作用。

一是强化科技兴税意识。1994 年刚组建时,全局只有 2 台微机,工作基本靠手工进行。准旗地税人清醒认识到,信息化是科技发展和社会进步的总趋势,要使税收工作有质的飞跃,就必须引入现代化的信息技术,实施科技兴税战略。

为此,提出了"一二三四"的信息化建设总体思路:建设一支高素质的信息技术骨干队伍,坚持开发优先和重在应用两条原则,做到人与计算机、税收业务与计算机信息技术、税收业务人员与计算机技术人员的三个最佳结合,实现征管网络化、办公自动化、服务信息化、决策科学化四个目标。要求各级领导和全体干部用科学的思维、超前的意识和发展的眼光来认识信息化建设。并采取了三个"优先保障"的措施推进信息化工作,即从工作安排、机构人员、资金使用上优先保障。

二是扎实搞好计算机网络软硬件建设。11 年来的信息化工程历经创建局域网、建设广域网、开通千兆光纤主干网和全面建设"电子地税局"等 4 个阶段。形成了包括税收业务管理系统、税务行政管理系统和外部信息管理系统的应用体系,基本实现了"征税网络化、办公自动化、服务信息化"的应用格局。抓好网络安全建设,制定了较为完备的网络系统运行安全、病毒防范等管理规定,定期开展安全检查。建成系统网络监控中心,对计算机网络和主机系统进行集中、实时的监控和管理。

三是突出抓好信息技术的推广应用。举行信息技术应用培训和应用考试,使干部职工都能熟练地使用计算机,全局绝大多数的涉税文书、数据报表、税收凭证等通过网络处理。实现了对执法全过程的监督监控,确保了执法的统一、准确和规范;各项涉税审批审核事项在网上流转,流程规范,结果透明,利于监控。在日常办公方面,机关公文均从网上批阅、办理,起草、签发,各种通知、通报在网上发布,极大地提高了办公效率。

五、突出以人为本,队伍建设取得丰硕成果

人是一切工作中最重要的因素。准旗地税人始终坚持"两手抓、两手都要硬"的方针,倡导"务实、高效、廉洁、奉献"的精神,以增强人的素质为着眼点,切实抓好队伍建设。经 11 年的"锤打",干部职工思想觉悟和职业道德水准不断提高,业务技能不断增强,锻炼出一支有战斗力、能打硬仗的队伍。

一是抓领导班子及成员自身建设。制定并不断完善领导班子思想、组织和作风建设的各项制度,以开展"三讲"教育、开好民主生活会、推进机构改革和人事制度改革为契机,加强领导班子及成员自身建设。认真落实理论学习制度,坚持中心组学习,加强班子的思想建设。深入贯彻民主集中制,注重团结协作,做到集体领导与个人分工负责相结合,加强班子的组织建设。大力弘扬"两个务必"和求真务实精神,加强班子的作风建设。接受组织和群众的监督,自觉加强自身廉政建设。严格执行《党政干部选拔任用条例》,采取组织委任和公开选拔、竞争上岗等做法,先后将一大批优秀同志提到局、处、科级岗位,加强了领导力量。全局各级班子和领导干部在理论学习、执行民主集中制、勤政廉政等方面不断取得新成效,以政治上的坚定性、思想上的先进性、工作上的开拓性和作风上的民主性,带动全局积极向上、以正祛邪良好风气的形成,起到应有的表率和导向作用。

二是重视教育培训,提高干部政治业务素质。面对日益壮大的队伍，准旗地税将思想教育置于十分重要的地位，组织学习邓小平理论，认真实践“三个代表”重要思想。结合各个时期的形势，开展理想信念、革命传统、艰苦奋斗等教育。

同时，针对新的历史条件下出现的新情况、新特点，积极探索加强思想教育的新方法，弘扬无私奉献精神。

注重干部的业务培训。组织初任培训、岗前培训、任职培训、更新知识培训和专门业务培训等，抓好全员计算机知识、行政执法资格等培训考试。定期组织专业技能测试，广泛开展“比业务、比能力、比技能”的岗位练兵。选送业务骨干参加上级举办的各类学习班。同时，鼓励干部参加学历教育，干部队伍的文化素质大幅提高。

三是建立党建工作责任制，重视机关党的建设。重视和加强机关党的工作，设立机关党委，配备专职党务干部。认真学习党的十六大通过的新党章，贯彻落实党建工作责任制，积极开展创“党建工作先进单位”活动。注重加强基层党的思想及组织和作风建设。按期进行党组织换届选举，制定和完善各项党建工作制度。积极慎重地做好发展党员工作，加强党员的教育管理，充分发挥党组织的战斗堡垒和党员的先锋模范作用，为税收中心工作的完成提供了强有力的思想政治保障。

四是围绕税收工作中心，开展具有地税特色的文明创建活动。紧紧围绕税收中心工作，深入开展文明创建活动，并将其与依法治税、优化服务相结合，充分展现文明建设的行业特色。

由党、工、青、妇组织牵头，广泛开展“满意在地税、情暖纳税人”、“创文明机关，做人民公仆”等活动。针对青年干部多的特点，开展创建“青年文明号”活动，积极开展有地税特色的机关文化建设。通过各种健康积极的活动，活跃机关气氛，陶冶干部情操，提升文明创建层次，增强了队伍凝聚力。

五是完善机制，党风廉政建设稳步推进。坚持以健全和完善党风廉政建设和反腐败工作的领导体制和工作机制为基础，标本兼治、综合治理，建立符合税收工作实际的预防腐败体系。重视反腐倡廉教育，开展“五个一”廉政教育，利用反面典型开展警示教育等，增强教育的吸引力、感染力和震憾力，筑牢干部思想道德防线。认真落实党风廉政建设责任制，层层签订党风廉政责任状。完善个人重大事项报告制度，将个人重要事项报告的对象扩大到全体干部。

加强对税收执法权和行政管理权的监督制约，实现源头防范。开展财经纪律教育整顿，进一步规范基建工程管理、经费管理办法。严格账户管理，所有资金收入一律纳入经费管理范畴，严格资金使用审批、报销制度。完善招投标机制，凡基建工程、计算机系统开发和硬件设备购置、大宗办公用品采购等，均由招投标工作领导小组按照公开、公正、公平的原则，实行招标或议标。开展领导干部离任审计、财经纪律检查、经费专项检查、选拔任用干部检查。

六是行风和机关效能建设成绩显著。按照“突出重点、纠建并举、内抓管理、外树形象”的原则，率先在全市政府机关推出服务承诺制，并先后建立健全政务公开制度、首问责任制、限时办结制、过错追究制、同岗替代制等制度，不断深化机关效能建设。通过召开纳税人座谈会、深入企业走访、聘请行风评议代表进行问卷调查等各种途径，查找存在的问题并认真抓好整改，使地税的行业风气和社会形象不断得到提升。

全面推行以岗位责任制为主要内容的绩效考评，完善不断增强行政执法和内部管理的透明度。

七是做好基建和后勤服务工作，积极改善干部办公、生活环境，基层的办公环境和工作条件不断得到改善。

回顾11年的历程，准旗地税人在各方面取得了显著的成绩，有成功的经验，也留有不少缺憾；既具备许多开展工作的有利条件，也存在着一些困难因素。体会是：

一是必须把贯彻执行中央和上级的精神与地税实际紧密结合，使上级的各项决策部署落到实处。深入学习领会党的十五大、十六大精神，认真贯彻上级税务机关和地方党政的工作部署，站在大局的角度思考问题，牢固确立税收为改革发展、为经济建设服务的指导思想，处理好依法治税和支持经济发展的关系，结合本部门实际，创造性、有针对性地提出完成工作任务的各项措施，发挥税收组织收入、宏观调控的职能作用。

二是发扬与时俱进的时代精神，在不断创新中实现工作的新突破。国家兴旺发达的动力在于创新，税收事业的发展也在于创新。开拓进取，锐意改革，坚持观念创新、科技创新、制度创新，是做好工作的基本法则。改革没有止境，创新没有终点，在工作中要以开拓创新为原动力，做到如十六大报告所说的“发展要有新思路，改革要有新突破，开放要有新局面，各项工作要有新举措”，促使地税事业不断取得新成绩。

三是是必须坚持严格执法与文明服务并举，营造良好的税收法治环境。要妥善处理这两者的关系，通过宣传税收的地位、作用，增强全社会依法纳税意识。通过从严执法和对偷逃税行为的查处，维护税法的尊严。同时，不断拓展营造良好环境的领域和途径，从被动服务向主动服务转变。此外，要积极依靠地方党政、有关部门和和社会力量开展税收工作，形成协税护税的强大网络。

四是是必须加快科技兴税步伐，掌握工作的主动权。科技兴税是社会主义市场经济对现代税收管理的必然要求，也是深化征管改革的重要依托。要将税收信息化建设作为工作的一个重点，按照“巩固、完善、提高”的思路，从转变领导和干部的思想观念入手，加大投入，充分利用先进的计算机技术，逐步实现工作现代化。用电脑代替人脑，提高征管质量和效率，提升纳税服务水平，取得工作的主动权。

五是是必须坚持“两手抓，两手都要硬”的方针，确保税收业务和队伍建设的协调发展。作为业务部门，要注意克服容易出现的一手硬、一手软的现象，坚持抓税收业务和抓精神文明并重。特别要重视抓廉政建设，反腐倡廉要从领导干部抓起，从思想教育抓起，从落实制度抓起，确保不出问题。

11 年的岁月,准旗地税人不断探索、改革、创新、奋斗,和着社会前进的脉动,抒写了两个文明建设的光荣篇章,也为未来的发展道路确定了一个新的更高的起点。准旗地税人决心以强烈的时代责任感和使命感,求真务实,开拓创新,办实事、务实效,全面发挥税收的职能作用,确保各项工作再创佳绩,在高起点上再攀新高峰,城市建设和壮大地方财政实力作出更大的贡献!

东鸽电器城

内蒙古东鸽电器有限责任公司,简称东鸽电器城,是一家民营企业。东鸽电器城是集批发与零售于一体的电器专营连锁商城,12 000平方米左右的经营面积,拥有遍布全区中西的网络批发体系。同时创建了东鸽电器医院,是全区唯一一家大型专业电器维修中心。与世界知名品牌"海尔"强强联合,建立了"东鸽—海尔星级服务中心"。2004 年增加了"东鸽手机广场",主营十几个国内外知名手机品牌。

目前,东鸽电器城经营有国内外众多知名品牌,上万种型号电器商品,网络式的批发体系辐射呼市周边、巴彦淖尔市、鄂尔多斯市、锡林郭勒市、乌兰察布市等地,实行统购分锁的经营方式,大幅度降低了商品的购进价格和经营成本,极大地拓展了厂家的营销渠道,为实现"全心全意为顾客服务,让顾客满意"的服务宗旨奠定了良好的基础。

东鸽电器城率先从呼市电器市场以价格战为主题的恶性竞争中跳出,以诚信为本,大胆创新,坚持"为用户服务,让顾客满意"的务实做法,积极要求各经销商通过国家要求的 3C 认证,实现专业化、亲情化的电器销售、售后服务,引领了首府家电行业的新潮流,成为了呼市地区首屈一指的电器专营公司。在公司发展历程中,公司与各方经销商、客户及消费者形成了良好的业务关系,同时亦在多家金融机构中建立了良好的信誉。

我们的热线电话提供全天 24 小时服务,电脑建档,建立顾客基本资料,了解顾客所购买产品的使用情况、产品质量、建议、满意度,定期电话回访,同时建立所购商品维修记录;投入数十万元建立 CRM 客户服务系统,实行追踪服务,让每一位在东鸽消费过的顾客都能得到及时、满意的售后服务;建立会员系统,实行积分制,赠送会员卡,使顾客能得到更多的实惠;成功注册东鸽外网,通过因特网建立了一个东鸽与消费者交流、沟通的平台,使其他人更能通过我们的网站来了解东鸽,了解东鸽人。

在商业大潮汹涌澎湃的今天,我们把挑战当作机遇,蓄势待发,在特色经营的道路上将稳步发展,为自治区、呼市的经济发展做出更大的贡献。

赞助单位

内蒙古党校

内蒙古推进农牧业产业化办公室

呼和浩特供电局

纳税人报

富泰热力股份有限责任公司

索 引

使用说明

一、本索引采用内容分析索引法编制。除大事记外，年鉴中有实质检索意义的内容均予以标引，以供检索使用。

二、本索引按汉语拼音音序排列，即按照首字的音序、音调依次排列，首字相同时，则以第二个字排序，并依此类推。

三、索引标目后的数字，表示检索内容所在的正文页码；数字后面的英文字母a、b，表示正文中的栏别，合在一起即指该页码及左右两个版面区域。年鉴中以表格、图形方式记载的内容，则在索引标目后用括号注明（表）、（图）字样，以区别于文字标目。

四、为反映索引款目间的逻辑关系，对于二级标目，采取在一级标目下缩二格的形式编排，之下再按汉语拼音音序、音调排列。

0～9

A

B

D

E

F

G

H

J

K

M

N

P

T

X

Y

Z

(王彦祥 毋栋 编制)

赤峰市人民政府

自治区党委书记储波在赤峰市委书记杭桂林、市长徐国元陪同下视察赤峰市新城区

2005 年赤峰市荣获全国社会治安综合治理“四连冠”

赤峰市文化广场

林业（赤峰市生态建设）

赤峰夜景

赤峰市原为昭乌达盟,1983 年撤盟设市,现辖 3 区、7 旗、2 县。全市总面积 9 万平方公里，有蒙、汉、回、满等 30 个民族，是一个以蒙古族为主体、汉族为多数的少数民族聚居区。全市总人口 457 万，占内蒙古自治区人口总数的五分之一左右，是全区人口最多的盟市。

赤峰市历史悠久，被誉为中国北方文明的摇篮，是兴隆洼、赵宝沟、红山、富河、小河沿、夏家店下层等古文化的发祥地，草原青铜文化、契丹—辽文化、蒙元文化源远流长。现已发现各类古人类文化遗址 6 800 多处，占内蒙古自治区的二分之一左右。其中，“八五”时期中国十大考古发现之一的兴隆洼聚落遗址，确立了中华民族 8000 年的文明史，被誉为“华夏第一村”。红山文化标志性器物—玉龙，被史学界定为“中华第一龙”，赤峰被称为中华龙的故乡。辽五都中的上京和中京，分别坐落在巴林左旗和宁城县境内，全市现存辽代文物居全国之首。

赤峰市资源较为丰富。全市现有耕地 1 400 余万亩、草原 8 700 余万亩。矿产资源可开采储量和潜在价值相当可观，现已发现矿产 70 余种，探明储量 43 种，矿产地 1 200 余处，其中大中型矿床 25 个。全市优良级旅游资源数量列内蒙古自治区第一位，阿斯哈图石林、第四纪冰川遗迹冰臼群是世界级地质奇观，贡格尔草原是距北京最近最美的内蒙古草原，白音敖包国家级自然保护区被称为沙地云杉生物基因库，内蒙古第三大湖泊—达里湖被称为草原明珠和百鸟乐园，沙漠、温泉、文物古迹、民俗风情等旅游资源也具有很大的开发潜力。

赤峰市区位优越，交通便利。位于蒙冀辽三省区交汇处，居东北经济区与华北经济区结合部，距北京、天津、沈阳、秦皇岛等城市均在 500 公里左右。境内有 8 条国省干线和京通、集通、赤叶三条铁路与市外连接，民航班机通往北京和呼和浩特市，形成了四通八达的交通网络。

经过建国以来特别是改革开放 20 多年的建设，全市经济社会面貌发生巨大变化。农牧业具备了正常年景生产 50 亿斤粮食、饲养 1 100 万头只牲畜的综合生产能力。至 2004 年工业经济已形成了食品、能源、矿业、医药 4 个优势主导产业，纺织、建材两个产业也具有一定的基础和潜力。全市现有规模以上工业企业 183 家。各项社会事业全面进步，全市已形成了从幼儿到成人、从基础到职业、从中等到高等多层次、多规格、多形式的教育体系。精神文明建设取得较好成效，赤峰市先后被授予国家卫生城市、全国创建文明村镇先进市等称号，三次被评为全国社会治安综合治理先进单位，连续五次获得全国双拥模范城称号，有 3 个县区进入了全国文化先进县行列。

赤峰—大板高速公路奠基仪式

赤峰市敖汉旗人民政府

敖汉旗旗委书记吉玉龙（右）、旗长黄国文

敖汉旗在新城区建成的党政综合楼（中）、公安局办公楼（左）和法院办公楼，并在楼前建成绿珠生态园

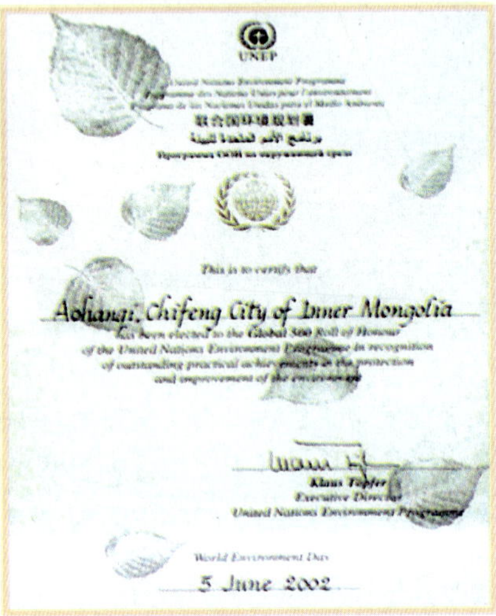

联合国环境规划署授予敖汉旗的“全球500佳”环境奖牌

敖汉旗位于内蒙古自治区赤峰市东南部，地处燕山山脉东段努鲁尔虎山北麓、科尔沁沙地南缘，介于东经119°30′—120°53′、北纬41°42′—43°02′之间。东与内蒙古通辽市奈曼旗毗邻，南与辽宁省朝阳市接壤，西与内蒙古赤峰市松山区相连，北依老哈河与内蒙古赤峰市翁牛特旗隔河相望。总面积8300平方公里。截止2004年底，敖汉旗地区生产总值完成29.1亿元；财政收入首次突破亿元大关，实现1.218亿元；城镇居民人均可支配收入5310元，农牧民人均纯收入2120元；全旗总人口585852人；辖7镇、21乡、1苏木。“敖汉”系蒙古语，汉语为“老大”、“大汗”等意。

敖汉旗历史悠久。境内发掘的兴隆洼文化遗址，是一座距今8000年的原始村落，被考古界誉为“华夏第一村”。清乾隆帝在《敖汉捕鱼》诗中描写敖汉的景色是“蒹葭展寒渚，鸥鹭貌江乡”。

敖汉旗的生态建设令世人瞩目。1997年、2002年，国务院总理温家宝两次来到敖汉旗视察生态建设情况。2002年6月4日，敖汉旗被联合国环境规划署授予“全球500佳”的称号。同年9月4日，温家宝总理对敖汉旗的生态建设作出重要批示。现全旗有林面积557.7万亩，人工种草保存面积171万亩，森林覆盖率为39.96%。

敖汉旗生态建设

敖汉旗的经济建设企强旺盛。以推动农牧业产业化进程为切入点，实现农村经济的强势增长；以推动工业化进程为支撑点，实现工业经济的日益壮大；以推动城镇化进程为着力点，实现城镇建设的跃新发展。挑起产业化、工业化、城镇化三副重担，敖汉旗的经济奋力向前行走。

敖汉旗获得的荣誉灿若群星。除荣膺“全球500佳”环境奖以外，敖汉旗还是全国人工造林第一县、全国人工种草第一县、全国科技兴林示范县、全国造林绿化先进单位、全国畜产品生产先进旗、全国“三北”防护林体系建设先进集体、国家级生态建设示范县、全国民政工作先进县、全国广播电视先进县、全国再造秀美山川先进旗等。

科尔沁左翼后旗人民政府

旗委书记：刘布和

旗　长：陈凤玉

科左后旗位于通辽市东南部，与辽吉两省毗邻，属东北经济规划区。总面积11 535平方公里，辖23个苏木乡镇，12个国有农牧林场，522个嘎查(村)，总人口40万，其中蒙古族人口占72%。现有耕地264万亩，草牧场1 050万亩，林地330万亩。地下水总量9.8亿立方米，矽砂远景储量350亿吨，煤炭储量1.13亿吨，石油远景储量7 000万吨，草炭储量7 100万立方米。主产肉牛、玉米、水稻、油料、杂粮等农畜产品，是全国重点商品粮、商品畜基地，素有"马王之乡"、"黄牛之乡"、"水稻之乡"的美誉。

近几年来，科左后旗紧紧抓住国家实施西部大开发和振兴东北老工业基地战略的历史机遇，以经济建设为中心，深化改革，扩大开放，加强基础设施建设，加大产业结构调整力度，加快小城镇建设步伐，全力推进工业化、产业化和城镇化进程，坚定不移的实施"建设工业强旗、黄牛大旗，实现生态立旗、科教兴旗"战略，经济发展突飞猛进，城乡面貌日新月异，全旗经济社会呈现出强劲的发展态势。2004年，全旗生产总值完成36.3亿元，三次产业结构比例达到33∶30∶37。财政收入完成11 200万元，城镇居民人均可支配收入达6 030元，农牧民人均纯收入达2 395元。一是工业经济速度和效益同步增长。全旗独立核算工业企业实现工业增加值4.8亿元，实现利税7 100万元。二是农村经济喜获丰收。牧业年度家畜存栏达110万头（只、口），其中黄牛存栏28.1万头，畜牧业产值在大农业产值中的比重达到41%。粮豆总产达到12.1亿斤，实现历史性突破。三是城乡基础设施建设取得新突破。投资8 900万元，实施城镇新开工建设项目35个，建筑面积11.7万平方米。投资4 221万元，修建公路共106公里。完成打井配套1 128眼，新增节水灌溉面积6万亩。农村电网改造已投入使用。全年完成综合治沙100万亩。四是非公有制经济和第三产业繁荣发展。全旗新增年营业收入50万元以上的民营私营企业53户，个体工商户1 485户，私营企业及个体工商户已发展到5 609户。国家4A级文明景区大青沟和"民歌之乡"阿古拉等景区年接待近30万中外游客，旅游业总收入达8 000万元。

发展中的科尔沁牛业有限公司

高新技术企业康源药业有限公司

国家级自然保护区、4A级文明景区大青沟

现代化的金宝屯煤矿

莫力达瓦达斡尔族自治旗人民政府

旗　长：艳　东

圆形广场

城　标

尼尔基夜景

尼尔基水利枢纽

医药公司楼

莫力达瓦达斡尔族自治旗人民政府

一兰广场

莫力达瓦达斡尔族自治旗成立于1958年8月15日，是全国唯一的达斡尔族自治旗。辖17个乡镇，有220个行政村、13个居委会。全旗总人口323 522人，其中非农业人口80 089人，约占总人口的24.8%。全旗有17个民族，主体民族是达斡尔族，有人口30 497人，占总人口的9%。全旗总面积约为1.1万平方公里。

全旗南北长203.2公里，东西长125公里，地势西北高，东南低，海拔高度在173至688米之间。有山丘、丘陵、平原三大地貌，为浅山区。属中温带大陆性的季风气候，无霜期平均115天，平均气温1.3?。平均降水量在400—500毫米。全旗有耕地700余万亩，年产大豆15亿斤左右，素有“大豆之乡”的美誉。可利用草场330万亩，畜牧存栏达200.3万头（只），大鹅饲养量达153.23万只。林地面积628.5万亩，山地面积大，次生林茂密。旗内已发现有经济价值的野生动物55种，鱼类60余种。野生植物574种。蕴藏煤、金、玛瑙、石灰石、珍珠岩、莹石、陶土、水晶、云母、花岗岩、硅石等矿产。有大小河流56条，水资源占内蒙古自治区的40%，占呼伦贝尔市的60%，水能蕴藏量达66.6万千瓦，位居全区全市第一。

中国达斡尔民族园大门

通辽市霍煤集团控股有限责任公司

第一块碳块

碳素煅烧炉点火

通辽市霍煤集团控股有限责任公司是通辽市人民政府所属的地方国有独资公司。

公司职能

经通辽市人民政府授权，霍煤控股公司代表政府管理近20个亿的国有净资产，行使地方国有资产出资人的权利，担负着国有资产保值增值的责任，并谋求企业新的发展。

机构设置

公司机关设置一室四部，有员工40人；成员单位18个，其中：控股公司2个、参股公司7个、民营公司6个、事业法人单位1个、分帐单位2个，成员单位总计员工8000余人。

资产情况

霍煤控股公司在8个参、控股子公司中持有不同比例的股权。截止2004年底，公司总资产为884 079万元，净资产为440 547万元。露天煤业股份公司股票上市已经过会，进入发行排队阶段。

企业资产结构优良，财务状况良好，负债率较低，企业资信等级较高，有较强的筹融资能力。

成员单位经营范围

以煤业为基础，包括发电业、铝业、碳素、水库、煤化工、铁路、机械检修制造业、工程设计咨询、建筑施工安装、工程监理、煤矿土岩剥离、房地产开发、服务业、农牧业、物资供应业， 已经形成多元发展格局。

企业形象

2001年荣获全国“五一劳动奖状”，2002年荣获内蒙古自治区“管理创新先进企业”称号，2003年被内蒙古自治区列入7个五千万吨级煤炭基地之一，2004年被国家发改委确定为重点建设的13个煤炭基地之一，是全区20家重点培育发展的大企业(集团)之一 。

企业发展规划

近期发展目标：2005年总产值达到42亿元，实现“五年三番百亿”第一番；2006年总产值超过70亿元，实现“五年三番百亿”第二番；2007年总产值超过100亿元，提前两年实现“五年三番百亿”的企业发展战略，实现再造一个新霍煤的宏伟目标。

中远期发展战略目标是：以煤炭为基础，以产权为纽带，以煤电铝下游产品转化为主攻方向，以深化改革和科学管理为手段，逐步将霍煤控股公司建设成为有经济实力，有竞争能力，有品牌影响，有产业优势，跨行业、跨地区、跨所有制的大型现代企业集团。

鄂尔多斯市达拉特旗人民政府

达拉特电厂

达拉特广场

标准化舍饲养殖小区

近年来，达拉特旗立足自身实际，围绕鄂尔多斯市“四个超一”目标提出了“四个突破”的战略构想：到2010年，全旗地区生产总值突破250亿元，财政收入突破20亿元，城镇居民人均可支配收入和农牧民人均纯收入分别突破2万元和1万元。确定了今后一个时期的总体发展思路是：以全面建设小康社会统揽全局，以结构调整为主线，以招商引资为总抓手，全力实施工业化拉动、产业化带动、城镇化推动的“三化互动”战略，推进产业结构的优化升级，逐步形成以现代农牧业为基础，竞争力较强的工业经济为重心，发达的第三产业协调发展的产业发展大格局，实现经济持续协调发展。

美国百事公司现代化马铃薯基地

农牧业经济方面，着力扶持五大龙头，打造四大基地，推进农牧业产业化进程。坚持以增加农牧民收入为核心，围绕建设自治区现代畜牧业强旗的奋斗目标和“保粮扩经猛增草、稳绒增肉发展奶”的结构调整思路，着力扶持壮大四季青、东达、新威远、华森、真金五大龙头企业，建设优质饲草料、制种、蔬菜、养殖四大农牧业生产基地。截至6月30日，全旗存栏牲畜总量及增长速度再创历史新高，两项指标均居自治区101个旗县之首，提前两年实现了自治区“畜老大”的目标。到2010年，全旗一产增加值达到24亿元。

工业经济方面，着力培育四大产业、构筑四大基地，提升工业经济竞争力。重点培育煤电、煤化工、农畜产品精深加工、建材四大产业；构筑装机容量超千万千瓦火电、国内大型重化工、高附加值农畜林沙产品加工和高水平建材工业四大基地。近期目标是争取将我旗建成全区乃至全国的煤电重化工基地。到2010年全旗工业增加值达到140亿元。

第三产业方面，以发展四大产业为突破口，提升产业发展层次。着力发展“大旅游、大运输、大文化、大商贸”四大产业，依托我旗境内丰富的旅游资源，加快响沙湾、恩格贝旅游区建设，打造库布其沙漠旅游观光带，开发集纪念地观光、高效农牧业观光于一体的黄河风情旅游观光带。组建了大运输协会，引导、鼓励各类运输业主体以参股等形式组建大型运输企业，实施规模化经营，增强运输产业整体竞争力。到2010年，三产增加值达到81亿元。

城镇建设方面，以建设中国西部新型生态型电力化工城为目标，推进城镇化进程。构筑以210国道和羊巴线为一级发展轴，以梁外丘陵山区生态线为二级发展轴的“工”字形城镇布局，形成以树林召镇为核心，以重点乡镇为支撑，以中心村为网络的现代化大城镇体系。

到2010年，将树林召镇建设成为规模适度、特色鲜明、环境幽雅、功能齐全，具有独特文化内涵和城市个性的生态型电力化工城。

响沙湾旅游区

鄂尔多斯市伊金霍洛旗人民政府

书　记：刘文山

旗　长：乌　宁

神华煤直接液化项目

马家塔露天煤炭采坑

鄂尔多斯市东胜区人民政府

区委书记：杨红岩

区　长：赵文亮

东胜是鄂尔多斯市政治、经济、文化、交通、信息的中心，辖6镇1乡6个街道办事处和东胜经济技术开发区、康巴什新区。2004年末东胜区总人口达26.53万人，其中城镇人口20.55万人，农村人口5.98万人。2004年，地区生产总值达80亿元，同比增长27%，财政收入完成9.23亿元，城镇居民人均可支配收入达到9306元，农民人均纯收入达到3940元，分别增长1419元和659元，固定资产投资完成41.4亿元，增长138%。

鄂尔多斯电业局

鄂尔多斯电业局领导班子

客户服务中心大楼夜景

客户服务中心大楼内景

进行电力抢修

鄂尔多斯电业局是内蒙古电力（集团）有限责任公司直属的大型二档供电企业，直接担负着鄂尔多斯市七旗一区工农牧业生产及城乡140万居民生活供电任务，供电范围约8.6万平方公里，管辖各类用户约31万户，2004年售电量完成34.07亿千瓦时。全局拥有35千伏及以上电压等级的变电站85座，拥有资产总额22.65亿元，地区变总容量2603.3兆伏安，输配电线路16914.8公里。全局现有员工1843人。

鄂尔多斯电业局召开建设国家一流供电企业对标评价会议

鄂尔多斯电业发展战略

明确一个思路：创建国家一流供电企业，创建国家级文明单位，打造强大的鄂尔多斯电网，通过“两建一强”，成为具有500万千瓦供电能力的特大型供电企业，使鄂尔多斯成为中国西部发达的供电地区。

突出两个重点：改革发展和管理创新。

提高三个效益：企业经济效益、社会效益和员工效益。

抓好四项核心：安全生产、电网建设、市场营销、优质服务。

实施五大战略：人力资源战略、市场营销战略、电网发展战略、多经集团战略、企业文化战略。

内蒙古电力（集团）有限责任公司总经理赵凤山赴鄂尔多斯检查指导工作

内蒙古电力（集团）有限责任公司党委书记王维维赴鄂尔多斯检查指导工作

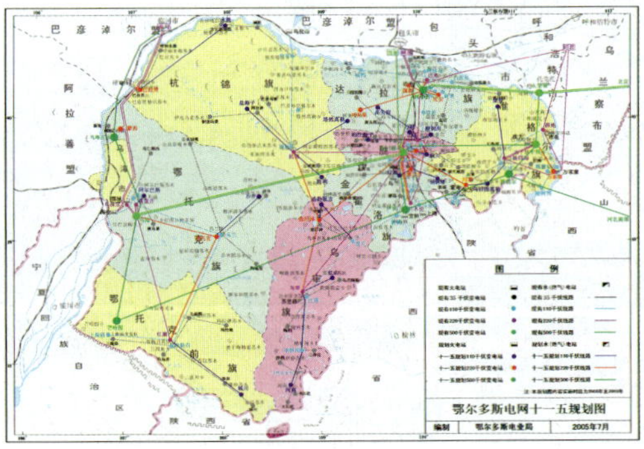

鄂尔多斯电业局“十一五”电网规划

鄂尔多斯市地方税务局

局　长：王贵卿

鄂尔多斯市地税局从1994年组建至今，已经走过了11年的风雨历程，随着地方经济的发展，地税机构经历了从无到有，从发展到状大的艰辛历程。全系统下设8个旗区地方税务局、5个直属征收管理分局和53个中心税务所，现有在职工作人员共计950人，担负着全市25933户企业和个体工商户的地方税收和社保费征收管理工作。

11年来，鄂尔多斯地税局在自治区地税局和市委、市政府的正确领导下，认真学习邓小平理论和“三个代表”思想，牢固树立科学发展观和税收经济观，深入贯彻十六大和十六届三中、四中全会精神，坚持聚财为国、执法为民，积极推进依法治税，深化税收改革，强化科学管理，加强队伍建设，各项地税工作取得了长足的发展，创造了辉煌的业绩。两基建设明显加强，干部队伍增添活力，征管质量显著提升，税费收入大幅增长，从1994年至2004年全市累计组织税费收入81亿元，税费收入总量已列居全区第三。今年截止6月30日，实现税费收入15.9亿元，其中税收收入总量居全区第二，增幅居全区第一。税费收入的快速增长，为地方经济发展和社会进步做出了突出贡献。同时，精神文明建设硕果累累，市局先后荣获自治区级“文明单位”、全市实绩突出单位“六连冠”，近几年在自治区地税局目标管理考核中名列前茅。全市地税系统国家级、自治区级、市级文明单位、文明税务所、青年文明号69个。虽然11年时间并不漫长，但十载春夏秋冬，鄂尔多斯地税人一步一个脚印，取得了一个又一个辉煌的成就，谱写的每一组数字，每一次经历，都成为全区地税系统的一面旗帜。

展望未来，任重道远。鄂尔多斯地税局将与时俱进，开拓创新，按照上级的总体工作要求和基本目标，统筹安排，精心组织，扎扎实实地完成各项税收工作任务，为构建和谐鄂尔多斯做出新的更大的贡献。

税收大厅

办公楼

鄂尔多斯市中级人民法院

党组书记、院长：白色登

法院领导班子

2004年，我市两级法院在党委的正确领导下，在人大及其常委会的监督下，在上级法院的监督、指导及政府的地支持下，高举邓小平理论伟大旗帜，以“三个代表”重要思想和党的十六大精神为指导，认真贯彻了全国、全区政法工作会议和法院工作会议精神，紧紧围绕“公正与效率”的工作主题，全面加强了各项审判工作，积极参与了社会治安综合治理，审判工作和其他各项工作都取得了新的进展，为鄂尔多斯的社会稳定和“四个超一”目标的实现提供了有力的司法保障和法律服务。

一 、以“公正与效率”为主题，全面加强了各项审判工作

（一）继续深入开展“严打”整治斗争和整顿规范市场经济秩序工作，严惩刑事犯罪，全力维护社会稳定和经济安全

（二）适应新形势，大力加强民事审判工作

（三）积极开展行政审判和国家赔偿案件审理工作

（四）加大了执行工作力度

（五）认真开展立案、信访、审监和司法鉴定工作

二、为全面促进审判、执行和法院各项工作，主要抓了以下几方面的工作

（一）认真学习贯彻了全国高级法院院长会议、自治区高院电视电话会议精神和全区法院加强基层建设工作会议精神

（二）深入开展“司法公正树形象”活动

（三）积极参加了市委组织开展的“执政为民，加快发展”培训教育活动和创建“四型”机关活动

（四）采取有力措施，加大审判管理力度

（五）加大对基层法院的监督指导力度

（六）进一步加强队伍建设

（七）主动接受党委领导和人大监督

鄂尔多斯日报社

党委书记、社长：王进勇

编辑部一角

《鄂尔多斯日报》前身《蒙古报》创刊于一九三六年，是党在少数民族地区创办最早的党报之一；一九五七年改为《鄂尔多斯报》；一九九三年改为日报。报纸结构为蒙、汉文对开四版，2002年出版彩色报纸。

《鄂尔多斯日报》作为鄂尔多斯市委机关报和全市的主流媒体之一，遵照新闻宣传规律和内在要求，在近七十年的新闻宣传中全面宣传，贯彻了党在各个时期的方针、政策，提供了积极有效的新闻宣传服务，营造了良好的舆论氛围。

报刊照排系统

《鄂尔多斯日报》从创办伊始的手工油印到铅与火的洗礼，直到拥有一整套先进的电脑网络平台及照排系统和彩色印刷设备，充分展示了《鄂尔多斯日报》七十年来，在各级领导和社会各界的关怀与支持下的发展与进步，也融铸了历届领导班子及新老报人献身党的新闻事业的奋斗历程。

如今《鄂尔多斯日报》社全体职工在社党委的带领下，从新闻体制、报纸结构、内部管理、多种经营等方面为切入点，以适应市场化需求、探索多种办报思路、提高办报质量和水平做为第一要务，力争把《鄂尔多斯日报》办成具有鲜明党性原则，蕴含先进文化品位，具有地区和民族特色，能够融入市场，走向百姓的一张现代新报而努力。

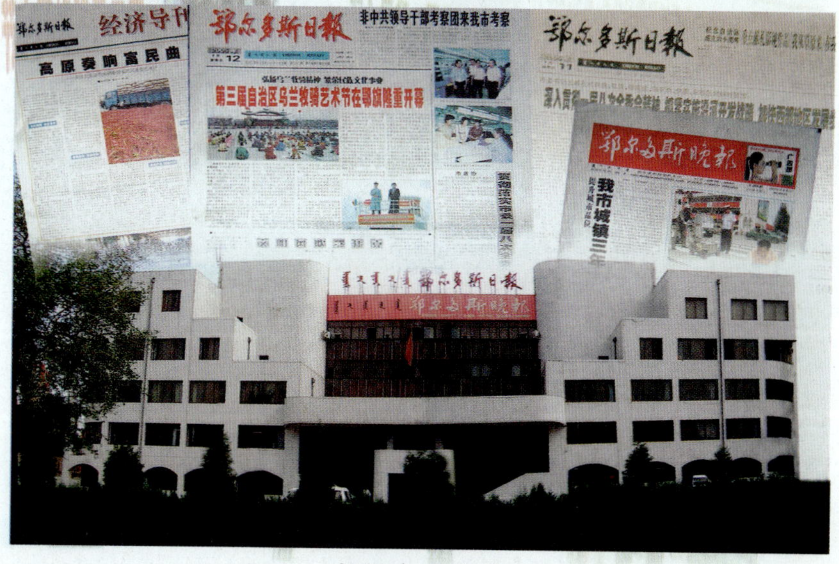

新闻办公大楼

鄂尔多斯市人民防空办公室

市人防办主任尚鑫陪同国家人防办副局长李扬在人防人口疏散基地视察工作

市人防办党组成员、鄂尔多斯军分区政治部主任薛成友对国防一条街检查验收

市人防办党组成员下乡扶贫

市人防办人口疏散基地施工现场

二连浩特市建设局

局　长：贾卫东

二连市建设局办公楼

二连建设局现有干部职工25人，下设规划、建工建材、财务科、招投标、拆迁办、牧业管理办公室、办公室等7个科室。辖市政管理所、房产管理所、园林所、环卫所、建筑设计院、建筑工程质量监督站、城市管理监察大队、自来水公司、煤气公司等9个单位，共有干部职工400余人。

2004年，在二连市委、政府的正确领导下，建设局党组一班人，带领建设系统广大干部职工，兢兢业业，艰苦奋斗，按照“三个代表”的要求，与时俱进，开拓创新，扎实工作，城市规划、建设和管理都取得了显著成绩，城市面积发生了巨大变化，特别是城市设施建设、城市房地产开发、城市供水、城市绿化、美化和亮化，得到了较快发展，推动了城市发展。

二连市恐龙广场夜景

二连市休闲广场

二连市恐龙广场全景

二○○四年度领导班子目标考核荣誉证书

二连浩特市财政局

党支部书记、局长：田永宏

二连浩特市财政局微机管理中心

财政楼

2004年，二连浩特市财政局在市委、政府的正确领导下，在市人大、政协的监督支持下，按照财政工作的总体部署，紧紧围绕组织财政收入，实现财政预算收入目标这项中心工作，以保工资、保运转、保稳定为重点，进一步改善支出结构，圆满地完成了2004年的各项财政任务。二连市财政收入完成16044万元，完成年度预算100.28%，同比增长3161万元，增长24.54%。其中，地方财政收入完成12860万元，完成年度预算127.27%，同比增长4275万元，增长49.80%；上划中央税收完成3184万元，完成年度预算53.65%，同比减少1114万元，减少25.92%。

2004年，二连市财政支出累计完成20338万元，完成年度预算的99.98%，同比增长4501万元，增长28.42%。

2004年，二连市的财税工作是任务重、矛盾多、困难大、收支平衡异常艰难的一年，但由于领导重视，措施得力，确保全年预算收入全面完成。

二连浩特银都大酒店（财政干教中心）

二连浩特市幼儿园

书记、园长：李妙荣

二连市幼儿园是一所汉语授课全日制公办幼儿园。

近年来，在上级主管局、社会各界的关心重视下，以快速的步伐步入了市教育系统先进行列：1990 年最先被评定为“盟级一类甲级幼儿园”，1991 年获“盟级文明单位”称号；1994 年通过复查，1997 年获“盟级文明单位标兵”称号，2003 年通过复查，1992 年获“盟级先进家长学校”称号，1996 年获得“盟级示范性先进家长学校”称号，2001 年再次获得“盟级示范家长学校”的称号，2000 年获“全区现代化教育技术先进校园”称号，2002 年被评为“全盟校园文化建设示范幼儿园”，2004 年获“学校教育目标考核”先进校园。

我园现有 8 个教学班，在园幼儿约 300 名，教师学历合格率为 100%，学前专业率和大专以上学历达到 80 %以上，并配有专职保健医 2 名，我园以“保教并重”为方针，全园教职工以“爱心、耐心、细心、精心”的专业精神呵护每一位在园幼儿。

幼儿园外景

艺术班的孩子在全市少儿艺术节上表演（获奖照）

艺术班的孩子在表演

中一班的孩子在一年一度的“体操表演赛”上表演轻器械操

孩子们在美工课上专心作画

我园在保教教学工作中认真贯彻《幼儿园工作规程》、《幼儿园教育指导纲要》的精神，以“保教结合、保教并重”为教育方针，保教工作中以幼儿的年龄特点、兴趣、情感的培养为出发点，以科学化、专业化的态度，按照幼儿教育大纲的要求和二连市的实际情况，开设了五大领域（健康、科学、社会、语言、艺术）的课程，同时在一日生活各环节中渗透品德、安全、日常行为习惯的教育内容，根据幼儿的年龄特点，以游戏为基本教育方式，提倡“玩中教、玩中学”，使幼儿具备初步的自理能力、良好的行为习惯、基本的社会常识、文明礼貌的道德品质及广泛的兴趣和爱好。

在幼儿素质教育中，我们以教师素质和幼儿素质培养双重开展，以“从小学做人”为目标，教师不断提高职业道德素质和业务素质，以“尊重幼儿、了解幼儿、热爱幼儿”为第一要求，以“爱心、耐心、细心、热心、真心”为工作规范，坚持以体育为基础、德育为方向、智育为主体、美育为灵魂，把素质教育渗透在日常的保教环节中，培养会生活、会学习、会创造、会做人的一代新人。

结合二连市地域实际，我们以科学和实践的态度开展了“早期阅读”和“艺术教育”两大园本课程，“早期阅读”教育活动旨在通过创设阅读环境、引发幼儿阅读兴趣、培养幼儿阅读习惯等教育方法，发展幼儿语言表达能力和自立阅读能力。最终使幼儿具备现代社会中一种终身受益的能力——会阅读、会学习。

近年来我园以教育要“三个面向”和《规程》的精神为指导，提出面向 21 世纪的发展思想，即以促进幼儿身心和谐发展为目标，以队伍建设为基础，以教科研为先导，以自立发展和可持续发展为动力，把市幼儿园办成社会认可、家长满意、幼儿快乐、高质量、有特色的二连市窗口幼儿园。

锡林郭勒移动通信分公司

总经理 党组书记：李玉明

团结、务实的领导集体

规范化的文明营业窗口

积极参加社会活动

加强对中高层管理人员技能培训

心系地震灾区

锡林郭勒移动通信分公司成立于 1999 年 9 月 16 日，隶属于内蒙古移动通信有限责任公司。内蒙古移动通信有限责任公司于 2004 年 7 月成功实现境外上市，成为中国移动（香港）有限公司在内地的全资子公司，锡林郭勒移动通信分公司正式成为在锡盟境内为数不多的外商独资企业。公司采用现代企业制度，机构精简高效，目前共有在职员工 124 名，下设 5 个职能部门，11 个旗县分公司和 2 个营业部。

锡林郭勒移动通信分公司全面负责锡盟境内的“134、135、136、137、138、139”国家公众移动电话网的发展规划、建设维护和经营服务。除提供基本话音业务外，还提供短消息、彩铃、彩信、手机上网、IP 电话、随 E 行、移动梦网等增值业务，拥有“全球通”、“动感地带”、“神州行” 三大著名服务品牌。经过全体员工的共同努力，锡盟移动通信分公司已建成了一个覆盖范围广、通信质量高、业务品种丰富、服务水平领先的综合通信网络，网络覆盖了锡盟境内的国道、省道，并已覆盖全盟绝大部分苏木乡镇，与 180 个国家和地区的 243 家移动通信运营商开通了国际漫游业务。

关键时刻 信赖中国移动

乌兰察布市中心医院

党委书记、院长：关克勤

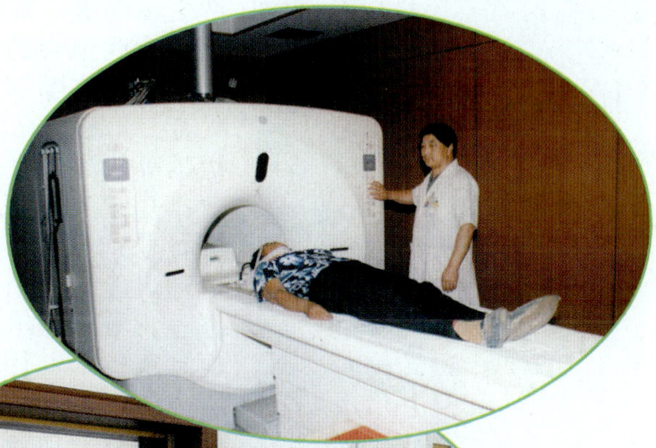

美国GE公司产0.5T磁共振成像仪

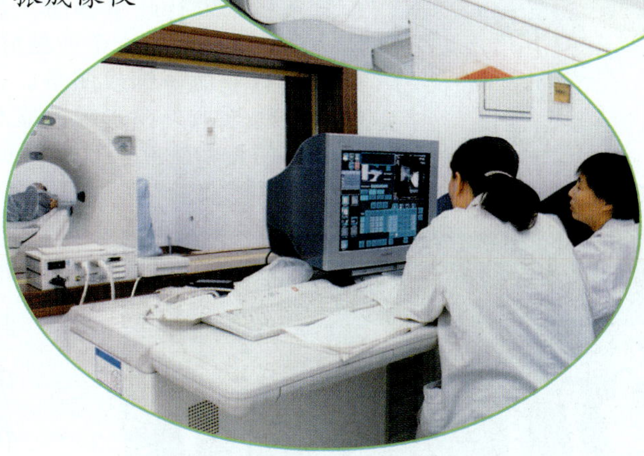

美国GE公司产高档双层螺旋CT

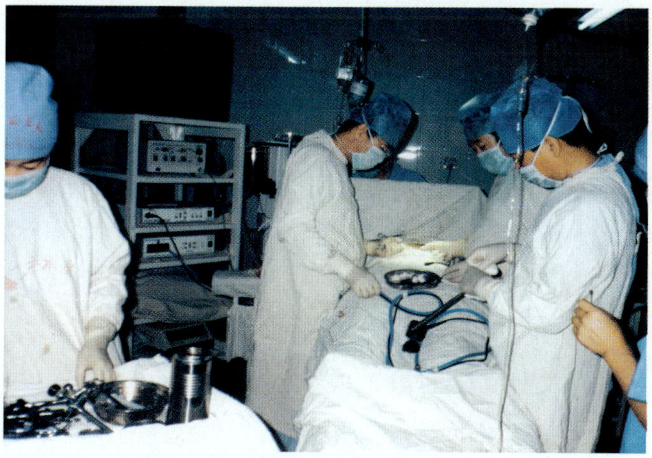

肾移植手术

乌兰察布市中心医院是全市唯一一所集医、教、研、预防、保健、康复、急救于一体的三级乙等医院，是内蒙古医学院教学医院和瑞典医科达公司定点科研基地。与北京阜外医院、北京朝阳医院、北京大学医学部建有“协作医院”关系，是自治区级文明单位和“全区百佳医院”。全院共有52个临床医技科室，开放床位605张。高级职称医务人员147人，心胸外科是自治区重点学科，普外科、神经内科、康复医学科、泌尿外科是医院重点专科。医院坚持以人为本、“以病人为中心”的宗旨，拥有双层螺旋CT、核磁共振、肿瘤射频热疗机、直线加速器、多台数字化彩超、全自动生化分析仪、X光数字血管减影机、数字胃肠功能造影机及CR、DR系统、电子胃镜、电子结肠镜、腹腔镜、胆道镜、心电、脑电生理分析系统、高压氧舱、高档进口病理切片系统等高精尖医疗设备。心外手术、腹腔镜手术、肾移植手术、前列腺电切术、超声乳化术等技术居自治区前列，肿瘤治疗、心脑血管病治疗、血液病治疗、呼消系统疾病治疗、内分泌系统疾病治疗、医学康复和妇科、骨科、儿科、五官科、皮肤科等技术力量雄厚。

改革的春风为乌兰察布市中心医院带来了生机和活力，医院的各项事业实现了跨跃式发展，我们有理由相信，乌兰察布市中心医院将很快发展成为一所管理科学、设备先进、技术一流的现代化医院，并以良好的医德医风和优质的服务为广大患者服务，为全市的经济建设服务。

内蒙古鄂尔多斯商会

会　长：赵希增

内蒙古鄂尔多斯商会于2004年9月3日在呼和浩特依法举行第一届会员大会，选举产生了理事、常务理事和会长、副会长，隆重举行了成立大会，在二十多年鄂尔多斯高原情联谊会的基础上，宣告商会成立。

内蒙古鄂尔多斯商会第一届会员大会参会会员企业180多家，分布在呼、包、鄂大金三角和以乌海为中心的小金三角地区，其产业涵盖煤炭开发、加工、电力、供热、运销等能源行业；金属矿山开发、冶炼、运销等原材料行业；现代农林牧生态农业产业；房地产开发、建筑、装修、物业管理等行业；制酒业、酒业销售、名酒代理等行业；旅游、饭店、民族餐饮等行业、典当、拍卖、会计、审计、评估事务所、律师事务所等中介维权、理财等三产行业。

内蒙古鄂尔多斯商会下设五个部门：会员管理部、法律事务部、项目策划招商部、信息宣传部、行政事务部。其主要服务职能有：（一）为会员企业之间做好优化组合服务。（二）为会员企业做好协调服务。（三）为会员企业做好信息检索服务。（四）为会员企业做好维权服务。（五）为会员企业做好招商引资服务。（六）为会员企业做好内练素质外树形象的宣传服务。（七）做好会员企业的会籍管理。（八）商会对主管部门自治区党委统战部负责。

地址：呼和浩特市新城区兴安南路31号
邮编：010010
电话：0471-4969612、0471-4922216
传真：0471-4930274
网站：WWW.ERDUOSI.com

二连浩特边防公路机械化养护队

二连浩特边养队所建的边防公路

二连浩特边养队冬季抗灾

二连浩特边防公路机械化养护队是内蒙古自治区十个边防公路养护队之一。担负着内蒙古中部边境524公里边防公路的养护任务。80年代初期建队，现有干部职工75人，拥有筑养机械32台(辆)。在2003年的全区边防公路检评中荣获第一名。同时努力争取大中修施工项目，求质量、促发展，营造了引人注目的投资环境。2002、2003两年完成大中修工程总工作量近3000万元，特别是2003年建设的朱日和20公里油路工程，受到解放军总后勤部、北京军区后勤部、内蒙古军区、自治区交通厅等上级军地领导部门的表彰。2003年新建的家属楼小区被二连市命名为文明小区，单位党支部被二连市委评为先进基层党组织。2005年2月，被自治区公路局、内蒙军区后勤部评为民族团结、军民共建先进单位；被锡林郭勒盟盟委、行政公署评为公路建设先进单位。

二连浩特边养队冬季抗雪灾、保畅通

呼和浩特市环境监察支队

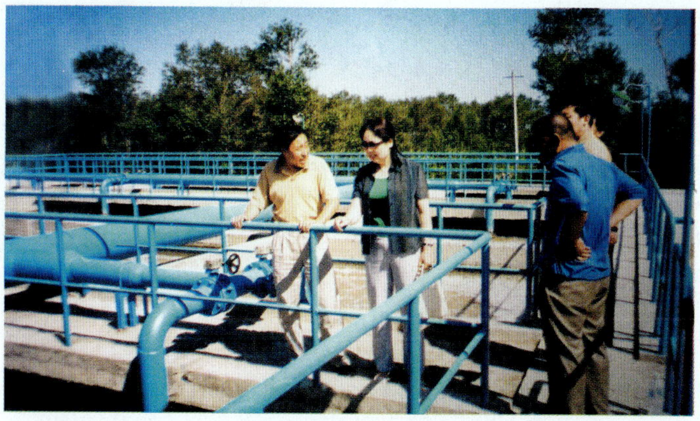

呼和浩特市环境监察支队是隶属于呼和浩特市环境保护局的一支依法对辖区内一切单位和个人履行环保法律法规，执行环境保护各项政策、制度和标准的情况进行现场监督、检查、处理的专职执法队伍，属事业编制，全队现实有干部职工48人，其中大专以上学历32人。高级职称3人，中级职称29人。近年来，支队深入贯彻“三个代表”重要思想，围绕“环境立市”的目标，始终把“改善环境综合质量，提高市民满意度”作为工作重心，不断加强自身能力建设，切实抓好执法、申报、许可证、征收、信访等重点工作，先后开展各项专项整治，建立起一支“拉得出、打得响、打得赢”的全天候环境监察队伍，为确保环境安全，保障经济发展，维护社会稳定，做出了积极的贡献，先后被授予“全国环境监察先进集体”；“先进集体”；“环境保护监理工作先进集体”、“呼和浩特市抗击非典先进青年集体”；“民族团结先进集体”；“先进基层党组织”等荣誉称号。

一、作风优良政治思想好

呼和浩特市环境监察支队是一个政治、业务素质好的战斗集体。集体成员爱岗敬业，有着良好的职业道德，讲政治、业务精，认真学习党和国家的方针政策，模范遵守各项政策法规和本单位的各项规章制度，熟练掌握本职工作中的政策法规、法规及业务技能。高度重视政治学习，把抓学习作为当前党建工作、思想政治工作、文明创建工作的首要任务。全科每一位同志都能认识到环境执法行为是否规范、廉洁，因此，在执法工作中时刻以工作扎实不扎实，作风过硬不过硬，群众满意不满意作为标准，对照检查自己的行为，工作中严格执行环境保护六条禁令和环境监察六不准，从不吃、拿、卡、要。几年来在支队积极开展“讲学习、讲政治、讲团结、讲实干、讲奉献”的六讲活动。廉政，勤政、高效的办事准则已扎根于每位监察队员的心中。

二、制度健全日常落实好

为了“从严治队”，市环境监察支队相继建立、健全了《考勤制度》、《呼市环境监察支队监理员禁令》、《呼市环境监察支队廉政制度》、《环境监察人员行为规范》、《12369环境举报热线工作制度》等20多项制度。工作中领导带头执行规章、制度，领导带头执行规章、制度，避免和减少了人为的干扰。对排污费的征收，一律按程序办理，任何人都不能对排污费进行减、免、缓。几年来，我市的污染源虽然减少许多，但排污费征收却逐年提高，2001年为455万元，2002年增加到640万元，再到2003年的660万元(受非典影响)，2004年完成1075万元。

三、执法为民社会评价好

呼市环境监察支队全体人员都能做到依法行政、秉公执法。特别是针对老百姓反映的环境问题，通过深入现场，调查取证，做出了圆满的解决，受到了广大人民群众的表扬，群众自发给支队送来了表扬信、锦旗，表达了他们的感激之情。

巴黎广场位于中山路，两边商业店铺林立，居民居住集中。2003年巴黎广场拆迁和建设中，居民对工地夜间施工反映强烈，多次冲击工地，阻止施工，并多次上访。在这种情况下，支队执法人员在云霞支队长和程远副支队长带队下立即深入现场，调查取证，通过多次与老百姓和施工方具体协商，反复调解，达成了共识。根据居民受噪声污染程度的轻重，把260居民分为三类，计补偿33．6万元，圆满解决了巴黎广场噪声扰民问题，受到了老百姓的好评。

为切实解决居民的环境问题，自2001年开通12369环保举报热线电话以来，支队领导对此项工作高度重视，把12369热线电话作为落实“三个代表”重要思想的基点，不断加强12369环保热线的建设和管理。针对人民群众反映的环境问题，进一步加大执法力度，及时、快捷进行处理，架起了一条为群众排忧解难的热线。从12369环保举报热线开通以来，共接到举报4180次，共出动环境监察人员3600多次赶赴现场解决问题，处理率达到95%。工作中，市环境监察支队将老百姓的满意放在首位，妥善解决了首府广场、农业厅家属院等居民反映强烈的环境问题。认真细致的工作赢得了居民和施工方的赞誉，解决了城市发展建设带来的环境问题与群众生活之间的矛盾，维护了人民群众的环境权益，震慑了环境违法行为，对改善我市环境质量、维护社会稳定，促进经济健康发展做出了积极的贡献。

环境监察支队所取得的成绩，与上级领导和有关部门大力支持和友好合作密切相关，我们将以本次人民满意公务员评选活动为契机，进一步加强政治业务学习，不断改进工作作风，创新服务方式，转变思想观念，使环境监察工作不断迈上新的台阶。